Briefwechsel

Ernst Forsthoff – Carl Schmitt

Briefwechsel Ernst Forsthoff Carl Schmitt

(1926–1974)

Herausgegeben von
Dorothee Mußgnug, Reinhard Mußgnug
und Angela Reinthal

in Zusammenarbeit mit
Gerd Giesler und Jürgen Tröger

Akademie Verlag

Gedruckt mit Unterstützung von Professor Dr. Willi Blümel
und Professor Dr. Michael Ronellenfitsch

Bibliografische Information der Deutschen Nationalbibliothek

Die Deutsche Nationalbibliothek verzeichnet diese Publikation in der Deutschen Nationalbibliografie; detaillierte bibliografische Daten sind im Internet über http://dnb.d-nb.de abrufbar.

ISBN 978-3-05-003535-2

Das eingesetzte Papier ist alterungsbeständig nach DIN/ISO 9706.

Einbandgestaltung: breutypo. Christopher Breu, Berlin
Satz: Werksatz Schmidt & Schulz, Gräfenhainichen
Druck und Bindung: Druckhaus „Thomas Müntzer", Bad Langensalza

Printed in the Federal Republic of Germany

Susanne Tröger, geb. Forsthoff
in memoriam

Inhalt

Editorische Vorbemerkung

Die Edition umfaßt 359 Briefe, Briefentwürfe, Postkarten und Telegramme aus den Jahren 1926 bis 1974. 218 stammen von Forsthoff und 141 von Schmitt. Auch die Briefe an oder von Frau Gisela Iglberger-Lehmann, der Sekretärin von Forsthoff seit 1955, wurden in die Edition aufgenommen. Die Originalbriefe Forsthoffs liegen im Nachlaß von Carl Schmitt im Landesarchiv Nordrhein-Westfalen, Hauptstaatsarchiv Düsseldorf. Die Originalbriefe Schmitts befinden sich in Forsthoffs Nachlaß, der bei der Familie Forsthoff liegt und von dessen Schwiegersohn Jürgen Tröger verwaltet wird. Der Briefwechsel ist nicht ganz vollständig: einige offenkundig abgesandte Antworten fehlen. Die vorhandenen Briefe sind in die Edition aufgenommen. Für Hinweise auf weitere Briefe wären die Herausgeber dankbar. Von anderer Hand geschriebene, von Forsthoff nur mitunterzeichnete Schriftstücke, blieben unberücksichtigt. Zwei Briefe Forsthoffs aus den Jahren 1926 und 1930 stammen aus der Sammlung von Piet Tommissen, die erst vor kurzem an das Landesarchiv NRW, Hauptstaatsarchiv Düsseldorf übergeben wurde. Aus diesem Grund stimmt die Zahl der hier edierten Briefe nicht ganz mit den Umfangsangaben im Düsseldorfer Nachlaßverzeichnis überein. Die Archivsignaturen sind aus dem chronologischen Verzeichnis der Briefe zu ersehen.

Fast alle Briefe wurden von Hand geschrieben. Nur 27 Briefe sind Typoskripte. Den gesamten Rest haben Schmitt und Forsthoff mit der Hand geschrieben. Einige wenige unlesbare oder nicht eindeutig lesbare Stellen stehen in [eckigen Klammern], am Rande oder an anderen Stellen hinzugefügte Ergänzungen in {geschweifte Klammern}. Familiennachrichten oder andere private Mitteilungen sind mit *<spitzen Klammern und Kurzregesten in kursiver Schrift>* gekennzeichnet. Unterstreichungen in den Originalen sind in den Abdruck der Briefe übernommen worden. Weil die Herausgeber keine historisch-kritische Edition anstreben, wurden falsch geschriebene Eigennamen belassen, offensichtliche Schreibfehler korrigiert.

Schmitt hat Forsthoffs Briefe oft mit Notizen versehen, für die er die heute nur noch schwer entzifferbare Gabelsberger Stenographie und eigene Kürzel gebraucht hat. Auf diese Notizen weisen Fußnoten hin. Häufig hat Schmitt An- und Unterstreichungen mit unterschiedlichen Farbstiften angebracht, was auf wiederholte Lektüre hindeuten mag. In der zweiten Hälfte des Briefwechsels werden die Notizen von Schmitt häufiger. Gelegentlich hat Schmitt seinen Antwortbrief mit Stenokürzeln auf Forsthoffs Brief notiert; wo der dazugehörige ausformulierte Brieftext nicht mehr vorliegt, wurden diese Entwürfe in die Edition aufgenommen: ihre ungemein schwierige Transkription hat Hans Gebhardt, Eckersdorf, besorgt. Forsthoff hat Schmitts Briefe nicht beschrieben.

Der Abdruck der Briefe richtet sich nach ihrer chronologischen Abfolge. Datums- und Ortsangaben wurden vereinheitlicht. Undatierte Briefe oder Postkarten mit unentzifferbarem Poststempel ließen sich durchweg anhand ihres Inhalts und dessen Vergleichs mit vorausgegangenen und nachfolgenden Dokumenten einordnen. Aus diesem Grund konnte die Abfolge der Archivsignaturen des Landesarchivs NRW, Hauptstaatsarchiv Düsseldorf nicht eingehalten werden. Auf die den Briefen beigefügten Anlagen geht der Kommentar ein. Wegen seines Umfangs steht der Kommentar getrennt von den Briefen in einem zweiten Teil des Buches. Er legt auf ungedruckte Quellen aus dem bisher noch unerschlossenen Nachlaß Ernst Forsthoffs besonderen Wert. Auf andere Schmitt-Korrespondenz wird verwiesen, soweit sie im Düsseldorfer Archiv zugänglich ist.

Susanne Falconi-Tröger, geb. Forsthoff, † 2002, die den Nachlaß ihres Vaters verwahrte, hat nach anfänglichen Bedenken, aber vor allem von Gerd Giesler überzeugt, der Veröffentlichung zugestimmt und den Beginn der Arbeit noch entscheidend und fördernd begleiten können.

Die Textfassung des Briefwechsels hat Angela Reinthal erstellt und den Nachlaß von Ernst Forsthoff und Carl Schmitt zur Bearbeitung herangezogen. Der Kommentar ist eine Gemeinschaftsarbeit der Herausgeber in Zusammenarbeit mit Gerd Giesler und Jürgen Tröger. Die Endredaktion des Kommentars und damit die Hauptlast lag bei Dorothee Mußgnug.

Dank

Eine solche Edition bedarf vielfältiger Mithilfe in schriftlicher und mündlicher Form, und allen, die uns unterstützt haben, danken wir herzlich. Vor allem danken wir Vera Belloni, Prof. Dr. Ernst Wolfgang Böckenförde, Prof. Dr. Dr. Werner Böckenförde (†), Dr. Claus von Bormann, Prof. Dr. Winfried Brohm, Prof. Dr. Karl Doehring, Prof. Dr. Horst Ehmke, Caroline Eschweiler, Hans Gebhardt, Prof. Dr. Dieter Groh, Prof. Dr. Ernst Feil, Dr. Klaus Frey, Björn Fühler, Prof. Dr. Wilhelm Hennis, Prof. Dr. Robert Hepp, Prof. Dr. Hans Holländer, Senator h.c. Dr. Konrad Huber (†), Prof. Dr. Ulrich Hufeld, Prof. Dr. Helmuth Kiesel, Prof. Dr. Klaus Kröger, Dr. Erik Leibenguth, Priv.doz. Dr. Reinhard Mehring, Edith Mohler, Prof. Dr. Giuseppe Morbidelli, Prof. Dr. Wolf-Dieter Müller-Jahncke, Maria Gabriele Pfeiffer, Dr. Thomas Pfeiffer, Prof. Dr. Giuseppe Porro, Prof. Dr. Helmut Quaritsch, Prof. Dr. Michael Ronellenfitsch, Dr. Claudia Sartoretti, Dr. Armin Schlechter, Prof. Dr. Hans Schneider, Hans-Ludwig Schnur, Prof. Dr. Wolfgang Schuller, Dr. Gabriel Seiberth, Prof. Dr. Robert Seidel, Prof. Dr. Heinrich Siedentopf, Prof. Dr. Rudolf Smend, Dr. Nicolaus Sombart, Andreas Staffhorst, Prof. Dr. Johann Anselm Steiger, Dr. Renate Steiger (†), Prof. Dr. Bin Takada, Prof. Dr. Joachim Telle, Dr. Christian Tilitzki, Dr. Elfriede Üner, Hans-Georg Ulrichs, Dr. Otfried Ulshöfer, Prof. Dr. Friedrich Voit.

Für Unterstützung danken wir folgenden Institutionen: dem Bundesarchiv Berlin, dem Geheimen Staatsarchiv Preußischer Kulturbesitz in Berlin, der Staatsbibliothek zu Berlin Preußischer Kulturbesitz (besonders der Zeitungsabteilung), der Evangelischen Akademie Baden in Bad Boll bzw. in Karlsruhe, dem Archiv der Universität Bonn, der Universitäts- und Landesbibliothek Bonn, dem Institut für Zeitungsforschung in Dortmund, dem Nordrhein-Westfälischen Hauptstaatsarchiv in Düsseldorf, dem Archiv der Frankfurter Allgemeinen Zeitung in Frankfurt am Main, dem Freien Deutschen Hochstift in Frankfurt am Main, dem S. Fischer Verlag Frankfurt am Main, dem Hessischen Rundfunk Frankfurt am Main, dem Universitätsarchiv in Frankfurt am Main, der Universitätsbibliothek Greifswald, dem Staatsarchiv Hamburg, dem Universitätsarchiv in Heidelberg, der Universitätsbibliothek in Heidelberg, dem Landesbesoldungsamt in Kiel, der Schleswig-Holsteinischen Landesbibliothek in Kiel, dem Bundesarchiv Koblenz, dem Universitätsarchiv in Köln, der Universitätsbibliothek Lüneburg, dem Deutschen Literaturarchiv Marbach, dem Bayerischen Rundfunk in München, dem Verlag C.H. Beck in München, der Deutschen Verlags Anstalt (DVA) in München, dem Landesarchiv Schleswig-Holstein in Schleswig, den Archives du Bas-Rhin in Strasbourg, der Württembergischen Landesbibliothek in Stuttgart.

Besonders danken möchten wir Prof. Dr. Jürgen Becker als Verwalter des Nachlasses von Carl Schmitt sowie dem Landesarchiv Nordrhein-Westfalen, Hauptstaatsarchiv Düsseldorf, die den Abdrucke der Briefe Carl Schmitts erlaubt haben, der Familie

Forsthoff, die die Briefe und Materialien aus dem Nachlaß ihres Vaters zur Veröffentlichung freigegeben und die Briefe Carl Schmitts zur Verfügung gestellt hat. Darüberhinaus gilt unser ganz besonderer Dank für vielfältige Hilfen Prof. Dr. Willi Blümel, Heinrich Forsthoff, Dr. Martin Forsthoff, Dipl.-Ing. Ernst Hüsmert, Gisela Lehmann und Peter Lehmann, Günter Maschke und Prof. Dr. Piet Tommissen.

Der Deutschen Forschungsgemeinschaft danken wir aufrichtig für ihre finanzielle Hilfe, ohne die die Transkription und die Recherchen für den Kommentar nicht möglich gewesen wären.

Zu danken ist auch den jeweiligen Autoren, Rechtsnachfolgern oder Nachlaßverwaltern, die freundlicherweise den Abdruck von Briefen im Kommentar gestattet haben. Herausgeber und Verlag haben sich bemüht, alle Rechtsinhaber ausfindig zu machen, was leider nicht in allen Fällen gelungen ist.

Juni 2007 Die Herausgeber

Einleitung

Über Carl Schmitt, sein Werk und seine nach und nach veröffentlichten Briefwechsel ist bereits viel geschrieben worden. Der gut erschlossene Nachlaß wird zu weiteren Publikationen führen. Schmitts prägnante, griffig formulierte Thesen provozierten und provozieren nicht nur Juristen. Sie halten das Interesse an ihm und seinem Werk wach und regen zu Kommentierungen und Stellungnahmen an. Biographische Details fügen seinem Bild fortwährend neue Mosaiksteine hinzu.

Der Briefwechsel zwischen Schmitt und Ernst Forsthoff, einem seiner bedeutendsten Schüler, wirft weiteres Licht auf die juristische Zeitgeschichte. An seinem tagebuchähnlichen Glossarium feilte Schmitt.[1] Er schuf für sich Klarheit – für die Herausgeber die Ermunterung zur Edition. Die hier vorgelegten Briefe indessen sind spontan geschrieben. Weder Schmitt noch Forsthoff haben je an ihre Veröffentlichung gedacht. Das läßt daran zweifeln, ob der Bruch ihrer Privatheit gestattet ist. Wenn die Briefe dennoch publiziert werden, so sollte der Leser im Blick behalten, daß sie tagesbezogen sind, oft Stimmungen und Verstimmungen des Augenblicks wiedergeben. „Im Alter rückt man einander näher" schrieb Forsthoff nicht von ungefähr an Schmitt (26. September 1972).

Schmitt und Forsthoff haben, wenn auch zeitlich versetzt, ähnliches erlebt: Diffamierung; neben berechtigter auch viel undifferenzierte, unwissenschaftliche Kritik; den Verlust, den für beide der Tod der Gattin bedeutete. Doch selbst in dem sich über Jahrzehnte hinstreckenden Austausch in Briefen und bei regelmäßigen Zusammenkünften stellte sich zwischen ihnen kein vertraulicher Umgang ein. Beide urteilten über viele Dinge gleich, doch wenn sie verschiedener Ansicht waren, so kam das nicht weiter zur Sprache.[2]

Nach dem Krieg sahen sich Schmitt wie Forsthoff isoliert, wenn auch in unterschiedlichen Situationen und unterschiedlicher Schärfe. Diese Erfahrung beansprucht in ihrer Korrespondenz breiten Raum. Sie zieht sich wie ein roter Faden durch ihre Briefe, wiewohl beide auch vielfältige andere Verbindungen unterhielten, die in ihrem Briefwechsel nicht oder nur beiläufig anklingen. Das Etikett, Haupt einer Schule zu sein, oder, was Forsthoff angeht, Primus, „Routinier aus der Meisterklasse" (Ridder), band beide in starkem Maße aneinander. Forsthoff beließ seinen Schülern freilich vollkommene Unabhängigkeit. Ihnen stand frei, sich bei ihm auch mit Thesen zu habilitieren, die seiner eigenen Auffassung völlig widersprachen. Karl Zeidler hat diese Freiheit 1959 konsequent genutzt;[3] Forsthoff widmete ihm 1964 nach seinem frühem Tod dennoch den Sam-

---

1 Eberhard von Medem (Hg.), Carl Schmitt, Glossarium. Aufzeichnungen der Jahre 1947–1951, Berlin 1991.

2 Besonders deutlich bei Forsthoffs Versuch, zwischen Schmitt und Mohler zu vermitteln, Forsthoffs Briefe an Schmitt, 2. und 9. Juli 1970 (Nr. 312, 314).

3 Karl Zeidler, Maßnahmegesetz und „klassisches Gesetz". Eine Kritik, Karlsruhe 1961 (Habilitationsschrift vom 8. Juli 1959).

melband „Rechtsstaat im Wandel“. Dachten seine Schüler contra magistrum, so hat das Forsthoff „offenbare Befriedigung“ bereitet.[4]

Forsthoff schilderte wiederholt seine erste Begegnung mit Schmitt in Bonn und die Wende, die für ihn der Wechsel des Studienortes im Sommersemester 1923 bedeutete.[5] Schmitt hatte gewichtige Schriften publiziert (Politische Romantik 1919, Die Diktatur 1921, Politische Theologie 1922 und Die geistesgeschichtliche Lage des heutigen Parlamentarismus 1923). Forsthoff bekannte später, daß er bis dahin keine davon kannte. Aber Schmitts Gabe, in Vorlesungen und Seminaren praktische Probleme mit staatstheoretischen Grundsatzfragen zu verknüpfen und zu erörtern, haben nicht nur Forsthoff beeindruckt. Ernst Rudolf Huber berichtete das Gleiche.

Carl Schmitt

Carl Schmitt, am 11. Juli 1888 in Plettenberg (Sauerland) geboren, in der Diaspora katholisch erzogen und geprägt, begann sein Jurastudium 1907 in Berlin. Für ein Semester ging er nach München und schloß seine Studienzeit in Straßburg mit dem Referendarexamen, der Dissertation (1910) und schließlich auch der Habilitation (1916) ab.[6] Hinzu kam seine Dienstzeit bei der Bayerischen Armee[7] und die Vorlesungen, die Schmitt bei Max Weber hörte. Lange Spaziergänge mit Theodor Däubler und Begegnungen mit Fritz Eisler, Franz Blei, Konrad Weiß und anderen Literaten und Malern, dazu die unmittelbaren Erfahrungen der Räterepublik in seiner Münchner Zeit prägten Carl Schmitt in einer Weise, die sich seinen Lesern oft nur undeutlich mitteilt.

Auf Schmitts Habilitation folgte nach dem Krieg eine Dozentur an der Münchener Handelsschule. 1921 erhielt er einen Ruf nach Greifswald, 1922 einen weiteren auf ein Bonner Ordinariat. In Bonn stießen seine später bekanntesten Schüler zu ihm (E. R. Huber, Friesenhahn, Kirchheimer, W. Weber). Auch Forsthoff fand den Weg zu Schmitt in Bonn.

Den politischen Problemen, die die Zeit nach dem Ersten Weltkrieg belasteten, konnte sich kein Öffentlichrechtler entziehen. Weder Schmitt noch seine Kollegen taten das. Schmitt erörterte die Schicksalsfragen der Weimarer Republik nicht nur in seinen wissenschaftlichen Arbeiten. In einem Gutachten für die Regierung Brüning entfaltete er die damals hochpolitische Lehre von der „institutionellen Garantie“ des Berufsbeamtentums. 1924 wurde ihm bei der ersten Tagung der neugegründeten Staatsrechtslehrervereinigung das damals brennend aktuelle Thema: „Die Diktatur des Reichspräsidenten

---

4 Karl Doehring, Festgabe für Ernst Forsthoff, 1967, S. 1.

5 Vgl. Kommentar zu Schmitts Brief an Forsthoff, 3. September 1953 (Nr. 62).

6 Vgl. die ausführliche Biographie von Paul Noack, Carl Schmitt und die zahlreichen Ergänzungen durch Piet Tommissen, in: Quaritsch, Complexio Oppositorum sowie Tommissens laufende Beiträge in den Schmittiana Bänden. Zusammenfassend Helmut Quaritsch, Carl Schmitt (1888–1985), in: Jürgen Aretz, Rudolf Morsey, Anton Rauscher (Hgg.), Zeitgeschichte in Lebensbildern, Bd. 9. Aus dem deutschen Katholizismus des 19. und 20. Jahrhunderts, Münster 1999, S. 199–220.

7 Ernst Hüsmert/Gerd Giesler (Hgg.), Carl Schmitt, Die Militärzeit 1915 bis 1919. Tagebuch Februar bis Dezember 1915; Aufsätze und Materialien, Berlin 2006.

nach Art. 48 der Weimarer Reichsverfassung" übertragen. Schmitt vertrat das Reich 1932 zusammen mit Carl Bilfinger und Erwin Jacobi vor dem Staatsgerichtshof im Prozeß um den „Preußenschlag".[8] Er war, wie Ernst Rudolf Huber formulierte, „aus eigenem Antrieb und aus eigener Verantwortung nicht nur dem Denken über die Zeit, sondern dem Handeln in der Zeit zugewandt."[9] Huber schilderte ausführlich, wie Schmitt Ende 1932/Januar 1933 aktiv in die Politik einbezogen wurde. Schmitts Wechsel nach Berlin zur Handels-Hochschule 1928,[10] dann ins Rheinland zurück nach Köln im Dezember 1932, die Ablehnung der Rufe nach Heidelberg und München im Sommer 1933 zugunsten eines Rufes an die Friedrich-Wilhelms-Universität Berlin brachten ihn erneut der Politik nahe. Brünings Briefe an Carl Schmitt aus dem Jahre 1955[11] bezeugen den gegenseitigen Respekt zwischen dem Reichskanzler und dem Staatsrechtslehrer beredt.

Im April 1933 vollzog Schmitt die Wendung zu der neuen Reichsregierung Hitler, unerwartet für seine Bekannten und „ohne Rückendeckung".[12] Seine in den folgenden drei Jahren veröffentlichten Bekenntnisse zur nationalsozialistischen Ideologie sind der Grund der Vorwürfe, die seitdem gegen ihn erhoben werden. Einigen seiner damaligen Kollegen im nationalsozialistischen Lager genügten diese Zeugnisse allerdings nicht. Im Verbund mit der SS agierten sie seit 1936 mit Erfolg gegen Schmitt. Darüber ist Schmitt ins politische Abseits geraten; auch als Preußischer Staatsrat sah er sich ausgegrenzt. Vielleicht hat das seine offen bekundete Freundschaft mit dem am 2. Februar 1945 in Berlin-Plötzensee hingerichteten Johannes Popitz und mit seinen vom NS-Regime als „entartet" geächteten Malerfreunden gestärkt.

Schmitt suchte von nun an seine wissenschaftlichen Themen auf dem Gebiet des Völkerrechts. Die Kontakte insbesondere nach Spanien, die ihm nach der Heirat seiner Tochter Anima (1931–1983) mit dem spanischen Juristen Alfonso Otero Valera (1957) doppelt wichtig wurden, nahmen hier ihren Anfang. Jüngeren Kollegen riet er entschieden ab, sich mit geltendem Staatsrecht zu beschäftigen.[13]

---

8 Der Reichskanzler v. Papen hatte die preußische Minderheitsregierung abgesetzt und einen Staatskommissar für Preußen ernannt. Vgl. die Darstellung durch Gabriel Seiberth, Anwalt des Reiches.

9 Ernst Rudolf Huber, Carl Schmitt in der Reichskrise der Weimarer Endzeit, in: Complexio Oppositorum, S. 33–50; Wolfram Pyta, Verfassungsumbau, Staatsnotstand und Querfront: Schleichers Versuche zur Fernhaltung Hitlers von der Reichskanzlerschaft August 1932 bis Januar 1933, in: Pyta (Hg.), Gestaltungskraft des Politischen, Festschrift für Eberhard Kolb, Berlin 1998, S. 173–197; Lutz Berthold, Carl Schmitt und der Staatsnotstandsplan am Ende der Weimarer Republik, Berlin 1999; nicht sehr viel weiter führt in diesem Zusammenhang: Irene Strenge, Kurt von Schleicher. Politik im Reichswehrministerium am Ende der Weimarer Republik, Berlin 2006.

10 Nach einem Gastvortrag in Heidelberg dankte Schmitt dem Kollegen Jellinek mit einem Heidelberg-Bild und schrieb ihm: „(Ich) empfinde Ihre vornehme Art der Sachlichkeit als einen großen Trost und Ansporn – nach schlimmen Berliner Erfahrungen bedeutet das für mich vielleicht mehr und Wichtigeres als Sie vermuten können", Brief vom 29. Januar 1932; BA Koblenz, N 1242 Nr. 25.

11 Abgedruckt im Kommentar zu Schmitts Brief an Forsthoff vom 2. Januar 1956, Anm. 7 (Nr. 85).

12 Quaritsch, Schmitt, S. 214.

13 Schmitt legte Hans Schneider nahe, seine Habilitationsschrift nicht dem Staatsrecht, sondern einer

Am 26. September 1945 wurde Carl Schmitt in Berlin festgenommen und bis zum 10. Oktober 1946 gefangen gehalten. Am 19. März 1947 erfolgte eine erneute Inhaftierung in Berlin. Fünf Wochen verbrachte er im Nürnberger Justizgefängnis, um dort als Belastungszeuge für die vor dem Internationalen Militärgerichtshof Angeklagten bereit zu stehen.[14] Nach seiner Entlassung zog er sich in seine sauerländische Heimat Plettenberg zurück und lebte dort bis zu seinem Tod in sehr bescheidenen Verhältnissen und zunächst auch ohne seine beschlagnahmte Bibliothek. Eine Entnazifizierung hat Schmitt nicht beantragt.

Der enge Kontakt zwischen Forsthoff und Schmitt brach nach 1934 ab. Aus der Zeit danach sind nur Schmitts Antworten auf förmliche Anzeigen (Verlobung, Geburt des ersten Kindes, Tod von Forsthoffs Vater) und eine Notiz in Schmitts Tagebuch über ein Treffen in Berlin erhalten. Schmitt unterstützte Forsthoff zwar bei seiner Bewerbung an die Universität Frankfurt (1933). In den Aufstiegsjahren Schmitts und während dessen Ausgrenzung ab 1936 ruhte der Briefwechsel. Er gewann erst nach dem Krieg Intensität. Die Initiative zu seiner Belebung ging von Forsthoff aus.

Ernst Forsthoff

Ernst Forsthoff, am 13. September 1902 in Duisburg-Laar geboren, wuchs in einem Pfarrhaus auf. Sein Vater Heinrich Forsthoff (1871–1942) war von 1906 bis 1934 Gemeindepfarrer in Mülheim/Ruhr, erwarb in Tübingen den Dr. phil. (1910), in Bonn den Titel eines Lic. Theol. (1918). Die von ihm verfaßte „Rheinische Kirchengeschichte" (1928) honorierte die Bonner Theologische Fakultät mit einem Ehrendoktorat. 1934–1936 stand Heinrich Forsthoff als Landespfarrer und Probst an der Spitze des neu geschaffenen Bistums Köln/Aachen. Gegen die von ihm im Mai 1934 eingeführte neue rheinische Kirchenordnung gab es erheblichen Widerstand; sie wurde im November 1934 wieder aufgehoben. Heinrich Forsthoff bemühte sich darum, eine „Restitution des Bildungschristentums" zu erreichen. Deshalb gründete er nach 1933 mehrere christliche Akademien.[15] Er hoffte, die Evangelische Kirche werde den „Umbruch" nutzen, um aus ihrer „Erstarrung" herauszufinden.[16] 1936 trat er in den Ruhestand.[17]

Anregung von Johannes Popitz folgend dem „Preußischen Staatsrat 1817–1918" zu widmen. Die Arbeit ist 1952 im Druck erschienen (mündliche Auskunft von Hans Schneider).

14 Vgl. die Edition: Carl Schmitt, Antworten in Nürnberg, hg. und kommentiert von Helmut Quaritsch, Berlin 2000.

15 Heinrich Forsthoff, Der Weg aus der Illusion. Die Aufgabe der Evangelischen Akademien, in: Eckart 9, 1933, S. 409–413.

16 Ziegert, Kirche ohne Bildung, S. 216–315; Besier, Die Kirchen und das Dritte Reich, S. 281.

17 Zur rheinischen Kirchengeschichte detailliert: Klaus Scholder, Die Kirchen und das Dritte Reich, Bd. 2: Das Jahr der Ernüchterung, 1934, Berlin 1988; Günther van Norden (Hg.), Kirchenkampf im Rheinland. Die Entstehung der Bekennenden Kirche und die Theologische Erklärung von Barmen 1934, Bonn 1984.

Die ersten Jahrzehnte bis 1936

Ernst Forsthoff begann sein Studium in Freiburg, wechselte nach Marburg und fand an der Universität Bonn in Schmitt den Lehrer, der ihn in der Wahl seines Studienfachs bestätigte.[18] Bei ihm promovierte Forsthoff 1925. Für seine Habilitation mußte er sich jedoch einen anderen Mentor suchen, weil Schmitt von Bonn an die Handels-Hochschule Berlin gegangen war, der das Habilitationsrecht fehlte. Bei Schmitts Nachfolger in Bonn, Richard Thoma, stieß Forsthoff auf Verständigungsschwierigkeiten.[19] Deshalb kehrte er nach Freiburg zurück und fand dort in Freiherrn Marschall von Bieberstein seinen Habilitationsvater. Die Habilitationsschrift lag zu Beginn des Sommersemesters 1930 vor, das Verfahren wurde im gleichen Semester abgeschlossen. Im WS 1930/31 begann Forsthoff seine Lehrtätigkeit in Freiburg. Im SS 1933 übernahm er einen Lehrauftrag für Völkerrecht an der Universität Heidelberg.[20]

Bereits in dieser kurzen Zeit legte Forsthoff gewichtige juristische Arbeiten vor. Daneben äußerte er sich häufig in den Zeitschriften „Der Ring“ und „Deutsches Volkstum“, oft auch unter Pseudonym. In kurzen Artikeln machte er juristische Neuerscheinungen (auch Schmitts Publikationen) einem nichtjuristischen Publikum bekannt. Forsthoff nahm zu aktuellen Grundsatzfragen des Öffentlichen Rechts Stellung, unter anderem zur Bedeutung des Presserechts, zur Stellung des Reichspräsidenten im Verfassungsgefüge der Weimarer Reichsverfassung, zur kommunalen Selbstverwaltung. Die damals umlaufende Formel von der „Totalen Mobilmachung“ griff Forsthoff 1931 im „Ring“ auf.[21] Im Februar 1933 schrieb Carl Schmitt über die „Weiterentwicklung des totalen Staates in Deutschland“.[22] Wenig später beschrieb Forsthoff 1933 in seiner Schrift „Der totale Staat“ auf knapp 40 Seiten die Wandlung vom Staat des 19. Jahrhunderts, zum Staat von Weimar und zu dem mit Hitlers Machtergreifung heraufziehenden totalen Staat und dessen Herrschafts- und Volksordnung.[23] Diese Schrift belastet Forsthoff bis auf den heutigen Tag. Sie befremdet vor allem wegen ihrer antisemitischen Ausfälle, die Forsthoff später selbst mehrfach und mit Entschiedenheit bedauert hat. In seinem „Staat der Industriegesellschaft“ aus dem Jahre 1971 hat er auch die Formel vom „Totalen Staat“ als „schief, wenn nicht falsch“ zurückgenommen.[24] Doch 1933 plädierte Forsthoff

18 Vgl. Kommentar zu Schmitts Brief an Forsthoff, 3. September 1953 (Nr. 62).

19 Vgl. Forsthoffs Brief an Schmitt, 9. März 1930 (Nr. 5).

20 Beschluß in der Fakultätssitzung vom 9. Januar 1933; UA Heidelberg, H IV 111/131.

21 Zu diesen Beiträgen auch Kersten, Entwicklung des Konzepts der Daseinsvorsorge, S. 543–545.

22 Europäische Revue, 2. Februar 1933, S. 65–70; vorangegangen war der 1931 erschienene Aufsatz: „Die Wendung zum totalen Staat“, ebda., 14. April 1931, S. 241–250.

23 Der totale Staat, 1. Aufl. 1933, 2. Aufl. 1934. Dazu ausführlich Hans H. Klein, „Der totale Staat“. Betrachtungen zu Ernst Forsthoffs gleichnamiger Schrift von 1933, in: Willi Blümel (Hg.), Ernst Forsthoff. Kolloquium aus Anlaß des 100. Geburtstags von Prof. Dr. Dr. h.c. Ernst Forsthoff, Berlin 2002, S. 21–39. Zu den Vorbehalten der Parteistellen gegenüber dem „Totalen Staat“ vgl. die unten (S. 15) zitierten Bemerkungen Baldur von Schirachs (25. 3. 1942).

24 Forsthoff, Staat der Industriegesellschaft, 1971, S. 54 Anm. 1; eingehend dazu Kersten (wie Anm. 21), S. 568.

mit ihr für einen allmächtigen Staat, in dem weder den Individuen, noch den Institutionen irgendein Anspruch auf rechtlich gesicherte Freiheit zukommt. Zugleich hat er aber auch scharf zwischen der an ihrem Programm orientierten politischen Führung durch die Partei und der für die Sicherung der Lebensbedingungen verantwortlichen Verwaltung unterschieden, die um dieser Verantwortung willen zu strikter Neutralität verpflichtet sei. Diese These hat das Mißfallen der Machthaber erregt. In der zweiten Auflage hat Forsthoff sie daher stark retuschiert.[25] Die Formel vom „totalen Staat" ist in den 30er Jahren auch von anderen benutzt worden. Gleichwohl wird sie nach wie vor mit Forsthoffs Namen verbunden und ihm zur Last gelegt. Daß er sich sowohl von ihr, als auch seiner ihr gewidmeten Schrift unmißverständlich abgewandt hat, bleibt dabei meist unerwähnt.

Zum WS 1932/33 lief das Stipendium aus, das die Badische Regierung Forsthoff nach seiner Habilitation gewährt hatte.[26] Er nahm deshalb das Angebot der Frankfurter Universität an, Hermann Hellers[27] Lehrstuhl zu vertreten.[28]

Die Frankfurter Juristenfakultät befand sich zu Beginn des Sommersemesters 1933 in einer schwierigen Lage; ihr drohte die Schließung. Daß fünf Lehrstühle vakant waren, verschärfte die Gefahr. Am 24. April 1933 wurde Forsthoff „mit der Vertretung der Staatsrechtsprofessur an der Universität Frankfurt" beauftragt.[29] Auf den freien Öffentlichrechtlichen Lehrstuhl wollte die Fakultät jedoch ihren eigenen 1929 habilitierten Privatdozenten Hans Julius Wolff berufen sehen und schlug ihn „unico loco" vor.[30] Wolffs Ernennung wurde am 2. August ausgesprochen. Am 21. September meldete Wolff der Fakultät jedoch, daß Gerüchten zufolge Studenten seine Vorlesungen boykottieren woll-

25 Hierzu Kersten (wie Anm. 21), S. 549.

26 Forsthoff an Schmitt, 2. Juli 1932 (Nr. 13).

27 Hermann Heller (1891–1933) kam 1932 aus Berlin. Durch seine Prozeßvertretung für das Land Preußen vor dem Staatsgerichtshof, war er einer breiteren Öffentlichkeit bekannt geworden. 1933 nahm er Einladungen zu Vorträgen nach London und Madrid an. Er hatte sich bereits entschlossen, nicht mehr nach Deutschland zurückzukehren, als ihm in Madrid die Entlassung mitgeteilt wurde. Während einer Vorlesung erlitt er am 5. November 1933 einen Herzanfall und starb; Wilfried Fiedler, Die Wirklichkeit des Staates als menschliche Wirksamkeit. Über Hermann Heller (Teschen 1891–Madrid 1933), in: Oberschlesisches Jahrbuch 11, 1995, S.149–167. Die Fakultät gedachte in der Sitzung am 6. November 1933 „ihres in Madrid gestorbenen Fakultätsmitgliedes"; UA Frankfurt, Abt. 110 Nr. 102.

28 Schreiben vom 29. April 1933; UA Frankfurt, Abt. 4, Nr. 1194.

29 Neben Hermann Heller war auch Karl Strupp (1886–1940) für das Sommersemester „beurlaubt"; GStA PK I. HA, Rep. 76 Va Sekt. 5 Tit. IV Nr. 2 Bd. 3.

30 Fakultätsbeschluß vom 24. Mai 1933; UA Frankfurt, Abt. 110 Nr. 102, § 1059. Im übrigen sind die Fakultätsprotokolle wenig aussagekräftig. Meist heißt es darin ganz allgemein, daß „über schwebende Berufungsfragen" gesprochen worden sei.

ten.[31] Daraufhin wurde er für das WS 1933/34 beurlaubt.[32] Mittlerweile hatte Carl Schmitt zu Forsthoffs Gunsten in Berlin interveniert.[33] Am 27. Oktober 1933 übertrug das Berliner Ministerium Forsthoff eine „frei gewordene planmäßige Professur".[34]

Im September hoffte die Universität Frankfurt in sichereres Fahrwasser zu gelangen, wenn sie ihren Status änderte und in Berlin ihre Umwandlung von einer „Stiftungsuniversität" in eine „Reichs-Universität" beantragte. Den entsprechenden Um- und Ausbau wollte der Rektor Ernst Krieck (1882–1947) vorantreiben.[35] Zur gleichen Zeit glaubten Forsthoff, der Frankfurter Privatdozent Heinrich Henkel und der ebenfalls neu nach Frankfurt gekommene Privatdozent Arnold Gehlen,[36] die Universität nach den „politischen Anforderungen" ausrichten zu müssen.[37] In einer undatierten „Vorschlagsliste zur Besetzung der vakanten Professuren" in der juristischen, philosophischen und wirtschaftswissenschaftlichen Fakultät" gaben sie Empfehlungen ab.[38] Forsthoff schlug Henkel als Strafrechtler vor,[39] Henkel und Gehlen benannten Forsthoff für das Öffentliche Recht. Forst-

---

31 Die Anschuldigungen bezogen sich auf Wolffs Tätigkeit beim Landratsamt Höchst, wo er zu scharf gegen die nationalsozialistische Bewegung vorgegangen sei; UA Frankfurt, Abt. 114 Nr. 181, fol. 27. Dazu auch Wolffs Schreiben vom 18. Oktober 1933 an das Preußische Ministerium für Wissenschaft, Kunst und Volkbildung, in dem er die Vorwürfe, er habe in demokratischen und sozialistischen Kreisen verkehrt, als völlig gegenstandslos zurückwies; GStA PK I. HA, Rep. 76 Va, Sekt. 5 Nr. 2 Bd. 3.

32 Im April 1935 wurde Wolff an das Herder Institut in Riga versetzt, etatmäßig der Universität Marburg zugerechnet; UA Frankfurt, Abt. 4 Nr. 1849, fol. 10 und 11.

33 Vgl. Schmitts Brief an Wilhelm Ahlmann vom 16. Juni 1933, abgedr. im Kommentar zu Schmitts Brief an Forsthoff, 26. Mai 1955 (Nr. 80). Wolff hatte sich neben seiner Arbeit im Landesdienst habilitiert. Seine Habilitationsleistung war mit „rite" bewertet worden; UA Frankfurt Abt. 114 Nr. 181 fol. 1.

34 UA Frankfurt, Abt. 4 Nr. 1194.

35 Notker Hammerstein, Die Johann Wolfgang Goethe-Universität Frankfurt am Main. Von der Stiftungsuniversität zur staatlichen Hochschule, Bd. 1, Neuwied Frankfurt 1989, S. 284–286.

36 Heinrich Henkel (1903–1981) habilitierte sich neben seiner Tätigkeit als Gerichtsassessor für das Fach Strafrecht. Zum WS 1933/34 wurde er zum Ordinarius ernannt, 1934 nach Marburg versetzt, nach 1935 lehrte er in Breslau, wo er als Rektor abgesetzt wurde; Hammerstein, Goethe-Universität, S. 307. Nach 1951 lehrte Henkel in Hamburg.
Arnold Gehlen (1904–1976) hatte sich 1930 in Leipzig für das Fach Philosophie habilitiert, 1933 übernahm er in Frankfurt eine Lehrstuhlvertretung (Paul Tillich). Er war 1934–1937 Ordinarius für Philosophie in Leipzig, 1938–1939 in Königsberg, 1940–1945 in Wien, wo er 1945 als „Nichtösterreicher" entlassen wurde. Nach einem Entnazifizierungsverfahren kam er 1947 an die (1950 umbenannte) Hochschule für Verwaltungswissenschaften nach Speyer, 1962 als Ordinarius nach Aachen. 1976 starb er in Hamburg; DBE 3, 1996, S. 599.

37 Dazu Heinrich Henkel, Der Begriff der Wissenschaft in Forschung und Lehre, Vortrag gehalten am 24. 4. 1933 auf der Tagung der „Kulturpolitischen Arbeitsgemeinschaft deutscher Hochschullehrer" in Frankfurt a. M., in: Ernst Krieck/Friedrich Klausing (Hgg.), Die Deutsche Hochschule 1, 1933, S. 8–29.

38 UA Frankfurt, Abt. 13 Nr. 108, undatiert.

39 Nach Forsthoffs Vorschlag sollte Gustav Steinbömer ein Extraordinariat für Kulturgeschichte erhalten. Gustav (Hillard) Steinbömer (1881–1972), einziger bürgerlicher Mitschüler des Kronprin-

hoff erklärte sich mit seiner Benennung einverstanden, „einmal weil ich keinen anderen Vorschlag machen könnte, der den gerade hier besonders ernst zu nehmenden politischen Anforderungen entspricht, sodann, weil es wichtig ist, daß bei der gemeinsamen wissenschaftlich-politischen Forschung und Schulung, wie sie durch diesen Vorschlag angebahnt wird, die nationale Staatsrechtslehre Schmitt'scher Prägung, die ganz auf den heutigen Staat gestellt ist, beteiligt wird, schließlich weil ich dem Kreis von Männern, dem diese Aufgabe anvertraut werden soll, durch jahrelange gemeinsame Arbeit für das gleiche Ziel verbunden bin". Forsthoff war entschlossen, politische Schulungsarbeit im Sinne des Nationalsozialismus zu leisten.[40] Trotz aller weitreichenden Planung[41] erreichte die Frankfurter Fakultät nichts. Im Gegenteil: das Berliner Reichserziehungsministerium betrachtete sie als Auffangbecken und Abstellgleis der in Berlin und Kiel unerwünschten Dozenten.[42] Forsthoff überwarf sich jedoch mit dem Dekan. Zudem sollte sein Ordinariat zum 1. April 1935 in ein Extraordinariat umgewandelt werden.[43]

Trotz seiner noch deutlich vom Zeitgeist geprägten Haltung leistete Forsthoff schon in dieser Zeit dem Nationalsozialismus keineswegs bedingungslose Gefolgschaftstreue.

---

zen, besuchte die Kriegsakademie, 1911 in den Generalstab kommandiert, war am Ende des Krieges Generalstabsoffizier. Wiederholt übertrug ihm der Kronprinz Sondermissionen. Dabei lernte er u. a. Walther Rathenau kennen und wurde sein Vertrauter. Steinbömer beendete sein Studium der Kunstgeschichte, Germanistik und Archäologie mit einer Promotion, übernahm unter Max Reinhardt eine Dramaturgenstelle und wurde Dozent an der Schauspielschule des Deutschen Theaters in Berlin. Seit 1944 lebte er als freier Schriftsteller in Lübeck. Steinbömers Nachlaß liegt im Deutschen Literaturarchiv, Marbach; vgl. die Ehrungen und Würdigungen u. a. durch Ernst Jünger, Heidegger, Edgar Salin, Forsthoff, Hans Barion in: Hesperus, Festschrift für Gustav Hillard Steinbömer zum 90. Geburtstag am 24. Februar 1971, Privatdruck.

40 Brief vom 7. Dezember 1933, zit. bei Hammerstein, Goethe-Universität, S. 311. Erhalten ist ein Bericht über ein von Frankfurter Studenten veranstaltetes „Wissenschaftslager" im Juni 1934, das auf dem staatstheoretischen Seminar von Forsthoff aufgebaut gewesen sei. Themen waren: Erörterung des Wissenschaftsbegriffs, Problem der Erziehung, Vortrag über Staatsführung und Propaganda. Als Dozenten sprachen Albrecht Erich Günther und Steinbömer; Bericht der Frankfurter Zeitung, Handelsblatt 29. Juli 1934, in: Staatsarchiv Hamburg, Bestand Hochschulwesen II A i 5/25.

41 In diesem Zusammenhang beschloß die Juristische Fakultät am 7. Februar 1934, das Institut für Politik zu übernehmen, das bislang als „Institut für Auswärtige Politik" zur Wirtschafts- und Sozialwissenschaftlichen Fakultät gehörte. Vorgesehen war auch die Errichtung einer besonderen „Dozentenakademia", Fakultätskonferenz vom 31. Oktober 1933, UA Frankfurt, Abt. 110 Nr. 102 § 1102, § 1079.

42 Nach Frankfurt wurden versetzt James Goldschmidt (1874–1940 aus Berlin) und Gerhart Husserl (1893–1973 aus Kiel); Fakultätssitzung vom 27. April 1934 § 1121, UA Frankfurt, Abt. 110 Nr. 102; Hammerstein, Goethe-Universität, S. 301. Durch eine Berliner Ministerialverordnung folgten am 1. Mai 1934 weitere Dozenten, vgl. Bernhard Diestelkamp, Die Rechtshistoriker der Rechtswissenschaftlichen Fakultät der Johann Wolfgang Goethe-Universität Frankfurt am Main 1933–1945, in: Michael Stolleis/Dieter Simon, Rechtsgeschichte im Nationalsozialismus, Tübingen 1989, S. 84. Am 3. Mai 1934 sprach der Dekan in Berlin vor, um die „schwierige Lage" und die Unruhe in der Studentenschaft zu besprechen, die durch Neu- und Umbesetzungen entstanden waren; GStA PK I. HA, Rep. 76 Sekt. 5, Tit. IV Nr. 2, Bd. 3.

43 Forsthoff in seinem Lebenslauf, 27. Juni 1949; UA Heidelberg, PA 3787.

Dafür gibt es aus seiner Frankfurter Zeit gewichtige Zeugnisse. Willi Brundert (1912–1970)[44] bestätigte 1949, daß Forsthoff sich für ihn eingesetzt habe, obgleich er als aktives SPD-Mitglied und Vorsitzender der Sozialistischen Studentenschaft in Halle bekannt gewesen sei und deshalb seinen Studienort nach Frankfurt verlegen mußte. „Mein Eindruck war es von Anfang an, daß in kritischen Fällen ... bei Forsthoff das Gerechtigkeitsdenken stärker war als die Rücksicht auf politische Vorteile".[45] Brundert verließ die Universität Frankfurt zusammen mit Forsthoff, um bei ihm in Hamburg zu promovieren.[46]

In Frankfurt erfuhr auch der Romanist Arnold Ehrhardt (1903–1965) von Forsthoff Hilfe.[47] Ehrhardt hatte sich nach seiner Promotion in Königsberg 1929 in Freiburg für Bürgerliches und Römisches Recht habilitiert. Zunächst übernahm er in Frankfurt Lehrstuhlvertretungen, im Mai 1933 billigte die Frankfurter Fakultät seine Umhabilitierung. Einer Aktennotiz vom März 1934 zufolge stand Ehrhardt aber auf der „Liste der Dozenten, durch deren Vorlesungstätigkeit Schwierigkeiten erwachsen können". Zum WS 1934/35 erhielt er die Genehmigung, in Lausanne zu lesen. Im Juni 1935 wurden in Frankfurt seine Vorlesungen boykottiert. Daraufhin verließ er Deutschland, nahm bei Karl Barth in Basel ein Theologiestudium auf, emigrierte nach England und fand in Manchester eine neue akademische Heimat.[48] Forsthoff schrieb 1946, daß Erhardt als sog. „Halbjuden" bereits 1933 die Entlassung drohte, und daß er sich für ihn mündlich und schriftlich beim Kultusministerium eingesetzt habe, ohne ihm freilich helfen zu können. Seine Fürsprache für Ehrhardt löste Forsthoffs Bruch mit Carl Schmitt aus.[49]

Es wurde bald klar, daß Forsthoff Frankfurt rasch verlassen werde. Die Universitäten Leipzig (1933), Kiel (1933), Köln (1934)[50] und schließlich Hamburg erwogen, ihn zu

---

44 Willi Brundert gehörte zur Sozialistischen Arbeiterjugend und schloß sich dem Kreisauer Kreis an. Nach 1945 blieb er zunächst in der SBZ und kam als Ordinarius an die Universität Halle. 1949 wurde er als „West-Agent" verhaftet (Urteil: 15 Jahre Zuchthaus) und nach Mißhandlungen in der Haft „gesundheitlich geschwächt" vorzeitig entlassen. Brundert floh in die Bundesrepublik, blieb politisch aktiv und wurde 1964 zum Oberbürgermeister von Frankfurt gewählt. 1970 starb er mit 57 Jahren an den Spätfolgen seiner Haft.

45 Dank Forsthoffs (und anderer) Hilfe habe er das Staatsexamen ablegen können; Brunderts Schreiben aus Halle, 24. August 1949; UA Frankfurt, Abt. 4 Nr. 1194, fol. 18.

46 Willi Brundert, Der Begriff des Publikums im Polizeirecht, Diss. Hamburg 1935. Seinem dort abgedruckten Lebenslauf fügte er hinzu: „Meine Ausbildung im öffentlichen Recht verdanke ich Herrn Prof. Dr. Forsthoff, der mir auch das Thema der vorliegenden Arbeit stellte, und dem ich auch an dieser Stelle für die mir zuteilgewordene Unterstützung meinen Dank aussprechen möchte".

47 Ehrhardts Brief an Radbruch vom 17. April 1946 in den Akten von Forsthoffs Spruchkammerverfahren; UA Heidelberg PA 3790. Ehrhardts Personalakten UA Frankfurt, Abt. 4 Nr. 402; J. Heywood Thomas, Arnold Ehrhardt, A Memoir, in: Arnold Ehrhardt, The Beginning. A Study in the Greek Philosophical Approach to the Concept of Creation from Anaximander to St. John, Manchester 1968, S. VII–XII.

48 Das Manchester Center for Biblical Studies trägt heute Arnold Ehrhardts Namen.

49 Forsthoffs Schreiben vom 9. September 1946, in: UA Heidelberg, PA 3789.

50 Preuß. Ministerium für Wissenschaft, Kunst und Volksbildung, 20. Juni 1934; GStA PK I. HA, Rep. 76 Va Sekt. 5, Tit IV Nr. 2 Bd. 3.

berufen. Die Entscheidung darüber fiel in Berlin. Vom jeweiligen Stand der ministerialen Verhandlungen erfuhr Forsthoff nur wenig.[51] In Hamburg war der Lehrstuhl von Kurt Perels vakant.[52] Da die Fakultät Rudolf Laun, dem Inhaber des zweiten Öffentlichrechtlichen Lehrstuhls, die Annahme einer Einladung in die USA ermöglichen wollte, war die Wiederbesetzung des Perelsschen Lehrstuhls unaufschiebbar geworden.[53] Am 18. Januar 1935 bewilligte das Reichs- und Preußische Ministerium für Wissenschaft, Erziehung und Volksbildung (REM)[54] Forsthoffs Wechsel nach Hamburg. Der Rektor forderte sie „beschleunigt" zum 1. April 1935,[55] was auch geschah.[56] Forsthoff übernahm Vorlesungen zum Staats-, Verwaltungs- und Kirchenrecht sowie zur Rechtsphilosophie.

In Hamburg verstrickte sich Forsthoff in erste ernste Konflikte mit dem Regime. Er berichtete später in seinem Entnazifizierungsverfahren, daß er zu einem Vortrag „Gesetz und Richter" vor dem Hamburger Rechtswahrerbund geladen worden sei. Seine Ausführungen über die Gesetzesgebundenheit der Richter wurden dem Justizsenator Curt Rothenberger[57] hinterbracht. Dieser zitierte Forsthoff zu sich und erklärte ihm, daß er in Hamburg unerwünscht sei.[58] Bereits im Juli 1935 bat der Rektor der Albertus-Universität Königsberg seinen Hamburger Kollegen um eine Beurteilung von Forsthoff.[59] Als der REM im September 1935 Forsthoff fragte, ob er bereit sei, zum 1. April 1936 nach Königsberg zu wechseln, willigte er ein.[60]

---

51 Zu den Unsicherheiten für sich selbst Forsthoffs Schreiben vom 7. Juli 1934, Staatsarchiv Hamburg, Bestand Hochschulwesen II A i 5/25, dort die im folgenden zitierten Schreiben.

52 Kurt Perels (geb. 1878) hatte am 10. September 1933 Selbstmord begangen; vgl. den Nachruf von Rudolf Laun, Hamburgische Universität, Reden, Hamburg 1933, S. 53; Hans Peter Ipsen, Kurt Perels 1878–1933, in: AöR 44, 1958, S. 374–379.

53 Schreiben des Rektors Rein an Forsthoff vom 11. Juni und 5. Juli 1934.

54 Abkürzung REM gebraucht für Reichsministerium/Reichsminister für Wissenschaft, Erziehung und Volksbildung.

55 Die Aufsätze von Gert Nicolaysen und Hermann Weber in: Universität Hamburg 1984, Heft 1, S. 57 und Heft 2, S. 6–7 betreffen die fakultätsinternen Verhandlungen vor Forsthoffs Berufung.

56 Forsthoffs Brief an die Frankfurter Fakultät vom 15. März 1935, UA Frankfurt, Abt. 4 Nr. 1194.

57 Curt Rothenberger (1896–1959), seit März 1933 Justizsenator in Hamburg. Im sog. Juristenprozeß wurde er 1947 zu sieben Jahren Zuchthaus verurteilt; vgl. Klaus Bästlein, Vom hanseatischen Richtertum zum nationalsozialistischen Justizverbrechen. Zur Person und Tätigkeit Curt Rothenbergers 1896–1959, in: Justizbehörde Hamburg (Hg.), „Für Führer, Volk und Vaterland ...", Hamburg, 1992, S. 79; Akten des Hamburger Rechtswahrerbundes sind in Hamburg nicht überliefert.

58 Forsthoff sagte in seinem Entnazifizierungsverfahren aus, daß nach diesem Vorfall eine Telefon- und Postüberwachung gegen ihn eingesetzt habe; UA Heidelberg, PA 3789.

59 Der Rektor von Königsberg bezog sich in seinem Schreiben vom 9. Juli 1935 auf eine Rektorbesprechung am 21. Mai 1935 im Berliner REM; Staatsarchiv Hamburg, Hochschulwesen. Dozenten- und Personalakten IV, 257.

60 Forsthoffs Schreiben vom 5. Dezember 1935. Der Hamburger Rektor verwies auf die erneute Vakanz des gerade erst besetzten Öffentlichrechtlichen Lehrstuhls und bat am 2. Dezember 1935 darum, Forsthoff erst dann nach Königsberg zu berufen, wenn die Hamburger Besetzung sichergestellt sei (Staatsarchiv Hamburg, Hochschulwesen. Dozenten- und Personalakten IV, 257 und IV,

Königsberg, Wien, Heidelberg

In die Königsberger Zeit fällt Forsthoffs endgültige Abwendung vom Nationalsozialismus, mit der er seine Vergangenheit des „Totalen Staates“ und der in gleicher Weise bedrückenden Kommentare in seiner 1934 erschienenen „Deutschen Geschichte seit 1918 in Dokumenten“ schon 1935 bewältigt hat, als sie noch gefährliche Gegenwart war.

Die Universität Königsberg gehörte zwar zu den Universitäten, die zu „Stoßtrupp-Universitäten“ erklärt worden waren. Dennoch fanden sich in Königsberg Professoren, die sich der politischen Vereinnahmung widersetzten: der Öffentlichrechtler Ernst von Hippel (1895–1984), die Strafrechtler Wilhelm Gallas (1903–1989) und Paul Bockelmann (1908–1987), der Rechtshistoriker Hermann Krawinkel (1895–1975). Der Zivilrechtler Gerhard Schiedermair (1906–1986) konnte 1940 von der Königsberger Handelshochschule zur dortigen Universität wechseln. Er hat sich gemeinsam mit Forsthoff 1940/41 vergeblich bemüht, den in Bonn habilitierten Ernst Friesenhahn nach Königsberg zu holen.[61] Wolfram Müller-Freienfels erklärte (25. August 1949), daß Forsthoff ihn 1943 in seinem Königsberger Habilitationsverfahren gegen etliche Widerstände sehr unterstützt habe.[62] Das ihm zufallende Dekanat (1936–1941) mußte Forsthoff zeitweilig niederlegen.[63] Auseinandersetzungen mit dem Gauleiter Erich Koch[64] und dem Königsberger Dozen-

---

1573). Doch das REM erklärte bestimmt, es könne diesem Antrag nicht „stattgeben“; Schreiben vom 15. April 1936, Staatsarchiv Hamburg, Hochschulwesen II Ai 5/25.

61 Die Berufung von Ernst Friesenhahn war in Berlin bereits ausgesprochen gewesen, als neun Monate später der Reichsdozentenführer widersprach; vgl. Ernst Friesenhahn, Ansprache anl. des Goldenen Doktorjubiläums von Gerhard Schiedermair am 7. Dezember 1979; für die Überlassung der Rede danken wir Prof. Dr. Hartmut Schiedermair. Zu Forsthoffs Dekanatspolitik äußerte sich nach dem Krieg Friedrich Hoffmann, Kurator der Albertus-Universität Königsberg und bestätigte, daß Forsthoff eine Homogenität in der Fakultät erreicht habe, Flensburg 24. Februar 1946; UA Heidelberg PA 3790. Über diese Königsberger Zeit gab auch der Althistoriker Alfred Heuss (1909–1995) ein Zeugnis für Forsthoff ab; eine kurze Bemerkung über den Einfluß des Gauleiters Koch auf die Königsberger Universität steht in Heuss' Erinnerungen: De se ipse, in: Gesammelte Schriften, Bd. 1, Stuttgart 1995, S. 805.

62 Wiesbaden, Hessisches Kultusministerium, C 4 Professur für Öffentliches Recht und Neuere Rechtsgeschichte; Wiesbaden, Kult.Min. (Hessisches Ministerium für Erziehung und Volksbildung) Akte 422/153, fol. 94.
Wolfram Müller-Freienfels (geb. 1916), Dr. iur. (1940), Dr. rer. pol. (1941) habilitierte sich 1943 in Königsberg, übernahm eine ao. Professor in Gießen, 1946 Ordinarius in Marburg, 1955 in Frankfurt a.M., seit 1963 in Freiburg.

63 UA Heidelberg, PA 3789; Schiedermair schrieb am 13. August 1949, unter Forsthoffs Dekanat sei niemand berufen worden, „von dem nicht feststand, daß er ein Gegner des Regimes war“; UA Frankfurt, Abt. 4, Nr. 1194.

64 Erich Koch (1896–1986), von Hitler 1933 zum ostpreußischen Oberpräsidenten ernannt, war seit 1938 SA Obergruppenführer; Peter Hüttenberger, Die Gauleiter. Studie zum Wandel des Machtgefüges in der NSDAP, Stuttgart 1969, S. 215. Nach Ernst Rudolf Huber bildeten die Meldungen über diese Auseinandersetzung mit Koch den Grund dafür, daß Forsthoff nicht nach Straßburg

tenbundführer waren vorauszusehen und lieferten einen der Gründe, die Forsthoff später nicht nur in Wien heftige Schwierigkeiten eintrugen.

Nach Königsberg folgte Forsthoff sein Hamburger Doktorand Wilhelm Grewe[65] als Assistent. Der damalige Student Wolf-Ulrich von Hassell, der älteste Sohn des 1944 hingerichteten Botschafters Ulrich von Hassell (geb. 1881), lernte Forsthoff 1935/1936 in Königsberg kennen. Von Hassel beschrieb die Stimmung unter Forsthoffs Studenten: „Herr Forsthoff versammelte um sich einen Kreis von Studenten, die er in ihrer ablehnenden Haltung dem Nationalsozialismus gegenüber zu bestärken suchte. Er machte in kritischen Aussprachen aus seiner scharfen Ablehnung des Nationalsozialismus keinen Hehl".[66]

In Königsberg wandte sich Forsthoff neuen Themen[67] zu: „Recht und Sprache",[68] „Grenzen des Rechts".[69] Forsthoff stritt in den Aufsätzen gegen eine Politisierung der Rechtspflege und erklärte die richterliche Unabhängigkeit auch unter gewandelten Rechtssystemen für unverzichtbar.[70] Es entstanden die ersten Veröffentlichungen zu einem Thema, das ihn fortan sein ganzes Leben beschäftigte und Anregung für mehr als eine Juristengeneration des In- und Auslandes brachte: „Die Verwaltung als Leistungsträger".[71] Mit der diesem Thema gewidmeten Schrift aus dem Jahr 1938 hat Forsthoff

---

berufen werden konnte; Herwig Schäfer, Juristische Lehre und Forschung an der Reichsuniversität Straßburg 1941–1944, in: Beiträge zur Rechtsgeschichte des 20. Jahrhunderts 23, Tübingen 1999, S. 85.

65 Wilhelm Grewe, Gnade und Recht, Hamburg 1936, Diss. Hamburg (28. Mai 1936). Wie Grewe in seinem Vorwort mitteilte, entstand die Dissertation im „Arbeitszusammenhang des Seminars für öffentliches Recht und Staatslehre" in Hamburg. Er widmete „dieses Buch meinem Lehrer, Prof. Ernst Forsthoff in aufrichtiger Dankbarkeit und freundschaftlicher Verbundenheit". Marianne Partsch-Grewe, die als sog. „Vierteljüdin" mit großen Schwierigkeiten zu kämpfen hatte, konnte 1936 bei Forsthoff ihr Studium mit einer Promotion abschließen. Ihr Dissertationsthema lautete: Eigentum und Verfügungsbefugnis in der Rohstoffverwaltung: ein Beitrag zur Rechtstheorie der Planwirtschaft, Diss. Königsberg 1936, alleiniger Referent war Ernst Forsthoff.

66 Aussage vom 2. Juli 1946; Wiesbaden, Kult.Min. Akte 422/153, fol. 99.

67 Die Ausgabe „Deutsche Geschichte seit 1918 in Dokumenten" stellte Forsthoff 1932–1934 fertig, sie erschien aber erst 1935. Den Auftrag zur Herausgabe einer neuen Auflage erteilte 1943 das Oberkommando der Wehrmacht. Dieses Honorar gehörte zu den wenigen Einnahmen, die Forsthoff in Wien erhielt; UA Heidelberg, PA 3789.

68 Recht und Sprache. Prolegomena zu einer richterlichen Hermeneutik, Reihe: Schriften der Königsberger Gelehrten Gesellschaft 1940.

69 Grenzen des Rechts, Vortrag gehalten auf der Kant-Feier der Albertus-Universität am 12. Februar 1941, Königsberg 1941.

70 Die von H. Brandt (gez. mit Prof. Dr. H. Brandt, Kiel, z. Z. bei der Wehrmacht) in der Zeitschrift: Deutsches Recht am 5. Oktober 1940 veröffentlichte Rezension löste erhebliche Angriffe gegen Forsthoff aus, für die sich Brandt brieflich bei Forsthoff entschuldigte (2. April 1942, Nachlaß Forsthoff). Forsthoff beantwortete den Brief nicht.

71 Die Verwaltung als Leistungsträger, Königsberger Rechtswissenschaftliche Forschungen 2, Stuttgart 1938.

das Verwaltungsrecht auf eine neue, dem modernen Industriestaat angepaßte Grundlage gestellt: An die Stelle der Verwaltung des 19. Jahrhunderts, die das Leben der Bürger vorwiegend durch Ge- und Verbote regulierte, mit denen sie Fehlentwicklungen abstellte, tritt die Verwaltung des 20. Jahrhunderts, die das Leben in der modernen, arbeitsteilenden Welt durch ihre „Daseinsvorsorge" gestaltet und es so überhaupt erst möglich macht.[72]

Auch Forsthoffs in Königsberg verfaßte kirchenrechtlichen Arbeiten gewannen politisches Gewicht. Forsthoff zeichnete seit 1940 neben Werner Weber als Mitherausgeber des Archivs für Evangelisches Kirchenrecht.[73] Seine Beschäftigung mit kirchenrechtlichen Fragen trug ihm 1938 einen Gutachtenauftrag des Evangelischen Oberkirchenrats Berlin ein, der die Quedlinburger Stiftskirche betraf. Die SS hatte den 1000. Todestag Heinrichs I. zum Anlaß genommen, die Stiftskirche mit der Grablege des Kaisers zu einer „Weihestätte" und zum „Ahnenerbe" zu erklären.[74] Dafür wollte sie die Kirche nach ihren Vorstellungen umbauen und damit dem Gottesdienst entziehen.[75] Forsthoff war der einzige unter mehreren Gutachtern, der diesen Plänen widersprach und die Vereinbarung zwischen SS und dem Reichskirchenministerium als „rechtswidrigen Eingriff in die iura in sacra" erklärte.[76] Das nutzte der Kirchengemeinde zwar nichts. Sie verlor ihre Schlüsselgewalt trotz Forsthoffs Einsatz. Himmler konnte seine Umbaupläne verwirklichen. Aber er sorgte dafür, daß Forsthoffs Widerspruch übel genommen wurde.

Das zeigte sich, als sich 1941 Forsthoff die Möglichkeit bot, zum 1. Dezember 1941 als Nachfolger Adolf Merkls nach Wien zu gehen. Er erhielt den Ruf zum 16. Februar

---

72 Dazu vor allem Kersten (wie Anm. 21) und Martin Bullinger, Der Beitrag Ernst Forsthoffs zum Verwaltungs- und Verfassungsrecht, in: Klaus Grupp/Ulrich Hufeld (Hgg.), Recht – Kultur – Finanzen. Festschrift für Reinhard Mußgnug zum 70. Geburtstag am 26. Oktober 2005, Heidelberg 2005, S. 399–405; Christian Schütte, Progressive Verwaltungsrechtswissenschaft auf konservativer Grundlage. Zur Verwaltungsrechtslehre Ernst Forsthoffs, Berlin 2006, um nur die jüngsten Würdigungen zu nennen.

73 Die Zeitschrift erschien 1937–1941 mit dem Untertitel: Allgemeines Kirchenblatt für das evangelische Deutschland und das Deutsche Pfarrarchiv; vgl. Michael Stolleis, Fünfzig Bände „Zeitschrift für Evangelisches Kirchenrecht", in: Zeitschrift für evangelisches Kirchenrecht 50, 2005, S. 168 Anm. 10; Peter Landau, Kirchenrechtliche Zeitschriften im 19. und 20. Jahrhundert, in: Michael Stolleis (Hg.), Juristische Zeitschriften. Die neuen Medien des 18.–20. Jahrhunderts, Reihe: Studien zur Europäischen Rechtsgeschichte 128, Frankfurt 1999, S. 371–372.

74 Zum ganzen die Darstellung von Gerhard Besier, Neuheidnische Religiosität und Protestantismus im NS-Staat: Der Dom zu Quedlinburg als Kult- und Weihestätte der SS, in: Religion – Staat – Gesellschaft 1, 2000, S. 145–187.

75 Die Dom-Führungen wie der Goldschatz sollten in die Verantwortung der SS übergehen, die Kirchenbänke abgeschafft und durch eine „mobile" Bestuhlung ersetzt werden; Besier, Neuheidnische Religiosität, S. 174.

76 Besier, Neuheidnische Religiosität, S. 180/181.

1942[77] und zog mit seiner Familie nach Wien um. Die Umzugskosten von Königsberg nach Wien wurden ihm vergütet. Er erhielt jedoch keinen „Sondermietschein“, der ihn zur Anmietung einer Wohnung berechtigt hätte, so daß er sein Umzugsgut seit dem 10. November 1941 einlagern mußte. Forsthoffs Königsberger UK-Stellung wurde aufgehoben, er hatte ab 1. Februar 1942 als Bürokraft Kriegsdienst beim Ersatzverpflegungsbataillon Wien zu leisten. Es wäre ihm zwar durchaus möglich gewesen, in den Abendstunden Vorlesungen zu halten. Doch das hintertrieb der Wiener Dekan. Er unterband Forsthoffs Lehrtätigkeit, weil die Gestapo über ihn ein Rede- und Berufsverbot verhängt habe.[78] Eine weitere Schikane ergab sich daraus, daß Forsthoffs militärische Verwendung an die Stadt Wien gebunden war, ihn aber aus dem Kreis der „Kasernierten“ ausschloß; er galt als „Heimschläfer“ und „Selbstverpfleger“, mit der Folge, daß er an seine lediglich für eine Überbrückungszeit gedachte Notunterkunft gebunden blieb. Die sechsköpfige Familie mußte in drei Dachzimmern einer Wiener Pension leben.[79]

Im Juni 1941 erklärten die Münchner Parteistellen Forsthoffs Berufung nach Wien als „unerwünscht“. Sie wollten ihn allenfalls an den „weniger wichtigen“ Universitäten Göttingen und Leipzig sehen.[80] Dem widersprach jedoch das REM. Ihm war Forsthoffs betont protestantische Haltung in der katholischen Umgebung willkommen.[81] Im März, als Forsthoff den Ruf nach Wien bereits erhalten hatte, gingen in Berlin jedoch Schreiben des Kurators der wissenschaftlichen Hochschulen Wien und des Reichsdozentenführers ein,[82] nach denen „sämtliche in Betracht kommende Parteistellen“ Forsthoffs Berufung widersprochen hätten. „Wenn sich nun das REM über diese Stellungnahme hinwegsetzt, so liegt darin eine schwere Brüskierung der Partei, die aus grundsätzlichen Erwägungen und im Hinblick auf das Prestige der Partei unerträglich sei und unter keinen Umständen hingenommen werden könne“. Das Berliner Ministerium hielt dem Reichsleiter der NSDAP und Reichstatthalter in Wien Baldur von Schirach entgegen:[83] Der Reichsdozentenführer habe der Berufung bis zum Zeitpunkt der Ernennung nicht widersprochen; im übrigen seien „gegen Prof. Forsthoff niemals wirklich greifbare Tatsachen behauptet, geschweige denn erwiesen worden“. Man könne ihm keinen Vorwurf daraus

77 Seit 1. Oktober 1941 hatte er den Lehrstuhl vertreten. Forsthoffs Wiener Personalakten wurden 1943 nach Heidelberg geschickt und liegen im UA Heidelberg, PA 3787. Dort die zitierten Schriftstücke.

78 Forsthoffs Aussage 9. September 1946; UA Heidelberg, PA 3789.

79 Forsthoff unterrichtete das REM am 7. Januar 1943 darüber, daß ihm der notwendige „Sondermietschein“ mit der Begründung abgelehnt worden war, es liege keine Dringlichkeit vor; UA Heidelberg, PA 3787. Forsthoffs Kinder Susanne (1936–2002), Heinrich (geb. 1937), Albrecht (geb. 1938) und Martin (geb. 1939) waren zwischen fünf und zwei Jahren alt.

80 Schreiben des Reichsdozentenführers, München 20.11.1941; BA Berlin, R 4901/13438.

81 Für Wien sei eine gesunde Mischung zwischen ostmärkischen Hochschullehrern und Altreichprofessoren notwendig, Berlin 14. Januar 1942; BA Berlin, R 4901/13438.

82 Schreiben vom 3. und 6. März 1942; BA Berlin, R 4901/13438.

83 Schreiben vom 21. März 1942, abgezeichnet von Wilhelm Groh; BA Berlin, R 4901/13438.

machen, daß er Protestant sei, ebensowenig, daß er Schüler von Professor Carl Schmitt sei, „denn Prof. Schmitt ist nach wie vor Inhaber seines ordentlichen Lehrstuhls in Berlin. ... Ganz abgesehen davon hat sich Forsthoff längst von dem Einfluß seines Lehrers frei gemacht und geht wissenschaftlich durchaus eigene Wege." Von Schirach wollte jedoch „die in diesem Falle geübte Übergehung meiner Wünsche als Hoheitsträger des Gaues Wien nicht hinnehmen". Er verlangte, daß das REM die Berufung zurücknehme und „diese Angelegenheit zu einer für den Gau Wien befriedigenden Lösung bringe". Da seine Schreiben bislang fruchtlos geblieben seien, wandte sich Baldur von Schirach direkt an den Leiter der Parteikanzlei Bormann in München.[84] Dem setzte er auseinander: „Prof. Forsthoff kommt aus der Karl Schmitt-Schule und war ausgesprochener Vertreter der Lehre vom totalen Staat. Er hat über die äußere Zugehörigkeit zur NSDAP kein inneres Verhältnis zu den völkischen Grundfragen des Nationalsozialismus gefunden." Seine „stark betonte kirchliche Einstellung" und „seine engen Beziehungen zum Direktor des Prediger-Seminars in Wittenberg"[85] seien besonders belastend. In einem dritten Brief nach Berlin wiederholte von Schirach alle diese Vorwürfe noch einmal.[86] Darüber geriet Wilhelm Groh, Amtschef im REM, in Berlin gegenüber den Parteistellen in erhebliche Schwierigkeiten.[87] Nachdem Forsthoffs Ernennung förmlich ausgesprochen war, konnte sie nur mit dessen ausdrücklicher Zustimmung zurückgenommen werden. Selbst unter den damals geltenden Kriegsbestimmungen war es nicht möglich, Professoren gegen ihren Willen von einer an eine andere Universität zu versetzen. Groh erklärte gegenüber Baldur von Schirach jedoch, „die Angelegenheit Forsthoff (erscheine) nun in einem anderen Licht", er wolle Forsthoff deshalb nach Königsberg zurückversetzen. Forsthoff teilte er „zu seinem lebhaften Bedauern" mit, daß der Reichsleiter von Schirach sich gegen die Aufnahme der Lehrtätigkeit ausgesprochen habe. „Unter diesen Umständen scheint es dem REM in Ihrem eigensten Interesse gelegen, wenn Sie Ihrer Rückberufung nach Königsberg, die zu den Ihnen für Wien zugesagten Bedingungen ausgesprochen würde, alsbald zustimmen wollten". In die angebotene Besprechung willigte Forsthoff ein (28. April 1942), um sich über die Lage, „in die man mich versetzt hat, Kenntnis zu verschaffen. Denn zur Zeit bin ich Soldat und allem akademischen Leben weit entrückt."[88]

---

84 Schreiben aus Wien vom 25. März 1942; BA Berlin, R 4901/13438.

85 Gemeint war Hans Schomerus, dem Forsthoff 1940 seine Schrift „Recht und Sprache" gewidmet hatte.

86 Schirach an Mindir. Prof. Dr. Mentzel, Berlin 25. März 1942; BA Berlin, R 4901/13438.

87 Schreiben an v. Schirach, 14. April 1942. Zunächst wies er die Zuständigkeit für die Entscheidung von sich, denn das Münchner Schreiben sei zu spät eingegangen; Grohs Aktenvermerk vom 7. April 1942; BA Berlin R 4901/13438.
Wilhelm Groh (1890–1964) war an der Universität Heidelberg Arbeitsrechtler gewesen, übernahm 1933 das Heidelberger Rektorat und ging 1936 in das Berliner REM; Einzelheiten zu Groh bei Sellin, Rektorate, S. 15 und Mußgnug, Juristische Fakultät, S. 265–266.

88 Unklar war zunächst, wann Forsthoff Urlaub für diese Reise erhalten werde. Dann wurde sein Vater krank und starb, so daß die Fahrt mehrfach verschoben werden mußte.

Groh ging fest davon aus, daß mit Forsthoffs Rückkehr nach Königsberg das Problem aus der Welt geschafft werden könne.[89] Am 16. Mai 1942 kam das lange angekündigte belastende Schreiben vom „Chef der Sicherheitspolizei und des Sicherheitsdienstes". Darin hieß es:[90]

„F. wird gemeinhin als ausgesprochener Vertreter der jüngeren Generation der Staatsrechtslehrer angesehen. Das trifft jedoch zumindest insoweit nicht zu, als diese nationalsozialistisch ausgerichtet ist. F.'s politische und weltanschauliche Haltung ist viel zu wenig gradlinig, um in ihm etwa einen nationalsozialistischen Rechtslehrer zu sehen. Er hat sich in politischer Hinsicht zwar nicht als Gegner des Nationalsozialismus betätigt; er hat vielmehr versucht, den Forderungen, die der nationalsozialistische Staat an ihn als Beamten stellt, gerecht zu werden. Es bestehen jedoch auf Grund seiner wissenschaftlichen Arbeiten und seiner weltanschaulichen Haltung begründete Zweifel, ob er auch innerlich sich zum Nationalsozialismus bekennt.

Wissenschaftlich vertritt F. mit aller Schärfe den Standpunkt, dass der Jurist sich nur mit den objektiven Gegebenheiten des Rechts zu beschäftigen habe. Er leugnet insoweit die Beziehung des Rechts auf die nationalsozialistische Weltanschauung. Durch seine große, sachliche Kenntnis und seine sehr gewandte Dialektik rufe er bei seinen Schülern leicht eine Verwirrung der Begriffe hervor, durch die alle Wertmasstäbe zerpflückt und schliesslich auf eine rein objektive, intellektuelle Wertung zurückgeführt werden.

F. hat sich 1938 in den Arbeitskreis für die Neuordnung der weltlichen und geistlichen Angelegenheiten der evangelischen Kirche wählen lassen und damit und auch durch enge Beziehungen zum Direktor des Predigerseminars in Wittenberg zum Ausdruck gebracht, dass er streng kirchlich eingestellt ist. Diese Einstellung findet ihren Niederschlag auch in seinen wissenschaftlichen Arbeiten und vor allem in einer gewissen Cliquenbildung mit gleichgesinnten Rechtslehrern wie z. B. Gerber, Freiburg, Weber, Berlin, usw., denen sämtlich konfessionelle Bindungen nachzuweisen sind. Der Kreis der genannten Staatsrechtslehrer vertritt in der wissenschaftlichen Lehrmeinung immer wieder kirchliche Tendenzen und ist insofern nicht ungefährlich, als er entscheidenden Einfluss auf die Personalpolitik und den Professorennachwuchs zu gewinnen versucht." Forsthoff habe sofort versucht, Weber auf den zweiten leeren öffentlichrechtlichen Lehrstuhl nach Wien zu holen.

„Es liegt ... nicht im Interesse einer nationalsozialistischen Hochschulpolitik, wenn solche wichtigen Lehrstühle wie der Wiener von politisch und weltanschaulich nicht völlig einwandfreien Professoren besetzt und damit wie im Fall Forsthoff, der noch verhältnismässig jung ist, auf Jahre hinaus für den positiven Nachwuchs blockiert würden, der sich zur Zeit im wesentlichen an der Front befindet." Der Inhaber des Wiener Lehrstuhls „müsste die Fähigkeit besitzen, die sich aus der Berührung Wiens mit dem Südostraum ergebenden Probleme zu erkennen und für ein neues Staatsrecht nutzbar zu machen. Das setzt unter allen Umständen eine völlig einwandfreie nationalsozialistische Haltung voraus, die F. von hier aus abgesprochen werden muss."

Daran hielt sich Groh. Nach seiner Unterredung mit Forsthoff am 15. Juni 1942 in Berlin beruhigte er von Schirach, Forsthoff werde keinesfalls in Wien bleiben. Forsthoff selbst

89 Dies konnte er umso mehr annehmen, als die Königsberger Fakultät Forsthoff gerne wieder aufgenommen hätte, Schreiben des Dekan Schiedermair vom 4. Mai 1942; BA Berlin, R 4901/13438.

90 Vorgelegt mit dem Schreiben des Chefs der Sicherheitspolizei und des SD, Berlin 16. Mai 1942; BA Berlin, R 4901/13438.

nahm ausführlich zu den Vorwürfen Stellung.[91] Der Reichskirchenminister Kerrl habe ihn im November 1938 gebeten,[92] in dem Ausschuß für die Neuordnung der Kirche mitzuarbeiten. Das habe seiner Haltung entsprochen, denn er bemühe sich, „ohne an die Deutschen Christen gebunden zu sein", die Kirche und den nationalsozialistischen Staat zu „versöhnen" – womit er sich den Haß der Bekennenden Kirche zugezogen habe. Er sei „ungeachtet der mir inzwischen zuteil geworden gegenteiligen Belehrung heute noch der Meinung, daß die Teilnahme an den Bemühungen des Herrn Reichsministers eine staatsbürgerliche und durch mein Amt gebotene Pflicht war." Forsthoff fügte hinzu, er sei Lutheraner, habe jedoch immer seine persönliche religiöse Überzeugung von seiner Amtsführung getrennt und erwarte diese Trennung auch bei seiner Beurteilung. Eine Rückberufung nach Königsberg komme für ihn aus Selbstachtung nicht in Frage. Er sei bereit, Wien zu verlassen, jedoch nur auf dem Weg einer Berufung an eine andere Fakultät.[93]

Die darauf von Groh für Forsthoff in Aussicht genommenen Fakultäten waren Köln, Marburg, Greifswald und Heidelberg. Wiederum benötigte Groh dazu nicht nur die Zustimmung dieser Fakultäten, sondern vor allem auch die Begutachtung durch die zuständigen Parteistellen. Der für Marburg zuständige Gaudozentenbund urteilte am 20. Februar 1941: „Forsthoff, Königsberg wird als eine äußerst umstrittene Persönlichkeit dargestellt, die der Partei fernsteht und von der ein politischer Einsatz nicht zu erwarten ist. Die gute wissenschaftliche Begabung steht außer Zweifel, doch hat Prof. Forsthoff bisher noch kein entscheidendes wissenschaftliches Werk hervorgebracht. Seine Berufung nach Marburg erscheint unerwünscht."[94]

---

91 Forsthoffs Schreiben aus Wien, 30. Juni 1942; BA Berlin, R 4901/13438. Er erklärte dazu allerdings, er müsse sich allein auf sein Gedächtnis verlassen, da alle Unterlagen zusammen mit dem Umzugsgut noch beim Spediteur eingelagert seien.

92 Hanns Kerrl (1887–1941), seit Juli 1937 mehr oder minder selbsternannter Reichsminister für kirchliche Angelegenheiten, hatte 1938 bereits jedes politische Gewicht verloren. Seine Bemühungen zwischen Kirchen und Partei (Bormann) zu vermitteln, waren gänzlich gescheitert; vgl. Leonore Wenschkewitz, Zur Geschichte des Reichskirchenministeriums und seines Ministers, in: Helmut Baier (Hg.), Kirche und Nationalsozialismus. Zur Geschichte des Kirchenkampfes, München 1969, S. 195–205.

93 Forsthoff verlangte eine finanzielle Besserstellung, da er sich durch die teure Unterbringung in einer Pension verschulden mußte. Er war auch zur Durchführung eines Dienststrafverfahrens bereit: „Das damit entstehende Bild wird allerdings etwas ungewöhnlich: die Erfüllung eines von einem Reichsminister erteilten, gesetzlich verbrieften Auftrages und die freundliche Verbindung zu einem honorigen Mann, der freilich Theologe ist – ich muß gestehen, ich kann mir das als Gegenstand eines Dienststrafverfahrens noch nicht recht vorstellen und bin mir im Zweifel, ob sich eine Dienststrafkammer findet, die auf Grund eines solchen Sachverhaltes das Verfahren in Gang bringen wird. Aber wenn Sie nach dieser Richtung irgendwelche Aussichten sehen, soll es mir sehr willkommen sein. Ich bin mit jedem Schritt einverstanden, der die Sache aus dem Rembrandtschen Halbdunkel, in dem sie sich leider befindet, heraus ans helle Tageslicht bringt."

94 Wiesbaden, Kult.Min. Akte 422/153, fol. 93.

Die Gauleitung und die Dozentenschaft Köln – Aachen legten sofort Widerspruch ein.[95] Im Oktober 1942 mahnte Groh die Stellungnahme des Dozentenbundes für einen Heidelberger Ruf an. Im November 1942 lag sie immer noch nicht vor.[96] Im Dezember 1942 erwog Groh eine Berufung nach Münster.[97] Am 22. Januar 1943 erhielt Groh dann aber aus Heidelberg die Nachricht, daß der Führer des Dozentenbundes seine Einwände zurückziehe und damit einer Berufung nichts mehr im Wege stehe.[98] Forsthoff kam am 5. März 1943 zu Berufungsverhandlungen nach Berlin. Er nahm den Ruf sofort an und erhielt zum 1. April 1943 den Öffentlichrechtlichen Lehrstuhl in Heidelberg (Nachfolge Herbert Krüger).

1943 lebten in Heidelberg Forsthoffs unmittelbare Fachkollegen, Gerhard Anschütz (1867–1948) und Walter Jellinek (1885–1955). Nach heftigen Angriffen durch nationalsozialistische Studenten und kränkenden Reden im Reichstag hatte Anschütz 1933 von seinem Emeritierungsrecht Gebrauch gemacht.[99] Walter Jellinek dagegen hatte lange und mit großem Aufwand seinen Kindern zuliebe darzulegen versucht, daß er nicht unter die Rassengesetze falle, mußte aber 1936 seinen Lehrstuhl räumen.[100] Über seine Begegnung mit Forsthoff schrieb er 1949: „wohl tat mir die Freundlichkeit, mit der Sie mich um 1944 im Juristischen Seminar begrüßten".[101]

Mit Anschütz verband Forsthoff bald eine feste Freundschaft.[102] Anschütz vermachte Forsthoff seine Sammlung der Entscheidungen des Preußischen Oberverwaltungsgerichts mit der Bemerkung, daß dies Werk immer auf den jeweiligen Lehrstuhlinhaber übergehen solle. Von der Verbundenheit zu Forsthoff zeugt auch die Widmung, mit der Anschütz

95 Schreiben des Kölner Dekans vom 15. Juli 1942 und des Reichsdozentenführers vom 10. August 1942; BA Berlin, R 4901/13438.

96 Schreiben des Badischen Ministers für Kultus und Unterricht, Straßburg 10. November 1942. In einem undatierten Gutachten über Forsthoffs wissenschaftliche Arbeiten wird der „Totale Staat" nicht erwähnt, sondern ausführlich und sachlich über „Die Verwaltung als Leistungsträger" berichtet; BA Berlin, R 4901/13438.

97 Eine Berufung nach Straßburg war gescheitert (s.o. Anm. 64), die Berufung nach Greifswald kam wegen der Münsteraner Planungen nicht zustande. In den kommenden Wochen wurde Forsthoffs Lage in Wien noch schwieriger, denn für Leute ohne festen Wohnsitz galt in der Stadt Wien eine Aufenthaltsbeschränkung von drei Wochen. Sobald Forsthoff seinen Wiener Dienstsitz aufgab, drohte seiner Familie die Ausweisung. Forsthoff benötigte deshalb zusammen mit der Berufung auch eine Wohnung; Forsthoff an Groh, 7. Januar 1943; BA Berlin, R 4901/13438.

98 Schreiben des Heidelberger Dozentenführers an den Dekan der Juristischen Fakultät, 4. Februar 1943; BA Berlin, R 4901/13438. Nähere Angaben sind in den Akten nicht enthalten.

99 Im Personalverzeichnis stand er deshalb stets unter den entpflichteten Ordinarien.

100 Klaus Kempter, Die Jellineks 1820–1955. Eine familienbiographische Studie zum deutschjüdischen Bildungsbürgertum, Düsseldorf 1998, S. 486–492; Mußgnug, Juristische Fakultät, S. 272/273.

101 Jellinek an Forsthoff, 28. Februar 1949, BA Koblenz, N 1242 Nr. 56.

102 Der hochbetagte Kollege kam regelmäßig zu Familie Forsthoff zum Essen.

ihm seine Schrift: Drei Leitgedanken der Weimarer Reichsverfassung (1923) schenkte: „Successori salutem! Antecessor et auctor, 26. Januar 1944".[103]

Die Nachkriegszeit 1945 bis 1952

Nach Kriegsende wurde Forsthoff zunächst im September 1945 in seinem Amt bestätigt.[104] Doch dann wurden ihm Exzerpte aus seinen Veröffentlichungen „Der totale Staat" und „Deutsche Geschichte seit 1918 in Dokumenten" entgegengehalten.[105] Ein neues Entnazifizierungsverfahren kam in Gang, und Forsthoff erhielt am 18. Februar 1946 seine Entlassung.[106] Der Rektor verbot Forsthoff ausdrücklich, die Universitätsgebäude zu betreten, womit ihm auch der Zugang zur Bibliothek verwehrt war. In seinem Entnazifizierungsverfahren konnte Forsthoff eine Reihe entlastender Zeugnisse aufbieten.[107] Gerhard Anschütz sagte im November 1946 für ihn aus:[108] Er habe Forsthoff erst im Sommer 1943 kennengelernt und schon bald nach seinem Amtsantritt „die völlige Übereinstimmung unserer politischen und rechtsstaatlichen Überzeugungen" festgestellt. Er habe in ihm einen

> „Gegner der nationalsozialistischen Lehren (gefunden), der sich mit größter Empörung über die Methoden des Nationalsozialismus, insbesondere über die Behandlung der Juden und die Entfernung verdienter Wissenschaftler aussprach. Wesentlich das führte uns zusammen. Heute nenne ich mich mit Betonung seinen Freund. ... Ich verkehre häufig und regelmäßig im Hause Forsthoff. ... Herr Forsthoff ist der erste meiner Nachfolger, mit dem ich restlos übereinstimme. Daß durch ihn der Gedanke des Rechtsstaates wieder mit dem von mir in langen Jahren bekleideten Amte verbunden worden ist, erfüllt mich mit größter Freude. ... Es mag sein, daß er in der ersten Zeit nach der Machtübernahme dem Nationalsozialismus aus idealistischen Gründen positiv gegenübergestanden hat. Er hat jedoch seine Anschauungen vollständig geändert und das nicht erst, als der Stern Hitlers zu sinken begann. Seine 1938 erschienene Schrift: Die Verwaltung als Leistungsträger ist ein eindrucksvolles Bekenntnis zum Rechtsstaat. Ich kenne seine Verfolgung in Wien, wo er nicht als Freund, sondern als Gegner des Nationalsozialismus behandelt und beinahe aus dem Amt gebracht worden ist. Auch in diesen schweren Zeiten hat er seine Überzeugung nicht verleugnet."

Zunächst mußte Forsthoff den Eindruck gewinnen, er werde neben Jellinek wieder an der Fakultät lehren können.[109] Es kam freilich die Behauptung auf, Forsthoff habe sich

103 Aus dem Nachlaß Forsthoff, Hinweis von Jürgen Tröger.

104 UA Heidelberg, PA 3787.

105 Die handschriftlich gemachten Auszüge liegen (ungezeichnet) in Forsthoffs Heidelberger Personalakten; UA Heidelberg, PA 3789.

106 Eine Petition der Studenten bat darum, die Entlassung rückgängig zu machen. Unter den Petenten waren Hansjörg Jellinek und Arthur Kaufmann; UA Heidelberg, PA 3790.

107 Zeugnisse der Kollegen Arnold A. T. Ehrhardt, Georg Weippert (Volks- und Finanzwissenschaftler), Hermann Nolte (Handelsrechtler), Alfred Heuss (Althistoriker), Ernst von Hippel und von drei Schülern liegen in: UA Heidelberg, PA 3790.

108 Das beglaubigte Zeugnis von G. Anschütz vom 7. November 1945; UA Heidelberg, PA 3790.

109 Jellinek bestätigte das in seinem Schreiben vom 28. Februar 1949 an Forsthoff; BA Koblenz, N 1242 Nr. 56. Dem entsprach auch die Fürsprache von Erich Kaufmann (13. Januar 1946); UA Heidelberg, PA 3790.

das Anschütz'sche Zeugnis auf inkorrektem Wege verschafft. Dieses Gerücht trug auch Jellinek weiter.[110] Er versicherte zwar später, Forsthoff habe ihn davon überzeugt, daß das Gerücht jeder Grundlage entbehre.[111] Doch das Verhältnis zwischen Forsthoff und Jellinek blieb gespannt, was sich in Forsthoffs Briefen an Carl Schmitt niederschlug. Daß Forsthoffs Befragung im Entnazifizierungsverfahren durch den sog. Dreierausschuß „demütigend" und „schulmeisterlich" gewesen sei, gab auch Jellinek zu.[112]

Im Heidelberger Entnazifizierungsverfahren wurde Forsthoff in die Kategorie II eingestuft, nach der er zur Ausübung jeder Anstellung (in der amerikanischen Besatzungszone) künftig einer Genehmigung bedurfte. Er nahm deshalb das Angebot des provisorischen schleswig-holsteinischen Oberpräsidenten Theodor Steltzer[113] an, als dessen persönlicher Referent nach Kiel zu gehen.[114]

In dieser Kieler Zeit unternahm Forsthoff verschiedene Versuche, öffentlich zu wirken. Er beteiligte sich an der Herausgabe von Zeitungen und Pressediensten, war Dozent an der Rundfunkschule in Hamburg,[115] hielt Vorträge in Akademien und organisierte Gesprächskreise wie den von Steltzer gegründeten „Mundus Christianus".[116] Diese Anstrengungen fanden in Forsthoffs Korrespondenz mit Wilhelm Stapel (1882–1954) Eingang, die im Nachlaß Forsthoff erhalten geblieben ist.[117]

Als Steltzer 1947 nach den Landtagswahlen zurücktrat, verlor auch Forsthoff seine Anstellung. Dankbar antwortete er deshalb auf eine Anfrage des Kölner Dekan Kra-

110 Vgl. Jellineks Brief an Forsthoff vom 28. Februar 1949; Forsthoff an Jellinek 14. März 1949; BA Koblenz, N 1242 Nr. 56; Forsthoff in einem Brief an den Dekan der Frankfurter Fakultät Schiedermair, 12. August 1949; UA Frankfurt, Abt. 114 Nr. 41.

111 Jellinek an Forsthoff, 2. April 1949; BA Koblenz, N 1242 Nr. 56.

112 Jellinek meinte allerdings, letztlich habe sich alles doch „günstig" ausgewirkt, da damit der Punkt „Nachforschungen" erledigt gewesen sei. Radbruchs Anmerkungen zur Petition: „Our opinion with regard to Forsthoff's personality and views, however, seams to us clear enough on the strength of the numerous enclosed documents as to make further investigations superfluous"; UA Heidelberg, PA 3790. Forsthoff empörte sich darüber, daß höchst persönliche Dinge (gemeint war eine Verlobung) in die Entnazifizierungsdebatte einbezogen wurden; Jellineks Brief an Forsthoff vom 28. Februar 1949 und Forsthoff an Jellinek 14. März 1949; BA Koblenz, N 1242 Nr. 56.

113 Theodor Steltzer (1885–1967), Offizier im Generalstab, 1920 Landrat in Rendsburg, 1933 entlassen, nach dem 20. Juli 1944 verhaftet und mit Mitgliedern des Kreisauer Kreises am 15. Januar 1945 zum Tod verurteilt. Auf Intervention schwedischer und finnischer Freunde wurde die Hinrichtung aufgeschoben. Die britische Besatzungsmacht ernannte Steltzer 1945 zum provisorischen Regierungschef Schleswig-Holsteins, nach den ersten Landtagswahlen 1947 trat er zurück; vgl. Theodor Steltzer, Sechzig Jahre Zeitgenosse, München 1966.

114 Die auch in Kiel gemeldeten Beschuldigungen wurden zurückgewiesen, zuletzt im Juni 1947.

115 Steltzer in seinem Gutachten vom 30. April 1950 für Forsthoff an die Frankfurter Juristische Fakultät, UA Frankfurt, Abt. 114 Nr. 41.

116 Vgl. Kommentierung zu Forsthoffs Brief an Schmitt, 6. Juli 1948 (Nr. 19).

117 Der Nachlaß von Wilhelm Stapel liegt im Deutschen Literaturarchiv Marbach. Nach dem dortigen Bestandsverzeichnis sind darin keine Briefe von Forsthoff erhalten.

winkel im Januar 1948, ob er an die Kölner Fakultät kommen wolle.[118] Forsthoff schilderte Krawinkel sein Heidelberger Entnazifizierungsverfahren und fragte skeptisch: „Ob Sie es unter diesen Umständen aussichtsreich finden, meine Bewerbung zu betreiben, wage ich nicht zu entscheiden." Und in seinem zweiten Schreiben vom 6. Februar 1948 bat er ausdrücklich: „Ich lege großen Wert darauf, daß bei einer etwaigen politischen Überprüfung auf meine Belastung durch ‚Totaler Staat' und ‚Deutsche Geschichte in Dokumenten' ausdrücklich und nachdrücklich aufmerksam gemacht wird. Sie müssen damit rechnen, daß meine Ernennung in Köln – unterstellt, es käme dazu – Anlaß zu neuen Denunziationen sein wird. Sie werden sich auf diesen einzigen Belastungspunkt richten. Eine Berufung hat also nur dann Sinn, wenn die Kölner Instanzen entschlossen sind, mich in einem solchen Fall rückhaltlos zu decken und zwar sowohl gegen die Besatzungsmacht wie gegen deutsche Instanzen." Die Kölner Fakultät blieb bei ihrer Entscheidung,[119] das Kuratorium billigte sie (einstimmig),[120] reichte die Liste dem Kultusministerium ein und erklärte: „Die Fakultät wünscht lediglich aus dem törichten Verhalten der Heidelberger Kreise Nutzen zu ziehen und endlich heute den Mann zu bekommen, der ihr aus politischen Gründen 1942 vorenthalten wurde." Doch am 5. Juli 1948 mußte Krawinkel Forsthoff mitteilen, das Ministerium habe erst eine Vakanz besetzt und beabsichtige im übrigen nicht, „Vorschläge an das Kabinett zu reichen, die Kandidaten betreffen, die ehemalige Parteimitglieder sind. Diese Haltung war uns bisher unbekannt .... Welche Schritte die Fakultät nunmehr ergreift oder ergreifen kann, steht noch nicht fest." Krawinkel versicherte Forsthoff, die Fakultät sei über das „völlig unklare Verhalten des Ministers"[121] sehr enttäuscht. Der Lehrstuhl blieb zunächst unbesetzt. Forsthoff mußte als freier Schriftsteller das Einkommen für seine Familie erwirtschaften.

---

118 Forsthoffs Antwort auf die telegraphische Anfrage kam aus Kiel, 1. Februar 1948; UA Köln, Zugang 42, Nr. 4019. Dort auch die weiteren Schreiben.

119 Forsthoff sollte Staats-, Verwaltungs- und Kirchenrecht lesen.

120 Krawinkel beschrieb (21. Februar 1948) Forsthoff die entscheidende Sitzung ausführlich: „Ihr Schriftenverzeichnis wurde besprochen, auf die von mir angebrachten Baedekersterne ... aufmerksam gemacht, auf die allein schon aus den Titeln der Arbeiten hervorgehende Wandlung der Themen und auf den Anlaß und Inhalt einiger Schriften hingewiesen." Er zitierte aus der Sitzung weiter: „Hier im Hause ist behauptet worden, Forsthoff sei der Erfinder des Totalen Staates. Das kann nur ein Ignorant sagen. ... Wie viel mehr Mut und innere Überzeugung gehörte aber dazu, in den ersten Jahren des Regimes die Abkehr von solchen Thesen zu vollziehen und unter den Augen und dem Zugriff der Nazis zu dokumentieren, als – wie im Falle L – sich im sicheren Port der Emigration unter dem Schutze und der Förderung einer interessierten Regierung von diesen Irrlehren zu distanzieren und nun vor deutschen Kriegsgefangenen Vorträge über ‚Die Überwindung des totalitären Staatsgedankens' zu halten. Ich bin mir mit meinen englischen Freunden nicht nur hierüber völlig klar und einig, sondern auch darüber, daß es heute nicht so sehr darauf ankommt, der Jugend Staatsformen propagandistisch nahezubringen, als vielmehr ihr Denken in die Tiefe der Probleme zu führen. Und dazu ist gerade Forsthoff der Mann."

121 Frau Minister Teusch hatte an der entscheidenden Kuratoriumssitzung im Februar 1948 teilgenommen und die Liste ebenfalls gebilligt.

Im August 1949 erreichte ihn in Kiel die Anfrage des Frankfurter Dekan Schiedermair, ob er grundsätzlich bereit sei, einen Frankfurter Lehrstuhl zu übernehmen. Forsthoff antwortete (12. August 1949):[122] Für das Angebot schulde er aufrichtigen Dank.

> „Daß ich einen solchen Schritt von der Fakultät am wenigsten erwartet hätte, in der ich früher im nationalsozialistischen Sinne tätig gewesen bin, darf ich wohl hinzufügen und ich weiß darum diesen Vertrauensbeweis doppelt zu schätzen.
>
> Unzweifelhaft wird aber diese Tatsache die Verwirklichung Ihrer Absichten erschweren. Dies umso mehr, als ich nicht gesonnen bin, irgendwie in Abrede zu stellen, was ich einmal gewesen bin. Ich habe seinerzeit bei meinem Entnazifizierungsverfahren in Kiel mit Betonung erklärt, daß ich bitten müsse, meine Belastung, d. h. meine Schriften Totaler Staat und Deutsche Geschichte in Dokumenten, so ernst zu nehmen, wie ich es selbst tue. Ich gehöre nicht zu denen, die sich heute in Buße und Reue winden, sondern will nur zu meinen Irrtümern stehen – die ich ohne mir einen moralischen Vorwurf machen zu müssen, natürlich erkenne – und mich von den traurigen Figuren auf das entschiedenste distanzieren, die sich an ihrer Vergangenheit vorbeilügen wollen. ... Ich mache mich nicht besser und nicht schlechter als ich bin. Wer mich haben will, muß sich damit abfinden. Aber ich kann niemand nachlaufen und ich finde es unwürdig, mich durch Pflege von Parteibeziehungen usw. genehm zu machen."

Forsthoff legte Zeugnisse bei[123] und verwies auf seine Heidelberger Erfahrungen.[124] Erich Kaufmann gab ein Votum für die Frankfurter Fakultät ab und sprach sich für Forsthoffs Berufung aus.[125] Ebenso setzte sich Jellinek für Forsthoff ein:

> „Forsthoff ist ein ausgezeichneter Wissenschaftler und ein hervorragender Lehrer. ... Er würde seinen Weg von Lehrstuhl zu Lehrstuhl auch dann gemacht haben, wenn es keine nationalsozialistischen 12 Jahre gegeben hätte." Er trennte sich 1937/1938 vom Nationalsozialismus. „Ich weiß dies daher, daß mein Schwiegersohn Pfarrer der bekennenden Kirche in Königsberg war und bei Forsthoff ... einen Rückhalt gefunden hat."[126]

---

122 UA Frankfurt, Abt. 114 Nr. 41.

123 Zeugnisse von Dr. Danehl, Staatssekretär im niedersächsischen Innenministerium, Gerhard Anschütz, Prof. Wilhelm Heise (Direktor des Städel, Frankfurt), Willi Brundert (Halle) mit weiteren Erläuterungen zu Adolf Reichwein und seinen Frankfurter Kommilitonen. Der frühere Ministerpräsident Steltzer schrieb (30. April 1950): „Ich würde es offengestanden für einen großen Fehler für die Universität halten, wenn dieser ausgezeichneten Persönlichkeit nicht wieder die Möglichkeit zu einer Tätigkeit als Hochschullehrer gegeben würde. ... Ich bin bei jeder sich bietenden Gelegenheit bereit, für Prof. Forsthoff mit meinem Zeugnis einzutreten"; UA Frankfurt, Abt. 114 Nr. 41. Forsthoff verhehlte aber auch seine Enttäuschung über einen Freiburger Kollegen nicht.

124 Forsthoff: „Ich erwähne das, nachdem mir hier von einem Fakultätsmitglied – Jellinek – unterstellt worden ist, ich hätte dieses für die hiesige Fakultät sehr unbequeme Zeugnis (von Anschütz) durch betrügerische Methoden beschafft."

125 Erich Kaufmann, München 18. Oktober 1949: „Forsthoff ist ein ernsthafter Forscher ... (er) richtet sein Augenmerk auch über die engen Grenzen der Rechtwissenschaft hinaus auf die größeren geistesgeschichtlichen Zusammenhänge. Mir ist wohl bekannt, daß Herr Forsthoff zu Beginn des dritten Reiches einige Schriften publiziert hat, die zustimmend die damalige Rechtslage zur Darstellung bringen. Mir ist aber ebenso bekannt, (daß er frühzeitig erkannte,) mit den genannten frühern Publikationen sich auf einem Irrwege befunden (zu haben)"; Wiesbaden, Kult.Min. Akte 422/153, fol. 77.

126 Wiesbaden, Kult.Min. Akte 422/153, fol. 79.

Um die Berufungsverhandlungen mit Forsthoff zu unterstützen, reichte Schiedermair ein ausführliches Votum ein.[127] Forsthoffs Berufung wurde im sog. „Mitläuferausschuß" gebilligt.[128] Der hessische Minister beantragte deshalb am 8. März 1950, Forsthoff in das Beamtenverhältnis aufzunehmen[129] und bat ihn am 10. März 1950 darum, „bis zur Ernennung als o. Professor im hessischen Staatsdienst" bereits zum 15. März 1950 die kommissarische Leitung des Lehrstuhls zu übernehmen. Forsthoff seinerseits teilte dem Frankfurter Dekan mit, daß er ein Angebot der Speyrer Hochschule ablehnen werde, weil er sich an Frankfurt gebunden fühle.[130] Als der hessische Innenminister jedoch Bedenken gegen die Berufung anmeldete, versuchte der Dekan Hallstein vergeblich, das Ministerium umzustimmen.[131] Kultusminister Stein teilte Forsthoff am 6. Mai 1950 mit, an seiner Berufung werde nicht mehr festgehalten, deshalb könne er nicht mehr auf den Frankfurter Lehrstuhl berufen werden. Forsthoff schrieb Schiedermair, er wolle von dieser Auseinandersetzung „Distanz gewinnen" und „unbeteiligt" bleiben. „Daß mir die Beträge weiter gezahlt werden, nimmt mir eine große Sorge ab", denn die guten Aussichten auf den Speyrer Lehrstuhl seien vorbei, frühestens zum 1. Oktober könne er eine andere Arbeitsstelle finden. Am 24. Juli 1950 erhielt Forsthoff die offizielle Mitteilung des Frankfurter Kuratoriums über das Ende seines Lehrauftrags.[132] Die Frankfurter

127 13. August 1949, UA Frankfurt, Abt. 4 Nr. 1194. Er schilderte aus eigener Erfahrung die gemeinsame Königsberger Zeit, erwähnte die ehemals Wiener und jetzigen Heidelberger Schwierigkeiten und schloß sein Schreiben: „So ist es m. E. ein Zeichen der Verwirrung unserer Zeit, ein Beispiel einer fehlgeleiteten Entnazifizierung und fast ein Fall der Tragik in unserm wissenschaftlichen Leben der Gegenwart, wenn zum großen Schaden unserer Universitäten ein Mann wie Forsthoff, der zu den besten seines Faches zählt, und gegen dessen eindeutige antinazistische Einstellung keinerlei Bedenken bestehen, noch nicht wieder ein Ordinariat bekleidet."

128 6. Februar 1950, UA Frankfurt, Abt. 4 Nr. 1194, eingerichtet nach dem Gesetz über den Abschluß der politischen Befreiung in Hessen vom 30. November 1949, in: Gesetz- und Verordnungsblatt für Hessen 1948/1949, S. 167.

129 Wiesbaden, Kult.Min. Akte 422/153 fol. 131.

130 2. April 1950, UA Frankfurt Abt. 114 Nr. 41. Jellinek hatte schon am 15. November 1946 auf eine Anfrage aus Speyer Forsthoff empfohlen: „Nach einer neuerdings von unserem Befreiungsminister herausgegebenen Parole, sollen frühere Pg., auch solcher harmloser Art, nicht mehr im gleichen Lehramt verwendet werden. Das bedeutet, daß Sorge dafür getragen werden muß, sie in eine andere Stelle zu bringen. ... (Mit einer Berufung wäre) zwei Personen gedient: Ihnen, der Sie einen ausgezeichneten Lehrer und Gelehrten bekämen und Forsthoff, den Sie aus der Qual der akademischen Untätigkeit befreien würden. Am wenigsten gedient wäre allerdings der Universität Heidelberg, die eine hervorragende Kraft nur ungern scheiden sähe. Aber die Verhältnisse sind stärker als unsere Wünsche"; BA Koblenz, N 1242 Nr. 56.

131 Nach ausführlicher Diskussion in den Fakultätssitzungen bat der Dekan Hallstein am 2. Mai 1950 den Minister, „dafür einzutreten, daß der Beschluß des Kabinetts, der die endgültige Ernennung von Professor Forsthoff zum Professor des Öffentlichen Rechts in der Fakultät ausspricht, nicht geändert wird"; UA Frankfurt Abt. 114 Nr. 41.

132 UA Frankfurt, Abt. 4 Nr. 1194 und Abt. 14 Nr. 574.

Fakultät unternahm zwar nochmals beim Ministerium einen Versuch, ihn auf dem ersten Listenplatz unterzubringen, blieb damit aber wiederum ohne Erfolg.[133]

Die Heidelberger Fakultät ermöglichte Forsthoff für das WS 1950/51 einen kleinen, eng gefaßten Lehrauftrag:[134] eine zweistündige Vorlesung über Französische Einflüsse auf die moderne Verfassungslehre und ein zweistündiges Colloquium zum Öffentlichen Recht. Forsthoff bezweifelte, ob sich – nachdem das Semester bereits begonnen hatte, überhaupt noch jemand einfinden werde, eine Sorge, die sich freilich als unbegründet erwies.[135]

Mittlerweile hatten sich Forsthoffs Arbeitsbedingungen in Heidelberg verbessert. Im Dezember 1948 beantragte der Heidelberger Dekan, Eduard Wahl, beim Rektor namens der Fakultät, Forsthoff den Zutritt zur Bibliothek und anderen Universitätseinrichtungen zu gestatten.[136] Das erleichterte Forsthoff die Fertigstellung seines 1950 erstmals erschienenen und vielfach neuaufgelegten „Lehrbuch des Verwaltungsrechts". Bereits 1940 war der Beck Verlag an Forsthoff mit dem Angebot herangetreten, ein umfassendes Lehrbuch für Verwaltungsrecht abzufassen. Im Frühjahr 1944 sollte das Lehrbuch erscheinen. Im September 1945 unterrichtete Forsthoff den Verlag über den Stand seiner Arbeit. Doch der Beck/Biederstein Verlag konnte das Buch erst fünf Jahre später fertigstellen.[137] Mit diesem Lehrbuch prägte Forsthoff die Studentengenerationen zweier Jahrzehnte und beeinflußte die Nachkriegsentwicklung des Verwaltungsrechts entscheidend. Forsthoffs „Verwaltungsrecht" gehört zu den großen Lehrbüchern der Jurisprudenz. Es stellt hohe Ansprüche an seine Leser, entschädigt dafür aber durch seine betont geisteswissenschaftliche Ausrichtung, die sich vor allem an diejenigen wendet, die die Rechtswissenschaft als Wissenschaft erfahren wollen. Die Praxis ist Forsthoff nicht in allen Thesen seines Lehrbuchs gefolgt. Aber auch dort, wo sie ihnen widerspricht, tut sie das in enger Auseinandersetzung mit ihnen. Der Weiterentwicklung der Rechtswirklichkeit ist zuzuschreiben, daß mittlerweile andere, neuere Lehrbücher an die Stelle „des Forsthoff" getreten sind. Aber das heißt nicht, daß „der Forsthoff" überholt wäre. Wissenschaftliches Arbeiten auf dem Feld des Verwaltungsrechts kommt an ihm nach wie vor nicht vorbei. Forsthoff war entschlossen gewesen, sein Lehrbuch Gerhard Anschütz zu widmen. Schwierigkeiten im Verlag verzögerten jedoch das Erscheinen. Nachdem Anschütz am 14. April 1948 gestorben war, fürchtete Forsthoff, eine solche

133 Schreiben des Dekan (Helmut Coing) an das Staatsministerium für Erziehung und Volksbildung, 7. Dezember 1950; UA Frankfurt Abt. 13 Nr. 149 und UA Frankfurt Abt. 114 Nr. 41.

134 Dekan Engisch versicherte dem Kultusministerium am 15. Mai 1950, die Fakultät habe ausführlich darüber beraten; UA Heidelberg, PA 3789.

135 Vgl. Karl Doehrings Beschreibung des Colloquiums in der Einleitung zur Festgabe für Ernst Forsthoff zum 65. Geburtstag. Hg. von Karl Doehring (in Gemeinschaft mit Wilhelm G. Grewe, Roman Schnur, Prodromos Dagtoglou, Hans Klein, Willi Blümel), München 1967, zitiert im Kommentar zu Forsthoffs Brief an Schmitt, 26. Mai 1967 (Nr. 223).

136 Schreiben vom 7. und 28. Dezember 1948; UA Heidelberg, PA 3787.

137 Vgl. Kommentar zu Forsthoffs Brief an Schmitt, 6. Juli 1948 (Nr. 19), Anm. 6.

Dedikation werde in Anbetracht der schwierigen Lage, in der er sich damals befand, falsch gedeutet. So blieb das Lehrbuch ohne Widmung.

Auf Forsthoffs alten Lehrstuhl (für Völkerrecht) wurde Wilhelm Grewe berufen. Im Mai 1949 unterrichtete der Dekan das Kultusministerium darüber, daß Grewe „den ihn menschlich ehrenden Wunsch geäußert habe, seinen früheren Lehrer angemessen versorgt zu sehen". Die Fakultät unterstrich den Wunsch und bat darum, ihm „bis zur endgültigen Regelung" Versorgungsbezüge zu gewähren. Forsthoffs einziges gesichertes Einkommen sei die Witwenpension seiner Mutter, die noch nicht einmal bei ihm wohnen könne.[138] Das Ministerium erklärte sich bereit, bei Vorlage eines Dienstunfähigkeitszeugnisses 2/3 der Bezüge auszuzahlen. Das wies Forsthoff am 18. August 1949 zurück, denn er sei voll dienstfähig. Das Ministerium solle ihn entweder nach der Rechtsgrundlage verwenden oder ihm das erdiente Ruhegehalt auszahlen.[139] Am 17. August 1950 erkannte die Zentralspruchkammer Nordbaden durch einen Einstellungsbeschluß das Urteil des Kieler Entnazifizierungsverfahrens vom 6. Januar 1948 an. Nachdem Grewe das Lehrstuhlangebot ausgeschlagen hatte, vertrat Forsthoff zunächst seinen eigenen Lehrstuhl und konnte hoffen, daß „diese Vertretung in ein Definitivum verwandelt" werde.[140] Doch obgleich die Fakultät drängte, blieb Forsthoff lediglich kommissarischer Vertreter des Lehrstuhls. Mehr als ihm bewußt war und in seinen Briefen an Schmitt zum Ausdruck kommt, setzte sich Walter Jellinek für ihn ein. In Speyer und Heidelberg bzw. Karlsruhe betrieb er Forsthoffs Rückkehr an die Universität und versicherte, daß Forsthoff „unter den verfügbaren Kräften der beste Mann in seinem Fache" sei.[141] Doch erst als Forsthoff die Fakultät am 24. Februar 1952 davon unterrichtete, daß er einen Ruf nach Kiel erhalten habe und der Dekan das dem Karlsruher Ministerium mitteilte, sicherte der Hochschulreferent am 12. März 1952 zu, Forsthoff könne zum Ordinarius ernannt werden. Die Ernennungsurkunde wurde am 24. April 1952 ausgehändigt.[142] Am 21. August 1952 teilte Forsthoff mit, daß er den Kieler Ruf abgelehnt habe.

Heidelberg 1953 bis 1974

Für Schmitt wie für Forsthoff waren die Entwicklung der „Vereinigung der deutschen Staatsrechtslehrer"[143] und die Beziehungen zu ihr von großer Wichtigkeit. Die Organisation der ersten Nachkriegstagung in Heidelberg lag 1948/49 bei Jellinek. Nach heftigen

---

138 Wie viele andere war auch Forsthoffs frühere Wohnung (samt Möbeln) von Amerikanern beschlagnahmt worden. Der Dekan erinnerte daran, daß Forsthoff in der britischen Zone als „entlastet" eingestuft worden war.

139 Die Finanzierung eines Forschungsauftrags für eine neue Übersetzung von Montesquieus „De l'esprit des lois" lehnte die Heidelberger Akademie ab, 14. Oktober 1949.

140 So Forsthoff an den Frankfurter Dekan, 17. Dezember 1950; UA Frankfurt, Abt. 114 Nr. 41.

141 Walter Jellinek an den Dekan, 12. November 1951, UA Heidelberg, PA 3787.

142 UA Heidelberg, PA 3787.

143 Die Vereinigung hatte 1931 zum letzten Mal getagt. Nach der Machtergreifung legte der Vorstand (Sartorius, Kelsen, Koellreutter) sein Amt nieder. Koellreutter wurde ermächtigt, „nach genehmigter

Diskussionen[144] einigte sich der Vorstand darauf, alle „amtierenden" Staatsrechtslehrer und damit auch Forsthoff zur Tagung einzuladen.[145] Doch Forsthoff lehnte wegen der vorausgegangenen Debatten eine Teilnahme ab und erklärte Jellinek: „ich (würde) mich auf einer solchen Tagung keinen Augenblick wohl fühlen und (wäre) vollends außerstande, mich an den Arbeiten aktiv zu beteiligen. Ich bedaure es umso mehr, an meiner Absage festhalten zu müssen, als mich das Interesse, das Sie meiner Beteiligung entgegenbringen, wohltuend berührt".[146] Auf der dem Tagungsband angehängten Mitgliederliste wurde Forsthoff aufgeführt. Er sollte auch bereits bei der Tagung im folgenden Jahr ein Referat übernehmen,[147] bat aber wegen einer Erkrankung darum, den Vortrag auf ein anderes Jahr zu legen. 1953 referierte er dann über das Thema: „Begriff und Wesen des sozialen Rechtsstaats". Er vertrat die These, daß Rechtsstaat und Sozialstaat auf der Verfassungsebene nicht zu vereinbaren seien und lieferte damit Stoff für eine hochkontroverse, bis heute anhaltende Diskussion.[148]

Dies und dazu seine Verbindung mit Carl Schmitt, u. a. dokumentiert durch die Herausgabe der Festschrift zu Schmitts 70. Geburtstag 1959, eine zweite Festschrift erschien 1968, stempelte Forsthoff für manche Kollegen ab. Einige versuchten, ihn in gleicher Weise wie Schmitt zu diskreditieren, der 1953 nach einem großen Eklat von einem Vortrag in der Evangelischen Akademie, Herrenalb ausgeladen wurde.[149] Forsthoff geschah 1965 Ähnliches, als die Schweizer Kollegen der Vereinigung der Staatsrechtslehrer von ihrer Einladung nach Basel abrückten, nachdem sie zuvor Forsthoff als Referenten geladen hatten. Die Auseinandersetzung darüber spitzte sich immer weiter zu und weitete sich erheblich aus. Forsthoff berichtete Schmitt laufend davon.

Auflösung die noch in seinem Besitz befindlichen Akten der früheren Vereinigung zu vernichten", Rundschreiben an die Mitglieder der Vereinigung, Tübingen 31. März 1938; BA Koblenz, N 1242 Nr. 62; vgl. Michael Stolleis, Die Vereinigung der Deutschen Staatsrechtslehrer. Bemerkungen zu ihrer Geschichte, in: Kritische Vierteljahresschrift für Gesetzgebung und Rechtswissenschaft 80, 1997, S. 339–358.

144 Zwar befürchteten einige Vorstandsmitglieder, Schmitt wolle wieder zu den Tagungen kommen, doch er meldete sich (im Gegensatz zu Koellreutter) nicht. Belege zum Aufnahmebegehren Koellreutters im Nachlaß Walter Jellinek; BA Koblenz N 1242 Nr. 64; zum ganzen Stolleis, Die Vereinigung der Deutschen Staatsrechtslehrer, S. 346–353.

145 Jellinek erkundigte sich bei Forsthoff sogar danach, wie viele Theaterkarten Forsthoff für sich und seine Familie zum im Rahmen der Tagung geplanten gemeinsamen Theaterbesuch bestellen solle, Jellinek an Forsthoff, 26. September 1949; BA Koblenz, N 1242 Nr. 61.

146 BA Koblenz, N 1242 Nr. 61. Erich Kaufmann (München) besuchte Forsthoff während der Tagung und bestätigte danach gegenüber dem Frankfurter Dekan sein Urteil über Forsthoff; Wiesbaden, Kult.Min. Akte 422/153, fol. 117.

147 Erich Kaufmann an Jellinek, 31. Oktober 1949; BA Koblenz, N 1242 Nr. 64. Das Thema „Eingriffe der Besatzungsmächte in das Polizeirecht" übernahmen 1950 H. J. Wolff und O. Gönnenwein.

148 Die von Forsthoff edierte Sammlung „Rechtsstaatlichkeit und Sozialstaatlichkeit" (1968) stellt das Spektrum der Erörterungen vor.

149 S. Kommentar zu Forsthoffs Brief an Schmitt vom 21. April 1953 (Nr. 61).

Die Wiener Fakultät hatte 1965 einstimmig beschlossen, Forsthoff anläßlich des Universitätsjubiläums die Ehrendoktorwürde zu verleihen. Doch nachdem unter Hinweis auf den „Totalen Staat" eine lautstarke Pressekampagne eingesetzt und zu einer parlamentarischen Anfrage geführt hatte, erklärte Forsthoff, er werde nicht nach Wien reisen.[150] An der Ehrenpromotion hielt die Wiener Fakultät letztlich fest. Die Urkunde überreichte der Wiener Ordinarius Günther Winkler am 9. August 1969 in Heidelberg.

Die Wiener Ereignisse fanden auch in der Basler Presse ihren Niederschlag. Deshalb teilte Forsthoff am 7. Mai 1965 dem Vorstand der Vereinigung der Deutschen Staatsrechtslehrer mit, daß er sein für Oktober in Basel übernommenes Referat absage, um die Vereinigung nicht zu belasten.[151] Zur gleichen Zeit baten die Schweizer Kollegen Kurt Eichenberger und Max Imboden darum, im Hinblick auf den nun durch die Presse publik gewordenen „militanten Antisemitismus" von Ernst Forsthoff eine „Änderung des Programms" vorzunehmen oder die von ihnen seit einem Jahr im Detail mitgeplante Tagung zu verschieben.[152] Sie befürchteten, die Tagung werde belastet, „wenn sich mit wissenschaftlichen Anliegen Imponderabilien verknüpfen, die sich aus der früheren oder gegenwärtigen politischen Haltung unserer Gesprächspartner ergeben". Eine eigene Nachprüfung der Vorwürfe in der Presse habe ergeben, daß eine „nähere Erörterung die Situation nicht verbessern kann". Selbst als der Vorsitzende Werner Weber in Basel mitteilte, Forsthoff habe seine Teilnahme abgesagt, waren die Schweizer nicht beruhigt. Die Tagung wurde deshalb nach Würzburg verlegt.[153]

Um jede Eskalation und das Auseinanderbrechen der Vereinigung zu vermeiden, gab es keine Informationen und keine öffentliche Debatte darüber. Forsthoff aber erwartete ein Zeichen der Solidarität. Als weiter Stillschweigen herrschte, trat er am 5. September 1966 aus der Vereinigung aus. Gegenüber dem Vorstand der Staatsrechtslehrer Vereinigung begründete er diesen Schritt: 1965 habe er auf sein Referat verzichtet und damit seinerseits das ihm Mögliche getan, um „die dem Vorstand erwachsenen Schwierigkeiten zu mindern". Doch habe er sich persönlich „einem in der Vereinigung präzedenzlosen Angriff schweizer Mitglieder ausgesetzt (gesehen), der meinen status als Mitglied der Vereinigung aufs stärkste berührte. Die gesamten Umstände berechtigten mich zu der Erwartung, daß die Vereinigung dazu nicht schweigen würde." Der neu amtierende Vorsitzende, Otto Bachof, wollte Forsthoff vom Austritt aus der Vereinigung abhalten und erklärte, man habe 1965 zu den Anwürfen geschwiegen, da sonst „mühsam geglättete Risse wieder aufgebrochen wären" und eine Kampfabstimmung zur

150 Vgl. Forsthoffs Briefe an Schmitt vom 1. und 9. Mai 1965, 1. Oktober und 29. Dezember 1966, Schmitt an Forsthoff 9. Januar 1967 (Nr. 190, 191, 212, 215, 217).

151 Von den mit Forsthoff zum Referat geführten Vorgesprächen berichtete Roman Herzog in seiner (ungedruckten) Ansprache anl. der akademischen Gedenkfeier für Ernst Forsthoff am 7. Mai 1975.

152 6. und 10. Mai 1965, alle Vorgänge im Nachlaß Forsthoff.

153 Vgl. das Rundschreiben abgedr. im Kommentar zu Forsthoffs Brief an Schmitt, 9. Juli 1965 (Nr. 192).

Spaltung der Gesellschaft geführt hätte. So sei das „Schiff der Vereinigung doch noch an das rettende Land" gebracht worden. Bei der nächsten Mitgliederversammlung auf der Grazer Tagung 1966 stellte Karl Doehring den Antrag, die Vereinigung möge Forsthoff bitten, seine Mitgliedschaft aufrechtzuerhalten. Als sich die Mitglieder nicht einigen konnten, nahmen sie dankbar Herbert Krügers Vermittlungsangebot an.[154] Doch auch nach dem Treffen mit Krüger am 3. Dezember 1966 blieb Forsthoff bei seiner Entscheidung. Resignierend meinte Krüger gegenüber dem Vorsitzenden Bachof: „Ich glaube, wir tun gut daran, diese Angelegenheit endgültig ad acta zu legen. Mehr als sie getan hat, konnte die Vereinigung nicht tun. Wegen dieses Ergebnisses bedaure ich meine Reise nach Heidelberg nicht."[155]

Auch Ernst Friesenhahn schaltete sich ein. Ihm gegenüber wies Forsthoff jedoch darauf hin, daß der Vorstand ihn zweimal um die Übernahme des Referats gebeten habe, nachdem der Tagungsort Basel längst feststand. Er habe immer zu allen seinen Publikationen gestanden und selbst auf sie hingewiesen. Dafür beanspruche er nun das Recht, „keine politisch-moralischen Richtersprüche anzunehmen."[156] Zwei Jahre später brachte Ulrich Scheuner nach Rücksprache mit den Schweizer Kollegen in der Mitgliederversammlung am 4. Oktober 1967 in Frankfurt einen Antrag ein, der einstimmig, ohne Stimmenthaltung, verabschiedet wurde: „Die Vereinigung richtet an Professor Forsthoff in Würdigung seiner wissenschaftlichen Leistungen die Bitte, seine Zugehörigkeit zu ihr zu erneuern." Darauf trat Forsthoff der Vereinigung wieder bei.

1960 übernahm Forsthoff das Präsidium des ersten Zypriotischen Verfassungsgerichts. Diese Aufgabe war ihm unerwartet zugefallen.[157] Obwohl in den deutschen Wochenblättern offener und im Auswärtigen Amt versteckter Widerstand gegen seine Nominierung geäußert wurde, hielt Erzbischof Makarios an ihr fest. Forsthoffs sachliche Verhandlungsführung sorgte auch für ein gutes Verhältnis mit dem türkischen Vizepräsidenten des Gerichts. Als das Gericht ein Urteil zugunsten der türkischen Zyprioten fällte, weigerte sich Makarios jedoch, die Entscheidung umzusetzen. Daraufhin legte Forsthoff

---

154 Die Schweizer Kollegen ließen ausdrücklich mitteilen, sie bedauerten es, wenn Forsthoff außerhalb der Vereinigung bleibe, man habe ihn nicht angreifen wollen.

155 Krügers Brief vom 31. Dezember 1966, in: Akten der Vereinigung der Deutschen Staatsrechtslehrer, Präsident Bachof. Dort auch die im folgenden zitierten Belege.

156 Forsthoff an Friesenhahn, 18. September 1967. Friesenhahn übergab dem Vorstand der Vereinigung eine Abschrift und kommentierte den Brief selbst in einem langen Schreiben an die Vorstandsmitglieder, 29. September 1967: Forsthoff habe sich selbst in die prekäre Lage gebracht, einmal durch „seine brutalen Äußerungen aus dem Jahre 1933 und den Fehler, das Referat nicht von vornherein abgelehnt zu haben. Sicher war es ein Fehler ..., Herrn Forsthoff das Referat anzubieten. (Forsthoff hätte aber einsehen müssen, daß er) im Jahre 1965 nicht in der Schweiz sprechen konnte".

157 Vgl. Forsthoffs Briefe an Schmitt nach dem 24. Juli 1960 (Nr. 142).

sein Amt nieder (21. Mai 1963). Kurze Zeit darauf brachen auf Zypern erneut Unruhen aus.[158]

Mit den Ferienseminaren in Ebrach schuf Forsthoff eine Einrichtung, die nicht nur ihm den Gedankenaustausch mit Kollegen und mit Schmitt ermöglichte, sondern für die studentischen Teilnehmer die Einheit von Forschung und Lehre und die Gemeinschaft der Lehrenden und Lernenden in einer Intensität erlebbar und erfahrbar gemacht hat, wie sie der Alltagsbetrieb der Universität nicht zu bieten vermochte. Nach Ebrach, einer kleinen Gemeinde am Steigerwald zwischen Würzburg und Bamberg, lud Forsthoff in den Jahren 1957 bis 1971 Referenten ein, die jeweils Ende September/Anfang Oktober vor rund etwa 20 Studenten sprachen.[159] Themen waren: Sicherheit und Gefahr in der modernen Gesellschaft (1957), Subjektivismus (1958), Der Übergang vom 19. ins 20. Jahrhundert (1959), Der Beitrag der Wissenschaften für die Erkenntnis unserer Zeit (1960), Natur-Begriff (1962), Säkularisation (1964), Utopie (1965), Institution und Ethik (1966), Die gegenwärtige Situation des Staates (1967), Jenseits von Revolution und Restauration (1968), Wesen und Funktion der Öffentlichkeit (1969), Zur Standortbestimmung der Wissenschaften (1970), Der Wirklichkeitsverlust des Geistes (1971). Als Referenten gewann Forsthoff u. a.: Werner Conze, Julien Freund, Arnold Gehlen, Ulrich Huber, Reinhart Koselleck, Martin Kriele, Hermann Lübbe, Günter Rohrmoser, Carl Schmitt, Hubert Schrade, Heinhard Steiger.[160]

In den hochschulpolitisch aufgeregten Zeiten der Jahre nach 1969 gingen solche Angebote freilich unter. Dazu mag Forsthoffs frühzeitiges Emeritierungsgesuch und der damit abgerissene Kontakt zu Studenten beigetragen haben.[161] Er nutzte den Freiraum, um 1971 in der Abhandlung „Der Staat der Industriegesellschaft“ seine staatsrechtliche und politische Sicht „dargestellt am Beispiel der Bundesrepublik Deutschland“ vorzustellen,[162] in dem er als einer der ersten auch auf die Pflicht des Staates zum Schutz der Umwelt vor den Gefahren der Technik und ihrer industriellen Nutzung hinwies. Forsthoff widmete diese Schrift dem ältesten unter seinen Bekannten, Gustav (Hillard) Stein-

158 Vgl. die Kommentierung zu Forsthoffs Briefen an Schmitt vom 19. Juli 1959 und 4. Juni 1963 (Nr. 120, 171).

159 Die finanzielle Hauptlast trug Forsthoff, die Studenten zahlten nur ihre eigenen Kosten. Die Referenten erbaten kein Honorar, Forsthoff erstattete ihnen die Reise- und Aufenthaltskosten.

160 Einige Referate der Jahre 1967, 1968 und 1969 wurden gedruckt in: Studium Generale, Zeitschrift für die Einheit der Wissenschaften, ihre philosophischen Grundlagen und ihre Konsequenzen 21, 1968 – 23, 1970, andere erschienen im Sammelband: Säkularisation und Utopie. Ebracher Studien, Ernst Forsthoff zum 65. Geburtstag, Stuttgart/Berlin, 1967. Zum ganzen auch Laak, Gespräche, S. 206/207.

161 Vgl. Forsthoffs Brief an Schmitt, 9. Juli 1972 (Nr. 340).

162 Die Resonanz war so groß, daß das Buch innerhalb eines Jahres noch einmal nachgedruckt werden mußte.

bömer.[163] 1972 wurde Forsthoff für diese Arbeit mit dem Konrad-Adenauer-Preis ausgezeichnet.

Eine große Enttäuschung bedeutete es Forsthoff allerdings, daß ihm 1967 die Mitarbeit an der „Deutschen Verwaltungsgeschichte" verwehrt wurde. Fördergelder für dieses Projekt sollte der Initiator Kurt Jeserich nur dann erhalten, wenn Forsthoff aus dem Kreis der Mitherausgeber ausgeschlossen werde. Forsthoff zog sich deshalb aus der Mitarbeit zurück.[164]

1967 ehrten seine habilitierten Schüler Ernst Forsthoff mit einer Festgabe.[165] 1972 erhielt er eine zweite Festschrift von Schülern und Freunden,[166] dazu zu seiner Überraschung den Sammelband „Ebracher Studien".[167] Neben der Redaktion an der 10. Auflage des Lehrbuchs des Verwaltungsrechts widmete Forsthoff 1974 seine letzte große Anstrengung, die er bereits ans Krankenbett gebunden bewältigte, der Herausgabe und einem eigenen Beitrag zur Festschrift für Arnold Gehlen – einem anderen langen Weggefährten. Am 13. August 1974 starb Ernst Forsthoff in Heidelberg.

Schmitt überlebte seinen Schüler um 10 Jahre. Er lebte in Plettenberg im Haushalt von Anni Stand, seiner langjährigen Hausdame. Junge Freunde besuchten ihn, doch er hatte nicht nur viele alte Freunde verloren, sondern 1983 vor allem auch sein einziges Kind, die Tochter Anima. „Die letzten Jahre von Carl Schmitt"[168] waren für ihn einsam, denn er war oft nicht mehr zu „erreichen". Als Werner Böckenförde ihm am 31. Dezember 1984 die gesammelten Aufsätze seines 1973 gestorbenen Freundes Hans Barion übergeben wollte, konnte Schmitt das nicht mehr wahrnehmen. Am 7. April 1985 starb er.

Reinhard und Dorothee Mußgnug

---

163 Forsthoff überreichte Steinbömer den Band mit den Worten: „Wir sehen ja in diesen Jahren die … verändernde oder zerstörende Wirkung dieser technischen Realisation im Abbau der geistigen Welt und der Dinge, in denen wir groß geworden sind und in denen wir hoffen, unser Leben auch weiter bestehen zu können. Je mehr man sich mit diesem deprimierenden Thema beschäftigt, um so stärker fühlt man sich denen verbunden, mit denen man sich im Geiste eins weiß. Und von daher finde ich eine persönliche sinnvolle Berechtigung darin, daß ich nun das Ergebnis dieser Studien demjenigen widme, in dem ich in der hervorragendsten Weise das verkörpert sehe, was heute in dieser Gefährdung vor uns steht"; Forsthoff, Ansprache, in: Hesperus, Festschrift für Gustav Hillard Steinbömer zum 90. Geburtstag am 24. Februar 1971, Privatdruck, S. 17.

164 Dazu Jeserich, Entstehungsgeschichte, S. 150–154 und Forsthoffs Briefe an Schmitt vom 23. 12. 1966 und 14. 3. 1967 (Nr. 214 und 221).

165 Festgabe für Ernst Forsthoff zum 65. Geburtstag, hg. von Karl Doehring, München 1967.

166 Die Festschrift war nach eineinhalb Jahren vergriffen und mußte neu aufgelegt werden.

167 Säkularisation und Utopie. Ebracher Studien. Ernst Forsthoff zum 65. Geburtstag, Stuttgart 1967. Die Federführung hatte Ernst Wolfgang Böckenförde übernommen.

168 Ernst Hüsmert, Die letzten Jahre von Carl Schmitt, in: Schmittiana 1, 1988, S. 40–54.

Briefe

Nr. 1
Carl Schmitt an Ernst Forsthoff Bonn, 3. Februar 1926

Sehr geehrter Herr Referendar!
Besten Dank für Ihre freundliche Mitteilung, die mich sehr interessiert hat. Dieser Tage ist ein wichtiger Aufsatz in der Z. f. öffentl. Recht (Verlag J. Springer, Berlin) erschienen, von Ministerialrat Dr. Häntzschel[1] (dem Referenten für Art. 48 im Reichsm. d. Innern). Herr Ministerialrat Häntzschel würde sich für Ihre Arbeit[2] sicher interessieren, auch wenn Sie seinen Aufsatz nicht mehr berücksichtigen können. Vielleicht schicken Sie ihm ein Exemplar zu. Seine Adresse ist: Berlin-Lichterfelde, Asternplatz 4.
Herzliche Grüße Ihres ergebenen
Carl Schmitt

Nr. 2
Ernst Forsthoff an Carl Schmitt Mühlheim-Ruhr, 16. Juni 1926

Hochverehrter Herr Professor!
Endlich bin ich in der Lage, Ihnen den Sonderdruck meiner Arbeit zu übersenden. Ich möchte nicht unterlassen, Ihnen bei dieser Gelegenheit meinen herzlichen Dank auszusprechen nicht nur für die vielseitige Förderung, die Sie der Arbeit haben angedeihen lassen, sondern auch für die vielen Anregungen, die mir durch Ihre Kollegs, Ihre Schriften und die mündliche Aussprache mit Ihnen zuteil wurden. Sie haben mich in meiner geistigen Orientierung entscheidend beeinflußt. Ich bitte Sie mir Ihr Wohlwollen auch weiterhin bewahren zu wollen.
Mit hochachtungsvollem Gruß!
Ernst Forsthoff

Nr. 3
Carl Schmitt an Ernst Forsthoff Bonn, 17. Juni 1926

Lieber Herr Dr. Forsthoff, herzlichen Dank für die Zusendung des Aufsatzes und Ihren Brief. Über beides habe ich mich außerordentlich gefreut. Haben Sie Prof. Jacobi[1] ein Exemplar geschickt? Wenn nicht, schicke ich ihm eines; es wird ihn sehr interessieren. Dann kämen noch in Betracht: Grau[2], Triepel[3], Anschütz[4], Giese[5], Beyerle[6].
Nochmals besten Dank und herzlichen Glückwunsch.
Auf Wiedersehn, Ihr
Carl Schmitt.

Nr. 4
Carl Schmitt an Ernst Forsthoff — Bonn, 19. Juni 1926

Lieber Herr Dr. Forsthoff! Dieser Tage ist ein Buch „Die polizeilichen Aufgaben der deutschen Wehrmacht" von Rudolf Liepmann[1] erschienen, das die in Ihrem Aufsatz S. 159 (145) erwähnte Frage[2] von einer anderen Seite her behandelt und Sie vielleicht interessiert. Wenn Sie noch ein Exemplar Ihres Aufsatzes haben, schicken Sie doch bitte eines an Prof. Bilfinger[3], Halle (Saale) Paulusstr. 4.
Herzliche Grüße Ihres stets ergebenen
Carl Schmitt.

Nr. 5
Ernst Forsthoff an Carl Schmitt — Bonn, 9. März 1930

Hochverehrter Herr Professor!
Über meinen „Fall" ist hier in Bonn viel gesprochen worden. Die Zurückziehung meines Antrages ist, wie mir zuverlässig berichtet wurde, in der Fakultät „mit großem Bedauern" zur Kenntnis genommen worden. Geheimrat Thoma[1] stellt jetzt in Erklärungen, die er mehreren Bekannten von mir abgegeben hat, die Sache so dar, als hätte ich den Antrag voreilig und grundlos zurückgenommen. Diesen Eindruck hatte auch Professor Heyer[2], wie er mir gesprächsweise versicherte. Also auch er ist von Geheimrat Thoma in diesem Sinne unterrichtet worden. Thoma scheint sich also der scharfen Ablehnung meiner „Begriffsjurisprudenz" nicht mehr zu erinnern.
Es ist mir berichtet worden, daß er Sie in diesem Monat aufsuchen und bei dieser Gelegenheit auch meine Sache mit Ihnen besprechen will. Das kann mir an sich nur recht sein. Ich lege nur Wert darauf, zu betonen, daß ich die Version, die Thoma heute verbreitet und wahrscheinlich auch Ihnen gegenüber vertreten wird, nicht anerkennen kann. Ich stehe heute noch zu der Darstellung, die ich Ihnen unter dem unmittelbaren Eindruck der Unterredung mit Thoma gegeben habe. Thoma hat seine Verwunderung darüber ausgesprochen, daß ich meine Auffassung ihm gegenüber nicht verteidigt habe. Ich habe eine Verteidigung nur aus Höflichkeit unterlassen, da ich ihm sonst hätte sagen müssen, daß er meine Ausführungen zum großen Teil überhaupt nicht verstanden hat.
Von Freiburg habe ich noch nichts gehört. Ich war einige Zeit deshalb ernstlich beunruhigt. Mittlerweile habe ich jedoch erfahren, daß Professor v. Marschall[3] einen schweren Unfall erlitten hat und das Bett hüten muß und glaube das Schweigen auf diesen Umstand zurückführen zu können. Ich wäre Ihnen jedoch zu großem Dank verpflichtet, wenn Sie mir mitteilen würden, ob man bereits bei Ihnen angefragt hat. Ich wüßte dann wenigstens, ob in Freiburg schon Schritte unternommen worden sind. Eine direkte Erkundigung in Freiburg möchte ich vermeiden, da sie zu Mißdeutungen Anlaß geben könnte.

Mit besten Grüßen und der Bitte, mich Ihrer verehrten
Frau Gemahlin zu empfehlen
Ihr aufrichtig dankbarer
Ernst Forsthoff.

Nr. 6

Ernst Forsthoff an Carl Schmitt — Mülheim-Ruhr, 21. Dezember 1930

Sehr verehrter, lieber Herr Professor!
Haben Sie herzlichen Dank für Ihren freundlichen Brief und Ihre liebenswürdige Bemühung wegen der Veröffentlichung meines Aufsatzes[1]. Mit Junker u. Dünnhaupt bin ich jetzt einig. Ich werde den Band „Die Selbstverwaltung im modernen Staat" schreiben und habe den 1. Juli 1931 als Ablieferungstermin vereinbart[2]. Die Sache wird mir keine allzu große Mühe mehr machen, sodaß ich meine Ferien im wesentlichen der Überarbeitung der Habilitationsschrift[3] widmen kann, die im April unter allen Umständen abgeschlossen sein wird. Ich bedaure einerseits, daß sich ihre Fertigstellung verzögert hat, anderseits glaube ich, daß ihr die intensive Beschäftigung mit den Problemen der Allgemeinen Staatslehre, zu der mich die Vorbereitung auf die Vorlesung immer wieder bringt, entschieden zugute kommt. Im nächsten halben Jahr wird also von mir erscheinen: der Kommentar: „die Zwangsvollstreckung gegen Rechtssubjekte des öffentlichen Rechts" (gemeinsam mit Frl. Simons[4]), dessen Druck gerade fertiggestellt ist, die Habilitationsschrift und die Schrift über die Selbstverwaltung. Außerdem werde ich in dem staatsrechtlichen Heft der „Blätter für deutsche Philosophie" mit einem Beitrag über die Kriegsliteratur und ihre Bedeutung für den Begriff des Politischen[5] vertreten sein. Für die Übersendung des Aufsatzes von Jünger danke ich Ihnen sehr. Er war mir bisher entgangen. Seine Bücher und vor allem sein Aufsatz: „Die totale Mobilmachung" haben großen Eindruck auf mich gemacht und mich in erster Linie veranlaßt, mich mit der Kriegsliteratur zu beschäftigen[6].
Nach Erledigung dieses in Kürze skizzierten Programms möchte ich an eine breit angelegte, rechtsdogmatische Erörterung des Begriffs des organisatorischen Gesetzes herangehen. Mir wird immer klarer, daß hier eine große Lücke in der rechtsdogmatischen Forschung besteht.
Die Vorlesung über Allgemeine Staatslehre und das staatsrechtliche Seminar machen mir viel Freude, obgleich man seine Ansprüche und Erwartungen angesichts des schlechten Studentenmaterials (ausschließlich junge Semester) stark zurückschrauben muß. Trotzdem bin ich sehr froh, in Freiburg und nicht in Bonn zu sein, denn ich habe jetzt schöne Entfaltungsmöglichkeiten. Zum Sommersemester wurde mir das Kirchenrecht angeboten; ich mußte leider ablehnen, da ich keine Zeit zur Vorbereitung habe, denn die Ferien muß ich mir unbedingt für meine privaten Studien freihalten. Aber vielleicht wird mir noch das Verwaltungsrecht übertragen, damit hätte ich ja in Bonn bei der starken Besetzung niemals rechnen können[7].

In den Frühjahrsferien gedenke ich zur Arbeit nach Berlin zu kommen und hoffe, Sie dann wiedersehen zu können.
Mit herzlichen Grüßen und besten Wünschen für die Festtage,
auch an Ihre verehrte Frau Gemahlin,
Ihr dankbarer
Ernst Forsthoff

Mein Vater[8] läßt Sie herzlich grüßen.

Nr. 7
Ernst Forsthoff an Carl Schmitt Freiburg i. Br., 4. Februar 1931

Lieber Herr Professor!
Haben Sie besten Dank für Ihr freundliches Schreiben. Es war mir natürlich sehr wertvoll und erfreulich zugleich, Ihr Urteil über die Einleitung[1] zu erfahren. Über Ihre Vorbehalte gegenüber der Darstellung von Frl. Simons kann ich hoffentlich in Berlin mit Ihnen sprechen. Von der Anfertigung eines Sachregisters haben wir nach einigem Schwanken Abstand genommen, weil wir der Auffassung sind, daß es durch die ziemlich ins einzelne gehende Stoffeinteilung, wie sie aus der Inhaltsübersicht zu entnehmen ist, entbehrlich gemacht ist.
Über die Kriegsliteratur wollte ich eigentlich unter dem Gesichtspunkt des Politischen ganz grundsätzlich schreiben. Dazu mangelt mir aber die Zeit und so wird zunächst aus der Beschäftigung mit Jünger, Schauwecker[2] u.s.w. nur ein kurzer Bericht in den „Blättern für deutsche Philosophie" hervorgehen. Wann ich dazu komme, meine Pläne nach dieser Richtung auszuführen, weiß ich noch nicht. Zur Zeit nimmt mich natürlich meine Habilitationsschrift völlig in Anspruch. Ich bemühe mich augenblicklich, den ersten, dogmatischen Teil noch zu erweitern und zu vertiefen. Und zwar will ich versuchen, den Begriff der Korporation des öffentlichen Rechtes und der Selbstverwaltung von dem Begriff des Politischen, oder besser: der Entpolitisierung aus näher zu kommen. Mir wird immer klarer, daß die Entwicklung des 19. Jahrhunderts zum wesentlichen Teil getragen wurde von dem liberalen Entpolitisierungsstreben und daß wesentliche öffentlich-rechtliche Begriffe und Formen, die in dieser Zeit entstanden, nicht verstanden werden können, wenn man sie nicht auch darauf prüft, welche Funktion ihnen in diesem Entpolitisierungsprozeß zukommt. Die Entpolitisierung ist ganz offenbar bei der kommunalen Selbstverwaltung in der Begriffsfassung Lorenz v. Steins[3], wie ich in dem Ihnen damals übersandten Aufsatz genauer ausgeführt habe. Der Aufsatz wird übrigens, zu einer Kritik des Entwurfs der Reichsstädteordnung zusammengestrichen, in einem der nächsten Hefte der Zeitschrift für Politik[4] erscheinen. Ich sehe die gegenwärtige öffentliche Ordnung in engster Verbindung mit einem bestimmten Umfang des Bereichs des Politischen (insofern scheint mir gradezu das gesamte öffentliche Recht „politisches Recht" im Sinne Bilfingers zu sein). Dieser Umfang des politi-

schen Bereichs hat sich in den letzten Jahren, wie mir scheint, vornehmlich infolge der Auswirkung des Kriegserlebnisses, gewaltig erweitert. Daraus erklärt sich mir zu einem wesentlichen Teil die augenblickliche kritische Lage. Auch hier liegen die Dinge in der kommunalen Selbstverwaltung am klarsten. In meinem Aufsatz hatte ich am Schlusse die Auffassung vertreten, es müsse die Entpolitisierung des kommunalen Bereichs wieder durchgeführt werden. Aber ich komme mehr und mehr zu der Überzeugung, daß eine solche Entpolitisierung heute völlig unmöglich ist, sodaß es sich heute darum handelt, entweder der politisierten Selbstverwaltung einen Sinn abzugewinnen oder die Forderung nach der Beseitigung der Selbstverwaltung zu erheben. Diesem Zusammenhang zwischen dem Bereich des Politischen und dem Begriff der Korporation des öffentlichen Rechts gehe ich augenblicklich nach und hoffe, auf diesem Wege einiges Neue zu Tage zu fördern. Auf eine Anerkennung durch Geheimrat Thoma darf ich allerdings nach der entsprechenden Erweiterung der Arbeit noch weniger rechnen als ich es vorher konnte.
Ihrem Aufsatz in der D.J.Z. 1931. Sp. 5 ff.[5] verdanke ich für meine Arbeit außerordentlich viel. Ihrer Auslegung des Art 48 stehe ich – offen gestanden – noch zögernd gegenüber. Ich verkenne einerseits nicht das Gewicht der Argumente, die für Sie sprechen, aber andrerseits verdanke ich gerade Ihnen die hohe Meinung, die ich vor der inneren Konsequenz und Notwendigkeit rechtsstaatlicher Unterscheidungen habe, und dem Respekt vor rechtsstaatlichen Begriffen, die sich nicht verbiegen und abwandeln lassen, ohne den Rechtsstaat in Frage zu stellen, wie Sie es beim Gesetzesbegriff nachgewiesen haben[6]. Sie werden es verstehen, wenn ich darum zögere, die Unterscheidung von Maßnahme und Notverordnung in Ansehung des Art 48 preiszugeben. Im übrigen leuchtet mir die von Ihnen angedeutete Abwandlung des Ausnahmezustandes durchaus ein.
Mit herzlichen Grüßen
stets Ihr dankbarer
Ernst Forsthoff

Nr. 8

Ernst Forsthoff an Carl Schmitt Freiburg i. Br., 30. November 1931

Lieber Herr Professor!
Ich danke Ihnen herzlich für die Zusendung des Neudrucks des „Begriff des Politischen“[1]. Die Schrift ist mir gerade jetzt besonders wertvoll mit Rücksicht auf mein Seminar, wo demnächst das Problem des politischen Rundfunks behandelt wird und zwar auf Grund eines Referates von Fräulein Esser[2], die ich schon aus Ihrem Seminar im Winter 1924/25 kenne.
Gestern haben wir – d.h. im kleinen Kreis von Dozenten – Ihre Bundesstaatstheorie ausgiebig diskutiert nach einem Vortrag von Ritter über die Staatsstreichpläne Bismarcks. Ritter ist im Besitze sämtlicher Entwürfe zu den „Gedanken und Erinnerungen“ von Bismarcks Hand, die er demnächst publizieren wird. Eine von Bismarck kom-

mende, später gestrichene Ergänzung zu Bd. II S. 310 anschließend an Abs. 2, die für Sie besonderes Interesse haben dürfte, lautet:

„Wenn eine Reichsverfassung sich nicht als gangbar erwies und ihre Entwicklung nicht nur die neugewonnene Einheit, sondern auch den Bestand der preußischen Monarchie gefährdete, so würde es meinem Pflichtgefühl nicht entsprochen haben, diese Kalamität über das Vaterland ohne Gegenwehr hereinbrechen zu lassen. Ob für diese Gegenwehr die Grenzen zweifelloser Gesetzlichkeit immer gehalten werden konnten, war eine Frage, die eben nach der Parteistellung und der juristischen Auffassung verschiedene Beantwortung finden konnte. Nach meiner Überzeugung war die Revision oder Beseitigung der Reichsverfassung staatsrechtlich möglich ohne äußeren Rechtsbruch, aber selbst, wenn ein solcher unvermeidlich wäre, so habe ich niemals daran gezweifelt, daß ein Minister seinem Monarchen im Falle der Not eher zum Staatsstreich zuraten und die Folgen davon persönlich tragen muß, als daß er mit offenen Augen sein Land der Anarchie verfallen und den Staat zugrunde gehen läßt; den Satz la légalité c'est que nous tue würde ich nicht aussprechen, ohne den Entschluß, die Reichsverfassung zu durchbrechen[3]. Mißlingt die Ausführung, so ist die Entscheidung durch Kampf immer noch anständig und weniger unheilbar als die Versumpfung. Der Bruch mit der Verfassung wäre aber bei der deutschen Reichsverfassung nicht erforderlich gewesen, um zu einer Revision derselben auch gegen den Willen des Reichstags zu gelangen. Die Reichsverfassung beruht nicht auf staatsrechtlichen Verträgen zwischen Fürsten und Parlamenten, sondern auf der Oktroyierung des von dem Fürsten vorgelegten, vom Parlament revidierten status. Die rechtliche Grundlage ihrer Existenz bildet der zwischen Fürsten und freien Städten aus ..... ? .... [sic!] geschlossene Staatsvertrag. Wenn die Kontrahenten dieses Vertrages einstimmig von demselben zurücktreten, so hat er aufgehört zu existieren, und wenn sie miteinander in Krieg geraten, wie das zwischen den ebenfalls durch einen ähnlichen Vertrag verbundenen Mitgliedern des Frankfurter Bundestages der Fall war, so wird der Bundesvertrag durch Eintritt des Kriegszustandes ebenfalls hinfällig. Ich gebe zu, daß diese Deduktion anfechtbar ist, aber vertretbar ist sie auch, und ein Staat, der um seine Existenz kämpft, macht seine Existenz nicht von Fakultäten-Gutachten abhängig."

Vorige Woche war Friedrich Vorwerk[4] auf einige Tage hier und berichtete Interessantes aus Berlin. – Eben lese ich in der Frankfurter Zeitung, daß Poetzsch-Heffter den Ruf nach Kiel nun doch angenommen hat[5]. Dieser Ausgang ist für mich, nach Andeutungen, die mir in den letzten Wochen gemacht wurden, nicht ganz unerwartet.

Mit herzlichen Grüßen

Ihr

Ernst Forsthoff

Nr. 9

Ernst Forsthoff an Carl Schmitt Freiburg i. Br., 23. Januar 1932

Lieber Herr Professor!
Haben Sie herzlichen Dank für Ihren freundlichen Brief, der mich sehr erfreute, und Ihre Bemühung auf Grund meines letzten Briefes. Ich habe ja hier ein viel angenehmeres und ausgedehnteres Arbeitsfeld als die meisten meiner Kollegen und weiß das wohl zu schätzen. Ich bleibe gerne hier, zumal Sie eine neue Publikation nicht für so dringend halten.
Über mein Buch hat mir bisher nur Bilfinger[1] geschrieben, der meinen Ausführungen über den Bundesstaat ohne vertragliche Grundlage und den damit zusammenhängenden Unterscheidungen von Unitarismus und Zentralisation, Foederalismus und Dezentralisation zustimmt. Es freute mich sehr, weil mir dieser Teil des Buches wichtiger erscheint als die einleitende Umreissung des Begriffs der öffentlichen Körperschaft. Außerdem schreibt mir heute A. E. Günther[2], daß er meinen Darlegungen über den Bundesstaat beipflichtet. Die erste öffentliche Würdigung brachte die „Tägliche Rundschau" im Dezember[3], die ganz zutreffend die bedrohte politische Neutralität der Kirche als einen Punkt heraushebt, auf den es mir sehr wesentlich ankommt.
Meinen begonnenen Aufsatz über Legitimität und Legalität habe ich nicht weiter geführt[4]. Teils aus Gründen, die ich Ihnen bereits andeutete, teils weil mich der Problemkreis noch weiter beschäftigt und sich über den Überlegungen immer weiter ausdehnt. Augenblicklich gehe ich folgender These nach, die ich aufstellen möchte: Kein Staat kann de iure Freiheiten gewähren, die in ihrer Betätigung zu einer Vernichtung dieses Staates führen. Diese Schranke erscheint mir nicht als eine rein tatsächliche, sondern als eine durchaus juristische. Und zwar aus der logischen Erwägung heraus, daß keine Rechtsordnung eine rechtliche Handhabe zu ihrer eigenen Vernichtung bieten kann. Darum könnte eine Rechtsordnung niemals eine Ahndung des Hochverrates ausschließen oder auch nur ungeregelt lassen. Das Maß der Freiheiten, die der Staat überhaupt nur gewähren kann, wird bestimmt durch die Integrität seiner Verfassung (im Unterschied zum Verfassungsgesetz), sobald diese Integrität durch illegitime Angriffe gefährdet wird, gibt es keine Freiheiten mehr. Unter der Illegitimität verstehe ich den Widerspruch zur Verfassung, unter Illegalität das Zuwiderhandeln gegen eine beliebige Norm. Das spezifische Mittel zur Bekämpfung der Illegitimität ist die Diktatur, zur Bekämpfung der Illegalität die Polizei. Von hier aus ergibt sich eine substanzielle Beschränkung der in den Grundrechten gewährten Freiheiten und es erscheint durchaus folgerichtig, daß gegenüber dem Illegitimen eine Grundrechtsbeschränkung der Staatsgewalt schon für den Normalfall (Art 48 Abs 2) nicht mehr im vollen Umfange gilt und im nicht normierbaren extremen Falle ganz entfällt, ohne daß der Vorgang des juristischen Elements entkleidet würde. {Der Satz, daß die Gewalt des liberalen Rechtsstaates prinzipiell begrenzt, die Freiheitssphäre des Individuums prinzipiell unbegrenzt ist, gilt somit de iure und de facto nur unter der Voraussetzung, daß die Legitimität hors de combat steht.} Ich glaube, daß die Friktionen, die sich aus der heu-

tigen Lage für den zweiten Teil der Verfassung und seine Handhabung ergeben, nur auf diesem dogmatischen Wege überwunden werden können. Es kommt demnach für mich nicht auf die Legalität, sondern nur auf die Legitimität, die politische Einstellung zur Fundamentalverfassung an. Die Auseinandersetzung der extremen Gruppen mit dem Staat wird damit in die revolutionäre Ebene verschoben, in die sie auch gehört. Die Unterscheidung von „Bekenntnis zu einer Partei" und „Betätigung zugunsten einer Partei" hat Koellreutter[5] in seiner Polemik gegen Anschütz m. E. sehr richtig als Verlegenheitslösung erkannt, aber auf dem von Koellreutter eingeschlagenen Wege kommt man ebensowenig zu befriedigenden Resultaten.
Diesen Gedankengang öffentlich zu vertreten erscheint mir durchaus möglich. Die Schwierigkeiten beginnen für mich bei der Beurteilung des heutigen Staates. Die Diktatur, das Mittel zur Bekämpfung der Illegitimität, kann – das gilt vor allem für den nicht normierbaren extremen Fall – nur von einer legitimen – im Unterschied zur bloß legalen – Gewalt gehandhabt werden. Nur scheint es mir heute doch tatsächlich so zu sein, daß der Träger der Diktaturgewalt seinem Herkommen und seiner geistigen Struktur nach, die nicht in der geltenden Fundamentalverfassung verwurzelt ist, ausgesprochenermaßen legal und nicht legitim ist. Seine auctoritas entstammt einer anderen geistigen Welt, sie ist entlehnt und kann dem heutigen Staate nicht zugerechnet werden, obgleich sie de facto den heutigen Staat aufrecht erhält, denn ohne diese entlehnte auctoritas wäre die bisherige Notverordnungspolitik wohl nicht durchführbar gewesen. An diesem Punkte liegen für mich die Schwierigkeiten. Einmal ist die Angelegenheit außerordentlich prekär und eignet sich kaum für eine öffentliche Erörterung, zudem kompliziert sie die dogmatische Untersuchung sehr und läßt als letztes Ergebnis wohl nur die Erkenntnis zu, daß dem heutigen Staat die eigene auctoritas fehlt, sodaß er kein wirklicher Staat, sondern eine interimistische Zwischenlösung ist. Das heute auszusprechen ist sicher kein kleines Wagnis.
Ich weiß nicht, ob es mir gelungen ist, mit diesen wenigen Sätzen zu verdeutlichen, was mich beschäftigt. Hätte ich Gelegenheit dazu, so würde ich gerne mit Ihnen über diese Frage sprechen. Ich weiß nicht, ob ich Sie bitten darf, mir gelegentlich Ihre Meinung mitzuteilen, insbesondere darüber, ob Sie eine vorsichtige öffentliche Behandlung des Problems doch für möglich und fruchtbar halten.
Mit nochmaligem Dank und herzlichen Grüßen
stets Ihr
Ernst Forsthoff

Nr. 10

Ernst Forsthoff an Carl Schmitt — Freiburg i. B., 8. April 1932

Lieber Herr Professor!
Haben Sie vielen Dank für Ihren freundlichen Brief und die Zusendung. Ihr Aufsatz im RVBl.[1] war mir zwar bekannt, aber ich bin froh, ihn nun selbst zu besitzen. Mit

großem Interesse las ich sogleich Ihren Rundfunkvortrag[2]. Ich bin, soweit ich das jetzt von den Vorstudien meiner geplanten Arbeit aus sagen darf, sachlich mit Ihnen völlig einer Meinung. Es fiel mir auf, daß Sie den Ausdruck Legitimität nicht gebraucht haben; ich glaube die in der Person des Reichspräsidenten[3] liegenden Gründe zu kennen, die es geraten erscheinen lassen, dieses Wort an dieser Stelle und in diesem Zusammenhang nicht auszusprechen. Sie werden mir darum wohl zustimmen, wenn ich der Ansicht bin, daß Sie dem Begriff der Legalität eine Ausdehnung geben, die ihn in den Bereich hineinragen läßt, den ich mit Legitimität bezeichnen möchte. Diese Feststellung ist Ihrem Vortrag gegenüber eine rein terminologische, da ich in der Sache Ihnen völlig beipflichte. Gegenüber der heutigen Staatslehre scheint mir aber die begriffliche Unterscheidung von Legitimität und Legalität von prinzipieller Wichtigkeit. Ich hoffe, die Unterscheidung über das Jahr 1814 und Benjamin Constant[4] hinaus auch historisch nachzeichnen zu können. So will ich der Tatsache nachgehen, daß im römischen Recht das Adjektiv legitimus nur auf das ius civile, nicht auf das ius gentium verweist und auch sonst habe ich noch manche interessante historische Ansatzpunkte. Hochinteressant scheint mir der Legitimitätsbegriff zu sein, den Guizot[5] ins Feld führt, um die Legitimität der Juli-Revolution nachzuweisen.

Ihre Ausführungen über die Legalität, die in der Gewährung der gleichen Chance liegt, werden ja nun wahrscheinlich eine besondere Aktualität erhalten, wenn die preußische Landtagsgeschäftsordnung in ihren Bestimmungen über die Wahl des Ministerpräsidenten ad hoc geändert wird[6]. Es ist mir sehr zweifelhaft, ob das noch legal in Ihrem Sinne ist und ob die Reichsregierung dieses auch politisch sehr gefährliche Vorhaben nicht unterbinden wird.

Sehr richtig und überzeugend war mir Ihre Betonung des Zusammenhanges von Legalität und Art des Gesetzgebers, auch der Zusammenhang von Legalität und Widerstandsrecht leuchtet mir ein. Ich hatte schon vor einigen Wochen Wolzendorffs Buch über das Widerstandsrecht[7] vorgenommen, aber kaum etwas zur Sache gefunden.

Ihre Zustimmung zu dem Aufsatz im deutschen Volkstum hat mich sehr gefreut[8]. Ich schreibe eben an einem Aufsatz über Presse und Rundfunk, in dem ich einige Gedanken aussprechen will, die mir im vergangenen Semester in meinem Seminar über Film-, Funk- und Presserecht gekommen sind[9].

Für das Archiv habe ich u. a. die Besprechung[10] von Jerusalem, Staatsgerichtsbarkeit, übernommen. Natürlich nicht, weil das Buch dazu irgendwie anreizte, sondern weil ich die Gelegenheit nicht auslassen mochte, an dieser Stelle etwas zur Sache sagen zu können, vor allem nach Friesenhahns Beitrag im Handbuch, gegen den ich doch einiges auf dem Herzen habe.

Im Mai soll der Druck meiner Selbstverwaltungsschrift beginnen. Dazu habe ich nun eine große, vielleicht unbescheidene Bitte. Darf ich Ihnen die Korrekturbogen zuschicken lassen? Nicht natürlich, damit Sie die Korrekturen mit lesen, sondern damit Sie gelegentlich einen Blick hineinwerfen und mich auf etwaige sachliche Fehler oder Mißverständlichkeiten – soweit es Ihre Zeit gestattet – hinweisen. Ich muß hier in völliger Isolierung und ohne die Möglichkeit einer Aussprache mit irgend jemand arbei-

ten (auch von Marschall habe ich den Eindruck, daß es ihm lieber ist, wenn ich ihn mit fachlichen Fragen nicht behellige). Das hemmt die Kritik an der eigenen Leistung. Darum wäre es mir eine große Beruhigung, wenn Sie meiner Bitte entsprechen könnten.
Was Ihre Verlegenheit wegen eines Assistenten anbelangt, so darf ich Sie vielleicht hinweisen auf den Referendar Götz Schlicht[11], der über den Verlag Georg Stilke, wo er nachmittags tätig ist, zu erreichen ist. Schlicht wandte sich an mich wegen einer Promotion bei mir und will auf meine Anregung untersuchen, welchen Charakter die Begnadigung im modernen Rechtsstaat hat, in dem die Begnadigung im eigentlichen Sinne eines normtranszendenten Eingriffs in den normenmäßigen Ablauf nicht mehr möglich ist. Schlicht hat ein ordentliches Examen gemacht, sein Chef, der Verlagsleiter von Stilke, äußerte sich sehr lobend über ihn und ich habe von ihm einen sehr guten Eindruck. Mit Ihren Schriften, vor allem mit Ihrer Souveränitätslehre, ist er von seiner Arbeit her vertraut. Ich weiß nicht, welche Aufgaben Sie Ihrem Assistenten zuweisen wollen, kann darum auch keine Empfehlung aussprechen. Aber vielleicht ist Ihnen der Hinweis nützlich.
Mit herzlichen Grüßen
stets Ihr dankbarer
Ernst Forsthoff

Nr. 11

Ernst Forsthoff an Carl Schmitt — Freiburg i. Br., 7. Mai 1932

Lieber Herr Professor!
Es bedrückt mich, daß ich Ihnen immer noch nicht für die freundliche Zusendung des Kirchheimerschen Manuskripts[1] gedankt habe, das ich mit großem Interesse las und das mir bei meinen Studien große Dienste leisten wird. Aber Sie werden sich denken können, wie stark ich diesmal mit den Vorbereitungen auf das Semester, vor allem die Kirchenrechtsvorlesung, beschäftigt war. Mit dem Semesterbeginn bin ich diesmal besonders zufrieden. Über mangelnden Kollegbesuch hatte ich bisher nie zu klagen. Ich bin aber jetzt so weit, daß ich einen Kreis von älteren Studenten und Referendaren gesammelt habe, mit denen ich in meinem öffentlichrechtlichen Seminar wirklich arbeiten kann. Sie kommen zu mir nicht nur darum, weil ich als einziger hier ein staatsrechtliches Seminar abhalte, sondern weil sie wissen, was ich vertrete und weil sie im Sinne meiner Auffassungen staatsrechtlich arbeiten wollen, zum Teil wollen sie bei mir promovieren, was nach den hiesigen Fakultätsstatuten möglich ist. Ich habe nun vor, in diesem Kreise den mit den Begriffen Legalität und Legitimität bezeichneten Problemkreis zu erörtern und dem Begriff des politischen Rechts in der Bilfingerschen Prägung weiter nachzugehen. Ich glaube, auf diesem Wege läßt sich der Ansatz finden für eine grundlegende Kritik an der rechtsidealistischen Position von Holstein, Smend, Triepel und Leibholz[2], deren Abwegigkeit mir jetzt bei meiner erneuten Beschäftigung mit dem Art. 109 RV[3] aus Anlaß einer Rezension der Schrift von Bindewald[4] immer evidenter geworden ist.

Sie fragten mich nach meiner Meinung über das Buch von Meß[5]. Ich habe seiner leider nicht habhaft werden können, nehme aber an, daß es wesentlich übereinstimmt mit dem Aufsatz „Gemeindendämmerung" in der Zeitschrift für Rechtsphilosophie (Bd V, S. 217 ff). Ich stimme mit Meß nicht überein im Begrifflichen. Meß verkennt m. E. das Wesen der Selbstverwaltung, wenn er die Gemeinde überhaupt nicht vom Staate scheiden will. Aber die Situationsanalyse, die er gibt, finde ich ganz ausgezeichnet und in der unerschrockenen Radikalität sehr nützlich. Die Gefahren der kommunalen Emanzipation hat Meß vollkommen richtig gesehen. Ich habe den Aufsatz in meiner Schrift noch verwertet.
Interessieren dürfte Sie ein Aufsatz von mir über Presse, Rundfunk und Staat im 1. Mai-Heft des Deutschen Volkstums, in dem ich die These vertrete, daß der Rundfunk nur der auctoritas, nicht aber der potestas dienstbar gemacht werden kann. Es würde mich sehr freuen, wenn Sie mir Ihre Meinung über den Aufsatz gelegentlich mitteilen würden.
Mit herzlichen Grüßen
stets Ihr dankbarer
Ernst Forsthoff

Nr. 12
Ernst Forsthoff an Carl Schmitt St. Märgen, 27. Juni 1932

Lieber Herr Professor!
Infolge meines schlechten Befindens in Lobeda[1] kam ich leider nicht dazu, mit Ihnen über ein Anliegen des Herrn Schilling zu sprechen. Herr Schilling[2] hat, wie er Ihnen wohl erzählt haben wird, eine Schrift über die Abrüstungsfrage geschrieben, für die er vergeblich einen Verleger sucht. Er denkt jetzt daran, zu versuchen, sie in einer völkerrechtlichen Schriftenreihe unterzubringen und fragte vor einigen Wochen bei mir an, ob er sich wohl an Sie mit der Bitte um Rat wenden dürfte. Ich habe ihm geantwortet, daß dem gewiß nichts im Wege stände und daß ich Ihnen mitteilen würde, daß ich an der Anfrage, die demnächst an Sie gelangen wird, nicht ganz unbeteiligt bin.
Die Tagung in Lobeda ist mir nicht gut bekommen. Ich habe mich gleich nach der Rückkehr mit sehr hohem Fieber zu Bett legen müssen. Die ziemlich schwere Grippe war in einer Woche auskuriert, dafür hatte ich aber infolge einer Kehlkopf-Entzündung meine Stimme völlig verloren. Darum bin ich seit einer Woche hier oben im Schwarzwald; erfreulicherweise kommt die Stimme von Tag zu Tag mehr wieder, sodaß ich hoffe, am Donnerstag wieder lesen zu können.
Der Druck der Schrift über die Selbstverwaltung hat begonnen. Ich habe den Verlag in diesen Tagen gebeten, Ihnen die Korrekturbogen zu schicken.
Mit herzlichen Grüßen
Ihr stets dankbarer
Ernst Forsthoff

Nr. 13

Ernst Forsthoff an Carl Schmitt — Freiburg i. Br., 2. Juli 1932

Lieber Herr Professor!

Für Ihr freundliches Schreiben danke ich Ihnen vielmals. Ihr zustimmendes Urteil zu meiner neuen Schrift ist mir natürlich sehr wertvoll. Dankbar bin ich für Ihre Anregungen, die ich natürlich noch verwerten werde.

Was das Wintersemester und die Vertretung anbelangt, so haben sich die Dinge bei mir ein wenig verschoben. Eine Schwierigkeit besteht für mich darin, daß ich bei der Sparpolitik, die das badische Ministerium in neuester Zeit betreibt, bei einem Weggang für das Wintersemester den Verlust meines Stipendiums befürchten muß. Mein jetziges Stipendium läuft mit dem Beginn des Wintersemesters ab und ich weiß nicht, ob man mir das Stipendium bis zum Frühjahr vorbehält. Nicht unwahrscheinlich wäre es, daß man es einem anderen gibt und dann wäre ich ohne Existenzbasis, bis ein anderes Stipendium frei wird, und das kann bei der geringen Zahl der Stipendien, die jeweils auf zwei Jahre gewährt werden, lange dauern. Hinzu kommt, daß es mir eben gelungen ist, einen Kreis an Studenten und Referendaren um mich zu sammeln, die bei mir staatsrechtlich arbeiten wollen. Ich muß befürchten, daß dieser Kreis sich wieder zerstreut, wenn ich mein jetzt außerordentlich erfreuliches Arbeitsfeld für ein Semester verlasse. Andrerseits möchte ich Ihnen natürlich keine Ungelegenheiten machen. Wenn Sie mich brauchen, stehe ich Ihnen selbstverständlich zur Verfügung.

Sie berühren in Ihrem Brief noch einmal die Assistentenfrage. Das veranlaßt mich, Sie auf einen Herrn meines Seminars aufmerksam zu machen, Thomas Würtenberger[1] (kein Jude), dessen Namen ich Ihnen wohl schon in Lobeda nannte. Herr Würtenberger ist der diesjährige Preisträger der Fakultät mit einer sehr ausführlichen und sehr anerkannten strafrechtlichen Arbeit. Er hat in meinem Seminar ein für einen Studenten erstaunlich gutes Referat über Legitimität gehalten. Ich habe den allerbesten Eindruck von ihm und glaube, daß Sie an ihm eine wirkliche Hilfe haben würden. Auch seine Umgangsformen sind ausgezeichnet. Er macht im August sein Referendarexamen und wird Ende Oktober mit der Preisarbeit promovieren. Dann stände er zur Verfügung. Herr Würtenberger ist jetzt 9. Semester – er hat drei Semester auf die Anfertigung der Preisarbeit verwandt – ist also schon über das Studentenalter hinaus, was vielleicht nicht ganz unwichtig ist. Falls Sie sich für Herrn Würtenberger interessieren, bitte ich es mich wissen zu lassen. Ich könnte dann einmal mit ihm Rücksprache nehmen, wenn Sie sich nicht selbst an ihn wenden wollen. Seine Anschrift ist: Freiburg-Littenweiler, Alemannenstraße 15.

Mit herzlichen Grüßen

Ihr dankbarer

Ernst Forsthoff

Die Heidelberger juristische Fachschaft hat mich zu einem Vortrag eingeladen. Ich werde dort am 15./7. über die Krisis der kommunalen Selbstverwaltung (aus meinem neuen Buch) sprechen.

Herrn v. Schilling habe ich geschrieben, er möchte Ihnen sein Manuskript zuschicken. Ich glaube für eine Empfehlung bei Professor Wenzel[2] würde er Ihnen außerordentlich dankbar sein.

Nr. 14

Ernst Forsthoff an Carl Schmitt Frankfurt a/M., 17. Juni 1933

Lieber Herr Professor!
Herzlichen Dank für Ihren frdl. Brief. Es scheint sich zu bestätigen daß die Liste den Namen des hiesigen und des bisher Königsberger Herrn trägt[1]. Ich glaube nicht, daß man sich in Berlin darauf einlassen kann; darum war Ihre Information um der Sache willen notwendig. Ich komme, wenn es Ihnen recht ist, am Freitag auf der Fahrt nach Mülheim auf einige Stunden zu Ihnen. Jetzt nutze ich jede Minute für die Arbeit an der Schrift über den totalen Staat[2]. Ich lasse bis dahin noch von mir hören.
Mit herzlichen Grüßen
Ihr Ernst Forsthoff

Nr. 15

Ernst Forsthoff an Carl Schmitt Frankfurt a/M., 13. Oktober 1933

Lieber Herr Staatsrat[1]!
Heute habe ich die Berufung nach hier erhalten. Sie gilt als angenommen, wenn ich nicht innerhalb drei Tagen anderweitigen Bescheid gebe. Leipzig und Hamburg, die sich für mich interessieren, kommen unter diesen Umständen wohl zu spät. Denn für mich bleibt im Augenblick weiter wohl kaum etwas zu tun. Oder sind Sie anderer Meinung?
Am Montag sprach ich in Elberfeld[2]. Ich bin Ihnen aufrichtig dankbar, daß Sie mir den Vortrag vermittelten.
Ich schreibe bald ausführlicher, heute wollte ich Sie nur von der Berufung in Kenntnis setzen.
Mit herzlichen Grüßen
stets Ihr dankbarer
Ernst Forsthoff

Nr. 16

Carl Schmitt an Ernst Forsthoff Berlin-Steglitz, 8. Oktober 1934

Lieber Herr Forsthoff,
über die Nachricht von Ihrer Verlobung[1] haben wir uns sehr gefreut. Frau Schmitt und ich gratulieren Ihnen und Ihrer Braut herzlich, mit den besten Grüßen und Wünschen.
Heil Hitler!
Ihr Carl Schmitt.

Nr. 17

Carl Schmitt an Ernst Forsthoff — Berlin-Steglitz, 14. Mai 1936

[gedruckt auf Briefkarte: Staatsrat Professor Carl Schmitt]

gratuliert, zugleich im Namen von Frau Schmitt, herzlichst zur Geburt der Tochter[1], mit den besten Wünschen für Mutter und Kind.

Nr. 18

Carl Schmitt an Ernst Forsthoff — Berlin-Dahlem, 20. Juni 1942

Lieber Herr Forsthoff!
Die Nachricht vom Tode Ihres Vaters[1] hat mich tief berührt. Ich habe Ihren Vater seit 1934 nicht mehr gesehen, hatte mich aber gerade in der letzten Zeit infolge der erneuten Beschäftigung mit seinem Buch „Das Ende der humanistischen Illusion"[2] an den Gedanken gewöhnt, daß ich noch einmal mit ihm in ein Gespräch kommen würde. Im Anschluß an die große Frage, was κατέχων in 2 Thess. 2, 6/7 bedeutet[3], bin ich auch mit dem Präsidenten Horn[4] in Duisburg wieder in eine Korrespondenz eingetreten. Jetzt muß ich dieses Gespräch in Gedanken führen und erkenne, je älter ich werde, immer mehr, daß es eigentlich nur eine Versäumnis in unserm armen irdischen Dasein gibt, nämlich die, solchen Impulsen zu einem persönlichen Gespräch nicht gleich zu folgen. Daß menschlicher Trost nicht viel ist, haben wir alle in diesen Jahren gründlich genug erfahren. Aber ich möchte Ihnen doch sagen, daß die Erinnerung an Ihren Vater ein Wesensteil meiner Beziehungen zu Ihnen ist. Sagen Sie bitte auch Ihrer hochverehrten Mutter, daß Frau Schmitt und ich ihrer in aufrichtiger Teilnahme gedenken.
Herzliche Grüße Ihres alten
Carl Schmitt.

Nr. 19

Ernst Forsthoff an Carl Schmitt — Kiel, den 6. Juli 1948

[Von Schmitt u. a. notiert:] 17/7 48

Sehr verehrter, lieber Herr Schmitt!
Die Tatsache, daß Sie in den nächsten Tagen in das siebte Lebensjahrzehnt eintreten, würde in normalen Zeiten ein von Ihren Verehrern, Freunden und Schülern freudig aufgenommener Anlaß gewesen sein, Ihnen den Ausdruck des Dankes und der Verehrung in der Form einer würdigen Festgabe darzubringen. Heute erinnert sie mich gebieterisch an meine Briefschuld Ihnen gegenüber und so möchte ich mich wenigstens in dieser bescheidenen Form dem gewiß großen Kreise derer beigesellen, die sich gedrängt fühlen, Ihnen zu Ihrem Geburtstage mit den aufrichtigsten Wünschen für Ihr Ergehen ihre Verbundenheit zu bezeugen. Ich erspare mir ein Wort zu der Situation, in

der Sie diesen Tag verleben. Sie ist von eindeutiger Symbolik für die Situation, in der sich der Geist heute befindet. Ich sehe darin auch ihre Würde. Da ich von verschiedenen Seiten über Ihr Ergehen unterrichtet wurde, war es mir eine große Freude, zu erfahren, daß Ihre wissenschaftliche Arbeit weiter geht und daß Sie trotz der Abgelegenheit Ihres Domizils nicht von wissenschaftlichen Mitteln ganz entblößt sind.[1]

Ich habe eine nicht ganz einfache Zeit hinter mir. Nach dem Rücktritt Steltzers[2] als Ministerpräsident ließ ich mich bei der Landesregierung beurlauben und kam dann dadurch in eine schwierige Lage, daß ich auf eine Denunziation des mir sonst völlig unbekannten Zeitungswissenschaftlers v. Eckardt[3] in Heidelberg, die über den Kontrollrat geleitet war, hier auf englische Anordnung entlassen wurde. Damit war der einigermaßen gelungene Versuch, hier beruflich wieder Fuß zu fassen, wieder in Frage gestellt. Die Sache ist dann nach erneuter Verhandlung vor dem deutschen Ausschuß wieder bereinigt worden und man hat mich sogar ohne eigenen Antrag in die Kategorie der Entlasteten eingestuft. Aber diese Sache, die sich bis in den Herbst hinzog, hat mich viel Zeit und Nerven gekostet und war der Grund dafür, daß meine Korrespondenz damals zum Erliegen kam.

Inzwischen arbeite ich in engster Verbindung mit Steltzer an verschiedenen Plänen und Aufgaben, die sich in seiner Person vereinigen und an Umfang und Bedeutung ständig zunehmen. Die Gesellschaft Mundus christianus[4] ist nur ein Teil dieses Komplexes (Ich bin bei ihr als wissenschaftlicher Sekretär angestellt). Ich schätze Steltzer nicht nur menschlich sehr hoch, sondern halte ihn auch als Politiker für die einzige bedeutende Figur, die bisher in den Westzonen hervorgetreten ist. Seine Resonanz, außerhalb der Formen offizieller politischer Kommunikation, nimmt ständig zu und so bildet sich um ihn ein ständig wachsender Kreis von Persönlichkeiten, der wirklich eine Elite darstellt. Nachdem er sich von den Parteien eindeutig distanziert hat, hat sich das Gewicht seines Namens ständig verstärkt. So haben wir, seine Freunde, die Hoffnung, daß er eines Tages, und im richtigen Augenblick, in die offizielle Politik zurückkehren wird. Es ist seit langem meine Absicht, Sie und Herrn Steltzer miteinander bekannt zu machen. Vor einigen Wochen sprach er nun selbst den Wunsch aus, Sie kennen zu lernen und sich mit Ihnen einmal in aller Ausführlichkeit über die gesamte Situation zu unterhalten. Natürlich kam mir nichts gelegener als dieser Wunsch. Nur konnte ich zunächst nichts weiter tun, da Steltzer Anfang Juni in die Schweiz fuhr. Ich habe zur Zeit noch keine Verbindung mit ihm. Auch ist im Augenblick der Schock der Währungsreform solchen Plänen nicht günstig. Ich denke daran, einmal ein mehrtägiges Zusammensein eines kleinen Kreises zu ausgiebigem Gespräch anzuregen, zu dem außer Ihnen und Steltzer vielleicht noch Freyer, Barion und Achelis, vielleicht auch Herrn Weil, einzuladen wären.[5] Der Ort für ein solches ungestörtes Gespräch wäre mit Bedacht auszusuchen, aber wohl zu finden. Es würde mich sehr freuen, wenn Sie sich in der Lage sähen, der Einladung zu einer solchen Begegnung zu entsprechen.

Wissenschaftlich war ich im letzten Jahr nicht ganz müßig[6]. Ich hatte vor zwei Jahren die mir vom Verlag Mohr angetragene Veranstaltung einer Jubiläums-Ausgabe von Montesquieus Esprit des Lois angenommen und mir damit eine Arbeit aufgeladen, deren Umfang ich doch unterschätzt hatte. Die Übersetzung war für mich eine Neu-Entdeckung des Werks und ich habe das Gefühl, daß sie mir über Montesquieu hinaus zu einem wesentlich vertieften Verständnis des 18. Jahrhunderts verholfen hat. Vor drei Wochen ist nun endlich das Manuskript an den Verlag gegangen. Alles weitere liegt nun zunächst in der Hand des französischen Zensors. Jetzt lege ich die letzte Hand an das Verwaltungsrecht, das hinter der Termin-Arbeit am Montesquieu zurückstehen mußte. Ich hoffe im August damit fertig zu werden. Es soll bei Biederstein (früher Beck) in München erscheinen, der es leider nicht für Mohr freigegeben hat. Eine kleinere Studie: Die Institution als Rechtsbegriff, die sich eng mit Ihren Arbeiten berührt, liegt fertig, befriedigt mich aber in einigen Teilen noch nicht ganz, sodaß ich sie noch einmal überarbeiten möchte.

Die Kölner Fakultät hat mich primo loco für den dortigen dritten Lehrstuhl für öffentliches Recht vorgeschlagen[7]. Die Angelegenheit stockt aber, da das Ministerium nicht bereit ist, ehemalige Parteigenossen zu berufen. Ich habe der ganzen Angelegenheit von vornherein mit größter Zurückhaltung gegenüber gestanden, da ich keine Neigung habe, auf den akademischen Friedhof zurückzukehren. So berührt mich auch die Einstellung des Ministeriums wenig, die, praktisch vollzogen, die Universitäten von Nordrhein-Westfalen zum geistigen Tode verurteilt.

Mit aufrichtigen Wünschen und herzlichen Grüßen

Ihr

Ernst Forsthoff.

Nr. 20

Ernst Forsthoff an Carl Schmitt Heidelberg-Schlierbach, 4. November 1948

Sehr verehrter, lieber Herr Schmitt!

Vielen Dank für Ihre freundlichen Zeilen[1]. Das Treffen in Burgbrohl ist dank der Liebenswürdigkeit von Frau Rhodius[2] nun gesichert. Mir ist nur in meinem letzten Brief insofern ein Versehen unterlaufen, als der als Anreisetag gedachte Montag nicht der 21. sondern der 22. November ist. Ich hoffe, daß dieses Versehen für Sie ohne Belang ist. Die übrigen Herren haben inzwischen alle zugesagt. Frau Rhodius hat mich gebeten, in ihrem Namen einzuladen, eine besondere Einladung von ihrer Seite wird also nicht mehr ergehen. Ich könnte mir denken, daß es für die Dispositionen des Hauses erwünscht wäre, wenn Sie zu gegebener Zeit den Termin Ihrer Ankunft mitteilen würden (Frau Ellen Rhodius, Burgbrohl, Bez. Koblenz). Weiteres wäre nicht zu tun.

Inzwischen werden Sie hoffentlich das Päckchen erhalten haben. Ihr Urteil über die Montesquieu-Einleitung wäre mir besonders wertvoll. In diesen Tagen wird ein kürzerer Montesquieu-Gedächtnis-Aufsatz von mir in der Deutschen Rechtszeitschrift erscheinen, den ich Ihnen ebenfalls zugehen lassen werde[3]. Ich habe darin am Schluß noch deutlicher als es in der Einleitung geschehen ist, zum Ausdruck gebracht, für was ich die gegenwärtigen staatsrechtlichen Geschehnisse halte: für ein Provisorium von

peinlicher Niveaulosigkeit. Ich lege Wert darauf, die Vermutung nicht aufkommen zu lassen, als wollte ich dabei mittun. Auf dieser kritischen Linie steuere ich auch den Pressedienst[4], an dessen Redaktion ich teilnehme. Da wir seinerzeit – mit großer Freude übrigens – Ihren Tocqueville-Aufsatz[5] brachten, kennen Sie ihn vielleicht schon. Wir wollen versuchen, ab 1. Januar den Übergang zur Wochenschrift zu vollziehen, da wir uns in der jetzigen Form schwerlich auf die Dauer werden halten können. Trotz seiner geringen Verbreitung ist der Pressedienst doch ein viel beachtetes und wichtiges publizistisches Instrument geworden.
Eben sitze ich über den letzten Korrekturen am Manuskript des Verwaltungsrechts.
Mit guten Wünschen und herzlichen Grüßen und der Bitte
um beste Empfehlungen an Frau Schmitt
stets Ihr
Ernst Forsthoff.

Nr. 21
Carl Schmitt an Ernst Forsthoff Plettenberg, 10. November [1948]

Lieber Herr Forsthoff,
Ihr Päckchen (mit der Montesquieu-Einleitung, der Abhandlung über die „Institution als Rechtsbegriff" und einer Nummer des „Pressedienstes") habe ich erhalten, ebenso Ihren Brief vom 4. November und das Heft der Deutschen Rechts-Zeitung mit Ihrem Montesquieu-Aufsatz. Vielen herzlichen Dank. Ich habe alles gleich mit grösster Beteiligung gelesen und hoffe, dass wir in Brohl, bei unserer Zusammenkunft, einen Augenblick Zeit finden darüber zu sprechen. Der Montesquieu-Aufsatz in der Zeitschrift ist auch als Zeitschriften-Aufsatz ausgezeichnet, in der These (die hybride Kombination von Rousseau und Montesquieu) ist er ebenso bedeutend wie aktuell und mutig; der Schluss ist eine sehr klare Distanzierung.
Es hat mir leid getan, dass Sie mir nicht früher etwas von Ihrem Interesse an Hauriou[1] mitgeteilt haben. Ich besitze beide Ausgaben der „Principes" (von 1910 und 1916), auch sonst einiges von Hauriou, und die Ihnen fehlenden Principes von 1916 hatte ich sogar in zwei Exemplaren, von denen ich vor etwa 2 Monaten eins verschenkt habe. Diese Bücher sind der Beschlagnahme meiner Bibliothek entgangen. Ihre Verfassungsgeschichte[2] dagegen ist in den Händen der Beschlagnahmer geblieben, was mir besonders leid tut. Ich sehe wieder an Ihrer Montesquieu-Einleitung, wie ausserordentlich Ihre verfassungsgeschichtliche Begabung, Ihr Blick für die geistesgeschichtliche Linie und Ihr einem so unendlich vielseitigen Stoff adäquates Darstellungsvermögen ist. Montesquieu ist ein herrliches Thema für die „souplesse" Ihres Geistes, ein Thema und gleichzeitig Nahrung und Steigerung. Es ist für mich eine grosse Freude, so etwas zum Lesen zu haben.
Dass der Pressedienst meine Tocqueville-Notiz abgedruckt hat, weiss ich nur vom Hörensagen und mittelbar, aus der sonst unerklärlichen Zusendung von 20 DM aus

Hamburg (Sept. 48). Den Pressedienst lese ich mit Vergnügen, wenn ich ihn bekomme. Abonnieren kann ich ihn nicht, weil ich brotlos bin. Die Tocqueville-Notiz (Historiographia in nuce) ist übrigens in diesem Sommer auch portugiesisch im Boletino der Juristischen Fakultät Coimbra erschienen.
Auf unsere Zusammenkunft in Burg Brohl freue ich mich sehr. Ich hoffe Sie in gutem Befinden zu treffen, nachdem wir uns jetzt wohl sieben Jahre[3] nicht mehr gesehen haben. Dass dieses Wiedersehn im Zeichen der Erinnerung an Wilhelm Ahlmann[4] steht, ist für mich ein grosses und bedeutungsvolles Omen.
Herzliche Grüsse, auch von Frau Schmitt, und die besten Wünsche für Sie und Ihre Familie.
Stets Ihr
Carl Schmitt.

Nr. 22
Ernst Forsthoff an Carl Schmitt Heidelberg-Schlierbach, 14. November 1948

Sehr verehrter, lieber Herr Schmitt!
Besten Dank für Ihren freundlichen Brief, mit dem Sie mich sehr erfreuten. Gewiß wird in Burgbrohl Gelegenheit sein, über die sachlichen Fragen zu sprechen. Ich bin sehr froh darüber, daß Sie sich über die Montesquieu-Einleitung so freundlich äußern. Die Einleitung ist mir wichtig, denn ich berühre darin einige prinzipielle Gesichtspunkte, die ich noch ausführlicher und systematischer zu behandeln gedenke.
Mit dem Treffen in Burgbrohl ist jetzt alles klar. Wir werden am 22. November von Frau Rhodius erwartet. Frau Rhodius schrieb sehr liebenswürdig, vor Donnerstag wolle sie uns nicht fortlassen. Nun, das wird sich in Burgbrohl herausstellen, ob wir so lange bleiben. Herr Steltzer hat mir in diesen Tagen wegen einer Sitzung in Frankfurt abtelegraphiert. Auf diese Weise werden die Freunde Ahlmanns unter sich sein und das will mir nicht als Nachteil erscheinen. Ich hoffe, daß Herr Plügge[1] aus Darmstadt, der ja zum engsten Freundeskreise Ahlmanns gehört, für Herrn Steltzer kommen wird.
Mir herzlichen Grüßen, auch an Frau Schmitt,
stets Ihr
Ernst Forsthoff

Nr. 23
Ernst Forsthoff an Carl Schmitt Heidelberg-Schlierbach, 30. August 1949
[Von Schmitt u. a. notiert:] b[eantwortet] 3/9 49

Sehr verehrter, lieber Herr Schmitt!
Gestern erzählte mir Herr Achelis, daß Ihre Gattin nun den 10. September nach hier zur klinischen Behandlung käme. Ich hoffe aufrichtig, daß das Befinden Ihrer Gattin nicht Anlaß zu ernsteren Sorgen bietet und daß die Behandlung bei Siebeck[1] ein voller

Erfolg werden möge. Da ich annehme, daß auch Sie unter Umständen einmal nach hier zu kommen gedenken, möchte ich Ihnen gleich schreiben und Ihnen versichern, daß Ihnen unser Haus jederzeit zur Verfügung steht. Wir sind in der vorigen Woche umgezogen und wohnen jetzt in der mehrere hundert Jahre alten Schlierbacher Mühle, in die erst im vorigen Jahr eine moderne Wohnung eingebaut wurde. Wir haben infolgedessen endlich mehr Platz und sind in der Lage, jederzeit ein Zimmer für Logierbesuch frei zu machen. Die Straßenbahn ist in der Nähe, sodaß Sie die Klinik verhältnismäßig bequem erreichen können. Auch Ihre Tochter bitten wir, von diesem Angebot Gebrauch zu machen, sofern sie die Absicht hat, nach hier zu kommen.

Ich habe mich seit den schönen Tagen in Burgbrohl mit manchen Sorgen herumschlagen müssen. Ich habe mich meiner Haut gewehrt, wo ich konnte und z. B. mit Jellinek[2] in einer zweistündigen Unterredung eine Abrechnung gehalten, über die sich die Heidelberger Geistigkeit entsetzt hat. Aber damit beweist man nur einmal mehr, daß man als freier Geist nicht in diese Zeit paßt. Ich hoffe, Ihnen von allem dem in den nächsten Wochen mündlich berichten zu können. Heute deute ich es nur an, um Ihnen meine Schweigsamkeit im letzten halben Jahr zu motivieren. Äußere Schwierigkeiten wirken auf mich isolierend und lähmen mein Mitteilungsvermögen. Aber ich bin keineswegs gebrochen und fühle mich den gewiß noch kommenden Auseinandersetzungen durchaus gewachsen.

Sie werden gehört haben, daß die Staatsrechtslehrer-Vereinigung wieder eröffnet wird – unter Beschränkung auf die voll amtierenden Kollegen[3]. „Voll amtierend" heißt mit unbeschränkter Lehrberechtigung, eine Klausel mit der man Heckel, Gerber und Maunz draußen läßt. Das ist die glatte Aufkündigung der Kollegialität und ich bin entschlossen, sie als Definitivum zu akzeptieren. Ich glaube, daß Huber ebenso denkt. Man müßte eines Tages zu einer zwanglosen Gegengründung kommen, so locker, wie der Kreis der Ahlmann-Freunde.

<Charakterisierung H. Peters> Mein Verwaltungsrecht steht noch im Satz. Ich hatte mit dem Verlag noch eine Kontroverse, weil er Wert darauf legte, daß ich noch eine summarische Abrechnung mit dem Nationalsozialismus einfügte und mich in den Zitaten heutigen Wünschen anpaßte. Beides habe ich natürlich abgelehnt[4]. Ich hoffe, daß der Verlag, nachdem er bereits beträchtliche Mittel in das Werk gesteckt hat, diese Ablehnung schlucken und endlich an den längst fälligen Umbruch herangehen wird. Dann wird man sehen, wie sich Wissenschaft und Praxis zu den beiden Werken stellen wird.

Der Druck der Montesquieu-Ausgabe geht ziemlich rasch weiter. Die Übersetzung hat mir doch viel Arbeit gemacht, da man immer wieder daran feilt und nachverbessert. So halten auch die Korrekturen sehr auf. Ich hoffe aber auf das Erscheinen noch in diesem Jahre.

Lassen Sie mich schließen in der Hoffnung, Sie demnächst hier zu sehen und mit den besten Wünschen für das Ergehen Ihrer Gattin.

Mit herzlichen Grüßen
stets Ihr
Ernst Forsthoff

Nr. 24

Carl Schmitt an Ernst Forsthoff Plettenberg, 3. September 1949

Lieber Herr Forsthoff!

Für Ihren Brief vom 30. August bin ich Ihnen von ganzem Herzen dankbar. Ihre freundschaftliche Anteilnahme an unsern Sorgen empfinden wir alle in der heutigen Lage besonders lebhaft als ein Zeichen menschlicher Verbundenheit und Treue. Ich würde gern zu Ihnen kommen. Mein alter Wunsch, mit Ihnen zu sprechen, ist durch Ihren Brief wieder heftig entbrannt. Leider kann ich es aber nicht einrichten, dass ich mit meiner Frau nach Heidelberg fahre. Ich habe mich für die nächsten Wochen in Walberberg festgelegt[1] und kann meine dortigen Gastgeber, die mir ein Asyl gaben, als ich es nirgendwo anders finden konnte, jetzt nicht enttäuschen. Frau Schmitt wird wahrscheinlich am Montag, dem 12. September nach Heidelberg kommen und dann gleich in die Klinik von Prof. Siebeck gehen. Dagegen hat sich ein anderer Interessent für Ihr gütiges Angebot gefunden: meine Tochter Anima[2], die eine Einladung zu einem Kongress nach Assisi und Perugia erhalten hat und nach dem 20. September aus Italien über Heidelberg nach Hause zurückkehren will. Sie würde dort ihre Mutter treffen und wäre Ihnen und Ihrer verehrten Gattin überaus dankbar, wenn sie um diese Zeit (das Datum würde sie noch mitteilen) bei Ihnen in Heidelberg für zwei Tage unterkommen könnte. Ich gebe diesen Wunsch an Sie und Ihre Frau weiter, weil Anima ein ganz braves Mädchen von 18 Jahren ist, das Ihnen möglichst wenig Mühe zu machen sucht und keinerlei Ansprüche stellt. Sie würden uns eine sehr grosse Wohltat erweisen, wenn Sie es auf diese Weise ermöglichen könnten, dass Mutter und Tochter sich zur gemeinsamen Rückreise in Heidelberg treffen können. Einzelheiten könnte Frau Schmitt mit Ihnen und Ihrer Frau noch in Heidelberg besprechen. Für mich persönlich ist es eine wunderbare Vorstellung, mir meine Tochter als Gast bei Ihnen in Ihrer Familie zu denken.

Ihre Mitteilungen über Ihre berufliche Arbeit und die Situation des Faches habe ich natürlich mit grösster Anteilnahme gelesen. Es ist traurig zu sehen, mit welchem Eifer deutsche Universitätslehrer den Morgenthau-Plan[3], den man auf industriell-ökonomischem Gebiet nicht durchzuführen vermochte, im geistigen und wissenschaftlichen Bereich vollstrecken. Was Sie über Hans Peters[4] schreiben, stimmt mit den Erfahrungen überein, die ich seit 1945 mit ihm gemacht habe, ein Exemplar, intellektuell wie moralisch, der herrschenden 3. Garnitur. Ich bin aber trotzdem sicher, dass Sie nicht mehr lange ohne Lehrstuhl bleiben. Das war auch die Meinung Werner Webers[5], der mich gestern hier besucht hat. Der neuen Staatsrechtslehrervereinigung und den einzelnen Variationen ihrer Diskriminierungen der Deutschen und ihrer Zusammensetzung stehe ich mehr mit intellektueller Neugierde als mit einem Affekt gegenüber; höchstens so, wie ich auch das Bonner Grundgesetz lese, nämlich mit der „Heiterkeit eines allwissenden Greises", exul in patria mea.[6] Sowohl auf Ihr Lehrbuch der Verwaltung wie auf Ihren Montesquieu freue ich mich sehr. Vor allem aber hoffe ich auf ein baldiges Gespräch mit Ihnen. Es ist über fachliche, persönliche und allgemeine Fragen soviel zu besprechen, dass mir die Feder aus der Hand fällt. Jetzt ist es schon fast ein

Jahr, dass wir uns zuletzt, in Burgbrohl, sahen; auf irgendeine Weise muss es sich ermöglichen lassen, dass wir uns bald treffen.
Ich danke Ihnen und Ihrer Frau nochmals für Ihren gütigen Vorschlag und hoffe, dass Frau Schmitt Gelegenheit haben wird, unseren Dank Ihnen beiden auch mündlich auszusprechen, noch bevor Anima erscheint. Inzwischen viele herzliche Grüsse und Wünsche für Sie und die Ihrigen.
Ich bleibe in alter, unveränderlicher Gesinnung
stets Ihr
Carl Schmitt.

Nr. 25
Ernst Forsthoff an Carl Schmitt — Schlierbach, 7. September 1949
[Von Schmitt u. a. notiert:] 19/9 49

Sehr verehrter, lieber Herr Schmitt!
Über Ihren Brief habe ich mich besonders gefreut. Ihr Frl. Tochter wird uns natürlich, wie ich schon schrieb, sehr willkommen sein und sie kann gerne so lange hier bleiben, wie es sich nach den Dispositionen Ihrer verehrten Gattin ergibt. Daß Sie nicht kommen können, verstehe ich, aber mit mir werden es die mir befreundeten Kollegen bedauern, die sich auf ein Zusammensein mit Ihnen gefreut hatten. Ich hoffe auch sehr auf eine persönliche Begegnung in absehbarer Zeit. Achelis und ich erwägen gelegentlich, ob man ein Treffen wie seinerzeit in Burgbrohl nicht hier zustande bringen könnte. Der äußerliche Rahmen wäre natürlich nicht so glänzend wie bei Rhodius, aber immerhin ganz ansprechend, da sowohl Achelis wie ich jetzt über einigermaßen geräumige Wohnungen verfügen und sich etliche Gäste, auch in der Nachbarschaft, unterbringen ließen. Schwierigkeiten macht natürlich die wenig zentrale Lage und damit die Kostenfrage. Es liegt natürlich ein System darin, wenn man so gut aufpaßt, daß wir arm bleiben. Denn Armut bedeutet Isolierung und in der Isolierung hält man uns für relativ harmlos. Umso mehr sollten wir darauf bedacht sein, diese Isolierung zu überwinden.
Darüber, ob ich bald wieder ins Amt komme, mache ich mir weniger Gedanken als die meisten Kollegen in meiner Lage. Mein Interesse gilt den wissenschaftlichen Plänen, aber hier stoßen sich die Dinge vorläufig noch hart im Raum und die Sorge um den Broterwerb überschattet alles. Am liebsten wäre mir die Pensionierung, die mir die Freiheit zur geistigen Arbeit zurückgäbe. An die heutige Universität zieht es mich nicht zurück, ich glaube nicht, daß ich mich in dieser Gesellschaft noch einmal einleben würde. Aber ich würde eine Berufung heute nicht mehr ablehnen (wie ich vor zwei Jahren das Angebot der sehr anständigen Kieler Fakultät abgelehnt habe, dort eine Art Gastprofessur zu übernehmen), des Geldes wegen. Ganz vertraulich möchte ich Ihnen mitteilen, daß ich in Frankfurt unico loco vorgeschlagen worden bin. Ich verdanke das wohl in erster Linie Schiedermair[1] und Claß[2]. Die Fakultät schreibt mir, daß sie mit dem Vorschlag ein Jahr gewartet hätte, bis der Zeitpunkt gekommen wäre, an

dem meine Berufung mit Aussicht auf Erfolg betrieben werden könnte. Ob das wirklich eine Chance bedeutet, kann ich nicht beurteilen. Ich bin skeptisch und lasse die Dinge an mich herankommen. Gerade Hessen ist ja ein politisch schwieriges Terrain.
Sollte Ihre verehrte Gattin noch irgendwelche Wünsche für Heidelberg haben, so bitte ich, es mich wissen zu lassen. Ich werde nächste Woche in der Klinik vorsprechen.
Mit guten Wünschen und herzlichen Grüßen
stets Ihr
Ernst Forsthoff.

Nr. 26

Ernst Forsthoff an Carl Schmitt Heidelberg-Schlierbach, 18. September 1949
[Von Schmitt u. a. notiert:] b[eantwortet] 12/XII 49

Sehr verehrter, lieber Herr Schmitt!
Heute nachmittag ist Ihre Tochter nach Mainz weiter gefahren, die uns zwei Tage mit ihrem Besuch erfreute. Wir hoffen, daß ihr Heidelberg als Zwischenstation zwischen Assisi und Plettenberg einigermaßen gefallen hat. Am vorigen Mittwoch erfuhr ich in der Klinik, daß Ihre verehrte Gattin noch nicht eingetroffen war und ich entnehme daraus, daß sie die Behandlung mit Rücksicht auf die Abwesenheit von Prof. Siebeck verschoben hat. Vielleicht lassen Sie uns wissen, wann wir sie nun erwarten dürfen.
Vorige Woche war Grewe[1] bei mir, der ja einen Ruf auf meine Professur hat, deren Besetzung nach einer Vakanz von jetzt bereits 3½ Jahren allmählich an der Zeit ist. Wir haben uns, entgegen gewissen Befürchtungen, gut verstanden und Grewe hat dann meine finanzielle Sicherstellung als conditio sine qua non für die Annahme des Rufes verlangt, als er tags darauf in Karlsruhe war. Das ist mir doch einigermaßen wertvoll und schafft für alle Entlassenen eine neue Situation. Ich bin gespannt, was man nun tun wird.
Was die Staatsrechtslehrer-Vereinigung anbelangt, so haben Sie wohl recht: die Sache ist keine Aufregung wert und zu der Heiterkeit, mit der Sie die Angelegenheit betrachten, bietet sich mir inzwischen allerlei Stoff. Am 20.–22.10. soll die Vereinigung nämlich hier zum erstenmal zusammentreten. Inzwischen haben nicht nur mehrere Herren gegen die Satzung protestiert, sondern auch das Geronten-Quartett Kaufmann[2]-Apelt[3]-Helfritz[4]-Jellinek zerbricht sich inzwischen die Köpfe darüber, wie z. B. mit mir verfahren werden soll, da ich am Tagungsort wohne. Kaufmann hat Grewe erklärt, daß ich „natürlich" dabei sein müsse, ebenso hat Helfritz an den hiesigen Privatdozent Voigt[5] (meinen Königsberger Assistenten) geschrieben, er habe meine Mitgliedschaft immer für „selbstverständlich" gehalten. Und von Jellinek erfahre ich, daß er mich demnächst aufsuchen will, um mich einzuladen, als Gast teilzunehmen. Ich werde ihm erwidern, daß mein Erscheinen als Gast für die Teilnehmer in hohem Grade peinlich sein müsse und daß ich deshalb ablehnen müsse[6]. Die Bande der Kollegialität sind ja

1945 zerschnitten worden und so ist es schließlich ganz konsequent, wenn es jetzt dabei bleibt. Vergnüglich ist es nur, zu sehen, wie die Initiatoren von einer Peinlichkeit in die andere stolpern und wie drei von den vieren sich heute schon von ihrem Beschluß vom 18. 7. distanzieren. Bilfinger hat in einem Brief an Helfritz protestiert. Ich finde Schweigen angemessener und vielleicht auch würdiger.
Endlich geht der Umbruch des Verwaltungsrechts weiter. Auch der Umbruch des Montesquieu hat begonnen, das von Haag-Drugulin ganz besonders schön in einer zeitgenössischen Antiqua gedruckt wird[7].
Inzwischen mache ich mir Gedanken über die weitere Arbeit. Ich denke jetzt an einen Aufsatz über die Revolution, genauer, darüber, was es bedeutet, daß Revolution legitim und der Revolutionär zu einem Ehrentitel geworden ist, der z. B. auch wissenschaftliche Leistungen superlativisch kennzeichnet. Am Anfang steht der Gedanke, daß der (siegreiche) Revolutionär nicht als edel empfunden wird, wie unter Umständen der Räuberhauptmann im Dienste einer gewaltsamen Charitas. Der Grund scheint mir darin zu liegen (unter anderem), daß der Revolutionär wegen der Gemeinverbindlichkeit politischer Herrschaft notwendig mit Eid, Treue und Gewissensbindung anderer in Konflikt kommt, vor allem aber nur in den technischen Begriffen der Macht denkt. Die Technik des revolutionären Vollzuges zwingt zu einem politischen Denken, das den Staat skelettiert, das Fleisch der Hoheit, Würde, der traditional angereicherten Substanzen entfernt und nur das Machtgerippe übrig läßt. In einem Staat, der mit dem pouvoir constituant irgendwie zu tun hat, teilt sich diese Mentalität notwendig auch dem Herrschenden mit: das Schicksal des Staates im 19. Jahrhundert als Folge der französischen Revolution. Burckhardt hat das ja gut gesehen (wie ich besonders den Fragmenten entnehme) und ich möchte sein merkwürdiges Wort von der Macht, die an sich böse ist[8], als den Ausspruch eines degoutierten Wissenden deuten, der nicht mehr Partei ergreift. Der Revolutionär (der erfolgreiche) ist deshalb au fond der niederere Typus. Ein die Revolution als legitim prinzipiell einbeziehendes politisches und staatsrechtliches Denken ist deshalb notwendig ein Plädoyer für ein menschliches Gefälle, wie es sich 1918, 1933, 1945 stufenförmig abzeichnet. Das Scheitern des 20. Juli ist zwangsläufig[9], weil der Edlere in der Rolle des Revolutionärs notwendig unterliegt. {Wobei sich häufig die Komik einstellt. Die Komik des Hidalgo: Stauffenberg, nach dem mißlungenen Attentat von Telefon zu Telefon springend und den technischen Apparat beschwörend, um zu retten was zu retten ist.} Unter diesem Aspekt wäre zur Verfassung des bürgerlichen Rechtsstaats vieles zu sagen, die mich seit der Beschäftigung mit Montesquieu anhaltend interessiert, in ihrem technischen Charakter. Aufschlußreich auch das Grundgesetz, das dem künftigen Revolutionär schon jetzt bestimmte Techniken des Machtkampfs verbietet. Als wenn nicht der Revolutionär in der Wendigkeit und der Vielfältigkeit der Techniken der konstituierten Macht immer und notwendig überlegen wäre – worin Hegel wohl eine Gerechtigkeit des objektiven Geistes erblickt haben dürfte. Die Entscheidung des jüngeren Bismarck gegen Harmodios und Aristogeiton[10] zeigt den gesunden Instinkt der guten Rasse. Die römische Geschichte, die ich immer mehr als paradigmatisch empfinde, bietet mir gutes Mate-

rial, Tiberius Gracchus, Marius (der bei Mommsen unverdient schlecht wegkommt, weil M. vom Soldatischen nichts versteht), Sulla usw. Ich denke das demnächst einmal niederzuschreiben und außerhalb der Fachblätter zu veröffentlichen. Das Ganze gedacht als eine Vorstufe für ein Buch über den Konservativismus, das seit langem ein besonderes Anliegen von mir ist (ein Torso liegt seit Jahren in meinem Schreibtisch). Konservativismus beginnt für mich da, wo die vorher angedeuteten Fragen aufhören und unaktuell geworden sind. Der preußische Konservativismus gab sich in dem Augenblick auf, in dem er die Legitimitätsfragen ernst nahm. Deshalb ist er nur bis etwa 1840 interessant und der vielgepriesene Stahl[11] war sein Totengräber. Aber verzeihen Sie, wenn ich so in Ihnen längst bekanntes abgleite.
Eben lese ich Jüngers „Strahlungen“[12] mit gemischten Gefühlen. Ich finde den Titel in dem Sinne treffend, als er der Ausstrahlung von Paris auf eine verblüffende Weise erlegen ist. Diese Strahlung empfindet ja jeder, der den Boden dieser Stadt betritt. Es ist das Buch eines Überwältigten und hat alle seine Schwächen aus dem Versuch, diese Überwältigung als einen überlegenen intellektuellen Prozeß erscheinen zu lassen. Deshalb sind auch die Partien, die sich auf den Aufenthalt im Osten beziehen, zwar weniger brillant, aber doch substanzieller und markieren sozusagen den Pegel des menschlichen Niveaus, auf dem das Ganze anzusetzen ist. Die Dimensionen, in die sich die Denkenergie Jüngers verströmt, sind durchgängig außerordentlich – alles abgestrichen, was ich für bloße Koketterie nehme – und so ist mir das ganze Buch doch, trotz aller Bedenken gegen die literarische Form, wichtig und bedeutend.
Ihre Berufung auf das Greisenalter war mir – mit Günther Krauß[13] zu sprechen – incitamentum für eine angelegentliche Lektüre von Ciceros de senectute[14]. Ich habe Sie aber in Cato dem Älteren nicht zu erkennen vermocht.
Mit herzlichen Grüßen und aufrichtigen Wünschen
für Ihre verehrte Gattin
stets Ihr
Ernst Forsthoff.

Die Frankfurter Fakultät (ausgerechnet) hat mich auf einer Ergänzungsliste nach Erschöpfung der anderen Listen unico loco vorgeschlagen. Ich mache mir dazu keine Illusionen.

Nr. 27

Carl Schmitt an Ernst Forsthoff — Plettenberg, 19. September 1949

Lieber Herr Forsthoff!
Inzwischen hat Prof. Siebeck Frau Schmitt gebeten, in der Zeit vom 26. Sept. nach Heidelberg zu kommen, weil er erst dann wieder dort anwesend ist. Jetzt wird meine Frau am Samstag den 24. September reisen und abends 19.26 (mit dem Eilzug von Frankfurt) dort eintreffen; sie hat dann in der Klinik den Sonntag zum Ausruhen von der Reise. Ich habe Siebeck und Achelis gleichzeitig geschrieben. Anima ist noch in

Italien; den Tag ihrer Ankunft in Heidelberg wissen wir nicht. Aber wenn sie vor ihrer Mutter dort eintreffen sollte, sagen Sie ihr bitte, dass sie auf ihre Mutter warten soll.
Für Ihren Brief vom 7/9 danke ich Ihnen herzlich. Nicht nur für die Gastfreundschaft und Hilfe, die Sie uns in einer so liebevollen Weise anbieten, sondern auch für die Mitteilungen, die Ihre Haltung zu den Fragen unseres wissenschaftlichen Berufes angehen. Angesichts der traurigen Servilität, die beim Durchschnitt der heutigen Professoren herrscht, ist es eine Stärkung, Ihre ungebrochene und aufrechte Haltung zu sehen. Auch die Nachrichten von Weber, Huber und Stödter[1] sind gut. So kann man neugierig sein, wie Mitte Oktober die Fehlgeburt der Tisiphone[2] in Heidelberg vor sich gehen wird.
Es ist so vieles zu besprechen, dass ich auf das lebhafteste unsere nächste Zusammenkunft erwarte. Vorigen Freitag hatte ich Besuch von Stödter, der ein Prachtkerl ist. Ich habe ihm Ihre Adresse gegeben, um die er bat. Wie stellt sich eigentlich Grewe zu den Diskriminierern?
Für welche Zeit hatten Sie an eine Zusammenkunft mit Achelis und den andern Freunden gedacht? Mitte Oktober ist eine Zusammenkunft in Köln geplant, bei der einige Bonner und Godesberger Bekannte sich treffen, darunter Oberheid[3] und Erwin v. Beckerath[4].
Noch eine Frage, die aber nicht wichtig ist: in Walberberg besuchte mich vorige Woche ein Dr. Helmut Rumpf[5] aus Heidelberg, der sich bei W. J. habilitieren will. Kennen Sie ihn? –
Weiteres wird Frau Schmitt Ihnen erzählen. Hoffentlich kommt jetzt die Reise endlich zustande! Anima wird sich bei Ihnen melden und macht Ihnen und Ihrer Frau hoffentlich nicht zuviel Mühe. Wir grüssen Sie und Ihre Familie herzlich und freuen uns auf das Wiedersehn mit Ihnen.
Stets Ihr
Carl Schmitt.

P.S.: Haben Sie den Brief Bilfingers an Helfritz erhalten? B. bemüht sich, tief gekränkt, darum, doch noch aufgenommen zu werden. Es wäre der Mühe wert, die Briefe, die Helfritz bisher (seit Juli) erhalten hat, sämtlich zu kennen, um die wahre Lage der heutigen deutschen Staatsrechtswissenschaft zu kennen. Helfritz ist natürlich nur eine „Förderbahn“ (dieses schöne Wort entnehme ich dem Urteil des Am. Mil. Trib. im Wilhelmstrassenprozess)[6].

Nr. 28
Ernst Forsthoff an Carl Schmitt Heidelberg-Schlierbach, 21. September 1949
[Von Schmitt u. a. notiert] b[eantwortet] 1/XII 49

Sehr verehrter, lieber Herr Schmitt!
Unsere Briefe haben sich gekreuzt. Ich werde am Sonntag in die Klinik gehen und Frau Schmitt besuchen. Es ist schade, daß die Reise Ihrer Tochter zeitlich nicht mehr

auf die veränderten Dispositionen von Frau Schmitt abgestimmt werden konnte. Wir hätten sie gerne so lange bei uns gesehen. Leider werde ich am Samstag nicht an die Bahn kommen können, da wir Gäste haben aber ich werde noch mit Achelis sprechen, der hoffentlich Zeit hat.

Zur Staatsrechtslehrer-Tagung schrieb ich Ihnen schon. Protestiert haben meines Wissens: Weber, Voigt, Grewe, Stödter (dieser in der Abgewogenheit der Formulierung am wirksamsten). Über Bilfinger bin ich mit Ihnen einig[1]. <*Unterhaltung sehr schwierig*>. Die Mit-Leitung von Grewe für den Fall, daß Gr. nach hier kommt, die er früher zugestanden hatte, scheint er jetzt eigensinnig verweigern zu wollen. Dabei weiß jeder, daß aus dem Institut nichts werden wird, wenn B. allein es leitet und so besteht, wie ich höre, die Gefahr, daß das Institut nach Hamburg gegeben wird, eine Gefahr, die B. durch seinen Eigensinn noch steigert. Grewe hat sich in meinem Falle durchaus honorig verhalten. Seine Einstellung zu den Diskriminierungen ist, wie ich aus dem Gespräch mit ihm entnahm, einwandfrei. Stödter schickte mir seinen Brief an Helfritz, den ich ganz ausgezeichnet finde. Über Helfritz wundere ich mich doch ein wenig. Er hat sich aus freier Entscheidung in die Sache eingelassen und sie wird ihm anhängen. Was man auch in Heidelberg beschließen wird: das ganze Unternehmen ist vergiftet und es wird nicht gelingen, dieses Gift wieder auszuscheiden.

Rumpf kenne ich nur flüchtig. Mein Eindruck von ihm war nicht überzeugend. Er kommt mir etwas dünnblütig vor. Unter seiner Habilitationsschrift[2] über die obersten Werte des Rechts kann ich mir vorläufig wenig vorstellen. Ich bin solchen Themen gegenüber von vornherein skeptisch. Hat Ihnen Ballerstedt – Kiel seine Habilitationsschrift geschickt[3]? Er wollte es. Das ist ein kluger und charakterlich ausgezeichneter Mann. 1938 boten wir ihm in Königsberg die Habilitation an und er lehnte mit der Begründung ab: unter Hitler nicht. Jetzt ist er dezidierter Feind des landläufigen Antifaschismus. Er hat seine Heidelberger Habilitationsschrift mir gewidmet und damit der hiesigen Fakultät eine schallende Ohrfeige versetzt. In Kiel hat er sich mit Dahm[4] sehr befreundet. Sollte er Ihnen die Habilitationsschrift nicht geschickt haben, so hat er es aus Bescheidenheit unterlassen, denn er fürchtete, aufdringlich erscheinen zu können, was ich ihm auszureden versuchte. Auch mir wäre an einem Treffen außerordentlich gelegen. Leider kann ich vorläufig nicht an Reisen denken, da der Umzug mich finanziell außerordentlich angespannt hat. Ich muß in den nächsten Tagen noch einmal mit Achelis sprechen. Wir hätten ja sehr gerne Sie und Barion einmal hier. Dann würden auch Freyer und Plügge kommen, die es nicht weit haben. Am 1.–5.10. bin ich auf Einladung der Evang. Akademie in Hermannsburg[5], wo ich zwei Vorträge zu halten habe. Ich halte von der Institution nicht viel, aber man trifft bei solchen Gelegenheiten einige Bekannte wieder, um die es sich lohnt.

Mit herzlichen Grüßen, etwas in Eile,

stets Ihr

Ernst Forsthoff

Nr. 29

Carl Schmitt an Ernst Forsthoff Plettenberg, 1. Dezember 1949

Lieber und verehrter Herr Forsthoff!

Ihren Brief vom 21/9 habe ich immer noch hier liegen, ich habe ihn oft gelesen und doch noch nicht beantwortet, weil immer neue Nachrichten kamen und das im Kerne liegende Thema – die Lage unseres Faches und unserer Wissenschaft – sich mir durch immer neue Erfahrungen fortwährend in neuem Lichte darstellt. Ich käme gern nach Heidelberg, um mit Ihnen zu sprechen. Aber es geht nicht. Frau Schmitt soll von Anima zurückbegleitet werden. Anima soll am Samstag, den 3/XII, also übermorgen nach Heidelberg fahren und dort (mit dem Eilzug von Frankfurt) um 17.55 eintreffen. Wenn sie wieder die Gastfreundschaft, die Sie und Ihre verehrte Gattin ihr geboten haben, in Anspruch nehmen darf, würde sie das gern (besser und richtiger: mit aller der Begeisterung, derer nur ein so junges Geschöpf fähig ist) tun. Ich habe ihr auch einige Mitteilungen für Sie mitgegeben, aber ich weiss nicht, ob sie diese mit allen den Nuancen überbringt, die dazu gehören. Natürlich wird es Zeit, dass wir uns wiedersehn. Die Asylschändung, die der Frhr. von der Heydte[1] sich unter Zustimmung oder Gleichgültigkeit der früheren Kollegen leisten konnte, hat mich erschüttert. Niemals in den 12 Jahren der Hitlerzeit, ist einem jüdischen Kollegen eine so niederträchtige Bosheit angetan worden. Die dummdreiste Selbstverständlichkeit, mit der heute solche Unanständigkeiten begangen und gebilligt werden, zeigt, dass es sich bei der Nazibekämpfung um etwas ganz anders als die Nazis handelt. Es handelt sich darum, den produktiven Geist und den Rest wissenschaftlicher Freiheit abzutreiben. Damit sind alle unproduktiven Geister in tiefster Seele einverstanden. Das ist die grosse Verschwörung der Unbegnadeten.

Ich schreibe das, weil mir das Herz voll ist und weil ich grosse Sehnsucht nach einem Gespräch mit Ihnen habe. Wie steht es jetzt mit Ihrer Stelle? Haben Sie Ruhe für Ihre Arbeit? Ist Ihr Lehrbuch schon erschienen? Wie war es in Hermannsburg Anfang Oktober, wo Sie zwei Vorträge halten sollten?

Mit Ballerstedt bin ich in guten Kontakt gekommen. Sein Buch über Kapital und Kapitalgewinn habe ich mit Freude und Nutzen gelesen. Ich habe ihn gefragt, ob ein wirtschaftliches Mitbestimmungsrecht der Betriebsräte nicht auch eine Grundentscheidung bedeutet und das Handelsrecht und Privatrecht vom Sozialrecht her aufhebt. Aber darauf hat er noch nicht geantwortet.

Aus dem Ahlmann-Kreis habe ich lange nichts mehr gehört. Freyer habe ich Ende Oktober einen Abend in Wiesbaden getroffen. Von Huber höre ich auch nichts mehr. Seine Freiburger Adresse kenne ich nicht. Ist Grewe schon in Heidelberg? Ich würde gern etwas schreiben, und zwar über den „gerechten Krieg". Aber neulich ist in München einer auf Grund des Befreiungsgesetz[2] zu vier Monaten Gefängnis verurteilt worden, wegen unerlaubter schriftstellerischer Betätigung, und der Sinn der von der Heydtschen Aktion ging auf solche Ziele, wenn nicht in seinem eigenen, dummen Kopf, so doch bei denen, die sich seiner bedienten.

Ernst Jünger war neulich hier, aber es kam nicht zu einem Gespräch. Schade.
Ich hoffe, lieber Herr Forsthoff, dass wir uns bald wiedersehen und grüsse Sie und die Ihrigen herzlich. Mit vielem Dank für die Güte, die Sie meiner Tochter erweisen bleibe ich stets Ihr C. S.

{Sagen Sie bitte auch an Achelis und Frau meine besten Wünsche und Grüsse!}

Nr. 30

Ernst Forsthoff an Carl Schmitt — Schlierbach, 3. Dezember 1949

Sehr verehrter, lieber Herr Schmitt!
Für Ihren freundlichen Brief danke ich Ihnen herzlich. Ich war selbst gerade im Begriff, Ihnen zu schreiben und Ihnen meinen Aufsatz über das Grundgesetz zu schicken, den Sie mit Nachsicht annehmen wollen[1]. Die „Zeitwende" ist natürlich keine Tribüne für subtile staatsrechtliche Erwägungen. So mußte ich mich darauf beschränken, einige allgemeine Aspekte zu geben. Inzwischen hat, wie ich einer Zeitung entnehme, Ipsen von der Hamburger Universität einen Vortrag über das Grundgesetz gehalten[2], der offenbar auch eine stark kritische Note hatte. Die aktivsten Feinde des Grundgesetzes sind aber wohl die Bonner Parlamentarier[3]. Es ist leicht vorauszusehen, daß sich das Verfassungsleben schneller als erwartet in eine Serie von Verfassungsstreitigkeiten auflösen wird und wenn wir erst den Verfassungsgerichtshof haben, wird das Tribunal schnell zur Szene werden. Früher als gedacht wird dann der „Hüter der Verfassung"[4] eine besondere Aktualität gewinnen und wenn die Weimarer Verfassung an der Untreue zugrunde ging (was man ja heute behauptet), so hat das Grundgesetz alle Aussicht, an der Verfassungstreue zu sterben.
Es war uns eine große Freude, daß Frau Schmitt die Operation so gut überstanden hat und sich auf dem Wege einer schnellen und hoffentlich vollständigen Genesung befindet. Offenbar hat sich auch Herr Bauer[5], dessen wir wegen seiner betont antifaschistischen Haltung vorher nicht sicher waren, nicht nur als hervorragender Chirurg erwiesen, sondern auch von einer menschlich angenehmen Seite gezeigt. Heute Nachmittag haben wir die Freude, Frau Schmitt bei Achelis zu sehen und gegen Abend erwarten wir Ihre Tochter und freuen uns auf ihren Besuch.
Die von der Heydte-Infamie wird m. E. keine nachhaltigen Folgen haben. Sie haben in der Kennzeichnung der eigentlichen Absichten natürlich vollkommen recht, aber ich glaube, die Entwicklung ist doch schon so weit, daß man solche Methoden allgemein mißbilligt und daß der Schlag auf den Verfasser zurückfallen wird. Übrigens regte ich im vorigen Jahr einen Hamburger Verleger, Herrn Gutsche vom Strom-Verlag[6], an, sich mit Ihnen in Verbindung zu setzen. G. hat sich damals bei den Engländern erkundigt und die Auskunft erhalten, er dürfe von ihnen aus jeden publizieren, der nicht Kriegsverbrecher sei und der nicht bestimmte höhere Ränge in der SS bekleidet habe. Danach stand Ihrer schriftstellerischen Betätigung in der britischen Zone nichts ent-

gegen und Herr Gutsche hat nur deshalb davon Abstand genommen, Verbindung mit Ihnen zu suchen, weil er durch die Währungsumstellung in Schwierigkeiten kam. Ich glaube deshalb nicht ohne weiteres, daß man Ihnen strafrechtliche Schwierigkeiten machen könnte. Frau Schmitt erzählte nur, daß Maiwald[7] etwas unter Ihrem Namen bringen will. Ich fände das ausgezeichnet, wenn die nötige Abdeckung bei den Franzosen vorhanden ist. Die „Verschwörung der Unbegabten“ muß endlich gesprengt werden und das geht nur auf diese Weise. Eben bemühe ich mich, ein Buch von Dahm[8] unterzubringen; es handelt sich um eine neue Fassung seines im Dezember 1944 erschienenen „Deutschen Rechts“, das damals in der Wirkung im Trubel der letzten Kriegsphase unterging. Wahrscheinlich wird Dahm das Buch jetzt Encyclopädie des Rechts nennen. Ich hoffe, daß es gelingen wird, einen Verleger zu finden. Das wäre dann wieder ein Fortschritt im Kampf gegen die Diskriminierungen, der in diesem Falle durch den Tod von Radbruch erleichtert wird. Wegen der Abhandlung über den gerechten Krieg würde ich mich auch gerne umhören. Eine gewisse Schwierigkeit ergibt sich daraus, daß Sie aus gewiß guten Gründen die Entnazifizierung abgelehnt haben. Auch an sich mutige Verleger legen meistens Wert darauf, nach der formalen Seite gedeckt zu sein.

Mein Verwaltungsrecht ist noch nicht erschienen. Leider ging ein Revisionsbogen zwischen Verlag und Drucker verloren. Das hat die Fertigstellung über einen Monat verzögert. Ich war ziemlich ärgerlich darüber. Sonst ist das Buch ausgedruckt und wenn keine weiteren Pannen passieren, müßte es in den nächsten Wochen erscheinen. Dagegen kommt der Montesquieu langsamer von der Stelle. Inzwischen habe ich eine Forschungsbeihilfe von der hiesigen Akademie bekommen und zwar für Studien auf dem Gebiet der Staatslehre[9]. Ich habe mich dahin entschieden, über den Begriff des gouvernement modéré zu arbeiten, der bei M neben der Gewaltenteilung eine durchaus selbständige Bedeutung hat (Gewaltenteilung führt zum gouvernement libre, das etwas anderes bedeutet). Zum gouvernement modéré gehören die povoirs intermédiaires. Die Problematik setzt sich fort bis zu Constants pouvoir neutre. Ich bewege mich also auf von Ihnen geebneten Wegen. Die These von Montesquieu, daß die allgemeine Gleichheit (die Konsequenz der Zerstörung des pov. intermédiaires) die individuelle Freiheit notwendig aufhebt, scheint mir außerordentlich aktuell zu sein. Ich glaube, es gibt in dieser Richtung zwischen 1750 und 1830 viel zu entdecken und per saldo ergäbe sich daraus ein indirekter Kommentar zum Grundgesetz.

Über Ihre Verbindung zu meinem Freunde Ballerstedt bin ich sehr erfreut. Es ist so wesentlich, daß die Kommunikation unter den wenigen Menschen, auf die es ankommt, intakt bleibt. Von Huber höre auch ich in den letzten Wochen wenig. Er wohnt jetzt in Freiburg, Schwimmbadstraße 13. Seine Frau hat sich inzwischen zu einer sehr erfolgreichen Rechtsanwältin in Freiburg entwickelt. Grewe ist noch nicht hier. Wir stehen in guter Verbindung miteinander, auch in der taktischen Absprache des Vorgehens bei seiner Berufung nach hier. Er hat sich eine Bedenkzeit bis Februar erbeten, auch mit Rücksicht auf mich, weil bis dahin die in Frankfurt für mich schwebende Berufung so oder so geklärt sein dürfte. Die Frankfurter Fakultät gibt sich große Mühe um mich,

wohl vor allem von Schiedermair angetrieben, mit dem ich in Königsberg zusammen war. Über den Erfolg läßt sich aber zur Zeit noch nichts sagen und ich bin von allem Optimismus weit entfernt. Auch in anderen Fakultäten regt sich hier und da nun Interesse. Wenn das Verwaltungsrecht erschienen ist, wird man noch eindeutiger vor die Alternative gestellt sein, sich für die Politik oder die Wissenschaft zu entscheiden.
Mit guten Wünschen und herzlichen Grüßen, denen meine Frau sich anschließt,
stets Ihr
Ernst Forsthoff.

Nr. 31

Carl Schmitt an Ernst Forsthoff Plettenberg, den 12. Dezember 1949.

Lieber und verehrter Herr Forsthoff!
Die beiden Reisenden sind vorigen Freitag gut hier eingetroffen. Ich habe mir viel erzählen lassen, sowohl von meiner Frau wie von Anima, und bin gerührt von der vielen Güte und der großartigen Gastfreundschaft, die beide in Heidelberg gefunden haben, insbesondere bei Ihnen und Ihrer verehrten Gattin. Anima schwärmt davon mit der ganzen Begeisterungsfähigkeit ihrer Jugend. Sie müssen mir also erlauben, daß ich Ihnen und Ihrer Frau ein Wort des Dankes sage, das aus unser aller drei Herzen kommt. Es macht mich glücklich, daß mein Kind einige Jahre fröhlicher und unbeschwerter Jugend erlebt und von dem Haß, der mich verfolgt, noch nicht getroffen wurde. So ist es menschlich wohl begreiflich, daß ich gerührt bin, wenn meine Frau und meine Tochter soviel Güte und Wohlwollen gefunden haben, und Sie werden es mir nicht verdenken, daß ich Ihnen das ausspreche, nachdem Sie und Ihr Haushalt die Mühen und Lasten eines so langen Besuches getragen haben. Wir hoffen, daß wir, dank der Rückkehr meiner Frau, ein schönes Weihnachtsfest in unserer kleinen Familie feiern können, und werden Ihrer, Ihrer Frau und Ihrer Familie mit großer Dankbarkeit dabei gedenken.
Ich möchte Ihnen gern ein Buch schenken, lieber Herr Forsthoff, das aus der Welt unserer gemeinsamen Wissenschaft stammt und dahin gehört. Sie haben recht mit Ihrer Feststellung, daß die Zeit von 1750–1830 (1848) noch nicht ausgeschöpft ist. Es ist ein spanisches Buch von meinem Freund Luiz Díez del Corral erschienen: El liberalismo doctrinario (Madrid 1945)[1], ein dickes Werk von über 600 Seiten, das die Doktrinäre (Royer-Collard, B. Constant, Barante, Serre, Guizot, Rémusat, Tocqueville, Martínez de la Rosa, Alcalá Galiano, den jungen Donoso Cortés und Cánovas del Castillo) mit musterhafter Gründlichkeit behandelt. Die Fülle der verfassungsgeschichtlichen Erfahrung ist einfach unglaublich. Die Anregungen würden Ihnen nur so zufliegen, wenn Sie dieses Buch lesen würden. Aber ich fürchte, die fremde Sprache ist für Sie doch eine Hemmung und deshalb ist dieses Buch vielleicht nicht das Richtige. Sollten Sie trotzdem Interesse dafür haben, so lasse ich es Ihnen von Madrid oder Paris schicken. Die Anregung zu dem Buch geht übrigens von Ortega y Gasset[2] aus, dem

dieser Reichtum der sog. Doctrinaires ebenfalls aufgefallen ist (doktrinär hieß: nicht parteiisch, sachlich neutral; Dialektik und Schicksale der Begriffe und der Worte, besonders in Ihrem Fall, dem des Inspirators des „Pressedienstes für undoktrinäre Politik"!). Der Verfasser, Luiz Díez del Corral, ist ein vornehmer und bedeutender Mann; er ist jetzt an der spanischen Botschaft in Paris.
Dann hatte ich noch einen Buch-Gedanken, bei dem sich aber ebenfalls Bedenken mehrten. Ich habe noch einige, nicht gebundene Schriften und Reden von Benjamin Constant, die aber leider nicht vollständig sind, oder jedenfalls im Augenblick nicht vollständig auffindbar. Würde Sie auch eine unvollständige Reihe interessieren? Ich schicke Sie Ihnen gerne und bedaure nur, daß ich sie nicht einbinden lassen kann. B. Constant ist ein entzückender, kluger Mann, der Ihnen vielleicht noch verständlicher sein wird als mir, weil sein Individualismus, wie mir scheint, ganz protestantischer Herkunft ist. Er ist auch der eigentliche Meister des „Tagebuchs", des ersten, nicht zur Publikation bestimmten Tagebuchs[3]. Wenn Sie die Biographie seiner Jugend durch Rudler[4] lesen, werden Sie eine Fülle überwältigender Beispiele finden. Es hat mir oft leid getan, daß mit Ernst Jünger kein Gespräch über solche Themen möglich ist.
Vielen Dank für Ihren Brief vom 3/12 und den Aufsatz aus der „Zeitwende". Es ist für mich eine Freude, Ihre Produktivität zu sehen. Ihr Aufsatz über das Bonner Grundgesetz ist trotz seines kritischen Inhalts im Ton so freundlich und höflich, daß er schon dadurch überlegen wirkt und die Anwandlungen von Bitterkeit, die in Werner Webers Verfassungsrede[5] unterlaufen, nicht aufkommen läßt, ohne deshalb im Geringsten den Abstand zu verlieren. Ich habe das mit großem Genuß während der Lektüre beobachtet.
Frau Schmitt und Anima grüßen Sie und Ihr Haus in herzlicher Dankbarkeit und mit vielen Segenswünschen für die kommenden Festtage. Ich schließe mich auf das lebhafteste an und bleibe stets Ihr
Carl Schmitt.

Nr. 32
Ernst Forsthoff an Carl Schmitt — Schlierbach, 6. Januar 1950

Sehr verehrter, lieber Herr Schmitt!
Es beschämt mich sehr, daß Ihr Brief vom 12/XII bis heute unbeantwortet blieb und daß meine Absicht, Ihnen zu Weihnachten, dann zu Neujahr zu schreiben, unausgeführt blieb. Aber ich hoffe, Sie verstehen mich auch ohne näheres Detail, wenn ich Ihnen sage, daß die Situation wieder einmal sehr kritisch war und daß es der Konzentration aller Kräfte bedurfte, um über die Krise hinwegzukommen. Diese Lagen wiederholen sich seit Jahren immer wieder. Sie regen mich innerlich nicht mehr auf, aber sie fordern Kraft und fressen die Zeit weg, die man gerne würdigeren Beschäftigungen zugewandt hätte. So blieb bei mir alles liegen und ich habe erst jetzt wieder ein wenig Ruhe bekommen.

Aber es ist wohl noch nicht zu spät, um Ihnen meine herzlichsten Wünsche für das neue Jahr zum Ausdruck zu bringen. Ohne jeden falschen Optimismus läßt sich wohl sagen, daß wir in dieses Jahr unter günstigeren Auspizien eintreten. Sehe ich recht, so ist die gegnerische Position, welche die Entnazifizierung auf das Feld der Politik verwiesen hatte, erschüttert und man ist nicht mehr in der Lage, einer rechtlichen Behandlung dieser Fragen auszuweichen. Das scheint mir prinzipiell wichtig, denn mit dem Verlauf, rechtliche Maßstäbe anzuwenden, wird die Unsinnigkeit des ganzen Vorgangs vollends offenbar und man wird dann auch der letzten Konsequenz nicht mehr ausweichen können, den Schlußstrich de jure und de facto zu ziehen. Ich halte unter diesen Umständen auch den Widerstand gegen Ihren Aufsatz in der Neuen Ordnung für ein Nachhut-Gefecht, das man mit Aussicht auf Erfolg nicht wiederholen kann. So hoffe ich zuversichtlich, daß der Versuch Ihrer Verfemung bald auf seinen traurigen Urheber zurückfallen wird. In diesem Zusammenhang wird es Sie interessieren, daß der Verlag de Gruyter die Ahlmann-Gedenkschrift[1] voraussichtlich übernehmen wird. Vorige Woche war Plügge hier und berichtete Achelis und mir, daß er in Berlin mit v. Staa die Angelegenheit besprochen hat. v. Staa legt Wert darauf, die Popitz- und die Ahlmann-Schrift in seinen Verlag zu bekommen und nachdem die Popitz-Schrift bereits fest angenommen ist und in diesem Jahr erscheinen soll[2], ist er wegen der Ahlmann-Schrift zu jedem Entgegenkommen bereit, das er gegenüber den Geschäftspartnern vertreten kann. So sind nur noch einige finanzielle Fragen offen, die sich aber m. E. lösen lassen.

In meiner Frau und meine Wünsche zum neuen Jahr ist das gesundheitliche Ergehen von Frau Schmitt herzlich eingeschlossen. Es war uns eine große Freude, daß Frau Schmitt sich von der schweren Operation so schnell und gut erholt hat und wir hoffen aufrichtig, daß diese Erholung inzwischen weitere Fortschritte gemacht hat. Ihr Dank für das wenige, was wir für Frau Schmitt und Ihre Tochter tun konnten, hat uns beschämt. Auch wenn es mehr gewesen wäre, wäre es doch nur selbstverständlich gewesen. Für Ihr liebenwürdiges Anerbieten, Ihren Dank durch Übermittlung eines Buches Ausdruck zu geben, muß ich Ihnen ganz besonders danken. Die Umstände erlauben mir wohl, Ihnen zu sagen, daß es mir schwer fallen würde, eine Gabe von Ihnen anzunehmen, die Ihre grausam reduzierte Bücherei weiter vermindern oder Ihnen Kosten bereiten würde. Wenn es Ihnen aber möglich sein sollte, mir das Werk von Díez del Corral zu verschaffen, ohne daß Sie sich finanziell belasten, so würde mich das erfreuen, denn nach dem, was Sie zum Lobe dieses Werkes schreiben, darf ich von ihm eine wesentliche Hilfe für meine Arbeiten erhoffen. Die sprachlichen Schwierigkeiten werden sich wohl ergeben. Aber da ich französisch fließend lese und auch mit dem Italienischen einigermaßen zurecht komme, hoffe ich auch mit dem Spanischen fertig zu werden. Im übrigen kann mir der Kollege für romanische Philologie, mit dem ich befreundet bin, behilflich sein.

Aus Frankfurt kamen in den letzten Wochen noch einmal günstige Nachrichten[3]. Man hat die Berufung vollständig vorbereitet und will das Verfahren Anfang dieses Monats in Gang bringen, nachdem die Entnazifizierung in Hessen am 31. XII. abgelaufen ist

und seitdem Querschüsse des Befreiungsministeriums nicht mehr zu befürchten sind. Das ist taktisch wohl nicht ungeschickt. Bisher haben alle Instanzen, einschließlich O. B. Kolb zugestimmt. Jetzt stehen noch Minister und Ministerium aus. Ich behalte meine Skepsis, denn ich weiß, daß die hiesigen Denunzianten wachsam sind. Auch meine Skepsis gegenüber den heutigen Universitäten ist in nichts vermindert. Aber auch abgesehen von den finanziellen Rücksichten, die die Entschließungsfreiheit so stark einengen, halte ich es doch für richtig, die Positionen wieder zu besetzen.
Haben Sie Kenntnis von dem anständigen Schritt, den Ule[4], jetzt Senatspräsident beim OVG Lüneburg (Mitglied der SPD!), für Sie, Koellreutter und Huber bei der Staatsrechtslehrer-Vereinigung unternommen hat? Er hat gegen die von Peters beantragte Aufnahme von Steininger mit der Begründung protestiert, die Aufnahme verletze die Gleichheit solange die genannten Herren der Vereinigung nicht angehören[5]. Ule schrieb mir, er werde wieder austreten, wenn die Angelegenheit auf der nächsten Tagung nicht in seinem Sinne geregelt werde.
Das Verwaltungsrecht wird eben ausgedruckt. Die Herstellung der Bücher ist immer noch ungemein langwierig. Auch der Montesquieu kommt nur langsam vorwärts. Jedenfalls hoffe ich, Ihnen das Verwaltungsrecht nun im Februar schicken zu können.
Von Huber hörte ich, daß er sich einer Operation unterziehen mußte, weiß aber nichts Näheres.
Mit herzlichen Grüßen, auch an Frau Schmitt und Frl. Anima,
denen sich meine Frau anschließt,
stets Ihr
Ernst Forsthoff.

Nr. 33

Ernst Forsthoff an Carl Schmitt — Heidelberg-Schlierbach, 22. Februar 1950
[Von Schmitt u. a. notiert:] 7. 3.

Sehr verehrter, lieber Herr Schmitt!
Soeben kommen vom Verlag die Autorenexemplare des Verwaltungsrechts und ich beeile mich, Ihnen das erste Stück zu übersenden. Mehr als bei anderen Publikationen bin ich im Ungewissen, ob ich mit diesem Buch erreicht habe, was ich wollte. Das „in tormentis pinxit" Friedrich Wilhelms I.[1] könnte ja in sinngemäßer Abwandlung auch über diesem Buche stehen. Aber das ist Privatangelegenheit des Autors, die hinter der Verbindlichkeit des gedruckten Worts verschwindet. Da der Verlag die Einführungsstücke an die amtierenden Kollegen vor den Autorenexemplaren versandt hat, kamen schon einige Briefe mit sehr positiven Urteilen, z. B. von Ipsen. Aber entscheidend wäre mir natürlich an Ihrem Urteil gelegen.
Inzwischen habe ich einen offiziellen Ruf nach Frankfurt bekommen. Gestern war ich dort und morgen werde ich im Ministerium in Wiesbaden verhandeln. Rektor und Dekan (Hallstein)[2] rechnen fest mit der baldigen Ernennung und mit der Aufnahme

meiner Lehrtätigkeit zum Sommersemester. Ich wundere mich, daß die sonst so wachsamen Denunzianten bisher noch nicht quergeschossen haben. Sachlich gibt es allerdings nichts mehr zu denunzieren, da die Fakultät von vornherein meine politischen „Sünden" enthüllt und man sich damit abgefunden hat.
Ich bin mir über Frankfurt nach der persönlichen und sachlichen Seite völlig klar und habe sogleich unter Berufung auf die völlige Zerstörung aller Bibliotheken erklärt, daß ich meinen Heidelberger Wohnsitz beibehalten müsse. Auf diese Weise wird sich zwanglos die Distanz aufrecht erhalten lassen, auf die ich Wert lege. Interessant fand ich, daß mir sofort die Frage vorgelegt wurde, ob ich an einer Reise nach USA interessiert sei, man habe die Möglichkeit, noch jemanden zu benennen. Meine sofortige und dezidierte Ablehnung mit der Begründung, mein Platz sei das Katheder und der Schreibtisch, erregte doch wohl einige Verwunderung. Die amerikanische Spekulation, daß der deutsche Professor relativ billig einzukaufen ist, dürfte im Allgemeinen richtig sein.
Mit allen guten Wünschen und herzlichen Grüßen,
auch an Frau Schmitt und Frl. Anima, denen
meine Frau sich anschließt,
stets Ihr
Ernst Forsthoff.

Nr. 34
Carl Schmitt an Ernst Forsthoff Plettenberg, den 7. März 1950

Lieber Herr Forsthoff!
Ihr Lehrbuch des Verwaltungsrechts fand ich gestern bei der Rückkehr von einer Reise nach Hamburg und Göttingen hier vor. Auf dieser Reise hatte ich das Buch schon kennen gelernt, bei Ipsen in Hamburg und bei Werner Weber und Hans Schneider[1] in Göttingen und mit ihnen sehr lange Gespräche darüber geführt. Alle waren und sind wir der Meinung dass hier zum erstenmale seit vielen Jahren wieder eine grosse rechtswissenschaftliche Leistung erbracht ist, deren theoretischer und praktisch-pädagogischer Wert den des Buches von Fleiner[2] überragt. Alle waren wir begeistert von der systematischen Kraft, mit der das kaum noch übersehbare Material zusammengefasst und geordnet ist, von der Tektonik der Begriffe und Gedanken und der Sicherheit der Linienführung. Es ist ein grosses Erlebnis für einen Lehrer des öffentlichen Rechts, in diesem Augenblick der deutschen Geschichte ein solches Werk erscheinen zu sehen, das der drohenden Aufsplitterung in ein Dutzend selbständige und eigensinnige Landesverwaltungen die Einheit der deutschen rechtswissenschaftlichen Arbeit entgegenstellt. Dabei wollen wir uns aller billigen Triumphe, die in dem Vergleich mit schwachen oder subalternen Büchern liegen, enthalten. Ihr Buch ist in sich so stark und überlegen, dass es solcher Seitenblicke, wie sie mit den Namen Walter Jellinek oder Hans Peters verbunden sind, nicht bedarf.

Das wollte ich Ihnen, lieber Herr Forsthoff, wenigstens mit einem Wort sagen, um den Empfang dieses grossartigen Werkes zu bestätigen und Ihnen zugleich für Frankfurt meine besten Wünsche auszusprechen. Über viele Einzelheiten wird sich hoffentlich bald Gelegenheit zu einem Gespräch ergeben; ich denke dabei an Fragen wie Enteignung als Rechtsinstitut, an die Vermutung der Legalität des Verwaltungsaktes und das Problem des obéissance préalable[3], und vieles andere, natürlich auch den klaffenden Gegensatz von Rechtsstaat und Sozialstaat, den Sie mit meisterhafter Umsicht und Vorsicht behandelt haben. Ich muss übermorgen wieder nach Bonn und Bad Godesberg reisen. Im April möchte Frau Schmitt wieder für eine Woche in die Siebecksche Klinik nach Heidelberg. Wir machen grosse Pläne für eine gemeinsame Reise nach Süddeutschland, aber die Ausführung wird noch von vielen unsichern Faktoren abhängen. Ich würde mich besonders freuen, wenn ich die Möglichkeit hätte, Ihrer verehrten Frau meine Aufwartung zu machen und mich persönlich für die grosse Gastfreundschaft zu bedanken, die Sie meiner Frau und meiner Tochter erwiesen haben.
Wie mir der Verleger versichert, soll meine Schrift „Über die Lage der Europäischen Rechtswissenschaft" noch vor Ostern erscheinen[4]. Es wäre gut, wenn das erste Echo ganz sachlich klänge und jede rühmende oder herabsetzende Bezugnahme auf meinen Namen vermiede. Stödter will sich in Hamburg der Sache annehmen. Für die NJW wurde mir Dr. Flemming[5] als zuverlässiger Mann genannt. Kennen Sie ihn vielleicht und könnten Sie auf ihn einwirken? Natürlich erst dann, wenn Ihre Frankfurter Angelegenheit in Sicherheit ist. Die Bosheit der Verfolger lässt nicht nach, sondern wird, mit wachsender Unsicherheit ihrer moralischen Position, nur noch sinnloser und krankhafter. Aber auch das wird sich durch Gott zum Rechten wenden.
Nochmals vielen herzlichen Dank für die Zusendung Ihres Werkes und den Begleitbrief und die besten Grüsse und Wünsche für Sie und die Ihrigen von meiner Frau, meiner Tochter und von Ihrem alten
Carl Schmitt.

{Wer mag der Verfasser des Aufsatzes: Moralzersetzendes Gesetz in der Fr. Allg. Ztg. vom 24/2 50 sein?[6]}

Nr. 35
Ernst Forsthoff an Carl Schmitt — Heidelberg-Schlierbach, 16. März 1950

Sehr verehrter, lieber Herr Schmitt!
Es war ein bewegender Augenblick für mich, als ich vorgestern Ihre neue Schrift[1], die erste nach so einschneidenden Jahren, in Händen hielt. Obgleich sie mir schon im Durchschlag bekannt war, habe ich sie noch einmal, in Ruhe Satz für Satz bedenkend, gelesen und den beschwörenden Appell an diejenigen, die noch am Geist der Wissenschaft teilhaben, in mich aufgenommen. Daß die Schrift das ist, in welchem Sinne sie es ist und mit wieviel Sorge sie es ist, werden freilich nicht viele Leser bemerken und im

ganzen sachlichen Umfang übersehen. Aber das liegt an dem allgemeinen geistigen und wissenschaftlichen Tiefstand. Man wird es weithin wahrscheinlich kaum verstehen, was die Aufspaltung des Rechts in Legalität und Legitimität bedeutete. Daß Sie sich nicht bei einer Erklärung aufhalten, finde ich gleichwohl richtig, denn die Schrift gehört, wie alle wesentlichen geistigen Dokumentationen heute, nur in das Gespräch der Wenigen, die heute zählen und für die zu schreiben allein würdig und sinnvoll ist. Diejenigen, die heute von Naturrecht usw. zu stammeln beginnen, sind nur gescheiterte Positivisten, die jetzt ratlos sind. Das gilt m. E. vor allem für Radbruch und alles, was seines Geistes ist. Immerhin sollte es auch breiteren Kreisen zu denken geben, daß diese Schrift Jahre vor dem Zusammenbruch entstanden ist, ein Gedanke, der mich bei der Lektüre immer wieder von Neuem bewegt hat.

Natürlich haben mich Ihre Ausführungen über Savigny[2] besonders interessiert, weil ich mich vor vielen Jahren, in meinem Aufsatz über die Rechtsfindungstheorie des 19. Jahrhunderts[3] selbst mit Savigny und Puchta[4] auseinandergesetzt hatte. Ich habe mich damals kritisch zu dem Rang geäußert, in den Savigny die Rechtswissenschaft erhoben hatte. Dabei leitete mich der Gedanke, daß es mir nicht möglich erschien, daß sich die Wissenschaft zum alleinigen und authentischen Interpreten des Volksgeistes erklärte. Ich führte diesen wissenschaftlichen Anspruch zurück auf eine Überwertung der Wissenschaft, wie sie in den damaligen geistig-soziologischen Verhältnissen nahelag und allgemein zu beobachten ist. Das hat Troeltsch[5] ja richtig gesehen. Ihre Schrift hat mich darüber belehrt, daß es allgemeinere, sorgende Einsichten waren, welche Savignys Intentionen in diese Richtung lenkten. Ich sehe die Dinge heute und gerade nach der Lektüre Ihrer Schrift in weiteren und richtigeren Proportionen – und darum auch im Resultat zutreffender. Aber es bleibt auch heute noch für mich ein fast verzweifeltes Unterfangen, in den Aufbruch des national-demokratischen Bürgertums hinein die Parole des Volksgeistes auszugeben. Wir ermessen wohl kaum noch die Tragik, in der sich konservative Geister wie Savigny und Ranke (siehe alle seine Beiträge zur Historisch-politischen Zeitschrift)[6] damals befanden.

Bemerkenswert und eminent aktuell war mir das Hauriou-Zitat S. 31, Anm. 44[7]. In die gleiche Richtung weisende Bemerkungen fand ich in den Historischen Fragmenten Jakob Burckhardts, nur nicht so prägnant.

Ob sich Ihre Befürchtungen hinsichtlich der öffentlichen Resonanz der Schrift erfüllen werden, ist mir noch nicht so sicher. Die Zeiten haben sich geändert und viele finden es heute nicht aus Anstand, sondern aus Feigheit geraten, die Tuchfühlung in anderer Richtung zu nehmen als bisher. Sicher muß man sich auf einzelne Ausfälle gefaßt machen, die dann natürlich stärker beachtet werden als das fachliche Urteil. Ich habe mir schon hin und her überlegt, was ich zu einer gewissen Steuerung beitragen könnte. Natürlich hat meine Exil-Situation zur Folge, daß ich über keine Verbindungen zu den Zeitschriften verfüge, die ich einsetzen könnte. Ich kenne nur Mallmann[8] von der DRZ., der mich zwar tadellos behandelt, aber sonst wohl nicht ohne Grund als ziemlicher Antifaschist eingeschätzt wird. Ein Vorstoß bei ihm zugunsten von Dahm schlug seinerzeit fehl und ich verspreche mir nichts davon, derartiges zu wiederholen. Der von

Ihnen genannte Dr. Flemming ist mir leider ganz unbekannt. Ich werde morgen Wieacker[9] zu schreiben haben und werde versuchen, ihn zu veranlassen, sich die Besprechung im Archiv d. öff. R. von Grewe übertragen zu lassen[10]. Von mir wird eine kurze Besprechung in „Christ und Welt" erscheinen[11]; ich habe die Redaktion überredet, in diesem Falle von dem Grundsatz, wissenschaftliche Schriften nicht zu besprechen, abzugehen. Sofern ich sonst noch irgendwelche Möglichkeiten sehe, werde ich sie natürlich wahrnehmen.
Für Ihren letzten Brief und Ihr Urteil über mein Verwaltungsrecht muß ich Ihnen meinen besonderen Dank sagen. Das Buch ist ja für einen weiteren Leserkreis geschrieben, aber der Kreis derer, an deren Urteil mir wirklich etwas gelegen ist, ist sehr klein. Und wenn gerade Sie mir mit solchen Worten bestätigen – Worten, die nicht als Ausdruck eines persönlichen Wohlwollens sondern als sachliches Urteil gemeint sind – daß die in das Buch gesenkte Mühe nicht nutzlos vertan ist, dann ist mir das natürlich die schönste Genugtuung und ich habe wohl allen Grund, mich darüber aufrichtig zu freuen. Übrigens habe ich von zahlreichen Kollegen schon Zuschriften bekommen, die alle auf einen sehr positiven Ton gestimmt sind. Nur Jellinek hat sich auf einen formellen Dank und ein vages Lob der „Gründlichkeit" beschränkt, ohne im übrigen Stellung zu nehmen. Auch als er mich vorige Woche aufsuchte, weil er etwas mit mir zu besprechen hatte, vermied er ängstlich, auf das Buch zu sprechen zu kommen. Er ist auch im eigensten Fach die Unsicherheit selbst.
Die Aussicht, Sie demnächst hier begrüßen zu können, hat bei uns große Freude ausgelöst. Hoffentlich kommt es wirklich dazu. Natürlich haben auch meine Freunde den lebhaften Wunsch, Sie zu sehen und sich einmal mit Ihnen zu unterhalten. Es sind fast alle entlassene Kollegen, Achelis an der Spitze. Ich denke deshalb daran, sie an einem Ihnen passenden Nachmittag zu mir zu bitten, falls Ihnen das recht ist. Am 19.–21.4. muß ich zu einer Tagung der Evangelischen Akademie nach Bad Boll[12]. Hoffentlich fällt Ihre Reise nicht in diese Tage.
Inzwischen kam aus Wiesbaden meine Beauftragung mit der kommissarischen Wahrnehmung der Frankfurter Professur ab 15.3. bis zur Ernennung, die beschleunigt betrieben werden soll. Es sieht also wirklich so aus, als sollte aus der Sache etwas werden. Im Sommer soll ich Staatsrecht und Verwaltungsrecht lesen und die Übungen halten. Der zweite Publizist, Mosler[13] ist, wie offenbar regelmäßig ein Bruchteil der dortigen Fakultät, in USA[14]. Mir wurde auch eine Reise angeboten, aber ich habe natürlich abgelehnt[15].
Mit herzlichen Grüßen, auch an Frau Schmitt und
Frl. Anima, denen meine Frau sich anschließt, und
aufrichtigem Dank für Ihre Schrift,
stets Ihr
Ernst Forsthoff.

Nr. 36

Ernst Forsthoff an Carl Schmitt Hdbg-Schlierbach, 9. Mai 1950

Sehr verehrter, lieber Herr Schmitt!

Die Würfel sind inzwischen gefallen. Das hessische Kabinett hat die von ihm bereits beschlossene endgültige Ernennung kassiert und auch jede vertretende Lehrtätigkeit an der Frankfurter Universität abgelehnt. Ich sah das mit Sicherheit kommen, als am Tage nach dem ersten Kabinettsbeschluß der Querschuß über den SPD-Minister Zinnkann kam[1]. Was die eigentliche Ursache ist, habe ich nicht erfahren. In dem dann anhebenden Hin und Her gewann ich von der Fakultät nicht eben den besten Eindruck. In der ersten Fakultätssitzung vom 29. April stellte sich heraus, daß niemand sich bisher um meine Schriften gekümmert hatte, weder um den Totalen Staat noch um die späteren. Die Diskussion nahm dann zeitweise eine Spruchkammeratmosphäre an, gegen die ich mich verwahren mußte. Jedenfalls blieb meine Frage, welche Rückendeckung die Fakultät mir für meine Unterredung mit dem Kultusminister am 2. Mai zu geben gedächte, offen. Erst am 1. Mai, nach Durchsicht meiner sonstigen Schriften und einiger kirchlicher Gutachten, die ich eiligst übersandt hatte, kam dann ein einstimmiges Votum der Fakultät zu meinen Gunsten zustande. Bei Stein[2] beschränkte ich mich auf zwei Erklärungen: <u>erstens</u>, daß ich nie einen Hehl aus dem gemacht habe, was ich für den Nationalsozialismus geschrieben habe (zum Beweis legte ich den Durchschlag meines ersten Schreibens an den Dekan vor) und <u>zweitens</u>, daß ich mit Rücksicht auf meine kommissarische Bestallung in Frankfurt und die feste Zusage meiner Ernennung einen Ruf nach Speyer[3] abgelehnt habe. In Frankfurt las mir dann der Dekan Hallstein die lange, dem Kabinett übermittelte Resolution vor, mit der sie meine Berufung verteidigte. Es war ein Dokument zum Übelwerden, in dem u. a. dargelegt war, warum meine Berufung von den jüdischen Mitbürgern nicht als Provokation empfunden würde oder werden könnte. Die Quintessenz war: F. ist ein einwandfreier Antifaschist. Von einem war in dem langen Schrieb mit keinem Wort die Rede: von der Wissenschaft und von dem, was mir wissenschaftlich zuzutrauen ist. Ich habe mir das stumm angehört und nachher nur dem Prodekan Schiedermair erklärt, daß dieses Dokument unter keinen Umständen veröffentlicht werden dürfe. Er – der sich wie Claß in der ganzen Affäre tadellos benommen hat – stimmte mir lebhaft bei. Im Hinblick auf die Fakultät kann ich den Ausgang der Sache, so schwierig er meine Lage auch sonst gestaltet, keinen Augenblick bedauern. Unvermeidlich hätte ich in Frankfurt in kurzer Zeit in die übelsten Konflikte kommen müssen. Der kurze Einblick in diese antifaschistische Zentrale war für mich außerordentlich aufschlußreich. Ich habe im Anschluß daran lebhaft an meine langjährige Dekanatsführung in Königsberg unter einer rabiaten und besonders stupiden Gauleitung denken müssen. Damals war es noch selbstverständlich, daß man einen politisch angefochtenen Berufungsanwärter primär nach seinen wissenschaftlichen Qualitäten und nicht mit politischen Meriten verteidigte. In Frankfurt ist mir klar geworden, daß das entscheidende Terrain <u>nach</u> 1945 verloren, besser: preisgegeben worden ist.

Natürlich hat die Frankfurter Affäre hier beträchtliches Aufsehen erregt. Am Sonntag, also einen Tag nach dem Bekanntwerden, erschien bereits Jellinek, um mir sein Beileid auszusprechen, sah sich aber durch meine Unberührtheit durch das, was er als Sadismus bezeichnete, etwas aus dem Konzept gebracht. Die hiesige Fakultät hatte sich vor Monaten einmal dahin geeinigt, daß sie mich reaktivieren wolle, wenn Frankfurt scheitere. Jellinek hatte mir das damals selbst berichtet und er erklärte mir jetzt, daß die Fakultät zu ihrem Worte stehe. Er fügte aber hinzu, daß Grewe bisher nicht abgelehnt habe und sprach dann so beziehungsvoll von dem neu geschaffenen Ordinariat für öffentliches Recht an der Wirtschaftshochschule Mannheim, daß ich mir über seine geheime Absicht nicht im Zweifel bin: mich nach Mannheim abzuschieben, was überhaupt als willkommenes Abstellgleis für in Heidelberg nicht erwünschte Lehrkräfte dienen muß (siehe Brecht und Krause)[4]. Jellinek kündigte mir an, daß er heute nach Karlsruhe fahren werde, um die Lage im Ministerium zu besprechen. Mir ist nicht wohl dabei.
Montag kam dann Grewe. Ich hatte eine lange Unterhaltung mit ihm und er schied mit der Erklärung, daß er Heidelberg nunmehr ablehnen werde. Das war wahrscheinlich nicht ganz nach Jellineks Konzept. Auf die weitere Entwicklung kann man gespannt sein.
Gerne hätte ich in diesem Semester einen kleinen Lehrauftrag in Speyer übernommen. Ich hatte das auch mit dem Kollegen Becker[5] vorbesprochen. Mit Rücksicht auf die Wiesbadener Affäre hat sich aber der Senat nicht entschließen können, diesen Lehrauftrag zu erteilen. So bin ich in diesem Sommer ein freier Mann, sofern ich wirklich den Forschungsauftrag erhalte, der mir nach Hallstein vom Wiesbadener Kabinett mit Rücksicht auf die prekäre Lage, in die ich schuldlos versetzt worden bin, zugestanden worden ist[6].
Diese ganzen Erfahrungen entsprechen völlig meiner Einschätzung der heute regierenden Schicht. Als deprimierend empfinde ich es nur, daß man durch die Vorenthaltung der Pension gezwungen ist, sich solchen Situationen auszusetzen, auch in der Zukunft.
Hoffentlich hatte Ihre verehrte Gattin eine angenehme Heimreise. Wir haben sehr bedauert, daß sie die hiesige Behandlung nicht von ihren Schmerzen befreit hat. Anderseits ist es doch beruhigend zu wissen, daß sich in diesen Schmerzen kein ernsteres Leiden ankündigt. Sehr gerne käme ich bald einmal nach Plettenberg denn ich habe ein großes Bedürfnis, mich mit Ihnen aussprechen zu können. Aber das ist nun wieder ganz ins Ungewisse gestellt. Ich benutze natürlich die unfreiwillige Muße zur Arbeit. Eben habe ich einen Aufsatz für die Deutsche Rechtszeitschrift über Fraktionszwang, freies Mandat mit Ausführung des Art 21 GG zu schreiben[7], worüber mir die ganze innere Misere der heutigen Verfassung im einzelnen wieder zum Bewußtsein kommt. Vor allem aber möchte ich in diesem Sommer die zweite Auflage meiner Verfassungsgeschichte[8] fertig machen. Das Buch geht in den Verlag Mohr über und der Verlag ist damit einverstanden, daß ich es auf 20 Bogen erweitere. Das ist mir sehr lieb, da ich seinerzeit bei der Abfassung sehr mit Raumnot zu kämpfen hatte und vieles notgedrungen weglassen oder reichlich kurz fassen mußte.

In diesen Tagen erhielt ich Nachricht von Mohr, daß meine Montesquieu-Ausgabe, die seit Dezember zum Ruhen gekommen war, nun beschleunigt fertig gemacht und herausgebracht werden soll. Das ist mir gerade in meiner jetzigen Lage natürlich lieb, denn wenn man auch der Übersetzung wohl keine der darin investierten Mühe entsprechende Beachtung schenken wird, so ist doch die Einleitung vielleicht nicht ganz unwichtig, in der einiges über Montesquieu hinaus zur modernen Staatstheorie gesagt ist. Daran wird dann mein Beitrag in der Ahlmannschrift über die Tugend und die Staatslehre anknüpfen[9].
Daß wir Ihre neuesten Arbeiten nun bald im Druck erwarten dürfen[10], hörte ich mit großer Freude.
Mit herzlichen Grüßen und besten Wünschen für Frau Schmitt, denen
meine Frau sich anschließt,
stets Ihr
Ernst Forsthoff

Nr. 37
Carl Schmitt an Ernst Forsthoff Plettenberg, den 20. Mai 1950

Lieber Herr Forsthoff!
Über Ihren Brief vom 9. Mai kann ich mich immer noch nicht beruhigen. Was Ihnen da in Frankfurt widerfahren ist, verfolgt mich als ein Anwendungsfall unserer wirklichen Verfassung, des geistigen Morgenthauplanes, unter dem wir heute in Westdeutschland leben und uns zurechtfinden müssen. Das Unrecht, das Ihnen zugefügt wurde, geht ja weit über die einzelne Berufung hinaus. Es enthält einen Aufruf an die allgemeine Feigheit, eine terroristische Auswirkung auf andere mögliche Berufungen. Was mich daran am meisten empört ist die dreiste Selbstverständlichkeit, mit dem ein solches in der Sache und im Verfahren offenes Unrecht einem anerkannten Lehrer des öffentlichen Rechts ins Gesicht geworfen wird. Ich sehe von neuem, dass ich mit meiner These von der Rechtswissenschaft als dem letzten Asyl des Rechts eine wirkliche Situation gekennzeichnet habe, wobei die wohlüberlegte Formulierung der Schlussbeschwörung der Universitätswissenschaft zwar eine Chance offen lässt, aber keineswegs die Wissenschaft mit der Universitätswissenschaft identifiziert, wie das Dr. Lewald in der NJW vom 15/5 unterstellt[1]. Wichtig ist die erneute Bestätigung der Erkenntnis, dass 1945 das Jahr des Kriteriums ist. Noch wichtiger, dass Sie sich auch jetzt nicht verbittern lassen und sich zum Bewusstsein bringen, dass Ihr „Verwaltungsrecht" mehr bedeutet, als eine solche Berufung oder Nicht-Berufung. Mit diesem Lehrbuch sind <u>Sie</u> die Rechtswissenschaft, daran wird kein Nutzniesser des Zusammenbruchs etwas ändern können. Und das allerwichtigste: dass Sie weiterarbeiten, vor allem mit der 2. Auflage Ihrer Verfassungsgeschichte.
Ich schicke Ihnen hier eine kurze Mitteilung von meinem Freund Arnold Schmitz[2] aus Mainz, zu Ihrer Information; Sie können die Karte wegwerfen, wenn Sie sie gelesen

haben. An Arnold Schmitz (Mainz, Am Gautor, 3 part.) können Sie sich immer wenden, wenn Sie es für zweckmässig halten; er ist ein zuverlässiger Freund.
Dass ich Ihren neuen Arbeiten (zu Art. 21 GG, Montesquieu und „Tugend") mit grosser Erwartung entgegensehe, wissen Sie, lieber Herr Forsthoff. Ich hörte von Prof. Beste (dem Wirtschaftswissenschaftler in Köln)[3], dass Sie mit Prof. Ballerstedt zusammen eine Abhandlung über das Mitbestimmungsrecht der Betriebsräte[4] veröffentlicht hätten. Das würde mich natürlich ebenfalls sehr interessieren. Dann habe ich noch einen Wunsch: ich möchte Ihre Abhandlung über Recht und Sprache[5] nochmals lesen, nachdem ich ihr damals, vor Jahren, wohl nicht gerecht geworden bin, weil ich zuviel auf einmal erwartete. Könnten Sie mir ein Exemplar für eine Woche leihen? Ich stecke gegenwärtig tief in solchen Gedankengängen, die Wort und Recht zum Thema haben; fand auch noch eine Notiz aus der Zelle in Nürnberg vom April 1947, in der das innerste, wurzelhafte Band plötzlich einen Augenblick erkennbar wird, und möchte Ihre Arbeit, auch wenn Sie sie heute nicht mehr für vollkommen halten, zu gern wieder lesen, nicht, um sie zu kritisieren, sondern nur um eine, vielleicht weit hinter allen diskursiven Darlegungen verborgene Gedankenrichtung zu bemerken. Das werden Sie nach der Beschwörung Savignys und Bachofens[6] ohne weiteres begreiflich finden.
Was das Echo auf meine Abhandlung angeht, so kann ich, ausser der Erwähnung von Lewalds zwie- und zweisinnigem Hinweis, keinen Wetterbericht geben. Die Kollegen von früher werden schweigen, Kaufmann wird einen kleinen Bravo à la von der Heydte suchen und finden, und das Ganze bleibt als Dokument von unsrer Zeiten Schande.
Ich soll Sie, Ihre sehr verehrte Frau und Ihre Kinder von Frau Schmitt und Anima herzlich grüssen. Frau Schmitt hat mir wieder soviel Schönes und Rührendes von Ihnen und Ihrer Familie erzählt, dass ich Ihnen meinen Dank nicht ganz verschweigen darf. Der griechische Brief von Susanne hat hier grosse Freude hervorgerufen. Anima will ihn bald beantworten und hätte es längst getan, wenn wir nicht soviel Besuch gehabt hätten. Übrigens hat Anima inzwischen den Goethepreis tatsächlich erhalten[7].
Vielleicht kommen Sie doch noch einmal bald nach Plettenberg, lieber Herr Forsthoff. Wir würden uns alle sehr freuen. Stets Ihr
Carl Schmitt.

{Lesen Sie bitte einmal das Benj. Constant-Zitat auf S. 96 meiner „Legalität und Legitimität"![8]}

Nr. 38

Ernst Forsthoff an Carl Schmitt Heidelberg-Schlierbach, den 4. Juni 1950
[Von Schmitt u.a. notiert:] 7.7.50 und 14.8.50

Sehr verehrter, lieber Herr Schmitt!
Länger als mir lieb ist, hat meine Antwort auf Ihren Brief vom 20. Mai auf sich warten lassen. Aber Sie können sich denken, daß ich in den letzten Wochen viel zu tun hatte,

um mich einigermaßen zu arrangieren. Das ist inzwischen geschehen und ich will Sie zunächst über den neuesten Stand unterrichten. Seit voriger Woche lese ich hier, auf Grund eines kleinen Lehrauftrages, den ich meinem neuen Gönner verdanke – Jellinek[1]. Mindestens verdanke ich ihm, einer Reise von ihm nach Karlsruhe ins Ministerium, die er gleich nach dem Scheitern von Frankfurt machte, daß der Lehrauftrag so schnell kam. Zum allgemeinen Erstaunen ergreift J. sofort die Initiative, wenn es sich um mich handelt und es besteht gar kein Zweifel, daß er sein Sündenkonto abtragen will und daß er dafür auch keine Mühe scheut. Die Sache entbehrt nicht einer gewissen Komik, ist aber von ihm offenbar ernst gemeint und so lasse ichs denn geschehen und bemühe mich, ihm innerlich gerecht zu werden. Ich lese eine zweistündige Vorlesung über französische Einflüsse auf die moderne Verfassungslehre und ein zweistündiges Kolloquium über öffentliches Recht. Beide Themen von der Fakultät so gewünscht. Natürlich ist der Besuch angesichts des späten Beginns bescheiden aber immerhin ausreichend, um auf eine gewisse Beachtung hoffen zu können. Die Kunst scheint mir jetzt darin zu bestehen, besser zu lesen als Jellinek (was in keiner Weise ein Kunststück ist) aber auch nicht so viel besser, daß er es doch noch mit der Angst bekommt. Die Fakultät scheint allen Ernstes gewillt, mich zu berufen, nachdem feststeht, daß Grewe ablehnen wird. Natürlich ist man nach den Frankfurter Erfahrungen vorsichtig. Gestern sprach ich mit dem Dekan und schlug von mir aus vor, mir einen nicht auf ein Semester, sondern auf das Etatjahr gestellten Lehrauftrag zu erteilen, mich aus den Mitteln der vakanten Professur finanziell sicherzustellen und auf dieser Basis das Wintersemester einmal hingehen zu lassen, in dem ich dann vorlesungsmäßig stärker hervortreten würde. Der Dekan (Engisch)[2] fand den Vorschlag vorsichtig und einleuchtend und will ihn der Fakultät unterbreiten. Ich nehme wohl an, daß man ihn akzeptieren wird und ich höre, daß auch der Hochschulreferent in Karlsruhe zu jedem Entgegenkommen bereit sein soll. In Speyer, wo ich kürzlich einen Vortrag hielt, bin ich noch im Spiel, ich nehme aber an, daß Köttgen, der nach meiner Absage als Vertreter geholt wurde das Rennen machen wird. Dem Verwaltungsrat der Akademie sind Köttgen[3], Drath, H. Schneider und ich pari passu vorgeschlagen worden. Ich habe Grund zu der Annahme, daß Köttgen und ich in der engeren Wahl stehen werden. Herzlich danke ich Ihnen für die Verbindung nach Mainz, die Sie mir liebenswürdigerweise eröffneten. Es kann sehr wohl sein, daß sie mir sehr nützlich werden wird; im Augenblick muß ich aber abwarten, wie sich die Dinge hier am Ort entwickeln.

Übrigens hat sich die Dekan-Konferenz in Königstein vor 10 Tagen ausführlich mit meinem Fall beschäftigt und dazu – ohne direkten Bezug im Wortlaut – eine Resolution gefaßt, die sich gegen die Methoden politischer Vereitelung bereits perfekter Berufungen wendet. Es scheint, als werde man allmählich doch hellhörig und beginnt, sich seiner Haut zu wehren. Aber bei der landesüblichen Leisetreterei wird dabei nicht viel herauskommen.

Die „Besprechung" Ihrer Schrift von Lewald in der NJW habe ich gelesen und sie hat mich so empört, daß ich dazu eine Glosse für Christ und Welt geschrieben habe, die sich aber dadurch erledigt, daß C u W. Sie ja sehr anständig gegen die Universitätszeitung[4] verteidigt hat. Gestern war mein Freund Gerhardt[5] aus der Schriftleitung bei mir. Ich mußte ihm zugeben, daß das Blatt nicht noch einmal in gleicher Sache polemisieren kann. Sie haben aber in Stuttgart zuverlässige Freunde. C. u. W. wird entgegen seiner Gepflogenheit, fachwissenschaftliche Schriften nicht zu besprechen, Ihre Schrift im Rahmen einer eigentlich eigens zu diesem Zweck veranstalteten Sammelbesprechung würdigen. Die Pseudobesprechung von Lewald finde ich besonders widerwärtig in der Art, wie hier madig gemacht wird, indem man vornehm tut – und sich der Sache selbst garnicht stellt.

Recht und Sprache sende ich Ihnen gerne; ich habe davon noch einige Exemplare, sodaß Sie die Schrift behalten können. Viele haben nichts mit ihr anfangen können (wie auch Huber) und ich zweifle nicht daran, daß das an mir und an der Schrift liegen muß, womit ich jetzt nur den Vortrag meine. Ich selbst habe ungeachtet dessen immer noch etwas für die Schrift übrig und stehe nach wie vor zu dem, was das eigentliche Anliegen des Vortrages ist. Das konstitutive Element in der Sprache und im öffentlich gesprochenen, verkündeten Wort ist mir heute noch ebenso wichtig wie damals und ich bin von der Richtigkeit dessen nach wie vor überzeugt. Für mich liegt hier der Schlüssel zum Wesen der evangelischen Predigt, die nicht lehrt und belehrt, sondern eben durch das öffentlich gesprochene Wort aus der Freiheit des personhaften Einsatzes etwas konstituiert. Die Schrift hat deshalb unter den Theologen stärker gewirkt als unter den Juristen. Sie sagt allerdings nur dem etwas, der mit Hamann[6] vertraut ist. Eben darum weiß ich die Schrift bei Ihnen in guten Händen. Daß sie heute noch wirkt und eine Waffe ist gegen die Bekennende Kirche[7], die aus der Predigt eine Bekenntnis-Exegese machen will, freut mich besonders. Das opusculum über Mitbestimmungsrecht und Bundeswirtschaftsrecht habe ich, weil allzu sehr ad usum delphini geschrieben, nicht verschickt, aber ich füge es gerne bei.

Vielen Dank für den Hinweis auf Göhring[8]. Ich habe ihn mir besorgt und bisher erst darin blättern können. Mit der wissenschaftlichen Arbeit war es in den letzten Wochen naturgemäß nicht viel. In diesen Tagen muß ich den Aufsatz über das Parteiengesetz (Art. 21; 38 GG)[9] endlich fertig machen. Der Montesquieu soll nun endlich ausgedruckt und fertig gemacht werden. Es steckt eine Menge Arbeit darin und das Vorwort enthält einiges, das ich doch gerne zur Diskussion gestellt sähe. Die Studien, die sich mittlerweile an Montesquieu angeschlossen haben, laufen immer mehr auf eine Monographie über pouvoirs intermédiaires, pouvoir royal, pouvoir neutre usw. hinaus, an die ich herangehen möchte, wenn ich mit der Verfassungsgeschichte fertig bin. Jetzt trage ich diese Dinge zur eigenen Vorübung in der Vorlesung vor.

Mit allen guten Wünschen und herzlichen Grüßen,
auch an Frau Schmitt und Frl. Anima,
denen meine Frau sich anschließt,
stets Ihr
Ernst Forsthoff.

Nr. 39

Carl Schmitt an Ernst Forsthoff — Plettenberg, 14. August 1950 Montag

Lieber Herr Forsthoff!
Seit langem wollte ich Ihren Brief vom 4. Juni und die Zusendung Ihrer Abhandlung über Recht und Sprache und des Parteien-Aufsatzes mit einem ausführlichen Brief beantworten. Insbesondere zu Ihrer Abhandlung Recht und Sprache habe ich mir viele Notizen gemacht. Das Thema geht mir sehr nahe, es betrifft unsere Existenz als Juristen. Aber diese letzten 2 Monate waren so schlimm, dass ich den Brief nicht zustande gebracht habe. Jetzt trage ich mich mit dem Gedanken, meine Frau in Heidelberg zu besuchen, vielleicht noch diese Woche. Dann würde ich Gelegenheit haben, mit Ihnen zu sprechen, wonach ich schon lange den lebhaftesten Wunsch empfinde.
Ich schicke Ihnen hier den Brief Koellreutters vom 20/7[1], auf Anregung meiner Frau. Sagen Sie ihr noch nichts von meinem Reiseplan (ich hoffe, dass ein Pariser Besuch, der morgen kommen will, mich im Wagen mitnehmen kann), damit sie nicht enttäuscht ist, wenn nichts daraus wird. Ein Exemplar von Ex captivitate erhalten Sie bald.
Hoffentlich auf ein gutes, baldiges Wiedersehn, lieber Herr Forsthoff, in Heidelberg!
Ich bleibe mit vielen herzlichen Grüssen und Wünschen für Sie, Ihre verehrte Gattin und Ihre Kinder
stets Ihr
Carl Schmitt.

Nr. 40

Carl Schmitt an Ernst Forsthoff — Plettenberg, 18. September 1950

Lieber Herr Forsthoff!
Für die gastfreundliche Aufnahme, die ich im August bei Ihnen fand, habe ich mich noch nicht schriftlich bedankt. Inzwischen war auch Anima bei Ihnen und jetzt frage ich schon wieder an, ob ich Donnerstag 21. Sept. abend bei Ihnen ankommen darf. Meine Frau hat mich gebeten, sie jetzt bald zu besuchen; es ist eine Thrombose hinzugetreten und so will ich die Möglichkeit, sie noch einmal zu sehen, nicht unbenutzt lassen. Ich habe vor, 17.58 in Heidelberg einzutreffen, gehe dann einen Augenblick in die Klinik und fahre zu Ihnen heraus. Holen Sie mich nicht ab; ich kenne ja jetzt den Weg. Koellreutter schrieb mir, dass er am 22 Freitag morgens abfährt; vielleicht kann ich ihn Donnerstag abend noch sehen; ich weiss aber nicht, wo er in Heidelberg wohnt.
Verzeihen Sie bitte diese eilige und unvermittelte Anmeldung, lieber Herr Forsthoff, aber Sie wissen ja wie es steht. Ich hoffe nur, dass es Ihnen und den Ihrigen gut geht und dass ich Ihnen mit diesem Besuch nicht zuviel Last und Störung mache.
Mit herzlichem Dank und Gruss
Ihr
Carl Schmitt.

Nr. 41

Carl Schmitt an Ernst Forsthoff Plettenberg, den 12. November 1950

Lieber Herr Forsthoff!
Eben habe ich das erste (vorgebundene) Exemplar des „Nomos der Erde“ erhalten und möchte nun meine Reise nach Heidelberg nicht länger hinausschieben. Ich habe vor, Dienstag nach Frankfurt zu reisen, dort bei einem Freund zu übernachten und Mittwoch mittag oder nachmittag in Heidelberg einzutreffen. Sie hatten, mit Ihrer lieben und verehrten Frau, bei meinem letzten Besuch im Oktober die Güte, mich wieder einzuladen und mir die Gastfreundschaft, die ich und auch Anima in diesen Monaten so oft und so reichlich angenommen haben, auch für diesen Aufenthalt anzubieten. Ich weiss nicht, ob ich das annehmen kann, obwohl es für mich nicht nur eine wesentliche Erleichterung, sondern auch eine Freude und ein Trost ist, bei Ihnen zu wohnen und mich sowohl in den Gesprächen mit Ihnen wie in der wunderbaren Atmosphäre Ihres Hauses zu erquicken. Aber jetzt ist es doch schwieriger als im Sommer und in den Ferien. Sie sind durch Ihre Lehrtätigkeit in Anspruch genommen und im Winter macht ein Gast mehr Arbeit als im Sommer. Ich möchte deshalb versuchen, zunächst ein kleines Zimmer in der Nähe des Bahnhofs zu finden und Sie am Mittwoch oder Donnerstag aufzusuchen. Ich weiss noch nicht, wielange ich in Heidelberg bleiben kann. Jedenfalls freue ich mich darauf, Sie wiederzusehen und hoffe, dass sich auch jetzt wieder eine Stunde für ein Gespräch findet. Grüssen Sie bitte Ihre Frau, Ihre Mutter und die Kinder herzlich von mir. Ich bleibe mit vielen Wünschen für Ihrer aller Gesundheit und für einen guten Erfolg Ihrer Arbeit
immer Ihr alter und getreuer
Carl Schmitt.

Nr. 42

Ernst Forsthoff an Carl Schmitt Heidelberg-Schlierbach, 20. Dezember 1950

Sehr verehrter, lieber Herr Schmitt!
Vor mir liegt ein Brief von Herrn Barion, in dem er uns auf meinen Wunsch von der Beisetzung in Plettenberg berichtet. Nachdem uns die traurige Nachricht von dem Hinscheiden so spät erreichte, daß Sie den Ausdruck unserer Teilnahme nicht mehr bis zur Beisetzung erhalten hätten, habe ich auf diesen Brief gewartet, ehe ich Ihnen schreibe. Wir sind immer noch tief bewegt im Gedanken an Frau Schmitt und die Erinnerung an unsere Begegnungen mit Ihr wird uns teuer und erhebend bleiben[1].
Ich versuche nicht in unzulängliche Worte zu fassen, was Sie und Ihre Tochter mit dem Heimgang verloren, was alle, die Frau Schmitt kannten, nun schmerzlich entbehren. Sie werden auch ohnedies wissen, daß wir mit Ihnen und Fräulein Anima trauern und uns Ihnen in dieser Mittrauer verbunden fühlen. Immer wieder waren und sind unsere Gedanken und Gespräche in diesen Wochen bei Ihnen in Plettenberg mit dem Wun-

sche, daß der Trost, der von einem christlichen Leben und Sterben ausgeht, auch Ihnen nicht fern sein möge.
In diesem Sinne grüße ich Sie und Fräulein Anima auch namens meiner Mutter, meiner Frau und der Kinder in aufrichtiger Verbundenheit als
Ihr
Ernst Forsthoff

Nr. 43
Carl Schmitt an Ernst Forsthoff Plettenberg, 19. April 1951

Lieber Herr Forsthoff!
An den beiden Bänden Ihrer wunderschönen Montesquieu-Ausgabe erfreue ich mich täglich. Es ist auch im deutschen Text eine überaus fesselnde Lektüre. Das ist schon für sich allein ein ungewöhnliches Verdienst. Ich hoffe, dass das Buch grossen Erfolg hat und dazu beiträgt, den esprit de modération zu verbreiten, der so erquicklich in ihm lebt und für den Sie einen so adäquaten, wahlverwandten Ausdruck gefunden haben.
Dafür ist auch Ihr Aufsatz im Tymbos für Wilhelm Ahlmann ein schöner Beweis. Ich finde diesen Aufsatz einfach herrlich, und wenn es unter unsern Experten des öffentlichen Rechts noch einen kleinen Funken Begeisterungsfähigkeit gäbe, müssten sie alle entzückt sein. Nun, in dieser Hinsicht brauchen wir uns nichts vorzumachen. Aber das ist schliesslich auch nicht das Wesentliche. Ich habe den intelligenten Rechtsanwalt Dr. Karl Fees[1] von der Bayer. Beamtenzeitung darauf hingewiesen, und wenn Sie noch einen Sonderdruck haben, schicken Sie ihm doch bitte einen (München 2, Barerst. 32). Ich freue mich am meisten darüber, dass es jemand wagen kann, das Wort „Tugend" in diesen Zusammenhängen wieder zu gebrauchen[2], und zwar mit solcher geistigen und stilistischen Überlegenheit, dass die billigen Snobs und Spötter wahrscheinlich ein dummes Gesicht machen müssen, (wenn sie zu soviel Einsicht noch imstande sind).
Ich habe zum 5. April 1951 (Geburtstag des Thomas Hobbes, 300 Jahre Leviathan) einen Leitartikel in der (Zürcher) „Tat" veröffentlicht[3]; in Frankfurt haben wir den Tag gefeiert; leider war alles so improvisiert und bis zum letzten Moment so gefährdet, dass ich Sie nicht mehr verständigen konnte. Die „Tat" hat mir nur 2 Belegexemplare geschickt. Ich hoffe aber noch welche zu bekommen und übersende Ihnen dann eins. Ich hatte im Hess. Rundfunk (Abend-Studio) ein Gespräch mit Dr. Walter Warnach.[4] So konnte ich es mir leisten, nach Frankfurt zu reisen und Anima auf dem Weg nach München bis dorthin zu begleiten. Sie ist jetzt in München an der Kunst-Akademie, und sucht verzweifelt eine Wohnung (d.h. eine Studentenbude). Die Witwe eines Camp. Genossen, Frau Karl Durst[5] (er war Ministerialdirektor im R Arbeits-Ministerium und lange Präsident des Bayer. Landesarbeitsamtes) hat sich ihrer vorläufig erbarmt und ihr einen Schlafplatz in ihrer Wohnung gewährt. Die Freundschaft unter Camp. Genossen erweist sich als echter als die unter Amtsgenossen; schönes Thema für einen guten Soziologen.

Seit langem liegt Ihr Exemplar des „Nomos der Erde" hier und wartet auf die rechte Widmung. Ich bin seit dem Tode meiner Frau sehr einsam und menschenscheu geworden und einige neue Verleumdungen haben mir die Freude an unbefangenen und impulsiven Gesten und Äusserungen genommen. So finde ich schwer das richtige Wort. Die Erinnerung an die letzten Monate des Lebens meiner Frau ist zu eng mit der Erinnerung an Ihre Freundschaft und Gastfreiheit verbunden, als dass ich Ihnen schnell einige konventionelle Worte schreiben möchte. Es wird sich schon das Rechte finden. „Alles dieses findet sich, findet sich und kündet sich"[6]. Ich schicke Ihnen und Ihrer verehrten Frau hier 2 Photographien, die ein Arzt der Klinik Ende November gemacht hat. Das soll auch die Antwort auf den Brief sein, den Sie mir zum Tode meiner Frau geschrieben haben und für den ich Ihnen herzlich danke. Das eine der Bilder könnte ein Bild zu dem Satze Ernst Jüngers bedeuten: Der Tod muss unsere letzte Aktion[7] sein.
Wahrscheinlich reise ich am 25. April nach Spanien[8]. Ich habe vor, im Juli wieder in Deutschland zu sein und wäre sehr dankbar, wenn ich Sie dann wiedersehn und sprechen könnte. Ihnen, Ihrer verehrten Frau und Ihrer Mutter und Ihren Kindern Susanne, Heinrich, Albrecht und Martin meine herzlichsten Grüsse und Wünsche für diese kommenden Monate.
Stets Ihr
Carl Schmitt

Nr. 44
Ernst Forsthoff an Carl Schmitt Heidelberg-Schlierbach, 22. April 1951

Sehr verehrter, lieber Herr Schmitt!
Seien Sie herzlich für Ihren Brief bedankt, mit dem Sie mich besonders erfreut haben. Die Bilder von Frau Schmitt haben wir bewegt betrachtet und sie werden uns immer teuer sein. Sie drücken auf eine ergreifende Weise aus, was uns die Verewigte so verehrungswürdig machte. So sind wir Ihnen für die Bilder sehr dankbar.
Was Sie zum Lobe meines Tymbos-Beitrages schreiben, hat mich zugleich gefreut und beruhigt. Ich war nicht ganz zufrieden damit, da der Beitrag im Grunde nur die Exposition eines großen Themas ist, zu dessen Ausführung ich heute wesentlich mehr zu geben hätte. Der simple Gedanke, daß Recht wesentlich menschliches Verhalten ist, müßte den alten positivistischen und den modernen naturrechtlichen Normativisten in einer breit angelegten, bis in die Einzelheiten hinein ausgeführten Darstellung entgegen gehalten werden. Aber im Rahmen eines solchen Sammelwerks mag es erlaubt sein, sich auf einige allgemeine Gesichtspunkte zu beschränken. Und mir kam es auch darauf an, einmal klar zum Ausdruck zu bringen, daß ich mit unserer dürftigen sogenannten Rechtserneuerung nichts zu tun habe.
Zu Ihrer Reise übermittle ich Ihnen meine besten Wünsche. Sollten Sie in Madrid den Kollegen Conde[1], Direktor des Instituto de estudios politicos sehen, so wäre ich Ihnen

dankbar, wenn Sie sich einmal nach der spanischen Ausgabe meines Verwaltungsrechts erkundigen würden, sofern das zwanglos und ohne Mühe möglich ist. Mich würde vor allem interessieren, wer der Übersetzer ist und welchen Ruf der Übersetzer hat. Conde wollte mir darüber schreiben. Er hat das bisher nicht getan und begreiflicherweise möchte ich ihn nicht mahnen.
Schade, daß ich das Gespräch im Nachtstudio nicht gehört habe. Eben las ich die Besprechung des Tymbos von Nette in der Frankfurter Allgemeinen[2]. Sie ist recht ansprechend. M. E. hätte er noch einige Bemerkungen zur Soziologie des geistigen Lebens in der Zeit zwischen 1933 und 1944 hinzufügen können. Denn das Buch ist doch eine schöne Widerlegung der Vorurteile, mit denen die neuen „Größen" seit 1945 stehen und fallen.
Mit allen guten Wünschen und herzlichen Grüßen,
auch von meiner Frau und meiner Mutter,
stets Ihr
Ernst Forsthoff.

Nr. 45

Ernst Forsthoff an Carl Schmitt — Heidelberg-Schlierbach, 17. Oktober 1951

Sehr verehrter, lieber Herr Schmitt!
Mit Verspätung komme ich dazu, mich für Ihre Zusendung zu bedanken. Daß der Fortschritt[1] als einzige Zeitung von Ihrer Spanien-Reise Notiz nimmt, kennzeichnet eine Lage, die ich nur als für Sie ehrenvoll empfinden kann. Ihre Ausführungen über den Kalten Bürgerkrieg wirken durch ihre überzeugende Kraft stärker, als öffentlich zu bemerken ist. Vorige Woche sprach mich Herr Schwinge[2] in Marburg darauf an, der mir diesmal viel besser gefiel als in früheren Jahren. Er ist offenbar durch den Umgang mit General Ramcke, den er verteidigte, veredelt worden. Zur Amnesie fand ich gutes Material in Rogges Nationale Friedenspolitik[3]; dort steht S. 55 der schöne Satz Gudelins: „in amnestia consistit substantia pacis et absque illa nequit esse pax"[4]. Ich habe ihn vor Jahren in die Diskussion geworfen und Hans Egon Holthusen[5] hat ihn dann als Titel einer Schrift gewählt. Wie klug waren die Franzosen, als sie die recherches des opinions et votes émis jusqu'à la restauration in Art 11 der Charte constitutionelle v. 4. 6. 1814 schlankweg verboten[6]!
Ich hätte Ihnen schon längst geschrieben, sitze aber seit Monaten ununterbrochen in der Bedrängnis der Arbeit. Die zweite Auflage des Verwaltungsrechts ist bis auf die Ergänzung des Registers fertig und soll im November herauskommen. Daneben laufen Gutachten und neuerdings meine Mitarbeit im Baurechtsausschuß des Wohnungsbauministeriums. Der Ausschuß tagt jetzt alle zwei Wochen und gibt mir wertvolle Einblicke in die Praxis.
Vorige Woche besuchte mich Koellreutter. Er ist aktiv wie je und hat neuerdings Friesenhahn den Fehdehandschuh hingeworfen. Sie werden seinen Brief an ihn wohl bekommen haben[7]. Zur Affäre Drath[8] sende ich Ihnen einen Ausschnitt aus unserem

hiesigen Blättchen. Ich finde, dieses Verdrehungsstückchen Jellineks läßt nichts zu wünschen übrig. Der Links-Fehltritt ist immer noch verzeihlich.
Meine persönlichen Verhältnisse sind immer noch auf dem alten Stande. Nachdem im Sommer wieder ein politischer Querschuß erfolgte, tritt die Fakultät wieder kurz und von der für diesen Herbst fest in Aussicht genommenen Ernennung ist nicht mehr die Rede. Inzwischen stehe ich in Göttingen hinter Krüger[9] auf der Liste und die Kieler und Marburger Fakultät haben mich wissen lassen, daß sie mich primo loco Anfang des Semesters vorschlagen werden. Anscheinend besteht die gleiche Absicht in Münster, nachdem Schüle[10] abgelehnt hat. In jedem Falle aber bin ich entschlossen, nur noch dieses Semester unter den bisherigen Bedingungen zu vertreten.
Alles weitere hoffe ich Ihnen demnächst mündlich berichten zu können, am 3./4.11. in Altenberg, oder später in Köln, falls Sie zur academia moralis[11] kommen sollten.
Mit herzlichen Grüßen, auch von meiner Frau,
in alter Verehrung
Ihr
Ernst Forsthoff.

Nr. 46

Carl Schmitt an Ernst Forsthoff Utrecht, 25. November 1951.

Lieber Herr Forsthoff, wir freuen uns alle darauf, Ihren Vortrag nächsten Samstag in Köln zu hören. Ich hoffe, Sie gesund und guter Dinge wiederzusehn und grüsse Sie, Ihre verehrte Frau, Susanne und die Jungens herzlich. Ihr alter
Carl Schmitt.

Nr. 47

Carl Schmitt an Ernst Forsthoff o. O. [Ansichtskarte: Panorama von Oberursel]
o. D. [Poststempel: Oberursel, Datum unleserlich]

Montag Abend
Lieber Herr Forsthoff, auf der Reise nach Wilflingen zu E. Jünger bin ich bis hierhin vorgedrungen. Meinen Plan, Sie auf diesem Teil der Reise zu besuchen, um zu sehen wie es Ihnen eigentlich geht (denn es liegt nahe, dass ich mir Sorgen wegen Ihrer Gesundheit mache), diesen Plan habe ich leider nicht verwirklichen können. Wenn es auf der Rückreise geht, gebe ich Ihnen noch rechtzeitig Nachricht. Heute nur diese Grüsse und herzliche Wünsche für Sie und die Ihrigen! Stets Ihr alter
Carl Schmitt

Nr. 48

Ernst Forsthoff an Carl Schmitt Heidelberg-Schlierbach, 16. Dezember 1951

Sehr verehrter, lieber Herr Schmitt!
Ihre beiden Karten – aus Utrecht und Oberursel – haben mich sehr erfreut. Hoffentlich erreichen Sie diese Zeilen in Wilflingen, die Ihnen nur zum Ausdruck bringen sollen, wie sehr Sie uns mit Ihrem Besuch auf der Rückreise erfreuen würden.
Mir geht es jetzt besser, wenn auch zunächst mehr infolge der Medikamente als einer organischen Heilung; aber auch diese ist mir für die nächsten Monate in Aussicht gestellt. Den Vortrag in Köln wollte ich unter allen Umständen wahrnehmen, schon um Sie zu sehen, aber dann lag ich doch an diesem Tage noch zu Bett.
Da ich nicht weiß, wie lange Sie in Wilflingen bleiben, will ich Ihnen meine zeitlichen Dispositionen auf alle Fälle mitteilen, die sich im Januar unangenehm häufen: 4.1. Köln (Beratung über Bundeswirtschaftsrat beim Bundesverband der deutschen Industrie), Rückkehr am Abend des 4.1.; 8.1. Vortrag vor dem Westfälischen Industrieklub in Dortmund, Rückkehr am 9.1. vormittags; 10.–12.1. Tagung des Baurechtsausschusses, Tagungsort noch unbekannt. Das ist mehr, als mir lieb ist, aber die Mitarbeit im Baurechtsausschuß ist aus vielen Gründen instruktiv und wertvoll.
Soeben wird die zweite Auflage des Verwaltungsrechts ausgeliefert. Hoffentlich kann ich Ihnen demnächst ein Exemplar persönlich überreichen.
Am 3. Dezember haben wir Frau Schmitts und Ihrer in besonderer Verbundenheit gedacht. Hoffentlich verleben Sie schöne Tage in Wilflingen. Darf ich bitten, Herrn Jünger in Erinnerung an unsere Begegnung in Freiburg 1932 freundliche Grüße zu übermitteln?[1] Eben lese ich mit großem Interesse den Waldgang[2], mit dem er zu den Themen zurückkehrt, zu denen er früher so Wesentliches gesagt hat.
Mit herzlichen Grüßen, auch von meiner Frau,
stets Ihr
Ernst Forsthoff

Nr. 49

Carl Schmitt an Ernst Forsthoff Plettenberg, den 27. Dezember 1951.

Lieber Herr Forsthoff!
Heute morgen traf Ihr nach Wilflingen adressierter Brief hier in Plettenberg ein. Sehr leid tat es mir, dass ich Sie auf der Rückreise in Heidelberg nicht besucht habe. Ich hoffe, dass Sie Ihre Gesundheit schonen und keinen Raubbau an Ihren Kräften treiben. Ihre Wünsche zu Weihnachten und zum Neuen Jahr erwidere ich, auch im Namen Animas, aufs herzlichste, für Sie, Ihre Mutter, Ihre Frau, Susanne und die Jungens. Es ist jetzt schon über ein Jahr, dass wir uns nicht mehr gesehen haben. Das ist eigentlich zu lange. Bei der Wiederbegegnung mit Ernst Jünger in Wilflingen habe ich erfahren, dass man heute seine Freundschaften nur durch persönlichen Kontakt und Gespräch

ungefährdet halten kann. Jeder von uns wird so stark von seiner eigenen Situation erfasst, und jede Situation ist so verschieden, dass eine fortwährende persönliche Verständigung nötig ist. Es kommt hinzu, dass jedes menschliche Wort eine Antwort ist, jede Antwort ihren Sinn aus der Frage und jede Frage ihren Sinn aus der Situation erhält. Alle diese Reflexionen sind nur Umschreibungen meines Wunsches, Sie bald wieder zu sehen und der Hauptwunsch, den ich für mich mit Bezug auf das kommende Jahr habe, geht dahin, dass es mir einmal die Gelegenheit eines ruhigen Gespräches mit Ihnen bringen möge.

Auf die 2. Auflage Ihres Verwaltungsrechts freue ich mich sehr. Ich freue mich immer noch und immer von neuem an den beiden herrlichen Bänden Ihrer Montesquieu-Ausgabe. Dabei wird mir traurig bewusst, dass ich Ihnen gar kein Gegengeschenk machen kann. Die paar Kleinigkeiten, die ich im letzten Jahr veröffentlicht habe, sind nicht der Rede wert. Der Vortrag in Madrid und andern spanischen Städten, über die „Einheit der Welt" ist bisher nur spanisch erschienen[1]. Vielleicht erscheint der 1. Teil nächstens in einer deutschen Zeitschrift; doch ist mit Bezug auf Deutschland alles bei mir unsicher, weil immer im letzten Augenblick Querschüsse kommen, im Stil Kortner – Werner Krauss[2].

Deus dabit his quoque finem[3]. Ich danke Ihnen nochmals herzlich für Ihren Brief und wünsche Ihnen gute Gesundheit und guten Erfolg für Ihre Arbeit. Ein Bekannter aus Münster erzählte neulich von den dortigen Personalien. Wie steht es mit dieser Berufung? Ich darf mein lebhaftes Interesse daran nicht zu sehr zeigen, um Ihnen nicht zu schaden.

Von Ernst Jünger ist in einer ganz kleinen Auflage (angeblich nur 250 Stück) eine sehr wichtige neue Schrift gedruckt „Am Kieselstrande"[4]. Ich habe ihn gebeten, Ihnen ein Exemplar zukommen zu lassen, das ich Sie dann als kleines Weihnachtsandenken von mir zu betrachten bitte.

Herzlich Ihr alter
Carl Schmitt.

Nr. 50

Ernst Forsthoff an Carl Schmitt — Heidelberg-Schlierbach,
[Von Schmitt notiert:] Barion 30/1 52 — [nach dem 25.] Januar 1952

Sehr verehrter, lieber Herr Schmitt!

Schon vor Monaten sollte dieser Brief an Sie geschrieben sein, als Dank und in Erwiderung Ihrer freundlichen Grüße und Wünsche. Meine nicht erfreulichen gesundheitlichen Verhältnisse haben die Ausführung dieser Absicht immer wieder verhindert. Die Erkrankung der Schilddrüse ist doch ernster, als ich im November noch annahm, als ich der Hoffnung war, den Vortrag in Köln doch noch halten zu können. Meine Leistungsfähigkeit ist allgemein herabgesetzt und reicht gerade für die Bewältigung der notwendigsten Semesterarbeit hin und immer wieder kommen dann die Rückfälle, die mich ganz matt setzen und ans Bett binden. In den nächsten Monaten soll sich jedoch die

Behandlung, in der ich mich befinde, auswirken und eine wesentliche Besserung bringen. Bis dahin muß ich weiter krebsen.
Inzwischen ist die zweite Auflage meines Verwaltungsrechts erschienen und sie wird in Kürze in Ihren Händen sein. An Neuem enthält sie die Berücksichtigung des Grundgesetzes und dessen, was Literatur und Judikatur seit 1949 hervorgebracht haben. Die Überarbeitung befriedigt mich noch nicht ganz, denn es sind einzelne Teile noch nicht so an die heutige Realität herangeführt, wie ich das für notwendig halte. Aber das Buch war einige Monate früher vergriffen als der Verlag kalkuliert hatte und so stand ich bei der Vorbereitung der zweiten Auflage unter starkem Zeitdruck.
Bei einem kurzen Zusammentreffen mit Günther Krauß ließ ich mir von ihm über die letzte Tagung der academia moralis berichten. Daß ich den Vortrag absagen mußte, bedaure ich auch jetzt noch außerordentlich. Vielleicht kann ich das Thema: Einheit der Justiz später einmal behandeln. Es ist für die heutige Verfassung m. E. ganz zentral und besonders geeignet, die Ungereimtheiten und Antinomien unseres Verfassungsrechts aufzudecken. Ich halte eben ein Seminar darüber, im kleinen Kreis in meiner Wohnung, im wesentlichen dem gleichen Kreis, den Sie seinerzeit bei mir kennenlernten und der nach wie vor zusammenhält, obgleich die Teilnehmer inzwischen fast alle ihr Examen gemacht haben. Bei diesen Abenden ist Ihr Hüter der Verfassung geistiger Mittelpunkt, zu dem alle Erwägungen immer wieder zurückkehren. Gestern abend hielt ein Teilnehmer ein Referat über abstrakte Normenkontrolle, das so glänzend und in der kritischen Argumentation schlagend war, daß es ohne weiteres hätte veröffentlicht werden können. Dagegen ist Friesenhahns[1] Abhandlung über den Begriff der Rechtsprechung im Grundgesetz (in der Festschrift für Thoma), in der er Sie so perfide verleugnet, eine traurige Stümperei. Überhaupt ist die wissenschaftliche Frivolität, mit der heute schlechterdings alles ignoriert wird, was von Ihnen und auch Triepel[2] vor 1933 zum Thema Verfassungsgerichtsbarkeit vorgetragen worden ist, ein schlagender Beweis für den – vor allem moralischen – Tiefstand unserer Wissenschaft. Dem entspricht es, daß nicht von wissenschaftlicher, sondern von publizistischer Seite jetzt Ihr „Fall" aufgegriffen und als das charakterisiert wird, was er in Wirklichkeit ist. Gestern las ich die Aufsätze in Christ und Welt und im Fortschritt[3]. Den Aufsatz im Fortschritt finde ich großartig, von einer Brisanz der Formulierung an der ich mich besonders gefreut habe. Was soll man dazu sagen, daß der anständige Journalismus zum Hüter der Freiheit des Geistes werden muß, da die dazu berufene Wissenschaft, die so auf ihre Freiheit pocht, so jämmerlich versagt! Es bleibt nun abzuwarten, wie man auf diesen Vorstoß reagiert, vielleicht auf die infamste und unwürdigste Weise: indem man sich tot stellt und schweigt. Der Trost dabei ist zunächst aber, daß die Dinge nicht zur Ruhe kommen, ebenso wie die Staatsrechtslehrer-Vereinigung Jahr für Jahr wieder vor dem Aufnahmeantrag für Koellreutter und Huber steht.
Diese Dinge beschäftigen mich natürlich immer wieder angesichts der Tatsache, daß meine Reaktivierung hier nun doch wohl bevorsteht. Fakultät und Ministerium betreiben sie jetzt unter Berufung auf das Gesetz zu Art 131[4]. Trotz aller Nüchternheit der Beurteilung, zu der ich ja allen Anlaß habe, glaube ich nun auch, daß es jetzt wohl zur

Ernennung kommen wird. Außerdem stehe ich primo loco in Kiel auf der Liste und von dort dürfte in absehbarer Zeit ein Ruf kommen. Kiel würde mich wegen der Zusammensetzung der Fakultät reizen, anderseits stehen dagegen die Umschulungsschwierigkeiten für die Kinder und gutachtliche Beziehungen zur Frankfurter Industrie, die sich in letzter Zeit erfreulich verfestigt haben. Da in Frankfurt kein Staats- und Verwaltungsrechtler ist, wendet man sich in zunehmendem Maße an mich und dadurch sind Verbindungen entstanden, die ich ungern aufgeben würde. Meine Position in Heidelberg wird immer die des Außenseiters sein. Ich habe das kürzlich auch dadurch klargestellt, daß ich einer Radbruch-Ehrung der Fakultät[5] demonstrativ ferngeblieben bin und man hat das, wie ich annehmen darf, richtig verstanden.
Mein Plan, Sie einmal in Plettenberg zu besuchen, hat sich leider bisher nicht realisieren lassen. Umso mehr denke ich jetzt daran für die Frühjahrsferien. Dann muß ich allerdings zu meiner Wiederherstellung auf einige Wochen zwar nicht in ein Sanatorium, aber doch in ein ärztlich betreutes Haus gehen, wo ich Ruhe habe. Außerdem wird im März endlich das Gutachten zum Baugesetzentwurf[6] abgeschlossen, das von einer Gutachterkommission erstattet wird, der ich angehöre. Das hat mir seit September viel Arbeit gemacht, ich habe aber auch großen Nutzen davon gehabt, wie es immer ersprießlich ist, sich mit einer Rechtsmaterie auch speziellerer Art wirklich und bis in die Details vertraut zu machen. Alles das aber wird die Ferien nicht ausfüllen und ich hoffe sehr, endlich die Gelegenheit zu einer Reise zu Ihnen zu finden.
Wir haben hier in Heidelberg ein bescheidenes Gegenstück zur academia moralis in dem Kreise, den Sie anläßlich des Vortrages von Herrn Hommel[7] kennen lernten. Diesem Kreis gehört neuerdings auch Herr Woermann[8] und Herr Vowinkel[9] (der Verleger der Geopolitik) an. Ich möchte Sie darauf aufmerksam machen, daß Ihnen die Zeitschrift für Geopolitik, redigiert von Herrn Pfeffer, gewiß jederzeit zur Verfügung steht. Vowinkel schätze ich als einen wirklich mutigen und klugen Verleger außerordentlich. V. interessiert sich auch sehr für Ihre Verfassungslehre. Die Tatsache, daß sie vergriffen ist, ist wirklich geradezu ein Unglück für den akademischen Unterricht. Natürlich läge V. an einer Überarbeitung unter Berücksichtigung der 23 Jahre, die seit dem Erscheinen verflossen sind. Ich weiß nicht, wie Sie dazu stehen und bin mir des pro et contra durchaus bewußt. Aber ich möchte Ihnen doch von dem Interesse des Herrn Vowinkel an diesem Buch Kenntnis geben.
Übrigens will ich Herrn Krauß empfehlen, sein wirklich glänzendes Pareto-Referat[10] Vowinkel für die Zeitschrift für Geopolitik anzubieten.
Zum Schlusse erlaube ich mir, die Sammlung Ibsenstein[11] durch zwei Hinweise – vielleicht – zu vermehren. Als einer der belustigendsten Beiträge zu den irrealen Bedingungssätzen ist mir immer der Teil des Kapitels Goethe und Schiller in Herman Grimms Goethes Leben erschienen, das mit dem Satz beginnt: „Nun aber stellen wir die Frage: wie würde das fortgegangen sein, wenn Schiller leben geblieben wäre" {Kröner-Ausgabe (v. Buchwald), S. 370 ff.} um dann diesem Fortgang eine ziemlich pessimistische, irreale Prognose zu stellen. Hier enthüllt sich Grimm als der Banalisator, der er, wie alle bloßen Ästheten, in allem ist.

Und zu den aparten Reimen ebenfalls, wie Ihr Beispiel, ein Rilke-Vers, aus dem Marienleben, die letzte Strophe der Hochzeit zu Kana, Ihnen wahrscheinlich bekannt:

An dem Tisch von Früchten und Gemüsen
freute sie sich mit und sah nicht ein,
daß das Wasser ihrer Tränendrüsen,
Blut geworden war mit diesem Wein.

Mit allen guten Wünschen und herzlichen Grüßen,
denen meine Frau sich anschließt,
stets Ihr
Ernst Forsthoff.

Nr. 51

Carl Schmitt an Ernst Forsthoff Plettenberg, 4. März 1952.

Lieber Herr Forsthoff!
Es ist unglaublich: ich bin in das Dickicht des Art. 41 Hess. Verf.[1] geraten und fahre seit 2 Wochen zwischen Plettenberg, Wetzlar, Frankfurt und Wiesbaden hin und her. Heute muss ich nach Duisburg, um Werner Weber zu treffen, der dort einen Vortrag hält, aber übermorgen schon wieder in Berlin sein muss. Diese fortwährende Reiserei scheint ein Verhängnis zu sein; Sie selber leiden ja auch darunter. Wenn es sich dabei nur öfters ergäbe, dass wir uns sehen und sprechen könnten!
Das Innenministerium NRW hat sich also entschlossen, meine beamtenrechtlichen Bezüge zum Art 131 GG anzuerkennen. Ich erhalte jetzt Übergangsgeld und habe meine Versetzung in den Ruhestand zum 1. April beantragt. Erst vor einigen Tagen hat mir Herr Kirchhoff[2] von dem Konto erzählt, das durch Ihre Initiative entstanden ist. Meine Dankbarkeit für Ihre Hilfe ist und bleibt gross. Ich darf Ihnen das wenigstens mit diesem Worte sagen. Aber ich möchte Ihnen das auch mündlich und persönlich sagen und bei dieser Gelegenheit einiges besprechen. Herr Kirchhoff wird Ihnen dieser Tage schreiben. Einen Brief von Barion (der Sie nicht nur wegen dieses Punktes interessieren wird) lege ich bei. Zu dem Arch. f. Rechtsphilosophie: Ulrich Klug[3] hat an (den dieser Tage verstorbenen) Dr. Maiwald einen Brief geschrieben, dessen Original ich in der Hand habe, ein Brief, Mannheim den 4.1.52, indem er Maiwald ein Ms. zurückgibt mit der Begründung: „Da die Vereinigung mit der Möglichkeit zu rechnen hat, dass sich verschiedene Mitglieder durch Publikationen über den genannten Autor (= C. S.) in ihrer Ehre verletzt fühlen könnten, sehen wir uns nicht in der Lage, Ihrem Wunsch die Rezension in unserer Zeitschrift zu veröffentlichen, entsprechen zu können." Das nur zu Erklärung der Stelle in Barions Brief, die sich darauf bezieht. Ich weiss nicht, wer dieser Klug ist. Es interessiert mich auch kaum. Übrigens hat sich Fechner[4] in Tübingen Maiwald gegenüber in ähnlicher Weise aufgespielt. Maiwald war ein treuer Freund. Jetzt ist er tot; für mich ein grosser Verlust.

In den Rattenkäfig des Art. 41 Hess. Verf. bin ich durch meine Erörterung des Problems der Erkennbarkeit, Subsumierbarkeit und Vollziehbarkeit geraten, die ich s. Z. im Handbuch des deutschen Staatsrechts von Anschütz-Thoma, 1932, Bd. II S. 599, 603 veröffentlicht habe[5]. Dieses Problem beherrscht die jetzt beginnende II. Phase des Prozesses vor dem Hess. StGH.
Ich freue mich, Werner Weber wiederzusehen, wenn es auch anstrengend ist, mit der Bahn nach Duisburg zu reisen. Um Oberheid mache ich mir grosse Sorgen wegen seiner Gesundheit. Von dem Plan, einen e. V. zu gründen und der Academia Moralis[6] zur Stütze beizugeben, werden Sie gehört haben. Hoffentlich wirkt sich das bei Ihrem nächsten Vortrag schon aus!
Ich möchte gerne Prof. Siebeck nachträglich ein Honorar[7] zukommen lassen, das er wirklich verdient. Sind Sie nicht auch der Meinung, dass das nur gerecht wäre. Ich habe lange nichts von ihm gehört. Plügge erzählte, er habe einen Schlaganfall gehabt.
Ich hoffe von Herzen, dass es Ihnen und den Ihrigen gesundheitlich und in jeder andern Hinsicht gut geht. Über die neue Auflage Ihres Verwaltungsrechts – tausend Dank für dieses herrliche Geschenk – habe ich mir viele Notizen gemacht; das gibt hoffentlich bald ein gutes, langes Gespräch.
Auch sonst ist viel zu erzählen. Das sonderbarste: ein Rabbiner in Jerusalem, an der Hebrew University, hat an Armin Mohler[8] einen langen Brief über Ex Captivitate und den Nomos geschrieben; ich lasse eine Abschrift für Sie machen. In dem Brief erzählt der Rabbiner auch folgendes: „Der Justizminister Israels hat, als er sich mit Verfassungsfragen beschäftigte, von der Univ. Bibliothek dringend Schmitts Verfassungslehre verlangt. Als sich herausstellte, dass das Buch „oben“ d. h. am Scopusberg, wohin wir keinen Zutritt haben, blieb, wurde es speziell durch Soldaten heruntergebracht – Soldaten die jede vierzehn Tage durch die Feindeslinien auf den Scopusberg fahren, um die Enklave: Universitätsgebäude und Spital, die leer stehen, zu bewachen“.
Das sind zeitgemässe fata libelli[9].
Bald mehr, lieber Herr Forsthoff! Schreiben Sie gelegentlich wieder Ihrem alten
Carl Schmitt.

Nr. 52

Ernst Forsthoff an Carl Schmitt Heidelberg-Schlierbach, [ohne Tag] März 1952

Sehr verehrter, lieber Herr Schmitt!
Seien Sie aufrichtig für Ihren liebenswürdigen, langen Brief bedankt. Meine Antwort kommt etwas spät, weil ich vorige Woche zur Tagung des Baurechtsausschusses in Stuttgart war.
Daß Ihre Pensionierung nun zustande kommt, freut mich natürlich außerordentlich. Es muß für Sie eine große Genugtuung sein, daß nun doch damit die Gegenseite moralisch in die Knie gehen mußte. Ihre unbeugsame, konsequente Haltung war nicht nur moralisch, sondern auch praktisch richtig. Diese Koinzidenz in einem so wichtigen,

paradigmatischen Falle zu sehen und zu erleben, ist wohltuend, weil es zeigt, daß hinter so vielem Sinnlosen, was man erlebt, doch noch eine Ordnung höherer Art steht, die menschlicher Willkür entzogen ist. Die Konto-Aktion ist damit zum schönsten Ende gekommen, das wir uns wünschen konnten. Eine Rückzahlung des Betrages kommt m. E. nicht in Betracht, denn es dürfte kaum jemand darauf Wert legen. Vielleicht ist der Betrag für Sie ein Beitrag zum Wiederaufbau einer Bibliothek[1]. Das wäre gewiß im Sinne aller; und man kann doch noch mehr an alten Werken kaufen, als man gemeinhin annimmt.

Daß nun auch Sie in den hessischen Sozialisierungstrubel einbezogen sind, las ich mit Vergnügen. Bislang waren es wohl wesentlich die dii minores am Orte – Giese, Jerusalem, Heyland[2] – die um die Sache bemüht waren. Wenn Sie sich ihrer nun annehmen, wird sie ihr eigentliches juristisches Gesicht erst gewinnen. Deprimierend ist nur das Niveau und die erkennbare Parteigebundenheit gerade des hessischen StGHs, sodaß der Zweifel bleibt, ob es die juristischen Argumente sind, welche den Ausschlag geben.

Inzwischen ist Herr Freudenberg – Weinheim[3] über eine Mannheimer Anwaltsfirma an mich wegen eines Gutachtens zum Investitionshilfe-Gesetz[4] herangetreten. Leider mußte ich absagen. Ich bin in diesem Monat noch voll beschäftigt mit einem anderen Gutachten und dem Baurechtsausschuß und im April werde ich auf alle Fälle verreisen. Ich muß endlich etwas für meine Gesundheit tun. Wenn es mir auch besser geht als im November, so bin ich doch noch keineswegs gesund und nach wie vor in meiner Arbeitsfähigkeit stark reduziert. Bis Mai aber hat das Gutachten nicht Zeit.

Von dem Schlaganfall Siebecks habe ich auch gehört. Jetzt steht seine Emeritierung bevor. Das ist für die Universität ein schwerer, unersetzlicher Verlust. Da die Verhältnisse in der medizinischen Fakultät eine sachliche Auswahl des Nachfolgers unmöglich machen, wird ein Mann dritter Garnitur, ein ausgesprochener 45er, das Rennen machen, wie ich höre. Sicher hätte Siebeck ein Honorar verdient, zweifelhaft ist nur, ob er es annehmen wird, gewiß ist, daß ein bares Honorar für Siebeck angesichts der für ihn in Betracht kommenden Steuersätze mehr oder weniger nur eine Geste sein würde. Unter diesen Umständen wäre m. E. eher an ein Präsent zu denken, etwa eine Kiste Wein oder ähnliches. Falls Sie sonst keine Verbindungen haben, würde der Koellreutter-Schüler Dr. Bossung[5] in Edesheim, der ganz herrlichen Wein zieht, Ihnen gewiß zu Diensten sein.

Der Tod von Maiwald hat mich sehr betroffen, obgleich ich ihm nur einmal flüchtig begegnet bin. Er war ein mutiger Mann und hat in der Universitas wirklich etwas Neuartiges von bleibendem Wert geschaffen.

Klug ist hier Privatdozent für Strafrecht. <*Kennt den hiesigen Privatdozenten Klug nicht, seine Reaktion sollte man nicht zu wichtig nehmen.*> Die Taktik der stillen Diffamierung bei der Gegenseite verfängt je länger je weniger. Die heutige Studentengeneration steht schon völlig jenseits dieser Dinge. Ihre Verfassungslehre, Ihr Hüter der Verfassung, Ihr Nomos usw. sind hier das tägliche Brot des akademischen Unterrichts und bei den Studenten ebenso begehrt wie beim Justizminister von Israel. Die Wandlungen gehen schneller, als man vor wenigen Jahren noch zu hoffen wagte.

Schrieb ich Ihnen, daß ich einen Ruf nach Kiel habe? Ich fahre nächste Woche zu Verhandlungen nach dort. Inzwischen gibt man sich auch hier beträchtliche Mühe um mich. Was wird, übersehe ich im Augenblick noch nicht.
Mit herzlichen Grüßen und Wünschen
stets Ihr
Ernst Forsthoff.

Nr. 53
Ernst Forsthoff an Carl Schmitt Heidelberg-Schlierbach, 25. Mai 1952
[Von Schmitt u. a. notiert:] b[eantwortet] 4. 6.

Sehr verehrter, lieber Herr Schmitt!
Seit Wochen schon schulde ich Ihnen meinen besonderen Dank für die Übersendung Ihres Gutachtens zur Sozialisierung in Hessen. Ich komme erst heute zu einem Brief an Sie, weil ich vier Wochen verreist war (nach Überlingen) und nach der Rückkehr auf einen neuerlichen Rückfall hin zu Herrn Plügge nach Darmstadt in die Klinik ging, von wo ich erst Mitte voriger Woche zurückkehrte. So habe ich auch erst vorgestern mit der Vorlesung (Verwaltungsrecht) beginnen können. Nehmen Sie also meinen herzlichen Dank für die Abhandlung entgegen, deren Bedeutung ja weit über den konkreten Anlaß hinausgreift. Das Problem der Vollzugsfähigkeit von Verfassungsnormen, das Sie seinerzeit im Handbuch zum erstenmale behandelten, ist seither in dem allgemeinen Gerede, das bei uns weithin die exakte juristische Argumentation ersetzt, untergegangen. Leider steht zu fürchten, daß der hessische Staatsgerichtshof, der ja in Wahrheit nur ein justiziell drapierter Parlamentsausschuß ist, gegenüber juristischen Argumenten in hohem Maße immun ist.
Als Neuigkeit habe ich Ihnen zu berichten, daß meine Reaktivierung[1] vor einer Woche mit der Behändigung der Ernennungsurkunde perfekt geworden ist. Damit wäre das siebenjährige Interim nun abgeschlossen. Meine innere Einstellung zur hiesigen Universität wird dadurch nicht berührt. Nach allem, was hier geschehen ist und zum Teil noch geschieht ist der Bruch nicht zu reparieren. So werde ich der Einzelgänger bleiben, der ich hier bin und kann das umso mehr, als ich in der Studentenschaft eine Resonanz und einen treuen Anhang habe, wie ich es mir nicht besser wünschen könnte.
Gesundheitlich geht es mir im Augenblick leidlich. Vielleicht wird die Konsolidierung der persönlichen Verhältnisse im Laufe der Zeit eine Besserung begünstigen, denn gerade die Erkrankungen der Schilddrüse sind von psychischen Einflüssen in hohem Maße abhängig.
Möglicherweise wird Sie in nächster Zeit einmal ein Herr Haubold aus Düsseldorf besuchen, den ich in Überlingen als einen ungewöhnlich gebildeten und sympathischen Mann kennen lernte. Herr Haubold[2] ist ein besonderer Verehrer von Ernst Jünger (er hatte sogar das Glück, ihn in Überlingen zu treffen) und Sie sind ihm durch die „Strahlungen“ ein Begriff. Da er gelegentlich in Ihre Gegend kommt, glaubte ich mich

berechtigt, ihn zu ermutigen, Sie dann aufzusuchen. Er ist ein wirklich kluger, angenehmer Gesprächspartner. Ich hoffe, damit nicht gegen Ihre Intentionen gehandelt zu haben.
Ferner habe ich Herrn Schauerte vom Deutschen Kohlenverkauf[3], der Nachfolgeorganisation des Kohlensyndikats nahegelegt, sich Ihres juristischen Rates zu bedienen. Das Schicksal der zentralen Verkaufsorganisation für die Ruhrkohle ist nicht zuletzt durch die mindestens fahrlässige Verhandlungsführung Adenauers sehr ungewiß geworden. Ich bin um ein Rechtsgutachten in einer speziellen Frage organisationsrechtlicher Art gebeten worden. Aber die Kohlenbergbauleitung und der Kohlenverkauf stehen vor einer Fülle schwieriger Rechtsprobleme und da Herr Schauerte erzählte, daß er in Fredeburg zu Hause ist, ergab sich der Hinweis auf Sie von selbst. Ich dachte mir, daß die Verbindung mit diesen Stellen Sie vielleicht interessieren würde; wenn nicht, ist Ihnen die Absage ja unbenommen.
Meiner Familie geht es gut. Falls ich mich entschließen sollte, hier zu bleiben (ich habe einen Ruf nach Kiel), gedenken wir die alte Mühle, in der wir wohnen, zu kaufen und sie noch etwas nach unseren Bedürfnissen zu verändern. Dann hätten wir eine Behausung, die alle unsere Wünsche erfüllt.
Mit herzlichen Grüßen, denen meine Frau und
meine Mutter sich anschließen,
stets Ihr
Ernst Forsthoff

Nr. 54
Ernst Forsthoff an Carl Schmitt Heidelberg-Schlierbach, 9. Juni 1952

Sehr verehrter, lieber Herr Schmitt!
Hiermit übersende ich Ihnen das gewünschte Gedicht[1], in dem ich eine neue Perle der an sich schon von mir so geschätzten Reimkunst Freiligraths kennen gelernt habe. Albrecht hat es abgeschrieben und ich hoffe, es ist lesbar.
Inzwischen hat der hessische Staatsgerichtshof so entschieden, wie Sie es nach dem kleinen politischen Einmaleins vorausgesagt haben[2]. Dieses Gericht dürfte den Kredit der Verfassungsgerichtsbarkeit schon jetzt in einem Maße verwirtschaftet haben, daß auch das Bundesverfassungsgericht daran zu tragen haben wird. Das ist ein schöner Beitrag zum Thema: Die Einheit der Rechtsprechung, mit dem ich mich in meinen leider wenigen Mußestunden beschäftige.
Eben bin ich an einem Gutachten über die Verfassungswidrigkeit der Bestreikung des Bundestags durch die Gewerkschaften. Das ist auch ein interessantes Kapitel, über dem ich mich mit dem Problem der indirekten Gewalten auseinander zu setzen habe[3].
Den Brief von Dr. Taubes, den Sie mir liebenswürdigerweise sandten, füge ich mit bestem Dank wieder bei. Das ist wirklich ein bedeutendes Dokument. Man sollte ein solches Maß von Objektivität und geistiger Übersicht in Israel nicht vermuten. Diesen

Brief sollte man Kaufmann zu lesen geben, obgleich schwerlich zu erwarten ist, daß er sich dann ein wenig schämen würde. Übrigens soll er jetzt, wie mir Ernst Huber erzählte, seinen ganzen Haß auf Grewe geworfen und ein Rundschreiben verschickt haben, in dem er Grewes Sünden im Dritten Reich in wüster Weise anprangert. Wenn Grewe es nach 1945 vermieden hätte, sich von den Revenants als junger Mann herausstellen zu lassen, wäre er jetzt in einer besseren Position. Immerhin bleibt Kaufmanns Verhalten in jedem Falle unqualifizierbar.
Übrigens nehme ich doch an, daß Herr Schauerte einmal zu Ihnen kommt. Ich gewann in einer ziemlich offen geführten Unterhaltung mit ihm nicht den Eindruck, daß er für Rächer-Emotionen irgendwie empfänglich wäre.
Mit herzlichen Grüßen, auch von den Meinen,
immer Ihr
Ernst Forsthoff.

Nr. 55
Ernst Forsthoff an Carl Schmitt Ruvigliana, 26. September 1952
[Notiz von Schmitt:] Hotel Villa Eugenia Ruvigliana – Lugano

Sehr verehrter, lieber Herr Schmitt!
Die Tage zwischen dem 13.9. und meiner Abreise nach hier waren infolge mehrerer kleinerer Reisen und einer Fülle termingebundener Arbeiten so gehetzt, daß ich erst hier zur Ruhe komme und Gelegenheit finde, Ihnen für Ihr so freundliches Gedenken zu meinem 50. Geburtstag und die herrliche Weinsendung recht herzlich zu danken. Sie haben mir mit beidem eine sehr große Freude bereitet.
Der Geburtstag war mir wieder ein Anlaß, dessen zu gedenken, wie schicksalhaft mein Leben dadurch bestimmt wurde, daß ich durch äußere Zufälle im Sommer 1923 an die Universität Bonn kam und nicht nach dem damals besatzungsfreien Münster, wie ich ursprünglich wollte. Es steht mir noch in lebhaftester Erinnerung, welch tiefen Eindruck Ihre öffentlichrechtliche Übung auf mich machte. Erst mit ihr und allem, was ich sonst bis zum Referendarexamen von Ihrer Lehrtätigkeit mitnehmen, oder besser begierig in mich aufnehmen konnte, datiert mein inneres Verhältnis zur Rechtswissenschaft. Damals sind die Fundamente gelegt worden, auf denen mein wissenschaftliches Denken ruht und was ich Ihnen seither an Anregung und Förderung verdanke, bedarf nicht der Aufzählung, die auch schwerlich möglich wäre.
Unter diesen Umständen werden Sie verstehen, wie glücklich mich Ihr freundliches Urteil über das Verwaltungsrecht machte, in dem ich das Anerkenntnis erblicken durfte, mit dem Pfunde gewuchert zu haben. Und damit wendet sich der Blick in die Zukunft. Ich bin in das neue Lebensjahrzehnt eingetreten mit dem noch nicht eingelösten Versprechen der Vollendung dieses Werkes. Seine Einlösung ist jetzt mein großes, eigentliches Anliegen. Natürlich möchte ich alles daran setzen, daß der zweite Band[1] nicht hinter dem ersten zurückbleibt. Die Schwierigkeit liegt darin, zu vermei-

den, daß der besondere Teil in mehr oder weniger unverbundener, nebeneinander gestellte Stoffmassen auseinander fällt. Dazu bedarf es einer aus der Sache gewonnenen systematischen Konzeption, für die es seit Lorenz von Stein kein Vorbild gibt und um die ich mich bemühe. Ich werde mich jetzt immer mehr auf diese Arbeit zurückziehen und die überhand nehmenden Gutachterpflichten mehr und mehr auf ein vernünftiges Maß reduzieren, nachdem die nach den mageren Jahren unabweisliche Sanierung der großen Familie nun gelungen ist.
Vor der Abreise erhielt ich noch das gesamte Material der Bundesregierung zum EVG-Vertrag[2]. Es ist hochinteressant und wirft eine Fülle von Problemen auf. Tatsächlich macht die Argumentation des Justizministeriums aus dem Art 24 GG einen halben Art 48. Wirklich ernst zu nehmen ist m. E. nur das Gutachten von Weber, das ich aber mit seiner Stellungnahme zur hessischen Sozialisierung schwer vereinigen kann, denn wenn er dort die Notwendigkeit der Vollziehungsnorm betont, dann kann er hinsichtlich der Wehrhoheit, wenn man sie schon als der Verfassung immanent betrachtet, von dem gleichen Erfordernis schwerlich abgehen. Ich gedenke, in der Sache ein kürzeres Gutachten zu machen, nachdem ich bereits in der vorangegangenen prozeßualen Frage gegutachtet habe. Es soll mir niemand den Vorwurf machen, den Strickrodt in der Öffentlichen Verwaltung gegen Werner Weber erhoben hat[3], daß er die Verfassung durch Kritik diskreditiere. Die Verfassung bedarf heute des Schutzes gegen die okkasionalistische Zweckauslegung der Bundesregierung. Das scheint mir der einzige Verfassungsschutz, der heute geboten ist. Es wundert mich, daß W. Weber in dieser entscheidenden Frage in das Regierungslager eingeschwenkt ist.
Ich bin hier mit meiner Mutter, die herzlich grüßen läßt, in einer reizenden Pension am Südhang des Monte Bré, weit genug von Lugano entfernt, um dem dortigen Trubel entrückt zu sein. Der Luganer See präsentiert sich im Sonnenschein und bei sommerlicher Wärme von seiner schönsten Seite.
Mit nochmaligem, aufrichtigstem Dank
und herzlichen Grüßen
stets Ihr
Ernst Forsthoff

Nr. 56

Ernst Forsthoff an Carl Schmitt Heidelberg-Schlierbach, 19. November 1952
[Von Schmitt neben umfangreichen stenographischen Notizen festgehalten:] 22.11.52

Lieber Herr Schmitt!
Vielen Dank für Ihren Brief, den ich gestern bei der Rückkehr von Speyer vorfand, wo ich aus Anlaß eines Kursus im Verwaltungsrecht für die Anwärter des diplomatischen Dienstes einige Tage war.
Selbstverständlich ist Ihnen das Gutachten zugedacht gewesen[1]. Leider kamen meine Exemplare erst verspätet und auf Anmahnung, sodaß ich sie vor der Abreise nicht

mehr verschicken konnte. So sende ich es Ihnen jetzt mit der Bitte um Nachsicht für eine Ausarbeitung, für die mir keine zwei Wochen zur Verfügung standen. Unter diesen Umständen konnte das Gutachten von vornherein keine erschöpfende Behandlung der zahlreichen Rechtsfragen enthalten sondern mußte sich auf die Eckpositionen der gegnerischen Argumentation beschränken. Ich füge weiter das Gutachten der SPD-Fraktion zum Generalvertrag bei, an dem ich nicht beteiligt bin, das Sie aber gleichfalls interessieren dürfte. Ich brauche es nicht mehr, da ich einige Stücke davon habe.
Dagegen wäre ich für die Rücksendung der recht interessanten Protokolle[2] dankbar. Sie finden die auf Sie bezogenen Äußerungen im Protokoll Nr. 209 S. 4 und ebendort S. 107 den m. E. wesentlich übleren Angriff auf W. Weber. Natürlich habe ich Sie daraufhin mit besonderem Vergnügen in meinem Gutachten zitiert und Arndt[3] schrieb mir dazu, daß er von diesem Zitat wenig erbaut sei. Aber er hat nicht den Versuch gemacht, mir die Streichung nahe zu legen. Wäre es möglich, mir die Protokolle so rechtzeitig zu schicken, daß ich sie am 25.11. bekomme, weil ich sie ev. am 26.11. für die mündliche Verhandlung brauche? Ob ich an der Verhandlung teilnehme, ist allerdings noch nicht ganz sicher.
Mit herzlichen Grüßen und guten Wünschen,
auch von den Meinen, in Eile
stets Ihr
Ernst Forsthoff

Nr. 57
Carl Schmitt an Ernst Forsthoff Plettenberg, 22. November 1952

Allerherzlichsten Dank, lieber Herr Forsthoff, für die Zusendung Ihres Gutachtens, sowie der Stellungnahme der Bundestagsfraktion der SPD zum Generalvertrag, und für die Protokolle Ss. 201–212 des 23. Ausschusses, die ich Ihnen heute zurückschicke, damit sie am 24. November bestimmt wieder in Ihren Händen sind. Ich habe sie schnell gelesen und bin jetzt im Bilde.
Ihr Gutachten ist aufregend zu lesen, eine plötzliche Aufhellung der Verfassungslage wie der Verfassungsbewußtseinslage. Solche blitzhaften Durchleuchtungen gelingen nur in der Eile dringendster Aktualität. Daß mit der Erhebung des Art. 24 zu einem zweiten Grundgesetz etwas unerwartet Folgenreiches geschehen ist – aus dem Strohhalm nach dem die verzweifelten Positivisten griffen soll plötzlich das Fundament eines deutsch-europäischen Hauses gemacht werden – wird in dem Gutachten grell bewußt. Sie müssen mir später einmal von der Wirkung des Gutachtens auf die Juristen erzählen.
Versteht Arndt Ihre Art zu argumentieren? Ich habe den Eindruck, daß man ihn gegen mich aufgeputscht hat. Auch seine „Erwiderung" vom 18. Oktober zeigt den Willen mich auszurotten. Es tut mir nur leid, daß auf Werner Weber geschlagen wird, während ich gemeint bin. Was kann ich da tun? Wir sind eben kein „Stand" mehr, und diejeni-

gen, die den 1945 immer noch vorhandenen Stand verwüstet haben, aus lächerlich privaten Gründen, wie Smend, Kaufmann, Jellinek, werden die ersten sein, die es zu fühlen bekommen. Mich erreicht kein Haß mehr und keine Verfolgung. Der Versuch, aus formaler Helle [?] das große Genie zu machen, ist eine kindische Mache auf den Ebros Löwenstein[1], Ebenstein[2] etc, Remigrantenmythos. Arndt könnte sich doch eigentlich noch an zwei Tatsachen des letzten Jahres erinnern: 1) die Zitierung meiner Definition der Universität (die Vorbehalte der GW schließen die Steinzeit) durch seine Partei, und zweitens daran, daß die hessische Regierung sich in dem Sozialisierungsprozeß volle 12 mal auf mich als Autorität berufen hat. –
Alle guten Wünsche für Sie und Ihre Familie, für Ihre Gesundheit und Ihre Arbeit!
Immer Ihr
Carl Schmitt.

Nr. 58
Ernst Forsthoff an Carl Schmitt Heidelberg-Schlierbach o. D. [Poststempel: 4.1.5[?]3]

Sehr verehrter, lieber Herr Schmitt!
Über den Young-Plan[1] hat ein Volksentscheid auf Volksbegehren am 22.12.1929 stattgefunden. Gegenstand war das von der DNVP und dem Stahlhelm eingebrachte „Freiheitsgesetz gegen die Versklavung des Volkes". Der Volksentscheid schlug fehl, da die Stimmen-Mindestzahl nicht erreicht wurde. (Nach der sehr problematischen amtlichen Auslegung des Art 75 WRVerf[2], welche diese Vorschrift auch auf den Volksentscheid auf Volksbegehren anwandte).
Beste Wünsche für baldige Genesung und
herzliche Grüße – raptim! –
stets Ihres
E. Forsthoff

Nr. 59
Ernst Forsthoff an Carl Schmitt Schlierbach den 5. Januar 1953

Sehr verehrter, lieber Herr Schmitt!
Sie haben mich mit dem Hamlet-Buch außerordentlich erfreut[1]. Seien Sie dafür recht herzlich bedankt. Ich hatte das Buch zu Weihnachten schon verschenkt, aber noch nicht für mich gekauft, weil ich in den letzten Wochen derart mit Arbeit überhäuft war, daß mir die Muße zu seinem Studium bisher fehlte. Nun bin ich besonders froh, das Buch aus Ihrer Hand zu besitzen und ich werde es bald und mit großem Interesse lesen. Die These, Hamlet sei Jakob I[2], will mir schon darum einleuchten, weil sie eine wirkliche Erklärung für die psychische Komplexität Hamlets bietet. Ich entsinne mich langer Gespräche darüber mit Albrecht Erich Günther. Er deutete die Entschlußlosig-

keit Hamlets damit, daß es die Mutter sei, gegen die er sich hätte wenden müssen und daß Hamlet vor dem Phänomen, oder wenn man will, von dem Mythos der Mütterlichkeit zurückgewichen sei. Mich hat diese Erklärung damals nicht befriedigt. Viel plausibler will es mir erscheinen, daß Shakespeare den Typus des Hamlet in Jakob I leibhaftig vor sich hatte und daß sein Drama den Sinn eines Appells an ihn hatte.
Die mit dem Investitionshilfe-Gesetz aufgeworfenen Rechtsfragen interessieren mich sehr. Ich würde jetzt auch an ein Gutachten denken können, wenn es möglich ist, sich über den Termin zu verständigen. Das möchte ich bejahen, denn angesichts der Belastung des ersten Senates glaube ich nicht an eine schnelle Entscheidung, zumal wohl auch mündlich verhandelt werden dürfte, wie das bei schwierigeren Sachen üblich geworden ist. Im Augenblick beschäftigt mich noch ein Gutachten über die Entschädigungsregelung im Bodenreform-Gesetz von Nordrhein-Westfalen[3]; auch hier läuft eine Verfassungsbeschwerde, die wohl mündlich verhandelt wird. Ich werde mit diesem Gutachten im Laufe der nächsten 2–3 Wochen fertig und hätte dann Zeit. Am 10./11. Januar habe ich nichts vor und könnte den Herren aus Lüdenscheid[4] zur Verfügung sein. Natürlich wäre es eine große Freude für uns, wenn Sie mitkämen und wir hoffen nun sehr darauf. Sachlich wäre natürlich Ihr Rat von unschätzbarem Wert.
In der angenehmen Aussicht, Sie bald sprechen zu können, will ich mir den Bericht über Karlsruhe ersparen, der sich mündlich viel besser geben läßt.
Ich will schließen, damit Sie diese Antwort möglichst bald erreicht.
Mit herzlichen Grüßen und guten Wünschen
für 1953 von uns allen
stets Ihr
Ernst Forsthoff

Nr. 60
Carl Schmitt an Ernst Forsthoff o. O., 19. April 1953
[Durchschlag ohne Unterschrift]

Lieber Herr Forsthoff,
eben erhalte ich die gedruckten Einladungen für Herrenalb und Mainau[1]. Ich sehe zu meiner Freude, dass Sie am Freitag den 8. in Herrenalb einen Vortrag halten und freue mich, Sie bei dieser Gelegenheit wiederzusehen. Herr Willi Schulte aus Lüdenscheid schrieb mir über seine letzte Besprechung mit Ihnen. Ich würde natürlich gern mit Ihnen zusammen von Heidelberg aus fahren und käme dann mit dem Zug oder irgendwie trampend nach Heidelberg. Könnten Sie mir mit einer Zeile schreiben, wann ich dort eintreffen muss, für den Fall, dass Sie mich mit nach Herrenalb nehmen? Ich lese gerade die Münstersche Antrittsvorlesung von C. F. Menger über den Begriff des sozialen Rechtsstaats (schwächlich aber brav) und die Darlegung von Friedrich Klein über Verordnungsermächtigungen nach deutschem Verfassungsrecht (fleissig und materialreich)[2]. Immer mehr erschüttert mich die steigende Selbstverständlichkeit des Automa-

tik-Denkens bei den deutschen Juristen. In den Entscheidungsgründen des Urteils des BVerfG vom 23. Oktober 1952 (Feststellung der Verfassungswidrigkeit der SRP)[3] wirkt sich dieses Automatik-Denken auf S. 13 (völlig überflüssiges obiter dictum zu Art. 9 Abs. 2 GG) und S. 74 (automatischer Mandatsverlust) geradezu verheerend aus.
Auf Ihr Gutachten zum Investitionshilfe-Gesetz sind wir alle sehr gespannt.
Alles Gute für Sie und Ihre Familie und auf ein gutes Wiedersehen!

Nr. 61

Ernst Forsthoff an Carl Schmitt — Heidelberg-Schlierbach, 21. April 1953

Sehr verehrter, lieber Herr Schmitt!
Sie hätten längst eine Nachricht von mir gehabt, wenn mich nicht das Gutachten über die Investitions-Hilfe bis gestern so in Atem gehalten hätte. So will ich Ihren Brief, für den ich vielmals danke, wenigstens gleich beantworten. Es ist für mich eine ganz große Freude, daß Sie nun gleich auf zwei Veranstaltungen der badischen Akademie sprechen[1]. Damit realisieren sich endlich die Pläne, die ich seit langem mit Hans Schomerus erwogen habe. Ich weiß nicht, ob Ihnen bekannt ist, daß Schomerus ein alter Freund von mir ist <*Familiennachrichten*>. Er ist ein lutherischer Theologe von wirklich bedeutendem Format; ich wüßte nicht, wer ihm im Kreise der deutschen lutherischen Theologen gleichkäme. Er wird gewiß in kurzer Zeit der hiesigen Akademie ein eigenes Gesicht geben und die beiden Veranstaltungen, auf denen Sie sprechen, werden dazu wesentlich beitragen.
Ich habe vor, auch die Tagung auf der Mainau mitzumachen. Ich sprach schon mit Frl. Anima über die Fahrt nach dort. Falls Sie die Zwischenzeit zwischen den Tagungen in der hiesigen Gegend verbringen (oder von Plettenberg nach hier kommen), wäre es mir eine besondere Freude, mit Ihnen (und gewiß doch auch Frl. Anima?) am Samstag, 16. Mai, morgens gegen 8 Uhr hier abzufahren. Die Fahrt ist herrlich und man könnte unterwegs noch ansehen, was am Wege liegt, wie z.B. Hirsau[2]. Wir wären dann bequem gegen 14 Uhr auf der Mainau. Am Montag nachmittag müßte ich dann zurückfahren. Wir wären dann am frühen Abend wieder in Heidelberg. Würden Sie die Güte haben, mich wissen zu lassen, ob Sie mit diesem Plan einverstanden sind?
Eben fällt mir ein, daß wir uns darüber ja in Herrenalb verständigen können. Selbstverständlich wäre es mir eine große Freude, wenn wir von hier gemeinsam nach Herrenalb fahren. Das ist auch für Sie praktisch, weil die Verbindung von Karlsruhe nach Herrenalb sehr langweilig und zeitraubend ist. Da die Tagung am 7. Mai um 19^{00} Uhr beginnt, wäre es zweckmäßig um 17^{00} Uhr hier abzufahren. Wir sind dann kurz vor $^1/_2$ 7 Uhr dort und haben noch Gelegenheit, uns in Ruhe in den Zimmern einzurichten, ehe das Abendessen beginnt.
Auf Ihren Vortrag über den Antichrist bin ich natürlich sehr begierig. Ich werde aus meinen Konservativismus Studien, die mich in den letzten Kriegsjahren beschäftigten, vortragen.

Die Schrift von Menger hat mich enttäuscht; Klein habe ich noch nicht gelesen.
Mit herzlichen Grüßen
stets Ihr
Ernst Forsthoff

Nr. 62
Carl Schmitt an Ernst Forsthoff Plettenberg, 3. September 1953

Lieber Herr Forsthoff!
Jetzt habe ich meinen seit Mitte Juli geplanten Dankbrief solange immer wieder vertagt, dass ich ihn schon mit meinen Glückwünschen zu Ihrem Geburtstag verbinden kann. Ich tue das in dankbarer Erinnerung an Ihre Teilnahme an dem Empfang der Academia Moralis, insbesondere an Ihre unvergessliche Rede[1]. Ich gestehe Ihnen, dass ich zum erstenmale in meinem Leben einen solchen Ausdruck der Anerkennung erfahren habe und immer noch davon bewegt bin. Nach den immer weiter betriebenen Verfolgungen und dem ungenierten Triumph privater Rachsucht und unlautersten Wettbewerbs, traf mich eine solche mutige Anerkennung so tief, dass sie mir das Bild von meinem Beruf und meinem Stande wieder erträglich gemacht hat.
Aber ich kann mir auch denken, dass Sie sich dadurch Belästigungen und vielleicht sogar Feindschaft zugezogen haben. Das tut mir sehr weh. Das schlimmste an meiner Lage ist, dass ich meinen Freunden nicht nur nicht helfen kann, sondern ihnen sogar zur Last und Belastung werde. Mir bleibt nichts als das Vertrauen darauf, dass auch das Unrecht seine Zeit hat und sein Triumph nicht dauern kann. Deus dabit his quoque finem.
Was Karl Korn[2] von der FAZ getrieben hat, eine Art Veit-Harlan-Sache[3] gegen Heidegger in Gang zu bringen, weiss ich nicht. Ich traf ihn Mitte August, zwei Tage vor seinem Aufsatz „Warum schweigt Heidegger"; er liess sich aber nichts merken. Rothacker[4], der Lehrer des Heldenjünglings Habermas, gehört doch wahrhaftig in erster Linie zu den Jasagern von 1933. Wie sonderbar ist das alles! Um dieselbe Zeit, um die eine Note der Sowjet-Regierung den Berliner Aufstand vom 17. Juni als ein „faschistisches Abenteuer" bezeichnet, attackiert die FAZ Heidegger als einen „faschistischen Philosophen"!

Zwei Köpfe und eine Platte,
Zwei Seelen und ein Niveau.

Faschistisch ist alles, was eine von Moskau abweichende Antwort auf die grossen Fragen der Gegenwart versucht.
Waren Sie wieder im Sommer in Törwang[5] und haben Sie sich alle gut erholt? Durch Herrn Schulte erfuhr ich einiges über die mündliche Verhandlung in Karlsruhe (einstweilige Anordnung zum IHG). Am 21. August bin ich durch Heidelberg gefahren, auf dem Wege nach Karlsruhe, wo ich eine Pariser Bekannte[6] traf, mich aber nur einen Tag aufhielt. Mein Wunsch, Sie wiederzusehn und zu sprechen ist sehr heftig. Ich nehme

aber an, dass Sie tief in der Arbeit stecken. Das beiliegende Corollarium zum „Nomos der Erde"[7] überreiche ich Ihnen, weil die Bemerkung zu dem Wort „Sozial" für Ihr gegenwärtiges Thema (Sozialstaat) vielleicht von Interesse ist.
Anima ist Anfang August nach Paris gefahren und gleich in den Generalstreik hineingeraten. Ich war die ganze Zeit ohne Nachricht und in einiger Sorge. Ich malte mir den von Georges Sorel entdeckten „Mythos" des Generalstreiks[8] in allen Farben und Möglichkeiten aus. Aber das Kind kam Ende August lachend nach Plettenberg zurück und hatte sich grossartig unterhalten.
Allen Ihren Angehörigen, Ihrer sehr verehrten Frau und Ihrer hochverehrten Mutter, dann Susanne, Heinrich, Albrecht und Martin wünsche ich von Herzen gute Gesundheit und Zufriedenheit. Ich muss Sie, lieber Herr Forsthoff, um die Freundlichkeit bitten, mich bei Ihrer Frau sowohl wie bei Ihrer Mutter zu entschuldigen, weil ich auf ihre Glückwünsche noch nicht besonders geantwortet habe; das bedeutet nicht, dass ich sie vergessen hätte.
{Mit herzlichen Grüssen und Wünschen bleibe ich
Ihr alter und getreuer
Carl Schmitt.}

Nr. 63

Ernst Forsthoff an Carl Schmitt — Heidelberg-Schlierbach, 20. September 1953

Sehr verehrter, lieber Herr Schmitt!
Bitte halten Sie es meiner Zeitbedrängnis zugute, wenn ich mich so spät erst für Ihren Brief, das Corollarium und die Karte mit dem Hinweis auf Ripert[1], und das auch nur mit wenigen Zeilen bedanke. Durch einen Kurs des Deutschen Anwaltsvereins, der mich zwei Wochen in der Pfalz festhielt, bin ich mit allen Arbeiten sehr in Rückstand geraten. Auf Ihren Brief, der mich sehr bewegt hat, gedenke ich noch in Ruhe zu antworten. Das Corollarium ist mir natürlich sehr wesentlich, aber auch der Hinweis auf Ripert. Ich habe das Buch Gottseidank hier bekommen können und viel darin gelesen. Wie parallel liegen doch die Dinge in Frankreich und wie klar und mutig rückt ihnen R. zuleibe. Die Formel: protéger les nus et désarmer les autres ist wunderbar. Ich lasse vom sozialen Rechtsstaat auf der Ebene der Verfassung nichts mehr übrig. Gewiß wird es lebhaften Widerspruch geben und der irenische Scheuner[2] wird schließlich die complexio oppositorum vollziehen.
Nehmen Sie bitte diese aphoristische Dankesbekundung mit Nachsicht auf und
seien Sie in alter Verehrung gegrüßt von Ihrem
Ernst Forsthoff

Nr. 64

Ernst Forsthoff an Carl Schmitt Heidelberg-Schlierbach, 13. November 1953

[Rundschreiben]

Sehr geehrter Herr Kollege!

Mit Rücksicht auf die vorgerückte Zeit und angesichts der erfreulich großen Zahl der Kollegen, die sich an der Ehrung des Herrn Kollegen Koellreutter aus Anlaß seines 70. Geburtstages zu beteiligen gedenken, ist der ursprüngliche Plan, bei den beteiligten Herren eine gedruckte Glückwunschadresse zur eigenhändigen Unterzeichnung zirkulieren zu lassen, nicht mehr durchführbar. Stattdessen ist beabsichtigt, Herrn Koellreutter neben dem geplanten Geschenk eine Mappe mit den Glückwünschen der Kollegen zu überreichen. Die Mappe, in grünem Saffianleder und mit dem Goldaufdruck:

Otto Koellreutter zum 26. November 1953

ist von mir hier in Auftrag gegeben worden.

Um das Angebinde würdig zu gestalten, ist es geboten, daß die Glückwünsche der Beteiligten eine äußerlich gleiche Form erhalten. Ich übersende Ihnen deshalb zwei Blatt mit der Bitte, Ihren Glückwunsch darauf handschriftlich niederzulegen; dafür wird ein Blatt genügen, das zweite ist vorsorglich beigefügt. Dringend bitte ich, die Blätter nicht zu falten oder einzuknicken und bei der Rücksendung Vorsorge zu treffen, daß sie glatt an mich zurückgelangen.

Die Mappe muß am 22. November von mir abgeschlossen und abgesandt werden. Ich bitte deshalb herzlich um schnelle Erledigung. Die später als mit der Frühpost am 22. November eingehenden Glückwünsche können in die Mappe nicht mehr aufgenommen werden.

Mit kollegialen Grüßen
Ihr sehr ergebener
gez. Forsthoff

Nr. 65

Carl Schmitt an Ernst Forsthoff o. O., 18. November 1953

[Durchschlag ohne Unterschrift]

Lieber Herr Forsthoff!

Hier schicke ich Ihnen mein Blatt für die Gratulationsmappe mit meiner Eintragung zurück. Ich habe keine andere Formulierung über mich bringen können. Es war mir einfach nicht möglich, die seit über sieben Jahren unecht gewordenen Redensarten einer mit Füßen getretenen Kollegialität einem so echten und aufrechten Mann wie Koellreutter aufzutischen[1].

Wenn mein Blatt in dieser Form vom Stil und Tonfall der übrigen Blätter allzusehr abweicht und Ihnen infolgedessen für die Mappe unpassend erscheint, lassen Sie es einfach weg. Ich werde Koellreutter noch einen persönlichen Gratulationsbrief schreiben

und ihm einige Flaschen Amontillado zum Geburtstag schicken. Die Ueberreichung der Mappe wird wohl am 26. in Törwang stattfinden. Werden Sie selber hinreisen? Wenn ich über die Gratulationsfeier von irgend jemand ein paar Zeilen Bericht erhalten könnte, dann würde mich das besonders freuen.
Sie haben den Geburtstagen Ihrer alten Kollegen viel Mühe und Arbeit gewidmet, lieber Herr Forsthoff. Das soll Ihnen nicht vergessen werden und nicht ungelohnt bleiben. Ich hoffe, dass Sie diesen Herbst und Winter ungehindert für die Bearbeitung Ihres Lehrbuches ausnützen können und freue mich auf den Fortschritt dieses Werkes, durch das die Ehre der Universitätswissenschaft auf einem wichtigen Gebiet des öffentlichen Rechts gerettet wird.
Ihnen, Ihrer lieben und verehrten Frau, Ihrer hochverehrten Mutter und allen Ihren Kindern – Susanne, Heinrich, Albrecht und Martin – herzliche Grüße und Wünsche
Ihres alten und getreuen

Nr. 66

Ernst Forsthoff an Carl Schmitt — Heidelberg-Schlierbach, 23. November 1953

Sehr verehrter, lieber Herr Schmitt!
Die Koellreutter-Ehrung ist jetzt vorbereitet. 28 Kollegen haben ihre Glückwünsche übersandt und ich habe sie heute in der Mappe vereinigt, die sehr schön und dem Zweck entsprechend geworden ist. Außerdem ist es mir gelungen in München eine Ausgabe von Hugo Grotius, De jure belli ac pacis, aus dem Jahre 1626 aufzutreiben. Herr Maunz[1] hat sie auf meine Bitte besichtigt und als Geschenk erworben. So stehen wir nicht mit leeren Händen da. Herr Maunz hat sich bereiterklärt, am 26.11. unsere Gaben dem Jubilar in unser aller Namen zu überreichen, nachdem ich leider nicht hinfahren kann. Diese Regelung finde ich auch insofern befriedigend, als auf diese Weise auch die Münchner Fakultät in einem Mitglied vertreten ist.
Herr Schulte schreibt mir, daß er am 3./12 zu Besprechungen mit Herrn Duden[2] nach hier kommen wird. Es wäre uns natürlich eine besondere Freude, wenn Sie sich entschließen könnten, mitzukommen, was gewiß auch Herr Schulte begrüßen würde.
Eine Lesefrucht, die mich an Ihre mannigfachen Untersuchungen zum Thema Land und Meer[3] erinnert und die Sie vielleicht interessiert: In Fürst von Lignes Schilderung seines Besuches bei Voltaire[4] heißt es (nach einer Schwärmerei Voltaires für die englische Verfassung): „Ich weiß, daß ich ihm sagte: ‚Herr v. Voltaire, denken Sie an den Ozean als Stütze dieses Zustandes. Ohne das Meer wäre er nicht von langer Dauer.' – ‚Der Ozean', sagte er, ‚da haben Sie mir Stoff zu vielen Überlegungen gegeben'." Ich lese die Stelle nicht so, als wäre damit nur die durch den Ärmelkanal bedingte insulare Lage Englands gemeint. Ligne wollte m. E. den maritimen Charakter der englischen Verfassung hervorheben.
Gestern fiel mir der Brief von Schomerus an Sie in die Hand, der mir seinerzeit von Ihnen im Zusammenhang mit der Affäre Herrenalb[5] gegeben wurde. Da ich annehme, daß Sie den Brief gerne besitzen, lege ich ihn bei.

Ich hoffe sehr, daß Sie inzwischen von Ihrer Erkrankung wieder befreit sind.
Mit herzlichen Grüßen, denen die Meinen
sich anschließen
in dankbarer Verbundenheit
stets Ihr
Ernst Forsthoff

Nr. 67
Carl Schmitt an Ernst Forsthoff o.O., 27. Januar 1954
[Durchschlag ohne Unterschrift]

Lieber Herr Forsthoff, auf meiner Rückreise habe ich die dritte Auflage Ihres Lehrbuches mit großer Spannung und aufrichtiger Bewunderung gelesen. Es sind soviele Ansätze zu Gesprächen entstanden, dass ich nicht mit schriftlichen Erörterungen anfangen kann. Nur zu S. 414[1] (Gleichheit vor dem Gesetz gleich Willkürverbot) fand ich die Ausführungen S. 5 des Aufsatzes von Dürig[2] so aktuell im Zusammenhang des von Ihnen geplanten Exposés zum Investitionshilfegesetz, dass ich Sie für alle Fälle noch einmal daran erinnern möchte, nachdem Sie mich selber darauf aufmerksam gemacht haben.
Ich grüße Sie, die verehrten Damen und die braven Kinder aufs herzlichste und freue mich immer noch darüber, dass ich Sie alle einmal wiedergesehen habe.
Stets Ihr alter und getreuer

Nr. 68
Ernst Forsthoff an Carl Schmitt Heidelberg-Schlierbach, 28. Januar 1954

Sehr verehrter, lieber Herr Schmitt!
Sie sind mir mit Ihren liebenswürdigen Zeilen zuvor gekommen, denn ich war eben im Begriffe, Ihnen meiner Frau und der Kinder sehr herzlichen Dank für die so schönen Blumen (die noch unverwelkt unser Zimmer schmücken) und die Pralinen zu schreiben. Sie haben allen Bedachten, die herzlich grüßen lassen, eine große Freude bereitet.
Herzlichen Dank auch für die freundlichen Worte zur 3. Auflage und die wertvollen Hinweise. Es wird mir immer klarer, daß die Ergebnisse unserer Unterhaltungen über Art 3 über den konkreten Anlaß hinausweisen und insbesondere S. 414 meines Buches berühren. Ich glaube, daß man inzwischen wesentlich weiter kommen kann, als ich es bei der Formulierung auf dieser Seite gewesen bin. Auch Hamanns Buch Rechtsstaat und Wirtschaftslenkung[1] versucht die Lösung aller Probleme mit sehr undifferenzierten Interpretationen des Art 2 und 3. Der Aufsatz von Dürig ist interessant und intelligent. Aber er ist m. E. mit der Formel: „durch Gesetz oder auf Grund eines Gesetzes“

und mit dem Verhältnis von Art 14 und Art 19 nicht zu Rande gekommen. Seine Lösung (Rechtsverlust und Rechtsbeschränkung) führt m. E. nicht weiter, wie ich auf Grund der besonderen Zweifelsfragen im heutigen Baurecht, über die wir uns im Weinheimer Ausschuß immer wieder den Kopf zerbrachen, leicht dartun könnte. Gefreut hat mich die Kritik am Plenarbeschluß des BGH, der die Enteignung als Verletzung der (nach dem GG unverletzlichen) Gleichheit definieren will. So etwas durfte dem BGH nicht passieren und dem RG wäre es nicht passiert – eine Bemerkung, die ich seinerzeit aus – längst als unangebracht erkannter – Courtoisie in meiner Besprechung[2] unterdrückt habe. Auf Dürigs Schrift über die Enteignung darf man jedenfalls gespannt sein.

Mit herzlichen Grüßen
in alter Verehrung
Ihr
Ernst Forsthoff

P.S. 23[00] Uhr
Eben hörte ich die Däubler-Sendung. Da ich nicht weiß, ob Sie Gelegenheit hatten, sie zu hören, möchte ich anfügen, daß Ihrer ausführlich und in sehr ehrender Weise Erwähnung getan wurde als des ersten, der die Bedeutung Däublers erkannte und ihn in der Abhandlung über das Nordlicht[3] würdigte, die bis heute nicht übertroffen sei. Hoffentlich hat Jellinek zugehört. Seine Bemerkung in der J. Z.[4] ist abgeschmackt. Ob Jacobi sie billigen würde?

Nr. 69

Carl Schmitt an Ernst Forsthoff — Plettenberg, 29. April 1954

Lieber Herr Forsthoff,
gestern abend bin ich von Konstanz nach Plettenberg zurückgekehrt und habe Anima so vergnügt und gesund zu hause angetroffen, daß alle meine Besorgnisse sich sofort zerstreuten. Ich erinnere mich mit großer Dankbarkeit an unsere Zusammenkunft in Baden-Baden. Die Items die sich dort ergaben, will ich gleich in Ordnung bringen, damit ich nicht das eine oder andere später vergesse.

1) Die Adresse von Prof. Georg Daskalakis[1] lautet: Athen, Rodou 35 (Er war von einer rührenden Gastfreundschaft gegen Anima, auch gegen Werner Weber und seine Frau und Hannes Schneider.)

2) Die Besprechung von Carl Joachim Friedrich Der Verfassungsstaat der Neuzeit durch Carl Brinkmann[2] liegt an;

3) Ein Exemplar der Dissertation von Johanna Kendziora[3] über den Begriff der politischen Partei liegt an; vielleicht haben Sie einmal im Lauf der Monate Zeit, einen Blick hineinzuwerfen.

4) Der Aufsatz von Sava Kličković über die Enteignung als ein der Bodenbeschaffung zugeordnetes Rechtsinstitut[4] findet sich in Jahrgang 1941 der Deutschen Rechtswissenschaft. Ein anderer Aufsatz von ihm etwas später in der Zeitschrift der Akademie für deutsches Recht; von Kličković wird Anima Ihnen noch etwas erzählen.

5) Abschrift der Äußerung von Arndt zu Art. 79 GG liegt an[5];

6) Ein Exemplar des Christlichen Epimetheus[6] wird Anima mitbringen;

7) Die Dissertation von Ruth Büttner über Wirtschaftliche Inkompatibilitäten[7]; Handelshochschule Berlin, Ende 1932 oder Anfang 1933, kann ich bei mir nicht mehr auffinden; ich wollte Sie aber nochmals daran erinnern.

8) Für den Fall, daß Sie einmal einen guten Altphilologen treffen: Wo, in welcher Bibliothek oder welchem Archiv liegt die Zenodot-Handschrift der Odyssee[8]?

9) Wegen Antoniolli und Spanner schreibe ich gleichzeitig an Hettlage[9].

Das wäre für heute genug. Anima hat vor, am Montag, den 3. nachmittags in Heidelberg einzutreffen. Ich bleibe mit herzlichen Grüßen für Sie und Ihr ganzes Haus
stets Ihr alter
Carl Schmitt.

Nr. 70

Ernst Forsthoff an Carl Schmitt Heidelberg, 4. Mai 1954

Sehr verehrter, lieber Herr Schmitt!
Nachdem ich dieser Tage schon Ihren Brief mit den wichtigen und mir wertvollen Beilagen erhalten hatte, überbrachte mir Frl. Anima gestern den Christlichen Epimetheus, mit dem Sie mich ganz besonders erfreuten und in dem ich bereits kostbare Sätze und Passagen entdeckt habe. Seien Sie für alles recht herzlich bedankt. Meinem Bedürfnis, Ihnen ein Zeichen unseres Dankes für den herrlichen Tag in Baden-Baden zu übermitteln, kam der Umstand entgegen, daß mein Buchhändler die Tragische Literaturgeschichte von Muschg[1] noch vorrätig hatte. Sie dürfte inzwischen in Ihren Händen sein und es würde mich freuen, wenn Sie einigen Gefallen an ihr fänden.
Übrigens muß ich meinen Hinweis auf das Buch Der Friedensschluß von v. Hentig[2] nach weiterer Lektüre verstärkt wiederholen. Das Buch wimmelt von erstaunlich treffenden Bemerkungen und Beobachtungen und ist auch wegen des verarbeiteten Materials aufschlußreich und wichtig. Bedenkt man, daß es wohl im wesentlichen in der Emigration geschrieben worden ist, so drängt sich der Vergleich mit Friedrich auf und man wird umso mehr die Instinktlosigkeit von F. gewahr. Die Besprechung von Brinkmann ist großartig und abschließend.
Wir freuten uns gestern sehr des Wiedersehens mit Frl. Anima. Leider konnten wir ihr kein besseres Zimmer besorgen, da der Andrang hier recht groß ist und aus dem spär-

lichen Angebot nur dieses in Betracht kam. Aber ich werde gerne behilflich sein, ein besseres zu finden, wenn Frl. Anima sich verändern will.
Mit herzlichen Grüßen, auch von meiner
Frau und den Kindern
stets Ihr
Ernst Forsthoff

Wegen der Odyssee-Handschrift habe ich bereits Erkundigungen eingeleitet. Ich hoffe Ihnen bald Auskunft geben zu können.

Nr. 71

Carl Schmitt an Ernst Forsthoff o. O., 19. Mai 1954
[Durchschlag ohne Unterschrift]

Lieber Herr Forsthoff,
eben höre ich, dass Antoniolli in Mainz an zweiter Stelle auf die Liste gekommen ist; an erster steht Naumann[1] aus Hamburg, der aber gleichzeitig einen Ruf nach Marburg hat. Es ist doch erfreulich, daß Ihre Anregung von Baden-Baden so schnell und gut gewirkt hat.
Heute habe ich das erste Exemplar des Neudrucks meiner Verfassungslehre[2] in die Hand bekommen. Es ist ein besonders schönes Buch geworden. Ich habe jetzt Schelsky[3] gefragt, ob er niemand weiß, der den Aufsatz für die „Zeit" schreiben kann.
Herr Schulte aus Lüdenscheid war krank. Ich hoffe, ihn im Lauf der nächsten Woche zu treffen. Er hat für den 13. Juni eine Besprechung mit den Rechtsvertretern der übrigen Beschwerdeführer vorgesehen, bei der ich aber wohl nicht anwesend zu sein brauche. Werner Weber hat in seinem Gutachten gegen die Zwangsversorgung der freien Berufe[4] einige Bemerkungen gemacht, die auch für das Thema des IHG von Bedeutung sein könnten.
Ohne mehr für heute! Herzliche Grüße und Wünsche für Sie und Ihr Haus!

Nr. 72

Ernst Forsthoff an Carl Schmitt Heidelberg-Schlierbach, o. D.
[Poststempel 22. Mai 1954]

Sehr verehrter, lieber Herr Schmitt!
Vielen Dank für Ihre Zeilen, die mich sehr erfreuten. Vielen Dank für die gute Nachricht aus Mainz. Ihre Verfassungslehre sah ich gestern bei meinem Buchhändler, ein wirklich schönes Buch, in einem dem Inhalt gemäßen Gewande. Sie können sich die Empfindung der Genugtuung und der Freude vorstellen, mit denen ich es zur Hand nahm. In meiner Vorlesung über die Hauptprobleme des Verfassungsrechts habe ich in

der ersten Stunde auf das bevorstehende Erscheinen mit allem Nachdruck hingewiesen.
Hans Huber – Bern[1] sandte mir seinen Vortrag Recht, Staat und Gesellschaft (Verlag Herbert Lang, Bern), den ich hochinteressant finde und auf den ich Sie aufmerksam machen möchte. H. erwähnt Sie mehrfach, allerdings ohne Namensnennung, aber mit Verständnis insbes. in Bezugnahme auf Ihre Lage der europäischen Rechtswissenschaft. Er hat die Problematik des Sozialisten besser begriffen als die bundesrepublikanischen Kollegen, ist überhaupt von eidgenössischen und sonstigen Scheuklappen ganz frei.
Voriges Wochenende war ich zur Stifter-Tagung auf der Mainau[2]. Dort lernte ich eine sehr gescheite junge Journalistin[3] kennen, die Ihren Vortrag in Konstanz[4] begeistert hörte und ihre Stellung bei der Zeitung riskierte, um den ungekürzten und unverfälschten Abdruck ihres Berichts über den Vortrag bei der Redaktion – mit Erfolg – durchzusetzen. Mit herzlichen Grüßen
stets Ihr dankbarer
Ernst Forsthoff

{Die Besprechung der Verfassungslehre in der „Zeit" könnte ich übernehmen, falls sich kein geeigneter Referent findet[5].}

Nr. 73
Carl Schmitt an Ernst Forsthoff o. O. [Poststempel: Plettenberg], 16. Juni 1954

Lieber Herr Forsthoff, was mag es gestern in Karlsruhe gegeben haben[1]? Ich bin auf die Rückkehr von Herrn W. Schulte sehr gespannt. Eben lese ich den Bericht über den Vortrag Abendroth in Düsseldorf (Streikrecht und Verfassung FAZ 16/6 54 Nr. 137 S. 3)[2], aufregend; den Text wird man wohl bald lesen können. Vergleichen Sie doch bitte einmal dazu meine „Verfassungslehre", S. 165 unten, als Stichprobe für die unveränderliche Aktualität des Buches[3].
Invariabiliter Ihr
C. S.

Nr. 74
Ernst Forsthoff an Carl Schmitt Heidelberg-Schlierbach, 18. Juni 1954

Lieber Herr Schmitt!
Ihre Karte erreichte mich, als ich gerade im Begriffe war, Ihnen zu schreiben. Inzwischen werden Sie wohl von Herrn Schulte von dem Verlauf der Verhandlung erfahren haben. Herr Schulte und Herr Holtkotten waren über die Anwälte, welche die Verfassungsbeschwerde vertraten, insbesondere Duden und Schilling, einigermaßen enttäuscht[1]. Offenbar ist auch der renommierte und qualifizierte Anwalt auf dem ihm

fremden Boden des Verfassungsrechts recht unsicher. Umso mehr habe ich es bedauert, daß ich an der Verhandlung nicht teilnehmen konnte. In den beiden Wochen des Jahres, in denen wir die mündlichen Referendar-Prüfungen haben, bin ich schlechterdings unabkömmlich, da wir nur zwei Ordinarien des öffentlichen Rechts sind und jeder einer Kommission angehört, die gleichzeitig prüfen. So mußten meine mehrfachen Versuche, durch Umstellung oder Aussetzung von Terminen für den Dienstag nachmittag frei zu kommen, scheitern. Mit hat das besonders um Herrn Schultes willen leid getan, den ich bei jeder Begegnung mehr schätzen gelernt habe.
Der Ausgang der Sache ist ungewiß und wäre es auch sicher gewesen, wenn ich hätte plädieren können. Immerhin hat mir der Referent, Herr Heyland[2], in Herrenalb mit aller Deutlichkeit zu verstehen gegeben, daß er auf unserem Boden steht. Das Nachtragsgutachten, insbesondere die Ausführungen über die Gleichheit bei Maßnahmegesetzen, hat offenbar stark gewirkt. Aber Heylands Stellung im Senat ist wohl nicht die stärkste. Als das mindeste darf man wohl erwarten, daß der Senat im Falle der Abweisung in den Gründen der Bundesregierung einige Warnungen erteilen wird, die die Lust zur Wiederholung solcher Aktionen, falls sie vorhanden sein sollte, dämpfen wird.
Die Tagung der Akademie in Herrenalb über das Thema: „Der lästige Jurist[3]" mußte ich mit zwei Vorträgen allein bestreiten. Sie war sehr stark besucht und die Karlsruher Gerichte waren mit Weinkauff[4] an der Spitze stark vertreten. Meine These zum Terrainverlust der Juristen in der Verwaltung ging dahin, daß der durch Fachwissen engagierte Fachmann (Techniker, Pädagoge, Mediziner, Theologe usw) den Juristen verdrängt habe, für den es charakteristisch ist, daß er kein Fachmann (in diesem Sinne) ist, daß er deshalb, weil nicht engagiert, befähigt und verpflichtet ist, seine Obliegenheiten im bewußten Zusammenhang mit dem Ganzen des Staates und seiner Funktionen wahrzunehmen. Verwaltung setzt das Fehlen des Engagements voraus. Engagiertes Fachwissen führt notwendig zur Leitung, die ich von der Verwaltung unterschieden habe. (Das klassische Beispiel: die neuen Kirchenleitungen anstelle der früheren Kirchenverwaltungsbehörden). Diese Grundthese des Vortrages wurde ziemlich allgemein akzeptiert. Ich erwäge, den Extrakt der Vorträge gelegentlich zu veröffentlichen, da ich diese Gesichtspunkte bisher noch nicht im Schrifttum gefunden habe. Oder ist Ihnen dieser Aspekt schon literarisch begegnet? In diesem Falle wäre ich für einen Hinweis dankbar. In der Diskussion sprach auch Professor Haensel[5]; ehe ich mich ihm bekannt machen konnte, war er leider schon wieder abgefahren.
Der Vortrag von Abendroth[6] (ich habe den Bericht in der FAZ. auch gelesen) war wohl wieder eine Auseinandersetzung mit mir. Er ist ein jugendbewegter Phantast und in keinem Sinne ein Jurist. Kürzlich habe ich hier vor einem geladenen Kreis mit dem Stuttgarter OLG-Präsidenten Schmid[7] ein Streitgespräch über den gleichen Gegenstand geführt. Dabei kam nichts heraus, weil Schmid sich auf keine präzise juristische Formulierung festlegen ließ. So behauptete er, auch der 17. Juni 1953 sei nichts anderes als ein politischer Streik gewesen. Was soll man dazu sagen, wenn dann hinzugefügt wird, es handle sich bei den Streikaktionen der Gewerkschaften gegen das Betriebsver-

fassungsgesetz um den gleichen Vorgang! Die von Ihnen zitierte Stelle der Verfassungslehre sagt dazu immer noch, was der Jurist zu diesen Fragen zu sagen hat.
Inzwischen kann ich Ihnen auch das Ergebnis meiner Nachfragen zur Zenodot-Handschrift mitteilen. Diese Handschrift ist nicht überliefert. Daß sie νόμον ἔγνω statt νόον ἔγνω enthielt, steht fest. Der Einwand, daß νόμον sonst bei Homer nicht vorkäme, auf den Sie ja eingehen, wird von Wilamowitz für nicht stichhaltig erachtet. Ich wurde aufmerksam gemacht auf Wilamowitz[8], Homerische Untersuchungen, in Philol. Untersuchungen, Heft 7, 1884, S. 20, wo diese Auffassung niedergelegt ist. Inwieweit diese Schrift in den Verweisungen in Ihrem Nomos S. 46 oben berücksichtigt ist, habe ich allerdings nicht nachgeprüft. Die Vermutung spricht jedenfalls dafür, in welchem Falle ich Ihnen nichts Neues zu berichten hätte. Das Problem scheint mir demnach nicht zu sein, ob Zenodot νόμον schrieb, sondern ob Zenodot Homer richtig schrieb. So viel dazu – es ist leider nicht viel. Jedenfalls sehe ich keinen Anlaß, Ihren Ausführungen S. 45 ff. nicht zu folgen.
Mit herzlichen Grüßen, denen sich
meine Frau anschließt, wie immer
Ihr dankbarer
Ernst Forsthoff

Nr. 75
Ernst Forsthoff an Carl Schmitt Heidelberg-Schlierbach, 2. November 1954

Lieber Herr Schmitt!
Soeben treffen die Separaten meines Vortrages über den sozialen Rechtsstaat[1] ein, auf die ich seit langem sehnlichst wartete, weil ich meinen herzlichen Dank für das Zwiegespräch über die Macht[2] mit dieser bescheidenen Gegengabe verbinden wollte. Wenn ich auch im Begriffe stehe, zu einer Tagung des Baurechtsausschusses nach Remagen zu fahren, möchte ich doch wenigstens mit diesen wenigen Zeilen den Sonderdruck und den ergänzenden Vortrag vor der Stein-Gesellschaft an Sie auf den Weg bringen.
Das Zwiegespräch versetzt mich immer wieder in Begeisterung. Es wird in diesem Jahrhundert die gleiche Bedeutung gewinnen wie Rankes Politisches Gespräch[3] im vorigen und bis in die Zeit von Weimar hinein. Ich hoffe, Ihnen bald dazu noch schreiben zu können. Nehmen Sie für heute mit dem Ausdruck meiner Bewunderung und des aufrichtigsten Dankes vorlieb.
In der Eile des Aufbruchs grüße ich Sie herzlich
als Ihr getreuer
Ernst Forsthoff

Nr. 76

Carl Schmitt an Ernst Forsthoff Plettenberg, 19. November 1954
[Durchschlag ohne Unterschrift]

Lieber Herr Forsthoff,
Ihre beiden Abhandlungen habe ich mit großem Dank erhalten und sorgfältig gelesen. Der eigentliche Sinn Ihrer Thesen vom sozialen Rechtsstaat ist mir allmählich klar geworden. Freilich rückt damit auch die Frage des Verfassungsvollzugs immer schärfer in den Mittelpunkt. Es besteht die Gefahr, dass Verfassungsrecht und Verwaltungsstaat als status quo und Entwicklung, als Reaktion und Fortschritt einander gegenüber gestellt werden. Das Problem der vollzugsreifen Norm wird dadurch immer dringlicher. Gesetz und Gesetzgeber erweisen sich eher als Instrumente des Verwaltungs-Komplexes in seinem weitesten sozialen Sinne, denn als Hüter der Verfassung.
Ich würde mich freuen, wenn Sie im Laufe der Monate oder des nächsten Jahres einmal eine Gelegenheit finden würden mit mir in Ruhe darüber zu sprechen. Inzwischen scheint sich aus Anlaß des Buches von Winfried Martini[1], „Das Ende aller Sicherheit" eine andere Kontroverse zu entwickeln. Was darüber in der „Gegenwart" steht[2], ist wohl nur ein Anfang. Ich hörte, dass ein Journalist, auf dessen Urteil ich sehr viel gebe (ein Ausländer, dessen Namen ich Ihnen gelegentlich mitteile) der Meinung ist, das Buch Martinis sei ein Vorstoß zugunsten Adenauers und in Richtung auf einen neuen Art 48. Das hat mich sehr verblüfft und ich möchte gerne wissen, ob Sie einen ähnlichen Eindruck haben. Für mich ist es jedenfalls ein Grund mehr, mich sorgfältig aus der Sache herauszuhalten. Auch wird Sie interessieren, dass die Redaktion der „Zeit" in dem Aufsatz von Gottfried Salomon über das Buch Martinis (Nr. vom 4. November 1954)[3] eine Streichung vorgenommen hat. Salomon hatte im Manuskript am Schluß geschrieben, er wisse „seit Carl Schmitt" kaum ein Buch zu nennen etc. Die Redaktion hat das „seit Carl Schmitt" gestrichen. Offenbar will er sich nicht dem Vorwurf des Neofaschismus aussetzen. Im Zusammenhang mit dem Ausscheiden der Gräfin Dönhoff[4] aus der Zeit ist das sehr symptomatisch. Mir tut es leid, dass Tüngel einen so schweren Stand hat. Ich habe seit August kein Wort mehr von ihm gehört und halte mich natürlich ganz zurück.
Ueber das Buch Herbert von Borch „Obrigkeit und Widerstand" habe ich eine kurze Besprechung von dreißig Zeilen geschrieben für die Zeitschrift „Das Historisch Politische Buch" (Göttingen)[5]. Ich hätte mich gerne ausführlicher geäussert, denn ich halte es für ein bedeutendes Buch. Dass es von Alfred Weber beeinflußt ist und meine Arbeiten, trotz offensichtlicher Kenntnis in der dreistesten Weise totschweigt, ändert nichts an diesem Urteil. Wer ist Herbert von Borch? Er schreibt jetzt öfters Leitartikel in der FAZ. Mir fällt angenehm auf, dass er Ihren Tymbos-Aufsatz über die Tugend kennt und auf intelligente Weise zitiert.
In der Zürcher „Tat" hat Hans Fleig[6] eine panegyrische Besprechung über die Macht veröffentlicht (am 19. Oktober). Gut, dass ich den entsetzlichen Krach nicht zu hören brauchte, den das in der Redaktion gegeben haben muß.

Ich wünsche Ihnen, Ihrer verehrten Frau, Ihrer verehrten Mutter und allen vier Kindern gute Gesundheit und Zufriedenheit und bin Ihnen von Herzen dankbar, dass Sie meine Tochter Anima so freundlich aufnehmen, wenn diese sich bei Ihnen zeigt. Vor allem wünsche ich Ihnen, lieber Herr Forsthoff, guten Erfolg für Ihre berufliche und wissenschaftliche Arbeit. Nochmals besten Dank für die beiden Separata!
Stets Ihr alter und getreuer

Nr. 77
Ernst Forsthoff an Carl Schmitt Heidelberg-Schlierbach, 10. Dezember 1954

Sehr verehrter, lieber Herr Schmitt!
Dieser Brief sollte schon vor Wochen geschrieben werden. Aber die Arbeitsbelastung war so enorm, daß ich eine ruhige Stunde dafür einfach nicht hatte. Das mir seit September aufliegende Dekanat macht wesentlich mehr Mühe, als ich voraussah, was damit zusammenhängt, daß in meinem Dekanatsjahr einige wesentliche Entscheidungen zu treffen sind, von denen mich eine besonders stark berührt und das ist die Berufung des Nachfolgers für Jellinek, der zum 30.9.55 emeritiert wird. Vielleicht hat Ihnen Anima schon geschrieben, daß es mir gelungen ist, bei der Fakultät den unico-loco-Vorschlag Hans Schneider[1] durchzusetzen, und zwar einstimmig. Inzwischen war ich im Ministerium und habe den Referenten für diesen Vorschlag, wie ich hoffen darf, gewonnen. Falls nicht noch Komplikationen eintreten, dürfte Schneider noch in diesem Jahr den Ruf nach hier erhalten und ich darf gewiß sein, daß er sich dann für Heidelberg entscheiden und Freiburg ablehnen wird. Die Angelegenheit ist völlig glatt und reibungslos verlaufen, aber dazu bedurfte es vieler Vorbesprechungen mit jedem Fakultätsmitglied, die mich sehr viel Zeit gekostet haben. Ich bin gewiß, daß auch Sie diese Lösung für die beste halten werden, die überhaupt möglich ist. Natürlich wäre mir auch Werner Weber sehr willkommen gewesen, aber die Koppelung von uns beiden hätte gewiß allerlei Kombinationen ausgelöst – etwa bei Strauß im BJM – welche unnötige Belastungen für alle Beteiligten mit sich gebracht hätten. Auch glaube ich, daß Schneider für das eigenartige hiesige akademische Parkett besonders geeignet ist. Mit ihm zusammen ergibt sich hier eine Position des öffentlichen Rechts, zu der auch noch Mosler zu rechnen ist, die Friedrich, falls er uns noch blühen sollte, was immer noch offen ist, hinreichend paralysieren würde. So bin ich sehr froh darüber, daß wir jetzt mit begründeter Zuversicht auf Schneider hoffen können. Ich wäre Ihnen für eine vertrauliche Behandlung dieses Faktums bis zur Erteilung des Rufes sehr dankbar, da eine Gegenaktion der Freiburger Fakultät oder von sonstiger Seite im Augenblick ungünstigste Wirkungen haben könnte.
Das Buch von Martini habe ich inzwischen mit großer Freude eingehend studiert. Es deckt in jedem Sinne die wahre Lage auf: in dem, was es enthält und in der Reaktion, die es auslöst. Da man gegen die Argumente des Buches nichts einwenden kann, macht man den Autor madig, der das „geschichtsphilosophische Gras wachsen hört" und – natürlich – wenn er die Demokratie kritisiert, einen antidemokratischen Affekt haben muß. Die Tatsache, daß sich auch die Frankfurter Allgemeine zum Sprachrohr dieser

Albernheiten gemacht hat, ist ein sicheres Symptom dafür, daß dies nun die Art sein wird, in der man sich dieses lästigen Buches entledigt. Insofern ist die Frankfurter Allgemeine, über die ich mich immer wieder ärgere, doch recht aufschlußreich, sodaß man sie nicht entbehren kann. Inzwischen wird Herr Martini Bekanntschaft mit den Methoden der Liberalen und Demokraten machen. Hoffentlich beweist er auch in diesem Umgang so viel Sinn für die Realitäten wie in seinem Buch. Sonst stehen ihm allerlei Überraschungen bevor.
Morgen will Herr Schulte kommen und ich freue mich sehr, ihn wieder zu sehen. Nach seinen Briefen ist sein kämpferischer Elan durch das Karlsruher Urteil nicht gebrochen worden. Eben bin ich mit dem Kartellgesetz-Entwurf[2] beschäftigt. Das ist ein ähnlich interessantes Thema wie das IHG. Trotz des Mißerfolges beim IHG habe ich mich doch bewegen lassen, mich dieser Sache anzunehmen – sie ist viel zu interessant, als daß man da widerstehen könnte.
Hier laufen viele Details aus dem KPD-Prozeß[3] um, welche die Hilflosigkeit des BVerfG, zumal des Vorsitzenden, illustrieren. Die erfahrenen Strafrichter schütteln den Kopf. Die alte Methode, die Prozeßatmosphäre durch prozeßuale Tricks im vorhinein in bestimmter Weise festzulegen, war offenbar ein voller Erfolg. Dies aber wohl auch deshalb, weil nach allgemeinem Eindruck auf Seiten des Gerichts in prozeßualer Hinsicht nicht alles in Ordnung ist.
Mit herzlichen Grüßen und Wünschen, auch
von meiner Frau, in alter Verehrung
stets Ihr
Ernst Forsthoff

Nr. 78

Ernst Forsthoff an Carl Schmitt Heidelberg-Schlierbach, 26. April 1955

Sehr verehrter, lieber Herr Schmitt!
Seit Tagen will ich Ihnen auf Ihren Brief und Ihre Karte antworten, mit denen Sie mich nach meinem langen Schweigen so sehr beschämten und für die ich heute meinen ersten, vorläufigen Dank sagen will. Ich wollte Ihnen gern einen Vorschlag für ein Zusammentreffen machen, ohne aber die Möglichkeit des wann und wo geklärt zu sehen, da es mir schlechterdings zur Zeit unmöglich ist, der Fron der Pflichten – Dekanat und vieles andere – auf einige Tage zu entlaufen. Nun schreibt mir gerade Herr Schulte zu meiner Freude, daß er beabsichtigt, am 19. Mai zu meinem Vortrag nach Reichenhall[1] zu kommen. Das inspiriert mich zu der Frage, ob Sie nicht Lust hätten, mit nach Reichenhall zu fahren, sei es mit Herrn Schulte von Plettenberg aus (ich glaubte, mit gleicher Post Herrn Schulte in diesem Sinne schreiben zu dürfen), sei es wenigstens ab Heidelberg in meinem Wagen. Wir (meine Frau und ich) wollen hier am 18./5. morgens abfahren, in München Susanne aufnehmen, die dort nächste Woche mit dem Jura-Studium beginnt, und am Nachmittag in Reichenhall eintreffen. Am 20./5.

(Freitag) wollen wir auf den Samerberg nach Törwang in unser Feriendomizil fahren und dort einige Tage verbringen, um Montag nach Heidelberg zurückzukehren. Es wäre uns natürlich eine sehr große Freude, wenn Sie sich entschließen könnten, mit uns zu fahren. Der Samerberg ist einer der schönsten, von der Zivilisation noch relativ am wenigsten berührten Punkte Oberbayerns, der Ihnen landschaftlich gewiß gefallen würde; zumal in dieser Jahreszeit mit der unvergleichlichen Pracht der Wiesen und Almen. Wir könnten Ihnen dort ein zwar nicht komfortables, aber ruhiges Quartier (mit fließendem Wasser) besorgen. Vor allem wäre dort die Muße zu ruhigen und ausgiebigen Gesprächen gesichert.
Verzeihen Sie, wenn ich mich jetzt auf diesen Vorschlag beschränke, der mir nach dem Brief von Herrn Schulte so verlockend erscheint, daß ich ihn gleich zu Papier bringe.
Mit herzlichen Grüßen, auch von meiner Frau,
Ihr dankbarer und getreuer
Ernst Forsthoff.

Nr. 79
Ernst Forsthoff an Carl Schmitt Heidelberg-Schlierbach, 10. Mai 1955

Sehr verehrter, lieber Herr Schmitt!
Ihr Brief, mit dem Sie Ihren Besuch und Ihre Teilnahme an der Fahrt nach Reichenhall ankündigen, hat bei mir große Freude ausgelöst. Ich schreibe Ihnen erst heute, weil ich einige Tage verreist war. Inzwischen habe ich für Sie Quartier in Reichenhall mit bestellt. Der Vortrag ist am Freitag nächster Woche. Wir überlegen aber, schon am Mittwoch hier abzufahren, um dem lebhaften Verkehr am Donnerstag (Himmelfahrt) zu entgehen. Darüber könnten wir uns nach Ihrer Ankunft hier schlüssig machen. Wir würden dann am Mittwoch nach Törwang fahren und am Donnerstag nachmittags weiter nach Reichenhall.
Wir wären dann in der Nähe von Herrn Martini in Endorf[1]. Falls Sie den Wunsch hätten, mit ihm zusammen zu sein, könnte man ihn entweder bitten, nach Reichenhall zu kommen, oder eine Zusammenkunft mit ihm in Törwang am Samstag oder Sonntag ins Auge fassen. Ich könnte ihn, wenn er selbst nicht motorisiert ist, in Endorf oder besser in Rosenheim mit dem Wagen holen. Doch das will ich Ihnen überlassen und gebe Ihnen anheim, Herrn Martini zu schreiben.
Gestern waren Staatssekretär Bojunga[2] und Werner Weber hier. Wir besprachen die Konkordatsklage[3] der Bundesregierung. Weber und ich vertreten zusammen mit Herrn Bojunga Niedersachsen. Der Prozeß wird außerordentlich interessant. Ich werde Ihnen davon erzählen.
Mit herzlichen Grüßen, auch von
meiner Frau und meiner Mutter,
stets Ihr
Ernst Forsthoff.

Nr. 80

Carl Schmitt an Ernst Forsthoff Heidelberg, 26. Mai 1955

Lieber Herr Forsthoff,
in der (mir nicht mehr gewohnten) Überfülle der Eindrücke des gestrigen Abends habe ich 4 Punkte vergessen, die ich Ihnen mitteilen wollte: 1) ich traf gestern zufällig Herrn Gonzalez Vicén[1], den spanischen Rechtsphilosophen, der in Heidelberg liest; er sagte mir, er habe Ihr Lehrbuch ins Spanische übersetzt[2] und es werde schon gedruckt, aber nicht vollständig; vielleicht ist es gut, daß Sie einmal mit ihm darüber sprechen; wahrscheinlich erscheint es in der Sammlung meines Freundes J. Conde;
2) ich wollte Ihnen auf unserer Reise den Durchschlag meines Briefes zeigen, den ich im Juni 1933 an Dr. Ahlmann geschrieben habe; ein Dokument[3], das Sie behalten können;
3) Morgen (Donnerstag) abend 20 [Uhr] hält Staatsrat Heinrich Barth[4] aus Bremen in der Universität einen Vortrag über Demokratie; ich kenne Barth als einen sehr klugen und sympathischen Mann, den anzuhören und kennenzulernen sich lohnt, falls Sie Zeit haben;
4) einen Aufsatz aus der letzten Nummer von Christ und Welt[5] füge ich bei; ich hatte ihn gestern nachmittag gelesen und war tief davon beeindruckt, was möglicherweise noch auf meine Ausführungen von gestern abend nachgewirkt hat.
Ich muß Ihnen und Ihrer verehrten Frau nochmals aufs herzlichste danken für die wunderbaren Tage in Heidelberg, Törwang, Reichenhall und München. Ihnen allen wünsche ich ein schönes Pfingstfest. Mit vielen Grüßen bleibe ich
Ihr alter und getreuer
Carl Schmitt.

Nr. 81

Carl Schmitt an Ernst Forsthoff Plettenberg o. D., [Poststempel: 3. Juli 1955]

L. H. F. Vielen Dank Ihnen und Ihrer verehrten Frau für den Gruss aus Überlingen! Verzeihen Sie bitte, dass ich in Eile – auf der Eisenbahnreise nach Köln – um etwas bitte: kann ich bald Ihren Aufsatz über Maßnahme Gesetze (W. Jellinek Gabe)[1] bekommen! In einer grossen und höchst interessanten Steuersache stosse ich auf das Problem der gesetzgeberischen Ermächtigung zu Massnahmen und den spezifischen Begrenzungen, die sich dabei {d. h. Grenzen der Ermächtigungsbefugnis, die sich aus dem Massnahme-Charakter der Verordnung oder Anordnung zu der das ermächtigende Gesetz ermächtigt, ergeben} ergeben (Art. 80 GG und Landesverfassungsbestimmungen wie Art 107, 110 Rh Pf.). Das Problem liegt anders als die Frage, die Sie in Ihrem Ergänzungsgutachten zum IHG auf S. 8 oben rechts behandeln; in etwa liegt es „umgekehrt“.
Herzlichst Ihr
C. S.

Über den guten F. Giese[2] (Deutsches Verw. Blatt 15/6, S. 408) habe ich mich riesig gefreut.

Nr. 82

Ernst Forsthoff an Carl Schmitt — Heidelberg-Schlierbach, 13. Juli 1955

Lieber Herr Schmitt!
Es betrübt mich aufrichtig, daß ich mit meinen Grüßen und Wünschen zu Ihrem Geburtstag nun doch zu spät komme. Aber wie es mit meiner Zeit bestellt ist, mögen Sie daraus entnehmen, daß das Buch, das ich Ihnen übersende, schon seit etlichen Wochen bei mir liegt – es war Ihnen schon lange in Erinnerung an die Fahrt nach Bayern zugedacht. Erst jetzt komme ich dazu es abzuschicken. Der Tod von Jellinek[1] hat mir sehr viel Arbeit gebracht. Daß gerade ich an seinem Sarge zu sprechen hatte, ist eine sehr merkwürdige Fügung gewesen.
Die Separata meines Beitrags zu seiner Gedächtnisschrift (über Maßnahmegesetze) erwarte ich täglich. Den einzigen Durchschlag des Manuskripts habe ich leider nach auswärts verliehen. Deshalb kann ich Ihnen leider im Augenblick den Text nicht schicken. Sie werden aber den Sonderdruck sofort bekommen.
Am vorigen Freitag war Prof. Condé kurz bei mir. Wir hatten eine gute und für ihn insofern nützliche Unterhaltung, als er im Begriffe stand, das Buch von von der Heydte übersetzen zu lassen, wozu ich ihn auf Heimpels Besprechung verweisen konnte[2].
Mit allen guten Wünschen für das neue Lebensjahr
und herzlichen Grüßen
stets Ihr
Ernst Forsthoff

Nr. 83

Carl Schmitt an Ernst Forsthoff — Plettenberg, 26. September 1955

Lieber Herr Forsthoff,
diese letzten Wochen lag ich hier einsam auf dem Meeresboden und habe mich wieder in die Hamlet-Literatur vertieft, worüber ich am 30. Oktober in Düsseldorf einen Vortrag halten soll[1]. Ihre Grüße aus Törwang und von der Anwaltstagung waren für mich ein Lichtblick in der Einsamkeit. Vielen herzlichen Dank! Ich hoffe, daß Sie sich gut erholt haben und mit frischen Kräften arbeiten. Ich dachte öfters an Sie, einmal besonders bei der Ankündigung der spanischen Ausgabe Ihres Lehrbuches, das, wie ich aus Prof. Condés Zeitschrift entnahm, von Legaz y Lacambra übersetzt wird (nicht von Vicén, dessen Name nicht genannt ist), dann im Gespräch mit einem Besuch aus Berlin, einem Regierungsdirektor der Sozialabteilung, Helmut Rothacker[2], ein sympathischer, frischer Berliner, der interessante Mitteilungen über den neuen Typus der

Schieds- oder Beschwerdestellen machte, in denen die Interessenten als Richter sitzen, und die zu dem Problem des In-sich-Prozesses im Verwaltungsrecht führen, worüber das Berliner OVG neulich entschieden hat[3].

Ich schicke Ihnen in den Anlagen, vertraulich, mit der Bitte um Rückgabe, einen symptomatischen Brief aus Rheinland-Pfalz. Dr. Roman Schnur[4] hat sich bisher gut bewährt, auch als kluger Taktiker in der Redaktion des Archivs für Rechtsphilosophie. Ich glaube, er verdient es, daß man ihm hilft, und wenn Sie ihm eine Besprechung oder irgendwas schicken, so wäre das ein gutes Werk. Allerdings kann ich mir denken, daß Sie alle Hände voll haben. Doch scheint es mir richtiger, diese jungen Leute als die fetten Arrivierten des heutigen publizistischen Zeitschriftenbetriebes zu unterstützen. Jedenfalls könnte ich mir denken, daß der Bericht über die ersten Eindrücke von der Kommunalverwaltung Sie interessiert.

Aus dem gleichen Motiv wollte ich Sie auf einen Wiener Privatdozenten Dr. Ermacora[5] aufmerksam machen, der im letzten Heft der Wiener Zeitschrift für öffentliches Recht sehr vernünftig über den Unfug der naturrechtlichen Vernebelung geschrieben hat, was für einen Wiener und einen jungen Fachgenossen von Verdross[6] überraschend ist und bestimmt eine tiefere Bedeutung hat. Allmählich muß doch jeder anständige Jurist von der Unterwanderung durch das naturrechtliche Geschwafel – ein hinterlistiges Geschwafel – genug bekommen. Eine deutsche Tages-Zeitung des Saargebiets hat meinen Vortrag von 1925, über die Rheinlande als Objekt der internationalen Politik[7], neu entdeckt und zitiert. Ich habe den Vortrag, zu dem mir damals bei der Jahrtausendfeier des Rheinlands im Kölner Bürgerverein Adenauer das Wort erteilte, daraufhin wiedergelesen und bin furchtbar erschrocken. Es ist unglaublich, wie aufreizend das mit Bezug auf ganz Deutschland heute wirkt. „Echo wächst vor jedem Worte"[8].

Mit Ernst Jünger habe ich einen Briefwechsel[9] über die Frage, wie man „obscurité" in dem Satz Rivarols übersetzen muß: „l'obscurité protège mieux que la loi". Ich dachte, obscurité hieße: Verborgenheit, Dunkel etc. Jünger versteift sich auf: Niedrigkeit. Aber Niedrigkeit ist doch etwas anderes, basesse. Offenbar will er das gerade hineinlegen, aber es liegt doch nicht darin. {Übrigens: die Abdrängung aus der Öffentlichkeit in das Dunkel ist doch eine der furchtbarsten Entrechtungen und Entziehungen des Schützens. Ich denke, daß Altmann darüber etwas sagen muß. Interessant. Öffentlichkeit als Gegenbegriff gegen Privat; und Ö. als Gegenbegriff gegen Geheim!}

Fassen Sie dieses Schreiben als nichts anderes denn als einen Ausdruck meines Wunsches auf, einmal wieder mit Ihnen zu sprechen und seien Sie mit allen Ihren Angehörigen aufs herzlichste gegrüßt von Ihrem alten

Carl Schmitt.

Nr. 84

Ernst Forsthoff an Carl Schmitt Heidelberg, 30. Dezember 1955
[Von Schmitt u.a. notiert:] b[eantwortet] 2.1.56

Lieber Herr Schmitt!
Nehmen Sie zum neuen Jahre unser aller herzlichste Wünsche entgegen. Ich verbinde damit unseren Dank für die so schönen Gaben, mit denen Sie unseren Weihnachtstisch bereicherten und die uns alle so sehr erfreut haben. Hoffentlich sind die Flaschen Pfälzerwein, die ich bei Bossung für Sie bestellte, rechtzeitig und wohlbehalten bei Ihnen eingetroffen. Meine Absicht Ihnen zum Fest zu schreiben, scheiterte an dem Ausnahmezustand, in dem wir uns vor Weihnachten befanden: ich hatte 14 Tage mündliche Referendarprüfung (90 Kandidaten), morgens und den ganzen Nachmittag, meine Frau war in Kiel bei der erkrankten Frau Ballerstedt und wir waren wegen Erkrankung unserer Haushilfe ganz auf uns angewiesen. Unter diesen Umständen kam ich zu garnichts und die ganze Weihnachtskorrespondenz blieb guter Wille. Am 24.12. kam meine Frau, was zunächst nicht sicher war, doch aus Kiel zurück und wir haben das Fest sehr schön begangen.
Die letzten Monate waren sehr arbeitsreich. Ich habe den 1. Band des Verwaltungsrechts – 6. Auflage – ganz überarbeitet. Das kostete erhebliche Mühe, da im einzelnen viel zu ändern und an den jetzigen Stand von Theorie und Rechtsprechung anzugleichen war. Damit bin ich im wesentlichen fertig bis auf das Enteignungskapitel, das neu geschrieben wird und erhebliche Schwierigkeiten macht, weil hier die Rechtsprechung des BGH dem Gesetzeswortlaut davongelaufen ist und alle überkommenen Unterscheidungen umgestoßen hat. Ein Verwaltungsrecht, dessen Fortentwicklung weniger durch praktische Erfahrungen als durch die richterliche Kontrolle bestimmt ist, gewinnt im Laufe der Zeit besondere Merkmale, es wird einseitig. Die Flut des Schrifttums über Ermessensbegriff und unbestimmten Rechtsbegriff macht das besonders deutlich.
Von der Staatsrechtslehrer-Tagung wird Ihnen berichtet worden sein. Die Aufnahme von Huber war in dem glatten Ablauf wesentlich das Verdienst der stillen Regie von Hans Schneider. Ihn hier zu haben erachte ich für einen großen Gewinn. Ich hoffe sehr, daß wir die Fakultät weiter so ergänzen – wir haben eben zwei Vakanzen im bürgerlichen Recht – daß sie noch homogener wird, als sie ist. Vielleicht erreiche ich die Berufung von Siebert für bürgerliches Recht und Arbeitsrecht[1]. Für Herrn Haustein[2] betreibe ich jetzt zusammen mit Schneider die Ernennung zum Honorarprofessor, die bisher nicht gelang, weil Jellinek nicht dafür zu gewinnen war.
Susanne kam sehr angeregt aus dem Semester in München. Sie ist nach wie vor von den Vorlesungen von Maunz und Engisch am stärksten beeindruckt. Die Freude am Rechtsstudium ist jetzt in ihr erwacht und ich habe das Gefühl, daß wir in den Fortgang ihres Studiums gute Hoffnungen setzen dürfen.
Hoffentlich geht es Ihnen gut. Vor 10 Tagen war Herr Kern[3] bei mir und erzählte von Ihnen. Ich war sehr angetan von dem Gespräch mit ihm und habe den Eindruck, daß er

sich wissenschaftlich auf einem guten und interessanten Wege befindet. Ich habe ihn schon in der Frankfurter Zeit, als er dort mein Schüler war, besonders geschätzt.
Eben lese ich Hannah Arendt, Elemente und Ursprünge totaler Herrschaft[4], ein ungewöhnlich gescheites, aufregend interessantes Buch. Ich möchte es Ihnen gern schicken, weiß aber nicht, ob Sie es nicht bereits haben und kennen. Darf ich Sie bitten, mir darüber eine kurze Mitteilung zu machen? Es wäre mir eine besondere Freude, Ihnen dieses Buch zu übermitteln, in dem übrigens Ihre Politische Romantik außerordentlich verständnisvoll gewürdigt wird.
Seien Sie noch einmal für alles freundliche Gedenken aufrichtig bedankt und mit vielen guten Wünschen für 1956
herzlich gegrüßt von Ihrem Ihnen in Verehrung und
Dankbarkeit verbundenen
Ernst Forsthoff

Nr. 85
Carl Schmitt an Ernst Forsthoff Plettenberg, 2. Januar 1956

Lieber Herr Forsthoff,
daß Sie mir trotz Ihrer unmäßigen Belastung mit Arbeit einen so schönen und langen Neujahrsbrief geschrieben haben, gehörte zu den großen Lichtblicken dieses sonst sehr einsamen Jahreswechsels, an dem meine Tochter Anima zum erstenmal fehlte, weil sie in Madrid geblieben ist und erst im März zurückkommt. Ihre Weinsendung von Bossung traf pünktlich vor Weihnachten ein. Der Gewürztraminer ist ganz kostbar, vielen herzlichen Dank! Ich habe in den ruhigen Tagen viel in Ihrer Montesquieu-Übersetzung gelesen, vieles auch zum Thema Nomos entdeckt, was mir früher entgangen war, und die große Leistung und gründliche Arbeit bewundert, die in Ihrer Ausgabe steckt. Wer erkennt eine solche Leistung heute an? Wer hat das Recht, sie zu beurteilen? Jünger schrieb mir, im Februar werde seine Rivarol-Übersetzung erscheinen. Ich habe mich mit ihm nicht über das deutsche Wort für obscurité einigen können; er bleibt bei „Niedrigkeit", was bestimmt falsch ist[1]. Das unlösbare Problem jeder Übersetzung ist mir dabei wieder zum Bewußtsein gekommen. Ich finde es aber in Ihrer Montesquieu-Ausgabe sehr gut gelöst und habe eigentlich keinen Punkt und kein Wort gefunden, das ich beanstanden müßte. Daß Sie frugalité (égalité und frugalité als notwendige Eigenschaften demokratischer Völker) mit Einfachheit übersetzen, ist ebenso richtig wie Genügsamkeit, woran ich zuerst dachte.
Dank dieser Lektion Ihrer Montesquieu-Ausgabe habe ich mich in perfekter Einsamkeit keinen Augenblick gelangweilt. Man hat das Gefühl, in der denkbar besten Gesellschaft mit einem Weltmann zu sprechen, der seine entzückenden Formulierungen nicht als aphoristische Bomben wirft, sondern als Früchte des Gesprächs mit einem teilt. Aber ich will jetzt keinen Brief über Montesquieu und Ihre Ausgabe schreiben, sondern Ihren Brief vom 30. Dezember beantworten. Mit großer Freude las ich, daß Sie

die 6. Auflage Ihres Verwaltungsrechts fertig haben. Das ist ein großartiger Erfolg. Das Kapitel Enteignung wird man in einem heutigen Lehrbuch wohl kaum anders als ein Bild der heutigen Rechtsprechung entwickeln können, sonst wäre der Rahmen eines Lehrbuches gefährdet. Ich bin gespannt, wie Sie sich aus der Affaire ziehen. Dabei habe ich einen Wunsch: ob Sie nicht überlegen könnten, den Aufsatz von Kličković[2] über „die Enteignung als ein dem Grundeigentum zugeordnetes Rechtsinstitut" in den Literatur-Hinweisen zu nennen. E. R. Huber hat es in seinem Wirtschaftsverwaltungsrecht II S. 3[3] getan, auch W. Weber in seinem Eigentumsaufsatz bei Nipperdey[4]. Ich habe das Gefühl, als käme man doch noch einmal darauf zurück, zur Klärung der bloßen Auflösung und Verwischung, in die unsere höchsten Gerichte hineingerutscht sind. Der Aufsatz ist in der deutschen Rechtswissenschaft Bd. 5 (1940) S. 137ff erschienen.

Ihre Mitteilungen über Haustein haben mich besonders interessiert. Ich fahre Freitag, 6/1 56, nach Wiesbaden, wo eine Diskussion über H. Freyers Theorie des gegenwärtigen Zeitalters stattfindet und hoffe dann, im Anschluß daran, Haustein in Frankfurt zu treffen. Roman Schnur habe ich mir nach Wiesbaden bestellt; Joh. Winckelmann treffe ich in Oberursel. Winckelmann[5] wird Max Webers Wirtschaft und Gesellschaft im Frühjahr bei Mohr herausgeben, zugleich eine „Staatssoziologie" Max Webers bei Duncker und Humblot. Der Inhaber von Duncker & Humblot, Dr. Broermann[6], schrieb mir, der Neudruck der „Verfassungslehre" verkaufe sich so gut, daß er wahrscheinlich nochmals einen Neudruck machen müsse.

Ich schicke Ihnen die Abschrift eines Briefes, den Heinrich Brüning[7] mir neulich schrieb. Ich hoffe, daß er bald wieder nach Deutschland kommt. Auf seine Memoiren kann man gespannt sein. Vielleicht interessiert Sie auch seine Äußerung zu dem „Gespräch über die Macht und den Zugang zum Machthaber", von der ich ebenfalls eine Abschrift beilege.

Das Buch von Hannah Arendt[8] würde ich sehr gern lesen. Aber es ist vielleicht nur die deutsche Übersetzung der Origins of totalitarism bezw. The Burden of our time, welches Buch ich im Original besitze und mit großer Aufmerksamkeit gelesen habe. Es liegt über 5 Jahre zurück. Inzwischen wird sie weiter gedacht und beobachtet haben. Vielleicht schicken Sie mir das Buch, dann kann ich sehen, um was es sich handelt. Ich danke Ihnen sehr für Ihre Absicht, mir wieder ein Buch zu schenken und bin in den letzten Jahren durch Bücher wie Muschg und Auerbachs Nemesis reichlich von Ihnen beschenkt worden[9]. Nemesis hat mir übrigens bei meinem Hamlet-Vortrag für Oktober gute Dienste getan. Der Vortrag soll im Frühjahr erscheinen[10], wohl bei Diederichs in Düsseldorf. Ich glaube, daß er Sie interessieren wird. Hoffentlich wird es ein schönes Büchlein, wie das Machtgespräch.

Haben Sie – möglicherweise im Zuge der Lehrauftragsverhandlungen – C. J. Friedrichs Buch über das Barock gelesen[11]? Soll man sich das kaufen? Und schließlich noch eine Frage (mit deren Beantwortung Sie sich – ebensowenig wie mit der der übrigen Fragen dieses Briefes – nicht aufzuhalten brauchen): haben Sie in dem von Ihnen mitherausgegebenen „Historisch-Politischen Buch" meine Besprechung von Schwarzenbergers

Machtpolitik gesehen[12]? Ich hörte, daß Siebeck diese Besprechung in einem ganzseitigen Inserat der Juristenzeitung (Heft 23/24) verwertet hat; die deutsche Herausgeberin, Frau Dr. Herbst (eine Nichte von Radbruch) schrieb mir einen Brief, in dem sie sagt, alle meine Einwendungen habe sie bei der Übersetzung selbst empfunden. Jetzt höre ich aber auf. Herzliche Grüße und Wünsche für Sie, Ihre verehrte Frau, die sich von der vielen Arbeit hoffentlich erholen kann, für Ihre sehr verehrte Mutter, für die gute Juristin Susanne und die {drei Jungens!
Stets Ihr alter und getreuer
Carl Schmitt.}

Nr. 86

Ernst Forsthoff an Carl Schmitt Heidelberg-Schlierbach, 11. Februar 1956
[Von Schmitt u. a. notiert:] b[eantwortet] 15. 2. 56

Lieber Herr Schmitt!
Nun hat es doch wieder viel länger gedauert als ich dachte, bis ich endlich dazu komme, Ihnen zu schreiben und Ihnen den Friedrich zu schicken, der Ihnen schon lange zugedacht ist. Denn das Buch der Hannah Arendt ist, wie ich mich überzeugte, lediglich eine Übersetzung des Ihnen bekannten amerikanischen Werks. Ich habe das Buch von Friedrich noch nicht lesen können. Wie ich dem Inhaltsverzeichnis entnehme, geht er auch auf staatstheoretische Fragen ein. So habe ich es mir für die Lektüre vorgemerkt.
Vorgestern war Herr Haustein hier. Wir haben in der letzten Fakultätssitzung seine Ernennung zum Honorarprofessor für Verkehrsrecht beschlossen. Ich hätte das gerne schon vor einem Jahr erreicht, aber Jellinek war dafür nicht zu erwärmen. So vertagte ich die Sache bis zum Eintritt von Schneider in die Fakultät. Die Zusammenarbeit mit Schneider ist eine reine Freude. Wir verstehen uns vorzüglich und sind in allen wesentlichen Fragen einig, ohne uns ausdrücklich koordinieren zu müssen. Vielleicht haben Sie unsere gemeinsame Erklärung zu der unglaublichen Regelung des Oberbefehls in der FAZ[1] gelesen. Das Bonn-hörige Blatt hat sich sehr gewunden, bis es die Erklärung brachte und hat sie dann durch die Rubrizierung unter den Leserbriefen nach Kräften verharmlost. Leider befindet sich unsere Fakultät in einer ernsten Krise, die offenbar wird, wenn Kunkel demnächst nach München geht, womit wir rechnen müssen. Dann hat München in kurzer Zeit Engisch, Ulmer, Krause und Kunkel hier abgezogen[2]. Einen so schnellen Wechsel kann eine Fakultät kaum verkraften und die Schließung der Lücken – die Nachfolge Ulmer ist immer noch ganz offen, ebenso wie die Besetzung der neuen Professur für Arbeitsrecht – wird durch die unbeschreibliche Entschlußlosigkeit des Ministeriums noch erschwert. Inzwischen hat München die inoffizielle Bitte an mich gerichtet, anderweitige Bindungen zu vermeiden, weil die Fakultät beabsichtigt, mich primo loco als Nachfolger von Heckel[3] vorzuschlagen. Dies bitte vertraulich. Das wird mich vor eine schwierige, weil endgültige Entscheidung stellen. Die Bindungen an Heidelberg durch die Zusammenarbeit mit Schneider und vor allem

auch durch das Haus sind doch sehr stark. Und für den Massenbetrieb in München habe ich nicht viel übrig. Durch die Verkettung der Umstände würde hier mit einem Ruf nach München eine Lage eintreten, die im Rückblick auf die Ereignisse nach 1945 geradezu grotesk anmutet. Denn niemand hier kann sich der Tatsache entziehen, daß es unabsehbare Konsequenzen haben würde, wenn auch ich noch Heidelberg verlassen würde. Übrigens habe ich nicht die Absicht, aus dieser Situation Kapital zu schlagen, wenn sie eintreten sollte. Schon deshalb nicht, weil ich weder die Universität noch die Landesregierung so einschätze, daß ich nach dieser Seite irgendeine Dankesschuld entstehen lassen möchte.
Um den 20. März gedenken wir nach Griechenland zu fahren. Ende März soll ich in Saloniki sprechen – über Rechtssaat und Sozialstaat, ein Thema, das Kollege Kyriakopoulos so ausdrücklich erbeten hat[4]. Ich werde den Vortrag französisch halten. Von dort wollen wir weiter nach Athen und an sich wollte Herr Tsatsos[5], den Sie ja kennengelernt haben, dort eine Wiederholung dieses Vortrages veranlassen. Leider höre ich nichts von ihm, weil eben in Griechenland, wie ich höre, der Wahlkampf im Gange ist und Herr Tsatsos als Führer der griechischen liberalen Partei offenbar dadurch völlig in Anspruch genommen ist. Würden Sie Herrn Daskalakis[6], den ich nicht kenne, aber bei dieser Gelegenheit gerne kennen lernen würde, eine Nachricht zukommen lassen können, daß ich Anfang April nach Athen komme? Ich könnte dort auch sprechen; wichtiger wäre mir aber, ihn kennen zu lernen. Könnten Sie mir auch die Adresse von Herrn Daskalakis mitteilen? Durch beides würden Sie mich zu großem Dank verpflichten. Auf der Rückreise (über Italien) werde ich in Florenz Station machen, zu einem Vortrag, den Kollege Miele[7] veranstalten will, und auch vielleicht in Bologna Kollege Lessona[8] besuchen.
Kürzlich waren wir bei Frau Sombart[9] zum Tee, die sich wie immer sehr angelegentlich nach Ihnen erkundigte. Sie hat mir dringend aufgegeben, Sie nach Heidelberg einzuladen und Sie können sich denken, wie gerne ich diesem Diktat entspreche. Hätten Sie nicht Lust, einmal in der ersten Hälfte des März nach hier zu kommen, wenn wir Ihnen, sofern die Jahreszeit nicht ganz anormal ist, einen Vorgeschmack des Frühlings bieten können? Sie würden uns damit eine ganz große Freude machen. Und es wäre ja vieles zu besprechen.
Susanne schrieb uns von der großen Freude, die Sie ihr mit der Sendung machten. Daß Sie an unser Kind dachten hat uns ganz besonders berührt und wir danken Ihnen dafür herzlich.
Seien Sie von uns beiden mit allen guten Wünschen
herzlich gegrüßt.
Stets Ihr
Ernst Forsthoff

P.S. Hat Gehlen[10] Ihnen seinen höchst interessanten und bedeutenden Vortrag „Soziologische Voraussetzungen im gegenwärtigen Staat" geschickt? Wenn nein, würde ich ihn darum bitten.

Nr. 87

Carl Schmitt an Ernst Forsthoff — Plettenberg, 15. Februar 1956

Lieber Herr Forsthoff!

Daß Sie mir trotz Ihrer vielen Arbeit ein Buch schicken und einen langen Brief schreiben, habe ich mit großer Dankbarkeit als ein ganz besonderes Geschenk empfunden. Das „Zeitalter des Barock" von C. J. Friedrich hatte ich mir schon lange gewünscht. Einmal in der Erinnerung an meine frühere Freundschaft mit ihm und an zahlreiche Gespräche auch über die Zeit, die er in dem Buch behandelt. Dann wegen des starken staatstheoretischen Einschlages, insbesondere der Äußerungen über Hobbes, Althusius und Locke. Schließlich aber auch, weil ich gerade das Manuskript einer Hamlet-Abhandlung satzfertig gemacht habe, in der viel von Jakob I und dem „Bühnengefühl" des Barock die Rede ist und mir an einer Kontrolle meiner Darlegungen lag. Also vielen herzlichen Dank! Hannah Arendt[1] hat inzwischen im letzten Heft des Monat einen sehr lesenswerten Aufsatz über den Zusammenhang von Religion, Tradition und Autorität veröffentlicht. Sie werden ihn wohl schon kennen. Leider ist ihr ein Druckfehler unterlaufen: tanta molis erat Romanam condere gentem schreibt sie, statt tantae. Ein Druckfehler hoffentlich, kein Symptomversehen à la Siegmund [!] Freud, und noch weniger der Streich eines römischen Genius loci, der sie darüber belehren will, daß es nicht so leicht ist, über die Römer zu sprechen.

Von Susanne erhielt ich ein ganz entzückendes Büchlein Japanische Lyrik mit Bildern (Bertelsmann-Reihe); ich habe mich über diese aufmerksame Art, sich zu bedanken, unglaublich gefreut. An Anima denke ich mit etwas Sorge; hoffentlich mischt sie sich nicht in die Madrider Studenten-Krawalle.

Daß Herr Haustein bei Ihnen Honorarprofessor für Verkehrsrecht werden soll, ist wohlverdient und, wie ich glaube, ein Gewinn für Ihre Fakultät. Ihre Mitteilungen haben mich natürlich sehr interessiert und es versteht sich von selbst, daß ich sie absolut vertraulich behandele. Über Ihren Vorschlag, im März nach Heidelberg zu kommen, werde ich ernstlich nachdenken. An Daskalakis schreibe ich gleich. Ich habe noch keine Antwort auf mein Weihnachtspäckchen (er hatte ebenfalls einen Zinnbecher mit der Inschrift Καί νομον ἔγνω erhalten[2]); es ist möglich, daß er in USA auf Reisen ist. März ist übrigens etwas früh für eine Griechenland-Reise. Aber die Termine werden wohl feststehen.

Gehlen hat mir seinen Vortrag „Soziologische Voraussetzungen im gegenwärtigen Staat" geschickt. Von Altmann (Marburg)[3] erhielt ich den Sonderdruck seines Aufsatzes „Zur Rechtsstellung der öffentlichen Verbände", aus der Z. f. Politik, der mir wichtig zu sein scheint (ebenso wie der von Gehlen). Roman Schnur[4] schickte mir einen Aufsatz über Maxime Leroy, der ebenfalls lesenswert ist. Im „Merkur" Nr. 93 (Nov. 55) steht eine bemerkenswerte „Chronik" von Albert Mirgeler[5]. Ihre und Hans Schneiders Äußerung zur Frage des Oberbefehls habe ich leider nicht gesehen; ich habe die FAZ schon Anfang Dezember abbestellt; ich werde mir die Nummer wahrscheinlich noch besorgen können. Für diese Woche hat sich bei mir in Plettenberg

Besuch angemeldet: Mutius[6] (an den Sie sich vielleicht von 1934/36 her noch erinnern) ist neulich aus dem Lager Workuta zurückgekehrt (er war Adjutant des Ostzonen-Außenministers Dertinger[7]); er kommt morgen für einige Tage. Dann Herr von Medem[8], der Hochschulreferent im Kultusministerium in Düsseldorf ist, der zum Wochenende kommt.
Vielen Dank nochmals, lieber Herr Forsthoff, für das schöne Geschenk und für Ihren Brief und herzliche Grüße für Sie und Ihre verehrte Frau, für Ihre hochverehrte Mutter und für Heinrich, Albrecht und Martin.
Stets Ihr alter
Carl Schmitt.

{Wie finden Sie den Buch-Titel „Einbruch der Zeit in das Spiel. Eine Hamlet-Deutung von C. S.“? Seit Wochen plage ich mich mit der Formulierung des Titels meines Hamlet-Büchleins; erst wollte ich sagen „Hamlet oder Hekuba“, aber es stellte sich heraus, daß niemand wußte wer Hekuba ist (vermutlich weil heute in Deutschland allem alles Hekuba[9] ist); K. Tiesler[10], den ich fragte, meinte: ein alttestamentlicher Mann!!!}

Nr. 88
Ernst Forsthoff an Carl Schmitt — Heidelberg, 28. Februar 1956
[Von Schmitt notiert:] b[eantwortet] 12. 3. 56

Lieber Herr Schmitt!
Endlich, nachdem ich die Prüfungen und sonstigen Belastungen des Semesterschlusses hinter mich gebracht habe, komme ich dazu, Ihnen für Ihren Brief und vor allem für den Brief an Daskalakis herzlich zu danken. Ich habe dieser Tage nach Saloniki geschrieben und angeregt, den Vortrag auf Anfang April zu verschieben. Wir haben doch wahrscheinlich ein spätes Frühjahr und so glaube ich, daß die Reise desto schöner wird, je später sie angetreten wird.
Ob wir hoffen dürfen, Sie im März einmal hier zu sehen? Sie schrieben, daß Sie das erwägen würden und das hat schon einige Vorfreude bei uns ausgelöst. Vor allem wäre Frau Sombart sehr erfreut, Sie einmal wieder zu sehen. Inzwischen haben wir schon milderes Wetter und können damit rechnen, daß die Schnee- und Eismassen im Laufe dieser Woche wegtauen. Dann kommen hier die schönen warmen Vorfrühlingstage, die den besonderen Reiz Heidelbergs im März ausmachen – wenn nicht der außergewöhnliche Winter diese Erwartung zunichte macht.
Eben im Begriffe, zur (hoffentlich letzten) Sitzung der Baurechts-Kommission nach Tegernsee zu fahren, muß ich leider abbrechen.
Wir grüßen Sie alle recht herzlich, auch Susanne, die gestern vergnügt aus München kam.
Stets Ihr
Ernst Forsthoff

Nr. 89

Carl Schmitt an Ernst Forsthoff Plettenberg, San Casciano[1], 12. März 1956

Lieber Herr Forsthoff,
ich habe überlegt, ob [ich] es einrichten könnte, Sie noch im März in Heidelberg zu besuchen, aber es geht nicht. Seit Mitte Februar mache ich lauter kleine Reisen, die mich hier festhalten. Zweimal kamen spanische Freunde nach Köln, die ich dort treffen mußte, vom 23–26. Februar war ich in Göttingen, vorige Woche in Arnsberg, wo ich Werner Weber getroffen habe, morgen muß ich nach Düsseldorf, wegen der Publikation meiner Hamlet-Schrift, die bereits gesetzt und umgebrochen ist (bei Eugen Diederichs). Wann werden Sie nach Griechenland abreisen? Hoffentlich ist die Lage dort bald wieder beruhigt. Von Daskalakis erhielt ich aus Athen ein Paket mit einem herrlichen Band über griechische Mosaiken und eine schöne handschriftliche Widmung, aber noch keinen Brief. Ich schreibe ihm nochmals; Sie können ihn auf jeden Fall besuchen; seine Anschrift ist jetzt: Athen IX, IAKOUIDOU 34.
Jetzt habe ich noch eine Bitte: ich möchte in einer handelsrechtlich sehr interessanten (OHG, KG) Frage, an der ein junger Nachbar und Freund von mir wesentlich beteiligt ist, Herrn Ballerstedt in Bonn[2] konsultieren. Könnten Sie es vermitteln, daß ich B. gemeinsam mit meinem Freunde, für eine Stunde sprechen kann? Wir könnten ihn in Bonn oder einem anderen Ort aufsuchen. Die Angelegenheit wird ihm praktisch wie theoretisch bedeutungsvoll sein.
Herzliche Grüße und Wünsche Ihnen und den Ihrigen von ihrem alten
Carl Schmitt.

Nr. 90

Ernst Forsthoff an Carl Schmitt Heidelberg-Schlierbach, 19. März 1956

Lieber Herr Schmitt!
Vielen Dank für Ihren Brief. Ich hoffe, Prof. Daskalakis in Athen zu sehen, wo ich vor der Gesellschaft für verwaltungsrechtliche Studien sprechen soll. Wir fahren anfangs nächster Woche mit dem Wagen nach Venedig und von dort mit dem Schiff weiter. In Griechenland wollen wir etwa zwei Wochen bleiben und auf der Rückfahrt von Venedig noch etwa eine Woche nach Florenz.
Dass Sie jetzt nicht nach hier kommen, bedauern wir natürlich sehr und vor allem Frau Sombart wird darüber sehr betrübt sein. Vielleicht aber ist ein Besuch in vorgerückterer Jahreszeit für Sie angenehmer und für mich auch ergiebiger, da ich in diesen Wochen ausserordentlich überlastet bin.
Herrn Ballerstedt habe ich geschrieben und zwar nach Kiel, wo er jetzt sein dürfte, da seine Familie noch dort ist. Unter diesen Umständen bin ich nicht sicher, wann er in

Bonn erreichbar sein wird. Ich habe ihn gebeten, sich direkt mit Ihnen in Verbindung zu setzen und zweifle nicht, dass das in den nächsten Tagen geschehen wird.
Mit herzlichen Grüssen und guten Wünschen in alter Verehrung
Ihr
Ernst Forsthoff

Nr. 91
Ernst Forsthoff und andere an Carl Schmitt 25. April 1956
o. O. [Ansichtskarte: Athen, Ansicht des Parthenon von Osten]

Es ist für mich eine grosse Ehre dass es mir erlaubt ist Ihnen einen Gruss aus Athen zu schicken.
D. Th. Tsatsos

Sehr geehrter Professor
Auf Ihre versprochene griechische Reise sind wir alle sehr gespannt und werden uns alle unendlich freuen wenn Sie uns die Gelegenheit geben werden Ihnen gegenüber φιλόξενο zu sein. T. Tsatsos

Herzliche Grüße aus dem schönsten Land. Ihre Ursel Forsthoff

[...] M. T. Daskalakis

Es ist mir eine grosse Ehre die Gelegenheit gegeben zu werden schönen Gruss aus Athen dem grössten Öffentlichrechtler Deutschlands senden zu dürfen.
Dr. Dem. Kyriazis[1]

Wir haben hier viel an Sie gedacht und von Ihnen gesprochen. Die Gastlichkeit bekannter und unbekannter griechischer Kollegen ist überwältigend. Sie müssen unbedingt nach hier kommen. Man wartet auf Sie. Ich schreibe Ihnen bald aus Heidelberg.
Herzliche Grüsse
Ihres Ernst Forsthoff.

Nr. 92
Ernst Forsthoff an Carl Schmitt Heidelberg, den 7. Juli 1956

Lieber Herr Schmitt!
Nehmen Sie zu Ihrem Geburtstag meine und unser aller herzlichste Wünsche entgegen. Wir hoffen aufrichtig, daß Sie diesen Tag in guter Gesundheit begehen und nachdem uns das abgelaufene Lebensjahr das schöne Hamlet-Buch bescherte, sehen wir dem

beginnenden mit Hoffnungen, um nicht zu sagen: Erwartungen entgegen. Herr Schulte und ich haben Ihnen als bescheidene Geburtstagsgabe je einen Band der Gesamtausgabe von Ortega y Gasset zugedacht[1]. Die Sendung, der ich noch die neue Auflage meines Verwaltungsrechts[2] beifügte, wird hoffentlich in Ihren Händen sein.
Seit Wochen wollte ich Ihnen schreiben, wartete aber auch auf Nachricht von Dr. Tsatsos, denn ich hatte mit ihm verabredet, Sie von seinem Kommen nach hier zu verständigen und daran die Bitte eines Besuchs in Heidelberg anzuschließen. Nachgerade komme ich zu der Annahme, daß der viel beschäftigte Parlamentarier und Anwalt garnicht mehr schreiben, sondern unangemeldet hier erscheinen wird. In diesem Falle werde ich Ihnen sofort schreiben und möchte jetzt schon die Bitte aussprechen, dann nach hier zu kommen, um einmal ausgiebig mit Herrn Tsatsos zusammen zu sein.
Diese Bitte hat viele Gründe und Hintergründe. Ich war in Athen täglich mit Tsatsos zusammen und wenn der Aufenthalt in Griechenland für uns geradezu überwältigend war, so ist das zu einem guten Teil sein Verdienst. Ich habe Tsatsos geradezu versprechen müssen, Sie zu bewegen, in absehbarer Zeit eine Reise nach Griechenland zu machen. Man darf wohl sagen, daß die Elite der griechischen Juristen auf Ihren Besuch hofft und was Ihrer in Griechenland harrt, die Aufnahme, die man Ihnen bereiten wird, die Empfänglichkeit für die deutsche Rechtswissenschaft, die Herzlichkeit der Gastfreundschaft wird Sie wahrscheinlich ebenso überwältigen, wie es uns überwältigt hat. Vieles kann man nur verstehen, wenn man sich vergegenwärtigt, daß Griechenland nach dem Krieg einen blutigen Bürgerkrieg erlebt hat, der sich in der Erinnerung als wirksame Sperre vor das Kriegsgeschehen gelegt hat.
Ihre Begegnung mit Tsatsos wäre auch wegen Daskalakis wichtig. Das ist ein intrikates Thema für sich, über das sich schwer schreiben läßt. Die Stellung von D. in Athen ist durchaus abseitig (übrigens war auch meine Begegnung mit D. die einzige, die vollkommen fehlschlug). Tsatsos gehört zu denen, die D. die persönliche Sympathie nicht ganz versagen und sagte mir einmal, er würde Ihren Besuch in Athen schon deshalb wünschen, weil Sie wohl der einzige wären, der D. wieder zur Vernunft bringen könnte. Denn zur Zeit ist D. durch seinen unkritischen Proamerikanismus weithin diskreditiert. – Doch ich hoffe, Ihnen dazu bald einmal mündlich weitere Aufschlüsse geben zu können.
Vor einer Woche war Kollege Kyriakopoulos aus Thessaloniki einige Tage hier. Er hatte mich nach Thessaloniki zu einem Vortrag eingeladen und ich schätze ihn sehr. Es war sehr sein Wunsch, Sie zu sehen. Wir konnten ihm nur eine Rufnummer in Plettenberg mitgeben, die wir Anima verdankten. Er wollte Sie von Köln aus anrufen. Wenn trotz der drängenden Zeit ein Zusammentreffen zustande gekommen sein sollte, würde mich das sehr freuen.
Für Ihr Hamlet-Buch bedanke ich mich erst heute, mit unziemlicher Verspätung. Bitte haben Sie Nachsicht mit mir. Ich finde Ihre These überzeugend und verstehe nicht recht, warum der Nachweis solcher Zeitbedingtheit dem dichterischen Rang zu nahe treten soll, wie offenbar Gustav Steinbömer[3] annimmt. Besonders interessiert hat mich der Zusammenhang von Tragödie und Mythos. Was Sie dazu anführen, geht m. E. weit über den konkreten Anlaß hinaus. Wenn man davon ausgeht, daß der dramatische

Konflikt im Zusammenstoß einer Individualität mit der politischen Ordnung (nicht nur gesellschaftlichen Urteilen oder Vorurteilen, wie bei Wedekind)[4] besteht, ergibt sich die Notwendigkeit, zwischen Drama und Tragödie zu trennen. Das leuchtet mir ein und wirft – von allen dramaturgischen Besonderheiten (z. B. Chöre) abgesehen – ein neues Licht auf die griechische Tragödie, die mit der besonderen Mensch-Gott-Beziehung, auf die die landläufigen Interpretationen verweisen, eben doch nicht erklärt ist. Nehmen Sie diese ganz laienhaften Bemerkungen nur als Ausdruck des Interesses, mit dem ich das Buch gelesen habe. Ich darf mit dem Ausdruck der Hoffnung schließen, Sie doch noch in Bälde hier zu sehen.
Die Ortega-Bände sind ohne Widmung, um einen Umtausch offen zu halten, falls Sie sie schon haben oder anderen Büchern den Vorzug geben. Ich kam auf Ortega, {nachdem ich von Kollegen Legas[5] – Santiago, dem Übersetzer meines Verwaltungsrechts, der mich kürzlich besuchte, erfuhr, wie großen Einfluß Ortega auf das spanische Geistesleben gehabt hat. Außerdem schätze ich ihn doch sehr.
Mit allen guten Wünschen und herzlichen Grüßen, auch von
meiner Frau und den Kindern,
in alter Verehrung stets
Ihr
Ernst Forsthoff}

Nr. 93
Ernst Forsthoff an Carl Schmitt Heidelberg-Schlierbach, 16. Juli 1956

Lieber Herr Schmitt!
Immer noch bin ich ohne Nachricht aus Athen, rechne aber doch damit, daß Herr Tsatsos noch im Juli kommen wird. Deshalb möchte ich Sie fragen, ob Sie sich nicht entschließen könnten, im Juli auf einige Tage nach hier zu kommen. Die Frage hat einen besonderen Anlaß. Am Mittwoch nächster Woche wird in meinem Seminar ein recht gescheiter Teilnehmer, Graf Pückler[1], über die letzten Teile Ihres Nomos der Erde referieren. Als ich eine Andeutung dahin machte, daß Sie dann vielleicht hier wären und daß ich Sie dann bitten würde, an dem Abend teilzunehmen, war das Interesse an Ihrem Erscheinen natürlich außerordentlich groß und ich wurde gebeten, Ihnen zum Ausdruck zu bringen, welch große Freude Sie allen Teilnehmern machen würden, wenn Sie Ihr Kommen ermöglichen könnten. Ich tue das umso lieber, als sowohl Herr Schneider wie ich hocherfreut sein würden, wenn wir Gelegenheit hätten Sie wiederzusehen und ich Ihnen gerne von Athen berichten würde.
So viel für heute, leider in ziemlicher Eile.
Mit herzlichen Grüßen
stets Ihr
Ernst Forsthoff

Nr. 94

Carl Schmitt an Ernst Forsthoff — Plettenberg, 18. Juli 1956

Allerherzlichsten Dank, lieber Herr Forsthoff, für Ihre Geburtstagsgrüße und -wünsche! Ich wollte Ihnen ausführlich auf Ihren Brief antworten, da erhielt ich früh Ihr Schreiben vom gestrigen Tage. Jetzt habe ich mich doch entschlossen, Anfang nächster Woche zu reisen und am Mittwoch in Heidelberg zu sein. Wahrscheinlich treffe ich Dienstag 24/7 abends dort ein, sodaß wir Mittwoch Zeit zu einer Besprechung haben. Alles Weitere mündlich. Auf das Referat Ihres Schülers bin ich sehr gespannt. Aber auch auf die Unterhaltung mit Ihnen und das Wiedersehn mit Ihrer Familie, die ich herzlich grüße!

Ihr alter

Carl Schmitt.

Ich bin noch ergriffen vom dem Tode, den der arme Raymund Schmid[1], der Sohn von Carlo, bei Köln gefunden hat.

Nr. 95

Ernst Forsthoff an Carl Schmitt — Heidelberg-Schlierbach, 21. Juli 1956

Lieber Herr Schmitt!

Die Nachricht von Ihrem Kommen hat hier grosse Freude ausgelöst. Wenn ich es mit meinen Prüfungen am Dienstag Mittag einrichten kann, werde ich Sie mit Anima an der Bahn abholen.

Darf ich in Eile noch eine Sache berühren, die mich in grosse Sorge versetzt. Wie Sie wohl wissen werden, hat E. R. Huber einen Ruf nach Wilhelmshaven[1] bekommen und inzwischen angenommen. Kürzlich ist nun bei ihm ein Reporter des „Spiegels" erschienen um ein Bild von ihm zu machen, der ihm davon berichtete, dass der „Spiegel" über die Berufung nach Wilhelmshaven einen Artikel bringen möchte. Wie ich erfahre, ist auch bei der Hochschule in Wilhelmshaven ein Abgesandter des „Spiegels" gewesen. Ich habe die grosse Sorge, dass die publizistische Behandlung dieser Angelegenheit verhängnisvoll werden könnte. Noch steht die förmliche Ernennung durch den Ministerpräsidenten aus. Wird vor der Ernennung Porzellan zerschlagen, so bin ich nicht sicher, ob sich der Ministerpräsident noch bereit finden wird, die Unterzeichnung vorzunehmen.

Sehen Sie einen Weg, den „Spiegel" zu veranlassen, von einer vorzeitigen Veröffentlichung Abstand zu nehmen? Wenn die Ernennung vollzogen ist, wäre die Veröffentlichung nicht mehr so tragisch, obgleich es wohl am besten wäre, wenn sich die Presse mit Huber vorläufig überhaupt nicht befassen würde.

Mit herzlichen Grüssen wie immer

Ihr

Ernst Forsthoff

P.S. Eben erfahre ich von H. Schneider, daß auch er sich wegen der Sache Huber an Sie gewandt hat.

Nr. 96

Carl Schmitt an Ernst Forsthoff Plettenberg, 1. August 1956

Lieber Herr Forsthoff,
ich denke immer noch mit großer Rührung an die große Gastfreundschaft, die ich bei Ihnen in der vorigen Woche gefunden habe und sage Ihnen und Ihrer sehr verehrten Frau meinen herzlichsten Dank dafür. Die Gespräche mit Ihnen und der Diskussionsabend mit Ihrem Seminar – dessen Themen schon am folgenden Tag durch die Enteignung der Suez-Kanal-Gesellschaft[1] auf das Aktuellste illustriert wurde – waren für mein altes Professoren-Gemüt ein wahres Labsal.
In Mainz hatte ich einige interessante Gespräche mit meinem alten Freund, dem Musikhistoriker Arnold Schmitz und mit Roman Schnur vom Archiv für R. u. Soz.philosophie, der bei Ule in Speyer arbeitet. Ich hörte, daß die Berufung Peter Schneiders[2] das Werk von Armbruster ist; P. Schneider habe nicht einmal auf der Liste der Fakultät gestanden. Das kann ich kaum glauben. Schneiders Buch ist jetzt von der Deutschen Verlagsgesellschaft angekündigt.
Während meiner Abwesenheit war ein Reporter des Spiegel bei mir in Plettenberg erschienen, um sich mit mir zu unterhalten und ein Photo von mir zu machen. Mit Wilhelmshaven hatte das anscheinend nichts zu tun. Ich verhalte mich abwartend.
Durch Anlage schicke ich Ihnen die Bemerkungen von Joh. Winckelmann[3] zu Ihrer Schrift von 1938; außerdem einen Steuerrechtlichen Fall, der die Methode unserer Gesetzesredaktion illustriert. Der Vortrag, von dem dort die Rede ist wurde von einem angesehenen Steueranwalt in Düsseldorf, den ich seit meiner Referendarzeit kenne, vor einem Jahr gehalten. Herrn Schulte aus Lüdenscheid hoffe ich dieser Tage zu sehen.
Vom Sozialwissenschaftlichen Verlag in Essen erhielt ich den Grundriß „Staatsrecht des Bundes und der Länder“ von Günther Krauss[4], der manche spritzige Bemerkungen enthält, mir aber auch als erster Versuch bemerkenswert erscheint. Ich habe seit langem die persönlichen Beziehungen zu Krauss gestoppt; aber wenn ich Karrieren wie die von Peter Schneider sehe, tut es mir doch leid, daß Krauss an seiner eigenen Querköpfigkeit scheitern mußte.
Ernst Jünger schrieb mir zum zweitenmale zu meinem Hamlet-Buch[5], dessen Hintergründe ihm langsam aufgehen. Der Tod des Sohnes Raimund von Carlo Schmid hat ihn sehr betroffen, weil er den Jungen kannte. Carlo hat ihm einen langen Brief geschrieben.
Ich wünsche Ihnen, lieber Herr Forsthoff, schöne Ferien, die Ihnen Zeit zu eigener Arbeit lassen und grüße Sie und die Ihrigen, Ihre Frau, Ihre Mutter und die Kinder, insbesondere Susanne, herzlich als Ihr alter und getreuer
Carl Schmitt.

Nr. 97

Ernst Forsthoff an Carl Schmitt Heidelberg, 22. Dezember 1956
[Von Schmitt u. a. notiert:] b[eantwortet] 12. 1. 57

Lieber Herr Schmitt!
Gestern abend gingen die Prüfungen zu Ende – 100 Kandidaten, die wie hier üblich in einem Zuge abgeprüft wurden – die mich mehrere Wochen von morgens bis abends in Anspruch nahmen, sodaß ich erst heute zum vollen Bewußtsein der Tatsache komme, daß Weihnachten unmittelbar vor der Tür steht.
Diesen Weihnachtsgruß schreibe ich mit sehr schlechtem Gewissen, beendet er doch ein Schweigen, dessen ungebührliche Dauer mich dem Verdacht aussetzt, als sei ich in grober Weise undankbar. Vor mir liegt die neue Ausgabe des Max Weber von Winkelmann, mit der Sie mir zu meinem Geburtstag eine so große Freude bereiteten. Aber vielleicht darf ich auf Ihre Nachsicht hoffen, wenn ich Ihnen berichte, daß mein Geburtstag in den Verwaltungsrechtskurs des Anwaltvereins[1] fiel, der dieses Jahr in Kochel stattfand. Anschließend fuhr ich, einigermaßen der Erholung bedürftig, mit meiner Mutter an den Garda-See. Von dort zurückgekehrt war es hohe Zeit, einen Vortrag vorzubereiten, den ich Anfang Oktober auf der Tagung der Verwaltungsgerichtspräsidenten in München zu halten hatte. Es folgten die Staatsrechtslehrer-Tagung in Mainz, dann 200 Examensklausuren, dann ein Vortrag, zu dem mich Herr Haustein für die Tagung der leitenden Beamten der Bundesbahn Anfang November in Garmisch gebeten hatte – usw. Es war unglaublich. Jetzt habe ich mir alles vom Halse geschafft, damit ich zu meiner eigentlichen Arbeit zurückkehren kann. So darf ich Ihnen hoffentlich jetzt noch verspätet sagen, welch große Freude Sie mir mit dem herrlichen Geschenk bereitet haben. Da ich Wirtschaft und Gesellschaft zu den unentbehrlichen Werken rechne, zu denen ich immer wieder greife, bin ich glücklich, es nun in seiner einwandfreien Fassung zu besitzen, seien Sie deshalb dafür sehr herzlich bedankt.
Die Staatsrechtslehrer-Tagung in Mainz[2] war zu dem interessanten Thema Maßnahme-Gesetz nicht ergiebig. Das Referat von Menger war in keiner Weise originell, das von Wehrhahn wesentlich besser. Im Grunde aber fehlt den heutigen Kollegen, von einigen Ausnahmen abgesehen, jede Übersicht über die allgemeinen verfassungsrechtlichen und verfassungspolitischen Zusammenhänge, sodaß ihnen die Tragweite der Problematik einer Erscheinung wie des Maßnahmegesetzes garnicht bewußt wird. Scheuner weiß es natürlich besser und wenn er in gouvernementaler Beflissenheit in Mainz den Begriff des Maßnahmegesetzes für unergiebig und dogmatisch uninteressant erklärte, so konnte ich darauf nicht ohne eine gewisse Schärfe erwidern. Scheuner ist nachgerade zu einem Fall geworden, von dem ich nicht weiß, ob man ihn als tragisch oder tragikomisch bezeichnen soll.
Ihre Bemerkungen zu den Büchern der Boveri[3] habe ich mit Interesse gelesen. Der künstliche Mythos des 20. Juli zerbröckelt allenthalben und seine Verteidiger, die wie Ritter[4] zugleich seine Nutznießer sind, werden ihn nicht retten.

Ich bin Ihnen sehr dankbar dafür, daß Sie sich der Mühe unterzogen haben, die Arbeit von Roth[5] zu lesen. Ihre Anregung einer historischen Ergänzung ist mir sehr wertvoll und ich werde Herrn Roth veranlassen, die Schrift insoweit zu ergänzen. Dann aber ist sie ein Beitrag zu dem interessanten Thema Eigentumsschutz ./. Steuerhoheit, den man veröffentlichen könnte.
Der Tod von Jochen Oberheid[6] hat uns sehr bewegt und einen Schatten auf das Weihnachtsfest geworfen. Oberheids ist in diesen Jahren viel Schweres auferlegt und wir denken viel an sie.
Der Büchermarkt brachte diesmal nichts, – vielleicht hatte ich beim Suchen auch keine glückliche Hand – von dem ich glaubte, es Ihnen als kleine Weihnachtsgabe schicken zu können. So habe ich gemeint, mich diesmal für den Sandemann-Sherry entscheiden zu sollen, der hoffentlich rechtzeitig ankommt.
Wir alle gedenken Ihrer und Animas mit allen guten Wünschen zum Weihnachtsfest und für ein gesegnetes Jahr 1957.
Mit herzlichen Grüßen
stets Ihr
Ernst Forsthoff

Nr. 98

Ernst Forsthoff an Carl Schmitt o.O., o.D. [Poststempel: Heidelberg 28. Februar 1957]

Lieber Herr Schmitt!
Das Urteil des BVerf.G. betrifft die Paß-Angelegenheit Elfes[1], mit der sich schon das BVerw.G. befaßt hatte. Es ist abgedruckt im 2. Februar-Heft der öffentlichen Verwaltung (vom 20./2.57) S.116ff. Das Urteil ist wirklich sensationell und als ich mich gestern mit Herrn Schneider darüber unterhielt, haben wir es in gleicher Weise charakterisiert wie Sie. Je länger man die Entscheidung bedenkt, umso mittelmäßiger wird sie. Art 2 ist damit totgemacht und wenn man in Art 2 das berühmte Generalgrundrecht sieht, haben wir damit den totalen Gesetzesvorbehalt.
Ich lasse Ihnen die Nr. der ÖV. zugehen, die von mir einen kurzen Aufsatz über das Werbefernsehen[2] enthält.
Ein Brief an Sie liegt leider schon länger angefangen, aber nicht beendet auf meinem Schreibtisch. Jetzt mit Anbruch der Ferien habe ich endlich mehr Zeit und werde ihn bald abschicken. Haben Sie einstweilen Nachsicht mit
Ihrem herzlich grüßenden
Ernst Forsthoff

Nr. 99

Ernst Forsthoff an Carl Schmitt Heidelberg, 28. März 1957

Lieber Herr Schmitt!

Seien Sie sehr herzlich für das Exposé zum heutigen Nomos der Erde bedankt, das ich mit größtem Interesse studiert habe. Das Blatt in diesen Tagen zu erhalten, hat mich aus einem Grunde interessiert, der Ihnen vielleicht Freude machen wird und den Ihnen mitzuteilen ich auch einen besonderen Anlaß habe.

Es handelt sich um folgendes[1]. Aus einem Gespräch mit einigen Studenten meines Seminars im vergangenen Semester über das (notwendige) Scheitern des Studium generale und einigen von mir bei dieser Gelegenheit gemachten Bemerkungen in der Richtung, daß die Ziele des Studium generale heute m. E. nur außerhalb der Universität und etwa in der Weise – wenigstens zu einem Teil – erreicht werden könnten, daß ein Kreis von interessierten und intelligenten Studenten sich für einige Zeit, etwa zwei Wochen, irgendwohin zurückzieht ist ein Plan der Studenten hervorgegangen, um dessen Realisierung sie sich mit größtem Eifer schon jetzt bemühen. Ziel ist ein zweiwöchiges Zusammensein von höchstens vierzig ausgesuchten Studenten, nicht nur Juristen und nicht nur aus Heidelberg, bei dem ein Thema behandelt werden soll, das über die Fachgrenzen hinausgeht, eine innere Aktualität hat und die wesentlichen Fragen der heutigen individuellen Existenz einbezieht. Gedacht ist an: Gefahr und Sicherheit in der heutigen Welt. Der erste Vorschlag, den die Studenten hinsichtlich der zu gewinnenden Redner machten, betraf Sie und hinsichtlich des Themas ging der Wunsch dahin, Sie zu bitten, die Gedanken des Nomos der Erde in die gegenwärtige Situation hinein fortzuführen, es deckt sich also genau mit Ihrem Exposé. Ich nehme an, daß die Studenten, die eben in den Examensklausuren stecken, Ihnen in etwa 10 Tagen schreiben werden. Ich selbst betrachte mich nur als den Protektor dieses Unternehmens, das Ende September stattfinden soll, weil zu dieser Zeit Hotelquartiere am leichtesten und auch etwas billiger zu haben sind. Der Ort steht noch nicht fest. In Aussicht genommen ist ein Ort an den Westhängen des Schwarzwaldes. Natürlich ist es nicht notwendig, daß Sie die ganze Zeit teilnehmen. Man hofft auf einige Tage. Aber je länger Sie bleiben würden, umso dankbarer wäre man. Alles weitere werden Ihnen die Studenten schreiben. Natürlich wäre ich ganz besonders erfreut darüber, wenn Sie zusagen würden. Ich bin sicher, daß Ihnen die Studenten gefallen würden.

Ich sitze entsetzlich in der Arbeit. Mit dem 2. Band bin ich ein gutes Stück weiter gekommen. Außerdem ist die 7. Auflage des ersten Bandes vorzubereiten. Eben aber arbeite ich an drei Vorträgen, die ich am 10.–12. 4. im Rahmen des Institut d'Etudes Europeénnes in Turin über die Intervention des Staates in die Wirtschaft zu halten habe. Die Ausarbeitung in französischer Sprache – unter Assistenz eines Franzosen – ist sehr zeitraubend. Über Ostern setze ich mich für 10 Tage in Florenz zur Ruhe. Dann spreche ich noch in Bari und Bologna. Vor einigen Wochen besuchte mich hier Prof. Podacci-Pisanelli[2], jetzt christlich-demokratischer Parlamentarier und Professor für

Verwaltungsrecht in Bari. Er erinnerte sich mit Wärme eines Besuches, den er Ihnen im Jahre 1939 gemacht hat.
Das Konkordats-Urteil des BVerfG[3]. habe ich noch nicht gesehen, aber nach dem, was Schneider, der bei der Verkündung zugegen war, mir berichtet, erhöht es die Konfusion, weil es keine praktischen Lösungen aufzeigt.
Heute erfuhr ich, daß das gleiche Gericht am 19.2. einen Beschluß zum 131-er Urteil[4] auf den Vorlagebeschluß des BGH erlassen hat, der im wesentlichen eine Polemik gegen die Kritiker des damaligen Urteils darstellt und den mir einer meiner Schüler, der als Hilfsarbeiter beim BVerfG tätig ist, als unglaublich bezeichnete, insbesondere auch, was die Ausführungen über mich anbelangt. Ich bin einigermaßen gespannt auf den Beschluß und werde mich gegebenenfalls zu wehren wissen.
Mit herzlichen Grüßen und allen guten Wünschen,
auch von meiner Frau,
in alter Verehrung
stets Ihr
Ernst Forsthoff

Nr. 100
Ernst Forsthoff an Carl Schmitt Heidelberg, den 8. Juli 1957

Lieber Herr Schmitt!
Es bedrückt mich sehr, daß es nun doch erst der Geburtstagsbrief ist, der das lange Schweigen von mir beendet. Erlassen Sie mir bitte die Aufzählung der vielen leidigen Dinge (vom nicht weiter kommenden Umbau meines Arbeitszimmers bis zur Fülle des täglichen Krams), die dieses Schweigen bedingten und nehmen Sie die Versicherung an, daß dieses Schweigen keinerlei Schlüsse auf meine Gesinnungen und Empfindungen zuläßt. So nehme ich an Ihrem Geburtstag mit meinen aufrichtigen Wünschen für Ihr neues Lebensjahr herzlichen Anteil.
Daß Sie meinen Studenten eine Zusage für den von ihnen mit so viel Idealismus vorbereiteten Ferienkurs gegeben haben, hat hier allgemein größte Freude ausgelöst. Das Ganze ist ein Experiment, dem ich aber, da es sich um prächtige, intelligente Jungen handelt, mit Optimismus entgegensehe. In der Gestaltung der Dinge sind wir vollkommen frei und unabhängig und wir konstatieren mit Freude ein lebhaftes Echo bei denen, deren Mitwirkung wir erbeten haben. Erst in diesen Tagen haben sich die Studenten noch an Sellner[1] gewandt und es wäre besonders erfreulich, wenn er sich gewinnen ließe.
Heute gab mir H. Schneider Ihren Brief mit den Anlagen, Peter Schneider betreffend. Ich habe sein Buch für das Historisch-politische Buch besprochen[2] und ärgere mich nun doch, daß ich ihn zu nobel behandelt habe, nachdem ich inzwischen seinen Aufsatz über die Gewaltenteilung im Archiv d. öff. Rechts gelesen habe[3]. Hier setzt er seiner Art, Meinungen nicht über Sachprobleme, sondern über die Meinungen anderer von

sich zu geben, sehr bemerkenswert fort, indem er nicht widerlegt, sondern politisch verdächtigt. Das plump und unverfroren bei Werner Weber, etwas verhüllter bei mir. Dieser Aufsatz in Verbindung mit dem um Mallmann und Bachof erweiterten Herausgeberkreis des Archivs hat mich veranlaßt, mit Herrn Schneider zu erwägen, ob es nicht an der Zeit ist, eine eigene Zeitschrift ins Leben zu rufen; dies umso mehr, als das von Ule neu gestartete Verwaltungsarchiv[4] schon jetzt als ein Fehlschlag zu erkennen ist. Tun wir nichts, dann sind wir bald dem Wohlwollen einer bestimmten Clique hoffnungslos ausgeliefert.

In diesem Semester lese ich eine Spezialvorlesung: Verfassung und Verwaltung im Spiegel der Rechtsprechung, die einen unerwartet großen Zulauf hat. Die systematische Beschäftigung mit der Rechtsprechung des Bundesverfassungsgerichts, die ich mir damit auferlegt habe, bringt mir die Ungeheuerlichkeiten eines Justizstaates mehr zum Bewußtsein als die fallweise Beschäftigung mit den Urteilen im Zeitpunkt ihres Erscheinens. Schon die Tatsache des Justizstaates als solche hat eine Korruption der juristischen Methode und Logik zur Folge, wie sie sich in den Urteilen des BVerfG immer unverhüllter zeigt.

Eben beschäftige ich mich mit der Verfassungsbeschwerde Schultes[5]. Das Schreiben des Gerichts ist schon insofern von bemerkenswertswerter Schludrigkeit, als es § 90 BVerfGG falsch heranzieht, als wenn eine Angelegenheit von allgemeiner Bedeutung <u>und</u> ein unabwendbarer Schaden verlangt würde, während das Gesetz sich alternativ („oder") formuliert. Lediglich die Bemängelung des Antrags – der auch mir zu unbestimmt erschien – hat eine gewisse Berechtigung und ihr sollte man durch Benennung der wesentlichen §§ abhelfen. Ich habe die Hoffnung, daß es noch gelingen wird, das Gericht von der Unhaltbarkeit des Schreibens zu überzeugen. Die Verfassungsbeschwerde erscheint mir im ganzen recht interessant. Ich werde mein Gutachten im August machen.

Von der Italienreise im April wäre manches zu berichten, was in größerer Ausführlichkeit hoffentlich mündlich geschehen kann. In Turin war ich mehrfach mit Dr. Dallmeyer [Dallmayr][6] zusammen, den ich menschlich schätzen lernte ohne über seine wissenschaftlichen Qualitäten ein endgültiges Urteil zu gewinnen. Bobbio[7], mit dem ich mich eine Stunde unterhielt, ist sicher ein recht ernst zu nehmender Mann. Die Unterhaltung litt etwas darunter, daß sie französisch geführt werden mußte, was ihm offenbar nicht sehr lag. Roman Schnur sagte mir, daß er Bobbio zu einer rechtsphilosophischen Tagung eingeladen habe, von der ich nicht mehr weiß, ob sie in Saarbrücken oder Köln stattfinden soll. Mit Schnur habe ich Vorbesprechungen wegen einer Habilitation geführt und mein Einverständnis dazu erklärt, ihn hier für die Lehrtätigkeit in Speyer zu habilitieren. Bei jedem Zusammensein mit ihm habe ich einen gleich vorzüglichen Eindruck von ihm. Zuletzt sahen wir uns, als er an dem politischen Kolloquium teilnahm, das Friedrich in Verbindung mit Schneider, Gallas und mir veranstaltet – und bei dem nicht allzu viel herauskommt. Immerhin hat Friedrich sich hier menschlich recht angenehm eingeführt. Nachdem er mir gegenüber immer wieder von Ihnen gesprochen hatte, legte ich ihm nahe, Ihnen zu schreiben[8]. Dieser Tage berichtete er

mir sehr erfreut von einem Brief, mit dem Sie ihm geantwortet haben. So sehr ich davon überzeugt bin, daß ihn die eigentlichen europäischen Verfassungsprobleme, wie ja auch sein Buch zeigt, verschlossen sind, so gewinnt er doch durch persönlichen Charme und eine persönlich-offene Art, von der ich nicht von vornherein annehmen möchte, daß sie absichtsvoll und zweckbedingt ist.
Inzwischen hat Siebert[9] den Ruf auf unsere neue Professur für bürgerliches Recht und Arbeitsrecht angenommen. Wir sind sehr froh darüber und hoffen nun auf Wieacker, der seit einigen Monaten als Nachfolger Kunkels berufen ist[10]. Schon jetzt aber wird man sagen dürfen, daß die Austreibung des Heidelberger Geistes aus unserer Fakultät als abgeschlossen betrachtet werden kann.
Seien sie in alter Verehrung mit allen guten Wünschen
denen sich die ganze Familie anschließt, herzlich gegrüßt
von Ihrem
Ernst Forsthoff

Nr. 101
Carl Schmitt an Ernst Forsthoff Plettenberg, 28. November 1957

Lieber Herr Forsthoff,
mit der beiliegenden Anzeige verbinde ich eine herzliche, an Sie, Ihre verehrte Frau und Susanne gerichtete Einladung. Die Trauung findet nachmittags um 5 Uhr in der Schloßkapelle statt (Freitag, der 13. Dezember)[1], anschließend werden wir im Schloßrestaurant, wo die Räume reserviert sind, hoffentlich noch lange zusammen sein und das Ereignis feiern. Nach unseren bisherigen Besprechungen dürfen wir wohl damit rechnen, daß Sie alle drei uns die Freude machen, dieser Einladung zu folgen.
Herzliche Grüße von Anima und mir und auf ein gutes Wiedersehn in Heidelberg!
Ihr alter und getreuer
Carl Schmitt.

Ich werde Donnerstag, 12/12, nachmittags in Heidelberg eintreffen und im „Ritter“ wohnen.

Nr. 102
Ernst Forsthoff an Carl Schmitt Heidelberg, 6. Dezember 1957

Lieber Herr Schmitt!
Durch den Abschluß der Bauarbeiten und den anschließenden Umzug aus meinem alten Arbeitszimmer in das neue war ich länger als eine Woche ganz mattgesetzt. So komme ich erst heute dazu, Ihnen herzlich dafür zu danken, daß wir an Animas Hochzeitsfeier teilnehmen dürfen. Das ist uns eine besondere Ehre und eine nicht geringere

Freude. Am Donnerstag beginnt das Referendarexamen, von dem ich mich natürlich am Freitag, ebenso wie H. Schneider, habe freistellen lassen. Das Examen geht bis in den Abend hinein. Ich denke aber doch, daß es mir möglich sein wird, Sie am Donnerstag abend im „Ritter" zu begrüßen, wenn auch kurz, da Sie gewiß durch mannigfache Pflichten in Anspruch genommen sein werden.
Für die Übermittlung des Vortrages von Warnach[1] bin ich Ihnen sehr dankbar. Ich habe ihn mit Genuß gelesen. Er ist hier übrigens durchaus beachtet worden, wie ich daraus entnehme, daß ich mehrfach darauf angesprochen wurde.
Mit herzlichen Grüßen an Sie und Anima,
auch von meiner Frau,
stets Ihr
Ernst Forsthoff

Nr. 103

Carl Schmitt an Ernst Forsthoff o. O., o. D. [Dezember 1957]

Lieber Herr Forsthoff,
leider konnte ich mich nicht mehr persönlich von Ihnen verabschieden; ich war so erkältet, daß ich kaum noch ein Wort sprechen konnte. Am meisten bedaure ich, daß ich die Verabredung für Samstag 14/12 vormittags nicht einhalten konnte! Ich hätte mir gerne Ihr neues Arbeitszimmer und die Bibliothek besehen, von der mir Frau Oberheid und Herr und Frau Schulte begeistert erzählten.
Mein Weihnachtsgruß soll Ihnen nur sagen, daß ich Ihrer und der Ihrigen in aller Freundschaft gedenke und daß Ihre Teilnahme an der Hochzeit von Anima für mich eine der schönsten Erinnerungen bleibt. Sagen Sie das bitte, mit weiteren herzlichen Weihnachtswünschen, auch Ihrer verehrten Frau und Susanne. Die Photos, die Peter Oberheid und George Schwab[1] gemacht haben, sind nur zum Teil gelungen; ich schicke Ihnen bald einige.
Das Buch von Joachim Maass[2] über Kleist, das ich Ihnen versprochen habe, füge ich bei. Wenn Sie Zeit haben, darin zu lesen und einen Eindruck gewinnen, teilen Sie mir das bitte mit einigen Worten kurz mit. Ein gemeinsamer Bekannter von Maass und mir, der Justiziar des Gerling-Konzerns, Dr. Küntzel[3], will unbedingt eine Begegnung zwischen uns beiden organisieren, aber ich bin noch nicht ganz dazu bereit.
Ihnen, lieber Herr Forsthoff, Ihrer verehrten Frau und Ihrer verehrten Mutter sowie den Kindern herzliche Weihnachts- und Neujahrswünsche Ihres alten und getreuen
Carl Schmitt

Nr. 104

Ernst und Ursula Forsthoff an Carl Schmitt Heidelberg, 22. Dezember 1957

Lieber Herr Schmitt!
Es hat uns sehr leid getan, daß Sie sich bei der Hochzeit so erkältet haben und daß wir dadurch der Freude beraubt wurden, Sie noch einmal zu sehen, und keine Gelegenheit mehr hatten, Ihnen unseren herzlichen Dank dafür auszusprechen, daß wir an der Hochzeit teilnehmen durften, an die wir immer mit Freude denken werden. So sei der Dank hier ausgesprochen und ich verbinde ihn mit unseren herzlichsten Wünschen zu Weihnachten und zum neuen Jahre. Wir hoffen sehr, daß Sie sich inzwischen wieder erholt haben werden. Viel sprachen wir noch von Anima und ihrem großen Entschluß[1] und wünschen ihr von Herzen, daß die neue Welt, der sie sich anvertraut hat, sie freundlich aufnehmen möge und daß sich ihre Hoffnungen und Wünsche erfüllen mögen.
Ich war bis gestern von morgens bis abends in die Referendarprüfungen eingespannt (90 Kandidaten). Höhepunkt des Examens war die Prüfung von Ulrich Huber[2], der mit „sehr gut" abschnitt, eine Note, die nur alle paar Jahre einmal gegeben wird, vor ihm zuletzt an seinen Bruder Konrad. Leider erfuhr ich gestern von Frl. Dr. Hilger[3], daß irgendeine Organisation in Niedersachsen, die sie nicht benennen konnte, ein bösartiges Flugblatt gegen E. R. Huber in Umlauf gebracht hat, mit Zitaten aus Büchern vor 1945. Da Hubers Ernennung perfekt ist, wird die Sache insoweit keinen Schaden anrichten, ich nehme aber an, daß sie Huber bei seiner bekannten Sensibilität doch schwer treffen wird.
Am Montag war ich auf wenige Stunden in Köln, um auf der Jahrestagung des Verbandes kommunaler Unternehmen einen Vortrag über „Daseinsvorsorge und Kommunen" zu halten[4]. Das Thema wurde mir so gestellt. Für mich war das eine Gelegenheit, einige neue Gedanken zu dem Thema Daseinsvorsorge vorzutragen und implicite gegen manchen Unsinn Stellung zu nehmen, der mit diesem Wort, das nun einmal an mir hängt, getrieben wird. Den Vortrag kann ich Ihnen demnächst im Druck schicken.
<*Familiennachrichten*>
Meine Frau hatte Ihnen eine Kleinigkeit zu Weihnachten zugedacht. Leider ist sie im Geschäft nicht rechtzeitig fertig geworden. So können wir sie erst nach dem Fest abschicken.
Mit den herzlichsten Wünschen von uns beiden, denen
sich die Kinder anschließen,
Ihr getreuer
Ernst Forsthoff
u. Ursula Forsthoff.

Nr. 105
Ernst Forsthoff an Carl Schmitt Heidelberg, 5. Juni 1958

Lieber Herr Schmitt!
Seit Monaten bedrückt mich mein Schweigen Ihnen gegenüber. Bitte haben Sie Nachsicht mit mir. Monate lang lag auf mir die Last der 7. Auflage, deren ich endlich ledig bin; dazu kam vieles andere – Vorträge, kleinere Arbeiten und der tägliche Kram, sodaß von allerlei Ferienplänen nicht mehr übrig blieb als eine Woche in Montreux. So kam es nicht zu einem Brief an Sie, obgleich ich zunächst durch meinen Beitrag zu Ihrer Festschrift[1], dann durch deren redaktionelle Betreuung Ihnen in der täglichen Arbeit enger verbunden bin denn je zuvor.
Daß die Festschrift nun gesichert ist – heute kamen die ersten Korrekturen – ist mir eine große Freude, denn daß die Ihnen zum 65. Geburtstag zugedachte Festschrift nicht erschien, hat mich mehr enttäuscht als ich je ausgesprochen habe. Herr Jeserich[2] im Verlag Kohlhammer hat sich unser aller Dank damit verdient, daß er sich sofort dazu bereit erklärte, ein Buch zu verlegen, das ihm bei Strauß, Kaufmann, Heuß usw. sicher negative Zensuren eintragen wird, die einem so großen Verlag nicht gleichgültig sein können.
Ich habe zu dem Buch eine Analyse der heutigen Verfassungsinterpretation, vor allem durch das BVerfG, beigesteuert, von der ich aus guten Gründen vermute, daß sie auf Seiten der Betroffenen erbitterte Reaktionen auslösen wird, vor allem mit der These, daß die Verfassungsgerichtsbarkeit, wie wir sie haben, das Verfassungsrecht systematisch verunsichert. Das sehe ich auf mich zukommen und wappne mich mit Gelassenheit gegenüber den zu erwartenden Verunglimpfungen. Es gibt zwei Dinge, von denen mich eindeutig zu distanzieren ich ein unabweisliches Bedürfnis habe: den Sozialstaat und die heutige Verfassungsinterpretation, wie sie insbesondere das Bundesverfassungsgericht praktiziert. Mit dieser Abhandlung werde ich den furor der Karlsruher judices in solchem Maße verspielen, daß ich Gutachten in Angelegenheiten der Verfassungsgerichtsbarkeit nicht mehr übernehmen kann. Das ist auch kein Verlust. Denn die Rechtsprechung des Gerichts wird immer übler und die Art, in der jetzt die Verfassungsbeschwerden über § 91a BVerfGG[3] abgewürgt werden, ist ein vollendeter Skandal. Dazu könnte ich Ihnen manches erzählen.
Vorgestern erhielt ich Ihre verfassungsrechtlichen Aufsätze zur Besprechung im Historisch-politischen Buch[4]. Ich habe mich in dem Buch so festgelesen, daß es hell wurde, als ich zu Bett ging. Die ganze Zeit der Entstehung dieser Abhandlungen lebte in der Erinnerung wieder auf. Die Zusätze machen aus dem Ganzen wirklich ein neues Buch. Was in ihnen steckt, ist außerordentlich; vor allem der Annex zur Lage der europäischen Rechtswissenschaft hat mich sachlich und persönlich gleich tief berührt. Ich habe gestern gleich die Besprechung geschrieben, für die ich leider in dieser Zeitschrift nur wenig Raum hatte. Ich hoffe, daß Herr Franz die Besprechung noch in das Juli-Heft nehmen kann, was er, wie er mir schrieb, versuchen will.
Ihre bevorstehende Reise nach Spanien gibt uns für die Fertigstellung der Festschrift etwas mehr Frist. Wie die Dinge jetzt stehen, müssen wir dafür dankbar sein. Wir hat-

ten zwar frühzeitig mit den Vorbereitungen begonnen, aber doch die Komplikationen unterschätzt, die sich aus der Nichteinhaltung der Ablieferungstermine usw. ergeben. So sind wir schließlich doch in einen gewissen Rückstand geraten. Da Sie, wie ich höre, im Juli noch abwesend sein werden und im August die meisten Mitarbeiter in die Ferien fahren werden, kommt für die Überreichung der September oder Oktober in Betracht. Als äußersten Termin der Fertigstellung habe ich mit Kohlhammer Ende August vereinbart und dieser Termin kann auch unter allen Umständen eingehalten werden. Ich hoffe Sie damit einverstanden.
Dieser Tage rief mich Herr Schulte an und ich erfuhr dadurch seine schwere Erkrankung und die bevorstehende Operation. Wir sind nun doch recht besorgt um ihn.
Für die bevorstehende Reise nach Spanien wünschen wir alle Ihnen alles Gute und hoffen, daß Sie Anima froh und glücklich antreffen werden. Ich wäre Ihnen sehr dankbar, wenn ich Ihre Anschrift in Santiago bekommen würde, denn es könnte sein, daß ich im Zusammenhang mit der Festschrift Anlaß hätte, mich an Sie zu wenden. (Die Bibliographie, für die ich herzlich danke, konnten wir ohne Rückfrage druckfertig machen. Herr Blümel hat sie mit der bei ihm gewohnten peinlichen Genauigkeit überarbeitet[5] und die volle Gleichheit der Zitierweise usw. hergestellt. Wir haben auch noch einige Publikationen entdeckt, so einen Aufsatz in einer ägyptischen Rechtszeitschrift. Jedenfalls ist die Bibliographie mit nunmehr 616 Nummern noch imponierender als die erste Fassung).
Nochmals alle guten Wünsche und
herzliche Grüße
Ihres
Ernst Forsthoff

Nr. 106
Ernst Forsthoff an Carl Schmitt — Heidelberg, den 5. Juli 1958

Lieber Herr Schmitt!
Ihr Geburtstag naht heran und indem ich mich bemühe, meine Wünsche zu Papier zu bringen, bricht eine Fülle der Erinnerungen über mich herein. Es wird mir bewußt, daß es jetzt 35 Jahre her ist, als ich im Sommersemester 1923 zum erstenmale zu Ihren Füßen saß und erst durch Sie, im fünften Semester, also reichlich spät, aber noch nicht zu spät, erfuhr, was es bedeutet, ein Jurist zu sein – oder damals noch: zu werden. Daß Sie mich bald darauf als Ihren Schüler aufnahmen, wurde Wende und Glück meines Lebens und was die weiteren Jahrzehnte einschließen an Ermutigung und Gewinn wird sich schwerlich in Worte fassen lassen. So steht unter den mannigfaltigen Empfindungen, die mich bewegen, die des Dankes voran, den, immer empfunden, Ihnen auszudrücken an diesem so bedeutungsvollen Tage mir ein herzliches Bedürfnis ist. Ich verbinde damit meine herzlichsten Wünsche für den 11. Juli, aber auch für das neue Lebensjahrzehnt, das er einleitet, für Ihr Wohlergehen und Ihre Schaffenskraft,

auf die Ihre Freunde große Hoffnungen setzen. Als Zeugnis dieser Schaffenskraft bewundere ich Ihre Verfassungsrechtlichen Abhandlungen, die durch die beigefügten Bemerkungen ein neues Buch geworden sind. Ich habe den Band für das Historisch-politische Buch besprochen und dabei zum Ausdruck gebracht, daß Sie die heutige Staatsrechtslehre mit diesem Buch vor eine Entscheidung gestellt haben, der sie nicht ausweichen kann, auch nicht mit Stillschweigen. So sehe ich Ihren Eintritt in das neue Lebensjahrzehnt markiert durch die Tatsache, daß Sie mit diesem Buche wiederum in den Mittelpunkt der wissenschaftlichen Auseinandersetzungen getreten sind.

Daß wir Ihnen unsere persönliche und wissenschaftliche Verbundenheit durch eine Festschrift bezeugen können, erfüllt mich mit großer Freude und Genugtuung. Das Buch ist zum größten Teil bereits gesetzt. Immerhin sind wir dafür dankbar, daß wir durch Ihre Reise ein wenig mehr Zeit gewonnen haben, denn natürlich hat es sich ergeben, daß die Ablieferungstermine nicht nach unseren Erwartungen innegehalten wurden. Einige Mühe machte uns auch die Bibliographie, die von Herrn Blümel in musterhafte Ordnung gebracht worden ist. Der Umfang wird sich auf etwa 400 Seiten belaufen. Da Heinrich Oberheid gut für die Finanzierung gesorgt hat, kann der Preis auf etwa 18.– DM festgesetzt werden, was der Verbreitung des Werkes gewiß zustatten kommen wird. Wegen des Zeitpunktes der Überreichung an Sie sehen wir noch nicht ganz klar und ich wäre Ihnen für eine Mitteilung über die Ihnen passenden Termine dankbar. Herr Barion hatte den 6. September in Erwägung gezogen. Das hätte den Vorteil, daß die Veranstaltung im Hause Oberheid vor sich gehen könnte, wobei auch an den Garten gedacht ist. Bei vorgerückter Jahreszeit, also im Oktober, müßte ein anderer Ort gesucht werden. Die Zeit zwischen dem 20.9. und 12.10. würde mir schlecht passen, da ich wieder in Ebrach bin und von dort zur Staatsrechtslehrer-Tagung (9.–11.10.) nach Wien fahre.

Ich hoffe aufrichtig, daß Sie in Santiago eine schöne Zeit verbringen. Gewiß wird es Ihnen eine Freude sein, an Animas neuer Welt Anteil zu nehmen und die dortigen Kollegen werden sich glücklich schätzen, anregende Gespräche mit Ihnen führen zu können. Ich wäre Ihnen dankbar, wenn Sie den Kollegen Legas und Alvaro d'Ors[1] meine Grüße übermitteln würden. Vielleicht sind Sie auch in der Lage, etwas darüber zu erfahren, ob mit dem Erscheinen der spanischen Ausgabe meines Verwaltungsrechts noch zu rechnen ist. Die Übersetzung hat Herr Legas meines Wissens schon vor mehreren Jahren abgeschlossen[2].

Indem ich Sie noch einmal aufrichtig beglückwünsche, bin und bleibe ich
mit herzlichen Grüßen, auch an Anima,
stets Ihr
Ernst Forsthoff

Nr. 107

Carl Schmitt an Ernst Forsthoff o. O. [Poststempel: Santiago de Compostela]
18. Juli 1958

Lieber Herr Forsthoff,
dieses Land hier, in dem ich mich jetzt $1^1/_2$ Monate aufhalte, ist so wunderbar, dass ich mir immer ausmale, Sie müssten einmal hier einige Monate verbringen, um es wirklich kennen zu lernen: eine der schönsten Städte der Welt, mit grosser Geschichte, ein intensiv grünes Land, mit Bergen, grossartigen Alleen, prachtvoller (nicht mediterraner) Sonne, und einer unglaublichen Fülle von Wein, Früchten und Fischen. Anima geht es sehr gut, und Alfonso ist der beste Gastgeber und compañero, den man sich denken kann. Alle würden sich freuen, Sie mit Ihrer Frau hier zu sehen. Auch Prof. Legaz y Lacambra, der sich mit der Übersetzung Ihres Lehrbuches viel Mühe gegeben hat und sehr stolz darauf ist. So hoffe ich, dass Sie eines Tages dieses wunderbare Stück Erde und Geschichte kennen lernen.
Über Ihren Geburtstagsbrief habe ich mich aus ganzem Herzen gefreut. In meine Gedanken über Deutschland, die deutsche Situation und das deutsche Schicksal trat er wie ein beruhigender, schöner Bote ein. Ich bin zu müde, um eine Anti-Strophe zum Gesang des Sechzigjährigen[1] zu schreiben, und einige Ansätze zu einem Rückblick sind stecken geblieben. Aber ich hoffe auf ein Gespräch mit Ihnen, sei es, dass ich Sie auf meiner Rückreise noch Anfang August in Heidelberg aufsuchen kann (am 4. August will ich in Frankfurt eintreffen), sei es später im Lauf der folgenden Monate.
Auf die Zusammenkunft am 6. September bei Oberheid in Düsseldorf bin ich gespannt. Es ist doch so gedacht, dass nur Mitarbeiter der Festgabe dabei sind, damit wir nicht abgelenkt werden. Von der Masse der Telegramme und Gratulationen bin ich noch verwirrt; anscheinend hat ein (mir nicht bekannt gewordener) kleiner Aufsatz in der FAZ vom 10. Juli die Schleusen geöffnet[2].
An Rechtsanwalt Blümel habe ich heute die Korrekturen der Bibliographie zurückgeschickt. Seine Mühe um diesen Teil der Festgabe ist erstaunlich; ich möchte mich auch noch persönlich bei ihm bedanken. Könnten Sie mir eine Zeile schreiben (Santiago de Compostela, Rúa del Villar 72), ob es praktisch wäre, wenn ich am 5. oder 6. August von Frankfurt aus nach Heidelberg käme? Ich danke Ihnen nochmals herzlichst für Ihren Geburtstagsbrief und für die viele Arbeit, die Sie sich wegen dieses Tages aufgeladen haben.
Mit vielen Grüssen und {guten Wünschen, auch von Anima und Alfonso, bleibe ich stets Ihr alter und getreuer
Carl Schmitt.}

{Herr Blümel stellt immer neue Fragen; wäre es nicht richtig, die Bibliographie einfach mit dem 11. Juli 1958 abzuschliessen? Sonst gibt es immer neue Einfügungen und Korrekturen.}

Nr. 108

Ernst Forsthoff an Carl Schmitt Heidelberg, 20. Juli 1958

Lieber Herr Schmitt!
Sie haben mir mit Ihren Zeilen eine große Freude bereitet. Ich antworte Ihnen sofort, um Ihnen meinen eben in Christ und Welt erschienenen kleinen Aufsatz zu schicken[1], der leider durch die Redaktion im letzten Satz in dummer Weise verstümmelt worden ist. Immerhin: daß Christ und Welt den Aufsatz von mir erbat, bleibt anzuerkennen. Sonst hat, soweit ich es übersehe, bisher nur die Frankfurter Allgemeine Zeitung von Ihrem Geburtstag mit einem Aufsatz von Dechamps Notiz genommen, der nobel ist und die ihm von der Redaktion gelassene Freiheit bis zur äußersten Grenze ausnutzt. Die Welt hat merkwürdigerweise bisher nichts gebracht und ich vermute einfach deshalb, weil der Terminkalender nicht in Ordnung war.
Die Bibliographie ist Ihnen inzwischen von Herrn Blümel zugesandt worden. Sie ist jetzt m. E. in guter Ordnung. Wir werden die Aufsätze zum 70. Geburtstag noch hineinnehmen, soweit sie bis Ende Juli erscheinen. Dann müssen wir definitiv abschließen.
Die Fertigstellung der Festgabe wird sich, was ich in meinem letzten Brief nicht voraussehen konnte, noch etwas verzögern, weil ein wichtiger Beitrag, auf den wir nicht verzichten können, erst im August eingehen wird. So wird die Festschrift am 6. September noch nicht fertig sein. Da wir größten Wert darauf legen, daß das Buch am Tage nach der Überreichung an Sie in den Buchhandlungen ausliegt, möchten wir Sie bitten, mit einem späteren, noch zu vereinbarenden Termin für die Überreichung einverstanden zu sein.
Am 2. August habe ich für meine Frau und mich Quartier im Wallis (und zwar in Binn, Hotel Ofenhorn) bestellt. Wir müssen deshalb am 1. August hier abfahren, sodaß es uns leider nicht möglich ist, Sie am 4. August auf dem Flughafen zu begrüßen, was wir sonst natürlich besonders gerne getan hätten.
Daß das Verwaltungsrecht jetzt erschienen ist, war mir eine sehr erfreuliche Nachricht. Hoffentlich erhalte ich bald ein Exemplar.
Mit herzlichen Grüßen von uns beiden an
Sie, Anima und Herrn Otero
stets Ihr
Ernst Forsthoff

Nr. 109

Carl Schmitt an Ernst Forsthoff Plettenberg, 4. September 1958

Lieber Herr Forsthoff,
die Mitteilung von Herrn Schulte ist verfrüht: ich habe vor, erst nächste Woche, nicht vor dem 11. September, nach Heidelberg zu kommen. Morgen 5/9 will Barion mich hier in Plettenberg besuchen. Herr Schulte, der diesen Samstag, 6/9, fahren muß, wollte mich gern mitnehmen, aber ich bin noch nicht soweit. Mein Plan ist, am 11. September

in Heidelberg einzutreffen. Wenn ich nichts von Ihnen höre, melde ich mich dann bei Ihnen telefonisch.
Herzlichen Dank und Gruß und auf ein gutes Wiedersehn!
Stets Ihr
Carl Schmitt.

Nr. 110
Ernst Forsthoff an Carl Schmitt Heidelberg, 5. November 1958

Lieber Herr Schmitt!
Verzeihen Sie, wenn ich Ihnen erst heute die Weltgeschichte von Westphal[1] übersende. Ich hatte nicht vergessen, dass ich Ihnen das Buch übermitteln wollte. Ich konnte es nicht schneller besorgen, weil es vergriffen ist und ich erst kürzlich Gelegenheit hatte, Herrn Jeserich um die Freundlichkeit zu bitten, mir noch ein Exemplar aus den Archivbeständen des Verlages zu überlassen. Ich freue mich sehr darüber, dass das gelungen ist, denn ich zweifle nicht daran, dass die Lektüre dieses ideenreichen Buches Sie interessieren wird.
Das Zeitarchiv von Weinreich[2], das ich Ihrer Freundlichkeit verdanke, lese ich mit grossem Interesse. Ich finde es sehr gut gemacht und werde auch Herrn Weinreich einmal schreiben, wenn ich die Fortsetzung des Bezuges anmelde.
Verzeihen Sie, wenn ich so lange nichts von mir hören liess. Aber mehrere Reisen, darunter nach Ebrach und nach Wien, Vorträge, und der Umzug des Juristischen Seminars[3] haben mich seit Wochen in meiner Korrespondenz lahmgelegt. Ich werde aber bald von mir hören lassen.
In der Hoffnung, dass es Ihnen gut geht bin ich für heute
mit herzlichen Grüssen stets
Ihr
Ernst Forsthoff

Nr. 111
Ernst Forsthoff an Carl Schmitt Heidelberg-Schlierbach, 1. Dezember 1958

Lieber Herr Schmitt!
Hiermit übersende ich Ihnen, wie bereits telefonisch in Aussicht gestellt, das Novemberheft der „Deutschen Rundschau".
Mit herzlichen Grüssen
Ihr
Ernst Forsthoff

Wie der Kaufmann-Brief[1] ist das ganze Heft. Die Zeitschrift erscheint verdientermaßen unter Ausschluß der Öffentlichkeit.

Nr. 112

Carl Schmitt an Ernst Forsthoff o. O., 3. Dezember 1958

Allerbesten Dank, lieber Herr Forsthoff, für die Zusendung des Heftes der Deutschen Rundschau! Der an Sie gerichtete „Offene Brief" ist fad und flach, unverschämt flach. Sie haben recht, daß Sie den Briefwechsel daraufhin abgebrochen haben. Von mir kann man auch keine Antwort erwarten, denn ich brauche der Welt keinen Disput zwischen Greisen darzubieten. So mag also Erich Kaufmann das Feld behaupten, sein Feld, das durch ein so trauriges Blättchen wie diese „deutsche Rundschau" gekennzeichnet ist.
Herzliche Grüße und Wünsche Ihres alten
Carl Schmitt

Bald schicke ich Ihnen und Ihrer Frau ein Bild von der Taufe der kleinen Beatriz, meiner ersten Enkelin.

Nr. 113

Ernst Forsthoff an Carl Schmitt Heidelberg, 21. Dezember 1958

Lieber Herr Schmitt!
Nehmen Sie zu Weihnachten unser aller herzlichen Wünsche entgegen – und zum neuen Jahre. Wir hoffen, daß Sie wohlauf sind und daß Sie gerne auf das scheidende Jahr zurückblicken, das Ihnen mit den Wochen in Santiago und mit der kleinen Enkeltochter Glück und Freude geschenkt hat. Nehmen Sie als bescheidende Gabe das Buch von Schrade über die frühmittelalterliche Malerei[1] freundlich an, das eben erschien und von dem ich meine, daß es Ihnen als Freund der Romanik willkommen sein möchte. Ich bekam es gleich nach dem Erscheinen von Schrade, las schon viel darin und fand es bedeutend und faszinierend.
Daß wir Ihnen die Festgabe noch nicht überreichen konnten, ist uns schmerzlich. Aber Sie kennen ja die Umstände. So müssen wir uns damit bescheiden, daß das Erscheinen des Buches gesichert ist und daß wir mit ihm rechnen können, wenn die von Duncker u. Humblot gewünschten und von uns auch begrüßten satztechnischen Verbesserungen durchgeführt sind, was Anfang nächsten Jahres der Fall sein dürfte. Den Termin für die Überreichung wollen wir, durch die Erfahrungen gewitzigt, erst mit Ihnen vereinbaren, wenn die Vollzugsmeldung des Verlages vorliegt.
Auf die 7. Auflage hin habe ich schon viele positive Zuschriften bekommen, aus denen ich entnehmen kann, daß das Buch wieder die Form gewonnen hat, die es durch die schnelle Folge der früheren Auflagen etwas verloren hatte. Es lohnt sich doch, dem Drängen der Verleger nach einer Neuauflage binnen acht Wochen zu widerstehen.
Inzwischen habe ich endlich auch die spanische Ausgabe erhalten und war erstaunt über den Umfang des Bandes. Erstaunlich finde ich auch, daß man den Titel in wörtlicher Übersetzung übernommen und nicht kenntlich gemacht hat, daß es sich um deut-

sches Verwaltungsrecht handelt. Ich habe nun Legaz und seinen Helfern brieflich für die große Mühe der Übersetzung herzlich gedankt. Er schrieb mir, daß das Buch in Spanien großes Interesse finde.
Im zweiten Januar-Heft der Öffentlichen Verwaltung erscheint ein Aufsatz von mir: „Die Bindung an Gesetz und Recht (Art 20 Abs 3 GG)“[2], in der ich den Rechtsstaat und den heutigen Justizstaat einander gegenüberstelle. Mein Ergebnis: der heutige Staat ist Justizstaat, weil der Richter darüber entscheidet, wann er an das Gesetz gebunden ist, wann er sich unter Berufung auf das „Recht“ von der Gesetzesbindung freisprechen will. Der Rechtsstaat dagegen gewährleistet die Gewißheit der gesetzmäßigen Freiheit, die der heutige Justizstaat gerade auflöst. Das ist eine gewisse Ergänzung zu meinem Beitrag in Ihrer Festschrift, etwas, das ich schon lange auf dem Herzen hatte und einmal los sein wollte. Darin steckt auch eine gewisse Erwiderung auf Erich Kaufmann. Natürlich wird er nicht erwähnt und ich habe auch nicht die Absicht, ihm den Aufsatz zu schicken. Übrigens wird K's offener Brief an mich wohl allgemein als reichlich flach empfunden. Nur am Bundesverfassungsgericht soll er schon vor dem Druck zirkuliert haben und eifrig besprochen worden sein. So berichtete mir mein Schüler Zeidler, den ich demnächst habilitieren möchte[3], um ihn aus den Klauen der Verfassungshüter zu befreien, bei denen er nichts mehr lernen kann.
Daß ich voraussichtlich im März und April zu Vorlesungen in Ankara sein werde, hat Ihnen Herr Schulte wohl berichtet, dem ich es am Telefon sagte. Ich nehme die Gelegenheit, die Türkei und das östliche Mittelmeer kennen zu lernen, gerne wahr. Anfang Mai möchte ich gerne in Ankara aufhören, um noch für zwei Wochen auf eine griechische Insel zu gehen und Athen wiederzusehen.
Uns geht es gut. Nachdem vorgestern Susanne aus Freiburg kam, ist die Familie zusammen und wir freuen uns auf friedliche und harmonische Festtage.
Wir grüßen Sie alle recht herzlich!
In alter Verbundenheit
Ihr dankbarer
Ernst Forsthoff

Nr. 114
Ernst Forsthoff an Carl Schmitt Heidelberg, 1. Januar 1959

Lieber Herr Schmitt!
Nehmen Sie zum neuen Jahre unser aller herzlichsten Wünsche entgegen. Wir dürfen annehmen, daß dieses Jahr nicht nur in der großen Politik der Weltmächte, sondern auch in den Niederungen der politisierten Wissenschaft einigermaßen interessant werden wird. Denn vieles spricht dafür, daß die Herausgabe der Festschrift sehr erhebliche Emotionen in Bewegung setzen wird. Ich bin mir auch darüber klar, daß ich selbst in erster Linie der Zielpunkt dieser Emotionen sein werde. Nicht nur, weil man natürlich weiß, daß ich an der Vorbereitung der Festschrift beteiligt bin, sondern vor allem

wegen meines Beitrages darin, in dem ich aufdecke, wohin die moderne Auslegung der Verfassung durch die Gerichte führt: zur systematischen Verunsicherung des Verfassungsrechts und zu einer Machtsteigerung der Justiz. Ich glaube der Festschrift keinen Abbruch zu tun, wenn ich Ihnen zum neuen Jahr die Fahnen meines Beitrages übersende, wobei ich nicht verhehle, daß mich insofern gewisse egoistische Motive dabei leiten, als ich seit langem neugierig darauf bin, was Sie von dem Beitrag halten. Ich darf hinzufügen, daß ich seinerzeit Hans Schneider gebeten habe, den Aufsatz daraufhin durchzusehen, ob er vermeidbare Schärfen der Formulierung enthält (da er in der Sache selbst unvermeidlich scharf wirken muß). Er hat einige Änderungen angeregt, denen ich entsprochen habe. Dazu gehört ein hinzugefügter Schlußpassus, der in dem beiliegenden Stück noch nicht enthalten ist. Er nimmt natürlich in der Sache nichts zurück, sondern bringt zum Ausdruck, daß es sich um eine im Interesse des Rechtsstaats notwendige Auseinandersetzung handelt.
Seien Sie sehr herzlich für die schönen Gaben bedankt, mit denen Sie mich und die Familie hocherfreut haben. Die Carmina burana hörte ich zum erstenmale 1942 in Wien und sie machten damals auf mich einen tiefen Eindruck. Die Platte ist ganz herrlich und wir haben sie nun schon mehrfach mit nicht nachlassendem Vergnügen angehört. Auch die wunderbaren Pralinen fanden in der Familie dankbare Abnehmer.
<*Familiennachrichten*>
In den letzten Tagen sah ich die Titelei Ihrer Festschrift. Sie sieht recht gut aus. Wie ich von Herrn Köpcke[1] (Kohlhammer-Verlag) erfuhr, wird die Auslieferung des Buches Ende des Monats erfolgen.
Mit allen guten Wünschen und herzlichen Grüßen
stets Ihr
Ernst Forsthoff

Nr. 115
Carl Schmitt an Ernst Forsthoff
[stenographischer Entwurf einer Antwort auf Forsthoffs Brief vom 1. 1. 1959]

<*Dank für Neujahrsgruss. Hinweis auf das Buch „Die neue Gesellschaft" von Rüdiger Altmann*>[1]
[Darunter stenographische Notiz von Carl Schmitt:] Übergang vom Rechtsstaat zum Besitzstaat = Übergang von der Loyalität zur Liberalität.

Nr. 116
Ernst Forsthoff an Carl Schmitt Heidelberg, 9. Januar 1959

Lieber Herr Schmitt!
Verzeihen Sie, wenn ich Ihnen heute nur kurz für Ihren liebenswürdigen Brief danke. Sie können sich denken, dass mich Ihre Worte zu meinem Aufsatz ausserordentlich

erfreut haben. Zu den von Ihnen angemerkten Schärfen kann ich Ihnen mitteilen, dass ich nicht nur die Krise am Schluss gestrichen habe, sondern auch die Schande und den Okkasionalismus. Das war bereits geschehen, als ich Ihnen die Fahnen schickte, die insoweit nicht berichtigt sind. Ich habe mich über unsere Übereinstimmung in diesem Punkte sehr gefreut. Stehengeblieben ist also nur das Adjektiv „Dubios“ auf S. 88. Das nehme ich auf mich, denn das Wort ist zwar scharf, aber zutreffend.
Das Buch von Gross und Altmann: Die neue Gesellschaft, besitze ich nicht. Ich kenne beide Herren und halte viel von ihnen.
Verzeihen Sie, wenn ich Ihnen noch nicht zu Ihrem Beitrag zur Festschrift für Przywara[1] geschrieben habe. Ich habe die Abhandlung natürlich mit grösstem Interesse gelesen und hoffe bald eine ruhigere Stunde zu haben, in der ich Ihnen dazu schreiben kann.
Für heute verbleibe ich mit herzlichen Grüssen
stets Ihr
Ernst Forsthoff

Nr. 117
Ernst Forsthoff und andere an Carl Schmitt 18. März 1959
o. O. [Ansichtskarte: Panorama von Ankara]

Lieber Herr Schmitt!
Dank einem glücklichen Zufall habe ich hier den Kollegen Georges Burdeau[1] getroffen. Wir hatten viele interessante Unterhaltungen, in denen oft von Ihnen die Rede war. Ich schreibe Ihnen bald ausführlicher.
Herzliche Grüsse Ihres
getr. Ernst Forsthoff
Yavuz Abadan
Hommage de sympathie intellektuell – Antony.
Viele herzliche Grüsse N. Abadan
[?] B. Balta

Nr. 118
Ernst Forsthoff und andere an Carl Schmitt 22. Mai 1959
o. O. [Ansichtskarte: Rom, Via Appia]

Lieber Herr Schmitt!
Auf der Rückkehr aus dem Orient machen wir noch einige Tage in Rom Station, um mit unseren Freunden Schmids zusammen zu sein. Heute erinnerten wir uns des schönen Abends mit Ihnen in Törwang. Sonntag wollen wir wieder zu Hause sein. Ich hoffe sehr, dann die Festschrift vorzufinden.
Mit herzlichen Grüssen stets Ihr
Ernst Forsthoff

Lieber Herr Professor! Wir denken so gern an die Stunden, die wir mit Ihnen verbringen durften. Meine Frau u. ich grüßen Sie sehr herzlich. Der Besuch von Forsthoffs in Rom ist uns ein willkommener Anlaß hierzu. Herzlichst
Ihre Ihnen sehr ergebenen Schmids[1].

Herzliche Grüße Ursula Forsthoff.

Nr. 119
Ernst Forsthoff und andere an Carl Schmitt — Heidelberg, 11. Juli 1959
[Telegramm]

Im gemeinsamen Gedenken an Ihren Geburtstag herzlichste Glueckwuensche = Forsthoffs und Schulten +

Nr. 120
Ernst Forsthoff an Carl Schmitt — Heidelberg, 19. Juli 1959

Lieber Herr Schmitt!
Nachdem nun endlich die Festschrift in Ihrer Hand ist, habe ich die Unbefangenheit wiedergewonnen, deren Fehlen mich Ihnen gegenüber schweigsam machte. Denn so gewiß ich war, daß Sie die Gründe für die verdrießliche Verzögerung des Erscheinens nicht bei mir gesucht haben, so wollte mir doch in den vergangenen Wochen ein Brief an Sie nicht gelingen.
Nun bin ich umso erfreuter darüber, daß das Buch schließlich in den Verlag gekommen ist, in den es recht eigentlich gehört und ich betrachte es als eine Ehre und Auszeichnung, daß nun mein Name auf dem Titelblatt[1] steht, was ja ursprünglich nicht beabsichtigt war. Die Reaktion wird wohl nicht ausbleiben und Herr Barion meinte am Telefon ebenso witzig wie zutreffend, wir, die bisherigen Akteure, würden uns nun auf die Logenplätze begeben, um dem Agieren der anderen zuzusehen.
Ich habe eine interessante Reise in die Türkei und nach Griechenland hinter mir, von der ich Ihnen hoffentlich bald einmal erzählen kann. Aber jetzt fehlen mir die 11 Wochen der Reise und ich büße sie seit Ende Mai mit einer vermehrten Arbeitslast.
Vor zwei Wochen habe ich meinen zweiten Schüler (nach Grewe) zur Habilitation gebracht, Herrn Zeidler, z. Zt. noch wissenschaftlicher Hilfsarbeiter am Bundesverfassungsgericht, der aber im Laufe des Winters ganz nach hier zurückkehren wird. Herr Zeidler hat nun, als mein Schüler, den großen Wunsch, Ihnen in Plettenberg einmal seine Aufwartung zu machen. Wann es dazu kommt, ist noch nicht abzusehen, da er stark beansprucht und auch gesundheitlich etwas labil ist. Ich halte ihn für einen scharfsinnigen und produktiven jungen Juristen und einen untadeligen Charakter. Es würde

mich sehr freuen, wenn Sie ihn freundlich aufnehmen würden, falls er sich bei Ihnen meldet. Der Wunsch, Sie zu besuchen, ist übrigens in keiner Weise von mir beeinflußt – höchstens indirekt.
Herr Oberheid telefonierte mehrfach wegen eines Zusammentreffens der an der Festschrift Beteiligten mit Ihnen. Die Hoffnung, daß ein solches Treffen noch vor den Ferien zustande kommt, wird man leider aufgeben müssen. Ich muß am 1. August nach Davos fahren, wo ich wieder zusammen mit Herrn Naumann beim Anwaltsverein einen verwaltungsrechtlichen Kurs[2] abhalten werde. Anschließend treffe ich mich mit meiner Frau, Susanne und Albrecht in Beckenried am Vierwaldstätter See, wo wir zwei Wochen zusammen bleiben wollen. <*Familiennachrichten*>
Forts. am 22/7
Ich komme erst heute dazu, den Brief fortzusetzen, da ich an einer lästigen Magenverstimmung erkrankt war. Inzwischen hat mich eine Anfrage erreicht, zu der ich wegen ihrer Wichtigkeit gerne Ihren Rat erbitten würde. Die Sache ist natürlich, wie Sie bemerken werden, von größter Diskretion. Wie Sie wissen, bereitet ein Verfassungsausschuß die Verfassung der Republik Cypern vor. In dem Verfassungsentwurf ist ein Verfassungsgericht vorgesehen, dessen Präsident neutral, also weder Grieche noch Türke noch Cypriote sein soll[3]. Die griechische Delegation zum Verfassungsausschuß beabsichtigt, mich vorzuschlagen und glaubt Aussichten zu haben, daß dieser Vorschlag angenommen wird, weil ich durch meine Gastprofessur in Ankara auch auf türkischer Seite bekannt bin und, wie man vermutet, Sympathien habe. Die Arbeitsbelastung durch dieses Amt hält sich in solchen Grenzen, daß man auf Residenzpflicht verzichten will. Ich würde jedoch jeweils in den Semesterferien auf einige Wochen in Nicosia sein müssen und in dringenden Fällen müßte ich auch während des Semesters einmal für eine Woche nach dort fliegen. Ich bin nun gefragt worden ob ich mit meiner Nominierung durch die griechische Delegation einverstanden bin. Sie können sich denken, daß schon diese Anfrage mich sehr beeindruckt hat und daß das Amt, sofern es mir übertragen würde, eine Auszeichnung bedeuten würde, wie sie für einen deutschen Rechtsgelehrten nicht alltäglich wäre. Es läge auch eine Pikanterie im Zeitpunkt insofern, als mir im Hinblick auf die Festschrift schon der Vorwurf gemacht worden ist, die Wiederherstellung des Ansehens der deutschen Staatsrechtswissenschaft im Ausland fordere, daß man sich mit Ihnen auseinandersetze, anstatt Sie zu ehren. Dieser Unsinn würde in diesem Falle umso bündiger widerlegt, als mein Freund Tsatsos natürlich an dem Plan, mich zu nominieren, als Chef der griechischen Delegation und Mitarbeiter an der Festschrift maßgebend beteiligt ist.
Was raten Sie mir? Cypern hat zwar nur 600 000 Einwohner. Aber die Bedeutung des Amtes wird man danach nicht bemessen können. Die Insel liegt im Brennpunkt der Weltpolitik. Der Start des selbständigen Staates birgt viel Zündstoff. Die Türken sind nicht nur mit 100 000 Einwohnern zahlenmäßig in der Minderheit, sie stellen auch intellektuell und wirtschaftlich die schwächste Schicht des Landes dar. Der ganze Ruhm der errungenen Freiheit ist auf der Seite der Griechen usw. Man weiß nicht, welche Prognose man der Republik unter diesen Umständen stellen kann.

Die Zustimmung zur Nominierung kann den Umständen nach natürlich nicht präkludierend für die endgültige Entscheidung sein. Noch kenne ich den Entwurf der Verfassung nicht und das Verfassungsgesetz gibt es wohl noch nicht einmal im Entwurf. So liegen die Umrisse des Amtes wohl erst in großen Zügen fest. Aber ich hätte vielleicht im Falle der Wahl Gelegenheit, auf manches Detail noch Einfluß zu nehmen.
Natürlich lege ich mir die Frage vor, ob ich mir die Ausfüllung eines solchen Amtes zutrauen darf. Es gibt ja vieles zu bedenken, z. B. die sprachlichen Anforderungen. Ich habe mich in den letzten Jahren im Französischen so vervollkommnet, daß ich mir zutrauen könnte, eine französisch geführte Gerichtsverhandlung zu leiten. Mit dem Englischen hapert es dagegen sehr, was sich aber korrigieren ließe. Aber entscheidend wird es wohl darauf ankommen, welche Grenzen der Verfassungsgerichtsbarkeit in der Verfassung gezogen sind, wie klar die Bestimmungen gefaßt sind und wieviel es für das Verfassungsgericht möglich sein wird, sich aus der Politik herauszuhalten – wobei ich Triepels Feststellung, daß Verfassungsjustiz immer politische Justiz ist, natürlich nicht vergesse.
So ist durch die Anfrage aus Nicosia eine Fülle von Fragen bei mir ausgelöst worden. Sie können sich denken, wie viel es für mich bedeuten würde, dazu einen Rat oder wenigstens eine Meinung von Ihnen zu erhalten.
Mit herzlichen Grüßen von uns allen
stets Ihr
Ernst Forsthoff

Nr. 121

Ernst Forsthoff und andere an Carl Schmitt 8. September 1959
o. O. [Ansichtskarte:
Rothenburg ob der Tauber, Hotel „Goldener Hirsch"]

Lieber Herr Schmitt!
Auf einer Fahrt ins Taubertal bei herrlichem Herbstwetter gedenken wir Ihrer mir herzlichen Grüssen.
Ihr Ernst Forsthoff

Sehr verehrter Herr Professor!
Wir geniessen das grosse Glück während unserem diesjährigen Besuch von dem grossartigen Kenner von Deutschlands Schönheiten, Prof. Forsthoff geführt zu sein. Mit besten Empfehlungen
Nermin Abadan[1]
(Ankara)

Ich bedaure sehr Sie diesmal nicht besuchen zu können. Mit besten Empfehlungen und Grüssen bleibe ich Ihr stets ergebener Yavuz Abadan

{Herzliche Grüße
Ursula Forsthoff.}

Nr. 122

Ernst Forsthoff an Carl Schmitt Heidelberg, 14. September 1959

Lieber Herr Schmitt!

In diesem Jahr wird wieder und zwar in der Zeit vom 12.–24. Oktober das Ferienseminar in Ebrach stattfinden. Auf Wunsch aller an der Vorbereitung Beteiligten möchte ich an Sie die Frage und Bitte richten, ob Sie noch einmal nach Ebrach kommen wollen. Alle versprechen sich ausserordentlich viel davon, wenn Sie, ohne irgendwelche Vortragsverpflichtungen, an unseren Diskussionen teilnehmen würden. Das diesjährige Generalthema ist: Auflösung der universalen Einheit der Wissenschaft, wie sie die idealistische Philosophie, insbesondere Hegel bewahrt hatten und der Zerfall in mehr oder weniger isolierte fachliche Disziplinen. Ich verspreche mir von der Tagung darum sehr viel, weil es gelungen ist, eine Anzahl bedeutender Wissenschaftler zu gewinnen. So wird die Kunstwissenschaft ausser durch Schrade durch Georgiades[1] vertreten sein. Ausserdem kommen Gehlen und Wieacker; die Letztgenannten jeweils für einige Tage, während Schrade und ich die ganzen 14 Tage anwesend sein werden. Wieacker wird sich wohl wesentlich auf der Linie seiner Privatrechtsgeschichte bewegen. Unter diesen Umständen würde alles was im gedanklichen Bereich Ihrer Schrift über die Lage der europäischen Rechtswissenschaft[2] liegt, als wichtige Ergänzung von grösstem Interesse sein. Nach den zeitlichen Dispositionen würde es besonders gut passen, wenn Sie es ermöglichen könnten, etwa zu Beginn der zweiten Woche in Ebrach zu sein. Das ist natürlich nur ein Vorschlag. Uns wäre auch jeder andere Termin recht. Übrigens schrieb Herr Böckenförde[3], dass er ebenfalls wenigstens auf einige Tage kommen möchte und Sie dann mit dem Wagen nach Hause fahren könnte. Welche Freude Sie mir persönlich mit der Teilnahme machen würden, brauche ich nicht eigens hinzuzufügen.

Auf meinen Beitrag in Ihrer Festschrift habe ich schon etliche Zuschriften bekommen, die genau so ausgefallen sind, wie ich es voraussah. Interessant war mir die sehr betonte prinzipielle Zustimmung von H. J. Wolff in Münster. Ich werde Ihnen, vielleicht in Ebrach, diese Zuschriften einmal zeigen. Eine lege ich in Photokopie bei, ein Brief von Nipperdey an Christ und Welt[4]. Er ist ein wahrhaft klassisches Dokument: der Vorwurf des Nihilismus und die schliessliche Anrufung der Kirche in einer juristischen Methodenfrage – alles das könnte nicht sprechender sein. Ich nehme an, dass Sie diese Zeilen ebenso geniessen werden, wie ich es getan habe. Ich habe Christ und Welt empfohlen, den Brief kommentarlos abzudrucken und anheim gestellt, in einer redaktionellen Bemerkung hinzuzufügen, dass dies auf eine Anregung von mir geschieht. Ob man dem entsprechen wird, weiss ich allerdings noch nicht.

Meine Frau haben wir leider vorgestern wegen einer akuten schweren Anaemie in aller Eile in die medizinische Klinik in Marburg bringen müssen. (Die behandelnde Ärztin hatte zur hiesigen Klinik kein rechtes Zutrauen und mein Schwager konnte, da er der medizinischen Fakultät in Marburg angehört, dort ihre sofortige Aufnahme veranlassen). Was die Ursache der Erkrankung ist und welche Heilbehandlung erforderlich ist,

müssen die Untersuchungen ergeben, deren Ergebnis erst in einigen Tagen zu erwarten ist.
Seien Sie in alter Verbundenheit sehr herzlich gegrüsst
von Ihrem
Ernst Forsthoff

Nr. 123
Ernst Forsthoff an Carl Schmitt Heidelberg, 22. September 1959

Lieber Herr Schmitt!
Es hat mir so leid getan, daß ich Ihr freundliches Angebot, auf der Fahrt nach Freiburg Station zu machen, nicht annehmen konnte. Vorige Woche war der Zustand meiner Frau so, daß man auf alles gefaßt sein mußte. Soeben erhalte ich nun einen telefonischen ärztlichen Bericht aus Marburg, nach dem (infolge der Behandlung mit neuesten Präparaten) eine erhebliche Verbesserung des Blutbildes und damit auch des persönlichen Befindens eingetreten ist. Schon am vergangenen Freitag traf ich meine Frau besser an: diese Besserung hat angehalten. Meine Frau ist noch nicht über den Berg, aber die akuten Sorgen haben sich gemindert.
Deshalb wage ich jetzt, wenn auch mit Vorbehalt, über die nächsten Tage zu disponieren. Am Donnerstag/Freitag will ich mit Martin nach Marburg fahren. Ab Samstag bin ich dann hier und – sofern nicht schlechte Nachrichten aus Marburg kommen – jederzeit zu Ihrer Verfügung. Ich hoffe sehr auf ein Wiedersehen. Darf ich Sie nur bitten, am Freitag abend noch anzurufen (Nr. 26783), damit wir uns des näheren verabreden.
Herr Zeidler und Herr Blümel würden Sie natürlich sehr gerne kennen lernen. Falls Ihnen das genehm ist, würde ich nach unserem Telefonat das weitere veranlassen. Ich wünsche Ihnen schöne Tage in Freiburg[1] und einen ungetrübten Genuß des Kaiserstühlers, den Sie am besten im „Falken" bekommen.
Mit besten Grüßen an Herrn Kaiser[2]
grüße ich Sie herzlich
als Ihr getreuer
Ernst Forsthoff

Nr. 124
Ernst Forsthoff an Carl Schmitt Heidelberg, 30. Oktober 1959

Lieber Herr Schmitt!
Hiermit übersende ich Ihnen die mir in Ebrach überlassenen Schriftstücke, die ich Ihnen zurückzugeben vergass. An dem Brief von Wolzendorff[1] bin ich nach wie vor sehr interessiert. Wenn Sie ihn mir schicken würden, könnte ich ihn hier photokopieren lassen.

Meine Frau hat sich über Ihren Besuch ganz besonders gefreut.
Über Ebrach und alles andere schreibe ich Ihnen bald.
Für heute in Eile herzlichste Grüsse
Ihres
Ernst Forsthoff

Nr. 125
Ernst Forsthoff an Carl Schmitt Heidelberg, 12. Dezember 1959
[Von Schmitt u. a. notiert:] b[eantwortet] 14.12.

Lieber Herr Schmitt!
Ihr Brief, für den ich herzlich danke, hat mich, wie Sie sich denken können, ebenso gefreut wie bewegt. Ich weiß, was es bedeutet, daß Sie mir eines Ihrer Bilder[1] zugedacht haben und so berührt mich das mehr, als ich Ihnen brieflich ausdrücken kann.
Auf das Wiedersehen in der nächsten Woche freue ich mich schon sehr. Am Donnerstag habe ich auf einer Feier aus Anlaß des 75jährigen Bestehens des Verbandes der Technischen Überwachungsvereine in Essen zu sprechen[2]. Es war meine ursprüngliche Absicht, dann bis Samstag in der Gegend zu bleiben, vor allem um Gelegenheit zu haben, Sie in Ruhe zu sehen. Leider ist das unmöglich. Eben laufen die Referendarprüfungen und da Schneider, Mosler und Gönnenwein[3] am Freitag verhindert sind, ist es mir nicht gelungen, einen Vertreter zu finden, sodaß ich Donnerstag nachmittag, gleich nach dem Ende der Veranstaltung, mit einem Wagen, den man mir stellt, nach hier zurückkehren muß.
Mit dem Treffen bei Oberheid möchte ich einen Besuch bei meiner Frau in Marburg verbinden. Wenn die winterlichen Straßenverhältnisse es zulassen (was sich aber erst am nächsten Samstag übersehen läßt), möchte ich mit dem Wagen kommen und am Sonntag morgen nach Marburg fahren. Sollten Sie den Wunsch haben, am Sonntag nach Plettenberg zurückzukehren, könnten wir bis dort gemeinsam fahren und ich wäre dann wohl gegen 3 Uhr in Marburg. Aber das kann ich, wie gesagt, erst am nächsten Samstag nach der Wetterlage entscheiden.
Inzwischen ist der erwartete Schuß gegen die Festgabe in der Gestalt einer zweiseitigen Glosse von Schüle[4] in der J.Z. losgegangen. Er ist in jedem Sinne so, wie man ihn erwarten mußte – die Vulgärkritik, wie man sie kennt, ohne neue Argumente. Sie befaßt sich nur mit der Tatsache des Erscheinens als solcher, nicht mit den einzelnen Beiträgen. Ich habe mich strikt dagegen ausgesprochen, darauf mit einem Wort zu erwidern und Barion und Weber sind wohl der gleichen Meinung, während Günter Krauss schon die kritische Feder wetzen wollte. Das von Herrn Leder (Köln)[5] so mißbilligte Rezept, zu den Kritiken zu schweigen und Sie zu lehren, ist doch in allen Fällen das beste. Herr Schüle sollte noch einmal seinen Beitrag über Ermessen in Francks Verwaltungsrecht (1937) lesen und dann den Mund halten. Ich hatte einen Augenblick erwogen, ihm das zu schreiben, aber auch das erscheint mir schon als zu viel.

Die Cypern-Angelegenheit ist noch nicht entschieden, da sich die Beratungen über den Rechten des Vizepräsidenten erneut festgefahren haben, sodaß sich die Beratung der Artikel über das Verfassungsgericht noch verzögert. Inzwischen erfahre ich aber aus Ankara, daß sich die Delegation der türkischen Zyprioten dahin schlüssig gemacht hat, einen Deutschen als Präsidenten des Verfassungsgerichts zu wünschen. Da diese türkischen Zyprioten kleine Leute ohne internationale Übersicht sind, darf man vermuten, daß hinter diesem Beschluß Anregungen aus Ankara stehen. Ob dabei schon an mich gedacht ist, weiß ich nicht. Jedenfalls ist dadurch die Sache um ein erhebliches Stück wahrscheinlicher geworden. Ich rechne aber nicht mehr damit, daß die Entscheidung noch vor Weihnachten fällt.

Meine Frau war drei Wochen auf Probe zu Hause. Sie sollte vereinbarungsgemäß dann in die Klinik zurück. In der dritten Woche starb dann unser Freund Siebert[6], ganz unverhofft an Herzinfarkt. Diese Erschütterung und starke Flüssigkeitsansammlungen in den Geweben als an sich vorausgesehene Folge der ihr verschriebenen Präparate führten dann zu einer Herzaffektion, die uns veranlaßten, sie sofort nach Marburg zu bringen. Dort ging es ihr zunächst ganz schlecht, sie war außerordentlich geschwächt und zum erstenmal in ihrem Lebensmut gebrochen. Gottseidank ist das überwunden. Vor drei Tagen erklärte ihr Professor Bock[7], daß sich jetzt die Blutkörper über Erwarten gut vermehren und wir wagen zu hoffen, daß das auf eine Wandlung zum Besseren hindeutet. Jedenfalls darf sie wohl über Weihnachten auf einige Tage nach hier.

In der Hoffnung auf ein gutes Wiedersehen grüße ich Sie
sehr herzlich als
Ihr getreuer
Ernst Forsthoff

Nr. 126

Carl Schmitt an Ernst Forsthoff — Plettenberg, 14. Dezember 1959

Lieber Herr Forsthoff,

ich will Ihnen nur schnell Ihren Brief vom 12/12 bestätigen und Ihnen sagen, daß ich mich freue, Sie Samstag bei Oberheid zu sehen. Ich bin mit allem einverstanden was dazu beiträgt, daß wir uns sehen und sprechen können, ohne daß es Sie zu sehr in Anspruch nimmt. Die Nachricht, daß Ihre Frau über Weihnachten einige Tage nach Hause zurückkehren darf, ist ein Trost. Ich kann nicht an Sie und Ihre Frau denken, ohne mich der vielen Jahre der Krankheit meiner Frau zu erinnern und mich auch durch solche gemeinsamen Erfahrungen stärker in der Freundschaft mit Ihnen verbunden zu fühlen. Die Krankheit meiner Frau, besonders in den Jahren 1926–1930, war ein schweres Unglück, aber meine Ehe wäre ohne solche Prüfungen nicht das wunderbare Geschenk Gottes geworden, das mich bis heute, noch zehn Jahre nach ihrem Tode, aufrecht hält und mir eine Sicherheit gibt, die jedem Schlag gewachsen ist. Dieses Leidvertrauen ist mehr als das, was man Glück nennt.

Auf den Schüle-Aufsatz schweigt man besser; da haben Sie recht. Wir wollen auch keine juristische Ziesel-Affäre anfangen[1]. Daß man einem alten, nicht vorbestraften Mann von 70 Jahren nicht einmal eine Festschrift gönnt, ist ja beinahe komisch, daß man den Mitarbeitern nachsagt, sie hätten sich mit jedem Satz des Jubilars identifiziert, ist eine Methode, die man einmal auf andere Festschriften z. B. die zum 70. Geburtstag von Erich Kaufmann anwenden sollte. Usw. Ich brauche nicht weiter zu argumentieren, weil es allzu billig würde.
Eben erhalte ich die Festschrift zum 70. Geburtstag von P. Przywara. Dort figuriere ich Schulter an Schulter mit einigen Jesuiten und Karl Barth[2]. Man müßte wirklich einmal eine Soziologie der Festschriften schreiben[3].
Herr Schulte aus Lüdenscheid ist gestern in die Klinik nach Kassel gefahren, wegen seiner Galle.
Das Buch bringe ich mit nach Düsseldorf. Dort wohne ich in der Hotel-Pension Parkblick (nicht: Park-Hotel!), Goltsteinstraße 31 (am Hofgarten). Ich komme Samstag mittag dort an und bin nachmittag gegen 6 bei Oberheids in Kaiserswerth.
Herzliche Grüße, lieber Herr Forsthoff, und auf ein gutes Wiedersehn in Düsseldorf!
Immer Ihr alter
Carl Schmitt.

Nr. 127
Ernst Forsthoff an Carl Schmitt Heidelberg, 29. Dezember 1959

Lieber Herr Schmitt!
Hiermit übersende ich Ihnen den Brief von Wolzendorff zurück, nachdem ich ihn habe photokopieren lassen.
Nun hat Günter Krauss doch an Schüle geschrieben und mir einen Durchschlag geschickt. Ich bedaure es, dass die Solidarität des Schweigens auf diese Weise durchbrochen worden ist. Ob K. nun eine Antwort erhält oder nicht: er wird in jedem Falle seinen Ärger davon haben.
Mit herzlichen Grüssen und allen guten Wünschen zum Neuen Jahr
stets Ihr
Ernst Forsthoff

PS. In den nächsten Tagen schreibe ich ausführlicher.

Nr. 128
Carl Schmitt an Ernst Forsthoff 30. Dezember 1959

Lieber Herr Forsthoff,
besten Dank für die Rücksendung des Wolzendorff-R-Briefes! Aber so eilig war das nicht, wie ich Sie überhaupt bitten wollte, sich nicht durch mich in Ihrer vielen Arbeit

unterbrechen zu lassen. Wegen des Manuskripts der „Überlegungen zur Wertphilosophie“ möchte ich noch sagen, daß ich die Skizze etwas korrigiert habe; sollte sie tatsächlich gedruckt werden, so würde ich Ihnen das druckreife Ms (vor allem mit genauen Anweisungen für den Setzer, über kursiv zu druckende Stellen, Interpunktion usw) schicken. Aber das ist ebenfalls nicht eilig.
Über G. K. habe ich mich geärgert. Dieses ist das 3. Mal, daß er mich in einer schwierigen Situation durch seine unheilbare Disziplinlosigkeit in Verlegenheit bringt: 1936, vor einigen Jahren in Bonn, A.A. und jetzt wieder. Basta. Heute nachmittag fahre ich nach Lüdenscheid, um den kranken Wilhelm Schulte zu besuchen.
Morgen abend werde ich an Sie denken; hoffentlich können Sie mit Ihrer Frau und Ihren Kindern einen schönen Sylvester-Abend feiern. Dieses vergangene Jahr war schwer. Aber wir waren ja niemals des Irrtums, daß unser Erdendasein ein Paradies sein müßte. Von Ihrer Frau erhielt ich einen Gruß aus Marburg, den die Kinder unterschrieben haben. Darüber habe ich mich herzlich gefreut. Grüßen Sie auch Ihre Mutter von mir und sagen Sie allen meine Neujahrsgrüße und -Wünsche. Ich bleibe im neuen wie im alten Jahr
Ihr getreuer
Carl Schmitt.

Nr. 129
Ernst Forsthoff an Carl Schmitt Heidelberg, 2. Januar 1960

Lieber Herr Schmitt!
Zum Jahreswechsel haben wir Ihrer im Rückblick auf das abgelaufene Jahr in herzlicher Gesinnung gedacht. Nehmen Sie unser aller aufrichtigsten Wünsche für das neue Jahr entgegen. Wir haben es still im Familienkreis angetreten und hatten die große Freude, meine Frau unter uns zu haben, die ich auf einige Tage von Marburg holen konnte. Wenn auch die Ärzte mit dem Krankheitsverlauf in den letzten Wochen einigermaßen zufrieden sind, bewegt es uns doch sehr, sie in diesem Zustand der Schwäche zu sehen, in den sie durch den Rückfall im November geworfen wurde und wir hoffen inständig, daß sich bald eine wirkliche Genesung einstellen wird.
Ihr Bild hängt nun in meinem Zimmer und ich habe geistig von ihm Besitz ergriffen, indem ich Ihren Aufsatz über die zwei Gräber[1] und dann auch Kleist selbst wieder gelesen habe. Die von Ihnen zitierten Bemerkungen von Konrad Weiß über Kleists Frauengestalten waren mir nicht mehr in Erinnerung und sie geben mir Stoff zu erneutem Nachdenken über Kleist. Übrigens gab es für mich mit dem Bilde insofern noch eine persönliche Bewandtnis (wie auch für meine Frau), als der einzige Bruder meiner Frau, ein begabter, sympathischer, aber in gewisser Weise lebensuntüchtiger Junge über einer Kleist-Dissertation sich das Leben genommen hat und wir wissen aus den hinterlassenen Aufzeichnungen, wie sehr ihn bei dem verhängnisvollen Entschluß die Ausstrahlung des Kleistschen Schicksals berührt hat. So habe ich viele Gründe, um Ihnen für

die große Gabe herzlich zu danken. Und da ich gerade beim Danken bin, soll auch der herrliche Wein nicht vergessen werden, der so vortrefflich ist, daß er für besondere Gelegenheiten reserviert bleiben soll.
Der Brief von Krauß ist ungeschickt und überflüssig, aber wohl nicht mehr. Die Angelegenheit ist ein wenig verdrießlich, aber mehr für die Herausgeber und Mitarbeiter, die ihre Solidarität hier durchbrochen sehen, als für Sie. Denn Ihnen kann es m. E. herzlich gleichgültig sein, was sich nun noch zwischen Krauß und Schüle postalisch abspielt.
Daß Sie für den Druck der „Überlegungen“[2] eine besondere Fassung herstellen wollen, freut mich sehr. Ich habe die Ausarbeitung, die Sie mir mitgaben, abschreiben lassen, um sie an den Verlag zu schicken. Ich wäre Ihnen dankbar, wenn ich den von Ihnen für den Druck vorbereiteten Text bald haben könnte, da ich ihn in den Druck geben möchte.
Daß Sie an dem Spanienbuch[3] Gefallen finden, freut mich aufrichtig. Ich habe nur kursorisch darin gelesen und dabei den Eindruck gewonnen, daß in ihm das Wesentliche Spaniens und seiner Geschichte wenn nicht richtig, so doch mindestens interessant und mit Niveau behandelt wird.
Soeben lese ich in Weinreichs trefflichem Zeitarchiv Nr 100 die Legende vom „Reich“.[4] Unter Leuten von einigem intellektuellen Anstand sollte das genügen, um Herrn Heuß als das zu erkennen, was er ist. Mit Herrn Ziesel ist nichts aufzustellen aber seine Materialsammlung ist doch unschätzbar. Wenn man dazu das Um und Auf der Festschrift bedenkt, hat man die politische Schizophrenie unserer Zeit plastisch vor Augen. Ich habe mein Leben im Laufe der letzten Jahre so eingerichtet, daß ich den bloßen Zuschauer alles dessen spielen kann. Die Verbindungen zu den Behörden habe ich, bis auf den Arbeitskreis bei der Bundesbahn, langsam einschlafen lassen. Dafür sind die Beziehungen zur Wirtschaft enger geworden und sie sind nicht nur sehr angenehm, sondern auch für meine Unabhängigkeit mindestens gefahrlos, in gewisser Hinsicht sogar sehr nützlich. Jedenfalls habe ich das Gefühl, mich innerhalb des weithin so fragwürdig gewordenen, sogenannten öffentlichen Lebens so placiert zu haben, daß ich die Chance habe, mit einigem Anstand durch diese Zeit zu kommen. Verzeihen Sie diese sehr persönliche Reflexion. Sie hängt mit dem Datum zusammen.
Mit allen guten Wünschen für 1960
und herzlichen Grüßen von uns allen
stets Ihr
Ernst Forsthoff

Nr. 130
Carl Schmitt an Ernst Forsthoff Plettenberg, 6. Januar 1960

Lieber Herr Forsthoff,
Ihr Brief hat mich tief bewegt, sowohl die Mitteilung über Ihre Frau wie auch der Zusammenhang, in den das Kleist-Bild jetzt eingetreten ist. Ich ahnte nichts da-

von; umso stärker die Bestätigung, die darin liegt. Das ist für mich ein guter Jahresanfang.
Ich schicke Ihnen hier das druckreife Manuskript. Die Titelseite ist nur als Vorschlag oder Anregung gedacht. Ich überlasse alles dem weitern Vollzug; auch die Korrektur, die Farbe des Umschlages, Größe und Satzformat; auch ob man irgendwo den Vermerk anbringen soll: Privatdruck oder Alle Rechte vorbehalten. Mir scheint im Augenblick, daß man bei dem bescheidenen Umfang mehr auf der Titelseite drucken könnte als bei einer normalen Buch-Publikation; also auch die Widmung und eine Inhaltsangabe in Stichworten, wie auf beil. Entwurf vorgeschlagen. Den Juristen habe ich auf dem Titel weggelassen.
Die Sache macht mir große Freude; die jetzige Fassung ist bestimmt besser als die erste. Auf Seite 5 Anm. 3 habe ich auch Americo Castro zitiert. Zugleich mit Ihrem Brief erhielt ich gestern einen Brief von Julien Freund[1] aus Strassburg, der mir von sich aus schreibt: Qu'est-ce que la valeur? Tout le monde en parle avec l'accent de la pâmoison (d.h. Ohnmacht); mais personne ne dit jamais ce que signifie ce mot. Que signifie-t-il? N'est-il pas un fausse-tout commode? Dann folgen längere Mitteilungen über Diskussions-Erfahrungen. Ich will Sie nicht länger damit aufhalten; aber ich mußte Ihnen doch davon erzählen, denn die Coincidenz hat mich sehr belebt und Sie können sich denken, wie ich mich darauf freue, ihm ein Exemplar zu schicken; übrigens erinnert er an den Plan, mein 50jähriges Doktorjubiläum in Straßburg[2] zu feiern.
Meine Besprechung von Kosellecks „Kritik und Krise" ist im Hist. Pol. Buch[3] erschienen; dort steht auch eine längere Besprechung des Buches von Fijalkowski durch Scheuner, der sich der Sprachregelung anschließt, die Fijalkowski rühmt. Eine Besprechung des Buches von Poliakov durch Armin Mohler lege ich in Abschrift bei.
Konrad Weiss über Kleist (ganz herrlich: das preußische Herz) bekommen Sie bald[4]. Die Gedichte Friedrich des Großen sind eine unerschöpfliche Quelle erquickender Unterhaltung[5].
Herzliche Grüße und Wünsche für Sie und Ihre verehrte Frau, für Ihre Mutter, Susanne und die Söhne!
Ich bleibe Ihr alter und getreuer
Carl Schmitt.

Nr. 131
Ernst Forsthoff an Carl Schmitt Heidelberg, 11. Januar 1960

Lieber Herr Schmitt!
Mit bestem Dank bestätige ich den Empfang der neuen, erweiterten Fassung. Ich habe sie gleich gelesen und finde, daß die Abhandlung durch die Erweiterung außerordentlich gewonnen hat. Das Ganze ist, gerade wegen der Einfachheit der Diktion, die hier als ich möchte sagen künstlerisches Mittel wirkt, von außerordentlicher Eindringlichkeit und Überzeugungskraft. Die Schrift wird eine literarische Delikatesse. Und das

Motto beschämt mich[1]. Daß mein Name über der Abhandlung steht, verletzt meinen Sinn für geistige Proportionen. Das ist kein Protest. Daß ich jetzt weniger denn je geneigt bin, meinen Namen von dem Ihrigen getrennt zu wünschen, brauche ich nicht erst zu versichern.
Von meiner Frau kann ich endlich Gutes berichten. Sie hat die Tage über Neujahr, die sie hier verbrachte, nicht nur gut überstanden, sondern die vorige Woche vorgenommene genaue Untersuchung hat auch eine eindeutige Besserung des Blutbildes ergeben – offenbar der Erfolg neuer Medikamente, die sie seit Dezember bekommt. Wir sind sehr glücklich über diesen Fortschritt und hoffen, daß die Genesung fortschreiten wird.
Gewiß haben Sie in den Stuttgarter Nachrichten[2] bezw. im trefflichen Zeitarchiv den Angriff auf die Festschrift gelesen. Möglicherweise hat der politische Klimawechsel, den die antisemitischen Erscheinungen herbeigeführt haben, auch für die Festschrift noch Konsequenzen. Ich glaube aber eigentlich nicht daran – und wenn es so sein sollte, wird es mich nicht erschüttern.
Vielen Dank für die Rezension von Mohler. Ein neuer Beweis seiner intellektuellen und moralischen Integrität.
Sie erhalten, hoffentlich bald, die Korrekturen.
Viele herzliche Grüße, leider in der gebotenen Eile,
Ihres
Ernst Forsthoff

P.S. Den Titel „Die Tyrannei der Werte“ finde ich ausgezeichnet und habe ihn gleich auf das Titelblatt gesetzt.
12/1.: Ich bin auch mit Böckenförde der Meinung, daß der Jurist im Titel erscheinen sollte und hatte das Titelblatt schon entsprechend gefaßt. Sie werden das demnächst in der Korrektur sehen.

Nr. 132
Carl Schmitt an Ernst Forsthoff o.O., 3. Februar 1960

Lieber Herr Forsthoff, eben schreibt mir Joseph Kaiser (und ich habe etwas den Eindruck, als sollte ich es Ihnen gleich mitteilen) daß die Fakultät in Freiburg auf seinen Vorschlag Herrn Zeidler auf die Liste (Nachfolge Gerber, nach Ablehnung Steiners)[1] gesetzt hat. Allerdings gehen ihm 2 Ordinarien vor. Aber Kaiser tut bestimmt alles, um die Aussichten seiner Berufung zu verbessern.
Dies also vertraulich. Von Bonn aus wurde ich vor der heimtückischen Arbeit eines R. Haerdter[2] (früher Gegenwart, jetzt Stuttgarter Zeitung) gewarnt. Doch werden Sie das schon kennen.
Ich füge eine Besprechung des (sehr wichtigen) Buches von W. Mommsen[3] über Max Weber bei (nach Jaspers[4] der größte deutsche Gelehrte des letzten Jahrhunderts). Auch er also (M. W.) „Wegbereiter“. Schlagt sie tot, wo ihr sie trefft!

Julien Freund, der Raymond Aron[5] getroffen hat, ist begeistert von dem Exposé über Wertphilosophie, findet es „simplement admirable“ und verbreitet es bei seinen Freunden. Eine ganz andere Frage ist, ob es opportun ist, es jetzt zu drucken. Mir ist es egal. Sie wissen, daß ich Ihnen alles überlasse. Ich bin auch nicht ungeduldig. Maunz[6] hat einen sehr schönen Brief zu dem Nomos-Aufsatz in der Przywara-Festschrift geschrieben. Alle guten Wünsche
Ihr Carl Schmitt

{Groh[7] schrieb, die Einladung J. Freunds hinge nur noch von Ihnen ab.}

Nr. 133
Ernst Forsthoff an Carl Schmitt — Heidelberg, 20. Februar 1960

Lieber Herr Schmitt!
In Eile nur die Nachricht, dass ich die Korrekturen heute an Kohlhammer weitergegeben habe. Ich bin eben im Begriff, nach Marburg zu fahren. Über den Zustand meiner Frau sind wir in grosser Sorge.
Mit herzlichen Grüssen
stets Ihr
Ernst Forsthoff

Nr. 134
Carl Schmitt an Ernst Forsthoff — Plettenberg, den 4. März 1960

Lieber Herr Forsthoff,
in diesen Tagen, und besonders gestern Nachmittag, als Ihre Frau[1] das schöne Haus an der Wolfsbrunnensteige verließ, sind meine Gedanken bei Ihnen und den Ihrigen, mit zahllosen Erinnerungen an zehn inhaltsreiche Jahre, während denen ich Sie beide so oft in diesem schönen Hause besuchen durfte, angefangen von dem letzten Lebensjahre meiner Frau bis zu meinem kurzen Besuch Ende September vorigen Jahres. Dieses letzte Jahrzehnt hat uns alle stärker geprägt als die Zeiten und Ereignisse vorher. Alles ist nachdrücklicher aber auch fruchtbarer in unser Bewußtsein gedrungen, und nicht nur ins Bewußtsein sondern auch in die gestaltenden Kräfte unserer Seele.
Als ich die traurige Nachricht erhielt, stiegen die Verse einer alten Motette[2] in meiner Erinnerung auf: Ecce, quomodo moritur justus et nemo percipit corde. So starben die Gerechten und keiner erwägt es in seinem Herzen. Jetzt ist Ihre gute, von uns allen verehrte und geliebte Frau uns vorangegangen, für mich, in meinem Alter kann sie nicht einmal weit vorangegangen sein. Das und den tröstlichen Vers des 54. Kapitels Jesaias[3] und vieles andere erwäge ich jetzt in meinem Herzen.

Ich schicke Ihnen, lieber Herr Forsthoff, Ihrer hochverehrten Mutter, und Ihren Kindern diese Zeilen herzlicher Teilnahme und bleibe in treuer Erinnerung immer
Ihr Carl Schmitt.

Nr. 135
Ernst Forsthoff an Carl Schmitt Heidelberg, 19. März 1960
[Telegramm]

Brief erst heute erhalten mit Kommentierung Altmann sehr einverstanden Eilbrief unterwegs Gruss = Forsthoff +

Nr. 136
Ernst Forsthoff an Carl Schmitt Heidelberg, 19. März 1960

Lieber Herr Schmitt!
Ihren Brief erhalte ich erst heute morgen, sodaß ich nicht in Werdohl anrufen konnte. Meine Grundeinstellung kennen Sie: nichts wird mich veranlassen können, qua Herausgeber ein Wort der Erklärung abzugeben. Wenn man jeden Tag in den Zeitungen mit Beweisen der Dummheit und der ideologischen Korruption geradezu überschüttet wird, damit weiß, daß eine öffentliche Erörterung nie sachlich und auf der Basis der Wesensgleichheit geführt werden kann, dann schweigt man und dabei fährt man am besten. Das Team der Protestanten ist in dieser Zusammensetzung bekannt. Bei der Abstimmung über die Aufnahme Hubers[1] in die Vereinigung trat es auch ziemlich in dieser Zusammensetzung auf.
Die Aktion bei der Deutschen Zeitung[2] bewegt mich, offen gestanden, nicht sehr. Aber es freut mich, daß die Zeitung die Briefe nicht ohne Kommentar bringen will. Ich würde es ausgezeichnet finden, wenn Herr Altmann diese Kommentierung übernehmen würde. Sie müßte so gefaßt sein, daß sie abschließend ist und nicht die Ouverture einer weiteren Polemik, die notwendig unfruchtbar bleibt. Wichtig wäre außerdem, G. Krauss zu bremsen, der auf die Zuschrift des völlig belanglosen Dr. Ulshöfer[3], wie Barion mir am Telefon sagte, schon wieder zur Feder greifen wollte. Das kann der Sache nur schaden. Am Dienstag hoffe ich Werner Weber auf einer Sitzung in Regensburg zu treffen. Bei dieser Gelegenheit können wir uns über unser weiteres Verhalten verständigen. Ich glaube, daß wir uns völlig einig sind.
Bald mehr.
Recht herzliche Grüße – sehr in Eile –
stets Ihr
Ernst Forsthoff

Nr. 137

Carl Schmitt an Ernst Forsthoff Plettenberg, 20. März 1960

Lieber Herr Forsthoff,
gestern nachmittag erhielt ich Ihr Telegramm, heute morgen Ihren Brief. Am Freitag abend habe ich lange mit Barion telefoniert und mir die Direktiven geholt, die sich aus Ihrem Telefon-Gespräch mit ihm ergaben. Danach ist 1) zu verhindern, daß G. Krauss weiteren Unsinn macht 2) der Kommentar der DZ zunächst auf die in beil. Notiz[1] hervorgehobenen drei Tatsachen zu beschränken. Gestern, Samstag, haben Altmann, Joh. Gross und ich den ganzen Tag den Fall besprochen. Wenn alles so weiterläuft, ist das Beste aus der Sache gemacht. Die DZ wird ihre erste Notiz über Schüle vom 24/2 nochmals abdrucken, damit der Leser im Bilde ist; dann folgt der Brief der 6 Professoren im Wortlaut; dann der Kommentar gemäß beil. Notiz (Poliakov soll wegbleiben). Die weitere Initiative ist dann den 6 Professoren überlassen; das schwere Geschütz als Antwort auf ihre etwaige neue Herausforderung aber schon gut vorbereitet; {DZ eine gute Abschußrampe!} Altmann ist ganz großartig; aber auch Groß sehr intelligent. Es ist ein Vergnügen, mit solchen gescheiten und erfahrenen jungen Leuten zu tun zu haben. Ich glaube, sowohl Sie, wie auch Werner Weber und Barion wären mit der Besprechung zufrieden gewesen.
Ich schicke diesen Brief als Eilbrief, damit Sie Weber noch davon erzählen können.
Inzwischen erhielt ich auch die 150 Sonderdrucke von Kohlhammer; sehr schön! Vielen Dank! Altmann schreibt an seinem Buch „Das Erbe Adenauers“[2], das im April gedruckt werden soll; höchst interessant. Winfried Martini's Buch[3] ist etwas zu schnell geschrieben; diese Leute haben keine Zeit.
Die DZ wird sich auch für Ihre Schriftenreihe Res Publica einsetzen.
Ohne mehr für heute
Ihr alter Carl Schmitt.

Nr. 138

Ernst Forsthoff an Carl Schmitt Heidelberg, 29. März 1960

Lieber Herr Schmitt!
Die kirchliche Trauung von Susanne[1] wird nun am 7. April nachmittags 17 Uhr bei uns im Hause sein (Die Ziviltrauung ist am kommenden Samstag in Florenz). Natürlich ist es unser aller (vor allem auch Susannes) großer Wunsch, Sie dann bei uns zu sehen. Ob Sie ihn erfüllen können?
Wir sind natürlich im kleinen Kreise und es wird alles still verlaufen. Wir sind sicher, damit auch den letzten Wünschen meiner Frau zu entsprechen, die eine Verschiebung der Trauung gewiß nicht gewollt haben würde.
Verzeihen Sie, wenn ich Ihnen noch nicht schrieb. Ich stehe noch zu sehr unter den Eindrücken der letzten Monate.

In der Hoffnung auf Ihr Kommen
mit herzlichen Grüßen
wie immer Ihr
Ernst Forsthoff

Nr. 139
Ernst Forsthoff und andere an Carl Schmitt [Poststempel: Heidelberg, 27. April 1960]
o. O. [Ansichtskarte: Interieur der Weinstube zum Falken in Freiburg/Br.]

Lieber Herr Schmitt!
Aus Anlass eines Nato-Seminars vereinigt, senden wir Ihnen herzliche Grüsse!
Ernst Forsthoff

In freundlicher Erinnerung Ihre türkischen Freunde
Nermin + Yavuz Abadan

und Dank für den liebenswürdigen Kartengruß
Joseph Kaiser.

Mit meiner Liebe und Freundschaft Ihr Freund
G. D. Daskalakis
{Sehr viele herzliche Grüsse
Ihr Giselher Wirsing[1]

[...]
Escha Bonn-Wirsing}

Nr. 140
Carl Schmitt an Ernst Forsthoff Santiago de Compostela, 24. Juni 1960

Für Ernst Forsthoff
Zur Erinnerung an Carl Schmitt
Santiago de Compostela
24. Juni 1960
Aus dem Portico de la Gloria der Kathedrale in Santiago; dieser Prophet Daniel[1] (1180) scheint mir eine Antwort zu geben auf das Gelächter Gelimers (534)[2]; jedenfalls sagt er mir heute mehr und Wichtigeres, als mir und meiner Generation vor 50 Jahren der Bamberger Reiter sagte. Ich wünsche mir, daß ich einmal mit Ihnen, lieber Herr Forsthoff, und Prof. Schrade vor diesem lächelnden Propheten stehe.
C. S.

Nr. 141

Carl Schmitt an Ernst Forsthoff — Plettenberg, 21. Juli 1960

Lieber Herr Forsthoff,
so, wie diesen lächelnden Propheten Daniel von der Kathedrale in Santiago denke ich mir Ihren Schutzengel. In den zwei Monaten meines Aufenthaltes in Santiago habe ich ihn täglich besucht und viel an Sie gedacht, auch mit Anima (die am 7. Juli einen Sohn, Carlos, zur Welt gebracht hat) und mit spanischen Freunden oft von Ihnen gesprochen. Heute schicke ich Ihnen dieses Photo und die beil. Photokopie, die ich beide für einige Freunde habe machen lassen, als Zeichen meines Gedenkens und meiner innigsten Wünsche. Gott schütze und segne Sie, Sie und die Ihrigen.
Ihr alter
Carl Schmitt

Nr. 142

Ernst Forsthoff an Carl Schmitt — Heidelberg, 24. Juli 1960
[Von Schmitt u. a. notiert:] b[eantwortet] 2. 8. 60

Lieber Herr Schmitt!
Herzlich danke ich Ihnen für Ihre Zeilen, die mich sehr bewegt haben. Sie wie das ergreifende Bild werden mir stets gegenwärtig bleiben. Daß Sie aus Spanien zurück sind, habe ich erst in diesen Tagen erfahren. Sonst hätte ich mich zu Ihrem Geburtstag wenigstens mit einem Telegramm gemeldet, denn ich hätte nicht schreiben können, weil ich mit einer lästigen Grippe zu Bett lag, deren Nachwirkungen sich jetzt langsam verlieren. So darf ich Ihnen jetzt noch meine aufrichtigsten Wünsche zum neuen Lebensjahr aussprechen. Was es für mich bedeutet, zu wissen, mit welchen Gedanken Sie meinen Lebensweg begleiten und daß ich die Möglichkeit habe, mich mit der Bitte um einen Rat an Sie zu wenden, ist schwer in Worte zu fassen. Das ergreifende Bild von Heldt, das in meinem Arbeitszimmer hängt, macht mir das immer wieder gegenwärtig. Besonders gefreut hat mich die Ankunft des kleinen Carlos. Mögen sich die Hoffnungen, die sich gewiß mit dieser Namensgebung verbinden, in vollem Umfang erfüllen.
Daß meine Berufung nach Zypern inzwischen perfekt geworden ist, werden Sie der Presse entnommen haben. Hier wurde es so tumultuarisch (Rundfunk, Fernsehen, Zeitungsvertreter), daß ich seit 10 Tagen fast zu nichts gekommen bin. Ich sehe den Wert meiner Berufung vor allem darin, daß sie Angriffe gegen die Festschrift und vieles andere wirksamer entkräftet, als es mit Worten je geschehen könnte. Der Tobsuchtsanfall Friesenhahns[1], dessen Zeuge Zeidler war, der mir davon berichtete, hat schon seine guten Gründe. Die Tatsache, daß nicht einer der bundesrepublikanischen protegés, sondern einer Ihrer Schüler diese zugestandenermaßen einzigartige Berufung erhalten hat, schafft, wie ich glaube, eine neue Lage.

Ich habe das Auswärtige Amt pflichtgemäß um eine Besprechung gebeten. Es bucht die Sache als deutschen Prestige-Gewinn und wird mir keine Schwierigkeiten machen, wenn meine Informationen zutreffen. Beim Kultusministerium will ich für den Winter Urlaub erbitten. Die erste Einrichtung des Gerichts wird mir ziemlich viel Arbeit machen, zumal das ganze Verfahrensrecht vom Gericht selbst in Form einer Satzung mit Gesetzeskraft zu regeln ist. Wenn alles im Lauf ist, müssen die Ferienmonate reichen. Um den 12.8. fliege ich auf eine Woche nach Zypern. Um den 1.9. will ich dort mit der Arbeit beginnen. Auf jeden Fall werde ich das Ferienseminar vom 25/9–8/10 in Ebrach abhalten. Diesmal haben wir vor allem auch jüngere Kräfte wie Koselleck[2] herangezogen. Ich glaube, es wird recht interessant. Dazu schreibe ich Ihnen noch.

Die jüngere Generation der jetzt etwa Dreißigjährigen ist immer mehr meine Hoffnung. Sie ist gegen abständige Vorurteile immun und mutig zugleich. Hatten Sie übrigens die Besprechung des Buches von Koselleck und Kesting[3] im Merkur Nr. 147 gesehen? Verfasser Habermas[4] hat Sie im letzten Absatz beziehungsvoll erwähnt und damit den Sinn des ganzen Aufsatzes schön enthüllt.

Ich füge einen Vortrag bei, den ich Anfang Juni zur Eröffnung einer wissenschaftlichen Fortbildungswoche des Anwaltvereins hier in Heidelberg gehalten habe[5]. Er hat wegen meiner Kritik an der Rechtsprechung im Schlußabsatz in Richterkreisen einiges Aufsehen erregt. Aber es sind das Dinge, die ich unbedingt einmal gesagt haben wollte.

Es geht uns gut. Nächste Woche erwarten wir Susanne mit ihrem Mann zu einem längeren Besuch.

In der Hoffnung, daß Sie wohlauf sind, grüße ich Sie sehr herzlich!

Stets Ihr

Ernst Forsthoff

Nr. 143

Carl Schmitt an Ernst Forsthoff — Plettenberg, den 2. August 1960

Lieber Herr Forsthoff,

wenigstens mit einigen Zeilen will ich Ihren Brief bestätigen und Ihnen für die Zusendung der Grabrede für Ihre Frau danken. Ich habe die Rede mit Ergriffenheit gelesen und mir auch die Grabrede auf Frau Popitz[1] wieder ins Gedächtnis gerufen, die 1936 in Berlin von dem Königsberger Dompfarrer Dr. Quittschau[2] gehalten wurde und die ich noch besitze. Es ist ein merkwürdiges Zusammentreffen: sowohl Ihre Frau, wie Frau Popitz, wie auch meine Frau waren 47 Jahre alt, als sie starben.

Jetzt werden Sie bald reisen und ich will Sie nicht länger mit Briefen aufhalten. Es hat mich beruhigt, daß Sie sogar noch an Ebrach festhalten und nicht gänzlich nach Zypern umsiedeln. Auch daß Susanne mit ihrem Mann zu einem längeren Aufenthalt kommt, freut mich zu hören. Was in der zu erwartenden Polemik innerhalb Deutschlands noch alles zutage tritt, muß man in Ruhe abwarten. Wir sind ja keine Neulinge mehr und kennen den Gegensabbath unserer Pseudo-Öffentlichkeit. Eine Besonderheit will ich

Ihnen aber nicht verschweigen: Smend schreibt mir in seinem diesjährigen Geburtstagsbrief:[3] „Möchten sie (die kommenden Jahre) Sie mit dem ganzen Corpus Ihrer deutschen Fachgenossen wieder näher zusammen führen! Könnten Sie nicht etwas dafür tun? Es wäre einem wie mir (Smend), der dem Abschied so viel näher ist, als Sie, eine große Genugtuung." – Ich bin gewohnt, ihm erst zu seinem Geburtstag (Januar) zu antworten und will an dieser Gewohnheit festhalten. Aus Bonn höre ich, daß die Deutsche Zeitung einen großen Aufsatz über Sie[4] vorbereitet.
Das sind aber alles schon Details.
Also Glückauf! lieber Herr Forsthoff, gute Reise und guten Erfolg!
Immer Ihr alter
Carl Schmitt.

Nr. 144
Carl Schmitt an Ernst Forsthoff — Plettenberg, 16. August 1960

Lieber Herr Forsthoff,
ich lese in der Zeitung, daß Sie noch in Heidelberg sind und schreibe Ihnen 1) um Ihnen mitzuteilen, daß ich an Prof. Papalekas[1], den Freund von Grivas[2], geschrieben habe, er solle mich in Pl. besuchen (wie er das oft von Dortmund oder Münster aus tut); vielleicht ist er aber in seiner Heimat; es kann nicht schaden, seine Meinung und seine Informationen kennen zu lernen; 2) füge ich zu Ihrer vertraulichen Kenntnisnahme die Abschrift des Geburtstagsbriefes von Smend bei[3]. Die Koinzidenz mit der geplanten Berliner F. U. Festschrift[4], die durch ihre Auswahl der Teilnehmer mich von neuem diffamiert, und an der die beiden Dioskuren Kaufmann und Smend prominent beteiligt sind, diese Koinzidenz (von Anregung zur Annäherung und Erneuerung der Diffamierung) ist seins- und situationsgerechter Stil.
Im übrigen: tout ce qui arrive est admirable[5]! Immer Ihr
Carl Schmitt

Viele Grüße an Susanne und ihren Mann! Oberheids waren vorige Woche hier. Ich habe an Barbara Klie[6] wegen ihres vorzüglichen Velasquez-Aufsatzes geschrieben. W. Martinis Buch ist inzwischen erschienen; sehr wichtig.

Nr. 145
Ernst Forsthoff an Carl Schmitt — Heidelberg, 17. August 1960

Lieber Herr Schmitt!
Herzlichen Dank für Ihre Zeilen. Smends Brief ist ein klassisches Zeugnis seiner Ambivalenz.

Die Zypern-Sache[1] ist noch im Stadium der Verhandlungen. Die Äußerung Fränkels, wenige Zeilen im Spiegel und die einzige negative Äußerung der deutschen Presse, war natürlich alsbald in Nikosia. Nach anfänglicher Aufregung hat es sich dort beruhigt – bis auf die Kommunisten, die gegen mich Stellung nehmen. Das A.A. tut nichts zu meinen Gunsten. Am Montag habe ich Makarios um die Entsendung eines Regierungsbeauftragten nach hier zu meiner Unterrichtung über die Lage gebeten. Brieflich habe ich zum Ausdruck gebracht, daß ich nicht gewillt wäre und keine Veranlassung hätte, ein Amt zu übernehmen, das mit unübersehbaren politischen Hypotheken belastet sei. Heute kam telegraphische Antwort, ich solle nichts von mir aus unternehmen bis zu weiterer telegraphischer Verständigung, da „die Lage sich entwickele". So warte ich weiter ab. Das AA läßt mich ganz im Stich, aber Makarios durchschaut zweifellos, was auf deutscher Seite gespielt wird und hält für seine Person an mir fest. Aber natürlich ist er an die dortigen Verhältnisse gebunden. Mehr läßt sich im Augenblick nicht sagen. Jedenfalls bin ich nicht gewillt, mich in unübersehbare Abenteuer zu stürzen.
In Eile sehr herzliche Grüße
Ihres
Ernst Forsthoff

Nr. 146
Ernst Forsthoff an Carl Schmitt Heidelberg, 22. August 1960

Lieber Herr Schmitt!
Zu Ihrer Information schnell folgendes.
Am Mittwoch voriger Woche hat Makarios in einer Pressekonferenz zu meiner Berufung erklärt: die gegen mich geführten Angriffe seien unbegründet, sie seien eine Schande. Er halte an der Berufung fest. Es stünden jetzt nur noch technische Einzelheiten aus.
Auf mein Telegramm vom 15./8 erhielt ich Samstag morgen einen Anruf von Makarios. Er bat mich, auf die Entsendung eines Beauftragten nach Heidelberg zu verzichten und mich bereit zu erklären, in Beirut, also an einem neutralen Ort, mit zwei Bevollmächtigten zum Austausch von Informationen und zu Verhandlungen über meine Bedingungen zusammenzutreffen. Er bäte um Beirut, weil dort die beste Gelegenheit sei, ihn telefonisch über den Verlauf der Verhandlungen zu unterrichten und auch etwaige Entscheidungen, Bestätigungen von Zusagen usw. von ihm einzuholen. Auf diese Weise käme man am schnellsten zum Ziele und das liege im beiderseitigen Interesse.
Dem glaubte ich mich nicht verschließen zu sollen. Ich habe zugesagt und fliege am 26/8 nach Athen, am 27/8 weiter nach Beirut.
Ob wir dort einig werden, ist noch nicht sicher. In dem mir zugeleiteten Vertragsentwurf ist vorgesehen, daß der Präsident auf Monate anwesend sein solle. Das ist ein Wunsch der Türken. Ich habe schon Makarios gesagt, daß eine solche Zeitdauer für mich überhaupt nicht in Betracht kommt, da ich dann auf meine Professur verzichten

müsse. Er hat mir versichert, ich solle mich daran nicht stoßen, es sei alles noch offen und Gegenstand der Verhandlung. Nun, wir werden sehen. Mitte nächster Woche gedenke ich zurück zu sein.
Ein Brief, den ich aus Athen erhielt, läßt darauf schließen, daß Fränkel dort oder in Nikosia irgendeine Aktivität entfaltet hat. Näheres weiß ich nicht, hoffe es aber am Freitag in Athen zu erfahren.
Sobald ich zurück bin, schreibe ich wieder.
Mit herzlichen Grüßen
stets Ihr
Ernst Forsthoff

Nr. 147
Ernst Forsthoff an Carl Schmitt Heidelberg, 5. September 1960

Lieber Herr Schmitt!
Am Freitag abend bin ich von Nicosia zurückgekehrt. Es ist alles gut verlaufen und wurde ein Sieg über den deutschen Geschäftsträger, Konsul König, der bis zum letzten Augenblick gegen meine Ernennung gearbeitet hatte. Da er sich herabsetzend und beleidigend über mich Ausländern gegenüber geäußert hat, habe ich ihm durch seinen Vertreter, der mir seine Aufwartung machte, ausrichten lassen, daß er zu meinem Hause keinen Zutritt haben wird. Es war schon unglaublich und ich hoffe Ihnen bald Näheres erzählen zu können (ich denke in Ebrach). Makarios hat dieses Spiel durchschaut und König schließlich sehr kurz abfahren lassen[1]. Der Empfang in Zypern war allgemein sehr herzlich und die Verhandlungen verliefen in einer recht angenehmen Atmosphäre.
Makarios, der mich mit den Beisitzern zu einer längeren Unterhaltung empfing, wirkt bedeutend. Er gab sich sehr gelöst und heiter, sodaß man die Härte nicht spürte, die man ihm nachrühmt. Kütschük[2] ist recht sympathisch, aber ohne das Format von Makarios.
Mit den beiden Mitrichtern[3] kam ich schnell in ein persönliches Verhältnis. Vor allem der Türke ist menschlich gewichtig, während der Grieche vielleicht der gescheitere ist. Beide sind natürlich auf dem Gebiet der Verfassungsgerichtsbarkeit ohne Erfahrung, sodaß mir als erste Aufgabe die Schaffung des Entwurfs einer Verfahrensordnung zugefallen ist.
So wird es bis zum 1.11. viel Arbeit geben. An Ebrach halte ich aber fest: 25./9–8/10. Ich hoffe sehr auf Ihr Kommen mit Böckenförde, mit dem ich schon darüber sprach. Dazu schreibe ich Ihnen noch.
Für heute schließe ich, da ich zur Stadt muß.
Recht herzliche Grüße!
Stets Ihr
Ernst Forsthoff

Nr. 148

Carl Schmitt an Ernst Forsthoff Plettenberg, 13. September 1960

Lieber Herr Forsthoff,
ich besitze noch das Buch

Statut et Règlement de la Cour permanente de justice international Elément d'interprétation,

das 1934 im Bruns'schen Institut für Völkerrecht (ich glaube von Graf Stauffenberg[1]) angefertigt wurde (498 Seiten). Ich könnte mir denken, daß es für Sie praktisch wäre, das Buch zu besitzen und möchte es Ihnen für Ihre Bibliothek schenken, wenn Sie es noch nicht darin haben.
Vielen Dank für Ihr Schreiben! Nach Ebrach komme ich gern (mit E. W. Böckenförde). Herzliche Grüße an Sie alle, besonders Susanne, die mir vor einiger Zeit eine schöne Karte vom Main geschickt hat!
Stets Ihr
Carl Schmitt.

Nr. 149

Ernst Forsthoff an Carl Schmitt Heidelberg, 19. September 1960

Lieber Herr Schmitt!
Für Ihren Brief vom 13. 9. danke ich Ihnen sehr. Das Buch Statut et Règlement usw. besitze ich noch nicht. Daß Sie es mir schenken wollen, berührt mich sehr. Vielleicht bringen Sie es mit nach Ebrach. Böckenfördes Mitteilung, daß er mit Ihnen am 25/9 in Ebrach eintreffen wird, war für uns alle eine hocherfreuliche Nachricht. Die Vorbereitungen für Ebrach[1] berechtigen diesmal zu besonderen Hoffnungen. Mit Ihnen, Schrade, Barion, J. Ritter, Henrich, Preisendanz, P. Jordan, Koselleck usw ist die Professorenbank glänzender denn je besetzt. Auch die studentischen Teilnehmer, soweit ich sie kenne, sind sehr gut ausgewählt. Sähe es aber nicht so besonders hoffnungsvoll aus, hätte ich mich vielleicht angesichts meiner sonstigen Pflichten schweren Herzens dazu durchgerungen, diesmal das Ganze abzusagen. So brachte ich es nicht über mich. Aber ich wage in der zeitlichen Bedrängnis eine große Bitte: würden Sie bereit sein, am Mittwoch (28/9) an meiner Stelle in der für Ebrach üblichen Weise die Diskussion über die heutige Lage des Rechts und der Rechtswissenschaft einzuleiten, wobei jede engere, Ihnen erwünscht erscheinende Begrenzung des Themas recht wäre? Wenn Sie sich etwa auf das Völkerrecht beschränken würden, wäre das zugleich eine Überleitung zu Kosellecks Referat über die Außenpolitik am Tage darauf. Aber das wäre alles Ihnen überlassen.

Ihre Zusage würde mich von einer schweren Last befreien, denn ich weiß wirklich nicht, woher ich in dieser Woche die Zeit zur Ausarbeitung eines Referats nehmen soll. Nehmen Sie deshalb meine Bitte mit nachsichtigem Verständnis auf.
Ich freue mich außerordentlich, Sie Sonntag wiederzusehen.
Sehr herzliche Grüße
Ihres
Ernst Forsthoff

Nr. 150
Carl Schmitt an Ernst Forsthoff — Plettenberg, 10. Oktober 1960

Lieber Herr Forsthoff,
Joseph Kaiser schickte mir beil. Fotokopie[1], die ich an Sie weitergebe. {ein Dokument vorsichtig nichtssagender Berufs-Feigheit} Ich füge noch den Durchschlag eines Spiegel-Leserbriefes bei; der Absender, Ernst Hüsmert[2], ist Ingenieur bei Krupp in Essen; er wird Martin dieses Wochenende aus Essen nach Plettenberg bringen.
Ich bin noch erfüllt von den Erinnerungen an das Ebracher Seminar, und von Herzen dankbar für die Zeit, die Sie uns allen gewidmet haben. Bleiben Sie gesund und stark und lassen Sie sich die Freude über Ihre großen Erfolge durch nichts verbittern.
Stets Ihr
Carl Schmitt.

Nr. 151
Carl Schmitt und Martin Forsthoff an Ernst Forsthoff — 16. Oktober 1960
o.O. [Poststempel: Plettenberg]

L. H. F. Von Martins Besuch, über den ich mich sehr gefreut habe, viele Grüsse Ihres alten
C.S.

Lieber Vati
Die Karte[1] mußt Du genau studieren. Herzliche Grüsse aus Plettenberg, wo ich ein schönes Wochenende bei Prof. Schmitt verbringe. Martin
[auf der Vorderseite der Postkarte: beschriftete Zeichnung: „Der Thomas-Hobbes-Kristall“]

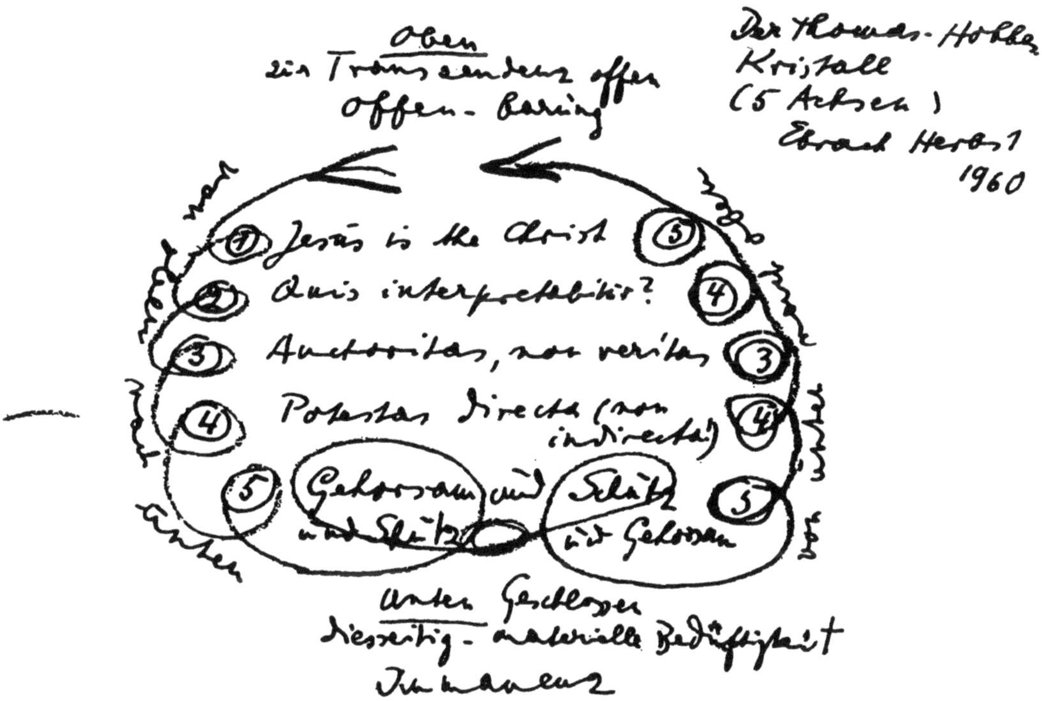

Nr. 152
Ernst Forsthoff an Carl Schmitt Nicosía, 4. Dezember 1960
[Von Schmitt u. a. notiert:] b[eantwortet] 9. 12. 60

Lieber Herr Schmitt!
Nun bin ich fast drei Wochen hier ehe ich dazu komme, Ihnen zu schreiben. Dabei ist es eigentlich nicht die Arbeit (im Court) im engeren Sinne, die mich bisher nicht hat schreiben lassen, die erste Eingewöhnung, das Kennenlernen der wichtigen Persönlichkeiten hier, viele praktische Dinge in der Einrichtung des Gerichts, die mit dem Finanzminister zu regeln sind usw. füllten die Tage aus. Am kommenden Dienstag (6.12) soll nun in einer kurzen Feier das Gericht eröffnet werden. Alles war vorbereitet, Makarios, die Minister usw. haben ihr Erscheinen zugesagt – als heute eine Komplikation eingetreten ist, die alles infrage zu stellen droht: Griechen und Türken streiten darüber, ob der griechische oder der türkische Richter rechts von mir sitzen soll. Das sind hier die großen Fragen. Ich habe es abgelehnt, das selbst zu entscheiden (diese Entscheidung wäre ein Griff ins Wespennest) und an Makarios die Bitte gerichtet, diese Sache mit Dr. Kütschük zu klären. Ich nehme an, daß das bis übermorgen geschehen wird. Sie sehen daraus, wie hier die Lage ist. Da zudem gestern in Limassol ein politisches Attentat passierte, ist die Stimmung gereizt und man spürt, daß untergründig noch viel in Bewegung ist.

Mit meinem Start hier kann ich zufrieden sein. Angriffe gegen mich hat es in der Presse nicht mehr gegeben und ich bin von griechischer wie türkischer Seite sehr freundlich empfangen worden. Inzwischen habe ich allerlei Bekannte auf beiden Seiten, mit denen man sich gelegentlich zum Abendessen im Restaurant verabredet (was dann am nächsten Tage jedermann in Nicosia weiß).
Jeden morgen berate ich drei Stunden mit meinen Richtern die Procedure Rules, die wir zu erlassen haben. Beide sind intelligent und im englischen Recht gut beschlagen. Aber es kostet immer wieder große Erklärungen, um ihnen begreiflich zu machen, daß das englische Recht für unser nach kontinental-europäischen Vorbildern geschaffenen Verfassungsgericht schlechterdings ungeeignet ist. Es ist für mich sehr interessant, dem englischen Rechtsdenken einmal so unmittelbar zu begegnen und ich lerne viel dabei.
Eigentliche Verfassungsklagen haben wir noch nicht, ich möchte sagen Gottseidank. Dagegen sind inzwischen neue Verwaltungsklagen eingegangen (der Court ist auch Verwaltungsgericht). Es sind mehr oder weniger Bagatellsachen, was ich aber nicht bedauere, da sich die Tätigkeit des Gerichtes in solchen kleineren Sachen zunächst einmal einspielen kann.
Im übrigen ist das Leben hier unvergleichlich schön. Wir haben ein Klima wie an warmen Augusttagen in Deutschland. Heute waren wir an der See zum Baden. Im Garten blühen die Rosen auf und außerdem blühen mannigfaltige, große Sträucher mir unbekannten Namens in den schönsten Farben. Ich wohne 6 km vor der Stadt. Das Haus liegt auf einer kleinen Anhöhe mit herrlichen Blicken auf die Gebirge im Norden und Süden. Das Haus ist sehr angemessen, eine frühere englische Kolonialresidenz in einem riesigen Garten mit Tennisplatz, Schwimmbecken usw, das mir von Strafgefangenen in Ordnung gehalten wird.
Während Nicosia nicht viel zu bieten hat, wenn man diesen Typus von Städten mit starkem orientalischen Einschlag einmal kennt, ist die Insel über alle Beschreibung schön und interessant. Die großen historischen Epochen von den Ägyptern über Griechen, Römer, Kreuzfahrer, Venetianer bis zu den Türken haben ihre Denkmäler hinterlassen, deren die Insel die Fülle hat und von denen ich bislang natürlich nur einen Teil habe sehen können. Außerdem ist die Landschaft außerordentlich reizvoll, zumal jetzt, wo auf einige wenige Regenfälle hier die Felder grün werden und die Blumen zu blühen beginnen. Heute mittag, am Meer, sah man über 80 km hinweg die türkische Küste und den Taurus.
Daß jetzt Adventszeit ist, läßt sich unter solchen Lebensbedingungen schwer realisieren. Ich habe es heute wenigstens in der Weise getan, daß ich für den Rückflug am 19/12 gebucht habe. Ich werde voraussichtlich bis zum 4. oder 5. Januar in Heidelberg bleiben, jedenfalls über Weihnachten und Neujahr. In diesem Zusammenhang habe ich eine Frage und Bitte, die ich auch im ausdrücklichen Auftrag meiner Kinder an Sie richten möchte: ob Sie nicht Silvester bei uns verbringen möchten. Es ist ziemlich sicher, daß Vater Tsatsos über Weihnachten und Neujahr von Newyork, wo er griechischer Chefdelegierter bei der UN ist, nach Heidelberg kommt (und Frau Tsatsos aus Athen). Wir würden uns außerordentlich freuen, zu Silvester Sie und die Familie Tsat-

sos bei uns zu haben. Das wäre nicht nur ein menschlich harmonischer Kreis, sondern ich bin auch sicher, daß es genug Stoff für interessante Gespräche gibt. Tsatsos wird gewiß vieles aus Newyork berichten können, und ich einiges von Zypern. Sie würden uns mit Ihrem Besuch eine ganz besondere Freude machen.
Gerne nehme ich die Gelegenheit wahr, Ihnen herzlich dafür zu danken, daß Sie Martin so freundlich eingeladen haben. Er war von dem Besuch bei Ihnen tief beeindruckt und schrieb mir das mit dem Hinzufügen, er könne dazu noch nicht mehr sagen, da es ihm noch nicht möglich gewesen sei, die Fülle der Eindrücke und Anregungen zu ordnen.
Wenn Sie mir ein paar Zeilen schreiben wollen, dann bitte per Luftpost (normale Post benötigt etwa zwei Wochen) und unter der Adresse Supreme Constitutional Court, Nicosia/Cyprus. Ich weiß nicht, wann es hier draußen eine Postzustellung gibt. Außerdem werden Briefe mit meiner Dienstadresse mit mehr Achtsamkeit behandelt, was in diesen Breitengraden ins Gewicht fällt.
Ich hoffe sehr, daß es Ihnen gut geht. Über den dummen Artikel von H. über Hugo Preuss in der FAZ[1] werden Sie sich hoffentlich nicht geärgert haben.
Seien Sie in alter dankbarer Verbundenheit
herzlich gegrüßt von
Ihrem
Ernst Forsthoff

Nr. 153
Ernst Forsthoff und andere an Carl Schmitt Rom, 19. Dezember 1960

Lieber Herr Schmitt!
Von dem Zwischenaufenthalt in Rom auf dem Rückflug nach Frankfurt sende ich Ihnen herzliche Grüsse. Ich freue mich sehr, Sie Silvester bei uns zu sehen.
Stets Ihr
Ernst Forsthoff

Wir denken so gern an die Tage in Oberleiten, als Sie dort waren, lieber Herr Professor u. wir grüßen Sie deshalb sehr herzlich.
Ihre
Edit u. Johannes Schmid

G. Iglberger

Nr. 154

Ernst Forsthoff und andere an Carl Schmitt Firenze, 7. Januar 1961

Lieber Herr Schmitt!
Hoffentlich sind Sie gut nach Hause zurückgekehrt. Die zwei Tage mit meinen Kindern sind schnell vergangen. Aber ich habe nun eine Vorstellung von ihrem Lebensmilieu und ihrer herrlichen Wohnung.
Mit herzlichen Grüssen
stets Ihr Ernst Forsthoff

Sehr geehrter, lieber Herr Prof. Schmitt!
Es war uns eine große Freude, meinen Vater hier zu haben. Ihnen möchte ich noch einmal (nach dem Telephongespräch!) ein gutes neues Jahr wünschen. Wir beide grüßen Sie sehr herzlich, Ihre Susanne u. Franco

Nr. 155

Ernst Forsthoff an Carl Schmitt Nicosia, 24. Februar 1961

Lieber Herr Schmitt!
Nachdem ich nun schon wieder mehr als sechs Wochen hier bin, wird es hohe Zeit, Ihnen einmal wieder von hier zu berichten. Ausgelöst ist dieser Brief allerdings durch ein ärgerliches Vorkommnis in Heidelberg. Die Fakultät hat in der vorigen Woche beschlossen, Herrn Schnur die Habilitationsschrift zur Umarbeitung zurückzugeben[1]. Die Gesichtspunkte, unter denen die Umarbeitung erfolgen soll, wurden Herrn Schnur von den Kollegen Gallas und Schneider mitgeteilt. Ich muß gestehen, daß ich über diesen Beschluß in hohem Maße verärgert bin und ich würde Ihnen für ein kurzes Wort dankbar sein, ob Sie diese Verärgerung für berechtigt halten.
Daß die Arbeit einer Überarbeitung bedarf, stand von vornherein fest und kommt auch in meinem Referat zum Ausdruck, in dem ich mich am Schlusse dahin ausgesprochen habe, daß diese Bearbeitung dem Habilitationsverfahren nachfolgen solle. Ich war und bin der Meinung, daß einem Autor, der bereits andere überzeugende Beweise seiner wissenschaftlichen Qualifikation erbracht hat, das Vertrauen geschenkt werden kann, daß er Auflagen zufriedenstellend erfüllen wird. Ich hatte gebeten, in der Sache in meiner Abwesenheit Beschluß zu fassen, um dem Verfahren Fortgang zu geben. Dabei war ich natürlich davon ausgegangen, daß die Fakultät im Rahmen meines Referats verbleiben wird. Sie hat dieses Referat in meiner Abwesenheit und ohne eine schriftliche Stellungnahme von mir einzuholen verworfen. Die Folge wird sein, daß Herr Schnur eine veränderte Arbeit vorlegen wird, für die mein Referat nicht mehr gelten kann. Diese neue Arbeit ist anzunehmen, wenn sie den gemachten Auflagen entspricht, was die Herren zu beurteilen haben, die die Auflage gemacht haben. Die von mir für die Überarbeitung vorgesehenen Gesichtspunkte, die ich mir im einzelnen

separat notiert hatte, kommen demnach für die Überarbeitung nicht in Betracht. Deshalb habe ich auch in dieser Sache nichts mehr zu votieren. Mit anderen Worten: die Habilitation ist nicht mehr die meinige. Das habe ich der Fakultät in einem an H. Schneider adressierten Brief zum Ausdruck gebracht.

Für Schnur ist die Sache fatal. Natürlich spricht sich die Sache herum. Dabei bin ich keineswegs sicher, ob Gallas als Strafrechtler die Bemühung um einen neuen Rechtssatzbegriff in ihrer aus der staatsrechtlichen Situation entspringenden ratio in jedem Sinne verstanden hat. Der anscheinend von ihm erhobene Einwand, daß Schnur die Reine Rechtslehre noch überbiete, überzeugt mich darum nicht. Erfreulicherweise wurde nach Schneiders Brief die wissenschaftliche Qualifikation Schnurs nicht in Zweifel gezogen. Insbesondere hat Mosler sich in diesem Sinne unter Berufung auf den Beitrag in Ihrer Festschrift geäußert.

Ich merke, daß ich mit zunehmendem Alter gegen solche Erfahrungen empfindlicher werde. Sie bestärken mich darin, mich immer mehr auf die Dinge zurückzuziehen, die man allein macht: Vorlesungen, Seminare, Ebrach, die Reihe res publica und ähnliches. Die Universität wird mir immer fremder.

Insofern ist es gut, daß ich hier bin, in „tätigen Verhältnissen“, wie Goethe das zu nennen pflegte, welche die Heidelberger Querelen doch stark relativieren. Meine Tätigkeit hier läßt sich weiter gut an. Das Gericht ist hinreichend beschäftigt. Wenn die Fälle auch der Mehrzahl nach verwaltungsrechtlicher Natur sind, so berühren sie doch grundsätzliche Fragen, die hier ganz neu sind und für Zypern zum erstenmale entschieden werden müssen. So werden wir morgen entscheiden, daß und warum die Civil Procedure Rules für ein Verwaltungsgericht nicht anwendbar sind. Das erfordert im einzelnen eine exakte Überlegung, sodaß ich immer wieder vor die Notwendigkeit gestellt bin, die Grundfragen des Verfassungs- und Verwaltungsprozesses so zu durchdenken, daß die Ergebnisse meine ausschließlich im englischen Recht erzogenen Beisitzer überzeugen. Das ist wirklich für einen selbst sehr instruktiv und in jedem Sinne interessant. Das einzige, was ich bisher am englischen Recht zu loben finde, ist, daß die ihm verbundenen Denkgewöhnungen quallige Begriffe wie „Wertsystem“ usw von vornherein ausschließen.

Die politischen Verhältnisse hier sind nach wie vor gespannt und politische Morde sind nicht selten. Es handelt sich hier nicht nur um die türkisch-griechischen Beziehungen. Man sollte auch die Kommunisten nicht unterschätzen. Die zweitgrößte Stadt der Insel, Limassol, hat einen fast rein kommunistischen Stadtrat. In diesen Tagen gingen Nachrichten durch die Zeitungen von geheimnisvollen U-Booten, die an den Küsten auftauchen und von denen man vermutet, daß sie den Kommunisten Waffen aus Albanien zuführen.

Wie in allen kleinen Staaten sind hier alle politischen Aktionen stark persönlich gefärbt. Man kann sie erst beurteilen, wenn man die Personen kennt, die dahinter stehen. Insofern ist es für mich wichtig, daß ich die etwa hundert politisch wichtigen Persönlichkeiten der Insel kenne und als Gäste in meinem Hause hatte. So kann ich mich jetzt mit größerer Sicherheit auf dem mir ursprünglich ganz fremden Terrain

bewegen und glaube auch, mir einen Vertrauenskredit auf allen Seiten verschafft zu haben.
Kürzlich habe ich die Korrekturen der achten Auflage abgeschlossen, die im April erscheinen wird. Die wesentliche Änderung besteht in der Einarbeitung der Verwaltungsgerichtsordnung. Der Verlag schrieb mir, die Nachfrage sei so groß, daß er diesmal 10 000 Stück, anstatt bisher 7.000 Stück drucken werde.
Böckenförde schickte mir seine Abhandlung aus dem „Hochland“[2] – wie interessant und vor allem: wie mutig. Nimmt man sie ernst, dann steht dem politischen Katholizismus eine Generalrevision seiner Grundsätze bevor.
Wir haben hier den schönsten Frühling mit blühenden Orangenbäumen, Narzissen und Rosen im Garten. Nach Zeitungsberichten soll es aber auch in Europa schon sehr warm sein. Über Ostern will ich nach Kairo und Luxor. Ende nächster Woche kommen Albrecht und Martin. Natürlich freue ich mich schon sehr darauf.
Mit allen guten Wünschen und herzlichen Grüßen
stets Ihr
Ernst Forsthoff

Nr. 156
Ernst Forsthoff an Carl Schmitt Heidelberg, 10. Juni 1961

Lieber Herr Schmitt!
Seien Sie herzlich für Ihren Brief bedankt, den ich vorfand, als ich Anfang Mai nach hier kam und den ich erst jetzt beantworte, weil ich in der Zwischenzeit noch einmal wegen einiger wichtiger Prozesse nach Zypern mußte. Ich hoffe sehr, daß Sie diese Zeilen noch vor der Abreise nach Spanien erhalten werden. Von Zypern wäre natürlich sehr viel zu berichten. Rückblickend würde ich sagen, daß die Aufgabe, auf die ich mich dort eingelassen habe, für die erste, jetzt abgeschlossene Session viel schwieriger war, als ich voraussah. Diese Schwierigkeit hatte keinerlei persönliche, etwa politische Gründe. Ich bin, nachdem die Oppositionspresse in Zypern zunächst die politischen Angriffe gegen mich nachgedruckt hatte, schon Anfang des Jahres von dem Führer der Oppositionsgruppe dahin informiert worden, daß man selbstverständlich von allen persönlichen Angriffen gegen mich Abstand genommen habe, nachdem man mich persönlich kennengelernt habe und daß das auch in Zukunft so bleiben werde. Tatsächlich ist seitdem kein kritisches Wort mehr über mich in der Presse erschienen.
Die Schwierigkeit bestand einfach darin, ein angemessenes Verfahrensrecht zu schaffen, was bedeutete, von den für ein Verfassungs- und Verwaltungsgericht schlechterdings unbrauchbaren englischen civil procedure rules loszukommen, also Einführung der Offizialmaximen und damit: Entthronung des Anwalts als der beherrschenden Figur des Prozesses. Angesichts der Mächtigkeit der Anwaltschaft (die z.B. einen erheblichen Prozentsatz der Parlamentarier stellt) war das nur langsam, Schritt für Schritt, zu erreichen, wobei mir die Erfahrungen, die wir mit unserer dem englischen

Recht angeglichenen vorläufigen Verfahrensordnung machten, sehr zu Hilfe kamen, weil sie meinen Beisitzern wie auch den Anwälten klarmachten, daß es auf dem Wege des englischen Rechtes nun einmal nicht geht. Jedenfalls erfüllt es mich mit großer Befriedigung, daß ich in den letzten Tagen des April die neuen, alle meine Wünsche erfüllende Verfahrensordnung im Gesetzblatt verkünden lassen konnte, die nun ab 1. Mai gilt.
Das Gericht hat inzwischen ziemlich viel zu tun. Allein in diesem Jahr sind bis zum 1. Juni 50 Klagen eingegangen – überwiegend verwaltungsrechtliche. Etwa die Hälfte ist inzwischen durch Vergleich oder Urteil erledigt. Die bisherige Arbeit war für mich außerordentlich interessant. Einmal weil ich eine neue Art von Rechtsprechung in eine Umwelt einzuführen hatte, die schlechterdings nichts davon wußte und verstand, sodaß ich meinen Beisitzern fast täglich kleine Vorlesungen zu halten hatte. Vor allem aber wegen der ständigen und engen Berührung mit dem englischen Recht, dessen elegantiae, die Radbruch[1] ihm nachrühmt, ich beim besten Willen nicht zu entdecken vermochte.
Über Ostern war ich zwei Wochen mit Albrecht und Martin in Ägypten und Libanon. Vor allem Luxor hat auf uns einen tiefen Eindruck gemacht – neben den Kostbarkeiten des Museums in Kairo. Großartig war dann Baalbek und auch, wenn auch auf andere Art, Damaskus.
Inzwischen tue ich mich ein wenig um in der Literatur, deren Erscheinen ich in meiner Abwesenheit versäumte, um festzustellen, daß das Versäumnis sachlich nicht viel auf sich hat, bis auf Gadamers neues Buch Wahrheit und Methode[2], in dem ich mit Interesse lese. Auch der alljährliche Angriff von von der Gablentz auf mich ist erschienen[3]; diesmal kein Buch sondern ein Aufsatz in der Vierteljahresschrift für Politik, dem ich mit Vergnügen entnehme, daß er von meinem Aufsatz im „Merkur"[4] nichts verstanden hat.
Hoffentlich hatten Sie inzwischen eine gute Zeit. Auf Umwegen erfuhr ich, daß Herr Schulte wieder in voller Tätigkeit ist, also die schwere Erkrankung wohl ganz überwunden hat. Böckenförde hielt mich über die Resonanz seines Aufsatzes auf dem Laufenden. Ich habe den Eindruck, daß dieser Stein noch lange rollen wird. Die Fragestellungen des Aufsatzes lassen sich nicht so treuherzig-dumm abweisen, wie es das Kölner Hänneschen[5] versucht hat. Zum Thema Naturrecht erscheint in Kürze in meiner Schriftenreihe die neue Arbeit von Joachim Ritter[6]. Heute kam die Nachricht, daß Vater Tsatsos in Kürze als griechischer Botschafter nach Bonn kommen wird (das agrément ist soeben erbeten worden). Das ist eine gute und wichtige Sache.
Indem ich Ihnen eine schöne Zeit in Spanien wünsche (viele Grüße an Anima und ihren Mann und die dortigen bekannten Kollegen)
grüße ich Sie herzlich in dankbarer Verbundenheit!
Stets Ihr
Ernst Forsthoff

Nr. 157

Ernst Forsthoff an Carl Schmitt — Heidelberg, 5. September 1961

Lieber Herr Schmitt!
Ob Sie inzwischen wieder in Deutschland sind? Die Ankündigung Ihrer Absicht, vor meiner Abreise am 15/9 noch einmal nach hier zu kommen, hat bei mir und allen große Freude ausgelöst. Zwar weiß ich wirklich nicht, ob ich Ihnen eine solche Reise zumuten darf; aber ich brauche Ihnen nicht zu sagen, was es mir bedeuten würde, Sie zu sehen. Leider kann ich mich nicht selbst auf die Reise machen, da ich hier unabkömmlich bin. So möchte ich Ihnen nur sagen, wie sehr Sie uns willkommen sind und daß mir bis auf den 12/9 jeder Tag recht ist.
Herzlichen Dank für Ihre Grüße und die „Tyrannei" im spanischen Gewande[1].
In der Hoffnung auf das Wiedersehen grüße ich Sie herzlich
in alter Verbundenheit
als Ihr
Ernst Forsthoff

Nr. 158

Carl Schmitt an Ernst Forsthoff — Plettenberg, 10. September 1961

Lieber Herr Forsthoff,
meine Reiselektüre auf der Fahrt von Heidelberg nach Plettenberg war der Aufsatz von Joh. Gross über die öffentliche Meinung (DZ vom 9. September)[1], der mich sehr in dem Plan bestätigte, der DZ zu schreiben, was ich auch schon getan habe. Die neue Auflage Ihres Lehrbuches ist imposant und bringt die hartnäckigsten Gegner zum Schweigen. Ich erinnere mich mit großer Dankbarkeit des Besuches bei Ihnen und schicke Ihnen die beiliegenden Reproduktionen als Gruß und Gedanken zu Ihrem Geburtstag 1959.
Herzliche Grüße und Wünsche für Sie und die Ihrigen! Glückliche Fahrt nach Zypern und hoffentlich auf ein gutes Wiedersehn!
Stets Ihr
Carl Schmitt.

Einen besonders herzlichen Gruß für Susanne! <...>

Nr. 159

Ernst Forsthoff an Carl Schmitt Nicosia, 9. Oktober 1961

[Von Schmitt u.a. notiert:] b[eantwortet] 19. 10. 61

Lieber Herr Schmitt!

Seit zweieinhalb Wochen bin ich nun wieder hier und mit amtlichen Pflichten ziemlich reichlich eingedeckt. Von dem Flugzeug-Unglück bei Ankara, dem Professor Schäfer[1] mit seiner ganzen Expedition zum Opfer fiel, wissen Sie wohl aus der Zeitung. Mich hat diese Katastrophe besonders getroffen, da ich mit den Teilnehmern an der Exkursion am Abend vor dem Unglück mehrere Stunden zusammen war. Als ich am Sonntag die Schreckensnachricht erhielt, daß alle diese Leben ausgelöscht waren, war ich wie gelähmt. Es wird Sie bewegen, daß Herr Schäfer an diesem Abend die Rede auf Sie brachte und sich eingehend nach Ihrem Ergehen, Ihrer Spanienreise und Ihren wissenschaftlichen Plänen erkundigte. Ich merkte, wie sehr er an allem teilnahm, was Sie betrifft. Mein Verhältnis zu Schäfer war, wie Sie vielleicht wissen werden, zeitweilig nicht ungetrübt. Erst später wurde mir klar, daß gewisse Verhaltensweisen, die ich ihm damals übel nahm, nicht eigentlich gegen mich gerichtet waren, sondern aus seiner hochgradigen Gehemmtheit hervorgingen. So bin ich rückblickend umso froher, daß unser Verhältnis wieder auf einen guten Fuß kam und [wir] schließlich in voller Harmonie voneinander geschieden sind.

Heute beginnt nun die Staatsrechtslehrer-Tagung[2] und meine Schrift ist heraus[3] (Sie wird Ihnen bald zugehen. Ich hatte noch keine Zeit, die Versendungsliste an den Verlag zu geben, was aber bald geschehen wird). Zeidler wird mir von der Tagung bald berichten. Ich bin einigermaßen gespannt darauf. Übrigens gab Herr Zeidler seinen Eindruck von der Schrift ebenso wie Sie dahin wieder, daß erst sie meine dogmatische Position vollkommen klarlege und manches in meinem Referat über den Sozialstaat und in meinem Beitrag zu Ihrer Festschrift erst voll verständlich mache. Ich warte nun ab, ob die Abhandlung in Freiburg ein Echo finden wird. Hat übrigens die „Deutsche Zeitung“ Ihren Gedanken aufgenommen und etwas zu der Schrift gebracht[4]?

Cypern präsentiert sich in dieser Jahreszeit hinreißend schön. Die Tagestemperaturen sind bei 35°, die man wegen der Trockenheit der Luft gut erträgt. Soweit es die Zeit erlaubt, fahre ich zum Baden an die See, was mir ausgezeichnet bekommt. Seit Jahren war mein gesundheitliches Befinden nicht so gut wie jetzt.

Die Arbeit geht, nachdem sich alles eingespielt hat, schneller von der Hand. Makarios sah ich erst einmal zu einem längeren Gespräch. Er ist wirklich ein ungewöhnlicher Mann.

Ich hoffe sehr, daß es Ihnen gut geht.

Mit allen guten Wünschen und herzlichen Grüßen

stets Ihr

Ernst Forsthoff

Nr. 160

Ernst Forsthoff an Carl Schmitt Nicosia, 7. Dezember 1961

Lieber Herr Schmitt!
Es wird Zeit, dass ich einmal wieder von mir hören lasse, obgleich von hier eigentlich Neues nicht zu berichten ist. Die Arbeit des Gerichts hat sich mehr und mehr eingespielt und wickelt sich reibungslos und schneller als im vorigen Jahr ab. Neben dem Routinekram treten immer wieder interessante Fragen auf, die aber vielfach nicht ausgeschöpft werden, weil – wie ich immer wieder feststellen muss – die am englischen Recht geschulten Juristen schlechterdings nicht in der Lage sind, eine Fragestellung zunächst mal nach der theoretischen Seite, also logisch, aufzunehmen und zur Klarheit zu bringen, ehe die Nutzanwendung für den zu entscheidenden Fall erfolgt. Ebensowenig ist man imstande, eine Verfassungsnorm nach den uns geläufigen Auslegungsregeln zu interpretieren. Diese Erfahrung ist mir doch sehr interessant. Man könnte über diesen Mangel an theoretischer Durchdringung eher hinwegsehen, wenn wenigstens nach der Seite des Tatbestandes der so viel gerühmte englische Wirklichkeitssinn einen besonderen Grad von Genauigkeit erreicht hätte. Auch davon kann nicht im mindesten die Rede sein. Es gibt nichts unzuverlässigeres als das englische Beweisverfahren. Ich habe oft meine liebe Not, den Grad von Klarheit zu erreichen, ohne den ein Urteil nach deutschen Begriffen schlechterdings unmöglich ist.
So lerne ich selbst noch eine Menge dazu. Da die persönliche Atmosphäre im Gericht besonders angenehm ist, macht mir die Arbeit nach wie vor viel Freude.
Inzwischen ist die zweite Auflage meiner Verfassungsgeschichte erschienen[1]. Neu daran ist nur der Teil ab 1871. Das Buch endet mit einem Paukenschlag in den letzten beiden Sätzen: Hindenburgs Entscheidung für die Legalität und die Ernennung Hitlers. Das wird meinen Freunden von der politischen Wissenschaft neue Munition liefern. Habeant sibi[2]. Das Buch wird Ihnen in Kürze zugehen.
Auf meine „Verfassungsauslegung" hin erhielt ich einige Zuschriften – so eine zustimmende von H. J. Wolff, mit ironischer Kritik an den Freiburger Referaten.
Inzwischen schrieb man mir, dass das Bundesverfassungsgericht sein zehnjähriges Bestehen feierlich begehen wolle und Smend als Festredner engagiert habe[3]. Ich weiss noch nicht sicher, ob das zutrifft, aber wenn es so ist, dann darf ich mir wohl schmeicheln, dass er diese Ehre mindestens zu einem gewissen Grade mir zu verdanken hat. Wahrscheinlich wird Smend dann diese Gelegenheit zu der Auseinandersetzung mit mir benutzen, die er mir vor einem halben Jahr angekündigt hat. Ich bin entschlossen, zum Thema Verfassungsauslegung nichts mehr zu publizieren.
Die Habilitation von Schnur ist nun Anfang November glatt verlaufen. Ich habe dazu nur einen Brief von Schnur selbst. Auf seinen weiteren Weg bin ich gespannt.
Ich hoffe sehr, dass es Ihnen gut geht und dass Ihnen das herbstliche Wetter keine Ungelegenheiten bereitet hat. Familie Tsatsos, die Silvester wieder bei mir verbringen wird, ist mit mir der grossen Hoffnung, dass wir Sie wieder unter uns sehen werden. Ob Sie das

ermöglichen können? Es wäre auch für meine Mutter und meine Kinder eine ganz grosse Freude. Wir können uns den Beginn des neuen Jahres nicht schöner denken.
Am 19./12. fliege ich heim und muss am 7./1. wieder nach hier zurückkehren.
Mit herzlichen Grüssen in alter Gesinnung
stets Ihr
Ernst Forsthoff

Nr. 161
Ernst Forsthoff an Carl Schmitt Heidelberg, 23. Dezember 1961

Lieber Herr Schmitt!
Es tut mir sehr leid, daß ich erst so spät meine Grüße und Wünsche zu Weihnachten auf den Weg bringe, hoffe aber, daß Sie das im Hinblick auf die besonderen Umstände – ich kam erst in diesen Tagen zurück – entschuldigen werden. Eben erfahre ich durch ein Ferngespräch mit Herrn Schulte, daß Sie heute aus dem Krankenhaus nach Hause zurückkehren konnten. Ich bin darüber tief erfreut, da ich dieser Nachricht Ihre endgültige Erholung entnehmen darf. Von Ihrer Krankheit und Operation[1] habe ich erst spät durch einen Brief von Herrn Schulte erfahren. Da ich in den beiden letzten Wochen in Zypern durch einen großen, d. h. vor allem komplizierten Verfassungsprozeß vollauf beschäftigt war, kam ich leider auch nicht dazu, Ihnen sofort zu schreiben, wie ich es gerne getan hätte. Jedenfalls ist es mein aufrichtigster Wunsch, daß Sie sich bald von den Folgen der Operation gänzlich erholen mögen. Leider können wir nun nicht hoffen, Sie wie im Vorjahr zu Silvester bei uns zu sehen, denn Sie werden sich gewiß die Reise nicht zumuten dürfen. Andernfalls sind Sie natürlich herzlich willkommen, denn Familie Tsatsos wird auch wieder bei uns sein.
<Familiennachrichten>
Die Monate in Zypern waren wieder sehr befriedigend. Die Zahl der Klagen hat erheblich zugenommen. Obgleich das Verfahren inzwischen besser eingespielt ist, ist die Mehrarbeit doch fühlbar. Vielleicht schrieb ich Ihnen schon, daß Zypern den Vertrag mit dem irischen Präsidenten des High Court nach Ablauf des Probejahrs gelöst hat[2]. Er hatte völlig abgewirtschaftet und ich hatte auch viel Ärger mit ihm, sodaß auch ich diese Wendung nur begrüßen konnte. Immerhin droht mir jetzt, daß ich zusätzlich zum Präsidenten des High Court ernannt werde, bis der neue Präsident bestellt ist. Ich sehe dem natürlich mit gemischten Gefühlen entgegen, da ich bei meinem Gericht reichlich genug zu tun habe.
Inzwischen ist die zweite Auflage meiner Verfassungsgeschichte erschienen, die Ihnen demnächst zugehen wird. (Ich habe mich um die Versendung noch nicht kümmern können). Ich nehme an, daß Sie die Darstellung der Weimarer Zeit interessieren wird, die mit der Feststellung beginnt, daß 1919 eine Verfassungsgebung im Grunde überhaupt nicht möglich war und in den letzten Sätzen mit einem Paukenschlag endet: Hitlers

Ernennung als Rückkehr zur Legalität. Da haben meine Freunde von der politischen Wissenschaft wieder neue Munition.
Die Feier des zehnjährigen Bestehens des Bundesverfassungsgerichts, zu der, wie mir geschrieben wurde, Smend als Festredner gewonnen sein sollte, hat allem Anschein nach noch nicht stattgefunden, denn ich konnte nichts darüber erfahren.
Am Mittwoch fand die Habilitation meines griechischen Schülers Dagtoglou[3] statt, die einen vorzüglichen Verlauf nahm. Er ist ein ausgezeichneter Mann. Ob er als Grieche in Deutschland Berufungsaussichten hat, bleibt natürlich abzuwarten.
Als bescheidene Weihnachtsgabe wird Ihnen Heideggers „Nietzsche"[4] zugehen und Sie hoffentlich noch rechtzeitig zum Fest erreichen. Wegen der großen Zeitnot, in der ich mich in diesen Tagen befand und befinde, war ich in der Wahl eines angemessenen Geschenks in einiger Verlegenheit und kann nur hoffen, daß Sie es freundlich entgegen nehmen mögen.
Mit allen guten Wünschen und herzlichen Grüssen,
denen sich die ganze Familie anschließt
in alter Gesinnung
stets Ihr
Ernst Forsthoff

Nr. 162
Ernst Forsthoff und andere an Carl Schmitt — Heidelberg, 31. Dezember/ 1. Januar 1961/1962

Lieber Herr Schmitt!
Die Silvester-Runde, die Sie schmerzlich vermisst, gedenkt Ihrer mit herzlichen Grüssen und allen guten Wünschen für 1962!
Stets Ihr
Ernst Forsthoff

Alles Gute für Sie wünschen wir, meine Frau und Ich, und hoffen, Sie wieder bald sehen zu dürfen.
A. Tsatsos, T. Tsatsos[1]

Servus indignus, devotus, indomitabilis HB

Emmy Forsthoff (xxx)

Mit herzlichen Grüßen Albrecht Forsthoff

Herzliche Grüsse Annie D. Tsatsos

Ihr Brief war der schönste und ehrenvollste Weihnachtswunsch. Alles Gute und ich schreibe bald.
Dimitris.

Nr. 163
Ernst Forsthoff an Carl Schmitt Nicosia, 3. Februar 1962

Lieber Herr Schmitt!
Ich muss sehr Ihre Nachsicht dafür erbitten, dass ich in letzter Zeit so wenig von mir hören liess. Ich fürchte sogar, dass ich Ihnen noch meinen Dank schulde für die herrliche Slevogt-Zeichnung[1], mit der Sie mich zu Weihnachten erfreuten. Aber Sie werden sich meine Lage denken können. In der kurzen Zeit zu Hause gab es zu vieles, was mich von der Korrespondenz abhielt und meine Absicht, Ihnen gleich von hier aus zu schreiben, wurde durch die grosse Arbeitslast zunichte, die ich hier vorfand. (Allein 20 neue Klagen). Inzwischen haben wir uns die dringendsten Fälle vom Halse geschafft und können zu einem normaleren Arbeitsrhythmus zurückkehren.
Inzwischen werden Sie meine Verfassungsgeschichte erhalten haben. Böckenförde schrieb dazu, dass ich wohl mit lebhaften Einwendungen Betroffener gegen den letzten Teil zu rechnen hätte – was mir von vornherein klar war. Schon die Frage, ob Deutschland im Jahre 1919 überhaupt verfassungsfähig war, wird man als unerlaubt beanstanden. Und erst recht der Schluss wird auf erbitterte Ablehnung stossen. Doch sei es drum. Ich habe nicht die Absicht, auf Empfindlichkeiten dieser Art irgendwelche Rücksicht zu nehmen.
Ich hoffe sehr, dass Sie sich inzwischen von der Operation vollends erholt haben und nehme die Mitteilung in einem Brief Barions, dass Sie in den nächsten Monaten zu Vorträgen nach Spanien zu reisen gedenken, als eine Bestätigung dieser Hoffnung. Betrüblich fände ich nur, wenn Sie so früh nach Spanien aufbrechen würden, dass ich keine Gelegenheit mehr hätte Sie im Mai zu sehen. Ich komme dann aus Anlass des Besuches von Makarios auf einige Tage nach Bonn und habe vor, falls Sie noch dort sind, einen Abstecher nach Plettenberg zu machen.
Auf meine Verfassungsprobleme habe ich noch wenig Echo vernommen, was ich nicht tragisch nehme. Vorige Woche hat nun, wie ich einem Brief von Blümel und der FAZ. entnehme, Smend den lange erwarteten Festvortrag in Karlsruhe gehalten[2]. Seine Polemik gegen mich, von der ich nicht weiss, welchen Umfang sie hatte, ist ohne Namensnennung erfolgt. Aber gewiss wird der Vortrag im Druck erscheinen und dann wird man sehen, auf welchen Tenor die Kritik gestimmt ist. Blümel erfuhr von Schneider, Smend habe gesagt, diese Kritik sei genauso unproduktiv wie die damalige gegen die Weimarer Verfassung. Dafür spricht vieles, denn diese Formel, die zugleich bagatellisiert und diskriminiert, bietet sich geradezu an und die heutige Staatsrechtswissenschaft müsste nicht sein, wie sie ist, wenn sie diese Formel nicht akzeptieren würde. Der Umstand, dass ich dem allem weit entrückt bin, trägt nicht zum wenigsten dazu

bei, mich das hiesige Amt je länger je mehr schätzen zu lassen, wie auch das Leben hier mit währender Zeit nicht an Reiz verliert sondern noch gewinnt.
Eben erlebe ich hier einen klimatisch ganz herrlichen Winter. Die Tage sind meist sonnig, die Sonne ist warm, aber nicht heiss, meistens haben wir 18°–20°, und die Luft ist ganz trocken, sodass man die Schwüle, die mir in Heidelberg viel zu schaffen macht, nicht kennt. Die Insel ist grün und im Garten blühen Narzissen, Bougainville, Rosen und vieles andere. Ich geniesse das sehr. Und das tägliche Tennisspiel ist für mich äusserst bekömmlich. Anfang März werden Heinrich und Albrecht nach hier kommen und ihre Ferien hier verbringen.
Schnur schreibt mir, dass er Aussichten in Saarbrücken hat. Ich bin auf die erste Nummer der neuen Zeitschrift[3] sehr gespannt.
Ebrach wird in diesem Jahr wieder stattfinden und zwar etwas früher, vom 17.9.–29.9., da ich am 1.10. wieder nach hier muss.
Mit allen guten Wünschen und herzlichen Grüssen
wie immer
Ihr
Ernst Forsthoff

Nr. 164
Ernst Forsthoff an Carl Schmitt Nicosia, 17. Februar 1962
[Von Schmitt u. a. notiert:] b[eantwortet] 16.4.62

Lieber Herr Schmitt!
Inzwischen hat der schon länger erwartete Festakt in Karlsruhe stattgefunden und heute erreichte mich die FAZ mit der Wiedergabe der Festrede Smends, die zwar etwas gekürzt ist, aber doch wohl den wesentlichen Teil wörtlich bringt. Natürlich habe ich mich sogleich mit grossem Interesse an die Lektüre gemacht, die dann eine einzige Enttäuschung wurde. M. E. erhebt sich der Vortrag nirgendwo über das, was ein einigermassen gebildeter Jurist oder auch Journalist bei dieser Gelegenheit hätte sagen können. Auch das Lob des Verfassungsgerichts, wie Smend es aussprechen wollte, hätte unvergleichlich viel besser formuliert werden können.
Natürlich war ich auf die Polemik gegen mich gespannt. Schon Schneider hatte mir geschrieben, dass sowohl Smend wie Nipperdey ausführlich gegen mich polemisiert hätten, ohne meinen Namen zu nennen[1]. Ich komme mir nun vor wie der „Spiegel", der gemeinhin als „ein deutsches Nachrichten-Magazin" zitiert wird; so bin ich jetzt „ein Kritiker des Bundesverfassungsgerichts". Im einzelnen ist die Polemik insofern interessant, als sie kein einziges Argument der Widerlegung enthält. Er sagt: „Diese Infragestellung ... ist alsbald mit durchschlagenden Gründen widerlegt worden. Ich brauche diese Gründe hier nicht zu wiederholen". An anderer Stelle heisst es: „Diese Angriffe sind fruchtbar, sofern ... . Sie sind vergeblich, sofern sich die Praxis ... durch sie nicht beirren lässt". Eine wissenschaftliche Auseinandersetzung, für die die „Vergeblichkeit" der Gegenposition (Vergeblichkeit mit dieser Begründung!) ein Argument

ist, kann man doch nicht mehr ernst nehmen. Nachdem ich längst entschlossen bin, von allen Repliken Abstand zu nehmen, fällt mir das in diesem Falle umso leichter, als sich in dieser Sache jeder urteilsfähige Leser seine Meinung bilden kann, ohne dass es einer Nachhilfe von meiner Seite bedürfen würde. Sie würden mir eine grosse Freude machen, wenn Sie mir Ihre Meinung zu dieser Rede kurz schreiben würden. Ich darf hinzufügen, dass ich oft mit einiger Sorge an Sie denke, nachdem ich so lange nichts von Ihnen gehört habe. Ich hoffe sehr, dass diese Sorge unbegründet ist und dass Sie sich weiter von der Operation gut erholt haben.

In diesen Tagen erhielt ich den neuen Aufsatz von Böckenförde[2]. Ich hatte ihm davon abgeraten, meiner allgemeinen Einstellung zu Repliken entsprechend. Nach der Lektüre bin ich nun froh, dass er sich jedenfalls keine Blössen gegeben hat. Ich finde, dass er seine Ausgangsposition gut herausgearbeitet hat und habe mich an einigen Formulierungen und ergänzenden Belegen gefreut. Trotzdem bin ich, alles in allem, von der Notwendigkeit des Aufsatzes nicht überzeugt. Das Kölner Hänneschen wird er sich wegen der kompromittierenden Wiedergabe der Passage aus dem Vortrag vor der Zentrumsfraktion wohl endgültig zum Feind gemacht haben. Den Mut muss man anerkennen, wie ich überhaupt von dieser Generation Gutes erwarte.

Morgen kommt v. Schmoller[3] nach hier, auf 4 Tage. Ich sehe ihn morgen abend beim Botschafter und habe ihn übermorgen bei mir zu Gast. Wenn ich auch nicht viel mit dem A. A. zu tun habe, so ist es doch sehr angenehm für mich, dass er nun das Referat Cypern hat.

Die Situation hier ist im Augenblick insofern schwierig, als die Spannungen zwischen Griechen und Türken einmal wieder auf einem Höhepunkt sind. Und wie das bei dem heutigen Nationalismus geht: ein konkreter Grund dafür ist eigentlich nicht anzugeben und wohl auch nicht vorhanden. Erfreulicherweise stehe ich ausserhalb dieser Spannungen, da meine Neutralität von keiner Seite angezweifelt wird. Aber der Boden ist einmal wieder heiss und es bedarf einiger Umsicht, um sich darauf zu bewegen, ohne anzuecken.

Erfreulicherweise ist inzwischen das Amt des High Court-Präsidenten neu besetzt worden, und zwar mit einem kanadischen Richter. Ich bin darüber deshalb froh, weil ich es unter Hinweis auf meine starke Beanspruchung in meinem eigenen Gericht erreicht habe, dass man mich von der Vertretung im High Court verschont hat. Auf längere Zeit hätte ich das wohl nicht durchhalten können. Nun bin ich auf den neuen Herrn gespannt und hoffe, mit ihm nicht den gleichen Ärger zu haben wie mit seinem Vorgänger, auf dessen Dienste die Republik aus guten Gründen verzichtet hat.

<*Familiennachrichten*>

Mit allen guten Wünschen und herzlichen Grüssen
stets Ihr
Ernst Forsthoff

Haben Sie die beiden akademischen Märchen in „Christ und Welt“ vom 19. Januar gelesen[4]?

Nr. 165

Ernst Forsthoff an Carl Schmitt — Heidelberg, 14. Juli 1962

Hochverehrter, lieber Herr Schmitt!
Es ist mir betrüblich, dass meine Wünsche zu Ihrem Geburtstag Sie so spät erreichen. Aber ich befand mich – arbeitsmäßig – zwei Wochen in einem Ausnahmezustand und bin erst in diesen Tagen zu normalen Verhältnissen zurückgekehrt. Ich hatte meine beiden zypriotischen Richter hier und wir haben sehr intensiv die Urteile beraten, die keinen längeren Aufschub duldeten. Im Anschluss daran habe ich ihnen einige Tage etwas von Süddeutschland gezeigt (Strassburg, Kolmar, Freiburg, Bodensee). Da daneben die Vorlesungen weiter liefen und auch sonst manches zu tun war (wie Prüfungen), wurde das Ganze anstrengender als ich voraussah.
So komme ich erst heute dazu, Ihnen meine aufrichtigsten Wünsche zu übermitteln. Hoffentlich sind Sie inzwischen von den schmerzhaften Beschwerden am Arm befreit. Wie Sie wissen, hegen Ihre Schüler und Freunde die Hoffnung, dass Sie die glossierte Sammlung Ihrer Abhandlungen, die Sie mit den staatsrechtlichen Schriften begannen, fortzusetzen sich entschliessen möchten[1]. Das wäre nicht nur für uns „Alten“ eine wertvolle Gabe – Sie können gewiss sein, in der jetzt heranwachsenden jungen Generation, jedenfalls bei den besten, die sich nicht durch Ressentiments vernebeln lassen, eine interessierte und aufgeschlossene Leserschaft zu finden.
Die kleine Reise verband ich mit der Annahme einer Einladung der Freiburger Kollegen zu einem Streitgespräch über Verfassungsauslegung[2]. Anwesend waren die dortigen Kollegen mit ihren Assistenten, und einige Heidelberger Schüler. Zeidler leitete. Natürlich kam nicht viel dabei heraus. Nur die beiderseitigen Positionen wurden klarer abgesteckt als das bisher literarisch geschehen war. Interessant war vielleicht, dass Ehmke, der Wortführer der Gegenseite, das Gespräch mit der Erklärung eröffnete, dass weder er noch sonst jemand der Freiburger daran denke, die Rechtsprechung des Bundesverfassungsgerichts zu verteidigen. Diese Beobachtung mache ich immer wieder, dass niemand bereit ist, sich mit der Rechtsprechung dieses Gerichts zu identifizieren. Ehmke ist übrigens ungewöhnlich intelligent und es ist von ihm noch einiges zu erwarten. Persönlich benahm man sich nobel und die ganze Sache endete mit einem harmonischen Abendessen.
Bis zur Rückkehr nach Zypern möchte ich noch mit einer kleineren Abhandlung fertig werden, die wahrscheinlich „Der Staat als Auftraggeber“[3] heissen wird und sich mit den allerdings in Bewegung geratenen Fragen des fiskalischen Handelns beschäftigen wird.
<*Familiennachrichten*>
Mit den besten Wünschen und herzlichen Grüssen
stets Ihr
Ernst Forsthoff

Viele Grüsse an Frl. Annie[4].

Nr. 166

Ernst Forsthoff an Carl Schmitt Heidelberg, 7. September 1962

[Von Schmitt u. a. notiert:] 10. 9. und 13. 9. 62

Lieber Herr Schmitt!

Nachdem die letzten Monate mit ungewöhnlich viel Arbeit beinahe im Fluge vergangen sind, steht Ebrach vor der Tür. Obgleich Sie sich bei meinem Besuch in Plettenberg hinsichtlich Ihrer diesjährigen Teilnahme etwas skeptisch äusserten, wage ich doch die Frage und Bitte, ob Sie sich nicht doch entschliessen können, uns wieder die Ehre und den ausserordentlichen Gewinn Ihrer Teilnahme zu schenken. Ich weiss, was das den Teilnehmern bedeuten würde, von denen ich immer wieder nach Ihnen gefragt werde und ich brauche Ihnen nicht erst zu sagen, welche Freude Sie mir mit Ihrer Anwesenheit machen würden, zumal, wie meine Lebensumstände jetzt sind, die Gelegenheiten, Sie zu sehen, so schmerzlich selten sind. Ermutigt bin ich zu dieser Bitte auch durch einen Brief unseres jungen Freundes Böckenförde, der Sie gerne wieder mit dem Wagen nach Ebrach bringen würde. Sie würden mich sehr glücklich machen, wenn Sie sich zu Ihrem Kommen entschliessen könnten.

Nächste Woche werde ich mit meiner Mutter und den Kindern über den 13. 9.[1] kurz in den Schwarzwald nach Horben bei Freiburg fahren, um allen hiesigen Eventualitäten zu entgehen. Nach Feiern steht mir nicht der Sinn.

Inzwischen habe ich, wie gewiss auch Sie, die erste Nummer von „Der Staat" erhalten. Ich mache keinen Hehl daraus, dass sie mich ein wenig enttäuscht hat, schon in der blossen Tatsache, dass keiner der Herausgeber im ersten Heft mit einem Beitrag vertreten ist. Auch die behandelten Themen erscheinen mir nicht signifikant genug. Am interessantesten finde ich noch den Aufsatz von Lübbe über die Technokratie[2]. Aber man darf wohl hoffen, dass die folgenden Hefte interessanter werden. Allein schon ihre monopolbrechende Wirkung gibt der neuen Zeitschrift eine Existenzberechtigung.

Sonst ist mir in der letzten Zeit nichts besonders lesenswertes in die Hände gekommen. Hoffentlich geht es Ihnen weiter so gut, wie Böckenförde mir berichtete und haben Sie insbesondere die Behinderung mit Ihrem Arm, der Ihnen im Mai zu schaffen machte, ganz überwunden.

<*Familiennachrichten*>

Mit herzlichen Grüssen in alter Verehrung

stets Ihr

Ernst Forsthoff

Beste Grüsse an Frl. Anni.

Nr. 167

Carl Schmitt an Ernst Forsthoff Plettenberg, den 10. September 1962

Lieber Herr Forsthoff,
ich bin Ihnen für Ihren Brief vom 7. September, den ich heute morgen erhielt, von ganzem Herzen dankbar und kann gar nicht mehr anders, als mich entschließen nach Ebrach zu kommen. Schon die Möglichkeit, Sie und vielleicht auch einen Ihrer Söhne dort wiederzusehen, läßt alle Gegen-Motive im Nichts vergehen. Daß Sie mich mit einer so freundschaftlichen Nachdrücklichkeit einladen, empfinde ich als eine große Wohltat. Die letzten Monate waren wieder von Lärm und Hetze erfüllt. Da wirkt ein Wort echten Wohlwollens wie ein Lichtstrahl.
Zu Ihrem 60. Geburtstag will ich Ihnen ein eingebundenes Büchlein und das Manuskript eines Ihnen gewidmeten Aufsatzes schicken.[1] Es soll am 13. September in Heidelberg eintreffen. Sie sind dann mit Ihrer Mutter von Heidelberg abwesend. Deshalb schreibe ich Ihnen schon heute meine herzlichen Glückwünsche; sie kommen aus einem vollen Herzen; das wissen Sie und deshalb brauche ich nicht viele Worte zu machen. Ich überlasse mich aber gern den vielen Erinnerungen und Betrachtungen, die dieser Tag mir nahelegt und hoffe, daß auch Sie ihn in aller Ruhe und Sammlung verbringen können. Sagen Sie bitte Ihrer verehrten Mutter meine besonderen Grüße und Wünsche. Auf ein gutes Wiedersehen in Ebrach!
Ich bleibe Ihr alter und getreuer
Carl Schmitt.

Nr. 168

Carl Schmitt an Ernst Forsthoff Plettenberg – San Casciano, 13. September 1962

Lieber Herr Forsthoff!
Hier überreiche ich Ihnen zum heutigen Tage ein Büchlein „Land und Meer“[1], das Sie längst kennen, das aber durch einen genialen Buchbinder mächtig aufgewertet ist und in dieser Gestalt Ihrer Bibliothek würdig werden könnte,
sowie das Manuskript eines Aufsatzes[2], von meiner Wirtschafterin, Fräulein Anni, mit bewunderungswürdigem Eifer auf der Maschine geschrieben. Dieser Aufsatz, dessen Thema mich seit langem quält und auch in den Vorträgen in Pamplona (15. März) und Saragossa (17. März) nicht bewältigt worden ist, scheint mir jetzt wenigstens in der Form eines durchdachten Aufsatzes Gestalt angenommen zu haben, ausschließlich dank dem Impuls, den mir der Gedanke an Ihren 60. Geburtstag gegeben hat. Es ist in Wahrheit ein Gespräch mit Ihnen, Hans Schomerus und dem verstorbenen Albrecht Erich Guenther.
Wie weit waren vor etwa 40 Jahren, als wir uns zuerst sahen, unsere Ausgangspunkte und Herkünfte von einander entfernt! Und wie nahe stehen wir uns heute!

Glück und Segen zu Ihrem heutigen Geburtstage und auf ein gutes Wiedersehn in Ebrach!
Ihr getreuer
Carl Schmitt.

Nr. 169
Ernst Forsthoff an Carl Schmitt Heidelberg, 20. Dezember 1962
[Von Schmitt u. a. notiert:] b[eantwortet] 31.12.62

Lieber Herr Schmitt!
Hoffentlich zürnen Sie mir nicht, weil ich Ihnen von Zypern nicht geschrieben habe. Natürlich hatte ich es mir immer wieder vorgenommen. Dass es nicht dazu kam, lag vielleicht daran, dass ich nichts Besonderes mitzuteilen hatte. Nun gibt mir das Weihnachtsfest den nötigen Anstoss. Nehmen Sie dazu meine herzlichsten Wünsche entgegen. Ich habe mir erlaubt, einige Flaschen des von Ihnen geschätzten Pfälzer Weins an Sie zu senden, die Sie hoffentlich bei guter Gesundheit erreichen. Das konnte leider erst gestern geschehen, da ich erst vorgestern abend hier ankam. Die Tätigkeit in Zypern hat mich wieder sehr befriedigt. Das Gericht ist jetzt etabliert; die Kinderkrankheiten sind ausgestanden. Es ist jetzt ein gutes Arbeiten, zumal das persönliche Verhältnis unter uns Richtern das denkbar beste ist. Wir hatten einige grosse verfassungsrechtliche Prozesse. Dabei ist mir vollends klar geworden, wie gross der Unterschied zwischen der Verfassungsgerichtsbarkeit in einem hochpolitischen Lande und in einem weitgehend entpolitisierten Lande (wie der Bundesrepublik) ist.
Was sich in der Zwischenzeit hier im Lande abgespielt hat[1], ist m. E. eine schöne Bestätigung meiner Analyse im Merkur vor zwei Jahren[2]. Die armen Minister in Bonn! Nichts an Staatlichkeit hinter sich und vor sich eine geschlossene Front der einmütig für den Spiegel Partei ergreifenden Massenmedien – dann kann ja nur das geschehen, was in Bonn passierte. Die epidemisch ausgebrochene capitolinische Gänseschnatterei der Professoren ist ein Kapitel für sich. Sie zeigt nur, dass das Protestieren wirklich ganz gefahrlos geworden ist. Ich freue mich sehr, dass die von mir geschätzten Kollegen sich davon ferngehalten haben. Man darf gespannt sein, wie die Dinge weiter gehen. Mit der Bildung der neuen Regierung dürfte wohl nur eine Verlegenheit durch eine andere ersetzt worden sein.
Wissenschaftlich scheint sich nicht viel ereignet zu haben. Nipperdey hat mich noch einmal in seinem neuesten Beitrag zu dem Grundrechte-Sammelband angegiftet[3]. Interessant sind einige Nachrufe auf Zeidler, wie der von Schunck in der Öffentlichen Verwaltung[4], in denen Zeidler als Jellinek-Schüler geschildert und mein Name verschwiegen wird. Da das gleiche in dem Nachruf der Freiburger Fakultät geschah (Kaiser brachte seine Entrüstung darüber in einem Brief an mich zum Ausdruck), fällt es schwer zu glauben, dass das Zufall ist. Aber meine innere Distanz zu diesen Dingen ist

zu gross, als dass sie mich ernsthaft berühren würden. Ich registriere sie nur als Symptome. In diesen Tagen teilte mir Kohlhammer mit, dass von meiner Schrift über Verfassungsauslegung im ersten Jahr etwa 1000 Exemplare verkauft worden sind. Ich entnehme daraus, dass die Schrift viel Beachtung findet und glaube, dass sie in der Länge der Zeit ihre Wirkung tun wird.

Einige Sorgen macht mir Schnur. <*Schmitt möge auf ihn einwirken, es sei*> kein Unglück, wenn man im ersten Jahr nach der Habilitation[5] nicht berufen wird. <…>

<*Familiennachrichten*>

Mit allen guten Wünschen und herzlichen Grüssen
in dankbarer Verbundenheit
stets Ihr
Ernst Forsthoff

Nr. 170

Ernst Forsthoff an Carl Schmitt Heidelberg, 9. Mai 1963
[Von Schmitt notiert:] b[eantwortet] 31.5.63

Lieber Herr Schmitt!

Herzlichen Dank für Ihren Brief, der mich gerade nach der Rückkehr aus Zypern erreichte. Dass Ihre Erweiterung des Partisan-Manuskripts abgeschlossen ist, las ich mit grosser Freude und bin nun natürlich auf die Ergänzungen recht gespannt. Zur Widmung der Schrift kann ich nur Folgendes sagen. Ich habe die Widmung als eine grosse und mich immer noch bewegende Ehrung empfunden und dabei bleibe ich. Ich gehe meinen Weg weiter, wie Sie ihn kennen und mache mir keine Illusionen darüber, dass man für die innere Freiheit, die man sich wahrt, in der heutigen Welt einen höheren Preis zu zahlen hat, als das in anständigen Zeiten der Fall war. Dieser Preis ist vor allem der Verzicht auf jeden äusseren Ehrgeiz im Hinblick auf das, was man im weitesten Sinne als Karriere versteht. Wer keinen anderen Ehrgeiz hat als gute Vorlesungen zu halten und das eine oder andere Brauchbare zu publizieren, dem kann nicht mehr viel passieren. Deshalb möchte ich Sie bitten, in der Frage der Widmung den von Ihnen angedeuteten Bedenken keinen Raum zu geben.

Von der Dissertation des Herrn Hofmann[1] habe ich nur gehört und muss sie mir noch ansehen. Übrigens ist Voigt[2] beileibe kein Schüler von mir. Er hat in Königsberg bei v. Hippel mit einer Arbeit: „Umrisse einer Staatslehre Herders“ promoviert und wurde Hilfsassistent der Fakultät. Ich habe ihn dann aus politischen Schwierigkeiten, in die er mehr aus Torheit verwickelt war, herausgepaukt und von daher datiert seine persönliche Anhänglichkeit an mich. 1945 stand er plötzlich vor unserer Tür und ich habe ihn dann bei der hiesigen Fakultät als Assistenten angebracht. Hier wurde er wegen seines blütenreinen Fragebogens mit offenen Armen aufgenommen und von Radbruch und Jellinek zu meiner Verwunderung mit der Abhaltung von grossen Vorlesungen beauf-

tragt. Unterdes schrieb er an seiner Habilitationsschrift über Werdenhagen (einen niederländischen Althusius im Kleinformat). Ungeachtet der Tatsache, dass ich diese Schrift als noch völlig unfertig bezeichnete, reichte er sie ein und die hiesige Fakultät hatte sich inzwischen dem de-facto-Privatdozenten gegenüber so weit die Hände gebunden, dass sie ihn habilitierte. Unmittelbar darauf erhielt er dann den Ruf nach Erlangen. Die Habilitationsschrift ist natürlich nie erschienen. Das also ist Voigt.
Die letzten Monate in Zypern waren schwierig und aufreibend, da wir den ersten grossen Verfassungsprozess zu entscheiden hatten. Die zum Teil sehr unangenehmen Erfahrungen, die ich bei dieser Gelegenheit machte, eignen sich nicht für einen brieflichen Bericht. Ich hoffe, sie Ihnen demnächst mündlich berichten zu können. Nach den Berichten, die ich jetzt täglich aus Zypern erhalte, treiben die Dinge irgendeiner explosiven Entladung zu. (Was ich Herrn Kirchhoff nicht zu sagen bitte, der seine Zypern-Reise ruhig machen soll). Jedenfalls waren meine Erfahrungen der letzten Monate für einen Verfassungsjuristen ungewöhnlich interessant. Es zeigte sich u.a., dass die Verfassungsgerichtsbarkeit auch einen gewissen zivilisatorischen status voraussetzt, der in Zypern noch nicht erreicht ist.
<Familiennachrichten>
In der Fakultät haben wir nun drei Vakanzen, davon, nach dem Tode Gönnenweins[3], zwei im öffentlichen Recht. Den Lehrstuhl Gönnenwein halten wir für Böckenförde offen, der aber so schnell wie möglich seine Habilitation hinter sich bringen muss. Für den neuen Lehrstuhl denke ich persönlich an Werner vom Bundesverwaltungsgericht, der nach dem éclat im VVN-Prozess[4] die Lust an seinem Amt verloren hat. Da er auf dem letztjährigen Juristentag in Hannover über „Recht und Toleranz" gesprochen hat, was die CDU alsbald als einen Angriff auf sich empfunden hat, wagt keine Bonner Behörde mehr, ihn wirklich zu decken. Ein unglaublicher Fall von Selbst-Demontage der Bundesrepublik. Aber ich weiss nicht, ob ich bei der Fakultät damit durchdringe. Auch Schneider scheint sich für diesen Vorschlag nicht so recht erwärmen zu können. Und das, obgleich von den 17 Privatdozenten, unter denen wir uns umgesehen haben, keiner überzeugende Qualität hat. Es ist zu schade, dass Quaritsch noch nicht habilitiert ist[5].
Ich hoffe sehr, dass es Ihnen gut geht. Wir sehen uns spätestens am 11. Juli. Denn wenn es auch, was ich nicht hoffe, dabei bleiben sollte, dass wir uns nicht zu einer kleinen Feier treffen, dann bin ich doch gewiss, dass Sie dem in Plettenberg vorsprechenden Gratulanten die Türe öffnen werden.
Mit herzlichen Grüssen, auch von den Meinen,
in alter Verehrung Ihr
Ernst Forsthoff

Nr. 171

Ernst Forsthoff an Carl Schmitt Ruhpolding, 4. Juni 1963

Lieber Herr Schmitt!
Erst hier in Oberbayern, wohin ich mich für ein paar Tage zurückgezogen habe, komme ich endlich dazu, Ihnen zu schreiben. Dem Rücktritt in Zypern waren dringende Besprechungen, Korrespondenzen usw. vorangegangen, die mich die ersten Wochen nach der Rückkehr von Zypern[1] ziemlich in Atem hielten. Die Gründe meines Rücktritts lagen in dem unglaublichen Verhalten der Griechen gegenüber mir und meinem Assistenten. Nachdem die Griechen merkten, dass sie den grossen Verfassungsprozess um die municipalities nicht gewinnen konnten, erwiesen sie sich als miserable Verlierer, denen wirklich jedes Mittel recht war, um das Urteil doch noch zu verhindern und das Gericht in Mißkredit zu bringen. In den Wochen nach Ergehen des Urteils wurde dann klar, dass Makarios entschlossen ist, das Urteil nicht auszuführen. Dadurch sah ich eine für das Verfassungsgericht unmögliche Situation auf mich zukommen. Denn wenn das Staatsoberhaupt ein Urteil des Verfassungsgerichts in den Wind schlägt, bleibt für den Richter nur die Möglichkeit, zu gehen. Nun – ich bin gegangen, ehe es soweit kam. Die griechische Regierung, die meinen Rücktritt ebenso wie die türkische sehr bedauert, hat grosse Anstrengungen gemacht, um Makarios zu veranlassen, mich zurückzurufen. Sie hatten keinen Erfolg. Makarios ist offenbar entschlossen, gegen alle diplomatischen Warnungen im Alleingang die Verfassung aus den Angeln zu heben. Man muss abwarten, was er erreicht. Ich fürchte nichts Gutes.
Inzwischen fühle ich mich sehr wohl bei dem Gedanken, wieder ganz in meinen Beruf zurückgekehrt zu sein und erwäge wissenschaftliche Pläne. Ich habe keine Absichten auf dem Gebiet des Verfassungsrechts. Die Verfassung selbst bietet keine mich nachhaltig interessierenden Probleme. Was ich zur Methode der Verfassungsauslegung zu sagen hatte, habe ich gesagt. So werde ich wohl zum Verwaltungsrecht zurückkehren und der Gedanke, jetzt den zweiten Band zu schreiben, beschäftigt mich sehr, zumal ich einige gute Assistenten habe, die mir bei der Materialbeschaffung helfen können. Beim Besonderen Teil ist eine solche Hilfe kaum zu entbehren, auch wenn man streng an der altfränkischen Gewohnheit festhält, seine Bücher selbst zu schreiben.
Wegen des 11. Juli schweben wir noch alle in Ungewissheit. Ich hoffe doch sehr auf die Gelegenheit, Ihnen an diesem Tage, sei es in Plettenberg oder anderswo, meine Glückwünsche persönlich aussprechen zu können.
Mit allen guten Wünschen und herzlichen Grüssen
in alter Verbundenheit
Ihr
Ernst Forsthoff

Viele Grüsse an Frl. Anni

Nr. 172

Ernst Forsthoff an Carl Schmitt Heidelberg, 4. Juli 1963

Lieber Herr Schmitt!
Vielen Dank für Ihren Brief. Leider bin ich an dem Wochenende des 13/14 Juli hier unlösbar angebunden. Ich brauche Ihnen wohl nicht erst zu versichern, wie sehr ich es bedaure, nicht dabei sein zu können, zumal auch im Hinblick auf die mir gewidmete Schrift. So kann ich nur versprechen, den Besuch so bald wie möglich nachzuholen – vielleicht im Anschluss an eine Reise nach Hamburg Ende dieses Monats. Hans Schneider konnte ich noch nicht verständigen. Er ist eben in Berlin, wo er die Fakultät bei der Feier des zehnjährigen Bestehens des Bundesverwaltungsgerichts vertritt. Er kommt am Samstag zurück und ich werde ihn dann gleich unterrichten. Ich hoffe nur, dass er Zeit hat.
Mein Rücktritt in Cypern hat noch allerlei Nachwirkungen gehabt, die mich bis heute beschäftigen. So treffe ich mich am kommenden Wochenende mit einem Herrn aus Cypern in Zürich, was aber nicht bedeutet, dass eine Rückkehr von mir nach Cypern zur Debatte steht. Es ist ganz klar, dass Makarios wesentliche Teile der Verfassung ignorieren und ausser Kraft setzen will. So ist auch unser Urteil vom 25. April bis heute unausgeführt geblieben und Makarios hat unzweideutig erklärt, dass er nicht daran denke, es zu befolgen. In dieser Situation hatte ich nichts mehr zu bestellen und ich bin je länger je mehr froh, im richtigen Moment zurückgetreten zu sein. Aber alles das hat allerlei Nervenkraft gekostet und so fühle ich mich jetzt ein wenig flügellahm. Aber das wird sich geben und ich bin dabei, wissenschaftliche Pläne für die nächste Zukunft zu fassen.
Mit herzlichen Wünschen und Grüssen
auch für Anima,
stets Ihr
Ernst Forsthoff

Nr. 173

Ernst Forsthoff an Carl Schmitt Heidelberg, 9. Juli 1963

Lieber Herr Schmitt!
Der 11. Juli naht und drängt mich, meine Wünsche zu Ihrem 75. Geburtstag in Worte zu fassen. Das wird mir schwer. Es sind jetzt genau 40 Jahre vergangen, seit ich Ihnen zum erstenmale begegnete – ganz einseitig begegnete als einer der Teilnehmer Ihrer öffentlichrechtlichen Übungen im Sommersemester 1923. Ich kam damals nach Bonn mit dem peinlichen Gefühl, dass mir das bisherige juristische Studium mehr oder weniger misslungen war, nicht weil ich ihm intellektuell nicht gewachsen gewesen wäre, sondern weil ich zwar allerlei Wissensstoff in mich aufgenommen, aber das dahinter stehende Spezifische des Juristen und seiner Denkweise noch nicht begriffen hatte. Andrerseits

bedrückte es mich, dass die damaligen finanziellen Verhältnisse einen Studiumswechsel schlechterdings ausschlossen. Unter diesen Umständen werden Sie es verstehen, dass ich mich geradezu befreit fühlte, als mir in Ihrer Übung (ich sprach davon 1953 in Düsseldorf), der eigentliche Sinn des Rechtsstudiums und des spezifisch Juristischen erschlossen wurde.
Was diese Begegnung mit Ihnen (und was ihr folgte) für mein Leben bedeutet, ist für mich weder zu ermessen noch in Worte zu fassen. Sie wissen es ohnehin. Es gibt, ausserhalb des Familienkreises, niemanden, dem ich Verehrung und Dank in solchem Maße entgegenbrächte, wie Ihnen. Freilich möchte ich die Tatsache, dass ich mich zu Ihnen bekenne, nicht unter die Rubrik der Dankbarkeit gebracht wissen. Jedes andere Verhalten würde eine Verleugnung dessen bedeuten, was der wesentlichste Teil meines wissenschaftlichen Werdeganges ist – von dem übrigen Persönlichen nicht zu reden.
Was sich heute die öffentliche Meinung und ihre Macher nennt, wird von diesem Tage keine – oder vielleicht hämische – Notiz nehmen. Ich hoffe sehr, dass Sie das nicht berühren wird. Denn Sie wissen besser als ich, eine wie dubiose Sache heute der öffentliche Ruhm ist. Die Fülle und der Reichtum Ihres Werks zeugt für Sie und wer den Glauben an die Mächtigkeit des Geistes nicht verloren hat, ist dessen gewiss, dass dieses Zeugnis standhält und durch keine Machenschaft zunichte gemacht werden kann. Ich habe Gelegenheit genug, mich davon im Umgang mit jungen Menschen zu überzeugen.
Sie werden den Geburtstag in der Stille verbringen und ich werde Ihrer mit herzlichen Wünschen und in der Hoffnung gedenken, dass wir noch viele Jahre aus der Fülle Ihres Geistes beschenkt werden.
Dass ich am Samstag nicht kommen kann, bedauere ich ausserordentlich. Aber ich habe Samstag morgen Prüfungen, die sich nicht verlegen lassen und am frühen Nachmittag des Sonntag eine weitere, dringende Verpflichtung. Die verbleibenden Stunden würden zwar ausreichen, um mit dem Wagen nach Plettenberg zu kommen, aber ich bin durch die Ereignisse der letzten Monate doch etwas mitgenommen, sodass ich mir im Augenblick die Anstrengungen einer solchen Reise schwerlich leisten kann. Dafür habe ich einen anderen Plan. Ich werde die letzten Tage des Juli in Hamburg sein. Ich würde gerne die Rückreise über Plettenberg machen, falls ich Ihnen dann gelegen komme und würde dann auch gewiss eine bessere Gelegenheit zu ruhigen Gesprächen finden, als es am Samstag angesichts meiner gedrängten Zeit möglich sein würde. Gleichwohl – dass ich am Samstag nicht dabei sein werde, ist mir schmerzlich, umso mehr, als ich die mir gewidmete Schrift hätte entgegennehmen können. Ich bitte dafür sehr um Ihr Verständnis.
Mit den aufrichtigsten Glückwünschen und herzlichen Grüssen
Ihr Ihnen in Verehrung und Dank verbundener
Ernst Forsthoff

Meine Mutter und meine Kinder
schliessen sich mit herzlichen
Glückwünschen an.

Nr. 174

Ernst Forsthoff an Carl Schmitt Heidelberg, 10. August 1963

[Von Schmitt u. a. notiert:] b[eantwortet] 12. 8.

Lieber Herr Schmitt!

Seien Sie sehr für Ihren Brief bedankt, mit dem Sie meiner Absicht, Ihnen zu schreiben, zuvor kamen. Natürlich habe ich vor, so bald wie möglich nach Plettenberg zu kommen. Leider konnte ich den Besuch bei Ihnen nicht mit meiner Reise nach Hamburg verbinden, da ich die Rückreise über Düsseldorf machen musste, wo ich dringend zu tun hatte. Eben bin ich durch eine Termin-Arbeit gebunden: einen Aufsatz[1], der in der kommenden Woche fertig werden muss. Dann könnte ich in der übernächsten Woche nach Plettenberg kommen, falls Ihnen die Zeit genehm ist. Näheres schreibe ich noch.

Natürlich ist mir der „Partisan" schon in die Hand gekommen und es war ein bewegender Augenblick, als ich nun im Druck meinen Namen mit dieser so bedeutenden Schrift verbunden sah. Ich kann dazu nicht mehr sagen, als dass ich Sie meiner grossen Dankbarkeit versichere. Es ist keine Redensart, wenn ich Ihnen versichere, dass mich diese Widmung mehr ehrt als es eine Festschrift tun würde.

Natürlich habe ich den „Partisan" inzwischen gelesen und bin dabei auch auf das Wort „klassisch" gestossen. Der negative Akzent, den das Wort in der Rechtssprache gewonnen hat (wer klassisch denkt, denkt veraltet), ist in der Tat sehr interessant und wäre ein schönes Thema für einen Aufsatz. Darüber und über vieles andere hoffe ich mich bald mit Ihnen unterhalten zu können.

Auch den Begriff des Politischen habe ich noch einmal in einem Zuge und aufmerksam gelesen. Dabei sind mir die Emotionen, die gerade diese Schrift gegen Sie ausgelöst hat, noch unbegreiflicher erschienen als früher. Ich könnte mir aber denken, dass die Tendenz humaner Hegung, welche die Schrift durchwaltet (und damals nicht erkannt wurde), heute besser verstanden werden kann, zumal wenn man die Schrift in den Zusammenhang mit dem „Partisan" und dem „Nomos der Erde" stellt. Es gibt genug junge, von Ressentiments nicht belastete Juristen, die das tun werden. Deshalb halte ich das Wiedererscheinen der Schrift für nützlich und wichtig.

Ich habe mich entschlossen, mich noch einmal (und nun wohl zum letztenmal) zum Thema der Verfassungsauslegung[2] zu äussern. Polemiken haben keinen Zweck mehr, da konkrete Fragestellungen nicht mehr aufgenommen werden. So habe ich mich darauf beschränkt, die neue Methode der Verfassungsauslegung wissenssoziologisch (was in diesem Falle gleichbedeutend ist mit: politisch) zu verorten. Ich füge einen Durchschlag des kleinen Aufsatzes bei (der im November in der Zeitschrift „Der Staat" erscheinen soll) in der Annahme, dass Ihnen die Schluss-Sätze einigen Spass machen werden.

In der Hoffnung auf ein baldiges, gutes Wiedersehen bin ich

Mit herzlichen Grüssen

Ihr dankbarer

Ernst Forsthoff

Nr. 175

Carl Schmitt an Ernst Forsthoff — Plettenberg, 12. August 1963

Lieber Herr Forsthoff,
herzlichen Dank für Ihr Schreiben vom 10. August! Ich hoffe also auf Ihren Besuch in der Woche nach dem 17. August und erwarte Ihre Nachricht. Den Aufsatz über den „introvertierten Rechtsstaat" habe ich sofort gelesen. Auf der ersten Seite störte mich die Formulierung, daß ich die Verfassung als Gesetz sui generi auffasse. Ich fasse sie nicht als Gesetz auf und unterscheide sie auch vom Verfassungsgesetz, doch kann man für die überaus aktuellen und notwendigen Darlegungen der übrigen und folgenden Seiten des Aufsatzes die ganze erste oder sogar zweite Seite weglassen (die Unterscheidung von Organisationsnormen und Grundrechten ist ein altes Problem für sich) und die Darlegung auf das in sich selbst verständliche und sehr sprechende Thema der Verwandlung der Grundrechte in Werte d. h. des Staates in die bürgerliche Gesellschaft beschränken; meiner Ansicht nach würde das die Schlagkraft des Aufsatzes sehr stärken, selbst wenn er zwei Seiten kürzer würde aber sonst so bliebe wie er ist. Über die erste Seite würden sich nur einige kleine „Gegner" freuen, die schon bei Ihrem Aufsatz in der Festschrift diese Verschiedenheit des Verfassungsbegriffs registriert haben (im Kommentar Maunz-Dürig[1] soll sogar ironisch vermerkt sein, daß Ihr Verfassungsbegriff ein wesentlich anderer ist als der des „Jubilars"; ich kann Maunz-Dürig nicht verifizieren); die Wirkung Ihres Vorstoßes gegen die Verwandlung der Grundrechte in Werte wird dadurch nur geschwächt, daß diese Verschiedenheit gleich am Anfang bemerkt und in den Mittelpunkt gestellt wird. Verzeihen Sie bitte diesen Vorschlag. Ich möchte die Wirkung so großartiger Stellen wie S. 13 (Menschenwürde kann im Unterschied zur Freiheit nicht genommen werden) und S. 15 (Freiheit und Asyl) nicht dadurch gefährden, daß am Anfang die Frage der Definition der Verfassung (Gesetz oder etwas andres) aufgeworfen wird. Auf ein gutes Wiedersehn
Ihr alter Carl Schmitt.

{Ich möchte anregen, dem Aufsatz den Untertitel zu geben: Eine Verortung der auf die Wertphilosophie gestellten Grundrecht-Verf.Interpretation.}

Nr. 176

Ernst Forsthoff an Carl Schmitt — Heidelberg, 14. August 1963

Lieber Herr Schmitt!
Für Ihren Brief bin ich Ihnen besonders dankbar. Dass ich Ihren Verfassungsbegriff nicht teilen soll, ist ein törichtes Mißverständnis, dem zunächst Ehmke und dann andere triumphierend zum Opfer gefallen sind. Meine Auffassung ist: natürlich ist die Verfassung primär ein politisches und existenzielles Phaenomen. Das klarzustellen, war 1928[1] wichtig und es bleibt auch für mich richtig. Nur reduziert sich in normalen Zeiten die

Verfassungsanwendung auf die Verfassungsgesetzesanwendung. Das ergibt sich aus dem auch von Ihnen gerade immer wieder betonten Zusammenhang von Norm und Normalität. Aus diesem Grunde kommt es heute, im Sinne der Aktualität, auf den politischen, existentiellen Verfassungsbegriff nicht an und Art 79 Abs 3 GG[2] läuft gewissermaßen leer. Deshalb glaubte ich mich in meinem Festschrift-Beitrag auf das Verfassungsgesetz beschränken zu sollen und zu können, um die eigentliche Frage, um die es mir ging, nämlich die der Verfassungsgesetzesauslegung, nicht mit weiteren Dingen zu belasten. Wer konkret zu denken vermag, sollte das richtig verstehen. Aber da ich meinen Gegnern gerade mangelnde Konkretheit vorwerfe, war es mein Fehler, mich dagegen nicht ausdrücklich geschützt zu haben.
Ich werde den Anfang des Aufsatzes ändern – wie, das überlege ich mir noch. Vielleicht in der Weise, dass ich das Mißverständnis klarstelle.
Ich denke, dass ich kommenden Montag nach Plettenberg komme, gebe Ihnen aber noch eine Nachricht.
Mit herzlichen Grüssen
stets Ihr
Ernst Forsthoff

Nr. 177
Ernst Forsthoff an Carl Schmitt Heidelberg, 21. Oktober 1963
[Von Schmitt u. a. notiert:] b[eantwortet] 18.11.63

Lieber Herr Schmitt!
Hiermit übersende ich Ihnen einen kleinen Aufsatz aus der Öffentlichen Verwaltung[1] – sozusagen der Vollständigkeit halber. Ich gebe ihm kein besonderes wissenschaftliches Gewicht. Er wurde geschrieben, weil ich angesichts der Bestrebungen im heutigen Tagespressewesen der Auffassung war, dass gewisse Dinge jetzt mit aller wünschenswerten Deutlichkeit gesagt werden müssen. Übrigens hat der Artikel eine gewisse Wirkung gehabt: Gebhard Müller[2], den ich in der Zwischenzeit traf, machte kein Hehl daraus, dass er nach der Lektüre des Aufsatzes die Qualifizierung der Presse als öffentliche Institution für einen Fehler halte („so etwas rutscht mal heraus, wissen Sie").
Die Tagung in Saarbrücken war ein voller Erfolg für Schnur[3]. Da so viel auf den Vortrag ankam, hatte ich mir vorher von ihm berichten lassen, was er vortragen wollte. Ausserdem hatte er mir das Manuskript gesandt, sodass ich den Vortrag vorher genau kannte. Scheuner bezog wie erwartet im Erstreferat die Gegenposition. Er machte mit der rhetorischen Routine Eindruck, aber ich bin ziemlich sicher, dass das Referat im Druck verlieren wird – wenn er es so in Druck gibt, wie es gehalten wurde. Das Umgekehrte trifft in etwa bei Schnur zu, dessen Manuskript so viele brillante Formulierungen enthielt, dass sie der Hörer nicht mitbekommen konnte, zumal Schnur etwas zu schnell las, jedenfalls für das so dichte Manuskript. Alles das hat aber nicht geschadet: der Eindruck des Vortrages war einhellig gut, auch bei den wissenschaftlichen Geg-

nern. Besonders wirkte dann aber noch sein überlegenes, frei gehaltenes Schlusswort. So bin ich der Hoffnung, dass Schnur das Referat geholfen hat. W. Weber schien mir gestimmt, in Göttingen einen neuen Vorstoss zu unternehmen und in Münster scheint sich auch etwas zu rühren.

Ich habe mich nur einmal zu Wort gemeldet und auch das nur, weil ich oft von Scheuner apostrophiert war und es dann später im Druck sonderbar wirkt, wenn man nichts erwidert hat. So ging es um unsere prinzipielle Differenz in der Grundrechtsauslegung. Ich wandte mich gegen das „Grundrechtssystem" mit der Frage, ob denn der politische Teil der Verfassung keine Werte enthalte. Als das allgemein, durch Zurufe, und auch von Scheuner bejaht wurde, stellte ich die weitere Frage, wie man dann die Grundrechte als System bezeichnen könne, das seinem Wesen nach geschlossen sei, oder ob man etwa zwei Systeme anzunehmen habe usw. Darauf gab mir Scheuner[4] im Schlusswort zu, dass er das „Grundrechtssystem" fallen lasse. Das war immerhin etwas. Leider lässt sich ja bei solchen Gelegenheiten nichts wirklich ausdiskutieren.

Zu meinen wissenschaftlichen Plänen kann ich Ihnen nunmehr folgendes mitteilen. Aus der verfassungsrechtlichen Diskussion, in der ich einige Jahre im Vordergrund stand, will ich mich zunächst einmal zurückziehen. Ich gedenke, meine einschlägigen Abhandlungen, es sind etwa zehn, in einem Sammelband (für den ich immer noch einen Titel suche)[5] herauszugeben, der, wenn alles gut geht, anfang nächsten Jahres erscheinen soll (bei Kohlhammer). Hoffentlich enttäuscht es Sie nicht zu sehr, dass ich mich nun doch entschlossen habe, den zweiten Band in Angriff zu nehmen. Dafür sprach zunächst eine allgemeine Erwägung. Ich fand es auf die Dauer nicht richtig, mich auf die Dauer für das Verfassungsrecht vereinnahmen zu lassen. Nach wie vor bin ich der Überzeugung, dass heute das Verwaltungsrecht die wichtigere Materie ist, in der die eigentlichen und wesentlichen Fragen dieser Zeit, wenn auch unauffälliger als im Verfassungsrecht, zur Entscheidung stehen. Dazu kommt, dass mir zum besonderen Teil vieles eingefallen ist, mit dem ich Ihre Befürchtung zu zerstreuen hoffe, dass der Band nur spezielle und technische Dinge bringen werde. (Eine Disposition, die natürlich nur vorläufig ist, schicke ich Ihnen demnächst). Schliesslich habe ich ja den zweiten Band ankündigen lassen und habe das Gefühl, dass dieses Versprechen eingelöst werden sollte. Jedenfalls bin ich schon mitten in der Arbeit und der erste Paragraph steht im Entwurf. Ich möchte unter allen Umständen im Frühjahr 1965 fertig sein. Zwischendurch muss ich die 9. Auflage von Bd 1 vorbereiten; da wird es ziemlich erhebliche Änderungen geben. –

Der plötzliche Tod von Achelis[6] hat uns hier sehr bewegt. Die Beerdigung – Schomerus als Pfarrer – war sehr angemessen. Bei dieser Gelegenheit traf ich Freyer und Barion, leider nur kurz, da ich nach der Beerdigung sofort nach Saarbrücken musste.

Den Pascal mit dem Zitat, das wir in Plettenberg nicht finden konnten, haben Sie hoffentlich bekommen[7].

Mit guten Wünschen und herzlichen Grüssen

stets Ihr

Ernst Forsthoff

P.S. Im Juni-Heft der ostzonalen Zeitschrift Recht und Staat bin ich in einem längeren Artikel behandelt, d. h. heruntergemacht worden[8]. Falls Sie der Aufsatz interessiert, kann ich eine Kopie schicken. Besonders lesenswert ist er freilich nicht.

Nr. 178

Carl Schmitt an Ernst Forsthoff Plettenberg, den 18. November 1963

Lieber Herr Forsthoff,
daß ich Ihren Brief vom 21. Oktober und die Zusendung Ihres Aufsatzes über Pressefreiheit und institutionelle Garantie erst heute beantworte, müssen Sie der Unmenge der Fragen zugute halten, die ich beantworten wollte und nur durch lange, bogenweise Darlegungen wirklich hätte beantworten können. Das gilt natürlich nicht für Ihre Mitteilungen über Saarbrücken (die mich aufs höchste interessieren, zu denen ich aber aus meiner Position heraus nicht viel bemerken kann) sondern zu Ihrem Plan, jetzt den Besonderen Teil Ihres Verwaltungsrechts in Angriff zu nehmen. Dazu wünsche ich Ihnen von Herzen den besten Erfolg und Freude an dieser wichtigen und notwendigen Arbeit. Daß meine Antwort so lange ausgeblieben ist, liegt nicht an mangelndem Interesse, sondern, im Gegenteil, daran, daß ich mir allzuviele Gedanken über dieses alte Thema: Allgemeiner Teil gemacht habe. Ipsens Auffassung (S. 355 AöR, 88)[1] suchte ich mir auf ihre wissenschaftstheoretischen Grundlagen hin klar zu machen, die aber nicht klar sind: teils ist eine Art Normen-Hierarchie (Allgemeiner Teil ein Ziel und Strafrecht = Ober-Normung, wie er sagt); teils (im Verwaltungsrecht) bloß didaktische Zusammenfassung von Obernormen die durch die Verfassung geliefert sind, „angereichert" (wie er sagt) durch die Resultate der höchsten richterlichen Rechtsprechung. Daraufhin müßte man alle Disziplinen der Rechtswissenschaft sub specie dieser Relation (wie verhält sich bei ihm der Allg. Teil zum Besonderen?) untersuchen. Zufällig erhielt ich gerade einen Band des spanischen Lehrbuches des Strafrechts von Julian del Rosal Martin[2] (an dem ein junger spanischer Freund, Assistent von Rosal, mitgearbeitet hat): Besonderer Teil (Parte Especial), der aber wiederum seinerseits nun einen Allgemeinen Teil des Besonderen Teiles des Strafrechts (d. h. der „Tatbestände") hat und, soviel ich sehe, die „Typenbildung" der Resultate betrifft. Die Frage nach dem Allgemeinen Teil des Verwaltungsrechts wäre also eine Frage nach der Besonderheit dieser Disziplin. Ist das ganze Verwaltungsrecht nur eine Konkretisierung des Verfassungsrechts? Was ist dann sein Besonderer Teil? Unverdauliche Nebengebiete? Erratische Blöcke? Residuen? Keime der Zukunft? Kurz, es wird mir, da mir jede Gesprächsmöglichkeit fehlt, uferlos. E. W. Böckenförde sitzt im Endspurt seiner Habilitationsschrift; davon darf man ihn nicht ablenken … Mein einziger Gesprächspartner ist Barion; mit ihm kann man aber über solche weltlichen Disziplinen nicht so sprechen; doch wäre die Frage des Allg. Teils natürlich auch beim Kanonischen Recht wichtig, dessen Erstes (von seinen 5 Büchern) Buch die Überschrift trägt: Normae Generales, die [...] unserem Allg. Teil des BGB entsprechen, aber auch den Geltungsbereich der Gesetze

besonders etc. [?]. Barion kommt aber nur selten (alle 2–3 Monate) nach Plettenberg, und das letzte Mal (2/3 November) haben wir uns in die Frage der „Kollegialität der 12 Apostel“ und der Nachfolge der (2400) Bischöfe des 2. Vatikanischen Konzils in die Rechtslage der (12) Apostel vertieft, im Anschluß an seinen Aufsatz in der Festschrift („Ordnung und Ortung“)[3], besonders die wichtige Anmerkung 13 Seite 12/13; die Sie (wegen der heftigen Kontroversen auf dem Konzil) heute noch einmal nachlesen müßten, um zu sehen, welche unglaubliche Aktualität in diesem Festschrift Aufsatz steckt, und wie ahnungslos die überwältigende Mehrheit der Bischöfe (in Unkenntnis der von Barion entwickelten Alternative: 1. Vaticanum oder Sohm) zu Sohm herübergleiten (Im Kampf um Rom siegt Rudolf Sohm), was sie natürlich nicht wahrhaben wollen, indem sie meinen, den Papst zum Kirchen-„Organ“ (à la: Monarch = Staatsorgan) machen zu können, und den Hirten zum Organ seiner Schafe zu demokratisieren.
Dies alles erzähle ich, um meine verspätete Antwort auf Ihr inhaltsreiches Schreiben vom 21. Oktober verständlich zu machen. Dazu kommt noch die Vorstellung, daß Sie am Anfang des Semesters wahrscheinlich noch mehr als sonst in Anspruch genommen sind und daß ich die Disposition, die Sie in Aussicht stellen, abwarten wollte. Außer dieser Disposition des Besonderen Teiles selbst würde es mich auch interessieren, ob Sie in einem Vorwort oder in einer Einleitung zu diesem Besonderen Teil das oben berührte Problem (das Verhältnis von Allg. und Bes. Teil in den verschiedenen Rechtsgebieten allgemein und speziell für das Verwaltungsrecht) erörtern wollen. Eine eingehende Darlegung wäre natürlich in einem solchen Lehrbuch nicht am Platze; aber vielleicht einige, wenn auch nur thesenhafte Klarstellungen, die billigen und naheliegenden Einwendungen zuvorkommen. Der Termin, den Sie als äußersten Zeitpunkt nennen – Frühjahr 1965 – leuchtet mir ein. Aber ich weiß auch, was das praktisch an Arbeit, Konzentration und Materialhuberei bedeutet. Jedenfalls wünsche ich Ihnen von Herzen alles, was zu einer solchen Arbeit gehört, damit sie in sich selbst ihre Freude und die Sicherheit ihres guten Ergebnisses trägt: ungestörte Ruhe und Sammlung, gute Mitarbeiter, gute Gesundheit und das Bewußtsein, der großen Erwartung gewachsen zu sein. Durch Äußerungen wie die Kritik Ihrer Verfassungsgeschichte in der NJW[4] (ich habe nur davon gehört, und Günter Krauss und Plassmann[5] abgeraten, eine Erwiderung an die Redaktion zu schicken), oder den Recht und Staat-Aufsatz (Sie brauchen ihn mir nicht zu schicken) dürfen Sie sich keinen Augenblick beirren lassen.
Ein verfassungsrechtlicher Sammelband von Ihnen wäre sehr nützlich; der Titel ist wichtiger als man denkt; er muß etwas Spezifisches treffen, sonst ist er schädlich und wirkt wie das Erich-Kaufmannsche „Recht und Gerechtigkeit“[6]. Das nächste Heft des „Staat“ wird wohl Ihren Aufsatz enthalten, den Sie mir im Ms geschickt haben. Das Problem Wert und Wertphilosophie ist noch nicht genügend allgemein bewußt geworden. Als ich Hannah Arendt's „Eichmann in Jerusalem“[7] las, hätte ich beinahe etwas dazu geschrieben. Das Buch ist derartig aufregend, daß ich einige Wochen davon krank war; nicht etwa, weil ein Giftspritzer gegen mich darin vorkommt (der Assistent des Verteidigers Servatius, ein Dr. Dieter Wechtenbruch, den ich übrigens nicht kenne und von dem ich bisher nichts wusste, wird p. 129 als „disciple of Carl Schmitt“ gekennzeichnet), sondern

weil ich wieder auf mein Gutachten vom August 1945 (vgl. Tommissen Nr 212)[8] zurückkam, besonders auf dessen Schluß-Bemerkung. Aber ich will lieber schweigen.
Göppinger-Reißmüller (Verfolgte jüdische Juristen)[9] ist ein kümmerliches Pamphlet; offenbar aus der Verwertung von „Material", das einige Bundesministerien hatten, entstanden. Mir persönlich (als Symptom) wichtiger ist der Aufsatz eines Dominikaner-Paters Willehad Eckert (Sohn des Kölner Nationalökonomen Eckert)[10] über die Juden in der Rechtswissenschaft, mit einem bösen Blick auf mich; ein Aufsatz, der in dem Katalog und Handbuch der Kölner Ausstellung Judaica erschienen ist. Katalog und Handbuch sind kostbares Material, und anscheinend sehr billig (ich habe sie durch Barion für 12 (!) DM bekommen, und schätze den normalen Buchhändlerpreis solcher dickbändiger Publikationen mit schönen Photos und Dokumenten auf 60–80 DM). Soll ich Ihnen 1 Exemplar schicken, oder wollen Sie sich dadurch nicht ablenken lassen?
Für das Pascal-Zitat besonderen Dank! Ich wünsche Ihnen und den Ihrigen – Ihrer sehr verehrten Mutter, Susanne und den drei Jungens – Zufriedenheit und Gesundheit; hoffentlich ist auch Frl. Bock[11] noch guter Dinge und fährt das Schiff Ihres Haushalts in ruhigem und sicheren Kurs! Ich grüße Sie alle aufs herzlichste und bleibe in treuer Erinnerung stets Ihr alter und unveränderlicher
Carl Schmitt.

Nr. 179
Carl Schmitt an Ernst Forsthoff o.O., 10. Januar 1964

Lieber Herr Forsthoff, mein Dank für Ihre Weihnachts- und Neujahrswünsche kommt verspätet; nehmen Sie ihn doch noch an, für Sie und Ihr Haus. Über die beiden Aufsätze (in der VerwG.-Festschrift und im Staat)[1] habe ich mich sehr gefreut; auch dafür herzlichen Dank! E. R. Hubers Bd. III der DVerf. Geschichte[2] lese ich mit Spannung; es tut mir weh, daß ich mit meiner Auffassung des Preußischen Verfassungskonflikts und die Indemnität von 1866 in die ideologische Schublade verwiesen wurde (S. 366 „ultrakonservativ"). Meine Schrift Staatsgefüge und Zusammenbruch von 1934 behandelt doch nur die organisatorischen Erfahrungen für die Konstruktion eines Zustandes, in welchem das Reich noch nicht und die Länder nicht mehr Staat waren. Was hat das mit Gerlach zu tun?[3] Auch die Rezeption der Wert-Philosophie bedrückt mich (S. 1010)[4] [.] Jesuiten-Gesetz 1872 und Sozialistengesetz 1878 waren politische Aktionen gegen einen wirklichen oder vermeintlichen inneren Feind; Kampfhandlungen also etwas anderes als die wirtschaftlichen Maßnahmegesetze (S. 919) – aber das Buch bleibt bewunderungswürdig, ja staunenswert. Wer wird es besprechen? Wer wird es wagen, es zu besprechen?
Alle guten Wünsche Ihres alten
C. S.

Wenn E. R. Huber die kleine Schrift von 1934 über Staatsgefüge genau gelesen hätte, hätte auch seine Anmerkung S. 963 zur Organisationsgewalt davon profitiert; es ist eine typische Hoffnung, daß in solchen Neu-Jahrerklärungen organisatorische Entscheidungen die wirkliche Lage beherrschen, damals (1866–1918) in der Entwicklung zum Reich als Staat; heute (seit 1949) in der sog. Supranationalität Europäische Gemeinschaft. Darin liegt die außerordentliche Bedeutung des Buches von Francis Rosenstiel[5], den der Rüpel Hans Huber – Bern neulich so taktlos angerempelt hat (NZZ 27/11/63)[6].

C. S.

Nr. 180

Ernst Forsthoff an Carl Schmitt Heidelberg, 12. Januar 1964

[Von Schmitt u. a. notiert:] b[eantwortet] 16.1.64

Lieber Herr Schmitt!

Herzlichen Dank für Ihren Brief, den ich gleich beantworten will (was immer das Beste ist, wenn man sehr in der Arbeit steckt). Ich habe im Huber bisher nur blättern können und mir nun die von Ihnen vermerkten Stellen angesehen. Ich finde es zum mindesten unangemessen, dass er Sie in der Darstellung des Verfassungskonflikts mit den Ultras identifiziert. Als wenn man bei den Ultras die verfassungsrechtliche Einsicht und Durchsicht voraussetzen könnte, von denen Ihre Ausführungen von 1934 getragen sind. Es stand ihm frei, Ihre Argumentation abzulehnen – aber er hätte sie ausführlich bringen müssen.

Die Fussnote auf S. 1010 fasse ich in erster Linie als eine Distanzierung von mir auf und so ist sie ja wohl auch zweifellos gemeint, denn die Hervorhebung des normativistischen Positivismus kann Sie nicht treffen, sondern nur mich. Das berührt mich nicht sehr. Ein heutiges Bekenntnis zum Positivismus ist eine ziemlich hintergründige Sache (wie auch, als Konsequenz, mein Bekenntnis zur Legalität am Ende meines Aufsatzes im Staat, wobei ich keinen Augenblick vergessen habe, dass Sie sich 1938 gegen die Legalität und für die Legitimität entschieden haben). Aber insoweit sind meinem Mitteilungsbedürfnis vor der – heutigen! – Öffentlichkeit Schranken gesetzt.

Es zeigt sich immer mehr, dass Huber bei aller bewundernswerten Gabe der zusammenfassenden Darstellung, von der sein Wirtschaftsverwaltungsrecht[1] schon profitierte, kein genuiner Dogmatiker ist. Es gibt im öffentlichen Recht keinen Begriff und keine Theorie, die auf spezifische Weise mit seinem Namen verbunden wäre. Dazu kommt, seit 1945, eine nur zu begreifliche Timidität, über die seine Göttinger Kollegen gelegentlich klagen (so Werner Weber). Aber alles in allem würde ich doch sagen, dass er mit vielen anderen, wie Dahm, Larenz, Wieacker usw durch seine heutige Produktion beweist, wo der wissenschaftliche Geist 1933 und später seinen Ort hatte.

Haben Sie schon Konrad Hubers Schrift über Maßnahmegesetze[2] gelesen? Darin steckt wirklich erstaunlich viel an dogmatischer Begabung. Es sind ganz brillante Stel-

len darin, von denen ich bezweifle, dass sein Lehrer Hesse ihre Tragweite voll erkannt hat.
<*Familiennachrichten*>
Seien Sie herzlich gegrüsst, von dem ganzen
Hause, vor allem aber
in alter Verehrung von Ihrem
Ernst Forsthoff

Nr. 181
Carl Schmitt an Ernst Forsthoff Plettenberg, 16. Januar 1964

Lieber Herr Forsthoff,
Sie haben recht: man soll unsere Art von Briefen sofort beantworten, sonst kommt es wahrscheinlich zu keiner Antwort. Das tue ich jetzt auch, stehenden Fußes, mit Ihrem Brief vom 12.1. den ich heute morgen erhielt; doch verbinde ich damit die Bitte, diesen meinen vorliegenden Brief nicht zu beantworten, sondern sich in Ihrer Arbeit nicht länger als für die Zeit der Lektüre des Briefes unterbrechen zu lassen. Ich bin Ihnen für Ihre Äußerung über Huber besonders dankbar, auch für die Hinweise auf die Diss. Konrad Hubers, die er mir nicht geschickt hat. Aus einigen Gesprächen kenne ich ihn genug, um etwas Außerordentliches zu erwarten. Daß ich bei Ihnen den letzten Band von E. R. Hubers Verf. Geschichte zur Sprache gebracht habe, lag nicht nur an persönlichen Motiven. Die ziemlich tief liegenden sachlichen Gründe lassen sich am schnellsten durch ein Stichwort kennzeichnen, das ich hier schnell wiederholen möchte: Organisationsgewalt. In Ihrem Lehrbuch nimmt sie eine sehr beherrschende systematische Stellung ein (6. Abschnitt, § 22), worüber ich fortwährend nachdenken muß. Es gibt kein aktuelleres Verfassungsproblem in einer Zeit des „Vollzuges" „gleitender" Gesichtspunkte, des Überganges, der Entwicklung etc. So ist mein Staatsgefüge von 1934 zu lesen, und das hat Huber einfach übersehen. Vielleicht kommt mehr darüber in seinem Bd. IV. Man müßte ihn darauf aufmerksam machen; doch fürchte ich mich vor dem, was Sie seine „Timidität" nennen und was in diesen letzten Monaten (durch den unverschämten Rufmordversuch, den Heuss[1] sich an mir geleistet hat, durch die Lautverstärkung der Tagespresse und jetzt Carlo Schmid[2] im Spiegel Nr. 3 vom 18/1/64) neue Nahrung gefunden haben dürfte.
E. W. Böckenförde[3] hat das Problem der Organisationsgewalt der Bundesregierung in seiner Habil.Schrift musterhaft behandelt – wie zu erwarten war. Aber noch interessanter wird es durch die Arbeit von Rosenstiel über Supranationalität, deren Übersetzung ins Deutsche schon zu Ostern erscheinen soll. {Ich habe abgeraten, die für mich eintretenden Stellen im deutschen Text mit abzudrucken; doch bleibt R. bei seinem Wortlaut.} Was ist denn „Supranationalität" anders als die Bezeichnung eines auf eine bloße „Organisationsgewalt" reduzierten Versuches, unvermerkt eine neue politische Einheit zu „organisieren"? Das ist für mich deshalb so aufregend, weil gleichzeitig im Völker-

recht die „Organisation“ das Kriterium für den kriegs- u. völkerrechtlich anerkannten „Widerstand“ geworden ist (vgl. Theorie des Partisanen S. 31/2): Partisanen werden den regulären Kämpfern gleichgestellt, wenn sie nur „organisiert“ sind (sic: organisé im französischen Text, organised im englischen, organisiert im deutschen, Art. 13, S. 788 oben BGBl 1954 Teil II Nr. 17)[4].
Genug davon, wie Heuss sagt! Ich danke Ihnen nochmals für Ihre schnelle Antwort und ganz besonders für die Mitteilung über den Gesundheitszustand von Susanne. Grüßen Sie sie herzlichst von mir, auch Ihre verehrte Mutter und die Jungens!
Stets Ihr alter
Carl Schmitt.

Mit Vergnügen las ich in der NatZtg Ihr Interview über Zypern[5]; in der gleichen Nummer ein guter Aufsatz vom F. J. P. Veale[6] über Hochhuth.

Nr. 182

Ernst Forsthoff an Carl Schmitt Heidelberg, 20. Mai 1964

Lieber Herr Schmitt!
Meine Briefschuld Ihnen gegenüber bedrückt mich seit langem. Ich kann mich dafür nicht einmal mit Arbeitsbelastung entschuldigen. Es ist mehr ein allgemeines Mißbehagen an mir selber, das mich, nicht nur Ihnen gegenüber, vom Schreiben abgehalten hat. Im November kam mein durch Zypern gebändigtes Schilddrüsen-Leiden wieder, und zwar vehement, zum Durchbruch. Das warf mich aus aller Arbeit heraus und es hat dann eingehender und langwieriger klinischer Untersuchungen bedurft, bis man sich schlüssig wurde, dass man mich nicht operieren, auch nicht bestrahlen, sondern medikamentös behandeln wolle. Dann ging es darum, das richtige Medikament und die richtige Dosierung zu finden und darüber wurde es dann Ende Februar und drei Monate waren damit vertan. Jedenfalls hat man mir nach einigen Versuchen ein vorzügliches Präparat verschrieben, das alle Erwartungen erfüllt. Alles das war lästig und hat mein Arbeitsprogramm für den Winter über den Haufen geworfen. Daher das Mißvergnügen.
Von Ihrem Ergehen kamen über Herrn Schulte einmal weniger gute Nachrichten. Da freute es mich umso mehr, von Ihrer Reise nach Tübingen zu hören, von der mir Herr Vorwerk berichtete, besonders begeistert von dem Zusammensein mit Ihnen und Frau Dr. Klie, die ich für den klügsten und gebildetsten Kopf bei Christ und Welt halte. Da hätte ich schon gerne teilgenommen. Leider war ich durch Prüfungsarbeiten so eingedeckt, dass ich nicht daran denken konnte. Ich hoffe sehr, dass die kleine Operation, von der mir als bevorstehend berichtet wurde, gut verlaufen wird.
Dass inzwischen Böckenförde hier seine Lehrtätigkeit[1] aufgenommen hat, werden Sie wissen. Wir sind sehr froh, ihn hier zu haben und ich glaube sagen zu können, dass er von allen Kollegen geschätzt wird. Er steht an erster Stelle auf der Liste Nachfolge

Gönnenwein und es besteht kein Zweifel daran, dass er demnächst berufen wird. Vielleicht haben wir im Herbst noch eine neue Professur, für die ich nach wie vor an Quaritsch denke. Leider hat sich die Habilitation verzögert, weil Krüger seine Hab. Schrift beanstandet hat.

Krügers Allgemeine Staatslehre[2] ist das wissenschaftliche Ereignis des Winters. Bei allen Einwendungen, insbesondere gegen das Smend-Erbe bei ihm, nötigt mir das Buch grossen Respekt ab und ich begrüsse besonders, dass er den Staat ernst nimmt und nicht wertspekulativ zerredet. Was dem Buch fehlt, ist das logisch-begriffliche Koordinaten-System, das mit dem Dualismus von Staat und Gesellschaft beginnt und sich in die Begrifflichkeit des Rechtsstaats hinein fortsetzt. Was das bedeutet, wurde mir besonders deshalb bewusst, weil mir der Verlag die Revisionsbogen ohne Inhaltsverzeichnis vorab zugeschickt hatte. Da war es mir fast unmöglich, mich in dem Werk überhaupt zurecht zu finden, weil es keinen zwingenden Aufbau hat. Ich habe bei der Lektüre im Herbst Ihrer immer wieder in Dankbarkeit gedenken müssen. Denn das Denken in Begriffen und die Abneigung gegen alles Diffuse im Recht verdanke ich Ihnen.

Ich habe mich in den letzten Wochen einmal wieder mit Enteignungsfragen[3] beschäftigt, aus Anlass eines ganz interessanten Gutachtens. Vielleicht wird noch ein Aufsatz daraus. In den letzten Tagen schrieb ich einen Aufsatz für „Christ und Welt“: Fünfzehn Jahre Grundgesetz[4]. Natürlich war das kein Anlass, sehr persönlich zu werden. Immerhin steht das eine oder andere darin, das der Kenner registrieren wird.

<*Familiennachrichten*>

Die Spanienreise verlief sehr schön. Fraga Iribarne[5], mit dem ich am ersten Tage zu Mittag aß, hatte die Reise nach Granada, Sevilla, Cordoba, Toledo durch sein Ministerium nach meinen Wünschen arrangieren lassen, sodass wir (Albrecht war mit) aller Hotelsorgen ledig waren. In Madrid wurde ich im Institut sehr nett empfangen und ich lernte viele Kollegen kennen. Eine lange, interessante Unterredung hatte ich mit dem Kollegen Rodo[6], der jetzt als Staatssekretär die Wirtschaftsplanung leitet. Meine vier Vorträge in Alcala wurden von Herrn Caballero[7] gedolmetscht, den ich bei dieser Gelegenheit kennen und schätzen lernte. Mit ihm und seiner Frau verbrachten wir einige sehr anregende Abende.

Die Nachrichten, die ich aus Zypern bekomme, sind erschütternd[8]. Zypern ist ein grosses staatsrechtlich-völkerrechtliches Lehrstück. In seinem Mittelpunkt steht das Versagen der westlichen Diplomatie. Sie hat sich durch die Fülle der Paktsysteme nicht Sicherheit verschafft, sondern das Gegenteil davon als Folge der Immobilität. Die Türken haben das zu spät gemerkt.

Dabei muss ich des Aufsatzes von Julien Freund gedenken (im „Staat“)[9], den ich mit Begeisterung gelesen habe. Wenn es noch intellektuelle Redlichkeit gäbe, dann müsste dieser Aufsatz denen, die nicht müde werden, Sie mit der Freund-Feind-Unterscheidung zu verteufeln, Anlass genug sein, in sich zu gehen und zu erkennen, was in dieser Unterscheidung eigentlich steckt. Damit ist gewiss nicht zu rechnen. Kürzlich sind Sie und ich noch einmal in der „Zeit“ moralisch hingerichtet worden, in einer Besprechung

(von Harry Pross)[10] des neuen, sehr dummen Buches von Hennis. Derlei berührt mich nicht im mindesten.
Mit allen guten Wünschen und herzlichen Grüssen
in alter Verehrung stets Ihr
Ernst Forsthoff

Nr. 183[1]
Carl Schmitt an Ernst Forsthoff
[Stenographischer Antwortentwurf auf Forsthoffs Brief vom 20. 5. 1964]

Nr. 184
Ernst Forsthoff an Carl Schmitt Heidelberg, 16. September 1964

Lieber Herr Schmitt!
Für Ihre Grüsse zu meinem Geburtstag danke ich Ihnen herzlich. Inzwischen kam auch ein Gruss von Böckenförde, der mir zu meiner Freude schrieb, dass es Ihnen gut geht. Ich hatte einen arbeitsamen und mannigfach bewegten Sommer, von dem einiges zu erzählen ist. Im August hielt ich wieder zusammen mit Herrn Neumann einen Kurs für Rechtsanwälte im Verwaltungsrecht in Davos. Anschliessend habe ich Ferien in Lugano gemacht.
Dass wir nun Böckenförde als Ordinarius haben, freut uns sehr. Das ist ein Gewinn, der wissenschaftlich und fakultätspolitisch nicht hoch genug veranschlagt werden kann. Inzwischen haben wir einen weiteren, neuen öffentlichrechtlichen Lehrstuhl zu besetzen. Da sehe ich allerlei Schwierigkeiten voraus.
Leider fehlt mir die Zeit zu einem längeren Brief. Umso mehr hoffe ich, Sie bald nach Ihrer Heimkehr zu sehen.
Mit herzlichen Grüssen, auch an
Anima und ihren Mann
in alter Verehrung
stets Ihr
Ernst Forsthoff

Nr. 185
Carl Schmitt an Ernst Forsthoff Plettenberg, 4. November 1964
[Der Brief wurde eingeklebt in Forsthoffs Exemplar von Carl Schmitt: Der Begriff des Politischen. Berlin 1963, S. 75.]

Lieber Herr Forsthoff,
darf ich Sie bitten, die beiliegende Briefmarke aus der Reihe „Grosse Deutsche“ in Ihr Exemplar des „Begriffs des Politischen“ Neudruck 1963, Seite 75 unten am Rande der

zwischentextlichen Anmerkung einzukleben? Die in dieser Anmerkung mit der Ziffer 27 avisierte Anmerkung steht Seite 78 unten[1].
Alles Gute für einen hoffnungsvollen Semesterbeginn und herzliche Grüsse Ihres alten (immer noch in Ebrach-Erinnerungen schwingenden)
Carl Schmitt.

Nr. 186
Carl Schmitt an Ernst Forsthoff Plettenberg, 19. Dezember 1964

Lieber Herr Forsthoff,
in treuer Erinnerung an viele Jahrzehnte und manches Stück gemeinsamen Weges wünsche ich Ihnen und den Ihrigen ein schönes Weihnachtsfest und Glück und Segen zum Neuen Jahr. Daß ich in diesem letzten Jahre 1963 mit Ihnen in Ihrem Ferien-Seminar Ebrach zusammentraf, gehört zu den tröstlichsten Ereignissen meines Alters.
Irgendein kleines Geschenk möchte ich doch unter Ihren Weihnachtsbaum legen. Nehmen Sie also dieses Kistchen Paros aus dem Reiche Fidel Castros. Sie sind eines „Scheiks der Christenhunde“[1] würdig. Außerdem ist die Zigarre bei uns zu einer Art Staatssymbol geworden; sie kann dazu nicht erlesen genug sein, so, wie Krone und Zepter ja auch aus bestem Material sein mußten.
Ich grüße Sie alle aufs herzlichste, Sie, Ihre hochverehrte Mutter, Susanne und die drei Jungens und bleibe immer Ihr alter
Carl Schmitt.

Nr. 187
Ernst Forsthoff an Carl Schmitt Heidelberg, 22. Dezember 1964

Sehr verehrter, lieber Herr Schmitt!
Schon lange wollte ich Ihnen schreiben, vor allem, um Ihnen für die Oppenheimer-Marke herzlich zu danken, die sofort, nebst dem Begleitbrief, an gehöriger Stelle im Begriff des Politischen eingeklebt wurde, womit aus dem Buch eine Sachindividualität besonderer Art wurde. Zu der Marke selbst ist nicht viel zu sagen. So etwas passiert, wenn der Staat zu Ende ist und dem berühmten freien Spiel der gesellschaftlichen Kräfte alles überlassen ist – ebenso wie die fortschreitende Verrohung und Verpöbelung unseres öffentlichen Lebens.
Ich schreibe so spät, weil ich viel zu tun hatte. Viel Zeit nahm mir ein Gutachten für den Bayerischen Rundfunk im Rechtsstreit um die Mainzer Anstalt[1]. Ein hochinteressanter und praktisch ausserordentlich bedeutsamer Prozess. Die einzige wesentliche Rechtsfrage, um die es geht, ist die, ob die Gemeinschaft der Länder, vertreten durch die Ministerpräsidenten, Organisationsgewalt hat und somit eine öffentliche Anstalt gründen kann, was ich natürlich kategorisch verneint habe. Sollte das Bundesverwal-

tungsgericht anders entscheiden, so haben wir in Kürze eine zweite, von den Ländern getragene Zentralregierung. Das würde zu einer beispiellosen Deformierung des an sich schon hinreichend verrenkten Bundesstaates führen.
Unter diesen Umständen habe ich das neue Buch über Sie von Hasso Hofmann erst anlesen können. Das reichte, um festzustellen, dass hier jedenfalls nicht diffamierend polemisiert wird, wie das Buch überhaupt von allen dieses Genres das intelligenteste zu sein scheint. Aber bei dieser Art Bücher muss man im übrigen mit dem Urteil wohl zurückhalten, bis man die letzte Zeile gelesen hat. Offensichtlich hat Tommissens Bibliographie in diesem Falle gute Dienste geleistet.
Von hier und mir ist nicht viel zu berichten. Vor zwei Wochen hatte ich ein sogenanntes Podium-Gespräch mit Prof. Flechtheim – Berlin[2]. Das Faktum erklärt sich aus der Vorgeschichte. Im Sommer hatte mich der SDS[3] (das sind die Abendroth-Leute)[4] in einem Flugblatt angegriffen, natürlich wegen dem Totalen Staat. Ich habe natürlich nicht öffentlich erwidert noch bin ich zum Kadi gelaufen, sondern habe mich mit dem Unterzeichner unterhalten und eine Diskussion im SDS angeregt. Sie verlief so angenehm, wie man nur erwarten konnte und endete damit, dass man mich bat, an einer öffentlichen Diskussion mit Flechtheim teilzunehmen, zu der auch Topitsch[5] und Habermas gebeten werden sollten. Da diese beiden absagten, bat man mich dann sehr, meine Zusage aufrecht zu erhalten, damit die Veranstaltung überhaupt zustande kam. Meine Hoffnung freilich, in Flechtheim einen intelligenten Marxisten als Gesprächspartner zu haben, wurde in vollem Umfang enttäuscht. Fl. ist alles andere als intelligent und da er mir keine rechten Stichworte lieferte und er meine Stichworte nicht aufnahm, war das ganze Gespräch nach meinem Eindruck eine flaue Sache. Es bleibt so etwas wie eine politische Feldbereinigung, bei der ich mir nichts vergeben habe. Im übrigen bin ich jeden Tag auf einen „Fall Forsthoff" gefasst. Wie die allgemeine Entwicklung läuft, muss man damit rechnen und ich weiss, wie ich darauf zu reagieren habe.
Böckenförde hat sich hier gut eingeführt. Er hat sich schnell die Sympathien der Kollegen gewonnen und ich habe den Eindruck, dass auch er sich hier wohl fühlt. Schneider hat ein Urlaubssemester, um ein Staatsrechtslehrbuch zu schreiben. Offenbar hat er den Plan einer Monographie über Gesetzgebung aufgegeben[6]. *<Plan für ein Lehrbuch>*
Für einen neuen (fünften!) Lehrstuhl im öffentlichen Recht denke ich in erster Linie an Quaritsch, Schneider und Böckenförde ebenso. Leider hat sich seine Habilitation wegen Einwendungen Krügers gegen die Habilitationsschrift erheblich verzögert. Es ist uns in den Vorbesprechungen gelungen, die Aufstellung der Liste ein wenig auf die lange Bank zu schieben in der Hoffnung, dass Quaritsch vorher fertig wird und wir ihn auf die Liste setzen können.
Die Universität Wien feiert Anfang Mai ihr 600jähriges Jubiläum. Sie hat beschlossen, aus diesem Anlass unter anderen (die ich nicht weiss) auch mir den Ehrendoktor zu verleihen. (Ich weiss nicht mehr, ob ich Ihnen das schon geschrieben habe). In der BRD wäre so etwas gewiss unmöglich. Die Initiative dazu ist von Antoniolli und Wink-

ler[7] ausgegangen, wie mir der Rektor schrieb. So werde ich Anfang Mai einmal wieder in Wien sein.
<*Familiennachrichten*>
Ich hoffe sehr, dass es Ihnen gut geht. Auch ich denke an Ebrach gerne zurück und werde anfang nächsten Jahres mit der Vorbereitung des nächsten Ebrach (über Utopien) beginnen.
Mit guten Wünschen zu Weihnachten von uns allen und
herzlichen Grüssen
in alter Verehrung
Ihr
Ernst Forsthoff

Nr. 188
Ernst Forsthoff an Carl Schmitt Heidelberg, o. D.
[Von Schmitt u. a. notiert:] b[eantwortet] 27. 4. 65

Lieber Herr Schmitt!
Nachdem ich mich schon so lange in Ihrer Schuld weiss, will ich die Ostertage nicht vorübergehen lassen, ohne Ihnen endlich zu schreiben. Die letzten Monate waren mit allerlei Arbeit mehr als angefüllt, zumal ich den an mich herangetragenen Wunsch, kritisch zu dem Zweiten Vermögensbildungsgesetz[1] Stellung zu nehmen, nicht ablehnen wollte. Daraus ist ein Aufsatz geworden, der im Betriebsberater erschienen ist und dessen Sonderdrucke ich täglich erwarte. Sie werden sofort ein Separatum erhalten. Der Entwurf ist geradezu ein Musterstück bundesrepublikanischer Gesetzgebung im Wahljahr. Die FDP, die einzige ablehnende Partei, will sich in der dritten Lesung wesentlich auf meinen Aufsatz stützen. Aber gegen den Sozialwahn, wie er in Wahljahren ausbricht, wird sie wohl wenig ausrichten.
Die Hofmann-Besprechung von Richard Schmid werden Sie hoffentlich nicht tragisch nehmen[2]. Schmid liegt politisch auf der Abendroth-Linie, er ist auch mit A. befreundet. So passt er gut in die „Zeit“, ob auch in die Zeit, ist alles andere als gewiss. Der Nutzen der Besprechung liegt für mich darin, dass zur Beschäftigung mit ihrem Schrifttum nur zugelassen ist, wer entschlossen ist, zu diskriminieren und damit auf Wissenschaftlichkeit zu verzichten. So ist Hofmann das Opfer seiner wissenschaftlichen Redlichkeit, die ich ihm nicht absprechen möchte. Hinzu kommt, dass der Klappentext in polemischer Hinsicht Erwartungen erweckt, die das Buch nicht erfüllt.
Unter allen diesen Umständen ist umso mehr anzustreben, dass das Buch von Julien Freund[3] so bald wie möglich in deutscher Sprache erscheint. Leider kenne ich F. immer noch nicht persönlich. Ich will aber in den nächsten Monaten einmal nach Strassburg fahren. Es geht wohl jetzt darum, möglichst bald einen Übersetzer zu finden. Verlegerisch wäre das Buch bei Kohlhammer unterzubringen, entweder in res publica oder ganz selbständig. Haben Sie schon den französischen Text? Ist er als Buch bereits erschienen?

Die Staatsrechtslehrer-Vereinigung hat mir für die diesjährige Tagung in Basel das verwaltungsrechtliche Erstreferat über das Thema: Gesetzgebung und Verwaltung angetragen und ich habe angenommen. Das Zweitreferat hat Roman Herzog[4] übernommen. Das ist eine gute Gelegenheit, einige prinzipielle Dinge zu sagen. Über die staatsrechtlichen Referate ist mir noch nichts bekannt. Unglaublicherweise hat Scheuner sein Referat in Saarbrücken (1963) immer noch nicht abgeliefert, sodass der Band nicht erscheinen kann. Deshalb ist das interessante Referat von Schnur zu Art 5 GG bis heute nicht veröffentlicht. Schnur steht an zweiter Stelle einer Liste für eine Professur für politische Wissenschaft in Bochum. Es besteht Grund zu der Hoffnung, dass der an erster Stelle genannte Oberndörfer – Freiburg ablehnen wird, was sich im Mai entscheiden soll[5]. Dann wird sich entscheiden, ob neue Intrigen aufgeboten werden, um Schnur die zweite Stelle streitig zu machen. Da wird Lübbe hoffentlich aufpassen.
Von unserem Fach ist leider nichts zu berichten. Man hat den Eindruck, dass es in der Problemlosigkeit eintrocknet. Dabei würde es an Problemen nicht fehlen, aber es besteht offenbar keine Neigung mehr, sie aufzugreifen. Warum das so ist, habe ich noch nicht ergründet. Ich habe es wahrlich nicht an Provokationen fehlen lassen, über die man gelegentlich mault, ohne sich wirklich zu stellen. Auch aus dem Verwaltungsrecht ist der grosse Zug heraus; was bleibt ist entsetzlicher Kleinkram. Ich merke das bei der Vorbereitung der neunten Auflage, die im Herbst erscheinen soll.
Herr Schulte, der kürzlich hier war, berichtete mir, dass Sie wohlauf sind und im Sommer wieder nach Spanien zu reisen gedenken. Ich würde den Reisetermin gerne wissen, denn ich würde vorher, falls ich es irgend einrichten kann, gerne noch einmal nach Plettenberg kommen.
<*Familiennachrichten*>
Über Böckenfördes Berufung sind wir nach wie vor sehr froh. Ich glaube auch, dass er gerne hier ist. Im Sommer macht er gemeinsam mit Koselleck, der endlich habilitiert ist, ein Seminar über das Allgemeine Landrecht. Am 1. Mai fahre ich nach Wien, wo am 11.5. die Ehrenpromotion stattfindet. Vorher will ich versuchen, an den literarischen Nachlass von Lorenz v. Stein[6] heranzukommen, der sich noch in Wien befinden soll.
Mit allen guten Wünschen und herzlichen Grüssen
in alter Verehrung Ihr
Ernst Forsthoff

Nr. 189
Carl Schmitt an Ernst Forsthoff — Plettenberg, den 27. April 1965

Lieber Herr Forsthoff,
herzlichen Dank für Ihr freundliches und inhaltsreiches Schreiben! Ich erwidere es mit verspäteten Osterwünschen und mit einem herzlichen Glückwunsch zu Ihrer Wiener Ehrenpromotion. Das wird für alle Ihre Freunde und alle guten Menschen ein Grund

zu besonderer Freude sein, und für die Andern ein Anlass, neue Sudelwellen zu inszenieren. <*Familiennachrichten*> Von Julien Freund erhielt ich ein Geschenkexemplar des neuen Buches „L' essence du politique", ein imposantes Werk. Wie ich höre haben sich schon mehrere große Verlage (Kiepenheuer & Witsch, Luchterhand etc) darum bemüht. Es wäre gut, wenn Sie Herrn Freund einmal persönlich sprechen könnten; das wichtigste wäre ein guter Übersetzer. Das Buch kommt übrigens erst nach der Verteidigung der These an der Sorbonne[1] in den Buchhandel (Ende Mai oder Anfang Juni); es ist als Nr. 1 einer neuen, von Prof. Polin[2] (dem bekannten Hobbes- und Locke-Forscher an der Sorbonne) herausgegeben Reihe „philosophie politique" in der Editions Sirey erschienen und hat 764 (!) Groß-Oktav Seiten Umfang.
Was den Oberlandesgerichtspräsidenten Richard Schmid[3] angeht, so lohnt es sich, den Beschluß des BVerfG vom 25. Januar 1961 (Entscheidungen BVerfG Bd. 12 S. 113–132) aufmerksam zu lesen. Übrigens beginnt E. Fraenkel seinen Festvortrag vor dem Karlsruher Juristentag Herbst 1964 mit dem Hinweis auf diesen Beschluß[4].
Ganz besonderen Dank für Ihre Stellungnahme zum 312 DM Gesetz[5]! Für heute nur noch die besten Wünsche für eine schöne Fahrt nach Wien und für die Gesundheit Ihrer Familie, insbesondere Ihrer sehr verehrten Mutter und Susanne's!
Immer Ihr alter Carl Schmitt

Nr. 190
Ernst Forsthoff an Carl Schmitt Heidelberg, 1. Mai 1965

Lieber Herr Schmitt!
Nun ist passiert, was ich im Stillen vermutet habe: die Ehrenpromotion ist – vorläufig jedenfalls – geplatzt[1]. Die SPÖ hat im Parlament gegen meine Ehrenpromotion protestiert und anscheinend mit Demonstrationen der Straße gedroht. Am Donnerstag waren Verhandlungen beim Bundeskanzler Klaus[2] mit Unterrichtsminister und Rektor. Das Ergebnis war, mich zu bitten, nicht zu erscheinen und Verständnis dafür zu haben, dass die Ehrenpromotion bei diesem Anlass nicht vollzogen wird. Alle sind empört, aber gegen den Terror machtlos. Gestern nachmittag war der Wiener Dekan, Schwind[3], bei mir, um mir diese Bitte zu übermitteln. Er sagte mir, die Empörung sei allgemein; es sei einen Moment erwogen worden, die ganze Jubiläumsfeier abzusagen und es sei nicht ausgeschlossen, dass der Senat aus Protest zurücktrete. Die Beziehungen zwischen SPÖ und Universitäten sind seit langem äusserst gespannt und Schwind versicherte mehrmals, es ginge im Grunde nicht um mich. Ich sei nur der willkommene Anlass gewesen, die Universität erneut anzugreifen. So ist jedenfalls zur Zeit nicht davon die Rede, dass der Beschluss, mich zu ehrenpromovieren, aufgehoben wird. Es ist zunächst einmal die Vollziehung ausgesetzt. Aber man weiss natürlich nicht, was weiter von der Gegenseite aufgeboten wird.
Natürlich ist die Freude an der Sache, wie sie auch ausgehen mag, endgültig verdorben.

Ich reise gleich auf zwei Wochen fort, weiss aber noch nicht, wohin. Ich kann Erholung brauchen und entziehe mich auch gerne der Presse, die den Fall gewiss aufgreifen wird.
Mit herzlichen Grüssen, in Eile,
stets Ihr
Ernst Forsthoff

Nr. 191
Ernst Forsthoff an Carl Schmitt Spiez, 9. Mai 1965

Lieber Herr Schmitt!
Die Wiener Angelegenheit ist wesentlich schäbiger weiter verlaufen, als ich bei Abfassung meines letzten Briefes vermuten konnte. Meine Erklärung, nicht an den Wiener Feierlichkeiten teilnehmen zu wollen, hat man in einen Verzicht auf das Ehrendoktorat umgelogen und als solchen bekannt gegeben. Damit war man dann auf die bequemste Weise aus allen Schwierigkeiten heraus. Ich habe gegen diese Verfälschung sofort in einem Brief an den Rektor Verwahrung erhoben und darauf bestanden, dass sich die für die Ehrenpromotion zuständigen Gremien nunmehr zu entscheiden hätten, ob sie bei ihrem Beschluss bleiben oder nicht.
Inzwischen hat der Rektor sich von mir distanziert: hätten wir den Totalen Staat gekannt, dann hätten wir ihn nicht für die Ehrung ausersehen. So ist aus der beabsichtigten Ehrung die Disqualifizierung geworden.
Da bleibt natürlich nur der Verzicht – pro tempore et pro futuro. Die ganze Begebenheit passt so genau in diese Zeit, dass man sie als banal empfindet, wobei es nur meinem Ehrgeiz ein wenig schmeichelt, woraus ich keinen Hehl mache, dass sie gerade mir passiert ist.
Der Heidelberger Rektor, Gallas[1], schrieb mir, dass der Heidelberger Senat sich mit der Angelegenheit befasst und beschlossen habe, dass der Rektor brieflich das Befremden der Universität an den Wiener Rektor zum Ausdruck bringt.
Die erste Konsequenz, die ich aus der Sache gezogen habe, ist die Absage an die Staatsrechtslehrer-Vereinigung, auf der Tagung in Basel zu referieren[2]. Ich habe keine Lust, mich Angriffen der Nationalzeitung in Basel auszusetzen, die ich rebus sic stantibus für einigermaßen wahrscheinlich halten muss.
Ich benutze den mir für Wien bewilligten Urlaub, um mich in der Schweiz etwas zu erholen – nicht von Wien, sondern von der intensiven Arbeit der letzten Monate.
Mit herzlichen Grüssen
in alter Verehrung Ihr
Ernst Forsthoff

Nr. 192

Ernst Forsthoff an Carl Schmitt Heidelberg, 9. Juli 1965

Lieber Herr Schmitt!
Zu Ihrem Geburtstag gedenke ich Ihrer mit allen guten Wünschen. Ich hoffe sehr, dass Sie den Tag mit Anima verbringen können, von der Sie mir sagten, dass sie aus diesem Anlass kommen wolle. Die Welt ist in dem verflossenen Jahr nicht schöner geworden und die Entwicklung in Deutschland macht es mir immer problematischer, ob es noch einen Sinn hat, sozusagen „dabei" zu sein.
Zu den Wünschen Ihrer Freunde, die sich Ihnen an diesem Tage zuwenden, gesellen sich auch die Hoffnungen. Es ist noch so vieles in Ihrem reichen Lebenswerk, das harrt, in der Art Ihrer Verfassungsrechtlichen Aufsätze an die heutige Öffentlichkeit gebracht zu werden. Dass es an interessierten Lesern nicht fehlen wird, zeigt die Verbreitung, die Ihre Verfassungslehre nach wie vor findet. Möge uns das neue Lebensjahr der Erfüllung unserer Hoffnungen näher bringen.
An die Stunden in Staufen denke ich noch oft und gerne zurück. Meine Wertschätzung des Kollegen Kaiser[1] wird grösser und grösser. Die Verlegung der Tagung nach Würzburg hat offenbar manche Weiterungen gehabt, in denen Kaiser mutig seinen Mann gestanden hat. Ich bin gespannt, wie die Tagung verlaufen wird, nachdem mir inzwischen Ipsen[2] geschrieben hat, dass er sich durch das Verhalten der schweizer Kollegen beleidigt fühlt und Rechenschaft verlangen will. Das Ergebnis dürfte in jedem Falle eine Politisierung der Vereinigung sein. Nun – ich werde nicht nach Würzburg[3] fahren und wenn es mir zu dumm wird, trete ich aus.
Inzwischen hatte ich Telefonate und Briefwechsel mit Wien. Die Universität hat einstimmig beschlossen, an der Ehrenpromotion festzuhalten. Jetzt laufen Verhandlungen mit der SPÖ (Pittermann) mit dem Ziel sie dazu zu bewegen, die Ehrenpromotion ohne neue Proteste vonstatten gehen zu lassen. Anscheinend ist man dort nicht unzugänglich – man wird sehen.
Ich plage mich weiter mit der neunten Auflage des Lehrbuchs. Wenn man so gezwungen ist, systematisch durchzugehen, was in den letzten fünf Jahren fachlich geschehen ist, dann wird erst recht deutlich, wie dürftig der Ertrag doch ist – nur Kleinigkeiten, nirgendwo eine neue Idee oder ein weiterführendes Konzept. Das ist ja auch nicht zu verwundern, denn wo kein Staat mehr ist, verliert auch das Verwaltungsrecht seine Themen.
Eben telefonierte ich mit R. Schnur. Nachdem Oberndörfer Bochum abgelehnt hat, ist nun der Ruf an ihn auf dem Wege. Am Dienstag wird er in Düsseldorf verhandeln. Das ist für mich und gewiss auch für Sie eine sehr erfreuliche Nachricht. Ich habe immer noch Querschüsse aus der bekannten Ecke befürchtet.
Mit allen guten Wünschen von allen Forsthoffs und
herzlichen Grüssen, auch an Anima
in alter Verehrung
stets Ihr
Ernst Forsthoff

Nr. 193

Carl Schmitt an Ernst Forsthoff Plettenberg, 2. August 1965

Lieber Herr Forsthoff,
ich schreibe Ihnen heute, um mich endlich für Ihren Brief zu meinem Geburtstag zu bedanken, über den ich mich herzlich gefreut habe. Ich muß mich für meine verspätete Antwort entschuldigen und will das nicht länger aufschieben, obwohl mir Herr Wilhelm Schulte gestern erzählte, daß Sie schon in die Ferien nach Lugano gereist seien. Diese letzten drei Wochen sind mir im Fluge vergangen. Anima war zwei Wochen in Plettenberg; das war so wenig Zeit, daß alle Pläne von Reisen innerhalb Deutschlands (auch nach Heidelberg zu Ihnen und Susanne) unausgeführt blieben; sie hat nicht einmal ihre Patentante in Mainz besucht und diese erst bei der Abfahrt auf dem Flugplatz in Frankfurt getroffen. Ich habe bei dieser Gelegenheit den Rechtsanwalt Weitzel[1] (Frankfurt) getroffen und über die spannende Entwicklung der Reprivatisierung und Entsozialisierung von Buderus viele interessante Details erfahren[2]. Doch war ich von dem Aufenthalt in Frankfurt so müde und von der Atmosphäre so angewidert, daß ich schon am nächsten Morgen mit dem ersten Zug nach Plettenberg zurückfuhr. In der Hotel-Etage, in der ich ein Zimmer hatte, war ich der einzige Weiße unter Farbigen.
Ich habe viel auf dem Herzen, das ich mit Ihnen besprechen möchte, ohne Sie damit belasten und belästigen zu wollen. H. P. Ipsen schrieb mir zum Geburtstag, daß die Habilitation Quaritsch „noch diese Woche“ (also Mitte Juli) perfekt werde und Quaritsch mir schreiben wolle. Ich habe dann aber nichts mehr gehört. Julien Freund, dessen soutenance de thèses an der Sorbonne (26. Juni) glänzend verlaufen ist, will mich (auf der Rückreise von Berlin, wo er diese Woche einen Vortrag hat) Ende der Woche (6/7 August) in Plettenberg besuchen. Es beunruhigt mich etwas, daß der Verlag Luchterhand so großes Interesse an einer deutschen Ausgabe seines Buches L' essence du politique zeigt. Oberheid hat mich für einige Tage in der 2. Augusthälfte eingeladen; ich freue mich darauf, ihn zu sehen. Er war zu meinem Geburtstag in Plettenberg; ich habe ihm die Angelegenheit des Nachlasses Grauert[3] nochmals ans Herz gelegt; zu dem Schwiegersohn (v. Maltzahn) hat er volles Vertrauen. Ende August will mich Dietrich Braun, der Verfasser des Hobbes-Buches „Der sterbliche Gott“[4] besuchen; auf das Gespräch bin ich besonders gespannt, weil die umfangreiche bisherige Korrespondenz über den Leviathan sich sehr hoffnungsreich entwickelt hat.
Herr Schulte hält mich über seine Zusammenarbeit mit Ihnen auf dem Laufenden. Von H. P. Ipsen erhielt ich einen Vordruck für Jos. Kaisers Kieler Tagung Sept. 65[5] seiner „Fragestellungen“ zum Problem der Wirtschaftsplanung; 123 Fragen, eine aufregender wie die andere; das ganze eine Existenzfrage für die Rechtswissenschaft; zugleich ein handgreiflicher Beweis dafür, daß es nur einen „rechtsstaatlichen Verfassungs- (und Plan-)vollzug“ gibt, <u>keinen sozialstaatlichen</u> Verfassungs- und auch keinen Plan-Vollzug; bei diesem „hört die Rechtswissenschaft“ auf und beginnt die Politologie, oder, wie Barion sagt, die „Polit(rück)ologie“.

Mein Brief ist nur ein flüchtiges Geplauder und soll Ihnen nur andeuten, daß ich oft und viel an Sie denke, freilich, mit dem lähmenden Gefühl, nicht viel ausrichten zu können und schon glücklich sein zu dürfen, wenn ich niemand schade. E. W. Böckenförde werde ich wohl erst bei der Hochzeit in Arnsberg (9. September) wiedersehen.
Ich wünsche Ihnen von Herzen gute Erholung in den Ferien. Lassen Sie sich durch keinerlei Bosheit oder Kleinlichkeit davon ablenken, daß Sie eine Position und eine Sache zu halten haben, die an Ihrer Person hängt; Sie haben im Gunde nicht mehr das Recht, sich zu ärgern.
Alle guten Grüße und Wünsche für Sie und die Ihrigen von Ihrem alten und getreuen
Carl Schmitt.

Nr. 194
Ernst Forsthoff an Carl Schmitt Heidelberg, 29. September 1965

Hochverehrter, lieber Herr Schmitt!
Die von Herrn Böckenförde überbrachte frohe Meldung, daß wir Sie wieder in Ebrach erwarten dürfen, hat natürlich allgemein große Freude ausgelöst, insbesondere auch bei Herrn Freund und Herrn Schrade. Wäre ich in den letzten Wochen nicht so ungewöhnlich beansprucht gewesen, hätte ich Ihnen längst geschrieben und ich erbitte Ihre Nachsicht dafür, daß es heute nicht handschriftlich geschieht.
Ich übersende Ihnen hiermit die Teilnehmerliste und das Vortragsprogramm, dem ich zu entnehmen bitte, daß Herr Freund[1] am 2. Tage sprechen wird. Voraussichtlich werden Herr Freund und Herr Schrade mit dem Zug am Sonntag den 10. Oktober am frühen Nachmittag hier eintreffen und ich werde sie mit dem Wagen mit nach Ebrach nehmen. Deshalb möchte ich Ihnen vorschlagen, auch am Sonntag anzureisen. Es wird dafür gesorgt, daß Sie in Frankfurt mit einem Wagen abgeholt werden. Bei Durchsicht des Fahrplans stelle ich fest, daß Sie einen Zug 14.29 Uhr ab Finnentrop haben, mit dem Sie 17.09 Uhr in Frankfurt eintreffen würden. Das wäre gerade die passende Zeit. Der nächste Zug, 18.42 Uhr ab Finnentrop, trifft erst 21.36 Uhr, also reichlich spät, in Frankfurt ein. Bitte lassen Sie mich doch kurz wissen, ob wir Sie mit dem Zuge 17.09 Uhr in Frankfurt erwarten dürfen, damit ich für die Weiterfahrt mit dem Wagen sorgen kann.
In der Hoffnung auf ein gutes Wiedersehn in Ebrach mit herzlichen Grüßen in alter Verehrung
Ihr
Ernst Forsthoff

Nr. 195

Carl Schmitt an Ernst Forsthoff Plettenberg, 1. Oktober 1965

Lieber Herr Forsthoff,
ich schreibe schnell nur eine Zeile des Dankes für Ihre freundliche Einladung, die ich gar nicht ablehnen könnte, auch wenn es mir noch schlechter ginge als es mir tatsächlich geht. Ich komme also Sonntag nach Ebrach, möchte aber (um Abends ausgeruht zu sein) schon um 12.14 in Frankfurt am Hauptbahnhof eintreffen (mit dem DZug von Siegen). Wenn ich um diese Zeit abgeholt werden könnte, wäre mir das eine große Wohltat. Sollte ich nichts mehr von Ihnen hören, darf ich annehmen daß es mit diesem Zeitpunkt (12.14 Sonntag, 10. Oktober) klappt.
Auf ein gutes Wiedersehn in Ebrach!
Ihr alter
Carl Schmitt.

Ich habe gerade Besuch von Herrn von Schmoller[1] (aus Stockholm), der Sie herzlich grüßen läßt!

Nr. 196

Ernst Forsthoff an Carl Schmitt Heidelberg, 5. Oktober 1965

Hochverehrter, lieber Herr Schmitt!
Besten Dank für Ihre Zeilen. Dr. Mussgnug {Assistent von H. Schneider.}, der nicht teilnehmen kann, aber seine Frau nach Ebrach bringen wird, wird Sie am Sonntag an der Sperre des 12.14 einlaufenden Zuges erwarten und nach Ebrach fahren. Er freut sich schon darauf.
Von Ebrach erwarte ich diesmal viel. Die Vorbereitungen sind sehr befriedigend verlaufen, was die Gewinnung der Redner anbelangt. Auch der Kreis der Teilnehmer – diesmal 32 – macht einen guten Eindruck. Hoffentlich werden die Erwartungen bestätigt.
Auf gutes Wiedersehen (ich komme mit Freund und Schrade gegen 18.30 Uhr an) und herzlich grüssend
stets Ihr
Ernst Forsthoff

Nr. 197

Ernst Forsthoff an Carl Schmitt Heidelberg, 24. November 1965
[Von Schmitt u. a. notiert:] b[eantwortet] 28/11/65

Lieber Herr Schmitt!
Sie hatten bei meinem letzten Besuch meine Anregung, sich portraitieren zu lassen, freundlich und zustimmend aufgenommen. Inzwischen macht der junge Maler, Björn

Fühler[1], ein Portrait von mir, das sehr gut zu werden verspricht. Fühler ist ein begabter junger Maler, den ich ein wenig fördere. (Er war auf meine Einladung in Zypern, wo er u.a. ein hervorragendes Portrait von Makarios gemalt hat). Er hat seinen Stil noch nicht gefunden und experimentiert in seinen privaten Malkünsten. Aber er ist ein wirklich guter Portraitist. Er wird mit meinem Portrait Ende dieser Woche fertig. Meine Frage und Bitte an Sie geht nun dahin, ob ich Ihnen Herrn Fühler nächste Woche nach Plettenberg schicken darf. Den Portrait-Auftrag hat er von mir und es wäre mir eine grosse Freude, wenn Sie das Portrait, das dann hoffentlich auch Ihren Beifall finden wird, als einen bescheidenen Ausdruck der Dankesschuld entgegennehmen würden, die ich Ihnen gegenüber empfinde. Bitte lassen Sie mich doch mit einigen Zeilen wissen, ob Herr Fühler Ihnen nächste Woche gelegen kommt und bejahendenfalls – wann. Er braucht für ein Portrait normalerweise vier Sitzungen.
Der beiliegende Sonderdruck[2] bietet nur ein erstes Herantasten an ein grosses Thema. Inzwischen bin ich damit ein Stück weiter gekommen, vor allem in den Ausführungen des letzten Teils.
Mit herzlichen Grüssen
stets Ihr
Ernst Forsthoff

P.S. Der Verlag hat die Sonderdrucke erst jetzt versandt, sodass ich Ihnen das Exemplar nicht früher schicken konnte.

Nr. 198

Carl Schmitt an Ernst Forsthoff 28. November 1965
[Stenographischer Antwortentwurf auf der Rückseite von Ernst Forsthoffs Brief vom 24.11.1965]

Lieber Herr Forsthoff,
<*Rückkehr von einer Reise nach Kiel*[1] *und Kaiserswerth*>
Ihr Vorschlag, den Maler Björn Fühler hierher nach Plettenberg kommen zu lassen, um ein Portrait von mir zu machen, hat mich aufs tiefste gerührt. Ich weiß diese neue Bekundung Ihrer Freundschaft in allen Richtungen wohl zu schätzen und würde derselben ohne weiteres und mit größter Freude entsprechen, wenn sich nicht im Augenblick und in dieser Jahreszeit hier bei mir im Sauerland alles, aber auch alles dagegen verschworen hätte. Zu der Jahreszeit [...] an Saisonkrankheiten des Sauerlandes (Rheumatismus, Ischias, Asthma), arg elend [...] Matschwetter – Sauerland heißt nasses Land – das jeden Gedanken an einen Spaziergang ausschließt und dadurch die Häßlichkeit einer Kohle-Eisen-Industrie-Ortschaft bedrückend und ausweglos macht, kommt noch ein größeres Unglück hinzu. In dem einzigen Wohnzimmer unseres Hauses war die Decke heruntergefallen, so daß wir Handwerker im Haus haben, was bei dem heutigen [...] eine noch längere Zeit andauern wird. – Solche Miseren des täg-

lichen Daseins sind kein schönes Thema für einen Brief. Ich spreche sie deshalb an, weil ich Ihnen den Zwang andeuten möchte, der es mir nicht möglich macht, Herrn Björn F. jetzt nach Plettenberg einzuladen und mich veranlaßt, Sie zu fragen, ob wir nicht eine bessere Jahreszeit [...] abwarten wollen. Mein Dank an Sie bleibt unvermindert, auch meine [...] Malfreude. Es tut mir aufrichtig leid, daß es so [...] nicht [?] möglich nicht wahrgenommen werden wird.

Nr. 199

Ernst Forsthoff an Carl Schmitt Heidelberg, 31. Dezember 1965

[Von Schmitt u. a. notiert:] b[eantwortet] 5.1.66

Lieber Herr Schmitt!

Haben Sie bitte Nachsicht, wenn meine guten Wünsche zum neuen Jahr Sie mit Verspätung erreichen. Vor Weihnachten hatte ich eine Grippe, die mir, obgleich sie überwunden ist, immer noch zusetzt. Dadurch bin ich mit meinen epistolarischen Pflichten leider in Verzug geraten. So kann ich nur der Hoffnung Ausdruck geben, dass Sie das neue Jahr in guter Gesundheit begonnen haben mögen. Mit allen Ihren Freunden vereinige ich mich in dem Wunsche, dass Ihnen im neuen Jahre Gesundheit und Schaffenskraft beschieden sein möge.

Mir war das ablaufende Jahr nicht hold und so sehe ich es gerne scheiden. Ich meine nicht nur die politisch gescheiterte Ehrenpromotion. Auch sonst waren die Umstände mannigfach gegen mich verbündet. Dazu kommt die gerade im letzten Jahr bemerklich gewordene Veränderung des politischen Klimas. Der Kurs weist immer eindeutiger nach links. Das gilt insbesondere auch für die Studentenschaft. Aber da fehlt gänzlich der Geist und Witz, der die Linke in der Weimarer Zeit noch auszeichnete. Das Ganze hat nur „Zeit"-Niveau. Nicht gewillt, und auch garnicht in der Lage, nach dieser Richtung Zugeständnisse zu machen, spüre ich deutlich, dass ich den inneren Kontakt mit den Studenten mehr und mehr verliere. Das Lehren, früher eine Freude, wird darüber zur Last. So hat mich das ablaufende Jahr in meiner Absicht bestärkt, mich im Jahre 1967, wenn ich 65 werde, emeritieren zu lassen. Wesentlich trägt dazu auch meine Position an der hiesigen Universität bei, in der ich absoluter Aussenseiter bin. Ich bin nicht Mitglied der hiesigen Akademie, in die jeder Holzkopf nach einer gewissen Wartezeit gewählt zu werden pflegt. An den Veranstaltungen der Universität nehme ich seit vielen Jahren nicht mehr teil. Der Heidelberger Geist war meine Sache nicht, zumal ich ihn 1945 in voller Aktion erlebt habe. Insofern geht die Rechnung von beiden Seiten her auf. Verzeihen Sie, wenn ich Sie an den Erwägungen teilnehmen lasse, die mir zum Jahreswechsel durch den Kopf gehen.

Neues zu berichten habe ich nicht. Ich sitze immer noch an der Vorbereitung der 9. Auflage meines Lehrbuches[1]. Sie macht viel Arbeit, da die letzte Überarbeitung, für die ich zudem wegen Zypern wenig Zeit hatte, schon Jahre zurückliegt. Demnächst werde ich mich dann um die Verfassungsbeschwerde gegen das zweite Vermögensbil-

dungsgesetz kümmern müssen. Die damit angeschlagenen Themen werden mir immer interessanter und prinzipiell bedeutsamer. Im neuesten Heft vom „Staat“, das ich übrigens besonders gut gelungen finde, ist ein Aufsatz von W. Weber[2], der am Schluss davor warnt, die Eigentumsgarantie durch soziale Umverteilungen auszuhöhlen. Das zielt wohl auf das zweite Vermögensbildungsgesetz. Im übrigen glaube ich, dass die unbeschreibliche Misere in Bonn eine allgemeine Atmosphäre geschaffen hat, in der ich bessere Aussichten habe, mit meinen Argumenten, soweit sie sich auf den Haushalt und die Transparenz der Währungsverhältnisse beziehen, Gehör zu finden.
Ausserdem wird mich das Verhältnis von Staat und Technik noch weiter beschäftigen. Mein kleiner Beitrag in „Technik im technischem Zeitalter“ war nur eine Vorstudie in der Verfolgung weiter greifender Pläne. Das Thema hat viel innere Brisanz.
Böckenförde hat sich gut hier eingelebt. Er erfreut sich allgemeiner Wertschätzung. Nach allem, was ich höre, hat er in den Vorlesungen noch gewisse Schwierigkeiten, das Ohr der Studenten zu finden. Dagegen ist sein Seminar gerade von intelligenten Studenten hoch geschätzt. Zum Sommer bekommen wir dann in Vogel[3] noch einen wirklich guten Mann. Leider ist die Berufung von Quaritsch wegen der Verzögerung seiner Habilitation nicht gelungen. Dafür hat er jetzt, wie mir Schnur schreibt, beste Aussichten in Bochum. Schnur schreibt auch von den politischen Verhältnissen an der Bochumer Universität, die ziemlich unerfreulich zu sein scheinen.
Dass Sie im November nicht in Stimmung waren, sich portraitieren zu lassen, habe ich wohl verstanden. Das Portrait, das Herr Fühler von mir gemacht hat, ist sehr gut gelungen und hat allgemein Beifall gefunden. Ich möchte den Plan des Portraits nicht aufgeben und Sie erlauben mir hoffentlich, im Frühjahr darauf zurückzukommen.
Mit allen guten Wünschen und herzlichen Grüssen
in alter Verehrung
stets Ihr
Ernst Forsthoff

Nr. 200
Carl Schmitt an Ernst Forsthoff Plettenberg, 5. Januar 1966

Lieber Herr Forsthoff,
heute erhielt ich Ihren schönen, langen, freundschaftlichen Neujahrsbrief. Ich hatte den festen Vorsatz, Ihnen in den Tagen zwischen Weihnachten und Neujahr zu schreiben. Die Erinnerung an die Sylvesterfeier in Ihrem Hause 1960, mit Ihrer Mutter und Ihren Kindern und der Familie Tsatsos erwacht an jedem Jahresende der letzten 5 Jahre. Aber mein fester Vorsatz wurde von vielen Besuchen durchkreuzt: E. W. Böckenförde; dann Altmann und Joh. Gross; dann Nachbarn und einige junge Leute. Herrn Schulte habe ich Sonntag, den 2. Januar in Herscheid getroffen. So haben sich unsere Neujahrsbriefe nicht gekreuzt, was an sich schön gewesen wäre. Andererseits kann ich Ihnen jetzt auf die vielen wichtigen Mitteilungen Ihres Briefes antworten,

wodurch eine Art schriftlichen Gesprächs entsteht, was sonst vielleicht verloren gegangen wäre.
Ich kann mir die Lage, von der Sie berichten wohl vorstellen. Anfang November, bei Ihrem Besuch in Plettenberg, sprachen Sie ja schon ziemlich deutlich darüber. Die Situation des „Aussenseiters" ist traurig. Man darf aber die viel traurigere Situation, gegenüber der man „Aussen" ist, nicht vergessen. Daran wollte ich Sie erinnern. Es ist für Sie kein Trost, zu wissen dass ich selber ebenfalls meistens Aussenseiter war. „Innenseiter" sind demgegenüber Typen wie Erich Kaufmann, Rudolf Smend, und Carl August Emge[1]. Dieser ist Mitglied der Berliner Akademie der Wissenschaften geworden und lebt heute noch davon. Wir brauchen also nicht bis auf Hegel zurückzugehen[2], um das interessante soziologische Thema der „Akademie-Mitgliedschaft" zu vertiefen. In Berlin zeigte sich alles das immer noch viel schärfer als in der Provinz.
Dass Ihre Arbeit an der 9. Auflage des Lehrbuches Sie sehr in Anspruch nimmt, verstehe ich gut. Ein solches Lehrbuch frisst einen, wie der Wolf Rotkäppchen gefressen hat. Ich habe mich regelrecht „gedrückt" vor jeder Weiterführung der „Verfassungslehre". Das soll kein Vorbild für Sie sein. Doch habe ich Sie in Gesprächen öfters an das Schicksal von Anschütz als Kommentator der Weimarer Verfassung erinnert. War Anschütz Mitglied der Heidelberger Akademie[3]? Ich weiss es nicht einmal. Hat Werner Weber in Göttingen Aussichten, es dort zu werden? Ich glaube, das sind Fragen, deren Stachel durch ein fröhliches Gespräch entgiftet werden kann.
Ich dachte gerade an Werner Weber, weil ich – ausser seinem Aufsatz im „Staat" – auch den in der Festschrift zum 10jährigen Bestehen des Bundessozialgerichts gelesen habe[4] und bei der Lektüre an Ihr Thema „Zweites Vermögensbildungsgesetz" denken musste. Sehen Sie ihn sich bitte einmal an; Sie werden es nicht bereuen; lesen Sie besonders den „Anhang" zum Thema des „nicht zumutbaren sozialen Abstiegs", als welcher nach dem BSozG einer Enteignung gleichkommt. Ich habe den Aufsatz gleich an Herrn Schulte geschickt. Anscheinend haben höchste Bundesinstanzen ein Interesse an der Verfassungsbeschwerde, sodass das BVerfG vielleicht noch einmal als Bereinigungstelle für lästig gewordene Wahlgeschenke eine neue Existenzgrundlage erhält. Eine List der Idee, für die Herr Süsterhenn[5] zu phantasielos ist, die er sich aber nötigenfalls gern als Verdienst anrechnet.
Dass Ihr Beitrag „Technik und Staat" von Ihnen weitergeführt wird, erfüllt mich mit grosser Erwartung und Spannung. Ich spürte schon in Ebrach, dass hier etwas in Ihnen wächst. Diese Art Produktivität ist die wahre Genugtuung und hilft einem über jedes Hindernis hinweg. Ich wünsche mir nur, dass es mir vergönnt sein möge, noch etwas von dieser Weiterführung zu erleben.
Sonst bin ich mit Lebenserwartungen ziemlich fertig. Ein kleiner Anlauf, das Thema „Charismatische Legitimität" zu behandeln, hat nur zu einer neuen Lektüre Sohms geführt, über den ich immer mehr staune und ohne den man Max Weber nicht versteht. Der Unterschied, ja Gegensatz, von Luthertum und Calvinismus wird immer auffälliger. Ich hoffe etwas von Dietrich Braun, dem Verfasser des von mir besprochenen Leviathan-Buches, über dieses Thema zu erfahren. Braun ist ein Enkel oder Urenkel

von Max Braun[6], dem Freunde Stöckers, wohl der „Prediger Braun“ der in dem herrlichen Tagebuch der Baronin Spitzemberg[7] erwähnt wird (diese Lektüre sollten Sie sich gönnen, im Deutschen Taschenbuch-Verlag unter dem Titel „Am Hof der Hohenzollern“ in der Reihe Dokumente Nr. 318 veröffentlicht; für jeden Verfassungshistoriker unentbehrlich!). Ich werde Braun fragen, der mir begeistert über „Land und Meer“ geschrieben hat und dem ich infolgedessen auch ein Exemplar des Sonderdrucks der beiden Gottfried-Benn-Briefe[8] geschickt habe, die ich auch diesem meinem Schreiben an Sie beifüge; Benn's Brief-Kunst wird Ihnen gefallen.
Nun aber noch die Schlußbemerkung Ihres Neujahrsbriefes: das Portrait, das Herr Fühler malen soll. Darf ich noch etwas warten mit meiner Antwort? Ich gestehe Ihnen, dass ich bisher jeden derartigen Versuch und Vorschlag abgelehnt habe. Gilles[9] (der eine vorzügliche Zeichnung von dem Vater von Frau Oberheid gemacht hat) habe ich immer gesagt, dass es nur <u>einen</u> gibt, von dem ich hätte gemalt werden können: Juan Gris[10]; das hat soviele für mich keineswegs schmeichelhafte Gründe, dass ich lieber darüber schweige.
Ich bleibe stets Ihr alter und getreuer
Carl Schmitt.

Nr. 201
Carl Schmitt an Ernst Forsthoff — Plettenberg, o. D. [5. Januar 1966]

Im Nachgang zu dem vorhin zur Post gegebenen Schreiben vom 5/1/66:
bei der Fülle der Items habe ich ganz vergessen, Sie zu fragen, ob Sie das kleine (22 weitgedruckte Seiten umfassende) Manifest „Die formierte Gesellschaft“ erhalten haben, das der Verlag Seewald – Stuttgart seinen Freunden als Privatdruck schickt[1]. Anscheinend ist die Form des Privatdrucks die zeitgemäße Art der Zusicherung des animus non procreandi[2] als Basis für ein Stillhalteabkommen mit den supralegalen Herren der sogenannten Öffentlichkeit. So waten wir denn in Apokryphen. Doch bleibt die genaue Kenntnisnahme des genannten Manifests, das sich als Nicht-Manifest stilisiert, für jeden Verfassungsjuristen unentbehrlich und unerlässlich.
Herzlich Ihr
C.S.

Nr. 202
Ernst Forsthoff an Carl Schmitt — Heidelberg, o. D. [9. Januar 1966]

Lieber Herr Schmitt!
Sie haben mich mit Ihrem langen Brief sehr erfreut. Deshalb möchte ich den brieflichen Dialog gleich fortsetzen. Über den Aussenseiter denke ich nicht anders als Sie. Ich bin ja nicht unversehens in diese Position gekommen. Das „Innen“ habe ich wohl

frühzeitig genug erkannt und wenn die Rolle des Aussenseiters, wie Sie schreiben, traurig ist, dann geht die des Innenseiters – dessen Prototyp heute m. E. Scheuner ist – an die Selbstachtung. Deshalb fühle ich mich in meiner Haut so wohl, wie es die Umstände überhaupt gestatten. Die Heidelberger Akademie hat wissenschaftlich nicht das geringste auf sich. Dass ich ihr nicht angehöre, berührt mich nicht im Sinne einer capitis diminutio[1]. Im Gegenteil: die Mitgliedschaft würde gewisse Loyalitätspflichten am Ort mit sich bringen, die mir höchst fatal wären. Ich habe meine negative Beziehung zu dieser Gesellschaft nur erwähnt, weil sie besser als alles andere meine hiesige Situation illustriert. Ob Weber die Chance hat, in Göttingen aufgenommen zu werden, weiss ich nicht. Aufnahmebedingung ist hier wie dort ein literarischer Ausweis auf dem Gebiet der Philosophie und/oder der Geschichte. Aber im Bedarfsfalle nimmt man es dann doch nicht so genau (sonst hätte Ulmer hier nicht Mitglied sein können)[2]. Hier hat Gadamer[3] m.W. unter Hinweis auf meine Schrift Recht und Sprache (die demnächst in dritter Auflage erscheinen wird)[4] versucht, meine Wahl durchzusetzen. Gut, dass es nicht dazu gekommen ist.

Es würde vielleicht lohnen, die Problematik des Dabeiseins auf sich zu nehmen, wenn es um der Studenten willen einen Sinn hätte. Das ist nicht mehr der Fall. Nicht, dass ich mich über mangelnden Kollegbesuch zu beklagen hätte. Aber es gibt in unserem Fach (und wohl nicht nur dort) fundamentale Begriffe, die mit blosser Lehre nicht zu vermitteln sind, weil sie ohne Erfahrung leer bleiben. Die Tatsache, dass wir seit zwanzig Jahren keinen Staat mehr haben, sondern demokratischen Nebel, hinter dem sich ein Rangierbahnhof der Interessen notdürftig verbirgt, ist bei der jetzigen Studentengeneration zur vollen Wirkung gekommen. Es ist geradezu unmöglich, ihr begreiflich zu machen, was ein Staat ist und welche Implikationen mit ihm gegeben sind. So kommt eine dumme Linksintellektualität zustande, mit der beim besten Willen nichts anzufangen ist. Ich glaube, dass Böckenförde, der diese Dinge sehr wohl weiss, sie den Studenten besser plausibel machen kann, weil er ihnen generationsmäßig näher steht. Mir steht hier wohl auch eine gewisse Verdrossenheit im Wege, die dagegen remonstriert, Dinge zu demonstrieren, die zu selbstverständlich sein sollten, als dass sie einer weiteren Explikation bedürftig wären. Aus diesem Grunde macht mir die Lehrtätigkeit keine rechte Freude mehr. Ebrach ist natürlich ein absoluter Sonderfall, der nicht in den akademischen Alltag hinein projiciert werden kann.

Wenn ich unter diesen Umständen mein Amt zum frühest möglichen Termin aufgebe, dann ist das nicht nur konsequent, sondern auch kein grosses Opfer. Ich bin deshalb auch nicht verbittert. Mein Ehrgeiz, von dem ich natürlich keineswegs frei bin, ist dabei nicht im Spiel, denn er weist in ganz andere Richtung. Doch genug davon.

Die Briefe von Gottfried Benn sind kostbar. In ihnen ist die ganze Atmosphäre des Jahres 1943 gegenwärtig. Dieser Sinn für Korrektheit, auch im Kleinen! Dass er für den Besuch Ihrer Vorlesung Indemnität erbittet[5], war nach meiner Überzeugung nicht eine façon de parler, um Sie von dem Faktum zu unterrichten, sondern so gemeint, wie es da zu lesen steht. Ohne Benns Auffassung von der Kunst als einer schlechthin autonomen, sich selbst kreierenden und legitimierenden Funktion des Geistes zu

teilen, verehre ich ihn doch je länger desto mehr. „Weinhaus Wolf"[6] zähle ich zu den bedeutendsten Prosastücken der letzten Jahrzehnte. Die heutige Dichter- oder Schriftsteller-Generation lebt davon, dass es ihn nicht mehr gibt, wie die heutige Staatsrechtler-Generation durch den Umstand deklassiert ist, dass es Sie – Gottlob – noch gibt.
Für die Verfassungsbeschwerde gegen das zweite Vermögensbildungsgesetz[7] scheint sich ein günstiger Καιρός zu bilden. Dazu tragen die Bonner Miseren nicht wenig bei. Was uns blüht, wenn die Praxis der direkten Umverteilung zur Gewohnheit wird, lässt sich heute besser verständlich machen als vor einem halben Jahr. Das kommt, wie die neuesten Publikationen von Werner Weber zeigen, auch der theoretischen Besinnung zu Hilfe. (Übrigens habe ich Webers Beitrag in der Festschrift für das Bundessozialgericht noch nicht.)
Die Erinnerungen von der Spitzemberg besitze ich und benutze sie als eine Fundgrube interessantester verfassungsgeschichtlicher Fakten. Braun wird darin, soweit ich sehe, nur beiläufig erwähnt, laut Register Generalsuperintendent der Neumark und Niederlausitz.
Anschütz war, wie ich nachtragen möchte, ebensowenig wie Jellinek Mitglied der Akademie; da fehlte wohl der philosophische oder historische Ausweis. Der Kommentar zur preussischen Verfassung und die Studien zum Gesetzesbegriff reichten dafür wohl nicht aus.
Wegen des Portraits will ich nicht weiter insistieren. Die Entscheidung liegt ganz bei Ihnen.
Mit herzlichen Grüssen
in Verehrung
Ihr
Ernst Forsthoff

Nr. 203
Carl Schmitt an Ernst Forsthoff Plettenberg, 18. März 1966

Lieber Herr Forsthoff,
es war für mich eine grosse Freude, Sie vorigen Freitag abend bei Heinrich Oberheid zu treffen. Ich habe es nur bedauert, dass ich am folgenden Vormittag so spät aufgestanden bin und Sie nicht mehr begrüssen konnte. Solche Versäumnisse mehren sich bei mir auf eine traurige Weise und ich empfinde das als eine besonders deprimierende Auswirkung meines Alters. Es bleibt mir nichts anderes übrig, als an die Nachsicht und Grosszügigkeit meiner Freunde zu appellieren.
Bei meiner Rückkehr nach Plettenberg fand ich die Anfrage der Wissensch. Buchgemeinschaft Darmstadt vor (vom 9. März 1966) die unter Berufung auf Sie um mein Einverständnis zum Abdruck meines Aufsatzes Nehmen-Teilen-Weiden[1] (Verf. Aufsätze 1958 S. 489–504) in Ihren Sammelband „Rechtsstaatlichkeit und Sozialstaatlich-

keit“ bittet. Ich bin sehr damit einverstanden und möchte Ihnen meinen herzlichsten Dank dafür sagen, dass Sie sich dieser von publizistischem Missgeschick verfolgten (aber für meine Gedankengänge sehr wichtigen) Arbeit so freundlich annehmen. Ich schreibe gleich an den Verlag Duncker & Humblot.
Sowohl während des interessanten Abends bei Oberheid wie auch während ich diesen Brief schreibe drängten und drängen sich mir soviele aktuelle Fragen ins Bewusstsein, dass der Wunsch nach einer weiteren Aussprache sehr heftig wird. Aber ich will nicht unbescheiden werden. Herr Schulte fragte mich heute telefonisch, ob ich mit Ihnen auch über Ihr Gutachten zum 312 DM-Gesetz gesprochen hätte. Ich musste das verneinen. An diesem Beispiel sehen Sie meine bedrängte Lage. Günther Krauss schrieb mir heute einige Bemerkungen zu der Glosse „Befangen (schon Fall Leibholz)“ in der „Welt“ vom 16/3[2]; er kennt den Verfasser der Glosse (Hans Schneler) und meint, die (an sich wie K. meint widersinnige) Nennung meines Namens sei nur durch den Zweck der Verharmlosung des Falles zu erklären. Ich kann das nicht so schnell beurteilen, obwohl ich weiss, dass Leibholz auch die Kritiker der Verfassungsgerichtsbarkeit öffentlich als Nazis hingestellt hat. Soll ich meinen Lebensabend, richtiger: den spärlichen Rest meiner Lebenserwartung, mit solchen Leibholz-Problemen ausfüllen? Immerhin konnte am vorigen Freitag abend das Problem des apokryphen Privatdrucks geklärt werden, den der Verlag Richard Seewald zu Neujahr verbreitet hat. Ich hoffe, dass Herr Altmann Ihnen inzwischen ein Exemplar besorgt hat. Haben Sie auch seine Besprechung des Buches der Boveri („Wir lügen alle“) im Merkur gelesen[3]? Ich kann Ihnen einen Sonderdruck schicken. Bei der Schrift über die „formierte Gesellschaft“ erhebt sich ebenso wie bei Ihrem grossartigen Merkur-Aufsatz vom September 1960 (Die Bundesrepublik Deutschland, Umrisse einer Realanalyse = Rechtsstaat im Wandel Seite 197 ff) zum ersten mal das <u>neue</u> Bild einer Verfassung; man müsste beides nebeneinander (oder nacheinander) erörtern; beachtlich auch Dieter Senghaas, Die formierte Gesellschaft[4] in der Zeitschrift (von links) Atomzeitalter (Europ. Verlagsanstalt Frankfurt) Sept. 1965 (ich kann Ihnen eine Fotokopie schicken). Herzliche Grüsse, lieber Herr Forsthoff Ihnen und den Ihrigen von Ihrem alten
Carl Schmitt

Nr. 204
Carl Schmitt an Ernst Forsthoff o. O., [Poststempel Plettenberg] 18. März 1966

Was ist „die formierte Gesellschaft“? „Eine selbststabilisierte Gesellschaft von bemerkenswerter Subtilität“ etc. etc. (Merkur, Sept. 1960, Nr. 151, Seite 815, = Rechtsstaat im Wandel Seite 205 ff) Das ist es nämlich!
C. S.

im Nachgang zum Schluss meines heutigen Schreibens.

Nr. 205

Ernst Forsthoff und andere an Carl Schmitt 26. April 1966

o. D. [Ansichtskarte Rom, Piazza Navona]

[Poststempel Rom]

[Von Schmitt notiert:] b[eantwortet] 7. 5. 66

Lieber Herr Schmitt!
Nach vieler Arbeit ist der Ausflug in die Antike eine gute Erholung. Ich bin für zwei Wochen hier und mache mich zum ersten Mal mit Rom geruhsam vertraut. Nächste Woche bin ich zurück und dann geht es an die Verfassungsbeschwerde zum 312 DM-Gesetz.
Mit herzlichen Grüssen in alter Verehrung
stets Ihr
Ernst Forsthoff

Sehr herzliche Grüße!
Johannes Schmid
u. Edit Schmid.

Nr. 206

Carl Schmitt an Ernst Forsthoff o. O., 9. Mai 1966

Lieber Herr Forsthoff,
über Ihre schöne Karte aus Rom mit den Grüßen von Johannes und Edit Schmid habe ich mich sehr gefreut. Vielen herzlichen Dank und alle guten Wünsche für die Arbeit am 312 DM-Gesetz!
Wegen meines Beitrages „Nehmen-Teilen-Weiden"[1] haben sich Duncker & Humblot und die Darmstädter Wissensch. Buchgesellschaft geeinigt; jedenfalls schrieb mir das – anscheinend zufrieden – Frau Marie-Louise Gutbrodt. Mir liegt daran, daß mein Beitrag 1) vollständig und 2) ohne Fehler abgedruckt wird. Deshalb möchte ich die Druckfahnen sehen, ohne große Korrekturen anbringen zu wollen. Ich hatte der Frau Gutbrodt schon geschrieben, aber darauf hat sie nicht geantwortet. Die Wissensch. Buchgemeinschaft hat sich mir gegenüber schon einmal unfair genug benommen, als sie eine Ausgabe des von ihr nachgedruckten (sooorgsam) L. v. Stein-Aufsatzes veröffentlichte, ohne meine Ausgabe von 1940 zu erwähnen[2].
Wenn Joseph Kaiser Zeit hat, will ich Pfingsten nach Staufen reisen; es wäre schön, wenn wir uns dann in der Gegend sehen könnten, wie voriges Jahr. Ich komme aber auch nach Heidelberg, wenn es Sie nicht stört. Ein Grund zur Reise ist auch mein Wunsch, einen Japaner, T. Ogushi[3], wiederzusehen, nachdem ich ihn seit 1933 nicht mehr gesehen habe. Er ist Koellreutter-Schüler; ich habe ihn in bester Erinnerung. Wahrscheinlich wird er versuchen, Sie zu sprechen. Hierbei kann ich ihm meine besten Empfehlungen mitgeben.

Herrn W. Schulte[4] – Lüdenscheid sehe ich Dienstag; ich will ihn auf das Buch von Franz Klein, Gleichheitssatz und Steuerrecht (soeben im Verlag Dr. Otto Schmidt KG, Köln-Marienburg)[5] aufmerksam machen; eine Mainzer Habil. Schrift, von Hettlage[6] patronisiert; der Verfasser ist Schwiegersohn von Maunz. Das Buch ist für Schulte unentbehrlich trotz abweichender Standpunkte in der Umsatzsteuerfrage.
Viele herzliche Grüße und Wünsche Ihres alten
Carl Schmitt.

Nr. 207
Ernst Forsthoff an Carl Schmitt Heidelberg, 15. Mai 1966

Lieber Herr Schmitt!
Herzlichen Dank für Ihren Brief. Wegen „Nehmen, Teilen, Weiden" dürfen Sie unbesorgt sein. Selbstverständlich erhalten Sie die Korrekturbogen. Ausserdem passe ich selbst auf. Die Beschaffung der Nachdruckrechte ist noch nicht ganz abgeschlossen. Deshalb stockt das Unternehmen noch.
Dass ich bei dem Treffen im Sauerland Ende April nicht dabei sein konnte, hat mir recht leid getan. Aber ich war Anfang April abgespannt wie noch nie bisher und damit war eine wenn auch kurze Erholungsreise unabweislich. Rom hat mir sehr gut getan. Ich war schon mehrfach dort, aber immer nur für wenige Tage, sodass die Besichtigungen unter Zeitdruck standen. Jetzt hatte ich die Gelegenheit, Rom gemächlich zu durchwandern und das habe ich Tag für Tag getan.
Inzwischen hat das Semester begonnen. Lesen braucht man ja nicht mehr viel, nachdem wir inzwischen fünf Ordinarien sind, dazu noch die Honorarprofessoren und Privatdozenten, die auch etwas zu lesen haben wollen. So konnte ich mich auf Verwaltungsrecht II[1] beschränken. Ausserdem halte ich ein Seminar ab über Verfassungsschranken der sozialen Umverteilung. Das Thema wird umso komplexer und interessanter, je länger man darüber nachdenkt. Besonders erstaunlich finde ich, dass weder die Finanzwissenschaftler noch die Budget-Rechtler von dem modernen Verteilerstaat überhaupt Notiz genommen haben. So wird es darauf hinauskommen, dass ich vieles ohne Anhalt an Schrifttum und Rechtsprechung ganz neu und selbständig entwickeln muss. Das ist an sich für diesen Zweck nicht sehr angenehm, denn es ist immer schwer, ein Gericht zu etwas Neuem zu bringen und schon gar, wenn man mit diesem Neuen allein steht. Übrigens sind mir Ihre Zusätze zur „Auflösung des Enteignungsbegriffs"[2] inzwischen immer wichtiger geworden.
Unter diesen Umständen bin ich sehr erfreut darüber, dass Sie beabsichtigen, wieder hier in die Gegend zu kommen. Ganz abgesehen von der Freude, Ihnen wieder zu begegnen wäre es mir natürlich ausserordentlich wertvoll, wenn ich die Fragen der Verfassungsbeschwerde mit Ihnen besprechen könnte. Ihr Besuch hier würde uns natürlich alle sehr freuen. Andrerseits hätte ich auch Verständnis dafür, wenn Ihnen ein mit Heidelberg verbundenes Besucherprogramm (Böckenförde, Schneider usw) zu an-

strengend wäre. So überlasse ich die Entscheidung ganz Ihnen. Gegebenenfalls würde ich dann nach Staufen kommen.
Mit herzlichen Grüssen
in alter Verehrung
stets Ihr
Ernst Forsthoff

Nr. 208
Ernst Forsthoff an Carl Schmitt Heidelberg-Schlierbach, 24. Juli 1966

Hochverehrter, lieber Herr Schmitt!
Nehmen Sie bitte diese sehr verspäteten Glückwünsche zu Ihrem Geburtstag mit Nachsicht auf. In den turbulenten Wochen, turbulent wegen der Häufung verschiedener Terminarbeiten (darunter die Verfassungsbeschwerde), die hinter mir liegen, fand ich nicht die ruhige Stunde für einen Brief an Sie. So wünsche ich Ihnen Gesundheit und Wohlergehen, einen schönen Verlauf Ihrer Reise nach Spanien und uns, Ihren Freunden, Gelegenheit zu Begegnungen mit Ihnen, denen wir alle so viel verdanken.
Ich komme eben aus Erlangen zurück, wo mich die Fakultät zu einem Vortrag eingeladen hatte (Thema: Staat – Technik – Recht). Dort suchte mich Hasso Hofmann im Hotel auf. Ein sympathischer, intelligenter junger Mann. Ich sagte ihm, es sei ein Fehler von ihm gewesen, Sie nicht einmal aufgesucht zu haben. Er widersprach dem nicht; ich hatte den Eindruck, dass ihn Bescheidenheit gehindert hat, überhaupt auf solchen Gedanken zu kommen. Leider hat er auch in dem Kollegen Voigt[1] keinen hilfreichen Berater.
Die neunte Auflage meines Lehrbuchs ist bis auf die Fortführung des Registers fertig. Die Arbeit am Register hat zwei meiner Herren Wochen beschäftigt. Sie kommt in diesen Tagen zum Abschluss, sodass das Buch dann wohl im September ausgeliefert werden kann.
Im übrigen gehört dem Thema Staat – Technik – Recht weiterhin mein besonderes Interesse. Ich hoffe, dass es mir gelingt, über den Beitrag im Sammelwerk „Technik im technischen Zeitalter“ hinaus zu Ergebnissen zu kommen, die sich der Öffentlichkeit mitteilen lassen. Wenn man sich mit so eminent interessanten Themen wie den Grenzen der sozialen Umverteilung oder den Fragen, die durch die Technik aufgeworfen werden, beschäftigt, dann findet man die Staatsrechtslehrer-Vereinigung wirklich von allen guten Geistern verlassen, der nichts besseres einfällt, als über die Rechtsstellung des Bundespräsidenten referieren zu lassen[2]. Auf diese Weise macht sich die Vereinigung uninteressant, was zu bedauern ich allerdings wenig Anlass finde. Denn es ist für die Themen keineswegs von Vorteil, wenn sie vor der Vereinigung abgehandelt werden und damit den Scheuners ausgeliefert sind. Nachdem ich der Vereinigung eine ganze Anzahl Themen geliefert habe, bin ich jetzt froh, dass sie mir keine Themen wegnimmt.

Bei meiner Rückkehr von Erlangen fand ich ein Schreiben des Bundesverfassungsgerichts vor, in dem Bedenken gegen die Zulässigkeit der Verfassungsbeschwerde dargelegt sind. Ich habe eine Ablichtung an Herrn Schulte geschickt, der sie Ihnen gewiss bald zeigen wird. Was das Gericht ausführt, habe ich mir natürlich schon selbst überlegt. Ich halte es nicht für überzeugend. Aber bei der Zulässigkeitsfrage ist mit juristischen Argumenten nicht viel auszurichten. Wenn das Gericht nicht will, kann man es mit keiner Rechtserwägung zwingen. Wir haben Zeit bis Ende September, sodass nach meiner Rückkehr von Lugano Anfang September noch Zeit genug ist, zu überlegen, was geschehen soll.
Die Vorbereitungen für Ebrach sind so weit gediehen, dass ich einen interessanten Verlauf erhoffen darf. Leider dürfen wir wegen Ihrer Reise nach Spanien auf Ihre Mitwirkung zum erstenmal nicht hoffen. Ich hoffe aber, Sie bei der Tagung der Academia Moralis in Köln wiederzusehen, zu der Günther Krauss auf November geladen hat.
Mit allen guten Wünschen in alter Verehrung
herzlich grüssend
Ihr
Ernst Forsthoff

Nr. 209

Carl Schmitt und andere an Ernst Forsthoff 31. Juli 1966
o. O. [Ansichtskarte: Barbarossapfalz Kaiserswerth nach einem Gemälde von Cornelius Wagner] [Poststempel: Düsseldorf]

L. H. F. Ihren Brief erhielt ich hier bei Oberheids, wo ich das Wochenende verbringe. Ich danke Ihnen herzlich für Ihre freundlichen Wünsche und erwidere sie mit Ferien- und Erholungswünschen für diesen Sommer. Die Mitteilung, dass die 9. Auflage des Verwaltungsrechts fertig ist erfüllt mich mit grosser Freude. Alles Gute für Sie und die Ihrigen von Ihrem alten
Carl Schmitt

Schöne Ferien!
Herzlichst Ihr Heinrich Oberheid
Viele Grüße auch an Ihre liebe Mutter
Ihre Margaretha Oberheid

Nr. 210

Ernst Forsthoff an Carl Schmitt Heidelberg, 18. September 1966

Lieber Herr Schmitt!
Wie ich von Böckenförde höre, gedenken Sie Ende des Monats von Spanien zurückzukehren (was ich erst jetzt erfahre, da ich seit Anfang August bis gestern von Heidel-

berg abwesend war). Da das Ferienseminar in Ebrach am 2.10. beginnt, besteht vielleicht die Möglichkeit, Ihre Rückreise so einzurichten, dass wir Sie am Frankfurter Flughafen in Empfang und mit nach Ebrach nehmen. Dieser von Herrn Böckenförde schon an Sie herangetragene Bitte möchte ich mich sehr eindringlich anschliessen. Das Ferienseminar, wenn es zum ersten Male ohne Sie stattfinden würde, wäre nicht mehr das, was es bisher war. Der Kreis der Redner und der Teilnehmer berechtigt wieder zu grossen Erwartungen.
Aber es gibt noch einen weiteren Grund, der ein baldiges Wiedersehen mit Ihnen äusserst wünschenswert macht. Zusammen mit Böckenförde mache ich mir Gedanken über eine Festschrift zum 11.7.1968[1]. Mit Böckenförde bin ich darin einig, dass die Planung, insbesondere die Auswahl der Mitarbeiter, nicht ohne Benehmen mit Ihnen möglich ist. Wir denken an zwei Bände, einen juristischen und einen sonstigen Inhalts. Broermann, der das Werk (selbstverständlich) verlegen will, muss die Manuskripte zum 1.10.67 haben. Es wird also Zeit, bald an die Mitarbeiter heranzutreten. Unter diesen Umständen wäre Ebrach eine vorzügliche Gelegenheit, diese Dinge zu besprechen, sodass wir noch im Oktober die Einladungen zur Mitarbeit herausgehen lassen könnten.
So hoffe ich sehr, dass Sie es möglich machen können.
Mit herzlichen Grüssen, auch an Anima und ihren Mann
in alter Verehrung
raptim
Ihr
Ernst Forsthoff

Nr. 211
Carl Schmitt an Ernst Forsthoff 22. September 1966
o. O. [Ansichtskarte: Universitätsgelände von Santiago de Compostela]

Herzlichen Dank, lieber Herr Forsthoff, für Ihr Schreiben vom 18/9 und Ihren freundlichen Vorschlag wegen Ebrach. Ihr freundschaftliches Angebot hat mich sehr gerührt; ich komme auch sehr gern nach Ebrach; das wissen Sie ja. Diesesmal liegt die Sache so, dass ich erst abwarten muss, wie ich auf den Klima- und Ambiente-Wechsel reagiere (bei meiner arg verminderten Reaktionsfähigkeit). Ich fahre deshalb erst einmal für einige Tage nach Plettenberg und hoffe von dort in der zweiten Woche des Seminars für einige Tage zu Ihnen stossen zu können. Natürlich gebe ich Ihnen rechtzeitig Nachricht von Plettenberg aus. Mit der Bahn komme ich bequem bis Würzburg, und von dort funktioniert der Transport ja meistens ohne Problem. Heute nur diese kurze Antwort und meinen herzlichsten Dank! Anima und Alfonso lassen vielmals grüssen. Wir haben hier 6 Wochen allerschönstes Wetter gehabt. Hoffentlich haben auch Sie sich gut erholt. Ihnen und den Ihrigen, insbesondere Ihrer sehr verehrten Mutter und Susanne alle guten Grüsse und Wünsche vom Ihrem alten
Carl Schmitt

Nr. 212

Ernst Forsthoff an Carl Schmitt — Heidelberg, 1. Oktober 1966.

Hochverehrter, lieber Herr Schmitt!
Herzlichen Dank für die Zeilen aus Spanien. Die gute Nachricht, dass wir Sie auch in diesem Jahr wieder in Ebrach haben werden, hat natürlich bei allen Beteiligten grosse Freude ausgelöst. Bitte lassen Sie uns doch bald nach (8602) Ebrach wissen, wann wir Sie in Würzburg abholen dürfen. Sicher würde Herr Spaemann, der am Freitag spricht, sehr erfreut sein, wenn Sie dann schon da sein würden. Die zweite Woche eröffnet Böckenförde[1], dann folgen Vorträge von Schomerus, Koselleck, Ballerstedt und mir. Natürlich ist in Ebrach viel zu besprechen, auch abgesehen von der Festschrift. So z. B. mein Austritt aus der Staatsrechtslehrer-Vereinigung[2], der wohl auf der Mitgliederversammlung in Graz noch ein Nachspiel haben wird. Mein Austrittsgrund: dass die Vereinigung zu den Angriffen der Schweizer Kollegen auf mich geschwiegen hat. Um W. Weber, den damaligen Vorsitzenden, nicht zu verletzen habe ich ausdrücklich hervorgehoben, dass ich keinerlei Vorwürfe erhebe. Weber hatte damals eine Stellungnahme für mich nicht erreichen können und so verstehe ich es, dass er es garnicht erst versuchte. Böckenförde und Doehring sind offenbar entschlossen, in Graz zu meinem Austritt einiges zu sagen.
Von sonstigen Plänen für die Zukunft werde ich Ihnen in Ebrach berichten.
Ich hoffe sehr, dass Sie schöne Wochen in Santiago hatten und dass Sie gut und erholt von dort heimgekehrt sind.
Mit herzlichen Grüssen
in alter Verehrung
Ihr
Ernst Forsthoff

Nr. 213

Carl Schmitt an Ernst Forsthoff — Plettenberg, den 18. Oktober 1966

Lieber Herr Forsthoff,
bei meiner Rückkehr von Ebrach nach Plettenberg fand ich die 9. Auflage Ihres „Verwaltungsrechts" hier vor. Seitdem lese ich in dem bewunderungswürdigen Werk, vergleiche manche Stellen mit der früheren Auflage und staune über die Leistung, die in der Einarbeitung des Kommunalrechts in diesen ersten Band liegt, die aber – weil der Verw.-Rechtsschutz nicht lange ausserhalb des Systems bleiben kann – jetzt die Verpflichtung zu einem zweiten Band (der deshalb noch nicht der „Besondere" Teil zu sein braucht) noch verstärkt; mir ist fraglich, ob es überhaupt zulässig wäre, den Rechtsschutz im „Besonderen" Teil einzuordnen.
Die zahllosen Einzelheiten, die mich zu vielen Randbemerkungen veranlassen, kann ich hier nicht alle aufschreiben. Aus persönlichen Gründen möchte ich sagen, dass ich

die unveränderte Anm. zu Albrecht Wagners Buch (Verwaltung und Justiz) auf Seite 31 Anm. 2 (8. Auflage S. 30 Anm 2) für die beste Lösung halte[1]; jeder Versuch einer Änderung hätte zu unabsehbaren neuen Fragen geführt und schliesslich mit der Streichung als bester Lösung geendet. Dass es „an der Zeit" wäre, die Logik des vorkonstitutionellen Rechts einmal genauer zu untersuchen (S. 323 Anm) sagen Sie schon seit vielen Jahren, ohne dass man Sie hört (8. Aufl. S. 306). Aber das sind Einzelheiten. Dagegen wird mir der systematische Topos des Enteignungsbegriffs immer heftiger zu einem Problem, das mich quält. {Sie behandeln die klassische Enteignung unter „Staatshaftung".} Nicht nur die „Erst-recht-Logik" (S. 329) zeigt das ungelöste Problem des heutigen Enteignungsrechts[2]. Es hat mir leid getan, dass ich mir in Ebrach nicht eine Extra-Stunde von Ihnen gerade für dieses Thema erbeten habe. Denn in der Diskussion vor dem Seminar geht zuviel verloren, was nur unter Spezialisten ohne Mühe verständlich wird. So war z. B. meine Zitierung des Satzes von Lorenz von Stein, aus der Verwaltungslehre Bd. 7. S. 292, (dass der klassische Enteignungsbegriff nur innerhalb der bürgerlichen Gesellschaft dort vollzogen werden kann) in der Diskussion zu Ihrem Referat vom Freitag 14. Oktober vermutlich unverständlich. Der Satz lautet wörtlich

> Enteignung als diejenige Form der Entwährung, die es mit keiner sozialen Frage mehr zu tun hat, sondern sich innerhalb der staatsbürgerlichen Gesellschaft selbst vollzieht.

Deshalb fragte ich auch Herrn Dr. Ulmen[3], ob wir heute in der Bundesrepublik noch eine soziale Frage haben und erhielt die erwartete Antwort (Hinweis auf die Spiegel-Nummer: die Armen Reichen in der Bundesrepublik)[4].
Vor allem plagt mich im Moment die Entwicklung des Schuldners der Enteignungsentschädg. (vom privaten Begünstigten zum „Staat", wobei der „beliehene Unternehmer" dem Staat gleichgesetzt wird, wie schon bei Otto Mayer, Verw. R. II S. 52)[5]. Diese Seite der Sache verdient speziellere Aufmerksamkeit als sie bisher gefunden hat.
Die zitierte Lorenz-von-Stein-Stelle zeigt, dass das Eigentum aus dem Rechtsstaat in den Sozialstaat rutscht, wenn das Enteignungsinstitut aus einer Eigentumsgarantie zu einer Gleichheitsfrage gemacht wird.
Ich bedaure heute, dass ich das Lorenz-von-Stein-Zitat nicht auf Seite 120 meiner Verf. Aufsätze von 1958 in der Glosse 1 angebracht habe.
Nun, wer weiss, ob wir das Thema noch einmal im Gespräch vertiefen können. Jedenfalls sehen Sie, dass die Zusendung eines so kostbaren Geschenkes wie es Ihr Lehrbuch des Verwaltungsrechts darstellt, bei mir nicht auf steinigen Boden gefallen ist. Mit herzlichem Dank für dieses Geschenk und die wunderbaren Tage in Ebrach bleibe ich Ihr alter Carl Schmitt.

{Den Aufsatz Triepels vom 2. April 1933 füge ich bei[6]; Sie können ihn behalten und Ihrem „Material" einverleiben; nach dem Brief Bachofs ist Triepel der Genius der VDStRL.}
{Da hätten Sie ja Ihren Austritt im Geiste und im Namen Triepels vollziehen können.}

Nr. 214

Ernst Forsthoff an Carl Schmitt Heidelberg-Schlierbach, 23. Dezember 1966

Hochverehrter, lieber Herr Schmitt!
Eine Häufung der Pflichten lässt mich erst heute dazu kommen, an die Weihnachtsglückwünsche zu denken. So muss ich leider befürchten, dass Sie dieser Gruss nicht mehr zum Fest erreichen wird, was ich zu entschuldigen bitte. Ich hoffe Sie sehr bei guter Gesundheit und wünsche Ihnen aufrichtig gesegnete Festtage. <*Familiennachrichten*>
Von mir ist zu berichten, dass mein Emeritierungsgesuch wider Erwarten einigen Staub aufgewirbelt hat. Die Studentenschaft[1] hat eine Resolution an den Ministerpräsidenten gefasst und der Presse übergeben mit dem Ziel, auf mich im Sinne der Rücknahme des Gesuchs einzuwirken. Das wird keinen Erfolg haben. Die Universität hat sich übrigens nicht gerührt; das war auch nicht zu erwarten, nachdem ich, zwar nicht im Gesuch, wohl aber in einer Erklärung vor der Fakultät bedeutet hatte, dass das maßgebende Motiv meines Antrags der Wunsch sei, mich ehebaldigst von der Universität zu lösen. Gallas, mit dem ich in dieser Sache ein langes, freundschaftliches Gespräch hatte, zählte die Gründe auf, die zu meiner negativen Einschätzung im hiesigen Lehrkörper geführt haben. Darunter fehlte natürlich nicht meine Beziehung zu Ihnen. Dazu kam, dass ich mich nie eindeutig vom „Totalen Staat" distanziert habe. Das alles war mir natürlich nicht neu; ich fand es aber doch ein wenig schmeichelhaft.
Die Zusammenarbeit mit Böckenförde und dem nun berufenen Kollegen Vogel gestaltet sich denkbar angenehm. Böckenförde hat sich mit einem Gutachten zur leidigen Schulfrage in Süd-Württemberg erheblich in der Politik unseres Landes engagiert. Er hat sich hier schnell eine sehr geachtete Position zu verschaffen gewusst. Vogel ist ein scharfsinniger Jurist, guter Lehrer und denkbar angenehmer, sympathischer Kollege. So ist die Fakultät auch nach meinem Ausscheiden recht gut bestückt.
Am 10. Januar jährt sich der Geburtstag von Anschütz zum hundertsten Male. Die Fakultät hat beschlossen, eine Gedenkstunde abzuhalten und hat mich um die Gedenkrede gebeten[2]. Das ist eine reizvolle Aufgabe.
Inzwischen habe ich die geschäftsführende Herausgeberschaft einer auf 5–6 Bände berechneten Deutschen Verwaltungsgeschichte[3] übernommen. Diese Wendung zur Geschichte kommt mir aus manchen Gründen gelegen. Natürlich wird mich diese Aufgabe nicht ganz ausfüllen sondern mir genügend Zeit für das geltende Recht lassen.
Das Urteil zum Umsatz-Steuer-Gesetz[4] scheint erregend. Ich habe den Wortlaut noch nicht. Jedenfalls hat damit das Gericht die so emphatisch in Anspruch genommene Rolle eines Hüters der Verfassung aufgegeben. Das ist eine schöne Bestätigung dessen, was Sie eh und je über die Grenzen der Verfassungsgerichtsbarkeit gesagt und geschrieben haben. Herr Schulte will mir das Urteil schicken. Ich bin auf die Lektüre gespannt.
Mit allen guten Wünschen herzlich grüssend
in alter Verehrung
stets Ihr
Ernst Forsthoff

Nr. 215

Ernst Forsthoff an Carl Schmitt Heidelberg-Schlierbach, 29. Dezember 1966
[Von Schmitt notiert:] b[eantwortet] 9. 1. 67

Hochverehrter, lieber Herr Schmitt!
Hiermit übersende ich Ihnen Abschrift meines Schreibens an Herbert Krüger[1], der mich am 3. Dezember im Auftrage der Staatsrechtslehrer-Vereinigung besucht hatte, um mir den Austritt auszureden. Ich hoffe, mich hinreichend deutlich ausgedrückt zu haben.
Gestern bekam ich von Herrn Schulte das Umsatzsteuerurteil, das ich nicht ohne Genugtuung gelesen habe. Damit erledigt sich einiges: der Anspruch, Hüter der Verfassung zu sein ebenso wie das ganze Gerede vom Sozialstaat. Die Selbsterledigung ist doch viel wirksamer als jede Polemik.
Herr Schulte schrieb mir, dass er gegen das Urteil irgendwie vorgehen wolle. Davon halte ich nichts. Praktisch lässt sich da nichts erreichen und ausserdem setzt er den furor judicis aufs Spiel, auf den er in der Verfassungsbeschwerde gegen das 312.-DM-Gesetz angewiesen ist. Aus diesem Grunde widerstehe auch ich dem Anreiz, das Urteil kritisch auseinanderzunehmen.
Mit allen guten Wünschen zum Neuen Jahr und
herzlichen Grüssen
stets Ihr
Ernst Forsthoff

Nr. 216

Carl Schmitt an Ernst Forsthoff 1. Januar 1967
o. O. [Postkarte] [Poststempel: Plettenberg]

<u>Neujahr</u> <u>1967</u>

Pack ihn
wie sagt man doch
am Schlips
er trägt gar keinen
und er ist
infolgedessen nicht zu fassen

Jetzt trägt er einen
doch er ist
nur, was er ohne war, nicht mehr

Und wer ihn fasst
der hat den falschen

Ernst Hüsmert

Nr. 217

Carl Schmitt an Ernst Forsthoff Plettenberg, 9. Januar 1967

Lieber Herr Forsthoff,
seit Weihnachten entwerfe ich in Gedanken Briefe an Sie, aber bisher habe ich noch nicht einmal Ihre Neujahrswünsche beantwortet d.h. zu Papier gebracht. Das will ich jetzt mit einem Wort nachholen und Ihnen für Ihre beiden letzten Schreiben herzlich danken.
Ihre Antwort an Herbert Krüger, die ich heute morgen erhielt, ist sachlich und würdevoll zugleich. Nach allem, was ich bisher über den Verlauf der Erörterung in Graz (Oktober 1966) gehört habe, hat sich Friesenhahn zu einer Art Winkelried der Schweizer gemacht und bildet sich womöglich noch etwas ein auf diese traurige Rolle, die ihm die Schweizer gern überlassen haben[1]. Nun, Ihre Antwort hat dem pseudo-diplomatischen Getue ein Ende bereitet. Jetzt hoffe ich, dass Sie in dem neuen Abschnitt Ihrer rechtswissenschaftlichen Tätigkeit Ihre grosse produktive Kraft entfalten werden. Wenn Sie in Kappenberg ein zweites Domizil haben, können wir uns vielleicht auch öfters hier in der Gegend treffen[2].
Herrn Schulte in Lüdenscheid habe ich im Wesentlichen dasselbe gesagt, was Sie mir geschrieben haben; er hat es auch durchaus begriffen; hoffentlich spielt ihm sein unbezähmbarer Aktivismus nicht doch noch einen Streich.
Vorigen Dienstag, 3. Januar, habe ich abends 21 Uhr im 3. Programm des Westd. Rundfunk[3], im Rahmen einer gutgemachten Sendung über Art. 48 WV ein paar Minuten gesprochen und bin mit der Wirkung bisher zufrieden.
Morgen halten Sie Ihren Gerhard-Anschütz-Vortrag; dafür alle guten Wünsche!
Zu der Antrittsvorlesung von W. Kütemeyer[4] (12. Januar) bin ich eingeladen, kann aber natürlich nicht kommen; grüssen Sie Kütemeyer von mir, wenn Sie ihn sehen.
Stets Ihr alter
Carl Schmitt.

Nr. 218

Ernst Forsthoff an Carl Schmitt Heidelberg-Schlierbach, 4. Februar 1967

Hochverehrter, lieber Herr Schmitt!
Hiermit sende ich Ihnen die Gedenkrede auf Gerhard Anschütz, die ich aus Anlass der hundertsten Wiederkehr seines Geburtstages am 10./1 gehalten habe. Die neuerliche, dadurch gebotene Beschäftigung mit seinem Lebenswerk hat mir viel Freude gemacht. Leider sind die Möglichkeiten der Mitteilung in einem Vortrag sehr begrenzt; so ist vieles, was ich gerne noch ausgeführt hätte, ungesagt geblieben. Die mit dem Kommentar zur preussischen Verfassung[1] vollbrachte Leistung ist mir erst über der Vorbereitung der Rede völlig klar geworden. Der Schluss-Passus ist nachträglich lebhaft diskutiert

worden. Die jüngere Generation hat begreiflicherweise Schwierigkeiten, zu verstehen, was mit Anschütz als dem Besiegten gemeint ist[2].
Inzwischen ist der Wirbel, den mein Emeritierungsgesuch ausgelöst hat, abgeklungen. Letzter Akt war ein imposanter Fackelzug[3], den mir mehrere hundert Studenten darbrachten. Nun wird am 12. Februar die Thyssen-Stiftung über die Förderung des Plans einer Verwaltungsgeschichte entscheiden, wie zu hoffen steht, positiv. Dann habe ich für die nächsten Jahre eine Aufgabe, die mir viel Freude machen wird – gewiss aber auch etlichen Ärger.
Die Vorbereitungen für die Festschrift gehen gut weiter. Die Zahl der Zusagen ist so gross, dass der Plan, sie in zwei Bände zu teilen, schon jetzt als gesichert gelten kann. Allerdings fehlen uns noch die Namen und Adressen der spanischen Kollegen. Böckenförde hat Ihnen dieserhalb geschrieben und ich wäre Ihnen sehr dankbar, wenn Sie seiner Bitte entsprechen würden, da die Zeit bereits erheblich fortgeschritten ist.
J. Freund hat mir einige Anregungen geschrieben: an Raymond Aron heranzutreten und zu erwägen, ob Ihr Briefwechsel mit Linn in die Festschrift aufgenommen werden könne[4], womit dann auch der Veröffentlichungswunsch von Mme Linn erfüllt würde. Ausserdem nennt er N. Sombart. Nach dessen sehr schwachem Beitrag in dem Sammelwerk Der Griff nach der Zukunft habe ich da meine Bedenken[5].
Schliesslich hat Barion wieder angeregt, den einen oder anderen Beitrag aus der unveröffentlichten Festschrift von 1953 aufzunehmen; er nannte insbesondere die Abhandlung von Brinkmann[6].
Ich möchte nichts unternehmen, ohne zu diesen Anregungen Ihre Meinung erfahren zu haben. Übrigens haben wir nun auch Armin Mohler angeschrieben, nachdem er sich, wie Sie wissen werden vor etwa drei Wochen in Innsbruck habilitiert hat[7].
Sonst ist von hier sonderhin Neues nicht zu berichten. Ich bereite eben die grosse Reise vor (Indien, Tailand, Hongkong, Formosa, Japan), die ich von Mitte März bis Anfang Mai mit Martin zu unternehmen gedenke.
Herr Schulte war einen Abend hier und legte mir seine Pläne dar, nach denen er die Öffentlichkeit gegen das Bundesverfassungsgericht wegen des Umsatzsteuer-Urteils mobilisieren will. Ich habe versucht, ihm das auszureden aber, wie ich fürchte, ohne Erfolg. Was er auf diesem Wege ausser der Verärgerung aller Beteiligter erreichen will, ist mir nicht klar geworden.
Ich hoffe sehr, dass es Ihnen gut geht und bin
mit herzlichen Grüssen
in alter Verehrung
Ihr
Ernst Forsthoff

Nr. 219

Carl Schmitt an Ernst Forsthoff Plettenberg, den 12. Februar 1967

Lieber Herr Forsthoff,

die Gedenkrede auf Anschütz hat mir einen starken Auftrieb gegeben, weil sie nämlich meinen Berufsstolz neu belebt und mächtig gestärkt hat. Die Rede ist sehr gut aufgebaut; die schwierige Aufgabe, das Bild eines positivistischen Verfassungsjuristen entstehen zu lassen, ist meisterhaft gelöst. Ich hätte es nicht für möglich gehalten, dass man in einer Stunde einen solchen Stoff mit all seiner geschichtlich politischen Problematik so klar vermittelt und ausserdem noch eine „Gestalt" sichtbar wird. Kein Historiker hätte das gekonnt. Das meine ich, als ich von Berufsstolz sprach; wobei wir von Soziologen, Politologen und Futurologen gar nicht erst sprechen wollen.

An einer einzigen Stelle habe ich einen Augenblick lang ein Stichwort vermisst: auf Seite 15 (unten) nennen Sie den „Kulturkampf" beim Namen und erwähnen Sie nicht die (beim heutigen Hörer automatisch damit verbundenen) Sozialistengesetze. Mir fiel das auf, weil aus diesem Bund von Kirche u. Klasse der parteipolitische Pluralismus entstanden ist, der bis auf den Tag der gegenwärtigen „Grossen Koalition" (Koalition gegen wen?) die beiden Säulen des Pluralismus als Staatstheorie und politische Weltanschauung geliefert hat: Kirchen und Gewerkschaften. Auf diesem Auge war Anschütz immer blind; erst 1930 begann er zu spüren (nicht zu sehen), dass hier die ihm als <u>nationalem</u> Liberalen ganz selbstverständliche, politische Einheit in Frage gestellt war. Für dieses neue Problem aber fand er nur die Worte: alles wankt. Das gehörte wohl nicht in eine solche Gedenkrede, wie sie Ihrer Intention entsprach. Ich erwähne es nur als Hörer (oder Leser, doch <u>höre</u> ich Sie beim Lesen), weil mir dieses „alles wankt" eine Art „pendant" zu dem „das Staatsrecht hört hier auf" zu sein scheint[1].

Über den Fackelzug, den Ihnen die Heidelberger Studenten gebracht haben, bin ich durch Heidelberger Zeitungen unterrichtet, die mir durch E. W. Böckenförde und W. Blümel zugeschickt wurden. Die grosse Genugtuung, die Ihnen eine solche Demonstration bereiten muss, werden alle Ihre Freunde aufs lebhafteste mitempfinden. Hoffentlich entscheidet sich jetzt, am 12. Februar, auch die Angelegenheit in der Thyssen-Stiftung ganz nach Ihrem Wunsche, sodass Sie die Japan-Reise ohne weitere Sorgen geniessen können.

Wegen der spanischen Adressen und einiger anderer Punkte habe ich an E. W. Böckenförde geschrieben. Die Idee von J. Freund, einige Stücke aus dem Briefwechsel mit Linn abzudrucken, ist erwägenswert; ich muss J. Freund aber noch darüber schreiben; vor allem verstehe ich nicht, was Raymond Aron damit zu tun hat. Linn war betont katholisch, gehörte zum Kreise von Jacques Maritain[2], seine Frau, die Witwe, ist ebenfalls streng katholisch, sie ist Konvertitin und Tochter eines nordafrikanischen Rabbiners. Wie das mit der von ihr vorgeschlagenen Edition des Briefwechsels in concreto gedacht ist, lässt sich noch nicht erkennen. Der Briefwechsel (1927–1947) ist interessant genug; aber dergleichen zu publizieren, entfesselt doch zahllose taktische und juristische Fragen aller Art. Wenn Nicolaus Sombart einen Beitrag zu meinem

80. Geburtstag liefern könnte, hätte das natürlich seinen besonderen Reiz. Erinnern Sie sich an die brillante Rede, die er „im Namen der jungen Freunde“ 1963 in Düsseldorf improvisiert hat? Ich habe von ihm auch noch einen Aufsatz über Max Weber (aus dem Jahre 1947)[3], der glänzende Ansätze enthält. Aber das alles muss man abwarten. Vor allem dürfen Sie, lieber Herr Forsthoff, sich Ihre kostbare Zeit nicht durch derartige nebensächliche Fragen wegnehmen lassen. Sie haben jetzt mit Semesterschluss und Vorbereitung Ihrer Asien-Reise genug zu tun.
Die Zusammenarbeit mit Schulte musste ich aufgeben, weil meine physischen und psychischen Kräfte nicht mehr ausreichen. Das war keine „Trennung“ und ist hoffentlich auch bei ihm ohne Bitterkeit vor sich gegangen. Es kommt seit Jahren soviel Persönliches auf mich zu, dass ich keine Stunde mehr verlieren darf. Niemand kann mir die Arbeit abnehmen, die ich noch vor mir sehe – ein seltsames Gefühl, das Sie noch nicht kennen. Es kommt erst spät und hat nichts mit Torschlusspanik zu tun; es ist eher das Gegenteil; eine grosse Ruhe, und eine wachsame Passivität, die es überhaupt erst ermöglicht, senilem Eifer und Anwandlungen von Torschlusspanik zu entgehen.
Damit will ich für heute schliessen. Wenn wir uns bis zu Ihrer Abreise nicht mehr – persönlich oder schriftlich – treffen sollten, sage ich Ihnen schon jetzt meine herzlichen Wünsche für Sie und Martin. Wenn es mir dann vergönnt sein sollte, Sie nach Ihrer Rückkehr wiederzusehen, dann wird es umso schöner sein, Ihren Bericht zu hören. Dass sich zwischen Ihre bisherige Universitätstätigkeit und die neue Forschungsarbeit eine solche Weltreise einfügt, scheint mir sinnvoll und ein gutes Omen.
Zum Schluss nochmals meinen Dank für den Anschütz-Vortrag. Die Einheit von wissenschaftlichem Lebenswerk und persönlichem Schicksal, die sozusagen schicksalhafte Einheit, die einen Lehrer des öffentlichen Rechts mit seinem Stoff und seiner Zeit verbindet, hatte bei Anschütz etwas Preussisch-Klassisches, und erlaubte ihm einen ehrlichen, einwandfreien Positivismus. Die wunderbare Klarheit, mit der Sie Ihrerseits die Linien eines solchen Lebenswerkes in wenigen sicheren Einteilungen nachgezogen haben, hat für mich etwas Ergreifendes und kein künstlerisches Portrait könnte mir soviel Licht über den Portraitierten wie über uns alle selber vermitteln, wie Ihnen das in Ihrer Rede gelungen ist.
Stets Ihr alter und getreuer
Carl Schmitt.

Nr. 220

Carl Schmitt an Ernst Forsthoff Plettenberg, den 1. März 1967

Lieber Herr Forsthoff,
eben erhalte ich (durch Herrn Dr. Kurt Lindner, Bamberg) die traurige Nachricht, dass Prof. Toyowo Ogushi am 2. Januar d. J. in Japan plötzlich gestorben ist[1]. Herr Dr. hc. Dr. Kurt Lindner regt an, Ogushi in einer deutschen juristischen Zeitschrift einen Nachruf zu widmen. Dafür käme als Autor wohl nur Koellreutter in Betracht. Aber

welche Zeitschrift? Ich schreibe dieser Tage auch an E.W. Böckenförde. Soviel ich weiss, hat Ogushi Sie noch in Heidelberg (voriges Jahr) besucht. Er hat auch bei Joseph Kaiser in Freiburg einen Vortrag über „Planung in Japan" gehalten, sehr interessant (vgl. Planung II von J. Kaiser, Seite 245). Vielleicht findet sich in Japan ein Kollege, der einen Nachruf schreibt, den man im „Staat" veröffentlichen könnte.
Ich will Sie nicht in Ihren Reisevorbereitungen unterbrechen und gebe Ihnen nur diese kurze Mitteilung über Ogushi weiter. Herzliche Grüsse und die besten Wünsche für Ihre Reise von Ihrem
alten Carl Schmitt.

Nr. 221
Ernst Forsthoff an Carl Schmitt Heidelberg, 14. März 1967

Hochverehrter, lieber Herr Schmitt!
Für meine Schweigsamkeit in den letzten Wochen und den verspäteten Dank für Ihren wertvollen Brief zu meinem Anschütz-Vortrag muss ich sehr um Nachsicht bitten. Aber es war sehr viel zu tun vor dem Antritt der grossen Reise. Übermorgen werde ich mich nun mit Martin in die Lüfte erheben, zunächst nach Bombay. Nach 18 Tagen Indien (Jaipur, Delhi, Agra, Benares, Kalkutta) geht es weiter nach Bangkok, Hongkong, Formosa und Japan, wo wir drei Wochen bleiben werden, um am 7. Mai (Polroute) wieder in Hamburg einzutreffen. Auf Japan bin ich gespannt. Ich habe mehrere mir verbunden gebliebene Schüler dort, die den Aufenthalt organisieren[1]. In Japan hat man vor etwa 10 Jahren die Leistungsverwaltung entdeckt und dadurch bin ich dort sehr bekannt.
Die Finanzierung der Verwaltungsgeschichte, die nach den Erklärungen von Kultusminister a. D. Schütz[2] völlig gesichert erschien, ist gescheitert. Der romanische Philologe Hess[3] (früher Heidelberg, dann Präsident der Forschungsgemeinschaft, jetzt Rektor in Konstanz) hat sie im wissenschaftlichen Beirat der Stiftung zu Fall gebracht. Hätte ich gewusst, dass er dabei mitwirkt, so hätte ich das vorausgesehen. Hess ist wissenschaftlich eine blanke Null, im übrigen einer der (charakterlich) übelsten 1945er, den ich als solchen hier erlebt habe. Ich habe meine Meinung über ihn so oft und so drastisch zum Ausdruck gebracht, dass er sie erfahren haben muss, was mir durchaus recht war. Nun hatte er seine Gelegenheit zur Rache und hat sie natürlich genutzt. Inzwischen hat sich Herr Hettlage der Sache bei der Volkswagen-Stiftung angenommen. Er ist stellvertretender Vorsitzender des Bewilligungsausschusses. Das ist nun abzuwarten. Scheitert es auch dort, dann bin ich um andere wissenschaftliche Vorhaben nicht verlegen.
Die Vorbereitung der Festschrift schreitet gut voran. Inzwischen kommen die Zusagen aus Spanien (in diesen Tagen von Legaz)[4]. Eine Antwort von Fraga Iribarne, den ich mit einem ausführlichen, diplomatischen Brief angeschrieben habe, steht noch aus. Immerhin haben wir inzwischen etwa 35 Zusagen. So werden wir gewiss zwei Bände brauchen. Leider hat Hans Schneider die Mitarbeit abgelehnt. Er berief sich auf das

Staatsrecht, an dem er arbeitet und von dem er befürchtet, dass er durch seine Mitarbeit an der Festschrift eine unerwünschte Abstempelung erfahren werde. Die Abstemplung steht aber nach der Beteiligung an der früheren Festschrift fest. In solchen Dingen ist man heute keineswegs vergesslich.
Auch die Vorbereitung von Ebrach läuft. Generalthema: der Staat. Darüber schreibe ich ausführlich nach der Rückkehr.
Der Tod von Köttgen[5] hat mich sehr getroffen, und auch Martin, der dort beinahe wie ein Sohn im Haus verkehrte. Meine Freundschaft mit Köttgen ist sehr langsam im Laufe der Jahrzehnte entstanden und gewachsen. Er stand mir von den Kollegen meiner Generation am nächsten.
Ich hoffe, dass es Ihnen gut geht und dass ich es nach der Rückkehr möglich machen kann, Sie zu besuchen.
Ogushi habe ich persönlich nicht gekannt. Er hat seine Absicht, mich zu besuchen, nicht ausgeführt. Ich will versuchen, den begabtesten meiner japanischen Schüler, Prof. Muroi[6] in Kyoto, zu veranlassen, einen Nachruf zu schreiben, um dessen angemessene Veröffentlichung ich mich dann kümmern würde.
Mit allen guten Wünschen und herzlichen Grüssen
in alter Verehrung
stets Ihr
Ernst Forsthoff

Nr. 222
Ernst Forsthoff an Carl Schmitt Benares, 3. April 1967

Hochverehrter, lieber Herr Schmitt!
Die grosse Reise hat uns über Bombay, Jaipur, Delhi, Agra nach Benares geführt. Heute sahen wir die heiligen Stätten am Ganges: Waschungen – Gebete – Leichenverbrennungen. Eine fremde Welt. Während uns Indien als Landschaft enttäuscht, sind die Kunstdenkmäler umso eindrucksvoller.
In der Hoffnung, dass es Ihnen gut geht, grüsse ich Sie herzlich in alter Verehrung! Ihr
Ernst Forsthoff

Nr. 223
Ernst Forsthoff an Carl Schmitt Heidelberg-Schlierbach, 26. Mai 1967
[Von Schmitt u. a. notiert:] b[eantwortet] 4. 6. 67

Hochverehrter, lieber Herr Schmitt!
Es hat mir leid getan, dass ich Sie nicht, wie in früheren Jahren, aus Anlass Ihres Besuches in Staufen habe sehen können. Aber selbst wenn ich früher von Ihrem Aufenthalt in Staufen erfahren hätte, wäre es mir kaum möglich gewesen, nach dort zu kommen, weil sich die Verpflichtungen hier nach meiner langen Abwesenheit häuften.

Ich stehe nun in meinem letzten aktiven Semester und lese noch einmal Verwaltungsrecht I. Es dürfte gelingen, meine beiden Assistenten Klein und Blümel in diesem Semester zu habilitieren[1]. Klein, der mit einer Habilitationsschrift über die Verfassungsschranken der wirtschaftlichen Betätigung des Staates etwas früher fertig wurde, wird morgen das Habilitationsverfahren mit Probevorlesung und Kolloquium abschliessen; Blümel, dessen Habilitationsschrift etwas später fertig wurde, die inzwischen von mir und Herrn Vogel positiv votiert worden ist, dürfte im Juni folgen. Dann ist insoweit reiner Tisch gemacht. Weitere zur Habilitation anstehende Schüler habe ich nicht. Insofern habe ich dann, wenn ich Zeidler mitrechne, acht Schüler der akademischen Laufbahn zugeführt und kann damit wohl zufrieden sein. Die von mir habilitierten Schüler haben eine kleine Festschrift zu meinem 65. Geburtstag vorbereitet[2], die, ergänzt um eine Bibliographie, insofern singulär ist, als sie von den engsten und in die akademische Laufbahn eingetreten Schülern verfasst ist.
Die Vorbereitung der Ihnen zugedachten Festschrift ist inzwischen weiter gediehen. Wir haben inzwischen, wenn ich richtig erinnere, 46 Zusagen. Damit ist die Aufteilung auf zwei Bände, die wir von vornherein ins Auge gefasst hatten, auch vom Quantitativen her geboten. Wenn sie erschienen ist, wird Ridder eine neue Epoche im Sinne der ersten Seiten seiner Schmittiana I anbrechen lassen müssen[3]. Inzwischen habe ich hier einen Verein zur Förderung öffentlichrechtlicher Studien gegründet, der in das Vereinsregister eingetragen und als gemeinnützig anerkannt ist, sodass Spenden an ihn steuerlich begünstigt sind. Ich habe Heinrich Oberheid davon in Kenntnis gesetzt[4] und ihn gebeten, seine Freunde in der Industrie zu Spenden anzuregen. Er meinte seinerzeit, es würde ihm nicht schwerfallen, 20.000 DM für Ihre Festschrift aufzubringen. Hoffentlich bestätigt sich das.
Die Vorbereitungen für Ebrach sind sehr erfolgreich verlaufen. Wir haben zehn Zusagen von Referenten. Darunter: Ritter, Lübbe, Quaritsch, Freund, Georgiades (dessen Frau Barbara Speckner[5] gewiss wieder ein Cembalo-Konzert geben wird) – also eine Elite-Besetzung, wie ich sie nicht besser wünschen kann. Bereits 20 Teilnehmer haben sich gemeldet, sodass wir nur noch 10 Meldungen berücksichtigen können, sehr qualifizierte junge Leute, darunter Kriele[6], der bisher mehrfach wegen Verhinderung absagen musste. So darf man von dem diesjährigen Ferienseminar besonderes erhoffen.
Von der grossen Reise in den fernen Osten wäre natürlich vieles zu berichten. Von Indien als einem Lande, dem nicht zu helfen ist. Von der Unmöglichkeit, das gegenwärtige, herabgekommene indische Volk in eine Beziehung zu den grossartigen kulturellen Denkmälern zu setzen, die das Land aufzuweisen hat. Von der ausserordentlichen technischen Begabung der Chinesen, wie man sie in Tailand, Hong Kong und Formosa am Werk sieht, von der faszinierenden Verbindung von Tradition und zur Perfektion getriebener technischer Zivilisation, die für Japan charakteristisch ist. Alles das war hochinteressant und Martin und ich sind der Eindrücke voll und vielfältig belehrt nach hier zurückgekehrt.
Inzwischen mache ich mir Gedanken über meine weiteren wissenschaftlichen Pläne, an denen es nicht fehlt. Mit der Verwaltungsgeschichte rechne ich nicht mehr, nachdem

Herr Hess (dem Heidelberger Geist getreu) das Projekt bei der Thyssen-Stiftung zu Fall gebracht hat. So beabsichtige ich, zunächst bei meinem Thema soziale Umverteilung zu bleiben, zu dem noch viel zu sagen ist. Übrigens las ich mit einiger Überraschung in den Mitteilungen der Forschungsgemeinschaft, dass von dieser die soziale Umverteilung in das „Schwerpunktprogramm“ aufgenommen worden ist. Es muss also einer der Kollegen die Forschungsgemeinschaft für dieses Vorhaben gewonnen haben. Ich habe bei Ipsen, dem Vertrauensdozenten bei der Forschungsgemeinschaft angefragt; vielleicht erfahre ich von ihm, was dahinter steckt.
Dem beiliegenden Separatum bitte ich keine besondere Bedeutung beizumessen. Der kleine Aufsatz wurde geschrieben, als ich kurzfristig einen Beitrag zur Festschrift für Schomerus[7] liefern musste, ist angeregt durch den Regierungswechsel und den Wunsch, allerlei törichten Ansichten zum Wahlrecht, Zweiparteiensystem usw. entgegen zu treten.
Mit herzlichen Grüssen und Wünschen
stets Ihr
Ernst Forsthoff

Inzwischen ist (gestern) Herr Klein habilitiert worden. Herr Blümel wird in den nächsten Wochen folgen.

Nr. 224
Ernst Forsthoff an Carl Schmitt Heidelberg-Schlierbach, 31. Mai 1967
[Von Schmitt u. a. notiert:] b[eantwortet] 4. 6. 67

Hochverehrter, lieber Herr Schmitt!
In der Vorbereitung des Ferienseminars hat sich eine Frage ergeben, in der ich nichts unternehmen möchte, ohne Ihre Ansicht erfahren zu haben. Das Gesamtthema ist, wie Sie wissen werden, der Staat. Nun hat Herr Böckenförde die Frage aufgeworfen, ob man nicht Herrn Drath[1] als Referenten einladen sollte. Er meint, daß die Position, die Drath in seinem zweifellos sehr interessanten Artikel im ev. Staatslexikon entwickelt hat, im Ferienseminar nach Möglichkeit vertreten sein sollte. An sich sind wir wegen der Referenten nicht in Verlegenheit, da wir bereits 10 Zusagen haben. Für mich ist entscheidend, wie Sie zu einer solchen Einladung von Drath stehen. Falls Sie keine Neigung haben, ihm zu begegnen, ist die Sache für mich erledigt. Natürlich würde ich Herrn Drath, falls ich ihn einlade, davon in Kenntnis setzen, daß Sie bisher regelmäßig an den Ferienseminaren teilgenommen haben. Für einige aufklärende Worte in dieser Sache wäre ich Ihnen sehr dankbar.
Ich füge den soeben erschienenen Sonderdruck meiner Anschütz-Rede bei.
Mit herzlichen Grüßen
Ihr
Ernst Forsthoff

Nr. 225

Ernst Forsthoff an Carl Schmitt Heidelberg-Schlierbach, 31. Mai 1967
[Von Schmitt u. a. notiert:] b[eantwortet] 4. 6. 67

Hochverehrter, lieber Herr Schmitt!
Im Nachgang zu dem eben geschriebenen Brief noch folgendes. Prof. W. Elze[1], den wir um Mitarbeit angegangen haben, nimmt in seinem Antwortbrief Bezug auf seinen damaligen Beitrag zu der unveröffentlichen Festschrift mit dem Titel: Theoderich und Clodwig. Er stellt es unserem Urteil anheim, ob der damalige Beitrag für die neue Festschrift in Betracht kommt. Da wir hier den Text des Beitrages nicht haben, kann ich diese Frage nur an Sie weitergeben. Wenn es so ist, wie ich vermute, daß der Beitrag nicht überholt und auch heute noch geeignet ist, dann wäre ich für seine Übersendung sehr dankbar. Ich würde dann Prof. Elze entsprechend verständigen.
Mit herzlichen Grüßen
Ihr
Ernst Forsthoff

Nr. 226

Carl Schmitt an Ernst Forsthoff Plettenberg, den 4. Juni 1967

Lieber Herr Forsthoff,
Ihren langen, inhaltreichen Brief vom 26. Mai habe ich pünktlich erhalten; ebenso die beiden folgenden Schreiben vom 31. Mai (betr. Drath und Elze) und den Sonderdruck Ihrer Anschütz-Rede vom Januar 1967. Für alles herzlichen Dank! Auch für den Beitrag zur Schomerus-Festschrift (Regierungskrise) habe ich mich noch nicht bedankt; das hole ich hiermit nach.
Es wäre ein sehr langer Brief nötig, um auch nur anzudeuten, was ich zu den Themen Ihrer beiden Aufsätze zu sagen hätte. Den Anschütz-Vortrag habe ich jetzt so oft gelesen, dass ich von mir sagen kann, dass ich ihn kenne. Er ist in einer wissenschaftlichen Stil-Art (im Denk- und Darstellungsstil) gelungen wie wenige Vorträge unseres Faches überhaupt. Er hat etwas in seinem „genre" vollkommnes, etwa wie die Motette (oder Graduale) „Os justi" von Bruckner[1] (Ps. 36, bei Luther 37,30.31). Für mich persönlich hat er etwas Beglückendes; alle angeschlagenen Seiten schwingen richtig aus; die Zeit der Weimarer Verfassung ist richtig erfasst.
Wegen des Beitrages von <u>Elze</u> (Theoderich und Chlodwich, ein Brief an C. S.) möchte ich Ihnen antworten, dass ich mich über eine Veröffentlichung aus Anlass meines 80. Geburtstages sehr freuen würde. Der Beitrag ist vielleicht – mit bösen Augen à la Ridder gesehen – mehr gebildet als gelehrt. Aber das ist durch die Form des Briefes in einer überlegenen Weise „mit einkalkuliert". Ich lasse eine Abschrift machen (14 Maschinenseiten) und schicke sie Ihnen in der übernächsten Woche. Dann können Sie selber urteilen.

Was die Ebracher Tagung angeht (und das Referat von Drath), so sehe ich kein Problem. Ich hätte sowieso nicht daran teilnehmen können, weil ich im Oktober einige Freunde in Madrid treffe. Ich weiss nicht einmal, ob es richtig ist, mit Drath überhaupt von mir zu sprechen. Dass ich öfters in Ebrach war und an dem Ferien-Seminar teilgenommen habe, weiss er sowieso. Wenn er von sich aus Fragen aufwirft, beantworten Sie sie bitte nicht so, dass ein „Fall“ daraus wird. Das liegt nicht in meinem Sinne und auch nicht in meiner (richtig verstandenen) Situation. Es ist mir lieber, wenn Sie mich überhaupt nicht erwähnen und meinen Namen nicht nennen, sondern die Bereicherung der Tagung, die in einem Referat von Drath enthalten ist, als selbstverständlich „mitnehmen“.
Herzliche Grüsse Ihres alten
Carl Schmitt.

Nr. 227
Ernst Forsthoff an Carl Schmitt Heidelberg-Schlierbach, 26. Juni 1967

Hochverehrter, lieber Herr Schmitt!
Vor der Abreise nach Hamburg, wo ich auf einer von J. Kaiser vorbereiteten Tagung des internationalen Instituts für Verwaltungswissenschaft zu sprechen habe[1], möchte ich Ihnen schnell mitteilen, dass in der vorigen Woche die Habilitation von Blümel stattgefunden hat – und wie man sagen darf: glanzvoll. Der Probevortrag (über Runderlasse und allg. Verwaltungsanweisungen der Bundesminister)[2] hat wegen der geschliffenen Formulierung und der Präzision der vertretenen Thesen grossen Eindruck gemacht. Blümel war wegen seiner bescheidenen Art von vielen verkannt worden. So war der allgemeine Eindruck, dass man ihn weit unterschätzt habe. Niemand konnte darüber – natürlich ausser Blümel selbst – mehr erfreut sein als ich, der ich mich in meinem Urteil über ihn so vollkommen bestätigt fand. Nachdem zwei Wochen vorher auch mein Schüler Klein[3] habilitiert worden ist, bin ich in der angenehmen Lage, vor der Emeritierung mein Soll erfüllt zu haben.
Nachdem der hiesige Asta beschlossen hat, die Verteilung von Anti-Baby-Pillen in die Wege zu leiten, sehe ich mich in meinem Emeritierungs-Begehren (dem inzwischen entsprochen wurde) erneut bestätigt.
Mit herzlichen Grüssen und Wünschen
in alter Verehrung
stets Ihr
Ernst Forsthoff

Nr. 228

Ernst Forsthoff an Carl Schmitt — Heidelberg-Schlierbach, 9. Juli 1967

Hochverehrter, lieber Herr Schmitt!

Zu Ihrem Geburtstag gedenke ich Ihrer mit herzlichen Wünschen für Ihr Ergehen im neuen Lebensjahr. Sie dürfen diesen Tag in dem Bewusstsein begehen, dass sich eine grosse Zahl dankbarer Schüler und Freunde wenn nicht in corpore, so doch im Geiste um Sie versammeln wird und dass die geistige Saat, die Sie in so überreichem Maße gestreut haben, allen Versuchen, sie zu zertreten, getrotzt hat. Die Hobbes-Renaissance, die offen am Tage liegt, ist zugleich auch die Ihrige. Davon wird auch die Festschrift Zeugnis geben, die wir für das nächste Jahr vorbereiten und für die wir annähernd fünfzig Zusagen haben, sodass wir mit zwei stattlichen Bänden rechnen müssen.

Inzwischen nähert mein amtliches Wirken sich dem Ende. Die neuesten Entwicklungen an den deutschen Universitäten haben mich in meinem Emeritierungsentschluss bestätigt. Die Verpöbelung hat einen Grad erreicht, der unerträglich ist. Das wird aus den Universitäten, wenn es keinen Staat mehr gibt. Die Berliner Vorgänge, die auch auf die westdeutschen Universitäten übergreifen, sind ein staatspolitisches Lehrstück ersten Ranges.

Nach der grossen Reise in den Osten habe ich einige Zeit gebraucht, um mich von der Fülle der Eindrücke zu lösen. Inzwischen habe ich mich in die Thematik, die mich nicht loslässt: die Grenzen der sozialen Umverteilung bezw. die Unzulässigkeit der direkten Umverteilung wieder hineingefunden. Die Schwierigkeit liegt darin, dass die Fragestellung ganz neu ist, sodass die Literatur mich ganz im Stich lässt, so etwa die vielbändige Finanzwissenschaft von A. Wagner[1], der die sozialpolitische Funktion der Steuer wohl als erster entdeckt hat, aber die mich interessierenden Fragen nicht im Blick hat. In der neueren Finanzwissenschaft ist es nicht anders, sodass ich gezwungen bin, alles selbst ab ovo zu entwickeln. Das gleiche gilt für das Budget-Recht. So ist es eine mühsame Arbeit, die viel Zeit kostet.

Die Vorbereitungen für Ebrach sind glücklicher verlaufen als je zuvor. Die von J. Ritter angeführte Redner-Liste ist vollständig und mehr als respektabel. Die Zahl der Teilnehmer ist schon seit Wochen in den Voranmeldungen erreicht, sodass wir eine Warteliste anlegen mussten. Auf Ihre Teilnahme hoffe ich für den Fall, dass sich in Ihren Reise-Dispositionen eine Änderung ergeben sollte.

Mit allen guten Wünschen und herzlichen Grüssen
in alter Verehrung
stets Ihr
Ernst Forsthoff

Nr. 229

Carl Schmitt an Ernst Forsthoff Plettenberg, 15. August 1967

Lieber Herr Forsthoff,
ich schreibe während der Reisevorbereitung; am 22/8 soll die Fahrt nach Spanien beginnen. Vorher möchte ich wenigstens noch mit einigen Zeilen für Ihre beiden Briefe herzlich danken. Während des September bleibe ich in Spanien; aber Anfang Oktober komme ich nach Deutschland zurück und kann dann zu meiner grossen Freude Ihrer Einladung nach Ebrach folgen. Vor einigen Tagen besuchte mich Prof. Joachim Ritter aus Münster, der am 10. Oktober nach Ebrach kommen will. Ich darf mir den Tag meines Eintreffens noch überlegen und mache das wohl am besten mit Ernst Wolfgang Böckenförde ab. Ich bin Ihnen sehr dankbar für Ihre Einladung und hoffe, dass die Jubiläumstagung besonders schön verläuft.
Vielen Dank für Ihren Geburtstagsbrief vom Juli! Ich habe den Tag bei Oberheid in Düsseldorf mit Barion zusammen verbracht. Bei Barion hatte ich etwas den Eindruck, dass er Hemmungen hat nach Ebrach zu kommen, weil noch keine förmliche Einladung ergangen war.
Hoffentlich haben Sie einen schönen Sommer und erfreuen Sie sich mit den Ihrigen, mit Ihrer sehr verehrten Mutter und den Kindern, der besten Gesundheit. Der neue Abschnitt Ihrer Berufstätigkeit, der jetzt beginnt, wird, wie wir alle hoffen, eine gegenüber dem problematisch gewordenen Universitätsbetrieb fruchtbarere und wirkungsreichere Lebenszeit eröffnen, obwohl Ihre bisherige Lebensarbeit doch auch schon ungewöhnlich wirkungsvoll und fruchtbar gewesen ist.
Tsatsos sr.[1] schrieb mir – unter gleichzeitiger Übersendung einiger Publikationen – dass er Mitglied der neuen, von der jetzigen griechischen Regierung gebildeten Verfassungskommission ist. Hans Schomerus[2] schickte mir einen Aufsatz aus der „Welt“ vom Samstag 12/8, mit einem sehr freundlichen Hinweis auf meine „Theorie des Partisanen“, was mich natürlich ganz besonders gefreut hat. Ich habe mich lange mit einem Besprechungsaufsatz für den „Staat“ gequält, der „Clausewitz als politischer Denker“[3] überschrieben ist und von dem neuen Dokumentenband Hahlwegs ausgeht.
Im September werde ich an Sie denken und im Oktober sehen wir uns hoffentlich in Ebrach wieder. Bis dahin herzliche Grüsse und Wünsche Ihres alten
Carl Schmitt.

Nr. 230

Carl Schmitt an Ernst Forsthoff Santiago de Compostela, 10. September 1967

Lieber Herr Forsthoff,
meine Gratulation zu Ihrem 65. Geburtstag übersende ich Ihnen mit diesen Zeilen aus Santiago de Compostela, wo wir zu dritt – meine Tochter Anima, mein Schwiegersohn Alfonso und ich – dieses Tages mit vielen Erinnerungen und vielen herzlichen Wün-

schen gedenken. Es ist ja kein gewöhnlicher, alljährlicher Geburtstag. Vielmehr verbinden sich diesesmal mit ihm alle die Erwartungen und Hoffnungen, die für Sie und Ihre Familie, für Ihre Freunde und Schüler und für den weiten Kreis Ihrer Verehrer mit dem Beginn eines neuen Arbeits- und Wirkungsabschnittes verbunden sind. Zwei inhaltsreiche Festschriften[1] sind ein sichtbares Zeichen für Ihre starke und beherrschende bisherige Wirkung und auch für alle die grossen Erwartungen, die für Ihre weitere Tätigkeit an diesem Tage Ausdruck verlangen.
Mich persönlich befällt eine grosse Rührung, wenn ich an unsere langjährige Freundschaft denke, und ich scheue mich nicht, davon zu sprechen. Sie haben einmal, in grosszügiger Anerkennung der Leistung eines Kollegen, von der „Leuchtkraft" der Gedanken und Formulierungen gesprochen. Das Wort gilt aber für Sie selber und für Ihr Werk im höchsten Grade. Eben das macht einem „das Herz schwer" wenn man weiss, dass die Leuchtkraft nur mit hingebender verzehrender Arbeit erreicht werden kann, und dass es sich damit verhält wie mit den Kerzen, von denen der Vers Goethes spricht: sieh auf dem Tische die Kerzen; sie leuchten, indem sie vergehn[2].
Das soll die Freude an diesem Tage nicht trüben. Ich hoffe, dass Sie am 13. September in Heidelberg ein schönes Fest feiern und dass Sie und Ihre Familie in bester Gesundheit sich eines solchen Tages erfreuen können. Für mich persönlich freue ich mich darauf, Ihnen bald in Ebrach meine Wünsche auch mündlich aussprechen zu dürfen.
Ihnen, lieber Herr Forsthoff, Ihrer hochverehrten Mutter, Ihren Kindern und allen gemeinsamen Freunden sendet die herzlichsten Grüsse
Ihr alter
Carl Schmitt.

Nr. 231
Ernst Forsthoff an Carl Schmitt Heidelberg-Schlierbach, 30. September 1967
[Von Schmitt notiert:] b[eantwortet] 5.10.67

Hochverehrter, lieber Herr Schmitt!
Ihren Zeilen an Frau Iglberger[1] entnehme ich, dass Sie wieder im Lande sind. Ich hoffe, dass Sie schöne Wochen in Spanien hatten.
Seien Sie herzlich für den Brief bedankt, mit dem Sie mich zum Geburtstag erfreuten. Man hat mich über Gebühr geehrt. Am Vorabend waren meine früheren Schüler (aber auch Barion) gekommen und Grewe überreichte mir in ihrem Namen die Festschrift. Höhepunkt war aber, am Vormittag des Geburtstages, die Überreichung der Ebrach-Festschrift, durch Barion, mit einer geistvoll-witzigen Ansprache. Die Überraschung für mich war gross, denn Böckenförde und alle sonstigen Beteiligten haben es verstanden, die Vorbereitung der Festschrift vor mir geheim zu halten.
Seitdem sitze ich da und lese die beiden Festschriften, um allen, die daran mitwirkten sachkundig danken zu können. Ich beginne bei Ihnen, nicht nur, weil dieser Brief, der

auch um einiger Mitteilungen willen geschrieben wird, dazu die Gelegenheit bietet, sondern auch secundum ordinem deshalb, weil ich Ihren Beitrag als ersten gelesen habe. Damit ist nun die Tyrannei der Werte[2] in die deutsche Literatur hineingegeben und ich sehe eine grosse Auszeichnung darin, dass das mit meinem Namen verbunden ist. Dafür danke ich Ihnen sehr herzlich. Ihre ausführliche Einleitung wollte diejenigen, die den „Wert" bisher als ein nützliches und harmloses Wort verstanden haben, eines besseren belehren. Das bleibt nun abzuwarten, ebenso, ob Loewith Ihnen antworten wird. Mich hat Ihre Einleitung zu grundsätzlichen Erwägungen angeregt, die ich Ihnen später einmal unterbreiten werde.
Der Beitrag von Barion ist in der begrifflichen Prägnanz ein Meisterstück[3]. Die polemische Schärfe, die man an ihm kennt (und schätzt), hat hier einen Grad erreicht, der mich fragen lässt, ob derlei ohne Konsequenzen hingenommen wird. Sachlich ist es für mich natürlich interessant, zu sehen, in welchem Grade die katholische Kirche in ihrer Kernsubstanz, die man aere perennius[4] glaubte, vom Sozialbazillus zersetzt ist. Ich habe mich dabei an ein Wort von Wolfskehl[5] erinnert gefühlt, der Sudermann gegenüber die katholische Kirche verteidigend, sagte: „Und vergessen Sie vor allem nicht, dass die katholische Kirche den Fortschritt systematisch verhindert hat."
Auch der nachdenkliche Beitrag von P. Buve[6] hat mir sehr gefallen.
Dass Sie wieder nach Ebrach kommen, erfüllt uns alle mit grosser Freude. Das Thema Staat ohne Sie behandelt zu sehen, wäre doch sehr schmerzlich gewesen. Die Rednerliste verspricht einen sehr interessanten Verlauf. Leider stört uns der frühe Semesterbeginn in Nordrhein-Westfalen sehr, was die Teilnehmer anbelangt: Kriele, Willms, Bien und Dr. Maurer[7] haben absagen müssen, weil sie wegen der Semestervorbereitung nicht abkömmlich sind. Aber der Kreis von nunmehr etwa 25 Teilnehmern ist in seiner Zusammensetzung recht erfreulich.
Ich werde am Sonntag (8/10) um 14.28 in Würzburg am Zuge sein. Wahrscheinlich habe ich P. Buve im Wagen, der schon am 7.10. nach Heidelberg kommt.
Ich freue mich sehr darauf, Sie schon so bald wiederzusehen.
Mit herzlichen Grüssen
in alter Verehrung
Ihr
Ernst Forsthoff

Schrade ist leider ernstlich krank und musste absagen. Ich hoffe, dass sich an seiner Stelle Herr Holländer[8], früher mehrfach in Ebrach, jetzt Privatdozent in Tübingen, für einen Vortrag über Goya gewinnen lässt. H. soll im vergangenen Sommersemester ein Aufsehen erregendes Kolleg über Goya gelesen haben.

Nr. 232

Carl Schmitt an Ernst Forsthoff [Poststempel Plettenberg] 3. Oktober 1967
o. O. [Ansichtskarte Madrid, Retiro-Park]

Herzlichen Dank, lieber Herr Forsthoff, für Ihren Brief mit seinen vielen und guten Nachrichten! Ich habe gerade Besuch von Prof. Barnikol (Halle)[1], der ebenfalls grüssen lässt. Auf das Wiedersehen am Sonntag nachmittag 14.28 in Würzburg freue ich mich sehr! Stets und sehr konkret Ihr alter
Carl Schmitt

Nr. 233

Carl Schmitt an Ernst Forsthoff Plettenberg, den 22. Oktober 1967

Lieber Herr Forsthoff,
ich denke immer noch mit grosser Dankbarkeit an die reichen Tage in Ebrach, aber ich hätte Ihnen nicht diese Zeilen geschrieben (um Sie in Ihrer Arbeit nicht zu unterbrechen) wenn es sich nicht um folgende Anfrage handelte: auf der Fahrt von Ebrach nach Frankfurt und dann von Frankfurt nach Plettenberg unterhielt ich mich mit meinem Gastgeber[1] unter anderm auch über die Wiener Affaire, die er noch nicht näher kannte. Dabei stellte sich heraus, dass er ausgezeichnete Beziehungen und Freunde an Ort und Stelle hat und gern bei ihnen interveniert, wenn Ihnen das recht ist. Meine Anfrage geht also dahin, ob Sie damit einverstanden wären. Bei der Solidität und Zuverlässigkeit, von der ich Ihnen schon erzählte, könnte es sein, dass dieses Angebot beachtenswert ist. Es genügt, wenn Sie mir eine Zeile schreiben, sei es mit ja oder nein, sei es mit weiteren Fragen.
Schmoller[2] tritt <u>nicht</u> zurück. Das Ganze ist nicht von Schweden ausgegangen, sondern von der „Zeit“ und ihren Unwahrheiten.
Herzliche Grüsse und Wünsche für Sie und die Ihrigen! In treuer Erinnerung
Ihr alter
Carl Schmitt.

In Frankfurt hörte ich von einem Augenzeugen näheres über die Aktion gegen den Bücherstand Springer auf der Buch-Messe[3]; die Technik solcher Aktionen ist neuartig; die Hilflosigkeit der Polizei (in Zivil!) geradezu makaber; die allgemeine Feigheit deprimierend; die Polen und Tschechen haben ihren Stand als eine Art Asyl angeboten!

Nr. 234

Ernst Forsthoff an Carl Schmitt Heidelberg-Schlierbach, 24. Oktober 1967

Hochverehrter, lieber Herr Schmitt!
Besten Dank für Ihren Brief. Natürlich ist es mir recht, wenn Herr Dr. Wirmer sich der Wiener Sache annimmt. Er sollte dann auch mit Prof. Dr. Winkler, A 1010 Wien I, Haf-

nersteig 5/I/7 Verbindung aufnehmen. Winkler[1] ist ein prachtvoller, junger Kollege von grosser Anhänglichkeit an mich, der – z. Zt. meines Wissens Dekan – unablässig tätig ist, um die Sache zu einem guten Ende zu bringen. Er weiss genau, wo die Widerstände sind, die noch zu überwinden sind.

Herr Elze schreibt mir, dass er sich aus gesundheitlichen Gründen nicht in der Lage sehe, einen neuen Beitrag zu Ihrer Festschrift zu schreiben. Er möchte deshalb seinen Beitrag in der unveröffentlichen Festschrift von 1953 aufgenommen wissen. Ich wäre Ihnen deshalb sehr dankbar, wenn Sie mir diesen Beitrag schicken würden. (Herr Elze will ihn auch noch einmal durchsehen.)

Gerne würden wir auch den Beitrag von Brinkmann (mit einer entsprechenden Fussnote) noch drucken. Für dessen Überlassung wäre ich deshalb ebenfalls dankbar. Wissen Sie, ob es Erben gibt, die man um die Druckerlaubnis bitten müsste? Eventuell frage ich bei seinem Verleger Mohr (Siebeck) nach.[2]

{[Links neben dem Absatz Notiz in Schmitts Handschrift:] Dr. Georg Ahrens[2] Gesandter a. D. Baden-Baden Hotel Bristol (6/12/66)}.

Dass Schmoller nicht resigniert, freut mich sehr.

Die Vorgänge in Frankfurt (auch der Fall Pawlik)[3] sind eine Bestätigung dessen, was in Ebrach über den heutigen Staat gedacht und gesagt wurde. Auch ich denke an das diesjährige Ebrach mit grosser Befriedigung zurück. Es gibt doch noch junge Menschen, um die es sich lohnt. Und dass sie Ihnen in solcher Weise Anhänglichkeit und Verehrung bekundeten, hat mich von allem am meisten gefreut.

Mit herzlichen Grüssen
und tiefem Dank für Ebrach
stets Ihr
Ernst Forsthoff

Nr. 235

Gisela Iglberger an Carl Schmitt Heidelberg-Schlierbach, 9. November 1967

Sehr verehrter Herr Professor Schmitt!

Jetzt endlich schicke ich Ihnen die Vorträge vom vergangenen Jahr [in] Ebrach. Mit den diesjährigen habe ich angefangen und hoffe sehr, daß nicht wieder so viel Zeit bis zur Fertigstellung vergeht.

In der Hoffnung, daß es Ihnen gut geht, bin ich
mit hochachtungsvoller Begrüßung
Ihre
Gisela Iglberger

Nr. 236

Carl Schmitt an Ernst Forsthoff Plettenberg, den 9. Dezember 1967

Lieber Herr Forsthoff,
meine Tochter Anima schreibt mir soeben, dass sie die Manuskripte der (spanischen) Beiträge[1] von Prof. Camilo Barcía Trelles und Alvaro d'Ors, die sie übersetzen sollte, wieder zurückschicken müsste, weil es ihr zur Zeit ganz unmöglich ist, eine solche Übersetzung auszuführen. Die Übersetzung des Beitrages ihres Mannes, Alfonso, war schon sehr schwierig für sie, wurde aber dadurch möglich, dass sie ihn jederzeit fragen und alle Zweifel mit ihm sofort besprechen konnte. Das ist in diesen beiden Fällen nicht möglich. Ich dachte deshalb daran, Günther Krauss wegen der Übersetzungen anzugehen; er ist mit Alvaro d'Ors sehr befreundet, hat auch in früheren analogen Fällen einen Beitrag übersetzt und wäre vielleicht auch bereit, den Beitrag von Barcía Trelles zu übersetzen. Ich selber kann mich nicht gut direkt an ihn wenden und wollte Ihnen oder Herrn Böckenförde diesen Ausweg vorschlagen; eventuell lasse ich ihn durch einen gemeinsamen Freund, Rechtsanwalt Dr. H. Bung[2] in Duisburg, fragen.
Ich schreibe Ihnen dieses mit schlechtem Gewissen, weil ich Sie in Ihrer vielen Arbeit unterbreche. Diese Besorgnis ist auch der einzige Grund meiner sonstigen Schweigsamkeit. Ich lese viel in Ihren Aufsätzen und komme immer wieder auf die Kernfrage zurück: wenn es weder der Staat noch die Gesellschaft war, die unser sog. Wirtschaftswunder bewirkt hat, was ist dann die „Wirtschaft"? Oft wird sie als „Gesellschaft" unterstellt. Auch Ihr grossartiger Merkur-Aufsatz von 1960 (Rechtsstaat im Wandel S. 196 ff) ist nicht ganz frei von dieser (heute ganz allgemeinen) Aequivocation. Ich möchte Sie deshalb wenigstens mit einem Stichwort über meine gegenwärtigen Gedanken informieren; sie betreffen den Begriff „Technostruktur", der bei Ihnen nicht vorkommt, aber offenbar angelegt ist. Diese „Technostruktur" scheint mir das Entscheidende; sie ist bei John Kenneth Galbraith[3] (Droemersche Verlagsanstalt, Th. Knaurs Nachf 1967) höchst interessant entwickelt, und für die westdeutschen Verhältnisse begegnen mir im Gespräch mit jungen Freunden immer neue Beispiele: die Wirtschaftsverbände; die „Normfragen" in den verschiedenen Industrien (Normung, Verbände); auch die Gewerkschaften gehören heute zur Technostruktur, und nicht primär ins sog. „Arbeitsrecht".
Doch ist das wirklich ein weites Feld. Ich muss mich heute bei Ihnen noch für das wunderschöne Ebracher Geschenk bedanken, das mir Frl. Pohlmann (Münster)[4] übersandt hat: die romantische Malerei von Hubert Schrade[5]. Ferner gratuliere ich Ihrer Reihe Res publica zu Nr. 19 (H. P. Ipsen)[6], das ich mit positivistischem Genuss gelesen habe. Und wenn ich in der Zeitung den Namen Springer lese, denke ich natürlich an unsere Ebracher Unterhaltung. Alle guten Wünsche für Ihre Gesundheit, Ihre Arbeit und Ihre Kinder! Stets
Ihr alter Carl Schmitt

Nr. 237

Ernst Forsthoff an Carl Schmitt Heidelberg-Schlierbach, 12. Dezember 1967

[Von Schmitt u. a. notiert:] b[eantwortet] 15.12.67

Hochverehrter, lieber Herr Schmitt!

Für Ihren Brief habe ich Ihnen herzlich zu danken. Die Übersetzung des Beitrages von Alvaro d'Ors ist geregelt. Ich habe gleich Herrn Krauss angerufen und er hat die Übersetzung gerne übernommen. Damit wäre zunächst alles untergebracht. Gesandter Ahrens ist im September verstorben[1]. Seine Witwe gab uns die Druckerlaubnis.

Sehr wichtig ist mir Ihr Hinweis auf die „Technostruktur". Ich bin zur Zeit mit zwei sachlich ineinandergreifenden Vorhaben beschäftigt. Paeschke habe ich für den „Merkur" eine neue Analyse in der Art der damaligen versprochen[2]. Ausserdem arbeite ich an dem Gutachten für Springer[3]. Einer seiner Kernpunkte soll der Nachweis sein, dass Presse heute nicht mehr in den weiten geistigen Dimensionen steht wie im 19. Jahrhundert. Der umverteilende Sozialstaat ohne Alternativen hat den grundsätzlichen Antithesen ein Ende gemacht und lässt nur noch Varianten innerhalb seines Systems zu. Deshalb ist das Zeitungssterben nicht nur eine Folge wirtschaftlicher Vorgänge, sondern auch daraus begründet, dass die Möglichkeiten der Presse, sich ein eigenes Profil zu geben, sehr eingeschränkt sind. Dem Leser ist es wenig interessant, ob er mehr oder weniger dasselbe, nur unterschiedlich aufgemacht, täglich in 220 oder 150 Zeitungen lesen kann. Die vom Bundesverfassungsgericht aus Art 5 GG. herausgelesene (!) Forderung nach „Vielfalt der Zeitungspresse" geht noch von den Gegebenheiten des 19. Jahrhunderts und Weimars aus. Für diese Analyse ist mir die „Technostruktur" sehr wichtig. Ich habe mich gestern in der Buchhandlung nach dem Buch von Galbraith umgesehen und ein Werk zur Wohlstandsgesellschaft gekauft[4], das 1958 bei Droemer als Buch, 1967 als Taschenbuch erschienen ist. Handelt es sich darum? Bei flüchtiger Durchsicht bin ich auf Technostruktur nicht gestossen und im Register ist das Stichwort nicht verzeichnet. Vielleicht haben Sie die Güte, mir den Titel mitzuteilen, wenn es sich um ein anderes Buch handeln sollte.

Mit herzlichen Grüssen
in alter Verehrung
stets Ihr
Ernst Forsthoff

Herr v. Schmoller hat sich für Anfang Januar angesagt, um seine politischen Schwierigkeiten mit mir zu besprechen.

Nr. 238

Carl Schmitt an Ernst Forsthoff Plettenberg, 15. Dezember 1967

Lieber Herr Forsthoff,
ich schicke Ihnen der Einfachheit halber hier einen Zeitungsausschnitt, Vorabdruck von Galbraith Technostruktur 1967. Ausserdem fand ich im letzten Heft der Zeitschrift „Atomzeitalter“ interessante Dinge (November 1967, Europ. Verlagsanstalt, Frankfurt, Metzlerstr. 25, Telef. 615029) bes. ein Aufsatz von Eike Hennig über „Entfremdung der Ökonomie“[1]. {für mich wichtig wegen „Staatsgefüge und Zusammenbruch des zweiten Reiches“ von 1934: die Armee als Motor der technisch-industriellen Entwicklung! Davon hat E. R. Huber in seiner Erledigung der These („ultrakonservativ“) nichts begriffen![2]} Galbraith' affluent society ist von 1957 und ist noch nicht so weit wie „Technostruktur“. Ihre Mitteilung hat mich in grosse Erwartung versetzt; ich glaube, dass Sie Ihren bahnbrechenden Aufsatz im „Merkur“ von 1960 jetzt weiterführen und einen echten Durchbruch bewirken können.
Herzlichen Dank, viele guten Wünsche für Ihre Gesundheit und für Ihre Kinder!
Stets Ihr alter
Carl Schmitt.

Nr. 239

Ernst Forsthoff an Carl Schmitt Heidelberg-Schlierbach, 16. Dezember 1967

Hochverehrter, lieber Herr Schmitt!
Besten Dank für die Zusendung. Ich habe den Aufsatz gleich mit grösstem Interesse gelesen und war zunächst erstaunt über viele Parallelen zu meinen Arbeiten. Vom Staat als Komplementärfunktion der Gesellschaft ist in meinem Aufsatz von 1960 schon die Rede. Von Adaption habe ich vor einigen Wochen als einem grundlegenden Begriff der heutigen Ordnung gesprochen, bis in die private Lebensführung hinein: Gammler und Hippies als Adaptionsverweigerer.
Vor allem aber ist mir der Aufsatz in der Springer-Sache wichtig. Wenn heute Bucerius, Jahr, Burda usw. der Regierung Auflagenkontingent und Verzicht auf Neugründungen anbieten, dann erweisen sie sich als „ausgereifte Betriebe“[1], die sich damit der Technostruktur reibungslos einfügen. Springer, der das ablehnt, weil er in seinen Blättern eine Meinung vertritt, deren Verbreitung er keine Grenzen gesetzt wissen will, ist der Unternehmer alten Stils. Paradox ist nur, dass er die „ausgereiften Betriebe“, weil er intelligent und ein Könner ersten Ranges ist, weit übertrifft und auf diese Weise ein Machtpotential erworben hat, mit dem nicht leicht fertig zu werden ist.
Jedenfalls verdanke ich dem Aufsatz sehr wichtige Aspekte sowohl für den Aufsatz wie für das Springer-Gutachten.
Dies für heute in Eile und
herzlich grüssend!
Ihr Ernst Forsthoff

Nr. 240

Carl Schmitt an Ernst Forsthoff Plettenberg, 9. Januar 1968

Lieber Herr Forsthoff,
wenn nichts anderes, so würde doch schon die Spiegel-Serie über Springer[1] mich fortwährend an Sie und Ihre gegenwärtige Arbeit erinnern und mein Interesse wachhalten. Trotzdem unterbreche ich Sie heute aus folgendem Anlass:
aus einer Anfrage von Herrn Dr. Wirmer in Frankfurt entnehme ich, dass ihm für seine geplante Aktion in Wien einige informatorische Angaben, etwa ein Zeitungsausschnitt, zu seiner Orientierung nützlich wären; keineswegs grosse Materialunterlagen, sondern nur ein Bild der wichtigsten Daten. Es wäre, glaube ich, gut, wenn Sie ihm darüber ein paar Worte schreiben wollten, damit er nicht ausschliesslich von mir unterrichtet worden ist; auch die Adresse von Prof. Winkler, die ich ihm schon mitgeteilt habe, erhält er besser von Ihnen. Das alles braucht Ihnen keine besondere Arbeit zu machen. {Anschrift: Rechtsanwalt und Notar Dr. Otto Wirmer, 6 Frankfurt/Main, 1, Silberbornstrasse 14, Telefon: 55 08 01.}
Ernst-Wolfgang Böckenförde hat mich am 29/12/67 besucht. Ich nehme an, dass er Ihnen davon erzählt hat. Über die Fotos von K. Mauch[2] habe ich mich besonders gefreut; auch Ihre Wahl finde ich richtig. Joseph Kaiser schrieb mir, dass er um Verlängerung der Ablieferungsfrist bitten werde; ich kann das nicht beurteilen; er will mich noch im Januar von Freiburg aus hier besuchen. Schmoller will nächstes Wochenende (14/1) kommen; Thema beider Besuche: die Grossraumordnung von 1939[3].
Von Herrn Holländer (der in Ebrach über Goya gesprochen hat) erhielt ich einen Nachruf auf Hubert Schrade[4]. Erst dadurch habe ich erfahren, dass er am 24. November gestorben ist. Mir ist das sehr nahe gegangen, zumal ich mir vieles zurecht gelegt hatte, was ich noch mit ihm besprechen wollte. So bleibt immer das Wichtigste „liegen“ und die Entscheidung ist keine Antwort sondern nur eine neue Frage.
Heute traf mich die Nachricht vom Rücktritt Ottavianis[5]. Ich muss gleich an Barion schreiben.
In treuer Verbundenheit Ihr alter
Carl Schmitt.

Nr. 241

Ernst Forsthoff an Carl Schmitt Heidelberg-Schlierbach, 4. Februar 1968

Hochverehrter, lieber Herr Schmitt!
Schon seit Wochen ist es mein Wunsch, Ihnen zu schreiben. Aber es blieb bei diesem Wunsch, da mir die Muße fehlte. Es drängte sich vieles zusammen: der Beitrag für Ihre Festschrift, der dem „Merkur“ versprochene Aufsatz und schliesslich auch die redaktionelle Arbeit an der Festschrift und Springergutachten.
Der Beitrag für Ihre Festschrift „Zur heutigen Lage der Verfassungslehre“ ist auf den Nachweis gerichtet, dass und warum es heute keine Verfassungslehre im systema-

tischen Sinne mehr geben kann. Das Thema ist mir ein willkommener Anlass, noch einmal auf die gegenwärtige Verfassungsinterpretation einzugehen und vor allem zu zeigen, wohin sie führt.
Der Merkur-Aufsatz ist fertig: Verfassung und Verfassungswirklichkeit der Bundesrepublik. Unter Zeitdruck geschrieben befriedigt er mich selbst nur einigermaßen. Vorgestern habe ich ihn in Göttingen als Vortrag vorgetragen, übrigens vor einem erstaunlich zahlreichen Publikum (der Hörsaal war völlig überfüllt). W. Weber und andere Kollegen waren sehr einverstanden. Grundsätzlichen Widerspruch fand ich in der anschliessenden Diskussion im kleinen Kreise nur bei Huber. (Den ich immer weniger verstehe. Er wie die Familie fehlten auch bei der Beerdigung von Schrade, mit dem er nahe befreundet war, aus mir noch unbekannten Gründen.)
Die redaktionelle Arbeit an der Festschrift fällt jetzt im wesentlichen mir zu. Der arme Böckenförde kommt als Dekan kaum zur Besinnung. Die Situation an der Universität hat eine hektische Betriebsamkeit ausgelöst, sodass sich die Senats-, Fakultäts- und Kommissionssitzungen häufen. So kümmere ich mich um die Übersetzung der ausländischen Beiträge und soweit diese in deutscher Sprache abgefasst sind, korrigiere ich sie sprachlich. Eben bin ich dabei, den Beitrag von Onishi (Kyoto)[1] Satz für Satz neu zu formulieren, da er in der vorliegenden Fassung unmöglich erscheinen kann.
Immerhin haben wir die erste Rate von etwa 20 Beiträgen an den Verlag geschickt und sie soll alsbald in den Satz gegeben werden. Nach meiner jetzigen Übersicht werden wir mit 12–15 weiteren Beiträgen rechnen können. (Gestern kam der Beitrag von Legaz). Ob wir alle in einem Band vereinigen können oder auf zwei Bände verteilen, wird sich erst entscheiden lassen, wenn der ganze Text gesetzt ist. Auf jeden Fall streben wir an, dass die Festschrift zum 11. Juli fertig ist.
Mit dem Springer-Gutachten will ich im März zum Schluss kommen. Das Thema ist ungewöhnlich interessant. Es wundert mich, dass Rüdiger Altmann in der vom Innenministerium eingesetzten sogen. Günther-Kommission[2] den Wortführer gegen Springer macht. Ich hatte im Dezember in einem Brief an ihn eine Unterhaltung über diese Fragen angeregt, aber er hat diese Anregung nicht aufgenommen. Sicher ist ihm klar, dass er in einem solchen Gespräch alles verleugnen müßte, was er von Ihnen gelernt hat. Joseph Kaiser behandelt den Springer-Komplex unter kartellrechtlichen Gesichtspunkten, was mir sehr lieb ist, weil mir diese Seite der Sache ferner liegt. Ich bin einigermaßen gespannt, was sich aus der Angelegenheit Springer noch entwickeln wird.
Am 1. März wird Herr Doehring meine Nachfolge antreten, worüber ich natürlich froh bin. Zu diesem Termin räume ich mein Dienstzimmer im Seminar. Frau Iglberger bleibt als Privatsekretärin bei mir. Ich habe in meinem Hause bereits ein Büro eingerichtet, wo sie arbeiten wird. Auf diese Weise behalte ich die Hilfe, auf die ich angewiesen bin.
Über meine Emeritierung bin ich eigentlich von Tag zu Tag mehr erfreut. Angesichts der Entwicklung an den Universitäten hätte der Zeitpunkt nicht besser gewählt werden können. Im übrigen merke ich deutlich, wie ausserordentlich der Wechsel des geistigen

Klimas ist. Ich lese in diesem Semester Allgemeine Staatslehre. Das war früher eine Vorlesung „die man gehört haben musste", besucht von Juristen, Historikern, Soziologen usw, immer mehrere hundert Hörer bis zum Schluss. Jetzt sind es vielleicht noch 40. Dabei weiss ich, dass die Vorlesung nicht weniger interessant ist als früher, da ich sie von Jahr zu Jahr weiter ausgebaut habe. Deshalb irritiert mich auch der geringe Besuch nicht. Ich nehme ihn als eine Zeiterscheinung. Ob ich im Sommersemester die angekündigte Vorlesung über aktuelle Probleme des Verfassungsrechts halten werde, will ich mir unter diesen Umständen noch überlegen.
Von Herrn Kaiser hörte ich am Telefon zu meiner Freude, dass es Ihnen gut geht. Hoffentlich bleiben Sie von der Grippe verschont.
Ich freue mich schon auf die Frühjahrsreise (im April) nach Rhodos und Rom.
Mit allen guten Wünschen und herzlichen Grüssen
in alter Verehrung
Ihr
Ernst Forsthoff

Nr. 242
Carl Schmitt an Ernst Forsthoff Plettenberg, 16. Februar 1968

Lieber Herr Forsthoff,
Im Spiegel dieser Woche (Nr. 7/68) vom 12. 2. 68 steht eine Leserzuschrift von Karl Loewenstein unter der Überschrift „Narrenspiel"[1]; sie trifft das Wesentliche und zeigt, dass er ein treuer Leser meiner Schriften ist – ein Grund mehr, meinen Namen zu verschweigen. Er wird infolgedessen auch Ihren Festschrift-Aufsatz „Zur heutigen Lage der Verfassungslehre" als Bestätigung seiner Benutzung des Titels V. L. für seine Betrachtungen auffassen; dann ergibt sich ein ähnliches Geschrei, wie damals, 1959, bei Ihrem Satz von der „in die Form des Gesetzes überführten Verfassung". Wie schwierig es ist, heute den Staat (als Gegenposition zur Gesellschaft) zu halten, zeigt ja schon der „Begriff des Politischen" und zeigen die Glossen 2 und 3 auf Seite 384/5 meiner Verf. Aufsätze von 1958; diese noch einmal nachzulesen, kann ich Ihnen wohl kaum zumuten, will Ihnen aber offen aussprechen, dass mir von Ihren Ebracher Darlegungen und der Diskussion vom 18. Okt. 1967 ein „unbewältigter" Rest geblieben ist, der mich immer mehr plagt, je mehr ich die „konservative" Reaktion auf die Gammler sehe (z. B. Dolf Sternberger im letzten „Sonntagsblatt" des Bischofs Lilje[2], Thielicke etc. etc.).
Haben Sie Altmanns „Späte Nachricht vom Staat"[3] erhalten (ein zu Neujahr versandter, bei Seewald erschienener Privatdruck)? E. W. Böckenförde schrieb mir, dass er ihn erhalten hat. Altmann {der die Glossen S. 261, 503 und 384/5 kennt und verwertet} schickte ihn mir mit dem Vermerk: „Noch spätere Nachrichten folgen bald". Ich habe ihm noch nicht zur Sache geantwortet, sondern ihm als Gegengabe nur den vor kurzem (im Verlag Arche, Zürich) erschienenen dadaistischen Roman von Hugo Ball (aus der

Zeit 1914–20) geschickt, „Tenderenda der Phantast“[4] und nur den Satz dazu geschrieben, den ich auch Ihnen schreiben möchte:

L' État se meurt, ne troublez pas son agonie!

Bevor ich Altmann zur Sache schreibe und ihm eventuell eine Besprechung vorschlage, wüsste ich gern, ob Sie seine „Späte Nachricht vom Staat“ kennen. Ich habe bei dem Gedanken an Springer kein klares Gefühl; vielleicht bin ich verwirrt durch den Eindruck, den mir ein kürzlich entlassener Springer-Redakteur vermittelte, der mich Anfang des Monats hier besucht hat. Ihren Namen habe ich natürlich nicht genannt. Es ist schwierig, das alles schriftlich zu klären. Ich begnüge mich deshalb mit diesen Andeutungen. Dass die ganze Last der Festschrift-Vorbereitung jetzt auf Ihnen ruht, bedrückt mich sehr. Den Aufsatz von Sava Kličkovič über Benito Cereno[5] habe ich mit grosser Freude gelesen; einige kleine Schönheitsfehler darf ich im Manuskript korrigieren und Ihnen das korrigierte Ms. zusenden, das alsdann an die Stelle des Ihnen bezw. EWB. übersandten Ms. treten kann. Ich werde es in der nächsten Woche schicken, wenn Sie nicht anderes bestimmen. Ist Ihre Sammlung Rechtsstaat und Sozialstaat[6] (bei der Wiss. Buchgesellschaft) eigentlich schon erschienen? Die Sammlung Romantik[7] soll erschienen sein. Die Hetze gegen Hanno Kesting (in Bochum)[8] wird täglich schlimmer; das tut mir aus vielen persönlichen und sachlichen Gründen besonders leid.

Die parallele Entwicklung, die Sie damals 1963 rechtzeitig von Zypern weg und heute 1968 rechtzeitig aus einem zum Fallstrick werdenden Amt herausführte, hat etwas Beruhigendes. Ein Sinn liegt bestimmt darin, und alles andere als eine „Sinngebung des Sinnlosen“[9]. Stets Ihr alter und getreuer

Carl Schmitt.

Nr. 243

Ernst Forsthoff an Carl Schmitt — Heidelberg, 12. März 1968

Hochverehrter, lieber Herr Schmitt!

In diesen Tagen ist das Springer-Gutachten fertig geworden. Es enthält eine allgemeine Darstellung der Rechtslage, die nicht als erschöpfend gedacht ist, sondern als Unterlage für die weitere Beratung der Angelegenheit. Trotzdem umfasst es etwa 80 Maschinenseiten. Frau Iglberger hat eben damit begonnen, die maschinengeschriebene Fassung herzustellen.

Die Verwirrung, die um Art 5 GG[1] entstanden ist, ist unbeschreiblich. Das meiste Unheil haben die obiter dicta des Bundesverfassungsgerichts heraufbeschworen. Diese obiter dicta sind ersichtlich gezielt und als solche ein Mittel der Politik, die vom Bundesverfassungsgericht bewusst betrieben wird. Ich habe das auch in einer Fussnote gesagt – aber das wäre ein Thema, das einmal allgemein behandelt werden müsste.

Erstaunlich ist, dass die Pressekommission, die von der Bundesregierung eingesetzt wurde und in der Rüdiger Altmann eine führende Rolle spielt, in falscher Interpretation der obiter dicta (die nachweisbar ist) entschlossen ist, sich über alle Verfassungs-

bedenken hinwegzusetzen. Altmann muss in diesem Falle alles verdrängen, was er bei Ihnen gelernt hat. Der Kommissionsbericht soll Ende April vorliegen. Sein wesentlicher Inhalt ist jedoch bereits aus einem „Vorläufigen Bericht“ bekannt, mit dem ich mich auseinandergesetzt habe. Mein Gutachten bleibt vertraulich, bis der Bericht der Kommission vorliegt. Ich nehme an, dass Springer es dann drucken wird[2].
Wie Sie sehen, bin ich noch nicht auf Reisen. Ich werde am 8.4. nach Rhodos fliegen und nach Ostern noch etwa 10 Tage in Rom sein, wo ich auf schöne Tage mit Schmids und Kirschs (dem Marburger Betriebswirtschaftler, einem alten Freund aus Bonner und Königsberger Tagen)[3] hoffe. Die für den Sommer angekündigte Vorlesung über aktuelle Probleme des Verfassungsrechts werde ich absagen. Die Zustände an den Universitäten sind so unbeschreiblich geworden, dass ich auf meine Mitwirkung vorläufig verzichte. Geistige Auseinandersetzungen habe ich nie gescheut, aber Pöbeleien – anderes ist nicht zu erwarten – gehe ich aus dem Wege. Im übrigen habe ich genug zu tun: Die Vorbereitung der 10. Auflage wird allmählich fällig (jetzt ohne jede Assistentenhilfe), ausserdem beschäftigt mich wieder das Thema Staat-Technik, Informationsbedürftigkeit – Sachverständige (Beirat).
Die Vorbereitungen der Festschrift gehen gut voran. Nachdem ich erfuhr, dass Sie die Überreichung der Festschrift bei Gelegenheit eines Zusammenseins mit den hoffentlich zahlreich erscheinenden Mitarbeitern und Freunden nach Ihrer Rückkehr aus Spanien und somit im September vorziehen und auch die Mitarbeiter, die ich fragen konnte, das für die bessere Lösung halten, werde ich ohne die Festschrift am 11.7. in Santiago erscheinen. Das hat den grossen Vorteil, dass wir den Ablieferungstermin hinausschieben konnten (ich habe gestern mit Broermann telefonisch den 16. April vereinbart), womit vor allem Werner Weber aus einer grossen Verlegenheit befreit wurde. Er war in den letzten Monaten als Vorsitzender der Verwaltungsreformkommission derart in Anspruch genommen, dass er bisher noch nichts zu Papier bringen konnte. Bis zum 16.4. aber dürfte er es schaffen. Böckenförde will in diesen Tagen fertig werden. Barion will seinen Beitrag von Aachen aus schicken. Schliesslich fehlt noch Kaiser, den ich dringend gemahnt habe. Auch die Übersetzungen aus dem Spanischen sind fertig und gestern nach Berlin abgegangen. Sobald Böckenförde zurück ist, werde ich mit ihm die Gliederung beraten, auch die Frage, ob wir zwei Bände vorsehen sollen. Den Beitrag von Kličkovič hat Frau Iglberger gleich an Frau Hirsch[4] weitergegeben, weil er zur Zuständigkeit von Böckenförde gehört.
Der Band „Rechtsstaatlichkeit und Sozialstaatlichkeit“ ist von mir aus längst fertig und meines Wissens auch ausgedruckt. Nach Mitteilung des Verlages soll er im April herauskommen. Selbstverständlich werde ich Ihnen gleich ein Exemplar senden. Mit diesem Brief schicke ich Ihnen die neueste Schrift von Bullinger[5], die soeben in meiner Reihe erschienen ist und von der ich nicht sicher bin, ob Sie sie bereits haben.
Ebenfalls in Kürze wird das erste Heft der neuen Zeitschrift „Verwaltung“[6] erscheinen, die ich mit Schnur zusammen herausgebe.
Die Kestner-Gesellschaft hat sich noch nicht an mich wegen des Werner Heldt[7] gewandt, vielleicht geschieht das noch.

Inzwischen ist das Büro in meinem Hause eingerichtet, was sich arbeitsmäßig als sehr vorteilhaft erweist. Zu tun gibt es für Frau Iglberger genug. Im Seminar erhalte ich demnächst ein kleineres Arbeitszimmer, was mir wertvoll ist, weil ich auf die Seminarbibliothek natürlich weiter angewiesen bleibe.
Ich hoffe Sie bei guter Gesundheit und wünsche Ihnen anregende Stunden mit Herrn Barion in Aachen.
Mit guten Wünschen und herzlichen Grüssen
in alter Verehrung
Ihr
Ernst Forsthoff

Nr. 244
Carl Schmitt an Ernst Forsthoff — Aachen, Oculi 1968 [17.3.1968]

Vielen Dank, lieber Herr Forsthoff, für Ihren Brief, den ich nach meiner Rückkehr (ins Sauerland) beantworten werde. Ich habe Herrn Barion für einige Tage hier im Quellenhof[1] besucht, es geht ihm besser und wir haben schöne Spaziergänge gemacht und lebhafte Gespräche geführt, auch über das Thema Ihres letzten Gutachtens! Herzliche Grüsse und Wünsche Ihres alten
Carl Schmitt

v. G. u.[?]
HB [Zeichen von Hans Barion]

Nr. 245
Ernst Forsthoff an Carl Schmitt — Heidelberg-Schlierbach, 21. März 1968

Hochverehrter, lieber Herr Schmitt!
Eben zurückgekehrt, beeile ich mich, das Merkur-Heft[1] an Sie auf den Weg zu bringen.
Alles weitere später.
Herzlich und dankbar
Ihr
Ernst Forsthoff

Nr. 246

Ernst Forsthoff an Carl Schmitt Heidelberg, 23. März 1968
[Von Schmitt u. a. notiert:] b[eantwortet] 26. 3. 68

Hochverehrter, lieber Herr Schmitt!
Da das Doppelheft des Merkur in meiner hiesigen Buchhandlung nicht vorrätig war, habe ich Ihnen mein Exemplar geschickt, damit Sie möglichst bald den Aufsatz von Hannah Arendt lesen können. Ich bitte Sie, das Heft zu behalten. Ich habe den laufenden Jahrgang noch einmal abonniert. Die Hefte gehen Ihnen von der Buchhandlung Ziehank direkt zu (nur das Doppelheft, das Sie bereits haben, lasse ich an mich gehen). Sie brauchen sich also wegen der beiden weiteren Aufsätze über Benjamin, die in den nächsten Heften folgen werden, nicht weiter zu bemühen. Auch der Schoeck[1] ist hoffentlich inzwischen bei Ihnen eingetroffen. Die wichtigen aktuellen Passagen des Buches befinden sich im zweiten Teil des Buches.
Ich bin noch sehr erfüllt von den Plettenberger Gesprächen. Ihre Ausführungen über Institution und Pressefreiheit[2] habe ich mir noch einmal vorgenommen. Sie sind wahrhaft prophetisch. Immerhin erscheint es mir richtig, dass ich in dem Gutachten, das ja nicht mehr sein soll als die Ouverture eines Stückes mit ungewissem Fortgang, mich der konventionellen Waffen bedient habe. Telefonisch erfuhr ich aus dem Hause Springer, dass man dort von dem Gutachten sehr angetan ist. Man würde es am liebsten gleich drucken. Das habe ich aber zunächst inhibiert.
Herrn Wirmer habe ich gestern telefonisch nicht erreichen können. Vielleicht ist er verreist.
Mit herzlichen Grüssen
in dankbarer Verehrung
Ihr
Ernst Forsthoff

Nr. 247

Ernst Forsthoff an Carl Schmitt Heidelberg-Schlierbach, 28. März 1968

Hochverehrter, lieber Herr Schmitt!
Lassen Sie mich meinen Dank für Ihren langen, so bedeutungsvollen Brief vorläufig in der Form abstatten, dass ich Ihnen eine Lesefrucht aus W. Benjamin, Angelus Novus, Ausgewählte Schriften Bd. 2, Suhrkamp, 1966 und zwar aus dem Aufsatz: Literaturgeschichte und Literaturwissenschaft übermittle (S. 452):

> Mit der Proklamation der „Werte" war die Geschichte (scil. Literaturgeschichte) ein für allemal im Sinne des Modernismus umgefälscht, die Forschung nur der Laiendienst an einem Kult geworden, in dem die „ewigen Werte" nach einem synkretistischen Ritus zelebriert werden. Es ist immer denkwürdig, wie kurz von hier der Weg zu den rabiatesten Verirrungen der neuesten Literaturhistorie

gewesen ist, welche Reize die entmannte Methodik den widerwärtigsten Neologismen hinter der goldenen Pforte der Werte abzugewinnen verstand: „Wie alle Poesie zuletzt auf eine Welt der „„wortbaren““ Werte hinzielt, so bedeutet sie in formaler Beziehung eine letzte Steigerung und Verinnerlichung der unmittelbaren Ausdruckkräfte der Rede“.

Das Zitat ist offenbar dem Buch Philosophie der Literaturwissenschaft, herausg. v. Emil Ermatinger, 1930[1], entnommen, das den Aufsatz ausgelöst hat.

Die Transposition der Lesefrucht ins Juristische bietet sich an.

Mit Dank und herzlichen Grüssen

raptim

Ihr

Ernst Forsthoff

Nr. 248

Carl Schmitt an Ernst Forsthoff Plettenberg, 2. April 1968

Lieber, verehrter Herr Forsthoff,

herzlichen Dank für den Hinweis auf W. Benjamin! Ich habe Ihnen bei der Kestner-Gesellschaft den Katalog der Werner-Heldt-Ausstellung besorgt; auch an Dr. Otto Wirmer wegen Ihres Interesses an W. Gilles, Ausweglose Situation[1] geschrieben; rufen Sie doch noch einmal an, wenn Sie noch Zeit haben vor Beginn Ihrer Reise.

In der Wochenzeitung Die Zeit vom 29/3/68, Nr. 13 steht ein Aufsatz gegen Prof. Kronstein und mich; ich kann die Nummer hier nicht mehr auftreiben, vielleicht geht das noch in Heidelberg morgen (Mittwoch); ich hätte gern 1 oder 2 Expl. Die neue Nummer erscheint meistens erst Donnerstag. Wenn Frau Iglberger das besorgen könnte, wäre ich sehr dankbar.

Die Hauptsache aber: reisen Sie in guter Stimmung nach Rom und Rhodos, erholen Sie sich gut und kommen Sie neugestärkt zurück!

Ihr alter

Carl Schmitt.

Es muss doch in Heidelberg noch Leute geben, die Geilers Verhalten gegenüber der Habilitation Kronsteins kennen; warum wird er von den Bucerius-Leuten so eifrig verteidigt? (Geiler werde von Kronstein „eine Handlung unverzeihlicher Gemeinheit nachgesagt.“)[2]

Nr. 249
Ernst Forsthoff an Carl Schmitt Heidelberg, 4. April 1968

Hochverehrter, lieber Herr Schmitt!
Zufällig konnte ich noch ein Exemplar der Kronstein-Rezension auftreiben – über Frau Dorothee Mußgnug, die mir das Blatt mitbrachte. Das Buch von Kronstein werde ich mir nach der Rückkehr besorgen. Montag reise ich. Daher ist noch viel zu tun. Morgen vormittag bin ich bei Dr. Wirmer.
Herzlich grüssend
in Eile
Ihr
Ernst Forsthoff

Nr. 250
Ernst Forsthoff an Carl Schmitt Rhodos, 15. April 1968

Hochverehrter, lieber Herr Schmitt!
Der Gilles hängt nun in meinem Wohnzimmer und ist das Entzücken aller. Ich habe es Herrn Dr. Wirmer überlassen, Ihnen zur geschäftlichen Seite der Sache zu schreiben. Übrigens interessiert sich Herr Kaiser für den Nay[1]. Ich habe Dr. Wirmer davon verständigt. Dass Nay eben jetzt starb, hat mich sehr berührt. Rhodos ist wohltuend und erholsam. Die Nachrichten aus der BRD zeigen, dass der Weg in chaotische Zustände zielsicher weiter beschritten wird.
Mit herzlichen Grüssen
stets Ihr
Ernst Forsthoff

Nr. 251
Ernst Forsthoff an Carl Schmitt Heidelberg, 16. Mai 1968

Hochverehrter, lieber Herr Schmitt!
Hiermit sende ich Ihnen den Merkur-Aufsatz[1]. Nehmen Sie ihn mit Nachsicht auf.
Die Festschrift ist jetzt fertig zum Umbruch. Herr Barion hatte noch kleine Änderungs- und Ergänzungswünsche, die ich an den Verlag weitergegeben habe. Ein Ergänzungswunsch betrifft Ridders Beitrag zur Abendroth-Festschrift[2]. Er ist eine exemplarische Leistung neudeutscher Infamie. Ich war kurz in Versuchung ihm zu schreiben, um ihm unter Berufung auf erweisliche Fakten für einige verleumderische Unterstellungen die bona fides zu nehmen. Ich liess es, weil ich nicht weiss, wie es überhaupt bei Herrn R. mit der bona fides ist und weil es mir auch zwecklos erscheint, sich in solcher Sache in Diskussionen einzulassen.

Es ist nun so gekommen, dass W. Weber in der Festschrift für Abendroth, nicht aber in der Ihrigen vertreten ist. Das wird gewiss bemerkt werden. In den Ferngesprächen, die ich mit ihm in dieser Sache geführt habe, gewann ich nicht den Eindruck, dass er sich distanzieren wollte. Seine wiederholte Erklärung, dass er durch die Verwaltungsreform in Niedersachsen so ausgelastet sei, dass er für nichts sonst Zeit finde, glaube ich ihm. Hätte ich früher von seiner Beteiligung an der Abendroth-Festschrift gewusst, dann würde ich ihm eindringlich vor Augen gestellt haben, welcher Eindruck entstehen muss, wenn er in Ihrer Festschrift nicht vertreten ist. Jetzt stehen wir vor der Frage, ob wir ihn bitten sollen, wenigstens als Herausgeber bei der Stange zu bleiben. Das will ich in den nächsten Tagen mit Böckenförde besprechen.
Inzwischen ist die Werner-Heldt-Ausstellung nach Mannheim gekommen. So hatte ich zum ersten Male Gelegenheit, mir einen Eindruck von dem gesamten Œuvre zu verschaffen. Bei aller Bewunderung für eine Anzahl wirklich bedeutender Bilder störte mich schliesslich doch ein wenig die Monotonie in der Auswahl des Motivs, so kunstvoll er es auch in der Darstellung zu variieren weiss. Erfreulicherweise konnte ich in Mannheim den Katalog erwerben, der so vorzüglich ist, dass er einen Bildband ersetzt.
Ich zehre immer noch ein wenig von meiner Reise: 10 Tage Rhodos, 10 Tage Rom. Es war, da ich allein reiste, eine besinnliche Zeit. Auf diese Weise sind mir die Oster-Tumulte entgangen und ich kehrte in atmosphärisch veränderte Verhältnisse zurück. Die Zustände an der hiesigen Universität werden zusehends makaber. Wegen der Terror-Drohungen des Asta kommt keine Senatssitzung mehr zustande und die Universitätsverwaltung ist mehr oder weniger paralysiert. Nun hofft man, dass das Kultusministerium den Asta auflöst und auf diese Weise dem Spuk ein Ende macht. Wenn man sich da nicht täuscht. Die Vorlesung von Tsatsos hat man gestern gesprengt, indem man ihn in Sprechchören wegen seiner Beteiligung am Entwurf der griechischen Verfassung als Faschisten angepöbelt hat. Schneiders Versuch, die Studenten zur Vernunft zu bringen, war fruchtlos. Ich sehe mich jetzt mit kollegialen Glückwünschen dazu überhäuft, dass ich mich diesen unwürdigen Zuständen durch die Emeritierung entzogen habe.
Wissenschaftlich nähere ich mich eben dem Thema Staat und Technik, zu dem ich mich schon gelegentlich geäussert habe, das ich jetzt etwas systematischer behandeln möchte.
Ich hoffe sehr, dass es Ihnen gut geht und bin
Mit herzlichen Grüssen
in alter Verehrung
Ihr
Ernst Forsthoff

Nr. 252

Carl Schmitt an Ernst Forsthoff Plettenberg, 22. Mai 1968

Lieber Herr Forsthoff,

Ihr Schreiben vom 16. Mai enthält viele Fragen. Wie soll ich sie alle beantworten? Ich hatte die Absicht, Joseph Kaiser in Staufen zu Pfingsten zu besuchen; es ist mir aber bei meinem gegenwärtigen physischen Zustand nicht möglich, allein d.h. ohne Begleitung zu reisen, und so muss ich denn Pfingsten zuhause bleiben. Wie es im Juli mit meiner Reisemöglichkeit steht, weiss ich noch nicht. Aber ich möchte doch meine Tochter und deren Familie nicht enttäuschen; vielleicht findet sich bis dahin auch eine Begleitung.

Dass Sie Werner Weber nicht wegen seiner Beteiligung an der Abendroth-Festschrift schreiben, halte ich für richtig. Ich schweige ebenfalls; nur für meine Freunde ist der beiliegende Ansatz zu einer Cantate am 12. Mai entstanden. Haben Sie den Aufsatz im Rheinischen Merkur vom 17. Mai gelesen „Notstandsprofessoren"[1] betitelt, von P. W. Wenger? Er behandelt Ridder, Abendroth etc. Ich würde Ihnen empfehlen, ihn zu lesen; er wird sicher in Heidelberg noch zu haben sein. Aber wer und was (oder was und wer) ist ein „Notstandsprofessor"? Ich denke, der erste, originale N.P. bin ich; alle folgenden sind von mir eingeweiht, initiiert, und was sich Ridder leistet, ist nur eine calibanische Verifizierung des alten Satzes: l'initié tue l'initiateur.

George Schwab[2] hat mir das druckfertige Manuskript seiner Arbeit „The Challenge of the Exception; an Introduction of the Political Ideas of Carl Schmitt between 1921 and 1936" [geschickt]; eine sehr schöne Arbeit, (neubearbeitet) die Dr. Broermann auf englisch veröffentlichen sollte. Vielleicht hat er aber Angst. Sollte man ihn nicht fragen? Ich erhalte nur ausweichende Antworten. Es ist jetzt der letzte Moment, die englische Ausgabe in Deutschland zu rechtfertigen. Wenn es nicht anders geht, wäre ich bereit, ein deutsches oder englisches Vorwort zu schreiben. Die Situation wird immer mehr grotesk; aber das gehört zur Situation. Was mir angetan wird, ist eine Schande, aber ich möchte den Ruhm dieser Schande mit niemandem teilen. Ridder gehört in die Mammut-Festschrift für Leibholz und in die Widerstands-Festschrift für Abendroth zu gleicher Zeit[3].

Ich habe wegen der Festschrift zum 11. Juli noch eine Bitte: Prof. Rafael Gibert[4] in Granada hat mir einen Beitrag (über Majorate in der spanischen Rechtsgeschichte) zugesandt; könnten Sie Frau Iglberger veranlassen, ihm mitzuteilen (zu unserm grossen Bedauern) sei der Umbruch schon begonnen und könne der Beitrag nicht mehr erscheinen? Dass ich Ihnen den Beitrag schicke, hat keinen Sinn mehr und würde Sie nur belasten. Die Adresse ist:

Prof. Rafael Gibert
Facultad de Derecho de la
Universidad de Granada Spanien.

Frau Iglberger danke ich herzlich für ihr Schreiben. Ich freue mich, dass das Aquarell von Gilles allen gefällt; der Titel „ausweglose Situation" ist etwas rätselhaft; aber nun

einmal fixiert. Werner Heldts Stärke liegt in der Intensität; er ist für Preussisch-Berlin was Picasso für Europäisch-Berlin ist; das ist er aber in vollem Umfang und in gleichem Grade.
Vielen Dank für den Merkur-Aufsatz (und die Zeitschrift selbst!); der Aufsatz ist sehr zügig; zu dem Satz über Staatlich und Politisch (Seite 409, Zeile 10 von unten): wenn ich noch einmal eine Sammlung von Aufsätzen veröffentlichen sollte, dann unter dem Titel: Vom Staatsbegriff zum Begriff des Politischen (die Frage nach dem Subjekt des Politischen). Herzliche Grüsse
und Wünsche Ihres alten
Carl Schmitt
{Rüdiger Altmann hat mir geschrieben; ich lege eine Abschrift des Passus über Springer bei.}

4 Anlagen

Nr. 253
Carl Schmitt an Ernst Forsthoff Plettenberg, 5. Juni 1968

Lieber Herr Forsthoff,
könnten Sie mir eine Mitteilung über Ihre Reisepläne für den Juli zukommen lassen? Wissen Sie schon das Datum Ihrer Abreise? Bei mir hier in Plettenberg hat sich für die Woche vom 9.–16. Juni viel Besuch angemeldet. Ich möchte am liebsten Anfang Juli nach Madrid-Santiago fliegen, fürchte mich aber vor dem Touristen- und Urlauberstrom Ende Juni–Anfang Juli (der allerdings in der Hauptsache über gecharterte Flugzeuge geht). Sollte es sich verwirklichen lassen, dass Sie mit mir gemeinsam (ich denke von Frankfurt aus im Flugzeug) nach Madrid und Santiago reisen, so wäre das für mich eine grosse Erleichterung, aber für Sie vielleicht eine Belastung. Wir müssten aber jetzt daran denken, wie wir uns hier entscheiden. Daher meine Anfrage nach Ihren Plänen. Ich würde, wenn wir einen Tag in Madrid bleiben, gern Madrider Bekannte treffen und an den Flugplatz kommen lassen; auch wäre ich gern einige Tage <u>vor</u> dem 11. Juli (vielleicht schon ab oder um 4. Juli) in Santiago, um mich einzugewöhnen; kurz, es ist gut, jetzt schon zu disponieren, zumal die Hotels in Madrid und Santiago in diesen Wochen meistens besetzt sind und man sich rechtzeitig anmelden muss. In meinem Alter wird alles umständlich und (unnütz aber unvermeidlich) „bedächtig". Verzeihen Sie also meine Anfrage und seien Sie herzlich gegrüsst von Ihrem alten
Carl Schmitt.

P.S. Bei einem gemeinsamen Flug würde es sich empfehlen, die beiden Flugkarten von demselben Reisebüro besorgen zu lassen; ich kann das hier in Plettenberg besorgen und bitte dann um die genaue Mitteilung des Reisetages, und der Rückfahrt (ich werde eine Rückfahrkarte ab 30 Tagen nehmen, also im Juli oder Anfang August zurückfliegen)
C. S.

Nr. 254

Carl Schmitt an Gisela Iglberger Plettenberg, 11. Juni 1968

Liebe und verehrte Frau Iglberger,
vielen Dank für die telefonische Mitteilung! Also Ab Frankfurt 5. Juli 12.55
an Santiago 5. Juli 19.50.
Über die Einzelheiten unseres Zusammentreffens vor der Abreise werden wir uns noch verständigen. Teilen Sie mir bitte den Betrag mit, den ich überweisen werde, und das Konto von Herrn Prof. Forsthoff. Ich würde ihn gern zu der Hin- und Rückreise einladen.
Hoffentlich ist bei Ihnen alles in bestem Befinden. Ich habe hier gerade grossen Besuch und schreibe deshalb in Eile.
Mit nochmaligem Dank für Ihre freundliche Besorgung und mit der Bitte, Herrn Forsthoff und alle gemeinsamen Freunde herzlich zu grüssen bleibe ich
Ihr alter
Carl Schmitt.

Nr. 255

Ernst Forsthoff an Carl Schmitt Heidelberg, 20. Juni 1968

Hochverehrter, lieber Herr Schmitt!
Der Flug nach Santiago am 5. 7. ist gebucht, aber die Flugscheine sind noch nicht ausgeschrieben. Sie werden Ende der nächsten Woche abgeholt. Für das liebenswürdige Angebot im Brief an Frau Iglberger, mich zu dem Flug einzuladen, danke ich Ihnen sehr. Aber ich bitte herzlich um Ihr Verständnis, wenn ich von dieser Einladung keinen Gebrauch mache. Es steht für mich seit langem fest, dass ich zu Ihrem Geburtstag nach Santiago reise. Ich betrachte das als eine Ehrenpflicht, die ich nun auch in jeder Hinsicht selbst erfüllen möchte.
Ich habe nur eine Bitte: dass Anima mir ein Zimmer im Hotel Reyes Catolicos vom 5.–14. Juli reservieren lassen möge. Würden Sie die Güte haben, diese Bitte an sie weiterzuleiten?
Morgen fahre ich auf eine Woche nach München, wo ich am Montag einen Vortrag in Mohlers Siemensstiftung[1] zu halten habe – über die heutige Staatsrechtswissenschaft. Mein Vortrag liesse sich betiteln: Von der Staatsrechtswissenschaft zur Rechtsstaatswissenschaft. Nach der Rückkehr melde ich mich wieder.
Mit herzlichen Grüssen
– raptim – stets Ihr
Ernst Forsthoff

Nr. 256

Ernst Forsthoff an Carl Schmitt Heidelberg-Schlierbach, 28. Juni 1968

Hochverehrter, lieber Herr Schmitt!
Hiermit übersende ich Ihnen den soeben abgeholten Flugschein. Irrtümlicherweise war dort auch der Rückflug eingetragen. Da die Zahl der Flugscheine numeriert ist, war die Ausstellung eines neuen Flugscheines nicht möglich. Die Eintragung ist aber gelöscht und die Löschung ist durch einen angehefteten Zettel kenntlich gemacht, so daß Sie den Rückflug frei buchen können.
Ich habe mich um ein Quartier in Santiago von mir aus nicht bemüht; hoffentlich ist das durch Anima geschehen. Mein Rückflug ist am 14. 7., abends.
Gestern abend bin ich von München zurückgekehrt, wo ich bei Armin Mohlers Siemensstiftung einen Vortrag zum Thema „Von der Staatsrechtswissenschaft zur Rechtsstaatswissenschaft" gehalten habe.
Wir treffen uns wohl im Flughafen Frankfurt, wo ich um ca. 12 Uhr eintreffen werde.
Für den Flugschein habe ich DM 624.80 ausgelegt, mein Konto ist: Deutsche Bank Heidelberg, Nr. 01/26284.
Ich freue mich schon sehr auf die Reise und bin mit herzlichen Grüßen
stets Ihr
Ernst Forsthoff

Nr. 257

Carl Schmitt an Ernst Forsthoff Plettenberg, 28. Juni 1968

Lieber, verehrter Herr Forsthoff,
hoffentlich waren Sie mit Ihrem Münchener Vortrag zufrieden. Ich danke Ihnen herzlich für Ihre Sendung mit dem Verzeichnis der Beiträge für die Festschrift. Inzwischen habe ich mit Herrn Contiades[1] verabredet, dass er mich am Donnerstag 4/7 nachmittag 16.57 in Frankfurt am Bahnhof abholt und mich dort unterbringt. Ich kann auf diese Weise am Freitag, 5/7, vormittags in Frankfurt zu Ihrer Verfügung stehen, wann und wo Sie bestimmen, sodass wir um 12.55 vom Flughafen abfliegen können.
Meine freudige Erwartung ist gross, ebenso mein Dank für Ihre Hilfe und die Begleitung.
Auf ein gutes Wiedersehn in Frankfurt,
Ihr alter
Carl Schmitt.

Von mir aus gesehen, ist es am besten, es bei obigem Vorschlag zu belassen; auch für Sie ist es das einfachste, wenn wir uns am Flugplatz treffen.

Nr. 258

Carl Schmitt an Ernst Forsthoff 29. Juni 1968

o. O. [Ansichtskarte: Plettenberg, Eschensiedlung]

Herzlichen Dank für den Einschreibebrief, lieber Herr Forsthoff, und das Begleitschreiben, das meine Anfrage von gestern beantwortet. Damit wären die Vorbereitungen für mich in Ordnung. Ich freue mich sehr auf die Fahrt und bin Ihnen und Frau Iglberger für die grosse Hilfe bei dieser Vorbereitung besonders dankbar. Auf ein gutes Wiedersehn Freitag 12 Uhr, am Flughafen Frankfurt! Herzliche Grüsse Ihnen und Ihrem Hause von Ihrem alten
Carl Schmitt

Nr. 259

Carl Schmitt an Gisela Iglberger Santiago, 19. Juli 1968

Vielen Dank, liebe und verehrte Frau Iglberger, für Ihre Sendung vom 17/7 und die Mitteilung von der guten Rückkehr von Prof. Forsthoff sowie für das Programm für Ebrach! Ich habe Herrn Forsthoff für Ebrach einen jungen Chemiker empfohlen, Gerd Giesler[1], in Berlin, 42, Borussia Str. 8. Hier ist jetzt schönes Wetter, aber am 23/7 reise ich doch nach Deutschland zurück; ich ermüde schnell, sodass ich, trotz des (für mich doppelt und dreifach aktuellen) Themas „Subjektivität" wohl nicht nach Ebrach kommen kann. Sagen Sie Herrn Forsthoff und den Seinigen, insbesondere Martin, meine besten Grüsse und seien Sie selber herzlich gegrüsst von Ihrem alten
C. S.

Nr. 260

Carl Schmitt und andere an Ernst Forsthoff[1] Madrid, 23. Juli 1968

Lieber Herr Forsthoff,
ich halte mich genau an Ihren bewährten Präzedenzfall und lasse mich von Mechthild[2] und Paco nach Deutschland zurückschleusen; fehlt allerdings Laetitia. Dafür, dass mein 80. Geburtstag seine situationsgerechte Form gefunden hat, sind wir alle – Anima, Alfonso, auch Alvaro d'Ors, der gestern noch für eine Stunde nach Santiago kam – Ihnen am meisten von Herzen dankbar. Mit 80 Jahren weiss man,

> „dass das Sein und dafür der Dank allein
> unsre ganze Habe ist" (so Konrad Weiss).[3]

Hoffentlich ist es mir vergönnt, Ihnen und den gemeinsamen Freunden das auch persönlich noch einmal auszusprechen. Mit herzlichen Grüssen und Wünschen für Sie und die Ihrigen Ihr alter und getreuer
Carl Schmitt.

Viele liebe Grüsse, Dank für die Beschützung der Tochter. Brief folgt! Herzlichst Ihre
Mechthild Caballero.

Nr. 261

Ernst Forsthoff und andere an Carl Schmitt 24. Juli 1968
o. O. [Ansichtskarte: Fassade der Abteikirche von Ebrach im Steigerwald]

Hochverehrter, lieber Herr Schmitt!
Von einem Ausflug nach Ebrach, wo wir die technischen Dinge des nächsten Ferienseminars besprochen und geregelt haben, sende ich Ihnen herzliche Grüsse. Hoffentlich hatten Sie eine gute Heimreise.
Stets Ihr
Ernst Forsthoff

Die besten Grüße von
G. Iglberger

Mit vielem herzlichen Dank für Ihre Karte die besten Grüße aus Ebrach
Ihre sehr ergebene Dorothee Mußgnug

Viele Grüsse Fr. Bock

{Viele freundliche Grüße Hedi Gries u. Herr Salb Hotel Klosterbräu}[1]

Nr. 262

Carl Schmitt an Ernst Forsthoff Plettenberg, 24. Juli 1968

Dieser Begleitbrief gehört zu dem Päckchen vom gleichen Tage.

Lieber Herr Forsthoff,
gestern bin ich wieder in Plettenberg gelandet; in Frankfurt am Flugplatz hatte Dr. Wirmer mich erwartet. Zwei kleine Geschenke, die Anima mir für Susanne und für Frau Iglberger mitgegeben hat, will ich gleich übersenden, mit vielen Grüssen von Anima und Alfonso. Ich erinnere mich unserer Reise und des Aufenthaltes in Santiago und bleibe mit allen guten Wünschen, bedanke mich sehr für die neuen Hefte des „Merkur“, die ich hier vorfand und bleibe Ihr alter
Carl Schmitt.

Nr. 263

Ernst Forsthoff an Carl Schmitt Heidelberg-Schlierbach, 3. August 1968

Hochverehrter, lieber Herr Schmitt!
Es freut mich, dass die Bilder noch vor meiner Abreise in die Ferien fertig geworden sind, sodass ich sie Ihnen schicken kann. Ich fahre Anfang nächster Woche zunächst nach Törwang (das Sie kennen), wo ich Gelegenheit habe, eine Zweitwohnung zu mieten und dann weiter nach Lugano, wo ich bis Ende des Monats sein werde. Für alle Fälle meine Adresse: Grandhotel Villa Castagnola.
Hoffentlich haben Sie sich gut wieder in Plettenberg eingelebt. Das Unglück, das Oberheids mit dem Tode ihres Jüngsten getroffen hat[1], bewegt mich sehr.
Mit herzlichen Grüssen
stets Ihr
Ernst Forsthoff

Nr. 264

Ernst Forsthoff an Carl Schmitt Heidelberg-Schlierbach, 6. September 1968
[Von Schmitt u. a. notiert:] b[eantwortet] 15. 9. 68

Hochverehrter, lieber Herr Schmitt!
Hiermit übersende ich Ihnen den Aufsatz über das Elend der Subjektivität[1], von dem wir in Spanien sprachen – erschienen am 17.8. im Bayern-Kurier.
In Eile, herzlich grüssend
in alter Verehrung
Ihr
Ernst Forsthoff

Nr. 265

Ernst Forsthoff an Carl Schmitt Heidelberg-Schlierbach, 11. September 1968
[Von Schmitt u. a. notiert:] b[eantwortet] 15. 9. 68

Hochverehrter, lieber Herr Schmitt!
Die Vorbereitungen für Ebrach sind nun so weit gediehen, dass ich Ihnen das Programm und die Teilnehmerliste übersenden kann. Darüber, wie sehr ich hoffe, dass Sie Ihre Teilnahme wieder ermöglichen können, brauche ich angesichts dessen, was diese Teilnahme uns allen immer bedeutet hat, keine Worte zu machen. Es wird alles geschehen, um Ihnen die Reise zu erleichtern. Falls Sie mit dem Zuge kommen, würde ich Sie in Frankfurt abholen, um Ihnen die Mühe des Umsteigens zu ersparen. Aber Frau Iglberger ist auch gerne bereit, Sie am Samstag (28. 9.) in Plettenberg mit dem

Wagen abzuholen und Sie nach hier zu bringen, sodass Sie am Sonntag mit mir nach Ebrach weiterfahren können.
Mit dem Programm bin ich recht zufrieden. Der Kreis der Teilnehmer setzt sich sehr glücklich zusammen, sodass ich Grund habe, dem Ablauf mit grossen Erwartungen entgegenzusehen. Umso mehr hoffen wir alle auf Ihr Kommen.
Mit herzlichen Grüssen
in alter Verehrung
stets Ihr
Ernst Forsthoff

Nr. 266
Carl Schmitt an Ernst Forsthoff Plettenberg, 15. September 1968

Lieber, verehrter Herr Forsthoff,
dass mein Glückwunsch zu Ihrem Geburtstag mit zwei Tagen Verspätung ausgesprochen wird, müssen Sie mit Nachsicht durchgehen lassen. Ich habe ihn nicht vergessen, denn seit über zwei Monaten bin ich ja in ständigem Kontakt mit Ihnen, und Ihre Geburtstagsrede in Santiago vom 11. Juli ist mir in allen Einzelheiten nach Inhalt und Situation noch lebendig gegenwärtig, sodass ich nicht durch Notiz- oder Terminkalender daran erinnert zu werden brauche. Es sind nur die deprimierenden Behinderungen des Alters, die mir eine korrekte Wahrnehmung wichtiger Daten täglich mehr unmöglich machen.
Ich darf also damit beginnen, meine Wünsche für Ihr neues Lebensjahr auszusprechen; sie betreffen Ihre Gesundheit und Ihre wissenschaftliche Arbeit. Die neuen Möglichkeiten, die sich durch die Befreiung vom Lehr- und Examensbetrieb ergeben, werden sich jetzt, wie wir alle hoffen, mit voller Kraft entfalten können. Auch für das Wohl Ihrer Kinder sage ich Ihnen meine herzlichsten Wünsche.
Ich bin Ihnen für zahlreiche Zusendungen der letzten Wochen zu grossem Dank verpflichtet: die Übersetzung und Vervielfältigung des Begrüssungsaufsatzes von D. Antonio Casanova aus dem „Correo Gallego“[1]; die schönen Fotos von meinem Geburtstag (bei dem leider kein Foto ist, auf dem Sie selber erscheinen); die sehr gute Arbeit Ihres Schülers Hans H. Klein[2] über „die Teilnahme des Staates am wirtschaftlichen Wettbewerb“ (in der mich seine Stellungnahme zu dem Satz „die Freiheit ist kein Rechtsinstitut“ und seine Zustimmung zu Gunther Abels Arbeit von 1964[3] besonders gefreut hat); schliesslich Ihr Aufsatz über das Elend der Subjektivität aus dem Bayern-Kurier.
Das Thema „Elend der Subjektivität“ sollte das Thema der diesjährigen Ebracher Tagung sein, zu der ich die Einladung und die Vortragsfolge erhalten habe. Ich habe die Einladung und Ihre Vorschläge, mir die Reise nach Ebrach zu erleichtern, als neues, weiteres Zeichen Ihrer Freundschaft tief empfunden und würde ganz selbstverständlich mit grösster Freude meinen bisherigen, unvergesslichen Ebracher Seminaren auch das diesjährige anfügen. Eine Wiederbegegnung mit Ihnen und den andern

bewährten Freunden, die Vorträge und Diskussionen, wobei Ihre Leitung und Zusammenfassung dem Ganzen seine Einheit gibt, die reichen Gesprächsmöglichkeiten, die schöne Umgebung und die wohltuende Gastlichkeit, alles das wäre mir in diesem Jahre nötiger als je, um nicht ganz in der Isolierung des Alters unterzugehn. Aber das Alter ist grausam und verfügt über harte Zwangsmittel. Ich war fest entschlossen, mich über alle Bedenken, selbst über die Notwendigkeit einer zahnärztlichen Behandlung hinwegzusetzen und Ihre Einladung nach Ebrach anzunehmen; da bin ich jedoch durch meinen kurzen, zweitägigen, mit allem Komfort und allen Rücksichten ausgestatteten Besuch bei Oberheids in Kaiserswerth und durch die anschliessenden Folgen eindeutig eines Andern belehrt worden. Es geht einfach physisch nicht. Da hilft kein Zureden und kein Entschluss. Ich kann nur noch versuchen, meine letzten Reserven für den Tag Mitte Oktober zu sammeln, an dem wir uns in Düsseldorf treffen wollen.
In der Zeitschrift Merkur, die ich durch Ihre Güte pünktlich erhalte, las ich gestern den Aufsatz von Rüdiger Altmann[4] und die Notiz, die auf die Festschrift hinweist. In der Jesuiten-Zeitschrift „Theologie und Kirche“, Heft 2 (das Barion mir schickte) las ich (mit Vergnügen an der zu erwartenden Wirkung) die Besprechung der Ebracher Festschrift durch Nell-Breuning[5]. In der FAZ vom 11. September bemerkte ich ein Foto Ihrer Werner-Heldt-Zeichnung (Kleist's Tod am Wannsee,) leider nach einem schlechten (rechts und links vertauschenden) Foto reproduziert; hat man bei Ihnen um die Genehmigung der Publikation gebeten?
Prof. Hermann Schmidt[6], Pädagogische Hochschule in Stuttgart, hat mich gebeten, ihm eine Einladung nach Ebrach für die kommende Tagung zu vermitteln. Ich folge seiner Bitte sehr gern (er ist der Verfasser eines interessanten philosophischen Aufsatzes über den „Nomos der Erde“, der im „Staat“ erschienen ist) und füge seine Adresse bei, für den Fall, dass es noch nicht zu spät ist: 7 Stuttgart, Hauptmannsreutte 39.
Jetzt will ich meinen Brief schliessen. Ich grüsse Sie herzlich, lieber Herr Forsthoff und bitte Sie, Frau Iglberger mit meinem Dank auch meine besten Grüsse zu sagen. Ich wünsche Ihnen einen schönen Erfolg Ihres Ebracher Seminars und bleibe stets Ihr alter
Carl Schmitt.

Nr. 267
Ernst Forsthoff an Carl Schmitt Heidelberg-Schlierbach, 20. September 1968

Hochverehrter, lieber Herr Schmitt!
Soeben erhalte ich die neue Nummer des Studium Generale mit den Ebrach-Vorträgen 1967[1] und beeile mich, Ihnen ein Exemplar zu übersenden. Ich bin nicht unglücklich darüber, dass Ebrach in dieser Form in die Literatur eingeht.
Für Ihren ausführlichen Brief will ich Ihnen heute nur danken und später antworten.

An die FAZ, die mich wegen der Reproduktion nicht gefragt hat, habe ich geschrieben und um Auskunft gebeten, woher das Klischee stammt.
Altmanns im einzelnen brillanter Aufsatz hat mich im Ergebnis etwas enttäuscht. „Ungestörte Entwickelung“[2] ist mir zu vage.
Mit herzlichen Grüssen
Ihr
Ernst Forsthoff

Nr. 268

Carl Schmitt an Gisela Iglberger Plettenberg, 25. September 1968

Liebe, verehrte Frau Iglberger,
bevor Sie nach Ebrach abfahren, möchte ich Ihnen meine herzlichen Wünsche für ein gutes Gelingen des diesjährigen Ferien-Seminars aussprechen. Dass ich nicht daran teilnehmen kann und auch die freundlichen Vorschläge einer besonderen Erleichterung meiner Reise, die Sie und Prof. Forsthoff mir machten, schliesslich doch ablehnen musste, ist traurig, aber nicht zu ändern. Grüssen Sie die alten Freunde in Ebrach vielmals von mir, besonders den guten P. Buve, wenn er wieder dabei ist, auch Frau Mußgnug und die alten Bekannten von der Familie Gries, sowie Herrn Salb! Gestern erhielt ich von Herrn Forsthoff das Heft des Studium Generale von August 68 mit den Vorträgen von 1967; das ist ein schöner publicity-Erfolg, über den ich mich sehr gefreut habe und zu dem ich Ihnen alle herzlich gratuliere.
Heute morgen traf von Herrn Oberheid aus Lugano die Einladung zum 19. Oktober nach Düsseldorf, wo die Festschrift überreicht werden soll, ein. Ich hoffe, dass ich es riskieren kann, für einen oder zwei Tage nach Düsseldorf zu reisen und dass wir uns dort alle wiedersehn.
Ich bleibe mit vielen Grüssen und Wünschen Ihr alter
Carl Schmitt.

1) Eben erhalte ich einen Brief von D. H. [!] Sander[1] aus München, der mitteilt, dass er im Oktober nach Ebrach kommt; sagen Sie ihm bitte, dass es mir leid getan hat, nicht nach Ebrach kommen zu können.
C. S.
2) Ich bin neugierig, was die FAZ zu Prof. Forsthoffs Anfrage wegen der Reproduktion der W. Heldt-Zeichnung antwortet; es könnte sein, dass ich selber Karl Korn einmal ein Foto geschickt habe; vielleicht war die Publikation auch als Freundlichkeit gemeint; die Schuld an der Verwechslung von rechts und links hat ein Drogist, der mir 10 Abzüge gemacht hat.
C. S.

Nr. 269

Carl Schmitt an Ernst Forsthoff Plettenberg, 15. Oktober 1968

Lieber und verehrter Herr Forsthoff,
heute morgen erhielt ich von Gerd Giesler aus Berlin einen sehr interessanten Bericht über das letzte Ebracher Seminar und konnte daraus ermessen, was ich versäumt habe. Doch war es für mich eine grosse Freude, Einzelheiten zu erfahren, sodass ich mir ein Gesamtbild machen konnte, mit dem Ergebnis, dass auch dieses Seminar überaus lebendig und fruchtbar gewesen ist. Jetzt denke ich mit einiger Spannung auf das bevorstehende Treffen in Düsseldorf, am nächsten Samstag. Ernst-Wolfgang Böckenförde, der mich vorgestern besuchte, erzählte mir, dass Frau Iglberger und Frau Hirsch die Befürchtung geäussert hätten, sie würden vielleicht nicht recht in das Gesamtbild gehören. Das hat mich sehr beunruhigt und beinahe gekränkt. Ich habe auch mit Herrn Oberheid telefonisch darüber gesprochen, der meine Reaktion teilte und ebenso wie ich die beiden Damen unbedingt erwartet. Er hat das Placement für das Essen fertig. Wenn ich noch irgend etwas dazu tun kann, dass sie beide mitkommen, stehe ich (ebenso wie Herr Oberheid) mit allem Eifer zur Verfügung.
Auf ein gutes Wiedersehn in Düsseldorf! Ich fahre am Freitag nachmittag hier ab und übernachte bei Oberheids.
Ihr alter und getreuer
Carl Schmitt.

Nr. 270

Carl Schmitt an Ernst Forsthoff Plettenberg, 6. November 1968

Lieber und verehrter Herr Forsthoff,
aus Düsseldorf höre ich, dass Heinrich Oberheid sein Exemplar der „Epirrhosis“ aus Berlin erhalten hat. Es ist deshalb anzunehmen, dass auch Sie die beiden Bände inzwischen bekommen haben. Ich habe mich seit meiner Rückkehr aus Düsseldorf in die einzelnen Beiträge vertieft und muss Ihnen gestehen, dass das eine überaus fesselnde Lektüre ist, sowohl in den einzelnen Aufsätzen, wie auch in dem Gesamtbild, das sich dabei ergibt.
Es ist ganz unmöglich, von irgendeinem Leser und Interessenten zu erwarten, dass er ein Sammelwerk von 40 verschiedenen, fast durchweg inhaltreichen und „dichten“ Arbeiten mit derselben Aufmerksamkeit zur Kenntnis nimmt, wie der Widmungs-Adressat, der jeden der Autoren persönlich kennt und dessen Kenntnisnahme ein fortwährendes, lebhaftes Zwiegespräch bedeutet. Wenn ich also bei der Beschäftigung mit diesem ungewöhnlichen Dokument immer von neuem den Wunsch empfinde, mit Ihnen darüber sprechen zu können, so weiss ich wohl, dass es töricht wäre, in absehbarer Zeit, sagen wir also vor dem Frühjahr 1969, ein solches Gespräch zu erwarten. Jetzt erhalte

ich aber einen Brief von Barion, der anregt, dass wir uns an einem Wochenende Mitte März 1969 im Quellenhof in Aachen zu dritt wiedersehn, während seines jährlichen Kuraufenthaltes. Die Erinnerung an diesen Aufenthalt im März 1968 ist für mich so schön und ermutigend, dass ich Barions Anregung mit grossem Eifer aufnehmen und an Sie weitergeben möchte. Bis Mitte März 1969 ist ja noch viel Zeit zum Überlegen.
Die Anlage der Festschrift, insbesondere die Einteilung in zwei Bände und die Besorgung der Redaktion durch zwei Herausgeber nach dem Stichjahr 1945 hat sich als eine Maßnahme von ungeahnter Bedeutungsfülle erwiesen. Nachdem ich jetzt sagen kann, dass ich die meisten Aufsätze wirklich kenne, wächst in mir das Staunen vor den hintergründigen Zusammenhängen, die ungewollt, aber dafür umso überzeugender, ein Gesamtbild gegenseitiger Erhellung, Betonung und Resonanz ergeben. Auch Aufsätze, die sich mit spezialthematischer Unauffälligkeit, ja Abseitigkeit präsentieren wie der Beitrag von Rainer Specht „Über Polignacs Antilucretius" (II S. 697 ff) entpuppen sich als eine Spitzenleistung genialster Verfremdung äusserst aktueller Fragen, die auf Seite 705 deutlich werden als „Gewissensfragen des Konservativen" in einer Zeit, in der „sich der Wissensstand der Öffentlichkeit mit dem Wissensstand der Forscher nicht deckt" (S. 706).
Es gäbe eine lange Abhandlung, wenn ich in dieser Weise fortfahren wollte, Ihnen von meinen Eindrücken zu berichten. Das Hauptthema für Sie und für mich bleibt das Thema Ihres Aufsatzes „Zur heutigen Situation einer Verfassungslehre". Soeben erhalte ich das Protokoll der Bergedorfer Gespräche Nr. 30 (Tagung vom 6. Mai 1968 unter Leitung von Prof. Dr. H. P. Ipsen)[1], das zwei von Ipsen formulierte Fragen betrifft: 1) ist Galbraith' Bild von Amerika für uns so real, dass wir uns damit auseinandersetzen müssen (eine Frage, die von Salin auf das heftigste verneint, von dem Sozialdemokraten Herbert Ehrenberg vom Bundeswirtschaftsministerium ebenso entschieden bejaht wird) und 2) die Rolle des Staates in der Entwicklung der weiteren wirtschaftlichen und technischen Probleme, die nicht mehr im Rahmen der europäischen Nationalstaaten gelöst werden können. Es ist frappant, in welchem Grade Ihr Beitrag in diese Diskussion gehört und wie er sie vor dem Versanden gerettet hätte. Ich schicke Ihnen das Protokoll gern, wenn Sie es wünschen.
Ich sehe voraus, dass die zielbewussten Aktivisten, die aus der Lehrfreiheit eine Demonstrationswaffe machen und die „soziale Schubkraft" organisieren, um den reinen Sozialstaat durchzusetzen, sich Ihrer Kritik bemächtigen werden, während die Halbgötter und Honoratioren der Deutsch-Schweizerischen Staatsrechtslehrer-Vereinigung ihnen mit vornehmer Reserviertheit das Feld überlassen, analog 1930/33, um abzuwarten wohin der Koalitionshase läuft. Vor allem wird man, im Anschluss an die praktische Conclusio Ihres Beitrages, nach dem Ergebnis für das Fach des Verfassungsrechts fragen: bleibt denn zur Rettung des „Freiheitsreservates" etwas anderes als die Registrierung von Präzedenzfällen und „faits accomplis" wozu nicht nur bundesverfassungsgerichtliche Entscheidungen gehören, sondern auch die konkrete, interpretatorische Verwertung und der Hinweis auf die integrierende Wirkung der Karl-Marx-Briefmarke vom Mai 1968.

Nun wird es aber Zeit für mich, diese Epistel zu beenden. Sie ist als ein Dankbrief gedacht, der aus der Erinnerung an unsere Begegnung in Düsseldorf entstanden ist und sich nicht nur mit einigen konventionellen Formeln begnügen konnte. Die Verbundenheit eines συνκινδυνεύειν hat sich von neuem bestätigt; das ist eine wahre ἐπίῤῥωσις[2].
Mit herzlichen Grüssen und Wünschen
Ihr alter
Carl Schmitt.

Nr. 271
Ernst Forsthoff an Carl Schmitt — Heidelberg-Schlierbach, 26. November 1968

Hochverehrter, lieber Herr Schmitt!
Mit grosser Verspätung danke ich Ihnen für Ihren langen Brief zur Festschrift. Ich wollte diesen Dank mit der Übersendung des beiliegenden Kunstheftes verbinden. Die Hefte Forma e colore[1] bieten heute das Vollendetste an farbphotographischer Reproduktion. Da sie in Deutschland kaum bekannt sind, wage ich zu hoffen, dass Sie das Heft noch nicht haben und dass es Ihnen einige Freude bereiten wird.
Gestern bin ich von Berlin zurückgekehrt, wo ich am Freitag einen Vortrag über die heutige Situation des Verwaltungsjuristen gehalten habe. Mehrfach war ich mit Werner zusammen, was recht erfreulich war. Im ganzen aber ist ein Besuch des heutigen Berlin eine deprimierende Sache. Am Samstag abend war ich bei Blümels eingeladen, zusammen mit den Ehepaaren Quaritsch, Herzog und Rüthers (Zivilrechtler, vor einigen Jahren in Münster habilitiert)[2]. Es gab eine recht anregende Unterhaltung. Ich hörte, dass die Festschrift in der Fakultät zirkuliert und da und dort den erwarteten Ärger auslöst. Blümel hat sich offenbar glänzend in Berlin durchgesetzt. Es steht fest, dass er primo loco auf die Liste für die Besetzung eines neu geschaffenen Lehrstuhls gesetzt wird. Gestern erfuhr ich ausserdem, dass mein Schüler Hans Klein in Göttingen die soeben aufgestellte Liste für die Nachfolge Huber anführt. Damit habe ich die Genugtuung, dass in kurzer Zeit auch meine letzten Schüler in Ordinariate einrücken werden, vermutlich schneller, als ich zu hoffen wagte.
Kürzlich besuchte mich Barion, um mit mir über meinen Plan einer Festschrift zu seinem 70. Geburtstag zu sprechen[3]. (Ich hatte den Verlag Brockhaus bereits dafür gewonnen). Nachdem ich geglaubt hatte, seinen Widerstand gegen dieses Vorhaben, von dem er durch eine Indiskretion Oberheids erfahren hatte, überwunden zu haben, kam gestern ein Brief von ihm, in dem er den dringenden Wunsch ausspricht, von einer solchen Ehrung Abstand zu nehmen. Mein Argument, dass die Festschrift zur spezifischen literarischen Form geworden ist, in der unser Kreis sich von Zeit zu Zeit zu Wort meldet, hat ihn zwar beeindruckt, aber schliesslich doch nicht überzeugt. Da ich die Risiken nicht abschätzen kann, die eine solche Festschrift für Barion selbst innerhalb der katholischen Welt bedeutet, bleibt wohl nichts anderes übrig, als sich seinem Wunsch zu beugen.

Morgen fahre ich nach Törwang, südlich von Rosenheim, wo ich mir eine kleine Zweitwohnung gemietet habe, die ich morgen einrichten werde. Ich bin sehr froh über dieses Refugium im schönsten und Gottseidank noch unentdeckten Gebiet Oberbayerns.
Mit herzlichen Grüssen in alter Verehrung
Ihr
Ernst Forsthoff

Beste Grüsse an Frl. Annie.

Nr. 272
Carl Schmitt an Ernst Forsthoff Plettenberg, 14. Januar 1969

Lieber Herr Forsthoff,
vorgestern war Ernst-Wolfgang Böckenförde bei mir zu Besuch; dadurch habe ich einiges aus Heidelberg erfahren und kann mir ein Bild der dortigen Zustände machen. Ich habe lange nichts mehr von Ihnen gehört, aber das ist meine eigene Schuld, und ich bitte Sie um Nachsicht wegen meines langen Schweigens. Ich hoffe, dass Sie das Jahr 1969 gut begonnen haben und dass Ihre Pläne sich zufriedenstellend verwirklichen. Bei mir herrscht eine derartig ereignislose Eintönigkeit des täglichen Ablaufs, dass ich jeden Zeitsinn verliere und nur noch durch geschichtliche Parallelen aus meiner vegetativen Dämmerung aufgescheucht werde, wie vor kurzem durch Christian Meiers Sonderdruck „Ciceros Consulat“ [1], infolgedessen ich nur noch Ciceros 4 katilinarische Reden lese, die spannender und aktueller sind als die Dreigroschenoper des grossen Pfiffikus Bert Brecht.
Die Nachricht von der Verheiratung Frau Iglbergers [2] hat mir natürlich einige besorgte Fragen nahegelegt; denn Ihre wissenschaftliche Arbeit lässt sich nicht mit den Methoden meiner Einsiedler-Bohème ohne Büro und Sekretariat bewältigen. Von Frau Oberheid hörte ich aus Bad Kreuth, dass Heinrich Oberheid einige sehr schlimme Krankheitswochen hinter sich hat. Barion wird bei seinem Bremer Vortrag in diesem Monat mit Protest-Aktions-Versuchen katholischer Kreise rechnen müssen. Ich bin durch verschiedene Reaktionen auf Epirrhosis-Beiträge (Christian Meier auf Alvaro d'Ors über das Römische Gesetz als Akt des Magistrats; Marianne Kesting über Benito Cereno, P. Buve über Barions Beitrag – eine fast unheimliche Wirkung –) und durch ähnliche Korrespondenzen beschäftigt und gestehe Ihnen in aller Naivität, dass ich die Festschrift zu meinem 80. Geburtstag täglich mehr bewundere, nicht nur in der unwahrscheinlichen Vielschichtigkeit ihrer 40 Beiträge, sondern auch in dem überzeugenden Gesamtbild ihrer Aufteilung nach Alt und Jung, wobei sowohl Alt wie Jung Stand hält. Habe ich Ihnen schon davon erzählt, dass Johannes Gross mit der Spiegel-Redaktion verabredet hat, in der Sparte „Bücher“ darüber zu berichten? [3] Da kann man ja gespannt sein. Den letzten dieser Spiegel-Berichte (Fetscher über Adorno und Hork-

heimer) fand ich gut; den vorletzten (Sarstedt über Weinkauff) blamabel. Wie Gross damit fertig wird, müssen wir abwarten.
Vor einiger Zeit habe ich Sie einmal gefragt, lieber Herr Forsthoff, ob wir uns nicht Mitte März mit Barion im Quellenhof in Aachen an einem Wochenende treffen könnten. Barion hat in seinem letzten Schreiben die Tage 14.–17. März vorgeschlagen; ich habe zugesagt. Überlegen Sie doch bitte, ob das in Ihre Pläne passt. Dann spiele ich mit dem Gedanken, einige alte Bekannte in Oberbayern aufzusuchen (z. B. einen Freund vom I. Bay. Gkdo in München[4], den pensionierten Landgerichtspräsidenten von Traunstein) und in diesem Zusammenhang einige Tage bei Ihnen in Törwang zu verbringen. Auch Maunz, der wieder einen rührenden Brief geschrieben hat, müsste ich noch einmal wiedersehn, so Gott will.
Diese Zeilen, lieber Herr Forsthoff, sollen Ihnen meine Bitte um Nachsicht wegen meines langen Schweigens umrahmen, nicht etwa Ihnen eine Verpflichtung zu schneller Beantwortung zuschieben. Im Untergrunde alles dessen, was mich noch bewegt, rumort der Wunsch, mit den beiden grossen Beiträgen von Bd. I der Epirrhosis – Ihrer Darlegung der heutigen Situation der Verfassungslehre und Barions Darlegung der heutigen Situation der Römischen Kirche – innerlich zu einer Art von „Ergebnis“ zu kommen, wenigstens für mich als „Subjekt“. Das ist wohl auch nur ein Wunsch, der aus den Täuschungen unseres Elends der Subjektivität entsteht, und der das Subjekt noch so wichtig nimmt, wie Kierkegaard es noch konnte; denn sonst hätte er nicht soviele grossartige Bekundungen des „Einzelnen“ zu Papier bringen können. Das beschämende, blamable désaveu des Universitäts-Kierkegaardianismus, das sich in einer so erbärmlichen Figur wie Karl Jaspers darstellt, ist heute ja nicht einmal mehr als Blamage von Bedeutung; es ist nur noch Mülleimer. Was aber ist Kierkegaard selbst, in seiner Raumkapsel des Nichts-als-Einzelnen? Es müssen eben doch „zwei oder drei“ sein, um zu der von Kierkegaard geforderten „Gleichzeitigkeit“ als einer Wirklichkeit vorzustossen, und das ist das, was ein Jurist, Rudolf Sohm[5], erkannt hat.
Ich kann ein solches Schreiben, wie es in diesen Zeilen angesetzt ist, nicht zu Ende führen. Der Sinn dieses ganz und gar improvisierten Ansatzes ist der, Ihnen anzudeuten, was diese beiden Festschrift-Beiträge, Ihr Aufsatz über Verfassungslehre und der Barions über den Römischen Katholizismus, für mich und für den Rest meines irdischen Daseins bedeuten; Sie mit dem Wort „Antiquiertheit“ auf Seite 187 oben; Barion mit dem Wort „mit einem einzigen Schlag zunichte“ auf Seite 19 (Anfang von § 11). Ich breche also ab. Wenn ich zwei Abschriften von Antworten aus den letzten Wochen beifüge, so nur deshalb, weil ich Ihnen zeigen möchte, dass ich ohne jeden Plan, von allen Seiten, von selbst täglich auf die Frage gestossen werde, die auch den vorliegenden Brief zustande gebracht hat, aber wohl kaum noch einmal einen systematisch geformten Aufsatz hervorbringen wird.
Viele herzliche Grüsse und Wünsche! Ich bleibe in treuer und dankbarer Erinnerung
stets Ihr alter
Carl Schmitt

Nr. 273

Ernst Forsthoff an Carl Schmitt Heidelberg-Schlierbach, 22. Januar 1969

Hochverehrter, lieber Herr Schmitt!

Ihren langen Brief, für den ich herzlich danke, fand ich bei der Rückkehr von Florenz vor. <*Familiennachrichten*>

Dass Sie mich im März in Aachen dabei haben wollen, freut mich natürlich sehr. Ich habe darüber bereits mit Barion telefoniert, der inzwischen ein Zimmer für mich bestellt hat. Dann können wir auch über Ihren Besuch in Törwang sprechen, für den der Mai die beste Jahreszeit wäre. Von München aus ist meine Wohnung leicht erreichbar: 50 Minuten Bahnfahrt bis Rosenheim, wo ich Besucher abholen würde – 20 Autominuten bis zur Wohnung.

Eben habe ich die Korrekturen meiner Schrift: Der Verfassungsschutz der Tagespresse[1] abgeschickt. Ich hoffe sehr, dass sie nun bald erscheinen wird.

Der Tod von Freyer[2] bewegt mich sehr, nicht nur in Erinnerung an Wilhelm Ahlmann, über dessen Vermittelung wir uns näher kamen. Ich bin für die geistige Ausstrahlung, die von ihm ausging, immer empfänglich gewesen. Die FAZ kündigt eine ausführliche Würdigung an. Ich bin gespannt.

Auf den übrigen Inhalt Ihres Briefes komme ich später zurück. Im November sandte ich Ihnen ein Heft von Forma e colore mit Abbildungen des Portals der Kathedrale von Santiago. Da das grosse Format schon einige Verpackungsschwierigkeiten machte, bin ich etwas in Sorge, ob die Sendung Sie erreicht hat. Wenn nicht, dann mache ich einen neuen Versuch, denn die Farbphotos sind ungewöhnlich gut und dürften Sie erfreuen, falls Sie sie nicht bereits besitzen.

Mit herzlichen Grüssen und Wünschen
in alter Verehrung
Ihr
Ernst Forsthoff

Beste Grüsse auch an Frl. Stand.

Nr. 274

Carl Schmitt an Ernst Forsthoff Plettenberg, 23. Januar 1969

Lieber und verehrter Herr Forsthoff,

heute morgen erhielt ich Ihren Brief vom 22. Januar <*Familiennachrichten*>. Ich danke Ihnen herzlich für Ihre Zeilen und möchte wenigstens ein skandalöses eigenes Versäumnis endlich in Ordnung bringen: die herrlichen italienischen Fotographien von der Kathedrale in Santiago, Maestro Mateo, die Sie mir schon vor Monaten geschickt haben, sind seit ebensolanger Zeit meine Freude; ich betrachte sie fast täglich, sie liegen ununterbrochen seit ihrer Ankunft neben dem Tisch an dem ich arbeite; es ist einfach erstaunlich, was aus der fotographischen Technik hier entsteht. Bei keinem der

vielen hervorragenden Kunstfotos habe ich das als eine so unmittelbare und dringliche Frage empfunden. Ich habe mir einige andere Hefte notiert, um sie zu bestellen, doch geht alles bei mir jetzt sehr langsam; vor allem aber: ich habe genug mit der Vertiefung in diese Bilder zu tun, weil sie einen vieles sehen lassen, was einem als Besucher der Kathedrale auch bei stundenlangen, wiederholten Betrachtungen und in Gesprächen mit Spezial-Kennern einfach unbemerkt bleibt. Für mich ist dieser Portico die wichtigste Urkunde über den welt- und heilsgeschichtlichen Augenblick, in welchem die Präsenz Christi im Sakrament des Abendmahles aus einer gemeinsamen Gegenwart der Gläubigen („wo zwei oder drei in meinem Namen versammelt sind") zu einer „Realpräsenz in den Gestalten" verdinglicht wurde (der mit Berengar von Tours nach dem Jahre 1000 beginnende Abendmahlstreit)[1]; ferner zu dem Thema „die Kirche aus Juden und Heiden" (deshalb glaube ich nicht, dass der rechte Flügel ein jüngstes Gericht darstellt) – kurz, das Versäumnis ist zwar unverzeihlich, aber nicht unerklärlich. Ich verrate Ihnen: mit meinem letzten Brief (vom 14/1) wollte ich eigentlich an erster Stelle für dieses kostbare Geschenk danken; ich hatte das auch E. W. Böckenförde, der mich (am 12/1) besucht hatte, erzählt, bin dann aber beim Schreiben zunächst auf andere Fragen gekommen, ermüdete plötzlich und schloss den Brief, um ihn abzusenden und nicht liegen zu lassen – typische Alterserscheinung und nur als solche erklärlich.
Vielen Dank für die Mitteilungen wegen Aachen (14/17 März) und Törwang (am besten wohl Mai). Auf Ihre neue Veröffentlichung freue ich mich sehr. Hatten Sie Zeit, sich das Buch von Prof. Bernd Rüthers, Berlin, Die unbegrenzte Auslegung[2], bei Mohr/Tübingen, anzusehen (496 Seiten, mit einem § 20: Der Wechsel der Wertgrundlage bei unveränderter Auslegungstechnik (vielleicht gegen Ihre heutige Position?) und einen § 10, Carl Schmitt). Das Thema ist erstaunlich interessant; in Staat–Bewegung–Volk 1933 steht schon alles (über Generalklauseln, unbestimmte Begriffe etc); der Ausweg: Richter-Positivismus! Insofern erscheint mein Buch „Gesetz und Urteil" von 1912 (!) als Neudruck bei Beck[3] gerade recht.
Mit Hans Freyer ist einer der Nächsten aus meiner „Reihe" gestorben; die Würdigung in der FAZ werde ich mir besorgen, übrigens auch die Besprechung von Augsteins Friedrich Buch durch die Boveri (vor einigen Monaten)[4].
In der Erwartung Ihrer neuen Arbeit viele Grüsse und Wünsche Ihres
C. S.

Nr. 275

Ernst Forsthoff und andere an Carl Schmitt 27. Februar 1969
o. O. [Ansichtskarte: Törwang am Samerberg]

Hochverehrter, lieber Herr Schmitt!
Seit einer Woche bin ich hier und arbeite an dem Vortrag, den ich nächste Woche in Bremen zu halten habe. Dabei geniesse ich die Wohnung und die herrliche winterliche

Landschaft und denke voraus an die Wochen, die wir im Frühjahr hier gemeinsam verbringen werden. Inzwischen freue ich mich auf Aachen, wo wir alles Nähere verabreden können.
Mit herzlichen Grüssen
Ihr
Ernst Forsthoff

Viele Grüsse an Frl. Anni.

Mit den besten Grüßen, auch an Frl. Anni,
Ihre G. Lehmann

Nr. 276

Ernst Forsthoff an Carl Schmitt Heidelberg-Schlierbach, 20. März 1969
[Von Schmitt u. a. notiert:] b[eantwortet] 6. 4.

Hochverehrter, lieber Herr Schmitt!
Gestern ist das Buch von Rüthers an Sie abgegangen und wohl inzwischen in Ihrem Besitz.
Inzwischen habe ich die Bahnverbindung nach Rosenheim ermittelt und festgestellt, daß Sie am zweckmäßigsten folgende Verbindung benutzen:

Ab Plettenberg	E	9.09 Uhr
an Hagen		9.50
ab Hagen	D	10.19
an München		19.09
ab München	E	20.25
an Rosenheim		21.08

Diese Verbindung ist günstiger als alle Züge über Siegen-Frankfurt.
Sie hätten in München Gelegenheit, das Abendessen einzunehmen.
Eine andere Möglichkeit wäre die, daß Sie mit Fräulein Anni nach Heidelberg kommen, hier übernachten und am nächsten Tage (Frl. Anni mit Frau Lehmann) mit dem Auto nach Roßholzen fahren. Die Fahrzeit beträgt etwa 5 Stunden. Falls Sie mit der Bahn kommen, hole ich Sie selbstverständlich in Rosenheim ab.
Zeitlich würde mir als Anreisetag Mittwoch, 30. 4., am besten passen. Das ist auch für Roßholzen eine besonders günstige Jahreszeit. Falls Sie über Heidelberg zu reisen gedenken, würde ich vorschlagen, am 29. 4. nach hier zu fahren.
So viel in Eile, und deshalb in Maschinenschrift.
Mit herzlichen Grüßen in alter Verehrung
Ihr
Ernst Forsthoff

Viele Grüsse an Frl. Anni

Nr. 277

Carl Schmitt an Ernst Forsthoff Plettenberg, 20. März 1969

Lieber Herr Forsthoff, herzlichen Dank für das dicke Buch von B. Rüthers, dessen Kapitel über 1933 von moralischer Selbstgerechtigkeit getragen ist und Radbruchs und E. Kaufmanns Positivismus zu beschönigen sucht; ein Dokument der Selbstaufwertung und der Bürgerkriegsverlängerung. Die kursorische erste Lektüre traf mich in einer besonders gut vorbereiteten Stimmung: Bert Brecht über die Frankfurter Marxisten und die Gebrüder Mann; ich habe Ihnen das März Heft der Zeitschrift „Theater heute" (an den Bahnhofs- und grösseren Zeitungskiosken ohne weiteres zu haben) aufgeschrieben und bitte Sie, es einmal einen Augenblick Ihres Interesses zu würdigen[1].

An unsere Begegnung in Aachen denke ich gern zurück. Hoffentlich sind Sie gut in Heidelberg angekommen. In Köln im Domhôtel traf ich zufällig Joseph Kaiser, der ebenfalls dort wohnte und eine Tagung in Köln leitete; ferner Joh. Gross und am folgenden (Dienstag) Vormittag Frau Marianne Kesting[2], eine kluge und sympathische Frau, der ich auch den Hinweis auf das Märzheft Theater heute verdanke. Leider ist Anni (in Hildesheim) krank geworden, und kommt erst nächste Woche zurück. Ich habe ihr ein Foto Ihrer Wohnung in Rossholzen geschickt.

Das versprochene Exemplar der Schattenrisse[3] lege ich bei; es ist das vorletzte; die 1. Seite (Titelblatt) fehlt; ich habe sie wortgetreu ergänzt. Ob Sie etwas damit anfangen können, ist mir fraglich. Vielleicht finden wir in Rossholzen einmal einen Abend mit dem dazu passenden Wein, um diese erstaunliche Reminiszenz aus dem Jahre 1912 und der damaligen Referendar-Zeit (in Düsseldorf) zeitgeschichtlich zu würdigen.

Joseph Kaiser hat ein Exemplar Ihrer Schrift über Pressefreiheit Frau Marianne Kesting überreicht, die sich dafür interessierte.

Herzliche Grüsse an Frau Gisela Lehmann! Ich hoffe, dass es Ihnen allen recht gut geht, grüsse Ihre Kinder vielmals und bleibe mit allen guten Wünschen

Ihr alter

Carl Schmitt.

Nr. 278

Ernst Forsthoff an Carl Schmitt Rossholzen, 3. April 1969

Hochverehrter, lieber Herr Schmitt!

Zu Ostern sende ich Ihnen aus dem oberbayerischen Refugium herzliche Wünsche und Grüsse. (Das Haus ist auf dem Bilde nicht sichtbar. Die Lage ist durch den Pfeil angedeutet). Gestern kam endlich Theater heute und ich habe die Enthüllungen über die Frankfurter und sonstigen Tuis mit grösstem Interesse gelesen. Damit sind wohl alle Frankfurter Dementis[1] in Sachen Benjamin entlarvt.

Ich hoffe sehr auf eine schöne gemeinsame Zeit hier oben Anfang Mai.

Stets Ihr

Ernst Forsthoff

Nr. 279

Carl Schmitt an Ernst Forsthoff Plettenberg, 6. April 1969

Lieber und verehrter Herr Forsthoff,
die Karwoche und der Osterfeiertag hat viele Erinnerungen und Betrachtungen in mir beschworen. Ich habe Ihrer und der Ihrigen herzlich gedacht und hoffe, dass auch Sie eine ruhige Zeit für den Beginn einer gewissen Sammlung hatten. Meine Freude, Sie bald wiederzusehen, ist gross. Ich danke Ihnen vielmals für die Mitteilung vom 20. März und werde den vorgeschlagenen Zug von Hagen 10.19, in München 19.09, in Rosenheim 21.08, am 30. April (Mittwoch) benutzen. Wir sehen uns also an diesem Tage abends in Rosenheim. Auch Frl. Anni freut sich auf das Wiedersehn mit Ihnen und mit Frau Lehmann in dem schönen Oberbayern.
Meinen Dank für 2 wichtige Zusendungen will ich heute nur mit einigen Worten spezifizieren. Im Merkurheft 251 ist der Aufsatz von M. Boveri[1] wegen der Äusserungen über Eckhardt und Höhn für mich persönlich interessant; ferner der Aufsatz von Richard Schmid über „die falsche Gleichheit"[2]; sehr auffällig ist es, dass R. Schmid das Wort und den Begriff „Wert" peinlichst vermeidet und immer höherer rangig, übergeordnet, stärkeres Interesse und Rechtsgut sagt, und den ihn privilegierenden Beschluss BVerf G 12, 113, vom 25/1 1961 taktvoll übergeht. Zum Unterschied von dieser deutlichen Reserve gegenüber dem „Wert" tapst der Prof. Bernd Rüthers wie ein Tollpatsch in lauter „Werten" herum und bekundet damit seine Homogenität zu der heutigen Art von Jurisprudenz der Selbstaufwertung. Ich schicke Ihnen das Buch bald zurück. Immerhin bemerkt R. dass „Sozialadäquanz" in der Bundesrepublik ebenso „eine bemerkenswerte rechtsmethodische Bedeutung" hat wie „sozialistische Gesetzlichkeit" in den Staaten des Ostblocks, besonders in der DDR, dass also die Verwertung von „Wertvorstellungen" „nicht auf den Nationalsozialismus begrenzt" ist (so Seite 263 des Buches). Ob sich in der BDR ein Jurist findet, der den eifrigen Ankläger Rüthers auf Ihren Satz Epirrhosis I S. 190: „Hätte der Nationalsozialismus 1933 die Grundrechte als Werte vorgefunden, dann hätte er sie nicht abzuschaffen brauchen" und auf Seite 210 oben aufmerksam macht?
Aber ich denke, dass wir in Rossholzen Zeit zu solchen Erörterungen und Gesprächen finden. Ich grüsse Sie herzlich und bitte Sie, Ihre Kinder bestens von mir zu grüssen und ihr [Gudrun Forsthoff] meinen besonderen Dank für die Übersetzung des Beitrages von Fueyo (vgl. anl. Zeitungsnotiz) auszusprechen[3].
Auf ein gutes Wiedersehn in Oberbayern!
Stets Ihr alter und getreuer
Carl Schmitt

Nr. 280

Carl Schmitt an Ernst Forsthoff Plettenberg, 21. April 1969

Lieber und verehrter Herr Forsthoff,
herzlichen Dank für Ihren Brief vom 17/4 mit dem Bericht über Ihren Aufenthalt in Berlin und Ihr Gespräch mit B. Rüthers. Leider muss ich die bis ins Einzelne geplante Reise zu Ihnen nach Oberbayern (um eine Woche etwa) verschieben und bitte Sie deshalb um Entschuldigung. Für die Zeit zwischen 5. und 7. Mai hat sich nämlich ein wichtiger Besuch angesagt, den ich nicht abweisen oder vertagen kann. Hoffentlich ist das für Sie keine untragbare Änderung unserer Verabredung und lässt sich mein Besuch (mit Anni) in dieser Weise einfach um etwa eine Woche verlegen. Den neuen Termin mit allen Einzelheiten des Eintreffens in Rosenheim würde ich Ihnen rechtzeitig mitteilen. Wenn Frau Lehmann mir mit einer Zeile diese Änderung bestätigen oder andere Vorschläge machen könnte, wäre ich dafür sehr dankbar. {Wenn Ihre Dispositionen für die 2. Mai-Hälfte keine Verlagerung erlauben, könnten wir den ganzen Plan auf den Spätsommer verlegen.}
Ich hatte 3 Wochen meinen Enkel Carlos hier zu Besuch, was für mich eine grosse Freude aber auch eine absorbierende Anstrengung war. Jetzt ist er (am letzten Wochenende) in das Kinderheim nach Unkel zurückgekehrt. Für diesen Donnerstag (24/4) hat sich Herr Joachim Schickel vom NDR[1] angemeldet, ein Sinologe, dessen Übersetzungen von Mao-Gedichten (mit Kommentar) äusserst aktuell und informierend sind; ich bringe Ihnen ein Exemplar mit. Vor einigen Tagen war Peter Scheibert (aus Marburg)[2] hier, aufregend wie immer. Von Nikolaus Sombart las ich einen Angriff auf „Herrn Julien Freund" in den Frankfurter Heften[3], der es mir unmöglich macht, in der alten unbefangenen Weise mit ihm oder seiner Mutter zu sprechen. Derartige Erfahrungen verschärfen die Altersdepressionen zu einem tödlichen Leiden. Von E. W. Böckenförde erhielt ich eine schöne Ansichtskarte aus Prag.
Es ist also vieles zu erzählen und zu besprechen, und es wäre für mich beruhigend zu wissen, dass die Änderung meines Reisedatums keine wesentliche Änderung in der Substanz unserer Begegnung bedeuten wird. Ich grüsse Sie herzlich und bitte Sie, Frau Lehmann von Anni und mir bestens zu grüssen. Auf ein gutes Wiedersehn!
Stets Ihr alter
Carl Schmitt.

Nr. 281

Ernst Forsthoff an Carl Schmitt Heidelberg-Schlierbach, 22. April 1969

Hochverehrter, lieber Herr Schmitt!
Soeben erhalte ich Ihren Brief. Selbstverständlich ist die Verschiebung um eine Woche möglich. Ich hatte an sich schon vor, über Pfingsten in Rossholzen zu sein um dort in

Ruhe einen Vortrag auszuarbeiten, den ich am 30.5. in Tutzing vor den evangelischen Akademikern Bayerns zu halten habe[1]. So kann ich im Anschluss an unseren gemeinsamen Aufenthalt gleich dort bleiben, was mir sehr gut passt. Bitte teilen Sie mir, sobald Sie es können, Ihren Reisetag mit. Wir können uns ganz nach Ihnen richten.
Den Aufsatz von N. Sombart kenne ich nicht. Ich werde ihn mir zu beschaffen suchen. Nach seinen Escapaden über „planetarische Planung" ist er mir nicht mehr interessant.
Frau Lehmann lässt Sie und Frl. Anni vielmals grüssen.
Ich schliesse mich mit herzlichen Grüssen an.
Stets Ihr
Ernst Forsthoff

Nr. 282
Ernst Forsthoff an Carl Schmitt Heidelberg-Schlierbach, April 1969
[Von Schmitt notiert:] b[eantwortet] 26.4.69

Hochverehrter, lieber Herr Schmitt!
Inzwischen habe ich mir die Frankfurter Hefte beschafft und den Aufsatz von N. Sombart gelesen. Eine traurige Sache. Wer sich derart auf die umlaufenden pseudologischen Gebrauchsmuster und Termini einlässt, hat den Anspruch darauf verwirkt, noch ernst genommen zu werden. Das verkleinert nicht die gehörige Portion von Infamie, die in dem Aufsatz steckt. Und bei der Intelligenz des Verfassers kann man leider auch nicht daran zweifeln, dass er sich dessen bewusst war, dass diese Infamie mit Julien Freund auch Sie treffen musste.
Das sind heute beinahe alltägliche Vorkommnisse, die Sie nicht stärker berühren sollten, als sie es verdienen – nämlich nur peripherisch. Ich sehe keinen Anlass dafür, dass sie die Altersdepressionen, von denen Sie schreiben, zum tödlichen Leiden steigern sollten. Ich finde den Gedanken angemessener, dass Vater Sombart, wenn er noch leben würde, das Manuskript links und rechts um die Ohren seines dubiosen Sohnes geschlagen haben würde.
Böckenförde hat mir von Prag erzählt. Er ist offenbar der Meinung, dass wir dort etwas auszurichten hätten. Ich habe ihm nicht widersprochen. Der Generationsunterschied zwischen uns wird doch recht deutlich, was meine Wertschätzung für ihn nicht beeinträchtigt. So hat er auch an der Ausarbeitung der Grundordnung für die Universität mitgewirkt (was ich für reine Totengräberarbeit halte) – freilich in der Schlussabstimmung gegen sie gestimmt. Die Universität ist nicht mehr zu retten. Was der Nationalsozialismus nicht fertig gebracht hat – unter der Bundesrepublik wird es geschehen – die endgültige Zerstörung. In der Neuen Zürcher Zeitung vom 13. April ist ein vorzüglicher Aufsatz von Professor Dr. Tenbruck (Tübingen) über die Lage an den deutschen Universitäten, mit Abstand das beste, was mir zum Thema unter die Augen gekommen ist.[1]

Ich freue mich schon sehr auf die Gespräche in Rossholzen.
Beste Grüsse an Frl. Anni
Mit herzlichen Grüssen
in alter Verehrung
stets Ihr
Ernst Forsthoff

Nr. 283
Carl Schmitt an Ernst Forsthoff Plettenberg, 26. April 1969

Lieber Herr Forsthoff,
Ihre beiden letzten Schreiben bestätige ich Ihnen mit vielem Dank. Ich bringe diese Empfangsbestätigung gleich zur Post, damit Sie vor Ihrer Abreise nach Rossholzen noch eine Nachricht von mir haben. Den Termin meines Eintreffens in Rosenheim teile ich Ihnen nach Rossholzen mit. Gleichzeitig folgt als Päckchen das Buch von B. Rüthers zurück, für dessen Überlassung ich ebenfalls herzlich danke. Ich habe mir erlaubt, eine Fotokopie einer Seite aus meiner Schrift „Staat-Bewegung-Volk“ (1933) vorn in dem Buch anzubringen. Rüthers ignoriert das alles. Adolf Schüle[1] ist ebensowenig genannt.
Was Sie mir zu Nicolaus Sombart schreiben, hat mich beruhigt; Sie helfen mir, mich zurechtzufinden, eine Hilfe, deren ich nötig bedarf. Auf die Gespräche in Rossholzen freue ich mich ganz ausserordentlich. Gestern und vorgestern (24/25 April) war ein Herr Joachim Schickel vom Norddeutschen Rundfunk hier, ein ungewöhnlich interessanter, sympathischer und wissenschaftlich gebildeter Mann (Sinologe) von etwa 45 Jahren. Auch davon erzähle ich Ihnen. Er kam vom Hegel-Kongress in Paris.
Ich höre, dass die Juristen-Zeitung eine Stellungnahme zur Epirrhosis angekündigt hat.
Gute Fahrt nach Oberbayern und auf ein gutes Wiedersehn!
Ihr alter
Carl Schmitt.

Nr. 284
Ernst Forsthoff an Carl Schmitt Heidelberg, 28. April 1969

Hochverehrter, lieber Herr Schmitt!
Soeben kommt Ihr Brief vom 26/4. Herzlichen Dank. Ich antworte postwendend, um ein Mißverständnis zu beheben. Ich habe meine Reise nach R. ebenfalls verschoben, was mir aus mehreren Gründen gut passte. Bitte schreiben Sie mir deshalb wegen Ihres Reisetermins nach hier. Ich fahre mit Frau Lehmann an Ihrem Reisetag nach R. Dort

werden wir gegen 16 Uhr eintreffen und können in der Wohnung noch alles richten, damit sie auf Ihren Empfang vorbereitet ist. Um 21 Uhr sind wir dann in Rosenheim am Bahnhof.
Frau Weiss habe ich wegen des für Sie reservierten Zimmers geschrieben, dass wir voraussichtlich eine Woche später (7. oder 8./5) dort eintreffen werden.
Mit herzlichen Grüssen
in Eile
Ihr
Ernst Forsthoff

Nr. 285
Carl Schmitt an Ernst Forsthoff Plettenberg, 5. Mai 1969

Lieber und verehrter Herr Forsthoff,
eben erhalte ich eine Nachricht, die mich zwingt, noch einmal um 2 Tage später abzufahren: wir kommen jetzt bestimmt am Sonntag, den 11. Mai nachmittag, 18.49 {oder Eilzug 18.58} in Rosenheim an. Wenn ich keine weitere Mitteilung von Ihnen bekomme, nehme ich an, dass Sie damit einverstanden sind. Die zweimalige Vertagung hat mich sehr angestrengt und Sie hoffentlich nicht allzusehr gestört. Mein Aufenthalt in Rossholzen verkürzt sich dadurch um 2–3 Tage; das ist schade, aber deshalb möchte ich die Chance einer Wiederbegegnung mit Ihnen nicht preisgeben.
Sie erhalten demnächst den Neudruck von „Gesetz und Urteil" (1912), eine Schrift, die gerade mit Beziehung auf das Auslegungsproblem und Ihre Thesen über die traditionelle Hermeneutik eine unerwartete aber leider auch etwas fatale Aktualität hat und die ich wahrscheinlich nicht so unbedenklich hätte neudrucken lassen, wenn ich diese neue Aktualität geahnt hätte. Immer wieder trifft mich diese alte Erfahrung von neuem: „Und was du tust, sagt erst der andere Tag"[1]. Ich freue mich auf unser Wiedersehn und grüsse Sie herzlich. Auch Frl. Anni lässt Sie und Frau Lehmann bestens grüssen. Wir wollen doch lieber über Siegen – Frankfurt – und von dort mit dem TEE nach München fahren.
Ihr alter
Carl Schmitt.

Nr. 286
Ernst Forsthoff an Carl Schmitt Heidelberg-Schlierbach, 17. Mai 1969
[Von Schmitt u. a. notiert:] b[eantwortet] 21. 4.[!] 69

Hochverehrter, lieber Herr Schmitt!
Verzeihen Sie, wenn ich mich reichlich spät für Ihren Brief bedanke. Ich war aus Anlass eines Vortrages einige Tage in Berlin und anschliessend zu einer Tagung der

Bundesbahn in Baden-Baden, von wo ich heute zurückgekehrt bin. Das Buch von Rüthers habe ich nur in ausgewählten Partien gelesen und viele Mißverständnisse darin gefunden. Die Widmung (an den Vater) habe ich als ausgesprochen peinlich empfunden. Sie charakterisiert wohl den Tenor des Buches. Ich habe R. in Berlin kennengelernt[1], bevor ich mir sein Buch beschaffte und in ihm einen nicht unsympathischen jungen Mann kennengelernt, der aufmerksam zuhörte und sich vieles sagen liess, als wir auf die bewussten zwölf Jahre zu sprechen kamen. So gewann ich den Eindruck, dass er in erster Linie das Opfer der münsteraner Umgebung ist, in der er wissenschaftlich aufwuchs.
Inzwischen freue ich mich sehr auf die gemeinsame Zeit in Rossholzen. Ich werde am 30. um 21 Uhr in Rosenheim am Bahnhof sein. Für Sie habe ich ein Zimmer im Erdgeschoss des Hauses reservieren lassen, in das Sie sich jederzeit zurückziehen können und wo Sie absolute Ruhe haben. Frau Lehmann wird auch mit dem Wagen kommen (der für die Einkäufe kaum entbehrlich ist). Hoffentlich ist es bis dahin wärmer. Die Natur ist um diese Zeit besonders schön.
Beste Grüsse an Frl. Anni
Seien Sie in alter Verehrung herzlich gegrüsst
von Ihrem
Ernst Forsthoff

Nr. 287
Carl Schmitt an Ernst Forsthoff Plettenberg, 14. Juni 1969

Lieber und verehrter Herr Forsthoff,
seit meiner Rückkehr von Törwang habe ich keine Ruhe gehabt; das Bild des von den Studenten beleidigten Helmut Quaritsch (im Spiegel vom 26/5) verfolgt mich bis in meine Träume[1]. Die Nachricht vom Tode Hans Schomerus'[2] erschien mir wie eine Art Mahnung und alle weiteren Symptome oder Syndrome aus der Welt unseres gemeinsamen Berufes vermehren die Spannung. Ich will Sie nicht mit meiner Über-Wachheit anstecken, lieber Herr Forsthoff, und mich lieber der kostbaren Tage erinnern, die ich im Inntal als Ihr Gast verbringen durfte. Die beiden Anlagen (2 Abschriften) füge ich bei, so, als könnte ich sie mit Ihnen besprechen, wie auf unsern Spaziergängen und Spazierfahrten; Sie sollen sich aber nicht zu einer schriftlichen Erörterung veranlasst fühlen; es genügt mir, wenn Sie davon Kenntnis nehmen. Es ist für mich schon eine „Kommunikation“, zu wissen, dass Sie beides gelesen haben. Über den Smend-Beitrag in der Adolf-Arndt-Festschrift habe ich noch viel nachgedacht[3]. Auch fand ich mehrere Briefe von Ihnen aus dem Jahre 1932, die mich einen Augenblick wieder an den Plan einer Darlegung zum 30/1/33 erinnerten; sollte etwas daraus werden, lege ich es Ihnen vor, sobald es Gestalt angenommen hat.
Das Rundfunkgespräch über den Partisanen ist tatsächlich am 22/5 vom NDR auf UKW von Hamburg gesendet worden, und zwar korrekt; ein funktechnisch begabter

Nachbar hat es an der Weser erwischt und eine Tonbandaufnahme gemacht. Ich bereue es nicht, diese Enuntiation von mir gegeben zu haben, obwohl meine Stimme nicht vorteilhaft herauskommt. Das Auftreten des Papstes in Genf am Dienstag, 10. Juni, habe ich im Fernsehen beobachtet[4] und unserer Fernseh-Abende in Rossholzen gedacht. Das weisse Gewand des Papstes wirkte wie ein weisser Schatten, als ob eine Ahnfrau am hellen Tage umging, und dem Schatten von Genf in Genf begegnete.
Wie waren Sie mit Ihrem Tübinger Vortrag zufrieden? Von Contiades[5] bekam ich aus Athen eine schöne Abhandlung über ἐχθρός und πολέμιος, danach zu urteilen geht es ihm gesundheitlich besser, sodaß Hoffnung besteht, ihn in Ebrach zu sehen. Rainer Specht[6] schrieb mir aus Mannheim, er könnte leider nicht nach Ebrach kommen, weil seine Frau in dieser Zeit (Anfang Oktober) ein Kind erwarte. Eine schöne Einladung zum Machiavelli-Kongress in Perugia (30/9, 1–2/10) habe ich abgelehnt. Oberheid und Frau hoffe ich übernächste Woche zu sehen; sie wollen mich nach der Goldenen Hochzeit (17. Juni) hier in Plettenberg besuchen.
Lieber Herr Forsthoff, betrachten Sie diese Zeilen nicht als Aufforderung zum Schreiben, sondern nur als Versuch, Ihnen für Ihre Gastfreundschaft wenigstens eine Andeutung meines Dankes zu schreiben.
{Merkur-Heft 6 (Juni) ist vorgestern eingetroffen; Heft 5 fand ich bei meiner Rückkehr hier vor; vielen Dank!
Herzliche Grüsse und Wünsche
Ihres alten
Carl Schmitt}

Nr. 288
Ernst Forsthoff an Carl Schmitt Heidelberg-Schlierbach, 23. Juni 1969

Hochverehrter, lieber Herr Schmitt!
Ein eiliges Rechtsgutachten, das mich bis jetzt beschäftigte, hat leider den Dank für Ihren Brief erheblich verzögert. Deshalb ist auch die Dissertation von Herrn Hatz[1], um die Sie gebeten hatten, noch nicht abgegangen. Verzeihen Sie die Verspätung. Ich lege die Schrift zusammen mit dem neuesten, soeben erschienenen Heft von res publica, der Habilitationsschrift von Brohm, gleich bereit, damit Gisela sie morgen auf die Post bringt. Brohm ist ein treuer Schüler von mir, den Zeidler auf meine Empfehlung als Assistent annahm, der nach Zeidlers Tod in Freiburg blieb und sich auch dort habilitiert hat. Inzwischen ist er Ordinarius in Bielefeld.
Der Weggang Böckenfördes[2] trifft die Fakultät schwer, die jetzt drei Vakanzen hat. Ich halte die Chance, angesichts der gegenwärtigen hiesigen Verhältnisse Gelehrte von Rang für die Fakultät zu gewinnen, für sehr gering. Darüber gibt man sich hier offenbar noch Illusionen hin. Über die Pläne der Fakultät bin ich allerdings nicht unterrichtet. Die schamlose Behandlung von Hans Schneider[3], den man in den Vorlesungen anpöbelt und nachts durch planmäßige Anrufe um die Ruhe bringt, ist gewiss längst

über Heidelberg hinaus bekannt geworden. Der Niedergang ist, nicht nur hier, unaufhaltsam. Ihre pessimistische Beurteilung der Lage der Universität teile ich durchaus. Was dem Nationalsozialismus nicht gelang, die Universität im Kern zu zerstören, das geschieht heute.
Heute morgen erhielt ich einen Anruf des Kollegen Winkler[4] aus Wien. Der dortige Senat hat in der vorigen Woche einstimmig beschlossen, das Ehrenpromotionsverfahren nunmehr abzuschliessen. Winkler ist als Dekan der Juristischen Fakultät beauftragt worden, mir die Promotionsurkunde zu überbringen. Zu diesem Zweck wird er Anfang August nach hier kommen. Ich war natürlich sehr überrascht und habe der Versuchung widerstanden, zu verzichten. Winkler hat die ganzen Jahre für mich gewirkt und war am Telefon so merklich froh darüber, dass er es endlich erreicht hatte, dass es mir nicht möglich war, ihn durch eine Ablehnung zu betrüben wenn nicht gar zu kränken. Ich bitte um Diskretion in diesem Punkte, denn ich habe natürlich kein Interesse daran, dass nun noch einmal ein Wirbel entsteht.
<*Familiennachrichten*>
Heute besuchte mich v. Schmoller mit seiner Frau. Er erzählte viel von Schweden und von völkerrechtlich-literarischen Plänen. Er hat immer noch nicht verwunden, dass er ausgebootet ist. Das ist merkwürdig und wenig folgerichtig, da er die Möglichkeiten vernünftigen Wirkens im auswärtigen Dienst durchweg negativ beurteilt und deshalb eigentlich froh sein sollte, nicht mehr dabei zu sein.
An Rossholzen denke auch ich viel und gerne zurück. Es war mir eine grosse Freude, zu bemerken, dass Ihnen die Landschaft und das harmonische Leben dort so sehr zugesagt haben. Ich hoffe sehr auf eine Wiederholung.
Die Vorbereitungen für Ebrach laufen erfreulich. Darüber berichte ich später. Viele Grüsse an Frl. Stand
Mit herzlichen Grüssen
in alter Verehrung
Ihr
Ernst Forsthoff

Nr. 289
Ernst Forsthoff an Carl Schmitt Rossholzen, 9. Juli 1969

Hochverehrter, lieber Herr Schmitt!
Aus Rossholzen, wo mich das Ambiente ständig an die unvergesslichen Mai-Tage erinnert, sende ich Ihnen meine herzlichen Wünsche für das neue Lebensjahr. Mögen Ihnen Gesundheit und die geistige Schaffenskraft, die wir alle bewundern, erhalten bleiben. Und möge Ihre geistige Schaffenskraft den Plänen zugewandt bleiben, von denen Sie im Mai sprachen: insbesondere einer Darstellung der verfassungspolitischen Ereignisse vor und nach der Machtübernahme 1933[1]. Mit Ihren Freunden bin ich der Meinung, dass Ihr für die historische und staatsrechtliche Forschung unschätzbares

Wissen von den Vorder- und Hintergründen der Ereignisse der Wissenschaft nicht verloren gehen dürfte.
Mich beschäftigt nach wie vor das Thema Staat und Technik, das sich zu einer Theorie des Staates der modernen Industriegesellschaft ausweitet. Im Winter will ich es ausarbeiten.
Die Vorbereitungen für Ebrach laufen recht erfreulich weiter. Darüber berichte ich später von Heidelberg aus.
<*Familiennachrichten*>
Beste Grüsse an Frl. Stand.
Mit allen guten Wünschen und herzlichen Grüssen
in alter Verehrung
Ihr
Ernst Forsthoff

Nr. 290
Carl Schmitt an Ernst Forsthoff Plettenberg, 22. Juli 1969

Lieber und verehrter Herr Forsthoff,
dass ich Ihnen für zwei inhaltsreiche Briefe nach mehr als 2 Wochen noch eine Antwort schuldig bin, müssen Sie den vielen Behinderungen meines gegenwärtigen Zustandes zugute halten. Ich möchte Ihnen heute nur sagen, dass ich Ihnen sehr dankbar dafür bin und auf die Möglichkeit einer meritorischen Antwort – schriftlich oder mündlich – warte. Ich habe mich besonders über Ihre Mitteilungen zu Martins Vermählung und über Ihre Schwiegertochter Antje gefreut und den beiden heute meine Gratulation geschrieben. In der nächsten Woche hoffe ich Heinrich Oberheid und Frau in Plettenberg zu sehen. Christian Meier, dem ich Ihren Epirrhosis-Aufsatz gegeben hatte, schrieb mir gestern:[1]

> „Zu Hause stürzte ich mich dann auf die beiden Aufsätze (sc. Über die Verfassungslage u. den über Clausewitz)... Den Aufsatz von Forsthoff finde ich grossartig – und zugleich beängstigend (durch das, was er aufweist). Wie da Verfassung einfach mutwillig eingekreist und beschränkt wird, das eröffnet in dieser Analyse auch ganz neue Perspektiven auf die Problematik der Verfassung überhaupt, und veranlasste mich, meine Untersuchung über „Demokratie" nochmals zu überdenken, hoffentlich mit Erfolg. Man muss gewiss die Frage stellen, ob nicht der Begriff „Verfassung" sehr fragwürdige Vorstellungen in Zeiten hineinträgt, die keinen Staat kannten. Denn der enge Zusammenhang von Verfassung und Staat wird in unserm nachstaatlichen Zeitalter immer unübersehbarer."

Als Äusserung eines so bedeutenden Historikers wie Christian Meier schien mir diese Briefstelle in extenso mitteilungswert. Aber ich wollte Ihnen heute keinen langen Brief schreiben, sondern Ihnen für Ihre Wünsche zu meinem 81. Geburtstag danken (bei deren Lektüre die Feier des 80. Geburtstages in Santiago von neuem in mir lebendig

wurde) und vor allem Ihnen zur Vermählung von Martin meine herzlichen Glückwünsche aussprechen. Ich hoffe, dass Sie den Tag mit einer schönen Feier begehen und bleibe in treuer Erinnerung
Ihr alter
Carl Schmitt.

Nr. 291
Ernst Forsthoff an Carl Schmitt Heidelberg-Schlierbach, 31. August 1969
[Von Schmitt u. a. notiert] 8./9. 69

Hochverehrter, lieber Herr Schmitt!
Hiermit übersende ich Ihnen die Teilnehmer-Liste und das vorläufige Programm für Ebrach. Mit welchen Hoffnungen und Wünschen ich die Sendung begleite, brauche ich Ihnen nicht ausdrücklich zu sagen. Natürlich ist Frl. Stand mit eingeladen. Es ist doch eine einmalige Gelegenheit, einige Freunde und Bekannte wiederzusehen, denen die Begegnung mit Ihnen so viel bedeuten würde. Mit den Vorbereitungen bin ich recht zufrieden und hoffe auf einen anregenden Verlauf.
Vor zwei Wochen ging die Ehrenpromotion vonstatten, in meinem Hause[1]. Zu einem akademischen Festakt in Wien konnte man sich nicht entschliessen. Zwar sind die damaligen politischen Widerstände überwunden. Sogar Herr Wiesenthal, der Leiter der jüdischen Verfolgungszentrale in Wien[2], hatte grünes Licht gegeben. Jetzt aber fürchtet man die randalierenden Studenten. Herr Doehring hatte den guten Gedanken, aus diesem Anlass meine näheren alten Schüler einzuladen. Sie sind dieser Einladung in erstaunlich grosser Zahl gefolgt: aus Brüssel, Bonn, Berlin, München usw. So war ein mir besonders gemäßer Kreis versammelt, vor dem mir der treffliche Kollege Winkler aus Wien die Urkunde mit einer sehr abgewogenen, klugen Ansprache überreichte. Daran schloss sich ein sehr anregender und harmonischer geselliger Abend an. Ich habe das Faktum nirgendwo notifiziert. Dafür käme hier die Universität in Betracht. Aber meine Beziehungen zu ihr sind nicht so, dass ich Anlass hätte, ihr das mitzuteilen.
Ich arbeite langsam weiter an der Theorie des Staates der modernen Industriegesellschaft. Zu diesem Thema ist mir im Laufe der Zeit einiges eingefallen[3]. Im Dezember-Heft des Merkur werde ich mit einem Aufsatz aus diesem Themenkreis vertreten sein, den ich Barion zum 16.12.69 widmen will. Der Titel wird voraussichtlich lauten: Die technische Realisation.
Morgen hat Werner Weber 65. Geburtstag. Ich habe ihm gratuliert, mich aber bei der Formulierung des Glückwunsches doch etwas schwer getan, aus Gründen die am Tage liegen.
<*Familiennachrichten*>
Viele Grüsse an Frl. Stand.
Mit herzlichen Grüssen und Wünschen
in alter Verehrung
Ihr
Ernst Forsthoff

Nr. 292

Carl Schmitt an Ernst Forsthoff Plettenberg, 8. September 1969

Lieber und verehrter Herr Forsthoff,
gestern hatte ich Besuch von Rüdiger Altmann aus Bonn. Er steckt in vielen Arbeiten und auch in häuslichen Sorgen (seine Mutter ist vor 14 Tagen gestorben). Als ich ihm aber die Vortragsfolge Ihrer kommenden Ebracher Tagung zeigte, sprang er an und als ich ihn fragte, ob ich Sie zu einer Einladung an ihn anregen sollte, war er dafür sehr dankbar. Ich teile Ihnen dieses gleich mit {Adresse: c/o Deutscher Industrie- und Handelstag, 53 Bonn, Adenauerallee 148}, obwohl er wahrscheinlich nur am 29. oder 30. September kommen wollte und für gerade diese Tage eine ganz grosse Fernsehsendung (im unmittelbaren Anschluss an das Ergebnis der B.T. Wahlen)[1] geplant ist, die ihn in Anspruch nimmt. Das Thema „Öffentlichkeit" war ja 1954 das Thema seiner Dissertation[2]. Diese war damals bahnbrechend. Ich habe sie in den letzten Wochen öfters wieder zur Hand genommen und war oftmals erstaunt. Sollte Sie die Arbeit (die nicht gedruckt wurde, aber trotzdem bekannt ist und zitiert wird) interessieren, überlasse ich Ihnen gern mein (allerdings mit vielen Bemerkungen versehenes) Exemplar.
Ich käme zu gerne nach Ebrach[3], wie Sie schon aus dieser Mitteilung entnehmen können. Bernard Willms und Koselleck möchte ich und müsste ich eigentlich sehen, auch Contiades und Frau, H. Steiger, Julien Freund natürlich, P. Buve, Sander und Frl. Pohlmann. Ich kann mich aber nicht entschliessen, denn meine psycho-physischen Evolationen sind völlig unberechenbar. Ich quäle mich seit Wochen bis zur Erschöpfung mit einigen Seiten über Politische Theologie; es wird aber nichts daraus, obwohl ich den Kopf voll habe. Weder vom Gedanken zur Innervation, noch von der Innervation zur Muskelbewegung funktioniert der Weg normal.
Ich danke Ihnen herzlich für Ihre inhaltsreichen Briefe, die ich im Einzelnen zu beantworten mir fest vorgenommen habe. <*Familiennachrichten*> Susanne werde ich wegen der italienischen Übersetzung der „Tyrannei der Werte" noch schreiben[4]; ich warte auf eine Nachricht von Prof. Miglio (Mailand, San Cuore). {Miglio plant eine italienische C. S. Anthologie.}[5] Den staunenswerten Band IV von E. R. Hubers Verfassungsgeschichte habe ich erhalten und mich über die sehr eindrucksvolle Widmung aufrichtig gefreut[6]. Solche Zeichen, wie auch die Überreichung des Ehrendiploms von Wien sollten Sie doch stärken und über vieles Unrecht trösten. An Ihrem 67. Geburtstag werde ich Ihrer mit allen guten Wünschen herzlich gedenken; die Ihnen 1962 gewidmete kleine Schrift über den Partisanen ist sehr lebendig geblieben. Ich grüsse Sie und die Ihrigen in treuer Freundschaft und bleibe stets Ihr alter
Carl Schmitt

{Frl. Anni hat sich über Ihren Brief besonders gefreut und lässt Sie herzlich grüssen

P.S. In der Kritischen Justiz, Heft 2[7] verdient (ausser dem Aufsatz von Ingeborg Maus) der von Geulen-Stuby Beachtung (institutionelle Garantie heute!)}

Nr. 293
Ernst Forsthoff an Carl Schmitt Heidelberg-Schlierbach, 17. September 1969

Hochverehrter, lieber Herr Schmitt!
Gestern abend bin ich von Roßholzen zurückgekehrt, wo ich wieder eine besonders schöne Woche verbracht habe. Im Hinblick auf die viele Post, die ich hier vorgefunden habe, bitte ich Sie um Nachsicht, wenn ich Ihnen in dieser Form schreibe. Ich möchte Ihnen eine Ablichtung der Rede schicken[1], die Professor Günther Winckler [Winkler] bei der Überreichung des Diploms gehalten hat, nicht wegen der laudatio (das müßte mir die Bescheidenheit verbieten), sondern weil das Ganze m. E. einen dokumentarischen Wert hat. Winckler hat sich, wie ich finde, ausgezeichnet aus der Affäre gezogen.
Ihren Brief vom 8.9. werde ich später beantworten. An Altmann ist Programmfolge und Teilnehmerliste unverzüglich übersandt worden. Ich würde mich natürlich sehr freuen, wenn er käme, sei es auch für wenige Tage.
In der Vortragsfolge hat sich insofern eine Änderung ergeben, als der Vortrag von Herrn Koselleck auf den Freitag erster Woche verlegt werden mußte, weil Prof. Müller nur am Dienstag sprechen kann.
Susanne wartet auf eine Nachricht von Ihnen, ob sie Ihnen die Übersetzung der Tyrannei der Werte übersenden kann. Erst wenn Ihr Imprimatur erteilt ist, wird die Zeitschrift, mit der sie in Verbindung steht, die Übersetzung veröffentlichen. Eine solche Veröffentlichung stünde m. E. der Aufnahme in die von Prof. Miglio geplante Anthologie nicht entgegen.
Beste Grüße an Fräulein Stand!
Mit herzlichen Grüßen
in alter Verehrung
Ihr
Ernst Forsthoff

Nr. 294
Ernst Forsthoff an Carl Schmitt Rossholzen, Oktober 1969

Hochverehrter, lieber Herr Schmitt!
Da ich in den nächsten Tagen an einer verwaltungsrechtlichen Tagung im bayrischen Wald teilnehmen möchte, bin ich von Ebrach zunächst auf einige Tage nach hier gefahren, wo ich Muße habe, Ihnen von dem Ferienseminar zu berichten, bei dem wir Sie so schmerzlich vermisst haben. Einiges dürften Sie bereits von Contiades erfahren haben, dessen Aussehen Sie gewiss ebenso wie mich bestürzt haben wird. Ich glaube es war Koselleck, der mir sagte, dass die Operation zu spät kam und dass sich bereits Metastasen gebildet haben, die seinen Zustand hoffnungslos machen. Frau Contiades soll das wissen, er dürfte es ahnen. So war sein Ebrach-Besuch wohl der Abschied von Deutschland und auch als solcher gemeint.

Von diesem Schatten abgesehen, der darüber lag, ist das Ferienseminar sehr gelungen und wohl eines der besten in der inzwischen lang gewordenen Reihe. Das lag nicht nur an der Qualität der Referate, sondern auch daran, dass eine relativ grosse Zahl qualifizierter Teilnehmer die Diskussionen trug, die durchweg hohes Niveau hatten und bei der Sache blieben. Gehlen machte den Teilnehmern im Schlusswort das Kompliment, dass er seit Jahren eine Diskussion dieses Niveaus nicht mehr erlebt habe. Meine Besorgnis, dass die Teilnahme von Mayer-Tasch, schon wegen seiner literarischen Kontralage mit Willms, zu Schwierigkeiten führen könnte, erfüllte sich nicht[1]. Mayer-Tasch erwies sich als ebenso kenntnisreicher wie konzilianter Mann, der sich reibungslos dem Ganzen einfügte.

Das geschliffene und gedankenreiche Referat von Gehlen[2] hinterliess, wie zu erwarten war, den stärksten Eindruck. Das zweitbeste Referat hielt Ulrich Huber[3]. Steigers Parlamentarismus-Vortrag[4] litt für meinen Geschmack unter der starken Abhängigkeit von den Theorien Luhmanns[5], die auf eine nahezu vollständige Eliminierung des Staates hinauslaufen. Sehr klug war die Auseinandersetzung mit Habermas von Willms. Mir hat auch die begriffliche Präzision im Referat von J. Freund[6] sehr gefallen. Sie stiess allerdings bei einigen Teilnehmern auf Ablehnung, die nur noch soziologisch denken können und für phaenomenologische Argumentationsweisen offenbar kein Organ mehr haben.

Die Herbsttage hier sind unglaublich schön. Man kann fast den ganzen Tag auf dem Balkon verbringen, bei wolkenlosem Himmel.

Beste Grüsse an Frl. Stand.

Mit herzlichen Grüssen
in alter Verehrung
stets Ihr
Ernst Forsthoff

Nr. 295

Ernst Forsthoff an Carl Schmitt — Heidelberg-Schlierbach, 30. Oktober 1969

Hochverehrter, lieber Herr Schmitt!

Von dem Barion zu widmenden Aufsatz habe ich mehrere Durchschläge machen lassen, sodass ich in der Lage bin, Ihnen ein Exemplar zu senden (Der Aufsatz soll im Dezember-Heft des „Merkur" erscheinen und wird wahrscheinlich dem timiden Paeschke wieder Kopfschmerzen bereiten). Wenn Sie ihn lesen, wird Ihnen verständlich werden, welche Bedeutung der Aufsatz für mich hat. Denn wenn es gelungen sein sollte, den Unterschied der sozialen und der technischen Realisation plausibel zu machen, entsteht für die gesamte soziologische und politische Diskussion eine neue Lage. So bin ich auf das Echo, das der Aufsatz – vielleicht – haben wird, recht gespannt. Nach seinen bisherigen Publikationen müsste Habermas, der noch in den Kate-

gorien der sozialen Realisation denkt, dazu Stellung nehmen. Aber die Taktik des Verschweigens ist ja nur zu bekannt.
Ich hoffe Sie bei gutem Befinden.
Beste Grüsse an Frl. Stand.
Mit herzlichen Grüssen
stets Ihr
Ernst Forsthoff

Nr. 296
Carl Schmitt an Ernst Forsthoff Plettenberg, 4. November 1969

Lieber und verehrter Herr Forsthoff,
ich habe Ihren Aufsatz „Von der sozialen zur technischen Realisation" in einem Zuge gelesen und mich über die folgerichtige Weiterentwicklung Ihrer Gedanken zu dem Thema „Verfassung-Rechtsstaat-Sozialstaat" aufrichtig gefreut, gleichzeitig aber auch die treffsichere Erkenntnis (auf S. 17/18: Von dem marxistischen oder sonstigen der sozialen Realität verhafteten Anschauungen her ist der Zugriff auf die heutige, durch die technische Realisation geprägte politische und gesellschaftliche Wirklichkeit nicht mehr möglich) mit einigem Schrecken bedacht. Das rührende „Angesichts des Trümmerfeldes" mit dem Nawiaskys Bayerische Verfassung vom 26. Oktober 1946 vor 23 Jahren ansetzt[1], befällt einen ja unerwartet von Neuem angesichts der CDU/CSU-Situation von heute. Geben Sie sich einmal die Mühe, diese schöne Präambel heute zu lesen; vor allem „ohne Gott" (in der amerikanischen Übersetzung: a godless political and social order) wirkt dabei zweischneidig, nachdem das grosse C solange für „Gott" stand. Sie sehen, lieber Herr Forsthoff, dass Ihr Aufsatz unendlich vieles in mir wachruft und daß aus meinem gutgemeinten Anlauf, Ihnen endlich einen Brief zu schreiben, der diesen Namen verdient, sofort der Anfang eines unendlichen Gespräches wird. Ich habe während der Ebracher Tagung ununterbrochen an Sie gedacht und Ihre freundliche Karte sowie Ihren Brief aus Rossholzen (Oktober) mit grosser Dankbarkeit erhalten. Auch aus andern Mitteilungen (von Julien Freund, Gerd Giesler, H. D. Sander, Contiades) habe ich zu meiner Freude entnehmen können, dass die Tagung grossartig war und die Institution „Ebrach" sich konsolidiert.
Für Barion wird es – trotz seiner genau geplanten Flucht vor jeder Geburtstagsfeier – doch eine Genugtuung bedeuten, dass ein besonders schöner Aufsatz von Ihnen mit einer Widmung zum 70. Geburtstag im „Merkur" erscheint. Ich war mit ihm einen Tag (am 29/10) in Kaiserswerth bei Heinrich Oberheid zusammen. Er ist tatsächlich entschlossen, am 16/12 unauffindbar zu sein. Oberheid will natürlich trotzdem noch Einiges versuchen. Ich, für meine Person, habe jetzt, nach unsäglichen Mühen, eine kleine Abhandlung für Barion[2] fertig; es sind etwa 3 Druckbogen oktav. Der Titel: (Die Legende von der) Erledigung jeder Politischen Theologie. Der Gedankengang bewegt sich in einer Substanz-Analyse von Petersons Abhandlung von 1935: Der

Monotheismus als politisches Problem. Doch hat diese kritische Befassung mit einer theologischen Erledigung jeder Politischen Theologie (wie sie auch Barion in seinem Epirrhosis-Aufsatz vornimmt) nur den Sinn eines energischen Vorstosses zu einer Befassung mit der modern-wissenschaftlichen Erledigung jeder Politischen Theologie (H. Blumenberg, Die Legitimität der Neuzeit, Suhrkamp 1966), in einer kurzen, aber sehr dichten „Schlussbemerkung". Das Ganze will ich schön abschreiben lassen und Barion zum 16/12 überreichen.
Dabei habe ich nicht vergessen, dass wir im Mai d.J. in Rossholzen über das Thema gesprochen haben und dass ich Ihnen (sehr vorsichtig, aber anders geht es bei mir nicht mehr) versprochen habe, eine etwa doch noch zustande kommende diesbezügliche Arbeit Ihnen zur Prüfung der Eignung für Ihre Schriftenreihe vorzulegen. Dieses Versprechen könnte ich jetzt einlösen, wenn es Sie noch interessiert. Ob die Arbeit sich überhaupt zu einer Publikation eignet, ist mir sehr fraglich. Bis zum 16/12 kann sie natürlich nicht erscheinen, aber vielleicht doch gedruckt sein, denn sie ist druckfertig. Ich überlege auch, ob ich sie hier vervielfältigen lasse; ein Privatdruck wäre aber zu teuer und hektographische Vervielfältigungen werden nicht gelesen. Wenn Sie mir mit einer Zeile zu dem letzten Punkt – Einlösung meines Törwanger Versprechens vom Mai d. J. – Ihre Stellungnahme kurz mitteilen wollten, wäre ich Ihnen sehr dankbar.
Inzwischen setzt Horst Ehmke die Lehre von den politischen Prämien auf den legalen Machtbesitz energisch in die Praxis um und die C.D.U. weiss dazu nichts als moralische Entrüstung aufzubringen. Ich habe mir gestern den „Spiegel" gekauft und den Artikel über die Umbesetzungen mit Vergnügen gelesen (auf Seite 34)[3]; ist der dort genannte Ernst Kern unser alter Bekannter? Sie müssten sich aber auch das Novemberheft der Zeitschrift Capital (das Neue Grosse C) besorgen und – ausser Johannes Gross' Columne auf Seite 13 – auch den Aufsatz „Brandts ungelöstes Rätsel" auf Seite 77–82 lesen[4]; das kommt an Bösartigkeit mit dem „Spiegel" mit; doch braucht der Spiegel sich nicht zu fürchten, denn eine Nicht-Partei sondern sogenannte „Union" ist gar nicht imstande, das fabelhafte Potenzial ihres jungen Nachwuchses politisch einzusetzen.
Ohne mehr für heute, viele herzliche Grüsse und Wünsche Ihres alten und unveränderlichen
Carl Schmitt.

P.S. Walter Warnach[5] hat eine sehr schöne Besprechung der Ebracher Festschrift für die Theol. Revue geschrieben.

Nr. 297
Ernst Forsthoff an Carl Schmitt — Heidelberg-Schlierbach, 5. November 1969

Hochverehrter, lieber Herr Schmitt!
Vielen Dank für Ihren ausführlichen Brief, den ich sogleich beantworten möchte. Ich danke Ihnen herzlich dafür, dass Sie mir das Manuskript für die res publica-Reihe zur

Verfügung stellen. Die Schrift wird gewiss zur Mehrung des Ansehens der Reihe wesentlich beitragen. Bitte senden Sie mir den Text. Ich werde versuchen, heute noch mit dem Verlagslektor in Verbindung zu treten, um auf eine schnelle Drucklegung hinzuwirken.
Sehr gefreut haben mich natürlich Ihre Bemerkungen zu meinem Aufsatz, denen ich entnehme, dass Sie den von mir eingeführten Begriff der technischen Realisation einleuchtend finden. Das ist mir wichtig, weil der Begriff in der Theorie des Staates der modernen Industriegesellschaft, an der ich arbeite, zentrale Bedeutung haben wird.
Ich habe auch den Spiegel-Bericht gelesen und mich gefragt, ob der dort genannte Ernst Kern unser Bekannter ist. Ich weiss es nicht, möchte es aber vermuten. Die Nummer von Capital werde ich mir besorgen. Die Ratlosigkeit der CDU ist in der Tat vollständig. Sie wird mit der zu erwartenden Niederlage in Nordrhein-Westfalen[1] noch grösser werden.
Mit herzlichen Grüssen
in alter Verehrung
Ihr
Ernst Forsthoff

Nr. 298
Carl Schmitt an Ernst Forsthoff Plettenberg, 7. November 1969

Lieber und verehrter Herr Forsthoff,
ich antworte gleich auf Ihr Schreiben vom 5. November, für das ich Ihnen herzlich danke. Den Text meiner Arbeit erhalten Sie, wenn Frau Hirsch, der ich ihn schicke, mit der Herstellung der am 16/12 Barion zu überreichenden Abschrift fertig ist. Das Manuskript meines jetzigen Textes enthält noch viele Korrekturen, sodaß man es einem grossen Verlag nicht zeigen kann. Durch den Umzug nach Bielefeld verzögert sich die Abschrift durch Frau Hirsch; doch wird sie, wie sie mir schreibt, bestimmt bis zum 16/12 damit fertig. Ein Durchschlag des von ihr geschriebenen Widmungsexemplars geht sofort an Ihre Adresse. Dass der Verlag den Druck schon vor Weihnachten beginnen kann, halte ich jetzt für ganz ausgeschlossen. Wir brauchen also nichts zu übereilen. Prüfen Sie das Ms ohne persönliche Rücksicht auf mich, ob es sich tatsächlich für Ihre Reihe eignet. Auch die Überschrift oder der Titel ist ein Problem. Eigentlich würde ich am liebsten sagen: Politische Theologie II, aber dann verlangt es Duncker & Humblot. Das Interesse an dem Problem ist im Moment ganz ausserordentlich, ich will aber meine Linie von 1922 weiterführen.
Wir werden also sehn. Ich fürchte, mein jetziger, arg ausgeprägter Altersstil wird Sie enttäuschen. Es geht aber nicht mehr anders. Die von Ihnen eingeführte dritte (oder erste) Dimension des Technischen ist einleuchtend; das kann weite Folgen haben, weit über den üblichen Technokratizismus hinaus. Da bin ich gespannt; auch auf den neuen „Staat". {„Die Stunde des Staates ist gekommen", das klingt (so wie Arnold Gehlen es zitiert)[1] orakelhaft doppelsinnig (ist gekommen = hat geschlagen.)}

Frl. Anni Stand lässt Ihnen mitteilen, dass das Richtfest ihres Hausbaues sich infolge von Störungen in dem Ein-Mann-Betrieb des Maurers etwas verzögert hat, aber innerhalb 14 Tagen stattfinden soll. Sie erhalten, ebenso wie Frau Gisela Lehmann, die Nachricht baldmöglichst. Ich schliesse mich den Grüssen Annis an und bleibe Ihr alter und getreuer Carl Schmitt.

Nr. 299

Ernst Forsthoff an Carl Schmitt — Heidelberg, 13. November 1969

Hochverehrter, lieber Herr Schmitt!
Das schliesslich doch Unerwartete ist eingetreten. Paeschke hat mir den Aufsatz zurückgeschickt, mit einem läppischen Brief, von dem ich eine Ablichtung beifüge[1]. Dass ihm dieser Aufsatz Ängste einjagen würde, wusste ich im Voraus, das war auch bei den früheren Aufsätzen so. Was ihn nun zur Ablehnung veranlasst hat, ist mir unklar. Ist es wirklich der Inhalt oder nur die Widmung? Oder beides? Ich bin immer noch der Meinung, in dem Aufsatz einiges Neue und das in vernünftigem Aufbau und einigermaßen verständlich gesagt zu haben. Sollte ich mich so irren? Jedenfalls gibt mir darüber der Brief von Paeschke keinen Aufschluss. Inzwischen habe ich mit Böckenförde verabredet, dass der Aufsatz im Staat erscheinen wird. Das bedeutet natürlich eine Verzögerung. Ausserdem muss ich prüfen, ob nicht eine stilistische Überarbeitung angezeigt ist, da der Aufsatz im Staat an einen anderen Leserkreis kommt, an den ich bei der Niederschrift nicht gedacht habe.
Im übrigen schreibe ich weiter an der Theorie des Staates der modernen Industriegesellschaft.
Dies alles in Eile zu Ihrer Unterrichtung
Mit herzlichen Grüssen
stets Ihr
Ernst Forsthoff

Nr. 300

Carl Schmitt an Ernst Forsthoff — Plettenberg, 15. Dezember 1969

Lieber und verehrter Herr Forsthoff,
meine Weihnachts- und Neujahrsgrüsse und -wünsche sende ich Ihnen vor dem Fest, um sie rechtzeitig ankommen zu lassen. Sie werden durch Ihre grosse Familie sehr in Anspruch genommen sein, und ich muss einen Augenblick der Schreibfähigkeit ausnutzen, weil ich meiner Gesundheit nicht mehr sicher bin. Der Rückblick auf das zu Ende gehende Jahr 1969 lässt die schönen Tage, die ich bei Ihnen in Rossholzen im Mai verbracht habe, als Gipfelpunkte erstrahlen. Die Gespräche in Aachen und in Törwang bleiben mir unvergesslich. Viele inhaltreiche Briefe von Ihrer Hand haben mich belebt und aus der Lethargie des Alters herausgerissen.

Heute, am 15. Dezember, traf pünktlich das Dezemberheft des „Merkur" hier ein, dessen Zusendung ich jetzt bereits im vollendeten zweiten Jahre Ihnen verdanke. Es war bisher, trotz einiger hässlicher Flecken, eine interessante Lektüre. Seit kurzem ist es aber so eindeutig abgestempelt, dass ich Sie bitten möchte, das Abonnement für mich nicht zu erneuern. Ihren Aufsatz über die technische Dimension werde ich hoffentlich bald anderswo gedruckt lesen. Dass die „Stimmen der Zeit" E.W. Böckenfördes Aufsatz mit Widmung[1] ohne weiteres veröffentlicht haben, werden Sie gesehen haben. Mein Beitrag – eine Einzel-Analyse von E. Petersons Abhandlung über den Politischen Monotheismus, vom Jahre 1935 – ist unter unsäglichen Mühen und Qualen soweit fertig geworden, dass er abgeschrieben und im Manuskript präsentabel gemacht werden konnte. Für den Druck würde ich einige Ergänzungen anbringen, aber das Ganze in seiner Anlage – Untersuchung einer Legende – belassen. Ich bin noch halb tot von der wirklich schauderhaften Beschäftigung mit diesem traurigen Bluff, der wohl von Jakob Hegner[2] suggeriert worden ist. Ob eine solche „Bereinigung" – mehr ist es nicht – überhaupt in Ihre Reihe „Res Publica" passt, ist mir sehr fraglich, namentlich wenn ich das Buch von Winfried Brohm bedenke. Der Unter-Titel „Die Legende von der Erledigung jeder Politischen Theologie" ist nur als Unter-Titel gut; der Haupt-Titel „Politische Theologie II" würde Duncker & Humblot auf den Plan rufen. Ich bitte Sie, sich den Text in einer ruhigen Stunde anzusehn und den Aufbau, insbesondere mit dem provokanten Ausblick am Schluss, zu überlegen. Mir fehlt jede Möglichkeit einer kritischen Vergleichung mit andern „Abhandlungen".

Ich kann nicht mehr in den alten, akademischen Stil zurück. Schon „Ex Captivitate Salus" fiel ganz aus der Reihe. Dazu hat mir Gehlen damals (1950) sehr verständnisvoll geschrieben[3]. Ich habe sein Buch „Moral und Hypermoral" seit über 2 Monaten bestellt, höre aber, dass die erste Auflage erschöpft ist und erst im Frühjahr 1970 eine neue erscheint. Die Gegensätze rechts- und naturwissenschaftlichen Denkens sind zu gross. Ex Captivitate Salus ist ohne Wirkung geblieben und der accuser-Kempner macht sich in seinem neuen Buch „Das Dritte Reich im Kreuzverhör"[4] mit hämischer Geste darüber lustig, um mich der Verachtung preiszugeben. (Bei diesem Anlass: Wissen Sie was aus Ernst Wörmann geworden ist, der in der Publikation Kempners eine Extra-Rolle spielt; wenn ich mich recht erinnere, war W. ein Vetter von Wilhelm Ahlmann).

<*Familiennachrichten*> Das Wetter ist allzu schlecht. Auch der Hausbau von Anni (die herzlich grüssen lässt) ist darüber stecken geblieben und wartet auf das Frühjahr.

Auf ein 1969 erschienenes Buch möchte ich Sie noch hinweisen, weil es den Schluss Ihrer Verfassungsgeschichte (der offene Brief des Prälaten Kaas vom 26. Januar 1933 als ausschlaggebender Faktor) bestätigt: Detlef Junker, Die deutsche Zentrumspartei und Hitler 1932/33. Stuttgarter Beiträge zur Geschichte und Politik, Klett, 1969[5]. Barions Aufsatz „Kirche oder Partei?" (Der Staat (4) 1965) wird am entscheidenden Punkt (S. 139) herausgestellt[6]. Ich glaube nicht, dass Barion jetzt noch stillschweigend ignoriert werden kann. Schliesslich noch eine Frage: ist die Schrift, die Herr Dr. Heinze im Mai 1964 plante und über die wir in Törwang gesprochen haben, inzwischen erschienen?[7]

Ich grüsse Sie, lieber Herr Forsthoff aufs herzlichste, wünsche Ihnen und den Ihrigen ein schönes Weihnachtsfest und alles Gute im Jahre 1970 und bleibe in treuer Erinnerung

Ihr alter

Carl Schmitt.

Nr. 301

Ernst Forsthoff an Carl Schmitt Heidelberg-Schlierbach, 18. Dezember 1969

Hochverehrter, lieber Herr Schmitt!

Seien Sie herzlich für den ausführlichen Brief bedankt, mit dem Sie mich sehr erfreuten. Auch für mich waren die Tage in Aachen und Rossholzen Höhepunkte des auslaufenden Jahres. Deshalb kann ich nur wünschen und hoffen, dass sich diese Begegnungen im kommenden Jahr wiederholen lassen. Den Anfang hat Herr Barion schon gemacht, mit dem ich letzten Sonntag in Bonn zusammen zu Mittag aß: er hat in Aachen auf den 13.–16. März Zimmer bestellt.

Dass Sie Politische Theologie II abgeschlossen haben, vernahm ich mit grosser Freude und ich beglückwünsche Sie dazu aufrichtig. Hoffentlich bekomme ich den Text bald. Der Verlag Kohlhammer ist verständigt und hat mir versprochen, um schnellen Druck bemüht zu sein.

<*Familiennachrichten*>

Vor zwei Wochen nahm ich in München an der Sitzung des Beirats der Deutschland-Stiftung teil. Es galt die Träger des Adenauer-Preises 1970 zu wählen[1]. Schon vorher war ich dahin verständigt worden, dass Werner Weber im Gespräch war. Dabei spielte die Erwägung mit, dass in diesem Falle der niedersächsische Ministerpräsident eine Art von Protektorat über den dann in Hannover stattfindenden Festakt übernehmen würde, dass die Deutschland-Stiftung dann zum ersten Male nördlich des Main tagen würde. Dieser Plan wurde jedoch sofort aufgegeben, als der Beirat – übrigens nicht von mir – mit der Glosse von Johannes Gross bekannt gemacht wurde. Preisträger wird nunmehr Sedlmayr. Webers Verhalten wird mir immer unverständlicher[2]. Meine Anfrage, ob er sich an der literarischen Barion-Ehrung beteiligen wolle, ist unbeantwortet geblieben. Barion (dem er einige Flaschen Wein geschickt hat) meinte, er müsse sich in einem psychischen „Tief" befinden.

Ihre Anregung, den „Merkur" abzubestellen, begrüsse ich sehr und habe ihr, auch für mich, sofort entsprochen. Die Richtung der Zeitschrift ist inzwischen ganz eindeutig geworden, wie insbesondere das Dezember-Heft zeigt: Den Aufsatz von Gehlen hat Paeschke offenbar genommen weil er kritisch gegenüber der Kirche ist[3]. Moral und Hypermoral war übrigens bei meinem Buchhändler noch zu haben. Ich habe sofort die Zusendung an Sie veranlasst, sehr erfreut über die Gelegenheit, Ihnen diese bescheidene Weihnachtsgabe übermitteln zu können. Hoffentlich ist das Buch inzwischen eingetroffen.

Die Zustände an der Universität werden immer desolater. Inzwischen sind die in der neuen Grundordnung vorgesehenen Organe gewählt und es finden die ersten öffentlichen Fakultätssitzungen statt. Die Folge der Öffentlichkeit ist Radikalisierung auf der Seite der Studenten und Verhärtung auf der Seite der Professoren. Niemand ist davon überzeugt, dass unter dieser neuen Verfassung ein geordnetes Universitätsleben möglich ist.
Die neue Bonner Regierung gefällt sich in einer weiteren Verunsicherung des Rechts. Hier ist es so weit gekommen, dass weder die Staatsanwaltschaft noch die Polizei Lust hat, gegen das bürgerkriegsartige Treiben der Studenten einzuschreiten. In Berlin ist es offenbar ähnlich.
Unter diesen Umständen macht die Besetzung von Lehrstühlen grosse Schwierigkeiten, so des Lehrstuhls von Böckenförde. Nachdem bereits Winkler – Wien abgesagt hat, steht jetzt, wie ich höre, die Absage von Bullinger bevor, der keine Lust hat, in den hiesigen Hexenkessel zu gehen.
Mit allen guten Wünschen zu Weihnachten und für das neue Jahr grüsst Sie herzlich
in alter Verehrung
Ihr
Ernst Forsthoff

Herzliche Grüsse auch an Frl. Stand.

Nr. 302
Ernst Forsthoff an Carl Schmitt Heidelberg-Schlierbach, 11. Januar 1970
[Von Schmitt u. a. notiert:] b[eantwortet] 13. 1. 70

Hochverehrter, lieber Herr Schmitt!
Vor einiger Zeit hat mir Frau Hirsch „Politische Theologie II" für den geplanten Sammelband übersandt. Jetzt stehen noch die Texte von Steinbömer und Joseph Kaiser aus[1]. K. ist am weitesten im Rückstand, sodass er in dem Band voraussichtlich nur mit einem durch ein Titelblatt bezeichneten Versprechen vertreten sein wird. Ich hoffe, den Beitrag von Steinbömer über Rudolf Borchardt bis Ende des Monats zu bekommen.
Natürlich habe ich Ihre Abhandlung alsbald und mit grossem Interesse gelesen. Meine Kenntnis des ersten nachchristlichen Jahrhunderts ist nicht so, dass ich mir ein kompetentes Urteil erlauben dürfte. Aber Ihr Nachweis, dass Peterson sein Verdikt der Politischen Theologie auf eine offensichtlich zu schmale Materialbasis gestützt hat, ist für jedermann überzeugend, der wissenschaftliche Argumentationen auf ihre Schlüssigkeit hin zu beurteilen vermag[2].
Ich wäre Ihnen sehr dankbar, wenn ich bald in den Besitz eines Textes käme, den ich an Kohlhammer weitergeben kann, damit sich das Erscheinen der Schrift nicht allzu weit von dem Datum der Widmung entfernt. Man muss damit rechnen, dass Satz und Druck etwa zwei Monate in Anspruch nehmen werden.

Bei der Durchsicht Ihres letzten Briefes stelle ich fest, dass ich nicht alle Ihre Fragen beantwortet habe. Die Schrift von Herrn Heinze über autonome und heteronome Verteilung ist von Broermann angenommen worden. Sie steht jetzt im Satz und sollte eigentlich schon zu Weihnachten erscheinen. Jedenfalls ist mit dem Erscheinen in Kürze zu rechnen. Herrn Woermann sehe ich gelegentlich. Er ist recht alt geworden, aber wohl nicht eigentlich von Krankheit geplagt. Dagegen war seine Frau vor einigen Monaten wegen Herzbeschwerden einige Zeit im Krankenhaus; anscheinend geht es ihr aber wieder besser.

Viele Grüsse an Frl. Stand.

Mit herzlichen Grüssen

in alter Verehrung

stets Ihr

Ernst Forsthoff

Nr. 303

Carl Schmitt an Ernst Forsthoff — Plettenberg, 13. Januar 1970

Lieber und verehrter Herr Forsthoff,

Ihr Schreiben vom 11. Januar will ich umgehend beantworten, um nicht noch länger in Ihrer Schuld zu bleiben. Ich lasse Ihnen ein sehr spannendes Buch zusenden: Stefan Heym, Lassalle[1], als Dank für das Buch von Arnold Gehlen, das Sie mir zu Weihnachten geschenkt haben und das mir von grösster Aktualität geworden ist. Das Lassalle-Buch ist ein Reisser 1. Klasse und für einen Verfassungsjuristen eine Delikatesse; Original-Titel: the uncertain friend.

Vielen Dank für Ihre Bemühungen um die Barion-Ehrung! Was meinen Beitrag angeht, so habe ich vorige Woche anlässlich E. W. Böckenfördes Besuch mit ihm darüber gesprochen. Es ist eine leider ganz singuläre, unrubrizierbare, kaum verständliche Privatsache. Je länger ich darüber nachdenke, umsomehr scheint sie mir für Ihre Reihe Res Publica verfremdend und direkt störend. Der Fall Peterson interessiert keinen Juristen; das Thema „Politische Theologie" ist aktuell, aber (durch die Begrenzung auf die immanente Einzel-Kritik einer im Grunde beleidigend-anmaßenden, kleinen Monographie) in dieser Form einem Leser-Publikum von heute nicht mehr relevant. Ich überlege, was ich mit dem Manuskript machen könnte. Dem Verlag Kohlhammer kann man das nicht anbieten. Für den „Staat" kommt es ebensowenig in Frage; darüber war ich mir mit Ernst-Wolfgang B. einig. Warten wir also ab! Ich verspreche Ihnen statt dessen das Ms. über den 30. Januar 1933, falls ein solches noch entstehen sollte. Dieses Thema passt in Ihre Reihe „Res Publica", und hat als Thema bei mir – und auch bei EW B. – infolge der Dissertation von Detlef Junker über die Zentrumspolitik 1932/33 einen neuen Aspekt erhalten; vor allem auch in Verbindung mit Barions Epirrhosis-Beitrag.

Besten Dank für die Mitteilungen über Herrn Dr. Heinze und Herrn Woermann! Der American Accuser Kempner möchte sich verlängern. Wir sitzen in der BDR in einer Verlängerungs-Strähne. Wer möchte da nicht Kempner sein?
Martin bekommt nächstens einen Karton Müdener (mittlere Mosel); eine Entdeckung, von der Jobst Siedler[2] begeistert war. Diesem habe ich immer noch nicht (seit Oktober 1969) auf seinen Vertrags-Entwurf wegen einer „Anthologie politischer Essays" geantwortet. Eine Verabredung bei Oberheids in Kaiserswerth mit Barion, Frau von Schnitzler[3] und Warnach, für diese Woche, musste wegen Krankheit von Frau Willms ausfallen.
Ich hoffe, dass Sie gesund und aggressiv sind und freue mich auf eine Nachricht über Ihre wissenschaftlich-publizistischen Pläne. In unveränderlicher, alter Freundschaft bleibe ich Ihr
Carl Schmitt.

Nr. 304
Ernst Forsthoff an Carl Schmitt o. O., o. D.

Hochverehrter, lieber Herr Schmitt!
Das unstete Leben der letzten Wochen mit allerlei Reisen hat die Briefschuld, in der ich mich Ihnen gegenüber befinde, sehr vergrössert. So habe ich Ihnen wohl noch nicht für das Lassalle-Buch gedankt, was ich hiermit nachhole. Es ist gut zu lesen und trotz romanhafter Form doch recht instruktiv.
Gross Neues zu melden habe ich eigentlich nicht. In Göttingen nahm ich an der Antrittsvorlesung meines Schülers Klein teil. Er sprach im Anschluss an das Blinkfüer-Urteil des Bundesverfassungsgerichts über Art 5 GG[1]. Es war ein scharfsinniger, geschliffener Vortrag, den zu hören ein Vergnügen war. Mit dem Bundesverfassungsgericht ging er nicht gerade zimperlich um, war aber in der Polemik durchaus überzeugend. Das mag der anwesende Smend nicht gerne gehört haben. Ich sah ihn nur von ferne und er machte einen durchaus rüstigen Eindruck. Natürlich wollte ich ihn nach dem Vortrag begrüssen, sah mich aber zunächst in Gespräche mit Kollegen verwickelt, die mich begrüssten. Als ich mich von ihnen lösen konnte, sah ich Smend nicht mehr. Ich habe ihm einige Zeilen geschrieben um zu verhindern, dass daraus Mißverständnisse entstehen.
Zu meiner Freude steht Blümel primo loco auf der Liste in Bielefeld. Er wird damit wohl in Kürze aus den unmöglichen Verhältnissen in Berlin befreit sein. Damit wäre Quaritsch einziger Berliner Ordinarius im öffentlichen Recht[2], aber weniger als eine halbe Kraft, da er Leiter des wissenschaftlichen Dienstes beim Bundestag geworden ist. Mußgnug soll im Sommer in Berlin vertreten. Darum ist er schwerlich zu beneiden.

Auch die Heidelberger Universität ist im Kern zerstört und den Rest besorgt der neue Rektor, der Theologe Rendtorff[3]. Die Zustände sind, äusserlich etwas weniger spektakulär, im Innern unbeschreiblich. Inzwischen bekommt das die Universität auch zu spüren. So erweist es sich als nicht mehr möglich, die Professur Böckenförde qualifiziert zu besetzen. Jetzt geht der Ruf, nachdem Winkler (Wien) und Bullinger abgelehnt haben, an Henke in Würzburg-Erlangen[4], einem braven Mann, von dem ich erfuhr, dass sein Referat auf der letztjährigen Staatsrechtslehrertagung allgemein enttäuscht hat. Darauf kann man heute keine Rücksicht mehr nehmen. Nicht mehr die wissenschaftliche Qualifikation, sondern die universitätspolitische Haltung gibt heute bei Berufungen den Ausschlag. Keine Fakultät möchte riskieren, jemanden zu berufen, der sich alsbald mit den Studenten solidarisiert.
Ich schreibe langsam weiter an den Studien zum Staat der modernen Industriegesellschaft. Eben bin ich beim Thema Pluralismus und Verbände und erfahre dabei wieder die Aktualität Ihres Vortrages in Barcelona[5], in dem eigentlich alles Entscheidende bereits gesagt ist.
Mit grossem Interesse las ich die Erinnerungen von Aufricht[6] mit vielen bekannten Namen und Ereignissen. Die Passagen über Brecht fand ich besonders aufschlussreich.
Ich freue mich sehr auf das Wiedersehen in Aachen.
Mit herzlichen Grüssen, auch an Frl. Stand
in alter Verehrung
stets Ihr
Ernst Forsthoff

Nr. 305
Ernst Forsthoff an Carl Schmitt — Heidelberg-Schlierbach, 17. März 1970

Hochverehrter lieber Herr Schmitt!
In Eile dieses: bei der Rückkehr aus Aachen fand ich vor: Arnold Ehrhardt, The Acts of the Apostles, soeben erschienen bei Manchester University Press, 314–324 Oxford Road, 13 Manchester[1]. Es handelt sich um Vorlesungen aus dem Nachlass (140 S). Darin wichtige Themen wie: St Peter and the Twelve; St Paul and the Greeks, St Paul and the Jews, The Rise and Rule of James of Jerusalem.
Sehr herzlich grüssend
– raptim –
Ihr
Ernst Forsthoff

Nr. 306

Carl Schmitt an Ernst Forsthoff Plettenberg, 19. Mai 1970

Lieber und verehrter Herr Forsthoff,
eben, als ich meine Sendung an Sie zur Post bringen wollte, traf die Nachricht von der Geburt Ihres ersten Enkelkindes Ulrich hier ein. Ich habe mich herzlich darüber gefreut und gratuliere Ihnen als dem Grossvater (den Eltern werde ich noch besonders gratulieren) mit vielen Wünschen für den jüngsten Forsthoff und alle seine Verwandten. Sie selber sind ein 7 Jahre jüngerer Grossvater als ich es bin; das ist günstig; ich bin schon etwas zu spät in diese wichtige Rolle hinein geraten.
Das Partisanenbuch[1] ist keine schöne Begleitmusik zu einem solchen Ereignis; ich lese aber dazu die schöne Erzählung von Hans Schomerus, Der Wächter an der Grenze[2].
Gesundheitlich geht es mir so schlecht, dass ich beim besten Willen am 24/5 nicht anwesend sein kann, wenn die Festschrift an Hans Barion überreicht wird. Ich hoffe, dass es eine schöne Feier wird in Ihrem schönen Hause und im Europäischen Hof. Das Buch von George Schwab Exception of Challenge [sic!] ist erschienen; George kommt am 3/4 Juni von New York nach Plettenberg.
Ihnen, lieber Herr Forsthoff, und allen Ihrigen sowie allen gemeinsamen Freunden die herzlichsten Grüsse Ihres alten
Carl Schmitt.

Nr. 307

Ernst Forsthoff an Carl Schmitt Heidelberg-Schlierbach, 20. Mai 1970

Hochverehrter, lieber Herr Schmitt!
Ich fühle mich sehr in Ihrer Schuld, nachdem ich Ihnen für mehrere Briefe und nun auch für den Hanser-Band[1] zu danken habe.
Dass Sie am 24. Mai nicht unter uns weilen werden, bedauern wir alle tief, neben Barion vor allem ich, da ich gehofft hatte, es liesse sich an die Barion-Ehrung eine Wiederholung der schönen Tage in Rossholzen anschliessen. Nun bleibt mir nur zu wünschen, dass Sie recht bald von den gesundheitlichen Beschwerden befreit sein mögen.
Heute ist die Festschrift (251 Maschinenseiten) zum Buchbinder gebracht worden. Das Titelblatt lautet: Eunomia. Freundesgabe für Hans Barion zum 16. Dezember 1969. Ich hoffe und glaube, dass Ihnen der Titel, der auf Hesiod[2] verweist, gefallen wird. Der Beitrag von Joseph Kaiser kam heute, buchstäblich in letzter Minute, <*per Taxi*>. Im Mittelpunkt der Festschrift steht nun Ihr Beitrag, auch dem Umfang nach der bedeutendste. Leider konnte ich ihn in der neuen Fassung nicht mehr lesen, da Böckenförde nur ein Exemplar brachte, das nun beim Buchbinder ist. Zum Sonntag haben fast alle Geladenen zugesagt, sodass sich ein Kreis von etwa 30 Personen versammeln wird.

Barion erweist sich als Hyperorganisator; er ruft täglich mindestens zweimal an, um sich vom Fortgang der Vorbereitungen berichten zu lassen, die bis auf das Binden der Festschrift längst abgeschlossen sind. Die Laudatio und Überreichung der Festschrift hat Steinbömer übernommen. Er wird sich dieser Aufgabe gewiss geistvoll und kultiviert entledigen. So steht zu hoffen, dass alles nach Wunsch und zur Befriedigung Barions verlaufen wird.

Das Gespräch über den Partisan, das ich bisher von Dr. Gieslers Tonband kannte, habe ich natürlich gleich mit grösstem Interesse gelesen. Ich hatte dazu auch einen konkreten Anlass. In meiner Arbeit über den Staat der modernen Industriegesellschaft[3] lege ich dar, dass die Stabilität der öffentlichen Zustände nicht dem schwachen Staat, sondern der Industriegesellschaft zu verdanken ist. Es gibt bisher offenbar noch nicht den Partisan, welcher der doch in vieler Hinsicht verletzlichen Industriegesellschaft gefährlich werden könnte. Ob der Stadtguerilla, der jetzt in Südamerika auftritt, eine Vorform des Partisanen in hochindustrialisierten Ländern ist, erscheint mir sehr zweifelhaft. Am Wohlstand der Industriegesellschaft partizipieren zu breite Schichten, als dass sich der Partisan in den Grossstädten hochzivilisierter und industrialisierter Länder wie ein Fisch im Wasser bewegen könnte. Ich neige deshalb zu der Annahme, dass der Partisan in hochindustrialisierten Wohlstandsgesellschaften eine Randerscheinung bleiben wird.

Vielen Dank für die Glückwünsche zur Grossvater-Würde. Ich finde, sie kommt auch bei mir reichlich spät. Einstweilen freue ich mich, dass meine besonders geschätzte Schwiegertochter Gudrun alles leicht und gut überstanden hat. Natürlich macht man sich Gedanken darüber, in welche Welt der Enkel hineinwachsen mag und endet auf dem berühmten weiten Feld Fontanes[4].

Kürzlich ist die französische Ausgabe meines Lehrbuches erschienen, vortrefflich übersetzt von Michel Fromont[5], einem früheren Schüler, jetzt Professor in Dijon. Nun bin ich natürlich gespannt, welche Aufnahme das Buch im klassischen Lande des Verwaltungsrechts finden wird. Obgleich das Buch im wissenschaftlichen Sinne keine nouveauté ist, möchte ich es doch in Ihren Händen wissen. Deshalb geht mit gleicher Post ein Exemplar an Sie ab.

Viele Grüsse an Frl. Stand

Mit besten Wünschen für Ihre Genesung und
herzlichen Grüssen
in alter Verehrung
Ihr
Ernst Forsthoff

Nr. 308

Ernst Forsthoff an Carl Schmitt Törwang-Roßholzen, 10. Juni 1970

[Von Schmitt u. a. notiert:] b[eantwortet] 15. 6. 70

Hochverehrter, lieber Herr Schmitt!

Endlich bin ich in der Lage, Ihnen die bei der Barion-Ehrung aufgenommenen Bilder zu übersenden. Leider sind sie nur ein dürftiger Ersatz für die Teilnahme an der Feier, über deren Verlauf Sie, wie ich höre, durch einen ausführlichen Brief von Frau Gisela und gewiß auch durch Barion unterrichtet worden sind. Es war ein erhebendes und doch auch sehr bewegendes Ereignis, denn wir Älteren erlebten es wohl alle in dem Bewußtsein, daß kaum zu hoffen ist, daß sich dieser Freundeskreis noch einmal in dieser Vollständigkeit versammelt.

Erfreulicherweise hat sich der Brockhaus-Verlag bereit erklärt, die Festschrift zu vervielfältigen, nicht im Druck, sondern auf fotomechanischem Wege. (Auf diese Weise bleiben alle Urheberrechte unberührt). Ich beabsichtige nun, die Festschrift erweitert um die Ansprachen von Steinbömer und Barion für diese Vervielfältigung vorzubereiten. Auf diese Weise wird es dann möglich sein, allen Teilnehmern an der Feier und auch sonstigen Freunden die gesamte Barion-Ehrung zugänglich zu machen. Ich hoffe sehr auf Ihr Einverständnis zu diesem Verfahren. Indiskretionen, wie sie seinerzeit bei dem Privatdruck Ihrer Tyrannei der Werte vorgekommen sind, fallen hier deshalb aus, weil die einzelnen Beiträge zur Festschrift für den Druck bestimmt sind. Zu meiner Freude entnahm ich einem Brief von Herrn Broermann, daß das Manuskript von Politische Theologie II bereits bei ihm eingegangen ist.

Ich schreibe Ihnen aus dem Ihnen vertrauten Milieu von Roßholzen. Ich bin seit einer Woche hier bei strahlendem Wetter und das verspätete Frühjahr zeigt noch die Wiesen im vollen Blumenschmuck. Im übrigen bin ich fleißig an der Schrift über den Staat der modernen Industriegesellschaft. Darin wird es an den Provokationen, zu denen Sie mich in Ihrem Glückwunsch zum Neuen Jahr ermunterten, nicht fehlen.

Meine aufrichtigen Wünsche gelten Ihrem gesundheitlichen Befinden. Ich teile die Hoffnung Josef Kaisers, daß Sie Ihren Besuch bei ihm ermöglichen können. In diesem Falle würden wir uns in Staufen wiedersehen, da Herr Kaiser so liebenswürdig war, auch mich nach Staufen einzuladen.

Grüßen Sie vielmals die Bauherrin[1] und seien Sie selbst in alter Verehrung sehr herzlich gegrüßt von

Ihrem

Ernst Forsthoff

Nr. 309

Carl Schmitt an Ernst Forsthoff Plettenberg, 15. Juni 1970

Lieber und verehrter Herr Forsthoff,
ich schreibe diesen Brief in der lebhaften Erinnerung an die schönen Tage, die ich vor einem Jahre als Gast bei Ihnen in Rossholzen verbracht habe. Zu den täglich wachsenden „Sachzwängen“, die einem das hohe Alter beschert, gehört auch diese Entbehrung. Ihre neue Arbeit wird jetzt in ein besonders wichtiges Stadium eintreten. Ich wäre gern dabei, um diesen kostbaren Moment durch einige Gespräche mit Ihnen zu benutzen. Als Ersatz und als Beweis für mein fortwährendes Interesse füge ich eine Fotokopie bei, einen Vortrag von Jakob Taubes[1], der Ihnen vielleicht noch nicht bekannt ist. Ich habe ihn mit vielen Schikanen erreicht; Sie sind für solche Probleme des Schrifttums besser situiert als ich. Mir scheint, dass die marxistische Nervosität gegenüber Ihrer jetzigen Fragestellung eine Bestätigung Ihrer Position ist. Auch aus den Schilderungen von George Schwab (der vor einer Woche hier war) entnehme ich, dass in den USA-Universitäten eine grosse Wendung erwartet wird. Sollten Sie das Dokument schon kennen, so schadet die Übersendung nichts. Mit der Rückgabe eilt es nicht.
Ich schreibe Ihnen in einem Moment der Pause, die mir innerhalb einer sehr anstrengenden Kur <*Krankheitsnachrichten*> erlaubt wurde. In 4 Wochen müsste ich reisefähig sein, sonst kann ich nicht mit Anima, die am 9. Juli kommt, am 16. Juli nach Spanien reisen. So müssen Sie sich diese verzweifelten Manöver erklären.
Dass Sie trotz Ihrer vielen Inanspruchnahme noch Zeit fanden, an mich zu denken, habe ich mit besonderer Dankbarkeit empfunden. Die in jeder Hinsicht vorbildliche französische Ausgabe Ihres Verwaltungsrechts habe ich erhalten. Vielen Dank für die Zusendung und die freundlichen Widmungsgrüsse! Ich lese zu meiner Erholung sehr viel in dieser Übersetzung, die ein europäisches Dokument ersten Ranges ist. Das Avant-Propos de l'Auteur müsste in extenso in einer deutschen verwaltungsrechtlichen Zeitschrift auf deutsch abgedruckt werden. Heute, im Zeitalter der Semantik und der Semiotik müsste ein eigener Aufsatz über das Übersetzungsproblem geschrieben werden, für den diese französische Ausgabe erstklassiges Material liefert, das jede Institution der europäischen Gemeinschaften angeht. Ich werde das auch Joseph Kaiser schreiben. Anlässlich eines Gutachtens über die deutsche Ausgabe von Francis Rosenstiels „Supranationalité“[2] (die im Witsch-Verlag erschienen ist, Übersetzung von Becker. Saarbrücken) ist mir das grosse Problem bewusst geworden. Sonst besteht Gefahr, dass die Kelsenianer automatisch das Übersetzungsmonopol an sich ziehen und auf diesem Wege das neue Verwaltungsrecht kelsenisieren d. h. sterilisieren und seines produktiven Wachstums berauben.
Dann muss ich Ihnen und Frau Gisela Lehmann für die Informationen, die fabelhaften Fotos und die Grüsse der Teilnehmer bei der Ehrung Barions danken, die am 2/5 in Ihrem Hause in Heidelberg stattfand. Sie können sich denken, wie mich jede Einzelheit interessiert und was die schönen Fotos für mich bedeuten, von denen ich fast alle identifizieren kann. Dass ich die Reden nicht gehört habe, ist traurig; doch hat Frau

Lehmann sie mir im Manuskript versprochen. Sagen Sie ihr bitte mit meinen besten Grüssen auch meinen herzlichen Dank. Was meinen Beitrag an der Barion-Festschrift angeht, so freue ich mich, dass er in dieser ehrenvollen Umgebung wurzelt. Herr Broermann scheint es jetzt sehr eilig mit der Publikation zu haben; denn das Ganze ist in den Fahnen schon gesetzt und von mir korrigiert (leider sehr oberflächlich, weil ich keine Hilfe habe). Der Spiegelaufsatz in Nr. des Spiegel vom 8/6/70 über das neue Buch von H. Küng (Tübingen)[3] zeigt allerdings, dass es gut ist, wenn meine Schrift bald erscheint; Küng scheint bemerkt zu haben (ich kenne sein neues Buch noch nicht), was in meinem Hobbes-Aufsatz „Die vollendete Reformation" (Staat, 4, 1965) gesagt ist und was ich in Pol. Theologie II nachdrücklich wiederhole: dass das Problem der Politischen Theologie für uns heute ein Problem der Politischen Christologie geworden ist.
Ich muss Sie jetzt bitten, lieber Herr Forsthoff, mich zu entschuldigen, weil mich das Schreiben sehr ermüdet. Erholen Sie sich gut in dem schönen Rossholzen, grüssen Sie Frau Gisela Lehmann auch von Frl. Anni, die mitteilen lässt, dass der Abschluss ihres Hausbaues sich jetzt hinzieht und die Einladung erst im Spätsommer ergehen kann, dann aber hoffentlich um so effektvoller stattfindet, grüssen Sie auch Herrn Rechtsanwalt Dr. Christian Heinze, dessen Schrift „autonome und heteronome Verwaltung" mir täglich aktueller zu werden scheint, und seien vor allem Sie selber mit allen guten Wünschen vielmals gegrüsst von Ihrem alten
Carl Schmitt

Nr. 310
Ernst Forsthoff an Carl Schmitt Heidelberg, 29. Juni 1970
[Von Schmitt u.a. notiert:] b[eantwortet] 1.7.70

Hochverehrter, lieber Herr Schmitt!
Für Ihren langen Brief nach Rossholzen habe ich Ihnen sehr zu danken, vor allem auch für den Vortrag von Taubes, der mir entgangen war, aber für meine gegenwärtige Arbeit sehr wichtig ist. Ich hoffe sehr, dass die Kur, von der Sie schrieben, inzwischen erfolgreich war, sodass Sie unbeschwert mit Anima nach Spanien reisen können.
Inzwischen bereite ich die Texte für die Vervielfältigung der Barion-Festschrift vor. Nachdem jetzt auch die Ansprache von Barion vom Band geschrieben worden ist, fehlt mir nur noch der Durchschlag Ihres Beitrages. Ich wäre Ihnen für eine baldige Übersendung sehr dankbar. Sobald ich Ihren Beitrag habe, kann ich das Ganze an Brockhaus schicken. M. E. erübrigen sich Nachträge und Veränderungen, da die allein zitierfähige Fassung demnächst bei Duncker u. Humblodt erscheinen wird.
Gestern war ich mit Doehring, Schneider und Böckenförde zusammen und wir besprachen die Vertagung des Bundesverfassungsgerichts in der Hochschul-Streitsache. Die Gründe der Vertagung sind dunkel. Interessant war mir, dass in einer Vorbesprechung Zacher (Saarbrücken)[1] berichtet hat, beim Bundesverfassungsgericht sei aufgefallen, dass die Verfahren gegen die Universitätsreformen wesentlich von Anhängern der

Schmitt-Schule getragen würden: Schneider, Doehring, Klein und Blümel. Deshalb findet man es ratsam, weitere, unbelastete Kollegen zu gewinnen wie Wengler und Zweigert[2]. So geht das heute zu.
Die Zustände hier spotten jeder Beschreibung. Der morgigen grossen Demonstration sieht man mit Sorge entgegen. Schneider wird am heftigsten angegriffen[3], wegen der Ohrfeige wie wegen seiner „reaktionären" Gesinnung. Die Studenten haben beschlossen, ihn nicht mehr lesen zu lassen. Man darf abwarten, ob der Senat gewillt und in der Lage ist, ihn zu schützen. Die eigentliche Katastrophe ist der Rektor Rendtorff – ein infamer Dummkopf.
Mit meiner Arbeit bin ich in Rossholzen gut weiter gekommen. Leider hat sie die Eigenschaft aller interessanten Themen: sich auszuweiten. Taubes ist ein Beweis mehr dafür, dass der Marxismus mit den Realitäten nicht zurecht kommt. Er rettet sich schliesslich in den Neuen Menschen, was Marx gewiss sehr amüsiert hätte, wenn er Humor gehabt hätte, was sehr zweifelhaft ist. In dem soeben deutsch erschienenen Buch Fortschritt ohne Ende bewegt sich Raymond Aron[4], was das Verhältnis von Saint Simon und Marx anbelangt, ganz auf der Linie meines Aufsatzes, den ich diesem Brief beifüge. Unbeschadet der Tatsache, dass seine intellektuellen Mittel ungleich geringer sind als die Marxens, ist er Marx insofern überlegen, als er die Bedeutung der Technik erkannt hat, wenn auch die Folgerungen, die er aus dieser Erkenntnis zieht, primitiv anmuten.
Viele Grüsse an Frl. Stand.
Mit herzlichen Grüssen
in alter Verehrung
Ihr
Ernst Forsthoff

Nr. 311
Carl Schmitt an Ernst Forsthoff Plettenberg, 1. Juli 1970

Lieber und verehrter Herr Forsthoff,
für Ihr Schreiben vom 29. Juni herzlichen Dank! Ich beeile mich, Ihnen den endgültigen Text des Beitrages für die Barion-Festschrift zu schicken und bitte um Entschuldigung dafür, dass ich es erst jetzt tue. Böckenförde riet mir, einfach die korrigierten Umbruchseiten zu schicken. Ich habe keine Vorstellung davon, wie Brockhaus sich den „Privatdruck" vorstellt. Auf keinen Fall will ich die Herstellung dieses Privatdruckes aufhalten.
Ihre Mitteilungen aus Heidelberg sind deprimierend, auch für mich persönlich. Ich habe im Spiegel die Hetze gegen Hans Schneider gelesen[1]. Haben Sie eigentlich das Sonntags-Blatt (Hamburg, Bischof Lilje) vom 28/6 Seite 8 gesehen; es gehört in diesen Zusammenhang, aber mit einigen positiven Seiten (am 19/6 hat das ND Fernsehen 3. Programm ein Gespräch mit mir gesendet; das D. Allg. Sonntagsblatt hat (ohne mich

vorher zu fragen) einiges daraus abgedruckt; Jens Litten dazu einen Kommentar geschrieben)[2]. Bleibt so etwas in Heidelberg unbekannt oder schürt es nur die Hetze: Ich wollte es Hans Schneider nicht schicken, weil ich ihn nicht irritieren will. Ich weiss ja schliesslich überhaupt nicht mehr, ob es früheren Freunden und Bekannten überhaupt noch tragbar erscheint, von mir ein Wort zu hören und von mir angesprochen zu werden.
Ist der Aufsatz von Altmann im Juni-Heft des „Merkur" erschienen?[3] Ich habe ihn im Ms. gelesen (Antwort auf den Habermas'schen Gehlen-Aufsatz im Merkur).
Vielen Dank für den Sonderdruck Ihres Aufsatzes im Staat! Er ist sehr gut; ich habe ihn schon in meinem Abonnents-Exemplar des Staats sorgfältig gelesen; vorbildlich klar und überzeugend. Für den Marxismus allerdings etwas peinlich. Mir hat schon die Stelle auf Seite [kein Eintrag] meiner Lage des Parlamentarismus von 1923 üble Andeutungen eingetragen (warum erfinden denn die Sozialisten keine neuen Maschen?). Das Syndrom von deutschem Hegelianismus, englischem Ökonomismus und französischem Sozialismus, als welches die Substanz des Marxismus ausmacht, löst sich auf; die kritische Betrachtung von der technischen Entwicklung her, versetzt die Marxisten in eine schwierige Lage, und das bedeutet: macht die intelligenten Marxisten bösartig nach Massgabe ihres Engagements.
Alles Gute für Sie und die Ihrigen!
Verzeihen Sie die Handschrift, mir geht es schlecht. Doch kann ich noch gut unterscheiden!
Stets ihr alter
Carl Schmitt

{An Frau Lehmann wollte ich nicht schreiben, weil ich sie mir in dem Trubel des Umzugs vorstellte
Ich füge mein letztes Expl. des Sonntagsblattes bei; hier kann ich keins mehr auftreiben.}

Nr. 312
Ernst Forsthoff an Carl Schmitt Heidelberg-Schlierbach, 2. Juli 1970
[Von Schmitt u. a. auf der Rückseite des Briefes neben vielen Eintragungen notiert:]
7. 7. 70

Hochverehrter, lieber Herr Schmitt!
Besten Dank für Brief, Fahnen und Sonntagszeitung, die ich wieder beifüge. Dazu für heute (und in Eile) nur folgendes. Dass Sie den Aufsatz so nicht geschrieben haben können, ist dem Kenner von vornherein klar. Sicher wird Herr Giesler sich wieder ein Tonband der Sendung verschaffen, sodass ich sie hören kann.
Erlauben Sie mir noch eine Anregung. Sie betrifft die Erwähnung Mohlers[1] in dem Kommentar von Litten. Mohler hat Ihnen ein Buch gewidmet, zur Epirrhosis einen

Beitrag geleistet und sich überhaupt jederzeit mutig zu Ihnen bekannt. Ich kann mir nicht vorstellen, dass Sie sich öffentlich von ihm distanzieren wollten. Ich kenne Mohlers Empfindlichkeit, die sich aus seiner prekären Situation erklärt. Wollen Sie ihm nicht einige Zeilen schreiben?
Alles weitere später.
Mit herzlichen Grüssen
wie immer Ihr
Ernst Forsthoff

Anbei:
1. Sonntagszeitung (ich hatte mir bereits ein Exemplar gekauft)
2. Ansprache Steinbömer (korrigiert)
3. Ansprache Barion (noch unkorrigiert)

Nr. 313
Carl Schmitt an Ernst Forsthoff — Plettenberg, 7. Juli 1970

Lieber und verehrter Herr Forsthoff,
machen Sie sich keine Sorge! Die Publikation im Allg. D. Sonntagsblatt braucht für Mohler kein Grund zu persönlicher Gekränktheit zu sein. Das Wort „Trennungsstrich" stammt sicher von Litten (ich habe weder das Tonband, noch ein Manuskript, noch die Fernsehsendung selbst gehört, gesehen oder gelesen; Frau Jessen[1], die mich vor einigen Tagen besuchte, hat die Sendung in Berlin am 19/6 gesehen und fand sie sehr gut); dass ich den Nietzscheanismus und die Begeisterung für die Lehre von der Ewigen Wiederkehr, die Mohler als Basis und Kern seiner „Konservativen Revolution" bekundet (lesen Sie Seite 116ff. seines Buches von 1950) nicht teilen kann, weiss er; das Wort „Trennungsstrich" klingt zu persönlich; ich glaube nicht, dass Litten es so gemeint hat. Mohler ist sehr sensibel; ich habe die Widmung seines Buches angenommen und über seinen Beitrag zur Epirrhosis mich gefreut, aber ich habe ihm vor einigen Jahren, als er Einstweilige Verfügungen im Ziesel-Stil erwirkte, geschrieben: wenn er wirklich etwas von mir lernen könnte, wäre es die Ablehnung solcher Methoden der Verteidigung seiner Ehre. Es ist besser, kein Aufhebens von solchen Dingen zu machen, sonst gleicht man zu leicht dem armen Mann, der den Molotow-Cocktail, der ihm ins Gesicht geworfen wurde, immer mit sich herumträgt, um „den Beweis" zu haben und zu konservieren.
Was im Sonntagsblatt als meine Äusserung da steht, ist nicht von mir korrigiert und nicht vorher genehmigt; das sieht jeder sofort. Warten wir alles Weitere ruhig ab. Mohler hat zwei Situationen: eine in Deutschland, und eine zweite, für ihn ebenso wichtige, in der Schweiz. Keiner von beiden kann es schaden, wenn T. Litten das ruinöse Wort „Trennungsstrich gegenüber C. S." gebraucht; für die Schweiz jedenfalls gilt eher das Gegenteil!
Herzlichen Dank für die beiden Manuskripte Steinbömer und Barion! Beide sind glänzend; die Ehrung, die Barion mir zuteil werden lässt, kommt mir in diesem Maße

sicherlich nicht zu und macht mich verlegen. Die Umbruchkorrektur ist schon nach Berlin, D & H, zurückgeschickt. Ich füge noch eine Korrekturbitte für den Privatdruck bei; sie lässt sich leicht bewirken; schlimmstenfalls bleibt sie unerledigt.
Haben Sie in der FAZ vom 3. Juli 1970 (Seite 2) den Bericht „Geschichte und Geschichten" von Marianne Kesting gelesen[2]? Die Redaktion hat ihn um einen Schlussabsatz (Hinweis auf die Science Fiction und auf Borges) gekürzt.
In R. Aron's „Ende des Fortschritts" (vor kurzem deutsch bei Bertelsmann) finden Sie einiges zu Ihrem Thema; insbes. (nicht nur) Seite 272 ff „Technik und Geschichte" (die Geschichte der Menschheit reduziert sich nicht auf die Fortschritte von Wissenschaft und Technik; die heutige Technik begründet keine universale Menschheitsgesellschaft); auch sonst viele gescheite Bemerkungen.
Ich bitte um Nachsicht wegen meiner Handschrift; es geht mir noch nicht gut und die Reise nach Spanien steht bevor!
Von Susanne erhielt ich einen besonders schönen Brief und Sonderdrucke der tirannia dei valori; das ist für mich eine grosse Extra-Freude. Ich schreibe ihr noch vor meiner Abreise ein Wort des Dankes.
An unsere Santiago-Fahrt vor zwei Jahren erinnere ich mich lebhaft. Bleiben Sie gesund, grüssen Sie die Ihrigen von mir und verbringen Sie einen schönen Sommer!
Ich bleibe Ihr alter und unveränderlicher
Carl Schmitt

1) In Herders (Freiburg) Vergleichender Encyklopädie „Sowjetsystem" (oder ähnlich) zwei beachtliche (als Symptom jedenfalls) Beiträge (1) Frieden (2) Guerilladoktrin von Claus Kernig[3]; kennen Sie ihn vielleicht?
2) Kann ich Taubes Soziol. Vortrag wieder haben;
3) R. Aron a. a. O. S. 247, interessante Anm zu Galbraith!
4) Altmanns Aufsatz „Abschied von der Kirche"[4] Spiegel vom 6/7 wäre eine schöne Diskussionsbasis

Nr. 314
Ernst Forsthoff an Carl Schmitt Heidelberg-Schlierbach, 9. Juli 1970

Hochverehrter, lieber Herr Schmitt!
Zu Ihrem Geburtstag gedenke ich Ihrer mit allen guten Wünschen, die vor allem Ihrem gesundheitlichen Befinden gelten. Ich nehme an, dass Anima inzwischen angekommen ist und dass Sie Ihren Geburtstag gemeinsam mit ihr verleben können. Hoffentlich verwirklichen sich dann auch Ihre Reisepläne.
Für Ihren ausführlichen Brief habe ich herzlich zu danken. Was Mohler betrifft, so hat er durch mich von dem Artikel in der Sonntagszeitung erfahren. Ich telefonierte aus anderem Anlass mit ihm (wollte ihn fragen, wie es Marcel Hepp[1] geht, der tödlich an Rückenmarkkrebs erkrankt ist) und fragte ihn nach dem bewussten Artikel, den er

nicht kannte, und ich klärte ihn dann darüber auf, dass der Aufsatz wie der Artikel von Litten ausserhalb Ihrer Kontrolle veröffentlich worden seien.
Das Buch von R. Aron enthält vieles, was ich als Bestätigung eigener Ansichten mit besonderem Interesse gelesen habe. Meine Arbeit geht etwas langsam, aber stetig weiter.
Wegen des Aufsatzes von Taubes bitte ich noch um einige Tage Geduld. Er ist mir so wichtig, dass ich ihn photokopieren lassen möchte. Frau Lehmann aber hat sich wegen leichter Erkrankung einige Tage entschuldigt.
Grüssen Sie bitte Frl. Stand und seien Sie mit Anima
sehr herzlich gegrüsst
von Ihrem
Ernst Forsthoff

Nr. 315
Carl Schmitt an Ernst Forsthoff 13. September 1970
o. O. [Ansichtskarte Küste von La Toja, Pontevedra]

Lieber und verehrter Herr Forsthoff, ich lebe hier seit Mitte Juli von Tag zu Tag, in vegetativer Benommenheit, und so müssen Sie Nachsicht mit meiner Unpünktlichkeit haben, wenn ich Ihnen meine Glückwünsche zu Ihrem Geburtstag erst am Tage des 13. September schreibe, sodaß sie mit einigen Tagen Verspätung eintreffen werden. Ich habe in diesen Tagen oft an Sie gedacht; der Anlass („Blick auf die völkerrechtliche Lage“ in der Theorie der Partisanen besonders S. 31, 75), der ausserstaatliche „Widerstand“, drängt sich auf, dafür haben die Palästinenser gesorgt. Hoffentlich haben Sie sich im Sommer gut erholt und Ihre Arbeit über die Industrie-Gesellschaft und ihre „Institutionen“ weitergeführt. Meine Peterson-Abhandlung soll in diesen Tagen erscheinen; Sie erhalten gleich ein Exemplar; vielleicht sogar noch bevor ich selber eins in die Hand bekomme. Ende September will ich wieder in Plettenberg sein; meine neue Adresse ist jetzt: 597 Plettenberg-Pasel 11c. Meine Tochter Anima und meine Enkelin Dusanka bringen mich nach Deutschland zurück. Wir grüssen und gratulieren alle herzlich. Ich melde mich wieder, sobald ich in Pasel akklimatisiert bin und bleibe stets Ihr alter
C. S.

Nr. 316
Ernst Forsthoff an Carl Schmitt Heidelberg-Schlierbach, 24. September 1970

Hochverehrter, lieber Herr Schmitt!
Es freute mich sehr, von Anima zu hören, dass Sie gut von Spanien heimgekehrt sind. Ich hoffe, dass Sie sich bald im neuen Haus einleben werden. Dass Sie nun auch telefonisch erreichbar sind, empfinde ich als einen grossen Vorteil.

Ich habe in den letzten Monaten weiter an der Schrift über den Staat der Industriegesellschaft gearbeitet. Sie ist bis auf ein umfangreicheres Schlusskapitel im Entwurf fertig. Nach Ebrach werde ich das Ganze noch einmal überarbeiten. Das Ergebnis: die Bundesrepublik ist kein Staat mehr in dem Sinne, den man herkömmlich mit dem Wort Staat verbindet. Ich habe auf nichts und niemanden Rücksicht zu nehmen brauchen. So ist vieles sehr provokant geworden. Wegen des Verlags bin ich noch unschlüssig. Ich überlege, ob ich einen nicht fachlichen Verlag wählen soll, der ein breiteres Publikum erreicht und denke an den Propyläen-Verlag (mit Jobst Siedler verstehe ich mich gut).
Ebrach verspricht recht interessant zu werden. Ich lege ein Programm bei. Inzwischen macht sich sehr bemerkbar, dass ich keine Verbindung mehr mit der Studentenschaft habe. So sind es nur 17 Teilnehmer, diese aber sehr qualifiziert. Es ist mir aber zweifelhaft geworden, ob ich das Seminar noch fortführen kann.
Vorige Woche brachte der hessische Rundfunk einen einstündigen, konfusen Vortrag des Grafen Krockow[1], der sich ein wenig mit Ihnen und Koselleck, ausführlicher mit mir beschäftigte um nachzuweisen, dass wir gefährliche Reaktionäre sind, vor denen gewarnt werden müsse. Es war widerspruchsvoll und dumm.
Den Aufsatz von Taubes sende ich Ihnen hiermit zurück. Er ist mir so wichtig, dass ich mir eine Ablichtung habe machen lassen. Weiter füge ich die Ablichtung eines Aufsatzes von Peter Römer[2] über mich in der linkssozialistischen Zeitschrift „Das Argument“ bei. Er ist intelligent, sachlich und ohne jede denuntiatorische Beimischung.
Grüssen Sie bitte Frl. Stand vielmals.
Mit allen guten Wünschen und herzlichen Grüssen
in alter Verehrung
Ihr
Ernst Forsthoff

Nr. 317
Ernst Forsthoff und andere an Carl Schmitt Ebrach, 29. September 1970

Hochverehrter Herr Professor Schmitt!
Das Ferienseminar 1970, dem Sie sehr fehlen, gedenkt Ihrer mit guten Wünschen und vielen Grüssen,[1]

sowie für den Brief vorläufig dankend HB

Von Ihnen wird soviel gesprochen, daß mir dies ermöglicht, mit großem Respekt meine freundlichen Grüße zu senden. Renate v. Bormann, Claus v. Bormann

In Verehrung für den Lehrer von Herrn E. Forsthoff
Gert Müller

Paul C. Ernst
Klaus Gloede
Claus-Peter Schroeder
Kristian Kühl
Susanne F.F. {mit besonders herzlichen Grüßen!}
Jürgen Tröger
Ulrich Podewils

Bernh. Schlink
Gerhard Seeliger
Jeroen Buve
Nick Wolter
Ronellenfitsch

G. Lehmann
Koselleck

Christof Dipper

Herzliche Grüße
Ihr Gerd Giesler

Nr. 318

Ernst Forsthoff an Carl Schmitt Heidelberg, 21. Dezember 1970

Hochverehrter, lieber Herr Schmitt!
Zu Weihnachten und zum Jahre 1971 sende ich Ihnen meine herzlichen Wünsche. Wie ich von Herrn Barion und Herrn Giesler hörte, haben Sie sich im neuen Hause gut eingelebt, von dem mir berichtet wurde, dass es Ihren Wohnbedürfnissen in optimaler Weise entspricht. Ich hoffe mit vielen anderen, dass es auch der wissenschaftlichen Inspiration förderlich sein möge und denke dabei an die immer aktueller werdenden Jahre 1932/33, zu denen Sie so Wesentliches zu sagen hätten.
Ich habe arbeitsreiche Monate hinter mir mit Gutachten und Vorträgen, vor allem mit dem Abschluss der Schrift, die mich seit mehr als einem Jahr beschäftigt. Sie wird: „Der Staat der Industriegesellschaft. Dargestellt am Beispiel der Bundesrepublik Deutschland“ heissen[1]. Anfang voriger Woche habe ich den Text Dr. Richtscheid übergeben. Wenige Tage später schrieb er mir sehr freundlich dazu. Die Schrift wird in der sogen. Schwarzen Reihe bei Beck erscheinen. Meine Wünsche wegen eines beschleunigten Drucks werden erfüllt und so wird die Schrift wohl im März zu einem vernünftigen Preis (um 10.– DM) auf dem Markt sein. Umfang etwa 150 Seiten. Dr. Richtscheid sieht „lebhaften Widerspruch“ voraus. Angesichts der vielfach provokanten Diktion gehört dazu keine Sehergabe. Aber es wird interessant sein, zu sehen, von welcher Seite der Widerspruch kommen wird. Dass es die extreme Linke sein wird, ist nach dem Aufsatz von Römer über mich im „Argument“ alles andere als ausgemacht.
Vorvorige Woche war ich vom Bundestagsausschuss für das Städtebauförderungsgesetz als Sachverständiger geladen[2]. Mit meiner Darlegung, dass der Entwurf mit Art 14 GG nicht vereinbar sei, fiel ich ersichtlich in Ungnade; ich wurde auch ziemlich wütend und war froh, dass die Mittagspause der Szene ein Ende machte. Den Kernpunkt meiner Stellungnahme hoffe ich Ihnen gelegentlich erzählen zu können.
<*Familiennachrichten*>. Mit Susanne war ich zwei Tage in Bonn, um die Konzerte von Fischer-Dieskau und Demus zu hören, mit denen Bonn das Beethoven-Jahr beendet. Das war ein hoher Genuss. Wir waren aus diesem Anlass viel mit Herrn Barion und Frau Brockhaus zusammen.

Mein Wunsch, mich über Neujahr ein wenig in Rossholzen zu erholen (was ich eigentlich nötig hätte), ist nicht zu erfüllen. Neben einer anderen dringenden Arbeit muss ich meinen Beitrag zur Festschrift für Maunz[3] am 15. Februar abliefern. Wenn es nicht Maunz wäre, würde ich absagen, aber in diesem Falle möchte ich nicht gerne fehlen.
Bitte grüssen Sie Frl. Stand vielmals von mir.
Mit allen guten Wünschen und herzlichen Grüssen,
auch von meinem Kindern,
in alter Verehrung
stets Ihr
Ernst Forsthoff

Nr. 319
Ernst Forsthoff an Carl Schmitt Törwang-Rossholzen, 3. Februar 1971

Hochverehrter, lieber Herr Schmitt!
Seit einigen Tagen bin ich in dem geliebten Rossholzen und geniesse hier den Winter. So komme ich endlich dazu, Ihnen zu schreiben. Für mein langes Schweigen muss ich sehr um Nachsicht bitten. Im Dezember und in der ersten Januar-Hälfte war ich mit Arbeiten überhäuft wie seit Jahren nicht mehr. Über Ihre Erkrankung[1] war ich zunächst durch einen Anruf bei Frl. Stand, dann durch regelmäßige Berichte von Giesler und Böckenförde unterrichtet und ich war sehr erfreut, von Ihrer stetigen Besserung zu erfahren. So hoffe ich, dass Sie inzwischen ganz genesen sind.
Inzwischen sind die Korrekturen meiner Schrift an den Beck-Verlag zurückgegangen. Sie umfasst zehn Bogen. Der Titel lautet: Der Staat der Industriegesellschaft. Dargestellt am Beispiel der Bundesrepublik Deutschland. Bei der Durchsicht ist mir noch einmal zum Bewusstsein gekommen, wie provokant die Schrift ist. Aber schliesslich habe ich auf nichts und niemand Rücksicht zu nehmen. So hatte ich keinen Anlass, aus meinem Herzen eine Mördergrube zu machen. Auf die Resonanz bin ich unter diesen Umständen gespannt. Gehlen, der von dem bevorstehenden Erscheinen erfahren hatte, schrieb mir, er wolle die Schrift gleich nach Erscheinen in einem Aufsatz in der „Welt" würdigen[2]. Das ist mir natürlich sehr lieb, weil auf diese Weise sachliche Akzente gesetzt werden, wodurch sich die Gefahr verringern dürfte, dass die Schrift totgeschwiegen oder emotionell abgetan wird.
Mitte Dezember hatte ich ein ausgesprochen unerfreuliches Intermezzo im Bundestag. Der Ausschuss für das Städtebauförderungsgesetz hatte mich auf Veranlassung der CDU-Fraktion zur Anhörung geladen. Als ich meine Bedenken aus Art 14 GG dargelegt hatte, wurde ich von dem anwesenden Staatssekretär belehrt, dass ich offenbar vom Baurecht nichts verstehe. Meine sarkastische Erwiderung nahm man übel und die Sache ging hart an einem Skandal vorbei. Bei dieser Gelegenheit war deutlich zu spüren, dass sich in Bonn viel mehr geändert hat, als es nach Presseberichten den Anschein hat. Ich bin früher mehrfach von Ausschüssen vernommen worden. Daran

schloss sich eine sachliche Diskussion an und die Bedenken, die man vortrug, wurden ernst genommen. Nichts davon im Dezember. Den Grund glaube ich zu kennen. Ich habe aus zuverlässiger Quelle erfahren, dass die „Neue Heimat", der eigentliche Nutzniesser des Gesetzes, so viele CDU-Abgeordnete durch sogen. Beraterverträge (monatlich DM 4.000) gekauft hat, dass eine Mehrheit für das Gesetz gesichert ist.
Aus meiner Beschäftigung mit dem Städtebauförderungsgesetz ist mein Beitrag zur Maunz-Festschrift (zum 70. Geburtstag) hervorgegangen, die wohl erst im Herbst erscheinen wird.
Weitere wissenschaftliche Pläne habe ich vorerst nicht, abgesehen von der Vorbereitung der 10. Auflage meines Lehrbuches. Ich finde die gesamte Entwicklung unserer öffentlichen Zustände derart deprimierend, dass mir die Lust vergeht, dazu noch mehr zu sagen, als in der Schrift gesagt ist.
<*Familiennachrichten*>
Viele Grüsse an Frl. Stand.
Mit allen guten Wünschen für Ihre Genesung und
herzlichen Grüssen
in alter Verehrung
Ihr
Ernst Forsthoff

Nr. 320
Ernst Forsthoff an Carl Schmitt Rossholzen, 10. Februar 1971

Hochverehrter, lieber Herr Schmitt!
Vorgestern traf Gisela L. hier ein und brachte ein Exemplar meiner Schrift in unkorrigierten Bogen mit. Ich sende es Ihnen hiermit und bitte, die vorhandenen Druckfehler und sonstigen kleinen Unstimmigkeiten zu überlesen. Sie werden finden, dass ich von der Freiheit, auf niemanden Rücksicht nehmen zu müssen, angemessenen Gebrauch gemacht habe. So dürfte die Schrift einiges Aufsehen erregen. Gehlen schrieb mir sehr positiv dazu und man darf auf seinen Aufsatz, der gleich nach der Auslieferung erscheinen soll, gespannt sein.
Ich habe hier eine erholsame Zeit bei herrlichem Winterwetter. Vorige Woche hatte ich hier eine Besprechung über das umstrittene Projekt des geplanten Flughafens in Erding, an der auch Blümel teilnahm[1]. Wenn man solchermaßen Einblick in die moderne Staatspraxis erhält, fragt man sich, was es mit der vielgerühmten Rechtsstaatlichkeit noch realiter auf sich hat.
Ich hoffe sehr, dass Ihre Genesung weiter fortschreitet.
Viele Grüsse an Frl. Stand.
Mit herzlichen Grüssen
wie stets
Ihr
Ernst Forsthoff

[Im unteren Teil der Seite viele stenographische Notizen von Schmitt, die stellenweise nicht entzifbar sind. Lesbar ist:] Kardinal-Frage der S. 103: ob es richtig war, der Grundlage der 1949 Industrie zu schaffen (unbewußt) von Hobbes stammend? Gehlen über kulturelle Evolutionen (in:) Die Philosophie und die Frage nach dem Fortschritt. München 1964, Sammelband, 2. Aufsatz, S. 207–220. Kein „Verfall" aber beide Prozeßarten, S. 220, „(techn. Forstschritt und Biologie) sind kein Gewinn in der unabsehbaren Endlosigkeit und daraus allein folgt der Zwang der Epoche, in der wir leider sind." „An einer technischen Neuerung oder Verbesserung kann man nicht zweifeln und ebenso wenig an der Wünschbarkeit der Gesundheit und Langlebigkeit."

Nr. 321

Ernst Forsthoff an Carl Schmitt Heidelberg-Schlierbach, 22. März 1971

Hochverehrter, lieber Herr Schmitt!
Bei der Rückkehr nach Hause fand ich die ersten Exemplare des Buches vor und beeile mich, Ihnen eines zu senden. Ich füge eine kurze Anzeige der Ball-Edition von Kaltenbrunner bei.[1]
An die Stunden in Plettenberg gerne zurückdenkend und herzlich grüßend
in Eile
Ihr
Ernst Forsthoff

Nr. 322

Carl Schmitt an Ernst Forsthoff Pasel, 8. April 1971

Lieber und verehrter Herr Forsthoff,
meinen Dank für zwei Zusendungen, die mich beide in einer gesundheitlich schon gefährlichen, intensiven Weise beschäftigen (Ihr neues Buch und Ihr Aufsatz zur Justizreform)[1], verbinde ich mit meinen herzlichsten Wünschen zum Osterfest für Sie und Ihre Familie. Ich denke immer noch an Ihren Besuch in Pasel und dadurch gerate ich – echt epimetheisch – in immer neue Fragen und neue aufregende Komplexe. So dachte ich mir z. B. heute morgen: Realitätsverlust und Realisierungswahn (mit Umweltverschmutzung). Aber der Frühling ist zu schön, um ihn durch solche Gedanken auch noch zu verschmieren. Bei der Lektüre des Gedichtes zum Montag in der Karwoche (im Geistlichen Jahr, der Annette Droste-Hülshoff)[2] vom verdorrten Feigenbaum, erinnerte ich mich an Adornos Verbot, der den Bäumen das Blühen untersagen wollte (1950/51)[3].
Noch blühen sie.

Ein Freiburger Fachanwalt für Steuerrecht, Dr. Walter Heinemann, schickte mir seine (summa cum laude) Dissertation (bei Hollerbach) über Heidegger und E. Wolf; eine vorzügliche Information[4]. Kennen Sie ihn zufällig?
Ich bleibe mit allen guten Grüssen und Wünschen
Ihr alter
Carl Schmitt

Nr. 323
Ernst Forsthoff an Carl Schmitt o.O., o.D.
[Von Schmitt notiert:] erhalten 19/6/71

Hochverehrter, lieber Herr Schmitt!
Wieder einmal in Rossholzen gedenke ich der schönen und für mich so anregenden Wochen, die wir vor zwei Jahren hier verbrachten. Ich hoffe sehr, dass Ihre Genesung seit meinem Besuch im März weitere Fortschritte gemacht hat und dass Sie wohlauf sind.
Eben habe ich noch einmal Ihr Nachwort zu Steins Abhandlung über die preussische Verfassungsfrage mit grossem Gewinn gelesen. Anlass dazu ist ein Lorenz v. Stein-Band, den ich im Herbst im Propyläen-Verlag herausgeben werde[1]. Darin will ich aufnehmen: die Einteilung zur Geschichte der sozialen Bewegung in Frankreich über den Begriff der Gesellschaft, die Abhandlung über die preussische Verfassungsfrage und das Spätwerk: Gegenwart und Zukunft der Rechts- und Staatswissenschaft in Deutschland. Dazu einige Aufsätze über Stein, u.a. von Huber und Böckenförde. Ich schreibe eben an der Einführung. Je länger ich mich mit Stein beschäftige, umso mehr wächst meine Bewunderung für ihn.
Jobst Siedler liess mich wissen, wie sehr es ihn betrübt, dass Sie den Plan aufgegeben haben, bei ihm eine Sammlung Ihrer noch nicht nachgedruckten Aufsätze herauszubringen. Er sähe gerne, dass ich bei Ihnen ein Wort für dieses Vorhaben einlege. Dazu sehe ich mich nicht in der Lage, da Sie gewiss für Ihre Entschliessung Gründe haben werden, die ich respektiere, ohne sie zu kennen. Aber das Bedauern von Herrn Siedler teile ich und das gewiss mit Ihren vielen Freunden.
Die Vorbereitungen für Ebrach laufen recht erfreulich. Das Thema ist: der Realitätsverlust des Geistes. (Ich lasse Ihnen eine Erläuterung des Themas Ende des Monats nach der Rückkehr nach Hdbg zugehen). Ich freue mich über die Zusage von Rainer Specht. Ausserdem haben Conze, Horst, Quaritsch und Hübner (Kiel) zugesagt[2]. Mehrere Antworten von angeschriebenen Kollegen stehen noch aus.
Mein neues Buch zieht offenbar weite Kreise. Ich bekomme laufend Zuschriften, oft von mir Unbekannten, die mir zustimmen. Von den verschiedensten Seiten wird mir berichtet, dass man über das Buch lebhaft diskutiert. Der Verlag ist sehr zufrieden. Die erste Auflage (5000) dürfte in absehbarer Zeit ausverkauft sein. Auch die bisher erschienenen Besprechungen sind sehr positiv. Natürlich wird es Angriffe geben. Dar-

auf bin ich gefasst. Aber alles in allem hat es den Anschein, als sei die geistig-politische Landschaft durch das Buch ein wenig geändert worden. Wenn das so sein sollte, hätte das Buch seinen Zweck erfüllt.
Inzwischen ist der Verlag Langen-Müller an mich mit der Bitte herangetreten, eine Schrift in einer neuen Reihe, die der Verlag im Herbst eröffnen will, beizusteuern. Ich denke an das Thema: Verfassung und Verfassungsgeltung in der Gegenwart. Aber das hat noch Zeit, denn zunächst steht die Vorbereitung der 10. Auflage vor mir. Da ist vieles zu tun. Gottseidank habe ich einen sehr intelligenten und gewissenhaften Doktoranden, der mich bei der Materialbeschaffung unterstützt[3].
Einen schönen Erfolg hatten Blümel und ich in der Verwaltungsstreitsache um den in Erding bei München geplanten zweiten Münchner Flughafen. Wir hatten die Klage instruiert und das Verwaltungsgericht hat der Klage der betroffenen Gemeinden in der Hauptsache rechtgegeben und die Landesregierung verurteilt, zunächst, also vor der Standort-Entscheidung, ein förmliches Raumordnungsverfahren durchzuführen. Aber der Prozess geht weiter und wird uns noch zu schaffen machen.
Mit herzlichen Grüssen, auch an Frl. Stand,
in alter Verehrung
Ihr
Ernst Forsthoff

Nr. 324

Ernst Forsthoff an Carl Schmitt — Heidelberg-Schlierbach, 9. Juli 1971

Hochverehrter, lieber Herr Schmitt!
Eben von einer Grippe aufgestanden, beeile ich mich, meine herzlichen Wünsche für Ihr Ergehen im neuen Lebensjahr auf den Weg zu bringen. Ich hoffe aufrichtig, dass Ihre Erholung weitere Fortschritte gemacht hat und noch machen wird. In diesen Tagen gedenke ich sehr der Reise nach Santiago vor drei Jahren.
Zur Zeit beschäftigt mich immer noch Lorenz v. Stein. Im Blick auf das heutige politische Schrifttum wird vollends klar, wie sehr wir auf den Hund gekommen sind.
Mit allen guten Wünschen und herzlichen Grüssen
in alter Verehrung
Ihr
Ernst Forsthoff

Nr. 325

Carl Schmitt an Ernst Forsthoff — Pasel, den 19. Juli 1971

Lieber und verehrter Herr Forsthoff,
ich antworte auf Ihren inhaltsreichen Brief aus Rossholzen und auf Ihren freundlichen Glückwunsch mit einiger Verspätung, wegen der ich um Ihre Nachsicht bitte. Die letz-

ten 14 Tage waren für mich überaus anstrengend: Besuch von Anima und Dusanka, Besuch von George Schwab und von dem Romanisten Franz Walter Müller[1] aus Frankfurt, von Altmann, Gross und mehreren anderen Bekannten. George Schwab will noch einige Wochen in Deutschland bleiben; er hat ein grosszügiges Stipendium des City College New York erhalten, zwecks Übersetzung des Begriffs des Politischen[2]. Das bedeutet für mich eine ganze Serie aufregender Erörterungen; alles das in der Stimmung die sich aus der Lektüre der Entscheidung des Supreme Court von Ende Juni ergibt, über das Grundrecht der Pressefreiheit[3]. Ich bin froh, den vollen englischen Text mit allen Concurrity und Dissenting Opinions zu studieren. Die Begründung der Entscheidung beginnt übrigens mit einer schneidend klaren Feststellung des grossen Verteilungsprinzips: die Freiheit ist unbegrenzt und hat die Vermutung für sich; jede Beschränkung der Presse-Freiheit muss besonders gerechtfertigt werden.
Auf Ihre Lorenz von Stein-Edition bin ich besonders gespannt. Ich fand beim Nachlesen meiner Aufsatz-Ausgabe von 1940 einen Dankbrief E. R. Hubers, der mich sehr beeindruckt hat. Auch habe ich mir die neue Studienausgabe im Wilhelm Fink-Verlag (von Manfred Hahn) „Proletariat und Gesellschaft" München 1971[4]; und den Aufsatz von Straetmans, öffentl. Verwaltung, S. 809, Dezember 1970 besorgt[5], vor allem aber las ich eine (1934 in dem Dissertationsverlag von Konrad Triltsch, Würzburg erschienene) Dissertation von Dr. rer. pol. Hans Freund von neuem (Soziologie und Sozialismus)[6], deren Aktualität mich von neuem überrascht; sie ist unter dem Einfluss von Hans Freyers „Soziologie als Wirklichkeitswissenschaft" entstanden und behandelt L. Stein, M. Hess, Marx, Feuerbach und Hegel, sehr selbständig.
Sie sehen an meiner Hand-Schrift, wie es mit mir steht. Ich bin durch diese turbulente Woche ziemlich aufgelöst und ruhebedürftig. Doch möchte ich Ihnen noch sagen, wie sehr Ihre Arbeitspläne und Ihre darin sich äussernde Produktivität mich erfreut haben. Auch möchte ich Sie bitten, Ihrer Tochter Susanne meinen herzlichen Dank für den aufmerksamen und ganz entzückenden Geburtstagsgruss aus S. Casciano in mein sauerländisches San Casciano zu übermitteln und ihr meine besten Wünsche und Grüsse zu sagen. Die Mitteilung über Ebrach, die Sie mir in Aussicht stellten, habe ich noch nicht erhalten.
Ich bleibe Ihr alter und unveränderlicher
Carl Schmitt

Nr. 326
Ernst Forsthoff an Carl Schmitt Heidelberg, 24. Juni 1971
[Von Schmitt notiert:] Juli

Hochverehrter, lieber Herr Schmitt!
Sie haben mich mit Ihrem Brief sehr erfreut. Ich glaube, dass die zahlreichen Besuche, von denen Sie berichten, anstrengend waren. Andrerseits zeigen sie doch, wie sehr Sie in Ihrem sauerländischen San Casciano Mittelpunkt vielfältigster persönlicher und

geistiger Verhältnisse geblieben sind. Auch Julien Freund schrieb mir noch sehr erfüllt von seinem Besuch bei Ihnen.
Für die Hinweise zu Lorenz v. Stein danke ich sehr. Für den Ullstein-Band kann ich sie nicht mehr verwerten, da das Material Anfang der Woche nach Berlin abging. Sie dürfen von diesem Bande nicht viel erwarten. Er entspringt dem Wunsch und wohl auch Bedürfnis, Stein in die heutigen Auseinandersetzungen einzuführen. Alles darin ist Ihnen bekannt, bis auf meine Einführung, die lediglich bezweckt, den heutigen Leser mit Stein bekannt zu machen und demgemäß auf Detailfragen nicht eingehen kann. Lediglich in der Darlegung der Gründe für eine bleibende Aktualität Steins zeigt die Einführung eine persönliche Handschrift. Ich werde auf das Thema Stein in einer Schrift Verfassung und Verfassungsgeltung zurückkommen, die ich für die nächsten Monate plane (für den Langen-Müller-Verlag in München). Dabei werden mir Ihre Hinweise von grossem Nutzen sein.
Das Urteil des Supreme Court denke ich mir sehr interessant. Eben beschäftigt mich ein verwandtes Thema. Ich schreibe an einer Anmerkung zu dem Mephisto-Beschluss (mit zwei abweichenden Meinungen von Stein und Rupp-v. Brünneck) des Bundesverfassungsgerichts[1]. Hier wird wieder einmal deutlich, wie sehr sich das Gericht durch die Sondervoten selbst ruiniert. Beschluss und Sondervoten stimmen methodisch überein, indem sie sich auf dem Boden der Werterei bewegen. Nur die Akzente werden unterschiedlich gesetzt. Natürlich gibt es für jede Akzentsetzung auch plausible Gründe des Wertes. So haben sie alle recht und die Beschlussfassung ist nur noch ein arithmetischer Zufall. Das ist aus unserer Verfassungsjustiz geworden. Aber wer wird schon Richter in Karlsruhe!
Nach der japanischen wird jetzt auch eine englische Übersetzung meines Buches vorbereitet. Ein Redakteur vom Times Literary Supplement möchte es übersetzen und hat offenbar auch bereits einen Verleger.
Susanne, die eben ihren Mann zu Besuch hat, erwidert herzlich Ihre Grüsse.
Viele Grüsse an Frl. Stand.
Mit guten Wünschen und herzlichen Grüssen
in alter Verehrung stets Ihr
Ernst Forsthoff

Nr. 327

Ernst Forsthoff an Carl Schmitt — Rossholzen, 10. September 1971

[Von Schmitt notiert:] b[eantwortet] 13/9/71 (Heidelberg)
x Hugo Ball
Lorenz v. Stein-Edition.

Hochverehrter, lieber Herr Schmitt!
Soeben ist das Programm für das diesjährige Ebrach fertig geworden und ich schicke es Ihnen, weil ich weiss, welches Interesse Sie dem Unternehmen nach wie vor entgegen-

bringen. Wie Sie sehen, kann ich mit der Liste der Referenten durchaus zufrieden sein. (Über die Zusage von Frau Kesting habe ich mich besonders gefreut). Anders steht es mit den Teilnehmern. Nachdem ich nicht mehr lese, fehlt mir der Zugang zu den Kreisen, aus denen sich die Teilnehmer rekrutieren müssen. So habe ich die 20 nicht erreicht und wenn nicht Susanne und meine Schwiegertochter teilnähmen, sähe es geradezu kläglich aus. So habe ich Zweifel, ob es sich lohnt, das Unternehmen noch fortzusetzen.
Ich geniesse hier ungewöhnlich schöne Spätsommertage. An den Abenden arbeite ich an einem Vortrag über soziale Sicherheit und Gerechtigkeit, den ich im Oktober auf einer Tagung der Sozialrichter in Münster zu halten habe[1]. Das ist mir eine willkommene Gelegenheit, die einschlägigen Ausführungen meiner Schrift zu ergänzen. Mir ist dazu noch mancherlei eingefallen. Inzwischen hören die Zuschriften zu der Schrift nicht auf. Die Besprechung von Sontheimer in der FAZ dürften Sie gelesen haben[2]. Die Schrift auf den Neuen Konservativismus zu bringen, ist wahrhaft absurd. Dass Sontheimer so denkt und schreibt, weiss man. Dass eine Zeitung vom Rang der FAZ eine Schrift, der man in Zustimmung und Ablehnung Bedeutung zuspricht (was sogar Sontheimer tut) auf solche Weise abfertigt, scheint mir bemerkenswert.
Sonst ist Neues nicht zu berichten.
Viele Grüsse an Frl. Stand.
Seien Sie in alter Verehrung herzlich gegrüsst
von Ihrem
Ernst Forsthoff

Nr. 328
Carl Schmitt an Ernst Forsthoff Plettenberg-Pasel, 13. September 1971

Lieber und verehrter Herr Forsthoff,
zu Ihrem Geburtstag wollte ich Ihnen telefonisch gratulieren; Susanne, die am Telefon war, wird Ihnen meine Wünsche übermittelt haben, die ich hiermit schriftlich nochmals wiederhole. Ihre Publikation über Lorenz von Stein erscheint wohl in diesen Tagen. Jobst Siedler schrieb mir darüber, offenbar mit berechtigtem Stolz, Sie in seiner neuen Reihe „Politische Schriften" zu nennen. Das Buch von Gerhard Hufnagel über Max Weber, „Kritik als Beruf"[1], die erste Veröffentlichung dieser Reihe, die mir in die Hand kam, habe ich gelesen. Die unter meinem Namen dort bereits angekündigten „Politischen Schriften" sind noch lange nicht druckreif zu einem Manuskript gediehen.
Ich denke immer noch mit Freude an die Tage, die ich bei Ihnen in Rossholzen verbracht habe und hoffe, dass Sie den Geburtstag fröhlich gefeiert haben. Ihr Schreiben vom 10. September erhielt ich erst heute (13/9) mittag. Vielen herzlichen Dank! Das diesjährige Ebracher Thema ist, wie mir scheint, überaus aktuell; die Sprecher sind sämtlich nach den vielen verschiedenen Seiten des Themas hin kompetent; die Teilnehmer, soweit sie Hörer und Diskussionsteilnehmer sind, sind mir, von 4 Ausnahmen abgesehen, nicht bekannt; doch könnten sie wohl den Diskussionsteil tragen. Jedenfalls

wünsche ich Ihnen allen einen gewinnreichen Verlauf des Seminars und danke herzlich für Ihre Mitteilung. Dabei möchte ich mir eine Bitte erlauben: meinen, euphemistisch gesprochen „umstrittenen“ Namen aus jeder Erörterung zu lassen, um niemandem einen Vorwand zu geben, den arglistig erfundenen und ausgestreuten Steckbrief-Fahndung-Titel „C. S. Schule“ zu verwenden. Ich habe mich seit Jahren darüber geärgert, habe Ihnen auch damals, 1968 in Santiago, bei Ihrer Rede im „Hostal“ recht gegeben, als Sie von der Inkongruenz dieser Bezeichnung sprachen, und habe jetzt, bei der Lektüre der Dissertation von Ingeborg Maus (Manuskript)[2] von neuem Anlass, mich über diese Ausgeburt der Integrationssucht („Integration geht vor Recht“) zu ärgern. Ich war oft in Versuchung, öffentlich dagegen zu protestieren, doch würde das die Verwirrung nur noch steigern und verschlimmern. Wenn Sie ein wirksameres Mittel wissen, dem Unfug zu steuern, müssen Sie es anwenden.
Was Sie von der FAZ schreiben, kann ich Ihnen nachempfinden. Ich weiss aber nicht, was man dagegen tun kann. Mit Karl Korn habe ich gelegentlich korrespondiert, doch sitzt er viel zu tief in seiner „Rolle“ (à propos dieses neo-soziologischen, höchst verräterischen Begriffs „Rolle“ den spanischen Spruch: donde* Ray** popeles (popeles = Rollen) Ray*** barbas (Bärte)); ausserdem wird er bald emeritiert. Über seinen Hugo-Ball-Aufsatz vom 7. (?) Juli „Ein vergessener Revolutionär“[3] hätte ich mich gern mit Ihnen aus Anlass Ihrer Besprechung der Pseudo-Edition Kaltenbrunners unterhalten; doch ist das ein viel zu weites Feld, als dass es sich schriftlich oder in einer kurzen Unterhaltung abtun liess. Ball ist der Begründer des Dadaismus und damit auch des Surrealismus d. h. der ersten – mit Recht auf dem Gebiet des Ästhetischen ansetzenden, verzweifelten Demonstration gegen den Terror-Charakter der modernen „Wirklichkeit“; der „Terror kennzeichnet heute keinen Ausnahmezustand mehr, sondern den Alltag“; diesen Satz eines mir persönlich unbekannten modernen Autors und Adorno-Kritikers möchte ich in diesem Zusammenhang nicht unzitiert lassen.
Nochmals: alle guten Wünsche und sagen Sie Susanne, dass ich mich mächtig gefreut habe, ihre Stimme zu hören und mich bei ihr für die Übersetzung des Aufsatzes über die „Tyrannei der Werte“ mündlich bedanken zu können.
Stets Ihr alter
Carl Schmitt

Frl. Anni Stand lässt herzlich grüssen und gratuliert ebenfalls.

---

* [Darüber geschrieben:] wo.

** [Darüber geschrieben:] es gibt.

*** [Darüber geschrieben:] gibt es auch.

Nr. 329

Ernst Forsthoff und andere an Carl Schmitt [Poststempel: Ebrach], 30. September 1971
o. O. [Ansichtskarte: Hotel-Restaurant Klosterbräu, Ebrach]

Von dem wohl gelungenen Auftakt des Ferienseminars[1] senden Ihnen herzliche Grüsse
Marianne Kesting
G. Lehmann + Peter
Ernst Forsthoff
Susanne
Gerd Giesler, S. Giesler
Hans-Dietrich Sander
Claudia Edinger
Rainer Specht
Werner Conze
Christiane und Ulrich Storost
Wolfgang Olshausen
Antje Forsthoff
Burwitz

Nr. 330

Ernst Forsthoff an Carl Schmitt Heidelberg-Schlierbach, o. D.
[Von Schmitt u. a. notiert:] b[eantwortet] 27/11/71

Hochverehrter, lieber Herr Schmitt!
Heinrich Oberheid, mit dem ich in diesen Tagen telefonierte, berichtete, dass Sie sehr von dem Aufsatz Ridders in der Neuen Politischen Literatur[1] (negativ natürlich) beeindruckt seien und ermunterte mich, Ihnen dazu meine Meinung zu schreiben. Nun, mich hat er nicht aufgeregt. Auf derlei in eine bis zur Unleserlichkeit aufgestelzte Sprache verpackte Flegeleien musste man nach seiner „Würdigung" Ihrer Festschrift von 1958 gefasst sein. Der wissenschaftliche Ertrag dieser spinösen Skurrilität ist m. E. gleich null. Die erste Flegelei findet sich in den ersten Sätzen und gilt Böckenförde, dem unterstellt wird, dass ihn erst das Ordinariat zur Mitherausgeberschaft ermutigt habe, als wenn im Jahre 1958 der damalige Gerichtsreferendar B. als Mitherausgeber ernsthaft in Betracht gekommen wäre. Dass Barion und ich der Ehre teilhaftig geworden sind, zur Meisterklasse Ihrer Schule gerechnet zu werden, hat uns einiges (telefonische) Vergnügen bereitet. Alles in allem: nubila – transibit.
Mir ist im Zusammenhang mit Ihrer Festschrift die Bestätigung der Erfahrung bemerkenswert, dass sich Verleugnung seiner Vergangenheit nicht auszahlt. Schneider hat seine Position bei den hiesigen Studenten nicht im mindesten verbessert und W. Weber, der sich seinerzeit auf seine zahlreichen hochschulpolitischen Positionen berief, hat deren heute keine einzige mehr.

Von mir ist nichts besonderes zu berichten. Ich arbeite eben an einem umfangreichen Gutachten für Genscher zur Reform des Beamtenrechts[2], das die Gewerkschaften abgeschafft wissen wollen. Damit habe ich bis zur Ablieferung am 15.12. reichlich zu tun. Die erste Auflage (5000) meiner letzten Schrift ist vergriffen. Wegen der unvermindert starken Nachfrage hat der Verlag noch einmal 5000 aufgelegt. Inzwischen werden Übersetzungen ins Englische, Spanische und Japanische vorbereitet. So habe ich allen Anlass, mit dem äusseren Erfolg zufrieden zu sein.
Viele Grüsse an Frl. Stand.
Mit herzlichen Grüssen und guten Wünschen
für Ihr Ergehen
in alter Verehrung
Ihr
Ernst Forsthoff

Nr. 331
Carl Schmitt an Ernst Forsthoff Plettenberg-Pasel, 27. November 1971

Lieber und verehrter Herr Forsthoff,
herzlichen Dank für Ihren freundschaftlichen Brief! Wichtiger als die Anstrengungen Ridders, die Menschheit zu ent-schmittianisieren, sind mir Ihre Mitteilungen über den grossen Erfolg Ihrer Schrift „Der Staat der Industrie-Gesellschaft". Darüber habe ich mich sehr gefreut. In dieser hochaktuellen Entwicklungskurve an das Jahr 1932 erinnert zu werden, hat für den Überlebenden aus jenen Zeiten der Weimarer Agonien aber noch einen gewissen zusätzlichen Reiz, den wir einem Dr. Heinrich Muth[1] verdanken; dieser nämlich zerbricht sich seinen konfusen Kopf mit der Frage, wer eigentlich hinter dem Pseudonym Friedrich Landeck[2] verborgen sein könnte. Machen Sie sich in einer Mußestunde das Vergnügen, dieses (von Prof. Schieder als Beiheft 1 zur Historischen Zeitschrift 1971) herausgegebene (und dadurch zu verantwortende) Spitzenprodukt unserer gegenwärtigen Zeitgeschichte einmal anzusehn. Nicht weniger als 13 mal zitiert er seine Hauptquelle, einen gewissen Walter Schotte[3], von 1932. Können Sie sich an ihn erinnern? Oder könnte es E. R. Huber? Mein Frankfurter Freund Otto Wirmer, der einiges mit ihm erlebt hat, würde sich dafür interessieren, die bei H. Muth zitierten Schriften Schottes zu lesen, um deren Beschaffung er sich bisher sehr eifrig und hartnäckig, aber ohne Erfolg bemüht hat. Alles das wäre nicht der Rede wert, wenn es nicht durch die Historische Zeitschrift und ihren jetzigen Herausgeber, Prof. Schieder[4] in Köln, die Gloriole gediegener Wissenschaft bezöge. Schieder ist ja auch Mitherausgeber von Ridders NPL.
Basta cosí. Ich wollte mich nur für den wohltuenden Zuspruch Ihres Briefes bedanken und Ihre Grüsse und Wünsche herzlich erwidern.
Stets Ihr alter
Carl Schmitt.

Nr. 332

Ernst Forsthoff an Carl Schmitt Heidelberg, 1. Dezember 1971

Hochverehrter Herr Schmitt!

Sie haben mich mit Ihrem Brief – herzlichen Dank! – sehr erfreut und ich benutze eine müssige Stunde am späten Abend, um Ihnen schnell zu zwei Punkten zu antworten.

Walter Schotte. Ich kann mich seiner einigermaßen gut erinnern. Er kam ab und zu in den Kreis um Vorwerk, der sich wöchentlich versammelte, aber nicht regelmäßig. Er war ziemlich verschlossen und, wenn ich recht erinnere, nicht ohne Selbstbewusstsein; als Herausgeber der Preussischen Jahrbücher seligen Angedenkens fühlte er sich vielleicht als ein Hans Delbrück redivivus[1], jedenfalls als wichtig. Ich habe in keinem Gespräch mit ihm den Eindruck geistiger Bedeutung gewinnen können. Er hat wohl gehofft, unter Papen irgendwie zum Zuge zu kommen, aber das ist nach meiner Erinnerung nichts geworden. Ich kann mir schwer vorstellen, dass er noch lebt; andernfalls müsste er uralt sein.

Den Aufsatz von Muth kenne ich; ich habe mir das Heft besorgt. Eigentlich fängt er ganz vernünftig an, indem er (wenn ich nicht irre gegen Fijalkowski und Genossen, ich habe das Heft verliehen und nicht zur Hand) darlegt, dass die wissenschaftlichen Bekundungen des Jahres 1932 aus der realen Situation heraus verstanden werden müssen. Aber wenn er dann selbst ans Werk geht, ist das alles vergessen. Damit wird dann alles wie gehabt. Das Herumrätseln um das Pseudonym Friedrich Landeck hat mich ebenso wie Sie amüsiert. Auf die Idee, in solchen Fällen bei den Überlebenden nachzufragen, ist er offensichtlich nicht gekommen. Das ist umso bemerkenswerter, als Muth, wie mir Herr Giesler sagte, irgendwo im Sauerland ansässig ist, sodass es für ihn ein Leichtes gewesen wäre, mit Ihnen in Verbindung zu treten. Aber die auf solche Weise erreichbaren Informationen sind offensichtlich unerwünscht, weil sie nicht in das vorgefertigte Bild passen. Bei dieser Gelegenheit wird mir wieder bewusst, wie eminent wichtig es wäre, wenn Ihre Aufzeichnungen aus dieser Zeit in eine verwertbare Form gebracht würden, wobei es eine zweite Frage wäre, wem man Zugang zu solcher Verwertung gewährt.

Die Parallelen zum Jahr 1932 sind in der Tat frappant. Man geriert sich in Bonn so, als lebten wir noch im Jahre 1960. Das wird mich nicht hindern, die Rolle des „redlichen Etatisten" Seite an Seite mit dem Bonner „korrekten Kanonisten" weiter zu spielen, wozu ich mich durch den Umstand ermutigt sehe, dass wir beide uns dank der Attestierung durch Helmut Ridder als der Meisterklasse der Carl-Schmitt-Schule angehörend schmeicheln dürfen. (Unversehens ist dieser Satz zu einem Schachtelsatz von beinahe Ridderschen Ausmaßen geworden.) {Aus Bielefeld höre ich, dass Böckenförde den Ridder-Aufsatz als sehr bemerkenswert bezeichnen soll. Ob das stimmt? Bejahendenfalls: verstehen Sie das?}

Ich bin vor dem Abschluss eines umfangreichen Rechtsgutachtens zur Beamtenrechtsreform für das Bundesinnenministerium. Sieht man beinahe täglich, was mit dem Beamtenrecht an der „Basis" (wie man heute sagt) in Universitäten und anderwärts

geschieht, dann kommt einem das Festhalten an Traditionen manchmal irreal vor. Aber in meinem Alter kann man nicht umlernen und man will es auch nicht, wenn man durch Erfahrung belehrt ist, dass die unausgegorenen Ideen, die heute den Markt beherrschen, in die bare Destruktion hineinführen und schon geführt haben. Da ist die Heidelberger Universität geradezu ein Lehrstück.
Viele Grüsse an Frl. Stand.
Ihnen selbst, in alter Verehrung,
herzliche Grüsse
Ihres
Ernst Forsthoff

Nr. 333
Ernst Forsthoff an Carl Schmitt Heidelberg-Schlierbach, 29. Dezember 1971
[Von Schmitt notiert:] b.[eantwortet] 13/1/72

Hochverehrter, lieber Herr Schmitt!
Nachdem meine Weihnachtskorrespondenz einer dringenden Terminarbeit zum Opfer gefallen ist, drängt es mich umso mehr, unter den Neujahrsgratulanten nicht zu fehlen. Leider besteht wenig Anlass, dem neuen Jahr mit rosigen Erwartungen entgegenzusehen. Umso mehr sind die guten Wünsche angebracht, die, wie immer, Ihrem Wohlbefinden und der geistigen Spannkraft gelten, von der Ihre Freunde noch vieles erhoffen.
Im Rückblick auf das auslaufende Jahr habe ich keinen Grund zur Unzufriedenheit. Es hat sich ein gewisser Ideenvorrat bei mir angesammelt, den ich im neuen Jahr in Buchform zu bringen hoffe. Vor mir liegen die Revisionsbogen eines Lorenz von Stein-Bandes, enthaltend die Einleitung der Geschichte der sozialen Bewegung in Frankreich (Begriff der Gesellschaft), den Aufsatz über die preussische Verfassung und Gegenwart und Zukunft der Rechts- und Staatswissenschaft in Deutschland und einige Aufsätze über Stein mit einer Einführung von mir. Verlag: Ullstein. Vielleicht erscheint der Band nicht zur Unzeit. Manches spricht dafür, dass sich das allgemeine Interesse, das fast ausschliesslich auf die Gesellschaft gerichtet war, wieder stärker dem Staat zuwendet.
Auf dem Umschlag von Gerhard Hufnagel, Kritik als Beruf, finde ich angezeigt: Carl Schmitt, Politische Schriften. Inzwischen erfuhr ich von Herrn Giesler, dass da einiges schief gelaufen sein soll (Näheres weiss ich allerdings nicht)[1]. Ich stehe in angenehmsten Beziehungen zu Jobst Siedler, von dem ich sagen kann, dass er auf mein Wort etwas gibt. Wenn ich in dieser Angelegenheit irgendwie von Nutzen sein kann, bin ich selbstverständlich dazu bereit.
Der österreichische Rundfunk hat mich eingeladen, auf einem internationalen Symposium, das er im September in Salzburg veranstaltet, über technische Realisation und politische Ordnung vorzutragen[2]. Natürlich habe ich zugesagt. Meine Beziehung zu

Österreich ist eine merkwürdige Sache. Von dort habe ich den Dr. h.c., die Hälfte der Rezensionen meines jüngsten Buches entstammt der österreichischen Presse und diese Rezensionen sind, im Unterschied zu den bundesrepublikanischen, alle sehr positiv (auch wenn sie Einwendungen erheben); die Vorstellung schliesslich, dass eine deutsche Rundfunkanstalt von mir Notiz nähme, wäre bare Utopie. Darüber beklage ich mich nicht. Ich habe meine Meinung über die Journalisten nicht verhohlen, vor allem, was den Rundfunk anbelangt und war mir dabei über die Konsequenzen durchaus klar.
Dass ich dem Trümmerfeld der Universität entrückt bin, empfinde ich jeden Tag mit Genugtuung. Die Zustände hier sind beispiellos. Die Mischung von Unverfrorenheit, serviler Anpassung und naiver (?) Karrieremacherei erinnert in fataler Weise an 1932/ 33.
Sie werden gewiss das Hesperus-Bändchen, den Bericht von Steinbömers Geburtstagsfeier erhalten haben[3]. Es ist ein Dokument von Geist und Würde, das man nur mit wehmütigen Empfindungen lesen kann. Wieviel musste in einem langen geschichtlichen Prozess aufgeboten werden, um diesen hohen Grad persönlicher Kultur zu erreichen und wie wenig genügte, um im Triumph der Gosse alles zu verspielen. Das ist das Ergebnis der sich selbst genügenden Gesellschaft. Doch genug davon.
Bitte übermitteln Sie Frl. Stand meine besten Neujahrswünsche und seien Sie in alter Verehrung herzlich gegrüsst
von Ihrem
Ernst Forsthoff

Nr. 334

Carl Schmitt an Ernst Forsthoff — Plettenberg-Pasel, 13. Januar 1972

Lieber und verehrter Herr Forsthoff,
es macht mir grosse Freude, dass das kommende Jahr 1972 – das Jahr Ihres 70. Geburtstages – sich unter so schönen Auspicien eröffnet: die neue Auflage von „Staat und Industriegesellschaft“; das neue Buch zu Lorenz von Stein; das Symposion in Salzburg im September. Auch die „Hesperus“-Festschrift, in der Sie Ihre Widmung an Steinbömer so wirkungsvoll bekunden, darf man zu diesen erfreulichen Vorzeichen rechnen, vor allem im Hinblick auf die Zusammensetzung des Chors der Lübecker Gratulanten.
Mit meiner verspäteten Antwort auf Ihr Schreiben vom 29. Dezember müssen Sie Nachsicht haben. Jedenfalls bin ich Ihnen für Ihre Mitteilungen sehr dankbar und erwidere ich Ihre Wünsche herzlich, für Sie und Ihre Kinder, Susanne, Heinrich, Albrecht und Martin und deren Familien. Meine psycho-somatische Situation ist arg reduziert, das „pianissimo des höchsten Alters“ (von dem Max Weber sprach)[1] erweist sich als ein Glissando von Lärm und Geheul; das ist die „Wirklichkeit“, obwohl Pasel ein denkbar ruhiger Aufenthalt bleibt.
Frl. Stand erwidert Ihre Grüsse und Wünsche bestens. Ich bleibe stets Ihr alter
Carl Schmitt.

Nr. 335

Ernst Forsthoff an Carl Schmitt Heidelberg, 3. März 1972

[Von Schmitt notiert:] b.[eantwortet] Sonntag Oculi (5/3)

Hochverehrter, lieber Herr Schmitt!

Dieser Brief sollte schon lange geschrieben sein. Dafür, dass ich ihn erst jetzt schreibe, kann ich nicht einmal die Arbeitsbelastung als Entschuldigung anführen. Eher schon das Mißvergnügen darüber, dass es über allerlei häuslichen Schwierigkeiten zu einer produktiven Arbeit nicht gekommen ist. Die Folge waren gewisse Schwankungen in meinem persönlichen Befinden, die inzwischen überwunden sind. So kann ich über einige Rezensionen und das Lesen der Korrekturen des Lorenz v. Stein-Bandes, der im Frühjahr im Propyläenverlag erscheinen soll, nicht hinaus. Ich hoffe, diese unerquickliche Phase mit einer Reise nach Südafrika zu überwinden, die ich Ende nächster Woche antrete (am 16.4. bin ich wieder zurück). Südafrika reizt mich seit langem landschaftlich und politisch. Ich möchte die Apartheid-Politik an Ort und Stelle kennen lernen.

Ihr Rundfunk-Gespräch[1], auf das mich Herr Groh telefonisch aufmerksam machte, konnte ich zunächst nur eine Viertelstunde hören, da ich zur Bahn musste. Susanne hatte es auf Band genommen, sodass ich den Hauptteil nach der Rückkehr von einer Reise hören konnte. (Es machte sich zufällig so, dass ich zu Heinrich Oberheids Geburtstag in seinem Hause war. Oberheid wollte Sie an dem Abend anrufen. Leider wurde das über den anregenden Gesprächen – es war eine Anzahl Gäste geladen – vergessen).

Natürlich hat mich Ihre Schilderung der Vorgänge des Winters 1932/33 besonders interessiert. Sie hat manche Erinnerungen in mir wachgerufen, manches war mir neu. Es wäre für die Geschichtsforschung von unschätzbarem Wert, wenn Sie sich entschliessen könnten, Ihre Erinnerungen an diese Zeit in grösserer Ausführlichkeit, als sie der Rundfunk erlaubt zu Papier und zum Druck zu bringen.

Am 6. Mai soll mir in Saarbrücken der Adenauer-Preis der Deutschland-Stiftung überreicht werden[2]. Meine Vorgänger für den Wissenschaftspreis sind P. Jordan und Gehlen. Weitere Preisträger in diesem Jahr sind Graf Coudenhove-Kalergi (der noch lebt und zwar in Zürich) und Matthias Walden vom Sender Freies Berlin. Die Laudatio auf Coudenhove-Kalergi hält Otto v. Habsburg, die auf mich ein französischer Schüler, Professor Fromont in Dijon. Das Ganze wird wohl einigen Wirbel in der Presse machen. Aber das berührt mich nicht weiter.

Das öffentliche Recht geht immer mehr aus den Fugen. Im Mischmasch von Rechtsstaatlichkeit und Sozialstaatlichkeit, von demokratischem und liberalem Grundrechtsverständnis sind der Phantasie, die sich als Auslegung bezeichnet, kaum noch Schranken gesetzt. Es erfüllt mich immer wieder mit Genugtuung, nach dieser Richtung keinerlei Konzession gemacht zu haben. Inzwischen kommt alles ins Wanken. Die Reformseuche macht vor nichts mehr Halt: {[Zusatz von Schmitt:] Anschütz 16/7/1932} Bildung, Steuer, Justiz, Rentenwesen, öffentlicher Dienst usw – und das alles auf einmal. Allmählich zeichnet sich ab, wohin das führt.

Ich hoffe sehr, dass es Ihnen gut geht. Nach der Rückkehr aus Südafrika gedenke ich Zeit zu finden, einmal wieder in Pasel hereinzuschauen.
Beste Grüsse an Frl. Stand
Mit herzlichen Grüssen, wie immer
in alter Verehrung
Ihr
Ernst Forsthoff

Nr. 336
Carl Schmitt an Ernst Forsthoff — Pl[ettenberg] Pasel, Sonntag Oculi, 1972 [5. März 1972]

Lieber und verehrter Herr Forsthoff,
Ihr Schreiben vom 3. März hat mich sehr erfreut. Ich danke Ihnen besonders dafür, dass Sie unmittelbar vor einer Weltreise im Trubel der Vorbereitungen an mich gedacht haben. Ich will Sie jetzt nicht aufhalten und bin glücklich, Sie nach Ihrer Rückkehr im Sommer hier in Pasel begrüssen zu dürfen. Heute nur diese Zeilen, um Ihnen eine schöne und ergebnisreiche Reise zu wünschen, von der Sie erholt und gestärkt zu der Feier in Saarbrücken zurückkehren.
In alter Verbindlichkeit
Ihr Carl Schmitt.

Susanne bin ich für die Herstellung des Tonbandes sehr dankbar.

Nr. 337
Ernst Forsthoff an Carl Schmitt — Heidelberg, 1. Mai 1972

Hochverehrter, lieber Herr Schmitt!
Es ist wirklich hohe Zeit, dass ich mich von meiner Reise zurückmelde und ich muss Ihre Nachsicht dafür erbitten, dass es erst heute geschieht. Aber ich fand bei der Rückkehr so viel Arbeit vor – darunter ein Vortrag über die optimale Regierungsform für wirtschaftspolitische Fragen (eine Formulierung, von der Sie merken werden, dass sie nicht von mir stammt)[1], den ich am 3.5. in Köln zu halten habe und der mir viel zu schaffen gemacht hat – dass ich erst jetzt zum Briefschreiben komme. Dazu hat auch beigetragen, dass mich Frau Lehmann zum 31. März verlassen hat, weil sie demnächst nach Duisburg übersiedeln wird. Zum 1. Mai habe ich eine jüngere Nachfolgerin, von der ich hoffe, dass sie sich bewähren wird.
Mit der Reise verfolgte ich keine andere Absicht, als mir den alten Wunsch zu erfüllen, Südafrika kennenzulernen und das ist in der schönsten Weise geschehen. Während das Landesinnere weithin nur Steppe und Buschlandschaft ist, sind die Kapprovinz und die

Küste des indischen Ozeans von grosser landschaftlicher Schönheit, die ich sehr genossen habe. Hochinteressant war die Tierbeobachtung in den Wildreservaten, besonders im Krüger-Park. Hier werden die Tiere gehegt, die man im übrigen (wie z. B. die Gazellen, für die das weite Land alle Lebensbedingungen bietet) vollständig ausgerottet hat. Grandioser Abschluss waren dann die Victoria-Fälle in Rhodesien, die als Naturschauspiel wohl kaum ihresgleichen haben, weil im Unterschied zu den Niagarafällen die umgebende Natur völlig unberührt geblieben ist.
Die Bundesrepublik Deutschland habe ich einigermaßen verändert vorgefunden. Ich kam gerade in die Aufregungen des hiesigen Wahlkampfes hinein, von dem man erklärte, es gehe in Wahrheit um die Ostverträge um post festum zu behaupten, die Wahl habe mit den Verträgen nichts zu tun. Ich erlaube mir mangels genügender Sacheinsicht über die Verträge kein Urteil, aber ich bin von Anfang an der Meinung gewesen, dass es ein Fehler war, die Verträge auf die schmalen Schultern der regierenden Koalition zu nehmen. Das hat sich in der vorigen Woche bestätigt und ich bin gespannt darauf, wie man aus dem Dilemma herauskommen wird.
Im Verlagsprospekt von Beck finde ich angezeigt: Lutz A. Bentin, Johannes Popitz und Carl Schmitt[2]. Darauf bin ich natürlich sehr neugierig und ich werde mich morgen bei der Buchhandlung darum bemühen. Kennen Sie den Verfasser? Und welche Quellen mag er wohl benutzt haben? Auch das ebenfalls dort angezeigte Buch von Kodalle, Thomas Hobbes – Logik der Herrschaft und Vernunft des Friedens[3] – verdient wohl Interesse, weil es die christliche Komponente im Denken H.'s in den Mittelpunkt zu rücken scheint.
Von Herrn Giesler hörte ich, dass Ihre Gesundheit in den letzten Wochen schwankend war, sich inzwischen aber gebessert hat. Ich hoffe sehr, dass es dabei bleibt. Gerne käme ich einmal wieder nach Pasel. Aber die Arbeit hält mich hier fest. Auch den lange versprochenen Besuch bei meinen Kindern in Berlin habe ich wieder zurückstellen müssen.
Sorgen habe ich um Barion. Bei meinem letzten Telefonat mit ihm stand er eben im Begriff, seine Kur in Aachen wegen einer Gastritis abzubrechen und sich nach Düsseldorf in eine Klinik zu begeben. Er war recht deprimiert. Seitdem habe ich keine Nachricht mehr von ihm.
Am Samstag erhalte ich nun den Adenauer-Preis. Die von mir erwarteten Proteste sind, wie mir die Deutschland-Stiftung mitteilte, gänzlich ausgeblieben. Gehlen schrieb mir dann, der Preis sei ein Symbol des Nicht-Einverstanden-Seins und derer geworden, die unter diesen Umständen nicht revozierten. Diese Deutung kann man sich gefallen lassen. Die laudatio meines jungen Kollegen und ehemaligen Schülers Fromont ist würdig und sachgerecht.
Viele Grüsse an Frl. Stand
Mit herzlichen Grüssen und guten Wünschen
in alter Verehrung
Ihr
Ernst Forsthoff

Nr. 338

Ernst Forsthoff an Carl Schmitt — Heidelberg, 9. Mai 1972

[Von Schmitt u. a. notiert:] b.[eantwortet] 27/6/72

Hochverehrter, lieber Herr Schmitt!

Die Preisverteilung in Saarbrücken verlief im Unterschied zu früheren Veranstaltungen ohne Störung, bot aber kaum Berichtenswertes. Die Veranstaltung verlief würdig, aber ohne geistige oder sonstige Höhepunkte, die man wohl auch bei solchen Anlässen nicht erwarten darf. Wichtiger und erfreulicher waren auch diesmal wieder die persönlichen Begegnungen und Gespräche. So mit Herrn Krauss und Herrn Plassmann, die zu meiner Freude gekommen waren. Herr Plassmann[1] übermittelte mir Ihre Grüsse, wofür ich aufrichtig danke. Sogar aus Kiel war eigens eine frühere Schülerin gekommen. Meine Hoffnung, bei dieser Gelegenheit Näheres über die Lage in Bonn zu erfahren, trog. Die in Betracht kommenden M. d. B. s hatten Reiseverbot.

Zweck dieser Zeilen ist lediglich, der Ansprache in Saarbrücken[2] beigefügt zu werden, von der ich annehme, dass sie Ihr Interesse findet.

Mit guten Wünschen und herzlichen Grüssen
wie stets
Ihr
Ernst Forsthoff

Nr. 339

Carl Schmitt an Ernst Forsthoff — Plettenberg-Pasel, den 27. Juni 1972

Lieber und verehrter Herr Forsthoff,

Ihre Karte aus Rossholzen, mit der herrlichen Landschaft von Törwang traf gestern hier ein. Sie werden sich kaum vorstellen können, wie sehr ich mich darüber gefreut habe. Die Erinnerungen an den Besuch bei Ihnen im Mai 1969 behalten für mich ihre beglückende Kraft. Ich bin eigentlich seit Monaten damit beschäftigt, Ihnen ausführlich auf Ihre Briefe vom 1. und 9. Mai 1972 zu antworten, aber mein Gesundheitszustand hat unter dem kalten und feuchten Wetter des Frühjahrs arg gelitten, sodass es bei Plänen und Überlegungen geblieben ist. Jetzt scheinen wärmere Tage zu kommen.

Von den vielen Themen und Fragen, die zu einer fünfzigjährigen Weggemeinschaft eines gemeinsamen Faches wie „Öffentliches Recht" in Deutschland von 1922–1972 gehören, hat mich die Erinnerung an Ihre grossartige Leistung, das moderne Verwaltungsrecht, im Augenblick am stärksten ergriffen, dank Ihrer Mitteilung, dass Sie mit der Vorbereitung der 10. Auflage Ihres Lehrbuches beschäftigt sind. Dafür wünsche ich Ihnen ganz besonders Freude an der Arbeit und glücklichen Erfolg. Wenn Sie mir eine Anregung erlauben: lassen Sie sich nicht durch allgemeine „Basis"-Probleme aufhalten, insbesondere nicht durch die Verwirrung der „Werte" und die auf Seite 82

Anm 3 der 9. Auflage angedeutete Widersprüchlichkeit. Ich sage das auch unter dem Eindruck der Lektüre der Dissertation von Ingeborg Maus, die wohl bald erscheint. Die Überlegenheit Ihres Lehrbuchs des Verwaltungsrechts liegt in der einleuchtenden Verarbeitung des Stoffes. Wenn ich mir aus eigenen Erfahrungen heraus eine Erinnerung an meine Lebensarbeit gestatten darf: ich wäre traurig zugrunde gegangen, wenn ich mich nach 1914 auf methodologische oder rechtsphilosophische Diskussionen mit den Kelsenianern eingelassen hätte. Es ist umso interessanter, dass die heutige Fach-Organisation des deutschen Staats- und Verwaltungsrechts nicht nur mich sondern auch Kelsen nicht erträgt[1]. Diese Betrachtungsweise ist aber ihrem Gegenstande nach esoterisch und darf bei Ihnen erst einsetzen, wenn Ihre 10. Auflage vorliegt.
Im Juniheft der Frankfurter Hefte steht ein Spitzenaufsatz von Walter Dirks mit dem Titel „Der Teufel an die Wand gemalt oder: Ist Bonn doch Weimar?“[2] mit einer Prognose für den Fall, dass die CDU/CSU bei den Neuwahlen 1972 oder 1973 siegt. Dort steht ein Satz über „Ruhe und Ordnung – Ruhe durch Ordnung, Ordnung durch Stillhalten“; anschliessend: „Springer hätte grosse Zeilen“. Das Heft ist ausserdem durch einen Aufsatz über meine Politische Theologie und einen ganz besonders beachtenswerten Aufsatz über Gerhart Hauptmann von Interesse, obwohl Sie noch zu jung dafür sind. Sie sehen die bedenkliche Wirkung Ihres Grusses aus Rossholzen: ich werde allzu gesprächig – in der Erinnerung an die unvergesslichen Tage meines Besuches vom Mai 1969. Seien Sie herzlich bedankt für die Wohltat, die Sie mir durch Ihren Gruss vom 24. Juni erwiesen haben, und seien Sie mit vielen herzlichen Wünschen für Sie und die Ihrigen vielmals gegrüsst von Ihrem alten
Carl Schmitt.

Frl. Anni lässt ebenfalls bestens grüssen und war entzückt von dem herrlichen Landschaftsbild!

Nr. 340

Ernst Forsthoff an Carl Schmitt Heidelberg, 9. Juli 1972

Hochverehrter, lieber Herr Schmitt!
Zu Ihrem Geburtstag sende ich Ihnen meine herzlichen Wünsche für Ihr Ergehen im neuen Lebensjahr. Ihr Brief nach Rossholzen hat mich besonders deshalb gefreut, weil ich ihm entnehmen zu können glaubte, dass Sie die Beschwerden, die Ihnen im Frühjahr zu schaffen machten, inzwischen überwunden haben. Möge es auf lange so bleiben.
Die Ratschläge und Anregungen, die Sie mir zur 10. Auflage schrieben, werde ich wohl beherzigen. Ich weiss nur zu gut, dass das Verwaltungsrecht sozusagen der Sockel ist, auf dem mein wissenschaftliches Ansehen beruht. Ihn zu erhalten muss mein vordringliches Bestreben sein. Auf Grundsatzprobleme lasse ich mich nicht ein. Die erste Sorge

ist, das Buch in den Verweisungen auf Literatur und Rechtsprechung auf den neuesten Stand zu bringen und dadurch bedingte Textänderungen einzuarbeiten. Das ist ein sehr zeitraubendes Geschäft, denn seit der letzten Auflage ist eben viel erschienen. Neu zu schreiben ist ein Kapitel über Planung und weithin zu überarbeiten ist das Kapitel Enteignung und enteignungsgleicher Eingriff auf Grund der Rechtsprechung des BGH, die die Auflösung des Enteignungsbegriffs bis auf den äussersten Punkt getrieben hat. Alles das macht viel Mühe und ich unterziehe mich ihr mit dem Entschluss, dass es die letzte Auflage sein wird, die ich selbst bearbeite.

Meine Schrift über den Staat der Industriegesellschaft zieht immer weitere Kreise. So erhielt ich dieser Tage die Mitteilung, dass sich auf der Grundlage dieser Schrift in der Nähe von Schaffhausen ein politischer Kreis gebildet hat, der Verbindung mit mir sucht. Ich begegne dem mit Zurückhaltung, bin aber entschlossen, mich nach der 10. Auflage wieder staatstheoretischen Studien zuzuwenden. Nicht als ob ich glaubte, damit politisch etwas ausrichten zu können. Das würde meiner insgesamt pessimistischen Beurteilung der künftigen Entwicklung widersprechen. Aber in meinem Alter hat man das Bedürfnis „es wenigstens gesagt zu haben".

Es war eine grosse Enttäuschung für mich, das diesjährige Ebrach, das als Gesamtthema Die Sprache haben sollte, absagen zu müssen. Der Ertrag meiner umfangreichen Korrespondenz um Referenten waren schliesslich drei Zusagen. Fast die Hälfte meiner Briefe blieb unbeantwortet. Ob ich es im nächsten Jahr noch einmal versuche, überlege ich noch. Eine grosse Schwierigkeit ergibt sich daraus, dass ich, nachdem ich nicht mehr lese, keine eigenen Schüler mehr in das Unternehmen einbringen kann. Aber vielleicht passt Ebrach nicht mehr in diese Zeit.

Der Ausfall von Ebrach ermöglicht es mir, seit zehn Jahren einmal wieder an einer Staatsrechtslehrer-Tagung teilzunehmen, die am 4.–7.10. in Salzburg stattfinden wird. Ich erwarte dort eine völlig veränderte und mir fremd gewordene Szenerie, in der ich mich wohl nur in der Rolle des Zaungastes bewegen werde. Vorher, am 19.–22. September, veranstaltet der österreichische Rundfunk sein alljährliches internationales Symposion. Ich bin für ein Referat über „Technische Realisation und politische Ordnung" geladen[1]. Auch der Diskussionskreis zu diesem Referat ist bereits bestimmt und im Programm bekannt gegeben. Er wird von Hannah Arendt angeführt. Da darf man wohl gespannt sein.

Für den Hinweis auf die Juni-Nummer der Frankfurter Hefte bin ich Ihnen sehr dankbar. Ich habe sie gleich bestellt. Zum Aufsatz von Dirks möchte ich sagen, dass er die Situation anscheinend verharmlost. Ich fürchte ernsthaft, dass ein Wahlsieg der CDU in den Reaktionen der Gewerkschaften usw. bürgerkriegsähnliche Zustände heraufführen könnte, nachdem die Polarisierung, die man als Verteufelungsstrategien bezeichnen kann, so weit fortgeschritten ist. Ob Dirks Springer kennt? Ich kenne ihn gut genug um das, was Sie von seinem Aufsatz berichten, irreal und albern zu finden. Sehr gespannt bin ich auf den Aufsatz über die politische Theologie und die Jugendlichkeit, die Sie mir liebenswürdigerweise attestieren, wird mich nicht abhalten, mich in den von Ihnen als sehr bemerkenswert bezeichneten Aufsatz über Gerhart Hauptmann zu vertiefen.

Dass Barion nach der Operation nun über den Berg ist, erfüllt mich mit grosser Freude. Unsere Verbindung ist im Laufe der letzten Jahre sehr eng geworden. Der Tod von Steinbömer[2] beschliesst ein wichtiges Kapitel meiner eigenen Lebensgeschichte. Ich habe ihm nicht ohne Grund meine letzte Schrift gewidmet.
Mit allen guten Wünschen und herzlichen Grüssen
In alter Verehrung und Verbundenheit
stets Ihr
Ernst Forsthoff

Nr. 341
Ernst Forsthoff an Carl Schmitt Heidelberg, 3. September 1972
[Von Schmitt u. a. notiert:] b.[eantwortet] 8/9

Hochverehrter, lieber Herr Schmitt!
Endlich kam in diesen Tagen der von mir seit langem vorbereitete Lorenz von Stein-Band im Propyläen-Verlag, den ich mit diesem Brief an Sie auf die Post gebe. In Abweichung von sonstigen Editionen dieser Art enthält der Band drei vollständige Texte, keine Florilegien aus dem Gesamtwerk. Natürlich ist die von Ihnen wieder ans Licht gezogene Abhandlung über die preussische Verfassungsfrage dabei. Es schien mir der heutigen Situation zu entsprechen, vor allem hervortreten zu lassen, was Stein zur Lösung der sozialen Frage hergibt. Das erklärt die Auswahl der nachgedruckten Abhandlungen über Stein. Meine Einführung musste wegen des vom Verlag leise mißbilligten Umfangs recht gedrängt bleiben. Nun ist abzuwarten, welches Echo der Band in der durch Utopien und Anarchismen verbiesterten Öffentlichkeit finden wird.
Eben arbeite ich an einem Vortrag über technische Realisation und politische Ordnung, den ich am 22. September im Rahmen des 6. Salzburger Humanismus-Gesprächs, veranstaltet vom Österreichischen Rundfunk zu halten habe. Auch der Kreis der Diskutanten ist im Programm festgelegt. Er wird von Hannah Arendt angeführt. Dazu u. a. Gehlen, Hennis und Schmölz[1]: Da darf man wohl gespannt sein.
Inzwischen erhielt ich das Buch von Bentin, das ich mit steigendem Widerwillen gelesen habe. Wo bleibt der literarische Anstand, wenn er sich S. 123 geradezu überschwänglich für Ihre Informationen bedankt, um Sie auf der folgenden Seite (Anm. 5) anzupöbeln. Die S. 126ff sind denkbar übel. An das S. 164 Anm. 11 zitierte Gespräch mit mir kann ich mich nicht erinnern, aber mein Gedächtnis ist nicht das beste. Alles in allem kann ich in dem Buch keine nennenswerte Belehrung finden.
Im übrigen geht die Arbeit an der 10. Auflage des Verwaltungsrechts weiter, ein mühsames Geschäft, dem ich mich nun zum letzten Male unterziehe. In der weiteren Zukunft werden mich vielleicht einige staatstheoretische Themen reizen.
Ich füge weiter eine soeben erschienene Schrift meines Schülers H. Klein über Grundrechtsauslegung[2] bei, die Ihnen vielleicht Freude macht. Er schlägt eine scharfe Klinge

gegen die Mutiner und dabei bleiben auch Autoritäten wie Scheuner nicht verschont. Klein hat sich vorzüglich entwickelt und ich erwarte noch viel von ihm.
Von Herrn Giesler, der gestern hier war, hörte ich zu meiner Freude, dass Sie bei gutem Befinden sind.
Grüssen Sie Frl. Stand vielmals und seien Sie selbst
in alter Verehrung herzlich gegrüsst
von Ihrem
Ernst Forsthoff

[Am linken Rand stenographische Notizen von Schmitt, die nur teilweise entzifferbar sind:]
{Wie weit ist das geteilte Deutschland verfassungsfähig?
Geteilter Staat ist halber Staat.
Geteilter Staat ist doppelter Staat.
Geteilter Staat ist verfassungsunfähig.}

Nr. 342

Carl Schmitt an Ernst Forsthoff Plettenberg-Pasel, 8. September 1972

Lieber und verehrter Herr Forsthoff,
Ihre Sendung vom 3. September traf pünktlich hier ein; ihr reichhaltiger Inhalt – die Mitteilungen Ihres freundlichen Begleitschreibens, das imponierende Lorenz-von-Stein-Buch, die Abhandlung Ihres Schülers Hans Klein – bemächtigte sich sofort meiner angestrengten Überlegungen, auf welche Weise ich Ihnen adäquat und würdig meine Glückwünsche zu Ihrem 70. Geburtstage aussprechen könnte. Das ist für mich kein leichtes Problem. Ihre Bemerkungen zu dem Buch von Bentin – das unter der Ägide des bayerischen Kultusminsters Hans Maier[1] steht, ebenso wie die Waldemar-Gurian-Hagiographie von Heinz Hürten[2] – zeigen ja zur Genüge, wie es um mich steht. Die Ehrabschneidung trifft nicht nur mich, sondern auch das Andenken meiner Freunde, ja sogar meiner verstorbenen Frau und deren Freundschaft mit Frau Popitz.
Ihre ungebrochene Wirkungskraft hat etwas Hinreissendes. Sie stehen vor der 10. Auflage eines Lehrbuches, dessen Erfolg international und unbestritten ist; Sie sprechen auf einer weithin sichtbaren Tribüne über „technische Realisierung" und vertreten dabei einen von Ihnen selbst mit gewohnter Meisterschaft und glücklicher Hand geprägten Begriff, der aufhellend und orientierend wirkt und ohne weiteres einleuchtet; Sie legen eine auch buchtechnisch erstklassige Ausgabe von Schriften Lorenz von Steins auf den Tisch, die alle Chancen hat, diesem grossen Theoretiker zum Durchbruch ins „interdisziplinäre" Denken zu verhelfen und seine Ehre vor neuerlichen Beleidigungen (vgl. das Nachwort zu dem Moses-Hess-Neudruck des Verlages Sauer u. Auvermann in Glashütte) zu retten[3].

Mit anderen Worten: Sie beschenken mich. Was bleibt mir als Geschenk für Sie zu dem schönen Anlass des 70. Geburtstages, der mich an Ihre Grosszügigkeit anlässlich meiner letzten beiden Dezennalien erinnert?
Ein freundliches Zusammentreffen einiger Erscheinungsdaten kommt mir zugute: Die „Theorie des Partisanen"[4], die ich Ihnen vor zehn Jahren zum Geburtstag widmen durfte, ist in diesem Jahre in zwei verschiedenen Sprachen erschienen: auf französisch und auf japanisch. Ich überreiche Ihnen hier die französische Ausgabe, auf deren Seite 209 Sie die Widmung zum Geburtstag finden und lege sie auf den Geburtstagstisch in Ihrem schönen, gastlichen Hause.
Heute wie vor 10 Jahren in treuer Freundschaft unverändert
Ihr alter
Carl Schmitt

Frl. Anni Stand lässt Ihnen herzliche Glückwünsche sagen und grüsst Sie und die Ihrigen bestens.

Nr. 343
Ernst Forsthoff an Carl Schmitt Rossholzen, 26. September 1972

Hochverehrter, lieber Herr Schmitt!
Nach dem naturgemäß etwas turbulent verlaufenen Geburtstag und der anregend verlaufenen, aber auch anstrengenden Tagung in Salzburg mache ich mir hier einige ruhige Tage, um am 3.10. wieder nach Salzburg zu fahren, wo die Staatsrechtslehrer ihre Jahrestagung abhalten, an der ich seit 10 Jahren nicht mehr teilgenommen habe. So werde ich eine sehr veränderte Szenerie vorfinden und mich nach aller Voraussicht auf die Rolle des stummen Gastes beschränken.
Bei meinem Geburtstag war morgens grosser Zulauf: die Fakultät fast vollzählig, sonstige Kollegen und die Beteiligten an der Festschrift[1]. Und damit bin ich bei einem Thema, zu dem ich Ihnen einige Worte schuldig zu sein glaube. Ich habe davon gewusst, dass eine Festschrift vorbereitet wurde, aber ich habe es, wie auch früher, strikt vermieden, von der Vorbereitung Kenntnis zu nehmen und mir gelegentlich entsprechende Informationen ausdrücklich verbeten. Natürlich ahnte ich nicht, was mir immer noch unbegreiflich ist, dass man Sie nicht zur Mitarbeit einladen würde. Die Gründe weiss ich heute noch nicht. Ich erfuhr davon, als Böckenförde mir schrieb, dass und warum er an der Festschrift nicht mitwirken würde. Aber da war es für jeden Versuch einer Bereinigung zu spät. Von der ersten Reaktion: nunmehr die Annahme einer Festschrift zu verweigern, bin ich nach längerer Überlegung abgekommen, einmal im Interesse der an dem Vorgang unbeteiligten Kollegen und Schüler, die mir ihre Verbundenheit bezeugen wollten, dann auch im Hinblick auf die hämische Freude, die ein solcher éclat in den uns bekannten Kreisen ausgelöst haben würde. Ich hoffe dafür auf Ihr Verständnis.

Die Festschrift, die Sie von Herrn Schnur erhalten haben dürften (wie er mir mitteilte), ist doch nach Inhalt und Umfang recht stattlich geworden. Über die Mitarbeit von Scheuner habe ich mich gefreut. Im Alter rückt man einander näher.
Herzlich habe ich Ihnen für die französische Übersetzung des Begriffs des Politischen und des Partisan zu danken. Das Buch wird gewiss dazu beitragen, Ihrem Namen und Ihrem Werk in Frankreich eine weitere Resonanz zu geben.
Die pessimistischen, Ihre Situation betreffenden Bemerkungen, die Sie zu dem Buch von Bentin machen, fordern ein wenig meinen Widerspruch heraus und das nicht aus Gründen persönlicher Verbundenheit, sondern auf Grund meiner Erfahrung. Ich erlebe es immer wieder, wie soeben in Salzburg, dass Ihr Name mit grosser Hochachtung vor Ihrem Werk genannt wird, auch von solchen, die Ihre Ansichten nicht teilen und sogar bekämpfen. Dagegen fällt die ephemere Literatur à la Bentin wahrlich nicht ins Gewicht.
Leider kenne ich die Gurian-Hagiographie von Hürten nicht, ebensowenig den Moses-Hess-Neudruck, dessen Nachwort mich natürlich interessiert. Ich werde mich in Heidelberg darum kümmern.
Smend schrieb mir zum Geburtstag. Er brachte unser Verhältnis auf die Formel, dass wir selten in den Fragen des Alltags unserer Wissenschaft, wohl aber in den letzten Fragen einer Meinung gewesen seien und sind. Das kann ich akzeptieren.
Grüssen Sie vielmals Frl Stand.
Mit nochmaligem Dank und herzlichen Grüssen
in alter Verehrung
stets Ihr
Ernst Forsthoff

Nr. 344
Carl Schmitt an Ernst Forsthoff Plettenberg-Pasel, 22. Dezember 1972

Lieber und verehrter Herr Forsthoff, ich hörte von Ihrer Erkrankung und verbinde meine herzlichen Wünsche für Ihre schnelle Genesung mit meinen Grüssen und Wünschen für ein schönes Weihnachtsfest und ein erfolgreiches Jahr 1973, das eine Krönung Ihres Hauptwerkes, des Lehrbuches für Verwaltungsrecht, bringen wird. Die unermessliche Mühe und Konzentration, die zu dieser Arbeit erforderlich ist, wird dann ihren Lohn und ihre Erfüllung finden. Es hat mich tief gerührt, dass Sie an mich gedacht und mir aus Trittenheim an der Mosel einen Karton Wein geschickt haben. Vielen herzlichen Dank! Ich bleibe stets Ihr alter und getreuer
Carl Schmitt

Morgen (23/12) abend höre ich mir in NWDR Walter Dirks an.

Ich schliesse mich den Grüssen und Wünschen des Meisters an
Ihre dankbare Anni Stand

Nr. 345

Ernst Forsthoff an Carl Schmitt Heidelberg-Schlierbach, o. D.
[Von Schmitt notiert:] erhalten 31/1/73

Hochverehrter, lieber Herr Schmitt!
Hiermit übersende ich Ihnen eine kurze Besprechung des Buches von Bentin für das Historisch-politische Buch[1]. Ich habe mit meiner Meinung über das unverfrorene Machwerk nicht zurückgehalten.
Neues zu berichten habe ich eigentlich nicht. Ich habe durch eine Lungenentzündung im Dezember fünf Wochen verloren und bin dadurch in der Vorbereitung der 10. Auflage sehr in Rückstand gekommen. Während die ersten Bogen bereits gesetzt werden, machen mir die letzten noch ziemlich zu schaffen. Ich hoffe, bis Ende Februar damit fertig zu sein.
Über Ihr Ergehen hat uns Herr Giesler laufend berichtet, sodass ich annehmen darf, dass Sie das Jahr bei guter Gesundheit – deren Wert ich jetzt erst richtig einzuschätzen gelernt habe – begonnen haben.
Viele Grüsse an Fräulein Stand.
Mit guten Wünschen und herzlichen Grüssen
in alter Verehrung
stets Ihr
Ernst Forsthoff

Nr. 346

Carl Schmitt an Ernst Forsthoff Plettenberg-Pasel 1. Februar 1973

Herzlichen Dank, lieber und verehrter Herr Forsthoff, für Ihre Sendung mit dem Entwurf einer Besprechung von Bentins Buch und für Ihre freundlichen Zeilen! Ich freue mich zu hören, dass es Ihnen gesundheitlich besser geht. Wenn Sie aber an dem Plan festhalten, die Neu-Bearbeitung Ihres Verwaltungsrechts in wenigen Monaten publikationsreif zu machen, dürfen Sie sich durch scabröse Zeitphänomene nicht aufhalten lassen. Schliesslich klassifiziert man sich durch das, was man eines Protestes für würdig hält. Ich habe zu vielem geschwiegen, was heute längst auf der allgemeinen Gift-Müll-Kippe liegt. Es würde mir leid tun, wenn Sie für Ihre wesentliche Arbeit durch solche Erwiderungen auch nur einige Minuten Ihres Lebens verlieren wollten.
Susanne wird Ihnen von unserm gestrigen Telefon-Gespräch berichtet haben. Ich grüsse Sie beide herzlich und bleibe Ihr alter
Carl Schmitt.

Nr. 347

Ernst Forsthoff an Carl Schmitt Heidelberg, 9. Juli 1973

Hochverehrter, lieber Herr Schmitt!
Zu Ihrem Geburtstag sende ich Ihnen meine herzlichen Wünsche. Möge Ihnen Gesundheit und die bewundernswerte geistige Schaffenskraft auch im neuen Lebensjahr erhalten bleiben. Ich hätte Ihnen gerne meine Wünsche in Pasel persönlich ausgesprochen. Leider erlaubt mein Gesundheitszustand, der sich nur langsam bessern will, auch nicht die kleinste Reise.

Dass die Deutsche Zeitung und das Sonntagsblatt Sie so ausführlich gewürdigt haben, las ich mit grosser Freude[1]. Der Grundton, auf den die beiden grossen Aufsätze gestimmt sind, signalisiert eine erfreuliche Wende. Sie sind zu einem Thema geworden, das mit ignorantischem Diskriminierungswillen schlechterdings nicht mehr zu bestreiten ist. Leider habe ich den Rheinischen Merkur nicht bekommen. Er müsste sich auch äussern, denn es wäre doch peinlich, wenn Ihre Würdigung den beiden protestantischen Wochenzeitungen überlassen bliebe. Natürlich bin ich auch auf die Tageszeitungen am Mittwoch gespannt.

In diesen Wochen ist mir die Erinnerung an den Sommer 1923 besonders gegenwärtig, an das erste Semester in Bonn (insgesamt das Fünfte) in dem ich Ihnen zum ersten Male in der bescheidenen Rolle eines Teilnehmers an Ihrer Übung begegnete. Der ausserordentliche Eindruck, den ich von dieser Übung empfing, ist mir in lebendiger Erinnerung geblieben und es ist keine Übertreibung, wenn ich sage, dass ich erst mit diesem Semester den Zugang zum Wesen des Rechts und seiner Methode gefunden habe. Deshalb hätte ich an den beiden Aufsätzen – nur am Rande – kritisch anzumerken, dass in ihnen der Jurist C. S. meines Erachtens ein wenig zu kurz kommt. Das gilt insbesondere für den Begriff des Politischen. Ich entsinne mich an Gespräche aus der Zeit 1926/27. Es ging damals darum, die Brutalisierung des Krieges durch ethische, sittliche usw Diskriminierung des Kriegsgegners (Schuldfrage) aufzuweisen und zu bekämpfen, also um eine ebenso juristische wie humane Zielsetzung. So war auch der Feind-Begriff (jenseits aller ethischen und sittlichen Kategorien) gemeint. Das kommt m. E. in der heutigen Würdigung der Schrift entschieden zu kurz.

Jetzt ist auch deutlich geworden, wie schlecht der Parlamentarische Rat beraten war, als er Ihre warnenden Ausführungen zur Verfassungsgerichtsbarkeit im Hüter der Verfassung in den Wind schlug – vorausgesetzt dass er sie überhaupt gekannt hat. So wurde die Bayern-Klage gegen die Ostverträge[2] zwar kein juristischer, aber ein politischer Erfolg vermöge ihres Entlarvungseffekts. Denn was sich zwischen Karlsruhe – Bonn und Frankfurt (Reißmüller-Aufsatz in der FAZ)[3] abgespielt hat und wohl noch abspielt, ist von einer Peinlichkeit, die weder der Politik noch der Justiz von Nutzen sein kann.

Unter solchen Umständen geht die Lust an der wissenschaftlichen Beschäftigung mit dem Verfassungsrecht nach und nach verloren. Im Augenblick bin ich überhaupt noch wissenschaftlich paralysiert. Die 10. Auflage steht, was den Text anbelangt, fertig im Satz. Es fehlen noch Register, Vorwort und Inhaltsverzeichnis. Ein Bei-

trag zur Festschrift für Gehlen ist zu 3/4 geschrieben[4]; der Rest steht aus und muss bis Ende des Monats geschrieben sein; im Augenblick will es mir noch nicht gelingen. Gottseidank bessert sich mein Zustand, wenn auch langsamer, als ich mir wünschen möchte.
Ich lege ein Bild von Barion bei, dessen Tod mich immer noch sehr beschäftigt[5]. Es ist 1971 in meinem Hause aufgenommen worden und zeigt ihn in einer sehr charakteristischen Haltung. Geplant ist ein Sammelband seiner wesentlichen Abhandlungen, den der Brockhaus-Verlag herausbringen will. Susanne ist mit der Sammlung und Sichtung beschäftigt. Sie hat bereits fast 40 Titel zusammengebracht, die aber nicht alle für einen Nachdruck in Betracht kommen.
Viele Grüsse an Fräulein Stand.
Mit herzlichen Wünschen und Grüssen
in alter Verehrung
Ihr
Ernst Forsthoff

Nr. 348
Ernst Forsthoff an Carl Schmitt Heidelberg-Schlierbach, 7. August 1973

Hochverehrter, lieber Herr Schmitt!
Es sind mir zwei Zeitungsaufsätze zu Ihrem Geburtstag zugegangen, die vielleicht nicht in Ihre Hand gelangten und von denen ich annehme, dass sie Sie interessieren dürften. Ich lege sie bei. Erstaunlich, dass es das Oberbayrische Volksblatt[1] für der Mühe wert findet, seine zumeist bäuerlichen Leser über Sie zu unterrichten. Nicht weniger erstaunlich ist die Unterrichtung selbst. Sie ist offensichtlich aus sehr genauer Kenntnis geschrieben und ich habe vergebens darüber gerätselt, welcher Name sich hinter dem „E“ verbergen mag.
Von Herrn Giesler hörten wir zu unserer Freude, dass es Ihnen gut geht. <*Mitteilung über Forsthoffs Erkrankung*>. Immerhin kann ich wieder etwas arbeiten und die letzte Hand (Vorwort und Register) an die 10. Auflage legen.
Mit herzlichen Grüssen
in alter Verehrung
Ihr Ernst Forsthoff

Nr. 349
Carl Schmitt an Ernst Forsthoff Plettenberg-Pasel, 26. August 1973

Lieber und verehrter Herr Forsthoff,
für 2 Schreiben von Ihnen muss ich mich noch ausführlich bedanken und bedrückt mich diese Briefschuld <*Familiennachrichten. Vom Weingut Bossung-Edesheim wird*

Wein geschickt.> Mit Dr. Bossung bin ich anlässlich seiner Gratulation zum 11. Juli wieder in Kontakt gekommen, soweit ich dessen überhaupt noch imstande bin.
Als vorläufiges Zeichen für meine Ihnen gegenüber obliegende Briefschuld füge ich einen Privatdruck von Johannes Gross[1] bei, aus dem Sie einiges wohl schon kennen, weil es in der FAZ stand.
Vor allem: alle guten Wünsche für Albrecht und seine Frau und für ein schönes Hochzeitsfest.
In treuer Erinnerung Ihr alter
Carl Schmitt

Nr. 350
Ernst Forsthoff an Carl Schmitt — Baden-Baden, 25. November 1973

Hochverehrter, lieber Herr Schmitt!
Endlich ist nun die 10. Auflage meines Lehrbuches erschienen. Es steckt mehr Arbeit darin, als man ihr auf den ersten Blick ansieht und vor allem mehr Mühe, da ich seit Anfang des Jahres mit kurzen Unterbrechungen krank gewesen bin. Leider kann ich Ihnen das Buch nicht mit einer handschriftlichen Widmung schicken. Meine Sekretärin ist beauftragt, ein Exemplar mit diesem Brief an Sie zu senden.
<*Mitteilung über Erkrankung*>
Sie hoffe ich bei gutem Befinden.
Mit guten Wünschen und herzlichen Grüssen
Ihr
Ernst Forsthoff

Nr. 351
Carl Schmitt an Ernst Forsthoff — Plettenberg-Pasel, 2. Januar 1974

Lieber und verehrter Herr Forsthoff,
meine Neujahrswünsche für Sie und die Ihrigen betreffen vor allem Ihren Gesundheitszustand. Die imponierende Leistung, die Ihr Lehrbuch des Verwaltungsrechts auch in seiner neuen Umgestaltung manifestiert, ist geeignet, alle Besorgnisse zu zerstreuen und die Hoffnungen aller Ihrer Freunde aufs höchste zu steigern. Ich lese seit Wochen darin, erst nur einzelne Themen und Fragen nachschlagend, dann aber, seit kurzem, auch mit wachsendem Interesse an dem Problem in seiner rechtswissenschaftlichen Systematik. Oft bedaure ich, dass es Ebrach nicht mehr gibt, denn ich sehe jetzt viele neue Aspekte des Problems, das man nicht im Habermas-Stil bewältigen kann. Der Anstoss kommt für mich wiederum von Maurice Hauriou (ich sah mich durch die treue Freundschaft von François Perroux dazu getrieben, einen Beitrag zu seiner Ehrung zu schreiben und geriet dadurch wieder auf Hauriou und das Thema: Legale Weltrevolution)[1].

Dass Sie den Jahreswechsel in Törwang erlebten, belebt meine Erinnerung an die Wochen des Jahres 1969, in denen ich damals Ihre Gastfreundschaft in Rossholzen genoss. Erholen Sie sich dort gut. Ich bleibe in treuem Gedanken
Ihr alter
Carl Schmitt.

Frl. Anni Stand schliesst sich meinen Wünschen aufs herzlichste an. Armin Mohler teilte mir mit, dass der überaus witzige Artikel im Rosenheimer Volksblatt (gezeichnet E. zu meinem 85. Geburtstag) von dem Feuilleton-Redakteur des Müncheners Merkur, Eichholz, stammt, und auch dort zuerst erschienen ist; Eichholz hat vor 15–20 Jahren überaus witzige Parodien veröffentlicht.

Nr. 352
Ernst Forsthoff an Carl Schmitt — Törwang-Rossholzen, 6. Januar 1974
[Von Schmitt notiert:] b.[eantwortet] 6/2/74

Hochverehrter, lieber Herr Schmitt!
Sie haben mich mit Ihrem Brief hoch erfreut. Wenn ich Ihnen meine Neujahrswünsche erst jetzt übermittle, so hat das seinen alleinigen Grund in meinem gesundheitlichen Befinden. <*Mitteilung über Erkrankung*>.
Ihr Urteil über das Verwaltungsrecht hat mich natürlich sehr gefreut. Es steckt mehr Arbeit und schliesslich in der Zeit der Krankheit, die vor einem Jahr mit einer Lungenentzündung begann, auch Mühe darin, als man dem Buch auf den ersten Blick ansehen mag. Das Vorwort mit dem Angriff auf den BGH hat mich gelegentliche Bedenken gekostet. Schliesslich überwog aber doch der Wunsch, deutlich zu sagen, dass ich an dem Niedergang unseres Rechtswesens keinen Anteil zu nehmen gedenke. Dieser Niedergang ist beispiellos. Abhandlungen, mit denen sich der Verfasser noch vor 10 Jahren aus dem Kreis ernst zu nehmender Wissenschaftler ausgeschlossen hätte, werden heute akzeptiert und diskutiert. Was mir an Abhandlungen von Politologen und sogen. Verwaltungswissenschaftlern zum Abdruck in der Zeitschrift „Verwaltung" angeboten wird, spottet zum Teil jeder Beschreibung und geht natürlich prompt an die Verfasser zurück. Alles das mindert meine Freude am Fach immer mehr und lenkt mein Interesse zunehmend der Staatslehre zu, ohne dass bereits von konkreten Vorhaben die Rede sein könnte.
Vorerst beschäftigen mich andere Dinge. Nachdem die Festschrift für Gehlen (70. Geburtstag am 24.1.74), die mir ziemlich viel Arbeit gemacht hat, nun ausgedruckt wird, beschäftigt mich neuerlich der Plan, die wesentlichen Aufsätze Barions in einem Sammelband herauszugeben[1] und damit die Bedeutung dieses grossen Gelehrten, dem es nicht vergönnt war, sich mit einem umfangreichen Werk bekannt zu machen, in das rechte Licht zu stellen. Gottseidank besitze ich dank meiner sorgfältig geführten Separatensammlung alles wesentliche, was er publiziert hat, wozu noch die Beiträge in den

Festschriften kommen. Jedenfalls hat Susanne, die ich darum gebeten habe, 37 Texte gesammelt, aus denen eine Auswahl zu treffen wäre. Frau Mußgnug steuert die Bibliographie bei, die nicht so weit ausgreift wie die von Tommissen, aber ihren Zweck durchaus erfüllt. Die eigentliche Schwierigkeit besteht jetzt darin, einen Verleger zu finden. Nachdem ein erster Versuch nach dieser Richtung gescheitert ist, hat nun Herr Jobst Siedler, der Direktor des Ullstein-Verlages, ein ernstes Interesse an dem Vorhaben bekundet. Mit Herrn Siedler stehe ich in besonders angenehmen persönlichen Beziehungen. Deshalb werde ich, sobald es meine Gesundheit erlaubt, die Angelegenheit in Berlin mit ihm besprechen und ich bin da nicht ohne Optimismus.
Das Herzstück der Sammlung werden natürlich die darin erstmalig vereinigten Aufsätze zum Vaticanum II sein. Gewiss werden die Auseinandersetzungen über dieses Thema noch durch Jahre hingehen und dem Buch eine entsprechende Beachtung sichern.
Das ungelöste Problem des Textes ist die Einführung. In den Gesprächen mit Bung[2] kamen wir immer wieder zu einer Lösung, die uns ideal erscheint: dass Sie sich entschliessen könnten, dem verstorbenen Freund diesen Freundschaftsdienst zu leisten. Dahin geht nun unsere herzliche Bitte. Ich stelle mir die Einführung zweigeteilt vor: einen Lebensabriss mit den erforderlichen Angaben über den Lebenslauf, insbesondere den Bildungs- und Berufsweg, mit dem wir Sie nicht behelligen würden (wir sind in der Lage, die Daten zu ermitteln) und eine geistige Würdigung, die sofern sie aus Ihrer Feder kommt, kurz sein, d.h. sich auf wenige Seiten beschränken darf, womit natürlich keine Grenze nach oben gesetzt sein soll. Nehmen Sie das als eine Anfrage und Bitte, mit deren Erfüllung Sie aus dem Werk das machen würden, was uns als dem Andenken Barions wirklich gemäß erscheinen[3] würde. Über den Fortgang der Angelegenheit werde ich Sie zu gegebener Zeit unterrichten.
Vielen Dank für die Aufklärung des Signum E im Oberbayerischen Volksblatt. Die Parodien von Eichholz haben mir seinerzeit viel Vergnügen gemacht.
In der Neujahrs-Nr. der Deutschen Zeitung ist ein kleiner Artikel von mir über die viel besprochene Lebensqualität erschienen[3], den ich beilege. Ich erinnere darin an einige Verse von Rudolf Alexander Schroeder, die mir in den Jahren, seit ich sie kenne, viel bedeutet haben.
Beste Grüsse und Wünsche an Frl. Stand.
Seien Sie selbst in alter Verehrung herzlich gegrüsst
von Ihrem
Ernst Forsthoff

Nr. 353

Ernst Forsthoff an Carl Schmitt Heidelberg-Schlierbach, 1. Februar 1974

[Originalbrief von Schmitt eingeklebt in: E. Forsthoff und R. Hörstel (Hrsg.): Standorte im Zeitstrom. Festschrift für A. Gehlen. 1974]

[Von Schmitt u. a. notiert:] b.[eantwortet] 6/2/74

Hochverehrter, lieber Herr Schmitt!

Soeben ist die Festgabe für Gehlen erschienen und ich beeile mich, Ihnen ein Exemplar zu übersenden. Hinsichtlich meines Beitrages muss ich Ihre Nachsicht erbitten, was keine façon de parler ist. Er ist in der Klinik konzipiert und ich hätte auf ihn verzichtet, wenn es mir nicht als unpassend erschienen wäre, eine Festschrift herauszugeben, in der ich nicht mit einem Beitrag vertreten bin. So kommt, was ich sagen wollte, nur sehr unvollkommen zum Ausdruck. Aber gewiss finden Sie in dem Buch manches, das Ihr Interesse in höherem Maße verdient.

<*Mitteilung über Erkrankung*>

Beste Grüsse an Frl. Stand.

Herzlich grüssend

in alter Verehrung

Ihr

Ernst Forsthoff

Nr. 354

Carl Schmitt an Ernst Forsthoff Plettenberg-Pasel, 6. Februar 1974

Lieber und verehrter Herr Forsthoff,

diese Zeilen sind kein Brief sondern nur die hilflose Abschlagsratenzahlung eines zahlungsunfähigen Schuldners. Nicht einmal Ihr Schreiben vom 6. Januar (aus Rossholzen) habe ich beantwortet. Für dieses Versäumnis allerdings habe ich mein Gewissen bisher halbwegs beschwichtigen können: es betraf Ihren Vorschlag, die Aufsätze unseres Freundes Hans Barion im Propyläen-Verlag herauszugeben und sie mit einem Vorwort von mir zu versehen. Mitte Januar (18/19) besuchte mich EW. Böckenförde, auf dessen Meinung ich gewartet hatte; bei der Besprechung zeigte sich, dass er ähnliche Bedenken hatte wie ich und von sich aus Ihnen schreiben wollte. <*Eine Nachricht wird in Aussicht gestellt.*> Meine eigenen Hemmungen würde ich Ihnen nur mündlich restlos erklären können.

Barions Aufsatz für die Festschrift Gehlen ist wohl nicht mehr zustande gekommen. Bei dem geplanten Thema (Unverbrüchlichkeit der Ehe) wäre dieses gewichtige, herausfordernde Signal einer Gehlen-Ehrung noch herausfordernder geworden. Ich habe das Exemplar, das Sie mir zusandten, gestern erhalten und die ganze schlaflose Nacht hindurch gelesen. Zuerst natürlich Ihren Beitrag zur „Situation der Verwaltung“. Diese zehn Seiten lassen keine Spur von Schwäche oder Verminderung Ihrer gewohnten

Überlegenheit erkennen; ich finde, dass, im Gegenteil, die Prägnanz noch schärfer und unerbittlicher den kritischen Punkt, die „Brüchigkeit der Legalität“ anvisiert. Im Zusammenhang mit dem Beitrag von Roman Schnur[1] wird die Festschrift zu einem Appell an das Gewissen aller noch vorhandenen Juristen, wie er nicht schärfer gedacht werden kann. Hanno Kestings atemberaubendes Bild unseres Fachgenossen Simon-Nicolas-Henri-Linguet gehört als Illustration eines spezifischen Berufsrisikos dazu. Ich bin umso heftiger davon gepackt, weil ich vor kurzem einem alten französischen Freunde vom Collège de France, auf dessen nachdrücklichen, schriftlichen Wunsch, einen Beitrag zu seiner Ehrung verfasst habe: François Perroux[2], (einem grossen Économiste der Société industrielle) über das Thema: Weltrevolutionäre Legalität. Aber dieser kleine Beitrag von 20 Maschinenseiten trägt allzudeutlich die Spuren der Mühsal, die einem 85jährigen solche Arbeiten machen, sowohl hinsichtlich der Gedankenführung wie auch der Formulierungen im Einzelnen, sodaß ich am Ende mehr deprimiert als erleichtert war. Verzeihen Sie diese Konfessionen eines älteren Kollegen. Die Peripetien der weltpolitischen Situationen nehmen einen Betrachter ärger mit als ein schauerlicher Gladiatorenkampf zwischen schwer Bewaffneten, die mit verbundenen Augen kämpfen.

Als ich vorgestern das Februarheft der „Zeitbühne“[3] las, fiel mir Ihr Name in der dort veröffentlichen Liste der „regelmässigen“ Mitarbeiter auf. Leider erhalte ich die Zeitschrift nur zufällig (einmal durch Zusendung eines Heftes von Winfried Martini, dann von H. D. Sander); abonnieren – bei meiner geringen Lebenserwartung – wäre stillos. Ich setze alle meine Hoffnungen darauf, dass Sie das jetzige Tief Ihrer Gesundheit bald überwinden und wünsche Ihnen von Herzen alles, was dafür nötig und förderlich ist. Jetzt müssen Sie mich entschuldigen, dass ich so plötzlich abbreche. Ich bleibe mit vielem Dank und in treuer Erinnerung

Ihr alter

Carl Schmitt.

Nr. 355

Ernst Forsthoff an Carl Schmitt Heidelberg-Schlierbach, 22. April 1974

[Von Schmitt notiert:] b.[eantwortet] 24/4/74

Hochverehrter lieber Herr Schmitt!

Verzeihen Sie, wenn ich Ihnen erst jetzt für Ihren ausführlichen Brief danke. <*Mitteilung über Erkrankung*>.

Über meine Meinung und Aktivität in Sachen des Barion-Bandes habe ich Herrn Böckenförde in einem Brief unterrichtet, von dem ich einen Durchschlag beifüge. Sie können ihm entnehmen, daß nach außen hin noch nichts geschehen ist und auch von meiner Seite nichts geschehen wird, ehe nicht eine Übereinkunft der Freunde Barions hergestellt ist. Deshalb habe ich auch keinen Kontakt mit Prof. Spaemann aufgenommen, auf den Herr Böckenförde hingewiesen hat. Das Hauptproblem in der praktischen Realisation ist die Gewinnung eines Verlages, der bereit und in der Lage ist, sich

für das Buch einzusetzen. In dieser Frage sind mir konfessionelle Gesichtspunkte weniger wichtig als offenbar Herrn Böckenförde. Ich erinnere mich, daß Barion dem Verlag Kohlhammer ein größeres Werk über den modernen Katholizismus zugesagt hatte. Daraus entnehme ich, daß die Veröffentlichung seiner Abhandlungen in einem nichtkatholischen Verlag mit den Intentionen Barions nicht in Widerspruch treten würde.
Ich bin eben dabei, eine neue und erweiterte Auflage meiner Aufsatz-Sammlung „Rechtsstaat im Wandel" vorzubereiten[1]. Den Gewinn der Neuauflage sehe ich darin, daß ich in ihr alle Aufsätze zur Verfassung vereinigen und dafür einige weniger aktuell gewordene Beiträge der ersten Auflage eliminieren werde.
Die 10. Auflage meines Lehrbuches ist offenbar gut angekommen. Wie mir der Verlag mitteilt, sind bis Ende März über 3000 Exemplare verkauft worden, was meine Erwartungen weit übersteigt.
Ich hoffe Sie bei guter Gesundheit, bitte um beste Grüße an Fräulein Stand und bin mit herzlichen Grüßen
in alter Verehrung
Ihr
Ernst Forsthoff

Nr. 356
Carl Schmitt an Ernst Forsthoff Pasel, 24. April 1974

Lieber und verehrter Herr Forsthoff,
der Erfolg Ihrer 10. Auflage des „Verwaltungsrechts" ist so beglückend, dass er meine Traurigkeit überflügelt. Wir leben in unserm Werk. Ich kann darüber urteilen und mitreden, im Allgemeinen als Zeitgenosse (in „Temporalstrukturen" sagt man im momentanen „Code"), und auch im Besondern als – wenn auch verbandlich exmittierter – Fachgenosse. Ich gratuliere Ihnen und allen Freunden herzlich zu dem Erfolg. Ich habe oft an Sie gedacht und vor allem bei der Lektüre der neuesten Festschriften – Gehlen und Scheuner – imaginäre Gespräche mit Ihnen geführt. Den Wunsch und den sehr heftigen Drang, Ihnen darüber zu schreiben muss ich mit Gewalt unterdrücken, sonst kommt nämlich schliesslich überhaupt kein Brief mehr zustande. Zu der Angelegenheit „Publikation Barion" nur ein Vorschlag:
Wäre es nicht möglich, Steinbömers Heidelberger Worte zum 70. Geburtstag Barions einfach aus der Eunomia zu übernehmen? Wenn der junge Mann Ehmke sich derartiges mit dem alten Prominenten Scheuner leisten kann (und umgekehrt)[1], dann ist es in diesem Falle doch eigentlich „in", wie man heute sagt. Mein Name wirkt sowieso schon als rotes Tuch auf ganz Göttingen, und nun erst im Konnex Barion! Sie ahnen nicht, was es da in Mainz und auf andern, näher bei Bonn und München als bei Berlin und New York liegenden Phäakeninseln, heute in dieser Hinsicht alles gibt!
Ich meine, mit Steinbömer müsste das doch glatt zu machen sein. Ein zweiter Gesichtspunkt, der den ersten nicht ausschliesst, betrifft Werner Weber. Barion war

mit ihm und der Familie Weber eng befreundet; beide sind anerkannte Autoritäten des Kirchenrechts. Seit der innigen Freundschaft zwischen Stutz und Kaas gehört es doch zur Tradition des deutschen Kirchenrechtswissenschaftlichen Lebens, dass die beiden Konfessionen ihre fachbezügliche Solidarität öffentlich bekunden; es gehört, möchte ich sagen, zur institutionellen Garantie der deutschen Universität, von deren Tradition mir ja auch in persönlicher Hinsicht einiges bekannt geworden ist.
Naheliegende private Einwendungen scheinen mir nur Vorwände für eine ausweichende Taktik. Ich habe Barion ein Buch wie die „Politische Theologie II" gewidmet. Denken Sie vielleicht, das sei unbemerkt geblieben? Lesen Sie einmal Moltmanns „Der Gekreuzigte Gott"[2], oder Küng in der FAZ der Karwoche[3], oder Mikat in der Scheuner-Festschrift[4] (der mich natürlich verschweigt) oder den kommenden Band „Die Konstantinische Wende" in der Wissensch. Buchgemeinschaft[5]! Dieses „Lesen Sie", lieber Herr Forsthoff ist eine rhetorische Floskel; ich möchte Sie in Ihren physischen Qualen nicht auch noch mit Lektüre quälen. Ich hoffe nur, dass Sie verstehen, was solche Hinweise im Zusammenhang unserer ganz konkret-praktischen Frage der Barion-Publikation bedeuten. Ein Vorwort Webers würde D & H wohl genügen. – Ich freue mich zu hören, dass Susanne bei Ihnen ist. Grüssen Sie sie herzlich von mir. Ihnen, lieber Herr Forsthoff, wünsche ich gute und baldige Besserung. Ich danke Ihnen besonders noch dafür, dass Sie mir einen Brief geschrieben haben, der in allen seinen Mitteilungen – in erfreulichen wie in betrüblichen – ein Zeichen unserer alten Freundschaft bedeutet.
Ihr alter
Carl Schmitt

Nr. 357
Carl Schmitt an Ernst Forsthoff Pasel, 2. Mai 1974

Lieber und verehrter Herr Forsthoff,
gestern abend habe ich mit Anima (Santiago) telefoniert, die am 8. Mai hier eintreffen will. Dabei erfuhr ich, dass ein Nachruf auf Hans Barion, von Alvaro d'Ors verfasst[1], in der Revista de Estudios Politicos soeben erschienen ist. Ich habe noch kein Expl. der Zeitschrift erhalten, wohl aber, von Alvaro, den Text, in einem Ms. (Typoskript)-Durchschlag.
Den Nachruf, von dem ich gleich eine Fotokopie machen lassen werde (falls Sie ihn nicht, ohne Mühe, in Heidelberg noch vor mir erhalten) finde ich sehr schön und für die grosse, spanisch-sprechende Welt sehr wirksam. Auch Anima und Alfonso sind sehr damit zufrieden. Der kritische Moment, in dem er erscheint, macht ihn noch sensationeller, zumal ein kurzer Nachruf auf den ermordeten Admiral Carrero Blanco vorangeht[2].
Bonn liegt heute näher bei Pankow als bei Pasel. Das ist mein Eindruck von der Scheuner-Festschrift, den ich auch Joseph Kaiser mitgeteilt habe.
<*Familiennachrichten*>.

Für Werner Weber scheint nur noch Göttingen und das Land Niedersachsen die Welt zu bedeuten.
Herzliche Wünsche für Ihre Gesundheit!
Ihr alter und unveränderlicher
Carl Schmitt.

Nr. 358
Carl Schmitt an Ernst Forsthoff Plettenberg-Pasel, 22. Juni 1974

Lieber und verehrter Herr Forsthoff,
durch Herrn Giesler werde ich gelegentlich über Ihren Gesundheitszustand unterrichtet; das ist ein bescheidener Ersatz für das, was ich mir eigentlich wünsche, nämlich einen ununterbrochenen Kontakt und Gespräch über die täglich neuen Eindrücke und Erfahrungen. Das Schreiben fällt mir schwer, und ich fürchte, dass Ihnen das Lesen lästig wird. Gestern erhielt ich einen Brief von Ernst-Wolfgang B. über den Nachruf auf Barion. Ich weiss nicht, ob Sie den im Archiv für kath. Kirchenrecht, Heft 142, 1973 erschienenen Nachruf von Heinrich Flatten[1] erhalten haben; sonst würde ich ihn Ihnen gleich schicken; wir (E.W. B. und ich) waren uns nämlich einig, dass er als Vorwort in Betracht käme, weil er in seiner korrekten Sachlichkeit stärker wirkt als der Versuch einer Apologie. Auch den allerdings mehr für spanische Leser bestimmte Nachruf von Alvaro d'Ors schicke ich Ihnen gern (in deutscher Übersetzung). Von H.P. Ipsen erhielt ich (mit seinem Jubiläumsaufsatz in der ÖV)[2] ein Buch von Helmut Goerlich, Wertordnung und Grundgesetz, Nomos-Verlag 1972[3], das meine alten Antriebe, eine ganz prinzipielle Wert-Diskussion zu provozieren, neu belebt hat. Wir erleben nun unabwendbar täglich von neuem, dass unser Fachbereich – öffentliches Recht – auch unser persönliches Schicksal bestimmt.
Die Fragen dieser Zeilen (betr. H. Barion) könnte mir vielleicht Susanne kurz beantworten. Ich denke herzlich an Sie und vertraue darauf, dass unsere „Kommunikation" nicht nur über das Post-Telefon- und Fernseh-System zu gehen braucht.
Ihr alter Carl Schmitt.

Nr. 359
Ernst Forsthoff an Carl Schmitt Heidelberg, 12. Juli 1974
[Telegramm]

Hochverehrter lieber Herr Schmitt in dankbarem Gedenken an viele Jahrzehnte gemeinsamen Strebens sendet Ihnen herzliche Gruesse und alle guten Wuensche fuer das neue Lebensjahr Ihr Ernst Forsthoff

Kommentar

Nr. 1 Schmitt an Forsthoff, 3. 2. 1926

1 Kurt Häntzschel, Die Verfassungsschranken der Diktaturgewalt des Artikels 48 der Reichsverfassung, in: ZöR 5, 1926, S. 205–227.
Häntzschel (1889–1941) war zunächst im Reichsinnenministerium, dann im Reichsjustizministerium als Ministerialdirigent Leiter der politischen Abteilung. Nach seiner Entlassung 1933 emigrierte über Wien nach Brasilien (1937); Biogr. Hdb. Emigr. 1, S. 262.
Auf der Tagung der Vereinigung der deutschen Staatsrechtslehrer hatten Schmitt und Erwin Jacobi 1924 zum Thema „Die Diktatur des Reichspräsidenten nach Art. 48 der Reichsverfassung" referiert.

2 Forsthoff promovierte am 29. Juli 1925 bei Carl Schmitt in Bonn mit der Arbeit „Der Ausnahmezustand der Länder", veröffentlicht in den „Annalen des Deutschen Reichs". Nach seiner Schlußbemerkung schloß Forsthoff das Manuskript im Juni 1925 ab.

Nr. 3 Schmitt an Forsthoff, 17. 6. 1926

1 Erwin Jacobi (1884–1965) war seit 1920 Ordinarius für Öffentliches Recht, Kirchen- und Arbeitsrecht in Leipzig; zu Jacobi vgl. Gerhard Schnott, in: NDB 10, 1974, S. 236. Näheres demnächst in der Dissertation von Martin Otto, die in der Reihe: Beiträge zur Rechtsgeschichte des 20. Jahrhunderts erscheinen wird.

2 Richard Grau (1899– unbekannt) praktizierte als Rechtsanwalt in Berlin, er mußte seine Kanzlei aufgeben und emigrierte 1938 in die USA; siehe Simone Ladwig-Winters, Anwalt ohne Recht. Das Schicksal jüdischer Rechtsanwälte in Berlin nach 1933, Berlin 1998, S. 135.

3 Heinrich Triepel (1868–1946) bekleidete ein Ordinariat für Staats- und Völkerrecht in Berlin. Auf seine Anregung gingen die jährlichen Tagungen der Staatsrechtslehrer zurück. Zu Triepel: Ulrich M. Gassner, Heinrich Triepel. Leben und Werk, Berlin 1999; Rudolf Smend, Heinrich Triepel, in: Hans-Justus Rinck/Karl Dietrich Bracher (Hgg.), Die moderne Demokratie und ihr Recht, Festschrift für Gerhard Leibholz zum 65. Geburtstag, Tübingen 1966, Bd. 2, S. 107–120.

4 Gerhard Anschütz (1867–1948) kam 1916 von Berlin an die Heidelberger Fakultät zurück. Gerhard Anschütz, Aus meinem Leben, hg. Walter Pauly, Frankfurt 1993; vgl. den Kommentar zu Forsthoffs Briefen vom 23. 12. 1966 und 4. 2. 1967 (Nr. 214, 218). Zum Verhältnis Forsthoff/Anschütz vgl. Einleitung, S. 18/19.

5 Friedrich Giese (1882–1958) war seit 1914 Ordinarius in Frankfurt/Main; vgl. die Kurzbiographie von Michael Stolleis, in: Diestelkamp/Stolleis, Juristen, S. 117–127.

6 Franz Beyerle (1885–1977) war seit 1918 Ordinarius für Rechtsgeschichte und deutsches Bürgerliches Recht in Basel, über Greifswald kam er 1930 an die Universität Frankfurt/Main; vgl. die Kurzbiographie von Bernhard Diestelkamp, in: Diestelkamp/Stolleis, Juristen, S. 148–160.

Nr. 4 Schmitt an Forsthoff, 19. 6. 1926

1 Rudolf Liepmann, Die polizeilichen Aufgaben der Deutschen Wehrmacht. Mit Kartenskizze der Wehrkreiseinteilung, in: Leipziger rechtswissenschaftliche Studien 16, Leipzig 1926, eine bei Erwin Jacobi angefertigte Dissertation.

2 Forsthoff schrieb in „Ausnahmezustand der Länder", S. 159:

> „... einschneidender ist die Beschränkung der Diktaturgewalt, die sich daraus ergibt, daß die Landesregierungen alle diejenigen reichsrechtlichen Bestimmungen unangetastet lassen müssen, deren Durchbrechung oder Suspension das in der Hand des Reichspräsidenten liegende Recht der Reichsexekution gemäß Art. 48 Abs. 1 schmälern oder vereiteln würde. ... Dieses Instrument darf die Landesregierung dem Reichspräsidenten nicht entwinden. ... Nur innerhalb der Grenzen dieser Bestimmung sind die Landesregierungen zur Verwendung der Wehrmacht berechtigt."

3 Carl Bilfinger (1879–1958) folgte nach kurzer Tätigkeit in Bonn (1923–24) einem Ruf nach Halle/S., 1935 kam er nach Heidelberg als Ordinarius für Staats-, Verwaltungs- und Völkerrecht. 1943 übernahm er die Nachfolge von Viktor Bruns (1884–1943) als Direktor des Kaiser-Wilhelm-Instituts für ausländisches öffentliches Recht und Völkerrecht und bekleidete zugleich ein Ordinariat an der Berliner Universität. Nach 1949 leitete er das Institut nun als „Max-Planck-Institut für ausländisches öffentliches Recht und Völkerrecht" in Heidelberg.

Vgl. Paul Feuchte, in: Baden-Württembergische Biographien 1, Stuttgart 1994, S. 25–28; Bernhard vom Brocke, Die Kaiser-Wilhelm-Gesellschaft in der Weimarer Republik. Ausbau zu einer gesamtdeutschen Forschungsorganisation (1918–1933), in: Rudolf Vierhaus/Bernhard vom Brocke (Hgg.), Forschung im Spannungsfeld von Politik und Gesellschaft, Geschichte und Struktur der Kaiser-Wilhelm-/Max-Planck-Gesellschaft, Stuttgart 1990, S. 300–304.

Nr. 5 Forsthoff an Schmitt, 9. 3. 1930

1 Richard Thoma (1874–1957), Professor in Hamburg, Tübingen, Heidelberg, lehrte seit 1928 als Nachfolger von Schmitt in Bonn; vgl. Hans-Dieter Rath, Positivismus und Demokratie. Richard Thoma 1847–1957, Berlin 1981; dazu die Anmerkungen von Ernst Friesenhahn in: ZNR 6, 1984, S. 77. Zu Forsthoffs Habilitation s. Einleitung, S. 5.

Die Diskussion um „Begrifflichkeit" im Öffentlichen Recht führten Richard Thoma und Erich Kaufmann bereits auf der Staatsrechtslehrertagung 1927 in München; dazu Stolleis, Geschichte 3, S. 193.

2 Friedrich Heyer (1878–1973), seit 1928 Ordinarius für Kirchen-, Staats- und Verwaltungsrecht in Bonn; Stolleis, Geschichte 3, S. 261 Anm. 90.

3 Fritz Freiherr Marschall von Bieberstein (1883–1939), Schüler von Anschütz, kam 1920 als Ordinarius für Öffentliches Recht nach Freiburg. Er legte der Fakultät am 23. April 1930 das Votum über Forsthoffs Habilitationsschrift „Die öffentliche Körperschaft im Bundesstaat" vor.

Nr. 6 Forsthoff an Schmitt, 21. 12. 1930

1 Forsthoff veröffentlichte seinen Aufsatz „Die unmittelbare Reichsaufsicht" 1930 im AöR.

2 1932 erschien bei Junker & Dünnhaupt, Berlin das Heft „Die Krise der Gemeindeverwaltung im heutigen Staat".

3 Forsthoff, Die öffentliche Körperschaft im Bundesstaat, 1931.

4 Gemeinsam mit Tula Simons veröffentlichte Forsthoff 1931 „Die Zwangsvollstreckung gegen Rechtssubjekte des öffentlichen Rechts". Die Schrift gilt nach wie vor als Standardwerk und hat ihre grundlegende Bedeutung für das Zwangsvollstreckungs- und Insolvenzrecht behalten.

Tula Simons-Huber (1905–2000) war im Sommer 1931 Carl Schmitts Assistentin in Berlin.

5 Forsthoffs Aufsatz erschien 1931 unter dem Titel „Staatsrechtswissenschaft und Weltkrieg". Schmitt veröffentlichte den „Begriff des Politischen" 1927 als Aufsatz im Archiv für Sozialwissenschaft und Sozialpolitik, 1928 als selbständige Schrift.

6 Unter dem Pseudonym Georg Holthausen nahm Forsthoff den von Ernst Jünger in „Krieg und Krieger" gebrauchten Begriff der „Totalen Mobilmachung" auf und kam zu dem Schluß, die moderne Kriegsliteratur schildere den Krieg nicht mehr nur als militärisches, sondern auch als politisches Erlebnis; Der Ring, Konservative Monatsschrift, Ausgabe vom 4. Januar 1931, S. 4/5.

> Forsthoff/Holthausen führte unter der Überschrift „Entpolitisierung oder totale Mobilmachung" den Gedanken weiter: „In allen vom Liberalismus entpolitisierten Bereichen tritt das Politische mit erstaunlicher Intensität in die Erscheinung. Die Folge ist eine nicht ernst genug zu nehmende Gefährdung des Staates als politischer Einheit. ... Die Auflockerung des Staates ist offenbar. Das mag zum Teil seinen Grund darin haben, ... daß das Staatsbewußtsein an Intensität verloren hat"; Der Ring, Ausgabe vom 21. Februar 1931, S. 133.

Zum Verhältnis von Ernst Jünger (1895–1998) und Carl Schmitt vgl. ihren von Helmuth Kiesel herausgegebenen Briefwechsel.

7 In Bonn lehrten Richard Thoma und Johannes Heckel Öffentliches Recht, Heckel und Heyer lasen Kirchenrecht; Stolleis, Geschichte 3, S. 261.

8 Zu Heinrich Forsthoff (1. Februar 1871–17. Juni 1942) vgl. Einleitung, S. 4.

Nr. 7 Forsthoff an Schmitt, 4. 2. 1931

1 Forsthoff/Simons, Zwangsvollstreckung.

2 Der Schriftsteller Franz Schauwecker (1890–1964) publizierte unter anderem in der von Ernst Jünger herausgegebenen „Grauen Reihe" (Stahlhelm Verlag). 1929 erschien sein Buch „Aufbruch der Nation", Neuauflage 1930.

3 Lorenz von Stein (1815–1890), Jurist und Sozialwissenschaftler, 1845 Professor in Kiel. 1852 von der dänischen Regierung wegen seiner politischer Tätigkeit entlassen, erhielt er 1855 in Wien eine Professur für politische Ökonomie; dazu auch Forsthoffs Einleitung zu dem von ihm 1972 herausgegebenen Band: Lorenz von Stein; Stolleis,

Geschichte 2, S. 388–393 und Kommentar zu Forsthoffs Brief an Schmitt, 9./26. April 1965 (Nr. 188).

4 Forsthoff, Kommunale Selbstverwaltung, 1932.
Forsthoff verwies auf die Beobachtungen, die Lorenz von Stein in England machte, wo „den kommunalen Selbstverwaltungskörpern" nur diejenigen Aufgaben zugewiesen seien, „die ohne Regierung ... erledigt werden können, also nur die reinen Verwaltungsangelegenheiten". So habe Stein den qualitativen Unterschied von Staatsverwaltung und Selbstverwaltung im gewaltenteilenden, gesetzmäßigen Verfassungsstaat hervorgehoben (S. 253). In der deutschen Nachkriegszeit seien die kommunalen Aufgaben angewachsen und neue Aufgaben hinzugekommen. „Das wäre an sich kaum prinzipiell bemerkenswert, wenn nicht gleichzeitig durch die Erschütterung aller gesellschaftlichen Beziehungen und die Entfaltung sozialer Bestrebungen in großem Ausmaß eine bisher in diesem Grade noch nicht erlebte Politisierung der Verwaltungsaufgaben eingetreten wäre" (S. 256). Die Kommunen müßten von allen Angelegenheiten befreit werden, „die nicht ausschließlich der Verwaltung, sondern der Regierung in dem von Stein entwickelten und neuerdings ... von Smend wieder aufgenommenen Sinne unterfallen. Nur auf diesem Wege ist eine Rückkehr zur echten Selbstverwaltung möglich. ... Die Grenze zwischen Staatsaufgaben und Kommunalaufgaben (bedarf) dringend der Korrektur" (S. 266/267).

5 Schmitt, Reichs- und Verfassungsreform, 1931.

6 Schmitt hatte vor Verwaltungsbeamten 1931 einen Vortrag „Die staatsrechtliche Bedeutung der Notverordnung, insbesondere ihre Rechtsgültigkeit" gehalten. Der Vortrag wurde wiederabgedruckt und von Schmitt kommentiert im Sammelband: Verfassungsrechtliche Aufsätze, 1958, S. 235–262. Schmitt wies darin auf seinen 1932 geschriebenen weiterführenden Aufsatz „Grundsätzliches zur heutigen Notverordnungspraxis" hin, in dem er den Unterschied zwischen dem „Verwaltungsstaat", für den Maßnahmen kennzeichnend seien, und dem „Gesetzgebungs- und Jurisdiktionsstaat" noch deutlicher hervorgehoben habe.

Nr. 8 Forsthoff an Schmitt, 30. 11. 1931

1 Schmitt, Der Begriff des Politischen, 1928.

2 Esser nicht ermittelt.

3 Ritter gab den Entwurf aus Bismarcks Nachlaß wieder; abweichend von Forsthoffs Zitat heißt es in der gedruckten Fassung: „ ‚c'est la légitimité qui nous tue' würde ich nicht sich bewahrheiten lassen ohne den Entschluß, die Legitimität zu durchbrechen. Mißlingt die Ausführung, so ist die Entscheidung durch Kampf immer noch anständiger und weniger unheilbar als die Versumpfung"; Bismarck, Erinnerung und Gedanke. Kritische Neuausgabe hg. von Gerhard Ritter/Rudolf Stadelmann, Gesammelte Werke Bd. 15, Berlin 1932, S. 449 Anm. 5.
Schmitt hatte in der Deutschen Allgemeinen Zeitung, Ausgabe 10. Juli 1929, selbst einen Artikel „Staatsstreichpläne Bismarcks und Verfassungslehre" veröffentlicht; Anstoß gab die Neuerscheinung von Egmont Zechlin, Staatsstreichpläne Bismarcks und Wilhelms II. 1890 und 1894, Stuttgart, Berlin 1929.

Gerhard Ritter (1888–1967) lehrte seit 1925 an der Universität Freiburg neuere Geschichte; zu seiner Biographie vgl. z. B. Christoph Cornelißen in: NDB 21, 2003, S. 658–660.

4 Friedrich Vorwerk (1893–1969), seit 1928 Schriftleiter der Zeitschrift „Der Ring", übernahm 1933 die Berliner Redaktion der Zeitschrift „Deutsches Volkstum. Halbmonatsschrift für das deutsche Geistesleben", erschienen in der Hanseatischen Verlagsanstalt, Hamburg.

In beiden Zeitschriften publizierte Forsthoff, oft unter einem Pseudonym, ebenso E. R. Huber (Pseudonyme: Friedrich Landeck, Ludwig Veek). 1938 gründete Vorwerk in Berlin einen eigenen Verlag, den er nach dem Krieg wieder als selbständiges Unternehmen in Stuttgart aufbaute. Siegfried Lokatis, Hanseatische Verlagsanstalt. Politisches Buchmarketing im „Dritten Reich", Frankfurt a. M. 1992, S. 33 f.; Piet Tommissen, Briefe an Carl Schmitt, in: Schmittiana 3, 1991, S. 159–162; Mohler, Konservative Revolution, S. 133–135, 344.

5 Friedrich Poetzsch-Heffter (1881–1935) war bis dahin Geheimer Legationsrat bei der Sächsischen Gesandtschaft in Berlin, seit 1932 Ordinarius für Öffentliches Recht in Kiel und gründete dort das „Institut für Staatsforschung"; Wer ist's, Ausgabe 1935.

Nr. 9 Forsthoff an Schmitt, 23. 1. 1932

1 Bilfingers Brief ist in Forsthoffs Nachlaß nicht überliefert.

2 Albrecht Erich Günther (1893–1942), Mitherausgeber der Zeitschrift „Deutsches Volkstum"; Mohler, Konservative Revolution, S. 133–135, 330–331; Koenen, Schmitt, S. 165.

3 Gezeichnet von „Dr. H." erschien am 1. Dezember 1931 in der „Täglichen Rundschau über Reich, Staat und Volk, unabhängige Zeitung für sachliche Politik. Für christliche Kultur und deutsches Volkstum" eine Sammelrezension unter dem Titel: „Wissenschaftlicher Bücherbrief".

4 Schmitts Abhandlung „Legalität und Legitimität" erschien im Sommer 1932 mit dem Vermerk: „Diese Abhandlung lag am 10. Juli 1932 abgeschlossen vor". Die über die Drucklegung mit dem Verlag Duncker & Humblot geführte Korrespondenz veröffentlichte Florian Simon, Legalität, Legitimität und das Politische – Ein Briefwechsel, in: Manuel Atienza et al. (Hgg.), Theorie des Rechts und der Gesellschaft. Festschrift für Werner Krawietz zum 70. Geburtstag, Berlin 2003, S. 83–98. Der sog. „Preußenschlag" erfolgte am 20. Juli 1932.

5 Otto Koellreutter (1882–1972) war seit 1921 Ordinarius für Öffentliches Recht in Jena. 1931 veröffentlichte er: Zur Krise des liberalistischen Staatsdenkens. Zugleich ein Epilog zur Weimarer Tagung ‚verfassungstreuer' Hochschullehrer und zur 8. Tagung der Vereinigung Deutscher Staatsrechtslehrer in Halle, in: Zeitschrift für Politik 21, 1931, S. 472–478. Mit „Weimarer Tagung" war die Tagung der Hochschullehrer in Weimar 26./27. Oktober 1931 gemeint, die sich in der Einladung ausdrücklich als „verfassungstreue Hochschullehrer" bezeichneten.

Koellreutter verwies auf ein Gutachten von Gerhard Anschütz, das dieser unter dem Titel „Die politische Betätigung der Beamten" für das badische Unterrichtsministerium angefertigt hatte und darin die Bestrafung eines für die NSDAP tätigen Lehrers rechtfertigte. Anschütz' Vorwurf, der revolutionäre Aktivismus werde verschleiert, griff Koellreuter auf und entgegnete, er hoffe, daß Anschütz nicht plötzlich genötigt sei, „den von ihm behaupteten, wenn auch in keiner Weise bewiesenen und nur auf Denkschriften des Reichsinnenministeriums gestützten ‚revolutionären' Charakter der NSDAP plötzlich zu ‚verschleiern'". Es scheine ihm zweifelhaft, „ob Vertreter eines Staatsdenkens, das im heutigen ‚Parteienstaate' bisher das offiziöse war und das die parteipolitische Zersetzung des Beamtentums nicht zu verhindern vermochte, berufen sind, über Sinn, Geist und Formung des deutschen Beamtentums wesentliches auszusagen", Zitat bei Koellreutter, a. a. O., S. 476.

Jörg Schmidt, Otto Koellreutter 1883–1972. Sein Leben, sein Werk, seine Zeit, Frankfurt a. M. 1995. Zur Spannung zwischen Schmitt und Koellreutter: Bernd Rüthers, Carl Schmitt im Dritten Reich. Wissenschaft als Zeitgeistverstärkung?, München 2. Aufl. 1990; Laak, Gespräche, S. 94/95; Quaritsch, Positionen und Begriffe, S. 106.

Nr. 10 Forsthoff an Schmitt, 8. 4. 1932

1 Schmitt, Grundsätzliches zur heutigen Notverordnungspraxis, 1932.

2 Schmitt, „Was ist Legal?", Rundfunkvortrag für die Deutsche Welle, 24. 2. 1932.

3 Im ersten Wahlgang zur Reichspräsidentenwahl am 13.3.1932 verfehlte Paul von Hindenburg (1847–1934) nur knapp seine Wiederwahl, am 10.4.1932 wurde er mit 53 % der abgegebenen Stimmen (gegenüber 37 % für Hitler) gewählt.

4 Schmitt verwies 1928 in seiner Verfassungslehre darauf (S. 287), daß Benjamin Constant (1767–1830) als Theoretiker des Juli-Königtums in Frankreich die Formel vom „pouvoir neutre" geprägt habe, mit der sich auch die Stellung eines republikanischen Staatspräsidenten umschreiben lasse. Zu Constant: Dictionnaire de Biographie Française 9, Paris 1961, Sp. 505–511.

5 François Guizot (1787–1874), französischer Politiker und Historiker, stieg unter dem Bürgerkönig Louis Philippe als führender Vertreter des „Juste-milieu" vom Innen- (1830) und Erziehungs- (1832–1837), zum Außenminister (1840–1848) und zum Ministerpräsidenten (1847/48) auf; zu Guizot: Dictionnaire de Biographie Française 17, Paris 1989, Sp. 350–356.

Schmitt zitierte aus Guizots Vorlesungen (Histoire des origines du gouvernement représentatif en Europe): «C'est de plus le caractère du système qui n'admet nulle part la légitimité du pouvoir absolu d'obliger tous les citoyens à chercher sans cesse … la vérité, la raison, la justice, qui doivent régler pouvoir de fait. C'est ce que fait le système représentatif : 1. par la discussion …, 2. par la publicité …, 3. par la liberté de la presse …», Geistesgeschichtliche Lage des Parlamentarismus (1926), S. 43/44 Anm. 3.

6 Zwölf Tage vor der angesetzten Landtagswahl änderten die Abgeordneten des Preußischen Landtags in einer Sondersitzung (12. April 1932) mit der Mehrheit von einer Stimme die Geschäftsordnung des Landtags. Danach bedurfte ein Ministerpräsident zu seiner Wahl nicht mehr nur im ersten, sondern in allen Wahlgängen einer absoluten Mehrheit; Huber, Verfassungsgeschichte 7, 1984, S. 952–953.

Die Landtagswahl zum 4. Preußischen Landtag am 24. April 1932 brachte der NSDAP 162 Sitze, die SPD erhielt 94, Zentrum 67, KPD 57, DNVP 31, Sonstige 8 Sitze.

7 Kurt Wolzendorff, Staatsrecht und Naturrecht in der Lehre vom Widerstandsrecht des Volkes gegen rechtswidrige Ausübung der Staatsgewalt, Breslau 1916.

8 Forsthoff (Friedrich Grüter) berichtete 1932 in der Zeitschrift „Deutsches Volkstum" über Schmitts „Hüter der Verfassung" (1931) unter dem Titel „Der Rechtsstaat in der Krise", S. 265:

> Die durch Schmitt wiederbelebte Unterscheidung von auctoritas und potestas sei eine Leistung von kaum zu überblickender Tragweite. Es sei um die deutsche Republik als Staat geschehen, wenn die Person des Reichspräsidenten endgültig zum Objekt der Partei- oder Koalitionspolitik werde. Die Rolle eines „Hüters der Verfassung" falle nach der WRV dem Reichspräsidenten zu. Doch „die neutrale, regulierende, vermittelnde und wahrende Funktion hat ein homogenes Verfassungsleben zur Voraussetzung; denn sie soll ihrem Wesen nach nur dort eingreifen, wo diese Homogenität gestört ist. ... Heute gibt es kein homogenes Verfassungsleben mehr und damit ist auch Schmitts Interpretation der Verfassung durch die neueste Entwicklung überholt. In dem Amt des Reichspräsidenten vereinigen sich heute alle wesentlichen staatlichen Funktionen mit Ausnahme der Justiz. Der Reichspräsident verkörpert den Staat schlechthin. Mit Recht ist der Kampf um die Präsidentenwahl ... in diesem Sinne geführt worden".

9 Veröffentlicht unter dem Pseudonym Georg Holthausen, Presse, Rundfunk, Staat, in: Deutsches Volkstum 1932.

> Forsthoff legte dar (S. 347–353): Pressefreiheit bedeute Freiheit des Presseapparates. Da der Staat über einen solchen nicht verfüge, stehe ihm lediglich der Rundfunk als Propagandamittel zur Verfügung. Bei den Reichspräsidentenwahlen sei der Rundfunk zum politischen Instrument des Staates geworden. Die dort gehaltenen Reden richteten sich nicht an einen bestimmten Personenkreis, sondern an das ganze Volk, früheren Thronreden vergleichbar.

Vgl. Quaritsch, Positionen und Begriffe, 1991, S. 41–43.

10 Franz W. Jerusalem, Die Staatsgerichtsbarkeit, Tübingen 1930, Forsthoffs Rezension in: AöR 23, 1933, S. 364–369. Forsthoff vermißte in dem Buch eine „fruchtbare Auseinandersetzung" unter anderem mit Ernst Friesenhahns „verheißungsvollem Beitrag" zum Abschnitt „Die Staatsgerichtsbarkeit" im Handbuch des Deutschen Staatsrechts.

Ernst Friesenhahn (1901–1984) übernahm nach seiner Promotion (1928) bei Carl Schmitt 1930 einen Lehrauftrag an der Berliner Handels-Hochschule. 1932 wechselte er nach Bonn, habilitierte sich bei Thoma. Neben seiner Anwaltspraxis nahm er nach 1938 ein Extraordinariat an der Bonner Fakultät wahr. 1946 erhielt er in Bonn ein Ordinariat für Öffentliches Recht, 1951–1963 gehörte er dem Bundesverfassungsgericht an; vgl. statt vieler: Rolf Knütel/Jürgen Salzwedel (Hgg.), In memoriam Ernst Friesenhahn, Bonn 1985.

11 Götz Heinz Schlicht war 1932 als Gerichtsreferendar in Berlin gemeldet; Berliner Adreßbuch, 1932, 2. Der Berliner Verlag Georg Stilke veröffentlichte u. a. die Reihen: Stilkesche Rechtsbibliothek, Preußische Jahrbücher, Die Gegenwart, Die Zukunft.

Nr. 11 Forsthoff an Schmitt, 7. 5. 1932

1 In Forsthoffs Nachlaß liegt das Manuskript eines Aufsatzes von Otto Kirchheimer „Legalität und Legitimität", das Schmitt am 14. April 1932 zugesandt hatte. Es erschien:

Otto Kirchheimer/N. Leites, Bemerkungen zu Carl Schmitts ‚Legalität und Legitimität', in: Archiv für Sozialwissenschaft und Sozialpolitik 68, 1932, S. 457–487.
Otto Kirchheimer (1905–1965) promovierte 1928 bei Schmitt, war als Anwalt tätig; nach seiner Emigration lebte er zunächst in Paris und wanderte 1937 in die USA aus. Er gehörte dem Beraterstab des State Departements an, lehrte zuletzt an der Columbia University New York. 1949 besuchte er Carl Schmitt; Tommissen, Glossen, in: Schmittiana 2, 1990, S. 127; Biogr. Hdb. Emigr. 2/1, S. 620/621; vgl. den Nachruf von Horst Ehmke, in: AöR 91, 1966, S. 117–119; s. auch Riccardo Bavaj, Otto Kirchheimers Parlamentarismuskritik. Ein Fall von „Linksschmittianismus"?, Vierteljahreshefte für Zeitgeschichte 1, 2007, S. 33–51.

2 Vielleicht bezogen auf die Abhandlungen: Günther Holstein, Von Aufgaben und Zielen heutiger Staatsrechtswissenschaft, in: AöR 50, 1926, S. 1–40; Triepel, Wesen und Entwicklung der Staatsgerichtsbarkeit (Referat auf der Wiener Tagung der Staatsrechtslehrer 1928) und Leibholz, Die Gleichheit vor dem Gesetz. Eine Studie auf rechtsvergleichender und rechtsphilosophischer Grundlage, Berlin 1925.
Günther Holstein (1892–1931) lehrte seit 1923 in Greifswald öffentliches Recht und Kirchenrecht; vgl. den Nachruf von Rudolf Smend, in: AöR 59, 1931, S. 1–6; Otto von Campenhausen, Günther Holstein. Staatsrechtslehrer und Kirchenrechtler in der Weimarer Republik, Pfaffenweiler 1997.
Rudolf Smend (1882–1975), nach Theologie-, Philosophie-, Geschichts- und Jura-Studium Professor u. a. in Greifswald, Bonn, seit 1922 Berlin, 1935 nach Göttingen versetzt; vgl. statt vieler: Gerhard Leibholz, In memoriam Rudolf Smend, Göttinger Universitätsreden 60, Göttingen 1976; Piet Tommissen, Briefe an Carl Schmitt, in: Schmittiana 3, 1991, S. 140–142.
Gerhard Leibholz (1901–1982), nach der Promotion zum Dr. phil. legte er 1925 seine juristische Dissertation vor: Die Gleichheit vor dem Gesetz. Leibholz habilitierte sich und wurde 1931 nach Göttingen berufen. 1935 verlor er dort die Lehrbefugnis und emigrierte nach England. 1947 kehrte er nach Göttingen zurück, 1951–1971 war er Richter am Bundesverfassungsgericht. Vgl. ausführlich Manfred H. Wiegandt, Norm und Wirklichkeit. Gerhard Leibholz (1901–1982) – Leben, Werk und Richteramt, Baden-Baden 1995.
Zur Diskussion um die „Wendung (der Staatsrechtswissenschaft) zur geisteswissenschaftlichen Methode" vgl. Stolleis, Geschichte 3, S. 93–95.

3 Art. 109 Abs. 1 WRV lautete: Alle Deutschen sind vor dem Gesetz gleich. Zur Diskussion des Geichheitssatzes auf der Tagung der Staatsrechtslehrer 1926 vgl. die Darstellung bei Stolleis, Geschichte 3, S. 189–192.

4 Helmut Bindewald, Der Gleichheitsgedanke im Rechtsstaate der Gegenwart (Diss. Greifswald), Greifswald 1931.

5 Friedrich Meß, Gemeinden-Dämmerung. Ein Beitrag zur Frage der Reichsreform, in: Zeitschrift für Rechtsphilosophie in Lehre und Praxis 5, 1930/1931, S. 217–273; der Meiner Verlag, Leipzig gab den Aufsatz 1932 als Einzelheft heraus.

Nr. 12 Forsthoff an Schmitt, 27. 6. 1932

1 Auf die Burg Lobeda (bei Jena) hatte im Juni 1932 der Deutschnationale Handlungsgehilfen-Verband eingeladen, um „Grundsätze für die Prüfung der Weimarer Verfassung" zu erörtern; Koenen, Schmitt, S. 164–170. Über die Tagung in Lobeda, die im Juli 1932, kurz vor dem sog. Preußenschlag stattfand, berichtete E. R. Huber, Reichskrise, S. 37.

2 Karl Schilling, Der Versailler Vertrag und die Abrüstung. Deutschlands militärische Gleichberechtigung, in: Völkerrechtsfragen 38, Berlin/Bonn 1933, 94 Seiten.

Nr. 13 Forsthoff an Schmitt, 2. 7. 1932

1 Thomas Würtenberger, Das System der Rechtsgüterordnung in der deutschen Strafgesetzgebung seit 1532, in: Strafrechtliche Abhandlungen 326, Breslau 1933, Freiburger Preisschrift des Jahres 1932.

Würtenberger (1907–1989) habilitierte sich und lehrte seit 1940 in Erlangen, 1955 kehrte er als Ordinarius und Direktor des MPI für ausländisches und internationales Strafrecht nach Freiburg zurück.

2 Max Wenzel (1882–1967) gab die Reihe „Völkerrechtsfragen" heraus, in der Karl Schillings Buch erschien (s. Anm. 2 zu Forsthoffs Brief an Schmitt vom 27. Juni 1932, Nr. 12).

Nr. 14 Forsthoff an Schmitt, 17. 6. 1933

1 Zur Lage an der Frankfurter Fakultät im Sommersemester 1933 vgl. Einleitung, S. 7/8.

2 Forsthoff, Der Totale Staat, 1. Aufl. 1933, 2. Aufl. 1934.

Dazu Hans H. Klein, „Der totale Staat". Betrachtungen zu Ernst Forsthoffs gleichnamiger Schrift von 1933, in: Willi Blümel (Hg.), Ernst Forsthoff, Kolloquium aus Anlaß des 100. Geburtstags von Prof. Dr. Dr. h.c. Ernst Forsthoff, Berlin 2003, S. 21–39; Kersten, Entwicklung des Konzepts der Daseinsvorsorge; vgl. auch die Einleitung, S. 5/6.

Nr. 15 Forsthoff an Schmitt, 13. 10. 1933

1 Schmitt war an seinem 45. Geburtstag, dem 11. Juli 1933, vom Ministerpräsidenten Hermann Göring zum Preußischen Staatsrat ernannt worden; Lilla, Staatsrat, S. 236 f.; Blasius, Carl Schmitt.

2 Vortrag in Elberfeld unklar.

Nr. 16 Schmitt an Forsthoff, 8. 10. 1934

1 Forsthoff verlobte sich mit Ursula Seefeldt.

Nr. 17 Schmitt an Forsthoff, 14. 5. 1936

1 Susanne Forsthoff wurde am 5. Mai 1936 in Königsberg geboren.

Nr. 18 Schmitt an Forsthoff, 20. 6. 1942

1 Heinrich Forsthoff starb am 17. Juni 1942 in Düsseldorf, Ernst Forsthoff war zu der Zeit noch in Wien.

2 Heinrich Forsthoff, Das Ende der humanistischen Illusion. Eine Untersuchung über die Voraussetzungen von Philosophie und Theologie, Berlin 1933.

3 2. Thessalonicher 2, 3–7 (Luther-Übersetzung):

> (3) Lasset euch niemand verführen in keinerlei Weise; denn er kommt nicht, es sei denn, daß zuvor der Abfall komme und offenbart werde der Mensch der Sünde, das Kind des Verderbens, (4) der da ist der Widersacher und sich überhebt über alles, was Gott oder Gottesdienst heißt, also daß er sich setzt in den Tempel Gottes als ein Gott und gibt sich aus, er sei Gott. (5) Gedenket ihr nicht daran, daß ich euch solches sagte, da ich noch bei euch war? (6) Und was es noch aufhält, wisset ihr, daß er offenbart werde zu seiner Zeit. (7) Denn es regt sich bereits das Geheimnis der Bosheit, nur daß, der es jetzt aufhält, muß hinweggetan werden.

Schmitt diskutierte darüber mit vielen Gesprächs- und Briefpartnern; vgl. z.B. den Brief von Theodor Maunz (1901–1993) vom 27. Dezember 1948, in: Schmittiana 4, 1994, S. 268/269. Aus der zahlreichen Literatur z.B. Günter Meuter, Der Katechon. Zu Carl Schmitts fundamentalistischer Kritik der Zeit, Berlin 1994, S. 255 f., 266; Wolfgang Schuller, Dennoch die Schwerter halten. Der *κατέχων* Carl Schmitts, in: Geschichte – Tradition – Reflexion. Festschrift für Martin Hengel zum 70. Geburtstag, Bd. 2: Hubert Cancik (Hg.), Griechische und römische Religion, Tübingen 1996, S. 389–408; Bernd A. Laska, „Katechon" und „Anarch": Carl Schmitts und Ernst Jüngers Reaktionen auf Max Stirner, Nürnberg 1997.

4 Friedrich Horn (1875–1957) folgte 1906 Heinrich Forsthoff als Gemeindepfarrer in Laar/Duisburg, 1936–1948 Präses der Evangelischen Kirche im Rheinland. 1934 gründete er die „Rheinische Arbeitsgemeinschaft, Ordnungsblock", um im Streit zwischen Bekennender Kirche und Deutschen Christen zu vermitteln. 1938 Vorsitzender des Provinzialrats; vgl. Norden, Kirchenkampf, S. 42–49, mit weiteren Verweisen; Piet Tommissen, Briefe an Carl Schmitt, in: Schmittiana 4, 1994, S. 261–265.

Nr. 19 Forsthoff an Schmitt, 6. 7. 1948

1 Nach seiner Entlassung aus dem Nürnberger Justizgefängnis 1947 kehrte Schmitt nach Plettenberg zurück. Seine Bibliothek hatte die amerikanische Besatzungsarmee im Oktober 1945 beschlagnahmt und mit den Besitzstempeln: „Legal Division U.S. Croup CC (Germany) Library" und „Prof. Carl Schmitt-Library" versehen. 1952 wurde sie zurückgegeben und teilweise von dem Antiquariat Rolf Kerst Frankfurt a. M. verkauft; der Katalog vom 18. 12. 1954 liegt im Nachlaß Schmitt (HSAD RW 265-21871).

2 Theodor Steltzer wurde 1945 zum Chef der vorläufigen Regierung Schleswig-Holstein ernannt. Nach den ersten Landtagswahlen 1947 trat er zurück; Theodor Steltzer, Sechzig Jahre Zeitgenosse, München 1966; vgl. Einleitung, S. 20.

3 Hans von Eckardt (1890–1957, verheiratet mit Marianne Jaffé, der Adoptivtochter von Alfred Weber), hatte seit 1926 an der Universität Heidelberg eine „staatswissenschaftlich-historische a. o. Professur für Publizistik" (Stiftungsprofessur) inne. Im April 1933 wurde er „mit sofortiger Wirkung" aus politischen Gründen entlassen. 1945 galt er in München als „Vertrauensmann der Militärregierung" in Bayern, 1946 kam er durch die Vermittlung von Alfred Weber zurück an die Heidelberger Philosophische Fakultät; Alfred Weber, Ausgewählter Briefwechsel, in: Alfred Weber-Gesamtausgabe, Hgg. Eberhard Demm/Hartmut Soell, Bd. 10, 2, Marburg 2003, S. 606–610; Mußgnug, Die vertriebenen Heidelberger Dozenten, S. 52–53, 219–221.

4 Theodor Steltzer gründete den Arbeitskreis „Mundus Christianus" auf Schloß Tremsbüttel in Schleswig-Holstein (als Nachfolger der „St. Michaelsstiftung"). Erste Überlegungen dazu legte er Forsthoff am 17. Oktober 1946 dar (Nachlaß Forsthoff). 1947 und 1948 wurden mehrere Tagungen durchgeführt. Zu einem Treffen Steltzers mit Carl Schmitt kam es nicht; vgl. Laak, Gespräche, S. 45; Steltzer, Sechzig Jahre Zeitgenosse, S. 197.

5 Hans Freyer (1887–1969) hatte bis 1948 eine Professur für Soziologie in Leipzig inne, seit Juli 1948 lebte er in Westdeutschland und arbeitete im Verlag Brockhaus, 1953–1963 lehrte er Soziologie an der Universität Münster, 1954–1955 in Ankara; DBE 3, 1996, S. 438; Elfriede Üner in: Lexikon des Konservativismus, Graz/Stuttgart 1996, S. 189–191.

Der Kanonist Hans Barion (1899–1973) kam zum WS 1931/32 als Dozent an die Staatliche Akademie Braunsberg (Ostpreußen), seit Sommersemester 1939 als Nachfolger seines Lehrers nach Bonn; 1945 aus dem Universitätsdienst entlassen blieb er in Bonn; vgl. Sebastian Schröcker, Der Fall Barion, in: Werner Böckenförde (Hg.), Hans Barion, Kirche und Kirchenrecht, Gesammelte Aufsätze, Paderborn u. a. 1984, S. 25–75; Thomas Marschler, in: Bautz, Kirchenlexikon, Bd. 22, 2003, Sp. 53–56.

Der Physiologe Johann Daniel Achelis (1898–1963) ging 1933 als Ministerialrat in das Reichs- und Preußische Ministerium für Wissenschaft, Erziehung und Volksbildung, 1934 übernahm er das Heidelberger Ordinariat für Physiologie, war 1942–1945 Dekan der Medizinischen Fakultät. 1945 wurde er entlassen, seit 1950 arbeitete Achelis in der Chemischen Industrie; Alexander Neumann, Physiologie, in: Eckart/Sellin/Wolgast, Universität Heidelberg, S. 673–678.

Der Orthopäde Sigmund Weil (1881–1961), in Breslau 1936 entlassen, leitete seit 1946 die Orthopädische Klinik in Heidelberg-Schlierbach.

6 Forsthoffs Neuübersetzung und Einleitung zu Montesquieu, Vom Geist der Gesetze erschien 1951 in Tübingen.

Das Lehrbuch des Verwaltungsrechts erschien erstmals 1950, die 10. Auflage 1973. 1945 hatte die amerikanische Besatzungsbehörde Heinrich Beck die Publikation weiterer Bücher in seinem Verlag untersagt. Deshalb wurde 1946 der „Biederstein-Verlag" gegründet. 1949 erhielt Beck die Druckerlaubnis wieder.

Zum Thema „Institution als Rechtsbegriff" liegen in Forsthoffs Nachlaß mehrere Entwürfe. Sie gehen zurück auf einen Vortrag, den Forsthoff während des Krieges in Leipzig gehalten hatte. Der Fassung von 1947 gab Forsthoff den Titel: „Die Institution als Rechtsbegriff. Ein Beitrag zur Begründung der institutionellen Rechtslehre". Im Vorwort schrieb er: „Eine erste, nicht veröffentlichte Fassung wurde Franz Beyerle zu seinem 60. Geburtstag am 30. Januar 1945 überreicht. Möge er auch die Schrift in der nun vorliegenden Form freundlich entgegennehmen".

7 Der Dekan der Kölner Fakultät Hermann Krawinkel teilte Forsthoff am 5.7.1948 mit:

„Das Ministerium hat, seitdem ihm Anfang März 1948 unsere Anträge auf die Wiederbesetzung unserer drei Lehrstühle ... zugegangen sind, trotz wiederholter Erinnerungen und persönlicher Vorsprache nur einen einzigen Ruf zur Wiederbesetzung des Bürgerlich-rechtlichen Lehrstuhls hinausgehen lassen. ... Das Ministerium beabsichtigt bisher nicht, Vorschläge an das Kabinett weiter zu reichen, die Kandidaten betreffen, die ehemalige Parteimitglieder sind. Diese Haltung war uns bisher unbekannt und ist in der letzten Fakultätssitzung besprochen worden. Welche Schritte die Fakultät nunmehr ergreift oder ergreifen kann, steht noch nicht fest". Krawinkel brachte die Enttäuschung der Fakultät über das „völlig unklare Verhalten des Ministers" zum Ausdruck; UA Köln, Zugang 42 Nr. 4019. Vgl. auch die Einleitung, S. 21.

Hermann Krawinkel (1895–1975), Ordinarius für Deutsche Rechtsgeschichte und Handelsrecht 1938 in Königsberg, kam 1943 nach Köln, seit 1952 lehrte er in Marburg; Hans Hattenhauer, in: ZRG germ. Abt. 94, 1977, S. 441–447.

Nr. 20 Forsthoff an Schmitt, 4. 11. 1948

1 Schmitts Brief an Forsthoff ist nicht überliefert.

2 Ellen Rhodius (geb. 1898), verheiratet mit Rudolf Rhodius (1899–1983), wiederholte am 11. November 1948 ihre Einladung gegenüber Forsthoff; Brief im Nachlaß Forsthoff. In Burgbrohl, bei Koblenz, ist der Sitz des Familienunternehmens Gebrüder Rhodius, das damals Mineralien und Lacke bearbeitete und vertrieb.

3 Forsthoff legte dar, daß die von Montesquieu beschriebene Gewaltenteilung nur unter bestimmten Voraussetzungen befriedigend funktionieren könne:

„Dann nämlich, wenn das Gesetz im Sinne einer generellen, auf Dauer berechneten Norm von dem Befehl und konkreten Einzelakt eindeutig geschieden ist. ... Geht der Staat dazu über ..., in das Sozialgefüge gestaltend einzugreifen ..., so verliert das Gesetz seine für den bürgerlichen Rechtsstaat spezifische Form und nimmt den Charakter des kollektiven Eingriffs an. ... Damit (ändert) sich das ganze Verhältnis von Gesetzgebung und Verwaltung grundlegend"; Forsthoff, Montesquieus Esprit des Lois. Zum Gedächtnis des Erscheinens im November 1748, 1948, S. 408.

4 Erfaßt ist der Pressedienst mit dem Titel: „Pressedienst für undoktrinäre Politik: UNDO, die deutsche Wirklichkeit in Artikeln, Glossen und Informationen." Der Pressedienst erschien 1948/49–1964 in Hamburg. Der exakte Titel des Pressedienstes wechselte: unter der Schriftleitung von Ulrich Majewski hieß der Titel 1947/1948: „UNION-PRESSEDIENST. Als Manuskript gedruckt", 1949 stand im Titel: „Die politische Information. Die deutsche Wirklichkeit. Wochenschrift für undoktrinäre Politik", als Lizenzträger war Majewski angegeben, „unter Mitwirkung von August Haussleiter und Ernst Forsthoff".

5 Schmitt schrieb seinen Aufsatz über Tocqueville im August 1946. Im Dezember 1947 erschien er ohne Namensnennung im Union-Pressedienst unter dem Titel: Geschichtsblick des Besiegten. 1950 übernahm ihn Schmitt in die Sammlung: Ex Captivitate Salus, S. 25–33.

Nr. 21 Schmitt an Forsthoff, 10. 11. 1948

1 Maurice Hauriou (1856–1929), Jurist an der Universität Toulouse. Sein Buch „Principes de droit public“ erschien in Paris 1. Aufl. 1910, 2. Aufl. 1916; Dictionnaire de Biographie Française 17, Paris 1989, S. 727; vgl. Roman Schnur, Einführung in: Maurice Hauriou, Die Theorie der Institution und zwei andere Aufsätze, Roman Schnur/Hans und Jutta Jecht (Hgg.), Berlin 1965, S. 11–25.

2 Forsthoff, Verfassungsgeschichte erschien 1940 in erster Auflage.

3 Aus einer Eintragung in Schmitts Taschenkalender, geht hervor, daß er sich wahrscheinlich am 18. Mai 1941 mit Forsthoff getroffen hatte (HSAD RW 265-19710).

4 Wilhelm Ahlmann (1895–1944), im Kriegsdienst verwundet und 1916 erblindet, legte Dissertationen 1918 in der Berliner juristischen und 1923 in der Kieler philosophischen Fakultät vor. 1933 arbeitete Ahlmann als Referent im preußischen Kultusministerium. Er stand mit Stauffenberg in Verbindung. Nach dem mißglückten Attentat vom 20. Juli beging er kurz vor seiner befürchteten Vernehmung im Dezember 1944 Selbstmord; DBE 1, 1995, S. 58.

Bei dem Treffen im Haus Rhodius wurde die Herausgabe einer Gedenkschrift für Ahlmann besprochen. Sie erschien unter dem Titel: Tymbos für Wilhelm Ahlmann. Ein Gedenkbuch herausgegeben von seinen Freunden, Berlin 1951; in der Einleitung Kurzbiographie zu Wilhelm Ahlmann. 21 Autoren beteiligen sich an diesem Band, u. a. Achelis, Barion, Freyer, Hermann Kasack, Plügge, Carl Schmitt, Schomerus, P. E. Schramm, Steinbömer, Peter Suhrkamp, Werner Weber; s. unten Forsthoffs Brief an Schmitt, 6. Januar 1950 (Nr. 32).

Nr. 22 Forsthoff an Schmitt, 14. 11. 1948

1 Herbert Plügge (1906–1972) 1944 a. o. Prof., Leiter der Medizinischen Klinik des Städtischen Krankenhauses Darmstadt, übernahm 1952 die Direktion der Medizinischen Poliklinik Heidelberg.

Nr. 23 Forsthoff an Schmitt, 30. 8. 1949

1 Richard Siebeck (1883–1965) war bereits 1931 Leiter der Ludolf-Krehl Klinik für Innere Medizin in Heidelberg gewesen. Nach seiner Tätigkeit 1934–1941 an der Charité Berlin, kehrte er 1941 nach Heidelberg zurück; Wolfgang U. Eckart (Hg.), Ärztelexikon. Von der Antike bis zum 20. Jahrhundert. München 1995, S. 333.

2 Walter Jellinek (1885–1955), Ordinarius für Öffentliches Recht an der Universität Heidelberg, 1935 aus dem Universitätsdienst entlassen, nahm 1945 zusammen mit Radbruch die Arbeit an der Juristischen Fakultät wieder auf. Der Schwerpunkt seiner wissenschaftlichen Arbeit lag im Verwaltungsrecht. Vgl. Klaus Kempter, Die Jellineks 1820–1955. Eine familienbiographische Studie zum deutschjüdischen Bildungsbürgertum, Düsseldorf 1998. Zur Beziehung zwischen Forsthoff und Walter Jellinek s. Einleitung, S. 19–22.

3 Die Vereinigung der deutschen Staatsrechtslehrer tagte nach 1931 erstmals wieder am 20./21. Oktober 1949 in Heidelberg, organisiert durch Walter Jellinek.
Zu Johannes Heckel (1889–1963), Hans Gerber (1889–1981), Theodor Maunz (1901–1993), Ernst Rudolf Huber (1903–1990) vgl. die Berichte von Horst Dreier und Walter Pauly über „Die deutsche Staatsrechtslehre in der Zeit des Nationalsozialismus", in: VVDStRL 60 (Tagung in Leipzig 2000), 2001, S. 9–101; Michael Stolleis, Die Vereinigung der deutschen Staatsrechtslehrer. Bemerkungen zu ihrer Geschichte, in: Kritische Vierteljahresschrift für Gesetzgebung und Rechtswissenschaft 80, 1997, S. 339–358; Stolleis, Geschichte 3, passim; Martin Jürgens, Staat und Reich bei Ernst Rudolf Huber, sein Leben und Werk bis 1945 aus rechtsgeschichtlicher Sicht, Frankfurt a. M./Berlin/Bern 2005.

4 Forsthoff schrieb am 11. Juli 1949 an Carl Hoeller, Biederstein Verlag, München (Nachlaß Forsthoff):

> „Zu den Literaturangaben möchte ich folgendes bemerken. Politische Rücksichten finden ihre Grenze objektiv an der wissenschaftlichen Wahrheitsforschung und subjektiv an dem Gebot der intellektuellen Ehrlichkeit. Habe ich eine Quelle benutzt, so muß ich sie nennen, sonst setze ich mich dem Vorwurf unredlicher geistiger Bereicherung aus. Diesen Standpunkt habe ich in der n. s. Zeit strikte vertreten und immer Juden zitiert, selbstverständlich ohne den verlangten diffamierenden Zusatz – übrigens ohne daß man deshalb das geringste gegen mich unternommen hätte. Ich muß daran auch heute festhalten. Ich kann deshalb Bücher nicht übergehen, die zwischen 1933 und 1945 erschienen sind und zur Geschichte des Fachs gehören. ... Der Leser eines systematischen Lehrwerks hat einen Anspruch darauf, zu erfahren, daß es diese Bücher gibt, die ihm übrigens in den juristischen Seminaren allenthalben unter die Hände kommen. Schließlich ist es auch nicht so, daß man zwischen brauchbaren und unbrauchbaren Büchern immer unterscheiden könnte. Es finden sich auch in Büchern nationalsozialistischer Autoren weiterführende Gedanken, die oft mit dem Nationalsozialismus nichts zu tun haben. Jede schwarz-weiß-Manier ist unwissenschaftlich. Es ist aber auch aus menschlichen Gründen unmöglich, Zitate mit politischen Zensuren zu versehen und unter den Autoren damit eine politische Wertskala zu bilden. Wie ich zu den einzelnen Werken stehe, etwa zu dem Grundriß von Maunz, kann jeder nicht mit Dummheit geschlagene Leser meinem Buch ohne weiteres entnehmen."
>
> Am 22. August 1949 äußerte sich Forsthoff nochmals: er schließe die historische Darstellung bewußt mit der Weimarer Verfassung ab. „Für eine wirkliche, zusammenfassende Würdigung ist der Zeitpunkt noch nicht gekommen"; über die spätere Zeit könne man noch nicht objektiv schreiben. So habe er 1940 seine Verfassungsgeschichte auch nicht auf die Weimarer Republik erstreckt.

Nr. 24 Schmitt an Forsthoff, 3. 9. 1949

1 Der Prior des Dominikanerklosters Walberberg, Eberhard Welty (1902–1965), bot 1949 Schmitt an, im Kloster zu arbeiten; Tommissen, Glossen, in: Schmittiana 2, 1990, S. 128/129; Laak, Gespräche, S. 38.

2 Anima Schmitt (1931–1983) folgte einer Einladung von Frau Margarete Oberheid (1896–1977).

3 Nach den 1944 eingebrachten Vorschlägen des amerikanischen Finanzministers Henry Morgenthau (1891–1967) sollte Deutschland entmilitarisiert und auf das Niveau eines Agrarlandes reduziert werden.

4 Hans Peters (1896–1966), 1928 a. o. Prof. in Berlin, gehörte zum Kreisauer Kreis. 1946 als Ordinarius an der Berliner Universität, seit 1931 auch Honorar-Professor an der Technischen Hochschule Berlin; nach 1949 lehrte er in Köln. 1949 erschien sein „Lehrbuch der Verwaltung"; vgl. Nachruf von Otto Bachof, in: AöR 91, 1966, S. 119–121.
5 Werner Weber (1904–1976) promovierte 1928 bei Schmitt, seit 1949 lehrte er in Göttingen; eine Kurzbiographie im Nachruf bei: Hans Schneider/Hans-Jürgen Beug, In Memoriam Werner Weber, Göttingen 1977.
6 exul in patria mea = verbannt in meinem Vaterland.

Nr. 25 Forsthoff an Schmitt, 7. 9. 1949

1 Gerhard Schiedermair (1906–1986), o. Prof. für Bürgerliches Recht, seit 1943 in Frankfurt/Main. Schiedermair und Forsthoff lernten sich 1940 während der gemeinsamen Königsberger Zeit kennen; Peter Gilles, Gerhard Schiedermair, in: Diestelkamp/Stolleis, Juristen, S. 292–305; Hammerstein, Universität Frankfurt, S. 501. Vgl. Einleitung, S. 22/23.
2 Wilhelm Class (1901–1973), Strafrechtler, seit 1936 Ordinarius in Frankfurt/Main; Hammerstein, Universität Frankfurt, passim.

Nr. 26 Forsthoff an Schmitt, 18. 9. 1949

1 Wilhelm Grewe (1911–2000) promovierte 1936 in Hamburg bei Forsthoff mit dem Thema „Gnade und Recht" und begleitete ihn als Assistent nach Königsberg. 1941 habilitierte er sich dort, 1943 erhielt er eine a. o. Professur an der Berliner Universität. 1943/1944 arbeitete er am „Jahrbuch" des „Deutschen Auslandswissenschaftlichen Instituts Berlin" in der Abt. „Rechtsgrundlagen der Außenpolitik" mit und schrieb dort z.B. zu Themen wie: „Die völkerrechtspolitische Entwicklung im Jahre 1943": „Das Jahr 1943 (mit Stalingrad und dem Zusammenbruch Italiens) konnte für die Mächte des Dreierpakts auch in völkerrechtspolitischer Hinsicht kein Jahr weitgespannter Programme und Zukunftsplanungen sein....", in: Jahrbuch der Weltpolitik 3, 1944, S. 104. Grewe lehrte nach dem Kriegsende in Göttingen und kam 1947 als o. Professor nach Freiburg. Über seine späteren Erfahrungen im Auswärtigen Amt berichtete er in: Rückblenden 1976–1951. Aufzeichnungen eines Augenzeugen deutscher Außenpolitik von Adenauer bis Schmidt, Frankfurt/Main, 1979; Jochen Abr. Frowein, Wilhelm G. Grewe, in: AöR 125, 2000, S. 299–301.
2 Erich Kaufmann (1880–1972) wurde 1920 Ordinarius in Bonn, seit 1927 Rechtsberater des Auswärtigen Amtes in Berlin. Er verlor 1934 seine Ämter und ging 1938 ins holländische Exil, seit 1946 lehrte er wieder in München. Als Emeritus wurde er nach 1950 vom Bundeskanzleramt wiederholt als Berater konsultiert; Hermann Mosler, Erich Kaufmann zum Gedächtnis in: Zeitschrift für ausländisches öffentliches Recht und Völkerrecht 32, 1972, S. 235–238; Hans Liermann, in: NDB 11, 1977, S. 349–350.
3 Hans Willibalt Apelt (1877–1965) wurde als sächsischer Innenminister 1933 entlassen, lehrte seit 1946 an der Universität München; vgl. Apelt, Jurist im Wandel der Staatsformen. Lebenserinnerungen, Tübingen 1965.

4 Hans Helfritz (1877–1958) lehrte zunächst an der Universität in Breslau, seit 1946 in Erlangen; Stolleis, Geschichte 3, S. 160–161; Nachruf von G. Wacke, in: AöR 83, 1958, S. 125–131.

5 Alfred Voigt (1913–1993) war seit 1951 ordentlicher Professor für Staats-, Verwaltungs- und Völkerrecht in Erlangen. Seine Habilitationsschrift wurde 1948 nur hektographiert, 1965 veröffentlichte er sie unter dem Titel: Über die Politica generalis des Johann Angelius von Werdenhagen (Amsterdam 1632), Erlangen 1965; vgl. Forsthoffs Brief an Schmitt, 9. Mai 1963 (Nr. 163).

6 Im Mitgliederverzeichnis des Tagungsbandes von 1949 wurde Forsthoff aufgeführt.

7 Forsthoffs Übersetzung erschien im Tübinger Verlag Laupp, gesetzt in Leipzig.
Viele westdeutsche Verlage nutzten die Erfahrung, das technische Wissen und die geringeren Satzkosten der alten ostdeutschen Verlage. Die traditionsreiche, seit 1829 bestehende und wegen ihrer Typenvielfalt berühmte Druckerei Haag-Drugulin in Leipzig wurde 1946 verstaatlicht; Lexikon des gesamten Buchwesens 3, Stuttgart 1991, S. 318.

8 Jacob Burckhardt, Weltgeschichtliche Betrachtungen, Abschnitt: Der Staat, in: Gesamtausgabe 7, Stuttgart 1929, S. 25 f: „Und nun zeigt es sich – man denke dabei an Louis XIV., an Napoleon und an die revolutionären Volksregierungen –, daß die Macht an sich böse ist (Schlosser), daß ohne Rücksicht auf irgend eine Religion das Recht des Egoismus, das man dem Einzelnen abspricht, dem Staate zugesprochen wird."

9 Forsthoff äußerte sich sehr selten zu Stauffenbergs Widerstandsplänen. In dem ihm 1948 von der Universität Köln vorgelegten Fragebogen erklärte er (zur Frage 100): Er sei 1942 auf Anregung von Prof. Adolf Reichwein (1898–1944) und Dr. Ahlmann über Widerstandspläne informiert worden und habe die Namen der Beteiligten Goerdeler und Beck gekannt. „Nachdem es fast eine Mode geworden ist, sich der Zugehörigkeit zu Widerstandskreisen zu berühmen, würde ich die Tatsache nicht erwähnen, wenn nicht ausdrücklich nach ihr gefragt wäre…"; UA Köln, Zugang 42, Nr. 4019. Ähnlich in einem Brief an den Heidelberger Dekan Radbruch v. 2. Juli 1945; UA Heidelberg, PA 3789.

10 Bismarck schrieb: „Meine geschichtlichen Sympathien blieben auf Seiten der Autorität, Harmodius und Aristogeiton sowohl wie Brutus waren für mein kindliches Rechtsgefühl Verbrecher und Tell ein Rebell und Mörder"; Otto von Bismarck, Gedanken und Erinnerungen 1, Stuttgart, Berlin 1898, S. 1.
Die beiden Freunde Aristogeiton und Harmodios wurden in Athen seit 477 v. Chr. als „Tyrannenmörder" geehrt, da nach ihrer Tat die Zeit der Demokratie begonnen habe; DNP 5, 1998, Sp. 159.
Theodor Mommsen (1817–1903) veröffentlichte seine „Römische Geschichte" 1854–1856; statt vieler: Alexander Demandt, NDB 18, 1997, S. 25–27.

11 Friedrich Julius Stahl (1802–1861), 1845 erschien seine Schrift: Das monarchische Prinzip; Wilhelm Füssl, Professor in der Politik: Friedrich Julius Stahl, 1802–1861. Das monarchische Prinzip und seine Umsetzung in der parlamentarischen Praxis, Göttingen 1988.

12 Ernst Jünger, Strahlungen, Tübingen 1949.

Die Sammlung „Strahlungen" bezeichnete Jünger als ein „Sextett von Tagebüchern", aus denen er vier vorlege. „Der Vorgang soll auch so verstanden werden, daß er vom Autor auf die Leser reflektiert", S. 10, 11. Neben dem ersten und zweiten Pariser Tagebuch sind darin auch die „Kaukasischen Aufzeichnungen" und die „Kirchhorster Blätter" ediert.

13 Günther Krauss (1911–1989) promovierte 1935 in Berlin bei Schmitt und war Referent in der wissenschaftlichen Abteilung des Bundes Nationalsozialistischer Deutscher Juristen. Nach 1945 war er als Anwalt tätig. Krauss, Erinnerungen, in: Schmittiana 1–3; Laak, Gespräche, S. 246–250; Tilitzki, Schmitt in Berlin, S. 82/83.

14 Cicero (106–43 v. Chr.), Cato Major de senectute liber ad T. Pomponium Atticum, geschrieben 44 v. Chr.

Nr. 27 Schmitt an Forsthoff, 19. 9. 1949

1 Rolf C. W. Stödter (1909–1993) habilitierte sich 1936 und übernahm 1937 die Geschäftsführung des Verbands deutscher Reeder, 1945 erreichte er die Wiederbegründung des Verbands in Hamburg. Seit 1943 war er in Hamburg apl. Professor für Staats-, Verwaltungs- und Völkerrecht.

2 Teisiphone/Tisiphone, eine der Erinnyen, die Rächerin des Mordes, haust am Eingang der Unterwelt. Sie galt als besonders abstoßend und häßlich; DNP 12/1, 2002, Sp. 84.

3 Heinrich Josef Oberheid (1895–1977) strebte eine einheitlich ausgerichtete lutherische, deutsche, nationale Reichskirche an. Er wurde 1933 zum „Bischof des Bistums Aachen-Köln" ernannt. Noch 1933 wechselte er in den Stab des Reichsbischofs. Als Oberheid die kirchenpolitische Neutralität der Reichsregierung nicht durchsetzen konnte, trat er 1934 in den Dienst der thüringischen Landeskirche. Seit 1939 leistete er Kriegsdienst. Aus der Kriegsgefangenschaft in USA entlassen, erreichte er 1948 im Entnazifizierungsverfahren seine Entlastung, die Rückkehr in den Kirchendienst wurde ihm verweigert. 1950 fand er Beschäftigung in der Industrie. Oberheid war einer der wenigen Duzfreunde Schmitts und unterstützte dessen Familie nach dem 2. Weltkrieg. Detaillierte Angaben bei: Heiner Faulenbach, Ein Weg durch die Kirche. Heinrich Josef Oberheid, Köln 1992 mit weiteren Verweisen; Gertraud Grünzinger, in: NDB 19, 1999, S. 386–387; Simone Rauthe, „Scharfe Gegner". Die Disziplinierung kirchlicher Mitarbeiter durch das Evangelische Konsistorium der Rheinprovinz und seine Finanzabteilung von 1933 bis 1945, Bonn 2003, S. 404–405; Laak, Gespräche, S. 52 f.

4 Erwin von Beckerath (1889–1964), seit 1939 Nationalökonom an der Universität Bonn; Angaben DBE 1, 1995, S. 477; Mathias Ernst Kamp/Friedrich H. Stamm, Bonner Gelehrte. Beiträge zur Geschichte der Wissenschaften in Bonn – Staatswissenschaften, Bonn 1969, S. 75–90.

Heinrich Oberheid schrieb an Edgar Salin (31. Oktober 1964), Beckerath habe sich in den fünfziger Jahren in dem Maße von Schmitt entfernt, als er die Beziehung zu Salin intensivierte, „man kann nicht mit beiden gleichzeitig befreundet sein"; Piet Tommissen, Briefe an Carl Schmitt, in: Schmittiana 3, 1991, S. 164–166.

5 Helmut Rumpf (1915–1986) promovierte 1939 bei Schmitt, habilitierte sich 1951 in Heidelberg bei Walter Jellinek für deutsches und ausländisches Staatsrecht; er wurde Legationsrat im Auswärtigen Amt, Konsul in Mailand, seit 1966 Dozent in Bochum (Theorie der internationalen Beziehungen); zwei Briefe aus der Korrespondenz mit Schmitt in: Schmittiana 7, 2001, S. 369–374; Tilitzki, Schmitt in Berlin, S. 92/93.

6 Der sog. Wilhelmstraßen-Prozeß war mit 21 Angeklagten aus der Reichskanzlei und dem Auswärtigen Amt der letzte Prozeß vor dem Nürnberger Militärgerichtshof. Anklage wurde am 15. November 1947 erhoben, das Urteil erging am 11. April 1949. Vgl. Carl Schmitt, Antworten in Nürnberg, hg. und kommentiert von Helmut Quaritsch, Berlin 2000.

Nr. 28 Forsthoff an Schmitt, 21. 9. 1949

1 Grewes Berufung scheiterte unter anderem daran, daß Bilfinger keine verbindlichen Zusagen über die Zusammenarbeitarbeit im Institut für ausländisches öffentliches Recht und Völkerrecht machte. Zur selben Zeit wurde die Kaiser Wilhelm Gesellschaft, in die das Institut eingegliedert war, als Max-Planck-Gesellschaft neu organisiert.

2 Helmut Rumpf legte seine Habilitationsschrift: „Politische Akte im französischen und englischen Staatsrecht" am 10. August 1951 der Fakultät vor.

3 Kurt Ballerstedt (1905–1977) promovierte 1938 in Königsberg und habilitierte sich 1947 in Heidelberg mit der Arbeit: „Kapital, Gewinn und Ausschüttung bei Kapitalgesellschaften. Eine gesellschaftsrechtliche Betrachtung". Die Arbeit erschien 1949. Im gleichen Jahr übernahm er ein Ordinariat in Kiel.

Ballerstedt widmete das Buch „Ernst Forsthoff in herzlicher Verbundenheit" und ergänzte in seinem Vorwort: „Die Widmung an Prof. Dr. Ernst Forsthoff bezeugt eine Dankesschuld, zu der ich mich an dieser Stelle umso lieber bekenne, als die Anteilnahme und der bewährte Rat des Freundes meinen Eintritt in die wissenschaftliche Laufbahn begleitet haben. Kiel Frühjahr 1949".

4 Zu seinem Schüler Georg Dahm (1904–1963) brach Radbruch 1933 die Verbindung völlig ab; Mußgnug, Juristische Fakultät, S. 309/310. Dahm kam 1933 als Ordinarius nach Kiel, ging 1939 nach Leipzig, wechselte 1941 nach Straßburg. Nach seiner Entlassung 1945 lehrte er zeitweilig in Pakistan, 1955 kehrte er nach Kiel zurück.

5 Vom 30. September bis 6. Oktober 1949 fanden in der Evangelischen Akademie in Hermannsburg die „Tage der Stille und Besinnung für Juristen" unter dem Gesamtthema: Gesetz und Evangelium statt. Forsthoff übernahm die Referate „Das Verhältnis von Christentum und Recht im Lauf der Geschichte" und „Das Christentum und die modernen Tendenzen der Rechtsentwicklung"; vgl. Bericht über die Referate von „Forsthoff, Kiel" in der Allgemeinen Kölnischen Rundschau, 17. Oktober 1949 (UA Frankfurt Abt. 114, Nr. 41).

Die Evangelische Akademie tagte in räumlich beengten Verhältnissen eines ehemaligen Hotels in Hermannsburg, bis sie in einen auf dem Gelände des Klosters Loccum gelegenen Neubau umziehen konnte.

Nr. 29 Schmitt an Forsthoff, 1. 12. 1949

1 In der Zeitschrift „Die Neue Ordnung“, Hg. Institut für Gesellschaftswissenschaften, Walberberg, 3, 1949, S. 289–313 hatte Schmitt anonym einen Aufsatz über den spanischen Völkerrechtler Francisco de Vitoria O. P. (1485–1546) veröffentlicht. Friedrich August von der Heydte (1907–1994) nahm dazu Stellung in: Die Friedenswarte, Blätter für internationale Verständigung und zwischenstaatliche Organisation (Zürich) 49, Juli 1949, S. 190–197. Darüber hinaus veranlaßte v. d. Heydte die „Frankfurter Hefte“ zu einer Notiz („Carl Schmitt redivivus“); zit. Tommissen, Glossen, S. 128/129 und S. 156 Anm. 67. Schmitt kommentierte in seinem Glossarium, 27. Oktober 1949, S. 276: „Mit solchen Nutznießern der Psychosen von 1945 soll man nicht diskutieren.“

2 Gesetz zur Befreiung vom Nationalsozialismus und Militarismus vom 5. März 1946, mit Ausführungsvorschriften und Formularen hg. von Erich Schulze, München 1946. Nach Art. 15 und 16 konnte als „Sühnemaßnahme“ gegen sog. „Hauptschuldige“ u. a. ein Schreibverbot für 10 Jahre, gegen sog. „Belastete“ für 5 Jahre verhängt werden.

Nr. 30 Forsthoff an Schmitt, 3. 12. 1949

1 Forsthoff, Staatskrise und das Grundgesetz, 1949.

Forsthoff beendete seine Ausführungen (S. 332): „Es entspricht den Erfahrungen des politischen Lebens seit 1945, daß das Volk sein Interesse mehr und mehr den großen Verwaltungsaufgaben zuwendet und weltanschaulichen Fragen ... immer unbeteiligter gegenübersteht. So war auch die Bundestagswahl nicht mehr eine Parteienwahl alten Stils, sondern vornehmlich ein Plebiszit über wesentliche Verwaltungsprobleme wie Wirtschaftspolitik, Lastenausgleich, Flüchtlingshilfe usw. Täuschen wir uns nicht, so wird die Entwicklung in diesem Sinne weitergehen und in einer Staatsform enden, deren Verfassung die Krönung eines ausgegliederten demokratischen Verwaltungsaufbaues ist, während heute noch die Verwaltung – im Widerspruch zu ihrer eigentlichen Bedeutung – der bloße Unterbau der Verfassung ist.“

2 Hans Peter Ipsen, Über das Grundgesetz, in: Hamburger Universitätsreden 9, Hamburg 1949.

Ipsen (1907–1998) lehrte seit 1939 in Hamburg. Die Militärregierung entließ ihn ohne Angabe von Gründen, 1946 nahm er die Vorlesungstätigkeit an der Universität Hamburg wieder auf; Gert Nicolaysen, in: Hans Peter Ipsen 1907–1998, Schriftenreihe des Fachbereichs Rechtswissenschaft 1, Hamburg/Münster 2001, S. 33–48.

3 Günther liest aus diesem Text: „Dagegen profilierte sich eine kleine Gruppe von Staatsrechtslehrern aus dem Umkreis von Carl Schmitt – von Ernst Forsthoff selbstbewußt als ‚die aktiven Feinde des Grundgesetzes‘ verstanden – mit deutlich kritischeren Tönen (zum GG)“; Günther, Denken vom Staat her, S. 84; ähnlich S. 86.

4 Carl Schmitt, Das Reichsgericht als Hüter der Verfassung, 1929.

5 Karl Heinrich Bauer (1890–1978), Leiter der Chirurgischen Klinik in Heidelberg, erster Rektor der Universität nach der Wiedereröffnung 1945; vgl. DBE 1, 1995, S. 327–328.

6 Der Strom-Verlag arbeitete in Hamburg-Bergedorf, das zur britischen Besatzungszone gehörte. Herr Gutsche nicht ermittelt.

7 Serge Maiwald (1916–1952) ermöglichte Schmitt die ersten (anonymen) Veröffentlichungen nach dem Krieg in der von ihm gegründeten Zeitschrift „Universitas“ und im „Internationalen Universitätsverlag, Tübingen“; Hinweis von Piet Tommissen, in: Schmittiana 2, 1990, S. 156, und Schmittiana 5, 1996, S. 185 Anm. 115.
Maiwald hatte 1943 bei Schmitt mit einer (maschinenschriftlich vorgelegten) Dissertation: „Die völkerrechtliche Stellung der Staatshandelsschiffe“ promoviert, 1943 reichte er eine Habilitationsschrift ein: „Die Staatsfreiheit des Seehandels als Kardinalprinzip des bisherigen Völkerrechts“. Am 29. November 1944 fand die wissenschaftliche Aussprache zum Vortrag: „Problem der Entschädigung bei wirtschaftlichen Lenkungsmaßnahmen“ statt. Im Protokoll vermerkte der Dekan: „Erörterung wird von den Wirtschaftsjuristen dominiert. ... Fakultät beschließt Wiederholung der Aussprache“; Tilitzki, Schmitt in Berlin, S. 80/81, 104/105; Carl Schmitt, Zum Gedächtnis von Serge Maiwald, in: Zeitschrift für Geopolitik. Monatshefte für deutsches Auslands-Wissen 23, 1952, S. 447/448.
8 Georg Dahm, Deutsches Recht, in: Grundzüge der Rechts- und Wirtschaftswissenschaften, Reihe A: Rechtswissenschaft, Hamburg 1944; neu erschienen unter dem Titel: Deutsches Recht. Die geschichtlichen und dogmatischen Grundlagen des geltenden Rechts, Stuttgart 1951; 2. Aufl. 1963.
9 Forsthoff erhielt keine Forschungsbeihilfe von der Heidelberger Akademie; UA Heidelberg, PA 3787.

Nr. 31 Schmitt an Forsthoff, 12. 12. 1949

1 Luis Díez del Corral y Pedruzo, El liberalismo doctrinario, Madrid, 1. Aufl. 1945, 2. Aufl. 1956, 3. Aufl. 1973; dt. Übersetzung durch Rainer Specht: Doktrinärer Liberalismus. Guizot und sein Kreis, Neuwied/Berlin 1964.
Luis Díez del Corral y Pedruzo (1911–1998) studierte 1934–1935 in Freiburg, Berlin und Heidelberg. 1947 hatte er den Lehrstuhl „Historia de las ideas y de las Formas Politicas“ in Madrid inne und war 1951 Kulturattaché an der spanischen Botschaft in Paris; Christian Tilitzki, Die Vortragsreisen Carl Schmitts während des Zweiten Weltkrieges, in: Schmittiana 6, 1998, S. 233 Anm. 140 mit weiteren Hinweisen.
2 José Ortega y Gasset (1883–1955) studierte 1906–1910 in Deutschland, 1911 Professor für Metaphysik in Madrid, 1936 verließ er Spanien, lehrte seit 1949 wieder in Madrid.
3 Das Tagebuch von Benjamin Constant de Rebecque edierte Lola Constant de Rebecque unter dem Titel „Le cahier rouge“, Paris 1907; wiederholt neu aufgelegt.
4 Gustave Rudler, La jeunesse de Benjamin Constant 1767–1794. Le disciple du XVIIIe siècle, utilitarisme et pessimisme, Madame de Charrière, d'apres de nombreux documents inédits, Paris 1909.
5 Werner Weber, Weimarer Verfassung und Bonner Grundgesetz. Antrittsvorlesung in Göttingen, Göttingen 1949.

Weber gab zu bedenken (S. 30/31): Das Grundgesetz versuche, die Fehler der Weimarer Reichsverfassung zu vermeiden, die Exekutive werde geschwächt und Gerichte bestellt, um „das verbliebene Minimum an exekutivischer Handlungsmöglichkeit im Prozeßwege ab- und nachzumessen". Damit werde zu vordergründig gedacht und lediglich eine Gegenposition bezogen, „was eine zu leichte Entsühnung bedeutet". Es werde ein Verfassungsleben „ohne ernstes Risiko, von beruhigender Sicherheit und einem beinahe bukolischen Frieden (entworfen). ... Die elastische Kraft, die noch in der Weimarer Verfassung wirkte, ist im Bonner Grundgesetz durch ein dünnwandiges Beziehungssystem von gläserner Sprödigkeit ersetzt. ... Gewiß, die unbändige vitale Kraft des Politischen, der man in Weimar nicht ausgewichen war, erscheint im Grundgesetz als überlistet. Sie wird trotzdem von innen und außen über Deutschland hereinschlagen, aller Paragraphenlist spottend."

Nr. 32 Forsthoff an Schmitt, 6. 1. 1950

1 „Tymbos für Wilhelm Ahlmann. Ein Gedenkbuch. Herausgegeben von seinen Freunden" erschien 1951 im Verlag Walter de Gruyter & Co, Berlin.

Wolf Meinhard von Staa (1893–1969) führte seit 1939 zusammen mit de Gruyters Schwiegersohn Herbert Cram (1890–1967) die Verlagsgeschäfte.

2 Johannes Popitz (1884–1945) kam nach Referententätigkeit im preußischen Innenministerium ins Reichsfinanzministerium, seit 1929 als Staatssekretär. Er wurde 1932 Reichsminister ohne Geschäftsbereich und Leiter des preußischen Finanzministeriums, 1933 preußischer Finanzminister. Seine Reformvorschläge diskutierte er auch mit Widerstandskämpfern. Ein Rücktrittsgesuch lehnte Göring 1938 ab. Am 21. Juli 1944 wurde Popitz verhaftet, am 2. Februar 1945 hingerichtet; vgl. Gerhard Schulz, Johannes Popitz, in: Rudolf Lill/Heinrich Oberreuter (Hgg.), 20. Juli. Portraits des Widerstands, 2. Aufl. Düsseldorf, Wien 1994, S. 345–367; Gerhard Schulz, in: NDB 20, 2001, S. 620–622.

Der Professor für Staatswissenschaften Jens Peter Jessen (1895–1945, wie Popitz vom Volksgerichtshof verurteilt und hingerichtet) forderte am 25. Februar 1944 zur Teilnahme an der Festschrift für Johannes Popitz auf, die ihm am 2. Dezember 1944, seinem 60. Geburtstag, übergeben werden sollte. Der Verlag von Schmollers Jahrbuch (Duncker & Humblot) sei bereit, den Band rechtzeitig fertigzustellen; Piet Tommissen, Neue Bausteine zu einer wissenschaftlichen Biographie Carl Schmitts, in: Schmittiana 5, 1996, S. 222/223.

Carl Schmitt schrieb 1958 in seinem Vorwort zu den „Verfassungsrechtlichen Aufsätzen aus den Jahren 1924–1954": „Ich widme diese Sammlung dem Andenken an Johannes Popitz, den Staatssekretär im Reichsfinanzministerium und letzten preußischen Finanzminister. Mit ihm war ich in Berlin seit 1929 durch gemeinsame Arbeit und wissenschaftliche Interessen, durch Nachbarschaft und persönliches Vertrauen und durch das gemeinsame deutsche Schicksal in wachsender Freundschaft bis zu seinem Tode am 2. Februar 1945 verbunden."

In Schmitts Nachlaß liegen Briefe und Postkarten von Johannes Popitz aus den Jahren 1929–1943. Den Wortlaut des Todesurteils verbreitete Schmitt in seinem Bekanntenkreis.

Der Sohn Heinrich Popitz (1925–2002), Soziologe, zuletzt an der Universität Freiburg, war Schmitts „Haussohn“; Mohler, Briefwechsel, S. 153 Anm. 175. Die Gedenkschrift für Popitz ist nicht erschienen; Lutz-Arwed Bentin, Johannes Popitz und Carl Schmitt. Zur wirtschaftlichen Theorie des totalen Staates in Deutschland, München 1972; Reimer Voß, Johannes Popitz (1884–1945). Jurist, Politiker, Staatsdenker unter drei Reichen – Mann des Widerstands, Frankfurt a. M. 2006.

3 Im August 1949 hatte die Frankfurter Fakultät Forsthoff unico loco für den öffentlich-rechtlichen Lehrstuhl vorgeschlagen und im März 1950 mit der kommissarischen Vertretung beauftragt. Im Juli 1950 lehnte das hessische Kabinett Forsthoffs Berufung ab; vgl. Einleitung, S. 23.

Dr. Walter Kolb (1902–1956) war als Kandidat der SPD im Juli 1946 zum Oberbürgermeister in Frankfurt/Main gewählt worden.

4 Carl Hermann Ule (1907–1999) habilitierte sich 1940 in München, bis 1947 blieb er in Kriegsgefangenschaft. 1951–1955 kam er als Vizepräsident zum Oberverwaltungsgericht Lüneburg. Er lehrte an der Universität Hamburg, wurde Honorarprofessor in Göttingen; vgl. Stolleis, Vereinigung, S. 348.

5 Hans Peters (gerade von Berlin nach Köln berufen), Wolfgang Abendroth (durch Peters' Vermittlung in den ersten Vorstand der Staatsrechtslehrervereinigung gewählt), und Erwin Jacobi (Universität Leipzig) beantragten, den an der Humboldt Universität, Berlin lehrenden Peter Alfons Steininger (1904–1980) in die Vereinigung aufzunehmen. Steininger hatte 1928 bei Schmitt promoviert, nach seiner Ausbürgerung (1934) lebte er illegal in Schlesien, kam 1946 nach Berlin und erhielt ein Ordinariat für Öffentliches Recht und Rechtsphilosophie an der Humboldt Universität. 1949 erschien in Berlin seine Arbeit: Das Blocksystem. Beitrag zu einer demokratischen Verfassungslehre, 78 Seiten. Steininger gehörte der SED an und wurde Präsident der Verwaltungsakademie Walter Ulbricht. Nachdem sein Briefwechsel mit der Reichsschrifttumskammer bekannt geworden war, trat er im April 1950 von allen Ämtern zurück, behielt aber seine Professur für Völkerrecht an der Humboldt Universität. Wer war wer in der DDR? (Stand 2000), S. 821; Stolleis, Vereinigung, S. 353 Anm. 71.

Wolfgang Abendroth (1906–1985) engagierte sich nach 1933 in illegalen sozialistischen Vereinigungen. Sein Jura-Studium schloß er mit einer Dissertation über völkerrechtliche Fragen ab, die kurz nach Veröffentlichung 1936 beschlagnahmt wurde. 1937–1941 verbüßte er eine Zuchthausstrafe, mußte 1943 zu einem Strafbataillon in Jugoslawien. 1944 lief er zu griechischen Partisanen über. 1947 in Halle zum Dozenten ernannt, kam er 1948 nach Westdeutschland. Seit 1948 unterrichtete er als Professor für Öffentliches Recht und Politik in Wilhelmshaven, 1950–1972 als Ordinarius in Marburg; Kurzbiographie in: DBE 1, 1995, S. 8.

Am 2. Juli 1950 sandte Peters an etwa 15–20 Mitglieder der Vereinigung ein Schreiben, in dem er sich über die „in der Vereinigung der deutschen Staatsrechtslehrer immer deutlicher zutage tretenden Tendenzen, die alte Vereinigung in Form und Inhalt als Neuauflage von 1932 zu restaurieren“ beklagte (Bundesarchiv Koblenz, NL Jellinek N 1242), zit. bei Stolleis, Vereinigung, S. 347 Anm. 24; vgl. Wolfgang Abendroth, Ein Leben in der Arbeiterbewegung. Gespräche, hg. Barbara Dietrich u. a., Frankfurt a. M., 3. Aufl. 1981, S. 212/213.

Nr. 33 Forsthoff an Schmitt, 22. 2. 1950

1 „In tormentis pinxit" war die Signatur, mit der der von Gicht geplagte preußische König Friedrich Wilhelm I. (1713–1740) seine Bilder zeichnete. Fontane, Wanderungen durch die Mark Brandenburg. Das Oderland. Auf dem Hohen-Barnim. Schloß Kossenblatt; Jochen Klepper (Hg.), In tormentis pinxit. Briefe und Bilder des Soldatenkönigs, Stuttgart/Berlin 1938.

2 Walter Hallstein (1901–1982) lehrte bereits 1941–1945 an der Universität Frankfurt/Main; 1946 organisierte er die Wiedereröffnung, kam 1948 als Gastprofessor an die Georgetown Law School (Washington, DC). 1950 verließ er die Universität und übernahm Aufgaben in der Politik.

Nr. 34 Schmitt an Forsthoff, 7. 3. 1950

1 Hans Schneider (geb. 1912) hatte sich bei Werner Weber habilitiert, lehrte seit 1948 in Göttingen.

2 Die gängigen Lehrbücher des Verwaltungsrechts waren bis dahin: Fritz Fleiner, Institutionen des Deutschen Verwaltungsrechts, Tübingen, 1. Aufl. 1911, 8. Aufl. 1928, 3. Neudruck der 8. Aufl. Aalen 1995; Walter Jellinek, Verwaltungsrecht, Berlin, 1. Aufl. 1928, 3. Aufl. 1931, Nachtrag von 1934, Neudruck der 3. Aufl. mit Nachtrag von 1950; Hans Peters, Lehrbuch der Verwaltung, Berlin 1949.

3 Forsthoff gebrauchte in seinem Lehrbuch des Verwaltungsrechts den Begriff obéissance préalable nicht.

Carl Schmitt bezog sich 1935 in seinem Aufsatz: Was bedeutet der Streit um den ‚Rechtsstaat', S. 195 auf Otto Mayer („das große Recht des Staates auf Gehorsam") und Hauriou („Recht auf vorgängigen Gehorsam", „obéissance préalable"). Schmitt formulierte (Legalität und Legitimität, 1932): „über jede Normativität hinaus (bewirkt) der bloße Besitz der staatlichen Macht einen zur bloß normativistisch-legalen Macht hinzutretenden zusätzlichen *politischen Mehrwert*, eine *über-legale Prämie auf den legalen Besitz der legalen Macht*"; Abdruck in: Verfassungsrechtliche Aufsätze, S. 288; vgl. seine 1957 publizierten Anmerkungen zu „Das Reichsgericht als Hüter der Verfassung", in: Verfassungsrechtliche Aufsätze, S. 107.

4 Die Lage der europäischen Rechtswissenschaft erschien zuerst im „Internationalen Universitätsverlag" Tübingen 1950, Ndr. in: Verfassungsrechtliche Aufsätze, 1958, S. 386–426; dort auch die Bemerkungen von Carl Schmitt zu den verschiedenen Druckfassungen.

1950 stellte Schmitt die Erklärung voran: „Dieser Vortrag, der vor mehreren der hervorragendsten Juristischen Fakultäten Europas gehalten wurde, sollte in einer Festschrift zum 60. Geburtstag von Johannes Popitz am 2. Dezember 1944 erscheinen. Er wird hier aus besonderen Gründen von der

Festschrift getrennt für sich veröffentlicht. Auch in dieser Form bleibt er der Erinnerung an Johannes Popitz gewidmet."

5 Als Schmitt neuer Herausgeber der Deutschen Juristenzeitung wurde, blieb Dr. Alfred Flemming (1904–1990) in der Redaktion. Nach dem Krieg begründete er die „Neue Juristische Wochenschrift" (NJW) und wurde Prokurist in der Frankfurter Niederlassung des Beck-Verlags. Festschrift zum zweihundertjährigen Bestehen des Verlages C. H. Beck 1763–1963, München 1963, S. 275; Hermann Weber, Alfred Flemming und Walter Lewald, in: Juristen im Portrait, S. 325–340.

6 Die FAZ brachte am 24. Februar 1950, S. 2 einen von „K. M." (Karl Jos. Meyer) gezeichneten Artikel: „Das moralzersetzende Gesetz". Gedanken zum Stuttgarter Skandal:

Nach Anmerkungen zu dem erzieherischen Zweck des „Gesetzes zur Befreiung von Nationalsozialismus und Militarismus" berichtete die FAZ über ein gegen einen Buchprüfer angestrengtes Verfahren. Der hatte in seinem Entnazifizierungsverfahren geltend gemacht, er habe durch seine über den eigentlichen Auftrag hinausgehenden Prüfungen Ausplünderungen in Konzentrationslagern aufgedeckt und bei SS-Gerichten angezeigt. Die Einstufung als „entlastet" wurde mit der Begründung zurückgenommen: „Widerstand wäre es gewesen, wenn der Betroffene die SS durch Stärkung der Korruption weiter zersetzt hätte".

Nr. 35 Forsthoff an Schmitt, 16. 3. 1950

1 Schmitt schrieb den Vortrag „Die Lage der europäischen Rechtswissenschaft" 1943/44 nieder.

2 Friedrich Carl von Savigny (1779–1861), seit 1810 Professor für Römisches Recht in Berlin, 1842–1848 preußischer Minister für Revision der Gesetzgebung, Begründer der „Historischen Rechtsschule"; vgl. Landsberg, in: ADB 30, 1890, S. 425–452; Friedrich Ebel, DBE 8, 1998, S. 532–533; J. Rückert, in: Stolleis, Juristen, S. 555–560.

Nach Schmitts Urteil erhielt Savignys Lehre „von der absichtslosen Entstehung des Rechts ihre geschichtliche Größe dadurch, daß sie die Rechtswissenschaft zum Gegenpol des bloß faktischen Satzungsrechts macht, ohne das Recht in die Bürgerkriegsparolen des Naturrechts zu werfen"; Schmitt, Lage der europäischen Rechtswissenschaft, in: Verfassungsrechtliche Aufsätze, S. 417/418.

3 Forsthoff, Zur Rechtsfindungslehre im 19. Jahrhundert, 1936.

4 Georg Friedrich Puchta (1798–1846), Jurist und Richter, 1842 Nachfolger auf Savignys Lehrstuhl; v. Eisenhart, in: ADB 26, 1888, S. 685–687; Peter Landau, in: NDB 20, 2001, S. 757–759; U. Falk, in: Stolleis, Juristen, S. 517/518.

5 Ernst Troeltsch (1865–1923), evang. Theologe und Politiker; vgl. Hartmut Ruddies, in: DBE 10, 1999, S. 91–93; Hans-Georg Drescher, Ernst Troeltsch. Leben und Werk, Göttingen 1991.

6 Leopold von Ranke (1795–1886) gab 1832–1836 die „Historisch-politische Zeitschrift" heraus.

Die Zeitschrift sollte „nach und nach das Wichtigste … umfassen, was ein denkender Zeitgenosse zu erfahren wünschen kann, um seine Zeit nicht nach irgend einem Begriff, sondern in ihrer Realität zu verstehen und völlig mitzuleben. Dies in dem Geiste eingehender Erforschung zu versuchen, in dem Geiste reiner und unpartheiischer Wahrheitsliebe, das ist unser Vorsatz", Einleitung Bd. 1, 1832, S. 8.

7 Schmitt zitierte Maurice Hauriou, Principes de droit public: A l'usage des étudiants en licence (3. année) et en doctorat et sciences politiques, 2. Aufl. Paris 1916, S. XI:

«La Révolution de 1789 ce n'est pas autre chose que l'avènement absolu de la lois écrite et de la destruction systématique des institutions coutumières. ... la mobilité de la lois écrite n'étant plus équilibrée par la stabilité de certaines institutions coutumières, les forces de changement se sont trouvées plus puissantes que les forces de stabilité.» Schmitt, Lage der europäischen Rechtswissenschaft, Neudr. in: Verfassungsrechtliche Aufsätze, S. 424 Anm. 44.

8 Walter Mallmann (1908–1982), Jurist und Lektor, kam 1946 vom Beck-Verlag, München nach Tübingen zu Mohr (Siebeck). Durch Zusammenlegungen verschiedener Zeitschriften schuf er die „Juristenzeitung". Nach 1957 lehrte er an der Frankfurter Fakultät; Karl S. Bader, Walter Mallmann und die Gründung der „Deutschen Rechts-Zeitschrift", in: Festschrift für Walter Mallmann, Baden-Baden 1978, S. 17–31; Walter Schmidt, in: Diestelkamp/Stolleis, Juristen, S. 306–318.

Forsthoff bezeichnete Mallmann in einem Brief vom 11. September 1958 als „Initiator des Lehrbuchs des Verwaltungsrechts und der Montesquieu-Ausgabe" (Nachlaß Forsthoff).

9 Franz Wieacker (1908–1994), seit 1948 Ordinarius für Römisches Recht, Bürgerliches Recht in Freiburg; zur vita Hans Ludwig (Hg.), In memoriam Franz Wieacker, Göttingen 1995.

10 Wilhelm Grewe war Mitherausgeber der Zeitschrift; die Rezension übernahm Franz Beyerle, in: AöR 76, 1950/51, S. 501–504.

11 Zur Besprechung in „Christ und Welt" vgl. Forsthoffs Brief an Schmitt vom 4. Juni 1950, Anm. 4 (Nr. 38). In „Christ und Welt" 3 (1950) findet sich keine Rezension der Schrift „Die Lage der europäischen Rechtswissenschaft".

12 Forsthoff sprach am 21. April 1950 vor der 5. Plenarsitzung der Studiengemeinschaft der Evangelischen Akademie Bad Boll zum Thema: ‚Das Elternrecht' juristisch beleuchtet.

13 Hermann Mosler (1912–2001) ging nach dem 1. juristischen Staatsexamen an das Berliner KWI für ausländisches öffentliches Recht und Völkerrecht und kam dort in enge Verbindung zu Berthold Schenk von Stauffenberg. Seit 1949 lehrte er an der Universität Frankfurt/Main; 1950 übernahm Mosler eine Gastprofessur an der Georgetown Law School, Washington DC, wurde dann durch das Auswärtige Amt, Bonn an den Verhandlungen zum Schumanplan beteiligt. Zur vita vgl. Akademische Gedenkfeier für Hermann Mosler, Heidelberg 2002.

14 Die Verbindungen der Frankfurter Fakultät nach USA liefen auch über Heinrich Kronstein, Washington.

Heinrich David Kronstein (1897–1972) war bis 1935 Rechtsanwalt in Mannheim, mußte dann emigrieren. Er ging zunächst nach New York, lehrte seit 1940 an der Georgetown Law School, Washington DC. 1941–1947 arbeitete er im amerikanischen Justizministerium und kam mit der amerikanischen Besatzungsarmee nach Deutschland zurück. Als Honorarprofessor der Universität Frankfurt übernahm er Lehrverpflichtungen an der

Juristischen Fakultät; Biogr. Hdb. Emigr. 2/1, S. 668–669; s. unten Kommentar zu Schmitts Brief an Forsthoff, 2. April 1968 (Nr. 248).

15 Günther, Denken vom Staat her, S. 127 bezieht sich auf diesen Brief und gibt ihn folgendermaßen wieder: „Forsthoff (wies) im Jahr 1950 das Angebot eines Stipendiums für einen Studienaufenthalt in den USA umgehend mit der Begründung zurück, er wolle sich nicht einkaufen lassen."

Nr. 36 Forsthoff an Schmitt, 9. 5. 1950

1 Heinrich Zinnkann (1885–1973) war 1946–1954 Hessischer Innenminister.

2 Erwin Stein (1903–1992) leitete 1947–1951 das hessische Kultusministerium, seit 1949 auch das Justizministerium; 1951–1971 amtierte er als Bundesverfassungsrichter.

3 In Speyer war 1947 durch die französische Besatzungsmacht die Ecole Supérieure d'Administration = Staatliche Akademie für Verwaltungswissenschaften (seit 1950: Hochschule für Verwaltungswissenschaften) gegründet worden. Aufsichtsbehörde war die Staatskanzlei Rheinland-Pfalz. Seit 1952 finanzieren Bund und Länder die Hochschule gemeinsam.
Zu Jellineks Intervention für Forsthoff vgl. Forsthoffs Brief an Schmitt vom 4. Juni 1950 (Nr. 38) und Einleitung, S. 23 Anm. 130.

4 Franz Joseph Brecht (1899–1982) blieb nach seiner Habilitation (1932) als apl. Professor in Heidelberg, 1945 entlassen, 1950 als planm. o. Prof an der Wirtschaftshochschule Mannheim, 1955–1967 Direktor des philosophischen Seminars; Christian Tilitzki, Die deutsche Universitätsphilosophie in der Weimarer Republik und im Dritten Reich, Bd. 1, Berlin 2002, S. 328.
Hermann Krause (1902–1991), seit 1936 Ordinarius für Bürgerliches Recht und deutsche Rechtsgeschichte in Heidelberg, 1945 entlassen, 1950 Ordinarius an der Wirtschaftshochschule Mannheim, 1952 Honorarprofessor in Heidelberg, 1955 Ordinarius in München; Mußgnug, Juristische Fakultät, passim.

5 Erich Becker (1906–1981) kam nach seiner Habilitation 1935 nach Königsberg, Marburg, München, Innsbruck, Posen; seit 1947 lehrte er in Speyer Staats-, Verfassungs-, Verwaltungs- und Kommunalrecht.

6 Der Lehrauftrag wurde von der Frankfurter Universität finanziert wegen „unverschuldeter Notlage", vgl. Einleitung, S. 23.

7 Forsthoff, Zur verfassungsrechtlichen Stellung und inneren Ordnung der Parteien, 1950.

8 Die 2. Aufl. der „Deutschen Verfassungsgeschichte der Neuzeit" erschien erst 1961.

9 Forsthoff, Der moderne Staat und die Tugend, 1951.

10 1950 erschienen von Schmitt: Die Lage der europäischen Rechtswissenschaft, Ex Captivitate Salus, Donoso Cortés und Der Nomos der Erde im Völkerrecht.

Nr. 37 Schmitt an Forsthoff, 20. 5. 1950

1 Schmitt schloß seine Ausführungen, Lage der europäischen Rechtswissenschaft, 1943/44:

> „in einer Zeit, in der die Legalität zu einer vergifteten Waffe geworden ist, die eine Partei der andern in den Rücken stößt, wird die Rechtswissenschaft zum letzten Asyl des Rechtsbewußtseins".

Walter Lewald (1887–1986) schrieb (unter Bezug auf die genannte Stelle) in seiner Rezension, NJW vom 15. Mai 1950, S. 377 („Carl Schmitt redivivus?"):

> „Auch das klingt schön, aber man hört es ungläubig. ... Gern möchte man sich den Kinderglauben bewahren, es seien vor allem die Universitäten als die Hüter der Geistesfreiheit in der Lage, wie eine ecclesia militans den geistigen und moralischen Widerstand gegen einen geistwidrigen politischen Tyrannen zu aktivieren."

Vgl. Hermann Weber, Alfred Flemming und Walter Lewald, in: Juristen im Portrait, S. 325–340.

2 Arnold Schmitz (1893–1980), 1921 habilitierter Musikwissenschaftler, Professor in Bonn und Breslau, lehrte seit 1946 an der Universität Mainz. Seine Abhandlung: Die Bildlichkeit der wortgebundenen Musik Johann Sebastian Bachs, Mainz 1950 widmete er „Carl Schmitt zum sechzigsten Geburtstag". Frau Schmitz war Patin von Anima Schmitt.

3 Theodor Beste (1894–1973), seit 1945 Ordinarius für industrielle Betriebswirtschaftslehre an der Universität Köln; zu Beste vgl. die Gedenkrede von Gert v. Kortzfleisch, in: Gedächtnisschrift für Theodor Beste, Berlin 1975, S. IX–XVIII.

4 Forsthoff legte zusammen mit K. Ballerstedt, R. Dahlgrün, O. A. Friedrich, C. Neumann, H. Premer, Th. Steltzer vor: Mitbestimmungsrecht und Bundeswirtschaftsrat. Vorschläge für ihre Regelung (abgeschlossen: 15. März 1950).

5 Forsthoff, Recht und Sprache, war 1940 erschienen.

6 Johann Jakob Bachofen (1815–1887) lehrte seit 1841 als Ordinarius für Römisches Recht an der Universität Basel. Im Gegensatz zu Savigny betrachtete er Rechtsgeschichte als Altertumsgeschichte ohne Verbindung zur Rechtsdogmatik; S. Schilter Gander, in: Stolleis, Juristen, S. 55/56.

7 Schmitt teilte Armin Mohler am 21. Mai 1950 mit, daß seine Tochter Anima den vom nordrhein-westfälischen Kultusministerium gestifteten Goethepreis für sechs Bühnenbilder erhalten habe; Mohler, Briefwechsel, S. 82.

8 Schmitt verwies auf den Passus in Legalität und Legitimität:

> „Ein pluralistischer Parteienstaat wird nicht aus Stärke und Kraft, sondern aus Schwäche ‚total'; er interveniert in alle Lebensgebiete, weil er die Ansprüche aller Interessenten erfüllen muß." Deshalb interveniere er auch in der „bisher staatsfreien Wirtschaft". Es werde „kein Staat auf den Anspruch, unter Verneinung und Beseitigung jedes Widerstandsrechtes zu herrschen, jemals verzichten, solange er, wäre es auch noch so schwach, als Staat überhaupt vorhanden ist. Es könnte sich sogar im Gegenteil bestätigen, was B. Constant gesagt hat, daß Schwäche und Mittelmäßigkeit die Macht, die ihnen zufällt, krampfhafter und bösartiger gebrauchen, als eine echte Kraft, selbst wenn diese sich von ihrer Leidenschaft hinreißen läßt. Ein schwacher Staat sucht deshalb auch unterschiedslos nach Legalisierungen, Legitimierungen und Sanktionen und bedient sich ihrer, wie er sie findet."

Schmitt, Verfassungsrechtliche Aufsätze, S. 342/343.

Nr. 38 Forsthoff an Schmitt, 4. 6. 1950

1 Forsthoff erhielt einen Lehrauftrag für eine 2stündige Vorlesung: Französische Einflüsse auf die moderne Verfassungslehre und 2stündiges Colloquium; vgl. Einleitung, S. 24.

2 Karl Engisch (1899–1990), Ordinarius für Strafrecht und Rechtsphilosophie, hatte 1933 an der Heidelberger Fakultät die Nachfolge von Gustav Radbruch angetreten; Mußgnug, Juristische Fakultät, S. 267.

3 Arnold Köttgen (1902–1967) habilitierte sich 1928 bei O. Koellreutter, kam 1951 an die Hochschule für Verwaltungswissenschaften in Speyer, 1952 übernahm er in Göttingen den Lehrstuhl von Rudolf Smend; Wolfram Henkel, In memoriam Arnold Köttgen, Gedächtnisfeier am 10. November 1967, Göttingen 1968; Michael Stolleis, in: NDB 12, 1980, S. 412.

Martin Drath (1902–1976) kam nach der Promotion bei Walter Jellinek 1931 zunächst als Assistent zu Hermann Heller an die Berliner Universität, 1932 als hauptamtlicher Dozent an die Preußische Akademie der Arbeit in Frankfurt a. M. 1933 wurde er aus dem öffentlichen Dienst entlassen. 1945 war er zunächst an der Universität Jena, habilitierte sich dort mit der Arbeit: Carl Schmitts Freund-Feind-Theorie. Eine Staatstheorie des neuen deutschen Imperialismus (masch.). Er verließ 1948 die DDR und lehrte seit 1949 an der FU Berlin, 1955 beteiligte er sich als Mitherausgeber an der Gedächtnisschrift für Jellinek. Drath gehörte der SPD-Programm-Kommission an; 1951–1963 war er Richter am Bundesverfassungsgericht.

4 Unter der Überschrift: „Kein Bundesgenosse" brachte die Deutsche Universitätszeitung, Heft 9, 12. Mai 1950, S. 7 einen ungezeichneten Kommentar:

Carl Schmitt habe 25 Jahre lang eine glänzende Wirksamkeit entfaltet, „es gab … keinen anderen deutschen Juristen seines geistigen Ranges, der sich so bewußt und mit so verführerischer Wirkung zum Wegbereiter des nationalsozialistischen Staates gemacht hätte". Nun kündige er neue Veröffentlichungen in einflußreichen Zeitschriften an. Die Bemerkungen schlossen: „Als Schmitt 1934 dem ‚Normativismus' und ‚Dezisionismus' abschwor und den danach so eifrig nachgebeteten Glauben an die ‚konkrete Ordnung' verkündete, lag darin im Grunde doch nur das Eingeständnis seiner Hilflosigkeit gegenüber den Mächten, die er heraufbeschworen hatte. Der Kampf mit ihnen ist noch nicht zu Ende. Wir sehen in Carl Schmitt keinen Bundesgenossen".

Christ und Welt, Ausgabe vom 1. Juni 1950, S. 7: Der Artikel „Fairneß", gez. *, berichtete von Zuschriften an die Redaktion unter anderem von Robert Kempner, dem Chefankläger in Nürnberg, der sich dafür ausgesprochen habe, „daß bedeutende Völkerrechtslehrer wie Carl Schmitt und Ernst Rudolf Huber nicht länger ausgeschaltet sein sollten". Anders reagierten die ‚lieben Kollegen' in der Deutschen Universitätszeitung, die gerade wieder einen Schuß gegen Carl Schmitt abgegeben hätten. „Die Ursache? Carl Schmitt hat einige Aufsätze in Zeitschriften veröffentlicht! Es wird nun nicht etwa irgend etwas über diese Aufsätze gesagt, sondern es wird nur ein Schuß abgegeben. … Dies allerdings ist in der wissenschaftlichen Welt auch des verzankten Deutschland etwas völlig Neues: Professoren beurteilen einen Kollegen nicht nach seinen Büchern, sondern nach einer Verlagsvorankündigung! Man muß solche Erscheinungen festhalten, weil sie gerade in ihrer Anonymität an der Selbstzerstörung des deutschen Geistes beitragen. Im übrigen: wir erinnern uns auch anderer Angriffe auf Carl Schmitt. Ganz massiver und zweifellos unerhört gefährlicher Angriffe. Sie erfolgten über eine ganze Seite mit dicken Balkenüberschriften. Und die Zeitschrift, in der wir sie gelesen haben, hieß: ‚Das schwarze Korps'".

5 Paul Gerhardt (1910–1979) studierte Altphilologie und Rechtswissenschaft, habilitierte sich in Breslau, ein Ruf nach Königsberg scheiterte am Widerspruch des Gaudozentenführers.
Gerhardt war Sendeleiter beim Rundfunk in Königsberg, Hamburg, Stuttgart; Mitglied der Redaktionsgemeinschaft „Christ und Welt"; Gerhardt, Amt und Person. Staatliche Institutionen und parlamentarische Repräsentanz in der Bundesrepublik Deutschland, Laupheim/ Württemberg 1955, in der Reihe: Geschichte und Politik 16, 25 Seiten.

> Am 23. November 1945 hatte Gerhardt eine Erklärung für Forsthoff (liegt im Nachlaß Forsthoff) abgegeben, in der es u.a. hieß: Er habe Forsthoff in Königsberg kennengelernt. „Unsere erste Begegnung vollzog sich auf dienstlicher Ebene: als damaliger Leiter des Reichssenders Königsberg bat ich ihn, am Vortragsprogramm des Senders mitzuarbeiten und mich in meinem Bestreben zu unterstützen, dem absinkenden Niveau des allgemeinen Rundfunkprogramms durch würdige Verlautbarungen der Wissenschaft entgegenzuwirken. ... seinen geschickten Vorschlägen zur Wahl der Themen verdanke ich es an erster Stelle, daß im Reichssender Königsberg nie über die typisch nationalsozialistischen Wissenschaften (Rassenkunde, Erblehre, Vorgeschichte) und nationalsozialistische Ausdeutungen anderer Disziplinen vorgetragen worden ist. Die immer engere Zusammenarbeit führte dazu, daß wir uns bald auch über politische Dinge freimütig und rückhaltlos austauschten."

6 Nach Johann Georg Hamann (1730–1788) gründete das Erkenntnisvermögen in der Sprache („Vernunft ist Sprache"); Oswald Bayer, Zeitgenosse im Widerspruch. Johann Georg Hamann als radikaler Aufklärer, München 1988; Kurzbiographie bei Karlfried Gründer in: NDB 7, 1966, S. 573–577.

7 Die „Bekennende Kirche" ging aus dem 1933 gegründeten „Pfarrernotbund" zur gegenseitigen Unterstützung bei unrechtmäßigen Eingriffen der Polizei hervor. Nach 1934 (Ulmer Einigung, Barmer Bekenntnissynode) betrachtete sie sich als die rechtmäßige Vertretung der deutschen Evangelischen Christen. Die „Bekennende Kirche" spaltete sich jedoch bald in einen Flügel, der den Verkündigungsauftrag und einen, der daneben auch die äußere politisch taktierende „Heilsanstalt" betonte; ausführlich dazu Besier, Kirchen und das Dritte Reich, S. 41/42.
Forsthoff sah eine Gefahr darin, daß über Bekenntnistreue hinaus auch ein Bekenntnis zur Gemeinschaft der Bekenntniskirche und ihre Verteidigung nach innen und außen verlangt werde. Er fürchtete (auch nach 1945), daß das kirchenpolitische und politisch-moralische Bekenntnis an die Stelle der Verkündigung trete. In diesem Sinne schrieb er 1940: „... der eigentliche seelsorgerliche Beruf ist nicht Vortrag oder Lehre, sondern ebenfalls Verkündigung", Recht und Sprache, S. 3. Auch in seinem Gutachten „Zur Rechtsgültigkeit der Westf. Verfahrensordnung" (1945/1952, S. 293–295) betonte er, daß in der Kirche eine Richtung überhand zu nehmen drohe, die nicht mehr in erster Linie die Verkündigung sondern die Pflege der Gemeinschaft und ihre Verteidigung nach innen und außen dominieren werde.

8 Vielleicht gemeint: Martin Göhring, Geschichte der großen Revolution, Bd. 1: Sturz des Ancien Régime und Sieg der Revolution, Tübingen 1950; in der Bibliothek des Schmitt-Nachlasses nicht verzeichnet.

9 Artikel 21 GG betr. die Parteien: Abs. 1 die Mitwirkung bei der politischen Willensbildung, Abs. 2 Verpflichtung auf die freiheitlich demokratische Grundordnung, Abs. 3 verweist auf ein künftiges Bundesgesetz; Artikel 38 GG enthält Bestimmungen zur Bundestagswahl.

Nr. 39 Schmitt an Forsthoff, 14. 8. 1950

1 In Schmitts Nachlaß (HSAD RW 265-8001) liegt Koellreutters Brief vom 22. Juli 1950. Darin teilte er Schmitt mit:

„Im Januar dieses Jahres schrieb ich an Erich Kaufmann und äußerte mein starkes Befremden über die Art, wie man die ‚Auswahl' zur Staatsrechtslehrertagung in Heidelberg getroffen hatte. Es kamen von ihm und Werner Weber pflaumenweiche Erklärungen, von Jellinek, dem ‚verhinderten' Nazi dumme Phrasen". Ule habe ihm das Rundschreiben des Vorstands der Staatsrechtslehrervereinigung vom 23. Mai 1950 mitgeteilt. „Darauf habe ich nun mit dem beiliegenden Brief an Erich Kaufmann reagiert. ... Da ich in dem Brief auf Ihre Person mit Bezug genommen habe, halte ich es für richtig, Sie darüber zu unterrichten".

Nr. 42 Forsthoff an Schmitt, 20. 12. 1950

1 Frau Duška Todorovič Schmitt, geboren 1903, starb am 3. Dezember 1950 in Heidelberg.

Ernst Jünger schrieb Carl Schmitt am 5. Dezember 1950: „Am Vortage hatte ich einen Brief von Siebeck erhalten; Ihre Gattin hatte ihn gebeten, mir mitzuteilen, daß es schnell zu Ende gehe, und daß sie sich verabschiede. Siebeck schrieb dazu: Sie bewahrt nach wie vor eine bewundernswerte Geduld, Ausdauer und Treue. Obwohl ich im Leben vielen Menschen begegnet bin, die dem Tode sehend entgegengingen, hat diese Frau doch alle durch ihre enorme Kraft übertroffen, an der etwas Rätselhaftes ist. Ich halte es für einen großen Gewinn, daß ich sie in Heidelberg noch sehen und mit ihr sprechen konnte"; Kiesel, Jünger/Schmitt Briefwechsel, S. 251.

Nr. 43 Schmitt an Forsthoff, 19. April 1951

1 Karl Fees (geb. 1901) bis 1945 Stadtdirektor in München, Rechtsanwalt, seit 1951 Justitiar des Bayerischen Beamtenbundes; vgl. den Artikel „Dr. Fees Schriftleiter der ZBR", in: Zeitschrift für Bayerisches Beamtenrecht 1978, S. 116.

2 Forsthoff gab seinem Beitrag für das Ahlmann Gedenkbuch den Titel „Der moderne Staat und die Tugend".

3 Schmitt, Dreihundert Jahre Leviathan, 1951. Die Frankfurter Feier erwähnte Schmitt auch im Glossarium, 7. April 1951, S. 314.

4 Das Thema des Radiogesprächs lautete: „Hat die Geschichtsphilosophie noch einen Sinn?" Die Vorlage dazu befindet sich in Schmitts Nachlaß.

Walter Warnach (1910–2000), Philosoph und Kunsthistoriker in Düsseldorf, Kommentator zu Beuys Werken, gab mit Heinrich Böll, Werner von Trott zu Solz u. a. die 1960 gegründete Zeitschrift „labyrinth" heraus; in Schmitts Nachlaß liegen 255 Briefe/Postkarten aus den Jahren 1948–1982; Christoph Lange, Mysterium Wirklichkeit. Walter

Warnach und der politische Manierismus Carl Schmitts, München 2003, teilw. zugl. Diss. Braunschweig, Hochschule für Bildende Künste, 2001.

5 Von Karl Durst sind aus den Jahren 1947/48 3 Briefe im Schmitt-Nachlaß erhalten. Karl Durst war im Reichsarbeitsministerium mit Fragen der Förderung und Finanzierung von Kleinsiedlern und Arbeitgeberwohnungsfürsorge beschäftigt (lt. Findbuch BA Koblenz).

Zu Schmitts Internierung siehe Einleitung, S. 4.

6 Zitat aus Konrad Weiß (1880–1940) „Die kleine Schöpfung. Gewidmet dem Kind Felizitas" [Caspar]:

> Auf der Wanderschaft sind „... eine Taube, Kind und Hahn. / Kam der Bauer mit dem Knecht / auf dem Heimweg, stellt sich recht / hin vor unsre Wandrer drei / fragt: Ja Kind ja Kumpanei / ja woher und wo hinaus, / wo sind denn die drei zu Haus? / Sprach der Hahn: Das findet sich / innerlich und kündet sich"; die Erzählung im Gedicht endet: „Alles kam so glücklich an, / wo es ausging, nur der Hahn / war noch auf dem Kirchendach, / weil er mit Gott Vater sprach."

Die Dichtung erschien zuerst München 1926 mit Holzschnitten nach den Federzeichnungen von Karl Caspar; abgedr. in: Konrad Weiß, Gedichte 1914–1939, hg. Friedhelm Kemp, München 1961, S. 369–396, Zitate S. 384, 395.

Schmitt besaß in seiner Bibliothek verschiedene Werkausgaben von Konrad Weiß. Zu der von Kemp herausgegebenen Sammlung merkte Schmitt „Retuschen" an, die Widmung eines Gedichtes an ihn selbst war weggelassen worden; Mohler, Briefwechsel, S. 313.

7 Ernst Jünger, Blätter und Steine, Epigrammatischer Anhang Nr. 97 „Leben heißt, sich in seiner Gestalt bestätigen. In diesem Sinne ist der Tod die letzte Aktion", zitiert nach 2. Aufl., Hamburg 1941, S. 227.

8 Zur Spanienreise vgl. Erik Jayme (Hg.), Luís Cabral de Moncada und Carl Schmitt. Briefwechsel 1943–1973, in: Heidelberger Forum 101, Heidelberg 1997, S. 27–28 und Herrero, Briefwechsel, S. 98.

Nr. 44 Forsthoff an Schmitt, 22. 4. 1951

1 Francisco Javier Conde y Graupera (1908–1974) studierte 1933–1934 u. a. bei Carl Schmitt, 1935 begleitete er Hermann Heller in Madrid. Conde erhielt eine Professur für „Derecho politicó" in Santiago de Compostela und Madrid, übersetzte verschiedene Arbeiten von Carl Schmitt. Er ging in den Diplomatischen Dienst, wurde Spanischer Botschafter zuletzt in Bonn; Herrero, Briefwechsel, S. 64 Anm. 8; Maschke, in: Schmittiana 3, 1991, S. 17.

Erst die 5. Aufl. (1955) von Forsthoffs Verwaltungsrecht erschien 1958 in Spanien, übersetzt von L. Lacambra und G. Fallo y Gomez Ortega.

2 Nette rezensierte am 21. April 1950 das Gedenkbuch für Ahlmann unter dem Titel „Grabmal eines Unbekannten", FAZ, Ausgabe vom 21. April 1951:

> „Der Mann, dessen Andenken wachgehalten werden soll, war der Öffentlichkeit so gut wie unbekannt. Er hat weder ein Werk hinterlassen noch hat er bei Lebzeiten, von wenigen Monaten des Jahres 1933 abgesehen, ein Amt innegehabt oder einen Beruf ausgeübt. Ein unbekannter Privatmann also ist es, dem hier einundzwanzig namhafte Gelehrte und Schriftsteller ein Grabmal auf-

richten. ... Sie haben es in einer überpersönlichen Form getan. Das gibt dem Buch eine Bedeutung, die über den Anlaß und alles Private hinausgeht. Zeigt es doch, daß auch in einer Zeit der Massenorganisation der einzelne nicht ohne Macht und geistige Wirkung ist und daß gerade in solcher Zeit die Verantwortung des Geistes in einem Kreis von Einzelnen wachgehalten werden kann."

Herbert Nette (1902–1994), 1950/51 Feuilletonredakteur der FAZ, 1954 bis 1973 Cheflektor des Eugen Diederichs Verlags; zum Kontakt zwischen Schmitt und Nette vgl. Piet Tommissen, Briefe an Carl Schmitt, in: Schmittiana 7, 2001, S. 320–325.

Nr. 45 Forsthoff an Schmitt, 17. 10. 1951

1 Prof. Dr. Carl Schmitt, Das Ende des Kalten Bürgerkrieges. Im Zirkel der tödlichen Rechthaberei – Amnestie oder die Kraft des Vergessens, in: Der Fortschritt. Parteifreie Wochenzeitung für neue Ordnung. Düsseldorfer Ausgabe, Jg. 3, Nr. 40 vom 5. Oktober 1951, S. 1; vgl. Laak, Gespräche, S. 74.

Der Artikel begann mit einem Vorspann der Redaktion: „Ein deutscher Gelehrter, Künder und Deuter des Völkerrechts von Weltruf, wurde in diesen Tagen in Spanien ganz ungewöhnlich geehrt. Zu seinen Vorträgen in Madrid, an den Universitäten von Santiago de Compostela, Barcelona, Sevilla und Murcia strömte die geistige und politische Elite des Landes und feierte ihn in einer Weise, die man im Rahmen unserer karg gewordenen Beziehungen zu den Ländern spanischer Zunge ein Ereignis nennen mußte. In der Heimat, in Deutschland aber, meldete auch nicht eine Zeile davon. Denn hier soll der Mann, der als Gelehrter wie als Schriftsteller zum unveräußerlichen Besitzstand der Nation gehört, durch organisiertes Schweigen der Allzu-Zeitgemäßen lebendig begraben werden. Wir sprechen von Professor Dr. Carl Schmitt, der uns den folgenden Beitrag über die Kern- und Schicksalsfrage der Gegenwart zur Verfügung stellt. Wird dieser gewichtige Ruf zur Beendigung des Kalten Bürgerkrieges gehört werden?"

Zur Wochenzeitung „Der Fortschritt" siehe Roman Schnur, in: Staat 27, 1988, S. 443/444.

2 Erich Schwinge (1903–1994) habilitierte sich in Halle, kam über Marburg 1940 nach Wien und lernte dort Forsthoff kennen. Schwinge schrieb einen Kommentar zum Militärstrafgesetzbuch (5. Aufl. 1943), lehrte seit 1946/1948 an der Universität Marburg. Er übernahm die Verteidigung des Generals Bernhard Ramcke (1889–1968).

Der hochdekorierte deutsche General Ramcke erhielt 1944 das Kommando über die Festung Brest. Er geriet 1944 in Kriegsgefangenschaft (verbracht in USA), wurde auf französisches Ersuchen ausgeliefert und wegen in Brest begangener Kriegsverbrechen angeklagt. Als nach 5 Jahren immer noch kein Prozeßtermin anberaumt wurde, floh Ramcke. Auf Bitten der Bundesregierung vermittelte Schwinge die Rückkehr des flüchtigen Generals. Im März 1951 verurteilte ihn ein französisches Militärgericht, trotz amerikanischer entlastender Aussagen, zu 5 Jahren Haft, im Juni 1951 kam Ramcke frei; Erich Schwinge, Ein Juristenleben im Zwanzigsten Jahrhundert, hg. von Ursula Schwinge Stumpf, Frankfurt a. M. 1997, S. 218–231; Hermann Bernhard Ramcke, Vom Ritterkreuzträger zum Angeklagten. Wie die Sieger einen deutschen General zu entehren versuchten, Coburg 2001.

Zu Schwinge vgl. Stephan Baier, Das Todesurteil des Kriegsgerichtsrats Dr. Schwinge, in: Kritische Justiz 21, 1988, S. 340–46; Hans Ulrich Evers (Hg.), Persönlichkeit in der Demokratie: Festschrift für Erich Schwinge zum 70. Geburtstag, Köln 1973.

3 Heinrich Rogge, Nationale Friedenspolitik. Handbuch des Friedensproblems und seiner Wissenschaft auf der Grundlage systematischer Völkerrechtspolitik. Geleitwort von Franz Papen, Berlin 1934, S. 55.
Heinrich Rogge (1886–1966), Rechtssoziologe, Lehrtätigkeit in Berlin, Freiburg, Königsberg, 1942–1945 Ordinarius in Graz, seit 1962 Ordinarius für öffentliches Recht in Erlangen-Nürnberg.

4 Peter Gudelin (Petrus Goudelinus, 1550–1619) studierte 1567 Jura in Löwen, Advokat in Mechelen, seit 1582 Professor für Pandektistik. Postum wurde 1620 veröffentlicht „De iure pacis"; M. Ashmann, in: Stolleis, Juristen, S. 269/270.

5 Im Nachlaß des Schriftstellers Hans Egon Holthusen (1913–1997) liegt ein Typoskript mit dem Titel: Amnestia substantia pacis. Analyse eines politischen Irrtums, März 1946; Universitätsbibliothek Hildesheim.

6 Art. 11 der „Charte Constitutionnelle" vom 4. Juni 1814 lautete: « Toutes recherches des opinions et votes émis jusqu'à la restauration sont interdites. Le même oubli est commandé aux tribunaux et aux citoyens ».

7 Eine Abschrift von Koellreutters Brief an Friesenhahn (25. September 1951) liegt im Schmitt-Nachlaß (HSAD RW 265-8013/1-3). Er klagt darin über die Lage der „amtsverdrängten Hochschullehrer"; Stolleis, Recht im Unrecht, passim.

8 Der frühere Präsident des thüringischen Oberverwaltungsgerichts Hellmuth Loening veröffentlichte einen Artikel: Kampf um den Rechtsstaat in Thüringen. Eine dokumentarische Zusammenstellung zur Entstehungsgeschichte des Thüringischen Verwaltungsgerichtsbarkeitsgesetzes vom 7. Oktober 1948, in: AöR 75, 1949, S. 56–102. Er beschuldigte darin Martin Drath, im Sinne der SED eine „Gesamttendenz" zur Einschränkung der thüringischen Verwaltungsgerichtsbarkeit verfolgt und sich für eine vermehrte „Gutachtertätigkeit" durch die Gerichte eingesetzt zu haben. Drath rechtfertigte sich in einem Brief an die Redaktion, in: AöR 75, 1949, S. 124–128.
An die Redaktion des Heidelberger Tageblatts, Ausgabe vom 16. Oktober 1951, schrieb Jellinek:

> „Es tut mir leid, daß Sie ohne nähere Prüfung die Skandalmeldung über Herrn Professor Drath mit dicken Schlagzeilen weitergegeben haben". Drath habe bei ihm in Kiel 1927 promoviert und sich in Jena redlich mit der SED herumgeschlagen. Seit 1948 sei er Professor an der Berliner Freien Universität und damit „ohne weiteres beruflich zum Richteramt qualifiziert".

9 Herbert Krüger (1905–1989) lehrte öffentliches Recht, Völkerrecht und Kirchenrecht 1936–42 in Heidelberg, 1942–1945 in Straßburg, 1946–1950 war er als Rechtsanwalt in Frankfurt tätig, 1950–1954 Geschäftsführer des Verbandes Deutscher Reeder in Hamburg, seit 1954 Ordinarius für Öffentliches Recht in Hamburg; Thomas Oppermann, in: AöR 100, 1975, S. 624–627.

10 Adolf Schüle (1901–1967), 1927–1938 am KWI für ausländisches öffentliches Recht und Völkerrecht, 1938–1954 Geschäftsführer von Verbänden und Kammern, 1948 apl. Professor in Heidelberg, seit 1954 Ordinarius in Tübingen.

11 1947 gründeten Hans Barion, Heinrich Oberheid, der Rechtsanwalt Hubertus Bung, Günther Krauss, Wilhelm Schmitz u. a. die „Academia Moralis", um Schmitt nach

seiner Entlassung aus Nürnberg finanziell zu unterstützen, Treffen und Vorträge zu organisieren. Forsthoffs Vortragsthema lautete „Einheit der Justiz".
Hubertus Bung (1908–1981) war Schmitts Assistent beim NS-Rechtswahrerbund gewesen, 1934 entließ ihn Carl Schmitt. Bung wurde Rechtsanwalt und Notar in Düsseldorf, mit Hans Barion war er eng befreundet; Günther Krauss, Neuer Anfang in Berlin, in: Schmittiana 2, 1990, S. 100; Quaritsch, Positionen und Begriffe, S. 107; Laak, Gespräche, S. 53 Anm. 44.
Wilhelm Schmitz (1912–1989), Jurist, seit 1935 mit Günther Krauss befreundet, nach dem Krieg als Justitiar und Vorstandsmitglied bei der AEG.
Zu den Schwierigkeiten des Treffens 1951 vgl. Wilhelm Schmitz, Zur Geschichte der Academia Moralis, in: Schmittiana 4, 1994, S. 131–133; Laak, Gespräche, S. 52–63.

Nr. 48 Forsthoff an Schmitt, 16. 12. 1951

1 Auf Forsthoffs Einladung hatte Jünger am 15. Dezember 1931 einen Vortrag vor der Freiburger Politischen Gesellschaft gehalten. Jünger schenkte Forsthoff ein Exemplar: Der Arbeiter. Herrschaft und Gestalt, 2. Aufl. Hamburg 1932 und versah es mit der Widmung: „Berlin 5. 9. 1932, Herrn Dr. Forsthoff in Erinnerung an unseren Freiburger Morgenspaziergang! Ernst Jünger."

2 Ernst Jünger, Der Waldgang, Frankfurt 1951, 11. Aufl. 2001.

Nr. 49 Schmitt an Forsthoff, 27. 12. 1951

1 Schmitt, La Unidad del Mundo, Madrid 1951. Die Schrift ist eine Kompilation des 1952 in deutscher Sprache erschienenen Aufsatzes „Die Einheit der Welt" und der Rezension von Karl Löwiths Buch „Meaning in History" unter dem Titel „Drei Stufen historischer Sinngebung" (1950).

2 Fritz Kortner (1892–1970) emigrierte 1937 nach USA, 1948 kehrte er nach Europa zurück, arbeitete als Regisseur vor allem in München und Berlin. Gegen den Schauspieler Werner Krauss (1884–1959) wurde mit Hinweis auf seine Darstellung des „Jud Süß" ein Entnazifizierungsverfahren eingeleitet. Das Verfahren endete in der 1. Instanz, Kortner war mit anderen als Zeuge geladen, mit einem Freispruch. Die 2. Instanz stufte Krauss als „Mitläufer" ein (1947). 1948 nahm Krauss ein Engagement am Wiener Burgtheater an; Krauss, Das Schauspiel meines Lebens, einem Freund erzählt. Eingeleitet von Carl Zuckmayer, Stuttgart 1958, S. 224–229.

3 „Deus dabit his quoque finem", Zitat aus Vergil, Aeneis I 199: „(Freunde wir sind ja bisher nicht ganz unkundig des Leidens! / O die ihr Schweres trugt,) auch dies wird enden die Gottheit" (Übersetzung Heinrich Voss).

4 Ernst Jünger, Am Kieselstrand, Frankfurt a. M. 1951. Jünger teilte Schmitt mit (29. Dezember 1951): „Die Exemplare gingen weg wie die warmen Semmel; ich glaube kaum, daß sich noch etwas machen läßt"; Kiesel, Jünger/Schmitt Briefwechsel, S. 253.

Nr. 50 Forsthoff an Schmitt, nach dem 25. 1. 1952

1 Ernst Friesenhahn, Über Begriff und Arten der Rechtsprechung unter besonderer Berücksichtigung der Staatsgerichtsbarkeit nach dem Grundgesetz und den westdeutschen Landesverfassungen, in: Festschrift für Richard Thoma zum 75. Geburtstag am 19. Dezember 1949, Tübingen 1950, S. 21–69.

2 Heinrich Triepel, Wesen und Entwicklung der Staatsgerichtsbarkeit, Referat auf der Tagung der Staatsrechtslehrer 1928.

3 Giselher Wirsing, Carl Schmitt – zwischen gestern und morgen, in: Christ und Welt, Ausgabe vom 24. Januar 1952, S. 8; X, Der Fall Carl Schmitt – Charaktermord, in: Der Fortschritt. Parteifreie Wochenzeitung für neue Ordnung. Düsseldorfer Ausgabe vom 25. Januar 1952.

Gegenüber Mohler bemerkte Schmitt (2. Februar 1952): „Prof. Forsthoff (Heidelberg) vermutete, der Verfasser des Aufsatzes im Fortschritt sei G. Nebel! Welch ein Irrtum! Nebel hält sich zu den 45ern – von allem andern abgesehen. Verfasser ist ein alter Journalist, Dr. Rudolf Fischer, Verfasser des Romans: Söhne ohne Väter"; vgl. Mohler, Briefwechsel, S. 115/116.

Von dem Journalisten Rudolf Fischer liegt Korrespondenz aus den Jahren 1951–1957 in Schmitts Nachlaß. Der Roman „Söhne ohne Väter" erschien 1937 in zwei Auflagen in der Hanseatischen Verlagsanstalt Hamburg. 1927–1933 war Fischer Mitherausgeber der „Politischen Wochenschrift".

4 Art. 131 GG verlangte, daß die Rechtsverhältnisse ehemaliger Angehöriger des öffentlichen Dienstes, die bis zum 8. Mai 1945 im Dienst waren und noch nicht wieder ihrer früheren Stellung entsprechend verwendet wurden, durch Bundesgesetz zu regeln seien. Dies Bundesgesetz erging am 12. März 1952.

5 Vielleicht bezogen auf die Gedenkstunde, die die Fakultät am 28.1.1950 abhielt; vgl. Walter Jellineks Bericht in: Deutsche Rechts-Zeitschrift 5, 1950, S. 85.

6 Forsthoff u. a., Gutachten über die Erfordernisse der Bau- und Bodengesetzgebung (Weinheimer Gutachten) 29. April 1952.

7 Der klassische Philologe Hildebrecht Hommel (1899–1996) war seit 1937 a. o. Professor, 1941 Ordinarius in Heidelberg, 1948–1955 Gastprofessur an der Kirchlichen Hochschule Berlin, 1955 ging er nach Tübingen.

8 Ernst Woermann (1888–1979), Diplomat, seit 1938 Leiter der politischen Abteilung des Auswärtigen Amts. Im sog. Wilhelmstraßen-Prozeß wurde er zu 7 Jahren Haft verurteilt (auf 5 Jahre herabgesetzt); Robert M. W. Kempner (Hg.), Das Urteil im Wilhelmstraßen-Prozeß (amtl. Wortlaut), Schwäbisch Gmünd 1950, S. 328.

9 Die Zeitschrift erschien unter dem Titel „Zeitschrift für Geopolitik. Monatshefte für deutsches Auslandswissen", hg. vom Institut für Geosoziologie und Politik, Bad Godesberg; darin war die Zeitschrift „Weltpolitik und Weltwirtschaft" aufgegangen. Unter dem neuen Namen wurde sie 1951–1953 von Kurt Vowinckel in Heidelberg verlegt.

Die Zeitschrift sollte „nicht für eine politische Theorie oder für ein politisches Lager" werben, „sondern den Lesern die Kenntnis der in der gegenwärtigen Welt wirksamen Tatsachen vermitteln, die allein Grundlage eines wirklichkeitstreuen Weltbildes werden kann", Zeitschrift für Geopolitik 22, 1951, S. 80; Mohler, Konservative Revolution, S. 345.

Kurt Vowinckel (geb. 1895) absolvierte eine Buchhändler-Lehre in Frankfurt/Main und in München, gründete 1923 einen eigenen Verlag in Berlin, seit 1935 in Heidelberg.

Karl Heinz Pfeffer (1906–1971), Soziologe, habilitierte sich 1934 bei Freyer und vertrat zeitweise dessen Lehrstuhl; er erhielt 1943 selbst einen Lehrstuhl für Volks- und Landeskunde Großbritanniens und des Empires beim Auslandswissenschaftlichen Institut der Universität Berlin, das vom SS-Standartenführer Franz Alfred Six geleitet wurde. Im selben Jahr veröffentlichte Pfeffer als „Beauftragter des Führers für die Überwachung der gesamten geistigen und weltanschaulichen Schulung und Erziehung der NSDAP": Der englische Krieg – auch ein jüdischer Krieg, München 1943, Schriftenreihe zur weltanschaulichen Schulungsarbeit der NSDAP, „nur für den Dienstgebrauch". Pfeffer wurde 1946 Mitglied der Akademie für Raumforschung (Hannover), 1962 erhielt er eine Professur für Soziologie der Entwicklungsländer in Münster. 1967 veröffentlichte er: Die Entwicklungsländer in soziologischer Sicht. Soziologische Aspekte der wirtschaftlichen Entwicklung, Hamburg 1967. Zu Pfeffer: Gideon Botsch, „Politische Wissenschaft" im Zweiten Weltkrieg. Die „Deutschen Auslandswissenschaften" im Einsatz 1940–1945, Paderborn 2006, passim.

10 Günther Krauss, Wer bietet dem Terror Schach? Lehren der italienischen Krise 1920, in: Zeitschrift für Geopolitik 23, 1952, S. 385–391.

Krauss berichtete über die unter dem Titel: „Trasformazioni della Democrazia" zusammengefaßten Aufsätze von Vilfredo Pareto (1848–1923) aus dem Jahre 1920.

11 Schmitt erließ einen „Aufruf" zur „Sammlung irrealer Bedingungssätze bei Historikern und aparter Reime bei Lyrikern", abgedruckt bei Mohler, Briefwechsel, S. 105; Ernst Hüsmert, Zwei wenig bekannte Seiten von Carl Schmitt, in: Schmittiana 6, 1998, S. 292–302.

Schmitt/Ibsenstein nannte als Beispiele:

1. Jacob Burckhardt, Weltgeschichtliche Betrachtungen, Stuttgart (Kröner) 1933, S. 57: „Ohne die Kaisergesetzgebung von Constantin bis auf Theodosius würde die römischegriechische Religion noch bis heute leben".

2. Rilkes „Vasen-Bild (Toten-Mahl)", Späte Gedichte, Leipzig 1934, S. 128:

Blinder Bissen wölbt sich ohne Gröbe
doch, genährt mit nichts wie die Amöbe,
ließ ich, auch wenn ich ihn näher höbe,
jenen Abstand dauern von vorhin;
und das Einzige, das mich selbst verschöbe,
ist der Schritt der Tänzerin.

Forsthoff verwies auf Herman Grimm, Das Leben Goethes, 4. Aufl., Leipzig 1943, hg. von Reinhard Buchwald, S. 373: „Und deshalb fragen wir: was würde geworden sein, wenn Schiller länger gelebt hätte? Würde es ihm gelungen sein, in alle Zukunft hinein jedes Jahr eine neue große literarische Unternehmung zu beginnen

und Goethe als Verbündeten dafür in Beschlag zu nehmen? Man könnte es für möglich halten. ...".
Forsthoff nannte in diesem Zusammenhang auch Rilkes Marienleben, Von der Hochzeit zu Kana (1912):
Sie verstand es später
wie sie ihn in seinen Weg gedrängt:
denn jetzt war er wirklich Wundertäter,
und das ganze Opfer war verhängt,
unaufhaltsam. Ja, es stand geschrieben.
Aber war es damals schon bereit?
Sie: sie hatte es herbei getrieben
in der Blindheit ihrer Eitelkeit.
An dem Tisch voll Früchten und Gemüsen
freute sie sich mit und sah nicht ein,
daß das Wasser ihrer Tränendrüsen
Blut geworden war mit diesem Wein.
Im Schmitt-Nachlaß befinden sich zwei umfangreiche Konvolute mit Notizen und Zeitungsausschnitten zum Thema „irreale Bedingungssätze" (100 Blatt; HSAD RW 265-20800) und „Reim-Übungen. Die Suche nach aparten Reimen, ins Unreine notiert" (200 Blatt; HSAD RW 265-20801).

Nr. 51 Schmitt an Forsthoff, 4. 3. 1952

1 Nach Art. 41 der Hessischen Verfassung vom 1. Dezember 1946 war mit dem Inkrafttreten der Verfassung die „Sofortsozialisierung von Kohle und Stahl, Erzen und Kali, Energie und Eisenbahnen" durchzuführen. Das Nähere sollte durch ein Gesetz bestimmt werden.
Schmitt übernahm sein für die Buderus-Eisenwerke erstattetes Gutachten unter dem Titel „Rechtsstaatlicher Verfassungsvollzug" in die Sammlung der verfassungsrechtlichen Aufsätze, S. 452–486, dazu die Erläuterungen S. 486–488; vgl. auch Ernst Hüsmert, in: Ingeborg Villinger (Hg.), Verortung des Politischen, Carl Schmitt in Plettenberg, Hagen 1990, S. 59.

2 Peterheinrich Kirchhoff (1885–1973), Bürgermeister von Werdohl (14 km von Plettenberg entfernt), 1952–1960 als Abgeordneter der CDU im Deutschen Bundestag; Tommissen, in: Schmittiana 2, 1990, S. 155.
Kirchhoff verwaltete ein Konto, auf das verschiedene Freunde Gelder einzahlten, die Carl Schmitt zur persönlichen Verfügung stehen sollten. Das Konto wurde 1952 aufgelöst.

3 Ulrich Klug (1913–1993), seit 1950 Privatdozent in Heidelberg, wurde 1956 a. o., 1960 Ordinarius für Strafrecht und Rechtsphilosophie in Mainz, Vorstandsmitglied der Internationalen Vereinigung für Rechts- und Sozialphilosophie; die Absage für Maiwald ist abgedruckt bei Tommissen, Bausteine, in: Schmittiana 5, 1996, S. 189.

4 Erich Fechner (1903–1991), seit 1942 a. o., 1944 Ordinarius für Rechtsphilosophie, Arbeits- und Sozialrecht in Tübingen.
5 Schmitt, Inhalt und Bedeutung des zweiten Hauptteils der Reichsverfassung, 1932, Ndr. in der Sammlung „Verfassungsrechtliche Aufsätze“ (1958, S. 181–230). 1958 schätzte Schmitt die Ausführungen deshalb als aktuell ein, weil darin „das Problem der Vollziehbarkeit von Verfassung zum Bewußtsein“ komme (S. 230).
6 Der „Verein der Freunde der Academia Moralis e.V.“ bestand seit dem 11. Juli 1953. Dem Vorstand gehörten Hans Barion, Heinrich Oberheid und Günther Krauss an. Die geplante Festschrift/Gedenkschrift für Johannes Popitz kam nicht zustande; vgl. Walter Schmitz, Zur Geschichte der Academia Moralis, in: Schmittiana 4, 1994, S. 134/135. Siehe auch den Kommentar zu Forsthoffs Brief an Schmitt, 17. Oktober 1951 (Nr. 11).
7 Gretha von Jeinsen/Jünger setzte sich für die Begleichung der Krankenhauskosten ein; siehe Ingeborg Villinger/Alexander Jaser (Hgg.), Briefwechsel Gretha Jünger – Carl Schmitt, Berlin 2007, S. 17, 163. Über Frau Schmitt schrieb sie voller Hochachtung in: Gretha von Jeinsen, Silhouetten, Pfullingen 1955, S. 172–175.
8 Armin Mohler sandte Schmitt eine Abschrift des Briefes, den Jacob Taubes am 14. Februar 1952 aus Jerusalem geschrieben hatte; Mohler, Briefwechsel, S. 120–123.
Jacob Taubes (1923–1987), Religionsphilosoph, lehrte in USA, seit 1966 an der FU Berlin. Taubes schilderte seine Bemühungen, in der Jerusalemer Universitätsbibliothek die Verfassungslehre von Carl Schmitt auszuleihen. Er erhielt den Band, doch der Justizminister erbat das Buch zurück, da er es „zur Ausarbeitung einiger schwieriger Probleme in den Entwürfen zur Verfassung des Staates Israel“ benötige; Jacob Taubes, Ad Carl Schmitt. Gegenstrebige Fügung, Berlin 1987, S. 19.
Armin Mohler (1920–2003), geboren in Basel, schloß 1949 sein Studium mit einer Dissertation „Die konservative Revolution“ (Doktorvater K. Jaspers) ab, 1949–1953 arbeitete er als Privatsekretär von Ernst Jünger, danach als Journalist in Paris für die Schweizer „Tat“ und verschiedene deutsche Zeitungen. Mohler leitete nach 1961 als Geschäftsführer die Carl Friedrich von Siemens-Stiftung. 1967 habilitierte er sich an der Universität Innsbruck mit der Arbeit: „Die Fünfte Republik. Was steht hinter de Gaulle?“; vgl. K. Weißmann/E. Kositza/G. Kubitschek (Hgg.), Lauter dritte Wege. Armin Mohler zum Achtzigsten, Dresden 2000.
9 Zitat aus einem Lehrgedicht des Terentianus (Maurus), Carmen heroicum, Vers 258: (Pro captu lectoris) habent sua fata libelli = (nach der Fassungsgabe des Lesers) haben die Büchlein ihr Schicksal.
Terentianus Maurus, afrikanischer Grammatiker, lebte Mitte des 3. Jahrhunderts n. Chr.; DNP 12/1, 2002, Sp. 142.

Nr. 52 Forsthoff an Schmitt, März 1952

1 Nachdem seine Wohnung 1943 bei schweren Bombenangriffen auf Berlin getroffen war, lagerte Schmitt 1943 seine Bibliothek in einer Turnhalle aus. Von dort transportierten die Amerikaner sie im Oktober 1945 ab. Siehe Forsthoffs Brief an Schmitt, 6. Juli 1948 (Nr. 19), Anm. 1; Noack, Schmitt, S. 240 f.

2 Franz Wilhelm Jerusalem (1883–1970) lehrte nach seiner Habilitation in Jena 1911 in Jena und Frankfurt. Nach dem Krieg übernahm er zunächst Lehraufträge in München, 1961 erhielt er ein Münchner Ordinariat für Verwaltungsrecht und Verwaltungsprozeßrecht.

Karl (Carl) Heyland (1889–1952) hatte sich 1923 in Giessen habilitiert, übernahm Lehraufträge und Vorlesungen in Frankfurt und Giessen, Hauptarbeitsgebiet war das Beamtenrecht. 1946 wurde er von der Militärregierung entlassen, 1949 übernahm er Lehraufträge in Darmstadt.

3 Die Firma Freudenberg, Weinheim (bei Heidelberg), aus einem Gerbereibetrieb entstanden, entwickelte Kunstleder und Spezialanfertigungen für Gummiprodukte, seit 1948 auch Einlagestoffe (Vliesstoffe) und dergleichen.

4 Das Investitionshilfe-Gesetz vom 7. Januar 1952 (BGBl. I, S. 7) verpflichtete die gewerblichen Unternehmer, durch das Aufbringen von 1 Milliarde DM den Investitionsbedarf der Grundindustrien (Kohle, Stahl, Energie- und Wasserwirtschaft, Bundesbahn) zu decken. Das Bundesverfassungsgericht wies den Antrag auf eine einstweilige Anordnung und die Verfassungsbeschwerde als unbegründet ab (Urteile vom 1. August 1953, BVerfGE 3, S. 34–39 und vom 20. Juli 1954, BVerfGE 4, S. 7–26). Vgl. Forsthoffs Aufsatz: Zur verfassungsrechtlichen Problematik der Investitionshilfe, 1953.

5 Hanno Bossung hatte 1937 bei Koellreutter mit einer Arbeit zum Thema: „Gesetz und Verordnung. Ihr Verhältnis und seine Wandlung vom Konstitutionalismus bis zum Nationalsozialismus" (84 S.) promoviert.

Die Gemeinde Edesheim gehört heute zu Edenkoben in der Rheinpfalz. Spezialität des „Schloßguts Bossung" waren Gewürztraminer.

Nr. 53 Forsthoff an Schmitt, 25. 5. 1952

1 Forsthoff wurde am 4. April 1952 wieder zum Ordinarius für Öffentliches Recht an der Heidelberger Fakultät ernannt; UA Heidelberg, PA 3787.

2 Von Gerhard Haubold ist ein Briefwechsel aus dem Jahr 1952 im Nachlaß Schmitt vorhanden.

3 Das „North German Coal Distribution Office", später „Deutscher Kohlenverkauf", wurde am 4. Februar 1948 gegründet und der „Deutschen Kohlenbergbauleitung, Essen" angegliedert. Da das Gesetz der Alliierten Hohen Kommission vom 16. Mai 1950 die Dezentralisierung anordnete, wurden selbständige Verkaufsgesellschaften organisiert. Am 18. April 1951 begründete der Pariser Vertrag (am 23. Juli 1952 in Kraft getreten) eine „Europäische Gemeinschaft für Kohle und Stahl", die Montanunion. Damit gaben einerseits die Siegermächte ihre direkten Kontrollbefugnisse auf, dafür mußten die nationalen Märkte zusammengefaßt und die Deutsche Kohlenbergbauleitung aufgelöst werden. Am 31. März 1953 wurden statt des „Deutschen Kohlenverkaufs" sechs regionale Verkaufsgesellschaften errichtet.

Nr. 54 Forsthoff an Schmitt, 9. 6. 1952

1 1952 erschien Lilian Winstanley, Hamlet and the Scottish Succession, in einer Übersetzung von Anima Schmitt unter dem Titel: Hamlet, Sohn der Maria Stuart.
Carl Schmitt verfaßte dazu ein Vorwort (S. 7–25) und hängte einen „Hinweis für deutsche Leser" (S. 164–170) an. In seinem Vorwort wies Schmitt auf Freiligraths Gedicht „Hamlet" hin, das zur Sammlung „Ein Glaubensbekenntnis, Zeitgedichte" aus dem Jahr 1844 gehört. Das Gedicht beginnt:

Deutschland ist Hamlet! Ernst und stumm
in seinen Thoren jede Nacht
geht die begrabne Freiheit um,
und winkt den Männern auf der Wacht.

1844 verzichtete Ferdinand Freiligrath (1810–1876) auf die ihm durch A. v. Humboldt vermittelte königlich-preußische Pension, 1845 emigrierte er in die Schweiz; Kurzbiographie in: ADB 7, 1878, S. 343–347.

2 Der Hessische Staatsgerichtshof verkündete am 6. Juni 1952 folgendes Urteil, zit. nach JZ 7, 1952, S. 494:

> „Die in Art. 41 I Z. 1 Hess. Verf. angeordnete Überführung in Gemeineigentum ist mit dem Inkrafttreten der Hess. Verf. soweit bewirkt worden, daß den bisherigen Rechtsträgern das Eigentum entzogen worden ist. Diese Annahme eines kraft Verfassung positivierten Eigentumsentzugs widerspricht weder den Grundsätzen des Rechts- und Verfassungsstaats, insbesondere der Gewaltentrennung, noch Art. 15 GG, noch dem Besatzungsrecht. Sie ist mit dem Begriff der Enteignung vereinbar, da für diesen die Rechtsübertragung kein essentielles Kriterium ist. Die von Art. 41 I Z 1 erfaßten Vermögensmassen sind rechtsverbindlich zweckgebunden (sozialisierungsreif) und daher trotz der gegenwärtigen Unbestimmtheit des Rechtssubjekts nicht herrenlos im rechtstechnischen Sinne."

3 Anläßlich der dritten Beratung des Betriebsverfassungsgesetzes im Bundestag rief die Industriegewerkschaft Druck & Papier zu einem Zeitungsstreik der Drucker und Setzer auf. Der Aufruf wurde vom 27. bis 29. Mai 1952 befolgt. Forsthoff legte zusammen mit Alfred Hueck (1889–1975), damals Ordinarius für Arbeits- und Gesellschaftsrecht in München, ein Gutachten vor: Die politischen Streikaktionen des Deutschen Gewerkschaftsbundes anläßlich der parlamentarischen Beratung des Betriebsverfassungsgesetzes, 1952.

Nr. 55 Forsthoff an Schmitt, 26. 9. 1952

1 Forsthoff stellte den zweiten Band zum Lehrbuch des Verwaltungsrechts nicht fertig.

2 Mit dem EVG Vertrag wollten sich die BENELUX-Länder, Italien, Frankreich und die Bundesrepublik zu einem Verteidigungsbündnis zusammenschließen. Damit sollte zugleich die Souveränität der Bundesrepublik hergestellt und die europäische Integration eingeleitet werden. Der Vertragsentwurf wurde am 26./27. Mai 1952 unterzeichnet. Der Vertrag trat nicht in Kraft, da die französische Nationalversammlung ihn wegen ihrer Vorbehalte gegen eine deutsche Wiederbewaffnung am 30. August 1954 nicht ratifizierte.

In der Bundesrepublik widersetzte sich die SPD dem Vertrag. Sie leitete verschiedene Verfahren vor dem BVerfG ein. In ihrem Auftrag erstattete Forsthoff ein Gutachten zu der Frage, ob einzelne Bundestagsabgeordnete ein Normenkontrollverfahren vor dem Bundesverfassungsgericht anstrengen können (10. Juli 1952). Er plädierte vor dem Bundesverfassungsgericht (18. Juli 1952) und beurteilte (1953) die „Verfassungsmäßigkeit einer nach dem Abschluß des EVG Vertrags notwendigen Grundgesetzänderung". Alle in dem Verfahren erstatteten Gutachten sind abgedruckt in: Der Kampf um den Wehrbeitrag, 2 Bde., München 1953.
Für die Bundesregierung gutachteten unter anderem: Erich Kaufmann „Rechtsgutachten zum Vertrage über die Gründung der Europäischen Verteidigungsgemeinschaft und zum Deutschlandvertrage" (17. August 1952) und Werner Weber „Die Vereinbarkeit des Verteidigungsbeitrages mit dem Grundgesetz", abgedr. in: Der Kampf um den Wehrbeitrag Bd. 2, S. 42–71, 177–190. Am 2. Dezember 1952 ergänzte Kaufmann sein Rechtsgutachten und nahm darin auch zu Forsthoffs Gutachten und den Schmitt-Zitaten Stellung, a. a. O., Bd. 2, S. 794. Schmitt teilte Mohler daraus die Sätze mit: „Hier zeigt sich mit aller Deutlichkeit der Teufelsfuß dieses glänzenden und verführerischen Schriftstellers (Schmitt). Er schildert den bürgerlichen Rechtsstaat, um ihn ad absurdum zu führen, um ihn von innen auszuhöhlen. ... So ist er der Wegbereiter der totalitären Diktatur geworden"; Mohler, Briefwechsel, S. 138.
Nach Art. 24 GG kann der Bund Hoheitsrechte auf zwischenstaatliche Einrichtungen übertragen und sich zur Wahrung des Friedens einem System kollektiver Sicherheit einordnen. Art. 48 WRV ermächtigte den Reichspräsidenten zum Erlaß von Notverordnungen.

3 Georg Strickrodt, Staatsminister a. D., Darmstadt, Die notwendige Position der Staatsrechtslehre, in: JZ 7, 1952, S. 385–390.

Strickrodt schrieb zu Werner Webers „Spannungen und Kräfte im westdeutschen Verfassungssystem", Stuttgart 1951, es werde darin „die politisch-soziologische Methode eines früheren Carl Schmitt, der aber offensichtlich nicht mehr der heutige ist, wieder auf der höchsten Ebene unserer Publizistik auftritt und dort als eine ganz natürliche Erscheinung behandelt, von den Liebhabern einer dynamischen Verfassungspraxis sogar lebhaft begrüßt." Nobile Officium des Publizisten sei es, nicht nur Kritik zu üben, sondern „Vernunft und Realisierungsmöglichkeiten der Gesamtordnung der staatlichen Gemeinschaft auch dort zu suchen, wo die politische Praxis bereits wieder oder immer noch die ihr eigenen Schwierigkeiten hat. Wenn ein Staatsrechtslehrer dies nicht will, so soll er unter die Politiker gehen, dann aber offen und auf alle Verantwortung, auch die persönlichen Risiken, hin."

Nr. 56 Forsthoff an Schmitt, 19. 11. 1952

1 Forsthoff schnitt in seinem Gutachten die Frage an, ob Normenkontrollverfahren nicht eine Durchbrechung der Gewaltenteilung bedeuteten und verwies dabei u. a. auf Schmitt, Hüter der Verfassung und Schmitts Verfassungslehre, in: Der Kampf um den Wehrbeitrag, Bd. 1, S. 365 und Bd. 2, S. 319.

2 Der 23. Ausschuß in der ersten Wahlperiode des Deutschen Bundestages war der Ausschuß für Rechtswesen und Verfassungsrecht. Der Ausschuß zur Mitberatung des EVG-Vertrages erhielt die Ordnungsnummer 50 und entsprach in etwa einem Verteidigungsausschuß. Die Protokolle des „Bundestagsausschuß für Verteidigung" gibt das Militärgeschichtliche Forschungsamt heraus; bislang erschien Band 1: Der Ausschuß zur Mitberatung des EVG-Vertrages, Juli bis Dezember 1952, hg. von Hans-Erich Volkmann, Düsseldorf 2006.

3 Adolf Arndt (1904–1974) legte 1933 sein Richteramt nieder, nach 1943 wurde er zur Zwangsarbeit verpflichtet. 1945 trat er der SPD bei und übernahm ein Bundestagsmandat. 1949–1961 war Arndt Justitiar und parlamentarischer Geschäftsführer der SPD-Bundestagsfraktion; vgl. Dieter Gosewinkel, Adolf Arndt. Die Wiederbegründung des Rechtsstaats aus dem Geist der Sozialdemokratie (1945–1961), Bonn 1991 (Diss. Freiburg).

Nr. 57 Schmitt an Forsthoff, 22. 11. 1952

1 Karl Löwenstein (1891–1973) habilitierte sich 1931 in München für Öffentliches Recht, 1933 emigrierte er, unterrichtete in Yale (1934–1936) und Amherst (seit 1936) und wurde Rechtsberater der Amerikanischen Militärregierung. 1956 erhielt er eine Professur für Politische Wissenschaft in München. Es scheint gesichert, daß Löwenstein 1945 Schmitts Internierung und die Beschlagnahme seiner Bibliothek veranlaßte; Quaritsch (Hg.), Carl Schmitt, Das internationalrechtliche Verbrechen des Angriffskriegs, S. 145.

Zu Löwenstein siehe Biogr. Hdb. Emigr. 2/2, 1983, S. 743/744; Peter Lerche, Karl Loewenstein zum 80. Geburtstag, in: AöR 96, 1971, S. 574–575; zum Problem der Rückkehr aus USA vgl. Dorothee Mußgnug, Ausreise nach Deutschland. Amerikanische Reisebeschränkungen 1945–1950, in: Jürgen Böhmer, Roland Bieber u.a. (Hgg.), Internationale Gemeinschaft und Menschenrechte, Festschrift für Georg Ress, Berlin 2005, S. 1505–1529.

2 William Ebenstein (Pseudonym William Elwin, 1910–1976) konnte 1934 noch seine juristische Promotion in Wien abschließen, emigrierte aber im selben Jahr nach England, 1936 in die Vereinigten Staaten. 1936–1938 lehrte er in Wisconsin, erwarb 1938 Ph. D. für Politische Wissenschaften und war 1946–1967 an den Universitäten Princeton und Californien, Santa Barbara. 1948 arbeitete er für die UNESCO; Biogr. Hdb. Emigr. 2/1, 1983, S. 232.

Nr. 58 Forsthoff an Schmitt, [4. 1. 1953]

1 Im September 1928 legte der Amerikaner Owen Young dem Völkerbund einen geänderten Modus zur Rückzahlung der deutschen Reparationen vor, da sie in der Höhe der bisherigen Anforderungen nicht mehr aufgebracht werden konnten. Gegen das Zugeständnis einer langwierigen Verschuldung (bis 1988) erreichte Stresemann u. a.

die vorzeitige Räumung des Rheinlandes (30. Juni 1930). DNVP, Stahlhelm und NSDAP legten dagegen ein „Freiheitsgesetz“ zur Abstimmung vor. Darin verlangten sie nicht nur eine Revision des Versailler Vertrages, sondern auch eine Zuchthausstrafe wegen Landesverrats für die, die den Vertrag unterzeichnet hatten. An der Abstimmung (22. Dezember 1929) nahmen nur 13,5 % der Bevölkerung teil, womit das Volksbegehren gescheitert war. Der Reichstag stimmte am 12. März 1930 dem Young Plan zu.

2 Art. 75 der Weimarer Reichsverfassung bestimmte: „Durch den Volksentscheid kann ein Beschluß des Reichstags nur dann außer Kraft gesetzt werden, wenn sich die Mehrheit der Stimmberechtigten an der Abstimmung beteiligt.“ Zur ganzen Fragestellung vgl. Huber, Deutsche Verfassungsgeschichte 7, S. 697–702.

Nr. 59 Forsthoff an Schmitt, 5. 1. 1953

1 Vgl. Kommentar zu Forsthoffs Brief an Schmitt, 9. Juni 1952 (Nr. 54). In dem Forsthoff überlassenen Band steht:
Ernst Forsthoff zur Erinnerung an Anima und Carl Schmitt, Neujahr 1953. 1. Man sollte darauf achten, daß in Shakespeares Hamlet katholischer und evangelischer Glaube nebeneinander existieren (vgl. S. 31, 71/72); 2. ‚Deutschland ist Hamlet‘, Ferd. Freiligrath 1844.

2 Jakob I. von England (Jakob VIII. von Schottland), geboren 1566, regierte nach dem Tod der Königin Elisabeth 1603–1625. Shakespeare schrieb „Hamlet“ 1598/1603, zwischen 1603/1604 lag das Schauspiel gedruckt vor.

3 Forsthoff, Bodenreformgesetz Nordrhein-Westfalen, 1953.

4 Vgl. Schmitts Brief vom 19. April 1953 an Forsthoff (Nr. 60), in dem er den Fabrikanten Willi (Wilhelm) Schulte (1898–1986) aus Lüdenscheid erwähnt.

Nr. 60 Schmitt an Forsthoff, 19. 4. 1953

1 Zur Tagung der Evangelischen Akademie Baden in Herrenalb siehe Kommentierung zum folgenden Brief Forsthoffs an Schmitt, 21. April 1953.
Schmitt teilte Mohler am 23. März 1953 mit, daß er in Herrenalb (Vortragsthema: Antichrist und was ihn aufhält) und bei einer Shakespeare-Tagung auf der Mainau (Vortragsthema: Hamlet) sprechen werde; Mohler, Briefwechsel, S. 138, 141 und 209.

2 Christian-Friedrich Menger, Der Begriff des sozialen Rechtsstaates im Bonner Grundgesetz, Tübingen 1953.
Friedrich Klein, Verordnungsermächtigungen nach deutschem Verfassungsrecht, und: Die Übertragung rechtsetzender Gewalt nach deutschem Verfassungsrecht, in: Die Übertragung rechtsetzender Gewalt im Rechtsstaat, Berichte und Referate von F. Klein und U. Scheuner, Frankfurt 1952, S. 7–78 und 79–117; die Referate waren auf einer Arbeitstagung des „Instituts zur Förderung öffentlicher Angelegenheiten, Frankfurt“ am 1. und 2. Dezember 1951 in Weinheim vorgetragen worden. Direktor des Instituts war Th. Steltzer.

3 Die am 2. Oktober 1949 gegründete Sozialistische Reichspartei war eine Nachfolgeorganisation der NSDAP. Die Bundesregierung beantragte am 4. Mai 1951 beim Bundesverfassungsgericht das Verbot der SRP. Am 12. September 1952 löste die Partei sich selbst auf. Das Bundesverfassungsgericht sprach das Parteienverbot am 23. Oktober 1952 aus und verfügte, daß alle Mandate ersatzlos zu streichen seien (BVerfGE 2, S. 1–79).

Das BVerfG führte aus, a. a. O., S. 13: „Begrifflich gehören auch die Parteien zu den ‚Vereinigungen' im Sinne des Art. 9 Abs. 2 GG. Damit würden sie unter den dort bezeichneten Voraussetzungen ohne weiteres verboten sein und somit dem Zugriff der Exekutive schlechthin unterliegen. Dabei würden im einzelnen schwierige Auslegungsfragen entstehen, namentlich wenn man den in Art. 9 Abs. 2 GG verwandten Begriff der ‚verfassungsmäßigen Ordnung' dem Begriff der ‚freiheitlich demokratischen Grundordnung' gegenüberstellte und ihr Verhältnis zueinander nur aus dem Wortlaut mit Mitteln der Logik zu bestimmen versuchte. Eine befriedigende Lösung kann nur aus den oben entwickelten grundsätzlichen Erwägungen gewonnen werden. Ist nämlich eine Vereinigung eine politische Partei, so hat sie – eben wegen der den Parteien und nur ihnen eingeräumten Sonderstellung – Anspruch auf Privilegierung nach Art. 21 Abs. 2 GG".

S. 74: „Die Wähler der ausgeschiedenen Abgeordneten sind durch den Mandatsverlust nicht beschwert, da das Verlangen, durch den Abgeordneten einer verfassungswidrigen Partei vertreten zu sein, selbst verfassungswidrig wäre."

Nr. 61 Forsthoff an Schmitt, 21. 4. 1953

1 Hans Schomerus (1903–1969), 1936 Domprediger in Braunschweig, 1938 am Predigerseminar Wittenberg, 1945 Pfarrer, 1948 Redakteur bei „Christ und Welt", 1951–1967 Leiter der Evangelischen Akademie Baden in (Bad) Herrenalb und Akademiedirektor; zur Arbeit von Schomerus vgl. Ziegert, Kirche ohne Bildung, S. 453–464.

Die Akademie veranstaltete 1952 32 Tagungen mit etwa 2200 Teilnehmern. Grund- und Schlüsseltagung sollte 1953 eine Veranstaltung zum Thema „Konservative und Reaktionäre sein". Zu dieser Tagung und zu einer folgenden Tagung auf der Insel Mainau, Thema: „Neuer Zugang zu Shakespeare" (16.–18. Mai 1953), hatte Schomerus auch Schmitt eingeladen.

Schomerus skizzierte in seinem Brief an Schmitt (12. März 1953) die geplante Tagung: „Ich habe außer Ihnen noch zu Vorträgen gebeten: Forsthoff, Hans Freyer und einen Franzosen namens Gillouin. Von Ihnen hätte ich bei dieser Gelegenheit sehr gern einen Vortrag über das Thema: ‚Der Antichrist und die Schöpfung'. Ich weiß nicht, ob Sie über diese Formulierung sehr erfreut sind, daher steht es Ihnen natürlich frei, sie zu ändern. Mir schwebt dabei vor eine Auseinandersetzung mit dem einseitig eschatologischen Christentum, das praktisch die Schöpfung leugnet und in der Geschichte die Gestalt der Schwärmerei annimmt. Die Schwärmerei ist eine dem Christentum offenbar tief eingewurzelte Erkrankung und es wäre Zeit, dass man sich damit gerade heute auseinandersetzte. Sie können sich denken, daß ich im Zusammenhang des Gesamtthemas bei dieser Auseinandersetzung gerade mit Ihnen rechne." Schmitt-Nachlaß HSAD RW 265-14494; weitere Briefe zur Absage ebd., 14496–14497.

Nachdem ihm die Einladung bekannt geworden war, protestierte der ebenfalls eingeladene Staatsekretär im Bundesjustizministerium Walter Strauss, Vorsitzender des Evang. Arbeitskreises in der CDU, beim Landesbischof Julius Bender (1893–1966) und schrieb u. a.:

„Jeder ... weiß, daß von allen Kronjuristen des Dritten Reiches niemand eine verhängnisvollere Rolle gespielt hat als Carl Schmitt. Seine ungewöhnliche Begabung und die literarische Brillianz seines Stils sind ebenso unbestritten wie der nihilistische Okkasionalismus, der seinem Wirken von jeher zugrunde gelegen hat. Er hat Generationen von Studenten vor 1945 verführerisch und zersetzend beeinflußt. Die Folgen hiervon sind noch heute an manchen Universitäten spürbar. ... Carl Schmitt ist durch seine während des Nationalsozialismus gedruckten Schriften ausgewiesen und festgelegt. ... Die Sauberkeit der deutschen Wissenschaft und unseres öffentlichen Lebens verlangt – da ihm der Takt selbstauferlegten Schweigens zu ermangeln scheint –, daß alles unterbleibt, was ihm die Wiederaufnahme seines Wirkens erleichtert."

Es kamen noch Proteste von Adolf Arndt, Gustav Heinemann u. a., darauf ordnete der Landesbischof Bender an, daß Schmitt ausgeladen werde.

Walter Strauss (1900–1976), Jurist, verlor 1935 seine Anstellung im Reichswirtschaftsministerium, war zunächst noch als Anwalt tätig und fand 1943 als Arbeiter in der Rüstungsindustrie Beschäftigung. 1946/47 Mitglied des deutschen Länderrats, seit 1949 beamteter Staatssekretär im Bundesjustizministerium, nach der „Spiegel-Affäre" trat er 1963 zurück und wurde Richter am Europäischen Gerichtshof, Luxemburg; Mitglied des Evang. Arbeitskreises der CDU; Friedemann Utz, Preuße, Protestant, Pragmatiker. Der Staatssekretär Walter Strauß und sein Staat, Tübingen 2003. Der Brief an Schomerus ist zitiert S. 367.

Forsthoff sprach am 8. Mai 1953 zum Thema: „Zur geistigen Struktur des frühen deutschen Konservativismus".

2 Die Gründung des Klosters Hirsau (bei Calw, Württemberg) reicht ins 9. Jh. zurück, 1120 wurde ein Klosterbau fertiggestellt, dessen Überreste heute noch erhalten sind. Im 12. Jh. war Hirsau Ausgangspunkt einer einflußreichen Reformbewegung, nach Einführung der Reformation wurde das Kloster 1556 in eine evangelische Klosterschule umgewandelt.

Nr. 62 Schmitt an Forsthoff, 3. 9. 1953

1 Die Academia Moralis veranstaltete am 11. Juli 1953 eine Feier zu Schmitts 65. Geburtstag. Eine ursprünglich geplante Festschrift konnte nicht gedruckt werden. Die Original-Manuskripte wurden gebunden und Schmitt überreicht. Einzelne Beiträge erschienen 1968 in der zweibändigen Festschrift „Epirrhosis"; Mohler, Briefwechsel, S. 392 Anm. 470; die Teilnehmer nennt Piet Tommissen, in: Epirrhosis, Bd. 2, S. 751.

Am 11. Juli 1953 hielt Forsthoff hielt folgende Ansprache:

„Hochverehrter, lieber Herr Schmitt! Wenn ich versuche, den Wünschen und Empfindungen Ausdruck zu geben, mit denen Ihre Schüler am heutigen Tage um Sie versammelt oder Ihnen gedenkend verbunden sind, so darf ich mit einer persönlichen Erinnerung beginnen. Es war vor ziemlich genau dreißig Jahren, als ich – Student im 5. Semester – mir ein Herz faßte, Sie in Ihrer Wohnung in der Meckenheimer Allee in Bonn aufsuchte und Sie fragte, ob Sie mich als Doktoranden annehmen würden. Ich hatte, als ich im 5. Semester nach Bonn ging, ein Rechtsstudium hinter mir, das ich mehr aus Pflicht denn aus Neigung absolviert hatte, immer im Zweifel, ob ich nicht zur philosophischen Fakultät hinüberwechseln sollte. Ich belegte bei Ihnen die Übung im Öffentlichen Recht und bekenne, daß mir damals Ihr Name noch nicht viel sagte. Ich hatte noch keines Ihrer Bücher gelesen. Aber diese Ihre Übung wurde für mich zu einem lebensentscheidenden Erlebnis. Zum erstenmale sah ich mich hier dem Geist des Rechts und der Rechtswissenschaft gegenüber. Im Sommer 1923 bin ich zum Juristen geworden, dem noch lernenden zwar, in dem aber jetzt ein Bewußtsein von der Aufgabe und der Würde des Rechts und des Juristen wach geworden war. Ich möchte glauben, daß dies ein typisches Erlebnis ist, wie es den meisten Ihrer Schüler in dieser oder jener Form zuteil geworden ist.

In den drei Jahrzehnten, die uns von dem Sommer 1923 trennen, hat sich eine Restauration der Staatswissenschaft und der Volkswissenschaft vollzogen; sie wurde aus manchen Quellen genährt und von zahlreichen Gelehrten unseres Faches befördert. Aber es hat keiner so gewichtiges, so profiliertes dazu beigetragen wie Sie. Es war das Glück Ihrer älteren Schüler, diesen Prozeß der Erneuerung der Wissenschaft vom öffentlichen Recht mit zu erleben und in ihm Ihr wissenschaftliches Werk entstehen zu sehen. Was in diesen Jahrzehnten übergegangen ist von Ihnen auf Ihre Schüler an Anregung, Rat, Ermutigung und Hilfe, ist Dankesschuld, die uns heute um Sie und mit Ihnen vereinigt.

Was Sie darüber hinaus der Wissenschaft gegeben haben, ist weithin den Bezirken der persönlichen Autorschaft enthoben und zu einem objektiven Element des wissenschaftlichen Geistes geworden. Wie es heute um Sie und Ihr wissenschaftliches Werk bestellt ist, wissen wir und weiß niemand besser als Sie selbst. Sie haben für sich in Anspruch nehmen können, daß Sie als Einziger in die letzten Tiefen des Krieges und des Bürgerkrieges hinabgeblickt haben. So wissen Sie, daß das Recht haben ja nach der Machtlage schäbiger Triumph und untilgbarer Verbrechen sein kann. Sie wissen von den Feinden, die Feinde bleiben müssen, weil jenen Ihr Wesen im Stillen ein ewiger Vorwurf ist, wie schon im westöstlichen Divan zu lesen steht.

Aber wir hätten kein Heimatrecht in der Welt des Geistes, wenn wir nicht von der Überzeugung durchdrungen wären, daß sich dem Geiste keine Ketten schmieden lassen. Daraus schöpfen wir die Hoffnung und die Zuversicht, daß Ihr wissenschaftliches Lebenswerk, sehr verehrter Herr Schmitt, nicht nur fortwirkt, sondern auch noch keineswegs abgeschlossen ist. Wir, Ihre Schüler, hören es nicht gerne, wenn Sie sich gelegentlich als einen alten Mann bezeichnen. Und ob es Ihnen auch anders erscheinen mag – die Fluren sind nicht winterlich, denen Sie den Samen anvertrauen würden und wurden.

So ist für uns, Ihre Schüler, dieser Tag ein Tag der Rückschau und der Erinnerung, aber nicht weniger ein Tag des Ausblicks. Rückschau und Erinnerung erfüllen uns mit den Empfindungen der Verehrung für Sie und alles das, was Sie der deutschen, der europäischen Rechtswissenschaft zu bleibendem Besitz gegeben haben, sie stellen uns vor Augen, was wir, jeder von uns, Ihnen zu danken haben, eine Schuld, in der wir uns dauernd und freudig mit Ihnen verbunden wissen. Im Ausblick auf die Zukunft sind wir der Zuversicht, daß der Nomos der Erde einen Höhepunkt, nicht aber den Abschluß Ihres wissenschaftlichen Werkes bedeuten möge. Ich darf Sie selbst zitieren mit dem schönen Satz aus ex captivitate: der Geist hat seinen Stolz, seine unveräußerliche Freiheit und auch seine Schutzengel. Ein Wort, das doch wohl nicht nur Antwort war auf eine bestimmte Situation, sondern auch in die Zukunft weist.

So vereinigten sich Ihre Schüler heute in dem Wunsche, daß Ihnen Kraft und Gesundheit beschieden sein möge, daß Ihr wissenschaftlicher Genius seine Schwingen weiter ausbreiten möge – ad multos annos."

Das Redemanuskript liegt in Forsthoffs Nachlaß.

2 Unter der Überschrift „Mit Heidegger gegen Heidegger denken. Zur Veröffentlichung von Vorlesungen aus dem Jahre 1935" besprach Jürgen Habermas Heideggers unkommentierten Abdruck seiner „Metaphysik" nach Vorlesungsmanuskripten aus dem Jahre 1935. Diese Anmerkungen kritisierte Chr. E. Lewalter in der „Zeit" (25. Juli

1953). Karl Korn (1908–1991), Mitherausgeber der FAZ, nahm die Fehde auf und verteidigte am 14. August 1953 mit seinem Artikel: „Warum schweigt Heidegger? Antwort auf den Versuch einer Polemik“ den FAZ-Mitarbeiter Jürgen Habermas („Student der Philosophie in Bonn bei Rothacker und 24 Jahre alt“).

Korn schrieb: „... es mutet grotesk an, daß der Kulturpolitiker der ‚Zeit‘ dem vierundzwanzigjährigen Studenten Habermas Verfolgungssucht vorwirft und den Versuch macht, H. ohne sachlichen Anlaß ins ‚neo-marxistische‘ Ghetto zu stoßen. ... Wenn Lewalter etwas mit seinen orakelhaften Sätzen gelungen ist, dann dies: es wurde deutlich, daß kein anderer als Heidegger selbst das Wort zur Selbstauslegung zu ergreifen hätte. Mag sein, daß dem großen Heidegger ein kleiner Student nicht Anlaß genug ist, sich zu äußern. Wir jedenfalls glauben, daß der Student H. nicht nur seinen Überdruß, sondern die Ungeduld seiner Generation ausgesprochen hat. Was aber die Polemik der ‚Zeit‘ angeht, so müssen wir unsererseits es eine Infamie nennen, daß der Ruf der Jugend nach Diskussion und offenem Geisteskampf als Verfolgungssucht verdächtigt wird ...“.
Martin Heidegger (1889–1976) antwortete in einem Leserbrief in der „Zeit“ (24. September 1953), „... was damals in einer solchen Vorlesung zu sagen im äußersten möglich war und was nicht, können heute nur wenige ermessen. Ich aber weiß, daß die hörenden unter den Hörern das Gesagte sehr genau verstanden haben“.

Jürgen Habermas (geb. 1929) promovierte 1954 in Bonn bei Erich Rothacker mit dem Thema: Das Absolute und die Geschichte. Von der Zwiespältigkeit in Schellings Denken.

3 Der Schauspieler Veit Harlan (1899–1964) wurde nach 1945 vor allem wegen seiner Arbeit als Drehbuchautor und Regisseur der Filme „Jud Süß“ und „Kolberg“ kritisiert und angeklagt. Als der Hamburger Senatsdirektor Erich Lüth (1902–1989) zum Boykott seiner nach dem Krieg produzierten Filme aufrief (20. September 1950), verklagte ihn die Produktionsgesellschaft auf Unterlassung und drang damit vor dem Bundesgerichtshof durch. Lüth legte Verfassungsbeschwerde ein. Das Bundesverfassungsgericht hob das Urteil des BGH auf (sog. Lüth-Urteil vom 15. Januar 1958, BVerfGE 7, S. 198–230).

4 Erich Rothacker (1888–1965) habilitierte sich 1920 in Heidelberg, seit 1928 a.o. Professor für Philosophie in Bonn, 1932 unterzeichnete er einen Wahlaufruf deutscher Hochschullehrer für Adolf Hitler. Zu Rothacker: Christian Tilitzki, Die deutsche Universitätsphilosophie in der Weimarer Republik und im Dritten Reich, 2 Bde, Berlin 2002, passim; Volker Böhnigk, Kulturanthropologie als Rassenlehre. Nationalsozialistische Kulturphilosophie aus der Sicht des Philosophen Erich Rothacker, Würzburg 2002. Schmitts Briefe an Rothacker aus den Jahren 1948–1960 liegen in der Universitäts- und Landesbibliothek Bonn.

5 Die Gemeinde Törwang, südöstlich von Rosenheim, gehört heute in den Gesamtgemeindebezirk „Samerberg“. Die Familie Forsthoff fand schon von Wien aus dort zeitweilig ein Refugium.

6 Schmitt traf sich im August in Baden-Baden mit Mme Michelle Ponceau, der Witwe des Philosophen Amédée Ponceau (1884–1948); Mohler, Briefwechsel, S. 144.

7 Schmitt, Nehmen/Teilen/Weiden, 1953 veröffentlicht, betrachtete Schmitt als „7. Corollarium zum Nomos der Erde“. Er brachte darin Anmerkungen zur Diskussion der sozialen Marktwirtschaft, den sozialen Bundesstaat, den sozialen Rechtsstaat. Forsthoff hatte für die Staatsrechtslehrer-Tagung in Bonn (15.–18. Oktober 1953) das Referat „Begriff und Wesen des sozialen Rechtsstaats“ übernommen.

8 Georges Sorel (1847–1922) umschrieb in einem Brief an Daniel Halévy (1872–1962) seine Vorstellungen (15. Juli 1907):

> Neben Utopien der Sozialisten hätten „stets Mythen bestanden, die fähig waren, die Arbeiter zur Empörung fortzureißen. Während langer Zeit beruhten diese Mythen auf den Legenden der Revolution und bewahrten ihren vollen Wert, solange diese Legenden nicht erschüttert waren. Heutzutage ist das Vertrauen der Sozialisten ein sehr viel größeres als zuvor: seit nämlich der Mythus des Generalstreiks die ganze Bewegung, soweit sie wahrhaft Arbeiterbewegung ist, beherrscht“; zit. nach Georges Sorel, Über die Gewalt, hg. Gottfried Salomon, Innsbruck 1928, S. 38.

Nr. 63 Forsthoff an Schmitt, 20. 9. 1953

1 Georges Ripert, Le Déclin du Droit. Études sur la Législation contemporaine, Paris 1949, S. 39: « Pour protéger les uns et désarmer les autres, il faut nécessairement faire appel à une force supérieure à tous. »
Georges Ripert (1880–1958), Professor für Zivilrecht, bes. Handelsrecht in Aix-en-Provence, seit 1918 in Paris; 1940 bekleidete er das Amt eines Unterstaatssekretär im Erziehungsministerium.

2 Ulrich Scheuner (1903–1981) habilitierte sich 1928 in Berlin, kam 1933 zunächst nach Jena, Göttingen (1940) und 1941 nach Straßburg. Seit 1950 lehrte er in Bonn Staats-, Kirchen- und Völkerrecht. Über sein Verhältnis zu Scheuner äußerte sich Forsthoff im Laufe des Briefwechsels verschiedentlich und freute sich aber schließlich über Scheuners Mitwirkung an seiner Festschrift, Brief vom 26. September 1972 (Nr. 343).

Nr. 65 Schmitt an Forsthoff, 18. 11. 1953

1 Vgl. dagegen Forsthoffs Brief an Schmitt, 23. Januar 1932 (Nr. 9) und die Darstellung bei Koenen, Schmitt, S. 527–557; Noack, Schmitt, S. 200–201; Bernd Rüthers, Carl Schmitt im Dritten Reich, München 1990, S. 81–83.

Nr. 66 Forsthoff an Schmitt, 23. 11. 1953

1 Theodor Maunz (1901–1993) bekleidete seit 1952 das Ordinariat für Öffentliches Recht an der Münchner Universität; zur Diskussion um ihn statt vieler: Michael Stolleis, Th. Maunz – ein Staatsrechtslehrerleben, in: Kritische Justiz 4, 1993, S. 393–396 und Gert Roellecke, Theodor Maunz und die Verantwortung des Öffentlichrechtlers, in: Kritische Justiz 5, 1994, S. 344–354.
Hugo Grotius (de Groot, 1583–1645) veröffentlichte 1625 im Pariser Exil „De jure belli ac pacis“, das 1626 auch in Frankfurt und Amsterdam erschien; R. Feenstra, in: Stolleis, Juristen, S. 265–268.

2 Konrad Duden (1907–1979) gründete 1950 in Mannheim eine Anwaltskanzlei. 1965 übernahm Duden ein Ordinariat an der Universität Mannheim und schied aus der Kanzlei aus.

3 Schmitt, Land und Meer, erschien zuerst 1942, 2. Aufl. 1954.

4 Charles Joseph de Ligne (1735–1814) in Brüssel geboren, seit 1752 in habsburgischen Diensten. 1763 besuchte er Voltaire (1694–1778) und berichtete:

»Il aimait alors la constitution anglaise. Je me souviens que je lui dis: ‚Monsieur de Voltaire, ajoutez-y comme son soutien l'Océan, sans lequel elle ne durerait pas … L'Océan, me dit-il, vous allez me faire bien des réflexions là-dessus'«, in: Lettres et Pensées du maréchal prince de Ligne, publiées par la baronne de Staël-Holstein, Paris 1809, S. 387.

Forsthoff zitierte nach der Ausgabe: Die Französischen Moralisten. Neue Folge. Galiani, Fürst von Ligne, Joubert. Verdeutscht und herausgegeben von Fritz Schalk, Wiesbaden 1940, S. 108.

5 Zur Affäre Herrenalb vgl. Kommentar zu Forsthoffs Brief an Schmitt, 21. April 1953 (Nr. 61).

Nr. 67 Schmitt an Forsthoff, 27. 1. 1954

1 Forsthoff, Lehrbuch des Verwaltungsrechts, 3. Aufl. 1953, S. 414:

Zum Rechtsgrundsatz der Gleichheit vor dem Gesetz: „Diese Gleichheit darf jedoch nicht mechanisch verstanden werden. Sie besagt vielmehr, daß keine willkürliche Differenzierung … geschehen darf. Die Gleichheit ist also gleichbedeutend mit dem Willkürverbot".

2 Günter Dürig, Zurück zum klassischen Enteignungsbegriff!, in: JZ 9, 1954, S. 4–12; Dürig übte Kritik am Beschluß des BGH vom 10. Juni 1952, BGHZ 6, S. 270 und nahm ausführlich zu Forsthoffs Verwaltungsrecht Stellung.

Nr. 68 Forsthoff an Schmitt, 28. 1. 1954

1 Andreas Hamann, Rechtsstaat und Wirtschaftslenkung, Heidelberg 1953.

Art. 2 GG (Freie Entfaltung der Persönlichkeit), Art. 3 GG (Gleichheit vor dem Gesetz), Art. 14 GG (Eigentum/Enteignung), Art. 19 GG (Einschränkung von Grundrechten durch Gesetz oder auf Grund eines Gesetzes).

2 Forsthoff in einer Anmerkung zum Beschluß des BGH, 1952.

3 Am 28. Januar brachte der Stuttgarter Rundfunk eine Sendung über Däubler. Schmitts Schrift: Theodor Däublers „Nordlicht" erschien erstmals 1916.

4 Walter Jellinek, Erwin Jacobi 70 Jahre alt, in: JZ 9, 1954, S. 60.

Jellinek erwähnte u. a. Jacobis Ko-Bericht zu Schmitts Referat auf der Staatsrechtslehrertagung 1926 und die Übernahme des Arbeitsrechts als neuem Themenbereich. „Persönlich ist der trotz seines mächtigen Körperbaues in seinen Bewegungen graziöse Mann von einer bestrickenden Liebenswürdigkeit", er sei der beste Dilettant auf der Geige, der in Deutschland lebe.

Nr. 69 Schmitt an Forsthoff, 29. 4. 1954

1 Georgios D. Daskalakis (geb. 1912) hatte sich 1938 in Berlin bei Schmitt mit der Arbeit: Das Gesetz als konkrete Seinsordnung und Planverwirklichung habilitiert (als Auszug gedruckt); in Schmitts Nachlaß liegt Korrespondenz aus den Jahren 1938–1982; Tilitzki, Schmitt in Berlin, S. 71/72.

2 Carl Brinkmann, Rezension zu Carl Joachim Friedrich, Der Verfassungsstaat der Neuzeit, in: Finanzarchiv NF 14, 1953/54, S. 737.

Carl Joachim Friedrich (1901–1984) promovierte 1925 bei Alfred Weber in Heidelberg, ging nach den USA, lehrte Politische Wissenschaft in Harvard, übernahm aber auch Lehraufträge in Deutschland (1933 in Heidelberg). Nach dem Zweiten Weltkrieg beriet er amerikanische Besatzungstruppen. 1954–1966 lehrte er abwechselnd in Heidelberg und Harvard; vgl. Hans J. Lietzmann, Carl Joachim Friedrich. Ein amerikanischer Politikwissenschaftler aus Heidelberg, in: Reinhard Blomert u. a. (Hgg.), Heidelberger Sozial- und Staatswissenschaften zwischen 1918 und 1958, Marburg 1997, S. 267–290.

3 Johanna Kendziora (geb. 1903), Der Begriff der politischen Partei im System des politischen Liberalismus, 1935 (von Schmitt begutachtete Dissertation); Tilitzki, Schmitt an der Handelshochschule, in: Schmittiana 4, 1994, S. 202.

4 Sava Kličković, Die Enteignung, ein dem Grundeigentum und der Bodenbeschaffung zugeordnetes Rechtsinstitut, Diss. Berlin (5. Juni) 1940, in: Deutsche Rechtswissenschaft 1940, S. 137–153.

Von Sava Kličković (1916–1990, Serbe), Kaufmann, Diplomat, liegt in Schmitts Nachlaß Korrespondenz aus den Jahren 1942–1979; Mohler, Briefwechsel, S. 187 Anm. 222; Tilitzki, Schmitt in Berlin, S. 95/96.

5 Art. 79 GG betr. die Änderung des Grundgesetzes.

Schmitt sandte am 26. März 1954 Armin Mohler eine Abschrift aus dem Protokoll der 7. Sitzung des Bundestagsausschusses für Rechtswesen und Verfassungsrecht vom 19. Februar 1954. Danach sprach „der Abg. Dr. Arndt (SPD) von einer Erkenntnis ..., die wir den Arbeiten von Carl Schmitt verdanken. ... Ich habe gar keine Hemmungen, den Teufel zu zitieren; denn manchmal ist auch die Kraft, die stets verneint, eine, die Gutes schafft"; Mohler, Briefwechsel, S. 152.

6 Konrad Weiß, Der christliche Epimetheus, Berlin 1933.

Konrad Weiß verwies S. 81 auf: „das politische und publizistische Ansehen des katholischen Rechtslehrers Carl Schmitt, dessen Rechtssinn wie ein mythisch-praktisches Integrum erscheint, woran das Ambigene der logisch-humanen und immer zuletzt christlich nicht rekludierbaren Position als an der juristischen Dezision sich umschlagen und in politisch-geschichtliche raumhafte Fruchtbarkeit ausgeleitet wird. Dieser Umschlag zwischen Recht und Masse, ‚Technik' und Kreatur erscheint auch als eine spezifisch-katholische Sinnesform der Gegenwart. Man kann vergleichsweise dafür an den Sinn von Pfeiler und Säule in der basilikalen Reklusaform denken. Es ist der Umschlag, an dessen Ordo die Komparation des Sinnes zur aktiven Kontemplation im Säkularen sich fortfördern muß".

Beim Erscheinen des Bandes warb der Verlag für das Buch: „Der Verlag Edwin Runge, bestrebt, dem gegenwärtigen Kampf der Deutschen um die Gestaltung ihres Reiches Ausdruck zu geben, eröffnet hiermit die Reihe politischer Schriften junger Katholiken. Das Wissen um die Unveräußerlichkeit der einzelnen konfessionellen Inhalte verpflichtet heute dazu, das Gemeinsame im

Wollen der großen Weltanschauungsgruppen zu erkennen, nämlich: den Bestand der Nation im Reich der Deutschen zu begründen in der Kraft und Tiefe des christlichen Glaubens"; Hinweis von Piet Tommissen, in: Schmittiana 3, 1991, S. 80 Anm. 6.

7 Ruth Büttner (geb. 1907), Wirtschaftliche Inkompatibilitäten, Bochum 1933, bei Schmitt an der Berliner Handelshochschule angefertigte Dissertation; Tilitzki, Schmitt an der Handels-Hochschule, in: Schmittiana 4, 1994, S. 201.

8 Zenodot (etwa 350–260 v. Chr.), Prinzenerzieher am Hof der Ptolemäer, 285/284 v. Chr. Vorsteher der Bibliothek von Alexandria, entwickelte Anfänge einer textkritischen Methode.

Ob Zenodot selbst eine kritische Homer-Ausgabe herausbrachte, ist umstritten; erhalten sind Scholien zur Ilias und Odyssee; DNP 12/2, 2002, Sp. 738–740; vgl. Forsthoffs Brief an Schmitt, 18. Juni 1954 (Nr. 74).

9 Schmitt empfahl in seinem Brief an Hettlage (29. April 1954, HSAD RW 265-13086) Walter Antoniolli und Hans Spanner.

Walter Antoniolli (1907–2006) war 1948 in Innsbruck, 1956 kam er nach Wien als Ordinarius für Staats- und Verwaltungsrecht. Seit 1951 gehörte er dem österreichischen Verfassungsgerichtshof an, 1958 als dessen Präsident.

Hans Spanner (1908–1991), seit 1937 a. o., 1951 Ordinarius für Öffentliches Recht in Graz. 1956 nahm er einen Ruf nach Erlangen an, 1960 ging er an die Münchener Fakultät.

Karl Maria Hettlage (1902–1995), Finanzchef verschiedener Ministerien, habilitierte sich 1930 in Köln. Seit 1949 war er Honorarprofessor in Bonn, 1951 übernahm er ein Ordinariat in Mainz. Vgl. Schmitts Briefe an Forsthoff, 19. Mai 1954 (Nr. 71) und 9. Mai 1966 (Nr. 206).

Nr. 70 Forsthoff an Schmitt, 4. 5. 1954

1 Walter Muschg, Tragische Literaturgeschichte, 2. Aufl. Bern 1953.

2 Hans von Hentig, Der Friedensschluß. Geist und Technik einer verlorenen Kunst, Stuttgart 1952, geschrieben 1951 in den USA.

Hans von Hentig (1887–1974), Kriminologe, seit 1934 als Ordinarius in Bonn, 1936 entlassen, emigrierte in die USA; er lehrte an verschiedenen Universitäten und war im US-Justizministerium tätig. Von Hentig nahm Eisenhowers Angebot einer Kanzlerschaft der Universität Heidelberg nicht an, erst 1951 kehrte er als Ordinarius nach Bonn zurück; Biogr. Hdb. Emigr. 2/1, S. 492/493. Vgl. In memoriam Hans von Hentig. Reden gehalten anläßlich der Gedenkfeier der Rechts- und Staatswissenschaftlichen Fakultät der Universität Bonn am 15. Januar 1975, in: Alma Mater 36, Bonn 1976.

Nr. 71 Schmitt an Forsthoff, 19. 5. 1954

Der Brief ist als ungezeichneter maschinenschriftlicher Durchschlag im Nachlaß Schmitt überliefert.

1 Richard Naumann (1906–1978), habilitierte sich 1938 in Kiel; vgl. Forsthoffs Brief an Schmitt, 19. Juli 1959 (Nr. 120), Anm. 2.

2 Schmitts Verfassungslehre erschien 1954 als unveränderter Nachdruck der Erstausgabe von 1928.

3 Helmut Schelsky (1912–1984), Soziologe, Habilitation 1939 in Königsberg, kam 1949 an die Hamburger Hochschule für Arbeit und Politik, 1953 Ordinarius an der Universität Hamburg. 1960 übernahm er die Leitung der „Sozialforschungsstelle an der Universität Münster" in Dortmund; 1969 zog er sich zurück, trat aber 1970 erneut eine Professur in Bielefeld an.

4 Werner Weber, Die verfassungsrechtliche Problematik der Zwangsversorgungseinrichtungen der freien Berufe, in: Walter Rohrbeck (Hg.), Aktuelle Probleme der Versicherungswirtschaft, vom Standpunkt der Versicherungswissenschaft betrachtet, Berlin 1954, S. 7–25.

Nr. 72 Forsthoff an Schmitt, [22. 5. 1954]

1 Hans Huber (1901–1987), seit 1946 Ordinarius für Staats-, Verwaltungsrecht und Völkerrecht in Bern, veröffentlichte seinen Vortrag unter dem Titel: Recht, Staat und Gesellschaft, Bern 1954.

2 Zur Stifter Tagung auf der Mainau s. oben Kommentar zu Forsthoffs Brief an Schmitt vom 21. April 1953 (Nr. 61).

3 Journalistin, nicht ermittelt.

4 Die Reise nach Konstanz im April 1954 erwähnte Schmitt auch gegenüber Mohler; Mohler, Briefwechsel, S. 153, 156.

5 Schmitt schrieb Mohler (3. Juni 1954), „Die Zeit" habe zur Neuauflage der Verfassungslehre einen Aufsatz bei einem seiner Freunde bestellt; Mohler, Briefwechsel, S. 156. Vgl. Kommentierung zu Schmitts Brief an Forsthoff vom 19. November 1954 (Nr. 76).

Nr. 73 Schmitt an Forsthoff, 16. 6. 1954

1 Am 18. Juni 1954 (Meldung vom 17. Juni), S. 9 berichtete die FAZ kurz über die mündliche Verhandlung zur Klage betr. das Investitionshilfegesetz vor dem Bundesverfassungsgericht: 80 Firmen der gewerblichen Wirtschaft hätten 1952 eine Klage eingereicht, da sie durch das Gesetz den Gleichheitsgrundsatz und die Eigentumsgarantie verletzt sahen. Die Investitionshilfe-Zahlungen (fast 1 Mrd. DM) waren nach Auskunft des Wirtschafts- und Finanzministeriums bereits nahezu aufgebracht worden. Die Rechtsanwälte der Beschwerdeführer erklärten es als „Zweck des Verfahrens, darauf hinzuwirken, daß eine Wiederholung der rechtlichen Fehler in diesem Gesetz in Zukunft nicht mehr vorkomme."

2 Unter der Überschrift: „Jeder Streik ist politisch" berichtete die FAZ, Ausgabe vom 16. Juni 1954, über Abendroths Vortrag vor dem gewerkschaftspolitischen Forum in Düsseldorf:

„Heute wie früher (sei) jeder Streik ein politischer Streik". Seiner Ansicht nach würden „die im Grundgesetz verankerten sozialen Rechte heute durch die allgemeine Rechtslehre und Rechtsprechung verfälscht. ... Nach dem Grundgesetz müßten heute alle Streiks legal seien. Aber die Rechtslage sei verwirrt. ... Die Staatsrechtslehrer trennten neuerdings bei der Auslegung des Grundgesetzes scharf zwischen dem demokratischen und dem sozialen Moment, das bis 1950 noch identisch gewesen sei. ... Durch diese Methode, die von den Gegenspielern der Arbeitnehmergruppe beeinflußt seien, sei aber die Demokratie in ihrem Bestand bedroht. Die Gewerkschaften stellten in Deutschland die einzige soziale Kraft dar, die in der Lage sei, die Demokratie zu verteidigen. Deshalb dürfe sie der jetzigen Rechtsentwicklung nicht tatenlos zusehen, um die Demokratie nicht zum zweiten Male zu verlieren."

Wolfgang Abendroth beschrieb seine Zusammenarbeit mit Viktor Agartz (1897–1964), der 1954 auf dem Bundeskongreß des DGB ein Referat gegen Remilitarisierung der Bundesrepublik hielt, beraten von Abendroth. Eine Remilitarisierung lehnte der Kongreß mit 286:4 Stimmen ab; Abendroth, Ein Leben in der Arbeiterbewegung, Gespräche, aufgezeichnet und herausgegeben von Barbara Dietrich und Joachim Perels, 2. Aufl. Frankfurt a. M. 1977, S. 223 f.

Unter Bezugnahme auf einen Spiegel-Artikel (10. März 1954) griff Abendroth das Thema nochmals auf: Der politische Streik. Wissenschaftliche Diskussion oder politische Treibjagd, in: Gewerkschaftliche Monatshefte 5, 1954, S. 257–263.

Zur Fragestellung vgl. Joseph H. Kaiser, Der politische Streik, Bonner Antrittsvorlesung vom 23. Februar 1954, Berlin 1955, 2. Aufl. 1959.

3 Schmitt, Verfassungslehre (1928), S. 165:

Nach der Weimarer Reichsverfassung sind die Grundrechte Rechte des einzelnen, verlieren sie ihren unpolitischen Charakter, verlieren sie auch die „Absolutheit ihres Schutzes. ... Dann ergibt sich die Notwendigkeit einer Regelung und Normierung daraus, daß diese Rechte nicht in der Sphäre des Privaten bleiben, sondern soziale Betätigungen enthalten. ... Sobald die Vereinigungsfreiheit zu Koalitionen führt, d. h. zu Vereinigungen, die einander bekämpfen und mit spezifischen, sozialen Machtmitteln wie Streik oder Aussperrung einander gegenüberstehen, ist der Punkt des Politischen erreicht und ein individualistisches Grund- und Freiheitsrecht infolgedessen nicht mehr vorhanden. Koalitionsrecht, Streikrecht oder Stillegungsrecht sind keine Freiheitsrechte im Sinne des liberalen Rechtsstaats."

Nr. 74 Forsthoff an Schmitt, 18. 6. 1954

1 Wilhelm Schulte war einer der Beschwerdeführer; Hans Holtkotten, Mitautor des „Bonner Kommentars"; die Mannheimer Anwälte Konrad Duden und Wilhelm Schilling waren Spezialisten zu Fragen des Gesellschaftsrechts.

2 Gerhard Heiland (1894–1961) war Richter am Bundesgerichtshof und wurde 1951 in den Ersten Senat des Bundesverfassungsgerichts gewählt.

3 Forsthoff, Der lästige Jurist, erschien 1955.

4 Hermann Karl August Weinkauff (1894–1981) bekleidete nach seinem Studium verschiedene Richterstellen, u. a. 1937–1945 am Reichsgericht, Leipzig. Nach seiner Entlassung aus einem amerikanischen Internierungslager wurde er Präsident eines Land- und Oberlandesgerichts. Im Oktober 1950 ernannte ihn der Bundespräsident zum ersten Präsidenten des Bundesgerichtshofs, Karlsruhe.

5 Carl Haensel (1889–1968), Jurist und Schriftsteller, zu den Nürnberger Verfahren als Verteidiger der SS-Organisation berufen, 1950–1958 Justitiar des Südwestfunks. Haensel, Das Gericht vertagt sich. Aus dem Tagebuch eines Verteidigers, 1. Aufl. Hamburg 1950, 2. Aufl. Wiesbaden, München 1980.

6 Zu Abendroths Vortrag vgl. Kommentar zu Schmitts Brief an Forsthoff, 16. Juni 1954 (Nr. 73).

7 Richard Schmid (1899–1986), 1940 wegen Hochverrats zu 3 Jahren Zuchthaus verurteilt (den zugleich aberkannten Dr.-Titel sprach die Universität Tübingen ihm 2003 förmlich wieder zu), 1945 Generalstaatsanwalt, 1953 Staatssekretär im Landesjustizministerium Württemberg-Baden, Präsident des 1953 neu eingerichteten OLG-Stuttgart.

Im November 1953 hatte Richard Schmid einen Vortrag über den „Politischen Streik" gehalten, abgedruckt in: Gewerkschaftliche Monatshefte 5, 1954, S. 1–8. Alfred Weber leitete den Artikel mit der Vorbemerkung ein:

> „Das Verhältnis vom Staat zu den gewerkschaftlichen Aktionen steht heute im Zeichen schwerer Mißverständnisse und Irrtümer, die die Gefahr enthalten, daß man den Gewerkschaften für ihr Handeln gänzlich unangemessene Schranken auferlegt hat. Die Gewerkschaften stehen nicht als oligarchische Mächte neben dem Staat. Sie sind vielmehr mindestens so demokratisch aufgebaut wie dieser und stehen neben ihm als ein zweiter im wirtschaftlichen und sozialen Raum sich vollziehender Integrationsprozeß. Denn auch sie haben die Verwirklichung der Menschenrechte zur Aufgabe."

Über die Berichterstattung des „Spiegel" kam es zu Prozessen, die bis vor das BVerfG führten (Beschluß vom 25. Januar 1961, BVerfGE 12, S. 113–132), vgl. unten Schmitts Brief an Forsthoff, 27. April 1965 (Nr. 189).

8 Enno Friedrich Richard Ulrich von Wilamowitz-Moellendorff (1848–1931), Altphilologe, seit 1897 an der Universität Berlin, erarbeitete neue Grundlagen der Textinterpretation. Zum ganzen: Christian Meier, Zu Carl Schmitts Begriffsbildung – Das Politische und der Nomos, in: Quaritsch, Complexio Oppositorum, S. 537–556.

Nr. 75 Forsthoff an Schmitt, 2. 11. 1954

1 Forsthoffs Sonderdruck betraf seinen Vortrag vor der Freiherr-vom-Stein-Gesellschaft (10. November 1953) „Verfassungsprobleme des Sozialstaats", gedruckt 1954.

2 Schmitt, Gespräch über die Macht, im Verlag Neske, Pfullingen, veröffentlichte Druckfassung eines Rundfunkgesprächs (22. Juni 1954).

Nach der Publikation wurde dem Verleger Neske auf der Buchmesse von einem Redakteur der „Zeit" gedroht, man werde seinen Stand zerschlagen; Schmitt an Mohler, 13. November 1954, Mohler, Briefwechsel, S. 182; Piet Tommissen, Neue Bausteine zu einer Biographie Carl Schmitts, in: Schmittiana 5, 1996, S. 172–173.

3 Leopold von Ranke, Politisches Gespräch, in: Historisch-politische Zeitschrift 2, 1833–1836, S. 775–807; Ndr. eingeleitet durch Friedrich Meinecke, München 1924.

Nr. 76 Schmitt an Forsthoff, 19. 11 1954

1 Winfried Martini, Das Ende aller Sicherheit – Eine Kritik des Westens, Stuttgart, 1. Aufl. 1954, 2. Aufl. 1955.

Winfried Martini (1905–1991) studierte Jura und arbeitete während des Krieges als Auslands-Korrespondent in Stockholm für das Auswärtige Amt, nach 1945 u. a. Mitarbeiter der „Welt“ und Kommentator beim Bayerischen Rundfunk; Mohler, Briefwechsel, S. 184 Anm. 215.

2 Dolf Sternberger, Das Kind mit dem Bade ausgeschüttet – Lehren und Irrtümer eines aufrechten Defaitisten der Demokratie, in: Die Gegenwart 9, Ausgabe vom 23. Oktober 1954, S. 687–690; Martini brachte eine Entgegnung, in: Die Gegenwart 9, Ausgabe vom 6. November 1954, S. 722–724.

Dolf Sternberger (1907–1989), nach einem Philosophie-Studium als Publizist tätig, Mitbegründer und Mitherausgeber der Zeitschriften „Die Wandlung“ und „Die Gegenwart“. 1947 erhielt er einen Lehrauftrag für Politische Wissenschaften an der Universität Heidelberg, seit 1960 bekleidete er dort ein Ordinariat.

3 Der Soziologe Gottfried Salomon Delatour (1896–1964) lehrte bis 1933 an der Universität Frankfurt; 1933 emigrierte er nach Paris, wo er bis 1940 an der Sorbonne unterrichtete. 1941 wanderte er in die USA (New York) aus; 1958 kehrte er nach Frankfurt zurück. Sein Briefwechsel mit Carl Schmitt aus den Jahren 1924–1931 liegt im Internationaal Instituut vor Sociale Geschiedenis, Amsterdam. Die Redaktion der „Zeit“ bat ihn um eine Rezension des „Gespräches über die Macht“. Sie erschien in der Ausgabe vom 4. November 1954.

4 Richard Tüngel (1893–1970) brachte in der „Zeit“, Ausgabe vom 29. Juli 1954, einen Auszug aus Schmitts Manuskript unter dem Titel: „Im Vorraum der Macht“.

Diesem Auszug stellte Tüngel folgende Bemerkungen voran:

> „Der große deutsche Staatsrechtslehrer Carl Schmitt ist in der Bundesrepublik eine umstrittene Erscheinung. Doch auch seine Gegner sollten zuhören, wenn er scharfsinnig Durchdachtes und Einmaliges zu sagen hat. ... Wer in Zukunft über das Problem der Macht schreiben will, sollte dies nicht tun, ohne die Abhandlung von Carl Schmitt gelesen zu haben“.

Diese Veröffentlichung veranlaßte Marion Gräfin Dönhoff (1909–2002) im August 1954, aus der Redaktion auszuscheiden.

Im März 1957 übernahmen Gerd Bucerius und Gräfin Dönhoff die Redaktion der „Zeit“. Tüngel, ursprünglich Lizenzträger, Gründungsinhaber und Chefredakteur der „Zeit“, wurde Ende Juli 1955 beurlaubt und mit Hausverbot belegt. M. Dönhoff übernahm die Verantwortung für den politischen Teil der „Zeit“. Tüngel trennte sich von der Redaktion (angeblich mit sehr hoher Abfindung); Schmitt an Mohler, 25. Juli 1957, Mohler, Briefwechsel, S. 241.

Zur Auseinandersetzung unter den Mitgliedern der Zeit-Redaktion: Ein wenig betrübt, Ihre Marion. Marion Gräfin Dönhoff und Gerd Bucerius. Ein Briefwechsel aus fünf Jahrzehnten, Hg. Haug von Kuenheim/Theo Sommer, Berlin 2003, S. 23–33; Richard Tüngel/Hans Rudolf Berndorff, Stunde Null. Deutschland unter den Besatzungsmächten, Berlin 2004. Tüngels Korrespondenz aus der Zeit zwischen 1950 und 1964 ist in Schmitts Nachlaß überliefert.

5 Herbert von Borch, Obrigkeit und Widerstand. Zur politischen Soziologie des Beamtentums, Tübingen 1954; Schmitts Rezension, 1955.
Herbert von Borch (1909–2003) schloß sein Studium mit einer Dissertation bei Alfred Weber ab (Das Gottesgnadentum. Historisch-soziologischer Versuch über die religiöse Herrschaftslegitimation, Berlin 1934). Zeitweilig arbeitete er als Korrespondent der Allgemeinen Deutschen Zeitung in Rom. Seit 1950 gab er die Zeitschrift „Außenpolitik“ heraus. Er war Leitartikler der FAZ, Amerika-Korrespondent für verschiedene Zeitungen, seit 1955 Mitglied des Forschungsausschusses der neugegründeten „Deutschen Gesellschaft für Auswärtige Politik“. 1951 edierte v. Borch eine Auswahl aus Alfred Webers Aufsätzen und war Mitherausgeber der Alfred-Weber-Gesamtausgabe. 1966 erhielt er den Theodor-Wolff-Preis (Journalistenpreis der deutschen Zeitungen).
6 Hans Fleig (1916–1988), England-Korrespondent der Züricher „Tat“, Rezension unter dem Titel: Politische Literatur, in: Die Tat, 19. Oktober 1954; dazu Kommentar zu Schmitts Brief an Mohler vom 27. November 1954, in: Mohler, Briefwechsel, S. 183; Armin Mohler, Hans Fleig – Ein Schweizer Ghibelline, in: ders., Der Streifzug. Blicke auf Bilder, Bücher und Menschen, Dresden 2001, S. 151–158. Im Schmitt-Nachlaß liegt Korrespondenz von Fleig aus den Jahren 1949–1975.

Nr. 77 Forsthoff an Schmitt, 10. 12. 1954
1 Hans Schneider lehrte seit 1951 in Tübingen Öffentliches Recht.
2 Die Bundesregierung hatte 1952 einen ersten Regierungsentwurf zum „Gesetz gegen Wettbewerbsbeschränkungen“ vorgelegt, der in den Folgejahren heftig diskutiert wurde. Das Kartellgesetz wurde erst 1957 vom Bundestag verabschiedet und trat zum 1. Januar 1958 in Kraft (BGBl. I 1957, S. 1081).
3 Der Prozeß um das KPD-Verbot begann am 23. November 1954, das Verbot wurde am 17. August 1956 durch das Bundesverfassungsgericht ausgesprochen. Vgl. die Dokumentation: Gerd Pfeiffer/Hans-Georg Strickert (Hgg.), KPD-Prozeß. Dokumentarwerk zu dem Verfahren über den Antrag der Bundesregierung auf Feststellung der Verfassungswidrigkeit der Kommunistischen Partei Deutschlands vor dem Ersten Senat des Bundesverfassungsgerichts, 3 Bde., Karlsruhe 1955–1956.

Nr. 78 Forsthoff an Schmitt, 26. 4. 1955
1 Vortrag in Reichenhall nicht ermittelt.

Nr. 79 Forsthoff an Schmitt, 10. 5. 1955
1 (Bad) Endorf liegt nahe am Chiemsee.
2 Helmut Bojunga (1898–1958), 1938–1953 Kurator an der Universität Göttingen, 1953–1955 Staatssekretär im niedersächsischen Kultusministerium, 1955–1958 Präsident der Klosterkammer Hannover.

3 Die Bundesregierung strengte vor dem BVerfG eine Klage gegen das Land Niedersachsen an, weil sie das Schulgesetz für unvereinbar mit dem Reichskonkordat von 1933 hielt. Das BVerfG erklärte zwar das Reichskonkordat für gültig, es könne aber die Länder nicht verpflichten, die Schulbestimmungen des Reichskonkordats einzuhalten; Urteil vom 26. März 1957, BVerfGE 6, S. 309–367.

Nr. 80 Schmitt an Forsthoff, 26. 5. 1955

1 Felipe González Vicén (1908–1991), spanischer Rechtsphilosoph, studierte in Italien, England und Deutschland. 1937 erschien sein Vortrag: „Deutsche und spanische Rechtsphilosophie der Gegenwart. Ein Beitrag zur Geschichte des spanischen Geistes“, Tübingen. Mehrmals war er als Gastprofessor in Heidelberg, ist jedoch im SS 1955 als Gastdozent nicht nachzuweisen; Nachruf von Elías Díaz in: cervantesvirtual 1991.

2 1958 wurde die 5. Aufl. des Lehrbuchs (dt. 1955) durch Legaz Lacambra und Garrido Fallo y Gómez Ortega übersetzt. Sie erschien in der Reihe des Instituto de Estudios Politicos. Leiter des Instituts war Francisco Javier Conde Garcia (1908–1975), der Schmitt in Spanien bekannt machte und übersetzte.

Luis Legaz y Lacambra (1906–1980), Rechtshistoriker an der Universität Santiago de Compostela, übersetzte insbesondere rechtsphilosophische Bücher. 1959 lieferte er einen Beitrag zur Schmitt-Festschrift („Völkergemeinschaft, Ideologie, Utopie und Wirklichkeit“ in: Festschrift 1959, S. 123–143).

3 Schmitt legte dem Brief die Abschrift seines Briefes vom 16. Juni 1933 an Wilhelm Ahlmann bei, der damals Sachbearbeiter im für Frankfurt zuständigen preußischen Ministerium für Wissenschaft, Kunst und Volksbildung, Unterabteilung Wissenschaft war.

> 16. Juni 1933
> Sehr geehrter Herr Dr. Ahlmann! In großer Eile und Sorge ein Zuruf: Eben höre ich ganz sicher und zuverlässig, daß die Fakultät in Frankfurt Forsthoff nicht auf die Liste setzen wird mit der intern ausgesprochenen Begründung, daß man mit nationalsozialistischen Dozenten vorsichtig sei und bei ihnen eine längere Bewährung abwarten müsse. Der Lehrerfolg Forsthoffs ist, wie ich von Studenten weiß, auch in Frankfurt ganz ungewöhnlich. Die von ihm vorliegende wissenschaftliche Arbeit kann sich an schöpferischer Kraft zehnmal neben der von Wolff sehen lassen. Ich möchte also darauf aufmerksam machen, daß aus sehr bedenklichen Motiven ein schlimmes Unrecht im Spiel ist. Vergeben Sie freundlichst die große Eile dieses Schreibens. …

Hans Julius Wolff (1898–1976) habilitierte sich 1929 in Frankfurt a. M. für Öffentliches Recht, trat im SS 1933 die Nachfolge Hermann Hellers an (Ernennung am 2. August 1933). Für das WS 1933/34 wurde Wolff am 16. November 1933 beurlaubt und zum SS 1935 an das Herder-Institut in Riga versetzt, aber etatmäßig der Universität Marburg zugeordnet. 1941 kam er nach Prag, seit 1946 lehrte er an der Universität Münster; Hammerstein, Universität Frankfurt, S. 775; UA Frankfurt Abt. 4, Nr. 1849 (H. J. Wolff); Martin Kriele, in: Juristen im Portrait, S. 694–700. Vgl. auch die Einleitung, S. 6/7.

4 Heinrich Barth (1914–1997), Rechtsanwalt und Notar, 1954–1960 Bevollmächtigter der Freien Hansestadt Bremen beim Bund, 1960–1963 persönlicher Referent des Bundeskanzlers Adenauer, 1963–1969 Staatssekretär im Bundesministerium für Familie und Jugend.

5 Dem Brief ist beigelegt der Artikel: „Die Wiederbewaffnung fordert Opfer. Bauern protestieren. Ein Landbeschaffungsgesetz ist notwendig", gez. H. C. F., Christ und Welt, Ausgabe vom 19. Mai 1955, S. 4.

Nr. 81 Schmitt an Forsthoff, [3. 7. 1955]

1 Forsthoff, Maßnahme-Gesetze, erschien 1955 in der ursprünglich als Festschrift geplanten Gedächtnisschrift für W. Jellinek.

2 Friedrich Giese, Rezension zu Schmitt, Verfassungslehre, in: Deutsches Verwaltungsblatt 70, Ausgabe 5. Juni 1955, S. 408. Giese bezeichnete den Neudruck als gerechtfertigt und „willkommen".

Nr. 82 Forsthoff an Schmitt, 13. 7. 1955

1 Walter Jellinek starb am 9. Juni 1955; vgl. Forsthoffs Nachruf, in: Ruperto Carola, 1955.

2 Friedrich August Freiherr von der Heydte, Die Geburtsstunde des souveränen Staates. Ein Beitrag zur Geschichte des Völkerrechts, der allgemeinen Staatslehre und des politischen Denkens, Regensburg 1952.

Der Historiker Hermann Heimpel rezensierte das Buch in: Göttingische Gelehrte Anzeigen 208, 1954, S. 197–221. Er warf v. d. Heydte mangelnde Sorgfalt im Umgang mit Quellen und Literatur vor und faßte seine Besprechung zusammen:

> „Sein Ansatz des werdenden souveränen Staates … ist nicht so neu, wie v. d. Heydte es bei zu geringer Kenntnis der historischen Literatur glaubt, aber durchaus vertretbar. Leider zeigt fast jede Nachprüfung, daß der Verf. nicht genügend an jene wissenschaftliche Tradition gebunden ist, die sich auch im kleinen der Wahrheit verpflichtet weiß."

Nr. 83 Schmitt an Forsthoff, 26. 9. 1955

1 Schmitt berichtete Mohler am 22. November 1955, daß er seinen Hamlet-Vortrag vor 200 Zuhörern gehalten habe; Mohler, Briefwechsel, S. 209.

2 Helmut F. W. Rothacker (1919–1999) war als Assistent am kirchenrechtlichen Institut der Universität Berlin. 1951–1958 arbeitete Rothacker in der Berliner Senatsverwaltung, wurde Leiter der Rechtsabteilung für Sozialwesen in Berlin (1954 Regierungsdirektor), danach Senatsrat und Bezirksbürgermeister in Berlin-Steglitz; Auskunft Bezirksamt Zehlendorf.

Im Nachlaß von Carl Schmitt liegt Korrespondenz aus der Zeit von 1954 bis 1982.

3 Urteil des OVG Berlin nicht ermittelt.

4 Schmitt legte einen Brief von Roman Schnur (21. September 1955) bei, der detailliert Mißstände der rheinlandpfälzischen Verwaltung und seine Arbeit in der Redaktion des Archivs für Rechts- und Sozialphilosophie beschrieb.
Roman Schnur (1927–1996) kam nach Jurastudium und Promotion als Assistent an die Verwaltungshochschule Speyer, 1961 habilitierte er sich an der Heidelberger Fakultät; s. unten Kommentar zu Forsthoffs Brief an Schmitt vom 24. Februar 1961 (Nr. 155).

5 Felix Ermacora, Über die Schlagkraft des ‚naturrechtlichen Gedankengutes' im Bonner Grundgesetz, in: ZöR 6, 1955, S. 517–528.
Felix Ermacora (1923–1995) war nach seiner Habilitation 1951 in Innsbruck im Wiener Bundeskanzleramt tätig, 1956 Ordinarius in Innsbruck, 1964 in Wien, Mitglied der Menschenrechtskommissionen der UN (1974 Präsident) und des Europarats; Manfred Nowak, Felix Ermacora †, in: AöR 120, 1995, S. 278–281.

6 Alfred von Verdross-Drossberg (1890–1980), in Wien 1938 aus dem Universitätsdienst entlassen, übernahm 1947 das Juristische Dekanat, 1951 das Wiener Rektorat. Er war Mitherausgeber der 1946 wiederbegründeten Österreichischen Zeitschrift für öffentliches Recht und Völkerrecht. Verdross und Schmitt kannten sich seit 1914, siehe Schmitt, Militärzeit 1915 bis 1919, S. 498.

7 Schmitts Vortrag wurde 1925 in der Reihe „Flugschriften zum Rheinproblem" im Verlag der Rheinischen Zentrumspartei veröffentlicht.

8 Schmitt zitierte aus Konrad Weiß, Gedicht „1933", in: Christlicher Epimetheus, (Berlin) 1933, S. 3:
Echo wächst vor jedem Worte.
Wie es in den Jahren rüttelt,
wird die Sinnfrucht durchgeschüttelt,
wie ein Sturm vom offnen Orte
hämmert es durch unsre Pforte.

9 Vgl. dazu Schmitts Brief an Ernst Jünger vom 10. August 1955 und Jüngers Antwort vom 17. August 1955; Kiesel, Jünger/Schmitt Briefwechsel, S. 279, 281.
Antoine Comte de Rivarol (1753–1801), Schriftsteller, trat für die Monarchie ein und mußte deshalb 1792 aus Frankreich fliehen, er starb in Berlin. Eine Rivarol-Gesamtausgabe erschien Paris 1808, Ndr. Genf 1968. Ernst Jünger veröffentlichte seine Arbeit zu Rivarol 1956 und verwies wiederholt auf die Dissertation des Curtius-Schülers Karl-Eugen Gass, Antoine de Rivarol (1753–1801) und der Ausgang der französischen Aufklärung, Bonn 1938. Schmitt korrespondierte darüber auch mit Mohler, Brief vom 9. Oktober 1955, in: Mohler, Briefwechsel, S. 206/207.

Nr. 84 Forsthoff an Schmitt, 30. 12. 1955

1 Wolfgang Siebert (1905–1959), 1938 Ordinarius für Arbeitsrecht in Berlin, 1945 entlassen, 1953 Ordinarius in Göttingen, 1957 nahm er den Heidelberger Ruf an.

2 In der Zeitschrift „Der Eisenbahner“ veröffentlichte Schmitt 1949 auf Anregung von Haustein mehrere Artikel über das Grundgesetz, auch unter dem Namen „Haustein“; vgl. zu Einzelheiten Tommissen, Glossen, S. 131.
Werner Haustein (1894–1959) gehörte zu den Initiatoren des „Arbeitskreises Eisenbahnrecht bei der Bundesbahn“, dem auch Forsthoff angehörte. Als Angehöriger des „Höheren Dienstes“ der Reichsbahn war Haustein in „Automatic Arrest“ genommen worden. Schmitt und Haustein lernten sich im Internierungslager kennen; Tommissen, a. a. O., S. 157 Anm. 79.

3 Ernst Kern (1912–1989) kam 1950 als Regierungsdirektor bei der OECD nach Paris, später übernahm er – so Mohler – „die Leitung eines Instituts, welches die Kader für die Führungsposten in der Großindustrie ausbildet“; Mohler, Briefwechsel, S. 225 Anm. 272; Tommissen, Zweimal Kojève, in: Schmittiana 6, 1998, S. 31 Anm. 16. Kern beteiligte sich 1959 an der Festschrift zum 70. Geburtstag von Carl Schmitt mit dem Beitrag „Aspekte des Verwaltungsrechts im Industriezeitalter“, in: Festschrift 1959, S. 81–101.

4 Hannah Arendt, Elemente und Ursprünge totaler Herrschaft (in New York veröffentlicht unter dem Titel: The origins of totalitarianism, in London: The burden of our time, beide 1951), dt. Übersetzung durch H. Arendt, Frankfurt a. M. 1955.
Arendt verwies auf Schmitts Politische Romantik:

> „Carl Schmitts ‚Politische Romantik‘ ist noch immer das beste Werk über diesen Gegenstand, das wir im folgenden noch häufiger benutzen werden“, a. a. O., S. 275.

Nr. 85 Carl Schmitt an Forsthoff, 2. 1. 1956

1 Jünger verteidigte die Übersetzung in seinem Brief vom 8. Januar 1956; Kiesel, Jünger/Schmitt Briefwechsel, S. 289/290 und 728:

> Er habe „Nichtigkeit“ inzwischen durch „Bedeutungslosigkeit“ ersetzt. „Und dabei bin ich immer noch im Zweifel, ob nicht einfach ‚Obskurität‘ vorzuziehen sei. Der Unterschied meiner zu Ihrer juristischen Perspektive scheint mir vor allem darin zu liegen, daß ich obscurité mit dem guten Gewissen konfrontiere, Sie dagegen mit dem Gesetz. Ich habe in den Ausführungen meine Vermutung verschwiegen: daß Rivarol durch die anrüchigen Prozesse, die Beaumarchais in jenen Jahren führte, zu seiner Maxime veranlaßt worden ist. Dadurch, daß Beaumarchais bewußt als Bürger auftrat, entwickelte er einen Druck, dem das Gericht nicht gewachsen war.“

Dazu auch Ernst Jünger, Rivarol, Frankfurt 1956, Anmerkungen zur Übersetzung (S. 109) auf S. 189–192.

2 Zu Kličković vgl. Anmerkungen zu Schmitts Brief an Forsthoff, 29. April 1954 (Nr. 69).

3 Ernst Rudolf Huber, Wirtschaftsverwaltungsrecht, 2. erweiterte Aufl., 2 Bde, Tübingen 1953, 1954.

4 Werner Weber, Eigentum und Enteignung, in: Franz L. Neumann/Hans Carl Nipperdey/Ulrich Scheuner, Handbuch der Theorie und Praxis der Grundrechte, Bd. 2: Die Freiheitsrechte in Deutschland, Berlin 1954, S. 331–399. Weber verwies (S. 350) auf Kličković, hielt aber seine Auffassung für „zu eng“.

5 Marianne Weber gab 1921/1922 Max Webers unvollendetes Werk „Wirtschaft und Gesellschaft" aus dem Nachlaß heraus, 1956 besorgte Winckelmann eine neue Edition. Max Weber, Staatssoziologie erschien in Berlin 1956 mit einer Einleitung und Erläuterungen von Johannes Winckelmann. Schmitt rezensierte den Band 1956.
Johannes Winckelmann (1900–1985) kam 1954 als Honorarprofessor an das Institut für Soziologie der Universität München. Er begründete bei der Bayerischen Akademie der Wissenschaften das Max-Weber-Archiv.
6 Johannes Broermann (1897–1984), bis 1933 Pressereferent im Reichsinnenministerium, erwarb 1938 den Verlag Duncker & Humblot; Joseph Listl, Die Verlegerpersönlichkeit Johannes Broermann, in: Joseph Listl (Hg.), Demokratie in Anfechtung und Bewährung, Festschrift für Johannes Broermann, Berlin 1982, S. 1–20.
Ein Neudruck der „Verfassungslehre" erschien 1965.
7 Heinrich Brüning (1885–1970), 1930–1932 Reichskanzler, lebte seit 1934 in den USA. 1951–1955 übernahm er eine Professur für Politische Wissenschaften an der Universität Köln. Seine „Memoiren 1918–1934" ließ er 1970, nach seinem Tod, veröffentlichen. Zu Brüning Rudolf Morsey, Heinrich Brüning, in: DBE 2, 1995, S. 160 mit weiterführenden Literaturangaben.
Schmitt legte Forsthoff folgende Briefabschriften bei:

Brüning

Köln-Braunsfeld, 5. 3. 1955

Sehr verehrter Herr Kollege!
Haben Sie herzlichen Dank für die Uebersendung ihrer außerordentlich interessanten und geistvollen Studien „Ueber die Macht" und den „Zugang zum Machthaber". Ich habe sie mit grossem Interesse durchgelesen. Das letztere Problem ist eines der schwierigsten in der Politik und unlösbar, wenn nicht feste Traditionen auf Grund der Erfahrung vieler Geschlechter bestehen.
Ich hoffe, daß wir uns einmal im Sommer wieder unterhalten können, wie vor 14 Tagen. Ich habe diese Unterhaltung in sehr lebendiger Erinnerung.
Mit allen guten Wünschen, Ihr sehr ergebener gez. Brüning

Hartland, Vermont, 8. 12. 1955

Sehr verehrter Herr Schmitt!
Haben Sie herzlichen Dank für Ihr gütiges Gedenken und ihre freundlichen Wünsche anlässlich meines Geburtstages, über die ich mich sehr gefreut habe.
Es hat mir so leid getan, dass ich Sie vor meiner Abreise nicht mehr sehen und Ihnen für die ausgezeichneten Aufsätze danken konnte, die Sie mir gütigst in das Krankenhaus sandten. Wir müssen uns darüber einmal nach meiner Rückkehr unterhalten. Die haben mich sehr interessiert. Ich möchte auch so gerne mit Ihnen besprechen, ob Sie nicht einige vergleichbare Studien betreiben könnten in bezug auf die *de facto* Interpretation der Verfassungen hier und bei uns in Deutschland. Ueberall in der Welt, wo es „geschriebene" Verfassungen gibt, hat die große Krise und der nachfolgende Weltkrieg *de facto* grosse Umdeutungen der Verfassungen herbeigeführt, mit nicht abzusehenden politischen Folgen. Im Augenblick droht hier die Entscheidung des Supreme Court, die die Trennung der Farbigen und Weissen in den Schulen verwirft, zu einer schweren politischen Krise in den Südstaaten zu führen. Je mehr man in eine Verfassung „prinzipielle" Grundsätze hineinbringt, desto größer ist die Gefahr, daß eines Tages tatsächlich das Umgekehrte erreicht wird von dem,

was man ursprünglich wollte. Niemand wäre besser in der Lage als Sie einmal diese historische Erfahrung in den verschiedenen Ländern systematisch darzustellen. Mir fehlt dazu die Zeit.

Was meine Memoiren angeht, so habe ich den Text für die Jahre 1929–34 bereits in den Jahren 1935–36 in der frischen Erinnerung niedergeschrieben. Aber jetzt kommt die schwere Arbeit, auf all die inzwischen veröffentlichten Darstellungen einzugehen. Ich freue mich, dass ich nicht eher zur Veröffentlichung geschritten bin. Ich habe durch Briefwechsel und persönliche Besprechungen vieles aufklären können, was mir damals noch dunkel war, namentlich in bezug auf die Vorgänge kurz vor meinem Sturz. Mitteilungen, die mir aus der Umgebung von Hindenburg damals gemacht wurden, haben sich als bewusste Fälschungen erwiesen. Wenn ich jetzt zur Veröffentlichung schreite, so tue ich es nur, damit die im Auslande über die Vorgänge bestehenden falschen Auffassungen zerstört werden, die uns auch heute noch erneut schaden.

Mit herzlichem Dank und freundlichen Grüssen, Ihr stets ergebener gez. H. Brüning

8 Zu den Titeln von Hannah Arendt vgl. die Anmerkungen zu Forsthoffs Brief an Schmitt, 30. Dezember 1955 (Nr. 84).

9 In Schmitts Bibliothek befanden sich: Erich Auerbach, Mimesis. Dargestellte Wirklichkeit in der abendländischen Literatur, Bern 1946; Walter Muschg, Tragische Literaturgeschichte, 2. Aufl., Bern 1953.

10 Schmitt, Hamlet oder Hekuba, 1956.

11 Carl Joachim Friedrich, Das Zeitalter des Barock. Kultur und Staaten Europas im 17. Jahrhundert (eng. Originaltitel: The Age of the Baroque 1610–1660), Stuttgart 1954.

12 In der JZ 10, 1955, Heft 23/24 erschien auf der letzten Umschlagseite eine ganzseitige Anzeige „Wichtige Bücher zum Zeitgeschehen". Darin wurde geworben für: Georg Schwarzenberger, Machtpolitik: eine Studie über die internationale Gesellschaft; deutsche, gekürzte Übersetzung von Anneliese Herbst, Tübingen 1955.

Aus Schmitts Rezension wurden folgende Sätze zitiert: „... ein nützliches und auch für den Juristen unentbehrliches Werk, und zwar nicht nur als Fundgrube für aktuelles Material und klare Gesichtspunkte, sondern auch als eine sachliche, illusionslose, von wissenschaftlichem Geist getragene Darstellung eines globalen Problems".

Schwarzenbergers Buch erschien zuerst 1941 in London unter dem Titel: Power Politics. An introduction to the Study of International Relations and Post-War Planing; die 2. Aufl. in London 1951 mit dem Zusatztitel: A Study of International Society, danach mehrfach in London und USA aufgelegt.

Nr. 86 Forsthoff an Schmitt, 11. 2. 1956

1 In der FAZ vom 18. Januar 1956, S. 4 erschien ein von Forsthoff, Otto Gönnenwein und Hans Schneider, alle Ordinarien für Öffentliches Recht an der Juristischen Fakultät Heidelberg, unterzeichneter Leserbrief:

Sie rügten die sechsfache Kompetenzverteilung bei einem Einsatzbefehl für die Bundeswehr und befürchten künftige verhängnisvolle Streitigkeiten, die „die Verantwortung für die Führung und den Einsatz der Streitkräfte verdunkelt. ... Die besonderen Schwierigkeiten, die sich der nachträglichen Einfügung einer Streitmacht in ein bereits ausgeformtes Verfassungssystem entgegenstellen, sind unverkennbar. Um so mehr sollten alle Beteiligten von dem Willen geleitet sein, in einer Zeit, in der die traditionellen Vorstellungen vom Friedenszustand und Kriegsfall zweifelhaft und die

Übergänge fließend geworden sind, einen Rechtszustand zu schaffen, der die Verantwortlichkeit in jeder Lage eindeutig festlegt."

2 Aus der Heidelberger Fakultät gingen nach München: 1953 Karl Engisch (1899–1990), 1955 Eugen Ulmer (1903–1988) und Hermann Krause (1902–1991), 1956 Wolfgang Kunkel (1902–1981). Zu den vielfachen Berufungen von Heidelberg nach München vgl. die zeitgleiche Korrespondenz in: Ernst Levy und Wolfgang Kunkel, Briefwechsel 1922–1968, Hg. Dorothee Mußgnug, Heidelberg 2005.

3 Johannes Heckel (1889–1963) las seit 1934 in München Öffentliches Recht und Kirchenrecht.

4 Elias G. Kyriacopoulos, Jurist an der Universität Thessaloniki, 1966 Dekan der Rechts- und Staatswissenschaftlichen Fakultät.

5 Themistokles Tsatsos (1907–1970), Jurist, Studium in Griechenland und Heidelberg (Abschluß mit einer Promotion), 1928 habilitierte er sich in Athen. Tsatsos gehörte der griechischen Exilregierung in Kairo an, leitete in der Nachkriegszeit verschiedene Ministerien und vertrat 1960/61 Griechenland bei den Vereinten Nationen. 1961–1964 übernahm er den Posten des griechischen Botschafters in Deutschland. 1961 wurde er zum korrespondierenden, 1968 zum ordentlichen Mitglied der Heidelberger Akademie der Wissenschaften gewählt.

6 Georgios D. Daskalakis hatte sich bei Schmitt 1938 habilitiert; vgl. Schmitts Brief an Forsthoff vom 29. April 1954 (Nr. 69), Anm. 1. Zuletzt veröffentlichte Daskalakis: Der Staat von Thessaloniki – Ein mehrdimensionales Problem der griechischen Spaltung, in: Der Staat, 28, 1989, S. 257–274.

7 Forsthoff hielt mehrfach Vorträge am Institut für Europäische Studien der Juristischen Fakultät, Florenz.

Giovanni Miele (1907–2000), 1935–1950 Professor für Öffentliches Recht in Pisa, seit 1951 in Florenz; Who's who in Italy, Ausgabe 1958.

8 Silvio Lessona (1887–1969), Professor für Verwaltungsrecht in Siena und Florenz, erster Direktor der Schule für Verwaltungswissenschaft (SP. I. S. A.) in Bologna, seit 1951 in Florenz; Who's who in Italy, Ausg. 1958 und Auskunft Prof. G. Lombardi (Turin).

9 Corina Sombart (1892–1971), Witwe des Soziologen und Nationalökonomen Werner Sombart (1863–1941), war eng mit Frau Duška Schmitt befreundet gewesen.

10 Arnold Gehlen, Soziologische Voraussetzungen im gegenwärtigen Staat, in: Staatszeitung für Rheinland-Pfalz, 15. Januar 1956.

Arnold Gehlen (1904–1976), Ordinarius für Philosophie in Leipzig, Königsberg und Wien. Nach seiner Entlassung lehrte er seit 1947 Soziologie an der Verwaltungshochschule Speyer, 1962 an der TH Aachen. Forsthoff war 1974 Mitherausgeber der Festschrift für Gehlen: Standorte im Zeitstrom, Frankfurt 1974; vgl. Arnold Gehlen zum Gedächtnis, Vorträge vom 21. Juni 1976 in der Hochschule für Verwaltungswissenschaften Speyer, Berlin 1976; DBE 3, 1996, S. 599. Siehe auch Einleitung, S. 7 Anm. 36 und S. 30.

Nr. 87 Schmitt an Forsthoff, 15. 2. 1956

1 Hannah Arendt, Was ist Autorität?, in: Der Monat 8, Februar 1956, S. 29–44. In der englischen Version ist das Vergil-Zitat (Aen. 1, 33) richtig geschrieben und übersetzt mit: „so great was the effort and toil to found the Roman people".

2 Carl Schmitt pflegte an Freunde Silber- und Zinnbecher als Zeichen der Verbundenheit zu verschenken.

3 Rüdiger Altmann, Zur Rechtsstellung der öffentlichen Verbände, in: Zeitschrift für Politik 2, 1955, S. 211–227.

Rüdiger Altmann (1922–2000), Soziologe und politischer Schriftsteller, wissenschaftlicher Assistent von Wolfgang Abendroth in Marburg, prägte zur Zeit seiner Beratertätigkeit für Bundeskanzlers Erhard den Begriff „Formierte Gesellschaft"; er baute die Politische Akademie der Konrad Adenauer Stiftung auf, 1963–1978 war er stellvertretender Hauptgeschäftsführer des Deutschen Industrie- und Handelstages; Laak, Gespräche, S. 262–265.

4 Roman Schnur, Rezension zu: Maxime Leroy, Histoire des Idées sociales en France, in: Vierteljahrschrift für Sozial- und Wirtschaftsgeschichte 41, 1954, S. 177–180.

5 Albert Mirgeler, Zur Geschichte der deutschen Innenpolitik, in: Merkur 1955, S. 1069–1079.

Albert Mirgeler (1901–1979), Historiker u. Philosoph, war seit 1946 Lehrbeauftragter, 1955 Dozent für Politische Soziologie, 1960 apl., 1964 a. o. Professor für Europäische Geschichte an der TH Aachen; siehe Koenen, Schmitt, S. 159 f., 322 f.

6 Bernhard Ludwig von Mutius (1913–1979), 1934/35 in Berlin Assistent bei Carl Schmitt, kam 1935 mit einem Stipendium nach Cambridge. Nach 1945 arbeitete er mit dem DDR-Außenminister Dertinger zusammen. Beide wurden 1953 verhaftet, v. Mutius zur Zwangsarbeit verurteilt und in das Lager Workuta verbannt. Mohler, Briefwechsel, S. 209, 215; Koenen, Schmitt, S. 652 Anm. 6. Im Nachlaß Schmitt liegt Korrespondenz von v. Mutius aus den Jahren 1938–1964.

Das Lager Workuta lag 160 km nördlich des Polarkreises. 1956 gab es dort ungefähr 12 Kohlezechen. In etwa 50 Arbeitslagern waren 50.000 Gefangene untergebracht.

7 Georg Dertinger (1902–1968) gehörte der Ost-CDU an, 1949–1953 Außenminister der DDR. Am 15. Januar 1953 wurde Dertinger verhaftet, im Juni 1954 zu 15 Jahren Zuchthaus (Bautzen) wegen „Boykotthetze gegen demokratische Einrichtungen und Organisationen" verurteilt, 1964 begnadigt; vgl. Hartmut Jäckel, Georg Dertinger und die Seinen. Wie die DDR ihren ersten Außenminister und dessen Familie in den fünfziger Jahren vernichten wollte, in: Die Zeit, Ausgabe vom 20. Februar 2003; Peter Joachim Lapp, Georg Dertinger: Journalist, Außenminister, Staatsfeind, Freiburg (Brsg.)/ Basel/Wien 2005.

8 Eberhard Freiherr von Medem (1913–1993) war nach 1935 zeitweilig Schmitts Sekretär beim Bund Nationalsozialistischer Deutscher Juristen, nach dem Krieg in der Hochschulverwaltung (u. a. DFG, Kultusministerium Nordrhein-Westfalen, Kanzler der Universität Bonn). 1991 veröffentlichte er aus dem Schmitt-Nachlaß: Glossarium. Aufzeichnungen der Jahre 1947–1951; vgl. Koenen, Schmitt, S. 652 Anm. 6.

9 Schmitt schenkte Forsthoff eine Ausgabe ‚Hamlet oder Hekuba' mit der Widmung: „Ernst Forsthoff, zur Erinnerung an den Gast vom 25. Juli 1956, Carl Schmitt. Deutschland ist Hamlet (S. 11, 54) – aber hoffentlich nicht Hekuba."
Hekuba, Gemahlin des Königs Priamos; in der Umgangssprache wird „Hekuba" gebraucht als Ausdruck der Gleichgültigkeit.
Unter Verweis auf Hamlet II 2 (1603) wählte Schmitt das Motto:

> Warum fließen diesem Schauspieler die Tränen aus den Augen?
> Um Hekuba!
> Was ist ihm Hekuba? Und was ist er ihr?
> Was würde er tun, wenn er verloren hätte, was ich verlor?
> Wenn sein Vater ermordet und eine Krone ihm entrissen wäre?

Im 2. Aufzug, 2. Szene fordert Hamlet die Schauspieler auf, „Äneas Erzählung an Dido" zu rezitieren, „besonders da herum, wo er von der Ermordung Priams spricht". Nach ihrem Abgang spricht Hamlet im Schlußmonolog der Szene:

> „Ist's nicht erstaunlich, daß der Spieler hier / bei einer bloßen Dichtung, einem Traum / der Leidenschaft, vermochte seine Seele / nach eignen Vorstellungen so zu zwingen, / daß sein Gesicht von ihrer Regung blaßte, / sein Auge naß, Bestürzung in den Mienen, gebrochne Stimm' und seine ganze Haltung / gefügt nach seinem Sinn. Und alles das um nichts! Um Hekuba! / Was ist ihm Hekuba, was ist er ihr, / daß er um sie soll weinen?" (Schlegel-Übersetzung)

Nach der Ilias verabschiedete sich Hektor von seiner Gemahlin (6. Gesang, Vers 450–455, Voß-Übersetzung):

> „Doch nicht kümmert mich so der Troer künftiges Elend / nicht der Hekabe selbst, noch Priamos auch des Beherrschers / noch der Brüder umher, die dann, so viel und so tapfer, / all' in den Staub hinsinken, von feindlichen Händen getötet: / als wie dein's".

Über sein Buch schreibt Schmitt selbst am 12. Juni 1956 ausführlich an Mohler; Mohler, Briefwechsel, S. 221–224.
10 Karl Tiesler (1904–1988), evang. Pfarrer in Mülheim und Bielefeld, Mitglied der Academia Moralis; Laak, Gespräche, S. 54 Anm. 47.

Nr. 89 Schmitt an Forsthoff, 12. 3. 1956

1 Mit der von Schmitt häufig gebrauchten Bezeichnung seines Wohnsitzes als San Casciano spielte er auf Machiavelli (1469–1527) an, der nach seiner Verbannung aus Florenz (1513) bis zu seinem Tod in San Casciano lebte, in Sichtweite zu Florenz.
Am 4. August 1974 verwies Schmitt in einem Brief an Ernst Jünger auch auf den Heiligen Cassian; vgl. Kiesel, Jünger/Schmitt Briefwechsel, S. 402, 737. Der Heilige Kassian (Patron der Stenographen) gilt als Gründer des Bistums Brixen; der Legende nach soll er als Lehrer der Kurzschrift Glaubensunterricht erteilt haben, seine Schüler erstachen ihn mit Eisengriffeln; Lexikon der christlichen Ikonographie 7, Freiburg 1974, Sp. 285–287.
2 Kurt Ballerstedt hatte gerade einen Ruf nach Bonn angenommen, seit 1959 leitete er dort das „Institut für Energierecht"; 1964 wurde das gesamte Institut an die Universität Köln verlegt.

Nr. 91 Forsthoff und andere, 25. 4. 1956

1 Kyriazis nicht ermittelt.

Nr. 92 Forsthoff an Schmitt, 7. 7. 1956

1 José Ortega y Gasset (1883–1955), Gesammelte Werke, Stuttgart; Bd. 1 und 2 erschienen 1954 und 1955, die Bände 3 und 4 1956.

2 1956 erschien die 6. Aufl. des Lehrbuchs für Verwaltungsrecht.

3 Gustav (Hillard) Steinbömer (1881–1972), Offizier, Dramaturg, Schriftsteller; vgl. Einleitung, S. 7 Anm. 39.
Ohne daß Schmitt ausdrücklich darauf Bezug nahm, war das Hamlet-Buch zugleich eine Auseinandersetzung mit Steinbömers Schrift „Staat und Drama“, Berlin 1932.

4 Frank Wedekind (1864–1918) nach Abbruch des Jura-Studiums Journalist, 1896 gehörte er zu den Mitbegründern des „Simplicissimus“; wegen Majestätsbeleidigung wurde er zu Festungshaft verurteilt.

5 Legaz Lacambra und Garrido Fallo y Gómez Ortega übersetzten Forsthoffs Lehrbuch nach der 5. Aufl. von 1955. Es erschien in Madrid 1958.

Nr. 93 Forsthoff an Schmitt, 16. 7. 1956

1 Graf Pückler, nicht ermittelt.

Nr. 94 Schmitt an Forsthoff, 18. 7. 1956

1 Raimund Schmid (1935–1956) beging Selbstmord; Petra Weber, Carlo Schmid 1896–1979. Eine Biographie, München 1996, S. 567.

Nr. 95 Forsthoff an Schmitt, 21. 7. 1956

1 Ernst Rudolf Huber erhielt zum 1. April 1957 eine Professur an der Hochschule für Sozialwissenschaften in Wilhelmshaven-Rüstersiel. Die Hochschule wurde 1962 der Universität Göttingen angegliedert. Der geplante Spiegel-Artikel erschien nicht; zum Berufungsverfahren ausführlich Grothe, Eine lautlose Angelegenheit, S. 991–996. In Schmitts Nachlaß liegt Korrespondenz von Rudolf Augstein aus den Jahren 1952–1974.

Nr. 96 Schmitt an Forsthoff, 1. 8. 1956

1 Der Suezkanal stand unter britischer Verwaltung. Der ägyptische Präsident Nasser verstaatlichte die Suez-Kanal-Gesellschaft (26. Juli 1956) und löste damit die „Suezkrise“ aus. Am 29. Oktober 1956 griffen israelische, britische und französische Truppen Ägypten an, die Auseinandersetzungen wurden durch Vermittlung der UNO, USA und

UdSSR am 22. Dezember beendet, die Durchfahrt blieb durch versenkte Schiffe bis 1957 versperrt; Dietrich Rauschning, Der Streit um den Suezkanal, Analyse, Materialien, Bibliographie, Forschungsstelle für Völkerrecht und ausländisches öffentliches Recht der Universität Hamburg, Hamburg 1956.

2 Peter Schneider (1920–2002) habilitierte sich in Bonn mit der Schrift: Ausnahmezustand und Norm. Eine Studie zur Rechtslehre von Carl Schmitt, Stuttgart 1957, erschienen in der Publikationsreihe des Instituts für Zeitgeschichte, München.

Am 28. Mai 1957 dankte Schmitt ihm für das Widmungsexemplar und die „Vivisection oder genauer (wenn ich mir eine solche Wortbildung erlauben darf): Arcanoskopie"; zitiert bei: Peter Schneider/Heinrich Gremmels, Eine Diskussion über Carl Schmitt, in: Schmittiana 4, 1994, S. 227. Vgl. auch Mohler, Briefwechsel, S. 234 f.

Hubert Armbruster (1911–1995) war seit 1946 Ordinarius für Öffentliches Recht in Mainz.

3 Schmitt schickte zwei Anlagen: ein vierseitiges Typoskript von Johannes Winckelmann „Bemerkungen zu Ernst Forsthoff, Die Verwaltung als Leistungsträger" und ein vierseitiges Typoskript „Ein interessanter Steuerfall", betr. die einkommenssteuermindernde Bereitstellung von Mitteln zur Wohnungsbau-Förderung.

4 Günther Krauss, Staatsrecht des Bundes und der Länder, Essen 1956, in: Sozialwissenschaftliches Akademiestudium, Öffentliches Recht 1 (85 Seiten).

5 Zu Schmitts Hamlet-Buch äußerte sich Jünger am 5. Juni und 29. Juli 1956. Im letzten Brief erwähnte er auch Carlo Schmids Brief; Kiesel, Jünger/Schmitt, Briefwechsel, S. 304, 309.

Nr. 97 Forsthoff an Schmitt, 22. 12. 1956

1 Der Lehrgang „Verwaltungsrecht II" des Deutschen Anwaltvereins fand vom 3. bis 15. September 1956 in Kochel statt. Papiere dazu befinden sich in Forsthoffs Nachlaß.

2 Auf der Staatsrechtslehrer Tagung in Mainz (11./12. Oktober 1956) referierten Christian Friedrich von Menger und Herbert Wehrhahn zum Thema: Das Gesetz als Norm und Maßnahme, veröffentlicht in VVDStRL 15, 1957, S. 3–32, 35–63; Forsthoffs Diskussionsbeiträge, a. a. O., S. 83–86, 94; dazu sein Aufsatz „Über Maßnahme-Gesetze", 1955.

Christian Friedrich von Menger (1915–2007) vertrat seit 1952 das Öffentliche Recht an der Hochschule für Sozialwissenschaften in Wilhelmshaven-Rüstersiel, 1955 ging er nach Speyer, 1961 nach Kiel. 1967 übernahm er den Lehrstuhl seines Lehrers H. J. Wolff in Münster.

Herbert Wehrhahn (1910–1986) lehrte seit 1957 Allgemeine Staatslehre, Staats- und Verwaltungsrecht in Saarbrücken.

3 Margret Boveri (1900–1975) veröffentlichte 1956 „Der Verrat im XX. Jahrhundert", Hamburg, Bd. 1 und 2, Bd. 3, 1957, Bd. 4, 1960. Bd. 2 erschien mit dem Untertitel: Für und gegen die Nation: Das unsichtbare Geschehen. Darin: Widerstand, S. 9–101; Christian Tilitzki, Margret Boveri und Carl Schmitt – ein lockerer Briefkontakt, in: Schmittiana 7, 2001, S. 281–308, betr. den Briefwechsel aus den Jahren 1950 bis 1965.

4 Gerhard Ritter, Carl Goerdeler und die deutsche Widerstandsbewegung, Stuttgart 1. Aufl. 1954, 11.–14. Tsd. 1956.

5 Karlernst Roth, Die öffentlichen Abgaben und die Eigentumsgarantie im Bonner Grundgesetz, Heidelberg 1958. Die Arbeit erschien in der Reihe der Juristischen Fakultät: Heidelberger Rechtswissenschaftliche Abhandlungen N. F. 3.

6 Jochen Heinrich Oberheid, geb. 1920, starb 1956.

Nr. 98 Forsthoff an Schmitt, 28. 2. 1957

1 Der Beschwerdeführer (Elfes) gehörte der Partei „Bund der Deutschen" an, die gegen die Wiederbewaffnung der Bundesrepublik und für ein „offeneres" Verhältnis zur DDR eintrat. Die Verlängerung seines Reisepasses, die er für eine geplante Vortragsreise nach Wien benötigte, war unter Berufung auf § 7 des Paßgesetzes wegen der ‚Gefährdung der inneren oder äußeren Sicherheit oder sonstiger erheblicher Belange' verweigert worden. Das Bundesverfassungsgericht wies am 16.1.1957 Elfes' Verfassungsbeschwerde zurück und entschied:

> „Art. 11 GG betrifft nicht die Ausreisefreiheit. Die Ausreisefreiheit ist als Ausfluß der allgemeinen Handlungsfreiheit durch Art. 2 Abs. 1 GG innerhalb der Schranken der verfassungsmäßigen Ordnung gewährleistet. Verfassungsmäßige Ordnung im Sinne des Art. 2 Abs. 1 GG ist die verfassungsmäßige Rechtsordnung, d. h. die Gesamtheit der Normen, die formell und materiell der Verfassung gemäß sind. Jedermann kann im Wege der Verfassungsbeschwerde geltend machen, eine seine Handlungsfreiheit beschränkende Rechtsnorm gehöre nicht zur verfassungsmäßigen Ordnung." Leitsätze, in: BVerfGE 6, S. 32.

2 Forsthoff, Rechtsfragen der Werbesendungen im Fernsehen, 1957.

Nr. 99 Forsthoff an Schmitt, 28. 3. 1957

1 Aus diesen ersten Plänen gingen die „Ebracher Ferienseminare" hervor.
Der Brief, den zwei Studenten am 3. April 1957 an Forsthoff und Carl Schmitt richteten, ist abgedruckt bei Laak, Gespräche, S. 201/202; vgl. Einleitung, S. 29.

2 Guiseppe Podacci Pisanelli (geb. 1913), studierte Jura und Politische Wissenschaften in Oxford, Paris und Freiburg. In Italien arbeitete er als Anwalt für Verwaltungsrecht, Chi'è, Ausgabe 6, 1957, S. 148.

3 Das Bundesverfassungsgericht wies die Klage des Landes Niedersachsen am 26. März 1957 ab; BVerfGE 6, S. 309–367; vgl. Kommentierung zu Forsthoffs Brief an Schmitt, 10. Mai 1955 (Nr. 79).

4 Vorlage-Beschluß zu 131 GG am 19. Februar 1957, BVerfGE 6, 222–246. Forsthoff hatte 1954 in seinem Artikel „Das Bundesverfassungsgericht und das Berufsbeamtentum" zum vorangegangenen Urteil des Bundesverfassungsgerichts vom 17. Dezember 1953 (BVerfGE 3, S. 58–162) Stellung genommen.
Forsthoffs Schüler Karl Zeidler (1923–1962) war 1956 Regierungsrat geworden und arbeitete als wissenschaftlicher Mitarbeiter beim Bundesverfassungsgericht.

Nr. 100 Forsthoff an Schmitt, 8. 7. 1957

1 Gustav Rudolf Sellner (1905–1990) war 1951–1962 Intendant am Hessischen Landestheater, Darmstadt; Georg Hensel, Kritiken. Ein Jahrzehnt Sellner-Theater in Darmstadt, Darmstadt 1962.

2 Forsthoffs Rezension zu Peter Schneider, Ausnahmezustand und Norm erschien 1957.

3 Peter Schneider, Zur Problematik der Gewaltenteilung im Rechtsstaat der Gegenwart, in: AöR 82, 1957, S. 1–27.

4 Das Verwaltungsarchiv, Zeitschrift für Verwaltungslehre, Verwaltungsrecht und Verwaltungspolitik war 1942 eingestellt worden und erschien mit Band 48 seit 1957 wieder als Beilage zum „Deutschen Verwaltungsblatt".

Forsthoff beteiligte sich an den Vorüberlegungen zur Herausgabe der Zeitschrift „Die Verwaltung, Zeitschrift für Verwaltungsrecht und Verwaltungswissenschaften". Sie erscheint seit 1968 und ist gleichsam das Gegenstück zur seit 1962 bei Duncker & Humblot, Berlin verlegten Zeitschrift „Der Staat".

In der JZ 1958, S. 341–343 erschien als Rezension zu Peter Schneider, Ausnahmezustand und Norm von Hans Huber (Bern), „Einige Bemerkungen über die Rechts- und Staatslehre von Carl Schmitt." Forsthoff wandte sich an die Schriftleitung und monierte, daß Huber sich nicht wissenschaftlich mit Schmitt auseinandersetze, sondern ihn lediglich moralisch diskriminiere. Am Ende der Korrespondenz (Juli–November 1958) kam es zu einem Bruch mit dem Herausgeber Mallmann. In Forsthoffs Nachlaß findet sich kein Beleg dafür, daß Forsthoff von der Mitwirkung im AöR ausgeschlossen gewesen sei; Günther, Denken vom Staat her, S. 72 u. ö. gibt eine andere Darstellung.

5 Zur Verfassungsbeschwerde von Schulte vgl. Forsthoffs Brief an Schmitt, 18. Juni 1954 (Nr. 74).

6 Winfried R. Dallmayr schrieb eine „Studie über Norberto Bobbio", in: Archiv für Rechts- und Sozialphilosophie 42, 1956, S. 403–428; 1957 erschien vom ihm: „Integrierung und Differenzierung in der nord- und südamerikanischen Rechtslehre", in: Archiv für Rechts- und Sozialphilosophie 43, 1957, S. 399–418.

Winfried R. Dallmayr (geb. 1928) studierte 1954/55 und 1956/57 in Turin. Seit 1956 lebt er in USA unter dem Namen Fred R. Dallmayr und lehrt am Department of Political Science and Philosophy, University of Notre Dame, Indiana.

7 Bobbios Briefwechsel mit Schmitt ist veröffentlicht in: Piet Tommissen, In Sachen Carl Schmitt, Wien/Leipzig 1997, S. 113–155.

Norberto Bobbio (1909–2004), korrespondierendes Mitglied der British Academy, lehrte 1948–1972 in Turin Rechts- und Staatsphilosophie.

8 In Schmitts Nachlaß befinden sich 12 Briefe von Carl J. Friedrich aus den Jahren 1931–1959.

9 Zu Siebert vgl. Forsthoffs Brief an Schmitt vom 30. Dezember 1955 (Nr. 84).

10 Nachdem der Romanist Wolfgang Kunkel einen Ruf nach München angenommen hatte, erhielten nacheinander Max Kaser (1906–1997, wechselte 1959 von Münster nach Hamburg) und Franz Wieacker (1908–1994) einen Ruf nach Heidelberg. Beide lehnten ab.

Nr. 101 Schmitt an Forsthoff, 28. 11. 1957

1 Anima Schmitt (1932–1983) heiratete Alfonso Otero (1925–2001), die kirchliche Trauung zelebrierte Hans Barion.

Nr. 102 Forsthoff an Schmitt, 6. 12. 1957

1 Vielleicht bezogen auf Walter Warnachs Vortrag am 9. Oktober 1957 im Süddeutschen Rundfunk (Stuttgart). Dort sprach er über Peter Schneider, Ausnahmezustand und Norm; vgl. Peter Schneider/Heinrich Gremmels, Eine Diskussion über Carl Schmitt, in: Schmittiana 4, 1994, S. 227 Anm. 4.

Nr. 103 Schmitt an Forsthoff, [Dezember 1957]

1 Peter Oberheid, zweitältester Sohn von Heinrich und Margarete Oberheid, Industriekaufmann war mit George Schwab befreundet. George D. Schwab (geb. 1931) Historiker am Columbia College of Columbia University und City College of the City University of New York, Präsident des National Commitee on American Foreign Policy; vgl. Schmitts Brief an Forsthoff, 22. Mai 1968 (Nr. 252).

2 Joachim Maass, Kleist, die Fackel Preussens. Eine Lebensgeschichte, Wien, München, 1957. Diesem Buch war 1937 eine Bühnenfassung vorausgegangen, nach 1958 erschienen mehrere Fassungen seiner Kleist-Biographie.

Joachim Maass (1901–1972) lebte seit 1924 als freier Schriftsteller in Hamburg („Rabenpresse"). 1939 emigrierte er in die USA. 1945–1950 übernahm er die Chefredaktion der Neuen Rundschau (Suhrkamp), kehrte 1951 nach Westdeutschland zurück, lebte jedoch nach 1956 wieder in USA (New York). 1961 erhielt Maass den Literaturpreis der Bayerischen Akademie der Schönen Künste. Im Schmitt-Nachlaß liegt ein Brief von Joachim Maass aus dem Jahr 1958. Ein Teilnachlaß von Maass befindet sich im Deutschen Literaturarchiv Marbach; Biogr. Hdb. Emigration, Bd. 2/2, S. 760.

3 Walter Küntzels Korrespondenz aus den Jahren 1950–1958 liegt in Schmitts Nachlaß. Nach Schmitt war er 1961 Mitarbeiter im Gerling-Konzern; Mohler, Briefwechsel, S. 311.

Nr. 104 Forsthoff an Schmitt, 22. 12. 1957

1 Anima Schmitt zog nach ihrer Hochzeit nach Santiago de Compostela.

2 Ulrich Huber (geb. 1936), habilitierte sich 1968 für Bürgerliches Recht, Handels- und Wirtschaftsrecht, kam 1971 nach Saarbücken, seit 1973 lehrt er in Bonn. Zu Konrad Huber (1934–2006) Schmitts Brief an Forsthoff, 12. Januar 1964 (Nr. 180).

3 Marie-Luise Hilger (1912–1996), seit 1952 Lehrbeauftragte an der Juristischen Fakultät in Heidelberg. 1959 habilitierte sie sich dort für Bürgerliches Recht und Arbeitsrecht, zugleich wurde sie zur Bundesrichterin am Bundesarbeitsgericht ernannt, seit 1973 war sie Vorsitzende Richterin.

Zu Ernst Rudolf Hubers Ernennung siehe den Kommentar zu Forsthoffs Brief an Schmitt, 21. Juli 1956 (Nr. 95).

4 Forsthoff, Die Daseinsvorsorge und die Kommunen, 1958.

Nr. 105 Forsthoff an Schmitt, 5. 6. 1958

1 Forsthoff schrieb in der Schmitt-Festschrift über „Die Umbildung des Verfassungsgesetzes", 1959.

2 Zum Wechsel des Verlags für die Schmitt-Festschrift vgl. Forsthoffs Briefe an Schmitt 21. Dezember 1958 und 19. Juli 1959 (Nr. 113, 120).

Der erste Band der von Forsthoff begründete Reihe „res publica, Beiträge zum öffentlichen Recht" erschien 1959 im Verlag Kohlhammer, Stuttgart.

Mit dem Geschäftsführer im Kohlhammer Verlag Kurt G. A. Jeserich (1904–1995) stellte Forsthoff auch erste Überlegungen zu einer umfassenden Deutschen Verwaltungsgeschichte (vergleichbar E. R. Hubers Verfassungsgeschichte) an; s. unten die Briefe des Jahres 1967. Zu Jeserich vgl. Helmut Neuhaus, Zwischen Praxis und Wissenschaft. Kurt G. A. Jeserich und die deutsche Verwaltungsgeschichte, in: Verfassung und Verwaltung. Festschrift für Kurt G. A. Jeserich zum 90. Geburtstag, Köln, Weimar, 1994, S. 3–29. Zur Verlagsgeschichte vgl. Oskar Rühle/Otto Friedrich Bollnow (Hgg.), Hundert Jahre Kohlhammer 1866–1966. Geschichtlicher Überblick, Stuttgart 1966; Jeserich, Entstehungsgeschichte, S. 141–145.

3 § 91a des Bundesverfassungsgerichtsgesetzes wurde eingefügt durch das Bundesgesetz vom 21. Juli 1956 (BGBl. I, 1956, S. 663, 664):

> (1) Ein aus drei Richtern bestehender Ausschuß, der von dem zuständigen Senat für die Dauer eines Geschäftsjahres berufen wird, prüft die Verfassungsbeschwerde. Jeder Senat kann mehrere Ausschüsse berufen.
>
> (2) Der Ausschuß kann durch einstimmigen Beschluß die Verfassungsbeschwerde verwerfen, wenn weder von der Entscheidung die Klärung einer verfassungsrechtlichen Frage zu erwarten ist, noch dem Beschwerdeführer durch die Versagung der Entscheidung zur Sache ein schwerer und unabwendbarer Nachteil entsteht. Einigt sich der Ausschuß nicht, so kann der Senat die Verfassungsbeschwerde aus diesen Gründen mit einfacher Mehrheit verwerfen.

Im 3. Gesetz zur Änderung des Gesetzes über das Bundesverfassungsgericht vom 3. August 1963 wurde § 91a wieder gestrichen; BGBl. 1963 I, S. 589–590.

4 Forsthoffs Rezension der Verfassungsrechtlichen Aufsätze von Carl Schmitt erschien 1958.

5 Willi Blümel (geb. 1929) war zu der Zeit Assistent bei Forsthoff in Heidelberg und 1960/61 in Zypern. Nach seiner Habilitation 1967 kam er als Ordinarius an die FU Berlin (1969–1970), Bielefeld (1970–1974) und Speyer.

Nr. 106 Forsthoff an Schmitt, 5. 7. 1958

1 Álvaro d'Ors (1915–2004), spanischer Romanist, Rechtsphilosoph in Granada und Santiago de Compostela. Er widmete Schmitt sein Buch: De la Guerra y de la Paz, Madrid 1954. Vgl. Herrero, Briefwechsel; Álvaro d'Ors, Das „Glossarium" von Carl Schmitt, übersetzt von Günter Maschke, in: Schmittiana 7, 2001, S. 219–275.

2 Die spanische Übersetzung des „Lehrbuchs des Verwaltungsrechts" erschien noch 1958: Ernst Forsthoff, Tratado de Derecho administrativo, Traducción de la quinta edición alemana por los profesores Legaz Lacambra, Garrido Falla y Gómez de Ortega y Junge, Madrid: Instituto de Estudios Políticos, 1958; vgl. Schmitts Brief an Forsthoff, 26. September 1955 (Nr. 83).

Nr. 107 Schmitt an Forsthoff, 18. 7. 1958

1 Den „Gesang des Sechzigjährigen" datierte Carl Schmitt auf seinen Geburtstag 1948, 1950 veröffentlicht in: Ex Captivitate Salus.

2 Der Artikel in der FAZ vom 10. Juli 1958, S. 12: „Der Umstrittene. Carl Schmitt wird siebzig Jahre alt" war mit „Dps" gezeichnet; Bruno Dechamps war Mitherausgeber der FAZ.

> Dechamps schrieb unter anderem: „es gibt eine ganze Reihe sehr ernster Vorwürfe gegen sein persönliches Verhalten, denen er sich bis heute nicht gestellt hat und die dunkle Schatten auf sein Charakterbild werfen. In der Wissenschaft trägt Schmitts ‚Wagemut' positive Vorzeichen: Er hat keine Furcht vor neuen Gedanken."

Nr. 108 Forsthoff an Schmitt, 20. 7. 1958

1 Forsthoff, Der Staatsrechtler im Bürgerkrieg, 1958; vgl. Kommentar zu Forsthoffs Brief an Schmitt vom 1. Dezember 1958 (Nr. 111).

Nr. 110 Forsthoff an Schmitt, 5. 11. 1958

1 Otto Westphal, Weltgeschichte der Neuzeit 1750–1950, Stuttgart 1953. Forsthoff schätzte das Buch sehr und verschenkte es mehrfach.

2 „Deutsches Zeit-Archiv, Pressebericht und Zeitungsausschnittdienst", hg. von Paul Weinreich, erschien in verschiedenen Reihen. Die seit 1946 verbreitete Ausgabe B (Kulturnachrichten) wurde 1961 eingestellt. Paul Weinreich (1906–1974) war Hauptlektor bei der Hanseatischen Verlagsanstalt, Hamburg.

3 Ein Umzug des Heidelberger Juristischen Seminars, weg aus der unmittelbaren Nähe der Universität in das von der amerikanischen Besatzungsbehörde freigegebene ehemalige „Hotel Viktoria", Friedrich-Ebert Anlage 6–10, war seit 1954 geplant.

Nr. 111 Forsthoff an Schmitt, 1. 12. 1958

1 Erich Kaufmann, Carl Schmitt und seine Schule. Offener Brief an Ernst Forsthoff, in: Deutsche Rundschau 84, 1958, S. 1013–1015.

Unter Bezug auf Forsthoffs Artikel in Christ und Welt (17. Juli 1958, S. 14) schrieb Kaufmann:

> „Ich will dahingestellt lassen, ob Carl Schmitt und Sie die Lage nach dem Ausgange des Ersten Weltkrieges zutreffend charakterisieren und ob Sie beide nicht vielleicht etwas aus dem eigenen inneren Chaos in die äußere Lage hineindeuten. Aber, wenn die Lage wirklich so chaotisch war,

wie Sie annehmen, wäre es dann nicht Aufgabe gewesen, sich auf die wahren Grundlagen einer echten auf der Unterscheidung von Recht und Unrecht aufzubauenden Ordnung zu besinnen? Wenn wirklich von einer ,in die Tiefe gehenden Auflösung der staatlichen Ordnungen' gesprochen werden kann, so folgt daraus nicht, daß davon ,auch die Fundamente und Methoden der Wissenschaft ergriffen' wurden. Es dürfte daraus vielmehr die Pflicht erwachsen, sich auf die unwandelbaren Fundamente der Wissenschaft von dem Wesen jeder staatlichen Ordnung erneut zu besinnen. ... es ist sicher ein Verdienst von Carl Schmitt, darauf hingewiesen zu haben. Aber es wäre gerade gegenüber diesen Phänomenen die Aufgabe gewesen, zu diesen emotionalen und irrationalen Mythen kritisch Stellung zu nehmen. Es war jedenfalls verhängnisvoll, sie scheinbar farblos und tendenzlos, im Grunde aber zwielichtig zu beschreiben und sie als adäquaten Ausdruck der Zeit zu hegen und zu pflegen. ... ich glaube ..., daß die Zeit bereits gekommen ist, um zu erkennen, daß die große Leuchtkraft von Carl Schmitt die schimmernde und flimmernde Leuchtkraft eines Irrlichtes war, das die, die ihm folgten, in den Sumpf des Nihilismus und seiner Spielart des Nationalsozialismus geführt hat. ..."

Nr. 113 Forsthoff an Schmitt, 21. 12. 1958

1 Hubert Schrade, Vor- und frühromanische Malerei, die karolingische, ottonische und frühsalische Zeit, Köln 1958.

Hubert Schrade (1900–1967), Kunsthistoriker, erhielt 1935 ein persönliches Ordinariat in Heidelberg. 1940 wechselte er nach Hamburg, 1941 nach Straßburg. Mit Verlegung der Reichsuniversität 1944/45 kam auch Schrade nach Tübingen. Seit 1954 lehrte er dort als Ordinarius. Zu Schrades Heidelberger Zeit: Thomas Kirchner, Kunstgeschichte „... im völkischen Geist bestätigt", in: Eckart/Sellin/Wolgast, Universität Heidelberg, S. 519– 522. Siehe auch Hans Feger (Hg.), Das Werk des Künstlers: Studien zur Ikonographie und Formgeschichte. Hubert Schrade zum 60. Geburtstag dargebracht von Kollegen u. Schülern, Stuttgart 1960. An der Festschrift beteiligten sich u. a. Hans Sedlmayr, Felix Holländer, Hansmartin Decker-Hauff.

2 Forsthoff, Bindung an Gesetz und Recht, 1959.

3 Karl Zeidler habilitierte sich im SS 1959 bei Forsthoff mit der Arbeit: Maßnahmegesetz und „klassisches Gesetz". Eine Kritik, Karlsruhe 1961.

Im Vorwort schrieb Zeidler: „Die Arbeit geht auf eine Anregung von Ernst Forsthoff zurück. Sie behandelt ein Problem, das von ihm zur Diskussion gestellt wurde. In entscheidenden Punkten weicht sie von seiner Meinung ab. Er hat die Abhandlung der Rechtswissenschaftlichen Fakultät der Universität Heidelberg zur Annahme als Habilitationsleistung empfohlen. Als äußeres Zeichen meiner Verehrung und Dankbarkeit ist sie Ernst Forsthoff gewidmet."

Nr. 114 Forsthoff an Schmitt, 1. 1. 1959

1 Herr Köpcke war Lektor im Verlag Kohlhammer, Stuttgart.

Nr. 115 Schmitt an Forsthoff, 1. 1. 1959

Erhalten ist lediglich die stenographisch entworfene, nur teilweise zu lesende Antwort in Schmitts Nachlaß.

1 Rüdiger Altmann/Johannes Gross, Die neue Gesellschaft. Bemerkungen zum Zeitbewußtsein, Stuttgart 1958. Zu dem Band lieferte Schmitt selbst ungezeichnete Gedichte, Einzelnachweise in der Auswahlbibliographie.
Johannes Gross (1932–1999) wurde nach dem Philosophie- und Jura-Studium Bonner Korrespondent und später Ressortchef für Politik der „Deutschen Zeitung“, 1962 Leiter der politischen Abteilung des Deutschlandfunks, 1968 Chefredakteur und stellvertretender Intendant der Deutschen Welle. 1974 ging er als Chefredakteur zur Zeitschrift „Capital“, seit 1980 gab er die Zeitschriften „Capital“ und „Impulse“ selbst heraus. Von 1977 bis 1984 leitete er die ZDF-Sendereihe „Die Bonner Runde“.

Nr. 116 Forsthoff an Schmitt, 9. 1. 1959

1 Schmitt, Nomos – Nahme – Name, 1959.
Erich Przywara, S. J. (1889–1972) war katholischer Theologe und Religionsphilosoph; Erich Naab, in: Bautz, Kirchenlexikon 7, 1994, Sp. 1014–1017. Im Schmitt-Nachlaß liegt Korrespondenz aus den Jahren 1953–1969.

Nr. 117 Forsthoff an Schmitt, 18. 3. 1959

1 Georges Burdeau (1905–1988), Jurist und Politologe, lehrte seit 1952 in Paris; Dictionaire biographique français, Paris, 2. Aufl. 1954–1955, S. 124.

Nr. 118 Forsthoff an Schmitt, 22. 5. 1959

1 Johannes Schmid-Schilding (1895–1975) und seine Ehefrau Edit.
Johannes Schmid studierte an der Münchner Kunstgewerbeschule u. a. bei Franz von Stuck, lange Zeit lebte er in Rom. Nach 1971 ließ er sich am Samerberg in der Nähe von Forsthoffs Ferienquartier, Roßholzen (Oberbayern) nieder. Einige seiner Bilder gelangten als Stiftung nach Prien a. Chiemsee.

Nr. 120 Forsthoff an Schmitt, 19. 7. 1959

1 Hans Barion, Ernst Forsthoff und Werner Weber gaben die Festschrift heraus.
Den Mitautoren der Festschrift erklärte Forsthoff:

> Heidelberg, 1. Juli 1959
>
> Sehr verehrter Herr Kollege!
> Mit erheblicher Verspätung geht Ihnen hiermit die Festschrift für Carl Schmitt zu … Ich nehme das zum Anlaß, um Ihnen mit wenigen Worten die Verzögerung des Erscheinens und die jetzige Gestaltung des Titelblattes zu erläutern. Die Fertigstellung des Werkes kam unerwartet dadurch ins Stocken, daß der Verlag W. Kohlhammer, Stuttgart, seine Zusage, das Buch zu verlegen, zurücknahm. Dankenswerterweise erklärte sich der Verlag Duncker & Humblot, Berlin … zur Verlegung der Festschrift bereit. … Der Verlag bestand darauf, daß ein oder mehrere Herausgeber des

Buches auf dem Titelblatt namentlich genannt würden. Darauf erklärten sich die Kollegen Hans Barion und Werner Weber und der Unterzeichnete bereit, sich als Herausgeber zur Verfügung zu stellen. Die darüber gepflogenen Verhandlungen und einige Änderungswünsche des Verlages hinsichtlich der Satzgestaltung verzögerten die Herstellung des Buches, so daß es erst jetzt auslieferungsbereit ist. Unter diesen Umständen ist im Einvernehmen mit Herrn Prof. Schmitt darauf verzichtet worden, das Buch dem Jubilar feierlich zu überreichen. ...

Abgedr. bei Wilhelm Schmitz, Zur Geschichte der Academia Moralis, in: Schmittiana 4, 1994, S. 156. Schmitt erwähnte gegenüber Mohler die Übergabe der Festschrift durch Barion; Mohler, Briefwechsel, S. 264. Zur Geschichte des Kohlhammer Verlags vgl. Jeserich, Entstehungsgeschichte, S. 142–144.

2 Wahrscheinlich gemeint Richard Naumann (1906–1978), der wiederholt zusammen mit Forsthoff auf Fortbildungsveranstaltungen referierte.

Naumann hatte sich 1938 in Kiel mit der Arbeit „Wandlungen im Recht des Widerrufs von Verwaltungsakten“, erschienen in Berlin 1939, habilitiert und kam nach Innsbruck. 1949 trat er in das OVG Lüneburg ein und übernahm Lehrverpflichtungen an der Universität Hamburg. 1957 legte er das Präsidium des OVG nieder und trat in den neu gegründeten niedersächsischen Staatsgerichtshof ein.

3 Die politische Lage auf der Insel Zypern schien sich 1959 beruhigt zu haben.

Nachdem Erzbischof Makarios III. (1913–1977) die politische Führung der griechischen Zyprioten übernommen hatte, organisierte er 1950 unter ihnen eine Volksabstimmung, in der sie sich mit 95,7 % für den Anschluß der Insel an Griechenland aussprachen. 1955 begannen die Kämpfe der griechisch-zypriotischen Untergrundarmee unter General Georgios Grivas (1898–1974) gegen die britische Kolonialmacht und die Kampforganisation der türkisch-zypriotischen Minderheit. Der 1956 verbannte Erzbischof Makarios konnte 1959 nach Zypern zurückkehren. Großbritannien und die zypriotischen „Schutzmächte“ (Griechenland und Türkei) einigten sich in den Züricher und Londoner Vereinbarungen (11. und 19. Februar 1959) darauf, eine Republik Zypern mit einer Präsidialverfassung zu gründen (Proklamation der Unabhängigkeit am 16. August 1960). In Regierung und Verwaltung galt ein Proporzsystem 70:30 zugunsten der griechischen Bevölkerungsmehrheit. Staatspräsident wurde Erzbischof Makarios III., Vizepräsident Fazil Küçük (1906–1984, Mediziner, Sprecher der türkisch-zypriotischen Minderheit 1958 vor der UN-Vollversammlung); Heinz A. Richter, Geschichte der Insel Zypern, Bd. 2: 1950–1959, Mannheim 2006.

Neben dem High Court of Justice als letzter Instanz für Zivil- und Strafverfahren sah die Zypriotische Verfassung einen Supreme Constitutional Court vor. In seine Zuständigkeit fielen u. a. Kompetenzkonflikte zwischen Abgeordnetenhaus und Kommunalparlamenten, die Entscheidung über die Gültigkeit von Gesetzen und Beschlüssen, die eine der Bevölkerungsgruppen als diskriminierend ansahen. Er war zudem als Oberstes Verwaltungsgericht tätig. Der Präsident sollte „neutraler“ Staatsangehörigkeit sein, die beiden Mitrichter aus der griechischen und der türkischen Bevölkerungsgruppe kommen; zum ganzen vgl. den Bericht von Willi Blümel, Die Verfassungsgerichtsbarkeit in der Republik Zypern, in: Verfassungsgerichtsbarkeit in der Gegenwart. Länderberichte und Rechtsvergleichung. Internationales Kolloquium veranstaltet vom Max-Planck-Institut für ausländisches öffentliches Recht und Völkerrecht, Heidelberg 1961, Reihe: Beiträge zum ausländischen öffentlichen Recht und Völkerrecht 36, Köln/Berlin 1962, S. 643–726.

Nr. 121 Forsthoff an Schmitt, 8. 9. 1959

1 Yavuz Abadan (1905–1967), Staatsrechtslehrer an den Fakultäten für Politik und Rechtswissenschaft in Ankara. Seine Frau Nermin Abadan-Unat (geb. 1921 in Wien) erhielt 1966 eine ordentl. Professur für Politische Wissenschaften in Ankara, sie lebt in Istanbul.

Nr. 122 Forsthoff an Schmitt, 14. 9. 1959

1 Thrsybulos Georgiades (1902–1977), Musikwissenschaftler, 1949–1955 an der Universität Heidelberg, seit 1956 an der Münchener Universität.

2 Schmitts Vortrag „Die Lage der europäischen Rechtswissenschaft" (1950) war 1958 in die Sammlung der „Verfassungsrechtlichen Aufsätze" aufgenommen worden.

3 Ernst Wolfgang Böckenförde (geb. 1930) hatte 1957 an der Juristischen Fakultät Münster promoviert, 1960 erwarb er an der Philosophischen Fakultät München den Dr. phil. 1964 habilitierte er sich in Münster, zu seinem Ruf nach Heidelberg s. unten Brief Forsthoffs Briefe an Schmitt vom 20. Mai 1964 und 23. Juni 1969 (Nr. 182, 288).

4 Hans Carl Nipperdey (1895–1968), Ordinarius in Köln und 1954–1963 Präsident des Bundesarbeitsgerichts. In einem Leserbrief ging er auf die Rezension der Festschrift (Christ und Welt, Ausgabe vom 6.8.1959) ein. Nipperdeys Brief erschien in der Ausgabe vom 8. Oktober 1959:

> „In ‚C. u. W.' Nr. 32 haben Sie eine Besprechung von Paul Gerhardt gebracht, die sich weniger im einzelnen mit der Festschrift für Carl Schmitt befaßt, obwohl sie ihre Begeisterung für den Gefeierten kaum verbirgt, als mit dem Beitrag von Forsthoff in dieser Zeitschrift. Dieser höchst oberflächliche Aufsatz mit seiner Leugnung der den Grundrechten immanenten Werte ist das Nihilistischste, was je über unsere Verfassung gesagt worden ist.
> Vielleicht fragen Sie darüber einmal Professor Smend in Göttingen, der der Evangelischen Kirche besonders verbunden ist. Erstaunlich ist weniger der Beitrag von Forsthoff, als daß Sie in Ihrer Zeitung diese Lobeshymne bringen. Professor Dr. Dr. h.c. Dr. h.c. Nipperdey, Präsident des Bundesarbeitsgerichts, Kassel-Wilh."

Nr. 123 Forsthoff an Schmitt, 22. 9. 1959

1 Mit dem Treffen am 26. September 1959 in Freiburg wollte sich Schmitt bei Forsthoff und Willi Blümel für die Herausgabe der Festschrift bedanken. Karl Zeidler war bei dem Treffen nicht dabei.

2 Joseph H. Kaiser (1921–1998), seit 1955 in Freiburg Ordinarius für Öffentliches Recht und Völkerrecht, wohnte in Staufen/Brsg. Schmitt setzte ihn als Verwalter seines wissenschaftlichen Nachlasses ein; Nachruf von Jürgen Becker, in: AöR 124, 1999, S. 305–307.

Nr. 124 Forsthoff an Schmitt, 30. 10. 1959

1 Kurt Wolzendorff (1882–1921), seit 1919 Ordinarius für öffentliches Recht in Halle, hatte veröffentlicht: Der reine Staat. Skizze zum Problem einer neuen Staatsepoche, Tübingen 1920, Ndr. 1921. Von Schmitt erschien 1921 „Die Diktatur". In Schmitts Nachlass liegt Korrespondenz aus den Jahren 1920–1921.

Wolzendorff schrieb an Schmitt aus Halle, 6. Februar 1921; kurzen Anmerkungen zu den gegenseitigen überlassenen Dedikationen folgten kritische Bemerkungen über Radbruch.

> „Ein Mensch, den man gern haben muß als Menschen, der aber als Geist langweilig ist. … Charakteristisch allein doch schon für den Menschen, daß er plötzlich *so* überzeugender Sozialist ist, um politisch dafür zu wirken, aber noch nicht einmal etwas von einem *Arbeitsrecht* weiß."

Nr. 125 Forsthoff an Schmitt, 12. 12. 1959

1 Schmitt widmete Forsthoff die Zeichnung:

> „Diese Zeichnung von Werner Heldt aus dem Jahre 1930 (der Tod Kleists am Wannsee, 21. November 1811) hat mir Werner Heldt nach einem Besuch am Grabe Kleists im Januar 1947 persönlich geschenkt. Ich schenke sie jetzt weiter an Ernst Forsthoff, meinen Freund in Heidelberg. Plettenberg, den 19. Dezember 1959 Carl Schmitt."

2 Forsthoff, Die technische Überwachung, 1960.

3 Otto Gönnenwein (1896–1963), Rechtshistoriker, Öffentlichrechtler, Politiker. Vgl. Otto Gönnenwein. Im Gedenken an den Staatsrechtler und Staatspolitiker, Nachrufe bei der Trauerfeier in der Heidelberger Peterskirche am 12. Januar 1963, in: Reihe: Schriftenreihe der Freien Demokratischen Partei, 1964. Zu den Schwierigkeiten seiner Habilitation an der Juristischen Fakultät Heidelberg während des Nationalsozialismus und nach 1945 siehe Mußgnug, Juristische Fakultät, S. 292, 294–295.

4 Adolf Schüle, Eine Festschrift, in: JZ 14, 1959, S. 729–731. Er schrieb:

> Ihm gehe es nicht um eine wissenschaftliche Würdigung der Beiträge, sondern „allein um *die Tatsache des Erscheinens* einer Festgabe zu Ehren *dieses Mannes*". Das Erscheinen der Festschrift habe Erschrecken hervorgerufen. „Eine eindeutige Distanzierung von diesem Werk ist notwendig im Hinblick auf die erfreulicherweise wieder langsam reifenden Bemühungen der deutschen Rechtswissenschaft um die Erneuerung ihres ehedem so guten Namens, der durch das ‚Dritte Reich' nahezu jeden Kredit verloren hatte"; Zitate S. 729, 731.

Forsthoff verwies auf Schüles Beitrag: Verwaltungsermessen und nationalsozialistisches Rechtsdenken, in: Hans Frank (Hg.), Deutsches Verwaltungsrecht, München (Zentralverlag der NSDAP) 1937, S. 341–350. Zum Ermessensmißbrauch schrieb Schüle damals (S. 348):

> „Selbstverständlich müssen … Fehler (der Verwaltung) auch im neuen Staat als Mißbrauch ausgeschieden werden. Aber sie erschöpfen diesen nicht und sie sind nicht die entscheidenden, denn sie lassen unberücksichtigt, daß die Ermessenshandhabung heute vor allem *auch politisch richtig* sein

muß, um als rechtmäßig gelten zu können. ... die Frage (nach dem Mißbrauch) beurteilt sich nach den Rechtsanschauungen des Nationalsozialismus und dem diese konkretisierenden Führerwillen."

Schüles Nachlaß mit der Korrespondenz zur Kontroverse über Carl Schmitt liegt im Universitätsarchiv Tübingen.

5 Herr Leder, Köln nicht ermittelt.

6 Wolfgang Siebert starb am 25. November 1959 in Heidelberg.

7 Hans Erhard Bock (1903–2004) war zu der Zeit Direktor der Medizinischen Universitätsklinik in Marburg, Internist und Hämatologe, 1962 ging er nach Tübingen.

Nr. 126 Schmitt an Forsthoff, 14. 12. 1959

1 Kurt Ziesel, Das verlorene Gewissen. Hinter den Kulissen der Presse, der Literatur und ihrer Machtträger von heute, 5. Aufl. München 1959, 8. Aufl. 1962.

Ziesel (1911–2001) beschrieb darin frühere Nationalsozialisten, die sich nun auf der linken Seite des politischen Spektrums befanden. Nach vielfältigen Diskussionen und Prozessen um dieses Buch veröffentlichte Ziesel: Die Geister scheiden sich. Dokumente zum Echo auf das Buch „Das verlorene Gewissen". Eine Auswahl aus über 3000 in- und ausländischen Pressestimmen und aus den Tausenden von Briefen an den Verfasser. Die Reaktion der Betroffenen, München 1959.

2 Schmitt schrieb „Nomos – Nahme – Name" für die Festschrift Przywara S. J., 1959. Karl Barth verfaßte keinen eigenen Beitrag, sondern ließ ein Grußwort abdrucken.

3 Johannes Gross überreichte Schmitt unter dem Titel „Soziologie der Festschrift" im August 1969 ein Manuskript seines Kulturpolitischen Kommentars im Deutschlandfunk (3. August 1969), gedruckt mit dem Titel: Auf dem Weg zur Anti-Festschrift, in: Merkur 1969, S. 886–887. Der Kommentar bezog sich auf die Schmitt zum 80. Geburtstag überreichte Festschrift.

Nr. 129 Forsthoff an Schmitt, 2. 1. 1960

1 Schmitt, Zwei Gräber (Für meine Tochter Anima Louise zum 25. August 1946), in: Ex captivitate salus, 1950, S. 35–53. Schmitt bezog sich auf die beiden Gräber von Heinrich von Kleist und Theodor Däubler. Im Herbst 1935 hatte er mit Konrad Weiß und anderen Freunden Kleists Grab besucht, siehe ebd. (S. 40):

> „Konrad Weiß hat darüber einen herrlichen Aufsatz veröffentlicht. In dem Geschichtsbild von Weiß, das ganz marianisch ist, werden die Frauengestalten Kleists wunderbar christlich, während die Frauen Goethes entweder idealistisch-blaß oder mignonhaft-romantisch werden."

Schmitt schrieb seinen Aufsatz 1946 im amerikanischen Internierungslager; vgl. Mohler, Briefwechsel, S. 30 Anm. 18.

2 Die „Überlegungen zur Wertphilosophie" veröffentlichte Schmitt unter dem Titel: „Die Tyrannei der Werte. Überlegungen eines Juristen zur Wert-Philosophie", 1960 als Privatdruck erschienen.

3 Américo Castro, Santiago de España, Buenos Aires 1958, befand sich in Schmitts Bibliothek; vgl. Schmitts Brief an Forsthoff, 6. Januar 1960 (Nr. 130).
4 Deutsches Zeit-Archiv, Ausgabe vom 29. Dezember 1959, druckte einen Artikel von Kurt Ziesel aus dem Europäischen Kulturdienst, Salzburg Nr. 12, 1959 ab:

„Die Legende vom ‚Reich' / Wie man Zeitgeschichte verfälscht / Theodor Heuss und ‚Das verlorene Gewissen'. An dieser Stelle konnte ich kürzlich über die moralische Hinrichtung berichten, die das Münchner Landgericht an Karl Korn, dem Mitherausgeber und Kulturpapst der ‚Frankfurter Allgemeinen Zeitung' vollzogen hat. ... Korn beteuert (nun), daß die Zeitschrift ‚Das Reich', 1940 gegründet, so eine Art Bunker für widerstandskämpfende Schreiber gewesen sei, die nicht in der Parteipresse arbeiten wollten. Man habe dort nur Antinazisten beschäftigt und schreiben lassen, und erst viel später, als diese Widerstands-Zeitbombe, mitten im Krieg unter den Augen von Goebbels in Berlin installiert, in einem Verlag, der der NSDAP gehörte, mit gewaltigen Geldern des NS-Presseamts bedacht, plötzlich explodiert sei, habe sich Goebbels ... der Zeitschrift bemächtigt". Theodor Heuss bestätige das in einem Brief an Korn. Diese Behauptungen seien jedoch nachweisbar falsch. „1940 und 1941 haben Heuss und Goebbels darin veröffentlicht, warum bewältigt Theodor Heuss seine eigene Vergangenheit mit einer solchen nachweisbaren Unwahrheit? Schließlich behauptet er, danach Publikationsverbot erhalten, sich aber darum nicht bekümmert, sondern sich des Pseudonyms Thomas Brackheim bedient zu haben. Auch hier klaffen erhebliche Erinnerungslücken bei Herrn Heuss. Denn er hat nicht nur weiter unter vollem Namen sogar Bücher veröffentlicht, sondern auch das Pseudonym, mit dem er ... den Nazis ein Schnippchen schlagen wollte, hat er auf dem Briefpapier des Reichspressechefs des Propagandaministeriums, ausgefertigt von dessen persönlichem Referenten, offiziell genehmigt erhalten." Ziesel verwies auf Kürschner, Deutscher Literaturkalender 1943, Sp. 1273/1274, wo das Pseudonym angegeben ist. Goebbels sei eine vertrauliche Denkschrift zur Gründung der Zeitschrift „Reich" vorgelegt und darin ausdrücklich festgestellt worden: „daß das ‚Reich' auf einer geistig hochstehenden Ebene die Ziele des Dritten Reichs und des Nationalsozialismus unterstützen solle".

Nr. 130 Schmitt an Forsthoff, 6. 1. 1960

1 Julien Freund (1921–1993), Politologe in Straßburg; eine Auswahl aus dem ausgedehnten Briefwechsel mit Carl Schmitt veröffentlichte Piet Tommissen in: Schmittiana 2, 1990, S. 33–71, Schmittiana 4, 1999, S. 53–91, Schmittiana 8, 2003, S. 27–119.
2 Eine Feier zu Schmitts 50jährigem Doktorjubiläum kam nicht zustande. Vgl. dazu den Brief von Julien Freund vom 15. April 1960, abgedruckt in: Schmittiana 2, S. 44. Schmitt hatte 1910 bei Fritz van Calker an der Rechtswissenschaftlichen Fakultät in Straßburg eine Dissertation mit dem Titel: „Über Schuld und Schuldarten – Eine terminologische Untersuchung" vorgelegt.
3 Im Historisch-Politischen Buch Bd. 7, 1959 erschienen folgende Rezensionen: Schmitt, zu: Reinhart Koselleck, Kritik und Krise, S. 301–302; Ulrich Scheuner, zu: Jürgen Fijalkowski, Die Wendung zum Führerstaat, ideologische Komponenten in der politischen Philosophie Carl Schmitts, Schriften des Instituts für Politische Wissenschaft, Diss. FU Berlin, 1958, S. 308; in Bd. 8, 1960, S. 244 die Rezension von Armin Mohler, zu: Léon Poliakov, Josef Wulff, Das Dritte Reich und seine Denker, Dokumente, Berlin 1959.

4 Konrad Weiß, Das preußische Herz. Zum Grabe von Heinrich von Kleists, in: Münchner Neueste Nachrichten, 23.2.1936, S. 4, abgedruckt in: Konrad Weiß, Deutschlands Morgenspiegel. Ein Reisetagebuch in zwei Teilen. Zweiter Teil, München 1950, S. 16–23.

5 Friedrich der Große, Poësies Diverses, Berlin 1760. Schmitt besaß diese Ausgabe.

Nr. 131 Forsthoff an Schmitt, 11. 1. 1960

1 „Die Tyrannei der Werte“ widmete Schmitt „Den Ebrachern des Jahres 1959“. Als Motto stellte er voran: „Der Wert hat seine eigene Logik. Ernst Forsthoff, Die Umbildung des Verfassungsgesetzes“.
In seiner Einleitung bemerkte Schmitt:

> „Nach dem Ersten Weltkrieg drangen wertphilosophische Begriffe und Gedankengänge in die Staats- und Verfassungslehre der Weimarer Verfassung ein und suchten die Verfassung und ihre Grundrechte in ein Wert-System umzudeuten. Die Rechtsprechung hielt sich damals noch zurück. Erst nach dem Zweiten Weltkrieg begründeten deutsche Gerichte ihre Entscheidungen in weitem Maße mit wertphilosophischen Gesichtspunkten. – Praktisch handelt es sich dabei um eine wohlgezielte Umdeutung der Grundrechte, um deren sog. Drittwirkung und unmittelbar privatrechtliche Geltung und um eine folgenreiche Ausdeutung des Wortes *sozial* in Art. 20, 28 GG.“ Forsthoff habe seine Position in mehreren Aufsätzen vertreten. „Den Kern der Sache hat er mit einem einfachen klaren Satz endgültig getroffen: ‚Der Wert hat seine eigene Logik‘.“

2 Deutsches Zeit-Archiv, Ausgabe vom 8. Januar 1960; wiedergeben wird ein mit o.f. gezeichneter Artikel der Stuttgarter Nachrichten, Ausgabe vom 5. Januar 1960, S. 2 „Gefährliche Ehre“. Darin heißt es:

> „Der Tübinger Staatsrechtslehrer Dr. A. Schüle tritt in Nr. 22/1959 der Juristenzeitung einer Festschrift für den wegen seiner Haltung im Dritten Reich mit Recht umstrittenen Professor Dr. Carl Schmitt entgegen, für die ein Bonner, Heidelberger (!) und Göttinger Kollege verantwortlich zeichnen. Den zur Ordnung gerufenen Professoren wird vorgehalten, daß ihre Festschrift ‚einem gegenüber den substanziellen Werten des Rechtes völlig indifferenten Juristen‘ gewidmet sei. Schmitt habe u. a. die Morde des 30. Juni 1934 mit einem Artikel ‚Der Führer schützt das Recht‘ gedeckt. Ebenso habe sich der ‚große Jurist‘ Schmitt 1936 auf der Tagung der Reichsgruppe der Hochschullehrer ein an Unwissenschaftlichkeit nicht zu überbietendes Schlußwort geleistet, dessen Thema ‚Die deutsche Rechtswissenschaft im Kampf gegen den Jüdischen Geist‘ lautete. – Wenn in einer gesicherten Demokratie der Meinungsfreiheit auch weite Grenzen gezogen sind, so ist doch im heutigen Deutschland viel mehr Vorsicht am Platze. Die Beschäftigung von Förderern des ‚tausendjährigen‘ Geistes auf unseren Universitäten und in verantwortlichen Stellungen muß nicht nur wegen des Auslandes so bald wie möglich eingestellt werden, sonst geht es uns zuletzt so, daß eine Krähe der andern kein Auge aushackt, und das Unkraut überwuchert wieder den Boden. Professor Schüle verdient den Dank aller, die gewisse Verhaltensformen gestürzter Größen nicht mehr leichtnehmen und Recht wie Ordnung vor dem Buchstabengeist untragbarer Juristen oder gar Verschwörern behütet wissen wollen.“

Nr. 132 Schmitt an Forsthoff, 3. 2. 1960

1 Hans Gerber (1889–1981) lehrte seit 1941 in Freiburg als Ordinarius Öffentliches Recht, 1957 wurde er emeritiert.

Die Nennung „Steiner“ ist offensichtlich ein Irrtum. Das Stuttgarter Kultusministerium billigte am 4. März 1950 eine Berufungsliste, auf der Ch. F. Menger, Karl Josef Partsch und an dritter Stelle Karl Zeidler standen; UA Freiburg B 110/315; Auskunft des UA Freiburg.

2 Robert Haerdter (1907–1995), Schriftsteller und Journalist, war zunächst Mitarbeiter der Vossischen Zeitung, dann bis zum Verbot (Mai/ August 1943) politischer Redakteur bei der Frankfurter Zeitung; 1946 gehörte er zu den Mitbegründern der „Gegenwart“; Günther Gillessen, Auf verlorenem Posten. Die Frankfurter Zeitung im Dritten Reich, 2. Aufl. Berlin 1987, S. 193, 355, 523 passim.

3 Wolfgang J. Mommsen, Max Weber und die deutsche Politik: 1890–1920, Tübingen 1959, 3. Aufl. 2004.

4 Der Philosoph Karl Jaspers (1883–1969) nahm 1945 seine Lehrtätigkeit an der Universität Heidelberg wieder auf, 1947 folgte er einem Ruf nach Basel; vgl. Mußgnug, Heidelberger Dozenten, S. 207–211.

5 Raymond Aron (1905–1983), französischer Soziologe, Philosoph, Historiker, Politologe und Journalist. Vgl. Piet Tommissen, Raymond Aron face à Carl Schmitt, in: Schmittiana 7, 2001, S. 111–129.

6 Der Brief von Theodor Maunz (3. Januar 1960) liegt im Schmitt-Nachlaß (HSAD RW 265-9238).

7 Dieter Grohs Brief (12. Januar 1960) liegt im Schmitt-Nachlaß (HSAD RW 265-5181). Dieter Groh (geb. 1932), Historiker, zu der Zeit Assistent bei Werner Conze in Heidelberg. Er habilitierte sich 1970 in Heidelberg und übernahm 1974 ein Ordinariat für Neuere Geschichte in Konstanz.

Nr. 134 Schmitt an Forsthoff, 4. 3. 1960

1 Ursula Forsthoff starb am 28. Februar 1960.

2 Der Text lautet:

> Ecce quomodo moritur iustus et nemo percipit corde. Viri iusti tolluntur et nemo considerat. A facie iniquitatis sublatus est iustus et erit in pace memoria eius: in pace factus est locus eius et in Sion habitatio eius et erit in pace memoria eius.

Der von Jacobus Gallus/Hendel (Jakob Petelin, 1550–1591) aufgeschriebene Text fand vielfach in der Musik der Karwoche oder Begräbnis-Motteten (Händel) Verwendung. Gallus kam aus Slowenien als Sänger nach Melk, wurde 1568 Mitglied der kaiserlichen Hofkapelle in Wien, 1585 Kantor in Prag.

3 Auf der Todesanzeige von Frau Forsthoff war verwiesen auf Jesaja 54, 10:

> Denn es sollen wohl Berge weichen und Hügel hinfallen; aber meine Gnade soll nicht von dir weichen, und der Bundes meines Friedens soll nicht hinfallen, spricht der Herr, dein Erbarmer!

Nr. 136 Forsthoff an Schmitt, 19. 3. 1960

1 Zur Wiederaufnahme E. R. Hubers in die Vereinigung der deutschen Staatsrechtslehrer s. Grothe, „Lautlose“ Angelegenheit, S. 988–990.

2 In der „Deutschen Zeitung“, Ausgaben vom 24. Februar, 12./13. März, 22. März (Zuschrift von Günther Krauss) und 23. März 1960, gab es einen heftigen Streit um das Erscheinen der Schmitt-Festschrift.

3 Otfried Ulshöfer (geb. 1930) hatte 1957 in Tübingen in der Rechts- und wirtschaftswissenschaftlichen Fakultät am „Institut für Besatzungsfragen“ promoviert, wechselte 1959 als Referent an das Heidelberger MPI für ausländisches öffentliches Recht und Völkerrecht.

Nr. 137 Schmitt an Forsthoff, 20. 3. 1960

1 Dem Brief liegt folgende „Notiz“ bei:

Entwurf und Kommentar der Redaktion. Gegenüber den Zuschriften zu der Notiz Schüle-Schmitt vom 24. Februar 1960 sei daran erinnert, daß es in der Notiz nicht darauf ankam, neue Namen zu benennen, auch nicht darauf, die Reinigung der Justiz auf die Universitäten und Fakultäten zu erstrecken. Am allerwenigsten sollte die voluminöse, bereits viele Bücher und Aufsätze umfassende Diskussion über Carl Schmitt noch weiter vermehrt werden. Es handelt sich ausschließlich um die Glosse von Herrn Prof. Schüle, und zwar um drei einfache Tatsachen: erstens hat Herr Schüle noch im Jahre 1937, also nach den von ihm inkriminierten Aufsätzen, selber eine Abhandlung mit nationalsozialistischem Inhalt publiziert; zweitens hat er diese Tatsache seinen Lesern vorenthalten; drittens hat er angenommen, diese Vorenthaltung bleibe seinen Lesern entweder unbekannt oder wäre für sie uninteressant. Die erste Tatsache, die Publikation einer nationalsozialistischen Abhandlung, mußten wir beim Namen nennen. In der zweiten Tatsache erblickten wir einen Mangel an Takt. Hinsichtlich der dritten sprachen wir von einem Mangel an Klugheit. Das ist alles. Der Sachverhalt ist in sich selbst so klar und einfach, daß kein tu quoque am Platze ist. Eine Ausdehnung der Diskussion auf unabsehbare weitere Probleme war nicht beabsichtigt.

{Wenn die 6 Glossenbrüder darauf nicht antworten, bleiben sie aneinander angekettet im Boot ihrer Glosse sitzen, wenn sie antworten, sind sie die Aggressoren und man kann entsprechend antworten, und wird es auch tun!}.

2 Rüdiger Altmann, Das Erbe Adenauers, Stuttgart 1960.

3 Winfried Martini, Freiheit auf Abruf. Die Lebenserwartung der Bundesrepublik, Köln 1960.

Nr. 138 Forsthoff an Schmitt, 29. 3. 1960

1 Susanne Forsthoff heiratete Franco Falconi aus Florenz.

Nr. 139 Forsthoff an Schmitt, 27. 4. 1960

1 Giselher Wirsing (1907–1975) schloß sein Volkswirtschaftsstudium 1931 mit einer Promotion in Heidelberg ab. Er arbeitete bei Hans Zehrer (Tat-Kreis) und war bis 1945 Schriftleiter verschiedener Zeitungen. Nach der Entlassung aus der britischen Gefangenschaft gehörte er zu den Mitbegründern der Wochenzeitung „Christ und Welt“; Armin Mohler, Deutsche Nachkriegspresse und Vergangenheitsbewältigung: Erinnerungen an Giselher Wirsing (15.4.1907–23.9.1975), in: Criticón. Konservative Zeitschrift 5, 1975, S. 245–250.

Nr. 140 Schmitt an Forsthoff, 21. 7. 1960

1 1168–1188 entstand der „Pórtico de la Gloria“ der Kathedrale Santiago de Compostela. An der zum Portal führenden linken Außenwand steht neben Moses, Jesaias, Jeremias auch der „lächelnde“ Daniel. Ihnen entsprechen die auf der rechten Seite dargestellten Apostel. Über beiden Figurengruppen spannt sich der Bogen der vergnügten Musikanten, die eine Vielzahl der in der Kathedrale zu Beginn des 12. Jh. gebrauchten Musikinstrumente spielen.

Daniel hält eine Schriftrolle in der Hand mit der Aufschrift: „Danielis Prophete ecce enim Deus noster quem colimus“ (Daniel III 17: Siehe, unser Gott, den wir ehren).

2 Der Schriftsteller Prokopios aus Caesarea (etwa 500–562) schilderte den Sieg über den Vandalenkönig Gelimer (Geilamir) (530–534) durch den oströmischen Feldherrn Flavius Belisarius (um 505–565).

Schmitt sandte Forsthoff die Kopie einer englischen Übersetzung mit der Widmung: „Für Ernst Forsthoff als Gruß von Carl Schmitt. Santiago de Compostela 24/6 1960“.

Es heißt dort, History of The War IV. 7, 11–17: “And it happened that Belisarius was staying for a time in the suburb of the city which they call Aclas. Accordingly Gelimer came before him in that place, laughing with such laughter as was neither moderate nor the kind one could conceal, and some of those who were looking at him suspected that by reason of the extremity of his affliction he had changed entirely from his natural state and that, already beside himself, he was laughing for no reason. But his friends ... believed, he thought that man’s lot was worthy of nothing else than much laughter.” Abbildung bei Kiesel, Jünger/Schmitt Briefwechsel, S. 446.

Nach Mohler war „das bittere Gelächter Gelimers“ eine der von Schmitt am häufigsten zitierten geschichtlichen Parabeln; Mohler, Briefwechsel, S. 254 Anm. 305.

Nr. 142 Forsthoff an Schmitt, 24. 7. 1960

1 Ernst Friesenhahn war 1951 bis 1963 Richter am Bundesverfassungsgericht.

2 Reinhart Koselleck (1923–2006) blieb nach seiner Promotion (1954) bis zur Habilitation 1965 für die Fächer Geschichte und Geschichtsphilosophie am Historischen Seminar der Universität Heidelberg. 1966 kam er als Ordinarius nach Bochum, 1968 nach Heidelberg, seit 1973 lehrte er in Bielefeld; Stefan Weinfurter (Hg.), Reinhart Koselleck (1923–2006). Reden zum 50. Jahrestag seiner Promotion in Heidelberg, Heidelberger Historische Beiträge 1, Heidelberg 2006.

3 Hanno Kesting (1925–1975) arbeitete nach seiner Heidelberger Promotion (1952) an der Sozialforschungsstelle der Universität Münster in Dortmund, 1958–1960 ging er als Dozent für Soziologie nach Ulm (Hochschule für Gestaltung) und arbeitete als Journalist bei der Frankfurter Rundschau. 1962 kam er als Assistent zu Arnold Gehlen (TH Aachen) und habilitierte sich dort. 1968 übernahm er in Bochum ein Ordinariat für Soziologie; Laak, Gespräche, S. 271–276.

4 Jürgen Habermas besprach Kosellecks Dissertation „Kritik und Krise“ und Hanno Kestings „Geschichtsphilosophie und Weltbürgertum“ (Heidelberg 1959) in: Merkur 1960, S. 468–477.

5 Forsthoff, Jurist in der industriellen Gesellschaft, 1960.

Forsthoff schloß seinen Vortrag: „Ein auffallender Kontrast besteht zwischen der neuesten Entwicklung des Richtertums und des Juristen in der Verwaltung. Hier die Eroberung eines Entscheidungsraumes von bisher kaum gekannten Dimensionen, dort die ständige Einengung durch eine gegenüber dem Ermessen mißtrauische Gesetzgebung. Also Aufschwung des Richtertums, Abstieg des juristischen Berufsbeamten? Auf eine Weise gewiß. Aber bei näherer Zusicht ändert sich doch das Bild. Der weite Entscheidungsraum, den der Richter heute für sich in Anspruch nimmt, ist ihm nicht vom Gesetz verliehen. Der Richter hat ihn usurpiert. Diese Usurpation war nur dadurch möglich, daß der Richter sich von den Kunstregeln und logischen Prozeduren der gesetzanwendenden Rechtsfindung befreite. Das ist keine Kleinigkeit. Denn diese in Jahrtausenden herangebildeten Modi bestimmen den institutionellen Rang des Richteramtes. Sie sind wesentlich mit gemeint, wenn wir von Rechtskultur sprechen. Deshalb bedeutet die Preisgabe dieser Modi notwendig eine Primitivierung, nämlich das Heraustreten aus einer geprägten Kulturform und damit eine Einbuße an institutionellem Niveau."

Nr. 143 Schmitt an Forsthoff, 2. 8. 1960

1 Johannes Popitz war seit 1920 mit Cornelia (geb. Slot) verheiratet. Wer ist's?, Ausgabe 1935.

2 Fritz Ewalt Quittschau war 1929 Pfarrer in Berlin-Steglitz.

Quittschau (1888–1945) studierte in Berlin und Königsberg. Nach seiner Promotion in Greifswald 1931 kam er 1934 als Dompfarrer nach Königsberg. Er gehörte der ostpreußischen Bekennenden Kirche an, verweigerte 1938 den Eid auf Hitler. Ein Disziplinargericht sprach am 12.10.1939 die Zwangsbeurlaubung aus. Zusammen mit etwa 4000 ostpreußischen Flüchtlingen ertrank er am 9. Februar 1945 beim Untergang der „General von Steuben"; Manfred Koschorke (Hg.), Geschichte der Bekennenden Kirche in Ostpreußen 1933–1945: Allein das Wort hat's getan. Göttingen 1976, passim.

3 Rudolf Smend und Schmitt waren gemeinsam an der Berliner Fakultät gewesen. Smend wurde 1935 nach Göttingen versetzt. Die Abschrift des Geburtstagsbriefes legte Schmitt dem folgenden Brief (16. August 1960) bei.

4 In der Deutschen Zeitung und Wirtschaftszeitung, Ausgabe vom 9. August 1960 erschien kein Artikel über Forsthoff, sondern ein Auszug seines Beitrags zur Schmitt-Festschrift unter dem Titel: Justizstaat statt Rechtsstaat. Die Auflösung des Verfassungsgesetzes.

Nr. 144 Schmitt an Forsthoff, 16. 8. 1960

1 Johannes Chr. Papalekas (1924–1996), Soziologe, kam 1955 aus Innsbruck nach Dortmund an die Sozialforschungsstelle der Universität Münster, 1963 erhielt er ein Ordinariat für Soziologie in Bochum.

2 Der griechische Oberst a. D. Georgios Grivas übernahm 1955 die Führung der griechisch-zypriotischen Untergrundbewegung und beteiligte sich aktiv an den griechisch-zypriotischen Auseinandersetzungen. Wiederholt wurde er von der Insel verbannt.

3 Smend schrieb:

Göttingen, 9. Juli 1960

Sehr verehrter, lieber Herr Schmitt,
Eine neue Stufe in ihrem achten Jahrzehnt – im Anfang, während ich mich dem Ende nähere! Möchten es gute und glückliche Stufen sein! Möchten sie Sie mit dem ganzen Corpus Ihrer deutschen Fachgenossen wieder näher zusammenführen! Könnten Sie nicht etwas dafür tun? Es wäre einem wie mir, der dem Abschied so viel näher ist, als Sie, eine große Genugtuung.
Wir werden älter, die Söhne treten ins Leben, und wir denken der Vergangenheit, nicht zuletzt der unvergeßlichen Ihnen Vorangegangenen.
Mit allen guten Wünschen und Grüßen, Ihr (gez. R. Smend)

4 Hans Leussink u. a. (Hgg.), Studium Berolinense. Aufsätze und Beiträge zu Problemen der Wissenschaft und zur Geschichte der Friedrich-Wilhelms-Universität zu Berlin. Gedenkschrift der Westdeutschen Rektorenkonferenz und der Freien Universität Berlin zur 150. Wiederkehr des Gründungsjahres der Friedrich-Wilhelms-Universität zu Berlin, Berlin 1960; darin der Beitrag von Rudolf Smend, Zur Geschichte der Berliner Juristenfakultät im 20. Jahrhundert, S. 109–128, S. 124/125:

Dann kam die Ernennung von „Carl Schmitt (geb. 1888, 1933–1945), dessen Schriften vor allem die verfassungsrechtliche Pathologie der Weimarer Republik schonungslos aufgehellt und dem herrschenden Denken im öffentlichen Recht in ihrem Dezisionismus eine blendende Gegenthese entgegengestellt hatten, die sich alsbald als wirkungsvoller Schrittmacher des nationalsozialistischen Gewaltsystems bewährte."

Erich Kaufmann beteiligte sich nicht an der Gedenkschrift.

5 Abgewandeltes Zitat von Léon Bloy. Bloy gebrauchte die Formulierung „tous ce qui arrive est adorable" in verschiedenen Briefen und Tagebucheinträgen, unter anderem zu einer Zeit, als seine Frau im Sterben lag (1895); Nachweise bei Kiesel, Jünger/Schmitt Briefwechsel, S. 506, 597, 642.
Léon Bloy (1846–1917), Autodidakt. In autobiographischen Schriften berichtete er über seine Kriegserfahrungen und wies auf soziale Mißstände hin. Er fühlte sich berufen, dem Fortschrittsglauben zu widersprechen, ein Wegbereiter des „renouveau catholique" und radikaler Kritiker des „verbürgerlichten Christentums"; er verherrlichte die Armut und strebte die Rückkehr zum Urchristentum an. Echte religiöse Erkenntnisse enthielten für ihn einen mystischen Kern; E. Schramm, in: RGG 1, 3. Aufl. 1957, Sp. 1325; Jean Steinmann, Léon Bloy, Paris 1956.

6 Barbara Klie arbeitete als Feuilleton-Redakteurin für „Christ und Welt"; Mohler, Briefwechsel, S. 338 Anm. 412.

Nr. 145 Forsthoff an Schmitt, 17. 8. 1960

1 Der Spiegel, Ausgabe 3. August 1960, veröffentlichte S. 58 unter der Rubrik „Personalien":

Ernst Fraenkel, 61, Professor für Politische Wissenschaften an der Westberliner Freien Universität, kommentierte auf einer Tagung der Evangelischen Akademie Berlin die Ernennung des Heidelberger Staatsrechtlers Professor Ernst Forsthoff, 57, zum Präsidenten des Obersten Verfassungsgerichts der Republik Zypern als ‚internationalen Skandal' und belegte seine These mit NS-freudigen Publikationen Forsthoffs während des Dritten Reichs.

Nr. 147 Forsthoff an Schmitt, 5. 9. 1960

1 Am 5. Oktober 1960 berichtete der Spiegel unter dem Titel: „Gefahr für alle", S. 76:

„Mit der Affäre offiziell nicht befaßt, witterte Botschafter König, der Spektakel um Forsthoff werde nur dem günstigen deutsch-zyprischen Handel schaden. Erst als Erzbischof Makarios Anfang September zwei Vertrauensmänner in die Deutsche Botschaft schickte und um Material über seinen zukünftigen Verfassungshüter bat, schaltete sich Bonn ein. Zunächst versuchten die Legationsräte, die Affäre in Diplomatenmanier aus der Welt zu schaffen: Forsthoff wurde vom Auswärtigen Amt ermuntert, auf den zyprischen Posten zu verzichten. Der Professor lehnte ab. Daraufhin überstellte das Auswärtige Amt der Botschaft in Nikosia Forsthoff-Material, dem Erzbischof Makarios immerhin auch entnehmen konnte, daß der Heidelberger Gelehrte trotz seiner Anhänglichkeit an den Führerstaat niemals seine konservative Herkunft verleugnet hatte. Dennoch konnte sich das amtliche Bonn nicht entschließen, Forsthoffs Kandidatur zu unterstützen."

Dr. Joseph König (geb. 1907), bis dahin Konsul in Windhuk, erhielt am 6. September 1960 sein Agrément durch die Republik Zypern. Zugleich wurde das seit 1955 bestehende deutsche Konsulat in eine Botschaft umgewandelt; Auskunft des Politischen Archivs des Auswärtigen Amts, Berlin.

2 Fazil Küçük blieb auch nach der Verfassungsreform von 1963 der Form nach Vizepräsident, de facto war er lediglich Verwaltungschef der türkischen Bevölkerung. 1973 kandidierte er nicht mehr für das Amt des Vizepräsidenten.

3 Forsthoffs Mitrichter waren der Rechtsanwalt Michalakis Triantafyllides und der bisherige stellvertretende Generalstaatsanwalt Mehmet Münir. Beide hatten zuvor in der Gemischten Verfassungskommission mitgearbeitet; Blümel, Verfassungsgerichtsbarkeit in der Republik Zypern, a. a. O., S. 658.

Nr. 148 Schmitt an Forsthoff, 13. 9. 1960

1 Berthold Schenk von Stauffenberg, Statut et règlement de la Cour Permanente de Justice Internationale: Eléments d'Interpretation, Institut für Ausländisches Öffentliches Recht und Völkerrecht, Berlin 1934.

Bertholf Schenk Graf von Stauffenberg arbeitete im KWI für Ausländisches Öffentliches Recht und Völkerrecht, das Viktor Bruns (1884–1943) bis zu seinem Tod leitete; Alexander Meyer, Berthold Schenk Graf von Stauffenberg (1905–1944). Völkerrecht im Widerstand, Berlin 2001.

Nr. 149 Forsthoff an Schmitt, 19. 9. 1960

1 Zum Generalthema: „Der Beitrag der Wissenschaften für die Erkenntnis unserer Zeit" sprachen in Ebrach:

Hubert Schrade: „Die Gegenwart der Kunst".

Hans Barion: „Theologie als wissenschaftliche Weltanschauung".

Joachim Ritter (1903–1974), seit 1946 Ordinarius für Philosophie in Münster: „Zum Begriff eines Naturrechts bei Aristoteles".

Dieter Henrich (geb. 1927), Promotion und Habilitation für Philosophie (1950, 1956) in Heidelberg, seit 1960 Ordinarius an der FU Berlin, später Heidelberg und München: „Das Problem von Philosophie und Zeitbewußtsein".
Wolfgang Preisendanz (geb. 1920), Germanist, nach seiner Habilitation in Heidelberg kam er 1961 nach Münster: „Aufgaben der Dichtungsinterpretation".
Pascual Jordan (1902–1980), theoretischer Physiker, 1944 Ordinarius in Berlin, 1947 in Hamburg, seit 1953 dort Ordinarius, 1957–1961 Bundestagsabgeordneter für die CDU: „Die Physik im geistigen Leben unserer Zeit".
Reinhart Koselleck: „Methodische Bemerkungen zur Außenpolitik von 1919 bis 1945".

Nr. 150 Schmitt an Forsthoff, 10. 10. 1960

1 Schreibens des Auswärtigen Amts an Prof. Dr. Kaiser (Freiburg), 15. September 1960:

> Sehr geehrter Herr Professor! In Beantwortung Ihres Anrufs vom 19. August 1960, mit dem Sie das Auswärtige Amt von dem Telegramm der Rechts- und Staatswissenschaftlichen Fakultät der Universität Freiburg an Professor Dr. Forsthoff wegen seiner Ernennung zum Präsidenten des zyprischen Verfassungsgerichts unterrichtet haben, möchte ich Ihnen mitteilen, dass Prof. Forsthoff in der Zwischenzeit zum Präsidenten des Gerichts ernannt worden ist, Zypern bereits einen ersten Besuch abgestattet hat und dass die erste Sitzung des Verfassungsgerichts unter seinem Vorsitz voraussichtlich Ende Oktober oder Anfang November stattfinden wird. Mit vorzüglicher Hochachtung Voigt

2 Ernst Hüsmert schrieb der „Spiegel-Redaktion", der Leserbrief wurde nicht abgedruckt.

> Essen, 10. Oktober 1960: Betr.: Gefahr für alle
>
> Als alter Spiegelleser (noch aus Ihrer hannoverschen Zeit) registriere ich mit Bedauern, daß Ihnen der genius loci von Hamburg schlecht bekommt. Lassen Sie mich die Charakter-Regression an Beispielen aus Ihrem Forsthoff-Artikel verdeutlichen. Entgegen früheren Gepflogenheiten verschweigen Sie schamhaft den Verlag der skandalumwitterten Schmitt-Festschrift: Duncker & Humblot, Berlin-Lichterfelde-West; das als Motto vorangestellte Tocquevillezitat über den Despoten und seinen Rechtsgelehrten entlehnen Sie in seiner ungenauen Fassung der Schüle-Glosse zur Festschrift für Carl Schmitt: Juristenzeitung Nr. 22 vom 20. November 1959 S. 730; die Information über die nationalsozialistischen Jugendsünden des Herrn Professor Schüle verdanken Sie Ihrem Kollegen von der Deutschen Zeitung, Nr. 46 vom Jahr 1960. Sie sehen: aus einem Spiegel ohne Dokumentation wird ein Spiegel, der sich mit fremden Federn schmückt. Ist ein solcher Spiegel keine Gefahr für alle? Zu weiteren Verdeutlichungen gern bereit. Ihr gez. Ernst Hüsmert.

Ernst Hüsmert (geb. 1928, Ingenieur und Dichter) Schmitts langjähriger Freund, Testamentsvollstrecker für Schmitts persönlichen Nachlaß; Herausgeber von Carl Schmitts Briefen an seine Schwester sowie der Tagebücher und Materialien der Jahre 1912–1915 und 1915–1919.

Nr. 151 Schmitt an Forsthoff, 16. 10. 1960

1 Auf der Rückseite der Postkarte befand sich Schmitts Zeichnung des „Hobbes-Kristalls". Ausgehend vom Satz „auctoritas non veritas facit legem" erläuterte Schmitt in seiner Abhandlung: Der Begriff des Politischen (Ausgabe 1963), S. 121–123:

„Die Wahrheit vollzieht sich nicht selbst, dazu bedarf es vollziehbarer Befehle. Diese gibt eine potestas directa, die sich – zum Unterschied von einer potestas indirecta – für die Ausführung des Befehls verbürgt, die Gehorsam verlangt und den, der ihr gehorcht, zu schützen vermag. So ergibt sich eine Reihe von oben nach unten, von der Wahrheit des öffentlichen Kultes bis zu Gehorsam und Schutz des einzelnen. Gehen wir jetzt, statt von oben von unten aus, von dem System der materiellen Bedürfnisse des einzelnen, dann beginnt die Reihe mit dem Schutz- und Sicherheitsbedürfnis des ‚von Natur' rat- und hilflosen einzelnen Menschen und mit dem daraus folgenden Gehorsam und führt in umgekehrter Reihenfolge auf demselben Weg an das Tor zur Transzendenz."

Schmitt zeichnete diese Wege in einem sechseckigen „Diagramm", dem Hobbes-Kristall, auf.

Nr. 152 Forsthoff an Schmitt, 4. 12. 1960

1 Theodor Heuss, Staat, Recht und Freiheit. Hugo Preuss – eine Würdigung zum 100. Geburtstag, in: FAZ, Ausgabe 29. Oktober 1960.

Heuss wies auf Schmitts Rede über Hugo Preuss im Jahre 1930 hin und nannte Schmitt „eine jener Figuren", die „dem Unrecht … juristische Formeln liefern". Schmitt seinerseits erinnerte daran, daß Heuss als Reichstagsabgeordneter 1933 dem Ermächtigungsgesetz zugestimmt hatte.

Vgl. auch den Kommentar zu Schmitts Brief an Forsthoff vom 16. Januar 1964 (Nr. 181); Günter Maschke, Der Tod des Carl Schmitt. Apologie und Polemik, Wien 1987, S. 68 Anm. 115.

Nr. 155 Forsthoff an Schmitt, 24. 2. 1961

1 Forsthoff legte seinen Brief an Schnur bei:

Nicosia, 24. Februar 1961

Lieber Herr Schnur!

Ihr Brief erreichte mich gleichzeitig mit einem Brief von Professor Schneider, der mich ueber die Vorgaenge in der Fakultaet unterrichtete. Er hat mich sehr betroffen und mich an eigene Erfahrungen im Zusammenhang mit meiner Habilitation erinnert, die ich Ihnen demnaechst in Heidelberg erzaehlen werde – Erfahrungen, die ich Ihnen wie jedem meiner Habilitanden gerade ersparen wollte. Lassen Sie sich jetzt in persoenlicher Hinsicht etwas sagen und realisieren Sie es in jedem Sinne: dass diese jetzigen Erfahrungen fuer Ihre wissenschaftliche Qualifikation nach meinem Urteil ohne Bedeutung sind. Wenn Sie mir schreiben, dass Sie nicht aufgeben wollen, wenn ich Sie nicht aufgebe, dann antworte ich Ihnen, dass ich gar nicht daran denke und Ihnen dringend rate, solche Gedanken ein fuer allemal aus Ihren Erwaegungen zu verbannen.

Der Beschluß der Fakultaet bedeutet die Verwerfung meines Votums und das in meiner Abwesenheit. Es sind Ihnen Auflagen fuer die Umarbeitung gemacht worden, ohne mich ueberhaupt zu konsultieren, ob ich nicht Anregungen fuer die Umarbeitung habe – und ich habe natuerlich solche. Das ist eine ernste Sache. <Er (Forsthoff) habe deshalb der Fakultät mitgeteilt: Wenn den Auflagen entsprochen werde, liege eine neue Arbeit vor, für die er sich nicht mehr zuständig fühle, und die von denen beurteilt werden müsse, die die Auflagen erteilten. Eine neue Beurteilung werde er nicht übernehmen.> Die Habilitation ist nicht mehr die meinige.

Bei dieser notwendigen Verwahrung habe ich Ihre Interessen keineswegs aus dem Auge verloren. Die Angelegenheit ist so peinlich und eindeutig, dass ich voraussehe, wie man darauf reagieren

wird: naemlich alles zu vermeiden, was eine weitere Kritik von mir ausloesen koennte. Und das kann Ihnen nur zustatten kommen. Im uebrigen ist mein Ausscheiden aus der Sache de facto nicht so gewichtig, weil ich nach aller Voraussicht im naechsten Winter wieder hier sein werde.
Welche Konsequenzen die Sache fuer die laengere Zukunft hat, bleibt abzuwarten. Meine Lust zu habilitieren ist jedenfalls stark gedaempft worden. Fuer die Habilitation bei mir stehen noch an Dagtoglou und Bluemel. Dann werde ich wohl Schluss machen. Ich ziehe mich mehr auf Dinge zurueck, die ich allein machen kann: Ebrach, res publica und manches andere. Ueber die innere Situation der Universitaeten waere in diesem Zusammenhang viel zu sagen. Aber darueber vielleicht spaeter muendlich.
Schlucken Sie den Aerger herunter und vor allem: werden Sie bald wieder gesund.
Mit guten Wuenschen und besten Gruessen Ihr

Die Heidelberger Fakultät habilitierte Schnur im November 1961. Seine Habilitationsschrift „Studien zum Begriff des Gesetzes" hat er nicht publiziert.

2 Ernst-Wolfgang Böckenförde, Der deutsche Katholizismus im Jahre 1933. Eine kritische Betrachtung, in: Hochland. Monatsschrift für alle Gebiete des Wissens, der Literatur und Kunst 53, Februar 1961, S. 215–239.

Böckenförde zog aus seiner Darstellung den Schluß: „Die Führer des deutschen Katholizismus, die für eine ‚organische', die liberale Gesellschaft überwindende Ordnung eintraten, wurden so, ohne es in ihrer ideologischen Befangenheit zu bemerken, zu einflußreichen Wegbereitern des faschistischen Aufstandes gegen die ‚Gesellschaft', der in Deutschland mit dem Jahr 1933 anhob. ... (Es zeigt sich) die tiefe innere Problematik der kirchlichen ‚potestas indirecta'. Bei aller Weite ihrer Zuständigkeit ist sie eben als potestas *indirecta* nirgends unmittelbar verantwortlich. Jene Katholiken, die den politischen Ratschlägen und Anweisungen ihrer Bischöfe 1933 treu ergeben gefolgt waren, hatten 1945 die Folgen dieses Handelns bei der Entnazifizierung allein zu tragen, ohne von ihren Bischöfen Schutz und Verteidigung in der Öffentlichkeit verlangen zu können", Zitat S. 238/239.

Nr. 156 Forsthoff an Schmitt, 10. 6. 1961

1 Gustav Radbruch, Elegantiae juris criminalis. 7 Studien zur Geschichte des Strafrechts, Basel 1938, 2. Aufl. 1950. Diese Aufsätze betreffen einzelne Themen zur Strafrechtsgeschichte. Radbruchs Schrift: Der Geist des englischen Rechts. Reihe: Wie lebt und denkt man in anderen Ländern? Heidelberg 1946, 5. Aufl. 1965 behandelte u. a. die Methoden des Case-Law.

2 Hans-Georg Gadamer, Wahrheit und Methode. Grundzüge einer philosophischen Hermeneutik, 1. Aufl. Tübingen 1960.

Zu Forsthoffs „Recht und Sprache" (1940) schrieb Gadamer, S. 309:

„Ernst Forsthoff hat in einer wertvollen Untersuchung gezeigt, wie aus rein juristischen Gründen eine eigene Reflexion über den geschichtlichen Wandel der Dinge entstehen mußte, durch den der ursprüngliche Sinngehalt eines Gesetzes und der in der juristischen Praxis angewandte zur Abhebung voneinander gelangen. Gewiß meint der Jurist stets das Gesetz selbst. Aber sein normativer Gehalt ist auf den gegebenen Fall hin zu bestimmen, auf den es angewandt wird."

Gadamer (1900–2002), Ordinarius für Philosophie in Heidelberg, überließ Forsthoff einen Sonderdruck seines Aufsatzes „Vom Zirkel des Verstehens", in: Günther Neske, Martin Heidegger zum siebzigsten Geburtstag (26. September 1959), Pfullingen 1959, S. 24–34, mit der Widmung „E. Forsthoff Collegae in Hermeneuticis".

3 Otto Heinrich von der Gablentz, Staat und Gesellschaft, in: Politische Vierteljahresschrift 2, 1961, S. 2–23; Zitat S. 10/11:

Forsthoff „sieht den totalen Staat, den er einst so begeistert begrüßt hatte, jetzt in der Bundesrepublik drohen, und zwar als ‚Sozialstaat, ein Surrogat echter Volksordnung'. Da wir ja nicht unterstellen können, daß Forsthoff noch heute den Nationalsozialismus als echte Volksordnung ansieht, und da er sich ausdrücklich gegen den Vorwurf verwahrt, zu romantisieren, bleibt nur die Erklärung übrig: ‚in sich selbst ruhende Gesellschaft' ist gut, wenn sie aus Unternehmern besteht, sie ist verwerflich, wenn sie sich im Einfluß der Gewerkschaften auf den Staat äußert! Daß er es so meint, ergibt sich aus den ständig wiederholten Angriffen auf die ‚Ablösung des Rechtsstaates durch den Justizstaat', die mit dem Referat auf der Staatsrechtslehrertagung 1954 beginnen und vorläufig mit dem Beitrag für die Carl-Schmitt-Festschrift abschließen. Die Anpassung an veränderte soziale Situationen, an sich unvermeidlich, soll dazu geführt haben, durch Verfassungsinterpretationen ‚das Gefüge des Rechtsstaates anzutasten oder zu verändern'. ‚Mit der Forderung nach Rangunterscheidungen' (zwischen Verfassungsrecht und anderen Gesetzen) werde ‚das Verfassungsgesetz von innen zerstört'. ‚Die Sozialstaatsklausel' mache ‚den sozialen Prozeß irreversibel'. Da das Bundesverfassungsgericht sie stützt, fordert es seinen Zorn heraus. Es habe ‚eine eigene Standesideologie entwickelt' und es könne ‚in den Vorstellungen eines dem Verfassungsgesetz unterstellten und seine Innehaltung mit den Mitteln herkömmlicher Rechtsauslegungskunst sichernden Gerichtes nicht mehr begriffen werden', meint der Verfassungsrichter von Zypern".

4 Forsthoff, Bundesrepublik Deutschland, Merkur 1960.

5 Auf Böckenfördes Aufsatz (siehe Kommentar zu Forsthoffs Brief an Schmitt, 24. Februar 1961, Nr. 155) schrieb Hans Peters (damals Universität Köln): Die Scheinwahrheit des Jahres 1933, in: Kölnische Rundschau, 26. März 1961; Böckenförde griff die Diskussion auf: E. W. Böckenförde, Der deutsche Katholizismus im Jahre 1933. Stellungnahme zu einer Diskussion, in: Hochland 54, 1961/62, S. 217–245.

Das „Kölner Hänneschen" ist ein 1802 gegründetes, immer noch bespieltes Puppentheater.

6 Joachim Ritter, „Naturrecht" bei Aristoteles. Zum Problem einer Erneuerung des Naturrechts, in: res publica 6, Stuttgart 1961; so auch das Thema seines Ebrach-Referats, siehe Kommentar zu Forsthoffs Brief an Schmitt, 19. September 1960 (Nr. 149).

Nr. 157 Forsthoff an Schmitt, 5. 9. 1961

1 Schmitt, La tirania de los valores, 1961.

Nr. 158 Schmitt an Forsthoff, 10. 9. 1961

1 Johannes Gross, Mächtig ohne Macht: die öffentliche Meinung. Das Märchen von ihrer Beherrschung durch die Verbände, in: Deutsche Zeitung mit Wirtschaftszeitung, 9./10. September 1961, S. 6.

Nr. 159 Forsthoff an Schmitt, 9. 10. 1961

1 Die beiden Heidelberger Ordinarien für Alte Geschichte Hans Schaefer (1906–1961) und sein belgischer Kollegen Jacques Moreau (1918–1961) unternahmen eine

Exkursion mit Seminarangehörigen in die Türkei. Das von ihnen genutzte Flugzeug stürzte am 23. September ab. Ein Würdigung aller Verunglückten in: Gnomon 33, 1961, S. 841–848.
Forsthoff unterrichtete am 2. Oktober 1961 die in Heidelberg gebliebene Assistentin Dr. Ursula Weidemann über sein Treffen mit den Althistorikern:

> „Vor der Abreise, noch in Heidelberg, hatte ich mit Herrn Professor Schaefer verabredet, dass wir uns in Nicosia sehen wuerden und ich hatte auch, als sich die Schiffsverbindung zur Tuerkei zerschlug und die ganze Reise infrage gestellt war, meine Hilfe angeboten, um eine andere Moeglichkeit der Weiterreise nach der Tuerkei hier in Nicosia ausfindig zu machen. Dazu kam es jedoch nicht, da Professor Schaefer sich fuer den Luftweg entschied. ...
> Ich traf Professor Schaefer zufaellig am Vormittag des 22. September auf der Strasse, das heisst, ich sah ihn vom Wagen aus, liess halten und begruesste ihn. Da der Wagen an einer sehr verkehrsunguenstigen Stelle stand, konnte die Unterredung nur kurz sein. Sie endete damit, dass Professor Schaefer meine Einladung zu einem typisch zypriotischen Abendessen in einem Restaurant in der Altstadt annahm und wir uns auf 8 Uhr am Metaxas Square verabredeten.
> ... Ich sass zwischen Professor Schaefer (zu meiner Rechten) und Dr. Sattler* (zu meiner Linken), neben dem Dr. Friedenthal** sass. Das Gespraech entwickelte sich aus den Eindruecken, welche die Teilnehmer auf Zypern gewonnen hatten. Professor Schaefer aeusserte sich ueberrascht ueber die Schaetze des hiesigen Museums und ihre sachkundige Aufstellung. Besonders hat allen Teilnehmern Paphos*** gefallen, wo sie in dem Studienrat am dortigen Gymnasium ... einen ausgezeichneten Fuehrer hatten, der die dortigen Ausgrabungen im Bereich der Nekropole selbst veranlasst und geleitet hat. Ich war vorgestern selbst in Paphos. (Der Studienrat) war und ist von der Katastrophe tief betroffen und hat mich gebeten, soweit es mir möglich ist, allen Angehörigen sein tiefempfundenes Beileid zu uebermitteln.
> Die Unterhaltung verweilte kurz bei den Bundestagswahlen vom 17. September, zu denen aber in Ermangelung detaillierter Nachrichten aus Deutschland noch nicht viel zu sagen war. Umso lebhafter wurde das Gespraech ueber die politischen Verhältnisse in Zypern. Ich hatte viele Fragen zu beantworten, die sich auf meine amtliche Taetigkeit, die Person des Erzbischofs, die sozialen Zustaende und die Moeglichkeiten einer wirtschaftlichen Entwicklung des Landes bezogen. Natuerlich stand bei allen diesen Fragen das Verhaeltnis zwischen Griechen und Tuerken im Vordergrund. An diesem Teil des Gespraechs nahm Dr. Friedenthal besonders lebhaft teil. Als ich die Schwierigkeiten schilderte, die sich fuer mein Gericht aus der Tatsache ergeben, dass die zyprische Verfassung in drei verschiedenen sprachlichen Versionen (griechisch, tuerkisch und englisch) gilt, gab Professor Moreau interessante Parallel-Beispiele aus der belgischen Verfassungspraxis.
> Ich hatte den Eindruck, dass alle Teilnehmer den Abend, ebenso wie ich, sehr genossen haben, und dass ihnen das Mahl mit etwa 10 Fleischgerichten und den vielen spezifisch zypriotischen Beigaben Freude machte. Wir trennten uns gegen 22.30 Uhr auf der Lydra-Street mit unseren besten Wuenschen fuer einen weiteren Verlauf der Reise, die bis dahin alle Teilnehmer auf das Hoechste befriedigt hatte."

* Peter Sattler (geb. 1930), Habilitand bei Hans Schaefer.

** Martin Friedenthal (geb. 1926), Referent am Rheinischen Landesmuseum, Bonn.

*** In Paphos liegen sog. „Königsgräber", das sind weitläufig angelegte Gräber der Oberschicht aus dem 3. Jh. v. Chr., die bis ins 3. Jh. nach Chr. in Gebrauch waren, dazu sog. „Römische Häuser" mit hervorragend erhaltenen Bodenmosaiken.

2 Die Staatsrechtslehrer-Tagung fand vom 4. bis 7. Oktober 1961 in Freiburg statt. Zum Thema „Prinzipien der Verfassungsinterpretation" sprachen Peter Schneider und Horst Ehmke.

3 Forsthoff, Problematik der Verfassungsauslegung, 1961.

4 Forsthoffs Schrift rezensierte Walter Frederica, Zwischen Freiheit und Gleichheit, in: Deutsche Zeitung mit Wirtschaftszeitung, 21./22. Oktober 1961, S. 19.

Nr. 160 Forsthoff an Schmitt, 7. 12. 1961

1 Forsthoff, Verfassungsgeschichte, 1961.

2 Habeant sibi = meinetwegen, lt. Büchmann, Geflügelte Worte nach 1. Mos. 38, 23 („sie mag's behalten") gebildet.

3 Zu Smends Rede vgl. Kommentierung zu Forsthoffs Brief an Schmitt, 17. Februar 1962 (Nr. 164).

Nr. 161 Forsthoff an Schmitt, 23. 12. 1961

1 Zu Schmitts Erkrankung siehe seinen Brief an Mohler vom 14.12.1961; Mohler, Briefwechsel, S. 312.

2 Vgl. die Kommentierung zu Forsthoffs Brief an Schmitt, 19. Juli 1959 (Nr. 120).

3 Prodromos Dagtoglou legte als Habilitationsschrift vor: Der Private in der Verwaltung als Fachmann und Interessenvertreter: die Rechtsproblematik, Heidelberg 1964, Forsthoff zum 60. Geburtstag gewidmet.

4 Martin Heidegger, Nietzsche, 2 Bde, Pfullingen/Stuttgart 1961.

Nr. 162 Forsthoff an Schmitt, 31. 12. 1961

1 Den Silvester-Gruß unterschrieben neben Forsthoff, seiner Mutter und seinem Sohn das Ehepaar Themistokles Tsatsos, das Ehepaar Dimitris Tsatsos, Hans Barion mit dem Zusatz: Ihr unwürdiger, ergebener, Diener „indomitabilis" (unbezähmbarer).

Nr. 163 Fosthoff an Schmitt, 3. 2. 1962

1 Schmitt widmete die Zeichnung: „Ernst Forsthoff, Sylvester 1961. Carl Schmitt" und fügte hinzu: „von Max Slevogt aus dem Jahre 1931, für den damaligen Rechtsanwaltsverein Berlin".

2 Zu Smends Kritik vgl. Kommentar zu Forsthoffs Brief vom 17. Februar 1962 (Nr. 164).

3 „Der Staat. Zeitschrift für Staatslehre, Öffentliches Recht und Verfassungsgeschichte" erscheint seit 1962 im Verlag Duncker & Humblot, Berlin. Die ersten Herausgeber waren: Gerhard Oestreich, Werner Weber, Hans J. Wolff; die Redaktion lag zunächst bei Ernst-Wolfgang Böckenförde und Roman Schnur.

Nr. 164 Forsthoff an Schmitt, 17. 2. 1962

1 Einen Auszug aus Smends Rede druckte die FAZ am 14. Februar 1962, S. 11–12 ab; von Smend zuerst in Buchform veröffentlicht in: Führung und Bildung in der heutigen Welt, Festschrift für Kurt Georg Kiesinger, Stuttgart 1964, S. 235–246, wiederholter Nachdruck in Smends „Staatsrechtliche Abhandlungen und andere Aufsätze".

Nach der Forsthoff bekannten Druckfassung in der FAZ sprach Smend von den „Bedenken ..., die heute gegen die Arbeitsweise des Bundesverfassungsgerichts geltend gemacht werden. Sie wenden sich gegen die Methode seiner Verfassungsauslegung und gegen deren praktische Folge einer ‚die Substanz ergreifenden' ‚Verfassungswandlung'. Statt ‚exakter Gesetzesinterpretation' lege es die Verfassung ‚geisteswissenschaftlich-werthierarchisch' aus, diskreditiere so die Legalität, die formelle Gesetzmäßigkeit der Verfassung, zugunsten eines Wertsystems, das eine geistige Dimension bezeichne, aber keine, die im Bereich juristischer Normeninterpretation ihre Stelle haben könnte. Damit werde der Charakter der Verfassung als Dezision verkannt, ihre Geltung unsicher, der Rechtsstaat zum Justizstaat.

Diese Angriffe sind fruchtbar, sofern sie die deutsche Staats- und Rechtstheorie zu neuer nachdrücklicher Überprüfung ihrer Grundlagen anregen. Sie sind vergeblich, sofern sich die Praxis, vorweg des Bundesverfassungsgerichts durch sie nicht beirren läßt. ... Es ist kein Zweifel, daß diese Kritik, wie ihre gegen politische Grenzüberschreitung der Staatsgerichtsbarkeit gerichtete Vorstufe, ein Wahrheitsmoment insofern enthält, als sie an Grenzen der Verfassungsgerichtsbarkeit erinnert. Aber es ist Sache der Weisheit und des richterlichen Takts der Verfassungsjustiz, diese Grenzen einzuhalten."

Hans Carl Nipperdey, damals Präsident des Bundesarbeitsgerichts, verfocht gegen eine Reihe von Staatsrechtslehrern (u. a. Forsthoff) die sog. „Drittwirkung der Grundrechte". Seine Ansprache ist gedruckt in: Deutsche Richterzeitung 40, 1962, S. 73/74. Er strich die Bedeutung der Urteile des Bundesverfassungsgerichts zur Grundrechtsinterpretation heraus:

„... es sind hier Horizonte eröffnet worden, die das neuerdings geprägte und eintönig wiederholte pessimistische Wort vom ‚ideologischen Substanzverlust der Verfassung' und von der ‚staatsideologischen Unterbilanz des Grundgesetzes' ebenso Lügen strafen wie die unrichtige Behauptung, daß die soziale Idee sich nicht mit der rechtsstaatlichen Verfassung als geprägter Strukturform treffen, geschweige denn, verbinden könne. Die deutschen Gerichte bekennen sich mit dem Bundesverfassungsgericht in aller Nüchternheit zur Gegnerschaft gegen den Relativismus und gegen die Behauptung einer wertneutralen Ordnung. Sie bekennen sich zu dem objektiven, materialen Wertsystem, das durch verfassungsrechtliche Grundentscheidung für alle Rechtsbereiche gilt. ..."

2 Zu Böckenfördes Aufsatz vgl. Kommentar zu Forsthoffs Brief an Schmitt, 10. Juni 1961 (Nr. 156). Böckenförde zitierte aus einem Vortrag von Hans Peters vor der Reichstags- und der preußischen Landtagsfraktion der Zentrumspartei (31. Mai 1933), Hochland 54.1961–62, S. 236 Anm. 39:

„Es besteht durchaus die Möglichkeit und Chance für den Katholiken im Dritten Reich, seine Weltanschauung einzubauen, doch müssen wir dazu tätig sein". Böckenförde fuhr fort: „Dies dürfte die damalige Haltung und Erwartung nicht weniger führender Katholiken und wohl auch etlicher Bischöfe treffender kennzeichnen als manche der heutigen Rückblendungen."

3 Gustav von Schmoller (1907–1991), Jurist und Diplomat, im Sommersemester 1934 Schmitts Assistent, 1941 Promotion bei Schmitt. Nach dem Krieg Ministerialrat in der Staatskanzlei Württemberg-Hohenzollern, 1952 in den Auswärtigen Dienst übernom-

men; vgl. auch die Kommentierung zu Schmitts Brief an Forsthoff, 22. Oktober 1967 (Nr. 233).

4 Unter dem Pseudonym „Silvio“ veröffentlichte Forsthoff in „Christ und Welt“, Ausgabe vom 19. Januar 1962, S. 15: Moderne akademische Märchen.

Nr. 165 Forsthoff an Schmitt, 14. 7. 1962

1 Eine „glossierte“ Sammlung von Schmitts Staatsrechtlichen Abhandlungen kam nicht zustande.

2 Die Einladung sprach Joseph H. Kaiser aus. Neben Karl Zeidler gehörte damals auch Horst Ehmke (geb. 1927), der im Vorjahr zu dem Thema auf der Freiburger Staatsrechtslehrer-Tagung referiert hatte, zur Freiburger Fakultät.

3 Forsthoff, Staat als Auftraggeber, erschien 1963.

4 Anni Stand (1915–1997) war zur Gutssekretärin ausgebildet. Frau Schmitt lernte sie etwa 1938 kennen und bat sie gelegentlich um Hilfe. Auf die Bitte von Anima Schmitt kam sie 1952 als Hausdame zu Carl Schmitt nach Plettenberg; Mohler, Briefwechsel, S. 5/6.

Nr. 166 Forsthoff an Schmitt, 7. 9. 1962

1 Forsthoff feierte am 13. September seinen 60. Geburtstag.

2 Hermann Lübbe, Zur politischen Theorie der Technokratie, in: Der Staat 1, 1962, S. 19–38.

Nr. 167 Schmitt an Forsthoff, 10. 9. 1962

1 Zu Schmitts Geburtstagsgeschenken, s. Kommentar zum folgenden Brief.

Nr. 168 Schmitt an Forsthoff, 13. 9. 1962

1 Schmitt, Land und Meer, 1. Aufl. 1942, Reclam Leipzig; 2. Aufl. 1954, Reclam Stuttgart. Schmitt hatte einige Exemplare der Broschur-Ausgabe in Leinen mit Rückenprägung binden lassen.

2 Schmitt: Theorie des Partisanen, 1963. Ernst Forsthoff zum 60. Geburtstag gewidmet 13. September 1962. Handschriftlich fügte Schmitt hinzu:

> συν-Κίνδυνεύειν. Dem erprobten Freund und Fachgenossen in einer Freundschaft und Fach erprobenden Zeit Ernst Forsthoff bestätige ich die Widmung dieses Buches über den Partisanen, bekräftige ihre Gründe und Beweggründe und schreibe zum gedruckten Text der Widmung noch ein Losungswort hinzu. 11. Juli 1963 Carl Schmitt.
>
> An-Sätze (innerhalb der Serie umstellbar) zu einer Theorie des bloßen Denkens:
>
> 1) Seid ruhig! Es ist nur *gedacht*! Goethe, Klassische Walpurgisnacht
> 2) Die Deutschen haben in der Politik *gedacht*, was die anderen Völker getan haben. Karl Marx, Zur Kritik der Hegelschen Rechtsphilosophie
> 3) Wär's möglich? … Ich müßte die Tat vollbringen, weil ich sie *gedacht*? Schiller, Wallensteins Tod

Dem Brief liegt folgende Abschrift bei:

Helga Ebner an Carl Schmitt, Wien, 9. 8. 1962

Frau Ebner berichtet über einen Brief von Hugo v. Hofmannsthal an Josef Redlich, „in welchem Hofmannsthal von der neuen Bekanntschaft mit Ihnen, sehr geehrter Herr Professor, spricht und von einigen Ihrer Bücher (Politische Theologie, Die Diktatur, Der Wert des Staates und die Bedeutung des Einzelnen). ... ‚Was mich an den Ausführungen fesselt' schreibt Hofmannsthal weiter, ‚ist eine vitale Intensität, und die Gesinnung oder besser Geisteshaltung, die auf Hobbes, Bonald, Cortes zurückgeht. Ganz natürlich ergibt sich ein scharfer Gegensatz zu Kelsen, dem Mann des ‚relativistischen Formalismus'. ..."

Schmitt erläuterte in einem handschriftlichen Zusatz:

„Diese Abschrift interessiert Sie vielleicht, lieber Herr Forsthoff, weil Sie, wie ich weiss, Hofmannsthal-Verehrer sind. Von Josef Redlichs Besuchen bei mir in Berlin erzähle ich Ihnen; das ist hochinteressant; ich freue mich darauf, in Ebrach mit Ihnen darüber zu sprechen. Zu Hofmannsthal hatte ich keine persönlichen Beziehungen. Ihr C. S."

Zum ganzen: Hugo von Hofmannsthal – Josef Redlich, Briefwechsel, hg. von Helga Fußgänger, Frankfurt/Main 1971, S. 77/78, 220; vgl. Ingeborg Villinger, Der Souverän verläßt den Turm. Hofmannsthals Dramatisierung des Verlustes politischer Einheit nach Carl Schmitt, in: Andreas Göbel (Hg.), Metamorphosen des Politischen. Grundfragen politischer Einheitsbildung seit den 20er Jahren, Berlin 1995, S. 119–135; Marcus Twellmann, Das Drama der Souveränität: Hugo von Hofmannsthal und Carl Schmitt, Paderborn/München 2004 (Diss. Universität Frankfurt/Oder 2003).

Josef Redlich (1869–1936), österreichischer Jurist, Politiker (Oktober/November 1918 und 1931 Finanzminister) und Historiker, 1907 a. o. Prof. an der Universität Wien, 1909–1918 Ordinarius an der TU Wien, 1926–1934 Professor für Staats- und Verwaltungsrecht (Harvard, USA), kehrte 1936 nach Wien zurück.

Nr. 169 Forsthoff an Schmitt, 20. 12. 1962

1 Der Spiegel-Redakteur C. Ahlers verfaßte einen Artikel „Bedingt abwehrbereit" (Ausgabe 10. 10. 1962).

Er berichtete über den schlechten Ausrüstungsstand der Bundeswehr, die lediglich mit Unterstützung durch westliche Atomraketen einen Angriff der Warschauerpakt-Staaten aufhalten könne. Das Bundesverteidigungsministerium (unter F. J. Strauß) ging davon aus, daß der Artikel nur unter Verwendung geheimer Unterlagen geschrieben worden sein könne. Fr. A. Freiherr v. d. Heydte erstattete Strafanzeige wegen Landesverrats, die Staatsanwaltschaft erließ Haftbefehl gegen die Redakteure. Am 26. Oktober 1962 wurden die Hamburger Redaktionsräume besetzt und durchsucht, die Redakteure in Untersuchungshaft genommen, Ahlers nach 103 Tagen freigelassen.

Gegen die Polizeimaßnahmen gab es bundesweite Proteste, u. a. von 53 Tübinger Professoren. Die FDP-Bundesminister, damals Koalitionspartner der CDU/CSU-Regierung unter Adenauer, traten am 19. November 1962 geschlossen zurück und erzwangen damit eine Umbildung des Kabinetts. Strauß verzichtete am 30. November 1962 auf einen Sitz im künftigen Kabinett. Die Spiegel-Redakteure reichten beim Bundesverfassungsgericht eine Verfassungsbeschwerde ein, die bei Stimmengleichheit abgewiesen wurde; vgl. Jürgen Seifert (Hg.), Die Spiegel-Affäre, 2 Bde., Olten 1966.

2 Forsthoff, Die Bundesrepublik Deutschland, 1960.

3 Karl August Bettermann/Hans Carl Nipperdey (Hgg.), Die Grundrechte: Handbuch der Theorie und Praxis der Grundrechte 4, 2, Berlin 1962, S. 749 Anm. 33.

4 Eugen Schunck (Bundesverfassungsrichter), Karl Zeidler †, in: DÖV 15, 1962, S. 862. Hans Schneider, in: AöR 88 1963, S. 96–98 benannte Ernst Forsthoff als Habilitationsvater.

5 Nach seiner Habilitation 1961 in Heidelberg arbeitete Roman Schnur 1962 in Madrid, er kam 1965 als Ordinarius an die Universität Bochum, 1968 ging er an die Verwaltungshochschule Speyer und nahm 1972 einen Ruf nach Tübingen an.

Nr. 170 Forsthoff an Schmitt, 9. 5. 1963

1 Hasso Hofmann, Legitimität gegen Legalität. Der Weg der politischen Philosophie Carl Schmitts (Diss. iur. Erlangen), Neuwied 1964, 3. Aufl. 1995.

Hasso Hofmann (geb. 1934) studierte Rechtswissenschaft und Philosophie, habilitierte sich in Erlangen, 1976 Ordinarius in Würzburg, seit 1992 an der Humboldt-Universität in Berlin.

2 Alfred Voigt, Ordinarius in Erlangen, promovierte in Königsberg mit der Arbeit: Umrisse einer Staatslehre bei Joh. Gottfr. Herder, Stuttgart 1937, Reihe: Königsberger rechtswissenschaftliche Forschungen 3, 56 Seiten.

In seinem der Dissertation angehängten Lebenslauf schrieb er: „Wegen der Übernahme des Korreferates und mannigfacher Förderung spreche ich Herrn Professor Forsthoff meinen Dank aus."

Voigts Doktorvater war Ernst von Hippel (1895–1984), der 1929–1940 in Königsberg Rechtsphilosophie, Staats- und Verwaltungsrecht lehrte, 1940 ging er nach Köln.

Vgl. Kommentar zu Forsthoffs Brief an Schmitt, 18. September 1949 (Nr. 26).

3 Otto Gönnenwein starb am 9. Januar 1963.

4 Fritz Werner (1906–1969), 1958–1960 Präsident des Bundesverwaltungsgerichts, 1964 ging er als Ordinarius an die Freie Universität, Berlin. Werners Vortrag „Recht und Toleranz" erschien in: Verhandlungen des vierundvierzigsten Deutschen Juristentages in Hannover 1962, Tübingen 1964, Bd. 2, S. B1–B15.

Der Bundesinnenminister hatte 1959 beim Bundesverwaltungsgericht den Antrag gestellt, die Vereinigung der Verfolgten des Naziregimes (VVN) als verfassungsfeindlich zu verbieten.

Am 29. November 1962 sollte vor dem Bundesverwaltungsgericht die Hauptverhandlung beginnen. Lt. Bericht der FAZ, Ausgabe 1. Dezember 1962, erhob sich kurz nach Verhandlungsbeginn ein etwa 50jähriger Mann im Zuschauerraum und rief: „Herr Präsident, Sie sind Mitglied der NSDAP und der SA gewesen und haben in Ihrer Doktorarbeit den nationalsozialistischen Staat bejaht." Die Prozeßvertreter des VVN versicherten, daß diese Äußerungen aus dem Publikum für sie völlig überraschend gekommen seien. Zwei (der drei) Klagevertreter erklärten, den Prozeß nicht weiterführen zu wollen, wenn sich das Präsidium des VVN nicht von den Äußerungen aus dem Zuschauerraum distanziere. Der Prozeß wurde zunächst um eine Woche vertagt, dann aber wegen geänderter Rechtslage nicht mehr aufgegriffen.

5 Helmut Quaritsch (geb. 1930) habilitierte sich 1965 in Hamburg für Öffentliches Recht und Kirchenrecht, 1966 erhielt er ein Ordinariat in Bochum. 1968 ging Quaritsch an die Freie Universität Berlin, 1972 an die Hochschule für Verwaltungswissenschaften Speyer; zugleich war er 1970–1973 Direktor der Wissenschaftlichen Dienste des Bundestages.

Nr. 171 Forsthoff an Schmitt, 4. 6. 1963

1 In einzelnen Großstädten Zyperns gab es, der Abstammung der Bewohner entsprechend, geteilte Stadtverwaltungen. Türkische Zyprioten klagten vor dem Verfassungsgericht gegen die Einschränkung ihrer Rechte und die Einsetzung griechisch-zypriotischer Beamter. Am 25. April 1963 gab das Verfassungsgericht unter Forsthoffs Vorsitz mehreren Klagen statt, die sich gegen Maßnahmen zur Errichtung einer zentralisierten Gemeindeverwaltung richteten. Nachdem Forsthoff wie geplant nach Heidelberg zurückgekehrt war, wurden die Urteile nicht vollzogen, vielmehr Drohungen gegen seinen in Zypern gebliebenen Assistenten Dr. Christian Heinze ausgesprochen. Daraufhin trat Forsthoff von seinem Amt zurück und teilte seinen Entschluß am 21. Mai 1963 Präsident Makarios mit.

Nr. 174 Forsthoff an Schmitt, 10. 8. 1963

1 Forsthoff, Tagespresse und Grundgesetz, erschien in der September-Ausgabe der DÖV.

2 Forsthoff, Der introvertierte Rechtsstaat und seine Verortung, 1963; Forsthoff schloß den Aufsatz, S. 397/8:

> „In Krisensituationen wird die Legalität erst eigentlich aktuell, während Legitimitätsvorstellungen gegen eine Verstrickung in Bürgerkriegsparolen nicht geschützt sind. ... In solcher Situation wird die Legalität zum Hort der Neutralität gegenüber den widerstreitenden Interessen und es sind dann auch die Vorbedingungen dafür gegeben, daß aus der Neutralität ein Zuwachs von Autorität entsteht, Vorbedingungen, die in normalen Zeiten fehlen. Freilich wird die Legalität diese Funktion nur erfüllen können, wenn ihr ein entsprechender Vertrauenskredit zugestanden ist. ... Wer sich mit den Verfassungsbewegungen dieses Jahrhunderts, ihren Revolutionen, Umbrüchen, Bürgerkriegen und Diktaturen vertraut gemacht hat, wird nicht darüber im Zweifel sein können, daß eine Staatsrechtslehre unserer Tage es sich weniger denn je leisten kann, ausschließlich in Normallagen zu denken und an das Ende von Macht und Politik zu glauben. Er wird sich darin auch nicht durch die Jahre einer weitgehenden Entpolitisierung unter dem Grundgesetz beirren lassen“.

Nr. 175 Schmitt an Forsthoff, 12. 8. 1963

1 Theodor Maunz/Günter Dürig, Kommentar zum Grundgesetz, laufend geänderte Loseblatt-Ausgabe.

Nr. 176 Forsthoff an Schmitt, 14. 8. 1963

1 1928 erschien die 1. Aufl. von Schmitts Verfassungslehre.

2 Art. 79 Abs. 3 GG lautet: Eine Änderung dieses Grundgesetzes, durch welche die Gliederung des Bundes in Länder, die grundsätzliche Mitwirkung der Länder bei der Gesetzgebung oder die in den Artikeln 1 und 20 niedergelegten Grundsätze berührt werden, ist unzulässig.

Forsthoff schrieb 1963 in der Druckfassung seines Aufsatzes: „Der introvertierte Rechtsstaat" zu Beginn (S. 385):

> „Nun teilen wir gewiß nicht mehr die positivistische Auffassung, daß für den Juristen alle Gesetze gleich seien und daß es deshalb auch nur eine Methode der Auslegung geben könne. Sicher ist das Verfassungsgesetz ein Gesetz sui generis. Die Frage, ob das Verfassungsgesetz mit der Verfassung (im Rechtssinne) identisch ist, wird unter den gegenwärtigen Verhältnissen nicht praktisch, denn in einer Normallage ... entbehrt sie der aktuellen Bedeutung, und Art. 79 Abs. 3 GG ... läuft zur Zeit gewissermaßen leer, weil der legitimitätsbestimmende Kern der Verfassung ... heute nicht ernsthaft angefochten ist."

Nr. 177 Forsthoff an Schmitt, 21. 10. 1963

1 Forsthoff, Tagespresse und Grundgesetz, 1963, S. 633.

Forsthoff monierte, daß das Bundesverfassungsgericht in seinem Urteil vom 6. 10. 1959 (BVerfGE 10, S. 118, 121) der Pressefreiheit eine institutionelle Garantie zusprach und damit einen Begriff des Öffentlichen Rechts auf bestimmte Erscheinungen der privaten Erwerbswirtschaft übertrug.

2 Gebhard Müller (1900–1990) war nach dem Krieg 1948–1952 Staatspräsident von Württemberg-Hohenzollern, 1953–1958 Ministerpräsident von Baden-Württemberg, 1958–1971 Präsident des Bundesverfassungsgerichts; vgl. Gerhard Taddey (Hg.), Gebhard Müller – Ein Leben für das Recht und die Politik. Symposium anläßlich seines 100. Geburtstages am 17. April 2000 in Stuttgart, Stuttgart 2000.

3 Roman Schnur und Ulrich Scheuner referierten auf der Staatsrechtslehrertagung in Saarbrücken (9.–12. Oktober 1963) zum Thema Pressefreiheit.

4 Scheuner erklärte nach der Diskussion seines Referats im Schlußwort, VVDStRL 22, 1965, S. 204:

> „Sie haben, Herr Forsthoff, das individuelle liberale Grundrecht und das institutionell gesehene Grundrecht ein wenig in Gegensatz gestellt. Ich respektiere eine solche Haltung sehr stark. Ich habe sehr viel Sympathie für jemand, der das Grundrecht wirklich im echten vollen alten liberalen Sinne nimmt, das ja ein sehr politischer Sinn ist. Ich glaube dennoch, daß unsere Zeit namentlich unter den heutigen Verhältnissen der Gruppenmacht unter der Notwendigkeit einer stärkeren Gestaltung der Verfassung von den sich ständig wandelnden Verhältnissen her steht und stärkerer Stützen der Auslegung bedarf. Vor allen Dingen aber liegt mir daran ... deutlich zu machen, daß

die öffentliche Aufgabe der Presse ... im Grunde genommen in dem Bereich, wo sie wirklich zur echten politischen Diskussion beiträgt, eine wahre verfassungsrechtliche Aufgabe ist. Ohne diese freie Presse keine Legitimation der Repräsentation, ohne sie im Grunde Wirkungslosigkeit der Parlamente, die nicht einmal ihre Wähler mehr erreichen, ohne sie Wirkungslosigkeit der Regierungen."

5 Der Sammelband „Rechtsstaat im Wandel" erschien 1964. Forsthoff widmete ihn „In memoriam Karl Zeidler".

6 Johann Daniel Achelis starb am 21. September 1963.

7 In Forsthoffs Bibliothek befand sich: Blaise Pascal: Über die Religion und über einige andere Gegenstände (Pensées). Übertragen und herausgegeben von Ewald Wasmuth, 5. Aufl., Heidelberg 1954.

In dieser Ausgabe wurde übersetzt (S. 160): „Ungerechtigkeit. Gefährlich ist es, das Volk zu lehren, daß die Gesetze nicht gerecht seien, denn es achtet sie nur, weil es sie für gerecht hält. Deshalb muß man ihnen zugleich sagen, man müsse sie achten, weil sie Gesetze sind, ähnlich wie man den Vorgesetzten gehorchen müsse, nicht weil sie gerecht, sondern weil sie Vorgesetzte sind. Dadurch ist, wenn man erreichen kann, daß man das versteht, jedem Aufruhr vorgebeugt, und das ist die eigentliche Definition der Rechtsprechung." Susanne Forsthoff korrigierte die Übersetzung und fügte handschriftlich dazu: „es sollte besser heißen: „das ist die eigentliche Definition des Rechts/des Rechtswesens" (im französischen Original: „de la justice").

8 Helmut Anders, Der „Daseinssicherer" des Monopolkapitals und „Gehilfe des Führers" – Prof. Dr. Ernst Forsthoff, in: Staat und Recht, Deutsche Akademie für Staats- und Rechtswissenschaft „Walter Ulbricht" (Hg.), Potsdam, 1963, S. 981–995. Sein Aufsatz stand unter der Rubrik „Polemik" und endete mit der Bemerkung:

„Die westdeutsche Arbeiterklasse wird sich auf die Dauer weder durch die Diktatur der Imperialisten und Militaristen ... noch mittels ‚Notstandsgesetzen' beugen. Sie wird aus der Geschichte ihre eigenen Erfahrungen ziehen und angesichts des Beispiels der Arbeiterklasse der DDR allen ‚Daseinssicherungen' à la Forsthoff den ihnen einzig zustehenden Platz anweisen: den Kehrrichthaufen der Geschichte."

Helmut Anders (1928–1985) hatte 1961 in Leipzig mit einer Arbeit: Der Kampf der Arbeiterklasse um die Koalitionsfreiheit in den 60er Jahren des 19. Jahrhunderts in Preußen promoviert, 1976 beteiligte er sich unter der Leitung von Hilde Benjamin als Mitautor am Sammelband: Zur Geschichte der Rechtspflege der DDR, 1978 gab er die 3. Aufl. „Wissenschaftlicher Kommunismus, Lehrbuch für das marxistisch-leninistische Grundlagenstudium" heraus.

Nr. 178 Schmitt an Forsthoff, 18. 11. 1963

1 Hans Peter Ipsen besprach in einer Sammelrezension, in: AöR 88, 1963, S. 352–371 auch Forsthoffs Lehrbuch und ging dabei auf die Unterscheidung zwischen Allgemeinem und Besonderem Verwaltungsrecht ein. Schmitt bezog sich auf die Bemerkungen S. 355:

„Was im Verwaltungsrecht nicht ‚allgemein', sondern ‚besonders' ist, stellt die Kerndomäne der Verwaltung ihrem Gegenstande nach dar. Unsere Verwaltung und unser Verwaltungsrecht sind die Summe der konkreten besonderen Aufgabenbereiche und ihrer Regelungen. Darin unterscheidet sich das Zivil- und das Strafrecht vom Verwaltungsrecht. Wenn dort in einem Allgemeinen Teil den einzelnen Rechtsverhältnissen oder Tatbeständen allgemeine Regeln vorangestellt werden, haben sie die Funktion dominierender Obernormen mit Geltungsvorrang. Die allgemeinen Regeln des Verwaltungsrechts haben nicht die Bedeutung der vor der Klammer stehenden Dominante, sondern subsidiäre Hilfsfunktion, falls Spezialregeln nicht existieren. Dominanzregeln für das Verwaltungsrecht werden geliefert vom Verfassungsrecht, insbesondere seiner Grundrechtsordnung. Ein kodifizierter Allgemeiner Teil des Verwaltungsrechts würde auf eine spezifizierte Wiederholung von Verfassungssätzen hinauslaufen, angereichert durch die Resultate der höchstrichterlichen Rechtsprechung, weil das Allgemeine Verwaltungsrecht im Grunde unmittelbar vollzogenes, konkretisiertes Verfassungsrecht ist. Der Inhalt des Allgemeinen Teils eignet sich primär nicht zur Positivierung, sondern zur Darstellung und Beschreibung durch die Theorie auf der Grundlage des Verfassungsrechts und der Erkenntnisse der Rechtsprechung."

2 Juan del Rosal, Derecho Penal Español, Parte special, Madrid 1962, mehrfach neu aufgelegt.

3 Hans Barion, Ordnung und Ortung im kanonischen Recht, in: Festschrift Schmitt, 1959, S. 12/13 Anm. 13:

Weil das CIC die gesamtkirchliche Stellung der Bischöfe nicht systematisch behandle, werde verkannt, „daß die göttlich-rechtliche Stellung des Bischofs gerade auf der Beziehung zu seiner Ecclesia peculiaris und nicht auf seiner Zugehörigkeit zu einem, im CIC nirgends ... erwähnten Collegium espiscoporum beruht." Barion bezog sich dabei auf Rudolph Sohm, Kirchenrecht Bd. 1, Berlin 1892.

„Im Kampf um Rom siegt Rudolph Sohm", von Carl Schmitt geprägter Vers; W. Böckenförde, Der korrekte Kanonist, S. 22.

4 Forsthoffs Verfassungsgeschichte rezensierte Hans-Ulrich Evers, in: NJW 16, 1963, S. 1913.

Evers kritisierte: „Der Weg zur Demokratie, zum Rechtsstaat, zur Effektivität der Grundrechte bleibt völlig im Dunkeln. Gelegentlich entsteht der Eindruck, bei allem handle es sich um grundsätzliche Fehlentwicklungen. ... Da auch die 2. Aufl. der Verfassungsgeschichte an den Prinzipien des demokratischen Rechtsstaates augenfällig desinteressiert ist, wird sie nur sehr begrenzt in der Lage sein, dem Studenten die verfassungsrechtliche Situation der Gegenwart zu erhellen. Diese Bedenken gelten nicht für die Darstellung des absoluten Staates und des Nationalstaates, die lehrreich und von hohem Niveau ist."

5 Otto Plassmann, Rechtsanwalt aus Wehrdohl. Im Schmitt-Nachlaß liegt Korrespondenz aus der Zeit 1950–1978.

6 Die Festgabe für Erich Kaufmann zum 70. Geburtstag erschien unter dem Titel: Um Recht und Gerechtigkeit, Stuttgart 1950.

7 Hannah Arendt, Eichmann in Jerusalem, a report on the banality of evil, New York 1963, S. 129:

„Servatius' assistant Dr. Dieter Wechtenbruch – a disciple of Carl Schmitt who attended the first few weeks of the trial, then was sent to Germany to question witnesses for the defense, and reappeared for the last week in August". H. Arendt überlieferte (in deutscher Sprache) seine Bemerkung über Eichmann: „Wir müssen sehen, wie wir das Würstchen über die Runden bringen".

8 Schmitt hatte 1945 ein hektographiert verbreitetes Gutachten abgefaßt: Das internationalrechtliche Verbrechen des Angriffkrieges und der Grundsatz „nullum crimen, nulla poena sine lege", neu hg. mit Anmerkungen und einem Nachwort versehen von Helmut Quaritsch, Berlin 1994; die Schlußbemerkung von Schmitt, S. 80:

„Bisher hatte die Organisation der Kriminal-Justiz rein innerstaatlichen und nicht internationalen Charakter. Sowohl Strafgesetze wie Strafverfolgung und Strafgericht waren nationale, nicht internationale Einrichtungen und Begriffe. Werden solche, bisher ausschließlich nationale und innerstaatliche Einrichtungen und Begriffe aus dem nationalen in den internationalen Bereich verlagert, so wird die gesamte Rechtsstellung des einzelnen Staatsbürgers fundamental verändert. ... Es entsteht ein Konflikt der Pflichten, wie er in solcher Schärfe und Grausamkeit sonst nur in Situationen furchtbarster Bürgerkriege denkbar war. ... Angesichts der Schaffung eines nicht nur neuen, sondern auch völlig neuartigen internationalen Verbrechens steigert sich die Kraft des Grundsatzes ‚nullum crimen, nulla poena sine lege'. Er ist nicht nur ein Satz des geltenden positiven Rechts, sondern auch eine naturrechtliche und moralische Maxime, auf die sich der nicht an den atrocities beteiligte Staatsbürger unbedingt berufen kann."

9 Horst Göppinger/Johann Georg Reißmüller, Der Nationalsozialismus und die jüdischen Juristen. Die Verfolgung der Juristen jüdischer Abstammung durch den Nationalsozialismus, Villingen 1963.

10 Willehad Eckert, Jüdische Wissenschaftler des 19. und 20. Jahrhunderts im Rheingebiet. Ein Beitrag zur deutsch-jüdischen Symbiose, in: Handbuch zur Ausstellung: Monumenta Judaica: 2000 Jahre Geschichte und Kultur der Juden am Rhein. Eine Ausstellung im Kölnischen Stadtmuseum 15. Oktober 1963–15. März 1964, im Auftrag der Stadt Köln hg. von Konrad Schilling, Köln 1964, Handbuch S. 520–584.
In seinen Anmerkungen zu Hugo Sinzheimer (S. 565) wies Eckert auf dessen 1937 im holländischen Exil geschriebenes Buch „Jüdische Klassiker der deutschen Rechtswissenschaft" hin. Sinzheimer habe darin Schmitt „die gebührende Antwort" erteilt.
Hugo Daniel Sinzheimer (1875–1945), Anwalt und Politiker, 1919 Mitglied der Nationalversammlung, war seit 1920 Honorarprofessor für Arbeitsrecht in Frankfurt. Er wurde im März 1933 in „Schutzhaft" genommen, im September verlor Sinzheimer die Lehrbefugnis. Noch 1933 emigrierte er nach Holland und überlebte bei holländischen Freunden. 1937 publizierte er in Amsterdam den Band: „Jüdische Klassiker der deutschen Rechtswissenschaft", Neudruck Frankfurt 1953. Es war seine Antwort auf die Tagung „Das Judentum in der Rechtswissenschaft", die am 3. und 4. Oktober 1936 in Berlin stattgefunden hatte. Sinzheimer zitierte (S. 3) aus Schmitts Eröffnungs- und Schlußrede, u. a.: „Wir müssen den deutschen Geist von allen jüdischen Fälschungen befreien, Fälschungen des Begriffes Geist, die es ermöglicht haben, daß jüdische Emigranten den großartigen Kampf des Gauleiters Julius Streicher als etwas ‚Ungeistiges' bezeichnen konnten." Zu Sinzheimer vgl. R. Schimmel, in: Stolleis, Juristen, S. 583/584 mit weiteren Nachweisen.
P. Willehad Eckert (1926–2005) gehörte dem Dominikanerkonvent St. Andreas in Köln an, lehrte Philosophiegeschichte u. a. in Walberberg und an der Universität Köln.

11 Anna Bock (1903–1990) arbeitete bis zur ihrer Heirat im Haushalt von Heinrich Forsthoff. Nachdem sie selbst verwitwet war, bat Forsthoff sie nach dem Tod seiner Frau, im Heidelberger Haushalt auszuhelfen.

Nr. 179 Schmitt an Forsthoff, 10. 1. 1964

1 Forsthoff, Verfassungsmäßiger Eigentumsschutz, in: Jubiläumsschrift für das Bundesverwaltungsgericht, 1963 und Der introvertierte Rechtsstaat, 1963.

2 Ernst Rudolf Huber schrieb in seiner Deutschen Verfassungsgeschichte 3, 1963, S. 366: „Auf der anderen Seite hat Carl Schmitt sich der Kritik der Ultrakonservativen an der Indemnitätspolitik angeschlossen."

3 Zu Ernst Ludwig von Gerlach (1795–1877), dem konservativen Publizisten, Begründer der „Kreuzzeitung" und Politiker siehe z. B. Hans Julius Schoeps, Doktrinär des Konservatismus?: Ernst Ludwig von Gerlach und das politische Denken im Zeitalter Friedrich Wilhelm IV. in: Peter Krüger (Hg.), Der verkannte Monarch: Friedrich Wilhelm IV. in seiner Zeit, Potsdam 1997, S. 413–426; Hans-Christof Kraus, Ernst von Gerlach. Politisches Denken und Handeln eines preußischen Altkonservativen, 2 Bde. Göttingen 1992.

4 Huber schrieb a. a. O., S. 1010 Anm. 7:

> „Ich benutze die Formel ‚Wertgefüge', obwohl mir die Problematik der Wertphilosophie und der materialen Wertethik bekannt ist. Selbstverständlich können die Rechtsphilosophie und die Staatstheorie die Lehre von den Verfassungs- und Rechtswerten und die Methode der ‚wertenden Rechtsauslegung' nicht festhalten, ohne sich mit der Erschütterung der philosophischen Grundlagen der Wertformel auseinanderzusetzen. Auf die Kritik an der Wertphilosophie mit einem Rückfall in den normativen Positivismus zu reagieren, erscheint mir jedoch als ein wissenschaftlicher Kurzschluß, der die Tür der Diskussion nicht öffnet, sondern verklemmt. Solange zur Kennzeichnung der übergesetzlichen Rechtsgüter kein anderer Begriff zur Verfügung steht, wird die Rechts- und Staatslehre des Begriffs ‚Wert' nicht entraten können."

Über „Das Maßnahmegesetz" schrieb Huber a. a. O., S. 919/920 und bezog sich dabei auf Forsthoff, Zeidler und die Arbeit seines Sohnes Konrad Huber, vgl. Forsthoffs Brief an Schmitt, 12. Januar 1964 (Nr. 180).

5 Francis Rosenstiel, Le Principe de « Supranationalité ». Essai sur les Rapports de la Politique et du Droit, Paris 1962 (Thèse, Droit. Strasbourg), Vorwort von Julien Freund (dt. Köln 1964). Rosenstiel hatte Schmitt ein Exemplar zugesandt.

> In seinem Vorwort schrieb Julien Freund (S. 15): « Si la critique de la notion de supranationalité est si pénétrante dans cet ouvrage, c'est peut-être parce que l'on a pris pour point de départ quelques vues de Carl Schmitt qui est l'un des rares juristes contemporains à avoir saisi clairement le rapport entre droit et politique, en débarrassant les concepts de leur enflure inutile. Par un curieux paradoxe, le nom de cet auteur est entouré d'un brouillard dont on peut se demander s'il n'est pas souvent provoqué artificiellement.»

Francis Rosenstiel (geb. 1937), französischer Völkerrechtler, war Präsident des „Forum pour l'Europe démocratique" in Straßburg, Leiter der politischen Forschung und Planung im Europarat, Professor für Politologie an der Universität Straßburg. In Schmitts Nachlaß liegt Korrespondenz aus den Jahren 1960–1980.

6 Hans Huber, „Supranationalität" und Souveränität, Rezension zu Francis Rosenstiel, Le Principe de supranationalité, Paris 1962, in: Neue Zürcher Zeitung, Ausgabe vom 22./23. November 1963.

Nr. 180 Forsthoff an Schmitt, 12. 1. 1964

1 Ernst Rudolf Huber, Wirtschaftsverwaltungsrecht. Institutionen des öffentlichen Arbeits- und Unternehmensrechts, Tübingen 1932; 2. Aufl., 2 Bde. Tübingen 1953, 1954.

2 Konrad Huber, Maßnahmegesetz und Rechtsgesetz. Eine Studie zum rechtsstaatlichen Gesetzesbegriff, Berlin 1963.

Konrad Hesse (1919–2005) promovierte 1950 und habilitierte sich 1955 in Göttingen für Staats-, Verwaltungs- und Kirchenrecht, seit 1965 lehrte er in Freiburg, 1975–1987 gehörte er dem Bundesverfassungsgericht an.

Nr. 181 Schmitt an Forsthoff, 16. 1. 1964

1 Theodor Heuss, Erinnerungen 1905–1933, Tübingen 1963, S. 303/304:

> Heuss schilderte seine Begegnung mit Schmitt anläßlich der Gedächtnisfeier für Hugo Preuß: „Das, was dieser Festredner zu sagen hatte, war würdig, gut geformt und stellte den zu Feiernden ohne falsche Töne in die rechte Ordnung. Ich bin dann Schmitt, der ein brillanter Unterhalter war, ohne eine vertraute Beziehung zu gewinnen – diese lag seiner auf bewußte Distanz abgestellten Natur nicht – öfter in dem Hause des technischen Leiters der Handelshochschule, des milden Geheimrat Demuth, begegnet – Schmitt ließ es sich offenbar weiterhin gern gefallen, von Juden gefördert zu werden. Bis er spürte, daß sich das nicht mehr lohne – der Übergang zu Hitler ist ihm menschlich, wie ich vermute, nicht sehr schwer geworden: er erhielt den Lehrstuhl an der Berliner Universität, wurde Mitglied des Göringschen Staatsrates und publizierte, mit suggestiver Formulierkraft, fröhlich darauflos. Ein paar andere Kollegen, nicht so begabt, folgten ihm. Als er das Wesen des Politischen in die ‚Freund-Feind'-Beziehung einsperrte, gab er einer heranwachsenden Generation das Stichwort und dem Hitler-Regime eine Art von logizistischer Rechtfertigung für jegliche Gewalttat. Es ist nicht meine Aufgabe, seinen Einfluß auf das Rechtsdenken zu analysieren – das wird, meine ich, von Zuständigeren besorgt werden. Der Staat ist für ihn ausschließlich Funktion der Macht, kaum der Verwaltung, und daß das ‚Recht' auch mit der ‚Gerechtigkeit' in Verbindung steht, kaum zu spüren. Ich habe ihn persönlich nie mehr gesehen, spreche hier von ihm, weil er das eindrucksvollste Beispiel ist für den Weg eines klugen und selbstsicheren Menschen, der sich auf seiner Lebenswanderung der ärgerlichen Last des Gewissens entledigt hat. Genug davon."

Heuss hatte Schmitt schriftlich zu der Rede auf Hugo Preuss am 20. Januar 1930 gratuliert, abgedr. bei Tommissen, Bausteine, S. 84. Zu Schmitts Bemerkungen über Heuss vgl. Mohler, Briefwechsel, S. 293–294 und S. 337; Quaritsch, Positionen und Begriffe, S. 89.

Fritz Demuth (1876–1965), Nationalökonom, als Syndikus der Industrie- und Handelskammer Berlin auch zeitweilig Vorsitzender des Kuratoriums der Handelshochschule Berlin. 1933 mußte Demuth emigrieren, er leitete in England die „Notgemeinschaft Deutscher Wissenschaftler im Ausland", Biogr. Hdb. Emigr. 1, S. 124/125; Christian Tilitzki, Carl Schmitt an der Handels-Hochschule Berlin 1928–1933, in: Schmittiana 4, 1994, S. 159 Anm. 8.

2 Carlo Schmid rezensierte die Erinnerungen von Th. Heuss in: Der Spiegel, Ausgabe 15. Januar 1964, S. 72/73:

> „Wer lernen will, wie man in ein paar Sätzen einen Mann richten kann, der als Gelehrter genial war, aber als Mensch fragwürdig handelte ..., der lese die Charakteristik des Professors Carl

Schmitt, des späteren Kronjuristen des Totalitarismus und Göringschen Staatsrates, nach" und verwies auf die oben zitierte Stelle.

3 Ernst-Wolfgang Böckenförde, Die Organisationsgewalt im Bereich der Regierung. Eine Untersuchung zum Staatsrecht der Bundesrepublik Deutschland, Berlin 1964, 2. Aufl. 1998 (Habilitationsschrift Münster).

4 Genfer Abkommen vom 12. August 1949 zur Verbesserung des Loses der Verwundeten und Kranken der Streitkräfte im Felde, in: BGBl. 1954 II, S. 788, Art. 13:

„Das vorliegende Abkommen findet auf Verwundete und Kranke folgender Kategorien Anwendung: ... 2. Mitglieder anderer Milizen und Freiwilligenkorps, einschließlich solcher von organisierten Widerstandsbewegungen, die zu einer am Konflikt beteiligten Partei gehören und außerhalb oder innerhalb ihres eigenen Gebietes, auch wenn dasselbe besetzt ist, tätig sind, sofern diese Milizen oder Freiwilligenkorps, einschließlich der organisierten Widerstandsbewegungen a) eine für ihre Untergebenen verantwortliche Person an ihrer Spitze haben; b) ein bleibendes und von weitem erkennbares Unterscheidungszeichen führen; c) die Waffen offen tragen; d) bei ihren Kampfhandlungen die Gesetze und Gebräuche des Krieges einhalten".

5 Am 10. Januar 1964 brachte die „Deutsche Soldaten Zeitung und Nationalzeitung" unter dem Titel: Kann man das einer Mehrheit von 80 Prozent zumuten? ein Interview mit Forsthoff über den Zypern-Konflikt.

6 Frederick John Partington Veale (1897–1976), englischer Anwalt; Korrespondenz aus den Jahren 1955–1976 liegt im Schmitt-Nachlaß.

In der Deutschen Soldaten Zeitung und National-Zeitung, Ausgabe vom 10. Januar 1964, S. 7, berichtete Veale über die Erstaufführung von Rudolf Hochhuths „Stellvertreter" in London. Veale, Advance to Barbarism. How the Reversion to Barbarism in Warfare and War-Trials Menaces Our Future, o. O. 1948, die deutsche Ausgabe „Der Barbarei entgegen: wie der Rückfall in die Barbarei durch Kriegführung und Kriegsverbrecherprozesse unsere Zukunft bedroht", Hamburg 1954. Rezension durch Schmitt 1955.

Nr. 182 Forsthoff an Schmitt, 20. 5. 1964

1 Ernst-Wolfgang Böckenförde vertrat 1964–1969 an der Heidelberger Fakultät die Fächer Öffentliches Recht, Rechtsphilosophie, Rechts- und Verfassungsgeschichte.

2 Herbert Krüger, Allgemeine Staatslehre, Stuttgart 1964, 2. Aufl. 1966.

Herbert Krüger war zu der Zeit Ordinarius für Öffentliches Recht und Staatslehre an der Universität Hamburg.

3 Forsthoff, Unter welchen Voraussetzungen ist es mit dem Grundgesetz vereinbar, die Ausübung des Rechts des Wegeeigentums bei der Verlegung von Leitungen, insbesondere der Elektrizitäts-, Gas- und Wasserwirtschaft, durch Bundesgesetz einer Regelung zu unterwerfen, die dem Grundgedanken des Telegraphenwegegesetzes vom 18. Dezember 1899 (RGBl 1899, S. 705) entspricht?

Forsthoffs Gutachten für das Bundesministerium für Wirtschaft liegt als Manuskript in seinem Nachlaß.

4 Forsthoff, 15 Jahre später, 1964.

5 Manuel Fraga Iribarne (geb. 1922), Jurist, Professur in Valencia und Madrid für Staatstheorie und Staatsrecht, begann seine politische Tätigkeit 1951 als Generalsekretär des Instituto de Cultura Hispánica, übernahm 1955–1958 Ämter im Erziehungsministerium und in der Kommission für Auswärtige Angelegenheiten der spanischen Cortes. 1961 wurde er Direktor des Madrider Instituto de Estudios Políticos, 1962 Informations- und Tourismusminister. Fraga Iribarne blieb politisch aktiv, wurde Vorsitzender der Partido Popular und ist seit 1989 Regierungschef in Galicien.

6 Laureano López Rodó (1920–2000), Katalane, lehrte 1946–1961 Verwaltungsrecht in Santiago de Compostela, 1959 Chef des Stabilisierungsprogramms, 1964–1969 Leiter des Wirtschaftsplans, 1973/74 Außenminister, 1974–1977 Botschafter in Österreich.

7 Francisco Caballero de Asís, Übersetzer beim „Consejo Superior de Investigaciones Cientificas“ (Auskunft von Günter Maschke).

8 Nach den blutigen Auseinandersetzungen auf Zypern im Dezember 1963 und einer erfolglosen Konferenz in London tagte im März 1964 der Sicherheitsrat der UN zum Zypern-Problem und beschloß die Entsendung eines Truppenkontingents. Makarios kehrte aus dem Athener Exil auf die Insel zurück. Im Juli 1964 schlug der amerikanische Außenminister Dean Acheson vor, die Insel zu teilen und die Teilgebiete Griechenland bzw. Türkei anzuschließen; ausführlicher: Christian Heinze, Der Zypern-Konflikt, eine Bewährungsprobe westlicher Friedensordnung, in: Europa-Archiv 19, 1964, S. 713–726.

9 Julien Freund, Der unauffindbare Friede, in: Der Staat 3, 1964, S. 159–182.

10 Harry Pross, Nicht frei vom Werturteil. Erst im Sittlichen wird politisches Denken fruchtbar; Rezension zu: Wilhelm Hennis, Politik und praktische Philosophie. Eine Studie zur Rekonstruktion der politischen Wissenschaft, Neuwied 1963, in: Die Zeit, Ausgabe vom 15. Mai 1964.

> Proß beschrieb das Buch als einen „interessanten Versuch, die Politik-Wissenschaft auf ein Niveau zu heben, von dem aus sie die übergeordneten Fragen für unsere Zeit beantworten kann. Selbstverständlich muß er dabei einen Begriff von Gemeinwohl voraussetzen, der nicht weiter diskutiert wird. Im Grunde hat er auch eine bestimmte Moral an den Anfang seines Nachdenkens gesetzt. Nur von dort aus wird die treffende sensible Kritik verständlich, mit der er etwa das staats- und verwaltungsrechtliche Schrifttum von Schmitt und Forsthoff und anderen bloßstellt. Er bekennt, daß die politische Wissenschaft, in der uns umgebenden politischen Wirklichkeit das Wichtigste nur dann erkennen kann, wenn sie sich von der Zwangsvorstellung löst, frei von Werturteilen sein zu müssen.“

Schmitt sandte Forsthoff ein Gedicht von Robert Hepp, abgedruckt bei Piet Tommissen, In Sachen Carl Schmitt, Wien/Leipzig 1997, S. 34–35.

Robert Hepp (geb. 1938), Soziologe, promovierte mit einer Abhandlung: Politische Theologie und theologische Politik: Studien zur Säkularisierung des Protestantismus im Weltkrieg und in der Weimarer Republik, Erlangen 1968. Zunächst war Hepp an der Universität Saarbrücken, ging als Assistenz-Professor nach Osnabrück, seit 1995 lehrt er an der Hochschule Vechta.

Nr. 183 Schmitt an Forsthoff, undatiert

Der Brief ist nur als stenographischer, schwer lesbarer Entwurf erhalten.

Nr. 185 Schmitt an Forsthoff, 4. 11. 1964

1 Die Deutsche Bundespost hatte eine 90 Pfennig-Briefmarke mit einer Abbildung von Franz Oppenheimer herausgebracht. Schmitt verwies auf Franz Oppenheimer, der die „Ausrottung des Staates" als sein Ziel proklamiert habe, Der „Begriff des Politischen" (1963), S. 75:

> (Oppenheimers) Liberalismus ist so radikal, daß er den Staat nicht einmal als bewaffneten Bürodiener gelten läßt. Die „Ausrottung" setzt er nun gleich mittels einer wert- und affektbeladenen Definition ins Werk. Der Begriff des Staates soll nämlich durch das „politische Mittel", der Begriff der (wesentlich unpolitischen) Gesellschaft durch das „ökonomische Mittel" bestimmt sein. Die Prädikate aber, durch welche dann das politische und das ökonomische Mittel definiert werden, sind nichts als charakteristische Umschreibungen jenes in der Polarität von Ethik und Ökonomik schwingende Pathos gegen Politik und Staat und unverschleiert polemische Antithesen, in denen sich das polemische Verhältnis von Staat und Gesellschaft, Politik und Wirtschaft des deutschen 19. Jahrhunderts spiegelt.

Franz Oppenheimer (1864–1943) studierte zunächst Medizin, habilitierte sich in Berlin, erhielt den ersten deutschen Lehrstuhl für Soziologie und theoretische Nationalökonomie in Frankfurt a. M. (1919–1929). 1934/35 übernahm er eine Lehrtätigkeit in Palästina, seit 1938 in Japan, emigrierte in die USA. Oppenheimer war der Doktorvater von Ludwig Erhard (1897–1977, von 1963 bis 1966 Bundeskanzler).

Schmitt hatte Forsthoff 1963 die neue Ausgabe geschenkt und mit einer Widmung versehen:

> „Ernst Forsthoff, dem Destinatär der Widmung des Partisanen, überreiche ich hier den Kontext, den der Zwischenruf des Partisanen durchdringt, um an den Kern der Sache zu erinnern. 11. Juli 1963 Carl Schmitt." Auf der zweiten Seite des Innentitels folgen weitere Bemerkungen Schmitts:
> „An-Sätze (innerhalb der Serie umstellbar) zur Unterscheidung von Freund und Feind:
> 1. Ich denke, also habe ich Feinde;
> 2. Ich habe Feinde, also denke ich;
> 3. Ich denke, also bin ich;
> 4. Ich habe Feinde, also bin ich".

Nr. 186 Schmitt an Forsthoff, 19. 12. 1964

1 Anspielung auf das Gedicht von Ferdinand Freiligrath (1810–1876) „Piratenromanze", Strophe 1, Vers 2:

> Auf dem Decke der Gabarre
> Liegt der Scheik der Christenhunde,
> Die erloschene Cigarre
> Von Havanna in dem Munde.

Ferdinand Freiligrath's gesammelte Dichtungen. Neue, sehr vermehrte und vervollständigte Auflage 1, Stuttgart 1877, S. 51.

Nr. 187 Forsthoff an Schmitt, 22. 12. 1964

1 Forsthoff, Die Unvereinbarkeit des Staatsvertrages vom 6. Juni 1961 über die Errichtung der Anstalt „Zweites Deutsches Fernsehen" mit dem Bundesrecht. Ungedrucktes Gutachten, 12. November 1964.

2 Ossip K. Flechtheim (1909–1998), zeitweise Mitglied der KPD, Emigration über Genf nach USA. 1946/47 Sektions- und Bürochef des amerikanischen Hauptanklägers in Nürnberg. Seit 1952 Ordinarius für Politische Wissenschaften an der FU Berlin (Otto Suhr-Institut); Biogr. Hdb. Emigr. 2/1, S. 303.
Zu den verschiedenen Darstellungen des Nürnberger Verhörs, in dem Flechtheim Schmitt befragte, vgl. Tommissen, Glossen, S. 142–148; Quaritsch, Carl Schmitt – Antworten in Nürnberg, Berlin 2000.

3 Der SDS (Sozialistischer Deutscher Studentenbund), 1961 von der SPD getrennte Studentenorganisation, die sich zum Kern der sog. „außerparlamentarischen Opposition" entwickelte, wurde 1970 aufgelöst.

4 Wolfgang Abendroth war Ordinarius in Marburg.

5 Ernst Topitsch (1919–2003) lehrte 1962–1969 in Heidelberg Soziologie, seit 1969 in Graz. Im sog. Positivismusstreit bezog er scharf Stellung gegen die „Frankfurter Schule" (Adorno und Habermas).

6 Hans Schneider veröffentlichte „Gesetzgebung. Ein Lehrbuch", Heidelberg 1982, 3. Aufl. 2002.

7 Walter Antoniolli und Günther Winkler hatten ihren Wiener Fakultätskollegen am 26. November 1963 vorgeschlagen, Forsthoff im Rahmen des Universitätsjubiläums (Mai 1965) die Würde eines Ehrendoktors zu übertragen. Im September 1964 teilte der Rektor der Wiener Universität Forsthoff die geplante Ehrung mit. Nachlaß Forsthoff; vgl. Einleitung, S. 27.
Günther Winkler (geb. 1929) war 1955 in Innsbruck Dozent geworden, 1961 kam er als Ordinarius für Öffentliches Recht nach Wien.

Nr. 188 Forsthoff an Schmitt, zwischen 9./26. 4. 1965

1 Forsthoff, Vermögensbildungsgesetz, 1965.

2 Richard Schmid rezensierte das Buch von Hasso Hofmann (Legitimität gegen Legalität) unter dem Titel: Julius Streichers Bewunderer. Der Antidemokrat Carl Schmitt, in: Die Zeit, Ausgabe vom 9. April 1965, S. 26.

3 Julien Freund, L'essence du politique, Paris 1965. Eine deutsche Übersetzung kam nicht zustande.

4 Roman Herzog (geb. 1934) kam 1965 als Ordinarius zur FU Berlin, wechselte 1969 an die Verwaltungshochschule Speyer. Er übernahm verschiedene Ministerämter, war seit 1983 Richter und Präsident des Bundesverfassungsgerichts, 1994 wurde er zum Bundespräsidenten gewählt. Am 7. Mai 1975 hielt er die Gedenkrede bei der akademischen Trauerfeier der Heidelberger Fakultät für Forsthoff.

Zur Verlegung der Staatsrechtslehrer Tagung von Basel nach Würzburg (6.–9. Oktober 1965), s. Einleitung, S. 27. Das Thema „Gesetzgeber und Verwaltung“ wurde beibehalten, es referierten Klaus Vogel und Roman Herzog.

5 Dieter Oberndörfer (geb. 1929), Politologe und Soziologe, übernahm 1963 den Lehrstuhl seines Lehrers Arnold Bergstraesser (1896–1964) in Freiburg.

Hermann Lübbe (geb. 1926) hatte 1963–1969 einen Lehrstuhl für Philosophie in Bochum inne; vgl. Forsthoffs Brief an Schmitt vom 9. Juli 1965 (Nr. 192).

6 Lorenz von Stein (1815–1890) arbeitete am Ende seines Lebens in Wien intensiv mit seinem Sohn Ernst von Stein zusammen. 1970 übernahm die Kieler Landesbibliothek den Nachlaß der beiden Gelehrten.

Seit Lorenz von Stein 1882 Rechtsberater der Wiener Japanischen Gesandtschaft geworden war, fiel ein großer Umfang japanischer Korrespondenz, Gesetzsammlungen usw. an. Sie wurde vermehrt, als Ernst von Stein in Vertretung seines Vaters 1887/88 mehrere Monate in Japan weilte; Andrea Boockmann, Lorenz von Stein 1815–1890. Nachlaß, Bibliothek, Biographie, in: Berichte und Beiträge der Schleswig-Holsteinischen Landesbibliothek Kiel, 1980 und die Ergänzung durch Johann Nawrocki, Der japanische Nachlaß Lorenz von Stein (1815–1890), 1992; vgl. auch H. Taschke, Der Nachlaß Lorenz von Stein, in: Der Staat 21, 1982, S. 258–276.

Nr. 189 Schmitt an Forsthoff, 27. 4. 1965

1 Julien Freund berichtete über sein Promotionsverfahren in einem Interview, abgedr. in: Schmittiana 4, 1994, S. 87–91.

2 Raymond Polin (1910–2001), seit 1961 Professor für Philosophie an der Sorbonne, 1980 Aufnahme in das Collège de France; M. Bertrand Saint-Sernin, Nachruf in der L'Académie des Sciences morales et politiques, Sitzung vom 5. April 2004.

3 Der OLG-Präsident Richard Schmid erhob Verfassungsbeschwerde, nachdem das Landgericht Göttingen und das OLG Celle ihn wegen Beleidigung eines Spiegel-Redakteurs zu einer Geldstrafe verurteilt hatten.

Die vermeintlichen Beleidigungen hatte Schmid in zwei Zeitungsartikeln ausgesprochen, mit denen er heftig auf eine gegen seine Person gerichtete Attacke des Spiegels reagierte. Das BVerfG kassierte das Göttinger Urteil mit der Begründung: einem durch Halbwahrheiten und „bewußtes Weglassen von Tatsachen“ Angegriffenen müsse das Recht der Gegendarstellung eingeräumt werden; BVerfGE 12, S. 113–132; vgl. auch Kommentar zu Forsthoffs Brief an Schmitt, 18. Juni 1954 (Nr. 74).

4 Ernst Fraenkel, Der Pluralismus als Strukturelement der freiheitlich-rechtsstaatlichen Demokratie, in: Verhandlungen des Deutschen Juristentages 45, 1964, Band 2, B 1–29.

5 Forsthoff, Vermögensbildungsgesetz, 1965.

Nr. 190 Forsthoff an Schmitt, 1. 5. 1965

1 Zur Wiener Ehrenpromotion vgl. Einleitung, S. 27.

2 Der von der ÖVP gestellte Bundeskanzler Josef Klaus (1910–2001) bildete mit der SPÖ seit dem 2. April 1964 eine Koalitionsregierung.

3 Fritz Schwind (geb. 1913), Ordinarius für Rechtsgeschichte, Bürgerliches Recht, Internationales Privatrecht der Universität Wien.

Im Nachlaß Schmitt liegt ein am 8. Mai 1965 geschriebener, aber nicht abgesandter Brief: (HSAD RW 265-12982):

Lieber Herr Forsthoff,
Sie dürfen einen wichtigen Vorgang nicht unrealisiert lassen: der Präsident der USA, General Eisenhower, ist s. Z. (ich glaube 1958 oder 59) von der Japanischen Regierung zu einem Staatsbesuch nach Tokyo eingeladen und dann, wegen drohender Demonstrationen, wieder ausgeladen worden. Damals entstand der unsichtbare Welt-Club der nach förmlicher Einladung wieder Ausgeladenen, heute der feinste, vornehmste Club der Welt, zu dessen Veteranen ich gehöre; der sogenannte Turpius-Club: turpius ejicitur quam non admittitur hospes.*
Das hätte ich Ihnen heute abend erzählt, wenn wir ein Glas Wein zusammen getrunken hätten. Schade, dass es schriftlich gemeldet werden muss.
Auf jeden Fall grüsse ich Sie herzlich als Ihr alter und unveränderlicher Carl Schmitt

Zusätze von Schmitt:
Die Ev. Akademie Loccum hat mich um einen Vortrag gebeten; ich habe höflichst abgelehnt. Turpius etc.
Das was uns die Ehre wegnimmt, gibt uns Ehre. Konrad Weiss**

* Turpius eicitur, quam non admittitur hospes quae patuit, dextrae firma sit ara meae. (Schimpflicher wirft man den Gast hinaus, als daß man ihn abweist), Ovid, Tristien 5, 6, 13.

** Konrad Weiß endet sein Gedicht „Regentropfen am Palmsonntag" mit dem Vers „dies, was uns die Ehre wegnimmt, gibt uns Ehre"; Konrad Weiß, Gedichte. Zweiter Teil, München 1949, S. 130.

Nr. 191 Forsthoff an Schmitt, 9. 5. 1965

1 Wilhelm Gallas (1903–1989), Ordinarius für Strafrecht und Rechtsphilosophie, war zur selben Zeit wie Forsthoff an der Universität Königsberg gewesen, seit 1954 lehrte er in Heidelberg; für das Jahr 1964/65 war er zum Rektor gewählt worden.

2 Forsthoff formulierte seine Absage an den damaligen Vorsitzenden der Staatsrechtslehrervereinigung Werner Weber am 7. Mai 1965.

Nr. 192 Forsthoff an Schmitt, 9. 7. 1965

1 Joseph H. Kaiser lehnte es ab (5. Juli 1965), sich an einem „vermittelnden" Gespräch der Freiburger mit den Basler Kollegen zu beteiligen.

2 Hans Peter Ipsens Brief ist im Nachlaß Forsthoff nicht überliefert.

3 Der Vorstand der Vereinigung der deutschen Staatsrechtslehrer teilte den Mitgliedern in einem Rundschreiben mit (31. Mai 1965):

> Auf der Kieler Tagung (1964) sei die Basler Einladung angenommen und in Mitwirkung mit den Schweizer Kollegen Referat-Themen und Referenten ausgesucht worden. „Da den schweizerischen Kollegen nachträglich Befürchtungen kamen, ob im gegenwärtigen Zeitpunkt die Abhaltung der Tagung in Basel nicht zu unerwünschten Erörterungen in der schweizerischen Presse Anlaß geben könnte, hat der Vorstand der Bitte der Herren Kollegen aus der Schweiz entsprochen und die Frage des Tagungsorts erneut geprüft. Auf einer Sitzung, die am 23. Mai stattfand, war der Vorstand der Meinung, daß unsere Vereinigung für die Bedenken der Schweizer Kollegen hinsichtlich des Tagungsortes Verständnis haben sollte und hat die Basler Kollegen in diesem Sinne unterrichtet." Die Tagung werde in Würzburg stattfinden.

Vgl. Einleitung, S. 27.

Nr. 193 Schmitt an Forsthoff, 2. 8. 1965

1 Anwalt Heinz Weitzel in Frankfurt/M. war seit dem Prozeß um die Verstaatlichung der Buderusschen Eisenwerke mit Schmitt bekannt. In Schmitts Nachlaß liegt Korrespondenz aus den Jahren 1952–1984.

2 Am 30. Juni 1965 beschloß der hessische Landtag einstimmig die Reprivatisierung der sozialisierten Wetzlarer Berg- und Hüttenwerke. Das Land übertrug seinen 74 % Anteil wieder an die Eisenwerke Buderus in Wetzlar.

3 Heinrich Oberheid wandte sich wegen des Grauert-Nachlasses an Forsthoff (Brief vom 21. Dezember 1965). Aus seinen Mitteilungen geht hervor, daß das Geheime Staatsarchiv Preußischer Kulturbesitz an im Nachlaß liegenden Briefen der Familienmitglieder von Borcke interessiert war. Friedrich Ludwig Felix von Borcke war Generaladjutant Friedrichs des Großen; Friedrich Wilhelm von Borcke, Minden-Klevischer Kammerpräsident und Minister im Generaldirektorium. Das Archiv besitzt einen Bestand „Nachlaß der Familie von Borcke", der jedoch keine Hohenzollern-Briefe enthält.
Ludwig Grauert (1891–1964) kam am 19. Februar 1933 als Ministerialdirektor, später Staatssekretär und Preußischer Staatsrat, ins Preußische Innenministerium und war an den Untersuchungen zum Reichstagsbrand und dem Erlaß der nachfolgenden Verordnungen beteiligt. 1935 stieg er vom SS-Oberführer zum Brigadeführer beim Stab des Reichsführers auf; Lilla, Staatsrat, S. 204 f.

4 Dietrich Braun (geb. 1923), evangelischer Theologe, Herausgeber der Karl Barth-Gesamtausgabe. Thema seiner Basler Dissertation (bei Barth): Der sterbliche Gott oder Leviathan gegen Behemoth, in: Basler Studien zur historischen und systematischen Theologie, Zürich 1960; 1963 erweitert mit dem Untertitel: Erwägungen zu Ort, Bedeutung und Funktion der Lehre von der Königsherrschaft Christi in Thomas Hobbes' ‚Leviathan'. Vgl. dazu Schmitts Brief an Forsthoff, 5. Januar 1966 (Nr. 200). In Schmitts Nachlaß liegt Korrespondenz aus den Jahren 1963–1966.

5 Joseph H. Kaiser gab in loser Folge verschiedene Bände zum Thema „Planung" heraus. Band 2 enthielt die Vorträge der „Fachgruppe für öffentliches Recht in der Gesellschaft für Rechtsvergleichung", die in der Zeit vom 8.–11. September 1965 in Kiel getagt hatte; darin ist abgedruckt der Vortrag von Hans Peter Ipsen, Rechtsfragen der Wirtschaftsplanung, Baden-Baden 1966, S. 63–112.

Nr. 194 Forsthoff an Schmitt, 29. 9. 1965

1 Julien Freund, Das Utopische in den gegenwärtigen politischen Ideologien (als Vortrag in Ebrach vorgetragen am 12. Oktober 1965), in: Säkularisation und Utopie. Ernst Forsthoff zum 65. Geburtstag, S. 95–118.

Nr. 195 Schmitt an Forsthoff, 1. 10. 1965

1 Gustav von Schmoller, seit Dezember 1964 deutscher Botschafter in Stockholm; s. unten Schmitts Brief an Forsthoff, 22. Oktober 1967 (Nr. 233).

Dem Brief legte Schmitt die persönliche Erklärung bei, die er in Ebrach vor den Seminarteilnehmern abgegeben hatte (16. Oktober 1965):

> Ich habe im Verlauf unserer diesjährigen Tagung mehreremale die Ansprache des Papstes Paul VI. vor der UNO vom 4. Oktober 1965 in unsere Erörterung über Utopie, Ideologie und Planung hineingezogen.
>
> Das war inopportun und ist außerdem ergänzungsbedürftig.
>
> Inopportun war es, weil ich ein schwieriges Thema didaktisch ungeschickt in unsere Diskussion introduzierte. Ich selber hatte einen zitierfähigen Text in der Hand, aus der Zeitung *Le Monde* vom 6. Oktober 1965. Meine Hörer dagegen hatten keinen Text vor sich und konnten meine Bezugnahmen nicht unmittelbar verifizieren. Das mußte die Bildung eines gemeinsam sich entwickelnden, gleichzeitigen Verständnisses erschweren.
>
> Ergänzungsbedürftig sind meine Äußerungen aus folgendem Grunde: Ich habe mich zu der Tatsache geäußert, daß der Papst die UNO als eine gültige, die Einheit der Welt und die Einheit der Menschheit repräsentierende Organisation angesprochen hat. Die Worte des Papstes enthielten eine Art moralischer Anerkennung der UNO. Für mich ist und bleibt es eine politische, sogar hochpolitische Frage, ob die UNO nach ihrer Entstehung, Anlage und Entwicklung überhaupt fähig ist, jemals die politische Einheit der Welt und ihrer Menschheit gültig zu repräsentieren. Ich habe diese hochpolitische Frage eindeutig verneint.
>
> Meine Stellungnahme zu diesem Teil der Ansprache des Papstes war also negativ. Doch ging meine eindeutige Verneinung in ihrer Intention nicht auf Kritik und Polemik. Sie war nur ein Ausdruck der Trauer und der Bestürzung. Als ich mir den Papst vor einer Versammlung der UNO vorstellte, ergriff mich die Trauer, von der Hegel in der Einleitung zu seinen Vorlesungen über die Philosophie der Geschichte spricht, die Trauer über das Schauspiel der Vergänglichkeit, das die Weltgeschichte bietet, die Trauer um das Grosse, das im Prozeß der Weltgeschichte verloren geht. Hermann Lübbe hat die Hegel-Stelle in seinem Diskussionsbeitrag zitiert. Zu der Trauer kam noch das Entsetzen über die Möglichkeit, die moralische Anerkennung der UNO durch den Papst könnte dahin mißdeutet werden, daß dem antiquierten Bündnis von Thron und Altar nunmehr ein progressistisches Bündnis von UNO und Altar folgen werde.
>
> Ich war traurig darüber, daß der Papst, wie mir schien, der Hybris progressistischer Utopien und Ideologien nicht entgegengetreten war und daß seine Ansprache für diese heute dominierende

Hybris nicht zu einem Stein des Anstoßes wurde. In dieser Hinsicht ist meine Stellungnahme ergänzungsbedürftig. An einem Punkt, und zwar bei dem wesentlichen Thema, ist der Papst wirklich zum Stein des Anstoßes geworden, und hat er das größte progressistische Ärgernis erregt: nämlich durch seine klare Stellungnahme gegen das, was er die künstliche Geburtenkontrolle, „le contrôle artificiel des naissances“ nennt. Hier hat er seine Stimme zu einem Protest erhoben, der sofort als störend und anstößig empfunden wurde. Hier hat er den sich selbst entwerfenden und sich selbst fabrizierenden Neuen Menschen wissenschaftsideologischer Planungen mit dem Neuen Menschen des Neuen Testaments (Epheser-Brief des Apostels Paulus, 4, 23) konfrontiert. Der sachkundige Vortrag von Prof. Eckhart Buddecke über „Utopisches Denken in der Biochemie“ und die anschließende Diskussion kann uns die Tragweite einer solchen Konfrontation zum Bewußtsein bringen. Es handelt sich in der Tat um den Neuen Menschen. Es handelt sich darum, nach welchem Bild der Neue Mensch gestaltet werden soll. Zu der Frage, ob wir den Menschen der Zukunft der heutigen industriell-technischen Verwertung wertfreier Wissenschaftlichkeit ausliefern dürfen, hat der Papst nicht geschwiegen. Er hat die Frage klar verneint. Hier ist seine Antwort zu einem Stein des Anstoßes und zu einem Anlaß progressistischen Ärgernisses geworden.
In der Diskussion zu seinem Vortrag „Ideologie-Planung-Utopie“ vom vorigen Mittwoch (13. Oktober) hat Prof. Hermann Lübbe betont, daß der technisch-industrielle Fortschritt keine Annäherung an das christlich-eschatologische Ende ist. Dieser Progress ist, wie er sagt, „kein Stein zum Himmlischen Jerusalem.“ Ich, für meine Person, gehe soweit, daß ich den Stein des Anstoßes, den der Papst mit seiner Stellungnahme zur Geburtenkontrolle gesetzt hat, eher für einen Stein zum himmlischen Jerusalem halten möchte, als alle wissenschaftlichen Utopien und alle Laboratorien und Labyrinthe einer ideologisch gewordenen Wissenschaftlichkeit.
Das ist es, was ich Ihnen vor meiner Abreise noch aussprechen wollte. Es tut mir leid, daß ich dem letzten Teil des diesjährigen Seminars nicht mehr folgen und besonders die Vorträge von Hubert Schrade (über Himmlisches Jerusalem und moderne utopische Architektur) und Ernst Forsthoff (über Staat und Planung) nicht mehr hören und an den anschließenden Diskussionen nicht mehr teilnehmen kann. Ich verabschiede mich von Ihnen in dankbarer Erinnerung an die große Bereicherung, die ich auch in diesem Jahre in Ebrach gefunden habe, und stehe noch ganz unter dem Eindruck der Meisterschaft, mit der Prof. Forsthoff die vielen verschiedenen Beiträge unter einem großen gemeinsamen Horizont zusammenzufassen und zu ordnen gewußt hat. Im Besonderen danke ich Ihnen auch dafür, daß Sie mir vor meiner Abreise noch Gelegenheit gegeben haben, vor Ihnen diese persönliche Erklärung zur UNO – Ansprache des Papstes abzugeben.“

Die Ansprache des Papstes Paul VI. ist im Internet zugänglich: Discorso di Paolo VI alle Nazioni Unite (4 Ottobre 1965).

Nr. 197 Forsthoff an Schmitt, 24. 11. 1965

1 Björn Fühler (geb. 1935) arbeitete als Maler, Puppenspieler, Figuren- und Maskenkünstler. Seit 1953/54 war Fühler mit der Familie Forsthoff befreundet, er studierte in Darmstadt, München und Karlsruhe. Nach 1966 lebte er in Paris, seit 1970 im Elsaß. Ein Schmitt-Portrait kam nicht zustande.

2 Forsthoff, Technisch bedingte Strukturwandlungen, 1965.

Nr. 198 Schmitt an Forsthoff, 28. 11. 1965

1 Zur Tagung in Kiel vgl. Kommentar zu Schmitts Brief an Forsthoff, 2. August 1965 (Nr. 193).

Nr. 199 Forsthoff an Schmitt, 31. 12. 1965

1 Die neunte Auflage des Lehrbuchs des Verwaltungsrechts erschien 1966.

2 Werner Weber, Die verfassungsrechtlichen Grenzen sozialstaatlicher Forderungen, in: Der Staat 4, 1965, S. 409–439.

3 Klaus Vogel (geb. 1930) kam 1966 nach Heidelberg und vertrat die Fächer Öffentliches Recht, Finanz- und Steuerrecht.

Nr. 200 Schmitt an Forsthoff, 5. 1. 1966

1 Carl August Emge (1886–1970), seit 1931 Mitglied der NSDAP, wurde 1935 Ordinarius für Philosophie und Rechtsphilosophie an der Universität Berlin, seit 1937 Vizepräsident der Akademie für Deutsches Recht, Leiter des Nietzsche-Archivs in Weimar. 1939–1945 gehörte er als ordentliches Mitglied der Berliner Akademie der Wissenschaften an; nach 1945 beteiligte er sich am Aufbau der Mainzer Akademie.
Emge, Erinnerungen eines Rechtsphilosophen ..., in: Hans Leussink u. a. (Hgg.), Studium Berolinense. Aufsätze und Beiträge zu Problemen der Wissenschaft und zur Geschichte der Friedrich-Wilhelms-Universität zu Berlin, Berlin 1960, S. 37–108; Werner Hartkopf, Die Berliner Akademie der Wissenschaften. Ihre Mitglieder und Preisträger 1700–1990, Berlin 1992, S. 86/87. Zu seiner Biographie zuletzt: Christian Tilitzki, Der Rechtsphilosoph Carl August Emge. Vom Schüler Hermann Cohens zum Stellvertreter Hans Franks, in: Archiv für Rechts- und Sozialphilosophie 89, 2003, S. 459–496; Peter Landau, Rechtsphilosophie unter der Diktatur. Drei Beispiele deutschen Rechtsdenkens während des Zweiten Weltkriegs, Baden-Baden 2002.

2 Die Versuche des preußischen Kultusministers Altenstein, Hegel in die Berliner Akademie der Wissenschaften aufzunehmen, scheiterten am Widerstand Schleiermachers, der die Akademie vor der „Despotie der Hegel'schen Philosophie" bewahren wollte. Vgl. Adolf Harnack, Geschichte der Königlich Preußischen Akademie der Wissenschaften zu Berlin, Berlin 1900, Bd. 1, 2, S. 691 Anm. 1 und S. 733–764; Gunter Scholtz, Schleiermacher, Hegel und die Akademie, in: Ch. Jamme (Hg.), Die „Jahrbücher für wissenschaftliche Kritik". Hegels Berliner Gegenakademie, Stuttgart 1994, S. 204–227.

3 Gerhard Anschütz gehörte der Heidelberger Akademie der Wissenschaften nicht an, und auch Werner Weber war kein Mitglied der Göttinger Akademie der Wissenschaften.

4 Werner Weber, Die Eigentumsgarantie (Art. 14 GG) in der Rechtsprechung des Bundessozialgerichts, in: Werner Weber/C.-H. Ule/Otto Bachof (Hgg.), Rechtsschutz im Sozialrecht. Beiträge zum ersten Jahrzehnt der Rechtsprechung des Bundessozialgerichts, Köln u. a. 1965, S. 279–299.

In einem IV. Abschnitt: Anhang: Das Problem des ‚sozialen Abstiegs' führte Weber aus, daß dieses Problem mit den Fragen der Eigentumsgarantie nur in entferntem Zusammenhang stehe und bislang in der Rechtsprechung keine Verbindung hergestellt worden sei. Doch darin, „wie diese Rechtsprechung die Betroffenen vor dem sozialen Abstieg schützt, gelangt in ähnlicher Weise wie bei der Eigentumsgarantie das Prinzip zum Ausdruck, das durch Ausbildung und persönliche Leistung Erreichte und den darin erlangten Besitzstand der sozialen Stellung zu respektieren und ihnen in der Zuteilung von Versicherungs- und Versorgungsleistungen Anerkennung zu verschaffen. Das tertium comparationis liegt also in dem hier wie dort manifestierten Bekenntnis zur Respektierung der legitimen individuell erlangten Lebenspositionen auch vor dem Forum der Sozialversicherung und Versorgung." (S. 296)

5 Schmitt zitierte Süsterhenns Ausführungen im Parlamentarischen Rat, Sitzung vom 8. September 1948 (Anm. zu: Das Reichsgericht als Hüter der Verfassung, in: Verfassungsrechtliche Aufsätze, S. 195/196):

Damals hatte Süsterhenn die Ansicht vertreten: „Der von uns geforderte Verfassungsgerichtshof soll auch das Recht haben zu prüfen, ob ein Gesetz seinem Inhalt nach dem Geist und den naturrechtlichen, menschenrechtlichen Grundlagen der Verfassung entspricht", vergleichbar dem Bundesgerichtshof der Vereinigten Staaten, „welcher über den Willen des Gesetzgebers hinaus zum Hüter der Verfassung, zum Wahrer des Naturrechts und zum verkörperten Gewissen der Volksgesamtheit geworden ist. Wir haben keine Angst vor dem mit zwei ‚t' geschriebenen Namensvetter des Herrn Kollegen Carlo Schmid an die Wand gemalten Gefahr einer sogenannten justizförmigen Politik".

Adolf Süsterhenn (1905–1974), CDU-Politiker; als Mitglied des Parlamentarischen Rats forderte er, daß der Schutz der Grundrechte die vornehmlichste Aufgabe des Staates sei. 1951–1961 Präsident des Verfassungsgerichtshofes und Oberverwaltungsgerichts von Rheinland Pfalz, bis 1969 Mitglied des Bundestages; vgl. Adolf Süsterhenn, Schriften zum Natur-, Staats- und Verfassungsrecht, hg. von Peter Bucher, in: Veröffentlichungen der Kommission des Landtages für die Geschichte des Landes Rheinland-Pfalz 16, Mainz 1991.

6 Max Adolf Wilhelm Braun (1859–1925), Theologe, übernahm auf Bitten von Adolf Stoecker (1835–1909, Theologe und Sozialreformer, bis 1890 Hofprediger) die Berliner Stadtmission; Marc Zirlewagen, in: Bautz, Kirchenlexikon 25, 2006.

7 Rudolf Vierhaus (Hg.), Das Tagebuch der Baronin Spitzemberg, geb. Freiin v. Varnbüler, Aufzeichnungen aus der Hofgesellschaft des Hohenzollernreiches, 1. Ausgabe Göttingen 1960.

8 In Schmitts Nachlaß liegen drei Briefe von Gottfried Benn (1886–1956) aus dem Jahr 1943, von denen Piet Tommissen zwei edierte: A propos de deux lettres inédites de Gottfried Benn, in: Etudes Germaniques 20, 1965, S. 573–576.

9 Werner Gilles (1894–1961) war mit Schmitt befreundet. Der Kontakt riß auch nicht ab, als seine Malerei zur „Entarteten Kunst" erklärt worden war; vgl. Hans Paeschkes Bericht über einen Empfang (Januar 1940) im Hause Schmitt, bei dem Gilles, Peter Suhrkamp und er selbst anwesend waren, in: Schmittiana 2, 1990, S. 132.

Alfred Hentzen, Werner Gilles, Köln 1960. Schmitt verweist Mohler in seinem Brief vom 7. Dezember 1960 auf dieses Buch mit dem Zusatz: „sehr schön, obwohl die schönsten Bilder (nämlich meine bezw. Animas) fehlen; aber Duška gegenüber korrekt"; Mohler, Briefwechsel, S. 295.

Gilles lernte Herrn und Frau Schmitt durch das Ehepaar Oberheid kennen. Frau Schmitt setzte sich auch nach 1933 für Gilles ein und begann selbst, seine Bilder zu sammeln. Regelmäßig besuchten sie gemeinsam Berliner Museen. Schmitt erteilte Gilles eine Auftragsarbeit, 1941 wohnte Gilles bei ihnen; Hentzen, a. a. O., S. 77/78. In Schmitts Nachlaß liegt ein Brief von Werner Gilles aus dem Jahre 1957.

10 Juan Gris (eigentlich: José Victoriano Carmelo Carlos González-Pérez, 1887–1927) in Madrid geboren, lebte in Paris. Seit 1912 war er mit dem Kunsthändler Daniel-Henry Kahnweiler befreundet; vgl. Daniel-Henry Kahnweiler, Juan Gris. Sa vie, son œuvre, ses écrits, Paris (1946) 1990; deutsche Ausgabe Stuttgart 1968.

Nr. 201 Schmitt an Forsthoff, 5. 1. 1966

1 Rüdiger Altmann, Die formierte Gesellschaft. Für Männer: Überzeugen ist unfruchtbar, Stuttgart 1965; Neudruck in: Späte Nachricht vom Staat. Politische Essays, Stuttgart 1968, S. 27–46. Das Schlagwort „Formierte Gesellschaft" übernahm Ludwig Erhard.

2 animus non procreandi = Absicht, nichts zu erzeugen.

Nr. 202 Forsthoff an Schmitt [9. 1. 1966]

1 capitis diminutio = Verlust der bürgerlichen Rechte/bürgerlicher Tod.

2 Eugen Ulmer war 1940 in die Heidelberger Akademie gewählt worden; Drüll Gelehrtenlexikon, 1803–1932, S. 274.

3 Hans Georg Gadamer gehörte seit 1951 als ordentliches Mitglied der Heidelberger Akademie an; vgl. Forsthoffs Brief an Schmitt vom 10. Juni 1961 (Nr. 156).

4 Forsthoff, Recht und Sprache. Prolegomena zu einer richterlichen Hermeneutik erschien erstmals 1940, 1964 und 1971 erfolgten Neudrucke.

5 Schmitt sandte Forsthoff die Abschrift der Benn-Briefe, vgl. Schmitts Brief an Forsthoff, 5. Januar 1966. Forsthoff bezog sich auf Benns Brief vom 1. September 1943.

> Benn schrieb: „Da wir Sie damals nicht in Ihrer Wohnung besuchen konnten,* setzten meine Frau und ich uns in der Universität zu Ihren Füssen, eine äußerst fesselnde Stunde lang, und hörten Ihnen zu. Hierfür bitte ich nachträglich um Erlaubnis und Entschuldigung, es war am 18.V."
>
> * Schmitts Haus war kurz zuvor durch eine Luftmine zerstört worden.

Forsthoff datierte die Abschrift auf den 9.1.1966, daraus ergibt sich das ungefähre Briefdatum.

6 Gottfried Benn war 1935–1937 als Oberstabsarzt in Hannover eingesetzt. Im Frühjahr 1937 schrieb er die Erzählung „Weinhaus Wolf" und spielte damit auf „Friedrich Wolfs Weingroßhandlung und Weinstuben" in Hannover an.

7 Im Auftrag verschiedener Westfälischer Firmen formulierte Forsthoff eine Verfassungsbeschwerde, betr. das Zweite Vermögensbildungsgesetz (BGBl I S. 585) vom 1. Juli 1965; Typoskript im Nachlaß Forsthoff.

Nr. 203 Schmitt an Forsthoff, 18. 3. 1966

1 Schmitts Aufsatz: Nehmen/Teilen/Weiden erschien erstmals 1953.

2 Die Welt druckte in ihrer Ausgabe vom 16. März 1966, S. 2 eine Glosse von H. Schn. (= Hans Schneler) „Befangen“ ab.

Darin hieß es: In der Geschichte des Bundesverfassungsgerichts komme es erstmals zu einem Befangenheitsantrag. „Carl Schmitts These, eine Verfassungsgerichtsbarkeit führe entweder zur Politisierung der Justiz oder zur Juridifizierung der Politik, hat sich in der zweiten deutschen Republik nicht bewahrheitet.“

Im Verfahren zur Parteienfinanzierung lehnte der Vertreter der beschwerdeführenden Nationaldemokratischen Partei den Bundesverfassungsrichter Leibholz ab. Er begründete das mit einem Bericht über das Leibholz' Referat „Staat und Verbände“ auf der Staatsrechtslehrertagung 1965. Dort habe Leibholz sich für die Finanzierung der politischen Parteien durch den Staat ausgesprochen und die These aufgestellt, daß sich ‚Liberale und Demokratieablehner‘ zu einer ‚unheiligen Allianz‘ gegen die staatliche Parteifinanzierung verbunden hätten. Eine solche Äußerung mache die Gegner einer staatlichen Parteienfinanzierung verächtlich, Leibholz sei als berichterstattender Richter aus dem Verfahren auszuschließen. Der Zweite Senat des BVerfG gab dem Antrag am 2. März 1966 statt (BVerfGE 20, S. 1, 3). In einem weiteren Parteienfinanzierungs-Verfahren wirkte Leibholz aus eigenem Entschluß nicht mit (21. März 1966, BVerfGE 20, S. 28/29).

3 Rüdiger Altmann, Tod einer Zeitung – Tod einer Zeit, in: Merkur 20, 1966, S. 295–297. Das Buch von Margret Boveri, Wir lügen alle. Eine Hauptstadtzeitung unter Hitler, Olten 1965, betrifft die Geschichte des Berliner Tageblatts.

4 Dieter Senghaas, Die formierte Gesellschaft, in: Atomzeitalter. Zeitschrift für Sozialwissenschaften und Politik 1965, S. 272–275.

Dieter Senghaas (geb. 1940) war 1966 Doktorand bei Iring Fetscher in Frankfurt, seit 1978 Professor für Internationale Politik und Gesellschaft an der Universität Bremen.

Nr. 206 Schmitt an Forsthoff, 9. 5. 1966

1 Schmitts Aufsatz „Nehmen/Teilen/Weiden“ nahm Forsthoff in die Aufsatzsammlung: Rechtsstaatlichkeit und Sozialstaatlichkeit, Darmstadt 1968, S. 95–113 auf.

2 Schmitt, Stellung Lorenz von Steins erschien zuerst in: Schmollers Jahrbuch 1940.

3 Toyowo Ogushi (1903–1967) studierte 1928–1933 in Deutschland, veröffentlichte in dieser Zeit: Die Entwicklung des japanischen Konstitutionalismus seit dem Weltkriege, in: Jahrbuch des öffentlichen Rechts der Gegenwart 19, 1931, S. 356–409. 1945 verlor er seine Professur, 1954 kam er zur Meijo Universität; vgl. Masanori Shiyake, Zur Lage der Carl Schmitt-Forschung in Japan, in: Quaritsch, Complexio Oppositorum, S. 491–502 und Mitteilung von Prof. B. Takada, Osaka.

Ogushi war von Joseph H. Kaiser als Referent auf die Kieler Tagung zu Planungsfragen eingeladen worden und traf dort und in Freiburg Carl Schmitt; Schmitts Brief an Forsthoff vom 1. März 1967 (Nr. 220).

4 Zu Schultes Verfassungsbeschwerde (betr. Umsatzsteuer) s. Erwähnung in Forsthoffs Brief an Schmitt, 8. Juli 1957 (Nr. 100).
Verschiedene Firmen klagten gegen die Änderungen der Umsatzsteuer, die mündlichen Verhandlungen fanden am 4. und 5. Juli 1966 statt, das Urteil erging am 20. Dezember 1966. Das BVerfG sah die Wettbewerbsneutralität durch die neue Steuergesetzgebung nicht verletzt und wies die Verfassungsbeschwerde zurück; BVerfGE 21, 12–46.
5 Franz Klein, Gleichheitssatz und Steuerrecht. Eine Studie über Gleichheit und Gerechtigkeit der Besteuerung im System des Grundgesetzes, Köln-Marienburg 1966.
Franz Klein (1930–2004) wurde nach seiner Tätigkeit in Bundes- und Landesfinanzministerien 1983–1994 Präsident des Bundesfinanzhofes und übernahm Lehrverpflichtungen in Trier und Passau.
6 Karl Maria Hettlage (1902–1995) habilitierte sich in Köln, 1934–1938 übernahm er das Amt des Stadtkämmerers in Berlin. Aus der Zeit rührt seine Freundschaft mit Johannes Popitz. Nach seiner Entlassung 1938 arbeitete er in der Privatwirtschaft, 1944 wurde er wegen seiner Kontakte zu Popitz verhaftet. 1951 kam er als Ordinarius nach Mainz, 1958–1962 wechselte er als Staatsekretär ins Bundesfinanzministerium. Vgl. Nachruf von Klaus Vogel, in: AöR 120, 1995, S. 631/632.

Nr. 207 Forsthoff an Schmitt, 15. 5. 1966

1 Die Vorlesung Verwaltungsrecht II behandelte das sog. „Besondere Verwaltungsrecht“, d. h. Rechtsgebiete wie Beamtenrecht, Baurecht, Straßen- und Wegerecht.
2 Die Zusätze zu „Auflösung des Enteignungsbegriffs“ stehen in der Sammlung Schmitt, Verfassungsrechtliche Aufsätze, S. 118–123.

Nr. 208 Forsthoff an Schmitt, 24. 7. 1966

1 Alfred Voigt war der Doktorvater von Hasso Hofmann; Forsthoffs Brief an Schmitt vom 9. Mai 1963 (Nr. 170).
2 Auf der Staatsrechtslehrertagung in Graz 1966 referierten Otto Kimminich und Peter Pernthaler zum Thema „Das Staatsoberhaupt in der parlamentarischen Demokratie“. Die Referatthemen werden den Referenten in der Regel vom Vorstand der Vereinigung etwa zu Jahresbeginn vorgegeben.

Nr. 210 Forsthoff an Schmitt, 18. 9. 1966

1 Zu Schmitts 80. Geburtstag erschien im Verlag Duncker & Humblot die zweibändige Festschrift: Epirrhosis, Festgabe für Carl Schmitt, Hgg. Hans Barion, Ernst-Wolfgang Böckenförde, Ernst Forsthoff, Werner Weber, 1. Aufl. Berlin 1968; Neudr. Berlin 2002.

Nr. 212 Forsthoff an Schmitt, 1. 10. 1966

1 Ernst-Wolfgang Böckenförde sprach über: Der Rechtsbegriff in seiner geschichtlichen Entwicklung. Aufriß eines Problems, in: Archiv für Begriffsgeschichte 12, 1968, S. 145–165.

2 Forsthoff erklärte dem damaligen Vorsitzenden der Staatsrechtslehrervereinigung, Otto Bachof, am 5. September 1966 seinen Austritt aus der Vereinigung. Zum ganzen vgl. die Einleitung, S. 27.

Nr. 213 Schmitt an Forsthoff, 18. 10. 1966

1 In seinem Lehrbuch des Verwaltungsrechts (8. und 9. Aufl., S. 31 mit Anm. 1) legte Forsthoff dar, daß nach 1815 die preußische Verwaltung und der vielfach darin in Schlüsselstellungen eingebundene Adel eindeutig auf Seite der Krone stand. Die Krone sei stark genug gewesen, den Verwaltungsämtern eine hohe Sozialachtung zu geben. „Die vermöge ihrer Unabhängigkeit von der Krone distanzierte Richterschaft nahm an diesem Prestigegewinn nicht teil." Forsthoff fügte in einer Anmerkung hinzu: „Das hatte natürlich Rückwirkungen auf die politische Einstellung des Richtertums; Material darüber in dem (anfechtbaren) Buch von (Albrecht) Wagner, Der Kampf der Justiz gegen die Verwaltung in Preußen (Hamburg 1936)."

Forsthoff hatte dem OLG-Rat Wagner am 13. Februar 1964 geschrieben:

> Sehr geehrter Herr Oberlandesgerichtsrat!
>
> Besten Dank für Ihren Brief vom 8. Februar. Daß man Ihnen heute Ihre Dissertation ... politisch anlastet, würde mir unbegreiflich erscheinen (schon im Hinblick auf Ihr damaliges Alter), wenn nicht leider Fälle dieser Art heute immer wieder vorkämen.
>
> Als Ihre Schrift erschien, war ich selbst mit Studien über die Stellung der Rechtspflege und des Richters beschäftigt, die über mehrere Jahre gingen und die ich dann abgebrochen habe. Einiges davon habe ich in meiner Schrift Recht und Sprache, 1940, verwertet. Meine damalige Sicht der Dinge wich von Ihrer Darstellung in Ihrer Dissertation in einigen wesentlichen Punkten grundsätzlich ab. Diese Abweichung ist aber nicht auf eine politische Formel zu bringen, und schon gar nicht mit dem Nationalsozialismus in Beziehung zu setzen. Der Zusatz „anfechtbar" ... zum Zitat Ihres Buches bringt diese meine sachliche Differenz zum Ausdruck und es gehört zum Verständnis dieses Zusatzes, daß er dem Teil des Manuskripts angehört, der lange vor 1945 niedergeschrieben war. Damals konnte man noch nicht ahnen, daß solche sachlich gemeinten Distanzierungen einmal zum Gegenstand politischer Proskriptionen werden könnten. Es ist dies übrigens der zweite Fall aus den Zitaten meines Lehrbuchs, in dem man aus sachlich gemeinten kritischen Erwägungen politische Folgerungen gezogen hat. Wie ich im ersten Falle daraufhin meine Zitierweise geändert habe, werde ich es auch in der nächsten Auflage in Ihrem Falle tun.
>
> Ich würde es sehr bedauern, wenn das Zitat in meinem Lehrbuch mit dazu beigetragen haben sollte, Ihnen politische Schwierigkeiten zu bereiten, für die mir angesichts der Tatsache, daß die Publikation 30 Jahre zurückliegt, und daß ihr Verfasser damals 22 Jahre alt war, jedes Verständnis fehlt.
>
> Indem ich hoffe, daß diese Zeilen Ihnen bei Ihrem Bestreben, eine angemessene Beurteilung Ihrer Qualifikationen zu erreichen, nützlich sein werden, bin ich, mit verbindlichen Empfehlungen

2 Das klassische deutsche Verwaltungsrecht begrenzte die Enteignungsentschädigung auf rechtmäßige Eingriffe in das Privateigentum; für rechtswidrige Eingriffe sah es lediglich einen Schadensersatzanspruch aus Amtspflichtverletzung vor. Der BGH erweiterte die Entschädigungsansprüche auch auf rechtswidrige schuldhafte enteignungsgleiche Eingriffe der Verwaltung (BGH Z 6, S. 270 und BGH Z 7, S. 296).

Forsthoff schrieb: „Diese Art des Folgerns, die schon von dem rechtmäßigen zum schuldlos-rechtswidrigen Eingriff hingeführt hatte und nunmehr beim schuldhaft-rechtswidrigen Eingriff anlangt, die man als die ‚erstrecht'-Logik bezeichnen kann", werde hier in ihrer Problematik erkennbar. Denn diese Art des Folgerns sei auf den Betroffenen fixiert und übersehe, daß der Tatbestand mit der Einführung des Verschuldens ein anderer werde. An dieser Ausweitung übte Forsthoff heftige Kritik, Forsthoff, Lehrbuch 9. Aufl., 1966, S. 329/330.

3 Gary L. Ulmen (geb. 1939), amerikanischer Historiker. In Schmitts Nachlaß liegt Korrespondenz aus den Jahren 1979–1984. Ulmen veröffentlichte unter anderem „Politischer Mehrwert. Eine Studie über Max Weber und Carl Schmitt", aus dem Amerikanischen übersetzt, Weinheim 1991; er übersetzte und edierte: Schmitt, Roman Catholicism and political form (1996), The nomos of the earth in the international law of the Jus Publicum Europaeum (New York, 2003) sowie Karl August Wittfogel, Oriental Despotism (New York 1981).

4 Peter Brügge brachte vom 5. September–10. Oktober 1966 im „Spiegel" eine Serie von 6 Artikeln „Die Reichen in Deutschland", auch als Buch erschienen.

5 Otto Mayer, Deutsches Verwaltungsrecht, Bd. 2, Berlin 1896, S. 52 behandelt das „Öffentliche Sachenrecht", Wirkung und Rücknahme der Enteignung.

6 Geh. Justizrat Heinrich Triepel, Die nationale Revolution und die deutsche Verfassung, in: Deutsche Allgemeine Zeitung, Ausgabe vom 2. April 1933, zit. nach Martin Hirsch u. a. (Hgg.), Recht, Verwaltung und Justiz im Nationalsozialismus, Köln 1984, S. 116–118:

„Die große Bewegung, die in diesen Wochen das deutsche Volk bis in seine Tiefen aufgerüttelt hat, und in deren Mitte wir noch stehen, ist von ihren Führern, man könnte sagen amtlich, als die nationale oder die deutsche Revolution bezeichnet worden. Das ist mit Fug und Recht geschehen. Denn der tiefste Sinn der Bewegung und zugleich das, was ihr allein die Legitimation verleiht, ist die Auflehnung der deutschen Seele gegen den zweifachen Druck, der auf dem deutschen Volke lastet, gegen die Ketten, die seiner freien Bewegung im Leben der Völker geschmiedet worden sind, und gegen alles Undeutsche, was die Reinheit seiner geistigen Haltung getrübt hat oder zu trüben droht.

Die nationale Revolution von 1933 hat die Weimarer Verfassung formell nicht beseitigt. ... Vielmehr hat sie Reichstag und Reichsoberhaupt sozusagen für sich eingefangen. ...

Der wuchtige Stolz der nationalen Revolution hat sich gegen den demokratisch-parlamentarischen Parteienstaat gerichtet. Dieser ist dem Stolze erlegen, und es gehört keine Sehergabe dazu, um zu prophezeien: der Tote wird nicht wieder auferstehen. Er wird es um so weniger, je rascher es gelingt, was gelingen muß – ein heißer Punkt, der indessen in aller Offenheit erörtert werden muß – wenn es gelingt, der jetzt zum Siege gelangten Partei das Kleid einer Partei abzustreifen und sie zu verwandeln in eine das ganze Volk umfassende Gemeinschaft, der sich ein jeder in Freiheit einzuordnen imstande ist. Fast scheint es, als ob die Zerstörung des Parteienstaates nur dadurch geschehen kann, daß eine Partei zunächst alle andern vernichtet. Aber der Sieger wird sein wahres Ziel erst erreicht haben, wenn er selbst in der nationalen Gemeinschaft aufgegangen ist. ..."

Nr. 214 Forsthoff an Schmitt, 23. 12. 1966

1 Zur Reaktion der Studenten vgl. auch Forsthoffs Brief an Schmitt vom 4. Februar 1967 (Nr. 218).

2 Forsthoff hielt die Gedächtnisrede auf Gerhard Anschütz am 10. Januar 1967 in der Alten Aula der Universität Heidelberg.

3 An der Herausgabe einer Deutschen Verwaltungsgeschichte, vergleichbar E. R. Hubers Deutscher Verfassungsgeschichte, konnte Forsthoff nicht mitwirken; vgl. Forsthoffs Brief an Schmitt, 14. März 1967 (Nr. 221) dazu Jeserich, Entstehungsgeschichte, S. 150–154; siehe auch Einleitung, S. 30.

Im Jahre 1974 faßte die Freiherr-vom-Stein-Gesellschaft, Schloß Cappenberg, auf Vorschlag von Kurt G. A. Jeserich den Entschluß, die Herausgabe einer Gesamtdarstellung zur Entwicklung der öffentlichen Verwaltung zu fördern. Der erste Band der „Deutschen Verwaltungsgeschichte" erschien Stuttgart 1983, der sechste und letzte 1988.

4 Zum Urteil des Bundesverfassungsgerichts vgl. Kommentar zu Schmitts Brief an Forsthoff, 9. Mai 1966 (Nr. 206).

Nr. 215 Forsthoff an Schmitt, 29. 12. 1966

1 Eine Abschrift von Forsthoffs Brief an Herbert Krüger liegt im Nachlaß Schmitt (HSAD RW 265-3748).

Nr. 217 Schmitt an Forsthoff, 9. 1. 1967

1 Ernst Friesenhahn versuchte zwischen den Schweizer Mitgliedern der Staatsrechtslehrervereinigung und Forsthoff zu vermitteln.

Arnold von Winkelried gilt als legendärer Schweizer Nationalheld, dessen Heldentat in verschiedenen Versionen zirkuliert. Nach einer Erzählung spießte er sich in der Schlacht bei Sempach (9. Juli 1386) mit Lanzen der habsburgischen Ritter selbst auf, um so den Eidgenossen den Sieg zu ermöglichen; nach einer anderen Version zog er die Lanzen auf sich.

2 Schloß Cappenberg, heute Ortsteil von Selm (Kreis Unna), war ursprünglich ein Prämonstratenserstift. 1803 wurde es säkularisiert und 1816 von Karl Freiherr vom und zum Stein (1757–1831) erworben. Die dort 1952 gegründete „Freiherr vom Stein-Gesellschaft" will Grundsatzfragen behandeln, die das Verhältnis von Staat und Gesellschaft, bes. der Kommunalen Selbstverwaltung berühren. Forsthoff war seit 1953 Kuratoriumsmitglied der Gesellschaft.

3 Das Schmitt-Interview vom 22. Dezember 1966 (etwa 13 Minuten) war am 2. Januar 1967 in der Sendung „Der Artikel 48. Notstand und Weimarer Demokratie" im Westdeutschen Rundfunk ausgestrahlt worden; vgl. Kommentierung zu Schmitts Brief an Julien Freund, in: Schmittiana 4, 1994, S. 67/68.

4 Die Einladung zu Kütemeyers Antrittsvorlesung „Anthropologische Medizin als klinisches Forschungsprinzip an einem Fall von primärer chronischer Polyarthritis erläutert" am 13. Januar 1967 liegt im Nachlaß Schmitt.

Wilhelm Kütemeyer (1904–1972) war Internist und Psychotherapeut in der Heidelberger Klinik für Innere Medizin, Begründer einer „Anthropologischen Medizin“.

Nr. 218 Forsthoff an Schmitt, 4. 2. 1967

1 Gerhard Anschütz, Die Verfassungs-Urkunde für den Preußischen Staat vom 31. Januar 1850. Ein Kommentar für Wissenschaft und Praxis, Berlin 1912; Neudr. 1974.

Forsthoff urteilte in seinem Festvortrag: „Es gibt Ereignisse in der Geschichte der Wissenschaft, die neue Maßstäbe, Dimensionen oder Weisen der Beurteilung setzen, hinter die man nicht mehr zurückgehen kann. Der Kommentar von Anschütz ... ist ein solches Ereignis. ... Was den wissenschaftlichen Geist Gerhard Anschütz' bewegte, war nicht ein rationales, normatives Gebilde, genannt Verfassung. Es war der Staat, es waren das Reich und Preußen, denen er anhing und die seinen Geist beflügelten. Mehr als das: sie waren, in ihrer rechtsstaatlichen Ausprägung, Richtpunkt seiner dogmatischen Orientierung, Fixpunkt im Koordinatensystem seines juristischen Denkens. In diesem Sinne hat er sich mit vollem und tiefen Recht als einen Positivisten bezeichnet, für den es begriffswesentlich ist, daß er das Recht so nimmt und versteht, wie es vom Staat gesetzt wird.“ Forsthoff, Anschütz, 1967, S. 144/145.

2 Am Ende seines Vortrag verwies Forsthoff darauf, daß Schmitt, Triepel und Leibholz in ihrer Interpretation auf verfassungsimmanente Schranken und neue Auslegungen des Gleichheitssatzes (Bindung des Gesetzgebers) hingewiesen hätten. Anschütz habe dies abgelehnt, da beides im Wortlaut der Verfassung keinen Halt finde.

„Anschütz [hat] ohne Schwankungen zu den Grundanschauungen gestanden, die sein großes wissenschaftliches Werk getragen und durchwaltet haben. Dabei war er sich nicht darüber im Zweifel, welche Richtung die politische Entwicklung genommen hatte. Er ist, wie man im Bilde sagen könnte, mit wehender Fahne untergegangen. Das entsprach dem Stolz, den er im hohen Maße besaß. Auch er ein Besiegter. Wir leben in einer Zeit, der es beschieden ist, nicht der Sieger, sondern der Besiegten ehrend zu gedenken. Sie sind es, die Beispiele geben und Maße gesetzt haben, denen wir uns verpflichtet wissen. Zu ihnen gehört auch Gerhard Anschütz.“ Forsthoff, Anschütz, 1967, S. 150.

3 Forsthoff sagte in seiner Ansprache den Studenten u. a.:

„Nun ist das Gewissen ... keine Morgengabe der Natur, die Sie einfach mitbekommen haben und die sich, wie das Moralische, von selbst versteht. Auch das Gewissen bedarf der Ausbildung und Schärfung und es ist an Ihnen, es zu jener Differenziertheit und Sicherheit des Urteils zu entwickeln, deren der Jurist allererst bedarf“; Forsthoff, Ansprache 1967.

4 Von Pierre Linn (1897–1966), dem französischen Bankier und Philosophen, liegt im Schmitt-Nachlaß Korrespondenz aus der Zeit von 1926–1950, dazu Briefe seiner Gattin, Jeanne M. Linn aus den Jahren 1932–1972; von Carl Schmitt an Pierre Linn sind dort zwei Briefe überliefert; vgl. Schmitts Brief an Forsthoff, 12. Februar 1967 (Nr. 219).

1928 übersetzte Pierre Linn einen Teil von Schmitts Buch „Politische Romantik“; vgl. Piet Tommissen, Amicus Schmitt, sed magis amica veritas. Pierre Linn over Carl Schmitt en enkele zijner geschriften, in: Johan Stuy (Hg.), De precisie van het lezen: liber amicorum Maurice Weyembergh, Brüssel 2003, S. 223–241.

5 Wahrscheinlich gemeint: Nicolaus Sombart, Planung und Planetarisierung, in: Robert Jungk/Hans Josef Mundt (Hgg.), Modelle für eine neue Welt. Bd. 2: Wege ins neue Jahrtausend. Wettkampf der Planungen in Ost und West. 18 Beiträge internationaler Wissenschaftler, Schriftsteller und Publizisten. Modelle für eine neue Welt, München 1964, S. 35–67; in Band 1 dieser Reihe „Griff nach der Zukunft" ist kein Beitrag von Sombart enthalten.

Dem 2. Band sind „kurze Inhaltsangaben der Beiträge" vorangestellt. Zu Sombart heißt es (S. 7/8): „Die Fähigkeit zur Planung steht am Anfang der Planetarisierung; unter dieser wird der Prozeß verstanden, der die Einheit der Erde konstituiert und die Gemeinschaft der Menschen auf ihr. Die Fähigkeit zur Planung ist ebenso sehr die Vorbedingung, wie die Planung selbst der ausgezeichnete Modus des Überganges ist, den die Menschheit mit Eintritt in die globale Ära vollzieht. Er bietet die einzige Möglichkeit für das Überleben des Menschen auf dem Planeten und ist deshalb an den Lebensbedürfnissen der Gattung orientiert und steht immer in einem globalen Horizont. Vor dem Hintergrund der jeden Augenblick möglichen totalen Vernichtung ist der Friede der Planungsraum, in dem der Prozeß sich perpetuiert. Friedenspolitik ist die Summe der Anstrengungen zur Verhinderung der Katastrophe. Mit dem der planetarischen Situation inhärenten Zwang zur Planung haben sich die Planungsmethoden verfeinert. Von der geschichtsphilosophischen Planungstheorie des 19. Jahrhunderts ist heute der Schritt zur Kybernetik vollzogen worden. Dadurch hat sich unser Verhältnis zur Zukunft verändert, sie hat sich aus einer spekulativen in eine operative Größe verwandelt."

Nicolaus Sombart (geb. 1923), Patensohn von Schmitt, promovierte 1950 bei Alfred Weber in Heidelberg, Lektor beim S. Fischer Verlag, Gründungsmitglied der Gruppe 47. Nach 1953 beim Europarat in Straßburg, zuletzt Leiter der Kulturabteilung. 1982 kehrte er nach Berlin zurück. An der Festschrift für Schmitt beteiligte er sich nicht. 1991 veröffentlichte er: Die deutschen Männer und ihre Feinde. Carl Schmitt – ein deutsches Schicksal zwischen Männerbund und Matriarchatsmythos, München.

Zu Nicolaus Sombart vgl. Mohler, Briefwechsel, S. 413 Anm. 503; Laak, Gespräche, S. 266–271.

6 Die 1953 zu Schmitts 65. Geburtstag geplante Festschrift wurde nicht gedruckt, sondern die einzelnen Manuskripte in einem Band gebunden; vgl. Kommentar zu Schmitts Brief an Forsthoff vom 3. September 1953 (Nr. 62). Der Beitrag des 1954 verstorbenen Nationalökonomen Carl Brinkmann, Über Güte und Schlechtigkeit des Menschen in der Lehre von Staat und Gesellschaft, erschien in: Epirrhosis 1, S. 83–87.

7 Armin Mohler hatte sich an der Rechts- und Staatswissenschaftlichen Fakultät Innsbruck mit der Arbeit: Die Fünfte Republik. Was steht hinter de Gaulle? München 1963 habilitiert. An der Festschrift für Carl Schmitt beteiligte er sich mit einem Beitrag: Der Weg der „Technokratie" von Amerika nach Frankreich, in: Epirrhosis 2, S. 579–596.

Nr. 219 Schmitt an Forsthoff, 12. 2. 1967

1 Anschütz beschrieb die Lage des Staats bei „eintretender Budgetlosigkeit", Georg Meyer/Gerhard Anschütz, Lehrbuch des deutschen Staatsrechts, 7. Aufl. München 1919, S. 906:

Die Verfassung fordere, daß die Finanzverwaltung weitergeführt werde, doch „das *Wie* dieser Finanzverwaltung bindet die Verfassung ebenso kategorisch an eine Richtschnur, die für jede Finanzperiode von den obersten Organen des Staates festzusetzen ist." Das mangelnde Einverständnis dieser Organe könne durch niemanden ersetzt werden. „Es liegt hier nicht sowohl eine

Lücke im Gesetz (d. h. im Verfassungstext) als vielmehr eine Lücke im *Recht* vor, welche durch keinerlei rechtswissenschaftliche Begriffsoperationen ausgefüllt werden kann. Das Staatsrecht hört hier auf; *die Frage, wie bei einem nicht vorhandenen Etatsgesetz zu verfahren sei, ist keine Rechtsfrage.*"

2 Jacques Maritain (1882–1973), seit 1904 verheiratet mit Raïssa Oumansouff (1883–1960, geboren in Rußland, konvertierte 1906; ihr Pate war Léon Bloy). Maritain konvertierte zum Katholizismus. 1914 erhielt er eine Professor am Institut Catholique, Paris. Von einer Vortragsreihe in New York 1940 kehrte er nicht nach Europa zurück. Nach intensiver politischer Tätigkeit übernahm er 1948 einen Lehrstuhl in Princeton. Maritain korrespondierte in den 20er Jahren mit Schmitt, sie besuchten sich gegenseitig in Bonn und Paris; vgl. Kiesel, Jünger/Schmitt Briefwechsel, S. 738; Tommissen, Schmittiana 5, 1996, S. 210–213; Martin Schewe, in: Bautz, Kirchenlexikon 5, 1993, Sp. 829–835; V. L. Simonsen, RGG 3. Aufl., 4, 1960, Sp. 770/771.

3 Nicolaus Sombart verfaßte 1947 im Auftrag von Karl Korn (FAZ) eine (nicht veröffentlichte) Rezension der wissenschaftspolitischen Aufsätze von Max Weber. Auch die Rede zu Schmitts 75. Geburtstag „Der Obergefreite – Herrschaft und Gestalt" in Düsseldorf blieb ungedruckt.

Nr. 220 Schmitt an Forsthoff, 1. 3. 1967

1 Kurt Lindner (1906–1987), Fabrikant, Jagdhistoriker.

Lindner hatte Schmitt am 28. Februar 1967 Ogushis Tod mitgeteilt (Nachlaß Schmitt HSAD RW 265–8778); über Lindner: Elisabeth Roth, Jagdgeschichte als Lebensaufgabe. Kurt Lindner zum 80. Geburtstag, in: Historischer Verein Bamberg ..., Bericht 122, 1986, S. 89–91.

Schmitts Kondolenzbrief an Ogushis Sohn abgedr. bei Masanori Shiyake: Zur Lage der Carl-Schmitt-Forschung in Japan. Ein bibliographischer Überblick, in: Quaritsch, Complexio Oppositorum, S. 494 Anm. 13.

Nr. 221 Forsthoff an Schmitt, 14. 3. 1967

1 Forsthoff besuchte Japan vom 15. April–6. Mai 1967. Er hielt Vorträge in Hiroshima, an der Universität Kansai in Osaka, im Deutsch-Japanischen Kulturzentrum in Osaka und bei der Versammlung der Japanischen Staatsrechtslehrer in Tokyo. Forsthoffs Schüler, die Professoren Bin Takada, Tsutomu Muroi, Tadashi Murai übersetzten seine Vorträge zum Thema „Rechtsstaat und Sozialstaat".

2 Werner Schütz (1900–1975) leitete 1954–1956 und 1958–1962 das Kultusministerium von Nordrhein-Westfalen, 1966 folgte Paul Mikat (geb. 1924).

3 Gerhard Hess (1907–1983), Romanist, 1946 apl., 1948 Ordinarius in Heidelberg, 1950/1951 Rektor und Präsident der Westdeutschen Rektorenkonferenz, 1955–1964 Präsident der Deutschen Forschungsgemeinschaft. 1964 Vorsitzender des Gründungsausschusses der Universität Konstanz, 1966–1972 ihr Rektor; vgl. Badische Biographien NF 2, S. 132.

4 Luis Legaz y Lacambra (1906–1980) schrieb für die Festschrift: Ideologie und Staat, in: Epirrhosis 1, S. 275–283.

5 Arnold Köttgen starb am 10. Februar 1967 im Alter von 65 Jahren.

6 Muroi verfaßte keinen Nachruf auf Ogushi.

Nr. 223 Forsthoff an Schmitt, 26. 5. 1967

1 Forsthoffs Assistenten waren Willi Blümel (geb. 1929) und Hans H. Klein (geb. 1936).

2 Festgabe für Ernst Forsthoff, 1967. In „Widmung" schrieb Doehring:

> „Forsthoff nahm uns in dieser Zeit (etwa 1950) nicht die Skepsis, sondern er zeigte uns die eigentliche Berechtigung jeder Skepsis; das Besondere wurde zum Allgemeinen und so der Auseinandersetzung zugänglich ... Forsthoff hat nichts verschleiert, nichts verborgen und nicht perhorresziert; unsere Fragen wurden beantwortet. ...", Zitat a. a. O., S. 2.

Karl Doehring (geb. 1919) habilitierte sich 1962 in Heidelberg. Mitdirektor des MPI für ausländisches öffentliches Recht und Völkerrecht; 1968 Nachfolger auf Forsthoffs Lehrstuhl.

3 Helmut Ridder rezensierte die Schmitt-Festschrift, in: Neue Politische Literatur 12, 1967, S. 1–12; er konstatierte, daß es während der ersten zwölf Nachkriegsjahre keine Schmitt-Auseinandersetzung gegeben habe, in einer zweiten Phase seien die ersten kritischen Bücher erschienen, die dritte Entwicklungsphase beginne nun mit den Rezensionen zu den Festschriften.

Helmut Ridder (1919–2007) habilitierte sich in Münster, nach Lehrstuhlvertretungen in Frankfurt und an der FU Berlin, seit 1950 in Frankfurt, ging er 1952 als Ordinarius für Öffentliches Recht und Politische Wissenschaften nach Gießen.

4 Forsthoff wandte sich am 24. Juli 1967 an Heinrich Oberheid; vgl. Briefe im Schmitt-Nachlaß, HSAD RW 265-3749/1 und 3749/3-16.

5 Die Cembalistin Anna Barbara Speckner-Georgiades (1902–1995) leitete eine Cembalo-Klasse am Salzburger Mozarteum und unterrichtete seit 1966 am Salzburger Orff-Institut; Riemann (Hg. Carl Dahlhaus), Musik-Lexikon, Ergänzungsband, Personenteil L–Z, Mainz 1975, S. 685.

6 Hans Martin Kriele (geb. 1931) habilitierte sich 1966 in Münster, seit 1967 Ordinarius in Köln für Öffentliches Recht, Staatsphilosophie und Rechtspolitik.

7 Forsthoff, Regierungskrise, 1967.

Im Streit zwischen den Koalitionspartnern CDU und FDP um Steuererhöhungen zum Ausgleich des Bundeshaushalts trat Bundeskanzler Erhard (1897–1977) 1966 zurück. Es kam zu einer Großen Koalition zwischen CDU und SPD. Neuer Bundeskanzler wurde Kurt Georg Kiesinger (1904–1988), der sich für die Einführung des Mehrheitswahlrechts bei Bundestagswahlen einsetzte.

Nr. 224 Forsthoff an Schmitt, 31. 5. 1967

1 Hans Martin Drath, Art. Staat, Soziologisch und staatstheoretisch, in: Hermann Kunst/Siegfried Grundmann (Hgg.), Evangelisches Staatslexikon, Stuttgart 1966, Sp. 2114–2149. Für Drath gibt es in einer sozialen Demokratie keine grundsätzliche Trennung von Staat und Gesellschaft.

In diesem Artikel bekannte Drath sich selbst als Anhänger von Hermann Hellers (Torso gebliebener) Staatstheorie. Er wandte sich gegen Schmitts rein normativ-juristisches Staatsverständnis. Eine Staatstheorie könne nur von einer umfassenden Analyse der gesellschaftlichen Wirklichkeit ausgehen. „Bei der Bedeutung des Rechts für den Staat und die Ausübung seiner Funktion muß eine solche Staatstheorie eine Theorie der sozialen Funktion des positiven Rechts umfassen, die auch eine rationale Rechtsdogmatik erklären und rechtfertigen könnte“ (Sp. 2147); Martin Drath, Rechts- und Staatslehre als Sozialwissenschaft. Gesammelte Schriften über eine sozio-kulturelle Theorie des Staats und des Rechts, Berlin 1977.

Vgl. Michael Henkel/Oliver Lembcke, Der Staat als Lebensaufgabe: Martin Drath (1902–1976), in: Kritische Justiz 2003, S. 445–461; Dirk van Laak, Die fehlende Staatsidee. Eine Dokumentation von Martin Draths unvollendeter Abrechnung mit dem „Begriff des Politischen“, in: Andreas Göbel (Hg.), Metamorphosen des Politischen. Grundfragen politischer Einheitsbildung seit den 20er Jahren, Berlin 1995, S. 219–232. Siehe auch Forsthoffs Brief an Schmitt, 4. Juni 1950 (Nr. 38), Anm. 3.

Nr. 225 Forsthoff an Schmitt, 31. 5. 1967

1 Walter Elze, Theoderich und Clodwig. Ein Brief an Carl Schmitt, in: Epirrhosis 1, S. 153–159.

Walter Elze (1891–1979) lehrte seit 1928 als Historiker an der Friedrich-Wilhelms-Universität Berlin, leitete dort die Kriegsgeschichtliche Abteilung, seit 1933 als Ordinarius, nach 1959 in Freiburg. Seinem Doktoranden, dem Schriftsteller Felix Hartlaub (1913–1945), vermittelte er während des Zweiten Weltkrieges eine Stelle als Historiker bei der „Archivkommission des Auswärtigen Amts“.

Nr. 226 Schmitt an Forsthoff, 4. 6. 1967

1 Anton Bruckner (1824–1896) komponierte 1879 „Os justi. Graduale an den Festen heiliger Kirchenlehrer“, geschrieben im lydischen Stil für gemischten Chor a cappella.

> Den Text aus Psalm 37, 30.31: „Os justi meditabitur sapientiam, et lingua ejus loquetur judicium. Lex Dei ejus in corde ipsius: et non supplantabuntur gressus ejus. Alleluia“ übersetzte Luther: „Der Mund des Gerechten redet die Weisheit, und seine Zunge lehrt das Recht. Das Gesetz seines Gottes ist in seinem Herzen; seine Tritte gleiten nicht“.

Vgl. Arnold Schmitz, Anton Bruckners Motette „Os justi“. Eine Erwägung zur Problematik der kirchenmusikalischen Restauration im 19. Jahrhundert, in: Epirrhosis 1, S. 333–343.

Nr. 227 Forsthoff an Schmitt, 26. 6. 1967

1 Forsthoff, Mittel und Methoden moderner Planung, 1968.
Joseph H. Kaiser faßte in dem von ihm edierten Band Planung III die Vorträge zusammen, die vom 28.–30. Juni 1967 auf der Tagung der deutschen Sektion des Internationalen Instituts für Verwaltungswissenschaften in Hamburg gehalten worden waren. Er hatte die Tagung zusammen mit Köttgen vorbereitet. Nach Köttgens unerwartetem Tod übernahm Forsthoff das Referat.

2 Willi Blümel, Bundesstaatliche Aspekte der Verwaltungsvorschriften. Zur verfassungswidrigen Praxis im Bereich der Bundesauftragsverwaltung. Erweiterte Fassung der Probevorlesung vom 21. Juni 1967, in: AöR 93, 1968, S. 200–243.

3 Hans H. Klein legte als Habilitationsschrift vor: Die Teilnahme des Staates am wirtschaftlichen Wettbewerb, Stuttgart 1968, Reihe: res publica 18.

Nr. 228 Forsthoff an Schmitt, 9. 7. 1967

1 Adolph Wagner bearbeitete das von Karl Heinrich Rau 1826 begründete „Lehrbuch der politischen Ökonomie" und schrieb darin u. a. die Teile zur Finanzwissenschaft 6,2 (1880) und 7,3 (1889, 2. Aufl. 1890). Im Anhang zu Lorenz von Steins Finanzwissenschaft (1885) hatte Wagner 1887 veröffentlicht „Finanzwissenschaft und Staatssozialismus".
Adolph Wagner (1835–1917) studierte in Heidelberg bei Karl Heinrich Rau und Robert von Mohl. 1858 übernahm er Professuren an der Handelsakademie in Wien, Hamburg, Dorpat, Freiburg/Brsg. 1870 kam er nach Berlin. Wagner gehörte zu den führenden Katheder-Sozialisten. Sein Lehrbuch der Finanzwissenschaft versah Karl Marx mit ausführlichen Randglossen; vgl. Martin Heilmann, Adolph Wagner – ein deutscher Nationalökonom im Urteil der Zeit. Probleme seiner biographischen und theoriegeschichtlichen Würdigung im Lichte neuer Quellen, Frankfurt 1980.

Nr. 229 Schmitt an Forsthoff, 15. 8. 1967

1 Die in Schmitts Bibliothek vorhandenen Bücher und Aufsätze von Themistokles Tsatsos sind verzeichnet bei: van Laak/Villinger, Nachlaß Carl Schmitt, S. 508, 674.

2 Hans Schomerus, Kein Frieden in der Welt, in: Die Welt, Ausgabe 12. August 1967, Beilage: Die geistige Welt, S. I. Darin hieß es:

> „Ist der Weltfrieden auch gesichert durch die Angst vor dem Weltkrieg, so wird dennoch in vielen Teilen der Welt Krieg geführt. … Der Weltkrieg hat sich in Partisanenkriege aufgelöst, und dies ist die Situation, die heute besteht und die wir Frieden zu nennen genötigt sind, obwohl kein Frieden in unserer Welt ist. Der Partisan oder besser die Partisanengruppe ist somit zur Figur der großen Politik geworden, was Carl Schmitt schon 1963 aussprach. …"

3 Schmitt, Clausewitz, 1967. Besprochen wird: Werner Hahlweg (Hg.), Carl von Clausewitz, Schriften – Aufsätze – Briefe. Dokumente aus dem Clausewitz-, Scharnhorst- und Gneisenau-Nachlaß sowie aus öffentlichen und privaten Sammlungen. Mit einem Vorwort von Karl Dietrich Erdmann, Bd. 1, Göttingen 1966.

Nr. 230 Schmitt an Forsthoff, 10. 9. 1967

1 Forsthoff erhielt anläßlich seines 65. Geburtstags die von seinen habilitierten Schülern herausgegebene „Festgabe“ und den von Ernst-Wolfgang Böckenförde angeregten und zusammengestellten Band: Säkularisation und Utopie. Ebracher Studien. Ernst Forsthoff zum 65. Geburtstag, Stuttgart/Berlin/Köln/Mainz, 1967.

2 Zitat aus Goethes Westöstlicher Divan, Buch der Liebe, „Ergebung“, Hamburger Ausgabe 7. Aufl. 1965, Bd. 2, S. 32:

> Die Liebe behandelt mich feindlich!
> Da will ich gern gestehn,
> Ich singe mit schwerem Herzen.
> Sieh doch einmal die Kerzen,
> Sie leuchten, indem sie vergehn.

Nr. 231 Forsthoff an Schmitt, 30. 9. 1967

1 Frau Gisela Iglberger-Lehmann war zu der Zeit Sekretärin bei Forsthoff.

2 Schmitt, Tyrannei der Werte, in: Säkularisation und Utopie, S. 37–62.

Schmitts Diskussionsbeitrag zu Forsthoffs Referat am 23. Oktober 1959 in Ebrach war 1960 als Privatdruck (16 Seiten) von Kohlhammer in einer limitierten Auflage von 200 Exemplaren gedruckt worden.

> In seinem Artikel „Max Weber und Carl Schmitt“, FAZ, 27. Juni 1964, bezog sich Karl Löwith auf diesen Privatdruck und Schmitts Vortrag „Über das Zeitalter der Neutralisierungen und Entpolitisierung“ (1929). Löwith schloß: „Hätte Weber noch die ‚Tyrannei‘, nicht der ausgedachten ‚Werte‘ einer vergangenen Wertphilosophie, sondern die wirkliche Diktatur des von Schmitt legitimierten Nationalsozialismus erlebt, er hätte in ihm eine politisch unverantwortliche Gesinnungspolitik gesehen, um so unverantwortlicher, als sie schon als Gesinnung verwerflich war, und er hätte keinen Augenblick gezögert, alles im Kampf gegen diesen ‚totalen Feind‘ zu riskieren. Den Vortrag von 1919 über ‚Politik als Beruf‘ schloß er mit der Voraussage, daß schon in weiteren zehn Jahren die Zeit der Reaktion auf den Zusammenbruch von 1919 hereingebrochen sein werde und er dann zu sehen wünsche, was aus denjenigen im inneren Sinn des Wortes ‚geworden‘ sein wird, die sich jetzt (1919) an Illusionen berauschen; er vermutete: verbitterte Banausen, die der Welt und ihrem eigenen Tun nicht gewachsen sind.“

Karl Löwith (1897–1973) lehrte 1928–1934 Philosophie in Marburg, emigrierte nach Italien, Japan, schließlich 1941 in die USA; 1952 nahm er einen Ruf an die Universität Heidelberg an; Reinhard Mehring, Karl Löwith, Carl Schmitt, Jacob Taubes und das „Ende der Geschichte“, in: Zeitschrift für Religions- und Geistesgeschichte 48, 1996, S. 231–248.

3 Hans Barion, Das konziliare Utopia. Eine Studie zur Soziallehre des II. Vatikanischen Konzils, in: Säkularisation und Utopie, S. 187–233.

4 Zitat aus Horaz, Oden III 30,1: Exegi monumentum aere perennius = Ich habe ein Monument vollendet, dauerhafter als Erz.

5 Nicht belegt.

Hermann Sudermann (1857–1928), gehörte zu den führenden Dramatikern der Naturalismus; Karl Wolfskehl (1869–1948) Schriftsteller und Übersetzer.

6 P. Sergius Buve, Utopie als Kritik, in: Forsthoff-Festschrift Säkularisation und Utopie, S. 11–35.
Jeroen Buve (geb. 1935) lebte zu der Zeit unter dem Namen Pater Sergius im Benediktinerkloster Chevetogne (Belgien), 1969 verließ er das Kloster; heute ist er Initiator und Leiter des 1995 von ihm gegründeten „Rudolf von Laun Instituut voor toegepaste Metafysica", Deventer, Niederlande.
7 Bernard Willms (1931–1991), Promotion bei Joachim Ritter (1964), dann Assistent bei Helmut Schelsky, habilitierte sich 1969 in Bochum für Politische Wissenschaft, seit 1970 Professur in Bochum; vgl. auch Laak, Gespräche, passim.
Günther Bien (geb. 1936), Philosoph, Promotion 1968, Habilitation 1969, Professor in Stuttgart, seit 1988 in Ulm.
Reinhart Maurer (geb. 1935), Philosoph, war 1962–1975 Assistent bei Joachim Ritter, Dozent und apl. Professor in Stuttgart, Habilitation 1969, seit 1975 Professor an der Freien Universität Berlin.
8 Hans Holländer, Francisco Goyas distanziertes Engagement, in: Studium Generale 21, 1968, S. 749–774.

Nr. 232 Schmitt an Forsthoff, 3. 10. 1967

1 Ernst Barnikol (1892–1968), evangelischer Theologe, habilitierte sich 1921 in Bonn, seit 1929 Ordinarius für Kirchengeschichte an der Universität Halle. Er blieb trotz heftiger Auseinandersetzungen mit der SED im Amt; vgl. Friedrich Wilhelm Bautz, in: Bautz, Kirchenlexikon 1, 1990, Sp. 377–378.

Nr. 233 Schmitt an Forsthoff, 22. 10. 1967

1 Nach Forsthoffs Brief vom 24.10.1967 traf Schmitt in Frankfurt den Rechtsanwalt Otto Wirmer (1903–1981). In Schmitts Auftrag organisierte Wirmer den Verkauf einiger Gemälde und Aquarelle (Gilles, Nay, Heldt); Belege im Schmitt-Nachlaß HSAD RW 265-20275. Dort liegt Korrespondenz aus den Jahren 1933–1978.
Otto Wirmer war der Bruder des 1944 hingerichteten Josef Wirmer; ausführlicher dazu Rudolf Lill, Josef Wirmer (1901–1944), in: Friedrich Gerhard Hohmann (Hg.), Deutsche Patrioten in Widerstand und Verfolgung 1933–1945. Ein Gedenkbuch der Stadt Paderborn, Paderborn, S. 39–50.
2 Zu Gustav von Schmoller s. Kommentar zu Forsthoffs Brief an Schmitt, 17. Februar 1962 und Schmitts Brief an Forsthoff, 1. Oktober 1965 (Nr. 164, 195).
v. Schmoller war im Sommersemester 1934 Assistent bei Schmitt, 1935–1937 im Reichswirtschaftsministerium, seit 1941 in der Wirtschaftsabteilung des Reichsprotektors in Prag. Seine Dissertation „Die Neutralität im gegenwärtigen Strukturwandel des Völkerrechts" wurde 1944 maschinenschriftlich vorgelegt, Schmitt und Viktor Bruns begutachteten die Arbeit. Schmitt schrieb u. a.: Ein Teil der „Ausführungen ... sind ein kurzer, aber wesentlicher Beitrag zu dem Thema ‚Der Genfer Völkerbund als Instrument britischer Machtpolitik'. In der Arbeit sei der Gedanke der Großraumordnung zur

Lehre von der ‚Nicht-Kriegsführung' fruchtbar gemacht. Schmitts Gutachten ist abgedruckt bei: Tilitzki, Schmitt in Berlin, S. 106/107.

Der Hessische Rundfunk brachte am 17.8.1968 einen Kommentar von Ulrich Keitel „Das Auswärtige Amt im Zwielicht". Darin wurde folgendes Resümee gezogen: „Freiwillig-unfreiwillig verließ der deutsche Botschafter in Stockholm, Dr. Gustav von Schmoller, sein Amt, als er in der schwedischen Öffentlichkeit wegen seiner Tätigkeit in Prag als Untergebener des ‚Reichsprotektors' angegriffen wurde. Außerdem geriet er wegen seiner Dissertation aus dem Jahre 1941 unter Beschuß, in der er Großmächten das Recht zugesprochen haben soll, kleine neutrale Länder zu besetzen. – Es gehört schon ein erhebliches Maß an Unverfrorenheit dazu, diesen Mann ausgerechnet nach Schweden zu schicken. Nachdem der Skandal da war, suchte Schmoller um Pensionierung nach, wurde krank und trat sechzigjährig in den einstweiligen Ruhestand."

3 Die FAZ, Ausgabe 16. Oktober 1967, berichtete über die von Angehörigen des „Sozialistischen Deutschen Studentenbundes" und dem „Aktionszentrum Unabhängiger Sozialistischer Schüler" am Samstag, 14. Oktober organisierten Demonstrationen auf der Buchmesse:

Mit den Rufen: „Wir wollen keinen Presseschah" und „Springer und Ullstein raus aus diesem Haus" blockierten die Demonstranten die Stände des Springer/Ullstein Verlagshauses, zerrissen deren Zeitungen und warfen sie als Konfetti aus. „Die Demonstranten zogen ... zu den Ullstein Ständen. ... Hier wurden Hunderte von Buchprospekten zerrissen. Die Forderung wurde laut, ihre Stände niederzureißen. Einige der besonneneren Demonstranten hielten daraufhin Verankerungen der Kojen fest, um den Einsturz der Wände zu verhindern." Nach dem Boykott-Aufruf der Schriftsteller aus der „Gruppe 47" kündigten mehrere ihrer Verlage an, die Bücher der Gruppe künftig nicht mehr in den Organen der Springer-Presse anzuzeigen.

Nr. 234 Forsthoff an Schmitt, 24. 10. 1967

1 Zu Günther Winkler s. Kommentar zu Forsthoffs Brief an Schmitt, 22. Dezember 1964 (Nr. 187).

2 Georg Ahrens (1890–1967), Jurist und Diplomat, 1939 kommissarische Beschäftigung in der kulturpolitischen Abteilung des Auswärtigen Amtes, 1943–1945 Leiter des Referats. 1946–1949 persönlicher Referent der hessischen Ministerpräsidenten Geiler und Stock, dann freier Schriftsteller. 1951 wieder für das Auswärtige Amt tätig (Konsul in Atlanta, 1953 a. o. Gesandter in Ceylon), trat 1955 in den Ruhestand.

3 Der Frankfurter Richter Dr. Pawlik hatte die Beschlagnahme des sog. „Braunbuches", erschienen im Staatsverlag der DDR, beantragt. Als die Staatsanwaltschaft ihm erklärte, sie werde nicht einschreiten, ordnete er selbst die Beschlagnahme an; Bericht der FAZ, Ausgabe 21. Oktober 1967.

Nr. 236 Schmitt an Forsthoff, 9. 12. 1967

1 Camilo Barcia Trelles, Johnson, de Gaulle und die augenblickliche Krise der NATO, in: Epirrhosis 1, S. 357–373, übersetzt von Raimund Beck; Álvaro d'Ors, Das römische Gesetz als Akt des Magistrats, in: Epirrhosis 1, S. 313–323, übersetzt von Günther Krauss; Alfonso Otero, Die Eigenständigkeit der plentitudo potestatis in den spani-

schen Königreichen des Mittelalters, in: Epirrhosis 2, S. 597–616, übersetzt von Anima Schmitt-Otero.
C. B. Trelles (1888–1977) war Völkerrechtler; zu Álvaro d'Ors s. Kommentar zu Forsthoffs Brief an Schmitt, 5. Juli 1958 (Nr. 106).
2 Zu Hubertus Bung vgl. Kommentar zu Forsthoffs Brief an Schmitt, 17. Oktober 1951 (Nr. 45).
3 John Kenneth Galbraith, The New Industrial State, London 1967 (bis August 1968 fünf englische Ndr.); deutsch: Die moderne Industriegesellschaft, München/Zürich 1968 (2 Auflagen).
4 Rosemarie Pohlmann (geb. 1939) war 1966–1969 Mitarbeiterin in der von J. Ritter geleiteten Arbeitsstelle „Historisches Wörterbuch der Philosophie". Sie nahm mehrmals an den Ebracher Ferienseminaren teil.
5 Hubert Schrade, Deutsche Maler der Romantik, Köln 1967.
6 Hans Peter Ipsen, Außenwirtschaft und Außenpolitik. Rechtsgutachten zum Rhodesien-Embargo, in: res publica 19, Stuttgart 1967.

Nr. 237 Forsthoff an Schmitt, 12. 12. 1967
1 Siehe Forsthoffs Brief vom 24. Oktober 1967 an Schmitt (Nr. 234).
2 Hans Paeschke (1911–1991) hatte 1947 die Zeitschrift „Merkur. Deutsche Zeitschrift für europäisches Denken" mitbegründet und war bis 1978 ihr Herausgeber; vgl. Dieter Wellershoff, Von der Kraft der Übertragung. Hans Paeschke zum achtzigsten Geburtstag. Karl Heinz Bohrer, Hans Paeschke und der Merkur. Erinnerung und Gegenwart, beide in: Merkur 1991, S. 988–990, 991–996.
Forsthoffs Aufsatz erschien unter dem Titel: Verfassung und Verfassungswirklichkeit der Bundesrepublik, in: Merkur, 1968.
3 Forsthoff, Der Verfassungsschutz der Zeitungspresse, 1969.
4 John Kenneth Galbraith, Gesellschaft im Überfluß (engl. Originaltitel: The affluent society), München 1959.

Nr. 238 Schmitt an Forsthoff, 15. 12. 1967
1 Eike Hennig, Die Rüstungsgesellschaft und ihre Kosten, in: Atomzeitalter 6, 1967, S. 296–308.
2 Zu Huber vgl. Kommentar zu Schmitts Brief an Forsthoff, 10. Januar 1964 (Nr. 179).

Nr. 239 Forsthoff an Schmitt, 16. 12. 1967
1 1965 schlossen sich die Verleger John Jahr und Gerd Bucerius mit dem Drucker Richard Gruner zusammen und begründeten das Druck- und Verlagshaus Gruner und Jahr. Als Gruner 1969 seine Anteile verkaufte, kam als neuer Beteiligter der Bertelsmann Verleger Reinhard Mohn dazu (Anteile: 37,5 + 37,5 + 25). Von 1969–1975 kaufte

Bertelsmann weitere Anteile auf, der Verlegerfamilie Jahr blieb die Sperrminorität von 25,1 %.
John Jahr (1900–1991) gründete als Sportjournalist noch vor dem 1. Weltkrieg eine Sportzeitung, 1950–1960 Mitverleger des „Spiegel".
Gerd Bucerius (1906–1995); vgl. Ralf Dahrendorf, Liberal und unabhängig. Gerd Bucerius und seine Zeit, München 2000.
Franz Burda (1903–1986), Begründer des Burda-Verlags; vgl. Peter Köpf, Die Burdas, Hamburg 2002.

Nr. 240 Schmitt an Forsthoff, 9. 1. 1968

1 Die Artikel-Serie im Spiegel (1. Januar bis 19. Februar 1968) begann mit einem „Psychogramm Axel Springer".

2 Karl J. Mauch, Forsthoffs Schüler, hatte in Plettenberg Portraitfotos von Schmitt angefertigt, wovon eines für die Festschrift ausgewählt wurde; vgl. Jüngers Brief an Schmitt, 14. Februar 1982; Kiesel, Briefwechsel Schmitt/Jünger, S. 448.

3 Schmitt, Völkerrechtliche Großraumordnung, 1939.

4 Hans Holländer, In memoriam Hubert Schrade, in: Schwäbisches Tagblatt, Ausgabe 7. Dezember 1967 (Mitteilung von Prof. Dr. Hans Holländer).

5 Alfredo Ottaviani (1890–1979) stammte aus einer römischen Bäckerfamilie. 1953 zum Kardinal ernannt, 1959 zum Sekretär des „Heiligen Officiums" (heute: Glaubenskongregation) berufen, war seit 1960 wesentlich an der Vorbereitung des II. Vatikanischen Konzils (1962–1965) beteiligt. Von 1966 bis zum 6. Januar 1968 war er Pro-Präfekt der „Kommission der Glaubens- und Sittenlehre". Ottaviani kritisierte die Liturgiereform heftig. Ein Jahr nach seinem Rücktritt veröffentlichte er zusammen mit Antonio Bacci: Kurze kritische Untersuchung des neuen „Ordo Missae", Rom, 25. September 1969. Zur Mißachtung Ottavianis auf dem Konzil, insbes. durch den Utrechter Kardinal Alfrink (1900–1987), vgl. den Vortrag von Michael Davies, veröffentlicht: www.kreuz. net/article.47.html.
Hans Barion kritisierte ebenfalls die liturgischen Veränderungen durch das Konzil und zog für sich daraus die Konsequenz, die Messe möglichst nur in den Kirchen zu lesen, in denen die liturgischen Veränderungen nicht vollzogen worden waren.

Nr. 241 Forsthoff an Schmitt, 4. 2. 1968

1 Yoshio Onishi, Über Volkssouveränität, in: Epirrhosis 1, S. 301–312.
Yoshio Onishi (1909–1975), japanischer Rechtswissenschaftler, 1936–1943 a. o., 1943–1947 o. Professor an der Universität Kyoto, 1951–1975 erhielt er wieder eine Professur an der Ritsumeikan Universität, Kyoto. Er hatte im September 1959 Carl Schmitt besucht.

2 Der Bundestag setzte am 11. Mai 1967 eine „Kommission zur Untersuchung der Gefährdung der wirtschaftlichen Existenz von Presseunternehmen und der Folgen der

Konzentration für die Meinungsfreiheit in der Bundesrepublik" ein. Sie wurde nach ihrem Vorsitzenden Eberhard Günther (1911–1994), dem ersten Präsidenten des Bundeskartellamts, benannt. Unter den 18 Mitgliedern waren unter anderem der Vorsitzende der ARD, Christian Wallenreiter, der ZDF-Intendant, Karl Holzamer, einige Monate lang auch Axel Springer für den Bund Deutscher Zeitungsverleger (BDZV).
Im Schlußbericht hob die Kommission u. a. hervor: die Fernsehwerbung habe einen anderen Charakter als die Werbung in den Printmedien; die werbende Wirtschaft stelle seit der Einführung des Fernsehens zusätzliche Werbemittel bereit; das Werbefernsehen wirke stimulierend auf die Werbewirtschaft und positiv auf die Werbeeinnahmen der Printmedien. Es entziehe ihnen keinesfalls Aufträge der Industrie. Die Kommission kam zum Schluß, daß negative Einflüsse des Werbefernsehens sehr unwahrscheinlich seien, und sich, wenn überhaupt, nur auf einen marginalen Anteil in der gesamten Markenartikelwerbung bezögen.
Hans Bausch (Hg.), Rundfunkpolitik nach 1945. Zweiter Teil, 1963–80, in: Rundfunk in Deutschland, Bd. 4, München 1980, S. 565; Akten im BA Koblenz, B 102 Anh. II.

Nr. 242 Schmitt an Forsthoff, 16. 2. 1968

1 Der Spiegel druckte in seiner Ausgabe vom 12. Februar 1968, S. 7–10 einen Leserbrief von Karl Löwenstein ab, der den früheren Spiegel-Artikel zur Notstandsverfassung betraf.
Löwenstein gab der deutschen Ausgabe von „Political Power and the Governmental Process" (Chicago 1957) den Titel: „Verfassungslehre", 1. dt. Aufl., Tübingen 1959, 2. Aufl. 1969. Vgl. die Rezension von Roman Schnur in: Wort und Wahrheit. Monatsschrift für Religion und Kultur 15, 1960, S. 389/390 sowie Günther, Denken vom Staat her, S. 123.

2 Dolf Sternberger, Republikanische Fürsprache. Ein Patriot sorgt, daß der Staat gut werde, in: Deutsches Allgemeines Sonntagsblatt, Ausgabe vom 18. Februar 1968, S. 16.

Sternberger schrieb: Patriotismus scheine es in der Bundesrepublik nicht zu geben. Stolz auf das Wirtschaftswunder gleite ins Protzertum. Diese Leistung gelte kritischen Köpfen in Politik und Literatur und der studentischen Jugend als unbefriedigend. Wohlstand „ist fast zum Spottwort geworden, und die Staatssicherheit, ein Grundgebot der inneren wie der äußeren Politik einer jeden verantwortlichen Staatsführung, wird oft mit leichtem Sinn zum alten Eisen geworfen". Unser „Staatsbewußtsein – und das ist nur ein nüchternes Synoym für Patriotismus" – leide an zwei Geburtsfehlern: 1. der Halbherzigkeit der Gründung, in der man lediglich an eine Übergangszeit dachte, 2. Deutsche hätten den Staat nicht aus eigener Kraft erschaffen. „Nun rächt sich die Jugend dafür, daß die Väter damals angstvoll schwiegen". Anarchische, staatsfeindliche Gesinnung trete hervor. „Die Bundesrepublik verdient Patrioten. Nationalisten können sie nicht sein noch werden, wohl aber Liebhaber der Verfassung, Freunde des Staates. ... Ein Patriot ist, wer sorgt und das Seinige tut, daß die Zustände verbessert und der Staat gut werde."

Hanns Lilje (1899–1977), seit 1947 Landesbischof der Evangelisch-Lutherischen Landeskirche Hannover, Mitglied des Zentralkomitees des Weltkirchenrats, war Gründer und Herausgeber der Wochenzeitung; Gertraud Grünzinger, in: Bautz, Kirchenlexikon 5, 1993, Sp. 63–69.

Helmut Thielicke (1908–1986), 1935 Habilitation, eine Berufung nach Erlangen wurde ihm verweigert, 1936 kam er an die Heidelberger Theol. Fakultät, 1940 wieder entlassen. 1947 übernahm er einen Lehrstuhl in Tübingen, 1954 zur Gründung einer Theologischen Fakultät nach Hamburg berufen; Lutz Mohaupt, Helmut Thielicke, in: Theologische Realenzyklopädie 33, 2002, S. 421–425; Gerhard Besier, Die Theologische Fakultät, in: Eckart/Sellin/Wolgast, Universität Heidelberg, S. 184–185.

3 Rüdiger Altmann, Späte Nachricht vom Staat. Politische Essays, Stuttgart 1968 (78 Seiten).

4 Hugo Ball, Tenderenda der Phantast. Roman, Erstdruck Zürich 1967; kritischer Ndr. hg. von der Nachlaßverwalterin Annemarie Schütt-Hennings, Innsbruck 1998.

Hugo Ball (1886–1927) brach seine Lehre ab, um das Abitur nachzuholen und zu studieren (Germanistik, Philosophie und Soziologie). Die Dissertation beendete er nicht, sondern ging nach Berlin (Max Reinhardt-Schauspielschule). Durch seine Arbeit als Dramaturg lernte er Wedekind kennen. Ball arbeitete als Lektor für verschiedene Theaterverlage, eine mit Kandinsky geplante Zeitschrift konnte nach Ausbruch des Weltkrieges nicht verwirklicht werden. Ball emigrierte in die Schweiz und gründete in Zürich 1916 das „Cabaret Voltaire“. Nach 1920 befreundete er sich mit Hermann Hesse und kehrte zu einem strengen Katholizismus zurück.

Vgl. Erich Teubner, Hugo Ball (1886–1986), Leben und Werk (Ausstellungskatalog), Berlin 1986; zur Beziehung von Schmitt und Ball vgl. Ellen Kennedy, Carl Schmitt und Hugo Ball: Ein Beitrag zum Thema „Politischer Expressionismus“, in: Zeitschrift für Politik 35, 1988, S. 143–162; Bernd Wacker, Die Zweideutigkeit der katholischen Verschärfung – Carl Schmitt und Hugo Ball, in: Bernd Wacker (Hg.), Die eigentlich katholische Verschärfung. Konfession, Theologie und Politik im Werk Carl Schmitts, München 1994, S. 123–145.

5 Sava Kličković, Benito Cereno – Ein moderner Mythos, in: Epirrhosis 1, S. 265–274.

6 Forsthoff (Hg.), Rechtsstaatlichkeit und Sozialstaatlichkeit erschien noch im Laufe des Jahres 1968.

7 Schmitt, Romantik, Nachdruck von 1924 in: Helmut Prang (Hg.), Begriffsbestimmung der Romantik, Darmstadt 1968.

8 Die „Fachschaft Sozialwissenschaft“ in Bochum warf Hanno Kesting im WS 1967/1968 vor, es fehle ihm der „Fortschrittsglaube“, er sei einseitig voreingenommen „für Länder klerikalistisch-restaurativer Prägung“ usw.; zit. bei Laak, Gespräche, S. 275 mit Verweis auf „Dokumentation der Fachschaft Sozialwissenschaft an der Ruhr-Universität Bochum zur Berufung von Dr. Hanno Kesting auf den dritten Lehrstsuhl für Soziologie ...“, im Nachlaß Schmitt (HSTAD RW 265-196, Mat.-Nr. 3).

9 Theodor Lessing, Geschichte als Sinngebung des Sinnlosen, München 1919; nach Lessing spiegelt Geschichte weder das Leben noch die Wahrheit, sie ist überhaupt keine Wissenschaft.

Theodor Lessing (1872–1933), Privatdozent für Philosophie und Pädagogik in Hannover, geriet durch scharfe Kritiken in Gegensatz zu vielen Schriftstellern (bes. Thomas Mann) und erfuhr heftige antisemitische Angriffe. Goebbels setzte auf seine Ergreifung eine Prämie von 80.000 RM aus. In Marienbad wurde Lessing am 31. August 1933 in seinem Arbeitszimmer erschossen, was Goebbels auf dem Parteitag laut begrüßte. Thomas Mann notierte in seinem Tagebuch: „Mir graust vor solch einem Ende, nicht weil es das Ende, sondern weil es so elend ist und einem Lessing anstehen mag, aber nicht mir." Thomas Mann, Tagebücher 1933–1934, Hg. Peter de Mendelssohn, Frankfurt 1977, S. 165: Eintrag am 1. September 1933.

Nr. 243 Forsthoff an Schmitt, 12. 3. 1968

1 Art. 5 GG sichert die Meinungsfreiheit.

2 Forsthoff, Verfassungsschutz der Zeitungspresse, 1969.

3 Zu Schmid-Schilding vgl. Forsthoffs Brief an Schmitt, 22. Mai 1959 (Nr. 118).
Wilhelm Michael Kirsch (1899–1976), Betriebswirtschaftler, Promotion in Bonn, 1937 Dozent in Königsberg, 1942 a. o. Prof. in Erlangen, 1944 in Straßburg, 1947 in Erlangen, seit 1949 in Marburg.

4 Hildegard Hirsch, Sektretärin von E.-W. Böckenförde.

5 Martin Bullinger, Öffentliches Recht und Privatrecht. Studien über Sinn und Funktionen der Unterscheidung, in: res publica 17, Stuttgart 1968; Habilitationsschrift, vorgelegt der Juristischen Fakultät Heidelberg.

6 Die Verwaltung. Zeitschrift für Verwaltungswissenschaft, erscheint im Verlag Duncker & Humblot in gleicher Aufmachung wie die Zeitschrift „Der Staat". Die ersten Herausgeber waren: Ernst Forsthoff, K. von der Groeben, R. Koselleck, F. Mayer, F. Ronneberger und Roman Schnur.

7 Neben Werner Gilles gehörte Werner Heldt (1904–1954) zu den von Carl Schmitt geschätzten und geförderten Malern. Die Kestner-Gesellschaft, Hannover ließ 1968 einen Œuvre-Katalog zusammenstellen: Wieland Schmied, Werner Heldt. Mit einem Werkkatalog von Eberhard Seel, Köln 1976; dort sind beide Zeichnungen zu „ Kleists Tod" abgebildet.
Bei der Zeichnung „Kleists Tod I" aus dem Jahr 1929 (Seel, Nr. 147) ist als Besitzvermerk angegeben: Sammlung Anima Schmitt de Otero, Plettenberg.
Die zweite Zeichnung „Kleist Tod II" aus dem Jahre 1930 (Seel, Nr. 186) hatte Schmitt 1959 Ernst Forsthoff geschenkt, siehe Forsthoffs Brief an Schmitt 12. Dezember 1959 (Nr. 125).

Nr. 244 Schmitt an Forsthoff, Oculi 1968 [17. 3. 1968]

1 Der Quellenhof in Aachen, 1916 als Hotel errichtet, liegt am Rande des Kurparks.

Nr. 245 Forsthoff an Schmitt, 21. 3. 1968

1 Hannah Arendt schrieb 1968 eine Artikelfolge über Walter Benjamin, in: Merkur S. 50–65, 209–223, 305–315. 1968, S. 968 folgte abschließend: Walter Benjamin und das

Institut für Sozialforschung – noch einmal; neu ediert und kommentiert von Detlev Schöttker/Erdmut Wizisla, Arendt und Benjamin. Texte, Briefe, Dokumente, Frankfurt a. M. 2006.

Nr. 246 Forsthoff an Schmitt, 23. 3. 1968

1 Helmut Schoeck, Der Neid. Eine Theorie der Gesellschaft, Freiburg/München 1966.

2 Schmitt, Presse und öffentliche Meinung, 1930.

Nr. 247 Forsthoff an Schmitt, 28. 3. 1968

1 Benjamin bezog sich auf den Aufsatz von Robert Petsch, Die Analyse des Dichtwerks, in: Emil Ermatinger (Hg.), Philosophie der Literaturwissenschaft, Berlin 1930, S. 240–247, Zitat S. 263.

Nr. 248 Schmitt an Forsthoff, 2. 4. 1968

1 Werner Gilles, Ausweglose Situation, undatiert.

2 F. A. Mann, Memoiren eines Rechtsanwalts. Was ein alter Professor heute jungen Deutschen zu sagen hat, in: Die Zeit, Ausgabe 29. März 1968, Literatur-Beilage, betr. die Rezension über: Heinrich Kronstein, Briefe an einen jungen Deutschen, München 1967.

In der Rezension wird der Brief zitiert, den Kronstein etwa 1929 an Schmitt schrieb, abgedruckt in: Kronstein, Briefe, S. 137.

Er habe sich an Schmitt gewandt, „der nach Zeitungsmeldungen beauftragt war, das künftige Verhältnis zwischen Juden und Christen zu ordnen. Ich schrieb ihm: Im Liberalismus hat die Gesellschaft nicht von Problemen Kenntnis genommen, die sich etwa durch eine zu starke Konzentration einer Minderheit in bestimmten Berufen, wie der Anwaltschaft und der Ärzteschaft, zeigten. Im Liberalismus hat man nicht den Versuch gemacht, bei einer Integration einer Minderheit für die richtige Verteilung dieser Minderheit in der Gesamtgesellschaft zu sorgen. In einer wirklich geplanten und durchdachten Gesellschaft kann das aber keine Schwierigkeit machen. Es müßte deshalb möglich sein, innerhalb von ein, zwei oder höchstens drei Generationen eine richtige Verteilung des ja doch zahlenmäßig kleinen deutschen Judentums in der ganzen deutschen Gesellschaft zu erreichen. Die unvermeidlichen Opfer, die die einzelnen Juden dabei möglicherweise bringen müßten, würden sie gerne bringen, wenn nur die Möglichkeit bestünde, daß sie dadurch Teil des deutschen Volkes blieben".

Kronstein schrieb, a. a. O., S. 124–125: ... mein Buch über die abhängige juristische Person ... sollte meine Habilitationsschrift werden, und sie war von vornherein als solche für die Heidelberger juristische Fakultät gedacht und geschrieben. Der einzige Professor, der das von mir behandelte Gebiet und seine Problematik wirklich beherrschte, war Geiler. Ich verstand deshalb völlig, daß er – obgleich nur Honorarprofessor – nicht wollte, daß ich noch mit einem anderen Heidelberger Professor wegen der Habilitation in Verbindung trat. So wurde meine Arbeit durch Geiler eingeführt. Die Antwort, die ich auf sie erhielt, war ein ablehnendes Votum, das von einem Rechtshistoriker geschrieben war, der von den Problemen meines Buches wirklich gar nichts verstand. In einer politisch so aufgeregten Zeit war ich für viele in mancherlei Hinsicht ‚belastet', und es mußte ihnen als gangbarer Ausweg erschienen sein, jemanden zum Schreiber des Votums zu machen, dem man nie etwas vorwerfen konnte, wenn sich die Arbeit nachher als ein wichtiger Beitrag herausstellen sollte.

Doch die Tatsache meines ‚Belastetseins' war nicht der einzige Grund für die Ablehnung. Karl Geiler hatte unvorsichtigerweise meine damals noch nicht im Druck erschienene Arbeit einem sehr einflußreichen Freunde gegeben, der zu den Meistern der freien Vertragstechnik und zu den Anhängern der Rechtsanschauung gehörte, die ich rückhaltlos ablehnte. Dieser hatte – wie ich später erfuhr – Geiler zu verstehen gegeben, daß das Erscheinen eines derartigen Buches als Habilitationsarbeit unter der Ägide Geilers für diesen unangenehm sein müsse, da es eine Bedrohung der Interessen darstelle, die von ihm vertreten wurden."

Kronsteins Arbeit erschien unter dem Titel „Die abhängige juristische Person" 1931 in München, Berlin und Leipzig und wurde zuletzt 1995 als Nachdruck wieder aufgelegt.
Karl Geiler (1878–1953) stand hauptberuflich einer großen Kanzlei in Mannheim vor, an der Universität Heidelberg nahm er seit 1928 die Stelle eines „ordentlichen Honorarprofessors" ein. Näheres zu Geiler bei Mußgnug, Vertriebene Dozenten, passim.

Nr. 250 Forsthoff an Schmitt, 15. 4. 1968

1 Ernst Wilhelm Nay, am 11. Juni 1902 in Berlin geboren, starb am 8. April 1968 in Köln.
Schmitt erwähnt in seinem Glossarium, 27. Dezember 1947, S. 69, zwei Bilder von Ernst Wilhelm Nay „Der Leviathan"und „Der Diamant", die seine Frau in der neu eingerichteten Plettenberger Wohnung aufgehängt habe.
Abbildung „Leviathan" (1932) in: Aurel Scheibler, Ernst Wilhelm Nay, Werkverzeichnis der Ölgemälde, Köln 1990, Bd. 1: 1922–1951, S. 111 Abb. 115, mit den Angaben: Provenienz Prof. Carl Schmitt, Privatbesitz Santiago de Compostela.
Abbildung „Schwarzer Diamant" (1932) in: Werner Hofmann, E. W. Nay, Köln 1960, Tafel 5. Angaben bei Scheibler, a. a. O., S. 119: Provenienz Prof. Carl Schmitt, Berlin.
Elly Nay, Ein strahlendes Weiss. Meine Zeit mit E. W. Nay, Berlin/Köln 1984, S. 95 erinnerte sich: „Prof. Carl Schmitt kaufte uns ein mystisches Bild ab, ‚Der schwarze Diamant', 1932. Ich glaube er war Staatsrechtslehrer an der Universität. Seine Frau stammte aus Rumänien oder Bulgarien, die ich wegen ihres natürlichen Wesens besonders gern mochte. Sie hatten starkes Interesse an Nays Kunst. Vormittags kam Frau Schmitt öfter mit Studenten oder anderen Leuten, um Nays Arbeiten zu betrachten und mit ihm darüber zu diskutieren, eine Abwechslung, die viel Freude in unser abgekapseltes Dasein brachte!"

Nr. 251 Forsthoff an Schmitt, 16. 5. 1968

1 Forsthoff, Verfassung und Verfassungswirklichkeit, 1968.

2 Helmut Ridder, Ex oblivione malum. Randnoten zum deutschen Partisanprogreß, in: Heinz Maus/Heinrich Düker/Kurt Lenk/Hans-Gerd Schumann (Hgg.), Gesellschaft, Recht und Politik. Wolfgang Abendroth zum 60. Geburtstag, Neuwied, Berlin 1968,

S. 305–332. Darin auch: Werner Weber, Das kirchenpolitische System der Weimarer Reichsverfassung im Rückblick, S. 381–397.

Nr. 252 Schmitt an Forsthoff, 22. 5. 1968

1 P. W. Wenger, Notstands-Professoren, in: Rheinischer Merkur Ausgabe 17. Mai 1968, S. 1.

2 George Schwab, The Challenge of the Exception. An Introduction to the Political Ideas of Carl Schmitt between 1921 and 1936, Duncker & Humblot, Berlin 1970. Die Arbeit wurde zunächst von der Columbia Universität als Dissertation abgelehnt. 1989 erschien eine im Grundtext nicht veränderte 2. Aufl. in New York; zu Otto Kirchheimers Verhalten vgl. Quaritsch, Positionen und Begriffe, S. 69.
In Schmitts Nachlaß liegt die umfangreiche Korrespondenz der Jahre 1956–1984; vgl. Schwab, Carl Schmitt through a glass darkly, in: Schmittiana 1, 1988, S. 70–87. An der Festschrift für Carl Schmitt beteiligte er sich mit einem Beitrag: Enemy oder Foe. Der Konflikt der modernen Politik, in: Epirrhosis 2, S. 665–682.

3 Helmut Ridder, Männer und Frauen sind gleichberechtigt. Ein Plädoyer, in: Karl Dietrich Bracher/Christopher Dawson/Willi Geiger/Rudolf Smend (Hgg.), Die moderne Demokratie und ihr Recht. Modern Constitutionalism and Democracy. Festschrift für Gerhard Leibholz zum 65. Geburtstag, Tübingen 1966, Bd. 2, S. 219–236.

4 Rafael Gibert y Sánchez de la Vega (geb. 1919), Rechtshistoriker, 1950 Ordinarius in Granada, seit 1971 an der Complutense, Madrid; vgl. Herrero, Briefwechsel, S. 107 Anm. 1, passim.

Zu dem Brief gehören 4 Anlagen:
Anlage 1. Von Schmitt datiert Sonntag Cantate 1968 (12. Mai 1968)

Lyrische Antwort:
Ich wollte mich versöhnen
doch da bellt ein Hund.
Was bellt der Hund?
Er bellt: {ho, ho} homo homini homo
Mensch, meide Reime,
reime lieber Mensch auf Hund.
12. Mai 1968, C.S.

Abdruck auch bei Mohler, Briefwechsel, S. 405.

Anlage 2

Granada 13 mayo 1968

Querido don Carlos: por correo aparte le envío un ejemplar corregido, en castellano, de mi homenaje. Quizá pueda todavía mejorarse el texto alemán y ser publicado. En todo caso, lo he enviado – el española una revista española, y espero tener esa doble expresión de mi afecto hacia usted y de la más elevada estimación a su grande obra.
Con los mejores deseos, queda su afmo.

Rafael Gibert

Anlage 3

Aus einem Schreiben von Dr. Rüdiger Altmann vom 28/4/68:

„Die Lex Springer betreibe ich nicht, halte sie im Übrigen auch nicht für durchsetzbar. Was mich ärgert, ist die Art und Weise wie solche Leute sich verhalten – oder ihre Höflinge und Lehnsleute, was ja auf dasselbe hinaus kommt. Schon dass ich – ganz naiv – über das Thema ‚Pressekonzentration' redete, hat mir mehr oder weniger deutliche Hinweise auf meine berufliche Abhängigkeit eingebracht. Das schätze ich gar nicht. Wenn ein Mann wie der grosse Axel Cäsar konservativ sein will, dann könnte man eigentlich erwarten, dass er anderen dieselbe Achtung entgegenbringt, die er für sich erwartet ... er braucht doch lediglich eine bessere Beratung, ein bisschen mehr Qualität! Wenn er das nicht merkt, wird die Frage Springer zu einem Politikum werden – das wird er nicht durchhalten:

Der Reiche stürzt, sieht seinen Günstling fliehn,
der Arme steigt, und Freunde lieben ihn.*

Ich bin gespannt auf das Gutachten Forsthoff/Kaiser. ... Hoffentlich erschöpft es sich nicht in der Verteidigung liberaler Rechtsstaatlichkeit. Sie enthält heute wohl doch zu wenig Stoff für die Verteidigung privater Machtpositionen, vor allem dann, wenn Springer darauf besteht, die Rolle einer potestas directa zu spielen, zugleich aber darauf verzichtet, Politik mit Niveau zu treiben und Geschäftspolitik für Politik zu halten."

* Anspielung auf Shakespeare, Hamlet 3. Aufzug 2. Szene, wo es heißt: „Der Große stürzt ..."

Anlage 4. Auf dem Blatt ist eine 30-Pfennig-Briefmarke mit einem Portrait von Karl Marx, rot vor schwarzem Hindergrund, aufgeklebt mit der Anweisung an Forsthoff:

Illustrieren Sie bitte die graue Theorie der Stelle auf Seite 86 Mitte des Begriffs des Politischen (Neudruck 1963) mit dem kräftigen Rot dieser bundesrepublikanischen Briefpostmarke! C.S.

Nr. 255 Forsthoff an Schmitt, 20. 6. 1968

1 Armin Mohler war 1964–1985 Geschäftsführer der Siemens-Stiftung. Forsthoff veröffentlichte seinen Vortrag 1968.

Nr. 257 Schmitt an Forsthoff, 28. 6. 1968

1 Ion Contiades (1938–1970), griechischer Jurist, mehrfach Teilnehmer an den Ebracher Ferienseminaren. Im Schmitt-Nachlaß liegt Korrespondenz von ihm und seiner Frau aus den Jahren 1965–1973.

Nr. 259 Schmitt an Frau Iglberger, 19. 7. 1968

1 Gerd Giesler (geb. 1940 in Plettenberg), studierte Chemie, Kunstgeschichte und Philosophie in Berlin (Promotion im Fach Chemie 1969), danach im Verlagswesen tätig, von 1991 bis 2005 Verlagsleiter des Akademie Verlags in Berlin. Herausgeber der Tagebücher von Schmitt. Seit 1959 mit Carl Schmitt bis zu dessen Tod befreundet.

Nr. 260 Schmitt und andere an Forsthoff, 23. 7. 1968

1 Carl Schmitts 80. Geburtstag am 11.7.1968 wurde in Santiago de Compostela gefeiert. Im Forsthoff-Nachlaß liegen mehrere bei dieser Gelegenheit entstandene Fotos, die Schmitt beschriftete und datierte. Darunter befand sich auch eine Aufnahme des „Portico de la Gloria". Schmitt notierte auf der Rückseite:
„Lieber Herr Forsthoff, Dieses ist der lächelnde Engel Daniel, vom Portico de la Gloria in Santiago, dem wir zusammen einen Besuch gemacht haben, der Vater der Geschichtsphilosophie. Worüber lächelt er eigentlich? Über seine geschichtsphilosophischen Kinder? Juli 1968, C.S." Vgl. Schmitts Brief an Forsthoff vom 21. Juli 1960 (Nr. 141).
2 Mechthild Caballero (Frau des spanischen Dolmetschers Fancisco Caballero), Paco und Laetitia unklar.
3 Zitat aus dem titellosen, Carl Schmitt gewidmeten Gedicht, abgedr. in: Konrad Weiß, Gedichte, 2 Bände, München 1948/1949. In der Ausgabe von Friedhelm Kemp, München 1961, S. 655 ohne Widmungsvermerk abgedruckt:
Manchmal, wenn man sich vergißt,
nur den Schein der Sonne spürt,
hilflos von ihr angerührt,
merkt man sinnend, daß ‚zu sein'
und dafür der Dank allein
unsre ganze Habe ist.

Nr. 261 Forsthoff und andere an Schmitt, 24. 7. 1968

1 Den Geschwistern Gries gehörte der Gasthof „Klosterbräu", in dem die Ebracher Seminare stattfanden. Herr Salb war ihr enger Mitarbeiter.

Nr. 263 Forsthoff an Schmitt, 3. 8. 1968

Auf der Rückseite des Briefes notierte Schmitt sich stenographisch den Entwurf eines Briefes an Walter Elze. Er bedankte sich darin für die Geburtstagsgrüße und versicherte, daß er sich auf den Beitrag zur Festschrift freue.
1 Hugo Nikolaus Oberheid, geb. 1925 starb 1968.

Nr. 264 Forsthoff an Schmitt, 6. 9. 1968

1 Forsthoffs Aufsatz „Das Elend der Subjektivität" auch abgedruckt in: Die Deutsche Universitätszeitung, 1969.

Nr. 266 Schmitt an Forsthoff, 15. 9. 1968

1 José Antonio González Casanova, damals Professor für Öffentliches Recht in Santiago, hielt an Schmitts Geburtstag eine Begrüßungsrede und veröffentlichte einen Artikel im „Correo Gallego" (11. Juli 1968).

In diesem Artikel hieß es u. a.: „Heute morgen besuchte Carl Schmitt mit seinen Familienangehörigen, Freunden und Bewunderern die Messe in der Corticela. Danach gingen sie gewiß zur Universität. Und jetzt weilt er bei den Seinen, umgeben von Zuneigung und Zärtlichkeit, etwas, das in seinem Leben nicht im Überfluß vorhanden war, vielleicht weil er ein Weiser ist"; Übersetzung in: Herrero, Briefwechsel, S. 256 Anm. 1.

2 Hans H. Klein, Die Teilnahme des Staates am wirtschaftlichen Wettbewerb; vgl. Forsthoffs Brief an Schmitt vom 26. Juni 1967 (Nr. 227).

3 Gunther Abel, Die Bedeutung der Lehre von den Einrichtungsgarantien für die Auslegung des Bonner Grundgesetzes, Berlin 1964 (Dissertation bei Werner Weber, Göttingen 1963).

4 Rüdiger Altmann, Der Feind und der Friede, in: Merkur 22, 1968, S. 777–785. Der Hinweis auf die Schmitt-Festschrift erschien als „Notiz" (S. 785):

„Rüdiger Altmann ... schrieb die vorliegende Betrachtung als Beitrag für die in diesen Tagen erscheinende Festschrift zum 80. Geburtstag seines Lehrers Carl Schmitt."

5 Oswald Nell-Breuning, Rezension zu Säkularisation und Utopie, in: Vierteljahresschrift für Theologie und Philosophie 43, 1968, S. 237–241.

6 Hermann Wilhelm Schmidt (geb. 1928) lehrte Staats- und Sprachphilosophie, 1955 Promotion, seit 1963 Professor an der Pädagogischen Hochschule Stuttgart-Ludwigsburg; in Schmitts Nachlaß liegt Korrespondenz aus den Jahren 1961–1971.

H. W. Schmidt, Der Nomos-Begriff bei Carl Schmitt, in: Der Staat 2, 1963, S. 81–108 und sein Beitrag: Vom Geistesgrund und der Feindschaft im „Begriff des Politischen" bei Carl Schmitt, in: Epirrhosis 2, S. 651–664.

Nr. 267 Forsthoff an Schmitt, 20. 9. 1968

1 Die Zeitschrift „Studium Generale" gab der Mathematiker Gert Heinz Müller heraus. Er hatte selbst in Ebrach referiert und regte die Publikation der Vorträge an. 1972 stellte der Springer Verlag die Zeitschrift ein.

Gert Heinz Müller (1923–2006), Dr. phil, lehrte Mathematische Logik, Philosophie der Wissenschaften, zunächst apl. Professor in Heidelberg, seit 1972 als Ordinarius.

2 Rüdiger Altmann, Der Feind und der Friede, in: Merkur 22, 2, 1968, S. 777–785.

Altmann schrieb (S. 781): „Die Abwesenheit des Krieges ist also nicht mehr der Friede. Er kann nicht mehr als vorgegebene Ordnung der Weltstaaten gedacht werden; das heißt aber auch, daß die bloße Identifikation von Frieden und status quo heute eine politische Naivität ist." Friede lasse sich denken als ein Zustand, der erst geschaffen werden müsse, auch wenn damit eine Basis futurologischer Kombinationen gelegt werde. „Ein erster Schritt zu einer solchen finalen Bestimmung des Friedens wäre es, ... vom Frieden als ‚Entwicklung' zu sprechen, und zwar als ‚ungestörter Entwicklung'. Der Friede als ungestörte Entwicklung muß auf die Welt als Ganzes bezogen werden, und zwar nicht als einen erdachten oder geträumten Endzustand, sondern als Ziel der internationalen Machtpolitik, und das heißt zugleich als Legitimation einer solchen Machtpolitik."

Nr. 268 Schmitt an Frau Iglberger, 25. 9. 1968

1 Hans-Dietrich Sander (geb. 1928), Journalist, floh 1955 aus der DDR, promovierte bei Hans-Joachim Schoeps in Erlangen mit dem Thema: Marxistische Ideologie und allgemeine Kunsttheorie, erschienen als Veröffentlichung der List-Gesellschaft in Tübingen 1970, erweiterte Aufl. 1975; siehe Tommissen, Zweimal Kojèvc, in: Schmittiana 6, 1998, S. 54 Anm. 5. In Schmitts Nachlaß liegt eine umfangreiche Korrespondenz aus den Jahren 1967–1981.

Nr. 270 Schmitt an Forsthoff, 6. 11. 1968

1 Am 6. Mai 1968 trafen sich zu dem Thema: „Haben wir im entstehenden Europa noch ein Chance für die freie Marktwirtschaft" (Diskussionsleitung: Hans Peter Ipsen, Referent: Hans von der Groeben) beim 30. Bergedorfer Gesprächskreis der Körber Stiftung: Rüdiger Altmann, Herbert Ehrenberg, Josef H. Kaiser, Edgar Salin, Jacob Taubes u.a. Alle Beiträge wurden veröffentlicht: Protokoll des Bergedorfer Gespächskreises zu Fragen der Freien Industriellen Gesellschaft, Heft 30.

Salin wandte ein, a. a. O., S. 12: „Wir sollten uns nicht über Galbraith unterhalten, der zu unserem heutigen Thema in seinem Buch nicht ein Wort gesagt hat. Er sieht die Entwicklung nur aus der amerikanischen Perspektive. In den USA ist der innere Markt entscheidend; der Außenhandel macht nur zwei Prozent des gesamten Sozialproduktes aus." S. 13: „Die Aussagen über ‚Technostruktur' bei Galbraith sind in keiner Weise auf die Bundesrepublik anwendbar. Eventuell könnten sie noch auf die Wirtschaft eines Vereinigten Europa zutreffen. ... Dieses gemeinsame Europa ist nicht nur im Entstehen, sondern wir sollten es auch mit unserem ganzen Willen herbeiführen. Ich finde allerdings, daß man in Brüssel zu sehr die Terminologie des Generals akzeptiert hat, indem man nur von national und supranational spricht. Dazwischen sollte jedoch der Begriff ‚multinational' liegen".

Ehrenberg a. a. O., S. 12: „Galbraith hat eine fundierte soziologische und ökonomische Analyse der amerikanischen Gegenwart gegeben, die wir als unsere Zukunft ansehen müssen. Herr von der Groeben (= der Referent) sagte, daß sich in der Bundesrepublik bereits der Übergang von der Investitionsgüter- zur Konsumgüterwirtschaft vollzogen habe. Aufgrund dieser raschen Entwicklung haben wir jedoch einen erheblichen Nachholbedarf an öffentlichen Investitionen, wodurch schon die erste leichte Rezession eine Vielzahl von Strukturproblemen deutlich machte. Diese Strukturprobleme sollten so gelöst werden, daß ein stetiges, angemessenes Wachstum gesichert ist. Durch die Ausbreitung der Technostruktur verändert sich die Marktwirtschaft. Die Großunternehmen werden immer mehr gezwungen, den Markt zu gestalten, anstatt sich ihm anzupassen. In Europa muß die Wirtschaftspolitik mit den Mitteln der Globalsteuerung vorausgeplant werden. Wenn man diese Entwicklung in der Bundesrepublik nicht erkennt, werden wir in dreißig Jahren nicht mehr zu den Industrienationen gehören."

Edgar Salin (1892–1974), Nationalökonom und Soziologe, lehrte 1924 in Heidelberg, seit 1927 in Basel; vgl. DBE 8, 1998, S. 498/499; zum Verhältnis Schmitt – Salin vgl. Tommissen, Bausteine, S. 82; siehe auch Schmitts Brief an Forsthoff 19. September 1949 (Nr. 27), Anm. 4.

Herbert Ehrenberg (geb. 1926), seit 1963 in führender Gewerkschaftsposition, 1968 im Bundesministerium für Wirtschaft, 1976–1982 Bundesminister für Arbeit und Sozialordnung.

2 *συγκινδυνεύειν*: sich gemeinsam in Gefahr begeben; *ἐπίῤῥωσις*: Ermutigung.

Nr. 271 Forsthoff an Schmitt, 26. 11. 1968

1 Die Zeitschrift „Forma e colore: i grandi cicli dell'arte", herausgegeben in Florenz, erschien 1964–1970.

2 Alle waren Professoren an der FU Berlin: Fritz Werner, Helmut Quaritsch und Roman Herzog lehrten Öffentliches Recht, Bernd Rüthers (geb. 1930) Zivilrecht, Arbeitsrecht und Rechtstheorie an der FU Berlin, 1971 ging er nach Konstanz.

3 Es erschien: Eunomia. Freundesgabe für Hans Barion zum 16. Dezember 1969. Hans Barion war langjähriger Mitarbeiter des Brockhaus-Verlags gewesen. Der Verlag gab die Festschrift als Privatdruck in Auftrag und stattete sie mit einem Leineneinband aus.

Beigelegt ist ein Brief von Anima de Otero-Schmitt an Forsthoff:

> Santiago, 21.12.1968
>
> Lieber Herr Forsthoff: zum Weihnachtsfest unsere herzlichsten Grüsse. Jorge* besonders empfiehlt sich Ihnen und befiehlt mir, spezielle Grüße für seinen amigo Don Ernesto zu notieren. Dank der Bewunderung für Sie, hat er sich entschlossen, Linsensuppe zu essen, was er früher nie tat. Das ist eine geradezu erstaunliche Konkretisierung der Freundschaft.
>
> Für die vielen und schönen Fotos allerbesten Dank. Ich habe die entsprechenden an Casanova und Camaño weitergegeben. Dušanka, scheint mir, hat einen leicht asiatischen Einschlag, sicher der Einfluß der Canon-Fotomaschine. Falls Sie gelegentlich ein Resumee Ihrer Tischrede schicken könnten, so trüge das sehr zur Vervollkommnung meines Familien-Historien-Fotobuches bei.
>
> Ende Januar hoffe ich, Carlos nach Deutschland bringen zu können, in ein nettes kleines Kinderheim in Unkel am Rhein. Er wird dort hoffentlich etwas deutsch lernen. Nach Casanova sind die Kinder wie der Vietcong, man weiss nie, was passiert.
>
> Ihnen und Ihrer Familie alle guten Wünsche zum Neuen Jahr
>
> Ihre Anima
>
> Felices Navidades y feliz año nuevo
>
> Alfonso
>
> * Dušanka, Carlos und Jorge waren Schmitts Enkel.

Nr. 272 Schmitt an Forsthoff, 14. 1. 1969

1 Christian Meier, Ciceros Consulat, in: Gerhard Radke (Hg.), Cicero. Ein Mensch seiner Zeit. Acht Vorträge zu einem geistesgeschichtlichen Phänomen, Berlin 1969, S. 61–116.

Christian Meier (geb. 1929), Althistoriker, Professuren in Basel, Köln, Bochum, seit 1981 in München; seine Briefe aus den Jahren 1967–1983 liegen im Schmitt-Nachlaß.

2 Frau Iglberger hatte am 3. Januar 1969 Peter Lehmann geheiratet.

3 Eine Besprechung der Festschrift durch Johannes Gross ist im Spiegel nicht erschienen. Iring Fetscher, Marxismus als Fackel, in: Der Spiegel, Ausgabe 13. Januar 1969, S. 104–106; Werner Sarstedt äußerte sich zu Hermann Weinkauff ‚Deutsche Justiz und Nationalsozialismus' unter dem Titel „Warum wir versagt haben", in: Der Spiegel, Ausgabe 23. Dezember 1968, S. 134–136.

4 Schmitt meldete sich 1915 als Kriegsfreiwilliger und kam zum stellvertr. bayerischen Generalkommando des I. Armee-Korps; vgl. Tommissen, Glossen, in: Schmittiana 2, 1990, S. 113; Schmitt, Militärzeit 1915 bis 1919, 2005.

5 Rudolph Sohm, Wesen und Ursprung des Katholizismus, 2. Abdruck, Leipzig 1912, in: Abhandlungen der Philologisch-Historischen Klasse der Königlich-Sächsischen Gesellschaft der Wissenschaften 27, 10, S. 29/30:

> „Auch ist es religiös gleichgültig, ob viele oder wenige versammelt sind, ob Männer oder Frauen, ob kirchliche Amtsträger oder lediglich Unbeamtete. Wo „zwei oder drei" in Christi Geist versammelt sind, da ist religiös Kirche, immer dieselbe Kirche, dieselbe Christenheit, Ekklesia, Leben der Menschheit durch Christum mit Gott. Es gibt religiös nur die Kirche, keine Gemeinde, und zwar nur *eine einzige*, nicht konfessionelle, sondern lediglich *christliche* Kirche (die Kirche Christi), aber diese *eine* Kirche lebt, wirkt, erscheint (dem Gläubigen) in unzähligen „Kirchen", in all den Versammlungen der Christentheit, durch die das Leben Christi sich offenbart."

Zum Brief gehören 2 Anlagen:

Anlage 1. Abschrift eines Briefes

Wilhelm Hennis hatte Schmitt seine Antrittsvorlesung „Verfassung und Verfassungswirklichkeit", in: Recht und Staat, Heft 373/374, Tübingen 1968 übersandt. Schmitt bedankte sich:

> Plettenberg, den 5. Dezember 1968
>
> Sehr geehrter Herr Professor Hennis,
> Ihre Kennzeichnung der Verfassung als eines Instrumentum trifft den Kern der Sache; alle Juristen müßten Ihnen dafür dankbar sein. Die Weimarer Verfassung war ein instrumentum pacis (civilis zwischen Bürgerlichen und Sozialisten); sie war auch ein instrument of government; aber auch ein instrumentum oppositionis. Meine Schrift über Legalität und Legitimität sollte verhindern, daß sie ein Instrumentum des Bürgerkrieges würde; daher ist die wichtigste rechtswissenschaftliche Erkenntnis der ganzen Schrift: die Lehre von den „politischen Prämien auf den legalen Machtbesitz", die in einer Zeit der großen Koalition von selbst zu einer Praxis legaler Prämien auf den politischen Machtbesitz werden. Das ist es, was die Frankfurter begreifen und was andere nicht begreifen wollen. Vergessen Sie nicht den von mir oft zitierten Satz Ihres Lehrers Rudolf Smend, daß die Deutschen ein „rührend legalitätsbedürftiges Volk" sind, und erlauben Sie mir, in dem sachlichen Zusammenhang mit Ihrer genetischen Darlegung zu Hegel und Monzambano, mitzuteilen, daß *Johannes Heckel* mir zu meiner Schrift „Staatsgefüge und Zusammenbruch des Zweiten Reiches" am 31. Mai 1934 geschrieben hat: „Man muß in unserer Staatsrechtsliteratur schon bis Pufendorfs Severino de Monzambano zurückgehen, um etwas einigermaßen Vergleichbares, auch hinsichtlich der Wirkungsmächtigkeit des Buches zu finden." Dieses nur zum Thema in der Sache, nicht etwa zu meiner Person.
> Ich danke Ihnen für die Zusendung Ihrer Antritts-Vorlesung, die ihr großes Ziel: Entkrampfung, erreichen möge.
>
> Ihr Carl Schmitt

Wilhelm Hennis (geb. 1923), Politologe, habilitierte sich 1960 in Frankfurt/Main, er lehrte 1960–1962 an der Pädagogischen Hochschule in Hannover, 1962–1967 an der Universität Hamburg, seit 1967 in Freiburg/Breisgau.

Anlage 2

Ernst Feil an Schmitt

Münster, 6.1.1969

Sehr verehrter Herr Professor,

für eine kleine Studie suche ich die Frage zu klären, auf welchem Wege der Begriff „politische Theologie" zu Ihnen gekommen ist, wenn Sie ihn nicht überhaupt wieder neu geprägt haben. Nun ermunterte mich Herr Rohrmoser heute morgen in einem Telefonat, doch kurz bei Ihnen anzufragen. Tatsächlich hatte ich dies schon einmal überlegt, doch hatte ich damals keine Anschrift. Nur wußte ich von Fr. Sergius Buve, daß Sie hier in der Nähe wohnten.

Meine bisherigen Nachforschungen zur Begriff „politische Theologie" haben ergeben, daß der Begriff von Panaitios vermutlich geprägt, von Mucius Scaevola und Varro übernommen und bei Augustinus, De civ Dei V 12 besprochen ist. Er kommt dann bei H. Grotius, H. v. Cherbury, R. Cudworth, aber auch bei Wolff wie auch in der Encyklopédie von Diderot wieder vor. Später findet er sich in Lexika. Eine große Bedeutung hat er hier allenthalben nicht, geht es doch immer primär um die natürliche Theologie, die im gleichen Varrotext bei Augustinus genannt ist. Sachlich taucht er dann bedeutsam bei Veuillot auf. Bei Donoso Cortes scheint er nicht vorzukommen. Auch bei de Maistre und de Bonald habe ich ihn nicht finden können. Und dann taucht er wieder in Ihrer Schrift auf. Soweit bin ich jetzt gekommen, was die reine Begriffsgeschichte anlangt.

Wenn es Ihre Zeit erlaubt, wäre ich für eine kurze Nachricht sehr dankbar. Leider erlaubt es weder die Zeit noch der mir für meine Studie zur Verfügung stehende Platz, dieser Frage im gebührenden Umfang nachzugehen. Sie scheint mir gerade für die gegenwärtige Diskussion, wie sie durch Prof. Metz, dessen Assistent ich bin, ausgelöst wurde, von höchster Bedeutung.

Mit dem besten Dank für Ihre Bemühung bin ich Ihr sehr ergebener

Schmitt an Feil*:

Pl., 7. Januar 1969

Sehr geehrter Herr Feil,

zu Ihrem Schreiben vom 6.1.69: meine Fragestellung (und infolgedessen auch meine Begriffsbildung) zum Problem der politischen Theologie betrifft ein *innerchristliches* Problem, das erst durch die Reformation (nämlich durch den Kampf um das jus reformandi) die historisch-konkrete Reflexionsstufe erreicht hat, auf der ich mich bewege. Theologisch gesprochen ist es ein christologisches Problem und der christlichen Trinitäts-Theologie als solcher immanent: die *zwei* Naturen des als eine einzige Person wirklichen Gottmenschen. Die von Ihnen genannten Namen (von Varro und Augustinus angefangen bis Diderot; übrigens könnte man hier auch *Vico* nennen) haben es nicht erkannt. Erst bei Hobbes wird es wissenschaftlich bewußt; dadurch ist Hobbes „die vollendete Reformation" aber durchaus noch *inner-christlich*. Ich fürchte, daß ich Ihnen – wenn Sie das Thema ernsthaft beschäftigt – die Lektüre meines Aufsatzes „Die vollendete Reformation" nicht ersparen kann (in der Zeitschrift Der Staat, Bd. 4, 1965 Heft 1, S. 51 ff, insbesondere Seite 65, zu Anm. 5). Auch Hans Barion (in seinem Beitrag „Weltgeschichtliche Machtform? Eine Studie zur Politischen Theologie des II. Vatikanischen Konzils", in der Festschrift Epirrhosis, 1968, Seite 54 Mitte) sagt, eine Studie über die Trinitätslehre als politisches Problem würde der rechte Ort zu einer Auseinandersetzung mit meinen (C.S.) Arbeiten über Politische Theologie sein.

Der „Titel" Politische Theologie (1922) ist bei mir als Weiterführung des „Titels" Politische Romantik (1919) aus der Arbeit über „Die Diktatur" (1921) entstanden. Hier hat Hugo Ball (in seinem Aufsatz Hochland Juni 1924, S. 275–278) die Bedeutung und die Rolle Cromwells mit

* hs. Ergänzung von Carl Schmitt: Herr Feil ist Assistent von Prof. Metz in Münster

genialem Blick erkannt. Das Buch „Die Diktatur“ von 1921 ist aber nicht, wie Ball a. a. O. S. 282 meint, entweder *vor* der Pol. Romantik entstanden, *oder* ein Abweg; sondern eben eine Weiterführung der Pol. Romantik, und führt über die Alternative Leviathan (Hobbes) – du Pape (de Maistre) hinaus in die heutige Situation.
Das Thema ist enorm; der historische Stoff uferlos. Ich weiß nicht, wo Sie ansetzen wollen. In Rohrmosers Beitrag zu der eben genannten Festschrift „Epirrhosis“ finden Sie einen Hinweis auf Hegels Encycl. § 552, Zusatz; dazu müßten Sie einmal Seite 497 unter b) meines Aufsatzes über Clausewitz lesen, in der Zeitschrift „Der Staat“ Bd. 6, 1967, Seite 497, auch Seite 493 über das *protestantische* Prinzip. Mit *Naturrecht* kommt man hier nicht weiter.
Ich weiß nicht, ob Sie etwas von diesen meinen Hinweisen für Ihre Fragestellung benutzen können. Betrachten Sie aber bitte meinen Versuch einer Antwort als Zeichen meines guten Willens, mich mit meinen Gedanken verständlich zu machen. In den Beratungen des Vat. II ist das Problem des jus reformandi nicht einmal mehr als mögliches Problem zum Bewußtsein gekommen, obwohl doch mit Händen zu greifen ist, was es bedeutet, daß aus dem Problem des jus reformandi inzwischen ein jus revolutionis und rebellionis geworden ist und die Marxisten inzwischen auf die Suche nach dem „revolutionären Subjekt“ gehen, weil ihr Proletariat der industriell entwickelten Länder als solches versagt hat. {Doch das ist ein weites Feld}.
Alle guten Wünsche für einen Erfolg Ihrer Arbeit!

Ihr sehr ergebener Carl Schmitt

Ernst Feil an Carl Schmitt

Münster, 16. 6. 1969

Sehr geehrter Herr Professor Schmitt,
für Ihre ausführliche Antwort auf meine Anfrage bezüglich der politischen Theologie möchte ich Ihnen sehr danken und mir erlauben, Ihnen ein Exemplar des Aufsatzes beizufügen, der sich, wenn auch leider eher lexikalisch als monographisch, mit diesem Thema befaßt. Vielleicht freut er Sie als Zeichen des Dankes.
Ich hoffe sehr, wenn Sie mir nicht verübeln, daß ich in dieser Frage anderer Meinung bin, als Sie sie vor Jahrzehnten geäußert haben. Ich kann nicht verschweigen, daß ich Ihre Studie zur politischen Theologie sehr lehrreich finde. Darüber hinaus bin ich der Meinung, daß Sie noch immer die angemessenste politische Theologie entwickelt haben, wenn man die abendländische Geistesgeschichte betrachtet. Nicht ganz verständlich ist mir, warum Prof. Barion eine nicht aus Ihren Arbeiten folgende Definition zugrunde legt und dann den Begriff kritisch benutzt zur Kennzeichnung negativer Bestrebungen des Vatic. II. Formal gesehen trifft sich der Begriff bei Prof. Metz wenigstens darin mit dem Ihren, daß er auch dort zur Aussage einer – wenn auch negativ dialektisch vermittelten – Positivität verwandt wird, worin man freilich noch einmal ein Problem sehen mag.
Mit nochmaligem besten Dank und freundlichen Grüßen bin ich
Ihr sehr ergebener
Sollten Sie Zeit haben, mir Ihre krit. Stellungnahme zukommen zu lassen, wäre mir dies natürl. sehr willkommen.

Ernst Feil veröffentlichte seinen Aufsatz „Von der ‚politischen Theologie‘ zur ‚Theologie der Revolution‘?“ in: Ernst Feil/Rudolf Weth (Hgg.), Diskussion zur „Theologie der Revolution“. Mit einer Einleitung, einem Dokumententeil und einer Bibliographie zum Thema, München, Mainz 1969, S. 110–132. Der an Carl Schmitt geschickte Sonderdruck befindet sich mit Anmerkungen im Schmitt-Nachlaß. Schmitt bedankte sich mit einer Kopie von Julien Freund: Die Häresie, aus der Festschrift „Epirrhosis“.

Ernst Feil (geb. 1932), katholischer Theologe, seit 1975 in München. Er beschäftigte sich später nochmals mit der Thematik: „Politische Religion" und „Politische Theologie". Zur Problematik ihrer Instrumentalisierung, in: ... und über Barmen hinaus. Studien zur Kirchlichen Zeitgeschichte. Festschrift für Carsten Nicolaisen zum 4. April 1994. Für die Evangelische Arbeitsgemeinschaft für Kirchliche Zeitgeschichte hrsg. von Joachim Mehlhausen, Göttingen 1995, S. 11–39 (Hinweis von Ernst Feil).

Nr. 273 Forsthoff an Schmitt, 22. 1. 1969

1 Forsthoff, Verfassungsschutz der Zeitungspresse, 1969.

2 Hans Freyer starb am 18. Januar 1969. In der Ausgabe vom 28. Januar 1969, S. 20 brachte die FAZ eine Würdigung durch W. E. Mühlmann, Ein Theoretiker unseres Zeitalters. Zum Tode Hans Freyers.

Nr. 274 Schmitt an Forsthoff, 23. 1. 1969

1 Berengar von Tours (geb. um 1000–1088), Vorscholastiker, wandte sich in verschiedenen Schriften (z. B. „De sacra coena", 1770 von Lessing in Wolfenbüttel wieder aufgefunden) gegen die Transsubstantiationslehre. Auf verschiedenen Synoden wurde er der Irrlehre bezichtigt; vgl. Peter F. Ganz (Hg.), Studien zu Berengar von Tours, Vorträge gehalten anläßlich eines Arbeitsgespräches vom 2. bis 6. Oktober 1988 in der Herzog-August-Bibliothek, in: Wolfenbütteler Mittelalter-Studien 2, Wiesbaden 1990.

2 Bernd Rüthers, Die unbegrenzte Auslegung. Zum Wandel der Privatrechtsordnung im Nationalsozialismus, Tübingen 1968 (Habilitationsschrift vorgelegt der Rechts- und Staatswissenschaftlichen Fakultät der Universität Münster).

3 Schmitt, Gesetz und Urteil, 1912, 2. Aufl. mit neuem Vorwort 1968.

4 Margret Boveri, Gerichtstag über Friedrich den Großen? Rudolf Augsteins Thesen zu Preußen und Deutschland, in: FAZ, Ausgabe 2. November 1968, Literaturblatt.

Nr. 277 Schmitt an Forsthoff, 20. 3. 1969

1 Klaus Völker, Die Turandot-Story. Warum Brechts Stück geschrieben wurde, in: Theater heute 10, 1969, Ausgabe März, S. 22–26, behauptete, daß das Frankfurter Institut für Sozialforschung Brecht zu seinem Romanfragment „Tui" inspiriert habe und die satirischen Elemente sich auf das Institut bezögen.

Brecht beschrieb in seinem Stück „Turandot oder Der Kongreß der Weißwäscher" die „Bruderschaft" der „Tui", der „Tellekt-uell-in", als „Intellektuelle der Zeit der Märkte und Waren", die sich als „Weißwäscher", „Kopflanger", „Vermieter des Intellekts" bemühen, „den Grund der Verwirrung", „die Wurzel aller Übel" herauszufinden; Anmerkungen zum Tui-Roman in: Bert Brecht, Gesammelte Werke, hg. Elisabeth Hausmann, Bd. 12, Frankfurt 1967, S. 3/4.

2 Marianne Kesting (geb. 1930), studierte Neuere Germanistik, Musik- und Theaterwissenschaft an der Universität München. 1952 lernte sie in Ost-Berlin Bert Brecht und seine Probenarbeit im Berliner Ensemble kennen. Nach journalistscher Tätigkeit habilitierte sie sich 1971 für die Fächer Neuere deutsche Literatur und vergleichende Literaturgeschichte des 19. und 20. Jahrhunderts. 1972 ging sie an die Universität Bielefeld, seit 1975 lehrte sie in Bochum; vgl. Marianne Kesting, Begegnung mit Carl Schmitt, in: Schmittiana 4, 1994, S. 93–118.

3 Schmitt/Fritz Eisler, Schattenrisse, 1913; vgl. dazu: Ingeborg Villinger, Carl Schmitts Kulturkritik der Moderne. Text, Kommentar und Analyse der „Schattenrisse" des Johannes Negelinus, Berlin 1995, Diss. phil. Freiburg (Breisgau), 1994. Im Vorwort schreibt Villinger, sie sei durch Reinhart Koselleck im „Carl Schmitt-Arbeitskreis" des Kulturwissenschaftlichen Instituts in Essen zu dieser Arbeit angeregt worden.

Nr. 278 Forsthoff an Schmitt, 3. 4. 1969

1 1955 gab Adorno neu heraus: Walter Benjamin, Ursprung des deutschen Trauerspiels und tilgte darin alle Hinweise der ersten Ausgabe (1928) auf Schmitts Politische Theologie. In der Ausgabe von 1963, hg. von Rolf Tiedemann, wurden die Hinweise wieder aufgenommen; vgl. dazu Marianne Kesting, Begegnung mit Carl Schmitt, in: Schmittiana 4, 1994, S. 95/96; zum ganzen jetzt auch: Detlev Schöttker/Erdmut Wizisla, Arendt und Benjamin. Texte, Briefe, Dokumente, Frankfurt 2006.

Theodor W. Adorno (1903–1969), Philosoph, Soziologe, Musiker, kehrte 1949 aus der Emigration zurück und lehrte seitdem in Frankfurt; DBE 1, 1995, S. 46.

Nr. 279 Schmitt an Forsthoff, 6. 4. 1969

1 Margret Boveri, Die Wandlungsfähigkeit der Historie. Dargestellt an einem Institut des Dritten Reichs, in: Merkur 23, 1969, S. 278–289, Rezension zu: Helmut Heiber, Walter Frank und sein Reichsinstitut für Geschichte des neuen Deutschland, Stuttgart 1966.

Karl August Eckhardt (1901–1979), Rechtshistoriker, kehrte nach seiner Tätigkeit im REM 1937 an die Universität Bonn zurück; vgl. Michael Stolleis, „Fortschritte der Rechtsgeschichte" in der Zeit des Nationalsozialismus?, in: Michael Stolleis/Dieter Simon (Hgg.), Rechtsgeschichte im Nationalsozialismus. Beiträge zur Geschichte einer Disziplin, Tübingen 1989, S. 177–197; über sein Verhältnis zu Schmitt: Quaritsch, Positionen und Begriffe, S. 103/104; Hermann Nehlsen, in: ZRG germ. Abt. 104, 1987, S. 497–536.

Reinhard Höhn (1904–2000), Professor für Öffentliches Recht in Berlin; zunächst von Schmitt protegiert, betrieb er neben Karl August Eckhardt und Otto Koellretter nach 1936 Schmitts Diskreditierung; Tilitzki, Schmitt in Berlin, S. 65–68; Bernd Rüthers, Reinhard Höhn, Carl Schmitt und andere. Legenden aus der NS-Zeit, in: Juristische Zeitgeschichte, Jahrbuch 2, 2000/2001, S. 432–447.

2 Richard Schmid, Die falsche Gleichheit, in: Merkur 23, 1969, S. 303–306.
3 Gudrun Forsthoff, verheiratet mit Heinrich Forsthoff, übersetzte zwei Beiträge für die Festschrift Epirrhosis: Jesús Fueyo, Die Idee der „auctoritas“: Genesis und Entwicklung, ebd. 1, S. 213–235 sowie Luis García Arias, Die politische Funktion der Streitkräfte, ebd. 1, S. 237–244.

Nr. 280 Schmitt an Forsthoff, 21. 4. 1969

1 Joachim Schickel, Gespräch über den Partisanen, gesendet Mai 1969, zuletzt abgedr. in: Gespräche mit Carl Schmitt, Berlin 1993, S. 9–30.
Joachim Schickel (1924–2002) studierte Philosophie, Sinologie, Indologie und Mathematik, 1952–1982 Redakteur beim Norddeutschen Rundfunk.
2 Peter Scheibert (1915–1995), Osteuropa-Historiker, 1939–1945 wissenschaftlicher Mitarbeiter im Auswärtigen Amt, 1955 Privatdozent für osteuropäische Geschichte an der Universität Köln, seit 1959 Professor in Marburg.
3 Nicolaus Sombart, Die Friedensforschung, in: Frankfurter Hefte 23, 1968, S. 821–828, Zitat S. 823/824:

> „... Henker und Soldat, – auch sie garantieren den Frieden, und Friedensforschung kann die Theorie beider sein. Es ist dann der Friede, der in Warschau herrschte ..., nachdem die SS dort aufgeräumt hatte. ... Ein Vertreter dieser Art von ‚Friedensforschung‘ ist der straßburger Politologe Julien Freund. ... (Seine Ausführung) ist kein makabrer Scherz; alles ist wohl überlegt und an sich schlüssig. Man kann Herrn Freund nicht widersprechen, wenn man seine Prämissen akzeptiert. Wir müssen uns lediglich darüber klarwerden, daß das, was unter Friedensforschung hier verstanden wird, genau das Gegenteil dessen ist, was diese Art von ‚Realisten‘ darunter verstehen ... Freund und seinesgleichen können sich garnicht genugtun, über die schöne Formel zu spotten, ... ‚Entwicklung ist der neue Name für Friede‘. ... Für uns ist Friedensforschung Entwicklungsforschung.“

Nr. 281 Forsthoff an Schmitt, 22. 4. 1969

1 Forsthoff, Rechtsstaat oder Richterstaat, 1970.

Nr. 282 Forsthoff an Schmitt, [14. 4./25. 4. 1969]

1 F. H. Tenbruck, Studentische Unruhe – Unmut oder geschichtliche Bewegung?, in: Neue Zürcher Zeitung, 13. April 1969, S. 21, Ndr. in: Deutsches Ärzteblatt – Ärztliche Mitteilungen 66, 1969, S. 1026–1032.
Friedrich H. Tenbruck (1919–1994) hatte sich schon mehrfach zu den Umtrieben radikaler Studenten geäußert, z. B. in der Stuttgarter Zeitung, Zur Lage an den Universitäten (Folge I): Bereits mit programmiertem Bewußtsein an die Universität. Die subventionierte Revolution der Studenten bedroht die öffentliche Meinungs- und politische Willensbildung, Ausgabe vom 26. Februar 1969.

Um der Bedrohung der Lehr- und Forschungsfreiheit durch die „studentische Bewegung" Widerstand zu leisten, setzte sich Tenbruck, damals an der Universität Tübingen, für die Gründung des „Bund Freiheit der Wissenschaft" ein. Zu den Unruhen, die seine Vorlesungstätigkeit im WS 1969/70 in Heidelberg auslöste und die massiven Angriffe auf seine Person (umschrieben als „Jagdszenen in Heidelberg") vgl. den Artikel, in: Helmut Marcon (Hg.), 200 Jahre Wirtschafts- und Staatswissenschaften an der Eberhard-Karls-Universität Tübingen. Leben und Werk der Professoren – Die Wirtschaftswissenschaftliche Fakultät der Universität Tübingen und ihre Vorgänger (1817–2002), Stuttgart 2004, Bd. 1, S. 747–759; Tenbrucks Nachlaß liegt im Universitätsarchiv Trier.

Nr. 283 Schmitt an Forsthoff, 26. 4. 1969

1 Zu Adolf Schüle siehe Kommentar zu Forsthoffs Brief an Schmitt, 12. Dezember 1959 (Nr. 125).
Schmitt sandte Forsthoff aus: Staat Bewegung Volk, 1933, die Seiten 42 bis 44.

Nr. 285 Schmitt an Forsthoff, 5. 5. 1969

1 Zitat aus Goethes Gedicht „Ilmenau am 3. September 1783"

Wer kennt sich selbst? wer weiß, was er vermag?
Hat nie der Mutige Verwegnes unternommen?
Und was du tust, sagt erst der andre Tag,
War es zum Schaden oder Frommen.

Hamburger Ausgabe 7. Aufl. 1964, Bd. 1, S. 110, Zeile 100–104.
Schmitt sandte Forsthoff die 2. unveränderte Auflage von „Gesetz und Urteil" (1912/1969) mit der Widmung:

Ernst Forsthoff zur Erinnerung an den Gast vom Mai 1969
dieses Go-in eines Düsseldorfer Referendars vom Mai 1912
Törwang, Rossholzen 19/5/69 C.S.
Wer kennt sich selbst? Wer weiss, was er vermag?
Und was Du tust (oder sagst), sagt erst der andre Tag
das gilt auch für den Gesetzgeber
auch für den Verfassungsgesetzgeber
vgl. Julien Freund, Herbst 1966 in Ebrach:
die Norm ist eine Utopie.

Nr. 286 Forsthoff an Schmitt, 17. 5. 1969

1 Bernd Rüthers widmete seine Münsteraner Habilitationsschrift „Die unbegrenzte Auslegung", 1968, seinem Vater und gedachte seiner im Vorwort: „Ich widme das Buch dem Andenken meines Vaters, der als Arbeiter allen Trugbildern und Drohungen des totalitären Regimes unbeirrt widerstand".

Nr. 287 Schmitt an Forsthoff, 14. 6. 1969

1 Der Spiegel brachte in seiner Ausgabe vom 26. Mai 1969, S. 198 unter der Rubrik „Personalien“ ein Foto des von Farbeiern getroffenen Helmut Quaritsch und kommentierte:

„Helmut Quaritsch, 39, Ordinarius für Staatsrecht an der Freien Universität Berlin, forderte die lernwilligen Studenten seiner Fakultät mit einem von der Polizei entliehenen Megaphon auf, seine Vorlesung über Grundrechte zu besuchen. Der Jurist, der Ende Januar die Relegation des Jura-Studenten Michael Gesell erwirkt hatte und seitdem von den Studenten als ‚Denunzianten-schwein‘ beschimpft und regelmäßig mit Eiern beworfen wird, hatte vor seiner letzten Montag-Vorlesung eine Ausweiskontrolle eingeführt und Polizeischutz angefordert, weil er sich ‚von fakultätsfremden Radikalen nicht aus dem Hörsaal vertreiben lassen‘ wollte. Bevor Quaritsch den Hörsaal erreichte, ‚bewarfen Studenten aus den hinteren Reihen‘ (Quaritsch) den Staatsrechtler mit Frischeiern. ... Als ein mit roter Plaka-Farbe gefülltes Ei den Professor am linken Auge traf und die Brille zerstörte, setzte Quaritsch ungerührt eine ‚uralte Hornbrille‘ auf und mahnte zum Vorlesungsbeginn. – Quaritsch über seine Standfestigkeit: ‚Ich sah aus wie Frankenstein in Agfacolor. Aber wenn ich aufgebe, geben alle Kollegen auf‘.“

2 Hans Schomerus starb am 20. Mai 1969 im Alter von 67 Jahren.

3 Rudolf Smend, Deutsche Staatsrechtswissenschaft vor hundert Jahren – und heute, in: Wolfgang Abendroth/Horst Ehmke/Carlo Schmid/Hans Scharoun (Hgg.), Festschrift für Adolf Arndt zum 65. Geburtstag, Frankfurt a. M. 1969, S. 451–461.

4 Papst Paul VI. besuchte am 10. Juni 1969 den Ökumenischen Rat in Genf, einen Beitritt der Katholischen Kirche bezeichnete er allerdings als „verfrüht“; Meldung der FAZ, Ausgabe 11. Juni 1969.

5 Ion X. Contiades, ΕΧΘΡΟΣ und ΠΟΛΕΜΙΟΣ in der modernen politischen Theorie und der griechischen Antike, Athen 1969, in: Griechische Humanistische Gesellschaft, Zentrum für klassisch-humanistische Studien, Zweite Reihe: Studien und Untersuchungen 19.

6 Rainer Specht (geb. 1930), seit 1967 an der Universität Mannheim als Ordinarius für Philosophie.

Zu dem Brief gehören 2 Anlagen:

Anlage 1
Abschrift eines Briefs von Werner Becker an Carl Schmitt aus Rom vom 10. 6. 1969; vgl. Piet Tommissen (Hg.), Werner Becker. Briefe an Carl Schmitt, Berlin 1998, S. 81 f., und Kommentar S. 82–85.

Anlage 2
Zum Fall Schlüter (Göttingen, Mai/Juni 1955)
1 Verfassungsrechtliche Symptomatik:
ein Probefall für die außerparlamentarische Aktion, d.h. für die Mobilmachung der plebiszitären Elemente, die unausrottbar in jeder Demokratie stecken, die aber nach 1945 insbesondere im Bonner Grundgesetz und in der Frage der Wiederbewaffnung – sorgfältig und ängstlich verdrängt worden sind.

2 Geschichtlicher Rang:
die zahlreichen Göttinger Sieben des Jahres 1955 verhalten sich zu den Originalen von 1837 wie der Gegen-Spieler von 1955, der arme Herr Schlüter, sich zu dem Gegen-Spieler von 1837, dem König Ernst-August von Hannover verhält; das ist ein klares und exaktes geschichtliches Rang-Verhältnis.
3 Ästhetische Qualität:
Universitätsprofessoren und Studenten stürzen sich mannhaft auf einen Schlemihl, um ihm seine größenwahnsinnige Anwandlung, der für Universitäten zuständige Minister zu werden, gründlich auszutreiben; das ist als Schauspiel mehr ein Cauchemar à la Franz Kafka, als ein Freiheitsdrama à la Wilhelm Tell.
Wörtliche Abschrift einer Notiz vom 12. Juni 1955, damals einigen Freunden mitgeteilt {jetzt – im Juni 1969 – im Lichte der aktuellen Vorgänge in Frankfurt, Hamburg, Göttingen von neuem daran erinnert.}

Als der FDP-Fraktionsvorsitzende im niedersächsischen Landtag, Franz Leonhard Schlüter, zum Kultusminister ernannt werden sollte, protestierte die „Allgemeine Wochenzeitung der Juden in Deutschland" gegen die Ernennung eines Mannes, der Mitbegründer der rechtsradikalen Deutschen Reichspartei gewesen sei und in dem von ihm begründeten Verlag rechtsradikale Literatur verbreite. Schlüter bekannte sich zur Parteigründung, wies aber darauf hin, daß er keineswegs rechtsradikaler Gesinnung sei, vielmehr als Sohn einer Jüdin aus der Wehrmacht ausgeschlossen worden war. Der Druck auf Schlüter, besonders aus der Universität Göttingen, wurde so stark, daß er am 9. Juni 1955 sein Ministeramt niederlegte; Berichterstattung in der FAZ vom 20. Mai – 10. Juni 1955.

Im Nachlaß von Carl Schmitt befindet sich in einer Materialienmappe ein handschriftlicher Briefentwurf an Ernst Forsthoff, den Schmitt offenbar nicht absandte (HSAD RW 265-20895):

Pl., 22/6/69

Lieber und verehrter Herr Forsthoff,
der Luchterhand-Verlag schickte mir eine, wie er sagt „ausgewachsene Festschrift" in der Form einer Hausmitteilung des Verlages: ad lectores 8. Darin findet sich eine Darlegung von *Benseler* Seite 61–87, die für das Problem Springer sehr wichtig ist.* Ich bin deshalb dem Wunsche des Verlages gefolgt, Adressen von „Kollegen" mitzuteilen, an die jene „Festschrift" kostenlos verschickt werden soll, und habe (neben der Adresse von Hans Martin Saß** in Bochum, den das ganze opus unter dem Gesichtspunkt „Kritik" der Linkshegelianer interessiert) Ihre Adresse angegeben.
Der anliegende Ausspruch von Lorenz von Stein ist Ihnen bekannt. Ich teile ihn aber nochmals mit, weil ich ihn erst nach der Lektüre Ihres Aufsatzes „Zur heutigen Situation einer Verfassungslehre" in seiner ganzen, klassischen Transparenz begriffen habe und deshalb annehme, dass er in der weiteren Diskussion dienlich sein kann, um die

irrige Meinung zu zerstören, Ihre Thesen seien zu „künstlich“ und nur eine verzweifelte letzte Position. Wenn dem so wäre, dann wäre dem Rechtsstaat als Begriff tatsächlich nicht mehr zu helfen.
Zum Thema Formierte Ordnung Recht als Ingredienz einer konkreten Ordnung; Lorenz von Stein, Handbuch der Verwaltungslehre, 1. Teil (3. Aufl.) Stuttgart 1888, Seite XV: „Das Recht selbst vermag es daher niemals, irgendeine von diesen Ordnungen (Wirtschaft, Staatsorganismus, Gesellschaft) zu erschaffen, sondern es bildet sich vielmehr *an* ihnen aus dem Ganzen wie in allem Einzelnen; es ist unmöglich, von ihm aus den Sinn und Inhalt jener Ordnungen, für welches es gilt, zu entwickeln, sondern es will unabweisbar erst durch sie verstanden werden, denn es ist selber nichts als die *Unverletzlichkeit* jener Ordnungen *durch die Willkür* des Einzelnen. Darum sagten wir, das Recht habe kein System.“
Unverletzlichkeit, also Bewahrung; das Recht ist, wie Rudolf Sohm sagt, an die Vergangenheit gebunden. Von einer reinen Zukunftserwartung her ist das Recht nur eine Utopie der Bewahrung, und – wie Julien Freund in Ebrach sagte – „die Norm ist eine Utopie.“

* ad lectores 8. Jahresschrift des Luchterhand-Verlags. Redaktion: Soziologisches Lektorat. Neuwied und Berlin (Hermann Luchterhand) 1969, Festschrift zum 70. Geburtstag des Verlegers Eduard Reifferscheid; darin: Frank Benseler, Über literarische Produktionsverhältnisse, S. 61–87.
** Hans-Martin Saß (geb. 1935), Philosoph, Promotion in Münster 1962, Habilitation in Bochum 1972, Prof. in Bochum und seit 1968 Leiter der Philosophisch-historischen Forschungsstelle des Instituts für Philosophie.

Nr. 288 Forsthoff an Schmitt, 23. 6. 1969

1 Helmut Hatz, Rechtssprache und juristischer Begriff. Vom richtigen Verstehen des Rechtssatzes, Stuttgart 1963, Reihe: res publica 10, Diss. iur. Heidelberg 1957; Winfried Brohm, Strukturen der Wirtschaftsverwaltung. Organisationsformen und Gestaltungsmöglichkeiten im Wirtschaftsverwaltungsrecht, Stuttgart 1969, Reihe: res publica 21, Habilitationsschrift Freiburg 1967.
Winfried Brohm (geb. 1932) promovierte 1958 bei Forsthoff, seine in Freiburg bei Karl Zeidler begonnene Habilitation setzte er unter Martin Bullinger fort. 1969 übernahm er ein Ordinariat in Bielefeld, 1973 ging er nach Konstanz.

2 Ernst-Wolfgang Böckenförde nahm einen Ruf nach Bielefeld an, 1977 wechselte er nach Freiburg; 1983–1996 gehörte er dem Zweiten Senat des Bundesverfassungsgerichts an.

3 Hans Schneider war zu der Zeit Direktor des Juristischen Seminars; er ordnete z. B. strenge Einlaßkontrollen an und verhinderte damit eine Besetzung des weitläufigen Hauses durch fachfremde politische Studentengruppierungen; s. Kommentar zu Forsthoffs Brief an Schmitt, 29. Juni 1970 (Nr. 310).

4 Zur Verleihung des Wiener Ehrendoktorats s. Forsthoffs Brief an Schmitt, 31. August 1969 (Nr. 291) und Einleitung, S. 27.

Nr. 289 Forsthoff an Schmitt, 9. 7. 1969

1 Die verfassungspolitischen Ereignisse vor dem 30. Januar 1933 schilderte Ernst Rudolf Huber als unmittelbar Beteiligter auf einer Tagung, 1986, gedr.: Carl Schmitt in der Reichskrise der Weimarer Endzeit, in: Helmut Quaritsch (Hg.), Complexio Oppositorum, S. 33–50; W. Pyta u. G. Seiberth, Die Staatskrise der Weimarer Republik im Spiegel des Tagebuchs von Carl Schmitt, in: Der Staat 38, 1999, S. 423–448 und S. 594–610.

Nr. 290 Schmitt an Forsthoff, 22. 7. 1969

1 Der Original-Brief von Christian Meier liegt im Schmitt-Nachlaß (HSAD RW 265-9360).

Nr. 291 Forsthoff an Schmitt, 31. 8. 1969

1 Günther Winkler überreichte die Urkunde zur Ehrenpromotion am 9. August 1969.
2 Simon Wiesenthal (1908–2005), Architekt, wurde in verschiedene Konzentrationslager eingewiesen, 1945 aus Mauthausen befreit. Nach Kriegsende baute er in Wien ein Jüdisches Dokumentationszentrum auf, um flüchtige Kriegsverbrecher verfolgen zu können; vgl. Österreichische Nationalbibliothek (Hg.), Handbuch österreichischer Autorinnen und Autoren jüdischer Herkunft 18. bis 20. Jahrhundert, Bd. 3, München 2002, S. 1477–1478 mit weiteren Nachweisen.
3 Forsthoff, Von der sozialen zur technischen Realisation, erschienen in der Zeitschrift „Der Staat“ 9, 1970; vgl. Forsthoffs Brief an Schmitt, Oktober 1969 (Nr. 294).

Nr. 292 Schmitt an Forsthoff, 8. 9. 1969

1 Bei der Bundestagswahl am 28. September 1969 trat Vizekanzler Willy Brandt gegen Bundeskanzler Kiesinger an. Die Wahlergebnisse führten zum Ende der Großen Koalition, SPD und FDP bildeten die neue Regierung Brandt/Scheel. Es erhielten: SPD 44,0 %, CDU 37,1 %, FDP 5,8 %, CSU 9,5 % der abgegebenen Stimmen.
2 Rüdiger Altmann, Das Problem der Öffentlichkeit und seine Bedeutung für die moderne Demokratie, Marburg 1954 (maschinenschr.); die Dissertation war von Wolfgang Abendroth betreut worden. 2004 brachte Holger Riemer eine durchgesehene und korrigierte Druckfassung, erschienen in Hamburg, heraus.
3 Das Generalthema der Ebracher Tagung lautete 1969 „Wesen und Funktion der Öffentlichkeit“. Unter den Teilnehmern waren: Pater Sergius Buve, Ion Contiades, Eleni Contiades, Rosemarie Pohlmann, Hans-Dietrich Sander. Es referierten unter anderem: Bernard Willms, Reinhart Koselleck, Heinhard Steiger, Gert Müller, Karl-August Horst, Herbert Krüger, Julien Freund, Arnold Gehlen.
4 ‚La tirannia dei valori‘, übersetzt von Susanne und Franco Falconi, 1970.
5 Schmitt, Le categorie del „politico“: saggi di teoria politica. A cura di Gianfranco Miglio e di Pierangelo Schiera (trad.), Bologna 1972, 7. Aufl. 2003.

Von Gianfranco Miglio (1918–2001, seit 1958 Politikwissenschaftler an der Università cattolica del Sacro Cuore, Mailand) und Pierangelo Schiera (geb. 1941, Professor an der Università degli Studi Trento, Dip. di Scienze Umane e Sociali), liegen mehrere Briefe im Nachlaß Schmitt. Schmitts Vorwort zur italienischen Erstausgabe und die Einleitung von G. Miglio, in: Quaritsch, Complexio Oppositorum, S. 269–273 und 275–281; Wolfgang Schieder, Carl Schmitt und Italien, in: Vierteljahrshefte für Zeitgeschichte 37, 1989, S. 1–21.

6 Huber, Verfassungsgeschichte, Bd. 4: Struktur und Krisen des Kaiserreichs, 1969. Hubers Widmung lautet: „Ernst Forsthoff dankbar für Zuspruch und Widerspruch in steter Freundschaft zugeeignet".

7 Ingeborg Maus, Zur „Zäsur" von 1933 in der Theorie Carl Schmitts, in: Kritische Justiz 2, 1969, S. 113–124; Reiner Geulen/Gerhard Stuby, Ordnung als Repression. Zur Entwicklung des studentischen Disziplinarrechts an den Hochschulen, ebd., S. 125–145. Zum Brief legte Schmitt die Rezension von Herbert Marcuse über die 3. Aufl. von Schmitt, Der Begriff des Politischen, in: Zeitschrift für Sozialforschung Jg. 1934 Heft 1 (Paris), S. 102/103. Marcuse machte auf Textänderungen gegenüber der 2. Aufl. aufmerksam und auf das Vorwort des Verlegers (Hanseatische Verlagsanstalt), daß dies die „staatsrechtlichen Grundlagen des neuen Reiches" seien.

Nr. 293 Forsthoff an Schmitt, 17. 9. 1969

1 Die Rede von Günther Winkler, gehalten am 9. August 1969, liegt im Schmitt-Nachlaß (HSAD RW 265-19789).

Nr. 294 Forsthoff an Schmitt, [< > 10. 1969]

1 Peter Cornelius Mayer-Tasch, Thomas Hobbes und das Widerstandsrecht, Tübingen 1965. Die Kritik faßte Bernard Willms zusammen „Der Weg des Leviathan. Die Hobbes-Forschung von 1968–1978", in: Der Staat, Beiheft 3, 1971, S. 51.

2 Über Gehlens Referat schrieb Gerd Giesler an Schmitt (25. Oktober 1969, Schmitt-Nachlaß HSAD RW 265-4859/1): Gehlen „bewegte sich ganz im Strom seiner ‚Zeitbilder' und interpretierte die moderne Kunst als ‚L'art pour l'artiste'. Kunst ist, was Künstler für Kunst erklären".

3 Ulrich Huber, Das Öffentliche und das Private in der neueren Entwicklung des Privatrechts, in: Studium Generale 23, 1970, S. 769–785.

4 Heinhard Steiger, Zur Funktion der Öffentlichkeit parlamentarischer Verhandlungen heute, in: Studium Generale 23, 1970, S. 710–733.
Heinhard Steiger (geb. 1933) 1970 in Münster für Öffentliches Recht habilitiert, 1971 Dozent, seit 1975 Ordinarius in Gießen.

5 Niklas Luhmann (1927–1998), Jurist und Soziologe, Begründer der soziologischen Systemtheorie, lehrte seit 1968 an der Universität Bielefeld. Zu Luhmann statt vieler: Detlef Horster, Niklas Luhmann, München 1997.

6 Julien Freund, Öffentliche und politische Meinung, in: Studium Generale 23, 1970, S. 734–751.

Nr. 296 Schmitt an Forsthoff, 4. 11. 1969

1 Die Präambel der „Verfassung des Freistaates Bayern" vom 2. Dezember 1946 lautet:

> „Angesichts des Trümmerfeldes, zu dem eine Staats- und Gesellschaftsordnung ohne Gott, ohne Gewissen und ohne Achtung vor der Würde des Menschen die Überlebenden des zweiten Weltkrieges geführt hat, in dem festen Entschlusse, den kommenden deutschen Geschlechtern die Segnungen des Friedens, der Menschlichkeit und des Rechtes dauernd zu sichern, gibt sich das Bayerische Volk, eingedenk seiner mehr als tausendjährigen Geschichte, nachstehende demokratische Verfassung."

Zum Zitat „Angesichts des Trümmerfeldes" siehe Schmitt, Glossarium. Eintragung vom 21.10.1948, S. 204.

Hans Nawiasky, Die Verfassung des Freistaates Bayern vom 2. Dezember 1946: systematischer Überblick und Handkommentar, München 1948.

Hans Nawiasky (1880–1961) war nach 1945 als Berater sowohl bei der Formulierung der Bayerischen Verfassung als auch bei den Konferenzen auf Herrenchiemsee dabei; vgl. Hans F. Zacher, in: NDB 19, 1999, S. 4–6.

2 Schmitt verwies in seinem Beitrag „Politische Theologie II. Die Legende von der Erledigung jeder Politischen Theologie" auf die Abhandlung von Erik Peterson, Der Monotheismus als politisches Problem. Ein Beitrag zur Geschichte der politischen Theologie im Imperium Romanum, Leipzig 1935. Schmitt schrieb:

> „Die Abhandlung von 1935 behandelt die Krise aber nicht offen und ex professio, sondern in der – man darf sagen: Verfremdung durch eine sehr gelehrte, geschichtlich-theologisch-philologische Begrenzung ihres Stoffes auf die ersten Jahrhunderte des Imperium Romanum. Für das Problem der Politischen Theologie ist es dabei entscheidend, daß Peterson an der Augustinischen Lehre von den zwei Reichen ... festhält und die Krisis des modernen Kirche-Staat-Gesellschaft-Problems ignoriert. Die beiden ‚Reiche' sind keine nach Substanz oder Materie eindeutig unterscheidbare Sachbereiche mehr. ... (Sie) lassen sich nur noch von den streitenden Subjekten her bestimmen. Die Totalität läßt sich potentiell von jedem Streitpunkt oder jeder Streitsache her gewinnen, nachdem die traditionellen ‚Mauern', das heißt: die geschichtlich überkommenen Institutionen von Kirchen und Staaten durch eine revolutionäre Klasse mit Erfolg in Frage gestellt worden sind." (Zitat S. 92).

Erik Peterson (1890–1960) lehrte nach seiner Habilitation als evangelischer Theologe und Religionshistoriker 1924 in Bonn; 1929 ließ er sich entpflichten und konvertierte 1930 in Rom. Er erhielt einzelne Lehraufträge, wurde 1947 am Päpstlichen Institut für Christliche Archäologie in Rom Extraordinarius für Patrologie, 1956 zum Ordinarius ernannt. Kurz vor seinem Tod erhielt er Ehrendoktorate von Bonn (Phil. Fakultät) und München (Kath. Fakultät). In Schmitts Nachlaß liegt Korrespondenz aus den Jahren 1925–1949. Vgl. Barbara Nichtweiß, Erik Peterson: neue Sicht auf Leben und Werk, Freiburg 1992 (Diss. Freiburg); dies., in: Bautz, Kirchenlexikon 7, 1994, Sp. 275–281 mit weiteren Literaturangaben.

3 Artikel: Dünne Decke, in: Der Spiegel, Ausgabe vom 3. November 1969, S. 34:

„Ehmke: Willy (Brandt), wenn du das Kanzleramt übernimmst, dann mußt du auch ein Dutzend Leute feuern. Brandt: Ich will damit nichts zu tun haben. Wenn es denn sein muß, dann macht es allein". Daraufhin sei eine Neubesetzung „mit sozialdemokratischen Vertrauensleuten im Kanzleramt" erfolgt, für die Verwaltung sei Dr. Ernst Kern geholt worden.

4 Johannes Gross, Reformen, Reformen, in: Capital. Das deutsche Wirtschaftsmagazin 8, 1969, Heft 11, S. 13; im selben Heft der nicht gezeichnete Beitrag: Die Bildungslücke der SPD: Brandts ungelöstes Rätsel, S. 76–82.

Johannes Gross endete seinen Artikel: „Es steckt auch in dem Reformwillen, der alle westlichen Gesellschaften heimsucht, doch die deutsche besonders, das ethische Engagement der Geistlichkeit, die, nachdem die theologischen Positionen geräumt sind, sich auf die Weltverbesserung stürzt – sehr aufschlußreich zu sehen, wie heutzutage die Sanftmütigen gegen die Gleichmütigen wüten, die Friedfertigen die Nichtpazifisten bekriegen, wie die Leute mit dem massiven guten Gewissen die Lauen aus- und anspeien, also diejenigen, auf denen die Funktionsfähigkeit jeder Gesellschaft beruht. Es kommt auch der alte faustische Unfug hinzu, das ewig Strebende. Auch Faust hatte den großen Reformwillen und baute sich zum Schluß eine freie Gesellschaft auf dem dem Meere abgewonnenen freien Grund – doch, wie man weiß, bloß in der Einbildung. Er baute keinen Graben, bloß ein Grab."

5 Walter Warnachs Rezension erschien in: Theologische Revue 66, 1970, Spalte 90–95.

Nr. 297 Forsthoff an Schmitt, 5. 11. 1969

1 Die nächsten Landtagswahlen fanden am 14. Juni 1970 in Nordrhein-Westfalen statt; die Stimmen verteilten sich: CDU 46,3 %, SPD 46,1 % und FDP 5,5 %.

Nr. 298 Schmitt an Forsthoff, 7. 11. 1969

1 Arnold Gehlen, Moral und Hypermoral. Eine pluralistische Ethik, Frankfurt 1969, S. 123/124:

„Ein gutes Symbol bei uns ist der neu eingezogene Soldat, der mit dem Baby auf dem Arm am Kasernentor erscheint. Dieses Symbol beweist, um mit Forsthoff zu sprechen, daß ‚die Stunde des Staates geschlagen hat'. Allerdings nicht bei den Großmächten."

Nr. 299 Forsthoff an Schmitt, 13. 11. 1969

1 In Forsthoffs Nachlaß liegt der Brief von Hans Paeschke vom 10. November 1969. Darin schrieb er:

„Unsere Beziehung gebietet es, daß ich Ihnen offen meine Bedenken, vielleicht mein Versagen, darlege. Ich empfinde, daß Sie hier gleichsam auf zwei verschiedenen Ebenen oder mit zwei Stimmen sprechen: einmal als Kulturphilosoph, einmal als Verfassungsrechtler, und daß zwischen beiden eine Disproportion der Aussage besteht. Anders als in dem vorangehenden Aufsatz, wo die Übergänge zwischen der sozialen und der technischen ‚Realisation' sozusagen fließend gehalten waren, greifen Sie diesmal in Ihren Gedanken über die technische Realisation so weit ins Grundsätzliche aus, daß dafür die Bundesrepublik m.E. nicht mehr als paradigmatischer Fall benutzt werden kann. Geht es doch hier im Wesentlichen um den Staat qua Technokratie, für den die beiden Weltmächte die eigentlichen Modellfälle abgeben. Dem gegenüber steht in Ihrer Darstellung die

Bundesrepublik doch als Sonderfall da: nämlich als ‚introvertierter Rechtsstaat', der der technischen Entwicklung der Industriegesellschaft freien Lauf läßt. Gerät hier nicht, so frage ich mich als Leser, Ihre These von der Illiberalität der Technik in ein schillerndes Zwielicht? Zumal Sie diese Illiberalität dann im weiteren anhand von Beispielen exemplifizieren, die nur zum Teil auf die „technische Realisation" bezogen sind (Rundfunk und Fernsehen), zum anderen Teil aber auch eben jene Erscheinungen der Sozialstaatlichkeit, die Sie in dem früheren Aufsatz schon im einzelnen analysierten.
Ob es nun an dieser Zweigleisigkeit liegt, daß sich mir als Leser der Schluß nahelegt: Wie anders sollte unsere bundesrepublikanische ‚Reaktion der staatlichen Effizienz' zu kurieren sein als durch den Schritt in die offene Technokratie? Das meinen Sie natürlich nicht, sondern eine dritte Lösung, die aber innerhalb der Polarisierung dieses Aufsatzes notgedrungen als laudatio temporis acti wirkt. ..."

Nr. 300 Schmitt an Forsthoff, 15. 12. 1969

1 Ernst-Wolfgang Böckenförde, Politisches Mandat der Kirche?, in: Stimmen der Zeit 184, 1969, S. 361–373, mit der Widmung: Prof. Hans Barion zum 70. Geburtstag am 16.12.1969.

2 Im Verlag J. Hegner in Hellerau veröffentlichte Schmitt 1923 „Römischer Katholizismus und politische Form", 1935 brachte Hegner von Erik Peterson, Der Monotheismus als politisches Problem: ein Beitrag zur Geschichte der Politischen Theologie im Imperium Romanum heraus; vgl. Kommentar zu Forsthoffs Brief an Schmitt, 11. Januar 1970 (Nr. 302).
Der gebürtige Wiener Jakob Hegner (1882–1962) betrieb seit 1909 in Dresden-Hellerau zunächst eine Druckerwerkstatt, aus der ein eigener Verlag erwuchs. Bei Beginn des Ersten Weltkrieges wurde er im Wiener Kriegspressequartier u. a. mit Franz Blei eingesetzt, der 1917/1918 im „Hellerauer Verlag Jakob Hegner" die Zeitschrift „Summa" herausgab. Schmitts Beiträge sind von Benoist bibliographisch erfaßt. 1930 etablierte Hegner den Verlag in Leipzig, mußte ihn jedoch 1935 mit allen Rechten überschreiben, 1936 wurde er aus der Kulturkammer ausgeschlossen. Den bei der Rückkehr nach Wien 1936 gegründeten Verlag nannte er „Thomas-Verlag Jakob Hegner", um als „katholischer Verleger" bereits im Namen anzukündigen, daß dort sämtliche Kommentare zu Thomas von Aquin veröffentlicht werden sollten. 1937 konnte er noch verlegen: Erich Przywara S.J., Augustinus. Die Gestalt als Gefüge. Nach seiner zeitweiligen Inhaftierung (1938) emigrierte er mit seiner Familie nach England. 1945 baute Hegner seinen Verlag von neuem in der Schweiz auf, übersiedelte dann mit seinem Unternehmen nach Köln; siehe Peter de Mendelssohn, Börsenblatt des deutschen Buchhandels, 5, 18.1.1977; Biogr. Hdb. Emigr. 1, S. 277; Lexikon des gesamten Buchwesens 3, Stuttgart 1991, S. 419 f.

3 Der Brief von Arnold Gehlen (19. September 1950) liegt im Schmitt-Nachlaß (HSAD RW 265-4682). Gehlen schrieb u. a.:

„Die eben beendete Lektüre von ‚Ex Captivitate Salus' veranlasst mich ..., Ihnen meine Bewunderung für dieses Buch auszudrücken, dessen Wichtigkeit niemand verkennen kann. Extreme Situationen müssen mit extremen Mitteln bewältigt werden: die Auseinandersetzung mit dem vergangenen kann nicht so geführt werden, dass man zugleich sein Alibi nachweist und sich innerhalb der Kategorien der Gegenseite bewegt. Ihr Buch hat dieses Niveau in einer produktiven Weise überstiegen, und darauf kam es an."

4 Robert M. W. Kempner, Das Dritte Reich im Kreuzverhör. Aus den Vernehmungsprotokollen des Anklägers, München/Esslingen 1969.

Auf den Seiten 249–254 sind Auszüge aus Wörmanns Vernehmungsprotokollen in Nürnberg abgedruckt: Fatale Paraphen eines Unterstaatssekretärs. Ernst Wörmann: Politik des geringsten Widerstandes, auf den Seiten 293–300: Hat Professor Schmitt die Jugend vergiftet? „Ich fühlte mich Hitler geistig überlegen".

5 Detlef Junker, Die Deutsche Zentrumspartei und Hitler 1932/33. Ein Beitrag zur Problematik des politischen Katholizismus in Deutschland, Stuttgart 1969, Reihe: Stuttgarter Beiträge zur Geschichte und Politik 4. Der Arbeit lag eine Kieler Dissertation (1967) zugrunde.

Forsthoff schloß die Darstellung der deutschen Verfassungsgeschichte, 2. Aufl. 1961, S. 192:

> Im Januar 1933 „wuchs die Auffassung, daß es einer breiten Basis für die Reichsregierung bedürfe. Am 26. Januar richtete der Fraktionsvorsitzende des Zentrums, Dr. Kaas, ein Schreiben an den Reichspräsidenten, in dem er eindringlich die Forderung nach einer legalen, d.h. einer Mehrheitsregierung erhob. Am 28. Januar verlangte Schleicher eine Fortsetzung der Regierung mit diktatorischen Mitteln. V. Hindenburg entschied sich für die Legalität. Er entließ Schleicher am 28. Januar und ernannte Adolf Hitler am 30. Januar zum Reichskanzler."

Der Brief des Prälaten Ludwig Kaas (1881–1952) ist mehrfach veröffentlicht, vgl. Tommissen, Bausteine, S. 53.

6 Hans Barion, Kirche oder Partei? Römischer Katholizismus und politische Form, in: Der Staat 4, 1965, S. 131–176.

7 Christian Heinze, Autonome und heteronome Verteilung. Rechtsordnung staatlicher Lenkung von Produktion und Verteilung, Berlin 1970.

Nr. 301 Forsthoff an Schmitt, 18. 12. 1969

1 Die Deutschland-Stiftung wurde 1966 von Kurt Ziesel (1911–2001) begründet. Von ihr wird seit 1967 der nach Konrad Adenauer benannte Preis verliehen, und zwar in den Kategorien: Wissenschaft, Literatur, Publizistik, dazu (unregelmäßig) der Freiheitspreis.

Hans Sedlmayr (1896–1984), Kunsthistoriker, 1933 Privatdozent an der TH Wien, 1936–1945 Ordinarius an der Universität Wien, 1951 in München, seit 1964 in Salzburg. Sedlmayr erhielt den Preis nicht.

2 Werner Weber beteiligte sich an der Barion-Festschrift mit dem Beitrag: Die neuere Entwicklung in der kirchlichen Mitwirkung bei der Besetzung theologischer Lehrstühle an staatlichen Hochschulen, in: Eunomia, S. 175–189.

3 Arnold Gehlen, Religion und Ethik, in: Merkur 23, 1969, S. 902–917.

Nr. 302 Forsthoff an Schmitt, 11. 1. 1970

1 In „Eunomia“, der Festschrift für Hans Barion, erschienen von Gustav Hillard, Rudolf Borchardt als metapolitischer Dichter, S. 165–174; Joseph H. Kaiser, Rechtsnormen zur Steuerung von Prozessen, S. 39–49.

Zu Gustav (Hillard) Steinbömer (1881–1972), Schriftsteller, Kritiker, Dramaturg, Offizier, vgl. Einleitung, S. 29/30.

2 Peterson, Der Monotheismus als politisches Problem, Leipzig 1935, S. 99 f.:

> „Damit ist nicht nur theologisch der Monotheismus als politisches Problem erledigt und der christliche Glaube aus der Verkettung mit dem Imperium Romanum befreit worden, sondern auch grundsätzlich der Bruch mit jeder ‚politischen Theologie‘ vollzogen, die die christliche Verkündigung zur Rechtfertigung einer politischen Situation mißbraucht. Nur auf dem Boden des Judentums oder Heidentums kann es so etwas wie eine ‚politische Theologie‘ geben.“ In der dazugehörigen Fußnote, S. 158, heißt es: „Der Begriff der ‚politischen Theologie‘ ist m. W. von Carl Schmitt, Politische Theologie, München 1922, in die Literatur eingeführt worden. Seine damaligen kurzen Ausführungen waren nicht systematisch gehalten. Wir haben hier den Versuch gemacht, an einem konkreten Beispiel die theologische Unmöglichkeit einer ‚politischen Theologie‘ zu erweisen“.

Schmitt, Politische Theologie II., 1969; vgl. auch Piet Tommissen, Erster Einstieg in zwei Desiderate der Carl-Schmitt-Forschung, in: Dietrich Murswiek/Ulrich Storost/Heinrich A. Wolff (Hgg.), Staat – Souveränität – Verfassung. Festschrift für Helmut Quaritsch zum 70. Geburtstag, Berlin 2000, S. 566–580.

Nr. 303 Schmitt an Forsthoff, 13. 1. 1970

1 Stefan Heym, Lassalle. Ein biographischer Roman, München 1969, engl. Titel: Uncertain friend. A biographical novel, London 1969.

2 Wolf Jobst Siedler (geb. 1926) studierte Soziologie, Philosophie, Geschichte und begann danach seine Arbeit als Journalist und Chef des Feuilletons des Berliner „Tagesspiegel“. 1963 trat er in den Ullstein-Verlag ein und übernahm die Leitung des Propyläen Verlags. 1980 gründete er einen eigenen Verlag. Armin Mohler: Wolf Jobst Siedler. Der tolerierte Konservative, in: Criticón 13, 1983, Heft 75, S. 10–12.

Wolf Jobst Siedler schilderte seine Begegnung mit Carl Schmitt, bei der er für eine Ausgabe von Gesammelten Werken werben wollte. Als Siedler vorschlug, die Erstdrucke ohne antisemitische Anmerkungen und Namenszusätze zu Grunde legen zu wollen, habe Schmitt das Gespräch rasch beendet; Wolf Jobst Siedler, Wir waren noch einmal davongekommen – Erinnerungen, Berlin 2004, S. 144.

3 Liselotte (Lilly) von Schnitzler, geb. von Mallinckrodt (1889–1981), verheiratet mit Georg von Schnitzler (1884–1962).

Frau von Schnitzler war mit Carl Schmitt zeitlebens befreundet; 1925 gründete sie gemeinsam mit dem Prinzen Karl Anton Rohan (1898–1975) die „Europäische Revue“ (erschienen 1925/26–1944). Sie förderte zeitgenössische Maler und besaß selbst eine umfangreiche Kunstsammlung. Aus dem „Legat von Georg und Lilly von Schnitzler“ erhielten Kölner Museen bedeutende Zuwendungen. Vgl. Tommisssen, Briefe an Carl Schmitt. Eine erste Auswahl, in: Schmittiana 3, 1991, S. 156/157; Quaritsch, Positionen und Begriffe, S. 58 Anm. 104. Zur Bekanntschaft mit Jünger: Kiesel, Jünger/Schmitt Briefwechsel, S. 687. Zu Georg von Schnitzler: Wolfram Fischer (Hg.), Biographische Enzyklopädie deutschsprachiger Unternehmer 2, München 2004, S. 1132; zur Bekanntschaft mit Schmitt seit 1915 siehe Schmitt, Militärzeit 1915 bis 1920, S. 8, 35.

Nr. 304 Forsthoff an Schmitt, ohne Datum

1 Die Entscheidung des Bundesverfassungsgerichts erging am 26. Februar 1969, sog. „Blinkfüer-Urteil", BVerfGE 25, S. 256–269:

> Die Hamburger Wochenzeitung „Blinkfüer" zeigte regelmäßig auch die Programme mitteldeutscher und Ostberliner Sender an. Nach dem Bau der Mauer riefen die Springer Verlagshäuser dazu auf, diese Programme nicht mehr anzuzeigen. Das Verlagshaus entschloß sich, den Vertrieb der Blätter, die diese Programme druckten, zu boykottieren. Darauf klagte Blinkfüer wegen unlauteren Wettbewerbs. In letzter Instanz entschied das Bundesverfassungsgericht: die beklagten Verlagshäuser hätten den Vertrieb der Wochenzeitung ausschließen wollen. Der „Beschwerdeführer (= Blinkfüer) war aber auf diesen Vertriebsapparat angewiesen. Das Verhalten der Beklagten richtete sich der Freiheit der Berichterstattung zuwider auf ein Unterdrücken von Nachrichten mit vornehmlich wirtschaftlichen Mitteln". Die Verfassungsbeschwerde sei wegen der Verstöße gegen Art. 5 Abs. 1 GG begründet (S. 269).

Die Antrittsvorlesung erschien unter dem Titel Hans H. Klein, Öffentliche und private Freiheit. Zur Auslegung des Grundrechts der Meinungsfreiheit, in: Der Staat 10, 1971, S. 145–172.

2 Helmut Quaritsch war 1970–1973 Direktor der Wissenschaftlichen Dienste des Bundestages, 1972 verließ er die FU Berlin und ging an die Verwaltungshochschule in Speyer.

3 Der Alttestamentler Rolf Rendtorff (geb. 1925), seit 1963 Ordinarius in Heidelberg, trat am 4. Februar 1970 sein Amt an. Unter seinem Rektorat brachen an der Universität Heidelberg chaotische Zustände aus. Am 19. November 1972 trat er zurück.

4 Wilhelm Henke (1926–1992) war seit 1967 Ordinarius in Erlangen. Auf der Staatsrechtslehrer-Tagung in Bern 1969 referierte er über: „Die Rechtsformen der sozialen Sicherung und das allgemeine Verwaltungsrecht".

5 Schmitt, Europäische Kultur im Zwischenstadium der Neutralisierung, 1929. Schmitt hatte am 12. Oktober 1929 auf einer Tagung des Verbandes für Kulturelle Zusammenarbeit (gegründet von Prinz Karl Anton Rohan) in Barcelona gesprochen über: „Das Zeitalter der Neutralisierungen und Entpolitisierungen". Dieser Vortrag wurde 1932 in die 2. Aufl. „Der Begriff des Politischen" übernommen.

6 Ernst Josef Aufricht, Erzähle, damit du dein Recht erweist, Berlin 1966; 1969 und 1998 Neuauflagen, mit teilw. geänderten Titeln.

Der Schauspieler Ernst J. Aufricht (1898–1971) gründete in Berlin am Schiffbauerdamm ein neues Theater und eröffnete es am 31. August 1928 mit der Uraufführung der „Dreigroschenoper" von Brecht/Weill. 1939 mußte er emigrieren, kehrte 1953 nach Europa zurück.

Nr. 305 Forsthoff an Schmitt, 17. 3. 1970

1 Arnold Ehrhardt, The Acts of the Apostles. Ten lectures, Hg. F. F. Bruce, Manchester 1969. Zu Ehrhardt vgl. Einleitung, S. 9.

Nr. 306 Schmitt an Forsthoff, 19. 5. 1970

1 Joachim Schickel, Guerrilleros, Partisanen. Theorie und Praxis, München 1970, darin das 1969 aufgenommene Gespräch über den Partisanen zwischen Carl Schmitt und Joachim Schickel, S. 9–29; siehe Schmitts Brief an Forsthoff, 21. April 1969 (Nr. 280).

2 Jan Coster (= Hans Schomerus): Der Wächter an der Grenze. Drei Novellen, Tübingen 1948.

In einem Brief an Carl Schmitt erklärte Schomerus das Pseudonym (9. 1. 1962, im Schmitt-Nachlaß, HSAD RW 265-14500/1): „Mein Vorfahr aus der Zeit der Reformation war ein Augustinermönch in Wittenberg, der durch Luther evangelisch wurde, er hieß Johannes Costerus = Jan Coster, stammte aus Westfalen und hebraisierte seinen Namen in Schomerus." Schomerus lieh Schmitt das letzte ihm zur Verfügung stehende Exemplar.

Nr. 307 Forsthoff an Schmitt, 20. 5. 1970

1 Der Band von Joachim Schickel, Guerrilleros, erschien 1970 in zwei Auflagen im Hanser Verlag, München.

2 Bei der Überreichung der Festschrift nahm Hillard/Steinbömer auf den Titel Bezug:

„Die Festschrift für Hans Barion trägt den Namen einer der drei Horen des Hesiod: EUNOMIA, also die Wohlgesetzliche, die Personifikation, die Prosopopöie der Gesetzlichkeit und der Ordnung. Ich glaube man darf sagen, daß Barion von dem Genuis Eunomia – das Wort Genius hier in der bescheidenen Weise der Römer gebraucht als Schutzgeist – vom Schutzgeist Eunomia sein Leben und sein Wirken hat lenken und durchleuchten lassen", Eunomia, S. 199.

„Horen" waren die Töchter von Zeus und Themis; Hesiod nannte sie Eunomia (Gesetzlichkeit, gesetzliche Ordnung), Dike (Gerechtigkeit) und Eirene (Frieden).

3 Forsthoff, Der Staat der Industriegesellschaft, S. 164/165.

4 Anspielung auf Theodor Fontane, Effi Briest.

5 Forsthoff, Traité de Droit Administratif Allemand, Übersetzung der 9. Aufl. von 1966.

Michel Fromont (geb. 1933) wurde nach seiner Habilitation in den Fächern Öffentliches Recht und Politische Wissenschaften 1960–1962 Lehrbeauftragter in Grenoble, dann Professor und Direktor des Institut für das Studium des französischen Rechts in Saarbrücken, nach 1966 Professor in Dijon und Paris.

Nr. 308 Forsthoff an Schmitt, 10. 6. 1970

1 Gemeint ist Anni Stand.

Nr. 309 Schmitt an Forsthoff, 15. 6. 1970

1 Jacob Taubes, Kultur und Ideologie, in: Theodor W. Adorno (Hg.), Spätkapitalismus oder Industriegesellschaft, Verhandlungen des 16. Deutschen Soziologentages vom 8.–11. April 1968 in Frankfurt/Main, Stuttgart 1969, S. 117–138.

2 Zu Rosenstiel, Supranationalité vgl. Schmitts Brief an Forsthoff, 10. Januar 1964 (Nr. 179).
Im Schmitt-Nachlaß liegt unter der Signatur HSAD RW 265-20090 ein zwölfseitiges Typoskript mit dem Titel „Bemerkungen zu dem Manuskript der deutschen Übersetzung des Buches Le Principe de Supranationalité von Francis Rosenstiel" mit handschriftlichen Korrekturen von Schmitt.

3 Der Spiegel berichtete über: Hans Küng, Menschwerdung Gottes. Eine Einführung in Hegels theologisches Denken als Prolegomena zu einer künftigen Christologie, Freiburg 1970.
Hans Küng (geb. 1928) veröffentlichte im selben Jahr in Zürich seine Schrift: „Unfehlbar? Eine Anfrage", die zum Entzug seiner Lehrbefugnis führte (1979).

Nr. 310 Forsthoff an Schmitt, 29. 6. 1970

1 Hans Friedrich Zacher, Hochschulrecht und Verfassung. Stellungnahmen zu den beim Bundesverfassungsgericht erhobenen Verfassungsbeschwerden gegen die Hochschulgesetze der Länder Baden-Württemberg, Hamburg, Hessen, Niedersachsen und Nordrhein-Westfalen, abgegeben im Auftr. des Hochschulverbandes, Göttingen 1973. Darin Stellungnahmen von Karl Doehring, Hans F. Zacher, Skizze der Plädoyers vor dem Bundesverfassungsgericht 5.–7. Dezember 1972.
Hans F. Zacher (geb. 1928), 1962 Dozent in München, 1963 Ordinarius in Saarbrücken, seit 1971 in München Ordinarius für Öffentliches Recht und Sozialrecht, 1990–1996 Präsident der Max-Planck-Gesellschaft.

2 Wilhelm Wengler (1907–1995) war 1933–1934 Referent am KWI für ausländisches öffentliches Recht und Völkerrecht, 1948 habilitierte er sich für Völkerrecht und Internationales Privatrecht, seit 1949 lehrte er an der Freien Universität, Berlin.
Konrad Zweigert (1911–1996) habilitierte sich 1946 in Tübingen, 1948 erhielt er dort ein Ordinariat. 1951–1956 war er Richter am BVerfG, 1956 ging er als Direktor des MPI für ausländisches und internationales Privatrecht nach Hamburg; Nachruf von Ulrich Drobnig, in: JZ 51, 1996, S. 615.

3 Die Lage in Heidelberg war im Laufe des Sommersemesters eskaliert.

> In Heidelberg fand im Juni 1970 eine Tagung zur Entwicklungshilfe statt, die unter der Leitung des amerikanischen Präsidenten der Weltbank Robert S. Mc. Namara* stand. Dieser war in einem Hotel untergebracht, das dem Juristischen Seminar gegenüber liegt. Als sich ein gewaltbereiter Demonstrationszug, ausgestattet mit Stangen und zum Holzgerüstbau verwendeten Eisenklammern, auf das Hotel zu bewegte, schloß der Seminardirektor Prof. Hans Schneider aus Sicherheitsgründen das Juristische Seminar. Die Polizei ging mit Schlagstöcken und Wasserwerfen gegen die Demonstranten vor. Eine dabei naß gewordene (angeblich schwer verletzte) Demonstrantin hatte mit ihrer Freundin unberechtigterweise Einlaß in das Gebäude erlangt. Als beide das Haus wieder

verlassen wollten, stellte Schneider sie zur Rede. Eine von ihnen beschimpfte ihn ausfallend. Darauf versetzte Schneider ihr eine Ohrfeige. Der Frankfurter Rundschau (22. Juni 1970) zufolge hatte sich Schneider auf die Studentin „gestürzt und sie so heftig geschlagen, daß sie … eine Rißwunde an der Zunge davontrug" – diese die Wahrheit grob entstellende Version zirkulierte in allen Zeitungen. Am 23. Juni wurde der Rektor darauf hingewiesen, daß gegen Schneider „Aktionen" geplant seien. Weder Rendtorff, noch der im Gebäude befindliche Prorektor Adalbert Podlech** griffen ein, als am Tag darauf die Professoren Karl Doehring und Hans Schneider von dem Sprecher der „Basisgruppe Jura", Volker Neumann***, und einer großen Menge „Studenten" vor und in dem Gebäude (alle Fenster waren mit grölenden Aktivisten besetzt) am Betreten der Neuen Universität und Aufnahme ihrer Lehrveranstaltungen gehindert wurden. Das von der „Basisgruppe Jura" verteilte Flugblatt forderte: „Schneider liest nie mehr". Schneider selbst wurde verletzt. Die gesamte Juristische Fakultät stellte daraufhin die Vorlesungen für den Rest des Semesters ein.
Zur Berufung von Prof. Henke schrieb die Basisgruppe Jura: Nach einer „grundsätzlichen Analyse" seiner Veröffentlichungen komme man zu dem Schluß, daß er als Schüler von Werner Weber „Carl Schmitt'sche Ideologie zu einem zentralen Bestandteil seiner politischen Theorie" gemacht habe. Diese Tradition stehe einer „Emanzipation der Gesellschaft" entgegen. Möglicherweise sei aber ein Lernprozeß bei ihm eingeleitet worden, deshalb solle er sich, bevor er den Ruf annehme vor einer „studentischen Vollversammlung wissenschaftlich legitimieren"; Bericht im Heidelberger Tageblatt, Ausgabe vom 25. Juni 1970.

* Robert S. Mc.Namara (geb. 1916) legte das Präsidium bei der Ford Motor Company nieder und übernahm 1961–1968 das amerikanische Verteidigungsministerium, 1968–1981 war er Präsident der Weltbank.
** Adalbert Podlech (geb. 1929), Dr. phil, Dr. iur., habilitierte sich 1969 in Heidelberg, seit 1973 an der Technischen Hochschule Darmstadt.
*** Volker Neumann (geb. 1947), 1979 Promotion in Gießen, Habilitation in Frankfurt, 1995 Ordinarius in Rostock, seit 2003 auch an der Humboldt Universität Berlin.

4 Raymond Aron, Fortschritt ohne Ende? Gütersloh 1970. Beigelegt war Forsthoff, Von der sozialen zur technischen Revolution, 1970.

Nr. 311 Schmitt an Forsthoff, 1. 7. 1970

1 Der Spiegel, Ausgabe 29. Juni 1970, S. 73–75, meldete:

„Die Verfassungsbeschwerde der 163 Professoren, die gegen die in verschiedenen Hochschulgesetzen zugestandenen Mitbestimmungsrechte der Studenten klagten, sei auf Antrag des Baden-württembergischen Landtags vertagt worden". Lt. Spiegel kam dieser Antrag dem Gericht entgegen, da nach den Ereignissen in Heidelberg auch in Karlsruhe Demonstrationen befürchtet wurden. Gerüchten zufolge waren Heidelberger Studenten entschlossen, den Beschwerdeführer Hans Schneider bis ins Gerichtsgebäude zu verfolgen.

2 Jens Litten berichtete über ein Gespräch, das er in Anwesenheit von Rüdiger Altmann mit Schmitt führte und faßte zusammen:

„Ob er ein Konservativer sei, frage ich ihn, und der Schüler, der dieses Gespräch ermöglicht hat, Rüdiger Altmann, lächelt. Schmitt sieht für die Konservativen keinen Platz mehr in unserer Gesellschaft. Er zieht einen deutlichen Trennungsstrich etwa zu einem Arnim Mohler"; Artikel: „Ge-

schmäht und auch bewundert", in: Deutsches Allgemeines Sonntagsblatt, Ausgabe vom 28.6.1970, S. 8; dazu Mohler, Briefwechsel, S. 399/400.
Auf der gleichen Seite ist abgedruckt: Carl Schmitt. Von der TV-Demokratie. Die Aggressivität des Forstschritts.
3 Rüdiger Altmann, Brüder im Nichts? Zur Auseinandersetzung Jürgen Habermas' mit Arnold Gehlens Ethik, in: Merkur 24, 1970, S. 577–582. Der Aufsatz ist eine Antwort auf: Jürgen Habermas, Nachgeahmte Substanzialität. Eine Auseinandersetzung mit Arnold Gehlens Ethik, in: Merkur 24, 1970, S. 313–327.

Nr. 312 Forsthoff an Schmitt, 2. 7. 1970
1 Zu den Spannungen zwischen Schmitt und Mohler, vgl. Kommentar zu Forsthoffs Brief an Schmitt, 9. Juli 1970 (Nr. 314).

Nr. 313 Schmitt an Forsthoff, 7. 7. 1970
1 Käthe Jessen (geb. Scheffer, 1896–1983) war mit dem Wirtschaftswissenschaftler Jens Jessen (1895–1944) verheiratet.
Nach einer Lehrtätigkeit in Göttingen, Kiel und (zwangsversetzt) Marburg kam Jessen 1935 zunächst an die Berliner Handelshochschule, 1936 an die Universität. Jessen gehörte der Berliner „Mittwochsgesellschaft" an. Er entwarf mit Popitz Verfassungspläne für die Zeit nach einem Umsturz. Nach dem 20. Juli wurde er gefangengenommen, verhört, am 30. November 1944 vom Volksgerichtshof wegen „Nichtanzeige eines hochverräterischen Unternehmens" zum Tode verurteilt und sofort in Berlin-Plötzensee hingerichtet; vgl. DBE 5, 1997, S. 327; Regina Schlüter-Ahrens, Der Volkswirt Jens Jessen. Leben und Werk, Marburg 2001 (Diss. Universität Hamburg 2000).
Die Familien Schmitt und Jessen waren sehr befreundet. Im Gästebuch von Frau Schmitt für das Jahr 1938 sind viele Besuche festgehalten, z.B. am 7. November 1938 zugleich mit Johannes Popitz (Mitteilung von Ernst Hüsmert).
2 Marianne Kesting berichtete in der FAZ, Ausgabe vom 3. Juli 1970, unter dem Titel „Geschichte und Geschichten" über eine Tagung der Forschungsgruppe „Poetik und Hermeneutik". Dazu erschien der Tagungsband: Reinhart Koselleck/Wolf-Dieter Stempel (Hgg.), Geschichte, Ereignis und Erzählung, München 1973, Reihe: Poetik und Hermeneutik Bd. 5.
3 Claus D. Kernig, u.a. (Hgg.), Sowjetsystem und demokratische Gesellschaft. Eine vergleichende Enzyklopädie, 6 Bde, Freiburg 1966–1972; die Artikel „Frieden" und „Guerilladoktrin" erschienen in Bd. 2, 1968, Sp. 711–740, Sp. 1122–1144.
Claus Dieter Kernig (geb. 1927), Studium der Philosophie und Theologie, Politikwissenschaft und Volkswirtschaftslehre, 1958 Promotion in Freiburg, Assistent in Marburg, Forschungen zur Sowjetunion, Hg. und Chefredakteur der vergleichenden Enzyklopädie: „Sowjetsystem und demokratische Gesellschaft", 1972 Honorarprofessor für Politikwissenschaft an der Universität Freiburg, 1974 übernahm er den Lehrstuhl für Politikwissenschaft an der Universität Trier.

4 Rüdiger Altmann, Abschied von der Kirche, in: Der Spiegel, Ausgabe 6. Juli 1970, S. 120/121.

Nr. 314 Forsthoff an Schmitt, 9. 7. 1970

1 Marcel Hepp (1936–1970) studierte Rechtswissenschaft an den Universitäten Tübingen und Freiburg. Er gründete gemeinsam mit seinem Bruder Robert die katholisch-konservative Studentenbewegung „Katholische Front" (später „Konservative Front"). 1965 ging er als Persönlicher Referent zur Franz Josef Strauss. 1967 bis 1969 war er geschäftsführender Herausgeber und Chefredakteur des „Bayernkurier". Hepp starb am 9. Oktober 1970 in Heidelberg; Mohler, Briefwechsel, S. 268 Anm. 322; Armin Mohler, Erinnerung an einen Freund, in: Von rechts gesehen, Stuttgart 1974, S. 324–327.

Am 10. Juli 1970 schrieb Armin Mohler an Ernst Forsthoff, Nachlaß Forsthoff:

> Lieber Herr Forsthoff,
> Sie baten mich um Nachricht, ob C.S. mir geschrieben habe. Das hat er bisher nicht getan, und ich hoffe auch, dass er es nicht tun wird. Mein Brief nach Plettenberg hatte ja den Zweck, ihm diesen Brief zu ersparen (dessen Empfang mich übrigens – bei welchem Inhalt auch immer – peinlich berühren würde).
> Inzwischen habe ich die Seite im SONNTAGSBLATT gelesen. Nicht für mich, aber für C.S. ist es doch schlimmer, als ich es mir vorgestellt hatte. Es läuft doch darauf hinaus, dass er statt mit mir eben mit Herrn O.F. gesehen werden möchte. Soviel Anbiederung nach links hätte ich, offen gestanden, auch bei einem 82jährigen nicht erwartet – lebenserhaltende Taktik immer zugestanden. Ich weiss nicht, ob das für C.S.' Ansehen bei denen, bei denen er Ansehen hat, gut ist. Im H.K.A. hat sich die Angelegenheit – ohne mein Zutun – herumgesprochen. Die Reaktion eines der Jungen: „Diese alten Herren sind doch alles Charakterschweine, das hat man schon bei Jünger gesehen." Nun, diesem summarischen Urteil konnte ich leicht einige Gegenbeispiele entgegenhalten, bei den eben verstorbenen Schacht und Papen angefangen. ... in Eile wie immer, aber herzlich
> Ihr Armin Mohler
> Bei Ihrem Verhältnis zu Barion und Oberheid darf ich noch einmal einfach den Durchschlag dorthin senden, nichtwahr?

Mohler beschrieb selbst sein damaliges Verhältnis zu Schmitt: Mohler, Briefwechsel, S. 399–401 Anm. 491; es folgte ein fast zweijähriges Schweigen.

Nr. 316 Forsthoff an Schmitt, 24. 9. 1970

1 Christian Graf von Krockow, Staatsideologie oder demokratisches Bewußtsein: Die deutsche Alternative. Kritische Anmerkungen zur politischen Grundsatzdiskussion in der Bundesrepublik, am 15. September gesendet im 2. Programm des Hessischen Rundfunks, wiederholt am 18. September.

Graf von Krockow (1927–2002), Politologe in Frankfurt, war seit 1969 emeritiert.

2 Peter Römer, Vom totalen Staat zur totalen bürgerlichen Gesellschaft. Einige Erwägungen anhand neuerer Analysen der Carl-Schmitt-Schule, in: Das Argument. Zeitschrift für Philosophie und Sozialwissenschaften 12, 1970, S. 322–339.

Nr. 317 Forsthoff und andere an Schmitt, 29. 9. 1970

1 Thema des Ebracher Ferienseminars (27. September–10. Oktober 1970) lautete: Stellung und Aufgabe der Wissenschaft in der Gegenwart.

Die Karte an Schmitt unterzeichneten Seminarteilnehmer und die Referenten:

HB = Hans Barion, Referat: Aufgabe und Stellung der katholischen Theologie in der Gegenwart.

Bormann hielt zwei Referate: Wissenschaft und praktische Philosophie in der Diskussion der kritischen Theorie; Die Funktion der Wissenschaften in der evangelischen Theologie.

Claus von Bormann (geb. 1936) war damals Assistent für Philosophie an der Universität Gießen, später Bochum. Seit 1983 Dozent für evangelische Theologie, dann für Philosophie am Oberstufen-Kolleg der Universität Bielefeld tätig, seit 2001 im Ruhestand und vor allem als Psychoanalytiker tätig.

Gert Müller, Referat: Das naturwissenschaftlich-technische Zukunftsbild.

Reinhart Koselleck, Referat: Das Selbstverständnis der Geschichtswissenschaft.

Nr. 318 Forsthoff an Schmitt, 21. 12. 1970

1 Forsthoff, Staat der Industriegesellschaft, 1971. Der Band erschien 1971 in zwei Auflagen. Seine Widmung lautete: „Für Gustav Hillard Steinbömer zum 24. Februar 1971", s. Einleitung, S. 29 f.

Hans Richtscheid (1907–1992), Lektor des Münchner C. H. Beck-Verlags, betreute die sog. „Beck'sche Schwarze Reihe".

2 Forsthoff und der Stadtvermessungsdirektor Dipl.-Ing. Tiemann aus Essen wurden in dem Gesetzgebungsverfahren zum Städtebauförderungsgesetz zur Klärung rechtlicher und sachlicher Zweifelsfragen gehört. Dazu verfaßte Forsthoff im Januar 1971 ein Rechtsgutachten: Verfassungsrechtliche Prüfung.

3 Forsthoff, Lage des verfassungsrechtlichen Eigentumsschutzes, 1971.

Nr. 319 Forsthoff an Schmitt, 3. 2. 1971

1 An Weihnachten 1970 erlitt Schmitt einen Herzinfarkt.

2 Arnold Gehlen: Wie stark darf der Staat sein? Zu Ernst Forsthoffs neuem Buch, in: Die Welt, Nr. 49 vom 27. Februar 1971, Beilage „Die geistige Welt", S. III.

Nr. 320 Forsthoff an Schmitt, 10. 2. 1971

Schmitt machte sich auf dem Brief schwer lesbarer stenographische Notizen und Hinweise.

1 Das Treffen fand am 5. 2. 1971 in Rossholzen statt.

Forsthoff und Willi Blümel gehörten zu den Prozeßbevollmächtigten der Kläger in der Verwaltungsstreitsache gegen den Freistaat Bayern. 1970 veröffentlichten sie ihr Gutachten. Das Bayerische Verwaltungsgericht, München entschied (24. 5. 1971), daß der

Freistaat Bayern für das Projekt „Verkehrsflughafen München II“ vor der Genehmigung nach dem Luftverkehrsgesetz ein förmliches Raumordnungsverfahren durchzuführen habe. Im Berufungsverfahren (1972) und vor dem Bundesverwaltungsgericht (21.2.1973) wurden die Kläger abgewiesen. Diese Entscheidung kommentierte Willi Blümel, Raumordnung und kommunale Selbstverwaltung, in: Deutsches Verwaltungsblatt 88, 1973, S. 436–442.

Nr. 321 Forsthoff an Schmitt, 22. 3. 1971

1 Forsthoff rezensierte Hugo Ball, Zur Kritik der deutschen Intelligenz. Ein Pamphlet. Hg. Gerd-Klaus Kaltenbrunner, München 1970, in: Das Historisch-Politische Buch 1971.

Forsthoff warnte „vor dem wissenschaftlichen Gebrauch dieser Ausgabe“, da antiprotestantische, antisemitische und antipreußische Auslassungen der Erstausgabe von 1919 stillschweigend unterschlagen worden seien.

Zu Hugo Ball s. Kommentierung zu Schmitts Brief an Forsthoff, 16. Februar 1968 (Nr. 242).

Nr. 322 Schmitt an Forsthoff, 8. 4. 1971

1 Forsthoff, Diese Art von Justizreform brauchen wir nicht, 1971.

2 Karmontag fiel 1971 auf den 5. April.

Annette von Droste-Hülshoff, Am Montag in der Charwoche (Evang. Vom verdorrten Feigenbaum), 1. Strophe, zitiert nach: Sämtliche Werke, Hg. Günther Wendt u. a., 3. Aufl. München 1989, Bd. 1, S. 605:

Wie stehst du doch so dürr und kahl,
Die trocknen Adern leer,
O Feigenbaum!
Ein Totenkranz von Blättern fahl,
Hängt rasselnd um dich her
Wie Wellenschaum.
O Mensch! ich muß hier stehn, ich muß
Dich grüßen mit dem Todesgruß,
Daß du das Leben fassest,
Es nicht entlassest!

3 Theodor W. Adorno, Minima moralia. Reflexionen aus dem beschädigten Leben, Berlin, Frankfurt 1951, S. 28:

„Es gibt nichts Harmloses mehr. Die kleinen Freuden, die Äußerungen des Lebens, die von der Verantwortung des Gedankens ausgenommen scheinen, haben nicht nur ein Moment der trotzigen Albernheit, des hartherzigen sich blind Machens, sondern treten unmittelbar in den Dienst ihres äußersten Gegensatzes. Noch der Baum, der blüht, lügt in dem Augenblick, in welchem man sein Blühen ohne den Schatten des Entsetzens wahrnimmt; noch das unschuldige Wie schön wird zur Ausrede für die Schmach des Daseins, das anders ist, und es ist keine Schönheit und kein Trost mehr außer in dem Blick, der aufs Grauen geht, ihm standhält und im ungemilderten Bewußtsein der Negativität die Möglichkeit des Besseren festhält.“

4 Walter Heinemann, Die Relevanz der Philosophie Martin Heideggers für das Rechtsdenken (Diss. Freiburg 1970, 1. Berichterstatter Erik Wolf, 2. Berichterstatter Alexander Hollerbach).

Nr. 323 Forsthoff an Schmitt, [vor dem 19. 6. 1971]

1 Schmitt, Stellung Lorenz von Steins, 1940; Forsthoff, Lorenz von Stein, 1972.

2 Das Ebracher Ferien Seminar besuchten:
Werner Conze (1910–1986) seit 1957 an der Universität Heidelberg Ordinarius für neuere Geschichte, Sozial- und Wirtschaftsgeschichte; DBE 2, 1995, S. 368.
Karl August Horst (1913–1973), Übersetzer, Schriftsteller und Literaturkritiker für die FAZ und die Neue Zürcher Zeitung.
Kurt Hübner (geb. 1921), 1955 Habilitation für Philosophie, 1960 Ordinarius an der TU Berlin, 1962 Honorarprofessor an der FU Berlin, seit 1971 Ordinarius in Kiel.

3 Klaus Frey und Michael Ronellenfitsch unterstützten Forsthoff bei der Neuauflage des Lehrbuchs für Verwaltungsrecht.
Klaus Frey, Die Verfassungsmäßigkeit der transitorischen Enteignung, Berlin 1983. Diese Dissertation hatte Forsthoff angeregt, Frey widmete ihm die Arbeit.
Michael Ronellenfitsch (geb. 1945) habilitierte sich 1981 für Öffentliches Recht. Er übernahm zunächst 1982 ein Ordinariat in Bonn, 1989 an der FU Berlin, seit 1993 lehrt er an der Universität Tübingen.

Nr. 325 Schmitt an Forsthoff, 19. 7. 1971

1 Franz Walter Müller (1912–1998), Romanistischer Philologe, 1943 Dozent, 1949 apl. Professor in Marburg, 1959 Ordinarius an der FU Berlin, seit 1963 in Frankfurt/Main; Karsten Garscha, Franz Walter Müller (1912–1998), in: Romanische Forschungen 111, 1999, S. 42–44.

2 Schmitt, The concept of the political. Translation, introduction and notes by George Schwab. With comments on Schmitt by Leo Strauss, New Brunswick, N. J. (Rutgers University Press) 1976.

3 Der Mitarbeiter des Pentagon, Daniel Ellsberg, entwendete die sog. „Pentagon-Papers" (7.000 Seiten) und veranlaßte ihre Veröffentlichung in der New York Times (erstmals am 3. Juni 1971), um die bewußt falsche Darstellung der Regierung zum Vietnamkrieg aufzudecken. Präsident Nixon und der Verteidigungsminister verboten die weitere Veröffentlichung, doch am 30. Juni 1971 entschied der Supreme Court (6:3), daß die Veröffentlichung durch das Recht auf Pressefreiheit gedeckt werde; Daniel Ellsberg, Secrets: A Memoir of Vietnam and the Pentagon Papers, Viking, 2002.

4 Manfred Hahn (Hg.), Proletariat und Gesellschaft: Text nach der zweiten Auflage von „Der Sozialismus und Kommunismus des heutigen Frankreichs" (1848) v. Lorenz von Stein, München 1971.

5 Ludwig Straetmans (Gerichtsassessor), Lorenz von Stein: Die Verwaltung als permanente soziale Reform, in: DÖV 23, 1970, S. 809–812.

6 Hans Freund, Soziologie und Sozialismus. Ein Beitrag zur Geschichte der deutschen Sozialtheorie um 1842 (Diss. phil. Basel), Würzburg 1934.
Hans Freyer, Soziologie als Wirklichkeitswissenschaft. Logische Grundlegung des Systems der Soziologie, Leipzig 1930.

Nr. 326 Forsthoff an Schmitt, 24. 6. [7.] 1971

Schmitt verbesserte das Datum in: 24. Juli 1971.

1 Der Adoptivsohn von Gustav Gründgens erreichte durch eine einstweilige Verfügung, daß Klaus Manns Buch „Mephisto, Roman einer Karriere" nicht neu aufgelegt werden dürfe, weil dies Buch Gründgens verunglimpfe. Dagegen erhob der Verleger Verfassungsbeschwerde. Das BVerfG wies die Verfassungsbeschwerde zurück und räumte zugleich der schriftstellerischen Darstellungsfreiheit eines Autors den Vorrang vor dem allgemeinen Persönlichkeitsrecht ein; BVerfGE 30, S. 173–227 (Beschluß vom 24. Februar 1971). Forsthoff, Anmerkung zur „Mephisto"-Entscheidung, 1971.

Nr. 327 Forsthoff an Schmitt, 10. 9. 1971

1 Forsthoff, Freiheit, 1972.

2 Kurt Sontheimer, Das Ende der konservativen Staatslehre. Ernst Forsthoffs „Der Staat der Industriegesellschaft", in: FAZ, Ausgabe vom 24. August 1971:

> „An Forsthoffs Buch läßt sich die Kontinuität eines obrigkeitsstaatlichen Denkens im politischen Bewußtsein der Bundesrepublik gut ablesen. Anstatt sich der Notwendigkeit des Umdenkens zu stellen, verlegt man sich auf die Kunst des Umdeutens. Forsthoff beherrscht sie in eindrucksvoller Weise. Aber die Prämissen dieser Staatslehre bleiben ebenso fragwürdig und politisch bedenklich, wie sie es schon in den Jahren vor 1933 waren. Daran ändert auch Forsthoffs Verbeugung vor der Macht des Faktischen in Gestalt des Staates der Industriegesellschaft nichts Wesentliches."

Nr. 328 Schmitt an Forsthoff, 13. 9. 1971

1 Gerhard Hufnagel, Kritik als Beruf. Der kritische Gehalt im Werk Max Webers, Frankfurt/Main 1971, Reihe: Schriften zur Theorie von Geschichte und Politik.
Das Buch erschien im Propyläen Verlag. Auf dem Schutzumschlag wurde angekündigt, daß in dieser Reihe auch von Schmitt „Politische Schriften" erscheinen sollten. S. Kommentar zu Schmitts Brief an Forsthoff, 13. Januar 1970 (Nr. 303), Anm. 2.

2 Ingeborg Maus, Bürgerliche Rechtstheorie und Faschismus. Zur sozialen Funktion und aktuellen Wirkung der Theorie Carl Schmitts, München 1976; hervorgegangen aus einer Dissertation, Frankfurt 1971.

3 Karl Korn, Ein vergessener deutscher Revolutionär. Hugo Balls Kritik der deutschen Intelligenz, in: FAZ, Ausgabe vom 17. Juli 1971.

Nr. 329 Forsthoff und andere an Schmitt, 30. 9. 1971

1 Das Thema des Ebrach-Seminars für 1971 lautete: „Der Wirklichkeitsverlust des Geistes".

Nr. 330 Forsthoff an Schmitt, [vor dem 27. 11. 1971]

1 Helmut Ridder, Epirrhosis. Carl Schmitt und ein Ende, in: Neue Politische Literatur 16, 1971, S. 317–339, Anmerkungen zu Forsthoffs Beitrag, S. 325–333.

Ridder schrieb (S. 331): „Die C.S.-schulspezifische Unlauterkeit der praktizierten Wettbewerbsmethode besteht in der fragmentbezogenen Ehrlichkeit. Forsthoff, Barion und die übrigen Routiniers aus der Meisterklasse von C.S. verfahren wie jemand, der BRD mit ‚Pornographicum Foederale' übersetzen würde: Man trifft etwas nicht Unwesentliches, in mancher Hinsicht sogar Bezeichnendes, und doch nicht das Wesentliche, noch weniger das Ganze". (S. 326) „Forsthoff hat sich als Jurist zum letzten Ritter der Normativität aufgeschwungen. Die Folgen der Quijotterie können nicht ausbleiben."

2 Forsthoff, Verfassungsrechtliche Grenzen einer Reform des öffentlichen Dienstrechts, 1971.

Nr. 331 Schmitt an Forsthoff, 27. 11. 1971

1 Heinrich Muth, Carl Schmitt in der deutschen Innenpolitik des Sommers 1932, in: Theodor Schieder (Hg.), Beiträge zur Geschichte der Weimarer Republik, Historische Zeitschrift, Beiheft NF 1, München 1971, S. 75–147, vgl. dagegen Gabriel Seiberth, Legalität oder Legitimität? „Preußenschlag" und Staatsnotstand als juristische Herausforderung für Carl Schmitt in der Reichskrise der Weimarer Endzeit, in: Schmittiana 7, 2001, S. 131–164. Siehe auch Kommentar zu Forsthoffs Brief an Schmitt, 9. Juli 1969 (Nr. 289).

2 E. R. Huber gebrauchte „Friedrich Landeck" als Pseudonym, z.B. für seinen Aufsatz: Verfassung und Legalität, in: Deutsches Volkstum 14, 1932, S. 733–737; s. Kommentar zu Forsthoffs Brief an Schmitt, 30. November 1931 (Nr. 8), Anm. 4.

3 Walter Schotte veröffentlichte 1932: Der neue Staat (Interviews mit Regierungsmitgliedern), Berlin, 165 Seiten und Das Kabinett Papen, Schleicher, Gayl, Reihe: Männer und Mächte, Leipzig, 91 Seiten.

Walter Schotte (geb. 1886), Schriftsteller, Promotion zum Dr. phil. 1909 in Berlin, bis 1916 in der Verwaltung des Preußischen Staatsarchivs tätig, 1916–1917 Friedrich Naumanns Sekretär, Herausgeber der Wochenschrift „Mitteleuropa", 1919–1927 der „Preußischen Jahrbücher", ab 1.10.1927 der Halbmonatsschrift „Politik und Gesellschaft". Schotte stand Papen nahe und galt als sein Redenschreiber.

4 Theodor Schieder (1908–1984), Historiker, 1940 Ordinarius in Königsberg, seit 1948 in Köln; Otto Dann, in: DBE 8, 1998, S. 624.

Nr. 332 Forsthoff an Schmitt, 1. 12. 1971

1 Hans Delbrück (1848–1929), Historiker und Politiker, gehörte 1883–1919 zu den Herausgebern der „Preußischen Jahrbücher", 1884–1890 Reichstagsabgeordneter; vgl. Rudolf Vierhaus, in: DBE 2, 1995, S. 475.

Nr. 333 Forsthoff an Schmitt, 29. 12. 1971

1 Vgl. Kommentar zu Schmitts Brief an Forsthoff, 13. September 1971 (Nr. 328), Anm. 1.

2 Zur Einladung des Österreichischen Rundfunks, s. Kommentar zu Forsthoffs Brief an Schmitt, 9. Juli 1972 (Nr. 340).

3 Hesperus, Festschrift für Gustav Hillard Steinbömer zum 90. Geburtstag am 24. Februar 1971, Privatdruck (hergestellt in Hamburg).

Nr. 334 Schmitt an Forsthoff, 13. 1. 1972

1 Max Weber gebrauchte die Formulierung zweimal:

Er widmete seine Gesammelten Aufsätze zur Religionssoziologie: „Marianne Weber 1893 bis ins Pianissimo des höchsten Alters, 7. Juni 1920". – Max und Marianne Weber hatten 1893 geheiratet, am 14. Juni 1920 starb Max Weber.

Max Weber, Konfuzianismus und Taoismus in: Gesamtausgabe, Abt. 1, Bd. 19: Wirtschaftsethik der Weltreligionen, Tübingen 1989, S. 510/511, mit Anm. 39:

> „Es ist am besten wohl der Quäkerethik (wie sie aus William Penn's Briefen an seine Frau spricht) gelungen, über die ziemlich grobe lutherische Deutung des Sinnes der Ehe hinaus zu einer echt menschlichen Interpretation ihrer innerlichen religiösen Werte zu gelangen. Rein innerweltlich angesehen, kann nur die Verknüpfung mit dem Gedanken ethischer Verantwortlichkeit für einander – also einer gegenüber der rein erotischen Sphäre heterogenen Kategorie der Beziehung – dem Empfinden dienen: dass in der Abwandlung des verantwortungsbewussten Liebesgefühls durch alle Nuancen des organischen Lebensganges hindurch: ‚bis zum Pianissimo des höchsten Alters', in dem Einander-Gewähren und Einander-schuldig-werden (im Sinne Goethes) etwas Eigenartiges und Höchstes liegen könne. Selten gewährt es das Leben rein; wem es gewährt wird, der spreche von Glück und Gnade des Schicksals, – nicht: von eigenem ‚Verdienst'."

Nr. 335 Forsthoff an Schmitt, 3. 3. 1972

1 Die Sendung Carl Schmitt im Gespräch mit Dieter Groh und Klaus Figge wurde am 6. Februar 1972, 18.00–19.00 Uhr, vom Südwestfunk Baden-Baden in der Reihe „Zeitgenossen" ausgestrahlt. Das Gespräch ist wieder abgedruckt in: Piet Tommissen (Hg.), Over en in zake Carl Schmitt, in: Schriftenreihe Eclectica 5, 2 Brüssel 1975, S. 89–109.

2 Preisträger der Deutschland-Stiftung waren neben Forsthoff:

Pascual (Ernst) Jordan (1902–1980), theoretischer Physiker; vgl. DBE 5, 1997, S. 363.

Richard Nicolaus Graf Coudenhove-Kalergi (1894–1972), österreichischer Schriftsteller, Gründer der Paneuropa-Union.

Eugen Wilhelm Baron von Sass (1927–1984) floh 1946 nach Westberlin und nahm den Namen Matthias Walden an. Zunächst arbeitete er als Redakteur beim RIAS, 1980 wechselte er zum Springer Verlag und war dort Herausgeber der Tageszeitung „Die Welt".

Otto von Habsburg (geb. 1912), 1979–1999 Mitglied des Europaparlaments, seit 1973 Präsident der Internationalen Paneuropa-Union.

Nr. 337 Forsthoff an Schmitt, 1. 5. 1972

1 In Forsthoffs Nachlaß liegt ein unveröffentlichtes Manuskript „Die Wirtschaftsverfassung im Rahmen der Gesamtverfassung", das dem Vortrag vielleicht zugrunde lag.

2 Lutz-Arwed Bentin, Johannes Popitz und Carl Schmitt. Zur wirtschaftlichen Theorie des totalen Staates in Deutschland, München 1972 (Münchner Diss. bei Hans Maier). Siehe auch Forsthoffs Brief an Schmitt, 6. Januar 1950 (Nr. 32).

Lutz-Arwed Bentin (1940–1986) hatte nach seinen Angaben sowohl mit Schmitt, als auch mit Forsthoff Gespräche geführt (a. a. O., S. 78, Anm. 2 und S. 164 Anm. 11); in Schmitts Nachlaß liegen 5 Briefe von ihm aus den Jahren 1968–1973; vgl. die Briefe vom 3. und 8. September 1972.

3 Klaus-Michael Kodalle, Thomas Hobbes. Logik der Herrschaft und Vernunft des Friedens, München 1972, in: Reihe Studien zur Politik 20; 1969 als Kölner Diss. angenommen unter dem Titel: Wahrheit und System.

Nr. 338 Forsthoff an Schmitt, 9. 5. 1972

1 Otto Plassmann, Rechtsanwalt.

2 Forsthoff, Dankrede, 1972.

Nr. 339 Schmitt an Forsthoff, 27. 6. 1972

1 Zur Auseinandersetzung Schmitt/Kelsen: Dan Diner/Michael Stolleis (Hgg.), Hans Kelsen and Carl Schmitt. A Juxtaposition, in: Schriftenreihe des Instituts für Deutsche Geschichte, Universität Tel Aviv 20, Gerlingen 1999 und Stolleis, Geschichte des Öffentlichen Rechts, Bd. 3, passim.

2 Walter Dirks, Den Teufel an die Wand gemalt. Oder: Ist Bonn doch Weimar?, in: Frankfurter Hefte 27, 1972, S. 395–402, in Anspielung auf den Titel von Fritz René Allemann, Bonn ist nicht Weimar, 1956.

Walter Dirks (1901–1991), katholischer Publizist. Nach dem Theologiestudium zeitweilig Sekretär von R. Guardini, journalistische Tätigkeit für linkskatholische Blätter seit 1924 bis zu deren Schließung 1934. 1933 kam Dirks für kurze Zeit in Schutzhaft, 1935 bis zur Schließung 1943 arbeitete er bei der Frankfurter Zeitung. Nach 1945 in Frankfurt politisches Engagement, mit Eugen Kogon Begründer der „Frankfurter Hefte"; vielfältige journalistische Tätigkeit im Rundfunk, Mitbegründer des Bensberger Arbeitskreises; Angaben nach dem Archiv der sozialen Demokratie (AdsD), Freiburg, dem Dirks seinen Nachlaß überließ.

In Frankfurter Hefte 27, 1972 erschienen: Jan Stehl: Carl Schmitt und die politische Theologie, S. 407–417; Hans Daiber, Ein allzu guter Deutscher. Gerhart Hauptmann und die Politik, S. 441–450. Der Aufsatz beginnt mit der Feststellung: „Gerhart Hauptmann ist 83 Jahre alt geworden", so alt war Schmitt gerade selbst.

Nr. 340 Forsthoff an Schmitt, 9. 7. 1972

1 Vom 19.–22. September 1972 veranstaltete der ORF das 6. Salzburger Humanismusgespräch zum Generalthema: Auf dem Weg zur hörigen Gesellschaft? Der Mensch im politisch-sozialen Spannungsfeld der großen Institutionen. Forsthoff sprach am 22. September. Nachmittags fand eine Diskussionsrunde zum Thema: „Der Staat in der pluralistischen Gesellschaft: ‚pouvoir neutre' oder Erfüllungsgehilfe der organisierten Interessen?" Dazu waren eingeladen neben Forsthoff u. a. Hannah Arendt, Arnold Gehlen, Wilhelm Hennis, Franz Martin Schmölz.

2 Gustav Steinbömer war am 3. Juli 1972 in Lübeck gestorben.

Nr. 341 Forsthoff an Schmitt, 3. 9. 1972

1 Franz Martin Schmölz (1927–2003), Dominikaner, 1962 Habilitation für Philosophische Gesellschaftslehre und Rechtsphilosophie in Salzburg, Mitbegründer der katholisch-theologischen Fakultät, seit 1967 dort Ordinarius; Gertrud Putz, in: Bautz, Kirchenlexikon 23, 2004, Sp. 1296–1306.

2 Hans H. Klein, Die Grundrechte im demokratischen Staat. Kritische Bemerkungen zur Auslegung der Grundrechte in der deutschen Staatsrechtslehre der Gegenwart, Stuttgart 1972, Reihe: res publica. Beiträge zum öffentlichen Recht 26.

Nr. 342 Schmitt an Forsthoff, 8. 9. 1972

1 Hans Maier (geb. 1931) 1962 Habilitation in Freiburg für Politische Wissenschaft, 1962 Ordinarius an der Universität München, 1970–1986 bayerischer Staatsminister für Unterricht und Kultus, 1988 Übernahme des Guardini-Lehrstuhls an der Universität München.

2 Heinz Hürten, Waldemar Gurian. Ein Zeuge der Krise unserer Welt in der ersten Hälfte des 20. Jahrhunderts, Mainz 1972, Reihe: Veröffentlichungen der Kommission für Zeitgeschichte bei der Katholischen Akademie in Bayern, Reihe B, Forschungen 11 (Habil.-Schrift Bonn).

Waldemar Gurian (1902–1954), 1911 aus Petersburg geflohen, trat mit der Familie 1914 zum Katholizismus über. Nach seiner Promotion bei Max Scheler ging er als Redakteur zur Kölnischen Volkszeitung und arbeitete als freier Publizist. Zeitweilig mit Schmitt befreundet, kam es über der Beurteilung von Hugo Balls späten Schriften zu Mißhelligkeiten zwischen beiden. Nach der Machtergreifung emigrierte Gurian 1934 in die Schweiz und gab dort mit Otto M. Knab ein Wochenblatt heraus: „Deutsche Briefe. Private Berichte aus dem religiösen, kulturellen und politischen Leben im neuen Deutschland, unter Mitarbeit deutscher Katholiken. Ein Blatt der katholischen Emigration" (September 1934–April 1938). 1937 kam er an die katholische Universität in Indiana (USA), und unterrichtete seit 1943. Von dort nahm er Verbindung mit Hannah Arendt auf; Hannah Arendt, The Personality of Waldemar Gurian, in: Review of Politics, The Gurian Memorial Issue 17, 1955, S. 33–42; Biogr. Hdb. Emigr. 1, S. 255. Im Schmitt-Nachlaß liegt Korrespondenz aus den Jahren 1927–1929.

In der Ausgabe der „Deutschen Briefe", Nr. 4 vom 26. 10.1934 wird Schmitt, „der Kronjurist des III. Reichs", angegriffen; „seine Rechtfertigung des 30. Juni mit seinen Massenerschießungen ohne jedes Gerichtsverfahren ist geeignet berüchtigt zu werden." In Nr. 117 vom 18. Dezember 1936 hieß es: „Die Treibjagd gegen NS Kronjuristen Carl Schmitt hat eingesetzt", es folgen Zitate aus der Zeitschrift „Das Schwarze Korps" (10.12.1936). Der Artikel schloß: „Schmitt ist heute zur überflüssigen Hilfskraft geworden. ... Offenbar gilt im Dritten Reich der Grundsatz: Charakterlosigkeit ist solange ‚Charakterstärke' als sie dem Nationalsozialismus dient", Zitate aus der Edition „Deutsche Briefe", Mainz 1969, Bd. 1, S. 52–54 und Bd. 2, S. 498/499; Schmitt wird in den Briefen vielfach erwähnt; vgl. Quaritsch, Positionen und Begriffe, S. 110.

3 Moses Hess, Gesellschaftsspiegel. Organ zur Vertretung der besitzlosen Volksklassen und zur Beleuchtung der gesellschaftlichen Zustände der Gegenwart, unveränderter Neudr. der Ausg. Elberfeld 1845/1846, Verlag Auvermann, Glashütten im Taunus, 1971. Dazu Ernst Th. Mohl, Marginalien zum Nachdruck der von Moses Heß redigierten Zeitschrift „Gesellschaftsspiegel", XXXVIII Seiten.

4 Schmitt, Théorie du partisan, mit einer Einleitung von Julien Freund, Paris 1972.

Nr. 343 Forsthoff an Schmitt, 26. 9. 1972

1 Roman Schnur u.a. (Hgg.), Festschrift für Ernst Forsthoff zum 70. Geburtstag, München 1971, 2. Aufl. (unveränderter Neudruck) 1974; nach der Vorbemerkung des Verlages war die Festschrift nach 1 1/2 Jahren vergriffen gewesen.

Nr. 345 Forsthoff an Schmitt, [vor dem 31. 1. 1973]

1 Forsthoff, Rezension Bentin, 1973; s. oben Kommentierung zu Forsthoffs Brief an Schmitt, 1. Mai 1971 (Nr. 337).

Nr. 347 Forsthoff an Schmitt, 9. 7. 1973

1 In der Deutschen Zeitung, Ausgabe vom 6. Juli 1973, S. 6 schrieb Rüdiger Altmann: Staatsdenker mit linken Epigonen. – Carl Schmitt: ein fruchtbares Ärgernis; im Deutschen Allgemeinen Sonntagsblatt, Ausgabe vom 8. Juli 1973, S. 8: Sepp Schelz, Im Schatten des Leviathan; FAZ, Ausgabe 11. Juli 1973, S. 2: Friedrich Karl Fromme, Der Mann, der den lebenden Parlamentarismus sezierte. Carl Schmitt wird 85.

2 Die Regierungen Brandt/Scheel handelten die sog. „Ostverträge" aus (Moskauer Vertrag, 12. August 1970 und Warschauer Vertrag, 7. Dezember 1970), in denen sich die Bundesrepublik zur Unverletzbarkeit der Grenze zwischen der DDR und Polen (Oder–Neiße Grenze) und der Demarkationslinie zwischen der DDR und der Bundesrepublik bekannte. In einem dem Moskauer Vertrag beigegebenen „Brief zur deutschen Einheit" hielt die Bundesregierung fest, daß die Vereinbarungen nicht dem Ziel widersprechen, „auf einen Zustand des Friedens in Europa hinzuwirken, in dem das deutsche Volk in freier Selbstbestimmung seine Einheit wiedererlangt".

Das Bundesverfassungsgericht wies die Klage der Bayerischen Staatsregierung gegen die Verträge ab, da das Land Bayern nicht unmittelbar in seinen verfassungsmäßigen Rechten verletzt worden sei. Zum ganzen: Dokumentation der Bayerischen Staatsregierung zur Prüfung der Verfassungsmäßigkeit des Grundvertrags durch das Bundesverfassungsgericht, hg. von der Bayerischen Staatskanzlei am 16.7.1973, München 1973; Eckart Klein, Bundesverfassungsgericht und Ostverträge, 2. erw. Aufl. Bonn 1985; zum ganzen auch: Rudolf Dolzer, Die rechtliche Ordnung des Verhältnisses der Bundesrepublik Deutschland zur Deutschen Demokratischen Republik, in: Handbuch des Deutschen Staatsrechts 1, 2. Aufl. Heidelberg 1995, S. 547–590.

3 Johann Georg Reißmüller, Die Regierung wird's schon recht machen, in: FAZ, Ausgabe 27. Juni 1973, S. 1.

Reißmüller begann seine Glosse: „Man werde sich nicht ‚von den acht Arschlöchern in Karlsruhe' die Ostpolitik kaputtmachen lassen – mit dieser Bemerkung hat ein führender Politiker der größeren Bonner Regierungspartei es kommentiert, daß der Zweite Senat des Bundesverfassungsgerichts den Grundvertrag auf seine Verfassungsmäßigkeit zu prüfen hat."

Die Bemerkung wurde Herbert Wehner (1906–1990, damals Vorsitzender der SPD-Bundestagsfraktion) zugeschrieben, der sich am 30/31. Mai 1973 zusammen mit dem Vorsitzenden der FDP-Bundestagsfraktion zu Geheimgesprächen mit Erich Honecker getroffen hatte.

4 Forsthoff, Bemerkungen zur Situation der Verwaltung, 1974.

5 Hans Barion war am 15. Mai 1973 in Bonn gestorben. Zum geplanten Sammelband mit Barions Aufsätzen s. Forsthoffs Brief an Schmitt, 6. Januar 1974 (Nr. 352).

Nr. 348 Forsthoff an Schmitt, 7. 8. 1973

1 E. (= Armin Eichholz), Es darf wieder nach dem Staat gefragt werden. – Verurteilt, umstritten und wieder interessant: der 85jährige Staatsrechtslehrer Carl Schmitt, in: Oberbayerisches Volksblatt vom 11. Juli 1973; Hinweis bei Mohler, Briefwechsel S. 404. Armin Eichholz (geb. 1914), Kritiker, Publizist, Autor, leitete 1953–1973 das Feuilleton des Münchner Merkur. Er veröffentlichte u.a.: In Flagranti. Parodien. München 1954 (in Forsthoffs Bibliothek und mit Widmung im Schmitt-Nachlaß); Per Saldo. Glossen zur Zeit. München 1955; Buch am Spieß, München 1964.

Nr. 349 Schmitt an Forsthoff, 26. 8. 1973

1 Johannes Gross, Lesegedanken – Lesefrüchte, Privatdruck 1973. Gross überließ Schmitt den Band mit der Widmung: „Für Carl Schmitt zum 11. Juli 1973. Motto: Daniel 12,3".

Daniel 12, 3: „Die Lehrer aber werden leuchten wie des Himmels Glanz, und die, so viele zur Gerechtigkeit weisen, wie die Sterne des Himmels ewiglich".

Nr. 351 Schmitt an Forsthoff, 2. 1. 1974

1 Schmitt, Legale Weltrevolution, 1978.

Nr. 352 Forsthoff an Schmitt, 6. 1. 1974

1 Eine Sammlung von Barions Aufsätzen veröffentlichte Werner Böckenförde unter dem Titel: Kirche und Kirchenrecht, Paderborn 1984.

2 Hans Barion hatte Hubertus Bung als seinen Nachlaßverwalter eingesetzt.

3 Forsthoff, Die Last, die uns trägt, 1973.

Forsthoff zitierte Rudolf Alexander Schröder (1878–1962), Die Ballade vom Wandersmann, in: Gesammelte Werke, Bd. 1: Gedichte, Frankfurt/Main 1952, S. 434:

Ihr sagt, wenn man die Last geteilt,
Trägt leichter man zu zwein;
Wenn eins des andern Wunde heilt,
Stellt sich Genesung ein.
Und doch verrät, soweit ihr schaut,
Kein Wundmal noch so klein
Euch diese, meine heile Haut;
Drum spart die Spezerein.
So hilft mir auch kein: Angefaßt,
Zu zweien oder drein. –
Nicht ich: mich selber trägt die Last
Und trägt nur mich allein.

Nr. 354 Schmitt an Forsthoff, 6. 2. 1974

1 In der Gehlen-Festschrift: Forsthoff/Hörstel (Hgg.), Standorte im Zeitstrom, erschienen: Roman Schnur, „La Révolution est finie". Zu einem Dilemma des positiven Rechts am Beispiel des bürgerlichen Rechtspositivismus, S. 331–350; Hanno Kesting, Simon Nicolas Henri Linguet, S. 145–162.

2 François Perroux (1903–1987), französischer Nationalökonom, seit 1928 Professur für „Economie Politique" in Lyon und Paris, 1955 kam er zur Sorbonne; vgl. Hommage à François Perroux, Grenoble 1978, S. 15; Piet Tommissen, Neue Bausteine zu einer Biographie Carl Schmitts, in: Schmittiana 5, 1996, S. 208–210.

3 Die Zeitschrift „Zeitbühne", herausgegeben von William S. Schlamm (1904–1978), erschien 1974–1979 im Zeitbühne-Verlag zunächst in Lahr (Schwarzwald), aufgegangen in der Zeitschrift: Europa, Magazin für Wirtschaft, Politik und Kultur.

Im Februarheft 1974, S. 2, hieß es, daß Schlamm u. a. mit folgenden Autoren eine regelmäßige Mitarbeit vereinbaren konnte: Ernst Forsthoff, Otto von Habsburg, Pascual Jordan, Gerd-Klaus Kaltenbrunner, Winfried Martini, Hans-Dietrich Sander.

Forsthoff veröffentlichte dort: Demokratisierung ohne Demos, in: Zeitbühne 1974, Heft 4, S. 24–30.

Nr. 355 Forsthoff an Schmitt, 22. 4. 1974

1 Die zweite Auflage von „Rechtsstaat im Wandel" erschien postum 1976.

Nr. 356 Schmitt an Forsthoff, 24. 4. 1974

1 Horst Ehmke hielt am 10. Januar 1964 eine Geburtstagsrede für Ulrich Scheuner, abgedruckt in: Horst Ehmke/Joseph H. Kaiser u. a. (Hgg.), Festschrift für Ulrich Scheuner zum 70. Geburtstag, Berlin 1973, S. 11–18.

2 Jürgen Moltmann, Der gekreuzigte Gott. Das Kreuz Christi als Grund und Kritik christlicher Theologie, München 1972, 7. Aufl. 2002.

3 Hans Küng: Warum? Zum gewaltsamen Ende Jesu von Nazaret, in: FAZ, Ausgabe 6. April 1974, Beilage „Bilder und Zeiten".

4 Paul Mikat, Zur Fürbitte der Christen für Kaiser und Reich im Gebet des 1. Clemensbriefes, in: Festschrift für Ulrich Scheuner zum 70. Geburtstag, siehe oben (Anm. 1), S. 455–471.

5 Schmitt, Eusebius, 1976.

Dem Brief liegt eine Abschrift von Schmitts Brief an Horst Ehmke bei, datiert vom 2. Mai 1954:

> Sehr geehrter Herr Dr. Ehmke,
> für die Zusendung Ihres Aufsatzes über Verfassungsänderung und Verfassungsdurchbrechung (Beitrag zur Festschrift für Rudolf Smend)* sage ich Ihnen meinen aufrichtigen Dank. Ich bin durch diesen vorzüglichen Aufsatz in meinen Gedanken über die Unterscheidung von Verfassung und Verfassungsgesetz sehr gefördert worden. Vor allem kam mir die Antinomie von Provisorium und Endgültigkeit, die schon im Keim des Bonner Grundgesetzes steckt, aufs neue zum lebhaftesten Bewußtsein. Auch wurde mir sehr deutlich, warum der Vertreter des BMdJ, Herr Ministerialdirektor Dr. Roemer, mit solcher offensichtlichen Absichtlichkeit immer nur vom Verfassungs<u>gesetz</u>geber sprach, als er Herrn Dr. Arndt (in der 7. Sitzung des Rechtsausschusses des Bundestages vom 19. 2. 1954 Protokoll S. 59 ff.) erwiderte, der seinerseits mit Recht Verfassungsgebung und Verfassungsgesetzgebung unterschied. Nun heißt aber die Bonner „Verfassung" von 1949 Grund<u>gesetz</u>, und wollte, soviel ich weiß, mit dieser Terminologie zum Ausdruck bringen, dass sie sich selber nicht als freie Betätigung eines ungehinderten pouvoir constituant ansah. Alles das erschwert die Verständigung sehr. Außerdem kommt dann noch hinzu, daß die Konstituierung eines Bundesverfassungsgerichts möglicherweise nur eine neue Brutstätte apokrypher Souveränitätsakte einführt, namentlich wenn man bedenkt, welche phantastische Art von Rechtskraft manche Autoren selbst den Entscheidungsgründen dieses Gerichts verleihen wollen.
> Aber es steht mir nicht zu, mich in solche Probleme einzumischen, und was ich Ihnen vorhin zu dem Thema Ihres Aufsatzes kurz geäußert habe, müssen Sie sich mit dem Satz erklären: on se lasse de tout, excepté de penser. Ich wollte mir nur noch erlauben, Ihnen als Zeichen meines Dankes für Ihre freundliche Zusendung meine Schrift aus dem Jahre 1932 „Legalität und Legitimität" zu übersenden, weil mir immer deutlicher klar wird, daß sich die Struktur der überkommenen Verfassungen durch die immer weitere Ausdehnung <u>materiellen</u> Verfassungsgesetzesrechtes in einer unabsehbaren Weise verändert. Ich halte diese Schrift für sehr wichtig, so daß es mir – auch bei der Lektüre Ihrer Dissertation – leid getan hat, daß Sie sie nicht erwähnen.
> Ich wünsche Ihrer wissenschaftlichen Arbeit den besten Erfolg.
> Mit vorzüglicher Hochachtung gez. Carl Schmitt

* Horst Ehmke, „Staat" und „Gesellschaft" als verfassungstheoretisches Problem, in: Konrad Hesse, Siegfried Reicke, Ulrich Scheuner (Hgg.), Staatsverfassung und Kirchenordnung. Festgabe für Rudolf Smend zum 80. Geburtstag am 15. Januar 1962, Tübingen 1962, S. 23–49.

Nr. 357 Schmitt an Forsthoff, 2. 5. 1974

1 Álvaro d'Ors, †Hans Barion (1899–1973), in: Revista de Estudios Politicos 192, 1973, S. 5–7.

2 Gez. „La Revista", Luis Carrero Blanco, in: Revista de Estudios Politicos 192, 1973, S. 5.

Admiral Luis Carrero Blanco (1903–1973) war wiederholt von Franco zum Regierungschef ernannt worden, im Dezember 1973 fiel er einer Autobombe zum Opfer.

Nr. 358 Schmitt an Forsthoff, 22. 6. 1974

1 Heinrich Flatten, Hans Barion, in: Archiv für katholisches Kirchenrecht 142, 1973, S. 71–79.

2 Hans Peter Ipsen: Über das Grundgesetz – nach 25 Jahren, in: DÖV 27, 1974, S. 289–303.

3 Helmut Goerlich, Wertordnung und Grundgesetz. Kritik einer Argumentationsfigur des Bundesverfassungsgerichts, Baden-Baden 1973, Reihe: Studien und Materialien zur Verfassungsgerichtsbarkeit, Band 1.

1 Ernst Forsthoff als Richter am Verfassungsgerichtshof der Republik Zypern.
Ölbild von Björn Fühler

2 Ernst Forsthoff und Carl Schmitt (1950er Jahre)

3 Ernst Forsthoff und Carl Schmitt anlässlich der Hochzeit seiner Tochter Anima, Heidelberg (1957)

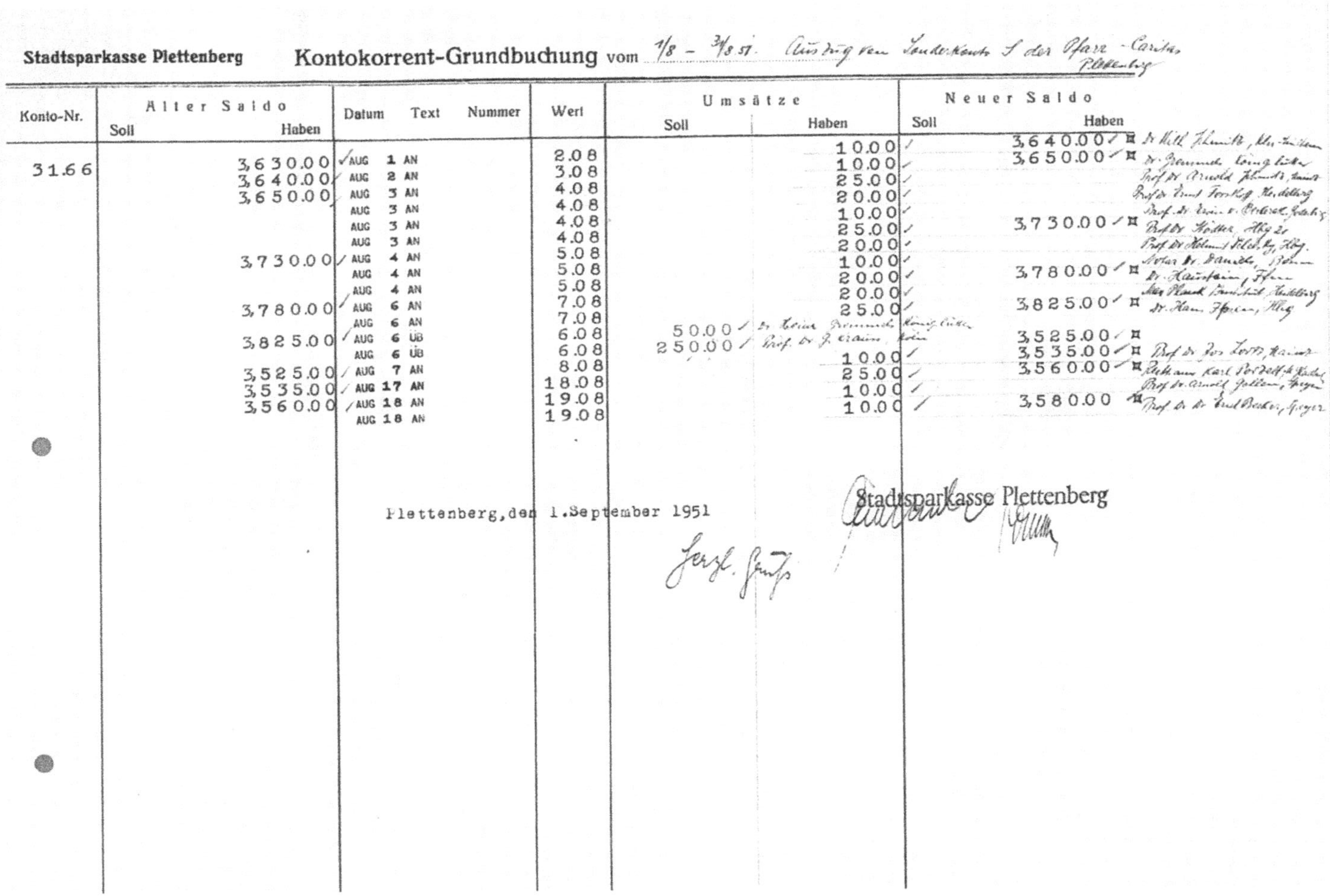

Stadtsparkasse Plettenberg Kontokorrent-Grundbuchung vom

Konto-Nr.	Alter Saldo Soll	Alter Saldo Haben	Datum	Text	Nummer	Wert	Umsätze Soll	Umsätze Haben	Neuer Saldo Soll	Neuer Saldo Haben
31.66		3,630.00	AUG 1	AN		2.08		10.00		3,640.00
		3,640.00	AUG 2	AN		3.08		10.00		3,650.00
		3,650.00	AUG 3	AN		4.08		25.00		
			AUG 3	AN		4.08		20.00		
			AUG 3	AN		4.08		10.00		
			AUG 3	AN		4.08		25.00		3,730.00
		3,730.00	AUG 4	AN		5.08		20.00		
			AUG 4	AN		5.08		10.00		
			AUG 4	AN		5.08		20.00		3,780.00
		3,780.00	AUG 6	AN		7.08		20.00		
			AUG 6	AN		7.08		25.00		3,825.00
		3,825.00	AUG 6	ÜB		6.08	50.00			
			AUG 6	ÜB		6.08	250.00			3,525.00
		3,525.00	AUG 7	AN		8.08		10.00		3,535.00
		3,535.00	AUG 17	AN		18.08		25.00		3,560.00
		3,560.00	AUG 18	AN		19.08		10.00		
			AUG 18	AN		19.08		10.00		3,580.00

Plettenberg, den 1. September 1951

Stadtsparkasse Plettenberg

4 Auszug des Sonderkontos S der Pfarr-Caritas Plettenberg zugunsten von Carl Schmitt. Einzahler u. a. Dr. Wilhelm Schmitz, Dr. Heinrich Gremmels, Prof. Arnold Schmitz, Prof. Ernst Forsthoff, Prof. Erwin von Beckerath, Prof. Stödter, Prof. Helmut Schelsky, Dr. Daniels, Dr. Werner Haustein, Dr. Hans Ipsen, Prof. Joseph Lortz, Prof Erich Becker.

5 Werner Heldt, Kleists Tod. 1930. Kohlezeichnung auf Papier, 45 × 60 cm

Professor Carl Schmitt gibt die Vermählung seiner Tochter Anima mit D. Alfonso Otero Varela bekannt.

Die kirchliche Trauung findet am 13. Dezember 1957 in der Schloßkapelle in Heidelberg statt.

Plettenberg - Westfalen

Laureano Otero Buján y Carmen Varela Iglesias participan a Vd. el enlace de su hijo Alfonso con Anima Schmitt.

La boda se celebrará en la Schloßkapelle en Heidelberg, el día 13 de diciembre de 1957.

Rúa del Villar, 72
Santiago de Compostela

6 Einladung zur Hochzeit von Carl Schmitts Tochter Anima

7 Ernst Forsthoff, Königsberg (Anfang 1940)

8 Ernst Forsthoff, Heidelberg (1943)

9 Ernst Forsthoff (1950er Jahre)

10 Eröffnungssitzung des Verfassungsgerichtshofs der Republik Zypern am 6. Dezember 1960. Auf der Bank v. l. n. r.: M. A. Triantafyllides (griechisch-zypriotischer Richter), Ernst Forsthoff (Gerichtspräsident), M. N. Münir (türkisch-zypriotischer Richter); vor der Bank: Willi Blümel und zwei Registratoren

11 Der Verfassungsgerichtshof, „Supreme Constitutional Court“, in Nicosia auf Zypern

12 Ernst Forsthoff vor seinem Dienstwagen auf Zypern

13 Ernst Forsthoff und Themistokles Tsatzos auf Zypern

14 Die Residenz Forsthoffs auf Zypern

15 Ernst Forsthoff, Gisela Iglberger und Willi Blümel auf Zypern

16 Carl Schmitt und Hans Schneider, Heidelberg (Mai 1957)

17 Gustav Hillard Steinbömer, Ernst Forsthoff und Hans Barion im Haus Forsthoff, Heidelberg-Schlierbach (1970)

18 „Lächelnder Daniel“, Plastik am Portico de la Gloria der Kathedrale von Santiago de Compostela

19 Carl Schmitt und Antonio Gonzalez Casanova, Santiago de Compostela (11. Juli 1968)

20 Das Hostal de los Reyes Catolicos in Santiago de Compostela, in dem die Feier zu Schmitts 80. Geburtstag am 11. Juli 1968 statttfand.

21 Ernst Forsthoff (1960er Jahre)
Photo: Karl J. Mauch, Heidelberg

22 Arnold Gehlen und Ernst Forsthoff
während des Ebracher Ferienseminars 1969

23 Hans Barion und Reinhard Mußgnug im Haus Forsthoff, Heidelberg-Schlierbach (1970)

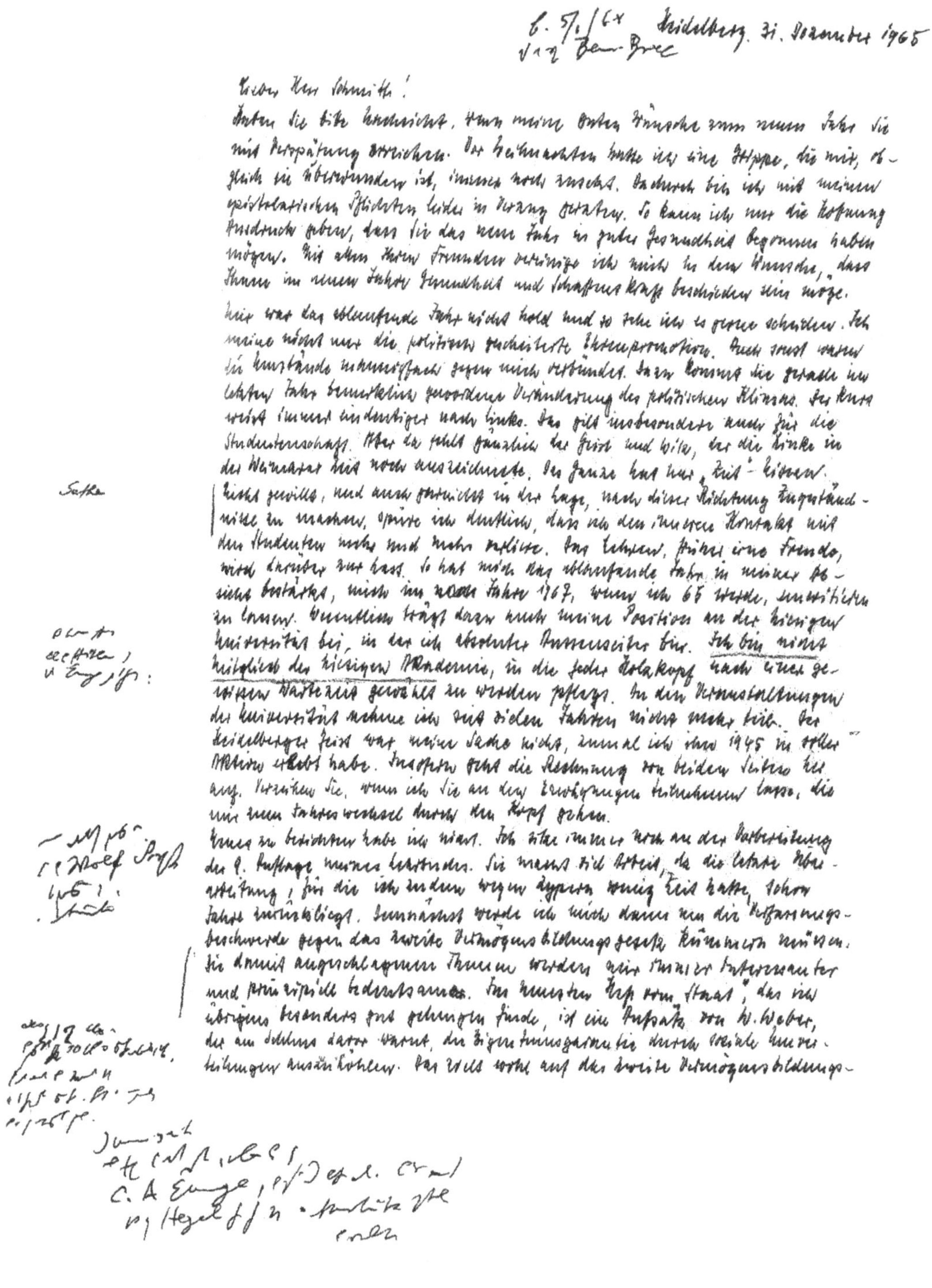

Heidelberg, 31. Dezember 1965

Lieber Herr Schmitt!

Haben Sie bitte Nachsicht, wenn meine besten Wünsche zum neuen Jahr Sie mit Verspätung erreichen. Vor Weihnachten hatte ich eine Grippe, die mir, obgleich sie überwunden ist, immer noch zusetzt. Dadurch bin ich mit meinen epistolarischen Pflichten leider in Verzug geraten. So kann ich nur der Hoffnung Ausdruck geben, dass Sie das neue Jahr in guter Gesundheit begonnen haben mögen. Mit allen Ihren Freunden vereinige ich mich in dem Wunsche, dass Ihnen im neuen Jahre Gesundheit und Schaffenskraft beschieden sein möge.

Mir war das ablaufende Jahr nicht hold und so sehe ich es gerne scheiden. Ich meine nicht nur die politisch gescheiterte Ehrenpromotion. Auch sonst waren die Umstände mannigfach gegen mich verbündet. Dazu kommt die gerade im letzten Jahr bemerkbar gewordene Veränderung des politischen Klimas. Der Kurs weist immer eindeutiger nach links. Das gilt insbesondere auch für die Studentenschaft. Aber da fehlt gänzlich der Geist und Witz, der die Linke in der Weimarer Zeit noch auszeichnete. Das Ganze hat nur „Zeit"-Niveau. Nicht gewillt, und auch garnicht in der Lage, nach dieser Richtung Zugeständnisse zu machen, spüre ich deutlich, dass ich den inneren Kontakt mit den Studenten mehr und mehr verliere. Das Lehren, früher eine Freude, wird darüber zur Last. So hat mich das ablaufende Jahr in meiner Absicht bestärkt, mich im nächsten Jahr 1967, wenn ich 65 werde, emeritieren zu lassen. Wesentlich trägt dazu auch meine Position an der hiesigen Universität bei, in der ich absoluter Aussenseiter bin. Ich bin nicht Mitglied der hiesigen Akademie, in die jeder Holzkopf nach einer gewissen Wartezeit gewählt zu werden pflegt. An den Veranstaltungen der Universität nehme ich seit vielen Jahren nicht mehr teil. Der Heidelberger Geist war meine Sache nicht, zumal ich ihn 1945 in voller Aktion erlebt habe. Insofern geht die Rechnung von beiden Seiten her auf. Verzeihen Sie, wenn ich Sie an den Erwägungen teilnehmen lasse, die mir zum Jahreswechsel durch den Kopf gehen.

Neues zu berichten habe ich nicht. Ich sitze immer noch an der Vorbereitung der 9. Auflage meines Lehrbuches. Sie macht viel Arbeit, da die letzte Überarbeitung, für die ich zudem wegen Zypern wenig Zeit hatte, schon Jahre zurückliegt. Demnächst werde ich mich dann um die Verfassungsbeschwerde gegen das zweite Vermögensbildungsgesetz kümmern müssen. Die damit angeschlagenen Themen werden mir immer interessanter und prinzipiell bedeutsamer. Im neuesten „Heft vom Staat", das ich übrigens besonders gut gelungen finde, ist ein Aufsatz von W. Weber, der am Schluss davor warnt, die Eigentumsgarantie durch soziale Umverteilungen auszuhöhlen. Das zielt wohl auf das zweite Vermögensbildungs-

24 Brief Ernst Forsthoff an Carl Schmitt vom 31. Dezember 1965

gesetzt. Im übrigen glaube ich, dass die unbeschreibliche Misere in Bonn eine allgemeine Atmosphäre geschaffen hat, in der ich bessere Aussichten habe, mit meinen Argumenten, soweit sie sich auf den Haushalt und die Transparenz der Währungsverhältnisse beziehen, Gehör zu finden.

Außerdem wird mich das Verhältnis von Staat und Technik noch weiter beschäftigen. Mein kleiner Beitrag in „Technik im technischen Zeitalter" war nur eine Vorstufe in der Verfolgung weiter greifender Pläne. Das Thema hat viel innere Brisanz.

Böckenförde hat sich gut hier eingelebt. Er erfreut sich allgemeiner Wertschätzung. Nach allem, was ich höre, hat er in den Vorlesungen noch gewisse Schwierigkeiten, das Ohr der Studenten zu finden. Dagegen ist sein Seminar gerade von intelligenten Studenten sehr geschätzt. Diesen Sommer bekommen wir dann in Vogel noch einen wirklich guten Mann. Leider ist die Berufung von Quaritsch wegen der Verzögerung seiner Habilitation nicht gelungen. Dafür hat er jetzt, wie mir Schnur schreibt, beste Aussichten in Bochum. Schnur schreibt auch von den politischen Verhältnissen an der Bochumer Universität, die ziemlich unerfreulich zu sein scheinen.

Dass Sie im November nicht in Stimmung waren, sich porträtieren zu lassen, habe ich wohl verstanden. Das Portrait, das Herr Fühler von mir gemacht hat, ist sehr gut gelungen und hat allgemein Beifall gefunden. Ich möchte den Plan des Portraits nicht aufgeben und Sie erlauben mir hoffentlich, im Frühjahr darauf zurückzukommen.

Mit allen guten Wünschen und herzlichen Grüßen
in alter Verehrung
stets Ihr
Ernst Forsthoff

31/12 1960

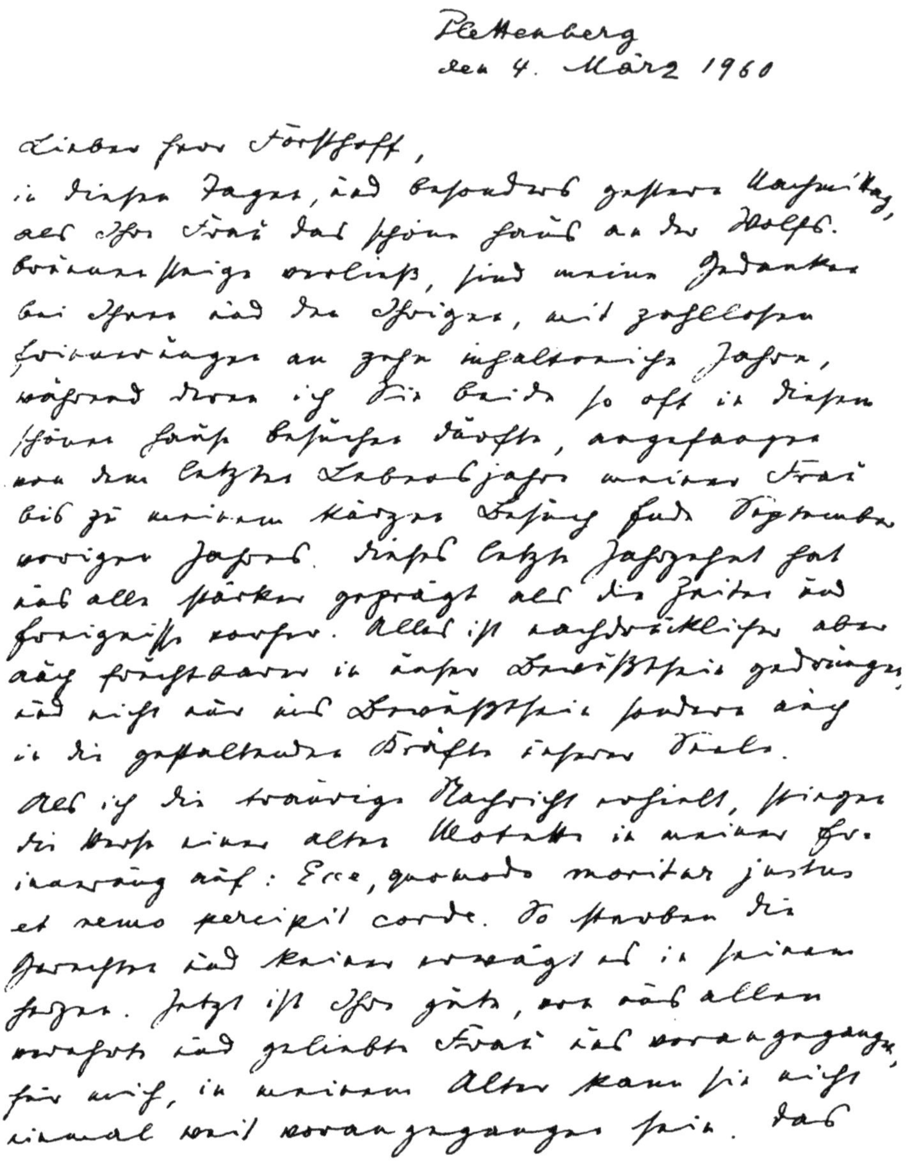

Plettenberg
den 4. März 1960

Lieber Herr Forsthoff,
in diesen Tagen, und besonders gestern Nachmittag, als Ihre Frau das schöne Haus an der Wolfsbrunnensteige verließ, sind meine Gedanken bei Ihnen und den Ihrigen, mit zahllosen Erinnerungen an zehn inhaltsreiche Jahre, während deren ich Sie beide so oft in diesem schönen Haus besuchen durfte, angefangen von dem letzten Lebensjahr meiner Frau bis zu meinem kurzen Besuch Ende September vorigen Jahres. Dieses letzte Jahrzehnt hat uns alle stärker geprägt als die Zeiten und Ereignisse vorher. Alles ist nachdrücklicher aber auch fruchtbarer in unser Bewußtsein gedrungen, und nicht nur ins Bewußtsein sondern auch in die gestaltenden Kräfte unseres Seins.
Als ich die traurige Nachricht erhielt, stiegen die Worte einer alten Motette in meiner Erinnerung auf: Ecce, quomodo moritur justus et nemo percipit corde. So starben die Gerechten und keiner erwägt es in seinem Herzen. Jetzt ist Ihre gute, von uns allen verehrte und geliebte Frau uns vorangegangen; für mich, in meinem Alter kann sie nicht einmal weit vorangegangen sein. Das

25 Brief Carl Schmitt an Ernst Forsthoff vom 4. März 1960

und dem tröstlichen Wort des 54. Kapitels Jesaias
und vieles andere erwäge ich jetzt in meinem
Herzen.
Ich schicke Ihnen, lieber Herr Forsthoff,
Ihrer hochverehrten Mutter, und Ihren Kindern
diese Zeilen herzlicher Teilnahme und
bleibe in treuer Erinnerung immer

Ihr Carl Schmitt

Anhang

Kurzbiographie Ernst Forsthoff

1902	Geburt am 13. 9. 1902 in Duisburg
1921	Studium der Rechtswissenschaften bis 1924 in Freiburg, Marburg und Bonn
1925	Promotion in Bonn bei Carl Schmitt
1928	Assessorexamen in Berlin
1930	Habilitation für Staats-, Verwaltungs-, Kirchen- und Völkerrecht in Freiburg, Privatdozent
1933	Professor in Frankfurt/Main
1935	Professor in Hamburg
	Heirat mit Ursula Seefeldt
1936	Ordinarius in Königsberg/Ostpreußen
1941	Ordinarius in Wien, zugleich Lehrverbot
1942	bis 1943 Kriegsdienst
1943	Ordinarius in Heidelberg
1946	Entlassung
1946	bis 1948 persönlicher Referent des Ministerpräsidenten Theodor Steltzer in Kiel
1946	bis 1950 freier Schriftsteller und Journalist
1950	Lehrbeauftragter an der Universität Heidelberg
1952	bis 1967 Ordinarius für öffentliches Recht in Heidelberg
1957	bis 1971 jährliche Ferienseminare in Ebrach/Steigerwald
1960	Tod der Ehefrau Ursula Forsthoff
1960	bis 1963 Präsident des Obersten Verfassungsgerichts der Republik Zypern
1966	Ehrenpromotion der Universität Wien
1974	Tod am 13. 8. 1974 in Heidelberg

Kurzbiographie Carl Schmitt

1888	Geburt am 11. 7. 1888 in Plettenberg/Sauerland
1907	Studium der Rechtswissenschaften in Berlin, München und Straßburg
1910	Promotion in Straßburg
1915	Assessorexamen, Kriegsfreiwilliger, Dienst im Stellvertr. Generalkommando des I. bayer. Armeekorps in München
	Heirat mit Carita (Pawla) Dorotič
1916	Habilitation in Straßburg für Staats-, Verwaltungs- und Völkerrecht sowie Staatstheorie, Privatdozent
1919	Dozent an der Handelshochschule München
1921	Professor in Greifswald
1922	Ordinarius in Bonn
1924	Scheidung der ersten Ehe
	Heirat mit Duška Todorovič
1928	Professor an der Handels-Hochschule Berlin
1932	Vertreter der Reichsregierung von Papen in dem Prozeß um den „Preußenschlag“ vor dem Staatsgerichtshof Leipzig
1933	Ordinarius in Köln (Sommersemester 1933)
1933	bis 1945 Ordinarius an der Universität Berlin
	Ernennung zum Preußischen Staatsrat
1936	Tagung „Das Judentum in der Rechts- und Wirtschaftswissenschaft“
	Nach Angriff in der SS-Zeitschrift „Das schwarze Korps“ Verlust aller Ämter außer der Professur und dem Staatsratstitel
1945	Entlassung
	bis 1947 im US-Internierungsgslager Berlin und Zeuge der Anklage im Nürnberger Justizgefängnis
1947	Umzug nach Plettenberg
1950	Tod der Ehefrau Duška Schmitt
1985	Tod am 7. 4. 1985 in Plettenberg

Hinweise der Herausgeber zur Textedition

[Text]	Erklärungen der Herausgeber
[…]	unleserliche oder fehlende Textteile
<*kursiv*>	Regest (Hinweis auf Familiennachrichten und private Mitteilungen)
<…>	Auslassungen in Briefen
{ }	Einfügungen der Briefschreiber

Archivverzeichnis

Bundesarchiv Berlin
Bundesarchiv Koblenz
Geheimes Staatsarchiv Stiftung Preußischer Kulturbesitz, Berlin (= GStA PK)
Hessisches Kultusministerium Wiesbaden
Landesarchiv Nordrhein-Westfalen, Hauptstaatsarchiv Düsseldorf, Nachlaß Carl Schmitt (= HSAD RW 265)
Politisches Archiv des Auswärtigen Amtes Berlin
Universitätsarchiv Hamburg/Staatsarchiv Hamburg
Universitätsarchiv Frankfurt
Universitätsarchiv Freiburg/Brsg.
Universitätsarchiv Heidelberg
Universitätsarchiv Köln

Abkürzungsverzeichnis

AöR	Archiv für Öffentliches Recht/Archiv des öffentlichen Rechts
Bautz, Lexikon	Biographisch-Bibliographisches Kirchenlexikon
BGH/BGHZ	Bundesgerichtshof/Entscheidungen in Zivilsachen
BVerfG / BVerfGE	Bundesverfassungsgericht, Entscheidungen
DBE	Deutsche Biographische Enzyklopädie
DJZ	Deutsche Juristenzeitung
DNP	Der Neue Pauly
DÖV	Die öffentliche Verwaltung
Dt. Volkstum	Deutsches Volkstum. Monatsschrift für das deutsche Geistesleben
FAZ	Frankfurter Allgemeine Zeitung
GG	Grundgesetz
JZ	Juristenzeitung
KWI/MPI	Kaiser-Wilhelm-Institut/Max-Planck-Institut
NDB	Neue Deutsche Biographie
NJW	Neue Juristische Wochenschrift
OLG	Oberlandesgericht
RG	Reichsgericht
UA	Universsitätsarchiv
VVDStRL	Veröffentlichungen der Vereinigung der Deutschen Staatsrechtslehrer

WRV	Weimarer Reichsverfassung
ZNR	Zeitschrift für Neuere Rechtsgeschichte
ZöR	Zeitschrift für öffentliches Recht und Völkerrecht (Österreich)
ZRG germ. Abt.	Zeitschrift der Savigny Stiftung für Rechtsgeschichte, germanistische Abteilung

Verzeichnis der mehrfach genannten Literatur

ADB = Allgemeine deutsche Biographie, hg. durch die Historische Commission bei der Bayerischen Akademie der Wissenschaften, München, Leipzig 1875–1912, 56 Bände

Bautz (Hg.), Biographisch-bibliographisches Kirchenlexikon, Nordhausen

Besier, Gerhard, Die Kirchen und das Dritte Reich. Spaltungen und Abwehrkämpfe 1934–1937, München 2001

Biogr. Hdb. Emigr. = Biographisches Handbuch der deutschsprachigen Emigration nach 1933, München, New York 1983, Bd. 1–3

Blasius, Dirk, Carl Schmitt, Preußischer Staatsrat in Hitlers Reich, Göttingen 2001

Böckenförde, Werner, Der korrekte Kanonist. Einführung in das kanonistische Denken Barions, in: Hans Barion, Kirche und Kirchenrecht. Gesammelte Aufsätze. Hg. von Werner Böckenförde, Paderborn 1984, S. 1–23

Deutsches Zeit-Archiv = Deutsches Zeit-Archiv, Pressebericht und Zeitungsausschnittdienst, Hg. Paul Weinreich, 1946–1961

Diestelkamp, Bernhard/Michael Stolleis (Hgg.), Juristen an der Universität Frankfurt a. M., Baden-Baden 1989

DNP = Der Neue Pauly. Enzyklopädie der Antike. Stuttgart/Weimar, Bd. 1–6, 1996–2003

Drüll = Drüll, Dagmar, Heidelberger Gelehrtenlexikon, 1803–1932, Berlin Heidelberg 1986

Eckart, W. U./V. Sellin/E. Wolgast, Die Universität Heidelberg im Nationalsozialismus, Heidelberg 2006

Eunomia, Freundesgabe für Hans Barion zum 16. Dezember 1969, Pfungstadt 1970

Grothe, Ewald, Eine „lautlose" Angelegenheit? Zur Rückkehr des Verfassungshistorikers Ernst Rudolf Huber in die universitäre Wissenschaft nach 1945, in: Zeitschrift für Geschichtswissenschaft 47, 11, 1999, S. 980–1001

Grothe, Ewald, Zwischen Geschichte und Recht. Deutsche Verfassungsgeschichtsschreibung 1900–1970, München 2005

Günther, Frieder, Denken vom Staat her. Die bundesdeutsche Staatsrechtslehre zwischen Dezision und Integration 1949–1970, München 2004

Hammerstein, Notker, Die Johann Wolfgang Goethe-Universität Frankfurt am Main. Von der Stiftungsuniversität zur staatlichen Hochschule, Bd. 1, 1914 bis 1950, Neuwied, Frankfurt a. M. 1989

Herrero, Montserrat (Hg.), Briefwechsel Carl Schmitt und Álvaro d'Ors, Berlin 2004

Huber, Ernst Rudolf, Carl Schmitt in der Reichskrise der Weimarer Endzeit, in: Helmut Quaritsch (Hg.), Complexio Oppositorum, S. 33–50

Huber, Ernst Rudolf, Deutsche Verfassungsgeschichte seit 1789
Bd. 3: Bismarck und das Reich, Stuttgart 1963
Bd. 4: Struktur und Krisen des Kaiserreichs, Stuttgart 1969
Bd. 7: Ausbau, Schutz und Untergang der Weimarer Republik, Stuttgart 1984

Hüsmert, Ernst, Die letzten Jahre von Carl Schmitt, in: Schmittiana 1, 1988, S. 40–54

Jeserich, Kurt, Entstehungsgeschichte der „Trilogie". Deutsche Verwaltungsgeschichte, Persönlichkeiten der Verwaltung, Verwaltungsgeschichte Ostdeutschlands, Bergisch-Gladbach 1997 (Privatdruck, ISBN 3-927173-06-1)

Juristen im Portrait. Verlag und Autoren in vier Jahrzehnten. Festschrift zum 225jährigen Jubiläum des Verlages C. H. Beck, München 1988

Kersten, Jens, Die Entwicklung des Konzepts der Daseinsvorsorge im Werk von Ernst Forsthoff, in: Der Staat 44, 2005, S. 543–569

Kiesel, Helmuth (Hg.), Ernst Jünger – Carl Schmitt. Briefwechsel, Stuttgart 1999
Koenen, Andreas, Der Fall Carl Schmitt. Sein Aufstieg zum „Kronjuristen des Dritten Reiches", Darmstadt 1995 (Diss. Münster 1994)
Kürschner = Kürschners Deutscher Gelehrten-Kalender
Laak, Dirk van, Gespräche in der Sicherheit des Schweigens. Carl Schmitt in der politischen Geistesgeschichte der frühen Bundesrepublik, Berlin 1993
Laak, Dirk van und Villinger, Ingeborg (Bearb.), Nachlaß Carl Schmitt. Verzeichnis des Bestandes im Nordrhein-Westf. Hauptstaatsarchiv, Siegburg 1993
Lilla, Joachim, Der Preußische Staatsrat 1921–1933, Düsseldorf 2005
Medem, Eberhard, Frhr. von (Hg.), Carl Schmitt. Glossarium. Aufzeichnungen der Jahre 1947–1951, Berlin 1991
Mohler, Armin (Hg.), Carl Schmitt, Briefwechsel mit einem seiner Schüler, Berlin 1995
Mohler, Armin/Karlheinz Weißmann, Die konservative Revolution in Deutschland 1918–1932. Ein Handbuch, 6., vollst. überarb. und erw. Aufl., Graz/Stuttgart 2005
Mußgnug, Dorothee, Die Juristische Fakultät, in: Eckhart/Sellin/Wolgast, Universität Heidelberg, S. 261–317
Mußgnug, Dorothee, Die vertriebenen Heidelberger Dozenten. Zur Geschichte der Ruprecht-Karls-Universität nach 1933, Heidelberg 1988
NDB = Neue deutsche Biographie, hrsg. von der Historischen Kommission bei der Bayerischen Akademie der Wissenschaften München, Berlin
Noack, Paul, Carl Schmitt. Eine Biographie, Frankfurt a. M. 1993
Norden, Günther van, Politischer Kirchenkampf. Die rheinische Provinzialkirche 1934–1939, Bonn 2003
Quaritsch, Helmut, Positionen und Begriffe, Berlin, 2. Aufl. 1991
Quartisch, Helmut, Complexio Oppositorum. Vorträge und Diskussionsbeiträge des 28. Sonderseminars 1986 der Hochschule für Verwaltungswissenschaften Speyer, Berlin 1988
RGG = Religion in Geschichte und Gegenwart: Handwörterbuch für Theologie und Religionswissenschaft, 4. Aufl., Bd. 1–8, Tübingen 1998–2005
Säkularisation und Utopie. Ebracher Studien. Ernst Forsthoff zum 65. Geburtstag, Stuttgart 1967
Schmittiana, hg. Piet Tommissen Bd. 1–3, Brüssel 1988–1991; Bd. 4–8, Berlin 1994–2003
Seiberth, Gabriel, Anwalt des Reiches. Carl Schmitt und der Prozeß „Preußen contra Reich" vor dem Staatsgerichtshof, Berlin 2001
Sellin, Volker, Die Rektorate Andreas, Groh und Krieck, in: Eckart/Sellin/Wolgast, Universität Heidelberg, S. 5–22
Stolleis, Michael (Hg.), Juristen. Ein biographisches Lexikon. Von der Antike bis zum 20. Jahrhundert, München 1995
Stolleis, Michael, Geschichte des öffentlichen Rechts in Deutschland, Bd. 2 1800–1914, München1992; Bd. 3 1914–1945, München 1999
Stolleis, Michael, Recht im Unrecht. Studien zur Rechtsgeschichte des Nationalsozialismus, Frankfurt a. M. 1994
Stolleis, Michael, Die Vereinigung der Deutschen Staatsrechtslehrer. Bemerkungen zu ihrer Geschichte, in: Kritische Vierteljahresschrift für Gesetzgebung und Rechtswissenschaft 80, 1997, S. 339–358
Tilitzki, Christian. Carl Schmitt – Staatsrechtslehrer in Berlin. Einblicke in seinen Wirkungskreis anhand der Fakultätsakten 1934–1944, in: Siebte Etappe, Bonn 1991, S. 62–117
Tommissen, Piet, Bausteine zu einer wissenschaftlichen Biographie (Periode: 1888–1933), in: Quaritsch, Complexio Oppositorum, S. 71–100

Tommissen, Piet, Statt einer Rezension, bio-bibliographische Glossen zu einem Tagungsband, in: Schmittiana 2, 1990, S. 112–162

Weiss, Konrad, Dichtungen und Schriften. Erster Band: Gedichte 1914–1939, hg. Friedhelm Kemp, München 1961

Ziegert, Richard, Kirche ohne Bildung. Die Akademiefrage als Paradigma der Bildungsdiskussion im Kirchenprotestantismus des 20. Jahrhunderts, Frankfurt a. M./Berlin 1997

Auswahlbibliographie Ernst Forsthoff[1]

1926

Der Ausnahmezustand der Länder, in: Annalen des Deutschen Reichs für Gesetzgebung, Verwaltung und Volkswirtschaft 56–58, 1923–1925 (erschienen 1926), S. 138–194

1930

Die unmittelbare Reichsaufsicht, in: AöR 19, 1930, S. 61–82

1931

Die öffentliche Körperschaft im Bundesstaat. Eine Untersuchung über die Bedeutung der institutionellen Garantie in den Artikeln 127 und 137 der Weimarer Verfassung, in: Beiträge zum öffentlichen Recht der Gegenwart 3, Tübingen 1931, 186 S. Widmung: Meinem Vater D. Dr. Heinrich Forsthoff, Pfarrer in Mülheim a. d. Ruhr

Die Zwangsvollstreckung gegen Rechtssubjekte des öffentlichen Rechts. Eine Sammlung der geltenden Vorschriften (zus. mit Tula Simons), in: Stilkes Rechtsbibliothek Nr. 109. Berlin 1931, 131 S.

[Georg Holthausen], „Totale Mobilmachung", in: Der Ring. Konservative Wochenschrift 1931, S. 4/5

[Georg Holthausen], Entpolitisierung oder totale Mobilmachung, in: Der Ring. Konservative Wochenschrift 1931, S. 132/133
dazu Zuschrift: Der Ring. Konservative Wochenschrift 1931, S. 159

Staatsrechtswissenschaft und Weltkrieg, in: Blätter für Deutsche Philosophie. Zeitschrift der Deutschen Philosophischen Gesellschaft 5, 1931/1932, S. 292–301

1932

Um die kommunale Selbstverwaltung. Grundsätzliche Bemerkungen, in: Zeitschrift für Politik 21, 1932, S. 248–267

Die Krise der Gemeindeverwaltung im heutigen Staat, Berlin 1932, 75 S.

[Friedrich Grüter], Der Rechtsstaat in der Krise, in: Deutsches Volkstum 1932, S. 260–265

[Georg Holthausen], Presse, Rundfunk, Staat, in: Deutsches Volkstum 1932, S. 347–353

1933

Der Totale Staat, Hamburg 1933
2. Aufl., Hamburg 1934

Rez.: Franz W. Jerusalem, Die Staatsgerichtsbarkeit, Tübingen 1930, in: AöR 23, 1933, S. 364–369

1935

Deutsche Geschichte seit 1918 in Dokumenten, mit verbindendem Text, Leipzig 1935, XII, 336 S.
2., neubearb. Aufl., 1938, 502 S.
3., neubearb. Aufl., 1943, 546 S.

[1] Umfassende Bibliographie zusammengestellt bis 1972 von Willi Blümel u. Hans Klein, ergänzt von Ulrich Storost, in: Festschrift für Ernst Forsthoff, 2. Aufl. München 1974, S. 495–538.

1936

Zur Rechtsfindungslehre im 19. Jahrhundert, in: Zeitschrift für die gesamte Staatswissenschaft 96, 1936, S. 49–70

1940

Deutsche Verfassungsgeschichte der Neuzeit. Berlin 1940, XI, 212 S.
2. neubearb. Aufl., Stuttgart 1961, XV, 192 S.
3. unveränd. Neuaufl., Stuttgart 1967

Recht und Sprache, Prolegomena zu einer richterlichen Hermeneutik, in: Schriften der Königsberger Gelehrten Gesellschaft 17, Halle 1940, 47 S.
Ndr.: Wissenschaftliche Buchgesellschaft, Reihe Libelli Bd. 147, Darmstadt, 1964

1948

Montesquieus Esprit des Lois. Zum Gedächtnis des Erscheinens im November 1748, in: Deutsche Rechtszeitschrift 1948, S. 405–408

1949

Die deutsche Staatskrise und das Grundgesetz, in: Zeitwende. Monatsschrift (Hg. u. a. Rudolf Alexander Schröder) 21, 1949, S. 321/332

1950

Lehrbuch des Verwaltungsrechts. Allgemeiner Teil. München und Berlin, 1. Aufl. 1950, XX, 434 S.; 9. Aufl. 1966; 10. Aufl. 1973, XXVI, 664 S.

Zur verfassungsrechtlichen Stellung und inneren Ordnung der Parteien, in: Deutsche Rechtszeitschrift 5, 1950, S. 313–318

„Das Elternrecht" juristisch beleuchtet. – Vortrag, gehalten am 21. April 1950 vor der 5. Plenarsitzung der Studiengemeinschaft der Evang. Akademie Bad Boll, in: Christen und Nichtchristen in der Rechtsordnung. Veröffentlichung der Studiengemeinschaft der Evang. Akademie in Deutschland, 1950, S. 63–83

Mitbestimmungsrecht und Bundeswirtschaftsrat – Vorschläge für ihre Regelung, zus. mit K. Ballerstedt, R. Dahlgrün, O. A. Friedrich, C. Neumann, H. Premer, Th. Steltzer, o. O. u. J. (Datum: Abgeschlossen: 15. März 1950), 23 S.

1951

Montesquieu. Vom Geist der Gesetze. In neuer Übertragung eingeleitet und herausgegeben von Ernst Forsthoff, Tübingen 1951

Der moderne Staat und die Tugend, in: Tymbos für Wilhelm Ahlmann. Ein Gedenkbuch, herausgegeben von seinen Freunden, Berlin 1951, S. 80–91

1952

Zur Rechtsgültigkeit der Westfälischen Ordnung für das Verfahren bei Verletzungen der Amtspflichten von Geistlichen vom 1. 9. 1945, in: Zeitschrift für evangelisches Kirchenrecht 1, 1952, S. 287–301

Rechtsgutachten über die Zulässigkeit des von der Bundestagsabgeordneten Luise Albertz und anderen Mitgliedern des Bundestages eingebrachten Antrags auf Normenkontrolle, in: Der

Kampf um den Wehrbeitrag, 1. Halbband, Veröffentlichungen des Instituts für Staatslehre und Politik e.V. in Mainz, Bd. 2, München 1952, S. 354–365; mündl. Verhandlung: S. 418–420
Gutachten über die Erfordernisse der Bau- und Bodengesetzgebung (Weinheimer Gutachten), erstattet durch den vom Bundesminister für Wohnungsbau eingesetzten Gutachterausschuß, 29. April 1952, in: Schriftenreihe des Bundesministers für Wohnungsbau 1, Hamburg 1952
Die politischen Streikaktionen des Deutschen Gewerkschaftsbundes anläßlich der parlamentarischen Beratung des Betriebsverfassungsgesetzes in ihrer verfassungs- und zivilrechtlichen Bedeutung (zus. mit Alfred Hueck), in: Schriftenreihe der Bundesvereinigung der Deutschen Arbeitgeberverbände 6, Köln 1952, S. 7–30
Anmerkung zum Beschluß des Bundesgerichtshofs vom 9./10. Juni 1952, in: JZ 7, 1952, S. 627–628

1953

Ist die Regelung der Entschädigung im Bodenreformgesetz für Nordrhein-Westfalen vom 16. Mai 1949 und seinen Durchführungsverordnungen mit dem Grundgesetz vereinbar? Rechtsgutachten für den Landwirt Walter Hamker Blomberg, Lippe, 1953, 44 S.
Zur verfassungsrechtlichen Problematik der Investitionshilfe, in: Der Betriebs-Berater 8, 1953, S. 421–423

1954

Die Verfassungswidrigkeit des Investitionshilfegesetzes. Rechtsgutachten für den Verband der weiterverarbeitenden Industrie Lüdenscheid: Selbstverlag des Verbandes der weiterverarbeitenden Industrie, o. J. (1953), 34 S. – Ergänzende Bemerkungen 1954
Begriff und Wesen des sozialen Rechtsstaats, in: VVDStRL 12, 1954, S. 8–36
Das Bundesverfassungsgericht und das Berufsbeamtentum, in: Deutsches Verwaltungsblatt 69, 1954, S. 69–72
Verfassungsprobleme des Sozialstaats. Vortrag bei der Freiherr-vom-Stein-Gesellschaft in Essen am 10. Nov. 1953, Münster 1954, 24 S.
2. Aufl, in: Schriften der Freiherr-vom-Stein-Gesellschaft e. V. Schloß Cappenberg, Heft 1, 1961
Ndr., in: Rechtsstaatlichkeit und Sozialstaatlichkeit, 1968, S. 145–164

1955

Der lästige Jurist, in: DÖV 8, 1955, S. 648–650
Ndr., in: Ruperto Carola. Mitteilungen der Vereinigung der Freunde der Studentenschaft der Universität Heidelberg 7, Bd. 17, 1955, S. 66–68
Ndr., in: Rechtsstaat im Wandel, 1964, S. 78–98
Walter Jellinek, gestorben am 9. Juli 1955, in: Ruperto Carola. Mitteilungen der Vereinigung der Freunde der Studentenschaft der Universität Heidelberg 7, Bd. 18, 1955, S. 16
Über Maßnahme-Gesetze, in: Otto Bachof (Hg.), Forschungen und Berichte aus dem öffentlichen Recht. Gedächtnisschrift für W. Jellinek, in: Veröffentlichungen des Instituts für Staatslehre und Politik 6, München 1955, S. 221–236
Ndr., in: Rechtsstaat im Wandel. Stuttgart 1964, S. 78–98

1957

Rez.: Peter Schneider, Ausnahmezustand und Norm. Eine Studie zur Rechtslehre von Carl Schmitt, Stuttgart 1957, in: Das Historisch-Politische Buch 5, 1957, S. 307–308
Rechtsfragen der Werbesendungen im Fernsehen, in: DÖV 10, 1957, S. 97–99

1958

Der Staatsrechtler im Bürgerkrieg. Carl Schmitt zum 70. Geburtstag, in: Christ und Welt, Ausgabe vom 17. Juli 1958
Die Daseinsvorsorge und die Kommunen – Ein Vortrag (Köln 16. Dez. 1957, Jahrestagung des Verbandes kommunaler Unternehmen). Köln-Marienburg 1958, 31 S.
Ndr., in: Rechtsstaat im Wandel, 1964, S. 111–129

1959

Die Umbildung des Verfassungsgesetzes, in: Hans Barion, Ernst Forsthoff, Werner Weber (Hgg.), Festschrift für Carl Schmitt, Berlin 1959, S. 35–62
Auszug in: Deutsche Zeitung und Wirtschaftszeitung, Ausgabe vom 9. August 1960 unter dem Titel: Justizstaat statt Rechtsstaat. Die Auflösung des Verfassungsgesetzes.
Ndr., in: Rechtsstaat im Wandel. Stuttgart 1964, S. 147–175
Die Bindung an Gesetz und Recht (Art. 20 Abs. 3 GG) – Strukturanalytische Bemerkungen zum Übergang vom Rechtsstaat zum Justizstaat, in: DÖV 12, 1959, S. 41–44
Ndr., in: Rechtsstaat im Wandel. Stuttgart 1964, S. 176–184

1960

Der Jurist in der industriellen Gesellschaft. – Vortrag Eröffnung der „Universitätswoche für Rechtsanwälte“ in Heidelberg, 7. Juni 1960, in: NJW 13, 1960, S. 1273–1277
Ndr., in: Ruperto Carola. Mitteilungen der Vereinigung der Freunde der Studentenschaft der Universität Heidelberg, 12. Jg. Bd. 28, 1960, S. 23–29
Die technische Überwachung im Spannungsfeld zwischen Staat und Wirtschaft, in: Technische Überwachung 1, 1960, S. 61–65
Die Bundesrepublik Deutschland. Umrisse einer Realanalyse, in: Merkur 14, 1960 S. 807–821

1961

Zur Problematik der Verfassungsauslegung, in: res publica, Beiträge zum öffentlichen Recht 7, Stuttgart 1961, 40 S. Widmung: Meiner Tochter Susanne

1962

[Silvio], Moderne akademische Märchen, in: Christ und Welt, Ausgabe vom 19. Januar 1962, S. 15

1963

Der Staat als Auftraggeber. Unter besonderer Berücksichtigung des Bauauftragswesens, in: res publica, Beiträge zum öffentlichen Recht 12, Stuttgart 1963, 33 S.
Der introvertierte Rechtsstaat und seine Verortung, in: Der Staat 2, 1963, S. 385–398
Ndr., in: Rechtsstaat im Wandel. Stuttgart 1964, S. 213–227
Tagespresse und Grundgesetz, in: DÖV 16, 1963, S. 633–635

Verfassungsmäßiger Eigentumsschutz und Freiheit des Berufs (am Beispiel des Apothekenprivilegs), in: H. R. Külz und R. Naumann (Hgg.), Staatsbürger und Staatsgewalt. Jubiläumsschrift zum 100jährigen Bestehen der Deutschen Verwaltungsgerichtsbarkeit und zum 10jährigen Bestehen des Bundesverwaltungsgerichts. Karlsruhe 1963, Bd. 2, S. 19–29

1964

Fünfzehn Jahre später: Hat sich das Grundgesetz bewährt? In: Christ und Welt, Ausgabe vom 22. Mai 1964, S. 3

Rechtsstaat im Wandel. Verfassungsrechtliche Abhandlungen 1950 bis 1964, Stuttgart 1964
2. überarb. Aufl., posthum hg. Klaus Frey, München 1976

1965

Technisch bedingte Strukturwandlungen des modernen Staates, in: H. Freyer, J. Chr. Papalekas, G. Weippert (Hgg.), Technik im technischen Zeitalter. Stellungnahmen zur geschichtlichen Situation. Düsseldorf 1965, S. 211–231

Der Entwurf eines Zweiten Vermögensbildungsgesetzes. Eine verfassungsrechtliche Würdigung, in: Der Betriebs-Berater 20, 1965, S. 381–392

1967

Gerhard Anschütz. Gedächtnisrede gehalten auf einer Gedenkfeier der Juristischen Fakultät der Universität Heidelberg aus Anlaß der 100. Geburtstag von Gerhard Anschütz am 10. Januar 1967, in: Der Staat 6, 1967, S. 139–150; Neudruck in: Semper Apertus, Bd. 3, S. 179/180.

Regierungskrise und Regierungsbildung im Herbst 1966, in: Der Horizont 10, Evang. Akademie Baden (Herrenalb). Festgabe für Hans Schomerus zum 65. Geburtstag am 20. März 1967, als Manuskript gedruckt 1967, S. 133–140

Ansprache an die Teilnehmer des zu Ehren von Prof. Dr. Ernst Forsthoff von der Juristischen Fachschaft der Studentenschaft der Universität Heidelberg am 19. Jan. 1967 veranstalteten Fackelzuges, in: info. Nachrichten für die Studenten der Ruperto Carola Heidelberg, 16. Febr. 1967, S. 7

1968

[Hg.] Rechtsstaatlichkeit und Sozialstaatlichkeit. Aufsätze und Essays. Reihe: Wege der Forschung 118, Darmstadt 1968

Verfassung und Verfassungswirklichkeit der Bundesrepublik, in: Merkur 22, 1968, S. 401–414

Von der Staatsrechtswissenschaft zur Rechtsstaatswissenschaft, in: Studium Generale 21, 1968, S. 692–704

Über Mittel und Methoden moderner Planung, in: J. H. Kaiser (Hg.), Planung III. Mittel und Methoden planender Verwaltung. Baden-Baden 1968, S. 21–38

Das Elend der Subjektivität. Zur Situation der Studenten, in: Bayern-Kurier, 17. August 1968. Neudr. Deutsche Universitätszeitung vereinigt mit Hochschuldienst, 19. Jg. 1969, Oktober Ausgabe, S. 4–5.

Zur heutigen Situation einer Verfassungslehre, in: Epirrhosis, Festgabe für Carl Schmitt, hg. Hans Barion, Ernst-Wolfgang Böchenförde, Ernst Forsthoff, Werner Weber, Berlin 1968, Bd. 1, S. 185–211

1969

Der Verfassungsschutz der Zeitungspresse, in: J. H. Kaiser (Hg.), Planungsstudien 3, Frankfurt a. M./Berlin 1969, 77 S.

1970

Raumordnungsrecht und Fachplanungsrecht (zus. mit Willi Blümel), in: J. H. Kaiser (Hg.), Planungsstudien 7, Frankfurt a. M. / Berlin 1970, 191 S.

Rechtsstaat oder Richterstaat? Die Gefährdung der Rechtssicherheit durch die Rechtsprechung, in: Georg Lanzenstiel (Hg.), Rechtsstaat oder Richterstaat? Vorträge, gehalten auf der Tagung evang. Juristen 1969, München 1970, S. 7–21

Von der sozialen zur technischen Realisation, in: Eunomia. Freundesgabe für Hans Barion zum 16. Dez. 1969, Pfungstadt 1970, S. 25–38 (nicht im Buchhandel)
Ndr., in: Der Staat 9, 1970, S. 145–160

1971

Der Staat der Industriegesellschaft. Dargestellt am Beispiel der Bundesrepublik Deutschland, in: Beck'sche Schwarze Reihe Bd. 77, 1. Aufl., München 1971, 169 S.
2. unveränd. Aufl. 1971

Verfassungsrechtliche Prüfung der in § 21 des Entwurfs des Städtebauförderungsgesetzes vorgesehenen Eigentumsbeschränkungen, in: Deutsche Wohnungswirtschaft 23, 1971, S. 76–79

Diese Art von Justizreform brauchen wir nicht, in: Die Welt, Ausgabe vom 27. März 1971, Beilage „Die Geistige Welt", S. II

Zur Lage des verfassungsrechtlichen Eigentumsschutzes, in: Hans Spanner, Peter Lerche, Hans Zacher, Peter Badura, Axel Frhr. v. Campenhausen (Hgg.), Festgabe für Theodor Maunz zum 70. Geburtstag am 1. September 1971, München 1971, S. 89–101

Anmerkung zur „Mephisto"-Entscheidung des Bundesverfassungsgerichts vom 24. Febr. 1971 (1 BvR 435/68), in: Archiv für Presserecht 19, 1971, S. 126–127

Rezension zu: Hugo Ball, Kritik der deutschen Intelligenz. Ein Pamphlet. München 1970, in: Das Historisch-Politische Buch 19, 1971, S. 80–81

Verfassungsrechtliche Grenzen einer Reform des öffentlichen Dienstrechts. Rechtsgutachten, erstattet im Auftrag des Bundesministers des Innern für die Studienkommission zur Reform des öffentlichen Dienstrechts, Heidelberg, 14.12.1971; als Privatdruck im Nachlaß Forsthoff

1972

Freiheit, soziale Sicherheit und Gerechtigkeit. Referat auf der 4. Bundestagung des Deutschen Sozialgerichtsverbandes am 14. Okt. 1971 in Münster, in: Freiheit und Bindung im Recht der sozialen Sicherheit. Schriftenreihe des Deutschen Sozialgerichtsverbandes 9, Bonn-Bad Godesberg 1972, S. 20–31

Dankrede, gehalten anläßlich der Verleihung des Adenauer-Preises für Wissenschaft durch die Deutschland-Stiftung am 6. Mai 1972 in Saarbrücken, in: Deutschland-Magazin 4, 1972, Nr. 3, S. 45/46

Lorenz von Stein, Gesellschaft–Staat–Recht, Hg. und eingel. von Ernst Forsthoff. Berlin 1972, 550 S.

1973

Rezension zu: Lutz-Arwed Bentin, Johannes Popitz und Carl Schmitt, in: Das Historisch-Politische Buch 21, 1973, S. 118

Die Last, die uns trägt. Mehr Versorgung durch den Staat mindert die Lebensqualität, in: Deutsche Zeitung/Christ und Welt, Ausgabe vom 28. Dezember 1973

1974

Bemerkungen zur Situation der Verwaltung, in: Forsthoff/Reinhard Hörstel (Hgg.), Standorte im Zeitstrom, Festschrift für Arnold Gehlen zum 70. Geburtstag am 29. Januar 1974, Frankfurt 1974, S. 41–51.

Demokratisierung ohne Demos, in: Zeitbühne 3, 1974, Heft 4, S. 24–30

Ernst Forsthoff gewidmete Festschriften:

1967

Karl Doehring (Hg., in Gemeinschaft mit Wilhelm G. Grewe, Roman Schnur, Prodromos Dagtoglou, Hans Klein, Willi Blümel), Festgabe für Ernst Forsthoff zum 65. Geburtstag, München 1967

Säkularisation und Utopie. Ebracher Studien. Ernst Forsthoff zum 65. Geburtstag, Stuttgart/Berlin/Köln/Mainz 1967

1972

Roman Schnur (Hg.) Festschrift für Ernst Forsthoff zum 70. Geburtstag, München 1972
2. Aufl. München 1974

Postum erschien:

1976

Rechtsstaat im Wandel. Verfassungsrechtliche Abhandlungen 1954–1973. 2. Aufl. vom Verf. überarb. und nach seinem Tode hrsg. von Klaus Frey, München

Auswahlbibliographie Carl Schmitt[1]

1910

Über Schuld und Schuldarten. Eine terminologische Untersuchung. Diss. iur. Straßburg, in: Strafrechtliche Abhandlungen, Heft 120, Breslau 1910, 155 S.

1912

Gesetz und Urteil. Eine Untersuchung zum Problem der Rechtspraxis. Berlin 1912
Ndr. München 1969 (Vorwort, Oktober 1968)

1913

[Johannes Negelinus, mox doctor]/Fritz Eisler. Schattenrisse. Leipzig 1913, 75 S.

1916

Theodor Däublers „Nordlicht". Drei Studien über die Elemente, den Geist und die Aktualität des Werkes. München 1916, 80 S.

1921

Die Diktatur. Von den Anfängen des modernen Souveränitätsgedankens bis zum proletarischen Klassenkampf, Leipzig 1921

1923

Römischer Katholizismus und politische Form, Hellerau 1923, 53 S.

Die geistesgeschichtliche Lage des heutigen Parlamentarismus, in: Wissenschaftliche Abhandlungen und Reden zur Philosophie, Politik und Geistesgeschichte 1, München/Leipzig 1923, 65 S.
2. Aufl., München/Leipzig 1926, 90 S.

1924

Romantik, in: Hochland, Ausgabe vom 1. Nov. 1924, S. 157–171
Ndr. in: Politische Romantik, 2. Aufl. 1925
Ndr. Helmut Prang (Hg.), Begriffsbestimmung der Romantik, in: Wege der Forschung 150, Darmstadt 1968, S. 73–92

1925

Die Rheinlande als Objekt internationaler Politik, in: Flugschriften zum Rheinproblem 2, Heft 4

1927

Der Begriff des Politischen, in: Archiv für Sozialwissenschaft und Sozialpolitik 58, 1927, S. 1–33

[1] Eine vollständige Bibliographie mit der Angabe von Nachdrucken und Übersetzungen erstellte Alain de Benoist, Carl Schmitt, Bibliographie seiner Schriften und Korrespondenzen, Berlin 2003.

1928

Verfassungslehre. Berlin 1928, 404 S.

Der Begriff des Politischen, in: Probleme der Demokratie. Reihe: Politische Wissenschaft. Schriftenreihe der Deutschen Hochschule für Politik und des Instituts für Auswärtige Politik in Hamburg 5, Berlin 1928, 97 S.
2. bearb. u. erw. Aufl., München/Leipzig 1932
3. bearb. Aufl., Hamburg 1933
6. erw. Aufl., Berlin 1963

1929

Das Reichsgericht als Hüter der Verfassung, in: Otto Schreiber (Hg.), Die Reichsgerichtspraxis im deutschen Rechtsleben – Festgabe der Juristischen Fakultäten zum 50jährigen Bestehen des Reichsgerichts am 1. Okt. 1929. Berlin, Leipzig 1929, Bd. 1, S. 154–178

Staatsstreichpläne Bismarcks und Verfassungslehre, in: Deutsche Allgemeine Zeitung, Ausgabe vom 10. Juli 1929
Ndr., in: Verfassungsrechtliche Aufsätze, 1958, S. 29–33

Die europäische Kultur im Zwischenstadium der Neutralisierung. Vortrag vom 12. Okt. 1929 auf der Tagung des Verbandes für Kulturelle Zusammenarbeit, Barcelona, in: Europäische Revue 8. Nov. 1929, S. 517–530
2. Aufl. u. d. T.: Das Zeitalter der Neutralisierungen und Entpolitisierungen, in: Der Begriff des Politischen, 2. Aufl., München, Leipzig 1932, S. 66–81

1930

Presse und öffentliche Meinung. Diskussionsbeitrag vom Deutschen Soziologentag, Berlin September 1930, in: Schriften der deutschen Gesellschaft für Soziologie 7, 1930, S. 56–59

1931

Der Hüter der Verfassung. Reihe: Beiträge zum öffentlichen Recht der Gegenwart 1, Tübingen 1931, 159 S.

Reichs- und Verfassungsreform, in: Deutsche Juristen-Zeitung 36, 1931, Sp. 5–11

Die staatsrechtliche Bedeutung der Notverordnung, insbesondere ihre Rechtsgültigkeit, in: Hermann Dresch, Notverordnung und öffentliche Verwaltung, Vorträge, geh. in dem von d. Verwaltungs-Akademie Berlin veranstalteten Kursus über die Notverordnung <Verordnung d. Reichspräs. z. Sicherung von Wirtschaft u. Finanzen vom 1. Dez. 1930>, Berlin 1931, S. 1–27

1932

Inhalt und Bedeutung des zweiten Hauptteils der Reichsverfassung, in: Gerhard Anschütz, Richard Thoma (Hgg.), Handbuch des Deutschen Staatsrechts. Tübingen 1932, Bd. 2, S. 572/606
Ndr., in: Verfassungsrechtliche Aufsätze, 1958, S. 181–231

„Was ist Legal?“, Rundfunkvortrag für die Deutsche Welle, 24. Februar 1932, Edition durch Günter Maschke nach einem unvollständigen Manuskript aus dem Nachlaß von Ernst Forsthoff, in: Schmittiana 8, 2003, S. 22–26

Grundsätzliches zur heutigen Notverordnungspraxis, in: Reichsverwaltungsblatt und Preußisches Verwaltungsblatt, Ausgabe vom 27. Februar 1932, S. 161–165

Legalität und Legitimität, München/Leipzig 1932, 98 S.

1933

Weiterentwicklung des totalen Staates in Deutschland, in: Europäische Revue 2. Februar 1933, S. 65–70

Staat, Bewegung, Volk. Die Dreigliederung der politischen Einheit, in: Der deutsche Staat der Gegenwart 1, Hamburg 1933, 46 S.

1934

Staatsgefüge und Zusammenbruch des zweiten Reiches – Der Sieg des Bürgers über den Soldaten, in: Der Deutsche Staat der Gegenwart 6, Hamburg 1934, 49 S.

1935

Was bedeutet der Streit um den ‚Rechtsstaat'?, in: Zeitschrift für die gesamte Staatswissenschaft 95, 1935, S. 189–201

1936

Die deutsche Rechtswissenschaft im Kampf gegen den jüdischen Geist. Eröffnungs- und Schlußrede auf der Tagung des Deutschen Rechtswahrerbundes 3. und 4. Oktober 1936, in: Das Judentum in der Rechtswissenschaft. Berlin 1936, Bd. 1, S. 14–17; 28–34

1937

Totaler Feind, totaler Krieg, totaler Staat, in: Völkerbund und Völkerrecht 4, 1937, S. 139–145
Ndr., in: Positionen und Begriffe, 1940, S. 235–239

1939

Völkerrechtliche Großraumordnung mit Interventionsverbot für raumfremde Mächte. Ein Beitrag zum Reichsbegriff im Völkerrecht, in: Schriften des Instituts für Politik und Internationales Recht an der Universität Kiel, NF 7, Berlin, Wien, Leipzig 1939, 88 S.

1940

Die Stellung Lorenz von Steins in der Geschichte des 19. Jahrhundert, in: Schmollers Jahrbuch 64, 1940, S. 641–646

1942

Land und Meer – Eine weltgeschichtliche Betrachtung. Leipzig 1942, 76 S.
2. Aufl. Leipzig 1954

1948

Geschichtsblick des Besiegten, in: Union-Pressedienst, hg. von Ulrich Majewski, Dezember 1948
Ndr. unter dem Titel: Historiographica in Nuce: Alexis de Tocqueville, in: Ex captivitate salus, Köln 1950, S. 25–33
Ndr., in: Universitas 5, 1950, S. 1175–1178

[Präsident Dr. Haustein] Gegenwartsfragen der Verfassung, in: Der Eisenbahner. Fachzeitschrift für Unterricht und Ausbildung, 1949, S. 65–66.

Das Grundgesetz der Bundesrepublik Deutschland, in: Der Eisenbahner. Fachzeitschrift für Unterricht und Ausbildung, 1949, S. 194–195, 241–242, 266–267
Francisco de Vitoria und die Geschichte seines Ruhmes, in: Die neue Ordnung, Juli 1949, S. 289–313

1950

Der Nomos der Erde im Völkerrecht des Jus Publicum Europaeum. Köln 1950, 308 S.
Die Lage der europäischen Rechtswissenschaft. Tübingen 1950, 32 S.
Ndr., in: Verfassungsrechtliche Aufsätze, 1958, S. 386–429
Ex Captivitate Salus – Erfahrungen der Zeit 1945/47. Köln 1950, 95 S.
Donoso Cortés in gesamteuropäischer Interpretation. Vier Aufsätze. Köln 1950, 114 S.

1951

Das Ende des kalten Bürgerkrieges. Im Zirkel der tödlichen Rechthaberei – Amnestie oder Kraft des Vergessens, in: Der Fortschritt, Ausgabe 5. Oktober 1951
La unidad del mundo, Madrid 1951, 37 S.
Dreihundert Jahre Leviathan. Zum 5. April 1951, in: Die Tat, Zürich, Ausgabe 5. April 1951
Ndr. in: Universitas 7, 1952, S. 179–181

1952

Rechtsstaatlicher Verfassungsvollzug. Rechtsgutachten zu der Frage: Ist den Eigentümern der von Art. 41 der Verfassung des Landes Hessen Abs. 1 Nr. 1 betroffenen Gegenstände ihr Eigentum durch Art. 41 mit Inkrafttreten der Verfassung entzogen worden? Wetzlar (als Manuskript gedr.) 1952, 51 S.
Ndr., in: Verfassungsrechtliche Aufsätze, 1958, S. 452–488
Die Einheit der Welt, in: Merkur 1952, S. 1–11
Zum Gedächtnis von Serge Maiwald, in: Zeitschrift für Geopolitik 7, 1952, S. 447–448

1953

Nehmen/Teilen/Weiden – Ein Versuch, die Grundfragen jeder Sozial- und Wirtschaftsordnung vom NOMOS her richtig zu stellen, in: Gemeinschaft und Politik, Zeitschrift für soziale und politische Gestaltung Bad Godesberg 1, November 1953, S. 17–27
Ndr., in: Revue Internationale de Sociologie, Rom 1, 1954, S. 59–71
Ndr., in: Verfassungsrechtliche Aufsätze, 1958, S. 489–504
Ndr., in: Ernst Forsthoff (Hg.). Rechtsstaatlichkeit und Sozialstaatlichkeit. Wege der Forschung 118, Darmstadt 1968, S. 95–113

1954

Gespräch über die Macht und den Zugang zum Machthaber (Gesendet im Hessischen Rundfunk, 22. Juni 1954). Pfullingen (Württemberg) 1954, 32 S.
Ndr., in: Zeitschrift für soziale und politische Gestaltung, 10. Oktober 1954, S. 9–15
Teildr., in: Verfassungsrechtliche Aufsätze, 1958, S. 438–439

1955

Rez.: Herbert von Borch. Obrigkeit und Widerstand. Zur politischen Soziologie des Beamtentums. Tübingen 1954, in: Das Historisch-Politische Buch 3, 1955, S. 3
Rez.: F. J. P. Veale. Der Barbarei entgegen, in: Das Historisch-Politische Buch 3, 1955, S. 6
Rez.: Georg Schwarzenberger. Machtpolitik, in: Das Historisch-Politische Buch 3, 1955, S. 8

1956

Rez.: Max Weber, Johannes Winckelmann (Hg.), Wirtschaft und Gesellschaft, Grundriß der verstehenden Soziologie, 4. Aufl., Tübingen 1956, 2 Bde, in: Das Historisch-Politische Buch 4, 1956, S. 195/196
Hamlet oder Hekuba – Der Einbruch der Zeit in das Spiel. Düsseldorf/Köln 1956, 75 S.

1958

Verfassungsrechtliche Aufsätze aus den Jahren 1924–1954. Materialien zu einer Verfassungslehre, Berlin 1958

1959

„Sedanstag 1956", „Neujahrsgruß 1957", „Lied des Neutralisten", „Gottfried", „Die Sub-stanz und das Sub-jekt", in: Rüdiger Altmann, Johannes Gross, Die neue Gesellschaft. Bemerkungen zum Zeitbewußtsein, Stuttgart 1958. Die anonym publizierten Gedichte befinden sich auf S. 60, 68, 86, 99 u. 112.
Nomos – Nahme – Name, in: Siegfried Behn (Hg.), Der beständige Aufbruch. Festschrift für Erich Przywara, S. J., Nürnberg 1959, Bd. 1, S. 92–105
Rez.: Reinhart Koselleck, Kritik und Krise, in: Das Historisch-Politische Buch 7, 1959, S. 301–302

1960

Die Tyrannei der Werte. Überlegungen eines Juristen zur Wert-Philosophie. Stuttgart 1960, 16 S. [Text für die Teilnehmer des Ebracher Seminars am 23. Okt. 1959, limit. Aufl.]
unautorisierter gekürzter Abdruck in: Frankfurter Allgemeine Zeitung vom 27. Juni 1964
2. Aufl. in: Säkularisation und Utopie. Ebracher Studien. Ernst Forsthoff zum 65. Geburtstag, Stuttgart 1967, S. 37–62
3. Aufl, in: Carl Schmitt, Eberhard Jüngel, Sepp Schelz, Die Tyrannei der Werte, Hamburg 1979, S. 9–41
ital.: La tirannia dei valori, in: Rassegna di diritto publico 21, 1970, S. 1–28, Übers. Susanne Forsthoff-Falconi und Franco Falconi
span.: La tiranía de los valores, in: Revista de Estudios Políticos 115, 1961, S. 65–79, Übers. Anima Schmitt de Otero, gegenüber der deutschen Original-Ausgabe 1960 erweiterter Text

1963

Theorie des Partisanen. Zwischenbemerkung zum Begriff des Politischen. Berlin 1963, 96 S.

1967

Clausewitz als politischer Denker. Bemerkungen und Hinweise, in: Der Staat 6, 1967, S. 479–502

1970

Politische Theologie II. Die Legende von der Erledigung jeder Politischen Theologie, in: Eunomia – Freundesgabe für Hans Barion zum 16. Dezember 1969, Privatdruck, S. 83–145
Berlin 1970, 126 S.
Teildr. Eusebius als der Prototyp Politischer Theologie, in: Gerhard Ruhbach (Hg.). Die Kirche angesichts der Konstantinischen Wende, in: Reihe Wege der Forschung; Bd. 306, Darmstadt 1976, S. 220–235

1978

Die legale Weltrevolution. Politischer Mehrwert als Prämie auf juristische Legalität und Superlegalität, in: Der Staat 17, 1978, S. 321–339

Carl Schmitt gewidmete Festschriften:

Hans Barion, Ernst Forsthoff, Werner Weber (Hgg.), Festschrift für Carl Schmitt zum 70. Geburtstag dargebracht von Freunden und Schülern, Berlin 1959
2. unveränderter Ndr. Berlin 1989
3. unveränderter Ndr. Berlin 1994

Hans Barion, Ernst-Wolfgang Böckenförde, Ernst Forsthoff, Werner Weber (Hgg.), Epirrhosis, Festgabe für Carl Schmitt, 2 Bände, Berlin 1968
2. unveränderter Ndr. Berlin 2002

Postume Editionen:

Eberhard von Medem (Hg.), Carl Schmitt, Glossarium: Aufzeichnungen der Jahre 1947–1951, Berlin 1991
Joachim Schickel, Gespräche mit Carl Schmitt, Berlin 1993
Helmut Quaritsch (Hg.), Das internationalrechtliche Verbrechen des Angriffskrieges und der Grundsatz „Nullum crimen, nulla poena sine lege“, Berlin 1994
Ernst Hüsmert (Hg.), Carl Schmitt, Jugendbriefe: Briefschaften an seine Schwester Auguste 1905 bis 1913, Berlin 2000
Ernst Hüsmert (Hg.), Carl Schmitt, Tagebücher Oktober 1912 bis Februar 1915, Berlin 2003
Ernst Hüsmert, Gerd Giesler (Hgg.), Carl Schmitt. Die Militärzeit 1915 bis 1919: Tagebuch Februar bis Dezember 1915. Aufsätze und Materialien, Berlin 2005

Abbildungsnachweis

Archiv Familie Forsthoff
Abb. 1, 2, 3, 4, 5, 8, 9, 18, 20, 21, 22, 25

Archiv Gisela und Peter Lehmann
Abb. 12, 13, 15, 17

Archiv Willi Blümel
Abb. 10, 11, 14

Archiv Gerd Giesler
Abb. 6, 7, 23

Landesarchiv Nordrhein-Westfalen, Hauptstaatsarchiv Düsseldorf
Abb. 24

Archiv des Carl Schmitt-Fördervereins Plettenberg e. V.
Abb. 16, 19

Chronologisches Verzeichnis der Briefe

(hs. = handschriftlich, ms. = maschinenschriftlich, st. = stenographisch)

Brief/Karte Nr.		
1	3. 2.1926	C. S. an E. F., Postkarte, Bonn, hs.
2	16. 6.1926	E. F. an C. S., Brief, Mülheim-Ruhr, hs. (Sammlung Tommissen, RW 579-89)
3	17. 6.1926	C. S. an E. F., Postkarte, Bonn, hs.
4	19. 6.1926	C. S. an E. F., Postkarte, Bonn, hs.
5	9. 3.1930	E. F. an C. S., Brief, Bonn, hs. (Sammlung Tommissen, RW 579-89)
6	21.12.1930	E. F. an C. S., Brief, Mülheim-Ruhr, hs. (RW 265-3752)
7	4. 2.1931	E. F. an C. S., Brief, Freiburg i. Br., hs. (RW 265-3753)
8	30.11.1931	E. F. an C. S., Brief, Freiburg i. Br., hs. (RW 265-3754)
9	23. 1.1932	E. F. an C. S., Brief, Freiburg i. Br., hs. (RW 265-3755)
10	8. 4.1932	E. F. an C. S., Brief, Freiburg i. Br., hs. (RW 265-3756)
11	7. 5.1932	E. F. an C. S., Brief, Freiburg i. Br., hs. (RW 265-3757)
12	27. 6.1932	E. F. an C. S., Brief, St. Märgen, hs. (RW 265-3758)
13	2. 7.1932	E. F. an C. S., Brief, Freiburg i. Br., hs. (RW 265-3759)
14	17. 6.1933	E. F. an C. S., Postkarte, Frankfurt a. M., hs. (RW 265-3760)
15	13.10.1933	E. F. an C. S., Brief, Frankfurt a. M., hs. (RW 265-3761)
16	8.10.1934	C. S. an E. F., Brief, Berlin-Steglitz, hs.
17	14. 5.1936	C. S. an E. F., Briefkarte, Berlin-Steglitz, hs.
18	20. 6.1942	C. S. an E. F., Brief, Berlin-Dahlem, hs.
19	6. 7.1948	E. F. an C. S., Brief, Kiel, hs. (RW 265-3762)
20	4.11.1948	E. F. an C. S., Brief, Heidelberg-Schlierbach, hs. (RW 265-3763)
21	10.11.[1948]	C. S. an E. F., Brief, Plettenberg, hs.
22	14.11.1948	E. F. an C. S., Brief, Heidelberg-Schlierbach, hs. (RW 265-3764)
23	30. 8.1949	E. F. an C. S., Brief, Heidelberg-Schlierbach, hs. (RW 265-3765)
24	3. 9.1949	C. S. an E. F., Brief, Plettenberg, hs.
25	7. 9.1949	E. F. an C. S., Brief, Heidelberg-Schlierbach, hs. (RW 265-3767)
26	18. 9.1949	E. F. an C. S., Brief, Heidelberg-Schlierbach, hs. (RW 265-3768)
27	19. 9.1949	C. S. an E. F., Brief, Plettenberg, hs.
28	21. 9.1949	E. F. an C. S., Brief, Heidelberg-Schlierbach, hs. (RW 265-3769)
29	1.12.1949	C. S. an E. F., Brief, Plettenberg, hs.
30	3.12.1949	E. F. an C. S., Brief, Heidelberg-Schlierbach, hs. (RW 265-3770/1 und RW 265-3770/2)
31	12.12.1949	C. S. an E. F., Brief, Plettenberg, hs.
32	6. 1.1950	E. F. an C. S., Brief, Heidelberg-Schlierbach, hs. (RW 265-3771)
33	22. 2.1950	E. F. an C. S., Brief, Heidelberg-Schlierbach, hs. (RW 265-3772)
34	7. 3.1950	C. S. an E. F., Brief, Plettenberg, hs.
35	16. 3.1950	E. F. an C. S., Brief, Heidelberg-Schlierbach, hs. (RW 265-3773)
36	9. 5.1950	E. F. an C. S., Brief, Hdbg-Schlierbach, hs. (RW 265-3774)
37	20. 5.1950	C. S. an E. F., Brief, Plettenberg, hs.
38	4. 6.1950	E. F. an C. S., Brief, Heidelberg-Schlierbach, hs. (RW 265-3775)
39	14. 8.1950	C. S. an E. F., Brief, Plettenberg, hs.

40	18. 9.1950	C. S. an E. F., Brief, Plettenberg, hs.
41	12.11.1950	C. S. an E. F., Brief, Plettenberg, hs.
42	20.12.1950	E. F. an C. S., Brief, Heidelberg-Schlierbach, hs. (RW 265-3776)
43	19. 4.1951	C. S. an E. F., Brief, Plettenberg, hs.
44	22. 4.1951	E. F. an C. S., Brief, Heidelberg-Schlierbach, hs. (RW 265-3777)
45	17.10.1951	E. F. an C. S., Brief, Heidelberg-Schlierbach, hs. (RW 265-3778)
46	25.11.1951	C. S. an E. F., Ansichtskarte, Utrecht, hs.
47	o. D.	C. S. an E. F., Ansichtskarte, Oberursel, hs.
48	16.12.1951	E. F. an C. S., Brief, Heidelberg-Schlierbach, hs. (RW 265-3779)
49	27.12.1951	C. S. an E. F., Brief, Plettenberg, hs.
50	Januar 1952	E. F. an C. S., Brief, Heidelberg-Schlierbach, hs. (RW 265-3780)
51	4. 3.1952	C. S. an E. F., Brief, Plettenberg, hs.
52	März 1952	E. F. an C. S., Brief, Heidelberg-Schlierbach, hs. (RW 265-3781)
53	25. 5.1952	E. F. an C. S., Brief, Heidelberg-Schlierbach, hs. (RW 265-3782)
54	9. 6.1952	E. F. an C. S., Brief, Heidelberg-Schlierbach, hs. (RW 265-3783)
55	26. 9.1952	E. F. an C. S., Brief, Lugano, hs. (RW 265-3784)
56	19.11.1952	E. F. an C. S., Brief, Heidelberg-Schlierbach, hs. (RW 265-3786)
57	22.11.1952	C. S. an E. F., Brief, Plettenberg, hs.
58	o. D.	E. F. an C. S., Postkarte, Heidelberg-Schlierbach, hs. (RW 265-3787)
59	5. 1.1953	E. F. an C. S., Brief, Heidelberg-Schlierbach, hs. (RW 265-3788)
60	19. 4.1953	C. S. an E. F., Brief, o. O., ms. (RW 265-12976)
61	21. 4.1953	E. F. an C. S., Brief, Heidelberg-Schlierbach, hs. (RW 265-3789)
62	3. 9.1953	C. S. an E. F., Brief, Plettenberg, hs.
63	20. 9.1953	E. F. an C. S., Brief, Heidelberg-Schlierbach, hs. (RW 265-3790)
64	13.11.1953	E. F. an C. S., Brief, Heidelberg-Schlierbach, ms. (RW 265-3791)
65	18.11.1953	C. S. an E. F., Brief, o. O., ms. (RW 265-12977)
66	23.11.1953	E. F. an C. S., Brief, Heidelberg-Schlierbach, hs. (RW 265-3792)
67	27. 1.1954	C. S. an E. F., Brief, o. O., ms. (RW 265-12978)
68	28. 1.1954	E. F. an C. S., Brief, Heidelberg-Schlierbach, hs. (RW 265-3793)
69	29. 4.1954	C. S. an E. F., Brief, Plettenberg, ms. (RW 265-12979)
70	4. 5.1954	E. F. an C. S., Brief, Heidelberg, hs. (RW 265-3794)
71	19. 5.1954	C. S. an E. F., Brief, o. O., ms. (RW 265-12980)
72	o. D.	E. F. an C. S., Postkarte, Heidelberg-Schlierbach, hs. (RW 265-3795)
73	16. 6.1954	C. S. an E. F., Postkarte, o. O., hs.
74	18. 6.1954	E. F. an C. S., Brief, Heidelberg-Schlierbach, hs. (RW 265-3796)
75	2.11.1954	E. F. an C. S., Brief, Heidelberg-Schlierbach, hs. (RW 265-3797)
76	19.11.1954	C. S. an E. F., Brief, Plettenberg, ms. (RW 265-12981)
77	10.12.1954	E. F. an C. S., Brief, Heidelberg-Schlierbach, hs. (RW 265-3798)
78	26. 4.1955	E. F. an C. S., Brief, Heidelberg-Schlierbach, hs. (RW 265-3799)
79	10. 5.1955	E. F. an C. S., Brief, Heidelberg-Schlierbach, hs. (RW 265-3800)
80	26. 5.1955	C. S. an E. F., Brief, Heidelberg, hs.
81	o. D.	C. S. an E. F., Postkarte, Plettenberg, hs.
82	13. 7.1955	E. F. an C. S., Brief, Heidelberg-Schlierbach, hs. (RW 265-3801)
83	26. 9.1955	C. S. an E. F., Brief, Plettenberg, hs.
84	30.12.1955	E. F. an C. S., Brief, Heidelberg, hs. (RW 265-3802)
85	2. 1.1956	C. S. an E. F., Brief, Plettenberg, hs.
86	11. 2.1956	E. F. an C. S., Brief, Heidelberg-Schlierbach, hs. (RW 265-3803)

87	15. 2. 1956	C. S. an E. F., Brief, Plettenberg, hs.
88	28. 2. 1956	E. F. an C. S., Brief, Heidelberg, hs. (RW 265-3804)
89	12. 3. 1956	C. S. an E. F., Brief, Plettenberg, hs.
90	19. 3. 1956	E. F. an C. S., Brief, Heidelberg-Schlierbach, ms. (RW 265-3805)
91	25. 4. 1956	E. F. und andere an C. S., Ansichtskarte, Athen, hs. (RW 265-3806)
92	7. 7. 1956	E. F. an C. S., Brief, Heidelberg, hs. (RW 265-3807)
93	16. 7. 1956	E. F. an C. S., Brief, Heidelberg-Schlierbach, hs. (RW 265-3808)
94	18. 7. 1956	C. S. an E. F., Brief, Plettenberg, hs.
95	21. 7. 1956	E. F. an C. S., Brief, Heidelberg-Schlierbach, ms. (RW 265-3809)
96	1. 8. 1956	C. S. an E. F., Brief, Plettenberg, hs.
97	22. 12. 1956	E. F. an C. S., Brief, Heidelberg, hs. (RW 265-3810)
98	o. D.	E. F. an C. S., Postkarte, o. O., hs. (RW 265-3811)
99	28. 3. 1957	E. F. an C. S., Brief, Heidelberg, hs. (RW 265-3812)
100	8. 7. 1957	E. F. an C. S., Brief, Heidelberg, hs. (RW 265-3813)
101	28. 11. 1957	C. S. an E. F., Brief, Plettenberg, hs.
102	6. 12. 1957	E. F. an C. S., Brief, Heidelberg, hs. (RW 265-3814)
103	o. D.	C. S. an E. F., Brief, o. O., hs.
104	22. 12. 1957	E. F. und Ursula F. an C. S., Brief, Heidelberg, hs. (RW 265-3815)
105	5. 6. 1958	E. F. an C. S., Brief, Heidelberg, hs. (RW 265-3816)
106	5. 7. 1958	E. F. an C. S., Brief, Heidelberg, hs.(RW 265-3817)
107	18. 7. 1958	C. S. an E. F., Brief, o. O., hs.
108	20. 7. 1958	E. F. an C. S., Brief, Heidelberg, hs. (RW 265-3818)
109	4. 9. 1958	C. S. an E. F., Brief, Plettenberg, hs.
110	5. 11. 1958	E. F. an C. S., Brief, Heidelberg, ms. (RW 265-3819)
111	1. 12. 1958	E. F. an C. S., Brief, Heidelberg-Schlierbach, ms. (RW 265-3820)
112	3. 12. 1958	C. S. an E. F., Brief, o. O., hs.
113	21. 12. 1958	E. F. an C. S., Brief, Heidelberg, hs. (RW 265-3821)
114	1. 1. 1959	E. F. an C. S., Brief, Heidelberg, hs. (RW 265-3822)
115	o. D.	C. S. an E. F., Briefentwurf, st. (RW 265-3822)
116	9. 1. 1959	E. F. an C. S., Brief, Heidelberg, ms. (RW 265-3823)
117	18. 3. 1959	E. F. und andere an C. S., Ansichtskarte, o. O., hs. (RW 265-3824)
118	22. 5. 1959	E. F. und andere an C. S., Ansichtskarte, o. O., hs. (RW 265-3825)
119	11. 7. 1959	E. F. und andere an C. S., Telegramm, Heidelberg (RW 265-3826)
120	19. 7. 1959	E. F. an C. S., Brief, Heidelberg, hs. (RW 265-3827/1 und RW 265-3827/2)
121	8. 9. 1959	E. F. und andere an C. S., Ansichtskarte, o. O., hs. (RW 265-3828)
122	14. 9. 1959	E. F. an C. S., Brief, Heidelberg, ms. (RW 265-3829)
123	22. 9. 1959	E. F. an C. S., Brief, Heidelberg, hs. (RW 265-3830)
124	30. 10. 1959	E. F. an C. S., Brief, Heidelberg, ms. (RW 265-3831)
125	12. 12. 1959	E. F. an C. S., Brief, Heidelberg, hs. (RW 265-3832)
126	14. 12. 1959	C. S. an E. F., Brief, Plettenberg, hs.
127	29. 12. 1959	E. F. an C. S., Brief, Heidelberg, ms. (RW 265-3833)
128	30. 12. 1959	C. S. an E. F., Brief, Plettenberg, hs.
129	2. 1. 1960	E. F. an C. S., Brief, Heidelberg, hs. (RW 265-3834)
130	6. 1. 1960	C. S. an E. F., Brief, Plettenberg, hs.
131	11. 1. 1960	E. F. an C. S., Brief, Heidelberg, hs. (RW 265-3835)

132	3. 2.1960	C. S. an E. F., Brief, o. O., hs.
133	20. 2.1960	E. F. an C. S., Brief, Heidelberg, ms. (RW 265-3836)
134	4. 3.1960	C. S. an E. F., Brief, Plettenberg, hs.
135	19. 3.1960	E. F. an C. S., Heidelberg, Telegramm (RW 265-3837)
136	19. 3.1960	E. F. an C. S., Brief, Heidelberg, hs. (RW 265-3838)
137	20. 3.1960	C. S. an E. F., Brief, Plettenberg, hs.
138	29. 3.1960	E. F. an C. S., Brief, Heidelberg, hs. (RW 265-3839)
139	27. 4.1960	E. F. und andere an C. S., Ansichtskarte, o. O., hs. (RW 265-3840)
140	24. 6.1960	C. S. an E. F., Ansichtskarte, Santiago de Compostela, hs.
141	21. 7.1960	C. S. an E. F., Brief, Plettenberg, hs.
142	24. 7.1960	E. F. an C. S., Brief, Heidelberg, hs. (RW 265-3841)
143	2. 8.1960	C. S. an E. F., Brief, Plettenberg, hs.
144	16. 8.1960	C. S. an E. F., Brief, Plettenberg, hs.
145	17. 8.1960	E. F. an C. S., Brief, Heidelberg, hs. (RW 265-3842)
146	22. 8.1960	E. F. an C. S., Brief, Heidelberg, hs. (RW 265-3886)
147	5. 9.1960	E. F. an C. S., Brief, Heidelberg, hs. (RW 265-3843)
148	13. 9.1960	C. S. an E. F., Brief, Plettenberg, hs.
149	19. 9.1960	E. F. an C. S., Brief, Heidelberg, hs. (RW 265-3844)
150	10.10.1960	C. S. an E. F., Brief, Plettenberg, hs.
151	16.10.1960	C. S. und Martin Forsthoff an E. F., Postkarte, o. O., hs.
152	4.12.1960	E. F. an C. S., Brief, Nicosia, hs. (RW 265-3846)
153	19.12.1960	E. F. und andere an C. S., Ansichtskarte, Rom, hs. (RW 265-3847)
154	7. 1.1961	E. F. und andere an C. S., Ansichtskarte, Firenze, hs. (RW 265-3848)
155	24. 2.1961	E. F. an C. S., Brief, Nicosia, hs. (RW 265-3849)
156	10. 6.1961	E. F. an C. S., Brief, Heidelberg, hs. (RW 265-3850)
157	5. 9.1961	E. F. an C. S., Brief, Heidelberg, hs. (RW 265-3851)
158	10. 9.1961	C. S. an E. F., Brief, Plettenberg, hs.
159	9.10.1961	E. F. an C. S., Brief, Nicosia, hs. (RW 265-3852)
160	7.12.1961	E. F. an C. S., Brief, Nicosia, hs. (RW 265-3853)
161	23.12.1961	E. F. an C. S., Brief, Heidelberg, hs. (RW 265-3854)
162	31.12.1961/ 1. 1.1962	E. F. und andere an C. S., Postkarte, Heidelberg, hs. (RW 265-3860)
163	3. 2.1962	E. F. an C. S., Brief, Nicosia, hs. (RW 265-3855)
164	17. 2.1962	E. F. an C. S., Brief, Nicosia, hs. (RW 265-3856)
165	14. 7.1962	E. F. an C. S., Brief, Heidelberg, hs. (RW 265-3857)
166	7. 9.1962	E. F. an C. S., Brief, Heidelberg, hs. (RW 265-3858)
167	10. 9.1962	C. S. an E. F., Brief, Plettenberg, hs.
168	13. 9.1962	C. S. an E. F., Brief, Plettenberg, hs.
169	20.12.1962	E. F. an C. S., Brief, Heidelberg, hs. (RW 265-3859)
170	9. 5.1963	E. F. an C. S., Brief, Heidelberg, hs. (RW 265-3861/1 und RW 265-3861/2)
171	4. 6.1963	E. F. an C. S., Brief, Ruhpolding, hs. (RW 265-3862)
172	4. 7.1963	E. F. an C. S., Brief, Heidelberg, hs. (RW 265-3863)
173	9. 7.1963	E. F. an C. S., Brief, Heidelberg, hs. (RW 265-3864)
174	10. 8.1963	E. F. an C. S., Brief, Heidelberg, hs. (RW 265-3865)
175	12. 8.1963	C. S. an E. F., Brief, Plettenberg, hs.
176	14. 8.1963	E. F. an C. S., Brief, Heidelberg, hs. (RW 265-3866)

177	21.10.1963	E. F. an C. S., Brief, Heidelberg, hs. (RW 265-3867)
178	18.11.1963	C. S. an E. F., Brief, Plettenberg, hs.
179	10. 1.1964	C. S. an E. F., Brief, o. O., hs.
180	12. 1.1964	E. F. an C. S., Brief, Heidelberg, hs. (RW 265-3868)
181	16. 1.1964	C. S. an E. F., Brief, Plettenberg, hs.
182	20. 5.1964	E. F. an C. S., Brief, Heidelberg, hs. (RW 265-3870)
183	o. D.	C. S. an E. F., Briefentwurf, st. (RW 265-3870)
184	16. 9.1964	E. F. an C. S., Brief, Heidelberg, hs. (RW 265-3871)
185	4.11.1964	C. S. an E. F., Brief, Plettenberg, hs.
186	19.12.1964	C. S. an E. F., Brief, Plettenberg, hs.
187	22.12.1964	E. F. an C. S., Brief, Heidelberg, hs. (RW 265-3872)
188	o. D.	E. F. an C. S., Brief, Heidelberg, hs. (RW 265-3873)
189	27. 4.1965	C. S. an E. F., Brief, Plettenberg, hs.
190	1. 5.1965	E. F. an C. S., Brief, Heidelberg, hs. (RW 265-3874)
191	9. 5.1965	E. F. an C. S., Brief, Spiez, hs. (RW 265-3875)
192	9. 7.1965	E. F. an C. S., Brief, Heidelberg, hs. (RW 265-3877)
193	2. 8.1965	C. S. an E. F., Brief, Plettenberg, hs.
194	29. 9.1965	E. F. an C. S., Brief, Heidelberg, ms. (RW 265-3878)
195	1.10.1965	C. S. an E. F., Brief, Plettenberg, hs.
196	5.10.1965	E. F. an C. S., Brief, Heidelberg, hs. (RW 265-3879)
197	24.11.1965	E. F. an C. S., Brief, Heidelberg, hs. (RW 265-3880)
198	28.11.1965	C. S. an E. F., stenographischer Briefentwurf (RW 265-3880)
199	31.12.1965	E. F. an C. S., Brief, Heidelberg, hs. (RW 265-3881)
200	5. 1.1966	C. S. an E. F., Brief, Plettenberg, hs.
201	o. D.	C. S. an E. F., Postkarte, Plettenberg, hs.
202	o. D.	E. F. an C. S., Brief, Heidelberg, hs. (RW 265-3751)
203	18. 3.1966	C. S. an E. F., Brief, Plettenberg, hs.
204	18. 3.1966	C. S. an E. F., Postkarte, o. O., hs.
205	26. 4.1966	E. F. und andere an C. S., Ansichtskarte, o. O., hs. (RW 265-3883)
206	9. 5.1966	C. S. an E. F., Brief, o. O., hs.
207	15. 5.1966	E. F. an C. S., Brief, Heidelberg, hs. (RW 265-3884)
208	24. 7.1966	E. F. an C. S., Brief, Heidelberg-Schlierbach, hs. (RW 265-3885)
209	31. 7.1966	C. S. und andere an E. F., Ansichtskarte, o. O., hs.
210	18. 9.1966	E. F. an C. S., Brief, Heidelberg, hs. (RW 265-3887)
211	22. 9.1966	C. S. an E. F., Ansichtskarte, o. O., hs.
212	1.10.1966	E. F. an C. S., Brief, Heidelberg, hs. (RW 265-3888)
213	18.10.1966	C. S. an E. F., Brief, Plettenberg, hs.
214	23.12.1966	E. F. an C. S., Brief, Heidelberg-Schlierbach, hs. (RW 265-3889)
215	29.12.1966	E. F. an C. S., Brief, Heidelberg-Schlierbach, hs. (RW 265-3890)
216	1. 1.1967	C. S. an E. F., Postkarte, o. O., ms.
217	9. 1.1967	C. S. an E. F., Brief, Plettenberg, hs.
218	4. 2.1967	E. F. an C. S., Brief, Heidelberg-Schlierbach, hs. (RW 265-3891)
219	12. 2.1967	C. S. an E. F., Brief, Plettenberg, hs.
220	1. 3.1967	C. S. an E. F., Brief, Plettenberg, hs.
221	14. 3.1967	E. F. an C. S., Brief, Heidelberg, hs. (RW 265-3892)
222	3. 4.1967	E. F. an C. S., Ansichtskarte, Benares, hs. (RW 265-3893)
223	26. 5.1967	E. F. an C. S., Brief, Heidelberg-Schlierbach, hs. (RW 265-3894)

224	31. 5.1967	E. F. an C. S., Brief, Heidelberg-Schlierbach, ms. (RW 265-3895)
225	31. 5.1967	E. F. an C. S., Brief, Heidelberg-Schlierbach, ms. (RW 265-3896)
226	4. 6.1967	C. S. an E. F., Brief, Plettenberg, hs.
227	26. 6.1967	E. F. an C. S., Brief, Heidelberg-Schlierbach, hs. (RW 265-3897)
228	9. 7.1967	E. F. an C. S., Brief, Heidelberg-Schlierbach, hs. (RW 265-3898)
229	15. 8.1967	C. S. an E. F., Brief, Plettenberg, hs.
230	10. 9.1967	C. S. an E. F., Brief, Santiago de Compostela, hs.
231	30. 9.1967	E. F. an C. S., Brief, Heidelberg-Schlierbach, hs. (RW 265-3900)
232	3.10.1967	C. S. an E. F., Ansichtskarte, o. O., hs.
233	22.10.1967	C. S. an E. F., Brief, Plettenberg, hs.
234	24.10.1967	E. F. an C. S., Brief, Heidelberg-Schlierbach, hs. (RW 265-3901)
235	9.11.1967	Gisela Iglberger an C. S., Brief, Heidelberg, ms. (RW 265-3902)
236	9.12.1967	C. S. an E. F., Brief, Plettenberg, hs.
237	12.12.1967	E. F. an C. S., Brief, Heidelberg-Schlierbach, hs. (RW 265-3903)
238	15.12.1967	C. S. an E. F., Brief, Plettenberg, hs.
239	16.12.1967	E. F. an C. S., Brief, Heidelberg-Schlierbach, hs. (RW 265-3904)
240	9. 1.1968	C. S. an E. F., Brief, Plettenberg, hs.
241	4. 2.1968	E. F. an C. S., Brief, Heidelberg-Schlierbach, hs. (RW 265-3905)
242	16. 2.1968	C. S. an E. F., Brief, Plettenberg, hs.
243	12. 3.1968	E. F. an C. S., Brief, Heidelberg, hs. (RW 265-3906)
244	17. 3.1968	C. S. an E. F., Ansichtskarte, Aachen, hs.
245	21. 3.1968	E. F. an C. S., Brief, Heidelberg-Schlierbach, hs. (RW 265-3907)
246	23. 3.1968	E. F. an C. S., Brief, Heidelberg, hs. (RW 265-3908)
247	28. 3.1968	E. F. an C. S., Brief, Heidelberg-Schlierbach, hs. (RW 265-3909)
248	2. 4.1968	C. S. an E. F., Brief, Plettenberg, hs.
249	4. 4.1968	E. F. an C. S., Brief, Heidelberg, hs. (RW 265-3910)
250	15. 4.1968	E. F. an C. S., Ansichtskarte, Rhodos, hs. (RW 265-3911)
251	16. 5.1968	E. F. an C. S., Brief, Heidelberg, hs. (RW 265-3912)
252	22. 5.1968	C. S. an E. F., Brief, Plettenberg, hs.
253	5. 6.1968	C. S. an E. F., Brief, Plettenberg, hs.
254	11. 6.1968	C. S. an Gisela Iglberger, Brief, Plettenberg, hs.
255	20. 6.1968	E. F. an C. S., Brief, Heidelberg, hs. (RW 265-3913)
256	28. 6.1968	E. F. an C. S., Brief, Heidelberg-Schlierbach, ms. (RW 265-3914)
257	28. 6.1968	C. S. an E. F., Brief, Plettenberg, hs.
258	29. 6.1968	C. S. an E. F., Ansichtskarte, o. O., hs.
259	19. 7.1968	C. S. an Gisela Iglberger, Ansichtskarte, Santiago, hs.
260	23. 7.1968	C. S. und andere an E. F., Ansichtskarte, Madrid, hs.
261	24. 7.1968	E. F. und andere an C. S., Ansichtskarte, o. O., hs. (RW 265-3915)
262	24. 7.1968	C. S. an E. F., Brief, Plettenberg, hs.
263	3. 8.1968	E. F. an C. S., Brief, Heidelberg-Schlierbach, hs. (RW 265-3916)
264	6. 9.1968	E. F. an C. S., Brief, Heidelberg-Schlierbach, hs. (RW 265-3917)
265	11. 9.1968	E. F. an C. S., Brief, Heidelberg-Schlierbach, hs. (RW 265-3918)
266	15. 9.1968	C. S. an E. F., Brief, Plettenberg, hs.
267	20. 9.1968	E. F. an C. S., Brief, Heidelberg-Schlierbach, hs. (RW 265-3920)
268	25. 9.1968	C. S. an Gisela Iglberger, Brief, Plettenberg, hs.
269	15.10.1968	C. S. an E. F., Brief, Plettenberg, hs.

Nr.	Datum	Brief
270	6.11.1968	C. S. an E. F., Brief, Plettenberg, hs.
271	26.11.1968	E. F. an C. S., Brief, Heidelberg-Schlierbach, hs. (RW 265-3921)
272	14. 1.1969	C. S. an E. F., Brief, Plettenberg, hs.
273	22. 1.1969	E. F. an C. S., Brief, Heidelberg-Schlierbach, hs. (RW 265-3922)
274	23. 1.1969	C. S. an E. F., Brief, Plettenberg, hs.
275	17. 2.1969	E. F. an C. S., Ansichtskarte, o. O., hs. (RW 265-3923)
276	20. 3.1969	E. F. an C. S., Brief, Heidelberg-Schlierbach, ms. (RW 265-3924)
277	20. 3.1969	C. S. an E. F., Brief, Plettenberg, hs.
278	3. 4.1969	E. F. an C. S., Ansichtskarte, Rossholzen, hs. (RW 265-3926)
279	6. 4.1969	C. S. an E. F., Brief, Plettenberg, hs.
280	21. 4.1969	C. S. an E. F., Brief, Plettenberg, hs.
281	22. 4.1969	E. F. an C. S., Brief, Heidelberg-Schlierbach, hs. (RW 265-3927)
282	April 1969	E. F. an C. S., Brief, Heidelberg-Schlierbach, hs. (RW 265-3925)
283	26. 4.1969	C. S. an E. F., Brief, Plettenberg, hs.
284	28. 4.1969	E. F. an C. S., Brief, Heidelberg, hs. (RW 265-3928)
285	5. 5.1969	C. S. an E. F., Brief, Plettenberg, hs.
286	17. 5.1969	E. F. an C. S., Brief, Heidelberg-Schlierbach, hs. (RW 265-3929)
287	14. 6.1969	C. S. an E. F., Brief, Plettenberg, hs.
288	23. 6.1969	E. F. an C. S., Brief, Heidelberg-Schlierbach, hs. (RW 265-3930)
289	9. 7.1969	E. F. an C. S., Brief, Rossholzen, hs. (RW 265-3931)
290	22. 7.1969	C. S. an E. F., Brief, Plettenberg, hs.
291	31. 8.1969	E. F. an C. S., Brief, Heidelberg-Schlierbach, hs. (RW 265-3932)
292	8. 9.1969	C. S. an E. F., Brief, Plettenberg, hs.
293	17. 9.1969	E. F. an C. S., Brief, Heidelberg-Schlierbach, ms. (RW 265-3933)
294	Okt. 1969	E. F. an C. S., Brief, Rossholzen, hs. (RW 265-3934)
295	30.10.1969	E. F. an C. S., Brief, Heidelberg-Schlierbach, hs. (RW 265-3935)
296	4.11.1969	C. S. an E. F., Brief, Plettenberg, hs.
297	5.11.1969	E. F. an C. S., Brief, Heidelberg-Schlierbach, hs. (RW 265-3936)
298	7.11.1969	C. S. an E. F., Brief, Plettenberg, hs.
299	13.11.1969	E. F. an C. S., Brief, Heidelberg, hs. (RW 265-3937)
300	15.12.1969	C. S. an E. F., Brief, Plettenberg, hs.
301	18.12.1969	E. F. an C. S., Brief, Heidelberg-Schlierbach, hs. (RW 265-3938)
302	11. 1.1970	E. F. an C. S., Brief, Heidelberg-Schlierbach, hs. (RW 265-3939)
303	13. 1.1970	C. S. an E. F., Brief, Plettenberg, hs.
304	o. D.	E. F. an C. S., Brief, o. O., hs. (RW 265-3750)
305	17. 3.1970	E. F. an C. S., Brief, Heidelberg-Schlierbach, hs. (RW 265-3940)
306	19. 5.1970	C. S. an E. F., Brief, Plettenberg, hs.
307	20. 5.1970	E. F. an C. S., Brief, Heidelberg-Schlierbach, hs. (RW 265-3941)
308	10. 6.1970	E. F. an C. S., Brief, Törwang-Roßholzen, ms. (RW 265-3942)
309	15. 6.1970	C. S. an E. F., Brief, Plettenberg, hs.
310	29. 6.1970	E. F. an C. S., Brief, Heidelberg, hs. (RW 265-3943)
311	1. 7.1970	C. S. an E. F., Brief, Plettenberg, hs.
312	2. 7.1970	E. F. an C. S., Brief, Heidelberg-Schlierbach, hs. (RW 265-3944)
313	7. 7.1970	C. S. an E. F., Brief, Plettenberg, hs.
314	9. 7.1970	E. F. an C. S., Brief, Heidelberg-Schlierbach, hs. (RW 265-3945)
315	13. 9.1970	C. S. an E. F., Ansichtskarte, o. O., hs.
316	24. 9.1970	E. F. an C. S., Brief, Heidelberg-Schlierbach, hs. (RW 265-3946)

317	29. 9.1970	E. F. und andere an C. S., Ansichtskarte, Ebrach, hs. (RW 265-3947)
318	21.12.1970	E. F. an C. S., Brief, Heidelberg, hs. (RW 265-3948)
319	3. 2.1971	E. F. an C. S., Törwang-Rossholzen, Brief, hs. (RW 265-3973)
320	10. 2.1971	E. F. an C. S., Brief, Rossholzen, hs. (RW 265-3950)
321	22. 3.1971	E. F. an C. S., Brief, Heidelberg-Schlierbach, ms. (RW 265-3951)
322	8. 4.1971	C. S. an E. F., Brief, Plettenberg-Pasel, hs.
323	o. D.	E. F. an C. S., Brief, o. O., hs. (RW 265-3952)
324	9. 7.1971	E. F. an C. S., Briefkarte, Heidelberg-Schlierbach, hs. (RW 265-3954)
325	19. 7.1971	C. S. an E. F., Brief, Plettenberg-Pasel, hs.
326	24. 7.1971	E. F. an C. S., Brief, Heidelberg, hs. (RW 265-3953)
327	10. 9.1971	E. F. an C. S., Brief, Rossholzen, hs. (RW 265-3955)
328	13. 9.1971	C. S. an E. F., Brief, Plettenberg-Pasel, hs.
329	30. 9.1971	E. F. und andere an C. S., Ansichtskarte, o. O., hs. (RW 265-3956)
330	o. D.	E. F. an C. S., Brief, Heidelberg, hs. (RW 265-3949)
331	27.11.1971	C. S. an E. F., Brief, Plettenberg-Pasel, hs.
332	1.12.1971	E. F. an C. S., Brief, Heidelberg, hs. (RW 265-3957)
333	29.12.1971	E. F. an C. S., Brief, Heidelberg-Schlierbach, hs. (RW 265-3958)
334	13. 1.1972	C. S. an E. F., Brief, Plettenberg-Pasel, hs.
335	3. 3.1972	E. F. an C. S., Brief, Heidelberg, hs. (RW 265-3959)
336	5. 3.1972	C. S. an E. F., Brief, Plettenberg-Pasel, hs.
337	1. 5.1972	E. F. an C. S., Brief, Heidelberg, hs. (RW 265-3960)
338	9. 5.1972	E. F. an C. S., Brief, Heidelberg, hs. (RW 265-3961)
339	27. 6.1972	C. S. an E. F., Brief, Plettenberg-Pasel, hs.
340	9. 7.1972	E. F. an C. S., Brief, Heidelberg, hs. (RW 265-3962)
341	3. 9.1972	E. F. an C. S., Brief, Heidelberg, hs. (RW 265-3963)
342	8. 9.1972	C. S. an E. F., Brief, hs., Plettenberg-Pasel
343	26. 9.1972	E. F. an C. S., Brief, Rossholzen, hs. (RW 265-3964)
344	22.12.1972	C. S. an E. F., Ansichtskarte, Plettenberg-Pasel, hs.
345	o. D.	E. F. an C. S., Brief, Heidelberg-Schlierbach, hs. (RW 265-3965)
346	1. 2.1973	C. S. an E. F., Brief, Plettenberg-Pasel, hs.
347	9. 7.1973	E. F. an C. S., Brief, Heidelberg, hs. (RW 265-3966)
348	7. 8.1973	E. F. an C. S., Briefkarte, Heidelberg-Schlierbach, hs. (RW 265-3967)
349	26. 8.1973	C. S. an E. F., Brief, Plettenberg-Pasel, hs.
350	25.11.1973	E. F. an C. S., Brief, Baden-Baden, hs. (RW 265-3968)
351	2. 1.1974	C. S. an E. F., Brief, Plettenberg-Pasel, hs.
352	6. 1.1974	E. F. an C. S., Brief, Törwang-Rossholzen, hs. (RW 265-3969)
353	1. 2.1974	E. F. an C. S., Brief, Heidelberg-Schlierbach, hs. (RW 265-3970)
354	6. 2.1974	C. S. an E. F., Brief, Plettenberg-Pasel, hs.
355	22. 4.1974	E. F. an C. S., Brief, Heidelberg-Schlierbach, ms. (RW 265-3971)
356	24. 4.1974	C. S. an E. F., Brief, Plettenberg-Pasel, hs.
357	2. 5.1974	C. S. an E. F., Brief, Plettenberg-Pasel, hs.
358	22. 6.1974	C. S. an E. F., Brief, Plettenberg-Pasel, hs.
359	12. 7.1974	E. F. an C. S., Telegramm, Heidelberg (RW 265-3972)

Personenregister

Erstellt von Gerd Giesler und Angela Reinthal. Mitglieder der Familien Forsthoff und Schmitt sind nicht berücksichtigt.

www.ingramcontent.com/pod-product-compliance
Lightning Source LLC
LaVergne TN
LVHW070905300926
849162LV00012B/1859